法 学 阶 梯
INSTITUTIONES
普通高等教育法学精品教材

第六版

民事诉讼法

CIVIL PROCEDURAL LAW

张卫平 著

法律出版社
LAW PRESS · CHINA
北京

图书在版编目(CIP)数据

民事诉讼法 / 张卫平著. -- 6 版. -- 北京 : 法律出版社, 2023(2023.12 重印)
ISBN 978-7-5197-7032-7

Ⅰ. ①民… Ⅱ. ①张… Ⅲ. ①民事诉讼法-中国-教材 Ⅳ. ①D925.1

中国版本图书馆 CIP 数据核字(2022)第 158572 号

民事诉讼法(第六版)
MINSHI SUSONGFA(DI-LIU BAN)

张卫平 著

责任编辑 刘 琳
装帧设计 鲍龙卉

出版发行 法律出版社
编辑统筹 法律教育出版分社
责任校对 陆帅文
责任印制 刘晓伟
经　　销 新华书店

开本 787 毫米×1092 毫米 1/16
印张 43.75　**字数** 1080 千
版本 2023 年 4 月第 6 版
印次 2023 年 12 月第 2 次印刷
印刷 固安华明印业有限公司

地址:北京市丰台区莲花池西里 7 号(100073)
网址:www.lawpress.com.cn
投稿邮箱:info@lawpress.com.cn
举报盗版邮箱:jbwq@lawpress.com.cn

销售电话:010-83938349
客服电话:010-83938350
咨询电话:010-63939796

书号:ISBN 978-7-5197-7032-7　**定价**:108.00 元

作者简介

张卫平　1979年考入西南政法学院(现西南政法大学)法律系,1986年研究生毕业并留校执教。1993年从讲师直接破格晋升为教授,同年作为访问学者赴日本深造,分别在东京大学法学部和一桥大学法学部学习。1996年获得博士生导师资格,曾任《现代法学》《清华法学》杂志主编。1999年调入清华大学法学院,担任诉讼法学科负责人、博士生导师,清华大学学术委员会委员。2017年被聘为天津大学卓越教授。2022年4月受聘为烟台大学黄海学者、特聘教授。兼任中国法学会常务理事、中国法学会学术委员会委员、中国法学会民事诉讼法学研究会会长、中国检察学研究会副会长、最高人民检察院咨询委员。国务院政府津贴获得者,入选首批"百千万人才工程",并获司法部、劳动人事部"英雄模范",四川省有突出贡献的专家学者,北京市高校名师等荣誉称号。独自撰写《转换的逻辑——民事诉讼体制转型分析》《民事诉讼:关键词展开》《法学研究与教育方法论》等著作十余部;合作撰写著作数十部;在《法学研究》《中国法学》等杂志上发表学术论文二百余篇。

第六版修订说明

此次修订是本教材的第六次修订。修订版次更新之快,说明我国民事诉讼制度和实践的发展变化很快,因此,在制度和理论需要更新的同时,作为传播理论知识的教材也应当及时更新。在我国法治建设与发展方面,最大的法律事件无疑是《民法典》的颁布和实施。《民法典》的有效实施需要民事诉讼法相应的配合,与《民法典》中的新制度进行协调和对接。这对民事诉讼法和民事诉讼法学来说,既是一个发展的机遇,也是一种挑战。作为民事诉讼法的教材也需要与之相适应,与《民法典》的精神、原则、制度保持一致,使人们能够通过本教材不仅了解民事诉讼法,同时也更好地了解民事诉讼程序与民事实体法的关联。除此之外,自上一版教材更新至今,民事诉讼的制度规范发生了很大的变化:《民事诉讼法》在2021年年末进行了第四次修改;2022年又迎来了我国第一部《民事强制执行法(草案)》的审议;在此之前,最高人民法院还修正了《关于民事诉讼证据的若干规定》,出台了《人民法院在线诉讼规则》以及关于管辖、执行、再审等若干司法解释。这些新的制度规范无疑对民事诉讼理论和制度实践产生了重大的影响,本次修订对这些制度上的变化都有相应的思考和分析。除了民事诉讼制度的变化之外,近几年来民事诉讼理论研究也有所发展,本次修订也吸收了这些理论研究的最新成果,使本教材能够与时俱进,以适应实际和理论发展的需要。

最后依然要感谢法律出版社对本教材以及本次修订的大力支持。每一次修订于我都是一次对民事诉讼法的再次全面学习,从修订中也深化自己对民事诉讼法的认识。另外,还要再次感谢本书编辑刘琳女士对本书的辛劳付出。

作者于清华园晴雨斋

2022年7月24日黎明前

第五版修订说明

本教材从第四版出版至今，又经历了三年时间。三年之中，法律规范、法律实践以及人们对民事程序法的认识又有了很大的变化。民事诉讼法愈加完善、充实和细化，民事诉讼的实践更加丰富，人们对民事诉讼法的研究也更加深入，因此，作为学习和实践指引工具的教科书也应当与时俱进，加以修改和完善。基于此，本人对第四版教材进行较大的修订，以满足人们学习、实践和研究发展的需要。

第五版与前版比较，更加突出了对民事诉讼法原理的阐释，其阐述也更加深入、成熟和系统。第五版教材也关注了近些年来民事诉讼实践中的重要问题和新的动向，并给予了理论上的阐释，试图在指导实践方面有所作为。本版教材还进一步强化了对民事诉讼法文本和理论的认识和解读。由此，也丰富和提升了本教材的内容和层次。

最后，本人依旧诚挚地感谢法律出版社对本书再次修订的大力支持，也再次感谢本书编辑——刘琳女士。她对本书的修订提出了许多很好的、建设性的意见，感谢她为本书的辛勤付出。

作者于清华大学荷清苑忧法斋
2019 年 7 月 20 日

第四版修订说明

本教材从第三版出版至今大致经历了三年时间。时间虽不算长，但民事诉讼法的变化却不可谓不大。最主要的变化是《最高人民法院关于适用〈中华人民共和国民事诉讼法〉的解释》的出台和民事司法政策的转向。众所周知，基于立法体制、立法理念、立法成本等因素，我国《民事诉讼法》还需要借助大量的细化规则和制度才能有效实施。在我国，有关民事诉讼的大量细化规则是通过最高人民法院的民事诉讼法司法解释来实现的。而本次民事诉讼法司法解释条文又如此之多，达五百多条，足见内容之繁复。因此，作为民事诉讼法的教材有义务认真阐释和揭示新民事诉讼法司法解释所依据的原理及理论依据。另外，近年来新的政治变化和改革也使民事司法政策的导向发生了变化。变化之一在于重新认识了审判的功能和价值，强调以审判为中心，强调程序的公正，强调严格司法和执法，诉讼的调解化或过度调解化倾向正在得到纠正或弱化。司法政策导向的转变使民事程序的法理和技术再次受到重视。毫无疑问，在这种背景下的民事诉讼法教材是必须要进行修改的。此次教材的修订不仅增加了对新民事诉讼法司法解释原理和运用的阐释和说明，也对原有的内容予以了充实、增补和调整，进一步丰富了民事诉讼法的知识和理论。

最后，我真诚地感谢法律出版社对本书再次修订的大力支持，感谢刘琳女士对本书编辑的辛勤付出。

作者于清华园
2016 年 1 月 3 日

第三版修订说明

1. 本教材于2009年出版了第二版。2012年《民事诉讼法》进行了第二次修改。本次民事诉讼法的修改涉及的面比较广，内容比较多，还增加了不少新诉讼制度，如诚实信用、公益诉讼、小额诉讼、第三人撤销之诉等。为了适应民事诉讼法的这一变化，向读者提供新的民事诉讼法知识，笔者对本教材进行了相应的修订。

2. 本教材所引用的关于民事诉讼法的条文均为修订后的条文。

3. 除了根据修改后的民事诉讼法进行修正和补充之外，笔者还根据多年的教学经验，对教材的体系结构进行了调整。同时，根据民事诉讼法学研究的发展对教材一些理论观点和论述进行了修正和补充。

4. 为了更好地与民事诉讼实践对接，提供进一步分析思考的空间，扩展民事诉讼法的知识，本次修订增设了"问题与思考"和"知识扩展"这两个栏目。

5. 最后要衷心感谢本书编辑为本书所付出的辛勤劳动。真诚地感谢法律出版社对本书出版的大力支持。

作者于清华园
2013年6月16日

第二版修订说明

在本教材出版之后,2006 年 12 月国务院颁布了《诉讼费用交纳办法》,该办法于 2007 年4 月 1 日起施行,原来适用的《人民法院诉讼收费办法》同时废止;2007 年 10 月 28 日第十届全国人民代表大会常务委员会第三十次会议通过《关于修改〈中华人民共和国民事诉讼法〉的决定》,修正后的《民事诉讼法》于 2008 年 4 月 1 日起施行。2008 年,最高人民法院根据该修正后的《民事诉讼法》分别制定了《关于适用〈中华人民共和国民事诉讼法〉审判监督程序若干问题的解释》和《关于适用〈中华人民共和国民事诉讼法〉执行程序若干问题的解释》,作者根据颁布的《诉讼费用交纳办法》、《民事诉讼法》以及最高人民法院的上述司法解释对本教材进行了修订。

特此说明。

作　者
2009 年 1 月 9 日

编写说明

本教材在撰写方面注意了以下几点，其中有些也算是本教材的特色。

1. 民事诉讼法学可以说是中国法学各基础学科中发展最快的学科之一。理论研究十分活跃，学者们在借鉴国外理论的同时，也推进了学科研究的本土化进程，理论研究有了长足的发展。本教材在照顾学术观点成熟性和稳定性的同时，也尽量介绍最新学术研究成果、研究动态。

2. 民事诉讼法与有些法律（如公司法、破产法、刑事诉讼法等）一样，也面临着较大修改的问题，因此，本教材一方面注重对现行法的准确诠释，另一方面也对现行法的修正点予以说明，使本教材具有一定的前瞻性。

3. 法律是运行中的法律，实践中的法律。不了解法律制度的实际运行，也就意味着没有了解该法律制度，因此本书在阐释民事诉讼制度以及理论时，还注意了对其制度和理论的实际运用状态的阐述。

4. 每一门学科、每一本教材都有其重点、难点，也存在容易被人混淆、忽视和误识之处，因此本书有意识地在教材中突出了重点和难点，特别提示了容易被人混淆、忽视和误识的地方，从而使读者更易准确地理解和加以把握。

5. 民事诉讼是由各种特定结构和连续、变化的程序所构成的，因此为了更直观地认识民事诉讼中的各种程序和结构，本书为读者提供了较为直观的程序图和结构图。

另外，需要说明的是，由于我国正在制定专门的《破产法》，并有望在近期颁布，因此作者没有将破产程序的内容纳入本书。

写教材往往被人们认为是一件十分容易的事情，这是一种误识，实际上并非如此。用自己的语言，准确、简明、以别人最容易懂的表达方式说明基本原理其实是非常困难的。习惯于撰写晦涩和高深的学术著作的学者，在撰写教材时常常会感到极不适应。

笔者希望本书能成为一本有特色，同时容易被读者读懂的教材。

作　者

2004 年初秋

目 录

CONTENTS

第一单元　导　论

第二单元 民事诉讼中的法院

第三单元 当事人等

第七单元 诉讼程序

第十单元 人民调解、仲裁、公证与民事诉讼的对接

第十一单元 民事执行

第一单元

导　论

第一章 民事诉讼概述

本章目次

一、民事纠纷

人类社会是人与人共生的环境,彼此之间形成了特定的社会关系。在这个环境中,人们又总是在生存和不断发展的过程中相互作用。由于人们之间主观意识的差异和人们所处的客观环境的不同,必然不可避免地会在相互作用的过程中发生各种冲突。从这个意义上说,人类社会的历史同时也是一部人们之间感情、利益有意识或无意识的冲突史。这些社会冲突包括情感、伦理、政治、经济、宗教、文化等,冲突不仅发生在个人之间,也发生在个人与一定组织之间或组织与组织之间。

不同的社会领域存在不同的社会冲突。**在经济生活领域,人们之间会经常发生涉及各种经济利益、经济权益的冲突,人们也习惯把这类冲突中比较明显的那部分经济利益冲突称为经济争议或经济纠纷。这些直接或间接涉及经济利益的冲突,其中有相当一部分是属于民事法律规范加以调整的,按照通常的说法称为“民事纠纷”或“民事争议”,也有“民事争执”“民事争端”等说法**。例如,由于实施侵权行为造成他人损害引发的损害赔偿争议;因双方签订的合同没有履行，一方要求履行或给予赔偿所发生的争议；共有人对共有财产的分割发生的争议等。这些纠纷一旦被纳入一定的解决程序予以处理时也称为“民事案件”。对于这些民事纠纷，人们通常有物权纠纷、债权纠纷、侵权纠纷、商事纠纷、家事纠纷等说法。这些说法主要以法律关系的不同大类为根据。不同的法律关系发生的争议，在诉讼上也有不同的特点，甚至诉讼规则也有所不同。例如，家事纠纷的诉讼就不同于一般民事诉讼。这一点需要特别注意。

认识民事纠纷需要注意以下几点：

其一，民事纠纷涉及的是民事权利义务的争议。这些关于民事权利义务的争议既涉及民事主体之间的财产关系，也涉及与财产有关的人身关系，例如婚姻关系、收养关系等。

其二，民事纠纷当事人之间的法律关系是民事法律关系，因而当事人之间的法律地位是平等的。

其三，民事纠纷在性质上属于私权争议。法律上的争议可以分为两大类：公权争议和私权争议。民事纠纷涉及民事权利义务的争议，解决民事纠纷适用的法律属于私法。解决公权争议适用的是公法，适用的程序也有所不同。

民事纠纷的这些特性也就决定了解决民事纠纷的诉讼程序应当具有相应的特性，必须反映民事纠纷的这些特性。总体上来说，民事纠纷的性质属于私权争议，但实际上，作为民事纠纷的私权争议又包含两大类：一类是不涉及身份关系的民事纠纷；另一类是涉及身份关系的民事纠纷，例如关于婚姻关系的争议、关于收养关系的争议等。涉及身份关系的民事法律关系与一般民事法律关系有所不同，当事人不能完全自由地处分自己的权利，因此解决涉及身份关系的诉讼也应当有所不同，在这些诉讼程序中，当事人的处分权也相应地受到限制，例如，自认制度就不能适用于涉及身份关系的诉讼。这一点是需要特别注意的。

还应当注意的是，我们有时把公益纠纷也纳入民事纠纷的范畴，但实际上公益纠纷与民事纠纷有根本的不同，民事纠纷的本质是“私益”，所谓“公益”的属性，本身就决定了公益纠纷不属于一般民事纠纷，虽然这类纠纷涉及加害人的民事责任，但属于一种特殊的纠纷类型。因此，即使要适用民事程序（部分适用），也应当在民事程序中设置相应的与一般民事诉讼不同的原则、制度和程序。

二、民事诉讼

冲突的发生使社会处于一种非正常的状态，也会对自己产生不利的影响。因此，人们相互之间在不断产生冲突的同时，也在不断寻求解决冲突的途径和方法。自力救济就是人类最早采用的、最原始的解决冲突的方法。

自力救济是利害关系人或权利人在不通过他人所设定的程序、方法和第三者力量的情况下，以自己的实力维护自己被损害的利益或权利，从而解决争议的方法、手段和过程。

由于自力救济是一种最简单的、最直接的方式，因此，不能否认自力救济在权利救济方面具有经济性、便利性和一定程度的实效性。即使在人类步入社会管理高度现代化的今天,客观上仍不能排除自力救济这种最原始的争议解决方式,事实上在许多场合,自力救济的方式仍然发挥着作用。

此外,自力救济的缺陷也是十分明显的,容易导致暴力行为,使冲突性质发生转化,激化冲突并派生其他争议,缺乏社会公正性等。因此,为了更好地解决争议,人们从原始的平等意义上开始寻求通过第三人以中立的立场来解决当事人之间争议的途径和方法。民间调解等解决纠纷的形式便是这种探求的结果。但民间调解的实效性主要是靠习惯规则、当事人之间的道德约束来实现的,缺乏外在的强制力作为保障。基于权利救济的实效性与公正性的考虑,争议的真正解决必须借助国家及其强制力,这就诞生了作为国家司法制度组成部分的民事争议解决程序和制度。法院代表国家作为裁判者以中立的立场来审理和裁判当事人的民事争议,并通过执行制度来保证裁判的实现,这就是所谓民事诉讼制度。诉讼制度因诉讼对象性质的不同又分为刑事诉讼、行政诉讼和民事诉讼三大类。

民事诉讼,是指民事争议的当事人向人民法院提出诉讼请求,人民法院在双方当事人和其他诉讼参与人的参加下,依法审理和裁判民事争议的程序和制度。

按照诉讼法律关系的理论,民事诉讼是诉讼主体(广义)各种诉讼活动以及所产生的各种诉讼法律关系的总和。广义的民事诉讼除了审判程序外,还包括执行程序。从理论上讲,由于民事诉讼制度的设计最为复杂,而且以国家强制力为保障,因此,被认为是解决民事纠纷的各种方法和手段中最公正和最有效的方法和手段。民事诉讼具有以下特征:

第一,一般而言,民事诉讼是一种当事人对立,法院居间审理、裁判的等腰三角形结构。当事人之间由于利益冲突而诉至法院,在诉讼中,一方提出诉讼请求,另一方则进行防御、抗辩,因而在诉讼中形成一种对立或对抗的基本态势和结构。法院作为国家的司法机关在民事诉讼中处于中立的地位,平等地对待当事人,以保证裁判的实体公正和形式公正。这样一来,民事诉讼就呈现一种类似几何上等腰三角形的结构。不承认民事诉讼的这种现实结构,就无法正确认识民事诉讼。当事人之间虽然会就诉讼中的某些事项达成协议,甚至通过调解或和解解决纠纷,但这不过是当事人对自己权利的处分,是一种让步或妥协,并不能否定他们之间的对抗本质。

第二,民事诉讼依靠国家强制力解决民事纠纷。这体现在:(1)当原告向法院提起诉讼后,被告就有义务应诉,即被告应诉的强制性。被告不能拒绝法院的审判。被告不到庭的,法院可以强制其到庭,不能强制到庭的,法院可以缺席判决。(2)法院作出的决定、裁定和判决,当事人必须服从,履行裁判所确定或规定的义务。如果不主动履行裁定和判决的,法院可以在当事人的申请下,强制执行。

第三,从诉讼对象来看,民事诉讼解决的争议是有关民事权利义务的争议。一般而言,这些民事权利义务的争议就是法律上规定的具体的权利义务争议。法院解决民事争议时,必须适用实体法的规定,如果没有实体法的规定,便无根据可以适用。另外,非民事权利义务的争议不能纳入民事诉讼程序加以解决,除刑事案件和行政案件外,伦理上的冲突、政治上的争议、体育竞赛的争议、团体组织内部的争议、宗教上的争议等也都不能成为民事诉讼的对象。这一问题涉及民事审判权的范围问题。

第四,民事诉讼是依照一定的法律规范,严格按照预定的程序和方式进行的。为了保证民事诉讼的公正性,民事诉讼法规定了一套比其他民事争议解决制度更为复杂的程序,也可以说,民事诉讼在形式上是最为公正的程序。(见图1)民事诉讼还要求法院和所有诉讼参与人的诉讼行为必须符合规定的方式,违反了规定的方式和程序有可能(不是绝对)导致诉讼行为的无效。相比之下,民事调解和仲裁在程序和方式的严格性方面就不如民事诉讼。这就使民事诉讼程序呈现一定刚性化特征。

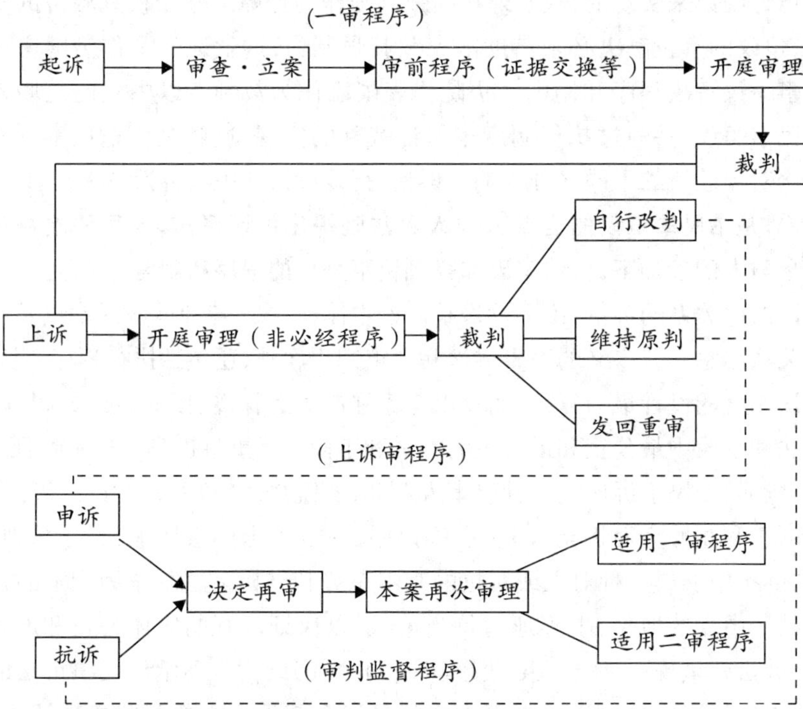

图1 民事诉讼程序流程

民事诉讼是由若干规定的阶段和程序构成的,民事纠纷的解决需要按照法律所规定的阶段和程序进行,要求诉讼行为的实施需具备一定的要件。(见图2)这使民事诉讼程序成为最为复杂的民事纠纷解决方式。虽然这些阶段、程序和行为要件的设定有助于最公正地解决民事纠纷,但也因此相对地使民事诉讼具有刚性化的特点,从而影响了民事纠纷处理的灵活性。尽管民事诉讼程序在制定时会尽量考虑方便、灵活地解决民事纠纷,但依然无法达到其他非民事诉讼程序那样的程度。

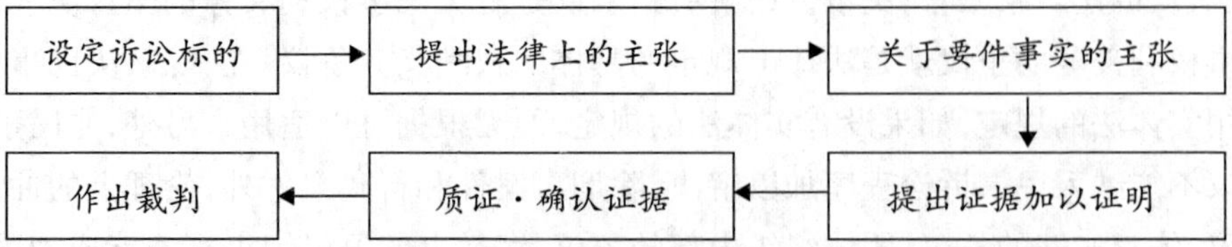

图2 民事诉讼的预定程序

第五,事实认定的形式化。民事纠纷的解决首先需要裁判机关认定案件事实,并在正确认定案件事实的基础上作出公正裁判,但由于案件事实的认定需要依靠证据,而基于合法性的要求,法院认定事实的证据又必须满足一定的形式要求,这样一来,也就有可能影响事实认定的有效性。在一些案件中,尽管权利人事实上享有权利,却因为没有提供符合要求的证据而无法得到法院认可。

民事诉讼相对于其他民事纠纷解决方式,是一种成本较高的纠纷解决方式。在通常情况下,民事诉讼的提起和进行需要消耗财力、人力和物力。尽管案件受理费等一些诉讼费用由败诉方承担,但胜诉当事人依然会因为民事诉讼而开支费用,消耗人力和物力。就社会资源的耗费而言,民事诉讼不是最经济的纠纷解决方式。另外,由于民事诉讼程序的复杂性,民事诉讼相对于其他民事纠纷解决方式来讲,更为消耗时间。例如,一些案件要经过多次审理才能终结。

作为一种解决民事纠纷最为复杂的程序和手段,民事诉讼不可避免地存在如何诉讼的技术性要求,这一方面使人们不能方便适用民事诉讼程序,另一方面也使诉讼技术有可能成为遮蔽案件真实的障碍。

不过,我们在认识民事诉讼的局限性时,是从整体状态所作的一般性描述,实际上,民事诉讼作为一个解决民事纠纷的系统,是一个多样化和开放的系统。为了应对民事纠纷解决的效率问题,民事诉讼程序的构成是可以根据纠纷类型化情形加以构建的,例如,对于简单的民事纠纷,可以适用简单的民事诉讼程序,在审级制度、审理程序、证明方法、证明要求方面都可以相应简化,从这一点来看,民事诉讼的局限性也就大大降低了。因此,我们不能简单地谈民事诉讼的局限性,尤其不能夸大民事诉讼的局限性,片面地突出其他某种纠纷解决方式的长处。从辩证法的观念来看,任何解决纠纷的方法和手段都有相应的不足,民事诉讼在解决纠纷方面的重大价值和作用是不能否定的。

三、民事诉讼制度的目的

(一)研究民事诉讼制度目的的意义

关于民事诉讼制度的目的(也称民事诉讼的目的),过去并不为理论界所关注。在相当长的一段时期里,我国的民事诉讼法学一直注重于对现行法的被动解释,因此,一般认为民事诉讼制度目的这样的问题显然应该在立法时就已解决,而不是在民事诉讼法制定以后再探讨。在现行民事诉讼法中,关于民事诉讼法的任务已经规定得很明确,对人们来讲,只需要努力地实现这些任务就可以了。现在看来,这种认识有其局限性,探讨民事诉讼制度目的的意义在于:(1)任何制度的设计和建立都是人们有目的的理性行为的结果,厘清制度设计和建立的目的,有助于更好地运行该制度。(2)制度总是由若干规范构成的,这些规范本身以及这些规范的搭建和组合应当与该制度的目的整合,否则必然导致不亲和甚至矛盾,从而影响整个制度的运行,以致无法达到制度设立的目的。(3)制度的目的与制度的完善有密切的关系,制度的结构与制度的部分构件的组合一旦与制度的目的不一致时,就应该加以调整或调谐，以保持与目的的一致性。(4)人们设计制度时对制度目的的思考是人们的主观认识，主观意识中的目的并不能替代制度本身应有的目的，对制度目的的研究有助于我们认识制度应有的目的，即目的设定的科学性问题，防止人们主观的偏识和臆想。

也有人认为，民事诉讼法的目的与民事诉讼的目的这两个概念可以混用，因为制度和法这两个概念本身就有交叉，因此，将民事诉讼法的目的与民事诉讼的目的或民事诉讼制度的目的混用并无大碍。

(二)民事诉讼制度目的的含义

民事诉讼制度的目的是民事诉讼法学的一个基本问题。它关系民事诉讼的任务、民事诉讼的功能、民事诉讼的基本范畴、民事诉讼体制、民事诉讼基本模式、诉权、辩论原则、既判力等一系列问题。

民事诉讼制度的目的，是指人们在设计民事诉讼制度时，要求或期望该制度达到的目标。目的从另一个角度讲，就是追问人们设计和建立民事诉讼制度的最基本的理由或需求。尽管目的是人们主观上的反映，但目的的设定和实现必须以客观世界为前提。民事诉讼制度目的的设定也同样如此，人们不应随便地设定不现实的目的。与民事诉讼制度的目的这一概念最相近的是民事诉讼制度或民事诉讼的任务。两者的相同之处在于，目的和任务都是人们主观上的设定，都是一种主观上的追求。两者的区别在于，任务是人们为达到一定目的所设定的行为要求。任务是由目的决定的，但应当注意的是，不同的目的决定了不同的任务，因此，民事诉讼制度的目的与民事诉讼法所规定的任务并不是完全一致的。人们在谈到民事诉讼制度和民事诉讼的任务时往往是不加区分的，而且有时也没有必要认真加以区分。但在任何时候和场合都不加以区分就难免欠妥，例如，不少人把我国民事诉讼法中规定的民事诉讼法的任务均作为民事诉讼制度的目的就是不正确的。《民事诉讼法》第2条规定，民事诉讼法的任务，是保护当事人行使诉讼权利，保证人民法院查明事实，分清是非，正确适用法律，及时审理民事案件，确认民事权利义务关系，制裁民事违法行为，保护当事人的合法权益，教育公民自觉遵守法律，维护社会秩序、经济秩序，保障社会主义建设事业顺利进行。很显然，这些任务中有相当一部分并不是民事诉讼制度的目的，例如，教育公民遵守法律等就不是民事诉讼制度的目的，而是民事诉讼的作用。另外，民事诉讼法所规定的上述任务中有的并不是民事诉讼制度的目的所决定的，而是由其他目的所决定的。民事诉讼制度的目的应当是相对比较单一的，一旦人们设定了过多的目的，实际上也就没有目的了。

民事诉讼制度的目的与民事诉讼的功能也是两个十分相近的概念。但民事诉讼的功能是民事诉讼制度对外界的影响，不以人的意志和主观评价为转移。在这一点上两者的区别是明显的。

民事诉讼体制和基本模式的建构作为实现民事诉讼制度的目的和任务的手段，当然要受到民事诉讼制度目的的制约，但民事诉讼体制和基本模式的建构又具有客观性，并不以人们所设定的目的和人们的意志为转移。建立什么样的民事诉讼基本模式或体制与民事诉讼的本质特性、政治体制、经济体制、传统法律文化、诉讼观念等有密切关系。[1]

(三)有关民事诉讼制度目的的学说

关于民事诉讼制度的目的,一直是国外民事诉讼理论界比较关注的问题。对此,外国学者主要有以下几种观点:

一是权利保护说。这种观点认为,民事诉讼制度的目的是保护实体法所规定的实体权利。其理由是,民事诉讼制度的建立是基于克服权利人因自力救济所带来的弊端,为否定自力救济方式而建立以国家强制力为后盾的民事诉讼制度,以取代通过自力救济方式对权利的保护。该观点为德国学者所倡导,至今在德国仍然有相当大的影响。[2]

二是私法秩序维持说。该说认为,民事诉讼制度是基于国家维护私法秩序的目的而设立的。国家为了调整私人之间的利害关系而制定了私法法规,即建立了私法秩序,但仅有私法秩序不行,还必须要建立民事诉讼制度来维持这种私法秩序,保障私法法规的实效性,这就是民事诉讼的目的。权利保护说仅仅从保护私人权益这种个人目的来说明一种国家制度设立的目的是不妥当的。

三是纠纷解决说。纠纷的请求本身是先于实体法的,即使是实体法相当完备的今天,仍然存在没有实体法依据的情况,但法院并不能因此拒绝作出裁判,因此,就不能认为民事诉讼制度是为了维持现有的私法秩序。而且民事诉讼制度也并不是为了实体法才建立的。所以,只有解决纠纷才是民事诉讼制度的目的。与此相联系,诉权也就是原告向法院提起的,要求法院作出本案判决从而解决纠纷的一种权利。纠纷解决说,一方面考虑了原告利用民事诉讼的目的,另一方面也顾及作为民事诉讼制度设立者——国家的利益,因此比较圆满地说明了民事诉讼制度的目的。该学说在日本占有通说的地位。

四是程序保障说。程序保障说从一种全新的诉讼观念和诉讼理念来思考民事诉讼制度的目的,强调正当程序,并根据正当程序原理提出了程序保障说。[3] 所谓程序保障,简单地讲,是指保障当事人双方在诉讼审理中提出主张、进行证明的机会。这种程序保障具体地体现为当事人享有的辩论权和在诉讼中贯彻辩论主义。按照过去传统的观念,程序保障只是一种手段,而不是目的。程序保障说则一反这种传统观念(严格说应当是大陆法系的传统观念),认为保障当事人在诉讼中平等地进行攻击和防御才是目的,判决不过是程序保障的结果。[4] 而且民事纠纷并不都是通过判决来加以解决的,许多情况下,纠纷是通过当事人之间达成的和解解决的,通过判决就能够直接解决纠纷的设想没有能够很好地把握民事诉讼对于解决纠纷的功能和作用。对此,也有的学者指出,尽管程序保障说对于强调程序的存在价值具有重要和积极的意义,但将程序保障本身目的化以后,就可能忽视法院判决对解决纠纷的作用。另外,作为裁判根据的实体法也将失去价值,发现真实和迅速审理

---

〔1〕 参见张卫平:《民事诉讼基本模式:转换与选择之根据》,载《现代法学》1996 年第 6 期。

〔2〕 参见[日]新堂幸司:《民事诉讼法》,弘文堂 1990 年版,第 1 页。

〔3〕 参见刘荣军:《程序保障的理论视角》,法律出版社 1999 年版,第 105 页。

〔4〕 参见[日]井上治典、伊藤真、佐上善和:《新民事诉讼法》,日本评论社 1989 年版,第 365 页。

的诉讼理念也必将被否定。[5]

关于民事诉讼制度的目的，除了上述几种主要的学说外，还有其他学说，如多元说、法解决说、权利保障说等。[6] 学者们对民事诉讼制度目的认识的差异，一方面，与每一个学者认识问题的角度、出发点、强调的重心和侧重点的不同有关；另一方面，与民事诉讼制度目的这一问题的高度抽象性和复杂性有关。对民事诉讼制度目的的科学界定，涉及国家的作用、民事诉讼制度与宪法的关系、民事诉讼制度与诉权、民事诉讼制度与诉讼程序的价值、民事诉讼制度与民事诉讼法学的诸多关联问题，在短时间内还难以形成比较统一的学说。

笔者认为，民事诉讼的目的应当是公正、迅速、经济地解决民事纠纷。公正、迅速、经济地解决民事纠纷，这一目的比单一地主张以纠纷解决作为目的更具有合理性。这种认识使公正、迅速、经济本身也成为民事诉讼目的的构成要素，而不仅仅是手段。这种目的论认识也与程序的独立价值论是一致的。如果单纯追求民事纠纷的解决，就可能忽视公正性，导致对当事人程序权利的侵害。在我国的现实中发生的一味追求诉讼调解率、诉前调解、强制调解的实践性错误，都与人们对民事诉讼目的的错误认识有密切的关系。

上述目的论在概念上所遭遇的主要质疑是，公正、迅速、经济是实现目的的手段，而不是目的本身。这一质疑的问题在于，过于囿于手段与目的的分离，实际上，公正、迅速、经济与民事诉讼之间的关联性，在手段性和目的性之间并没有明晰的界限，因为对于公正、迅速、经济地解决纠纷的要求既是手段，也是目的。如果抛开程序本身的价值要求去探寻目的，其目的也是没有意义的。民事程序本身也失去了独立存在的价值。这也是不少人对目的论的讨论失去兴趣的原因。

四、民事诉讼法

(一) 民事诉讼法的含义

民事诉讼法，是指国家制定或认可的，规范民事诉讼程序和民事诉讼法律关系主体之间权利义务的法律规范的总和。民事诉讼法这一概念具有多重含义，从法源的角度，有时是指民事诉讼法法典文本(狭义的民事诉讼法)，有时是指所有关于民事诉讼的有约束效力的规范(广义的民事诉讼法)；从规范内容的角度，民事诉讼法不仅指关于民事诉讼程序的法律规范，也包括非讼程序、民事保全程序和民事执行(救济实现程序)的法律规范。这个意义上的民事诉讼法在国外的理论上也称为广义上的民事诉讼法。

1. 狭义的民事诉讼法

狭义的民事诉讼法，仅指专门或集中规定民事诉讼程序和诉讼关系主体权利义务的法律法规，通常是指以《民事诉讼法》为名的法律或法典。例如，1991 年 4 月 9 日我国第七届

---

[5] 参见[日]伊藤真：《民事诉讼法(一)》，有斐阁 1995 年版，第 15～16 页。

[6] 参见[日]竹下守夫：《民事诉讼法的目的与司法的作用》，牟易、诚诿译，载《现代法学》1997 年第 3 期；[日]伊藤真：《民事诉讼法(一)》，有斐阁 1995 年版，第 15～16 页。

全国人民代表大会第四次会议通过的《民事诉讼法》。

因为我国的民事诉讼法还处于发展的阶段，所以，单一的民事诉讼法法典还能够容纳民事诉讼的各种制度。但从各国民事诉讼法的发展趋势来看，为了更好地规范和调整相应的关系，原来民事诉讼法法典中的诸多制度已经从民事诉讼法法典中分离出来成为独立的法律，例如，强制执行法、民事保全法、人事（关于身份关系）诉讼法等。这些分离出来的法律与民事诉讼法法典共同构成了民事诉讼法律体系。随着我国民事诉讼法的发展，我国也有可能在不远的将来将有些制度从民事诉讼法法典中分离出来，例如，强制执行制度就将从民事诉讼法法典中分离出来，成为独立的强制执行法。

2. 广义的民事诉讼法

广义的民事诉讼法，是指除了狭义民事诉讼法之外的，存在于其他法律、法规和司法解释中的有关民事诉讼规范的总和。

一是法律、法规的相关规定。

主要是指在《民法典》等法律、法规中的规定。例如，《民法典》规定，女方在怀孕期间、分娩后一年内，男方不得提出离婚。该条就是对当事人行使诉权和起诉的限制。

二是最高人民法院的司法解释。

如果按照2007年《最高人民法院关于司法解释工作的规定》，司法解释是指由最高人民法院就法律的具体应用而制定的，并经最高人民法院审判委员会通过和发布的具有法律效力的解释性文本。由于该规定明确指明司法解释具有法律效力，因此司法解释也就成为法渊之一。按照1981年《全国人民代表大会常务委员会关于加强法律解释工作的决议》的规定，凡属于法院审判工作中具体应用法律、法令的问题，由最高人民法院进行解释。

最高人民法院的司法解释权以及司法解释权的范围，一直是学术界和实务界关注、议论的话题。议论主要集中在所谓司法解释中的创设性规范问题。例如，设置诉讼权利行使的限制性条件、诉讼义务以及具体的诉讼制度等。从我国民事诉讼的现实需要来看，由于立法体制的原因，法律难以充分细化，因此的确需要最高人民法院制定某些保障民事诉讼正常运行的规则，而不仅仅是关于民事诉讼法条文的解释性规范。但司法解释应当在什么范围内设置诉讼权利行使的条件、诉讼义务以及具体诉讼制度，是一个值得研究的问题。法律应用的解释与司法解释的规范创设之间界限并不明晰。不过从原理上讲，司法解释对具体制度的创设应不涉及基本的诉讼权利和义务，否则存在越权之嫌。

2007年以前，通常认为只要是以最高人民法院的名义制定的关于民事诉讼法理解和适用的文本都是关于民事诉讼法的解释。这些文本的形式主要包括：(1)"意见"，如《最高人民法院关于适用〈中华人民共和国民事诉讼法〉若干问题的意见》（以下简称《民诉法适用意见》）。(2)"规定"，如《最高人民法院关于民事诉讼证据的若干规定》（以下简称《民事证据规定》）。(3)"通知"，如《关于第一审离婚判决生效后应予出具证明书的通知》。(4)"批复"，如《关于行政机关对土地争议的处理决定生效后，一方不履行另一方不应以民事侵权向法院起诉的批复》。(5)"复函"，如《关于在民事诉讼判决生效前对因管辖权异议的裁定上诉后如何适用法律问题的复函》。

2007年《最高人民法院关于司法解释工作的规定》的出台,目的是规范司法解释。该规定明确指出,司法解释的形式分为"解释"、"规定"、"批复"和"决定"四种。如果将这种形式作为法定形式,则意味着在这些形式之外的解释性文本将不再是具有约束力的司法解释,如过去已经存在的通知和复函等,对此最高人民法院的该司法解释规定并没有明确。

在最高人民法院发布的关于民事诉讼法的司法解释中,最重要的司法解释是2015年实施的《最高人民法院关于适用〈中华人民共和国民事诉讼法〉的解释》(以下简称《民诉法司法解释》),2014年12月18日由最高人民法院审判委员会第1636次会议通过(根据2020年12月23日最高人民法院审判委员会第1823次会议通过的《最高人民法院关于修改〈最高人民法院关于人民法院民事调解工作若干问题的规定〉等十九件民事诉讼类司法解释的决定》第一次修正;根据2022年3月22日最高人民法院审判委员会第1866次会议通过的《最高人民法院关于修改〈最高人民法院关于适用《中华人民共和国民事诉讼法》的解释〉的决定》第二次修正,该修正自2022年4月10日起施行)。该司法解释共计552条(2022年最新修正后条文数为550条),为历史上关于民事诉讼法的条文最多的司法解释。根据《民诉法司法解释》的规定,该司法解释实施之后,原来的《民诉法适用意见》即告作废。与《民诉法司法解释》冲突的其他关于民事诉讼法的司法解释也将无效。据此,也可以理解为其他司法解释中与之没有冲突的部分继续有效。

三是国务院以及国务院各部委等发布的法律法规解释性文件。

其包括由最高人民法院与其他有关行政机关联合发布的司法解释性文件,如最高人民法院与外交部、司法部联合发布的《关于执行〈关于向国外送达民事或商事司法文书和司法文书公约〉有关程序的通知》。

> 由于我国现行民事诉讼法法典比较简单概要,最高人民法院关于民事诉讼法的司法解释对民事诉讼法法典以及相关法律、法规的补充具有非常重要的作用,在学习和研究民事诉讼法的过程中不可忽视。但是司法解释不能与法律、法规相抵触,与法律、法规相冲突时,应当适用法律、法规。

应当注意的是,作为民事诉讼法基本规范的《民事诉讼法》并不仅仅规定民事诉讼程序,也包括民事强制执行程序、与民事有关的非讼程序(如宣告失踪、宣告死亡、认定财产无主、确认人民调解协议等),甚至还包括与民事无关的其他非讼程序。例如,在我国《民事诉讼法》中规定了关于选民名单案件的审理程序。

(二)民事诉讼法的性质、作用、地位

1. 民事诉讼法的性质和作用

从实体法与程序法界分的视角看民事诉讼法的性质,则民事诉讼法属于典型的程序法规范。民事诉讼法是专门规定民事诉讼程序以及诉讼主体及其他诉讼参与人诉讼权利义务的规范体系,因此属于程序法。

在大陆法系,人们依照法律所调整的社会关系不同,将法律分为公法与私法。公法调整的是国家与公民之间、政府与社会之间的各种关系,主要体现为政治关系、行政关系及诉讼关系等。私法调整私人之间的民商事关系即平等主体之间的财产关系和人身关系。所有法律也都按照这一分类站队。例如,宪法、行政法、刑法等属于公法;而民法、婚姻法等属于私法。

从公法与私法界分的视角看民事诉讼法的性质,则有公法说、私法说以及公私法兼顾说几种观点。公法说从民事诉讼法是规范国家对国民行使裁判权方法及界限的角度,认为既然是一种约束国家公权力关系的法律,因此应当属于公法。公法说为大陆法系国家通说。私法说认为民事诉讼法是解决民事纠纷的程序法,因此,应当与其实体法性质一致。此为少数说。公私法兼顾说认为,民事诉讼法既有规范法院权力的性质,也有规范当事人之间私关系的性质,因此,属于特殊的兼具公私法性质的法律。

民事诉讼法虽然属于程序法,但在整个法律体系中,与实体法具有同等重要的地位。民事诉讼法作为程序法不仅是为了保障实体权利义务的实现,同时也是为了程序权利义务的实现。从现代法的观念看,法制现代化的重要标志之一就是程序法制的强化、完善和现代化。由于我国目前尚处于法治的初级阶段,重视的依然是实质正义、实体法,民事程序法的重要性还没有得到充分的认识,因此,程序正义也未能得到充分彰显。这是我国法治发展中需要重视和解决的问题。

2. 民事诉讼法在法律体系中的地位

一是具有"基本法"的地位。民事诉讼法是实现所有民事实体法规范的程序规范的总和,因而属于"基本法"。民事诉讼法和民法、刑法、刑事诉讼法等都属于基本法的范畴。

二是属于"部门法"。民事诉讼法只是关于民事诉讼领域的专门法律,因此属于"部门法"。

(三)民事诉讼法与宪法

民事诉讼法被称为"适用(实施)中的宪法"。宪法的原则是通过民事诉讼程序、刑事诉讼程序和行政诉讼程序予以体现的。宪法作为根本大法也是民事诉讼程序的基本保障,是民事诉讼法最重要的法源。理论上,宪法应对裁判权的独立行使、基本的审判制度(如公开审判、程序救济)、当事人的审判请求权、正当程序请求权(包括应受法庭公开裁判的请求权、听审请求权、平等程序请求权)等作出规定,从裁判机构和程序两个大的层面为裁判的正当化提供基本的保障。所有具体的法律及其实施都不得与宪法的要求相违背。

宪法保障不应只是纸面上的规定,也需要一定的程序予以实现。例如,宪法如果规定了当事人的审判请求权,则在当事人就法院审判权存在异议时,就可以通过特定的程序适用宪法加以解决。在德国、韩国就是通过宪法诉愿程序予以解决的。

在我国,依宪治国还只是处于启蒙阶段,宪法的完全实施尚缺乏具体的程序保障,因此,宪法的适用还有一个认识、建构和实践的过程。宪法对于民事诉讼的保障作用也显得不那么直接和明显。宪法对民事诉讼正当化的保障规范也还有所缺失。这也是今后依宪治国所面临的重大课题之一。

(四)民事诉讼法规范的种类

1. 效力性规范和训示性规范

民事诉讼法是由若干规范诉讼行为的具体规范构成的体系。不同的规范对其诉讼行为的作用和影响也不尽相同。由此,理论上可以将民事诉讼规范划分为效力性规范和训示性规范。通过这种理论上分类,可以更好地认识各种民事诉讼规范的不同效力和作用。

所谓效力性规范,是指如果行为人违反该规范,将对诉讼行为和诉讼程序产生影响。如诉讼行为或诉讼程序无效。

所谓训示性规范,是指仅仅要求行为人按照规范去做,但如果行为人不予遵守,也不会产生诉讼法上的效力。这种规范如同其名称,只是训示性的,劝导人们合理地实施诉讼行为。例如,关于及时提出证据,如果法律没有规定举证失权,那么,关于及时提出证据的规定就属于训示性规范。《民事证据规定》中关于当事人增加、变更诉讼请求或者提起反诉的,应当在举证期限届满前提出的规定也同样属于这种训示性规范,目的在于提高诉讼效率。这一规范并不是说,在举证期限届满之后,就绝对不能允许当事人增加、变更诉讼请求或者提起反诉。

2. 强制性规范和任意性规范

效力性规范又进一步可以划分为强制性规范与任意性规范。依照是否可以按法院或当事人的意思或意愿排除其约束力,可以将民事诉讼规范分为强制性规范和任意性规范。

所谓强制性规范,是指不能以法院或当事人的意思排除其约束力的规范。强制性规范要求法院或当事人必须严格遵守。违反强制性规范的诉讼行为或程序将是无效的。强制性规范的意义在于,对于违反强制性规范的诉讼行为或程序,即使当事人没有主张,法院也可以予以认定。例如,关于审判组织的构成、回避、专属管辖、审判公开、当事人能力(当事人诉讼权利能力)、诉讼能力(诉讼行为能力)等。这些规范中所涉及的事项,侧重法院的职能角度,即属于职权事项。

所谓任意性规范,是指可以按照当事人的意愿排除或缓和其约束力的规范。最典型的例子就是当事人之间通过协议在不违反专属管辖和级别管辖规定的前提下确定本案的管辖法院。还有关于适用程序的选择,如对于简易程序的选择适用等。在承认协议不起诉、不上诉的国家,关于起诉、上诉的规范也属于任意性规范。任意性规范的存在主要是基于对当事人意愿的尊重。不过,与实体法不同,程序法一般不以当事人的意愿安排程序,如果那样将导致审判程序的混乱,司法资源的浪费。因此,在民事诉讼法中任意性规范为少数,通常表现为法律认可当事人可以按意愿改变的情形(如协议管辖、程序选择)。而在实体法中,当事人在许多情形下都可以通过约定来确立其权利义务。[7]

(五)民事诉讼中的判例、指导性案例

在判例法国家,如英国、美国等国,判例具有与法律同样的规范效力。因此,关于民事诉讼的判例对法院和当事人都有约束力,必须遵循。而在大陆法系国家,判例虽然没有与法律同样的规范效力,但判例依然具有参照性,尤其是上级法院的判例,对下级法院具有实质上的约束力。遵循判例有助于根据社会发展的变化以及案件的实际情形,灵活地处理、规范社会关系,适当地解决纠纷,也有助于司法的统一性。

---

〔7〕 关于民事诉讼规范的种类,参见[日]新堂幸司:《新民事诉讼法》,林剑锋译,法律出版社 2008 年版,第 30 页。

我国不是判例法国家,即使是最高人民法院作出的裁判也不具有抽象规范的作用,不具有像英美法系国家那样的实际约束力,不遵行上级法院的判例也不能视为违法,更不能作为上诉和再审的理由。在大陆法系国家,上级法院的判例在案件情形相同时对下级法院具有实质上的约束力。通常下级法院会按照上级法院的判例作出裁判。当然,该判例不能违反法律的规定。

不过,近年来,为了保障司法的统一性,最高人民法院于2010年发布了《关于案例指导工作的规定》,明确了指导性案例的范围、指导性案例的发布主体、推荐和征集程序以及指导性案例的效力等方面的内容。案例指导制度的实质作用在于,最高人民法院发布的指导性案例,各级人民法院审判类似案例时应当参照。这种参照性实际上是一种约束力。2011年最高人民法院公布第一批指导性案例四个,其中,涉及民事诉讼的指导性案例有一个。[8]案例指导制度的实际运行遇到较多障碍。在理论上,对指导性案例在法律上的效力也有诸多质疑。例如,违反指导性案例能否成为上诉和再审的理由就是一个问题。如果可以,指导性案例就不再是参照的问题。

(六)民事诉讼法的效力

1. 民事诉讼法对人的效力

民事诉讼法对人的效力,是指我国民事诉讼法适用于哪些人,即对人的效力范围。

《民事诉讼法》规定,凡在中华人民共和国领域内进行民事诉讼,必须遵守本法。也就是说,在我国进行民事诉讼的一切自然人、法人和其他组织都应当适用《民事诉讼法》,即使自然人、法人和其他组织的所在地不在我国境内也是如此。

2. 民事诉讼法的时间效力

民事诉讼法修改之后,**关于民事诉讼法的时间效力问题,实质是新法与旧法的适用问题**。1991年《民事诉讼法》第270条规定:"本法自公布之日起施行,《中华人民共和国民事诉讼法(试行)》同时废止。"《民事诉讼法》于1991年4月9日经第七届全国人民代表大会第四次会议通过,同日公布施行,因此,民事诉讼法的时间效力就是从1991年4月9日起生效。对于民事诉讼法生效以前受理的案件,应该适用哪一部民事诉讼法的问题,最高人民法院在1991年5月发布了《关于学习宣传贯彻民事诉讼法的通知》,该通知指出,在《民事诉讼法(试行)》废止前受理的案件,按旧法进行的程序仍然有效。《民事诉讼法》施行后受理的案件,一律按照新法审理。最高人民法院历年来所作的有关民事诉讼方面的司法解释,凡与民事诉讼法相抵触的,一律停止执行。

2012年8月我国再次修改了《民事诉讼法》。修改后的《民事诉讼法》从2013年1月1日起开始生效。这也就涉及新法生效之前系属于人民法院的民事案件,在生效之后如何适用新法的问题。对此,最高人民法院于2012年12月发布了《关于修改后的民事诉讼法施行时未结案件适用法律若干问题的规定》。根据这一规定,2013年1月1日未结案件适用修改后的《民事诉讼法》,但本规定另有规定的除外。对这些案件,2013年1月1日前依照修

[8] "吴梅诉四川省眉山西城纸业有限公司买卖合同纠纷案",参见最高人民法院首批指导性案例。

改前的《民事诉讼法》和有关司法解释的规定已经完成的程序事项，仍然有效。其内容又涉及管辖、送达、强制措施、诉前保全、再审等具体规范的适用问题。

在实体法方面，为了维护旧法所确定的法律效果或既得权利，维系社会关系的稳定，实体法采用不溯及既往的原则。与此不同，程序法因为一般不涉及既有的权利义务问题，因此，原则上可溯及既往。不过，程序法在某些情形下也存在需要考虑程序的稳定性和诉讼经济的问题，因此，对于某些诉讼行为的效力依然遵从旧法的规定，如送达、管辖等。例如，按照原来的规定已经完成的送达依然有效；已经管辖受理的案件不因为关于管辖规定（包括法律和司法解释）的改变，而变更管辖法院，管辖依然有效。

3. 民事诉讼法的空间效力

民事诉讼法的空间效力，是指民事诉讼法效力的空间范围。凡在中华人民共和国领域内进行民事诉讼，必须遵守本法，《民事诉讼法》的这条规定指明了我国民事诉讼法的空间效力。其空间效力为中华人民共和国领域。这里所指领域包括：领土、领空、领海以及领土的延伸部分。

（七）民事诉讼法的近现代发展

近代以来，各国民事诉讼法随着社会的发展、变化也一直在不断演化之中。从法治发达国家民事诉讼法的近现代发展来看主要有以下几个方面的演进：

一是原民事诉讼法法典中的特殊程序规范不断独立成为单行的程序法。例如，强制执行法、家事诉讼（程序）法、保全法、非讼程序（事件）法等。独立为单行程序法的原因在于能够更好地根据其所调整对象的特殊性予以规范。一方面，有些适用于民事诉讼以及一般民事诉讼的基本原则并不适用这些程序；另一方面，这些程序的完善需要更细化和具体的规定，但如此，必将使《民事诉讼法》法典变得非常庞杂。因此，分化出更多的专门程序法是其必然结果。当然，各国的情形不同，制定单行法的情形也有所差异。

二是根据社会发展和变化的需要，增加和充实特殊的诉讼程序规范。社会的发展和变化使民事纠纷解决的方式和程序也需要根据这种发展和变化而不断增加和充实新的程序规定。例如，票据诉讼程序。为了适应票据实体法的特殊性，票据纠纷的诉讼程序也应具有自己的特殊性。就票据法原理而言，票据是一种"文言证券"，票据上的权利关系只有证券上的文字才能专门加以证明。因此，不允许通过其他证明方法变更或补充证券上的文字含义。另外，票据是无因证券，票据关系与票据原因关系脱离，以实现流通和信用功能，正是因为票据是无因证券、文言证券，因此，在票据诉讼中奉行书证原则。另外，为了强调纠纷解决的效率，票据诉讼实行禁止反诉原则。又如，增加关于公司代表诉讼、大规模侵权诉讼（环境侵权诉讼、消费者侵权诉讼）、知识产权纠纷诉讼的特殊规定，以应对大规模侵权纠纷解决的诉讼问题以及加强对知识产权的保护。

三是强调诉讼程序的多样化，促进纠纷的有效解决。西方法治发达国家基本上已经走过了从简到繁、由粗至细的发展历程，现代民事诉讼发展所面临的主要问题是如何实现实质公正（所谓实现从"程序型法治"向"回应型法治"转型）以及纠纷解决效率的问题，似乎形式公正或程序正义已经不是突出问题。因此，这些国家开始强化法官对案件的管理、强化法院职权、建立小额纠纷速裁、强调增强诉讼和解或调解功能是其民事诉讼法的发展趋势。例如,美国的管理型法官的出现,德国促进诉讼程序简化迅速的法律规范的出台,日本等国的小额诉讼程序、书证提出义务的一般化等都可以视为这种趋势的体现。

从民事诉讼法的发展趋势来看,对我国民事诉讼法的借鉴是:其一,我国民事诉讼法还处在发展阶段,还没有能够发展生成与社会发展相一致的诸多特殊诉讼程序。虽然,我国的社会发展还没有完全达至应有状态,但是我国的社会发展趋势已经显现,因此完全有必要在制度方面做好准备。例如,加快制定单行的强制执行法,考虑制定家事诉讼法、保全法、非诉程序法、公益诉讼程序法等。其二,增设和完善各种与纠纷解决相适应的程序规定,尤其是知识产权诉讼、环境侵权诉讼、公司诉讼、票据诉讼、小额纠纷诉讼、多数人纠纷诉讼等特殊诉讼领域。其三,在我们借鉴国外民事诉讼制度建构的同时,也要注意国外民事诉讼法的发展语境和背景差异,充分认识到我国民事诉讼发展的阶段性。尤其是要注意民事诉讼法发展的螺旋式和积淀性,否则可能出现"南橘北枳"的情形。另一个特别需要注意的语境差异是,基于体制上的原因,这些国家基本上不认为司法的中立性和形式公正是一个问题。而在我国,目前这依然是一个需要认真对待的问题,严重的司法腐败是其明证。因此,追求程序公正、细化程序规制依然是我们的目标。

五、民事诉讼法与实体法

(一)民事诉讼法与实体法的关联

作为程序法,民事诉讼法与实体法之间有非常密切的联系。民事诉讼法是实体法法律价值命题实现的程序,是实现实体法规范的工具和桥梁。人们通常将民事诉讼法对实体法的这一价值称为"工具价值"。离开民事诉讼法,实体法规范难以实现。法律只有在人们的社会生活中得以实施和落实才能使其真正具有活力和生命力。法律的实施和落实之中一条最重要的方法和路径,就是在具体的争议事件的诉讼中得以适用。一部法律只有在司法中适用,才能将法律的抽象规定与具体的生活事件和行为结合起来,实现法律对人们社会关系和行为的规范作用。所谓徒法不足以自行,实体法要想在具体争讼事件中得以适用,就必须通过一定的法律程序——民事程序(诉讼程序和民事非讼程序),通过司法裁判的"三段论"模式,使实体法的具体规定成为具体案件的裁判根据。作为应然的要求,民事诉讼法应当与民事实体法具有同样的精神,与民事实体法保持内在的一致性,并成为实现民事实体法律规范的桥梁。只有在具体的民事事件中加以适用,才能使实体法的具体规定、概念与具体案件情形连接,使抽象的法律规定得以阐释和展开。一部法律除了数字之外,绝大多数规范都是抽象的表达,因此,只有在诉讼中得以适用,才能使这些抽象规范具象化,成为丰满而生动的法律。

同时,民事诉讼法也不能离开实体法。从民事诉讼法的构造来看,可以说民事诉讼法在所有方面都与民法息息相关——法院主管、管辖、诉讼标的、诉的类型、当事人、诉讼第三人、证据、证明责任、保全与先予执行、非讼程序、判决效力、执行、仲裁等。在这些方面,民法典的相关规定往往决定了民事诉讼法的具体制度构成,最典型的就是民事诉讼中的正当当事人、共同诉讼和判决效力的主观范围和客观范围问题,正当当事人的确定、共同诉讼和判决效力的主客观范围在很大程度上是由实体法决定的。正是因为这种联系,民事诉讼法与实体法之间必须保持契合、协调。无论是法律概念还是具体制度的规定都应当保持一致性,避免矛盾和冲突。

(二)民事诉讼法与实体法在适用方面的差异

民事诉讼法与实体法在其适用方面也有诸多不同,主要有以下几点:

第一,实体法适用不溯及既往的原则,而民事诉讼法则适用溯及既往原则。实体法适用不溯及既往的原则,是指一旦实体法进行了修改,如合同法,则原来的合同纠纷在实体法的适用中不适用新法,依然适用旧法。与此不同,民事诉讼法修订之后,以往正在进行的诉讼将适用新的民事诉讼法。

第二,在外国法的适用方面,民事诉讼法采取法院地法的原则,而实体法则需要根据具体情形加以确定,按照准据法则可能适用国外的实体法。

第三,民事诉讼法作为司法规范,如果法律没有制度规定,则司法活动无法进行;相对而言,即使没有实体法的明确规定,作为法治国家法院也不能拒绝裁判,法院可以根据实体法的原则和原理进行裁判。

在大陆法系国家,民事诉讼法与实体法的差异还表现在:在上告程序中,上告审法院可以依职权对程序法事项进行调查,但对实体法事项不得进行证据调查。

六、民事诉讼法对《民法典》实施的协调与对接

2020年5月28日,第十三届全国人民代表大会第三次会议通过了《民法典》。《民法典》的颁布,对于我国民事法治乃至整个法治建设具有里程碑意义,是推进全面依法治国、推进国家治理体系和治理能力现代化的重大举措。

作为一项系统的、重大的立法工程,《民法典》的编纂已经完成,终于实现了中华人民共和国几代人的夙愿。但作为一部重要的法典,更重要的还在于实施和落实。法律只有在人们的社会生活中得以实施和落实才真正具有活力和生命力。法律的实施和落实之中一条最重要的方法和路径,就是在具体的争议事件的诉讼中得以适用。一部法律只有在司法中适用,才能将法律的抽象规定与具体的生活事件和行为结合起来,实现法律对人们社会关系和行为的规范作用。《民法典》亦是如此。所谓徒法不足以自行,《民法典》只有被具体适用,才能真正发挥其作为基础性、综合性法典规范我国民事领域各类民事主体的各种人身关系和财产关系的重要作用。

诚然,在现实中,实体法与程序法之间依然会存在不一致或脱节的情形。这是因为:其一,民事程序法能否与民事实体法保持一致,与人们的认识有关,认识出现偏差时必然会影响民事程序法与实体法的协调与对接。学科发展的隔离和思维差异,又是导致认识差异的主要原因。其二,民事程序法与民事实体法的发展变化并非完全同步和关联。人们在制定

和完善实体法时,基于立法的条件(时间、成本与知识积累)往往难以同时考虑与民事程序法的协调对接。由此,民事程序法与民事实体法之间总是存在一定的滞后,存在不能完全协调和对接的情形。因此,民事诉讼法与《民法典》如果不能适时协调与对接,必将直接影响《民法典》实施和落实的效果。民事诉讼法的一个最基本的工具性价值就在于实现民事实体法对权利义务的规定。因此,一部民事领域的基础性、综合性“大法”的实施也必然要求民事诉讼法尽快实现与《民法典》的协调与对接,推动《民法典》的有效实施和落实。可以说,民事诉讼法学当下最重要的任务之一就是研究民事诉讼法与《民法典》的协调与对接。

一直以来,民事诉讼法通过自身的不断修改,以及通过最高人民法院的司法解释规范,总体上保持了与民事实体法发展变化的协调和对接,尽管在某些方面或细节上还存在不能协调对接之处,在时间维度上存在滞后的情形。这次《民法典》并不仅仅是过去若干民事法律规范的整合和司法解释规范的提升,亦有新的规范的补充和完善,使我国的实体规范更加体系化、统一和细化。基于《民法典》的颁布于我国法治建设的重大政治与社会意义,《民法典》的颁布和实施成为了推动民事诉讼法与民事实体法协调对接的历史最佳契机。一方面,这些新的补充和完善规定的实现,需要民事诉讼法与之相应协调对接;另一方面,民事诉讼法尚未与民事实体法充分协调和对接之处亦可以借助《民法典》的颁布实施,进行一次较大规模的调整,展开一次全面系统的协调和对接作业,尽可能实现民事诉讼法与民事实体法变化发展的同步性。

(一)民事诉讼法与《民法典》的协调

在与民法典的协调方面,原则上民事诉讼法与《民法典》保持一致。其协调的基本思路呈现为,现行的民事诉讼法应当如何保持与《民法典》规定的一致性。从相反的角度看,就是研究和考察现行的民事诉讼法在哪些方面与《民法典》存在不一致的情形,需要加以调整。虽然从动态的角度看,实体法与程序法总是存在相互协调的问题,民事实体法的规定有时也需要与民事程序法保持一致。但正如本书前述所言,在《民法典》已经颁布的既定情形之下,需要解决的是民事诉讼法如何通过协调与《民法典》保持一致的问题。在民事诉讼法与《民法典》的一致性方面,又主要涉及以下三个方面:

1. 实现规范表述上的一致性

尽快修改《民事诉讼法》,使民事诉讼法,包括各种民事诉讼法司法解释,在规范的表述上与民法典保持一致。《民法典》生效的同时,《婚姻法》《继承法》《民法通则》《收养法》《担保法》《合同法》《物权法》《侵权责任法》《民法总则》同时废止。因此,民事诉讼法以及《民诉法司法解释》中的表述也就要相应进行调整。

2. 实现专有概念上的一致性

在应然层面,许多专有概念的使用上实体法和程序法应当是统一的。但实际上,两者的封闭发展,就可能导致两者在本应统一的概念上形成差异。在《民法典》制定之际,《民法典》需要顾及民事程序法,并保持一致;反过来也是如此。在《民法典》颁布之后,民事诉讼法就处于被动协调的地位,需要考虑的是现行的民事诉讼法在概念上如何与《民法典》规定协调一致。法典中的概念均有特定的含义，只要是在同一含义上适用，则在概念表述上就应当与其保持一致，避免出现歧义，产生法律适用上的混乱。例如，《民法典》将过去的"企业法人""社会团体"改为"营利法人""社团法人"，将"单位"改成"组织"。《民法典》颁布之前，"非法人组织"不是一个法律上的概念，是民事诉讼法理上使用的学理概念。现在，《民法典》中正式使用了"非法人组织"的概念，并且明确了这一概念的含义，故而在民事诉讼法中也应该有对应的调整，并且在民事诉讼的实践过程中使用这一概念。

3. 实现和保持与《民法典》原则、制度规定上的一致性

除了概念的使用之外，制度也是如此，制度是由若干概念有机构成的。不仅是具体的制度，也包括民法典确立的基本原则和精神。

一方面，在原则和精神层面与《民法典》保持一致性。实际上，首要的和重要的是民事诉讼法应当在基本原则和精神上与民法典保持一致。其中最为重要的、对民事诉讼法有决定意义的原则和精神是当事人自愿处分。民法典中的自愿处分成为民事诉讼法基本原则——处分原则的实体法根据。正是因为民事主体享有自愿处分其实体权利的自由，因此也就决定其在民事诉讼程序中也同样应该具有自愿处分其诉讼权利的自由。只有如此，才能达到马克思所说的，程序法与实体法具有同样的精神。然而，民事诉讼法与实体法在原则和精神上还有相当的差距。在民事诉讼中违反自愿处分原则的情形实际存在，并且为民事诉讼规范所实际认可。例如，再审程序取消职权启动、诉讼契约的制度化等方面都未在民事诉讼法中实现。

另一方面，在具体制度层面与《民法典》保持一致性。例如，连带责任与必要共同诉讼、普通共同诉讼的制度安排。在我国的诉讼实务中，债权人对连带债务人的请求通常被认为具有共同提出的义务。因此，涉及债权人对连带债务人的请求所发生的诉讼时，就构成必要共同诉讼（固有的必要共同诉讼）。但问题在于，按照民法的原理，债权人对连带债务人就连带债务行使请求权时，既可以向其中一人行使请求权，也可以向所有债务人行使请求权。那么，与此对接的诉讼处置，就应该是既可以向其中一人或部分人提起诉讼，也可以向所有人提起诉讼，而非必须向所有人提起必要共同诉讼或要求所有连带债务人参加诉讼。但由于在认识上将连带关系作为必要共同诉讼的实体要求，导致连带关系的诉讼必须为必要共同诉讼。如此，也就导致在诉讼法上没有与实体法保持一致。其实，在实体法上债权人既可以向其中一个债务人行使请求权，也可以向债务人的部分或全体行使请求权，因此作为诉讼法上的诉讼请求当然可以向其中一个债务人行使，也可以向部分债务人或全体债务人行使，并不要求所有债务人必须一同应诉。如果必须一同应诉，那么有一个债务人没有参加诉讼，诉讼就是不合法的，必须要追加被告。从这一观点来看，因连带关系所发生的诉讼就不一定是固有的必要共同诉讼，而应当将其作为类似必要共同诉讼更为妥当。又如，关于诉讼时效与执行申请期限的协调对接问题。

还应当注意的是，《民法典》中的一些原则和制度往往还需要在民事诉讼法中再度明确，以便在程序中予以适用；相反，实体法也可以直接对民事诉讼的某些具体程序和制度作出规定。例如，《民法典》就对非讼事件处理程序作出了某些规定（所谓实体法中的程序

法)。尽管如此,民事诉讼法还需要按照《民法典》的这些程序性规定,进一步细化程序规则。

(二)民事诉讼法与《民法典》实施的对接

与民事诉讼法与《民法典》的协调不同的是,民事诉讼法与《民法典》的对接是在承认民事诉讼法的独立存在之前提下,从《民法典》规范实现的程序路径和方法角度予以的考量。

民事诉讼法与《民法典》的对接,还包括在程序上需要设定或建构一些新的程序以实现《民法典》关于权利义务的规定。作为民事司法程序,根据权利义务争议的裁判、非讼事项的确认以及权利义务的强制实现三大类情形分为民事诉讼程序、非讼程序和民事执行程序。无论哪一种程序,其程序的具体设置都与民法典的实体规定有直接的关系。不同的民事权利义务纠纷、不同的非讼事项、不同的权利义务的强制实现,其程序在具体设置上都应有所不同。

就民事诉讼程序的设置而言,其程序差异主要考虑的是民事纠纷的性质、争议标的数额和民事主体的关系等差异性因素。民事诉讼的价值追求——公正、效率都离不开民事实体法的规定,尤其是公正。法律的公正是实体公正和程序公正结合。不能充分反映实体法的规定,也就无法实现纠纷解决的实体公正。也正因如此,不同性质的民事纠纷的诉讼程序在具体环节和细节设置上就可能有所不同。民事主体之间的不同关系也对民事诉讼程序的设置有不同的要求。民事实体法通过对权利义务的特定化,决定了民事纠纷的性质和民事主体之间的关系(包括双方或一方为多数人之间的关系)。

《民法典》不仅设定民事主体的权利义务,在民事权利义务发生争议时也会对民事权利义务争议的解决路径作出规定。在许多情形下,其明确告知是否可以向人民法院提起诉讼,通过司法途径予以解决。例如,《民法典》第 280 条第 2 款规定,业主大会或者业主委员会作出的决定侵害业主合法权益的,受侵害的业主可以请求人民法院予以撤销。无论是给付之诉还是形成之诉,其诉的不同以及裁判效力都与民事实体法有直接关系。对于有些纠纷类型,诉权的行使必须要有法律的明确规定,如形成诉讼。如果没有实体法的明确规定,便不能通过形成诉讼作出形成判决实现其法律上规定的形成效果,即形成诉权需要法律上的明确规定,形成诉权的性质是私法上的公权力,而非狭义形成权一样针对相对人的私权利。例如,合同的变更与解除、共有财产的分割等。虽然《民法典》为民事纠纷的解决规定或指示了司法解决路径,但如何设置具体解决程序,通常须由民事诉讼法加以规定。民事诉讼法在设定具体规则时就必须考虑这一类民事权利义务纠纷的特点,根据其特点作出程序制度的适当安排。民事程序——无论是诉讼程序还是非讼程序都有两个基本的维度需要考虑:一个是实体法维度,另一个是程序法维度。所谓根据民事纠纷的特点就是基于实体法维度的考量。程序法维度则是考量如何有利于案件事实的揭示、程序公正的实现、程序效率的提升、纠纷解决的便捷以及程序资源的有效利用等问题。

为了维系社会稳定,助力民事争议的解决,《民法典》特别明确规定,某些争议的双方当事人可以就该争议向司法裁判机关提起诉讼,通过司法途径予以解决。对于《民法典》已经明确的具体诉权,民事诉讼法规范就应相应地将其纳入可诉的范围之中,并且在程序上作出相应的处理,其首要的程序操作就是将该法律争议纳入法院的案由之中,以便于归类登记立案,并按照诉讼类型进入相应的程序安排进行审理。另外,《民法典》还在实体上规定了一些权利保障措施,这些措施也需要相应的程序安排予以对接。这些措施应当通过什么样的程序来实现,是设置独立的程序,还是适用已有的一般程序,应当根据实体权利保护的特殊要求设置。

(三)通过民事诉讼法对实体法规定的不足进行"后期"处理

任何一部法典都不可能做到规范上的完美无缺,这么一部如此庞大复杂的《民法典》也同样如此。在《民法典》实施过程中,通过民事诉讼法对其规定进行"后期"处理以弥补规定中存在的不足,也是民事诉讼法与民法典有效协调和对接的作业内容。在这个意义上,协调与对接都不是消极和被动的。民事诉讼法并非仅仅只规定程序法的内容,也可以根据情况就少量的实体法内容作出规定,尤其是在性质归属模糊的领域。如同实体法也不仅仅只规定实体内容,还可以根据需要规定程序法的内容。同样,程序法也可以包含实体法规范,只不过实体法规范不是其主要内容而已。实体法规定哪些程序内容,程序法中又应该规定哪些实体内容,有一个大体的分工和原则。就实体法而言,特殊的程序内容应当在实体法中附带地加以规定;程序的原则和抽象内容应当在程序法中加以规定。就程序法而言,实体法实施所必要的补充规定是一个很重要的方面。当然,这种补充必须以保持与实体法原则、精神一致为前提。

在实体法规定不明确或有缺失时,可以通过民事诉讼法或其司法解释规范予以明确,消除歧义(尤其是司法解释作为完全不区分程序和实体的规范,更能发挥其便利)。例如,《民法典》第229条(原《物权法》第28条)规定,因人民法院、仲裁机构的法律文书或者人民政府的征收决定等,导致物权设立、变更、转让或者消灭的,自法律文书或者征收决定等生效时发生效力。该条中的"法律文书"就是一个模糊的概念,法律文书至少包括判决书、裁定书、调解书、仲裁裁决书、仲裁调解书等。那么作为可以导致物权设立、变更、转让或者消灭的法律文书是否就是指这些法律文书?这一点是需要确定的。就学者们的研究论证而言,对此已早有定论,有一致的看法。其"法律文书"至少可以排除法院的调解书和仲裁机构的仲裁调解书,这一点没有在《民法典》中明确规定实属遗憾。因此,这就需要在《民法典》颁布之后,通过调整民事诉讼法尽快加以明确规定,以弥补实体法规定的不足。

又如,《民法典》生效后,《婚姻法》即失效,关于《婚姻法》的司法解释也将随之失效,自然也包括司法解释中的相关程序规定。因此,也需要在程序规定上予以调整和对接。例如,《最高人民法院关于适用〈中华人民共和国婚姻法〉若干问题的解释(三)》(以下简称《婚姻法司法解释(三)》)就亲子确认之诉的事实认定设定了推定规则,即夫妻一方向人民法院起诉请求确认亲子关系不存在,并已提供必要证据予以证明,另一方没有相反证据又拒绝做亲子鉴定的,人民法院可以推定请求确认亲子关系不存在一方的主张成立。但这一规则并没有在《民法典》中体现。该推定规则尽管并没有直接明确当事人亲子鉴定的协力义务,但是事实上产生了在一方提供必要证据时,另一方不协力则应承担不利后果的情形。虽然该推定规则也存在诸多争议,但如果没有类似规定,必然又回到没有亲子鉴定协力义务的状态,给亲子关系确认之诉的事实认定带来困难,因此这一程序问题依然有待通过立法或司法解释予以"后期"处理。

七、民事诉讼政策

民事诉讼政策是我国法学和司法实践中经常使用的一个概念,通常是指司法机关根据民事诉讼法,针对特定形势和实践情形所采取的关于引导或指导司法机关适用民事诉讼法的策略性措施。民事诉讼政策属于民事司法政策的组成部分。民事诉讼政策与特定的政治和社会情事有关,是特定政治、社会政策的直接反映。

民事诉讼政策不同于民事诉讼法,是一种政策指引和指导,是为了适应特定时期民事诉讼的形势,更好地解决民事纠纷所作出的政策引导和指导。诉讼政策的内容,因不同的社会形势有所不同。民事诉讼政策在立案、审判程序、再审、民事检察监督、执行、民事诉讼对人民调解的对接、仲裁的司法监督等方面都有所体现。尤其是在民事司法改革中,民事诉讼政策发挥着明显的作用。例如,智能化在民事诉讼中的运用。民事诉讼政策往往存在于司法机关的规范性文件之中,有时也以会议纪要、决定的方式予以体现。例如,最高人民法院关于民事审判工作的会议纪要。最高人民法院的司法解释也会反映特定时期民事诉讼政策。

民事诉讼政策虽然只是一种指引和指导,但由于司法行政化的运作方式,其在民事诉讼实践中也具有一定甚至较强的约束性。行政化程度越高,约束性也就相应越强。民事诉讼政策在我国的广泛应用和显现能动性是我国民事诉讼的一大特点。这与我国独特的社会治理方式有内在的联系。民事诉讼政策的广泛应用也与我国民事诉讼法制定和调整的滞后有关。如果民事诉讼法的立法调整能够及时跟进,民事诉讼政策的需求也就相应要小一些。由于民事诉讼政策实际上对司法机关具有一定的约束性,民事诉讼政策对民事诉讼法的适用具有一定的调控作用,因此,在民事诉讼实践中,如何使其在民事诉讼法规定范围内充分发挥其政策调整作用,又不至于超越民事诉讼法是民事诉讼政策实践中需要认真研究的实践性课题。

民事诉讼政策的调控作用与民事诉讼法自身的完善程度成反比关系,即民事诉讼法越趋于完善,民事诉讼政策所能发挥的调控作用就越小。民事诉讼法越是不完善,民事诉讼政策的调控作用就越大。在社会变动时期,法律往往难以适应这种变动,因此就需要发挥政策的灵活性优势,为了发挥政策的灵活调控作用,需要法律对这种调控提供一定的空间,不能规定太细、太具体。

八、民事诉讼制度的价值追求

(一)民事诉讼制度价值追求的含义及意义

民事诉讼制度的价值追求是人们或社会对民事诉讼制度的理想和期望,学界也将其称为或表述为“民事诉讼制度的理想”。人们或社会对民事诉讼制度应当如何设置或建构总是有一种期望,能够基本满足这种期望的民事诉讼制度就是理想的制度,包括程序制度和非程序制度。之所以是一种价值追求或理想,是因为现实当中限于各种条件以及价值之间的牵制,还很难达到这种理想状态,尤其是各价值追求之间的均衡状态,但人们不能放弃对理想状态的追求,并希望通过努力,不断趋近或接近这种理想状态,由此推动制度的进步。

民事诉讼制度的价值追求与民事诉讼目的的不同点在于,不是回答基于何种原因和理由设置民事诉讼制度,而是回答怎样才能实现民事诉讼制度所要实现的目的,是民事诉讼制度应当怎样的要求,是对民事诉讼目的实现手段的期望和要求。从逻辑上讲,民事诉讼制度的价值追求是在特定民事诉讼目的之下,以既定的民事诉讼制度存在为前提所提出的问题。民事诉讼制度目的论与民事诉讼制度价值论之间的联系在于,不同的目的论,对民事诉讼制度价值追求的理解也就有所不同。

民事诉讼制度价值追求这一概念有其存在的意义。这一概念集中和概括地表达了人们对民事诉讼制度建构和运行的理想和期望。作为人们的主观理念,虽然对民事诉讼制度的具体运作不具有规范意义或作用,但这一理念有助于指导具体民事诉讼制度建构和运行。通过这一概念,人们可以深化对民事诉讼制度的认识。在这一概念之下,可以更深入地探究人们对民事诉讼制度的价值追求的具体内容,明确哪些是应然的价值追求,以及各种价值追求之间的关系、相互衡平以及实现的条件或限制等问题。虽然在民事诉讼法的任务中包含了民事诉讼制度的价值追求的内容,但将民事诉讼制度的价值追求从民事诉讼法的任务中独立出来,更有利于这一问题的阐释和探讨,并且能够与民事诉讼的目的等涵括于任务中的其他概念加以区别。

(二)民事诉讼制度价值追求的基本内容

诉讼价值系民事诉讼所能实现、呈现的一种理想状态,是人们对理想的民事诉讼的希冀与追求。关于什么才是理想的民事诉讼,由于人们视角或立场的差异,其认识也存在差异。同时,也因为人们对特定概念的内涵以及语义理解的差异,在表达上也有所不同。在国内学术界,对民事诉讼制度价值追求相关内容议论最多的莫过于“公正”与“效率”,通常将“公正”与“效率”作为民事诉讼制度的基本价值要求。不过,在学术上单纯就“公正”与“效率”的含义以及相关关系加以论述的不多,大多是结合某些具体诉讼制度的构成以及运行,例如,举证时限制度、再审制度、发回重审制度、小额诉讼制度等进行分析。由于“公正”这一概念包括了程序公正和实体公正,因此,难免在论述中存在含混或模糊之嫌。从国外的理论来看,通常认为民事诉讼制度的价值追求应当包括以下几项基本内容,或者说以下内容具有较高的共识度。

1. 妥当或适正

所谓妥当(适正),强调的是民事裁判在事实认定和法律适用上是正确妥当的。“妥当”这一价值追求实质上是关于实现实体正义的要求。无论是事实认定,还是法律适用。实现实体正义是民事诉讼制度的工具价值,是民事诉讼法的基本任务和目的。因此,民事诉讼制度的建构和运行都需要尽量满足这一工具价值。

基于这样的价值理想和追求,在事实认定方面,就要求在建构具体的民事诉讼制度时,应当从这一价值追求出发,相应设置能够有利于保障正确认定事实的诉讼程序和方法。例如,诚实信用原则、各种证据方法的运用规则、质证认证的程序等。正确认定案件事实是正确适用法律的前提,是实现实体公正最主要的前提条件;在适用法律方面,也应当有相应的制度确保法律适用的正确。例如,上诉、再审、合议制、言词原则、直接原则等都被认为是服务于该价值追求的诉讼制度。在我国,上诉程序不仅对法律适用进行审查,而且对事实认定是否正确也要进行审查,这是保障正确适用法律,正确认定案件事实的主要程序制度。

2. 公正

所谓公正,强调的是作为民事诉讼中司法裁判的公正,是对裁判者的理想要求,实质是民事诉讼制度应当满足诉讼的程序公正的问题。程序公正主要针对的是审理裁判的主体——法官,更宏观的话题是司法公正。受传统司法、纠纷解决观念、传统诉讼方式(重调解轻裁判)的影响,以及法治初级阶段的制约,人们对程序公正不太重视,轻视实现实体公正的手段和方法的正义性,看重的是实体公正。民事诉讼法中的平等原则、回避制度、公开审判、言词原则、合议制等原则和制度都是基于此价值要求的制度设计。

3. 迅速

迅速的价值追求,是指民事诉讼应尽可能迅速地推进诉讼,了结诉讼纠纷,缩短诉讼周期。常言道,"迟来的正义非正义"就是对民事诉讼制度价值追求的一种表达。"迅速"这一价值追求对于诉讼程序膨胀的法治发达国家显得尤为重要。诉讼周期长一直是社会对西方国家民事诉讼制度的主要诟病之一。为此,西方国家在 20 世纪后半叶纷纷开始针对诉讼迟延、诉讼周期长的弊端,开启促进诉讼迅速的若干改革措施。也可以说,从那一时期开始,如何促进诉讼,提高诉讼的经济性就成为西方国家民事诉讼改革和发展的一项重要任务,甚至是首要任务。

在德国,被德国民事诉讼法学界称为"世纪修改"的 20 世纪最后一次大修改发生在 1977 年。这次法律大修改的法律成果是《裁判程序的简化及迅速化法》(以下简称《程序简化法》)。这次修改的目的是使审理更加充实和有效率。在《程序简化法》中,立法者引入了"主要期日"的概念,建立了"主要期日制度"(Haupttermin)。根据该项制度,在所谓的主要期日,案件的事实关系和案件的争点整理、当事人对争点问题的辩论以及证据调查都将一并进行。当事人可以在早期第一回期日的期日准备和作为书面审理程序的期日准备这两种程序中选择,使当事人可以根据不同案件的具体情况选择不同的准备程序。一般而言,早期第一回期日准备程序比书面准备程序更为快捷。《程序简化法》通过"失权"促使当事人尽快行使诉讼权利,以提高诉讼效率。

在英国,1994 年 3 月,英国最高法院大法官兼上议院议长迈凯(Mackay)爵士任命沃夫爵士对英格兰和威尔士民事法院的现行规则和程序进行全面审视,其目的简言之就是简化诉讼程序、改革诉讼规则、简化专业术语、消除诉讼拖延、降低诉讼成本、增加诉讼的确定性、强化公正审判、促进社会公众对司法的接近。

在日本,1996 年日本对民事诉讼法进行了所谓"世纪性修改"。其修改的一项主要内容就是促进诉讼、简化诉讼程序，提高诉讼效率，在这一方面的主要措施有三项：争点整理程序的完善和规范；证据收集程序的扩充；小额案件诉讼制度的建立。

在美国，则是通过建构“管理型法官”的方式，改变传统的消极处置的态度，强调法官对诉讼的积极介入，通过对诉讼的管理和控制提高诉讼效率，促使诉讼的迅速进行，缩短诉讼周期。

4. 经济

任何诉讼都有人力、物力和财力的消耗，都是有成本的。诉讼越复杂、周期越长，其消耗越高，成本越大。因此，民事诉讼制度的设计和运作就应当将降低诉讼成本，尽可能减少诉讼投入作为其主要的价值追求。对民事诉讼制度经济性的追求与对民事诉讼制度迅速性的追求具有关联性。一旦民事诉讼能够迅速推进，尽快结束，民事诉讼的成本也必然降低。诉讼的高消耗、高成本同样也是西方法治发达国家主要面临的问题。简易程序、小额诉讼、两审终审、督促程序等直接反映了这种价值理想。尤其是小额诉讼、诉讼简易化、纠纷司法解决的多元替代是世界各国从20世纪后半叶开始的普遍措施。这些措施和制度改进大大地降低了纠纷解决或诉讼的成本，成为西方发达国家民事诉讼法的潮流。

在学术界，也有人主张除了上述内容之外，民事诉讼制度价值追求还应有其他内容。例如，日本学者小岛武司认为在这四种价值理想之外，还应当加上人性化或人情味（人性的温情），裁判应当是心灵互通的裁判。有学者评价其价值理想具有浓厚的伦理化特色。言外之意，这一理想不宜作为一种法律上的价值追求。不过，笔者认为，对于某一类民事诉讼而言，这一价值追求的确是必要和实际存在的，如身份关系诉讼。在这类涉及身份关系的诉讼中，更加强调纠纷的人性化解决，更加强调以人为本的观念，强调维护当事人之间的情感联系。对这类案件的审判要求法官在审理中更加讲究人性化是应当的，但对于一般的民事诉讼似乎这种期望的意义就不是那么突出。

我国台湾地区民事诉讼法学者姜世明教授在上述四种价值理想之外，还提出了一种价值追求——“扩大诉讼制度解决纷争、避免裁判矛盾”。笔者认为这是民事诉讼功能的要求，而非价值要求，无论是扩大诉讼制度对于纠纷解决的有效性，还是避免裁判矛盾。尤其是避免裁判矛盾是一个技术性的要求，有些裁判矛盾不是仅仅通过诉讼制度就能够解决的，裁判矛盾有可能是基于实体法规范的矛盾。对于裁判矛盾的界定也比较困难，如果从裁判事实认定的不同或差异角度来认识裁判矛盾，那么这种事实认定矛盾的避免本身也许就是一个伪命题。

5. 便捷

除以上四种价值追求之外，笔者主张，应当将“便捷”作为民事诉讼制度的价值追求的主要内容。“便捷”即民众利用、参与诉讼更为便捷。“便捷”也是民众接近司法，亲近正义的要求。如果将诉讼的便捷也作为价值理想，则应该在当事人以及诉讼参与人参与诉讼方式的便捷方面上予以更多的考量，提供以便捷为价值追求的诉讼方式，尤其是在利用数字化、信息化、智能化手段方面实现这一价值追求，使诉讼制度和方法能够数字化、信息化、智能化，从而使民众能够更接近司法、亲近司法，实现司法正义，这也是司法为民的理想追求。

网上立案、线上应诉、线上诉讼、移动诉讼、移动微法院等现代科技手段的运用都可以视为这一价值追求的体现。

(三)各价值追求之间的掣肘与衡平

价值虽然是诉讼制度建构和运行的理想,但要实际实现这些价值追求却涉及各基本价值理想之间的衡平问题,因为上述价值之间存在某种掣肘与牵制,从而存在紧张或博弈关系或此消彼长的关系。民事诉讼制度的迅速、经济、便捷与正当、诉讼公正之间的紧张和冲突最为常见和突出。就这一角度而言,也可以说,民事诉讼制度的构建就是民事诉讼制度各价值追求之间的衡平,无论是立法论上还是解释论上,都体现为一种艺术。为保障诉讼的正当、公正,所建立的几乎所有程序都将与诉讼的迅速和经济性发生抵触。因为积极设置的程序都意味着时间和物资的投入或消耗,意味着诉讼成本的增加。例如,程序性争议问题的复议程序、不服裁定和判决的上诉程序、再审程序、检察监督程序、执行阶段的执行异议程序、异议之诉程序等,因而诉讼制度的建构必须更精确地测度和算计彼此的消长关系,尽可能使各价值之间能够处于相对衡平的状态。又如,诉讼程序中的言词辩论、直接原则、庭审方式、送达方式、举证时限、证据的质证认证等。第二审程序中开庭审理必然导致时间、人力的耗费,但鉴于开庭审理对于实现诉讼妥当和公正具有重要意义,因此民事诉讼法依然以开庭审理为原则,不开庭审理为例外。

九、民事诉讼法律关系

民事诉讼法律关系作为一种理论抽象,是从当事人与法院在诉讼中的相互关系来把握和认识民事诉讼。这一概念由德国法学家奥斯卡·比洛(Oskar Buulow)提出,理论分析源自民事法律关系理论的移植。民事诉讼法律关系将民事诉讼视为当事人与法院之间的法律关系的总和。一个民事诉讼构成一个民事诉讼法律关系。民事诉讼法律关系的内容为民事诉讼法所调整的法院与当事人之间的关系,这一关系也包含当事人之间的相互关系。当事人之间的诉讼法律关系是一种次要的法律关系,诉讼中主要的、重要的诉讼法律关系是法院与当事人之间的关系,因为重要的诉讼行为总是发生在法院与当事人之间。[9]

它的理论意义在于可以比较清晰地认识民事诉讼中的若干问题。例如,诉的合并,就被视为两个或两个以上诉讼法律关系的合并;在发生诉讼承继时,尽管当事人发生了变化,但其诉讼法律关系并没有改变,依然是原有的诉讼法律关系;诉的变更也是如此,诉的变更并不表示当事人与法院之间的民事诉讼法律关系发生了变更;从法律关系的视角也容易提出关于其性质的问题,从而认清当事人与法院之间的关系。根据民事诉讼法的公法性质说,民事诉讼法律关系在性质上属于公法,区别于当事人之间的私法关系。据此也就更容易理解当事人在诉讼中行为的性质。作为私法关系本身只是民事诉讼法律关系的客体,不

---

〔9〕 参见[德]罗森贝克、[德]施瓦布、[德]戈特瓦尔德:《德国民事诉讼法》,李大雪译,中国法制出版社2007年版,第11页。

是民事诉讼法律关系的内容。按照这种认识,私法关系的继受并不一定导致民事诉讼法律关系的继受。相反,民事诉讼法律关系的继受也不一定以私法关系的继受为前提。例如,单纯诉讼实施权的转让。

十、民事诉讼体制

(一)民事诉讼体制的含义

所谓民事诉讼体制,是指关于一定民事诉讼基本关系的基本结构。民事诉讼体制是一种学理概念,是对一国或地区民事诉讼制度中基本关系所具有的基本特征的高度抽象。主要揭示特定民事诉讼制度的基本结构和基本取向。民事诉讼的体制性描述是一种对特定民事诉讼制度的宏观分析。这种分析主要着眼于民事诉讼中的基本关系——法院与当事人。在特定的民事诉讼中,法院与当事人各自不同的地位和作用反映了不同诉讼体制的差异。诉讼体制这一概念所表述的基本内容,也有学者习惯地称为民事诉讼模式或民事诉讼基本模式。关于民事诉讼体制的分类,不同民事诉讼体制的特征,具体诉讼制度与诉讼体制的关联,民事诉讼体制特定化的原因,对民事诉讼体制的发展、变化的认识和分析构成了民事诉讼体制的一整套理论。

(二)民事诉讼体制作为一种分析工具的价值

将民事诉讼体制这一概念作为一种分析工具,可以通过比较分析,揭示一定民事诉讼体制的基本特征。由于这是一种基于民事诉讼中基本关系的分析,因此,更容易从宏观上把握特定民事诉讼的制度结构,有助于人们认识不同诉讼体制的差异。民事诉讼体制的概念也是一种自我检视和批判的工具,有助于对既有诉讼体制进行检视。

以往对我国民事诉讼的研究因为具有局部针对性,因而没有能够从体制的宏观角度来加以分析,尤其不能够从基本结构和基本关系切入进行分析,导致了分析的局限性。以民事审判方式改革为例,尽管提出了民事审判方式改革是传统民事审判方式的变更,但观察视角仅限于审判者的单向视角,而没有从主体的基本关系视角加以整体性考察,这样就导致民事审判方式改革的若干措施往往是从审判者的角度和利益来考虑,虽然审判者的应然地位应当是中立的,但审判者也有自己的利益要求,例如,减少审判资源的耗费、减少审判者个人精力的投入都是自己的一种利益要求,如果不从裁判者与当事人的应然关系进行调度,就有可能使改革措施仅仅只考虑审判的方面,而忽视对当事人利益的程序保障。对诉讼体制的结构分析,需要我们向内深究诉讼体制结构如何搭建才能更充分地体现程序正义并同时更充分地实现实体正义。如同我们画人物一样,如果不能对人体骨骼和结构有所了解,缺乏骨骼意识、块面意识和结构意识,就不可能使我们所描绘的人物具有生命力,具有立体感和真实感。诉讼的体制分析就是要使我们获得结构意识,使我们对诉讼制度的认识“有形有体”。

民事诉讼体制的结构分析还要求我们进一步探究在诉讼中建立一种什么样的基本机制能够有利于实现民事诉讼的目的,有利于解决民事纠纷,是采取法官主动干预,当事人被动消极来达到解明案件事实的目的，并在此基础上作出裁判，还是采取裁判者处于消极的地位，充分调动当事人的积极性，利用当事人对自己利益追求的驱动来揭示案件事实这样的机制。建构何种诉讼基本机制以推动诉讼的发展，并实现诉讼的目的，还必须考虑何种诉讼基本机制才是符合民事诉讼本质的，才是与当事人的实体法地位相适应的。如果不能与当事人的实体法地位一致，不符合民事诉讼的本质，就很难说这种机制是恰当的。

民事诉讼体制的研究有助于我们从整体的、整合的、讲究内在联系的角度对诉讼制度的完善进行分析，避免在民事审判方式改革和完善民事诉讼法的过程中，造成制度建构的盲目性和片面性。民事审判方式的实践和民事诉讼法修改的历史已经表明没有宏观整体的考虑，必然造成制度间的不整合，反而不能达至制度设置的目的。

（三）民事诉讼体制的两大类型

通过对世界上民事诉讼体制的比较考察，可以发现尽管有些国家的诉讼制度的历史和具体诉讼制度的内容有所不同，但其法院与当事人在诉讼中的基本地位却有许多相同之处。这种宏观上的相似性又恰恰与其政治、经济等体制方面的共同点具有一致性。

就特定民事诉讼体制中法院与当事人的地位和作用的不同，可以将民事诉讼体制分为当事人主导型诉讼体制和职权干预型诉讼体制，也有的人将其称为当事人主义诉讼体制和职权主义诉讼体制。这两种诉讼体制的界分是相对的，因为世界上没有绝对的当事人主导或者绝对的职权干预的诉讼体制。当事人主导的诉讼体制只是相对于职权干预型诉讼体制，当事人在民事诉讼中具有更多的主导性。同样地，职权干预型诉讼体制也是相对于当事人主导型诉讼体制而言，法院在民事诉讼中具有更多的职权干预作用。英美法系和大陆法系的民事诉讼体制可以归入当事人主导型诉讼体制，而以苏联、东欧国家为代表的民事诉讼体制可以归入职权干预型诉讼体制。虽然英美法系和大陆法系国家的民事诉讼在许多具体制度方面有所不同，理念也有所差异，譬如大陆法系国家民事诉讼中法官拥有更多职权干预，特别是在证据调查方面，如大陆法系国家的法官职权询问，但总体而言，与职权干预型诉讼体制相比，由于贯彻辩论原则和当事人处分原则，因此其在民事诉讼的基本关系上表现出当事人主导特征，可以归入当事人主导型诉讼体制。

以苏联、东欧国家为代表的诉讼体制之所以会构建为一种具有强烈职权干预型的诉讼体制，与这些国家特定的意识形态、经济体制、政治体制、法制体制有密切的关系。

（四）我国民事诉讼体制的转型

我国民事诉讼法历史上受苏联民事诉讼法和民事诉讼理论的影响，且在意识形态、经济体制、政治体制、法制体制等方面也具有一定共性，加之传统文化对上述体制的支持和融合，因此，我国的民事诉讼体制也反映出职权干预型诉讼体制的基本特征。在基本诉讼制度层面，我国民事诉讼尚未认可约束性辩论原则，当事人处分原则也受到很大的限制。在具体的诉讼制度方面，如审判范围、再审程序的职权启动、裁判依据事实的来源、证据职权调查、诉讼调解的职权干预、诉讼契约的有限等诸多方面都体现着职权干预型诉讼体制的特征。随着我国改革开放的不断深化，无论是意识形态、经济体制、社会观念，还是政治体制和法制体制都在发生变革，职权干预型诉讼体制似乎越来越不适应我国社会发展的需要。

基于这种变化,笔者认为,我国的民事诉讼也应逐步实现体制的转型,转型的基本方向是当事人主导型诉讼体制,从长远来看,当事人主导型的诉讼体制更符合社会转型的需要。当然,要实现民事诉讼体制的转型或彻底转型还需要具备某些基本条件。上述关于民事诉讼体制转型的论述实际都是建立在这些条件成就的前提之下。从改革开放以来至21世纪初的改革发展来看,这些条件的确是在逐步形成之中。转型的基本条件主要包括市场经济体制形成、私法体系的完善、司法制度的现代化、国家政府职能转变以及行政法治的成型等,尤其是国家治理方式的转型和现代化。如果这些条件不能成就,转型也就不大可能发生;条件成就得慢,转型的过程也就很长。这一点,我们应该有清醒的认识。社会转型有一个过程,诉讼体制的转型也有一个过程,也许是一个长期的过程。现有的诉讼体制之所以还有存在的现实必要,也是因为社会转型的缓慢和复杂性。[10]

问题与思考

关于协动主义诉讼模式、和谐诉讼模式、合作主义、能动司法。

在国外,主要是德国、奥地利,从20世纪初开始,不断有人主张反省当事人主导的诉讼模式,认为反映个人主义意识和形式平等的民事诉讼已经不能适应社会的发展,尤其是福利主义学者从资本主义国家发展的社会化和福利化的角度来解释这种变化,即由于经济的高度社会化,使过去私法和公法领域的划分已经不那么清晰,国家权力已经逐渐地渗透到私法领域,形成国家对私法领域的干预。在民事诉讼领域就表现为法院或法官对当事人处分行为的干预。主张法院应当更多地干预当事人的诉讼行为,发挥其能动作用。如同认为契约自由已经死亡一样,辩论主义也已经衰落并走向死亡。认为大陆法系国家的民事诉讼已经迎来了新的诉讼基本原则,即所谓"协动主义"(Kooperationsmaxime),民事诉讼已经告别辩论主义时代走向"协动主义"时代。最早提出者也是这种观点的极力主张者是奥地利学者弗兰茨·克莱茵。他认为民事诉讼具有一种社会性,基于这种社会性,就不能放纵当事人对权利的自由处分。在他的观点基础之上,德国学者又发展为所谓社会性民事诉讼、协动主义民事诉讼。认为这种诉讼模式既非当事人主义,也非职权主义,而是一种不同于两者的新的民事诉讼模式。在具体的制度层面,如释明权或释明义务、当事人陈述的真实义务、讨论义务等。不过,从这些学者的论述来看,实质就是强调法院的职权干预,是向职权主义方向的偏转或矫正。从民事诉讼体制的基本特征来看并没有形成一种新的诉讼模式。所谓协动主义,不过是辩论主义的修正主义者,而并非辩论主义的革命者。关于社会性民事诉讼、协动主义的观点,虽然对原有的民事诉讼制度提出了改革的批判视角,有对既有诉讼体制的矫正作用,但这种观点和理论并未成为学界主流理论。[11]

在我国,也有人提出所谓和谐主义诉讼模式、合作主义诉讼模式的观点。这些观点与国外的协动主义、社会性民事诉讼的观点有相同的共性——强调法院的职权干预作用和能动作用。这种认识在很大

〔10〕 关于民事诉讼体制以及转型的理论,参见张卫平:《转换的逻辑——民事诉讼体制转型分析》(修订版),法律出版社2007年版,第92~93页。

〔11〕 参见[德]鲁道夫·巴萨曼:《社会性民事诉讼——社会法治国家的民事诉讼理论与实务》(日文版),成文堂1990年版,第105页;[德]佩达·凯勒斯:《西德诉讼制度的课题》,[日]小岛武司编译,中央大学出版部1991年版,第363~364页。

程度上在试图迎合建构和谐社会的政治命题，也与人们误读20世纪初西方法学对传统法律的反思性、批判性思潮有关。这种观点的最大问题在于，实际上在意识层面为诉讼体制的转型设置障碍，自觉成为现有诉讼体制的维护者。这种观点的根本缺陷在于误导了人们的语境认识。因为我国还根本没有实现当事人主导的诉讼模式，还没有充分实现形式平等，就开始迎合西方国家的对当事人主导诉讼模式的反思，指责我国诉讼体制转型发展。这种观点就是典型的"瘦子跟着胖子减肥"。在法学认知方面，我们更多、更重要的是启蒙性的，而非反思性的。如果要反思则对象应该是我们传统的诉讼观念、理念和方式。因此，我国的民事诉讼体制转型依然是减少法院的职权干预，而不是增加这种干预，并极力回归于职权主义诉讼模式。

十一、民事审判方式

"民事审判方式"这一概念，并不是一个在含义和内容上十分确定的法律概念。人们在多种含义上使用"民事审判方式"。人们提得最多的是，"民事审判方式改革"或"民事经济审判方式"。前些年，在强调司法改革的大背景之下，人们也常常将具体制度的调整纳入司法改革以及民事审判方式改革的范畴之中。例如，落实审判公开、审前程序或审前准备程序的设置尝试、举证时限制度的实践、证据交换、调解前置、证明责任制度的设立、释明义务、裁判文书说理等都被称为民事审判方式的改革。这些实践活动之所以使用"民事审判方式改革"的表述，一是为了突出法院作为实践主体的地位，二是贴上"改革"的标签，这样便能够突显其实践活动的正当性，也能够得到政策的支持。在我国的治理模式之下，政策具有最有力的合法性。作为一个概念，"民事审判方式"有着积极与消极的两面性。消极性在于民事审判方式概念在取向上，具有逸脱民事诉讼法规范约束的作用，因为民事诉讼制度的调整在通常的理念上只有通过修改法律实现，但民事审判方式则似乎不需要通过诉讼制度的法律调整即可展开，如此，民事审判方式的改革也就不再有法律上的障碍，更容易获得正当性。也正是因为它的这种逸脱取向使这一概念可以与改革联系起来，成为一种对传统民事诉讼进行改革或改良的语言工具。改革的行为必须要用改革相应的语言加以表述。

民事审判方式突出的是一种相对稳定，更为宏观的审判行为模式，强调的是审判行为的方向性、基础性、结构性和政策性。例如，在改革开放初期，对当事人举证责任的强调，实际上就是一种审判方式的较大转向——从法院对事实调查的大包大揽转向当事人对案件事实的提出和证明。这样的转向是一种方向性、基础性和政策性的转向。从改革开放之初的重调解转向重审判，然后再到21世纪初的重调解的回归都是民事审判方式的转向和调整。司法实践中，一些法院提倡的所谓"穿透式审判""纠纷一次性解决"都是特定审判方式的具体体现。

民事审判方式改革不同于民事诉讼制度的修改或原有诉讼制度的废弃，通常不会与原有的诉讼制度发生冲突，至少不是明显的冲突。这也表明民事审判方式不同于民事诉讼制度或民事诉讼法规范。人们总是在不改变民事诉讼法规范的前提下，对民事审判方式改革和调整，以适应民事纠纷审判的需要。例如，扩大独任制的适用范围。独任制的扩大适用是最具立竿见影效果的改革，因此才需要立法机关的授权进行这样的改革。由是，在这个意义上，可以说，在民事诉讼制度或民事诉讼法规范实施的活动中存在民事审判的活动空间，民事审判在这一空间中的行为方式或行为模式构成了一定的审判方式。这种审判行为方式经过较长时间的演化，便固化为具有一定特征或特质的审判行为方式。民事审判方式之所以能够与民事诉讼制度或民事诉讼法规范保持一定的间隔，是因为民事诉讼制度或民事诉讼法规范虽然对民事诉讼主体在民事诉讼中的行为进行了规范，规定了法院的职权和义务，也规定了当事人及其他诉讼参与人的诉讼权利和义务，但无论是面对法院还是当事人，民事诉讼法都不可能对审判职权、诉讼权利的行使以及行使方式完全加以规定。尤其是作为审判主体的法院，更是不会对其权力的行使作出十分明确的规定，法院在民事诉讼中的指挥权和程序控制权的行使都必须根据具体案件的情形灵活处置，因此，民事诉讼法必须给予审判主体在审理方式上更大的自主空间。民事诉讼法的原则有处分原则、诚实信用原则、辩论原则、平等原则等，诉讼制度有基本制度和各种具体的诉讼制度规定，原则的抽象性和宏观性给予了审判主体理解和认识很大的空间，即使十分具体、细致的诉讼制度规定也在某些方面给予审判主体实施审判权的自主空间。一定的民事审判方式与一定的民事诉讼的原则和制度有直接的关系，但民事审判方式并不等同于民事诉讼的原则和制度。民事审判方式的内容会受到民事诉讼制度的影响，能够部分规范和决定民事审判方式的内容。

民事审判方式这一概念表达了审判者在民事诉讼中的一种特殊位置关系，即在民事诉讼中审判者的行为方式对民事诉讼具有的特殊影响，其行为模式和影响完全不同于当事人在民事诉讼中的地位和作用，具有积极主动、“能动”的含义。民事审判方式这一概念也反映和彰显了法院在民事诉讼中的特殊地位和具有的实际作用。民事审判方式作为一种行为模式主要受审判者对审判目的、民事诉讼目的、民事诉讼基本价值追求认识的影响。这种认识不仅源于对民事诉讼法规范的认识和理解，更主要来自民事诉讼政策。因为民事诉讼政策或民事司法政策对审判者更具有约束力和指导性。在我国的国家治理框架结构之下，民事诉讼政策对民事诉讼发挥着相较于西方国家很大的调控作用。在宏观层面，这种调控主要就是通过民事审判方式实现的。在能动司法的理念之下，民事审判方式对民事诉讼的主动作用就更为得以强调。民事审判方式决定了具体案件审判的中心和基本方向。民事审判方式的转向都可能在民事诉讼政策的引导下，在无需民事诉讼法作出更改、修正的情形下即可完成，由此，也就凸显了民事审判方式的能动性特征。民事审判方式也从一个侧面诠释了特定民事诉讼体制的特征。可以说，从现实性或实然角度来看，民事审判方式与民事诉讼法之间保持这种相对距离，正反映了我国民事司法的特殊性。也正是基于这种现实，笔者才特别强调民事审判方式对实体法实现的现实意义，才特别提示《民法典》有效实施与民事审判方式调整的重要性和现实性，即仅仅注重民事诉讼制度的调整与对接无法实现程序对实体的内在统一和连接。在我国，民事审判方式亦是程序范畴十分重要的组成部分。

另外,民事审判方式也对审判者的自由裁量具有一定的约束性。民事审判方式与法官自由裁量的联系在于,法官自由裁量是民事审判运用的条件之一,法官的自由裁量权的行使也包括对一定民事审判方式的适用。民事审判方式在某种程度上决定了自由裁量的方向和裁量的范围。例如,对案件争议的焦点整理和取舍,法官有一定的自由裁量权,但具体案件中焦点整理的方法以及范围都与民事审判方式有直接关系。可以说,民事审判方式是对法官审判行为的限定,也必然影响对法官自由裁量的限制。因此,适当的、合理的审判方式将有利于法官自由裁量权的正当性。

特定民事审判方式的形成受制于特定社会时代、环境的影响,是特定社会时代和环境的产物。革命战争时期陕甘宁边区的审判方式与中华人民共和国成立后至改革开放之前的民事审判方式就略有不同;中华人民共和国成立之后到改革开放时的审判方式与改革开放初期至今的民事审判方式亦有较大的差异,因为经济、政治、观念与法制的状态都有所变化。社会时代和环境发生变化,民事审判方式也必然发生变化,当然其变化也同时具有一定的滞后性,并且因为人们对其变化的感知和感应程度的不同而有所不同。原有的法律意识和观念也将制约这种变化。这充分说明民事审判方式的时代性,不同的时代背景有不同的民事审判方式。

民事审判方式与民事诉讼体制的关系在于,特定的民事审判方式是特定民事诉讼体制的体现。当事人主导的诉讼体制必然体现为当事人主导的民事审判方式。这种审判方式在处理法院与当事人的关系时,将遵循体现当事人主导的处分原则和辩论原则,突出当事人在审判中的相对主导地位。最为集中的体现是,具体审判的展开是以原告的请求权以及要件事实为中心。相反,如果是职权干预型的诉讼体制,其审判方式也将体现其职权干预的特点。在诉讼中,审判的展开就不一定要以当事人的请求权以及要件事实为中心,可以根据审判者自己的意愿将关注点置于整个纠纷的各个方面,可以将重点放在被告的反驳或抗辩,甚至以被告提出的争点加以展开。在其审判方式的运行中,也很容易加入法官自己在情感、经济伦理、政治等方面的主观因素。

十二、民事诉讼法沿革

(一)我国古代的民事诉讼

我国古代没有出现过类似罗马国家那样较为完备、对后世有重要影响的民事诉讼制度,但在西周时已有了诉讼制度的雏形。在古代,尽管民事与刑事诉讼在程序上是混同的,刑民没有分家。但文献也表明,西周时期的民、刑诉讼也有了一定的界限。根据《周礼·秋官·大司寇》所载,西周时“讼”与“狱”就在内涵上有了区别。前者指“以财货相告者”,用现今的语意表述,即是因财产而涉讼;后者则指“以罪相告者”,意即因犯罪而涉狱。前者大致上就是民事诉讼,后者则可视为刑事诉讼。“听讼折狱”构成了当时民、刑诉讼的基本的内容。另外,同罗马早期一样,民事案件与刑事案件的审理机关也有区别。有关“狱”事,由周王朝专设的审理刑狱的官吏司寇审理;有关“讼”事,则根据货物交易、土地疆界、婚姻家庭等不同性质，分由市师、贾师、夏官或地官审理。不仅如此，在诉讼费用上，民、刑诉讼亦有所不同。民事诉讼所应缴纳的是"束矢"（一定数量的箭）；而刑事诉讼所应缴纳的则为钧金。诉讼费用缴纳与否，可以成为决定胜诉或败诉的根据。

中国封建社会前期和中期，始终没有完整的民事诉讼法出现，即便在集封建法律之大成的《唐律》中，民事诉讼的某些规定也是散见于各个条文之中，未能形成完整体系。这除了由于我国封建时期商品经济极不发达、民事流转不丰富外，还因为以家法家族统治和以"仁义"为核心的封建伦理关系在解决和消弭民事冲突方面发挥着重要作用，多数民事纠纷消弭在民间，而未能诉诸司法。直至清末，统治者才拟定出中国历史上的第一部民事诉讼法典——《大清民事诉讼律》。

（二）清末至1949年的民事诉讼法

《大清民事诉讼律》第一次把资产阶级民事诉讼法律制度引入中国。该法典同时也参照了日本和奥地利民事诉讼法。《大清民事诉讼律》共四篇、计800条。这部立法除引入了当事人诉讼权利和义务，律师代理，一审、二审和再审程序，回避、诉讼保全，公示催告程序，禁治产宣告程序等近代西方国家诉讼制度的内容外，还有反映"中国民俗"的一些内容，亦即保留了许多封建残余。尽管这部立法在当时的社会条件下不可能得到有效实施，但应当肯定，这部立法对中国延续几千年的封建司法传统、野蛮残酷的审判制度依然具有很大的冲击力。这部立法对后来的中国北洋政府以及国民党政府民事诉讼立法的影响很大。北洋军阀在统治时期曾制定过《民事诉讼条例》，广州军政府也制定过《修正民事诉讼法律》。国民党政府于1935年2月1日公布了《民事诉讼法》，该法共分九编、636条。第一编：总则。分法院、当事人、诉讼费用、诉讼程序四章。第二编：第一审程序，分通常程序、简易程序两章。第三编：上诉程序，分第二审程序、第三审程序两章。第四编：控告程序。第五编：再审程序。第六编：保全程序。第七编：公示催告程序。第八编：人事诉讼程序，包括婚姻事件程序、亲子关系事件程序、禁治产事件程序。第九编：宣告死亡事件程序。这部立法基本继承了《大清民事诉讼律》以来的旧法统，内容庞杂烦琐，且保留了一些封建色彩很浓的内容。该法于1945年12月作了修正。1949年，中华人民共和国成立之后，中央政府发布《关于废除国民党的六法全书与确定解放区的司法原则的指示》，彻底废除了国民政府颁布的六法，包括民事诉讼法。

（三）新民主主义时期解放区的民事诉讼制度

新民主主义革命时期，各革命根据地依据人民民主和革命法制的原则，陆续制定了一些诉讼法规。虽然在当时的情况下，还不可能形成系统的诉讼法典，但这些诉讼法规已具备了程序法的一些基本要素，并成为人民政权维护根据地建设、对抗反动司法制度的重要手段。1931年，《中华苏维埃共和国中央执行委员会训令》对根据地的司法审判机构作了规定，明确在未建立地方各级法院时，在省、县、区三级政府设立裁判部，作为司法机关，审理和解决民、刑事案件。1932年，中华苏维埃共和国中央执行委员会颁布了《裁判部暂行组织及裁判条例》，进一步就根据地的司法审判程序作了简要规定。1933年，中华苏维埃共和国临时中央政府司法人民委员会发布了《对裁判工作的指示》。1934年，其发布了《中华苏维埃共和国司法程序》。抗日战争时期,各解放区在苏区司法制度的基础上,又进一步制定了一些程序法规,较为著名的有1943年的《陕甘宁边区军民诉讼暂行条例》和1944年晋察冀边区行政委员会制定的《关于改进司法制度的决定》。除此之外,各解放区还就调解工作颁布了一些规定,如晋西北行政公署于1942年颁布的《村调解暂行条例》、山东抗日人民政府于1941年颁布的《调解委员会暂行组织条例》、晋察冀边区行政委员会于1942年颁布的《行政村调解工作条例》以及1943年陕甘宁边区人民政府颁布的《民刑事案件调解条例》等。所有这些法规,不仅对根据地人民司法审判产生了重要作用,而且也为中华人民共和国成立后的诉讼法律制度的建设提供了经验。

新民主主义时期的民事诉讼法律制度具有许多特点,主要是:

第一,实行两审终审制。《中华苏维埃共和国司法程序》规定:"苏维埃法庭为两级审判制,即限于初审终审两级。如区为初审机关,则县为终审机关;县为初审机关,则省为终审机关;省为初审机关,则最高法院为终审机关。……最高法院在审判程序上,为最后的审判机关。任何案件经过两审之后,不得再上诉。"苏区从1932年起实行上诉制度,上诉期为14日。陕甘宁地区的司法机关也实行两级两审制,即由司法处进行初审,不服司法处的裁判,可以向边区高等法院或其他庭上诉。高等法院或其他庭的裁判是终审裁判;也有个别解放区实行三审终审。实行两审终审制,比较符合实际需要。这一制度仍为今天我国民事诉讼制度所保留。

第二,实行公开审判制度。除法律规定不得公开审判的案件外,司法机关审理案件,一律实行公开审判制度。《裁判部暂行组织及裁判条例》规定:"审判案件必须公开,倘有秘密关系时,可用秘密审判方式,但宣布判决时,仍应公开。"抗日战争和解放战争时期,人民司法机关审理案件,除法律另有规定的案件以外,一律实行公开审判,开庭时准许群众旁听和发言,重大案件事先公告,还将典型案件的判决书印发各村,广泛进行法制宣传活动。

第三,实行就地审判和巡回审判制度。就地审判是指第一审司法机关到案件发生地深入调查,在群众直接参加或协助下处理案件。巡回审判主要是指二审司法机关对复杂疑难需要就地调查的民事案件,组织巡回法庭,到案件发生地调查和审理,同时在当地接受上诉案件的审判方法。《裁判部暂行组织及裁判条例》规定:"各级裁判部可以组织巡回法院,到出事地点去审判。"《晋察冀战区巡回审判办法》第1条也规定:"高等法院或分院于战区内,为谋诉讼人之便利得派推事巡回审判其管辖之民刑案件。"巡回审判的地点事先公布,开庭的地点可以在辖区内司法机关、政府所在地或经选择的其他地点。就地审判和巡回审判制度有助于迅速、正确地办案结案,并能帮助下级司法机关总结经验,提高办案水平,特别是能够适应战争时期的实际状况。

第四,简化诉讼程序。为了适应战争环境,司法机关受理案件必须采取迅速、及时、简便的方式进行。首先是起诉手续简化。无论一审还是二审,都允许当事人口诉,口诉与书面起诉有同等效力;为解决边区人民群众诉讼困难,司法机关无条件地应当事人请求为当事人代书诉讼文书;判决书也使用群众易懂的文字,反对司法八股。为了节省群众资财，一律不收诉讼费。一切诉讼程序都从便民出发，简便易行，同时充分保障当事人的诉讼权利。

第五，实行陪审制度。在根据地和解放区都实行人民陪审制度。陪审有三种情况：(1)司法机关邀请适当的人当陪审员参加审判；(2)民众团体选举陪审员；(3)机关、团体、部队选派代表参加陪审。

第六，高度重视调解的作用。苏区和根据地都十分注重依靠群众解决民间纠纷。解放区的调解不仅包括民间调解，还包括乡村政府的调解以及司法机关的调解。调解在苏区和根据地民事纠纷的解决中，确实发挥了较大的作用。

(四)1949 年以来民事诉讼制度的变迁

1. 废除旧法，制定新规

中华人民共和国成立前夕，中共中央于 1949 年 2 月颁布了《关于废除国民党的六法全书与确定解放区司法原则的指示》。这一指示不仅宣告了国民党政权反人民的法律制度的彻底废除，同时也为中华人民共和国司法制度的创建提供了原则依据。1950 年 12 月 31 日，中央人民政府法制委员会草拟了《中华人民共和国诉讼程序通则(草案)》。在这一法规草案中，一方面，重申了根除反动司法机关压迫人民、烦琐和形式主义的诉讼程序，同时又要求在新民主主义革命时期的司法传统基础上，建立起便利人民、简易迅速、实事求是的诉讼程序；另一方面，又对人民法院在审判案件中如何适用实体法的问题作了原则性规定，明确了以中国人民政治协商会议共同纲领，人民政府或人民解放军的纲领、法律、法令、条例、命令、决定的规定作为审理案件的依据，如无明确规定的，则依新民主主义政策。除了上述两个方面外，该草案还对陪审、就地审判和巡回审判等原则作了规定，并进一步明确规定了管辖、问事、代书、起诉、回避、送达、代理、调解、审理、收案的简捷处理、判决、撤诉、暂先处理、暂先执行、笔录、卷宗、上诉、抗告、判决的确定执行、再审、审判监督等诉讼程序和审理方式。

1951 年 9 月，中央人民政府又公布了《中华人民共和国人民法院暂行组织条例》和《中华人民共和国检察署暂行组织条例》。1954 年，《中华人民共和国宪法》、《中华人民共和国人民法院组织法》以及《中华人民共和国人民检察院组织法》三个法典公布，从而使民事诉讼的审判机构、基本审判原则以及人民检察院参加民事诉讼等问题在法典上得以明确。

中华人民共和国成立之后第一个系统规定民事诉讼程序的规范性文件，是 1956 年 10 月最高人民法院印发的《关于各级人民法院民事案件审判程序总结》(以下简称《总结》)以及作为这一总结条文化的《民事案件审判程序》(以下简称《程序》)。《总结》系统地概括了中华人民共和国成立以后的民事审判工作经验，同时针对少数办案人员主观办案、先入为主、偏听偏信，甚至刑讯逼供等问题，提出了正确的意见与要求，并较为全面地规定了民事审判程序的基本方式。1957 年，最高人民法院根据《总结》的基本精神，进一步制定了《程序》。《程序》共 84 条，分别就案件的受理、审理案件的准备工作、审理、裁判、上诉、再审、执行七个方面作了具体、明确的规定。《程序》实际上是在我国民事诉讼法典未正式制定前所形成的系统化、规范化的程序法规范。但是,由于历史原因,《总结》和《程序》这两个规范性文件都未能得到很好的贯彻。在“文化大革命”期间,人民法院的民事审判权已无法行使,这些规定自然也不具备基本的贯彻实施条件。

2. 1982 年《民事诉讼法(试行)》出台

在“文化大革命”结束之后,随着我国法制建设工作的重新恢复,民事诉讼制度的创建和发展又一次受到重视。1979 年 2 月,最高人民法院召开了第二次全国民事审判工作会议。这次会议制定了《人民法院审理民事案件程序制度的规定》(以下简称《规定》)。《规定》分案件受理、审理前的准备工作、调查案情和采取保全措施、调解、开庭审理、裁判、上诉、执行、申诉与再审、回访、案件归档十一个问题。《规定》基本上保留了前述《总结》和《程序》的基本内容,但也有一定改进。

随着我国法制进程的加快,为了更好地适应社会经济发展的要求和纠纷解决的需要,民事诉讼法的制定很快被提上了日程。1982 年 3 月 8 日,第五届全国人民代表大会常务委员会第二十二次会议讨论通过了《民事诉讼法(试行)》,从而推出了我国第一部正式公布的社会主义民事诉讼法典。由专家和学者组成的起草小组撰写的这部法典,从起草到通过,历时两年多,先后三次在全国范围内广泛征求意见。自 1982 年 10 月 1 日起,这部法典正式试行,这是中华人民共和国成立以来的第一部民事诉讼法。《民事诉讼法(试行)》继受了新民主主义时期解放区民事诉讼习惯和制度,如两审终审制度;也借鉴了苏联民事诉讼法的诸多制度,如对民事审判活动事后的监督。该法吸取 1949 年以来的国内的民事审判经验,同时也移植了大陆法系国家和地区的某些诉讼制度。该法鉴于当时的环境,法律的规定还比较粗疏,但对及时应对民事纠纷的解决,保障经济、社会的稳定和发展起到了积极、重要的作用。

另外,也应当看到,从 20 世纪 80 年代初到 90 年代初,尽管有《民事诉讼法(试行)》作为民事诉讼的基本法律依据,但这一时期的民事审判仍然受中国传统司法方式和理念的影响,以传统的民事审判方式运作。这种传统的民事审判方式大体上可以概括为以下几点:(1)重封闭轻公开。这种传统民事审判方式的封闭性是相对民事审理的公开性而言的。虽然《中华人民共和国宪法》和 1982 年颁布的《民事诉讼法(试行)》都已经明确地规定,民事案件的审理应当公开进行(法律有规定的除外),但实际上在司法实践中,多数案件的审理并没有真正实行公开审理。(2)重调解轻判决。重调解,是指审判人员希望以调解方式结案,因而审理的工作主要围绕如何促使当事人之间达成调解这一点上。(3)重调查,轻举证。法院依职权直接对案件事实进行调查,并对法院调查的事实进行调解或作出判决,既是我国民事审理最具有特色之处,也是我国民事诉讼、民事审判的基本传统。(4)重纠问轻辩论。(5)重实体轻程序。其是指民事审判中,审判人员重实体结果的正当性,而轻视程序过程的正当性。主导理念上的程序工具主义是其原因之一。

3. 1991 年《民事诉讼法》的制定

改革开放以来,我国的社会发生了很大的变化。从 20 世纪 80 年代到 90 年代,在经济体制改革方面,我们开始从计划经济体制逐步转变为市场经济体制,强调市场对资源的配置作用。这种体制转化也直接影响了经济主体在社会中的地位和作用。在市场经济条件下,更强调经济主体的主体性和对自己行为的自由支配和处分。反映在法律领域,尤其是在司法领域中就更强调民事实体法律关系当事人对自己权利的自由支配,即处分自由。这种变化也导致了在民事诉讼中,客观上要求减少国家干预色彩,弱化法官和法院的职权干预。

1991 年我国制定第一部正式的《民事诉讼法》,作为正式的民事诉讼法法典,相对于 1982 年《民事诉讼法(试行)》,无论是体系结构、诉讼制度的完善、条文的规范化方面都有很大的提升。尤其在弱化职权干预色彩方面有所推进。例如,规定了协议管辖。最突出的一点是,不再强调着重调解,而是强调能调则调,当判则判,调解自愿的原则,体现了处分原则的精神。这部民事诉讼法移植和借鉴了诸多域外的民事诉讼制度,进一步丰富了我国民事诉讼的规范体系和纠纷解决手段。

4. 2007 年《民事诉讼法》的第一次修改

随着我国经济、政治、文化等事业的发展,社会各方面改革的深化,21 世纪初,《民事诉讼法》的修改便成为学界关注的热点问题,《民事诉讼法》的修改被纳入立法修改日程。不过,最终本次《民事诉讼法》并没有实现大改,仅仅是小改。本次《民事诉讼法》选择两个大的制度——再审制度和执行制度作为修改的重点,其主要对应社会对于解决“再审难”“执行难”这两难问题的诉求。

在再审制度方面,其修改的力度比较大,主要有:(1)再审事由从 5 项具体化为 13 项。并且将检察抗诉的事由与申请再审事由统一起来。(2)申请再审应向上级法院提出,使再审法院上提一级。如此规定主要考虑申请再审人对原审法院的顾忌。(3)明确规定接受抗诉法院再审期限。新修改的《民事诉讼法》规定人民法院应当自收到再审申请书之日起 3 个月内审查。人民法院接到当事人的申诉后必须在 3 个月内给当事人回复是否进入再审程序。通过此次调整,无论是再审程序还是再审事由的规定,较之调整前其公正性和科学性方面都有很大的提升。当然,也应当看到受制于立法修改的背景条件,此次调整存在有待进一步完善之处,虽然最高人民法院的司法解释对相应的规定作了限定性解释以有利于规定的适用和实施,但毕竟是司法解释,其补充作用有限。

在执行制度方面,其修改的力度也同样比较大,主要有:(1)增加了立即执行制度。即“被执行人不履行法律文书确定的义务,并可能隐匿转移财产的,执行员可以立即采取执行措施”。解决了实践中在执行通知发出以后,被执行人立即转移隐匿财产,逃避债务的问题。(2)增加财产报告制度明确规定“被执行人未按执行通知履行法律文书确定的义务,应当报告当前以及收到执行通知之日前一年的财产情况”。(3)加大了执行威慑机制。当被执行人不履行法律文书确定的义务,人民法院可以通知有关单位限制被执行人出境,既可以在征信系统记录被执行人不履行义务的情况,也可以通过媒体公布不履行义务人的信息。(4)提高了对不履行判决、裁定的罚款数额。对个人的罚款数额最高可达 1 万元,对单位的罚款数额最高可达 30 万元。(5)进一步完善了执行异议制度,并明确规定了案外人异议之诉制度。(6)延长了申请执行的期间。申请执行的期间为两年,而且申请执行的期间适用中止、中断的规定。

虽然2007年的《民事诉讼法》主要针对化解“两难”问题进行了修改，但由于“两难”并非民事诉讼制度本身的问题，而是法制、司法体制的问题。因此，尽管进行了相应的修改、调整，但“两难”问题并没有得到根本的克服。

5. 2012年《民事诉讼法》的第二次修改及2015年《民诉法司法解释》的出台

◆2012年《民事诉讼法》的第二次修改

2012年《民事诉讼法》的修改实际上是2007年修改的延续。2007年的修改仅为小改，尚有许多应当调整、修改的制度没有调整、修改。基于修改时限、人力、物力、知识储备、修改体制等各种原因，本次《民事诉讼法》的修改试图坚持了以下思路：(1)尽量满足和回应人们的社会诉求；(2)解决民事诉讼实践中的实际问题，宏观方面不对诉讼制度进行结构性调整；(3)不因为太多的修改、调整，过多地增加新法实施的负担；(4)制度调整方面尽量避免学术上争论较大、尚无定论的问题。

本次《民事诉讼法》修改历时约两年。2012年8月31日，第十一届全国人民代表大会常务委员会第二十八次会议表决通过了关于修改《民事诉讼法》的决定。

本次修改、调整的内容略占整部法律的四分之一，可以视为一次“中改”。新《民事诉讼法》设置了诸多新的原则、诉讼和非讼制度，如诚实信用原则、公益诉讼制度框架、小额案件诉讼制度、第三人撤销之诉、执行监督等，对管辖、证据、诉讼代理人、保全、送达、第一审程序、第二审程序、再审程序、检察监督等方面进行修正和调整。笔者认为，虽然本次民事诉讼法修改并非最佳时机，当时的司法政策受特定政治的影响，有偏离民事诉讼发展逻辑的迹象，对民事诉讼法修改的理念、深度和广度有一定影响，但本次民事诉讼法修改还是在一定程度上推进了我国民事诉讼法的发展。

◆2015年《民诉法司法解释》

由于立法体制、理念、方法等方面的原因，民事诉讼法法典在具体制度的规定方面还存在诸多不明确、欠缺可操作性的问题，某些规定不尽统一、协调。这些问题在2012年民事诉讼法修改后的实践中也都相应地显现出来，这就催生了新司法解释的尽快出台。基于对《民事诉讼法》全面、系统解释的指导思想，最高人民法院几乎调动所有研究力量在短短的两年多时间内完成了关于适用2012年民事诉讼法的司法解释，即2015年《民诉法司法解释》。该解释多达552条，其中有不少属于程序创设性规范。《民诉法司法解释》在很大程度上弥补了民事诉讼法规定的不足，有助于民事诉讼法的合理、顺畅地实施。当然，由于时间短，实证调查和理论供给不足，人们对许多制度的研究还不够细致、深入，《民诉法司法解释》在弥补法律规定缺失的同时，还存在许多需要进一步研究、完善的地方。《民诉法司法解释》的实施也为今后民事诉讼法法典的完善提供了试验范本。

6. 2017年《民事诉讼法》的第三次修改

2017年立法机关再次对《民事诉讼法》进行修改，在2012年《民事诉讼法》第55条中增加一款，作为该条第2款。该款规定：“人民检察院在履行职责中发现破坏生态环境和资源保护、食品药品安全领域侵害众多消费者合法权益等损害社会公共利益的行为,在没有前款规定的机关和组织或者前款规定的机关和组织不提起诉讼的情况下,可以向人民法院提起诉讼。前款规定的机关或者组织提起诉讼的,人民检察院可以支持起诉。"

《民事诉讼法》的本次修改意味着民事公益检察诉讼制度被正式确立,其为民事检察公益诉讼的具体实施提供了法律依据。2018 年最高人民法院和最高人民检察院联合发布了《关于检察公益诉讼适用法律若干问题的解释》,明确并细化了检察公益诉讼案件的具体程序事项。该解释的出台有利于检察公益诉讼的正确运行。

这一修改的内容,在基本结构方面吸收了最高人民检察院 2015 年发布的《检察机关提起公益诉讼试点方案》(以下简称《试点方案》)中的有关规定。最高人民检察院的《试点方案》规定,检察机关在履行职责中发现污染环境、食品药品安全领域侵害众多消费者合法权益等损害社会公共利益的行为,在没有适格主体或者适格主体不提起诉讼的情况下,可以向人民法院提起民事公益诉讼。按照民事诉讼法的规定,检察机关可以提起公益诉讼的范围被限定在环境公益诉讼和消费者权益保护公益诉讼两个大的方面。这一点与 2017 年《民事诉讼法》的规定保持了一致。法条对一些表述的处理也很有意义。例如,将《试点方案》中比较学术化的表达——"适格主体"调整为法律规定的主体,既通俗易懂,又拓宽了主体涵盖面。

在逻辑上,2017 年《民事诉讼法》第 55 条第 1 款是关于民事公益诉讼的原则条款,作为第 55 条的第 2 款应当是相对特殊的条款。所谓特殊,是因为该款特别赋予了检察机关提起公益诉讼的职能。因为 2012 年的《民事诉讼法》第 55 条并没有明确检察机关享有提起公益诉讼的职能。在本次修改之前,关于检察机关是否属于法律规定的机关存有争议。当然,要明确授权,赋予检察机关提起公益诉讼的职能并非只有修改《民事诉讼法》一条路,完全可以通过修改《环境保护法》和《消费者权益保护法》来实现。如此,便与民事诉讼法的规定更为协调。因为《民事诉讼法》已经原则性地规定了,法律规定的机关和团体可以提起公益诉讼。

既然选择了修改《民事诉讼法》这一路径,那么,就要考虑第 55 条第 2 款与第 1 款的协调问题。第 55 条第 1 款将公益诉讼的对象范围限定在"污染环境、侵害众多消费者合法权益等损害社会公共利益的行为"。虽然在表述上有"等"字,但理解上此"等"为一种限制。与第 2 款相比,我们可以发现在公益诉讼的对象范围上两款的表述有所差异。第 2 款在表述上采用的是"生态环境和资源保护",这种差异可能导致人们在理解上的疑义。人们必然要问,污染环境与破坏生态环境、资源保护中的公益侵权是一种什么关系?是包容或涵摄关系吗?学界对于环境和生态的关系素有争论。有的人认为环境应当包括生态;有的人认为它们是两个不同的概念,各有自己的内涵。如果认同涵摄关系,意味着检察机关提起公益诉讼的范围相对于一般环境公益诉讼的范围要小一些,是一种限缩;如果不认同,则会面临为何检察机关提起的公益诉讼在范围上仅限于破坏生态环境这样的问题。再者,如果不认同涵摄关系,还面临着是否其他机关和团体不能对破坏生态环境以及食品药品领域中消费者公益侵权提起公益诉讼,而只能对其他公益侵权行为提起诉讼这样的逻辑问题。因此,在笔者看来,为了避免争议和逻辑处理的困难,在公益诉讼的范围上,第 2 款的表述应当与第 55 条第1 款的表述保持一致;或者对第 55 条第 1 款也进行修改,保持一致或形成涵摄关系。至于应当如何理解,可以交给学术界和实践来完成。首要保证的是不能在逻辑上出现问题。

值得注意的是,《民事诉讼法》的这一修改,在形式上也突破了以往诸多条文一并修改的模式,仅仅针对某一个制度进行规定。这种修改方式有利于民事诉讼法的及时调整。倘若这种修改方式能够成为常态,将有利于民事诉讼法对社会发展的适应。

7. 2021 年《民事诉讼法》的第四次修改

2021 年《民事诉讼法》迎来了第四次修改。本次《民事诉讼法》修改在草案形成的机制上有一个较大的特点,即修改草案由最高人民法院起草。关于《民事诉讼法》的修改背景,时任最高人民法院院长周强指出,近年来,随着经济社会发展和信息化时代的到来,矛盾纠纷数量持续高速增长,民事审判工作形势发生深刻变化,现行民事诉讼法有些规定已经不能完全适应人民群众对公正、高效、便捷解纷的司法需求,有必要予以完善。

2019 年 12 月 28 日,全国人大常委会作出决定,授权最高人民法院在 15 个省(区、市)20 个城市的法院,开展为期两年的民事诉讼程序繁简分流改革试点工作,以落实中央"要深化诉讼制度改革,推进案件繁简分流、轻重分离、快慢分道"的指示。最高人民法院认为,经过近两年试点,相关程序规则已被实践证明切实可行,所涉重点难点问题基本形成共识,修改民事诉讼法的条件已经具备,草案于 2021 年 11 月提交全国人大常委会法工委,进入立法征求意见、修改阶段。

2021 年《民事诉讼法》修改主要包括五个方面:(1)优化司法确认程序,合理扩大司法确认程序适用范围,完善司法确认案件管辖规则;(2)完善小额诉讼程序适用范围和方式,明确不得适用小额诉讼程序的案件类型,简化小额诉讼案件审理方式;(3)完善简易程序规定,调整简易程序适用条件;(4)扩大独任制适用范围,建立基层人民法院独任制普通程序审理模式和中级、专门人民法院二审独任制审理模式;(5)完善在线诉讼及送达规则,明确在线诉讼与线下诉讼具有同等法律效力,完善电子送达和公告送达规则,合理缩短公告送达时间。

本次《民事诉讼法》修改中最大的动作无疑是独任制的扩大化。在草案公布后,人们议论最多的也是独任制的扩大适用问题。人们主要忌惮的是独任制对合议制的冲击。存有疑问的是,合议制是否还能成为民事诉讼的基本审判制度,合议制存在的价值究竟如何?这一变动是否将进一步对程序价值及程序正义观念形成冲击?立法机关权衡考虑各种因素,最终很快通过了《民事诉讼法》的修改草案。修改的《民事诉讼法》于 2022 年实施。可以肯定的是,本次《民事诉讼法》修改将对我国民事诉讼法今后的发展产生重要的影响。关于具体修改的内容以及解读将在本书相应的部分予以详述。

十三、民事诉讼法与法系

英美法系与大陆法系是当今世界上最主要、影响最大的两大法系。基于不同历史、传统、理念，两大法系呈现不同的特点，不仅在实体法方面有很大的不同，在程序法方面也有很大的不同。

在近代历史上，我国民事诉讼法主要受大陆法系国家制度和理论的影响，虽然在 1949 年以后，这种影响有所中断，但在改革开放重建民事诉讼制度之后，这种影响又得以恢复。在具体诉讼制度方面，我国民事诉讼法大量移植和借鉴了大陆法系国家的民事诉讼法。在民事诉讼法理论方面，也主要采用了大陆法系的构成和分析方法。了解英美法系和大陆法系在民事诉讼法方面的主要不同点对于理解和把握两大法系国家以及我国的民事诉讼和民事诉讼法的完善和发展都有重要的意义。

英美法系民事诉讼法是指在英国、美国及原英属殖民地国家、地区的民事诉讼法（由于历史的原因，英国的苏格兰地区、加拿大的魁北克省在法系上属于大陆法系）。英美法系的民事诉讼法发端于日耳曼法，成形于英国。美国的民事诉讼法虽然源于英国，但后来的发展使其与英国的诉讼制度有了很大的不同。原英属殖民地国家和地区在独立或回归以后在具体的诉讼制度方面也有了一些不同于英国制度的变化。英国与美国的民事诉讼法虽然有所不同，但相对于大陆法系国家的民事诉讼法而言，它们之间有更多的共同点和内在联系，这些共同点构成了英美法系与大陆法系国家民事诉讼法的根本区别。

大陆法系是指以欧洲大陆国家为代表的法律体系。具有大陆法系特征的国家不仅包括欧洲大陆国家，也包括一些后来移植大陆法系体系的亚洲国家，如日本、韩国等。大陆法系以古代罗马法为基础发展起来，且早期主要以民法为主，因此也称为“罗马法系”或“民法法系”。

基于英国的经验主义传统和理念，英美法系更重视从实际判例中推导出具体的调整规范，对成文法的重视程度远不如大陆法系国家。判例作为法源具有非常重要的作用。相比之下，大陆法系国家更加强调成文法，强调以成文法抽象的规范为大前提，案件的具体事实为小前提，通过“三段论”模式作出裁判。英美法系因为实行判例法，所以判例是民事诉讼法的法源之一。英美法系国家可以通过判例创设新的诉讼制度。尽管大陆法系国家中判例对法院的审判也有影响，也有一定的约束力，但判例不是法源之一，判例不能创设新的诉讼制度，违反判例并不违法。

基于经验主义和判例法传统，因此，有大陆法系学者将英美法系的特点概括为事实出发型，而将大陆法系概括为规范出发型。[12]

在诉讼结构和基本诉讼制度方面，英美法系与大陆法系存在以下不同：

---

〔12〕 参见［日］中村英郎：《新民事诉讼法讲义》，陈刚、林剑锋、郭美松译，常怡审校，法律出版社 2001 年版，第 18 ~ 23 页。

第一,在审判组织方面,除了最高法院的终审法院之外,英美法系国家或地区一律实行法官独任制。大陆法系民事诉讼法则原则上实行合议制,简易诉讼和小额诉讼实行独任制。这种差异的原因在于不同的司法制度历史。相对而言,大陆法系国家的诉讼程序更加重视诸多旨在制约法官的原则,典型的就是公开原则、言词原则和合议制原则。两大法系诉讼制度的差异与两大法系的历史、法官制度、法官的社会认同有关。两大法系的差异又与英、美两国和欧洲大陆不同的政治史、社会史和智识史的巨大差异有关。具体而言,大陆法系司法制度和诉讼原则的形成与法国大革命的影响有极大的关系。在法国大革命中,法国的司法贵族制度成了大革命的目标,这种司法制度不仅倒向了土地贵族统治者,也混淆了司法和立法的界限。法院成了拒绝适用新法、阻止社会改革的障碍,导致了社会对法院和法官的不满和不信任。与此不同,英、美国家的司法传统使法院常常站在社会改革的一边,成为反对统治者滥用权力的进步力量,从而获得了民众和社会的认同,英、美国家的司法没有成为当时西方革命的对象,反而因为革命树立了司法不可动摇的权威。[13]

第二,在诉讼程序方面,英美法系更加重视庭审前的各种程序,尤其是证据开示程序和审前会议,大量的案件在这两个阶段通过和解即可解决,尤其是美国更为突出。在美国,进入庭审判决的案件大约仅有3%。相反,由于大陆法系国家强调公开原则、直接原则、言词原则,因而必然重视庭审辩论程序,通过庭审辩论程序裁判解决纠纷案件是一般情形。从大陆法系的诉讼理念出发,如果只有3%的案件通过庭审也就意味着公开原则、直接原则、言词原则不再是诉讼审理的基本原则。当然,一些大陆法系国家如日本也借鉴英美法系的做法,强调庭审前的准备,实现庭审前的和解,但依然强调庭审中心主义。除了对诉讼原则的重视程度不同外,两大法系国家的不同法治传统不同,尤其是律师制度以及律师在法治中的地位不同。美国不仅是法治中心主义的国家,也是律师中心主义的国家,律师在国家法治中具有非常重要的作用。在诉讼中,许多事项都是由律师来进行的,如证据开示程序。而在大陆法系国家中,律师的作用不可同日而语。

第三,英美法系的证据规则为了适应陪审制的要求,证据规则相比大陆法系更为复杂,更强调证据运用的规则性,尤其是证据排除规则。在证据采信方面,大陆法系奉行自由心证原则,允许法官根据经验法则予以判断。

第四,英美法系的诉讼程序不像大陆法系那样明确区分刑事诉讼程序、民事诉讼程序、行政诉讼程序。在大陆法系,刑事诉讼、民事诉讼以及行政诉讼是不同的程序,尤其是刑事诉讼与民事诉讼的程序差异更大。大陆法系是根据不同性质的事件设立不同的诉讼程序。

第五,相对于大陆法系,英美法系的诉讼程序更强调当事人之间的对抗,大陆法系则较多强调法院的职权干预。大陆法系国家诉讼中的职权询问比较典型地反映了这一特点。

第六,大陆法系在理念上相对比较强调对实质正义的追求,因此,大陆法系国家普遍设立了再审程序,尽管再审的提起概率很低(远远低于我国再审提起比例)。英美法系则更强

---

〔13〕 参见[美]约翰·亨利·梅利曼:《大陆法系》,顾培东、禄正平译,李浩校,法律出版社2004年版,第15~16页。

调形式正义,维护裁判的安定性,因此,没有设置再审程序。

十四、民事诉讼法学

(一)民事诉讼法学的对象与范围

1. 研究对象

依照以往的观点,一门科学是由其独立的研究对象所决定的,该学科就是研究其对象客观规律的学问。如果按照这种认识,民事诉讼法学就是研究民事诉讼及其客观规律的科学。现在人们对于人文科学的认识并不再固执于对所谓客观规律的探究,而在于揭示或解释某种现象,揭示该现象更深层的原因。法学与其他人文科学一样,无法像自然科学那样,对其结论在相同的条件下进行有效验证。因为社会现象无法限定同样的环境和条件。法学与经济学、社会学、政治学、心理学、伦理学等其他人文学科还有所不同,法学不是研究和解释所有法律现象的学科,而是仅以法律现象中的法律规范为研究对象的学科。以此为根据,我们可以说民事诉讼法学是研究民事诉讼规范的科学。

民事诉讼法学也要研究民事诉讼这种社会现象,但研究视角是从民事诉讼法规范的视角,而不是从政治学、社会学、经济学、伦理学等人文科学的视角。这些人文科学也可以将法律现象如民事诉讼作为自己研究的对象,从该学科的角度对该现象提供解释。民事诉讼法学因为以民事诉讼规范为研究对象,主要研究的是民事诉讼规范的目的、意义、含义、构成、适用条件等,努力将各种法律概念和命题作为法律解释的逻辑前提,从而进行形式逻辑的推理,以保证解释的有效性和正当性,其基本特征是解释学,研究的目的是为人们提供民事诉讼规范中各种概念所应有的含义或价值命题,以便人们判断民事诉讼程序是否遵循了法律,即是否满足法治社会的基本价值观念和要求——必须依法审判。要使法律规范具有广泛的涵盖性,就必须使法律的命题具有高度的抽象性,抽象的法律规范若要适用于具体的事件就需要通过法律解释将两者有机地联系起来。另外,依照法治社会的基本要求,法院不能拒绝裁判,这就要求在没有法律具体规定的情形下,通过法律解释从法律原则和精神中寻找裁判的根据,使法院的裁判具有正当性和合法性。

2. 范围

民事诉讼法学的研究范围是从其研究对象所涵摄的界域视角来观察和叙述的。

民事诉讼法学研究的范围非常广泛,除了民事诉讼法及其适用的规律,凡是与民事诉讼运行和民事诉讼法适用相关的关系以及现象都是民事诉讼法学研究的内容。从相对具体的内容来看,除了我国民事诉讼法规范的内容,其还包括民间调解或诉讼外调解的研究、仲裁研究、纠纷解决的多元与替代机制和制度研究、公证制度研究、民事司法制度及改革研究、民事诉讼制度史研究、民事诉讼制度比较研究、外国及域外地区民事诉讼制度研究。

虽然民事诉讼法学的研究范围非常广泛,但毫无疑问,民事诉讼法及其适用是民事诉讼法学研究的主要内容、中心和重点。但近年来,由于多方面的原因,例如,因为司法政策的导向，导致对调解的极端强调，关于调解的课题项目增多，从而导引了民事诉讼法学的大量研究力量投入到对调解的研究之中，而对调解的研究又往往无法发挥民事诉讼法学所擅长的规范分析方法，更多的是民事诉讼法学者不熟悉的社会学的研究方法，导致大量研究的无效性，这仅仅是一种跟风式研究。又如，对司法制度的研究也吸引了民事诉讼法学者的大量研究精力和注意力，成为研究热点。同时，民事司法制度的研究往往因为没有规范和理论预设前提，研究"准入"的门槛较低，研究投入少，容易形成"创新观点"。但司法制度本身牵涉政治、政策、意识形态、社会、心理、经济发展等法律之外的因素，同样导致民事诉讼法学者在对其研究中无法运用所长，同样形成一种"赶场式"的跟风研究。

正是由于民事诉讼法学者的研究被过于分散到一些我们不擅长的领域，虽然我国从事民事诉讼法学研究的学者数量不少，但对民事诉讼法本身的研究不够，民事诉讼法的修改和民事诉讼法司法解释制定的过程中，民事诉讼法学理论供给的短缺和解释力不足即已凸显这一现实。因此，将民事诉讼法学的研究重点、中心回归于民事诉讼以及民事诉讼法的适用原理的研究是非常重要的。实现回归就必须正确地理解"学术创新"和"中国特色"，一味强调"创新"和"特色"，可能导致我们忽视或轻视对民事诉讼原理的研究、阐释，缺乏对民事诉讼基本和原理的足够尊重，误导学术研究。这是我国民事诉讼法学研究所应当尽量避免的。

（二）民事诉讼法学的研究方法

1. 规范分析方法、法教义学

民事诉讼法学的基本任务就是探究民事诉讼法的概念、含义和应有的逻辑，为依法且正当裁判提供理论依据，因此，在研究方法上主要体现为从已有的法律规范内在逻辑出发，研究分析法律规范的基本含义以及特定法律规范的目的、价值、法律规范之间的逻辑联系。这种研究方法就是法学所特有的研究方法——规范分析方法。规范分析方法发展的极端就是概念法学。在法学方法论中，人们近年来也经常提到所谓的"法教义学"。法教义学的概念源于德国，也是德国法学研究方法中的重要概念。这种方法将规范分析、概念法学提升到了更高的理论层面，形成一种比较系统的法教义学理论。法教义讲究的是法的一般理性，并由此具有权威，法教义学是受这种理性权威拘束的思维方式。规范分析方法和法教义学都将法律规范的存在作为分析前提，但并非法律规范的简单阐释和语义展开。规范分析和法教义学是一种理性的逻辑分析体系（"概念—命题"体系），讲究的是法的内在逻辑。法律"概念—命题"体系通过对法律制度的"抽象化"而形成，这种抽象化是一种"人为的过程"，即从"对有机的法律制度的完全直观"导向"法律的抽象规定"，故而会丧失原本存在的法律制度之"有机关联"。〔14〕因此，在规范分析和法教义学看来，法学研究并不听命于每一项法律规定，法学家不是法官，某些法律的规定有可能就是不符合法的内在逻辑要求，这些规定是应当修改或废除的。规范分析或法教义学方法有助于处理相互矛盾或冲突的法律

〔14〕雷磊：《什么是法教义学？——基于19世纪的后德国学说史的简要考察》，载《法制与社会发展》（双月刊）2018年第4期（总第142期）。

适用问题,解决的方法就是运用法的内在逻辑理性。作为一种技艺性方法,规范分析或法教义学在审判中发挥着最重要的作用。这就是规范分析或法教义学的所谓实践性。

2. 社科法学

在我国,由于存在民事诉讼制度建构和依法运行的需求,因此,我国的民事诉讼法学者在民事诉讼制度建构和依法运行的研究方面既有使用民事诉讼法学方法的,也有使用其他方法的,如政治学、经济学、伦理学、社会学方法等,更多的情形是混合使用。尤其是在民事诉讼制度的建构方面,如果是单纯的法律移植,则解释学会大量运用,以便阐释、说明该制度应有的功能、价值。但民事诉讼制度建构作为立法的一项重要作业往往会涉及该制度建构的正当性的问题,提供正当性依据的研究则源于政治学、社会学、经济学、伦理学等人文科学,甚至自然科学。在我国,人们通常把从社会科学(经济学、社会学、政治学、伦理学等)视角或运用社会科学的方法、概念分析和研究的方法称为"社科法学"。在调解和 ADR 的运用中,社科分析常常很有用武之地。因此,人们会发现纠纷调解与纠纷裁判也是不同的思维方式,这与社会分析与规范分析的不同思维方式有直接关系。

3. 实证研究方法

近年来,人们越来越重视用实证分析的方法进行研究,大量的课题设置也倾向于实证研究方法。实证研究不是实证主义法学的应用。所谓实证研究,是指运用社会调查的方法,对法律现象进行观察和分析,以表明法律事实或制度运行的实际状况。通过科学的社会调查可以修正人们的价值预设,为法律修改和制度运行提供参考依据。实证研究的基础是社会学。实证研究有一整套自身的科学方法规范,如田野调查规范。简单地进行数据收集,利用数据进行说明和证明并不是实证分析方法。[15]

还应当注意的是,实证分析如果运用不当也容易产生消极作用。其消极作用主要在于:容易使人们消极、被动地承认现实的合理性,而不是以应然的价值要求、以法的基本原理为出发点改革、修正现有制度,从而走向"现实就是合理的"保守主义的立场。从这种立场出发,则所有的价值追求、法的理念、法律原则、法律建构和法治建设都可能是没有意义的,这对于法治建设和推动社会转型都会造成消极影响。另外,虽然实证调查强调价值中立,但由于实证调查结果只有与人们以往或通常的认识不一致,才具有价值,只是简单地重复印证人们的认识则是失败的调查。如是,调查者就可能预设不一样的前提,在这样预设的前提引导之下所进行的调查就违背了价值中立的基本要求。再者,实证调查是一项十分专业的活动,需要有专门的社会调查知识和方法,但目前关于民事诉讼的实证调查大都是社会调查的外行,问卷的设计、样本的抽取、询问方法等都不能满足社会调查的规范要求,这使如此获得的大量调查数据缺乏科学性,反而误导法律制度的调整。因此,关于实证调查应尽可能由专门的社会调查人员或经过专门训练的人员进行,以保证调查研究的科学性。[16]

---

〔15〕 关于法学研究方法论,详见张卫平:《法学研究与教育方法论》,法律出版社 2017 年版,第 36 页。

〔16〕 关于民事诉讼法学研究的问题点以及民事诉讼法研究方法,参见张卫平:《对民事诉讼法学贫困化的思索》,载《清华法学》2014 年第 2 期。

4. 法治发展的阶段性与研究方法的运用

法学研究方法的运用与法治发展的阶段性有关。在我国，由于民事诉讼体系、体制和规范还不成熟、不完善，因此，作为反思性、批判性、建构性的研究，往往是民事诉讼法学者十分重要的作业，其也更注重这方面的投入。而反思性、批判性、建构性的研究往往更多地使用政治学（法政治学、法政策学）、社会学（法社会学）、伦理学（法伦理学）的研究方法，因此，在研究方法上，对规范解释学往往重视不够，对民事诉讼法原理的研究远远不足。这一问题也与我们过多地强调所谓自己的特色，强调所谓本土化有关，也与我国法学与国外法学发展的不当接驳有关。由于过多强调特色和本土化，因此必然排斥民事诉讼法的移植和借鉴。对于具有共性的民事诉讼运行规律和逻辑体系也必然予以忽视。在与国外法学发展的接驳方面，学术研究的超前或占先追求的特质也就导致了在研究方法和趋势接驳上的错位。

具体而言，20 世纪大陆法系国家在研究方法方面受判例法、法社会学、经验法学、实用主义法学、批判法学以及后现代法学的影响，对传统的概念法学、法教义学进行批判和反思。人们希望法学能够走出封闭，与社会、法律实践脱离的困境，逃离形而上学的法律构成，能够根据社会现实和发展实用主义地适用法律，解释法律。在大陆法系国家，法社会学、法经济学的兴起都与对概念法学、规范分析法学的反思有关。西方法治国家，在长期的法治发展过程中，通过概念法学或法解释学强化了国家的依法治理和大众的法律意识，完成了通过法律对社会的全面控制。在这一点上不能否认实证主义法学的功绩。人们通过概念法学的逻辑推理，最大限度地排除了适用者和解释者的任意性，保证了法律的实施。但随着西方国家法治的发展，在法治已经确立，人们的法律意识已经得以固化的情形下，法律实证主义、概念法学的某些弊端也就显现出来，因此，人们需要对其进行反思，使法律的实施更符合社会现实。

但在我国，法治发展的情形有所不同。强调法律的纯粹性，在法律实施中尽量排除人们的任意性，要达成这一目的，规范分析、法教义学、概念法学是有效的工具和手段。一旦强调法的社会性、实用主义，必然出现意图在法律效果之外追求所谓社会效果和政治效果的情形，依法或严格执法的法治要求可能会沦为一句空话。法政治学、法社会学、法伦理学、法经济学都有软化法律实施的功能，这是不可否认的。在笔者看来，对于一个法治趋于硬化的国家而言，这些"软化药剂"都是有意义的，但在法治还没有硬化的情况下，急于对其软化无疑是"用错了药"。对于学问上的趋时与超前是可以理解的，但对法治的发展却是无益的。

基于法治发展的阶段性，我国民事诉讼法学应当更多地转向对民事诉讼法规范的研究，对民事诉讼法基础理论的探究，解释民事诉讼法规范的逻辑关系，为我国民事诉讼法的完善和实施提供理论支持。

（三）民事诉讼法学体系

1. 理论体系的意义

特定的理论是人们对特定事物的认识和论述。民事诉讼理论是人们对民事诉讼的认识和论述。但这些认识和论述如果不是体系化的，那么这些理论认识和论述就只能是一堆散沙。没有体系化的理论相互之间就可能是矛盾或冲突的。体系化的理论通常是由基本原理、基础理论和具体理论构成的,如同树干、树枝与树叶的结构关系一样。树叶直接依赖树枝,树枝依赖树干,如此才能生长为参天大树。基本原理相较基础理论和具体理论具有更广泛的涵摄性;基础理论又比具体理论具有涵摄性。具体理论是对具体制度结构和运行的抽象概括,具有相对具体的针对性。基本原理往往与基本原则直接关联。作为理论的原理与作为规范的原则之间,有时区别不是那么清晰。当然,如同客观存在的事物一样,彼此之间在某些特殊情形下也存在模糊地带。理论的体系化是将理论按照特定的框架结构组织起来,形成一个有机的整体,彼此之间依据一定的基本原理予以连接,从而使人们的实践活动能够在体系化的理论指导下实施,以保证实践活动的协调和统一。体系化的各个局部的理论必定服从于体系化的总体要求,在体系的基本原理下构筑起来,如此也就保证了各种理论在体系中的协调性和统一性。

2. 民事诉讼法学体系的含义

民事诉讼法学体系是指关于民事诉讼法规范的理论阐释的系统结构。大陆法系国家的民事诉讼法学讲究自身逻辑的自洽和内在联系,并试图按照这种自洽和内在联系建构一个紧密的理论体系。从这一认识语境出发,民事诉讼法学体系是对民事诉讼法规范结构的理论建构。这种构造与民事诉讼法的结构不同。广义的民事诉讼法的结构主要是内部各制度的体系结构。狭义的民事诉讼法学的体系则是按照诉讼价值观、诉讼主体、诉讼客体、诉讼程序四维一体的立体基本结构搭建的系统。诉讼价值观表达民事诉讼的基本要求;诉讼主体和诉讼客体表现民事诉讼基本关系。诉讼主体的主线是裁判主体法院与当事人。在理论上一方面体现为围绕裁判主体的规范,另一方面体现为围绕当事人展开的规范,包括当事人能力、当事人诉讼行为能力、诉讼代理人、诉讼参加人等。在诉讼客体方面,以诉为主线加以展开,如诉、诉的目的、诉的利益、诉权、诉的类型、诉讼标的、诉的变动、诉的合并与分离,并由此展开为诉的审理、诉的裁判、裁判的效力与范围、裁判的救济等;诉讼程序则表达民事诉讼在时空层面的发展过程。理论体系化的意义在于,有助于人们从总体上把握诉讼制度之间的协调性和一致性,保持诉讼制度的顺畅运行。每一种制度的建立都应当在体系化理论上得到支持和说明。

民事诉讼法的体系与民事诉讼法学的体系是两个既有联系又有区别的概念。民事诉讼法的体系,是指有关民事诉讼的若干规范之间具有内在联系的统一体。这里的民事诉讼法是指广义上的民事诉讼法,即通过规范特定的程序,以确认和实现权利义务,解决民事纠纷为目的的法律规范的总和。理想的民事诉讼法体系应当是能够满足以下基本要求的体系结构:民事诉讼法规范内部之间具有门类齐全、有机联系、结构严谨、协调统一等基本要求,同时,各程序规范又具有一定的完整性和自洽性。

大陆法系的民事诉讼法学体系源自民法学体系,通过数百年的发展,至今依然维持了基本的体系。从实践来看,大陆法系的民事诉讼法学体系基本上能够为民事诉讼的建构和运行提供理论解释。虽然,随着民事诉讼的发展,局部理论在发生变化,但在体系上依然还是保持了原有的结构。相对而言,英美法系在理论解释体系上与大陆法系完全不同,尽管在理念和程序上有相同之处,但概念和理论属于两个世界,并非仅仅是语言上的差异。例如,英美法系民事诉讼理论从来就不使用源于欧洲大陆哲学的概念——主体和客体、主观范围和客观范围等。因此,在制度移植时,诉讼理论上的借鉴常常会遭遇理论体系的排斥。我国民事诉讼法学的体系虽然没有完全接受大陆法系,但在概念和诸多理论方面已经接受和承认。从我国的法律思维、传统、司法体制的情形来看,大陆法系的理论体系将成为我国民事诉讼理论体系的基本模板,我国民事诉讼法教科书的内容和体系的发展趋势已经提供了明证。

3. 我国民事诉讼法学体系的建构

我国民事诉讼理论主要受大陆法系、苏联民事诉讼理论以及我国传统民事诉讼观念的影响,但尚未形成体系化的理论。民事诉讼理论体系的中国化是必需和必然的。理论体系的中国化是一个自然发生的过程,无须担心理论及体系的非中国化问题。大陆法系理论与我国实践结合的过程本身也是我国民事诉讼理论体系化的建构过程,但这一过程需要经过相当漫长的时期。即使是全盘接受某一特定的外来理论,只要将该理论运用于我国的实践中,也就必然会产生理论本土化的变化,理论也就自然具有了本土特色。只不过在中国化的过程中,如何识别这种本土因素的积极(调整适应)与消极方面(阻碍、抵制)是一个复杂的问题。作为维护社会稳定和发展的法律制度和理论不能迁就消极的现实因素,更不能将现实错误或不当司法习惯当作应当遵循的规范并纳入理论认知之中。法律必须顺应社会的发展,以规范引导人们的行为,推动社会的发展,满足人们日益增长的法治需求,包括对程序正义和实体正义的更高、更充分的要求。在这一点上,法律制度以及理论具有改造世界的意义和作用。法律科学毕竟是一门规范科学,不同于社会学、心理学等事实科学。这门科学的意义就在于提供应然的正当性解释。

十五、民事司法改革

民事司法改革是我国改革开放以来社会改革在民事司法领域的体现,是我国民事诉讼制度发展的一条主线。民事司法改革的目的是通过改革推动民事司法的发展和进步。民事司法改革主要包括两个方面:一是以广义民事诉讼制度为中心的各项改革;二是与司法制度关联的各项改革。在民事司法改革的早期,改革主要以民事审判为中心,针对的是传统的审判方式,即所谓"民事审判方式的改革"。虽然传统的审判方式在一定程度或某些方面,在法典上已经不再获得支持,但是作为传统或习惯的方式,在观念上和习惯上还是为人们所接受,作为实在的制度依然还在运行。民事审判方式就是要颠覆这种传统的审判方式。传统的审判方式强调的是法院依职权进行调查,实行的是全面调查,在查清案件事实的基础上通过法院调解解决纠纷。在改革开放之后,由于民事纠纷大量增加,民事案件呈现"井喷式"增长,传统审判方式无法应对,因此需要通过改革审判方式予以应对。审判方式改革的主要内容是强调当事人的自我责任,如举证责任,强化庭审程序,更多地通过裁判解决纠纷。持续不断的民事司法改革对于落实《民事诉讼法》起到了重要作用。

不断推进的民事司法改革对于不断完善民事诉讼制度也起到了重要的作用。民事司法改革作为一种司法试验活动,通过改革实践使某些制度的形成具有了经验基础,有的最终为《民事诉讼法》所吸纳,如小额诉讼制度、公益诉讼制度等。近年来,审判公开、裁判文书、民事执行、家事审判、电子诉讼等领域民事司法改革也在不断深化和推进。民事司法改革与民事司法政策有密切的关联,民事司法改革直接体现了特定时期民事诉讼政策。在特别强调"大调解"和诉讼调解的时期,民事司法改革也会应对这种政策要求,使民事诉讼的走向能够与此保持一致。民事司法改革也就成为实现和落实民事司法政策的一种手段。民事司法改革的探索性、正当性与民事司法改革的合法性之间始终存在一种紧张关系,如何平衡两者之间的关系是民事司法改革需要解决的问题。在如何把握民事司法改革的正当性与合法性的关系方面也还存在进一步探讨和改进的空间。

知识扩展

马锡五审判方式

马锡五审判方式就其原初的状态(而非发展了的状态)而言是当时人们对马锡五在陕甘宁边区从事司法裁判工作特点的概括,但实际上是对当时司法裁判方式的概括和总结,所谓马锡五审判方式是这种审判方式的概念化和符号化。由于马锡五先生司法工作的典型性——他的司法工作方式最典型和最集中地反映了当时这种审判方式的特点,并得到当时高层的认可和赞扬——人们将其称为"马锡五审判方式"。

根据资料,"马锡五审判方式"这一表述最早见于时任陕甘宁边区政府主席的林伯渠在 1944 年 1 月 6 日的边区政府一年工作总结报告中,该总结报告特别强调"提倡马锡五同志的审判方式,以便教育群众"。同年 3 月 13 日,延安的《解放日报》专门以"马锡五同志的审判方式"为题发表评论,介绍典型案例,高度赞扬了这种审判方式的成绩,对马锡五审判方式的特点进行了概括。不久,边区政府指示各分区专员、县长、分庭庭长、各县司法处,要多多采取民间调解,审判要学习马锡五同志的方式。从资料看,马锡五审判方式是从 1943 年便开始推广的,以后更不断地涌现出马锡五式的司法工作者。在陕甘宁边区,马锡五审判方式并不独为一种民事审判方式,也是一种刑事审判方式,事实上,当时也并不区分刑事审判和民事审判程序。中华人民共和国成立后,随着民刑审判分离,刑事审判程序的发展在形式上已远离了这种审判方式,人们因此不再把马锡五审判与刑事审判方式联系在一起。而民事审判程序发展到现在仍然在形式和实质上一定程度地保留了这种审判方式的某些特点,因此,提到马锡五审判方式时人们就把它与民事纷争裁判方式联系在一起。

从审判的方式上可以将马锡五审判方式的特点概括为以下几点:(1)司法干部对纠纷要全面、客观、深入地进行调查;(2)实行审判与调解相结合;(3)断案由司法干部和群众共同进行;(4)诉讼程序简便利民。将诉讼程序简便利民加以展开,则可以扩展为巡回审理、就地审理、免除诉讼费用、受理和审理的简便和简化,不受任何形式的限制。反映了马锡五审判方式的以下价值导向:其一,简化纠纷解决的程序;其二,便利当事人诉讼;其三,避免直接适用法律;其四,裁判者的积极干预。[17]

---

〔17〕 关于马锡五审判方式的历史资料,详见张希坡:《马锡五审判方式》,法律出版社 1983 年版。对马锡五审判方式的回归分析,详见张卫平:《回归"马锡五"的思考》,载《现代法学》2009 年第 5 期。

第二章 民事诉讼法的基本原则

本章目次

一、民事诉讼法基本原则概述

(一)民事诉讼法基本原则的界定

关于民事诉讼法基本原则,大多数民事诉讼教科书虽然都有定义,但由于定义的高度抽象性,使人们在具体理解何为民事诉讼法的基本原则时,仍有较大的差异。这主要表现在原则体系的构成上。对民事诉讼法基本原则认识不一致的原因还在于人们对民事诉讼法基本原则基本含义理解的偏差,甚至对基本原则的理解还不够透彻。结合近几年来法学界对基本原则的研究成果,[1]笔者认为,关于民事诉讼法基本原则可从以下几方面来认识:

1. 民事诉讼法基本原则是贯穿整个民事诉讼法的根本性规则。反过来讲,正因为是根本性规则才使其成为基本原则。民事诉讼法基本原则的根本性体现在它对民事诉讼法最基本的问题作出了高度抽象的规定,对如何进行民事诉讼提出了基本的要求。例如,诉讼当事人平等的原则、辩论原则、处分原则等。

2. 民事诉讼法基本原则对民事诉讼法的实施具有指导性。这一点使民事诉讼法的基本原则区别于民事诉讼的具体制度、规范或规定。民事诉讼基本原则是一种抽象的原则性规范,并不具体地规定民事审判主体、诉讼当事人和其他诉讼参与人在诉讼中的具体权利义务,也不具体规定如何进行诉讼的某项制度,如起诉制度、两审终审制度、合议制度等。民事诉讼法中的各项具体的制度和关于权利义务的具体规定是对民事诉讼基本原则的落实和具体化。应当注意,在理论研究中人们对基本原则进行阐释时,往往会涉及某些具体的制度和规定,这些制度和规定是该基本原则的体现,但并不是基本原则本身。

---

〔1〕 参见张文显:《规则·原则·概念——论法的模式》,载《现代法学》1989 年第 3 期;徐国栋:《民法基本原则解释——成文法局限性之克服》,中国政法大学出版社 1992 年版。

3. 民事诉讼法基本原则与具体制度和规范相比，具有不确定性和模糊性。正是由于民事诉讼法基本原则的不确定性和模糊性，才使民事诉讼法的基本原则具有对民事诉讼中不确定问题处理的指导性和涵盖性。当民事诉讼中出现民事诉讼法未规定的具体问题时，人民法院和当事人以及其他诉讼参与人可以根据民事诉讼法的基本原则灵活处置，以克服民事诉讼法具体规定的局限性。在立法上，民事诉讼法基本原则的不确定性和模糊性与民事诉讼法具体规定的确定性和精确性的统一，使民事诉讼法构成了一个科学的法律系统。

4. 民事诉讼法基本原则是宪法原则在民事诉讼领域中的具体落实。民事诉讼法的基本原则不能等同于宪法原则。因为宪法原则是针对整个法律体系而言的，具有更大的抽象度和涵盖性。民事诉讼法的基本原则应当比宪法原则更具体化，能反映本法域的基本特点。例如，诉讼权利平等的原则就是宪法中法律面前人人平等原则的体现。但民事诉讼法这一原则并不能直接等同于宪法的这一原则。宪法当中可能会对某些部门法的原则已作出规定，但这些规定的原则仍然是各部门法的原则，而不是宪法的原则。

5. 民事诉讼法基本原则作为一种原则性规范也是一种对诉讼主体的基本要求，不过它与民事诉讼的基本价值要求仍有所不同。民事诉讼的基本价值要求比民事诉讼法基本原则具有更大的抽象性和模糊性。例如，诉讼公正等属于民事诉讼的基本价值要求，即人们在进行民事诉讼时应当尽可能地满足这些要求。〔2〕但这些基本要求比民事诉讼法的基本原则更模糊，其要求更抽象，是司法活动应当追求的价值和目标。诉讼公正可以说是最基本和最抽象的价值要求，它需要有呈梯级的规范来加以具体化。民事诉讼法的原则可以说是具体化的第一个层次。相比而言，民事诉讼法的基本原则更具体和明确，因此，民事诉讼法的基本原则也是民事诉讼基本价值要求的体现和落实。当然，由于民事诉讼的基本价值要求与民事诉讼法的基本原则都具有抽象性、不确定性和模糊性，因此难以精确地加以区分。

6. 民事诉讼法基本原则，是指贯穿于整个民事诉讼法和民事诉讼过程的根本性和指导性规则。从语义上讲，既然有基本原则，就应当还有一般原则。笔者认为，基本原则以外的一般原则应当是其重要性和抽象性都低于基本原则的那些重要和抽象的规则。这些原则比基本原则更为具体和确定，但与明确规定权利义务的规范和制度相比又有较高的抽象度，而且这些原则主要在民事诉讼的某个方面或某个主要阶段起着根本性和指导性作用。例如，管辖恒定原则、一事不再理原则等。过去有的教科书把在民事诉讼主要阶段上起指导作用的原则也作为民事诉讼法的基本原则，这一做法是值得商榷的。

7. 基本原则不同于基本权利、义务的规范。民事诉讼法的基本内容必须涉及民事诉讼当事人的基本权利和义务，但关于当事人基本权利和义务的规定本身并不是基本原则，基本权利和义务是对当事人法律地位的设定，而基本原则涉及民事诉讼中基本社会关系的调整。例如，关于当事人享有陈述、辩论权利以及遵守诉讼程序的义务规范就不是民事诉讼的基本原则，而是基本权利、义务的规定。

---

〔2〕 在有些教科书中，公正、效益被作为民事诉讼法学理上的原则。参见柴发邦主编：《中国民事诉讼法学》，中国人民公安大学出版社1992年版，第77页。

(二)民事诉讼法基本原则的功能

首先,民事诉讼法基本原则指导诉讼主体正确地适用民事诉讼法的具体规定。因为民事诉讼法的具体规定体现了民事诉讼法的基本原则,是民事诉讼法基本原则的展开。因此,民事诉讼法的基本原则规定了民事诉讼法各具体规定的精神实质,只有把握和理解了民事诉讼法基本原则才能正确适用民事诉讼法的具体规定。

其次,民事诉讼法基本原则有利于克服既定民事诉讼法的有限针对性。当民事诉讼法对某些具体情况没有明确规定时,审判人员可以根据民事诉讼法的基本原则具体灵活地加以处理。民事诉讼法基本原则也为审判人员发挥自己的主观能动性提供了原则性根据。

最后,为民事诉讼法的局部修改和调整提供了依据。法律总是要不断修改和调整的,当既定的民事诉讼法的局部规定滞后时,立法者应当以民事诉讼法的基本原则为依据对其进行修改和调整,保持修改和调整后的具体规定与民事诉讼法基本原则的一致性。

民事诉讼法基本原则功能的充分实现与司法制度有密切的关系,如果没有建立起与现代司法一致的法官制度,则民事诉讼法基本原则的功能也难以充分实现。例如,关于上述"其次"中所提到的功能。

(三)民事诉讼法基本原则的体系

我国民事诉讼法基本原则的体系究竟应该如何构成一直是比较有争议的问题。多数教科书以我国《民事诉讼法》第一章(任务、适用范围和基本原则)为依据,认为该章关于任务、适用范围规定以外的内容都应当是民事诉讼法的基本原则。因此,罗列出多达十几项的基本原则,如民事审判权由人民法院行使的原则、独立审判的原则、民事检察监督原则、两审终审原则、公开原则、使用民族语言文字原则、支持起诉原则等。[3] 如果以上述关于民事诉讼法基本原则的理解来看,现行《民事诉讼法》把第一章除任务、适用范围以外的内容都作为民事诉讼法基本原则,显然在立法上存在不足。虽不能否认民事诉讼法上述内容的重要性,但应当将基本原则、一般原则和基本制度加以区别。实际上,《民事诉讼法》第一章中既包括了民事诉讼法的基本原则,也包括了一般原则和重要的具体制度。

民事审判权由人民法院行使的原则、独立行使审判权的原则侧重于强调裁判机关与社会的关系,因此不宜将此作为民事诉讼法的基本原则。以事实为根据,以法律为准绳的原则只是裁判机关裁判的原则,也不宜作为基本原则。民事诉讼关于调解的规定实际上包括原则和具体制度两部分。就调解在民事诉讼中应有的地位以及调解与民事审判的关系来看,调解作为基本原则是不合适的。有关审判合议、回避、两审终审、使用本民族语言、民事检察监督、支持起诉和民族自治地方变通或补充的规定由于在整个民事诉讼法中不具有根本性的地位,因此,也不能作为民事诉讼法的基本原则,当然,有的不妨作为一般原则和制度的一般要求。

---

〔3〕 参见柴发邦主编:《民事诉讼法学》,法律出版社1987年版,第65~100页;常怡主编:《民事诉讼法学》,中国政法大学出版社1994年版,第31~45页。

问题与思考

民事诉讼法的基本原则的一项突出的功能在于法院可以根据诉讼的具体情形，在没有具体法律规定时，通过适用基本原则，按照基本原则的要求予以处置，使审判过程和结果具有正当性。但由于适用的是抽象的原则，因此，就需要法院或审理案件的法官必须具有较高的权威性，否则，就会因为没有具体法律根据而受到责难。抽象原则适用的风险导致了民事诉讼法各项基本原则在审判实践中难以适用的现实。要改变这一现实，使民事诉讼法的各项基本原则发挥指导和具体规范作用，推进司法体制改革，强化和维护司法权威是十分重要的。

二、诉讼当事人平等原则

(一)诉讼当事人平等原则的含义

诉讼当事人平等原则包括以下几方面的含义：

第一，诉讼当事人平等主要是指当事人诉讼地位的平等。诉讼地位的平等并不是说当事人双方权利义务的相等或相同。而是指无论当事人一方社会地位如何，都应当平等地享有民事诉讼法所给予的诉讼权利，承担民事诉讼法所规定的诉讼义务。在民事诉讼法中关于原告与被告权利义务的具体规定因起诉与被诉的差异而有所不同，但这种差异并不会给双方在诉讼中造成实质上的不平等。

第二，当事人在诉讼中的诉讼攻击和防御是平等的。[4] 一方面，双方都有提出有利于自己的诉讼资料的权利。例如，双方都有陈述案件事实的权利。另一方面，一方实施诉讼攻击时，另一方则有进行防御的权利。例如，一方当事人提出主张时，另一方有权利反驳对方提出的主张；一方提出证据证明时，另一方有提出反证的权利。不能只给予一方提出主张、陈述的机会，而不给予另一方反驳、陈述的机会。从程序正义的角度来看，诉讼当事人平等原则规定了当事人在诉讼程序中平等对话的权利，为当事人提供了平等对话的机会。

第三，具有不同国籍、无国籍的当事人在我国进行民事诉讼时，其诉讼地位与我国民事诉讼的当事人相同，即我国当事人享有的诉讼权利也同样给予具有外国国籍或无国籍的当事人。当然，我国当事人应当承担的诉讼义务，具有外国国籍或无国籍的当事人也同样应当承担。不过这一原则的具体实施是有条件的，只有在当事人的所在国没有对我国当事人的诉讼权利加以限制的情况下，我国才给予平等的对待，即所谓“对等原则”。

在理解诉讼当事人平等原则时，应当注意不能将当事人诉讼地位平等理解为双方当事人权利义务相等。

---

〔4〕 诉讼上的攻击，是指当事人主动地提出事实和证据等。诉讼上的防御，是指当事人消极地提出事实和证据以阻碍对方对自己实施的不利诉讼行为。

(二)诉讼当事人平等原则的依据

诉讼当事人平等原则的规定是为了裁判主体发现案件真实,作出公正裁决。只有当事人在诉讼中处于平等的诉讼地位,才能使双方充分地陈述案件事实,以便人民法院对当事人提出的事实加以查证,弄清案件的真相,作出公正的判决。

诉讼当事人平等原则是程序正义的具体体现。程序正义不仅要求纠纷的司法解决必须遵循法律所规定的程序,更要求程序设计和运行的公正性。关于程序正义的具体内容,尽管学者们观点不一,但程序能确保利害关系人参加、当事人平等地对话、当事人充分地陈述主张、平等地对待当事人等是学者们所认同的基本内容之一。当事人诉讼地位平等并不仅仅是为了保障诉讼的实体公正,保证法院判决的正确性,也是实现程序正义,在诉讼程序中体现人权的价值要求。

诉讼当事人平等原则体现了宪法关于"公民在适用法律面前人人平等"的原则,是宪法原则在民事诉讼法域的具体化。也只有在诉讼当事人诉讼地位平等的情况下,才能真正做到适用法律一律平等的要求。

诉讼地位的平等,也是当事人平等的民事实体法律地位在诉讼中的体现。民法调整的社会关系的性质决定了民法的平等自愿这一"公理性原则"。而民事法律关系的这种特性又决定了民事诉讼的特性,即平等民事主体之间的争议解决过程。实体法领域中的"公理性原则"也必然要在民事纠纷解决领域中得到具体体现和延伸。

诉讼当事人平等原则是民事诉讼对抗式结构的必然要求。民事诉讼的对抗式结构是将裁判机关置于中立的地位,通过当事人双方的诉讼对抗,查明争议的焦点和案件事实,作出正确的裁判。人民法院在诉讼中的中立地位是民事裁判公正的保证。人民法院的中立性也体现在平等地对待双方当事人这一点上。诉讼当事人平等原则也是为了保障人民法院在诉讼中的中立性。

三、辩论原则

(一)辩论权与基本原则

以往几乎所有的民事诉讼法教科书,都将《民事诉讼法》第 12 条的规定内容作为"辩论原则",并认为其是一项民事诉讼特有的基本原则,具有十分重要的地位。该条规定:"人民法院审理民事案件时,当事人有权进行辩论。"由于这一规定被置于《民事诉讼法》的原则部分,因此,该规定过去一直被认为是民事诉讼法对辩论原则的原则性规定,是辩论原则的法律依据。

以该条文的文义,关于民事诉讼法中的辩论原则,一般是从以下几个方面来理解的:

一是辩论权是当事人的一项重要的诉讼权利,即当事人也包括第三人对诉讼请求有陈述事实和理由的权利。相应地,也有对对方当事人的陈述和诉讼请求进行反驳和答辩的权利。当事人借此维护自己的合法利益。

二是当事人行使辩论权的范围包括案件的实体方面、如何适用法律以及诉讼程序上的争议问题。

三是辩论的形式包括口头和书面两种形式。口头辩论又称“言词辩论”或“言辞辩论”，主要集中在法庭审理阶段。书面辩论主要在其他阶段。

四是辩论原则所规定的辩论权贯穿于诉讼的全过程。除特别程序以外，在第一审程序、第二审程序和审判监督程序中，均贯彻辩论原则，允许当事人行使辩论权。

五是人民法院在诉讼过程中应当保障当事人充分行使辩论权。〔5〕

对辩论原则的上述理解是我国民事诉讼法学界通行的观点，反映了我国民事诉讼法最初制定时将辩论作为一种民主权利加以体现的指导思想，折射出传统的政治性思维的特征，即从政治民主的角度定义当事人辩论的权利。

我国民事诉讼法中规定的辩论原则，虽然要求法院充分保障当事人双方辩论的权利，但由于法院的保障行为仅仅是让当事人能够实施辩论行为，而没有使当事人的辩论结果形成对法院裁判的约束。因此，辩论权的相对义务就只停留在被虚无化的保障行为这一层面。我国民事诉讼法所规定的辩论原则实际上成为一种非约束性或非实质性原则，因此，可将这种形式上的辩论原则称为“非约束性辩论原则”。〔6〕也因为没有对民事诉讼中法院与当事人之间这种基本关系予以界定和规范，实际上也就不能赋予其民事诉讼基本原则的地位。辩论权是当事人的一项重要权利。当事人不仅在民事诉讼中享有辩论的权利，在任何诉讼中都享有辩论权利，因此，民事诉讼法中关于当事人辩论权的规定就不是民事诉讼所特有的规定。关于当事人基本权利的规定也不应作为民事诉讼法的基本原则，如果一定要冠以原则的称谓，也只能称为“辩论权原则”。

(二)辩论原则(辩论主义)

在大陆法系国家和地区，例如，德国、日本、韩国的《民事诉讼法》以及我国台湾地区的“民事诉讼法”中明确将辩论原则作为民事诉讼的基本原则，但这些国家和地区的辩论原则与我国大陆的辩论原则或辩论权原则有本质的区别。作为原则，辩论原则从一个方面界定了法院和当事人之间的关系，对法院和当事人均有相应的约束力，所以，其被称为“约束性辩论原则”。

约束性辩论原则的基本含义：

第一，直接决定法律效果发生或消灭的必要事实必须在当事人的辩论中出现，没有在当事人的辩论中出现的事实不能作为法院裁判的依据。

第二，当事人一方提出的事实，对方当事人无争议的，法院应将其作为裁判的依据。基于这一要点，也就自然产生了自认制度。

第三，法院对案件证据的调查只限于当事人双方在辩论中所提出来的证据。

以上三点也被称为辩论原则三要旨。

约束性辩论原则的合理性在于：

---

〔5〕 参见常怡主编：《民事诉讼法学》，中国政法大学出版社 1994 年版，第 38～39 页。

〔6〕 张卫平：《我国民事诉讼辩论原则重述》，载《法学研究》1996 年第 6 期。

首先,由于要求法院必须以当事人在辩论过程中出现的事实作为裁判的依据,就使作为整个民事诉讼核心的辩论程序真正得以实在化,避免了目前我国民事诉讼中辩论程序空洞化的弊端,能够有效控制庭审前的隐性诉讼活动和审判过程中裁判者的"暗箱操作",有效防止司法领域中的不正之风。

其次,使当事人对自己实体权利和诉讼权利的处分能够得到完整和充分的体现。实体权利和诉讼权利的自由支配包含了对案件诉讼资料(案件事实)的处置。法院在当事人主张之外提出诉讼资料并作为裁判的依据,不仅违反不得"突袭裁判"的程序性公正的基本要求,也是对当事人处分权的干涉。

最后,能够真正使法院置于中立的第三者的立场,从而保证其公正地裁判民事案件。并且能够使当事人的主体权(当事人权)得到体现,改变过去那种不自觉地将当事人客体化的非正常状态。[7]

在理解约束性辩论原则时应当注意以下几点:

一是按照辩论原则的基本要求,法院在作出判决时,应限于当事人在诉讼请求中主张的范围。没有经当事人主张的事项,法院不得判决。无论何种案件,一旦纳入诉讼程序,必然存在当事人的诉讼请求。诉讼请求在内容上包括诉讼请求的质和量两个方面。

辩论原则的机理是法院在诉讼中应当受到当事人主张的约束。具体到当事人诉讼请求的量这一点上,法院也要受到当事人主张的限制,即法院只能在诉讼请求的范围内进行裁判,不得在超出请求的数量范围以外作出判决。原告只要求对方当事人给付借款10万元的,法院不得判令对方给付20万元。原告只请求对方返还本金的,法院不得判决对方返还本金加利息。如果原告请求共同被告平均清偿债务时,法院不得判令其中一名被告连带清偿全部债务。因为法院判令其中一名被告连带清偿全部债务超出了原告只是请求共同被告平均清偿债务的诉讼请求范围。当然,实践中会出现这样的情况:权利人因不知道自己究竟还享有哪些权利,而在提出诉讼请求时,对自己应有的权利没有加以主张。例如,原告在要求被告返还借款时,因不知道还可以主张利息,而未在请求中加以主张。在这种情况下,法院可以行使阐明权,对利息加以说明,以便让当事人自己决定是否主张利息,但不能在当事人没有主张的情况下以职权作出给付利息的判决。

从当事人主张的质的方面来看,法院对案件的判决同样要受到当事人主张的限制,即法院的判决不得与当事人所主张的事项在其性质上相悖。例如,在给付诉讼中,法院判决给付的标的物应与当事人所主张的标的物在质上是一致的。不得在当事人主张A时,判决给付B。在要求对方当事人为一定行为的诉讼中,法院判决对方所为的行为应以当事人主张所为的行为为限。有时尽管法院判决对方当事人所为行为在形式上与当事人主张的不一致,但如果该行为实质上在当事人主张的范围以内,仍然被认为符合辩论原则的基本要求。

辩论原则作为一项民事诉讼基本原则的价值,表现在其贯穿于民事诉讼的全过程。所

---

〔7〕 张卫平:《我国民事诉讼辩论原则重述》,载《法学研究》1996年第6期。

谓贯穿于民事诉讼的全过程，并不是像非约束性辩论原则那样，仅仅理解为当事人在整个民事诉讼程序的过程中享有辩论的权利，而是就辩论原则的实质而言，法院在民事诉讼的全过程都要受到辩论原则的拘束。不仅在第一审程序中，法院要受到当事人主张范围的约束，在第二审程序中，法院仍要受到上诉人上诉请求范围的约束，即第二审法院也只能在上诉人上诉请求的范围内作出裁判。尽管在我国民事诉讼实务和理论解释上均按此要求运作和阐释，但却没有原则上、理论上的根据，导致规范根据上的不完整性。

二是根据约束性辩论原则的要求，法院只能按照当事人在诉讼中指明的诉讼标的进行裁判，即法院裁判的诉讼标的应与当事人主张的诉讼标的具有同一性。依照我国诉讼标的传统理论，[8]关于辨认诉讼标的是否同一的标准事项，因法律关系性质的不同而有所不同。例如，诉状表明的诉讼标的为债权的，那么债权发生的原因就成了辨认债权是否同一的标准事项。与此不同，诉讼标的为物权的，权利发生的原因就不再是辨认物权是否同一的标准事项，辨认物权是否同一的标准事项是物权的种类。在债权诉讼中，当事人变更诉讼标的的，法院依据变更后的诉讼标的予以裁判，这同样是符合辩论原则的。例如，原告在诉讼的初始阶段，诉称其诉讼标的是借贷关系，但后来又改为租赁关系，法院可以根据变更后的租赁关系作出裁判，因为借贷关系和变更后的租赁关系均是当事人在主张中提出来的。如果在审理过程中法院已经判明实际存在的诉讼标的与当事人所主张的诉讼标的不一致，法院不得以实际存在的诉讼标的满足原告的请求。

> 应当注意的是，尽管法院在诉讼标的方面受当事人主张的约束，但关于诉讼对象的权利或法律关系性质的认定却不受当事人见解的拘束。对权利或法律关系性质的看法不过是当事人对现存事实的认识，不是主张的事实本身，因而不受辩论原则的拘束。

三是辩论原则要求法院裁判的依据来自当事人的主张，其中包括当事人向法院提出的证据线索。法院在诉讼中仍然有调查收集证据的权力，只是必须在当事人主张的范围之内。对某些证据依当事人的能力和手段难以收集到时，法院可以根据当事人提供的线索调查和收集该证据，如证据材料属于：不允许个人查阅的档案材料；他人的储蓄存款情况；涉及国家机密、企业技术秘密、商业秘密的证据材料；涉及个人隐私情况的证据材料；由有关国家机关保存的不允许查阅、摘抄的证据材料；证人证言；等等。对这类证据由当事人收集是很困难的，此种场合，当事人只要向法院提供了收集该证据的基本线索，法院就应当依职权收集该证据。这并不违反约束性辩论原则的规定。

四是辩论原则虽然使法院处于相对被动的地位，但并不是说法院完全没有作为。在当事人的请求或陈述不充分、当事人主张的表述和陈述不适当或由于当事人的意识偏差而未将应提出的证据提出等场合，法院就应当主动引导当事人予以充分、适当地陈述自己的主张，使争议的焦点和主张的依据变得更加明确，以利于发现真实，正确适用法律，作出公正的判决。

---

〔8〕 参见本书第十三章“诉”中关于“诉讼标的”的内容。

问题与思考

从我国民事诉讼的实践和民事诉讼基本原则的应有作用和价值来看，民事诉讼法关于辩论原则的规定，仅仅是一种对辩论权利的宣示，反映的是基于民主权利的政治要求，而非实在的诉讼原则，不能够充分体现辩论原则作为民事诉讼基本原则的应有地位，这也就导致了辩论原则的“非原则化”和“空洞化”，不能发挥民事诉讼基本规范的作用。从民事诉讼基本原则的应有法律地位、民事诉讼的客观规律性和有利于实现程序正义和实体正义出发，真正的辩论原则应当是界定当事人与法院基本关系的，具有约束性的原则规范。由于约束性辩论原则反映了现代民事诉讼的基本特征和本质，因此，我国民事诉讼法应当明确规定约束性辩论原则。

四、处分原则

（一）处分原则的含义

处分原则又称为处分权原则，是大陆法系国家民事诉讼中的一项基本原则。其基本含义是：**当事人是否起诉或终结诉讼，何时或何种内容、范围（法院对当事人没有提出的请求事项不能裁判），对何人起诉，原则上由当事人自由决定，国家不能干预。法院在民事诉讼中应当处于被动消极的地位。**[9] 处分原则确定了当事人在民事诉讼中的基本作用，这样的定位是符合民事诉讼的性质和特性的。

（二）处分原则的具体内容

按照处分原则的要求，当事人在民事诉讼中有权支配自己的实体权利和诉讼权利。根据处分原则的这一要求，民事诉讼法对当事人在诉讼中对其实体权利和诉讼权利的处分权以及方式都有具体的规定。例如，起诉制度、上诉制度、撤诉制度等。处分原则具体体现在以下几个方面：

第一，诉讼只能因当事人行使起诉权而开始，因当事人自主的撤诉行为而结束。没有当事人向人民法院提起民事诉讼，人民法院不能依职权开始民事诉讼程序。在当事人撤回起诉或撤回上诉时，诉讼即告结束。“不告不理”原则就是处分原则的体现。

第二，诉讼请求的范围由当事人自行决定，当事人没有提出的事项法院不能对其作出裁判，即由当事人决定审判对象。从动态的角度看，当事人在一审起诉时，没有提出的请求事项，人民法院不能判决，已经撤回的请求人民法院也不能判决。在二审上诉时上诉人没有上诉的事项，二审法院不能裁判，已经撤回的上诉请求，人民法院也不能裁判。

第三，当事人可以在诉讼中变更、撤回和追加诉讼请求。

第四，原告可以放弃已经提出的诉讼请求；被告可以承认原告的诉讼请求；当事人双方

---

〔9〕 参见［日］三月章：《民事诉讼法》，弘文堂1986年版，第186页。在大陆法系民事诉讼理论中，处分原则又有广义和狭义两种含义。广义的处分原则包括了当事人进行原则和辩论原则，狭义的处分原则仅指上述含义。使用处分原则这一概念时，通常指狭义的处分原则。

可以在诉讼中就民事争议的解决达成和解或调解协议。

当事人对实体权利和诉讼权利的处分可分为积极处分和消极处分。当事人主动地行使某种实体权利和诉讼权利为积极处分,例如,起诉、提起上诉、变更或追加诉讼请求等;当事人不行使某种实体权利和诉讼权利为消极处分,例如,放弃上诉等。

处分原则的重点在于对当事人诉讼权利自由支配的肯定和保障。在诉讼中,当事人对实体权利的处分总是通过其诉讼权利的处分来实现的。当事人对损害赔偿权利的处分就可以通过放弃诉讼请求权来实现,或者通过和解或调解等诉讼权利的积极处分实现权利的全部放弃或部分放弃。

(三)处分原则的法理依据

民法调整的社会关系的性质决定了民法的平等自愿这一“公理性原则”。而民事法律关系的这种特性又决定了民事诉讼的特性,即平等民事主体之间的争议解决过程。实体法领域中的“公理性原则”也必然要在民事纠纷解决领域中得到具体体现和延伸。主要体现在:当事人在民事诉讼程序中同样享有意思自治的权利,当事人不仅在实体法领域有权处分自己的实体权利,而且在诉讼领域也同样可以自由处分自己的实体权利。并由于当事人在诉讼领域对民事权利的处分,必须通过特定诉讼行为的实施来加以实现,能够主动或被动、积极或消极地实施特定诉讼行为的权利也同样被法律所肯定,即当事人对诉讼权利的处分权。没有当事人对自己诉讼权利的自由支配,民事主体对民事实体权利的自由支配也就不能实现。基于这一规范的重要性,现代民事诉讼法均将其作为民事诉讼的另一项基本原则——处分原则。

从另一个角度来看,如果否定当事人对自己实体权利和诉讼权利的处分,比如诉讼的开始、进行和诉讼对象都由人民法院来决定,则必然会对当事人的实体利益和程序利益造成侵害,并进而否定民事诉讼这种纷争解决方式的特性,也与当事人在实体法中的权利地位相悖。

由于受传统诉讼观念的影响,我国民事诉讼法和民事诉讼理论以及诉讼实务都非常强调国家干预,并将其作为我国民事诉讼的特色之一。以至于在相当长的时期里,没有充分贯彻处分原则,使当事人的处分权未能受到足够的尊重,在强调国家干预的借口下过度限制了当事人的处分权。例如,在当事人申请撤诉时,需要得到法院的同意。法院也可以在当事人没有提出申请的情况下主动提起再审程序。作为一种原则,通常可以理解为在一般情形下,人们所应当遵守的约束性规范。既然是对一般情形的规范,那么就应当允许存在例外情形。因此,有人会指出,处分原则同样允许存在例外。对当事人处分权的限制就是处分原则的例外。问题在于,原则的例外只能是在特殊情形下的例外,是极个别的现象。然而,在我国民事诉讼中,对当事人处分的限制相对于国外的民事诉讼而言是扩大化的,这样就大大地影响了处分原则作为原则指导和规范整个民事诉讼和体制的问题。而且,我们的限制理由是非常抽象的,即所谓“当损害国家、社会、集体或他人的利益时”。这种抽象的“利益”的广泛性就足以使我国民事诉讼中的处分原则非原则化。

人们对待处分原则的另一个误区是将处分原则与国家干预对立起来,对立的结果实质上是将国家干预作为了民事诉讼的一项原则，而将真正的原则排斥在外降格为非原则，因为作为对立物必然与对立面是相辅相成的。从民事诉讼的特性和本质来看，国家干预从来就不应当是一个原则，当事人对自己实体权利和诉讼权利的自由处分才是民事诉讼的一项基本原则。处分原则的设立不仅体现和反映了民事诉讼的特性，也充分体现了民事诉讼程序的程序正义性。诉讼程序以及主要的子程序，如管辖异议程序、回避程序、财产保全程序、先予执行程序、执行程序等的启动应当基于当事人的主动申请而开始，如果法院能够依职权启动必然会打破民事诉讼平等当事人之间的平衡，使法院失去中立性，而中立性是民事审判程序正义的生命体现，没有裁判的中立，就没有公正的审判。我们在民事诉讼中赋予审判机关职权启动权，这一做法从表面上看是基于维护权利人的权利，实际上却破坏了中立性。

（四）处分原则与辩论原则的关系

处分原则与辩论原则既有联系又有区别。它们的联系与区别在于：

首先，处分原则和辩论原则都是对当事人和裁判主体在民事诉讼中基本作用的原则性确定。但处分原则与辩论原则的作用面不同。处分原则主要机能为两个方面：(1)对程序启动、终止的主导权；(2)划定审判范围，法院只能在当事人请求的范围内作出裁判。辩论原则主要是从法院裁判所依据的事实来源来确定当事人与法院的关系的。当事人没有主张且在辩论中没有出现的事实法院不能作为裁判的事实依据。

其次，处分原则和辩论原则都具有对法院权力予以限制的功能。处分原则主要从诉讼程序的动态来限制法院，使法院处于相对被动地位。例如，诉讼程序的启动、诉讼程序的终结等。辩论原则是从裁判依据的静态来限制法院，使法院处于被动确认的地位。例如，法院裁判依据的事实须是当事人在辩论中所提出的事实等。

再次，由于辩论原则中的辩论从广义上包含了当事人的主张和陈述，因此，也可以说，辩论原则在这个意义上包括了处分原则的部分内容，辩论原则与处分原则有一定交叉。

最后，处分原则强调了当事人对自己实体权利和诉讼权利的自由支配，而辩论原则没有从权利的行使角度来加以规范。

五、诚实信用原则

（一）诚实信用原则的缘起与认识基础

2012年我国《民事诉讼法》修改中的一大动作就是将诚实信用原则明文化。2012年修改后的《民事诉讼法》规定，“民事诉讼应当遵循诚实信用原则。当事人有权在法律规定的范围内处分自己的民事权利和诉讼权利”。2021年《民事诉讼法》再次修改，将该原则的表述调整为“诚信原则”。两种表述没有实质差异。

民事诉讼诚信原则直接源于民法中诚信原则的确立和适用。1804年《法国民法典》、

1900年《德国民法典》、1912年《瑞士民法典》、1947年的《日本民法典》[10]都相继规定了诚信原则。民法对诚信原则的确定，尤其是瑞士民法典将诚实信用从法、德债法中的权利义务领域推广适用于一般权利义务领域，这就很自然地影响了民事诉讼法领域对这一原则的适用，即不仅应包含一般实体权利义务，也应包含诉讼权利义务，由此，通过实体权利与程序权利的联系，顺理成章地推导出民事诉讼法应确立诚信原则。

在大陆法系国家和地区，人们主张在民事诉讼中适用诚实信用原则，并在民事诉讼法中加以规定，是基于对民事诉讼法目的、精神、制度演变背景的以下认识和判断。这种认识反思了过去对民事诉讼法的传统认识，即认为过去的民事诉讼法强调诉讼的所谓"斗争"形态，民事诉讼法仅仅作为双方当事人对抗、斗争的规则（Kampfregeln），所谓的"攻击与防御方法""当事人之间武器平等"都是这一认识和理念的反映。[11] 然而，随着社会的发展，人们认识到当事人双方在民事诉讼中并非仅仅是一种斗争、对立关系，从团体主义的视角，反而是一种协力关系或协动、协助关系。民事诉讼已经从一种完全的当事人主义、辩论主义转向修正的当事人主义、辩论主义。传统的当事人主义、辩论主义已经不能够充分实现民事诉讼关于追求真实、公正、迅速解决纠纷的价值追求。在现实社会中实际存在因当事人之间社会地位的差异所导致的诉讼中实质上的不平等[12]以及诉讼迟延、诉讼效率低下的窘境。

基于此，一些人认为，只有植入诚信原则，通过对传统的当事人主义、辩论主义（辩论原则）、处分权主义（处分原则）的修正或限制（甚至是诉讼模式的转换——社会性民事诉讼、协动主义的诉讼模式），转变传统的诉讼观念，才能实现实质上的平等和正义，充分实现民事诉讼关于真实、公正、迅速解决纠纷的价值追求。很显然，这种认识的观念基础是一种国家本位、社会本位、义务本位的观念（新国家观、国家社会主义）基础。[13]

随着诚实信用规制逐渐超越私法领域，扩展至公法领域，成为普遍的法律原则，即使不从私法权利义务与民事诉讼权利义务的联系来看，民事诉讼法作为公法也将适用诚信原则。这样一来，不仅民事诉讼中当事人之间的关系适用诚信原则，当事人与法院之间的关系也同样适用于诚信原则。

基于上述认识，1895年奥地利《民事诉讼法》、1911年匈牙利《民事诉讼法》、1933年南斯拉夫《民事诉讼法》、1939年德国《民事诉讼法》、1942年意大利《民事诉讼法》均相继规定了当事人在民事诉讼中有真实陈述之义务，尤以德国民事诉讼法的规定对大陆法系国家和地区的影响最大。真实义务通常被认为是诚信原则的主要内容或体现。[14] 以真实义务概念和理念的确立为标志，诚信原则进一步在大陆法系国家和地区的民事诉讼法中得到承

[10] 《日本民法典》总则第1条(2)规定："行使权利履行义务，应恪守信义，诚实为之。"

[11] 参见蔡章麟：《民事诉讼法上诚实信用原则》，载杨建华主编：《民事诉讼法论文选辑》，台北，五南图书出版公司1984年版，第12~13页。

[12] 人们经常提到的典型例子是，环境污染侵权、消费者侵权诉讼中单个、弱小的受害人面对社会实力强大的大企业的情形。

[13] 参见姜世明：《举证责任与真实义务》，台北，新学林出版股份有限公司2006年版，第490~491页。

[14] 参见[日]新堂幸司、小岛武司主编：《注释民事诉讼法(1)裁判所·当事人》，有斐阁1991年版，第51页。

认,并作出明确的法条规定。1990年修订的韩国《民事诉讼法》第1条明确规定:“法院应为诉讼程序公正、迅速以及经济地进行而努力;当事人及诉讼关系人应当诚实信用地进行诉讼。”[15] 1996年日本修订《民事诉讼法》,新增诚实信用原则的规定(第2条),条文内容几乎与韩国《民事诉讼法》第1条规定相同。

(二)诚信原则的意义

诚信作为一种规制民事诉讼主体行为的原则,即使已经条文化,但在其适用方面依然面临着该原则应该在民事诉讼的哪些环节或事项上发挥作用,尤其是在将其作为一种补充性原则的情况下,如何弥补或矫正民事诉讼其他原则规制不足的问题,也就是如何落实诚信原则,不至于使该原则成为一种装饰或一种伦理性教示的问题。作为一般规定,与作为体现诚信原则的具体规定不同,其应当涵盖整个民事诉讼法,而具体的制度规定仅仅是就特定诉讼行为的规制,这也是作为条文化的诚信原则的意义所在。这种抽象原则的规制意义体现在其可以成为法院在诉讼和裁判时如何作为的解释基础和根据。例如,对于当事人迟延提出攻击和防御方法的处置;对判决效力客观范围的解释;等等。诚信原则的实践意义与特定的诉讼环境有密切的关系,在我国,由于司法体制的问题,诚信原则的实际意义就可能相对受限。

(三)诚信原则的适用情形

从大陆法系国家诚信原则的适用来看,大体上可以归类为以下情形:

一是当事人真实陈述的义务。当事人真实陈述的义务略称为“真实义务”。真实义务通常被认为是诚信原则的主要内容,[16] 一个有意思的现象是,有的大陆法系国家,虽然没有将诚信原则作为一般规定,却有关于真实义务的规定;相反,有的国家虽有诚实信用的一般规定,但却没有明确规定真实义务,仅理论上认为这是基于诚信原则而发生的一种法定义务。[17] 在外国法理上,一般认为,当事人的真实义务仅为主观性义务(正直义务或真诚义务)或主观真实义务,即只要当事人根据本意为真实陈述时,就属于履行了义务。也就是说,即使事后发现和认定当事人的陈述与案件事实不符,也不属于违反真实义务。[18] 要求真实义务为当事人陈述的客观真实也是无法做到的。另外,如果定义为主观性义务,则真实义务对于发现案件真实的作用就十分有限了。真实义务应当如何界定,即使在德国至今仍在争论之中,其几乎成了一个哲学问题。

二是促进诉讼的义务。当事人负有促进诉讼的义务,是诚信原则的基本要求之一,这一义务要求当事人在诉讼中不得实施迟延或拖延诉讼行为,或干扰诉讼的进行,应协助法

---

〔15〕 [韩]孙汉琦:《韩国民事诉讼法导论》,陈刚、陶建国、朴明姬译,中国法制出版社2010年版,第40页。

〔16〕 德国《民事诉讼法》第138条第1款规定,“当事人应当作出完整和真实的事实陈述”。因此,如果根据德国法规定文义,这里就可能存在两种义务——完整义务和真实义务。由于完整与真实本身的联系,就使真实义务又可能包含完整义务。德国理论界亦有争议。

〔17〕 参见[韩]孙汉琦:《韩国民事诉讼法导论》,陈刚、陶建国、朴明姬译,中国法制出版社2010年版,第41页。

〔18〕 Wieczore, ZPO, 1975, §138, B11. 转引自姜世明:《举证责任与真实义务》,台北,新学林出版股份有限公司2006年版,第561页;[韩]孙汉琦:《韩国民事诉讼法导论》,陈刚、陶建国、朴明姬译,中国法制出版社2010年版,第41页。

院有效率地进行诉讼,完成审判。这一义务具体体现在:不得迟延提出攻击和防御方法;不得故意申请无理由的回避(回避权的滥用);不得故意拆分诉讼标的,以规避相应的诉讼程序(如通过拆分诉讼标的使之适用于小额诉讼,由此获得小额诉讼程序带来的利益);等等。

三是禁止以欺骗方法形成不正当诉讼状态。按照诚信原则,当事人不得以欺骗方法形成不正当的诉讼状态,从而获得法规的不当适用或不适用。例如,管辖权的滥用,原告通过编造虚假的管辖原因事实,从而获得有利于自己的管辖。又如,在票据诉讼中票据持有人向出票人行使权利,但为了让自己所在地的法院获得管辖权,特意将同一所在地的背书人作为被告,提起共同诉讼,从而获得所在地法院的管辖权,但在第一次口头辩论期日中又故意撤回对背书人的请求。再如,当事人在诉讼即将开始之前,廉价取得几乎没有价值的自动债权,然后在诉讼中主张抵销的情形。另外,外国当事人为了规避诉讼担保义务,而让所在国当事人代为起诉的情形也属于违反诚信原则。〔19〕

四是禁反言。民事诉讼上的禁反言,也称为禁反言原则。该原则源于英美法中的"estoppel"法理。大陆法系国家,如日本又将其扩展或概括为禁止矛盾行为。这一原则的具体适用要件包括三个方面:(1)当事人在诉讼中实施了与之前(诉讼中或诉讼外)诉讼行为相矛盾的行为;(2)在对方信赖的前提下,作出了违反承诺的行为;(3)给信赖其先行行为的对方造成了不利。例如,作出自认之后,在无正当理由的情形下撤回自认。禁反言原则的法理在实践中也得到了日本最高裁判所的认可。〔20〕 但在理论上,关于如何适用禁反言原则还存在诸多问题。例如,在同一诉讼中,因为遵守口头辩论一体化的原则,所以,即使当事人的行为是矛盾的,并可能对法官的自由心证的形成有影响,也不适用禁反言原则。另外,就诉讼行为的性质而言,对于取效性诉讼行为,〔21〕原则上当事人是可以自由撤回的,也不受禁反言原则的约束。关于当事人违反诉讼契约,如当事人之间存在关于不起诉或撤诉契约,当事人一方违反该契约是否属于违反禁反言,适用诚信原则,学术界存在争议,通说认为不适用诚信原则,可直接依据诉讼契约约束力予以规制。

五是诉讼上权能的滥用。虽然诉讼制度给予了当事人某些权能,但如果没有诚信地行使该权能,也就不能予以承认行使该权能的利益。诉讼上权能的滥用,如无正当理由反复要求审理法官回避、期日指定申请权的滥用等。这些权能的滥用可以从有无正当理由来判断,不容易把握的是诉权的滥用问题。由于诉权是一种受宪法保障的基本诉讼权利,因此,在外国民事诉讼的实践中,以诚信原则对诉权滥用的处置是相当谨慎的。在承认诚信原则

---

〔19〕 非韩国籍的外国当事人为了规避韩国关于外国人进行民事诉讼需诉讼担保的义务,而让某韩国人代替自己在韩国提起诉讼。参见[韩]孙汉琦:《韩国民事诉讼法导论》,陈刚、陶建国、朴明姬译,中国法制出版社 2010 年版,第 42 页。

〔20〕 日本最高裁判所 1975 年 7 月 20 日判决。参见[日]拇善夫:《民事诉讼中的信义诚实原则》,载《民事诉讼法争点》(第三版),有斐阁 1998 年版,第 18 页。

〔21〕 所谓取效性诉讼行为,是指该行为的实施不会直接发生程序上的法律效果,仅仅是要求法院实施相应的裁判行为。例如,诉讼中当事人主张和举证的行为就属于典型的取效性诉讼行为。详见[日]松本博之、上野泰男:《民事诉讼法》,弘文堂 2006 年版,第 114 页。

的国家,关于诚信与诉讼上权能或诉讼权利滥用的规制二者之间的关系,理论上至今仍存有争议。实质是诚信原则是否包含对诉讼上权能或权利滥用的规制。

六是诉讼上权能的丧失。因行为人长时期不行使诉讼上的特定权能,使对方产生一种行为人大概不会行使该权能的期待,一旦达到如此阶段,行为人还可以行使权能的话,就将有损对方的期待,因此,为了维护这种期待,在此情形下权能的行使是不合法的,也就是所谓失权的原则。在规定的期间内不行使权利救济的方法,可以适用失权原则,通常认为没有问题。但对于诉权的失效或失权问题与对待诉权滥用的问题一样需要谨慎对待。[22] 诉讼上权能的丧失与诉讼上权能因滥用而被禁止的情形的不同之处在于:前者是因消极的不作为而发生的,后者却是因积极的作为而发生的;前者的效果是失权,后者的效果是无效。

诚信原则除了适用于法院和当事人之外,也有人主张适用于其他诉讼参与人。例如,代理人不得滥用代理权、超越代理权;鉴定人不得作出与事实不符的鉴定;证人不得作伪证;等等。对此,学界存有争议,否定的观点认为,这些行为的违法性是通过相应的义务加以规定的,与诚实信用原则的适用并没有关系,或者说无须适用诚信原则。例如,滥用代理权违反的是代理合同,对于行为人的处置按照代理合同即可。

(四)诚信原则与处分原则的关系

民事诉讼法将诚信原则与处分原则规定在了同一条文中,而且将处分原则规定在第2款。由此,可以认为立法者的意图在于,将诚信原则作为限制当事人处分的基本规范。因此,诚信原则就是对当事人处分的正当性要求。不过,民事诉讼法这样的安排有可能降低了处分原则作为主导性原则的地位。因为诚信原则毕竟是一种内涵道德要求的条款,作为民事诉讼原则仅仅是一种补充性原则。民事诉讼法更重要的任务是对当事人处分的保障,限制只是一种辅助性的。比较合理的设置应当是诚信原则单列一条加以规定,也可以将所有主体纳入约束的范围。作为一种普遍的道德性要求可以将诚信原则置于其他基本原则之后,突出其补充性。

从媒体舆论以及审判机关的反映来看,当事人滥用诉讼权利的情形似乎比较严重,恶意诉讼、虚假诉讼、诉讼中的虚假陈述、拖延诉讼、伪造证据等时有发生,因此,在应对社会诉求方面,将诚信作为一项原则在《民事诉讼法》中明确规定是有积极意义的。从民事诉讼体制、诉讼观念、社会观念、法律与伦理统合性、纠纷解决传统来看,我国相比西方国家,更容易接受诚信对当事人诉讼行为的规制,更容易将诚信原则条文化。从诉讼体制来看,我国的诉讼体制体现着更强的法院职权干预,在诉讼观念上更强调对实质正义、实质真实的追求,诉讼法律地位方面更强调当事人的义务性,在社会观念方面,国家本位、义务本位、国家主义、团体主义、社会责任、社会效果优越的观念更加突出,也更强调法律与伦理的亲和性,法律与伦理分离不像西方国家那么明显,对大陆法系国家所主张的协动主义具有自然的亲和力。所有支持国外诚实信用原则的根据在我国都是以强化的形态存在的。在国外,诚实信

---

〔22〕 参见[日]松本博之、上野泰男:《民事诉讼法》,弘文堂2006年版,第123~124页。

用原则被普遍作为一种对当事人主义诉讼模式、辩论主义(原则)、处分权主义(原则)的修正或补充,诚实信用原则存在的前提是后者的现实存在。而我国的情形有所不同,在制度语境上并不存在当事人主义诉讼模式,也没有辩论主义(约束性辩论原则)和充分的处分权主义(原则),从这个意义上讲,诚信原则的明文化似乎是没有必要的,并非一个真命题。在想象中,对于恶意诉讼、虚假诉讼等滥用可以通过法院强有力的职权干预,并借助我们普遍存在的诉讼观念、社会观念和特定的意识形态去应对。但现实却非如此,诉讼权能或权利滥用的情形依然存在,社会尤其是法院也急切地需要诚信规制予以应对。这是一个以往甚至现在我们都没有深入思考的问题。

在笔者看来,从我国的语境观察,虽然诉讼体制上具有很强的干预色彩,且倡导"能动司法",但司法只能在政策支持以及政策框架内能动,致使法官难以通过自由裁量权的行使有效地控制当事人诉讼权利的滥用。加之司法的行政化、法官责任追究制的存在,法官就只能依靠非常明确、细化的法律规定去实施裁判行为。这种状态也为诚信原则的实施带来了不确定性。一方面,从现行民事诉讼法和修正案的规定来看,诚实信用还没有转化或体现为具体的规定,即使像德国、奥地利等国所规定的真实义务也都没有在民事诉讼法中加以规定;另一方面,当事人滥用诉讼权利的情形是多种多样的,也很难在民事诉讼法中作出具体的禁止性规定。这就需要通过法官在具体个案中运用诚信原则的基本原理或法理,形成一种个案司法解释,并成为一种具体指引,使人们能够透过这些个案理解诚信原则,预测类似诉讼行为的法律后果。从大陆法系各国关于诚信原则的实践来看,诚信原则主要是通过大量的各种判例予以实现的,这些判例对审判具有指引作用,即使没有英美判例那样强的硬约束,也会实际发生软约束作用。同时,借助这些判例,实务又与学术界的分析、批判形成互动,逐渐形成一种司法共识和司法行为范式。比较而言,在我国,缺乏这样司法运作机制和理论界的互动机制。

应当说明的是,即使我们缺乏使诚信原则在实践中具体化的机制,但也并非说诚信原则条文化就完全没有意义。作为一个伦理化色彩十分浓厚的法律原则,诚信在民事诉讼法中条文化,至少具有一定的教化作用,成为一种具有宣示效益的规范,同时也可以为司法解释、指导性案例以及在具体案件审判中的裁量提供根据和方向(这也正是法院诉求诚信原则条文化的主要原因)。但同时,我们也必须认识到,即使有了诚信原则,在缺乏具体制度规定和判例机制的情形下,期望通过一般规定,从而非常有效地防止诉讼权利滥用是不太现实的。此外,诚信原则的应用是一种要求十分精细的司法作业,因此,要想在当下调解型民事司法的粗放式耕作中完成这一作业也是不现实的。

还应当注意的是,总体而言,诚信原则是限制当事人诉讼权利的,是对当事人行使诉讼权利的制约,因此,在没有明确制度规定的情形下,也容易以诚信原则的适用为由,发生对当事人诉讼权利的不当干预,有损程序正义、诉讼平等,尤其是在以追求实质正义、实质平等的名义下。如何适用诚信原则是我们需要认真对待的课题。从当事人主义诉讼体制以及诉讼观的形成原因来看,民众对司法的不信任是一个重要因素,[23]如此看来,当下的情形应当说也具有强调程序正义、形式平等的社会场景,且实际上也存在这样的诉求,这同样是不能忽视的。毕竟民事诉讼程序是以当事人之间的对抗、法院居间裁判为基本形态的,没有对立就没有诉讼,也没有司法。当事人之间协力解决纠纷只能是一种乌托邦式的想象。正因如此,程序正义才是有意义的。另外,诚信原则尽管作为一项原则,但毕竟只是一种补充性的原则,其可以直接适用的空间并非我们想象得那样大,对此,我们应该有清醒的认识。

---

〔23〕　参见姜世明:《举证责任与真实义务》,台北,新学林出版股份有限公司2006年版,第488～489页。

第二单元

民事诉讼中的法院

第三章 法院的结构

本章目次

一、法院的概念

所谓法院,是指行使国家司法权的专门机构。在我国行使国家司法权的机构是各级人民法院和专门法院。有些机构虽然也对某些事项进行裁决或裁判,但却不是代表国家行使审判权的机构,例如,对民事纠纷进行仲裁的机构;对劳动争议予以裁决的仲裁机构;对体育争议事项进行裁决的体育专门仲裁机构。

"法院"这一概念有三重含义。**第一层含义是指作为审判组织或机构的法院**。这也是使用最多的一种含义。**第二层含义是指作为管理机构的法院**。作为一个管理机构,审判活动仅仅是该机构的活动之一,尽管是主要的活动。作为管理机构的法院其职员除了法官、书记官、执行官等与司法业务相关的人员,还包括其他技术和管理人员。**第三层含义是指从事司法活动的场所或地点**。例如,在法院进行询问;在法院开庭审理等。

在我国,法院也可以在诉讼中对争议案件进行调解。同时,法院也拥有对生效判决、裁定等执行根据予以强制执行的权力。从这个意义上讲,我国的法院既是国家裁判机构,也是国家执行机构。

二、普通法院

根据现行《人民法院组织法》的规定,中华人民共和国的审判权由地方各级人民法院、军事法院等专门法院、最高人民法院行使。军事法院等专门法院为特殊法院,相对而言,**地方各级人民法院和最高人民法院可称为普通法院**。

普通法院管辖除专门法院管辖之外所有法律上争议案件,包括刑事、民事和行政三大类。

我国普通法院分为四级:最高人民法院、高级人民法院、中级人民法院和基层人民法院。

按照现行法院体制,法院的设置基本上是按照行政区划设置的。县区(含县级市)设基层人民法院;地区、市设中级人民法院(根据各地具体情形可设一至数个中级法院,直辖市通常设有若干个中级人民法院);各省、自治区、直辖市各设一个高级人民法院;全国设一个最高人民法院。从司法体制或法院体制改革的指导思想来看,司法改革的设想之一是打破这种法院设置行政化的模式,实现法院与行政区划的相对脱离。

(一)最高人民法院及其巡回法庭

1. 最高人民法院的职能

最高人民法院是我国行使审判权的最高机构。除直接行使审判权外,对于在审判过程中如何具体应用法律、法令的问题,拥有解释的权限。作为全国审判机关的最高领导机关,还具有领导、指导全国各级人民法院行使审判、执行权的职能。

与拥有违宪审查权的国家的最高法院如美国、日本等不同,我国最高人民法院并不拥有违宪审查权。在法律上,违宪审查权属于全国人民代表大会。当然,我国还没有设置专门的宪法法院,以裁决涉及违宪以及宪法适用的争议。诸如德国、韩国设置了专门的宪法法院。

最高人民法院由院长一人,副院长、庭长、副庭长和审判员若干人组成。

根据《人民法院组织法》的规定,最高人民法院审判下列案件:(1)法律规定由它管辖的和它认为应当由自己管辖的第一审案件;(2)对高级人民法院判决和裁定的上诉案件和抗诉案件;(3)按照审判监督程序提出的再审案件;(4)按照全国人民代表大会常务委员会的规定提起的上诉、抗诉案件;(5)高级人民法院报请核准的死刑案件。

2. 最高人民法院巡回法庭

2014 年中共中央全面深化改革领导小组第七次会议审议通过了《最高人民法院设立巡回法庭试点方案》。同年 10 月,中国共产党第十八届中央委员会第四次全体会议审议通过了《中共中央关于全面推进依法治国若干重大问题的决定》。全会决定提出,优化司法职权配置,推动实行审判权和执行权相分离的体制改革试点,进一步明确最高人民法院设立巡回法庭。第十二届全国人民代表大会常务委员会第十二次会议表决通过任免名单,任命刘贵祥大法官为最高人民法院第一巡回法庭庭长、胡云腾大法官为最高人民法院第二巡回法庭庭长。

最高人民法院巡回法庭是最高人民法院派出的常设审判机构。巡回法庭不是独立的一级审判机构。巡回法庭作出的判决、裁定和决定,是最高人民法院的判决、裁定和决定。

通常认为,最高人民法院设置巡回法庭的目的在于,方便当事人诉讼,减轻最高人民法院办案压力,同时也有利于避免案件审理中可能存在的地方保护主义。

目前,最高人民法院设有六个巡回法庭,各自受理巡回区内相关案件。第一和第二巡回法庭设立于2014年。第三、第四、第五、第六巡回法庭设立于2016年。第一巡回法庭设在广东省深圳市,巡回管辖区域为广东、广西、海南、湖南四省(自治区)。第二巡回法庭设在辽宁省省会沈阳市,巡回管辖区域为辽宁、吉林、黑龙江三省。第三巡回法庭设在江苏省省会南京市,管辖区域为江苏、上海、浙江、福建、江西五省(直辖市)。第四巡回法庭设在河南省省会郑州市,管辖区域为河南、山西、湖北、安徽四省。第五巡回法庭设在重庆市,管辖区域为重庆、四川、云南、贵州、西藏五省(自治区、直辖市)。第六巡回法庭设在陕西省省会西安市,管辖区域为陕西、甘肃、青海、宁夏、新疆五省(自治区)。

按照《最高人民法院关于巡回法庭审理案件若干问题的规定》,最高人民法院根据有关规定和审判工作需要,可以增设巡回法庭,并调整巡回法庭的巡回区和案件受理范围。巡回法庭审理或者办理巡回区内应当由最高人民法院受理的以下案件:(1)全国范围内重大、复杂的第一审行政案件;(2)在全国有重大影响的第一审民商事案件;(3)不服高级人民法院作出的第一审行政或者民商事判决、裁定提起上诉的案件;(4)对高级人民法院作出的已经发生法律效力的行政或者民商事判决、裁定、调解书申请再审的案件;(5)刑事申诉案件;(6)依法定职权提起再审的案件;(7)不服高级人民法院作出的罚款、拘留决定申请复议的案件;(8)高级人民法院因管辖权问题报请最高人民法院裁定或者决定的案件;(9)高级人民法院报请批准延长审限的案件;(10)涉港澳台民商事案件和司法协助案件;(11)最高人民法院认为应当由巡回法庭审理或者办理的其他案件。

应当注意的是,知识产权、涉外商事、海事海商、死刑复核、国家赔偿、执行案件和最高人民检察院抗诉的案件暂由最高人民法院本部审理或者办理。

除了审理案件之外,巡回法庭的重要职能是依法办理巡回区内向最高人民法院提出的来信来访事项。其实际意义在于便利人们的来信来访,缓解因来信来访过于集中所造成的压力。

从最高人民法院巡回法庭的职能来看,巡回法庭能够发挥的作用主要在于:一是便利当事人进行诉讼。凡是巡回法庭受理的案件,当事人不必远道最高人民法院所在地北京进行诉讼,节约了诉讼成本。二是减轻涉诉上访对首都北京的社会压力。三是通过巡回法庭的建立探索司法管理和审判的改革。四是通过直接受理第一审案件防止地方保护主义。

无论是最高人民法院,还是其巡回法庭通过受理第一审案件,的确有助于防止或抑制地方保护主义,但存在的问题是,依据现行的法律就只能是一审终审,有忽视上诉利益之嫌。尤其是试图扩大第一审的数量时,这一问题将更加突出。历史上,最高人民法院实际上几乎没有作为一审法院审理过民事案件。解决的方案之一是在最高人民法院或巡回法庭中设立初审法庭和上诉法庭,如此,即使作为一审法院,也有上诉救济的机会。

(二)高级人民法院

高级人民法院设置于各省、自治区、直辖市。高级人民法院受理第一审各类案件以及第二审上诉案件。但审理第二审案件是高级人民法院的主要工作。专门法院,如海事法院、知识产权法院的上诉法院即为相应的高级人民法院。

（三）中级人民法院

中级人民法院在我国的审级体系中处于非常重要的地位。一方面，中级人民法院是数量众多的重要、复杂的一审案件审理法院；另一方面，其又是大量一审案件的上诉法院。

（四）基层人民法院及人民法庭

在我国，基层人民法院数量最多，每一个县、区、县级市都设有基层人民法院。基层人民法院审理各类案件的数量也最多，其审理全国95%的第一审各类案件。

基层人民法院根据地区、人口和案件情况可以设立若干人民法庭。通常设在农村各镇。人民法庭是基层人民法院的组成部分，它的判决和裁定就是基层人民法院的判决和裁定。人民法庭也称为派出法庭。

基层人民法庭的主要职能是：(1)审理民事案件和刑事自诉案件，有条件的地方，可以审理经济案件；(2)办理本庭审理案件的执行事项；(3)指导人民调解委员会的工作。

三、专门法院

专门法院是指依照法律规定以特定案件为管辖对象，具有特殊人事体制或特殊管辖层级的人民法院。按照现行法律的规定，我国的专门法院有海事法院、军事法院、铁路运输法院、知识产权法院和金融法院。除此之外，还有一些没有纳入司法体系的法院，如林业法院、农垦法院等。

专门法院具有三个特点：(1)专门法院管辖案件具有特定性。专门法院仅管辖某类特定的案件。例如，海事法院管辖海事案件。(2)专门法院在人事体制或管辖层级上具有特殊性。有的专门法院在人事体制上不同于普通法院，其人事任免不由地方人大决定。例如，军事法院，其法院院长的任命不由地方人大决定产生，而是由中央军事委员会会同最高人民法院决定产生。在管辖层级上，有的专门法院第一审管辖法院相当于中级人民法院，而非基层人民法院，例如，海事法院，第二审法院为地方高级人民法院。(3)专门法院与普通法院不同，其管辖区域与行政区划无关。

（一）军事法院

军事法院的任务是，审判现役军人、军队在编职工的刑事案件和依照法律、法令规定由其管辖的案件。

军事法院是独立的司法系统，向相应的政治机构负责。例如，中国人民解放军军事法院向中国人民解放军中央军事委员会和总政治部负责，不受最高人民法院的领导和指导。

军事法院分为三级。第一级为中国人民解放军军事法院；第二级为大军区、军兵种军事法院，包括各大军区军事法院、海军军事法院、空军军事法院、解放军总直属队军事法院、解放军总直属队第二军事法院等；第三级为兵团和军级单位的军事法院，包括陆军军级单位军事法院、各省军区军事法院、海军舰队军事法院、大军区空军军事法院、在京直属部队军事法院等。

(二)铁路运输法院

铁路运输法院初建于1954年3月,史称“铁路沿线专门法院”。1980年我国筹建全国铁路运输法院系统。1982年5月1日铁路运输法院正式受理案件。当时铁路运输法院不属于国家司法体系,而是属于独立的铁路管理系统。2009年7月8日,中共中央下发关于铁路公检法管理体制改革的文件,要求铁路公检法整体纳入国家司法体系,铁路运输法院整体移交驻在地省、直辖市、自治区党委、高级人民法院管理。2012年6月底,全国铁路运输法院完成管理体制改革,整体纳入国家司法体系。铁路运输法院基本是按照铁路行政管理体系以铁路局为区划设置的。

2012年7月2日,最高人民法院根据铁路运输法院管理体制改革的变化,出台了《最高人民法院关于铁路运输法院案件管辖范围的若干规定》,对铁路运输法院案件管辖范围进行了规定。明确规定铁路运输法院管辖与铁路运输有关的刑事案件(公诉和自诉案件)和民事案件。

管辖的民事案件包括两类:一类是与铁路运输相关的民事案件;另一类是省、自治区、直辖市高级人民法院指定由辖区内的铁路运输基层法院受理的与铁路运输、铁路设施无关的其他第一审民事案件。与铁路运输、铁路设施等相关的纠纷案件包括:(1)铁路旅客和行李、包裹运输合同纠纷;(2)铁路货物运输合同和铁路货物运输保险合同纠纷;(3)国际铁路联运合同和铁路运输企业作为经营人的多式联运合同纠纷;(4)代办托运、包装整理、仓储保管、接取送达等铁路运输延伸服务合同纠纷;(5)铁路运输企业在装卸作业、线路维修等方面发生的委外劳务、承包等合同纠纷;(6)与铁路及其附属设施的建设施工有关的合同纠纷;(7)铁路设备、设施的采购、安装、加工承揽、维护、服务等合同纠纷;(8)铁路行车事故及其他铁路运营事故造成的人身、财产损害赔偿纠纷;(9)违反铁路安全保护法律、法规,造成铁路线路、机车车辆、安全保障设施及其他财产损害的侵权纠纷;(10)因铁路建设及铁路运输引起的环境污染侵权纠纷;(11)对铁路运输企业财产权属发生争议的纠纷。

铁路运输法院设有两级——铁路运输中级法院、铁路运输基层法院。铁路运输法院审理案件同样实行两审终审制。对铁路运输中级法院一审判决、裁定不服的,可上诉于相应的高级人民法院。

(三)海事法院

根据《海事诉讼特别程序法》的规定,海事法院受理当事人因海事侵权纠纷、海商合同纠纷以及法律规定的其他海事纠纷提起的诉讼。海事法院由于受理的案件性质上均为广义上的民事案件,因此海事法院也是专门的民事法院。海事法院的上级法院是高级人民法院和最高人民法院。对海事法院判决、裁定不服的,可上诉于相应的高级人民法院。

(四)知识产权法院

知识产权法院是应《中共中央关于全面深化改革若干重大问题的决定》提出的为了加强知识产权运用和保护,健全技术创新激励机制的要求,根据2014年8月31日第十二届全国人民代表大会常务委员会第十次会议的决定设立的,有关知识产权案件的专门审判机构。根据该决定，仅在北京、上海、广州设立知识产权法院。

知识产权法院设立的主要理由是，有利于涉及知识产权纠纷的解决，加强知识产权司法保护。按照现行法院的审理和诉讼体制，刑事、民事、行政纠纷的诉讼分别通过刑事诉讼、民事诉讼和行政诉讼途径解决，而涉及知识产权的纠纷往往既可能涉及刑事，也可能涉及民事和行政，如果分开审判必然影响纠纷解决的效率和纠纷解决的统一性。并且知识产权案件又涉及诸多专业知识问题，要求法官具备相应的知识水平，知识产权纠纷的解决、知识产权的维护更讲究时效性。因此，有必要成立专门的知识产权法院统一审理涉及知识产权的案件。

从近些年来成立专门知识产权法院和知识产权诉讼程序的国家或地区来看，设立这一专门法院和诉讼程序与加入 WTO 条约有关，因为按照 WTO 对知识产权保护的要求，缔约方有义务加强对知识产权的保护。近年来许多国家和地区，如日本、韩国、俄罗斯以及我国台湾地区也都纷纷建立知识产权法院或专门的知识产权诉讼程序。建立专门审理知识产权案件的审判机构和制定知识产权诉讼特别法是一种趋势。

根据《最高人民法院关于北京、上海、广州知识产权法院案件管辖的规定》，知识产权法院管辖所在市辖区内的民事案件和行政案件。第一审民事知识产权案件包括：(1)涉及专利、植物新品种、集成电路布图设计、技术秘密、计算机软件的民事和行政案件；(2)对国务院部门或者县级以上地方人民政府所作的涉及著作权、商标、不正当竞争等行政行为提起诉讼的行政案件；(3)涉及驰名商标认定的民事案件。

广州知识产权法院对广东省内上述知识产权案件实行跨区域管辖。

北京知识产权法院管辖的知识产权行政案件包括：(1)不服国务院部门作出的有关专利、商标、植物新品种、集成电路布图设计等知识产权的授权确权裁定或者决定的；(2)不服国务院部门作出的有关专利、植物新品种、集成电路布图设计的强制许可决定以及强制许可使用费或者报酬的裁决的；(3)不服国务院部门作出的涉及知识产权授权确权的其他行政行为的。

当事人对知识产权法院所在市的基层人民法院作出的关于第一审著作权、商标、技术合同、不正当竞争等知识产权民事和行政判决、裁定提起的上诉案件，由知识产权法院审理。

(五)金融法院

1. 金融法院的缘起及社会背景

2018 年我国第一家金融法院——上海金融法院成立。2021 年 3 月北京金融法院成立，成为我国第二家金融法院。从金融法院的发展来看，我国其他经济发达的中心地区也都有可能相继成立金融法院。在修订的《人民法院组织法》关于专门法院类别的规定中就明确包括金融法院，金融法院作为专门法院的地位得到了法律上的认可。

金融法院设立的社会背景是，随着我国经济的发展，金融案件数量急剧上升。与其他案件相比，金融案件涉及的内容更加专业，金融案件往往涉及民事、刑事、行政法律关系的交叉，金融案件是涉诉金额高、涉案人数众多、诉讼保全多、衍生案件多、连带关系复杂的案件,因此,有必要成立专门的金融法院以适应我国金融法治发展的需要。金融法院的设立,有利于其宏观任务着眼于金融服务实体经济、防控金融风险、深化金融改革,充分发挥金融审判职能作用,厘清金融市场规则、规范市场主体交易行为,为国家金融战略实施、加强国家金融管理中心功能建设、为金融发达地区的高质量发展提供优质司法服务和有力司法保障。

2. 金融法院的主管辖范围

根据最高人民法院关于金融法院的有关规定,金融法院既管辖审理涉民商事案件,也管辖审理涉金融的行政案件。这一点,金融法院与知识产权法院相似。

在具体案件的类型上,最高人民法院针对不同地区的金融法院专门作出相应的规定。例如,《最高人民法院关于上海金融法院案件管辖的规定》(2021 年修改)、《最高人民法院关于北京金融法院案件管辖的规定》(2021 年)。从这两个规定来看,管辖的案件类型包括以下几类:(1)证券、期货交易、营业信托、保险、票据、信用证、独立保函、保理、金融借款合同、银行卡、融资租赁合同、委托理财合同、储蓄存款合同、典当、银行结算合同等金融民商事纠纷;(2)资产管理业务、资产支持证券业务、私募基金业务、外汇业务、金融产品销售和适当性管理、征信业务、支付业务及经有权机关批准的其他金融业务引发的金融民商事纠纷;(3)涉金融机构的与公司有关的纠纷;(4)以金融机构为债务人的破产纠纷;(5)金融民商事纠纷的仲裁司法审查案件;(6)申请认可和执行香港特别行政区、澳门特别行政区、台湾地区法院金融民商事纠纷的判决、裁定案件,以及申请承认和执行外国法院金融民商事纠纷的判决、裁定案件。

3. 金融法院的地域管辖

金融法院的地域管辖,是指金融法院之间对特定金融纠纷案件的管辖权限分工。关于现有金融法院的地域管辖,最高人民法院对上海、北京金融法院的管辖有明确的规定。例如,北京金融法院管辖境内投资者以发生在中华人民共和国境外的证券发行、交易活动或者期货交易活动损害其合法权益为由提起的诉讼(《最高人民法院关于北京金融法院案件管辖的规定》第 2 条第 1 款第 1 项规定)。金融法院的地域管辖,主要考虑的因素包括金融案件当事人所在地、金融案件的性质(如以全国中小企业股份转让系统有限责任公司为被告或者第三人的与证券交易场所监管职能相关的第一审金融民商事和涉金融行政案件就明确规定由北京金融法院管辖)。

4. 金融法院与普通法院的关系

金融法院作为专门法院,相当于普通法院体系中的中级法院。作为上诉法院,金融法院受理对所在地区的基层法院受理的某些金融案件所作出的裁判不服提出的上诉。对金融法院审理的第一审案件不服的,可向所在地高级人民法院上诉。在主管方面,金融法院体系与其他如军事、海事等专门法院有所不同,对某些金融案件并没有垄断主管,普通法院中的基层法院依然有受理裁判的权利。对于涉军事、涉海事的案件,普通法院中的基层法院没有主管的权限。

四、特别法院——互联网法院

(一)互联网法院的缘起

近年来,我国相继设立了杭州、北京、广州互联网法院。专门管辖审理与互联网有关的民商事案件。这类法院既不同于传统的普通法院,也不同于专门法院。因其自身的特殊性,可以将其称为特别法院,以区别于已有的专门法院。

互联网法院主要是为了应对近年来互联网案件大量产生的社会形势,基于互联网案件的特殊性,而在互联网案件相对比较集中的地方设立的具有试点性质的特别法院。互联网法院通过集中管辖该辖区内的互联网案件,以特有的审理、裁判方式,实现提高互联网案件审判的效率性和专业性。

第一家互联网法院——杭州互联网法院作为专门审理互联网案件的试点法院成立于2017年8月18日,设立于杭州市。2018年最高人民法院又决定成立北京互联网法院、广州互联网法院。互联网法院审理案件的特殊规范为《最高人民法院关于互联网法院审理案件若干问题的规定》,该规定已于2018年9月3日通过,自2018年9月7日起施行。

(二)互联网法院的特点

互联网法院具有以下特点:

第一,互联网法院与普通法院在审理案件的范围方面具有特殊性,即仅管辖审理与互联网有关的民事、行政案件。与互联网有关的案件具体包括:互联网购物、服务合同纠纷;互联网金融借款、小额借款合同纠纷;互联网著作权权属和侵权纠纷;互联网域名纠纷;互联网侵权责任纠纷;互联网购物产品责任纠纷;检察机关提起的涉互联网公益诉讼案件;因对互联网进行行政管理引发的行政纠纷;上级人民法院指定管辖的其他互联网民事、行政案件等。

第二,互联网法院属于基层法院,审理的互联网案件属于第一审案件。上诉法院为辖区内的中级人民法院。(注意:北京互联网法院的上诉具有特殊性,即当事人对北京互联网法院作出的判决、裁定提起上诉的案件,由北京市第四中级人民法院审理,但互联网著作权权属纠纷和侵权纠纷、互联网域名纠纷的上诉案件,由北京知识产权法院审理。)在这一点上,互联网法院不同于专门法院。在基本性质上,依然属于普通法院体系,即在组织、人事体制方面与普通法院中的基层法院完全相同。

第三,互联网法院虽然属于基层法院,但其管辖范围与普通基层法院不同,具有一定的跨地域性。按照最高人民法院的相关规定,互联网法院审理该法院所在市的所有互联网案件。例如,北京互联网法院的管辖区域包括整个北京市。而在普通法院体系中,基层法院的管辖范围受所在地行政区划的限制。

第四,互联网法院审判案件的方式具有特殊性。互联网法院根据案件的特殊性,在审理方式上采取不同于传统法院审判的方式——网上审判的方式进行审判。其特殊审判方式可以概括为线上受理、线上调解、线上交换证据、线上审理准备、线上审理、电子送达等。

当事人利用诉讼平台所实施的诉讼行为具有与传统方式实施的诉讼行为同样的法律效力。同步生成的电子笔录与书面笔录也具有同样的法律效力。电子送达在当事人同意的前提下具有与直接送达同样的法律效果。

(三)互联网法院今后的发展以及面临的问题

互联网法院是一种新型的法院类型,在法院的设立、管辖、审理方式、送达、裁判等方面也还面临一些需要进一步探索和解决的问题。例如,互联网法院是一种应当普遍设立的法院,还是针对特定地区设立的法院?其确定的根据是什么?互联网法院的法律定位和实际运作也还面临一些问题。互联网法院的法官们大多主张将互联网法院转为专门法院,与其他专门法院如军事法院、海事法院、知识产权法院以及最近几年新成立的金融法院地位相同。这意味着,原来属于基层级别的法院将升格为中级法院,对于互联网法院自身无疑具有积极意义。但也有的人指出,一方面,互联网法院审理的互联网案件并非专属于互联网法院,其他法院也可以审理;另一方面,互联网法院审理案件所运用的移动和互联网技术,其他法院同样有条件运用。由此看来,如果依照专门法院成立的逻辑,互联网法院成为专门法院的可能性不大,甚至随着移动和互联网技术的日益普及,互联网法院也将不复存在。实际上,互联网法院是互联网经济早期的产物,具有应时性,以应对互联网案件大量产生的情形,也是移动和互联网技术运用于审判的一种尝试和实践。互联网法院能否成为专门法院的关键,还是取决于互联网纠纷案件的特殊性、专业性以及对社会影响的程度,如果其特殊性、专业性、社会影响程度达到了如金融纠纷案件、知识产权纠纷案件的程度,其作为专门法院就有可能。金融纠纷案件由于往往交叉涉及民事、行政,因此,有专门的法院统合协调处理有重要意义。

在案件审理方式上,由于尚未有法律的专门规定,其审理方式、当事人线上诉讼行为及其法律效力都面临合法性问题。最为突出的是电子送达的合法性。这就需要立法机关尽快出台关于互联网审理的原则性规定,以使互联网审理的特殊方式在原则上具有合法性,便于互联网审理方式的改革探索。

五、法院的内部组织结构

在我国人民法院中,从事审判业务,也包括执行在内的,行使审判权和执行权的部门通常统称为审判业务部门。法院内部的其他部门就是非审判业务部门。

(一)审判业务部门

根据审判和执行权限和职能的划分,人民法院的审判业务部门分为:刑事审判庭、民事审判庭、行政审判庭、立案庭、审判监督庭和执行局。各地法院还根据本地的具体情形和需要设有知识产权审判庭(已经设立专门知识产权法院的,不再设立知识产权审判庭)、房地产审判庭、环境保护审判庭、少年审判庭等。

刑事审判庭的职能是对刑事案件进行审判。刑事审判方面,各级法院又设有刑事审判一庭、刑事审判二庭等。中级及以上人民法院的刑事审判一庭通常是审理第一审刑事案件，刑事审判二庭通常审理上诉案件。

民事审判庭的职能是对民事案件行使审判权。包括合同案件、民事侵权案件、不动产案件、家事案件、公司诉讼案件等。民事审判庭也细分为民事审判一庭、民事审判二庭等。与刑事审判庭的划分不同，民事审判庭各庭通常是按照不同案件的审理权限进行划分，民事审判一庭大多是审理一般合同案件、家事案件、房产案件等，民事审判二庭通常是审理关于公司、股权纠纷的案件。

行政审判庭的职能是对行政案件行使审判权。我国行政审判庭的设置晚于刑事审判庭和民事审判庭。

行使执行权的机构过去称为执行庭，改革执行体制以后称为执行局。在最高人民法院称为执行指挥办公室，因为最高人民法院通常不会直接行使执行权执行案件。案件的执行原则上由下级法院，主要是基层人民法院实施。最高人民法院的执行指挥办公室主要是指导各级法院的执行工作。

立案庭不属于严格意义上的审判庭，其现有的主要职能是审查刑事、民事、行政案件的起诉，决定是否受理立案的机构。立案庭的设置具有中国特色，其他国家通常没有设置相应的部门。这与我国的司法制度和诉讼制度的规定有关。

（二）非审判业务部门

在各级人民法院中，除了审判业务部门之外，还存在许多为了维持、保障法院运作的其他非审判业务部门。主要有政治部、后勤装备科（处）、纪检室、法院办公室、宣传科（处）等。虽然这些部门不属于审判业务部门，但在这些部门工作的人员有的也拥有法官资格。因为法院内部人事是流动的，已取得法官资格、曾从事审判业务工作的人也可能调入非审判业务部门；反之，也可能流动至审判业务部门。因此，形成一个独特的现象，即拥有法官资格的人并非一定从事审判工作。这就导致了虽然我国法官数量很大，但从事审判工作的法官不多的情形。

（三）审判委员会

审判委员会是各级人民法院的最高决策机构，反映了我国审判体制的基本特点。根据《人民法院组织法》的规定，各级人民法院设立审判委员会，实行民主集中制。审判委员会的任务是总结审判经验，讨论重大的或者疑难的案件和其他有关审判工作的问题。地方各级人民法院审判委员会委员，由院长提请本级人民代表大会常务委员会任免；最高人民法院审判委员会委员，由最高人民法院院长提请全国人民代表大会常务委员会任免。实践的情形是，审判委员会通常是由法院“领导班子”成员以及庭长、部分资深审判员组成。

关于审判委员会制度的弊端也是人们经常议论的话题，因此改革或废除审判委员会一直是人们争论的问题。现行制度的主要弊端是审判委员会对案件的决定过程，违背直接审判、公开审判的审判原则以及无法落实审判责任。作为改革的主要思路就是如何做到直接和公开。目前，废除审判委员会的倡议尚无实践举动。

六、法院的审判人员和其他人员

(一)审判人员

1. 审判员

人民法院的院长、副院长、庭长、副庭长、审判员和助理审判员统称为“审判员”。根据《中华人民共和国法官法》的规定,审判员是依法行使国家审判权的法官。审判员又称法官。

法官的级别分为十二级。最高人民法院院长为首席大法官,二至十二级法官分为大法官、高级法官、法官。法官的等级的确定,以法官所任职务、德才表现、业务水平、审判工作实绩和工作年限为依据。

法官的基本职责:依法参加合议庭审判或者独任审判案件;法律规定的其他职责。

2. 其他审判人员

审判人员与审判员不是一个概念,审判人员是指包括审判员之外其他有权行使国家审判权的人员。在我国,除了审判员(法官)有权行使国家审判权外,人民陪审员也有权行使国家审判权。有选举权和被选举权的年满二十三岁的公民,可以被选举为人民陪审员。人民陪审员在人民法院执行职务期间,是他所参加的审判庭的组成人员,同审判员有同等权利。

(二)法院的其他人员

法院的其他人员是指与司法有关但不行使国家审判权的人员。根据《人民法院组织法》的规定,法院的其他人员包括以下人员:人民法院的书记员、执行员、法医和司法警察等。

1. 书记员

各级人民法院设书记员,担任审判庭的记录工作并办理有关审判的其他事项。实践中,书记员除了从事审判记录工作之外,主要是协助审判人员从事法庭事务性工作。

应当注意,我国的书记员与大陆法系国家和地区的书记官有所不同,书记官虽然从事诉讼记录工作,但书记官是独立的职员系列,与法官保持相对独立性,是诉讼程序性的公证机关,在程序性记录方面具有独立性。同时,其在法院中负有保管庭审笔录等诉讼记录的职责和权限。书记官制度有利于审判活动的内部监督,也有利于程序公正,有一定的借鉴意义。

2. 执行员

执行员是办理民事案件判决和裁定的执行事项,办理刑事案件判决和裁定中关于财产部分的执行事项的人员。地方各级人民法院均设有执行员。

3. 法医

法院的法医是在法院运用医学技术对与案件有关的人身、尸体、物品或物质进行鉴别并作出鉴定意见或提供意见的专门人员。

4. 司法警察

法院的司法警察是指在法院从事维护司法秩序,保障司法活动正常进行的人民警察。

七、法院体制改革

(一)法院体制改革概述

法院体制改革是司法体制改革的重要内容。人们通常所说的法院体制改革是指关于法院内部组织结构、法院人财物管理、法院审判管理、法院内部资源配置等的改革。对于何为体制性与非体制性改革没有清晰的界定。法院体制改革的目标是保证公正司法,提高司法公信力。学界一般认为,改革前的法院体制存在地方化、非专业化、行政化、低效化的弊端,也有的认为还存在非责任化的问题。因此,理论上认为,法院体制改革的具体方向之一应当是去地方化、行政化、非专业化。当然,人们对于体制弊端以及如何消解有不同的理解。比较突出的是,法院体制行政化的内涵以及如何去行政化的问题。也有观点认为,法院体制改革主要目的是去地方化、提高审判效率、完善审判责任制。实际上,关于司法体制改革或者法院体制改革的目标和方法,以及改革如何才能体现审判权的中立性、程序性和终局性特征依然存在很大的争论。甚至这四性本身的含义亦有很大的争论。目前已确定的体制改革方向和基本措施表述为:**完善司法人员分类管理,完善司法责任制,健全司法人员职业保障,推动省级以下地方法院、检察院人财物统一管理等**。

(二)法院体制改革的主要举措

1. 推动省级以下地方法院人财物统管

实行省级以下地方法院人财物统管被认为是法院体制改革的最大举措,是司法机关去地方化的具体措施。核心是省级以下地方法院不再受制于地方权力机关。司法机关在确定的试点地区探索实现省级以下地方法院、检察院人财物统管的具体办法。例如,在人事制度试点改革方面,省级以下地方权力机构将不再对地方法院院长、庭长、法官的任免有实质上的决定权。

2. 实行法官员额制

在法院体制改革方面,法院系统的改革举措之一是实行"法官员额制"。法官员额制,是指重新确定一个法院中有审判资格的法官数量,以及法官与司法辅助人员的比例。法官员额制的目的是要解决法院工作人员中优质资源的配置问题,是为了让现有法院工作人员结构趋于合理化,让少数更有审判能力的人集中更多的精力和资源审理案件,同时,获得与其工作性质相适应的,比原来更高的收入。员额制改革最大的困难是原有审判人员的分流问题,以及由此带来的矛盾冲突。从员额制改革的实践来看,规则上只有进入员额的法官才拥有审判权。实践中的问题是,由于员额的限制,案多人少的矛盾进一步加剧。尤其是在执行领域,由于实行审执分离,拥有裁判权的法官资源愈加紧张。

3. 建立主审法官负责制

在法院完善司法责任制方面,主要体现为所谓主审法官制度。主审法官制度是选拔政治素质好、办案能力强、专业水平高、司法经验丰富的审判人员担任主审法官。独任制审判以主审法官为中心,配备必要数量的审判辅助人员。合议制审判由主审法官担任审判长。合议庭成员都是主审法官的,原则上由承办案件的主审法官担任审判长。主审法官作为审判长参与合议时,与其他合议庭成员权力平等,但负有主持庭审活动、控制审判流程、组织案件合议、避免程序瑕疵等岗位责任。

主审法官负责制的目的在于通过权责统一具体落实法官审判责任,提高审判水平和效率。在主审法官负责制的具体机制建构方面,一些试行法官负责制的法院又推出了以主审法官为办案核心的审判团队运行机制。所谓审判团队运行机制,就是由主审法官和审判辅助人员组成审判团队,在主审法官领导下实施审判行为的制度。审判辅助人员包括法官助理和书记员。例如,有的法院的审判团队为"1 名主审法官 +1 名法官助理 +1 名书记员(或 1 名主审法官 +1 名书记员)"的审判团队模式。按照这种审判团队运行机制,所有的团队成员都应当受制于主审法官,包括书记员在内。

虽然这种审判团队有利于提高审判效率,成为有效率的审判"生产单位"。但在强化内部聚合力时,却导致内部制约的缺失,形成利益共同体,产生单位利益及共同诉求,甚至衍化为"家长化"现象。对诉讼正当性的价值要求,不仅仅是效率,更为强调的是程序的公正价值。因此,如果不能正确认识审判组织内部的制约性,未构建以笔录法定化以及与其相应的书记官制度,我们现行的主审法官负责制的改革有可能走入误区。

4. 法官选任制度改革

针对不同层级的法院,设置不同的法官任职条件。在国家和省一级分别设立由法官代表和社会有关人员参与的法官遴选委员会,制定公开、公平、公正的选任程序,确保品行端正、经验丰富、专业水平较高的优秀法律人才成为法官人选,实现法官遴选机制与法定任免机制的有效衔接。

5. 改革审判委员会工作机制

作为审判委员会制度的改革举措,最高人民法院改革纲要指出,要合理定位审判委员会职能,强化审判委员会总结审判经验、讨论决定审判工作重大事项的宏观指导职能。建立审判委员会讨论事项的先行过滤机制,规范审判委员会讨论案件的范围。除法律规定的情形和涉及国家外交、安全和社会稳定的重大复杂案件外,审判委员会主要讨论案件的法律适用问题。完善审判委员会议事规则,建立审判委员会会议材料、会议记录的签名确认制度。建立审判委员会决议事项的督办、回复和公示制度。建立审判委员会委员履职考评和内部公示机制。实质性的内容是将审判委员会的讨论内容仅限于法律适用问题以及决定公开化的制度措施。

问题与思考

1. 关于法院司法的行政化

过去一直有一种观点认为，我国法院的司法结构和运行具有一种行政化的状态。这种司法结构和运行的行政化不符合司法运作的规律。司法主要的功能是裁判，裁判的要旨是基于中立的立场，根据案件事实，适用法律作出裁决。各级法院都有自己的独立审判权，独立地认定事实，适用法律。与行政机关以及行政系统的运行目的和方法都有很大区别。行政的目的是实现公共利益；司法的目的是通过审判和执行实现保护各权利主体法律上的利益。因此，应当对其实行改革，改革的目标就是去行政化。所谓法院司法的行政化，是指法院司法的结构和运行方式是按照行政机构运作方式，例如，强调法院的各级负责人对司法运行的控制，法院院长、庭长对法官审判业务的干预。这种干预的机制是行政化，通过行政化的上级对下级的管理方式实现对具体业务的干预。如此，导致有的情形下“看病的不能开处方，不看病的却有处方权”的不合理情形，并由此发生法官责任与职权分离的情形。

2. 智慧法院

关于智慧法院的基本含义。“智慧法院”并非从法院职能角度对特定法院的定位，例如，知识产权法院、海事法院。智慧法院强调的是法院司法功能的智慧化，主要是现代信息技术、移动技术、互联网技术广泛、有效地运用于司法管理、审判、执行等司法领域。按照最高人民法院建设智慧法院的要求，就是要具体做到“实现人民法院全业务网上办理、全流程依法公开、全方位智能服务”。

关于智慧法院概念的提出。2016 年 1 月 29 日，最高人民法院信息化建设工作领导小组举行 2016 年第一次全体会议，时任最高人民法院院长、信息化建设工作领导小组组长周强主持会议并讲话，首次提出建设立足于时代发展前沿的“智慧法院”。2016 年 3 月 13 日，第十二届全国人民代表大会第四次会议在人民大会堂举行第三次全体会议，时任最高人民法院院长周强做关于最高人民法院工作的报告，提出继续深化司法公开，加快建设“智慧法院”。2016 年 7 月，中共中央办公厅、国务院办公厅印发《国家信息化发展战略纲要》，将建设“智慧法院”列入国家信息化发展战略，明确提出：建设“智慧法院”，提高案件受理、审判、执行、监督等各环节信息化水平，推动执法司法信息公开，促进司法公平正义。在技术上要做到“基本形成以‘云网一体化’为纽带的信息基础设施全覆盖格局”，能够一键转立案，不必重复录入案件信息，律师爱用；推送相关法律法规、全省同类案例，调解员爱用；可预测诉讼和调解的时间成本，评估胜诉率、自动履行率，可在线选择调解、公证、仲裁、诉讼纠纷解决途径，当事人爱用；为综治管理提供数据支撑，政府相关单位爱用。

关于智慧法院实践的具体事例。北京法院推出了新一代审判智能辅助系统“睿法官”，基于电子卷宗等司法审判数据资源、行为分析的智能学习和法律逻辑的知识图谱技术，为法官审理复杂案件时，提供精准推送办案规范、法律法规、相似案例等信息，梳理法律关系，聚焦争议焦点，提出裁判建议，生成裁判文书等智能服务。

关于智慧法院的问题点。智慧法院对于法院功能的提升有很大的作用，是法院现代化的方向。但关于智慧法院，在理论和实践方面，学界也提出一些不同认识。一些人认为智慧法院就是法院现代化的一个组成部分，实质是现代信息技术的运用，使用“智慧法院”似有不妥之处。“智慧”与现代、信息技术毕竟有所不同，用“智慧法院”的称谓难以对应过去的法院。以法院的现代化替代法院的智慧化也许更好。智慧法院在实际运行中存在利用信息技术强化法院司法行政化的趋势，这种做法是否妥当？信息化技术、移动技术、互联网技术等的利用应当有利于提升司法的权威性、公正性、公开性，有利于实现司法的价值。与任何先进技术一样，应当使该技术的运用服务于进步的需要。

第四章　法院的职权

本章目次

一、法院职权概述

本书所涉及的法院职权主要是司法上的意义，具体从民事司法的角度对法院的职权加以阐述。如果从这一视角看法院，看到的法院就是民事法院，行使的是民事审判权。从非司法的层面看，我国法院还具有大量其他社会功能。法院依据其权能定位的不同，其职权也有所不同。从世界各国法院的职能和职权来看，这种差异主要体现在是否享有执行权以及享有哪些执行权。一些国家（如大陆法系国家）的法院除了行使审判权，还拥有执行权。并且在广义上，将执行活动也视为司法。因为执行属于实现法律的司法事务。按照大陆法系国家司法的概念，广义的司法包括审判和实现法律的事务。尽管审判权与执行权在这些国家统合于法院，但审判权与执行权的行使在法院内部是不同的组织机构，在其内部是分离的，从而在实质上形成了审判法院和执行法院。还有一些国家的法院只拥有审判权，而不拥有执行权，执行权交由其他国家政府部门行使，如英美法系国家。无论哪一个国家，审判都是法院最核心的职能，审判权是法院最重要、最基本的权力。

二、法院的民事审判权

法院是民事纠纷的裁判者，其最基本的职权无疑是对案件和当事人权利义务的裁判权。但仅仅有裁判权是不够的，裁判是诉讼程序的结果。而诉讼是一种渐次展开的程序，诉讼程序作为一种行使国家裁判权的程序，不是由当事人双方完全控制的程序，在程序的主要方面，须由代表国家裁判权的法院来加以控制，由法院决定适用何种程序、根据案件和当事人的情况决定程序的存否和程序的进展，从而衍生了法院对诉讼的控制权，其中也包括对程序事项的裁决权。

另外，虽然法院是程序的控制者，但从法院在解决民事纠纷中的作用来看，其基本定位应当是消极和被动的，其控制也是消极和被动的。如同市场的管理者，只是维持市场的秩序,当事人在合法交易的范围内,管理者不能干涉如何进行交易、交易什么。这种消极性和被动性是由法院作为中立的第三者的地位所决定的,裁判者只能是中立的第三者。这种消极性和被动性在诉讼上主要体现在,诉讼的启动权在当事人,当事人没有行使诉权,提起诉讼时,法院不能主动开始诉讼程序;当事人没有提出的请求和主张,法院不能主动进行审查和判断。

法院的职权应当是一种职责和权力的统一。作为职权,其性质不同于单纯的权力,法院在诉讼中根据法律行使权力时,同时也是履行一种职责。在符合法律规定的情形下,法院往往必须行使权力,而且要求必须正当地行使权力。不得滥用权力是法院或法官的义务。当事人提出事实主张的,法院就必须对该事实主张进行审查;提出证据的,对当事人提出的证据加以审查和判断,并给予答复。

(一)程序控制权

在法院的诉讼职权中,最重要的一项权力是程序控制权。**所谓程序控制权,是指法院对民事诉讼程序的发生、发展、终止以及程序进程的方式和节奏的决定权**。

1. 诉讼启动控制权

根据民事诉讼的处分原则,民事诉讼程序应当由当事人启动,但民事诉讼程序是否应当被启动,法院必须加以审查,看是否符合启动的基本条件。法院对诉讼程序启动的控制主要是便于诉讼能够顺利地进行。对于民事诉讼程序启动的控制有两种理解:一种理解是纯程序性,这种控制实质上只是一种形式上的控制,在实务上不过是对诉状的审查,主要是看诉状能否有效地送达给被诉的当事人,至于是否属于法院主管、是否属于本法院管辖、是否是正当当事人、是否属于一事不再理等问题则不属于审查法院考虑的事项;另一种理解为控制是实质上的控制,要求民事诉讼程序的启动必须符合若干实质性条件,如必须明确当事人是否利害关系人、案件是否属于法院主管以及是否为本法院管辖的问题等。从民事诉讼的处分原则出发,法院对程序启动的控制应当是形式上的而非实质上的。作为提供司法服务的法院应当尽量给予当事人启动程序的便利,而不是设置障碍。

2. 促使程序高效率进行的职权

诉讼效率是诉讼实施的价值要求之一,纠纷的解决不仅要公正,同时还要尽量做到低成本和时间上的快捷。为了做到这一点,法院必须要有相应的职权。法院有权决定是否或何时进行证据交换、何时开庭审理、诉讼是否应当予以合并或分离、是否应当追加被告、是否同意变更诉讼请求、是否同意被告提起反诉等。

由于当事人利益的对立性,一般来讲,原告对于诉讼效率有更多的期待,相反,被告则对迅速结案不那么关心,当事人对诉讼效率的不同心态导致诉讼效率的提高不可能由当事人自己来完成,只能由作为中立裁判者的法院来实现。在实现诉讼效率方面,法院尽管是民事纠纷裁判的中立者,但同时也是诉讼效率的获益人,诉讼效率也是裁判者所追求的利益,从这个意义上讲,法院也是诉讼的"当事人"。也正是从这个意义上,法律也应当注意裁判者对诉讼效率的片面追求,防止裁判者对诉讼效率的片面追求导致诉讼公正的受损。因此,民事诉讼法必须考虑当事人诉讼权利行使的有效时间和空间,不能仅仅考虑裁判者审判的方便,而影响当事人诉讼权利的行使。

(二)程序事项裁决权

程序事项裁决权,主要是指法院对民事诉讼实体争议以外的程序问题予以裁判的权力。程序事项裁决权主要包括两个内容:对实体判决要件审理事项的裁决和其他程序事项的裁决。

1. 实体判决要件审理事项的裁决

理论上,受诉法院要能对当事人争议的实体问题作出裁判,必须具有能够作出裁判的要件,这些要件称为"实体判决要件"或"诉讼要件"。实体判决要件一般包括以下内容:(1)当事人实际存在;(2)具有当事人能力;(3)当事人适格(正当当事人);(4)当事人实施起诉行为;(5)实施了有效送达;(6)不属于重复诉讼;(7)具有诉的利益;(8)属于法院裁判权范围;(9)属于审理本案的法院管辖。法院在诉讼开始以后,需要对是否具有这些要件进行审理。如果发现不具有这些要件时,法院应当作出裁决,驳回当事人的诉。这些要件尽管涉及实体问题,但并不是当事人之间民事争议的内容,因而可以归入程序问题,对这些要件的审理和裁决属于程序问题的审理和裁决。受诉法院只有在具有了这些实体判决要件以后,才能够对当事人之间的民事争议作出裁判。这种审理结构被称为"复式审理结构"。也就是说,受诉法院对实体判决要件的审理和民事争议的审理是同时并行的,因为对实体要件的审理和民事争议的审理往往不能够截然分开,因此对实体要件审理和民事争议的审理就不是绝对的前后的关系。

2. 其他程序事项的裁决

其他程序事项的裁决,是指人民法院对于民事诉讼程序(广义的民事诉讼程序)中发生的程序事项的裁决。主要是涉及主诉讼程序以及子程序变动和启动的事项,例如,诉讼程序是否应当启动,诉讼程序的中止、终结,执行程序的中止、终结等程序事项。

在程序事项的裁决中,有的裁决是针对某种事实状态的认定,而有的则是对程序异议的裁决。法院的程序异议裁决权主要是法院针对民事诉讼主程序和子程序实施过程中,当事人提出的程序性异议所作出的裁决。这种程序性异议具体地是指当事人对法院在诉讼进行过程中实施的某些审理行为和对方当事人诉讼行为的异议。对审理行为的异议,如被告对管辖法院提起的管辖权异议、一方当事人对法院追加当事人的异议、被告对法院实施财产保全的异议、一方当事人对法院依职权收集证据的异议、一方当事人对法院依职权收集的证据合法性的异议等。对对方当事人诉讼行为异议的裁决,是指一方当事人在诉讼中对另一方当事人诉讼行为的合法性提出异议,要求法院裁决该当事人的诉讼行为无效。例如,在一方当事人主张对方当事人提出的证据因为已经超过举证时限,要求法院裁决该证据无效。这种裁决在我国很少,这主要是因为在我国民事诉讼中一方当事人对对方当事人诉讼行为的异议通常都被转化为对法院审理行为的异议。

裁决异议从表面上看是一种针对单方当事人的行为,是对一方当事人异议的答复,但实际上往往也是对双方当事人争议的裁决,因为当事人的利益对立,就导致了当事人在诉讼中行为的对立。在被告对管辖权提出异议时,原告方自然会对该异议持反对态度,只是这种反对不是直接针对被告，不能够成为一种诉讼行为，而发生诉讼上的法律效果。程序异议裁决的直接目的是实现程序公正，一方面，通过对当事人异议审查有利于发现审理行为是否合法，保障审理的合法性；另一方面，有助于吸收当事人的不满，使当事人更容易接受诉讼结果。从信息论的角度讲，要使结构处于一种相对稳定状态就应当在结构上设置负反馈系统，通过这种负反馈装置实现结构的稳定状态。在诉讼中，当事人的异议申请就是一种负反馈形式，通过法院对异议申请的正确处理，使诉讼的运行结构处于稳定状态。

（三）调查取证权

法院的调查取证权是法院在诉讼中的一项十分重要的职权。但如何理解法院调查取证权，并进一步合理设定法院的调查取证权却是一个值得认真对待和研究的问题。不同的诉讼体制下，法院的调查取证权的含义和范围有很大的差异，因此可以说，调查取证权的内容是检验诉讼体制基本性质的有效试剂。

法院的调查取证权包含两种不同的含义：一种含义是法院可以按照自己的意志（判断），主动调查和收集证据；另一种含义是法院只能根据当事人的申请，按照当事人申请调查收集证据。在我国民事诉讼中法院的调查取证权包含了这两个方面的含义。无论是按照申请调查收集的证据，还是依据职权主动调查收集的证据，都可以作为法院裁判的依据。

另外，应当注意的是，法院的调查取证中法院主动依职权所进行的调查取证在范围上也包含了两种情形：(1)属于法院程序控制的事项；(2)涉及实体权利义务争议的事项。即使在当事人主导型的诉讼体制中，法院也拥有这种职权。没有这种权力，法院便无法控制诉讼程序的正常和正当进行。考验不同诉讼体制的并非法院是否拥有这种调查取证权，而是对实体权利义务争议的证据，法院能否主动依职权调查收集，并将该证据作为实体权利义务争议裁判的根据。在这一问题上的分水岭是，在当事人主导型的诉讼体制下，法院不应当拥有依职权主动调查收集的权力；相反，在职权干预型诉讼体制下，法院依职权主动调查收集关于实体权利义务的证据则是必需的权力。笔者坚持认为，法院的调查取证权行使的范围应当限定在程序性事项范围之内，而不应当超越这一范围涉及当事人的实体权利义务的争议。

在职权干预型诉讼体制下，发现案件真实是职权干预的一个十分重要的理由。法院的裁判必须建立在真实的基础上，既然如此，法院就可以借助公权力主动发现案件真实而无须受当事人意志的左右，因为当事人总有自己的利益，为其利益所左右总是只提出有利于自己的事实，而掩盖不利于自己的事实。我国民事诉讼法正是基于这种认识和理念强调法院对证据收集调查的职权。在我国的民事诉讼历史上，法院依职权收集和调查是一种传统，是传统民事审判方式的特征之一。无论是在作为革命根据地的陕甘宁边区，还是1949年中华人民共和国成立以后《民事诉讼法（试行）》以前，独立收集、调查证据都被视为一项法院当然的权力。1982年制定的《民事诉讼法（试行）》在这方面同样继承了这一传统，规定“人民法院应当按照法定程序，全面地、客观地收集和调查证据”。

1991 年的《民事诉讼法》进行了修改,将“人民法院应当按照法定程序,全面地、客观地收集和调查证据”,改为“当事人及其诉讼代理人因客观原因不能自行收集的证据,或者人民法院认为审理案件需要的证据,人民法院应当调查收集。人民法院应当按照法定程序,全面地、客观地审查核实证据”,但依然保留了依职权独立调查收集证据的权力,即“人民法院认为审理案件需要的证据,人民法院应当调查收集”。

2001 年 12 月最高人民法院颁布了《民事证据规定》,这一规定受民事诉讼体制转型意识的影响在职权干预方面有所弱化,比较突出的是,通过解释进一步限制了法院依职权调查收集证据。该规定对《民事诉讼法》规定的“人民法院认为审理案件需要的证据”作了限制性解释,“人民法院认为审理案件需要的证据”,是指以下情形:(1)涉及可能有损国家利益、社会公共利益或者他人合法权益的事实;(2)涉及依职权追加当事人、中止诉讼、终结诉讼、回避等与实体争议无关的程序事项。该规定还明确,除这些情形外,人民法院调查收集证据,应当依当事人的申请进行。

2001 年《民事证据规定》虽然通过司法解释限制了法院独立调查收集证据的权力,在民事诉讼体制转型方面有所进步,但受《民事诉讼法》的限制,这种转型还是十分有限的。规定“涉及可能有损国家利益、社会公共利益或者他人合法权益的事实”,法院可以独立调查证据就说明了这一点。“国家利益、社会公共利益或者他人合法权益”正是职权干预的根据所在。

从照顾国家利益、社会公共利益和他人合法权益来看,这种职权干预似乎是言之成理的,但实际上却缺乏合理性。

其一,裁判者不受当事人主张的限制就可以独立地收集和提出证据,并依此为根据作出裁判,这似乎能达到追求真实的目的,但却使当事人的辩论权、处分权虚化。当事人对案件的陈述都可能因裁判者的主动调查和收集证据的行为而变得徒劳无益。法院的职权行为自动地把自己处于与当事人对立的位置,并造成当事人诉讼主体的客体化。由于证据的收集和提出总是难免受主观因素的影响,这样就打破了个案中当事人之间的平等,裁判者的中立性便自动丧失。中立是裁判的生命。

其二,法院依据职权收集和调查证据,就一定能够保证案件的真实性吗?即使我们排除法官的道德评价,法官收集调查证据也同样是主观见之于客观的活动,鉴于人的认识手段和认识环境的限制,法官也同样难以保证自己收集的证据就一定是真实的,程序上就一定是合法的,就一定能够收集所有法院裁判所依据的事实。既然如此,法院作为中立者就不应该参与到以对抗为基本特征的民事诉讼中去。

其三,最有疑问的是,为什么一旦“涉及可能有损国家利益、社会公共利益或者他人合法权益的事实”时,就要启动法院独立收集调查证据的权力呢?所谓“涉及可能有损国家利益、社会公共利益或者他人合法权益的事实”是指什么?这里首先要明确的是法院依职权所要收集调查的证据涉及一些事实的有无;其次是这些事实的有无将涉及是否损害国家利益、社会公共利益或者他人合法权益的问题;最后要明确启动收集调查的前提只是一种可能性。

有损国家利益的情形最常见的是,通过提起诉讼转移国有资产。原被告双方串通在诉讼中主张虚假的证据,以证明所谓案件事实。例如,原告与被告之间实际上并没有民事纠纷,而是制造一个虚假的合同关系以及基于该合同关系所引发的纠纷,最终达到转移国有资产的目的,或者在企业购并中一方与国有企业管理人勾结,在购并过程中将国有资产的价值故意压低,一方以大大低于市场价格的水平获得国有资产。但在这些情形中,当事人的行为属于违法犯罪的行为,有关事实涉及违法犯罪的事实,本身就不是当事人之间的民事诉讼,而是刑事诉讼的问题。对于犯罪的事实民事诉讼中的法院是没有义务去加以揭露的,揭露违法犯罪是检察机关或公安机关的职责。因此,不存在可能涉及有损国家利益的事实,需要法院依职权独立收集证据。

涉及有损社会公共利益的事实时,法院有无必要依职权独立收集证据呢?笔者认为,依然没有必要。涉及损害社会公共利益的事实不外乎三种:(1)构成犯罪的事实;(2)不构成犯罪,但属于违法的事实;(3)虽有损社会公共利益,但由于法律没有规定,因而不构成违法,当然也谈不上犯罪。与上述有损国家利益的事实一样,在当事人的行为涉及违法犯罪时,已经不是民事诉讼所要解决的问题,不是法院所要揭示的事实,应当由有关部门来揭露。如果涉及刑事案件,法院应当中止民事诉讼的审理。虽有损社会公共利益,但如果不涉及违法犯罪的事实,法院也没有必要依职权独立收集调查证据。法院在诉讼中的职责不是维护社会公共利益,而是依照法律进行审理和裁判,一旦法院在诉讼中与当事人站在了对立面,也就意味着该诉讼已经不再是民事诉讼。另外,所谓"社会公共利益",本身就是一个十分抽象的概念,我们不能抽象地谈论所谓社会公共利益,必须按照法律的具体规定来确定具体的利益。否则,所有涉及社会的事实都可能成为社会公共利益的事实,成为职权扩张和膨胀的理由。国家的利益和社会的利益最容易成为权力扩张的理由。

"涉及可能有损他人的合法权益的事实",应当是指本案民事诉讼当事人的行为侵害他人合法权益的事实。如果是诉讼外第三人侵害他人合法权益的事实则与本案没有关系。这类事实通常是指当事人双方可能串通共谋以损害他人合法权益的事实。例如,当事人双方通过自认承认对方主张的事实,而该事实的成立将有损他人的合法权益。自认的事实对法院是有约束力的,没有约束力自认制度也就没有意义了,只有在当事人自认的事实明显不符合真实时,法院可以认为自认无效,提出事实主张的当事人依然需要提出证据加以证明。法院只是对当事人提出证据的真实性进行审查判断,同样没有必要依据职权独立收集调查证据。如果损害他人合法权益的事实是当事人直接实施侵害他人合法权益的事实,则他人可以通过法律途径追究该当事人的侵权责任,也没有必要启动职权调查。

(四)释明权

1. 释明权的基本含义

所谓"释明"(Aufkaung),原意是指使不明确的事项得以明确。外国法中释明含义不仅包括使不明确的事项加以明确,还包括:(1)当事人的声明和陈述不充分时,使当事人的声明和陈述变得充分;(2)当事人的声明和陈述不适当时,法院促使当事人作适当的声明和陈述;(3)促使当事人提出证据。**简言之,释明权为法院享有的,具有上述三项内容的职权,在国外民事诉讼理论中被认为属于法院诉讼指挥权的一种**。

也有人认为,释明不仅是法院的一种权力,也是法院的一种义务。从义务的角度理解,如果存在应当释明的情形,法院必须予以释明,没有释明则是法院没有履行义务。释明是一种义务的观点最大的问题是,作为一种义务的实际法律效果是什么。例如,如果把法院应当告知当事人举证事项作为一种义务,那么没有告知时法院会承担什么样的法律后果呢? 有一种对义务的理解是,如果没有履行释明义务,则会导致发回重审,但实际上,法律并没有规定这样的法律后果。因此,关于义务说的观点难以获得规范的支持。

释明权最基本的含义可以简单地概括为法院向当事人发问的一种权利。如果仅仅是这样一种权利,不管再怎么渲染,恐怕都不能使置身于社会主义民事诉讼体制和模式的学者们感兴趣。从职权主义的诉讼理念来看,法院对当事人的发问权是理所当然的,是自明之理。就法官有权向当事人就案件法律上和事实上的问题发问,让当事人作适当、明确的陈述,促使当事人提出证据这一点而言,在我国传统的民事诉讼方式中无疑是存在的,并且从要求当事人积极作为这一层面来讲则大有过之。在实行职权主义诉讼体制的国家,法院处于诉讼的主导地位,有充分的诉讼指挥权。[1] 法院的职责就是尽可能弄清案件的真实情况。当事人没有主动阐明的案件事实,法院就有职权要求当事人完全、充分地加以阐述。当事人的陈述对法院来讲,最重要的不是该陈述是否说明了当事人的主张,而是该陈述是否反映了案件的真实情况。所以,对习惯于职权干预型体制和观念的我国民事诉讼法学者,常常为西方民事诉讼理论对释明权的重视而感到颇为费解。

在辩论原则规制的条件下,释明权的问题就必然成为学者和实务界探讨的对象。虽然我国尚无约束性辩论原则,但随着我国民事审判方式改革的不断发展,民事诉讼体制正逐步进行调整,正朝着当事人主导型的诉讼体制方向转型,当事人主导的趋势也日益突出,在这种情况下释明权的问题也就自然为人们所关注。一般认为,《民事证据规定》有关于释明权的规定,具体为,“人民法院应当向当事人说明举证的要求及法律后果,促使当事人在合理期限内积极、全面、正确、诚实地完成举证”。

2. 释明权的范围

释明权的范围是指就一般情况而论,在哪些情形下法院应行使释明权。

一是当事人的声明有不明确的,应予释明。按照释明权的理论,由于当事人文化水平参差不齐,对案件的声明就可能存在相互矛盾、模糊不清的情况,法院如果将其作为裁判的基础则难以作出符合真实的裁判,也就需要法官向当事人发问使不明确的声明明确化。不过法院的发问仍应受辩论原则的限制,当事人没有声明的事项,法院不得发问。判明这一点往往是很困难的。在德国民事诉讼制度中,法院在未使当事人的陈述明确的情况下即作

---

〔1〕“人民法院是案件的受理者,裁判与诉讼的指挥者……对民事诉讼法律关系的发生、发展、结束起着决定性的作用。”参见周道鸾主编:《民事诉讼法教程》,法律出版社1981年版,第26～27页。

出判决的,当事人可以法院没有行使释明权提起上诉,请求撤销原判。

二是当事人的不当声明,应通过法院的释明加以消除。在德国,当事人的声明中未能清楚说明有关事项时,法院可以令当事人再就有关事项加以陈述。如果当事人的陈述毫无意义或带有诈欺性,可以行使释明权将其消除。但一般认为,在这种情况下,即使不行使释明权,也不构成违反释明义务,所以不得将此作为上诉审的理由。在这里释明权实际上被视为一种权利。

三是诉讼资料不充分时,可以通过释明令其补充。德国民事诉讼理论与日本民事诉讼理论对此的理解有差异。德国民诉理论认为,释明权是要求当事人将自己提出的诉讼资料加以明确和充分,但该释明权的行使仍然限制在当事人所提出的攻击或防御方法之内。不能在此之外要求当事人提出诉讼资料。在作为当事人攻击或防御手段的诉讼资料有瑕疵时,法院则可令其补充。当事人对事实的陈述有瑕疵也是如此。并且认为这种场合的释明属于法院的一种义务。没有履行释明义务的,构成上诉审撤销原判、发回重审的理由。而日本判例则认为,当事人的陈述不充分时,法院要求当事人补充,是符合当事人主义的。法院行使释明权并不是要求当事人陈述新的主张。如果要求当事人陈述新的主张,自然是违背当事人主义和辩论原则的。法院行使释明权,让当事人作更充分的陈述,可以使本案的审理更加充分,这符合民事诉讼制度的目的。

四是通过释明,使当事人提出新的诉讼资料。对于法院能否通过释明使当事人提出新的诉讼资料,理论界颇有争议,德国和日本的判例也各抒己见。

3. 释明权与辩论原则的关系

释明权的概念和制度是辩论原则(约束性辩论原则)的产物,没有辩论原则对诉讼的支配,也就没有释明权概念的存在。按照辩论原则案件事实的提出与主张以及案件事实的解明都应当属于当事人的责任,法院不能承担或分担这种责任。当事人没有提出某种事实和主张,也没有给予相应的解明,那么当事人就应当承担相应的后果,这是当事人主导型诉讼体制所坚持的基本原则。另外,法院又有使诉讼妥当进行,并尽可能根据案件事实真相作出判决的价值追求,释明权正是这种价值追求下的产物,并形成了所谓“法院第二层次上(或第二次)的责任”,[2]也因此形成了辩论原则与裁判理念的冲突和紧张关系。

在大陆法系国家,释明权与辩论原则的关系大体上有两种理解:

一种观点认为,释明权的规定是对辩论原则的限制。这种观点认为,民事诉讼的对象是私法上的权利,诉讼就应当尊重当事人的意志,由当事人自由处分实体权利和诉讼权利,自主地、适当地解决涉及私权的争议。法院根据当事人所提出的事实、主张来进行判决,是民事诉讼本质的要求(这种见解可称为本质论)。法院在诉讼中,反过来要求当事人被动地提出主张、提出证据,陈述案件的事实是辩论原则的例外。根据本质论的观点,释明权是对

---

〔2〕 [日]吉野正三郎:《民事诉讼中法官的作用》,成文堂 1990 年版,第 25 页。当事人提出事实的责任被称为第一层次的责任或第一次责任。

辩论原则的限制,是辩论原则的例外。[3]

另一种观点认为,民事判决只能是根据案件的真实事实所作出的妥当判决,把收集资料的权限和责任委以与诉讼胜败有直接利害关系,并且熟知争执事实的当事人,将比职权探知主义更能适当、便利、迅速地发现真实。之所以采用辩论原则,也就是因为辩论原则是一种发现真实的方法。这种观点可称为"手段论"。手段论认为,释明权是对辩论原则的补充,而不是例外。

4. 我国民事诉讼中释明权的运用与当事人举证

在我国民事诉讼法规范中比较明确地规定释明权内容的主要是《民事证据规定》。在该规定中有两个条文涉及释明权行使的内容:一是关于当事人举证的释明;二是关于诉讼请求变更的释明。

◆关于当事人举证的释明

《民事证据规定》规定:"人民法院应当向当事人说明举证的要求及法律后果,促使当事人在合理期限内积极、全面、正确、诚实地完成举证。"在理解该条规定时,应当注意"人民法院应当向当事人说明举证的要求及法律后果",与告诉当事人应当如何提出证据以及提出什么证据是有区别的。"说明举证的要求"是告知当事人对自己的主张应当提出证据加以证明,并告知当事人在对该事实主张负有举证责任时,因为不能证明所要承担的后果。这种释明是一种抽象的要求,与告知当事人如何举证是完全不同的。当事人根据自己的事实主张将提出什么证据,怎样加以证明是当事人及律师的事情,法院不能干预。法院一旦干预,主动告知应当如何举证,法院便自动地站在了当事人的立场上,违反了辩论原则和中立立场。

对该规定的理解中,如何理解法院"促使当事人在合理期限内积极、全面、正确、诚实地完成举证"是一个有争议的问题。"积极""诚实"容易理解。"积极"就是要求当事人主动地提出证据;"诚实"则是要求当事人获得证据的手段应当是符合法律和道德要求,提出的证据具有真实性。比较难的是法院如何促使当事人"全面""正确"地举证。"全面"和"正确",是否就意味着法院应当告知当事人将有关事实主张的证据全部提出来呢?如果不告知就无法做到"全面"和"正确"。笔者认为,规定促使当事人"全面""正确"举证,不过是一种装饰性的条款,主要是针对一些人对当事人举证与法院消极性还不能理解的情形,因此作此规定加以"安抚"。另外,这也是职权干预观念的一种反映。认为在举证方面完全放任当事人是不妥当的。在个案中,我们可能经常遇到当事人不知道如何举证的问题,也不知道不能证明的后果,当事人也不愿意或没有钱聘请律师,在这种情况下,法院的确应当给予提示,但绝不是直接给予答案。而且我们应当充分相信当事人的学习机制,为生活和利益,人是很容易自动学习规则的,我们不能以"愚民"的观念去理解当事人。

---

〔3〕 参见[日]兼子一等:《条解民事诉讼法》,弘文堂1986年版,第310页。

◆关于诉讼请求变更的释明

《民事证据规定》规定:诉讼过程中,当事人主张的法律关系的性质或者民事行为的效力与人民法院根据案件事实作出的认定不一致的,不受本规定前条规定的限制,人民法院应当告知当事人可以变更诉讼请求。该条规定的主要目的是,在当事人变更诉讼请求的场合,不适用有关举证时限的规定。按照举证时限制度的规定,当事人在举证期限内不提交的,视为放弃举证权利。对于当事人逾期提交的证据材料,人民法院审理时不组织质证。但由于在诉讼中会发生当事人主张的法律关系性质或者民事行为的效力与法院认定不一致的情形,根据现行制度,法院允许当事人变更诉讼请求,关于变更后提出的证据就不受原指定举证期限的限制。在规定举证期限的例外情形之外,该规定涉及释明权的问题。根据该规定,人民法院应当告知当事人可以变更诉讼请求。这里使用的是"应当",因此可以理解为释明具有一种义务的性质或者说告知当事人可以变更诉讼请求是法院的一种职责。

该条规定关于法院释明的意图在于节约诉讼资源。因为如果不告知当事人变更诉讼请求,法院必定判决当事人主张的诉讼请求因为主张的法律关系性质错误或民事行为效力有问题而不能成立。比较常见的是当事人诉讼请求所依据的合同关系实际上是无效的,例如,资金拆借合同纠纷的诉讼中,一方当事人要求对方当事人返还所拆借的本金、约定的利息以及违约金等。法院在审理该案件时发现该资金拆借合同本身是无效的。按照一些法院审判实务的做法,直接判决使用资金的一方当事人应当返还,并比照银行同期利息数额赔偿给对方。如果该资金拆借属于违规操作,个别场合法院判处一定数额的罚款,上缴国库。也就是说,实务中多数并未按照变更诉讼请求来对待。但这种做法在理论上存在问题,原诉讼请求是要求履行合同返还拆借资金以及利息和违约金,合同无效以后,利息和违约金的问题都将不存在,而是非法使用他人资金所导致的返还和赔偿损失的问题。后者是原告所没有请求的,在职权干预型诉讼体制下这没有问题,但在强调当事人处分权的诉讼体制转换过程中,这就成为一个诉讼问题。因此,《民事证据规定》规定,法院在此种情形下,应当告知当事人可以变更诉讼请求。

问题与思考

"释明权"作为我国民事诉讼法学一个新引进的概念,近年来越来越受到民事诉讼法学界和实务界的关注,成为民事诉讼理论中的一个热点问题。[4]尤其是在实务界,审判人员对释明权问题给予了更多的关注,有的法院还将释明权问题作为一项专题研究项目。[5]人们对释明权问题的关注充分反映了我国民事诉讼体制转型过程的实际效果和作用。释明权概念在过去的诉讼体制下完全是一个多余的概念,只有在诉讼体制转型中或转型后,法院的职权不断弱化、地位更加消极的情形下,释明权的问题才会被人们提及。在本质上,释明权是一种法院对其消极地位的适度反弹或"反抗",是在法律抑制法院权

〔4〕 在2001年《民事证据规定》出台后,释明权问题更加引起了实务界关注。

〔5〕 参见厦门市中级人民法院关于民事证据制度课题研究系列研究报告。

力之后,法院为满足权力原始扩张的有限欲求。法院作为权力主体同样会自觉或不自觉地追求权力的扩张。而释明权的扩张有一个最好的理由——释明权的行使能够实现实质正义。

释明权是一把"双刃剑",即可能在行使该项权力时有损程序正义。另外,释明权的运用很容易成为一种类似经济学上的政府补贴,即法院在当事人诉讼条件不平等的情形下,例如,当事人双方在法律知识的拥有方面具有差异时,而给其中一方当事人提供法律技术或法律知识上的"补贴",这种法律技术或法律知识的"补贴"或"资助"的危险性在于,法院基于"同情心"提供的"补贴"有可能最终会破坏当事人诉讼地位的平等性,其直接结果是民事诉讼平等原则被否定。在经济学上,补贴的最大弊端在于损害竞争的前提,并使一切竞争失去动力,与此相同,诉讼上"补贴"同样会损害诉讼当事人之间竞争,从而使当事人不能通过竞争最大限度地揭示案件事实,而是转为积极寻求法院即法官为其提供"补贴",并因此成为双重含义上的"小人"。法院不应当在当事人的诉讼"决斗"中,允许其中枪法不准的一方先开枪或向对方开两枪。因此,应当如何正确把握释明权的运用的确是一个在体制转型过程中或转型后值得深入研究的问题。〔6〕

(五)事实认定权

民事诉讼的一个最基本的特点是一方当事人提出诉讼请求,并对该诉讼请求所依据的事实加以证明,对方对原告的诉讼请求进行反驳,并对其加以证明,法院在此基础上认定事实,并根据事实适用法律作出裁判。因此,法院对当事人主张事实的认定和在此基础上的对实体争议的裁判是法院最基本的职权。由于当事人利益的对立,受当事人利益的制约,当事人事实主张必然有真有假,法院必须通过审查最终认定其真实的事实,并以该事实为基础适用法律对实体争议作出裁判。

法院作为中立的裁判者享有认定事实的职权,因此,对案件事实认定的权力是法院裁判权的重要组成部分,当事人不可能享有这项权力。当事人只能提出事实,并加以证明。由于当事人须提出证据对自己的事实主张加以证明,因此法院对案件事实的认定,实际上是对当事人证明的判定,对当事人证明的判定又首先是对当事人提出证据的认定。

在事实认定方面,我们所面临的主要问题是心证的公开化和证据认定的规则问题。自由心证原则的一个基本前提是判断者根据案件的实际情况和自己的理解自由作出判断。由于案件千差万别,案件各自的差异性就导致按照统一的规则,认定具有差异的案件事实所带来的错误。例如,2001年《民事证据规定》曾规定,证人提供的对与其有亲属或者其他密切关系的当事人有利的证言,其证明力一般小于其他证人证言。从一般情形来看,这样的规定是正确的,但一旦具体到实际的案件时情形就可能所有不同,与其有亲属关系的人所作的证言只要是真实的,其证明力就不应当小于其他证人证言的证明力。如果法官在认定事实时不考虑案件的实际情况,必然导致认定事实的僵化和教条,从而无法实现裁判的公正性。因此,必须给予法官自由裁量的余地,使法官具有判断何为"一般"情形、何为"特殊情形"的权力。但这里存在一个悖论问题,即如果给予法官自由心证权,依据良心自由判断,就可能发生法官滥用裁量权的问题。如休谟所担心的那样:"最危险的莫过于让法庭习

〔6〕 关于释明权的制度与理论,详见张卫平:《民事诉讼"释明"概念的展开》,载《中外法学》2006年第2期。

惯于甚至在最无足轻重的审理中注重于私人的友谊或敌意,而且确定无疑地,当人们想象他们对手的优先权利的理由没有别的,不过是裁判官和法官的个人好恶时,他们很容易对裁判官和法官报以最强烈的恶意。"[7]为了防止这一点,就需要制定详尽的规则,而且认为规则越细越能够限制法官。但问题是,规则越细可能就意味着事实认定离案件的真实程度越远,可能越不正确。自由心证和自由裁量都有一个前提,即法官是具有高于一般道德水平并具有良好专业素质的人,如果不存在这样的法官,人们不可能对法官的自由心证和自由裁量放心。目前所有的证据规则都试图寻求心证的公开性和客观化,试图找到一种适用所有情形的证据规则,从而完全排除法官的主观判断,但是只要最终由法官来判断就无法避免法官的主观判断,而且也无法找到完全适用于一切情形的证据规则,因为案件的差异性和多样性是客观存在的。

(六)实体争议裁判权

民事诉讼最终是要对当事人之间的实体问题,主要是实体权利义务的争议作出裁判,这是民事诉讼的实质问题。法院对实体权利义务的裁决的职权是法院民事诉讼职权中最重要的一项权力。实体争议裁决权的实质问题是法院如何适用实体法的问题。法院对这一项权力的行使是通过判决书来体现的。判决书与其他裁判文书——裁定书和决定书相比一个主要差别就在于判决书解决的是实体问题,而其他裁判文书裁决的是程序性问题。关于实体权利义务裁判的规范构成了民事诉讼的裁判制度。

三、法院的执行权

(一)法院执行权概述

如本章前述所言,因为各国对各自法院权能的定位不同,法院的职权也有所不同,大陆法系国家和地区的法院除了拥有审判权之外,也还拥有执行权。所谓执行权是指,法院通过国家强制力实现执行根据的权力。从不同的审判对象来看,法院对其审判结果的执行,实际上包括民事执行、刑事执行和行政执行三大领域。在我国,民事裁判中具有给付内容的执行和行政裁判以及刑事裁判中涉及财产部分的执行均由法院实施。

执行权作用的相对义务主体或相对人是执行根据的义务人即被执行人。在执行关系中是执行法院与被执行人之间的两面关系,与民事诉讼中,法院、原告、被告三者之间的等腰三角形结构不同。因此,也不存在平等对待双方当事人的问题,其法律关系类似于行政关系。由于执行是实现权利义务,因此,在执行中更强调效率价值。

在执行中,法院只是将已经确定的权利义务加以实现。作为执行机构,在执行中,法院执行的不仅是法院作为审判机构作出的判决、裁定,也包括当事人在诉讼中达成的调解并由法院制作的调解书以及其他机构作出的裁决和法律文书。

作为实现执行权的手段,执行法院还拥有附带于执行权的其他权力,如调查权、限制行

---

〔7〕［英］休谟:《道德原则研究》,曾晓平译,商务印书馆2001年版,第160页。

为权、处罚权等附随性权力。

(二)关于审判权与执行权的分离以及执行体制的改革

1. 关于审判权与执行权的分离

在21世纪初,法理学界有学者从英美法系的执行体制以及执行权的特点出发,认为执行权属于行政权,因此,主张法院不应拥有执行权。一旦执行权从法院分离,法院也就不再受困于执行难的问题,因而有利于法院的司法权威。这种将执行权从法院分离的认识大概就是最初的执行权与审判权分离的观点。

2014年10月23日,中国共产党第十八届中央委员会第四次全体会议通过了《中共中央关于全面推进依法治国若干重大问题的决定》。该决定指出:"完善司法体制,推动实行审判权和执行权相分离的体制改革试点。"关于审判权和执行权相对分离的具体含义,作为一项改革的指导意见,中央并没有给出明确的说明。也由此引发了如何解读审判权和执行权相对分离的问题。

关于审判权和执行权分离的认识,有以下观点:(1)绝对分离说或外分说。这种观点主张,强制执行的权力应从法院彻底分离出去,并归属于政府行政机构。这种观点的理由如上所述。(2)相对分离说。即审判权与执行权的分离只是在法院职权中相对分离。这一体制建构的最初理由是强制执行与审判的联系,执行是最终实现法律的手段。现在主张维持这种体制的理由是基于改革成本与收益的关系。依照笔者的认识和理解,所谓相对分离是指两者既存在一定的分离,又有一定的联系的形态。

相对分离说的观点还指法院对执行权的部分保留。这种相对分离具有分割的含义,即有一部分执行权从法院分割出去,其他保留在法院。部分保留的前提是执行权可以依照执行根据的性质的不同加以划分。例如,行政裁判的执行、刑事裁判的执行和民事裁判的执行。刑事裁判的执行中又包括人身刑和财产刑两大类。我国的现有执行体制是法院保留民事裁判的执行、刑罚中财产刑(罚金刑和没收财产刑)的执行以及部分行政裁判的执行。因此,相对分离又包含哪些执行权应当保留的子问题。

在分离方面,分离主要体现在以下几个方面或层次:(1)权力的具体实施主体方面。审判权和执行权的具体行使主体是分离的。审判权具体行使的主体是法院的法官;执行权具体行使的主体是执行员或执行官。作为抽象的主体而言是审判法院和执行法院。(2)权力实施的机构和运转方式有所不同。执行运作的实际机构和管理机构是同审判业务庭分离的执行局。基于执行的特点,执行的管理更多是一种行政化的方式。当然,我们现实中的审判业务管理的行政化是我们需要避免的。(3)在人事体制方面,两者是不同的。审判者与执行者在法院中分属于两个完全不同的人事体制。审判者属于法官体制,依照《中华人民共和国法官法》予以规制。执行者应当属于执行员或执行官体制,按照不同的人事体制进行管理。两者有不同的任职资格、不同的任免和身份保障要求。(4)在程序结构和机制方面,两者是分离的。审判的结构和机制是一种基于当事人对立,法院处于中立裁判的消极地位。程序构造为等腰三角形。执行程序程序设置和机制是基于法院作为权力人、被执行人作为相对人的对立构造,考虑的是实体权利义务的实现与被执行人权利保障的衡平,相对更强调执行效率优先。

支持相对分离的观点源于“联系说”，即由于审判权与执行权的内在联系，因而只能相对分离或内分。从审判权和执行权的相对联系即分离的相对性角度来看，主要体现以下几个方面：第一，两种权力依然归于法院这一主体。（除了“联系说”之外，还有一种观点认为，执行权也属于司法权。）无论是审判权还是执行权的最终管理和领导机构都属于法院最高权力机构。第二，人财物法院统一管理。但这种统一管理受相关法律规制。第三，在执行程序与审判程序方面保持一定程度的对接。对接方面，主要是执行程序中对于实体问题的处理，包括执行根据的救济和实体权利义务的争议的解决。

如果从以上几个方面来理解和认识审判权与执行权的相对分离，在法律层面，审判权与执行权相对分离的基本结构已经初步解决，改革就是要进一步理顺两者之间的关系。例如，人事体制方面，关于执行官制度的完善和充实；在执行中，如何理顺、协调审判者与执行者的关系问题。例如，执行异议中涉及实体权利与单纯的执行程序问题。

相对分离说不认同绝对分离说，即不主张执行权从法院分离。针对绝对分离说，其反对理由有以下几点：

其一，虽然执行权与审判权属于不同的性质，法院的主要职能和职权是裁判，但并不排斥法院拥有执行权。不存在两者互不相容的逻辑，仅仅是一个权力配置的问题。法院拥有执行权的体制也为多数大陆法系国家所坚持。

其二，相对分离论承认执行权与审判权的运行规律的不同，但只要做到不同的运行机制、程序、原则、组织，这种相对分离就是可以实现的，国外的相对分离体制的长期实践已经充分证实了这一点。

其三，主张绝对分离论的一个主要依据是，执行权从法院分离有利于解决“执行难”的问题。实际上，“执行难”与执行权从法院分离完全没有因果联系。“执行难”的基本含义是，虽有执行财产或执行的可能性，但因为各种原因难以执行。这些原因主要是：基于地方保护难以执行；没有采取及时的保全措施导致难以执行；由于需继续维系生产和生活的原因导致难以执行；执行机构执行力不够导致难以执行；被执行人采用各种方法故意躲避、拖延执行导致难以执行等。执行难的问题与我国社会的特殊语境有直接的关系，可以说执行难的问题是一个中国问题。包括人们的守法遵法的意识、诚信社会化程度、破产清偿制度的完善和实施、政府对经济的不当干预、政治与法律的不当纠结等，即人们通常所说的宏观因素或外在因素。如果认真分析这些原因，可以认为没有一种原因与审判权和执行权的分与合有关。

其四，执行权与审判权的相对分离，而非从法院彻底分离，其重要意义还在于有利于解决执行中的诉讼问题。在执行中必然遭遇实体权利义务的争议问题，例如，案外人主张被执行财产为自己所有，不属于被执行财产。此时就涉及该财产的所有权问题。关于实体权利的争议应当通过诉讼解决。一旦发生这样的诉讼，当事人即可向执行所属的法院提起诉讼，作出裁判。那种担心执行法院与诉讼法院因为同一而导致诉讼的不公正的担忧是没有必要的。因为裁判与执行在主体上是相对分离的，程序上是独立的。执行权与审判权的相对分离更有利于执行纠纷的解决。

其五，主张绝对分离的观点的另一个理由是，执行权从法院分离有助于维护司法的权威。其潜台词是执行难导致法院司法权威受损。这种认识是一种狭隘的单位利益观。一方面，执行与司法权威的关联完全是人们主观认识上的错位。如果正确地认识执行权与审判权的相对分离也就不会发生这样的认识。另一方面，影响法院司法权威的原因与执行无关，而是与司法体制和政治体制有关。再者执行权从法院分离之后，一旦归属行政机构，按照主张的逻辑，也必然牵连到政府，影响政府的权威，应当是更大的消极后果。

其六，基于我国已经形成了法院拥有审判权和执行权的体制，并且形成两种不同运行机制和组织架构的现实，维持基本的格局，保持相对分离是合理的。如果将执行权从法院分离出去，必将付出巨大的调整成本，在不能实现更大改革效益的情形下，绝对分离是没有效率的。如果我国处于执行体制建构的空白阶段，可以认为坚持绝对分离也许更为合理。但在已经形成现有体制的情形下，要实行执行权从法院的分离，就必然涉及新的一整套执行组织机构的建立，即包括人力资源组合，场所再建，物质装备设置和调配，执行权归属与单位利益的博弈，原有物质、场所、人员的变动和处置，人们为重新熟悉、学习、宣传所付出的成本等一系列复杂问题，而这些变动又会严重影响当下的执行问题。因而，绝对分离必然是一场人力、物力、时间消耗巨大的，且没有实际效益的改革。因此，只有将审判权和执行权分离的改革理解为相对分离才是正确的。

2. 审执分离及执行体制改革实践

近年来，审执分离及执行体制改革的主要举措体现在以下几个方面：

第一，设立执行裁判庭。负责刑事与执行有关的裁判事项，例如，处理或办理执行异议、复议、执行监督、涉及执行的诉讼案件、关联上述案件的执行请示案件等。在执行机构内部实现审判与执行职能的分离。

第二，强化执行工作统一管理。通常的做法为，实现各省法院统一管理、统一指挥、统一协调的执行工作管理体制，调整并明确三级法院执行局的职能定位。建立执行指挥中心，实现中心的实体化运作，要求高级、中级人民法院执行局将工作重心调整为对下监督、指导、管理和指挥。全力做好对执行有难度、关系复杂的案件的执行，普通案件交由基层人民法院执行。

第三，试行执行人员分类管理，加强执行事实工作警务保障。实行执行实施人员警务化，即对转任司法警察的执行人员按照警务要求予以管理。提升执行的力度和效率。

关于执行体制改革中的人事体制改革方面，有专家学者主张，作为司法人事体制改革的一部分，应与其他司法人事改革统合，建立独立的执行官以及执行官辅助人员制度。对执行官的选任、晋升、解除等要件及程序应当专门加以规定。

第五章 民事裁判权的范围

本章目次

法院裁判权行使的范围,在以往的教科书中通常称为“法院主管”,实质是法院可以通过裁判解决纠纷的范围。理论上,只有法律上的争议才能成为法院裁判的对象。在我国,由于不同的裁判对象,必须通过不同的诉讼程序,并由法院内部分工不同的裁判机构具体行使,因此,法院的裁判权又具体分为:民事裁判权、刑事裁判权和行政裁判权。

本书在论述法院裁判权范围问题时,没有采用学术界一般使用的概念——审判权,因为审判权与裁判权是两个不同的概念,审判权包括了法院审理和裁判两个方面的权力和权能,而在法院“主管”的问题上,实质不是有无审理权的问题,而是法院有无裁判权的问题,即法院有无权力裁决这些纠纷。在诉讼开始后,关于法院是否对当事人提起的争议拥有裁判权的问题,往往要经过审理后才能判断。也就是说,法院裁判权行使范围的本质是法院能够作出裁判的争议范围,如果将法院主管的范围等同于审判权的范围,则有可能混淆了审理权和裁判权的界限,因为即使法院对该争议没有裁判权,但并不等于法院没有对该案件是否具有实体裁决要件(诉讼要件)进行审理的权力。

在我国,由于不同性质的法律纠纷分别适用不同的诉讼程序,适用不同的法律,因此,法院在行使裁判权时,除了应当明确该争议是否属于法院裁判的对象外,还要明确该争议是否属于特定裁判权行使的对象,即该争议的性质。属于民事方面的争议,法院适用民事诉讼程序,作出的裁判是民事裁判;属于刑事方面的争议,适用刑事诉讼程序,作出的裁判是刑事裁判;属于行政方面的争议,适用行政诉讼程序,作出的裁判是行政裁判。正是如此,判断该争议是否属于民事争议,即通常所说的是否属于民事案件就是民事裁判或民事诉讼所面临的首要问题。

一、民事裁判权范围界定的标准

《民事诉讼法》从适用民事诉讼法的角度,对法院民事裁判权的行使范围予以了抽象的界定，即“人民法院受理公民之间、法人之间、其他组织之间以及他们相互之间因财产关系和人身关系提起的民事诉讼，适用本法的规定”。按照这一规定，依照《民事诉讼法》审理和裁判的对象，财产关系和人身关系的争议都属于法院适用民事诉讼程序的范围。在理论上，判断是否属于民事裁判的对象，主要是看该争议是否属于民法、劳动法调整的范围，以及是否属于法律特别规定属于适用民事诉讼法加以裁决的案件。广义民法调整的范围十分宽泛，民事争议的表现形式也多种多样，因此，很难予以穷尽或加以明确、具体地表述。只能抽象地按照实体法关系类别的不同加以表述，常见的如：因物权关系、债权关系、婚姻关系、继承关系、收养关系、商事关系、海事关系等发生的争议，涉及这些关系所发生的争议都属于民事裁判权行使的对象。

应当注意的是，在裁判权范围的判断方面，是否属于平等主体之间的民事法律关系是一个十分重要的标准。在涉及某类纠纷是否应当纳入民事裁判的范围时，最高人民法院的判断标准就是，该争议是否属于平等主体之间民事法律关系的争议。例如，在解释关于国家征用农民耕地所发生的补偿费的争议是否属于法院受理的争议时，最高人民法院的批复是：土地补偿费归农村集体经济组织所有，农村集体经济组织因土地补偿费所发生的争议“不属于平等主体之间的民事主体法律关系，不属于人民法院受理民事诉讼的范围，对此类争议人民法院依法不予受理，应当由有关行政部门协调解决”；对于国家征用农民土地所涉及的安置补助费发生的争议是否应当受理的问题，该批复指出：因安置补助费发生的争议应否由人民法院受理，则应具体分析，需要集体经济组织安置的，安置补助费支付给农村集体经济组织，由农村集体经济组织管理和使用，因此发生的争议也不属于人民法院受理民事诉讼的范围；对于不需要由农村集体经济组织安置的人员，安置补助费应直接支付有关人员，因此发生的纠纷，属于平等主体之间的民事权利义务争议，人民法院应当作为民事案件受理。在实践中，是否属于平等主体之间的民事权利义务争议虽然是一个最重要的标准，但要准确地判断某争议是否属于平等主体之间的民事权利义务争议有时也是十分困难的。

根据我国劳动法的规定，劳动争议也属于民事裁判权行使的范围。法律规定适用民事诉讼法的案件就一定适用一般民事诉讼程序进行审理和裁判。

我国民事诉讼法中规定的程序除了一般的民事诉讼程序外，还包括其他特殊程序，这些程序与一般程序有很大的差异，甚至根本就不是民事诉讼程序。例如，关于选民名单案件审理的程序。这类案件也不属于民事案件的范畴，在逻辑上自然也不属于民事裁判权行使的范围，而是非民事裁判权裁决的对象。为了节约立法资源，立法者将这些争议的裁决权交给了民事裁判机构行使，是一种特殊情形。

二、民事裁判权范围的政策调整

在我国的民事司法实务中，民事裁判权范围并不是恒定的界限，会因为法律的制定和形势的变化有所扩展。关于民事裁判权范围的变化，尤其是非法律规定的变化，以往的教科书中一般不会提及，原因可能是人们对这种政策性变化持否定态度，但由于这种政策调整是现实存在的，如果回避这一问题必将导致教科书与司法实务的严重脱离。

民事裁判权范围的变化主要取决于以下因素：(1)受实体法律的规定。由于在我国司法传统上，法院裁判权的行使需要依赖法律的明确规定，即需要在法律上明确该法律所调整的关系发生争议时才可向法院起诉，法院也才能受理并作出裁判。一般表述为，"认真把好立案关，对法无明文规定由法院受理的案件，一般不要受理"。[1] 与此不同，在许多国家，只要该争议属于法律关系上的争议，法院就有权裁判。在一些国家，如日本，在宪法中仅规定法律上的争讼法院即可行使裁判权。(2)受审判机构的审判政策的影响。在我国，由于法律关系上的争议往往与其他因素有密切的联系，如政治、经济等，因此特定或特殊的争议就不是审判机关能够最终解决的。"要充分考虑国家经济转型时期社会矛盾繁杂，个案处理不慎会引发危及社会稳定的重大事件等特点，对有些敏感性很强的案件的立案受理要十分慎重，以免造成工作被动甚至严重的后果。"[2] 又由于审判机关与其他国家权力机构之间的特定关系，审判机构最终解决争议的权限和作用也取决于审判机构在国家权力关系的位置。审判机构裁判功能的发挥必须顾及争议解决与国家经济、政治等各方面的关系。审判机构的政策考虑是，一些案件因涉及国家政策因素，如果由审判机构裁决，审判机构将受到承担纠纷不能彻底解决所带来的负面影响。

基于上述原因，某些争议即使是法律关系上的争议，在审判实务中也未必会实际作为裁判权的对象。由于裁判权范围受上述因素的影响，因此，审判实务中裁判权的范围是经常变化的，但总的趋势是裁判权范围日益扩大，而不是缩小。扩大的部分原因是法律越来越多，而且规定具有可诉性的法律也越来越多，因此裁判权范围的扩大就变为一种必然趋势。

裁判权范围的政策调整是一种司法机关的行为，调整主要是通过最高人民法院的司法解释实现的。司法解释以"意见""批复""通知""座谈会纪要"等形式限制某一时期法院裁判权行使的范围。例如，最高人民法院 1995 年发布的《关于审理期货纠纷案件座谈会纪要》就指出：目前人民法院受理的期货纠纷大多是在前一阶段期货市场混乱无序，当事人各方交易过程的行为很不规范，有关期货交易方面的法律、法规不健全的情况下发生的，因此对这类案件的受理和审理均应持慎重态度，有些纠纷可先通过行政或其他有关部门解决，确实解决不了必须通过法院依诉讼程序解决的，要依法受理。该纪要出台后，这类案件法院通常就不再受理，而是告知当事人通过行政通知或其他途径加以解决。

关于法院是否受理涉证券民事赔偿案件的问题比较典型地反映了裁判权具体行使范围的政策调整。2001 年 9 月 21 日发布的《最高人民法院关于涉证券民事赔偿案件暂不予受理的通知》。理由是"受目前立法及司法条件的局限，尚不具备受理及审理这类案件的条件"。2002 年 1 月 15 日发布的《最高人民法院关于受理证券市场因虚假陈述引发的民事侵

---

[1] 2001 年 12 月 17 日，时任最高人民法院副院长祝铭山在全国高级人民法院院长会议上的讲话。

[2] 2001 年 12 月 17 日，时任最高人民法院副院长祝铭山在全国高级人民法院院长会议上的讲话。

权纠纷案件有关问题的通知》,改变了前一个通知中关于暂不受理的政策限制。2002 年该通知指出,法院可以受理这类民事侵权案件,但须经中国证券监督管理委员会及其派出机构调查并作出生效处罚决定。这里显然突出地考虑了法院与证券监管机构的关系问题。

三、民事争议与行政争议的界定

在我国,民事争议和行政争议的审理和裁决是不同的程序,行政行为的合法性是不可以通过适用民事诉讼程序,由民事审判机构来加以判断的。反之,民事权利义务的争议也不可以适用行政诉讼程序,由行政审判机构来裁决。因此,在民事裁判的实践中,如何判别该争议是民事争议还是行政争议就成了比较突出的问题。例如,涉及企业改制的纠纷应当纳入民事诉讼,还是归入行政争议解决渠道,就是一个问题。为了解决这一问题,最高人民法院颁布了《关于审理与企业改制相关的民事纠纷案件若干问题的规定》(2002 年)。该规定明确指出,政府主管部门在对企业国有资产进行行政性调整、划转过程中发生的纠纷,当事人向人民法院提起民事诉讼的,人民法院不予受理。该规定表明,上述纠纷不属于民事争议,不应适用民事诉讼程序予以解决。

在实践中,既有可能将民事争议作为行政争议不予受理,也有可能将行政争议作为民事争议而予以受理裁判。较多的情形是将行政争议作为民事争议审理和裁判。理论上讲,区分两类争议是很容易的,该争议涉及的是民事权利义务的争议,就是民事争议;该争议涉及的是行政法律关系的争议,就是行政争议。但在实践中,两者有时是不太容易界定的。原因在于,行政争议往往也涉及经济利益,而经济利益又牵连民事权利义务。例如,国有资产管理部门的管理行为就涉及企业的经济利益问题。

应当注意的是,复杂的争议中往往涉及多个主体,也有可能包含多种利益,因此,必须正确识别争议的主要矛盾和焦点所在,注意该争议的实质问题。在识别是否属于行政争议时,主要判断该争议是否涉及行政机关行政行为的合法性问题,如果涉及的是行政行为的合法性,就只能是行政争议。

另一种区分方法是从法律关系的公私法性质来加以判断,如果双方当事人处于平等的权利地位,并成为争议的对立当事人的,此种关系就是私法关系,由此引发的争议属于民事争议。反之,如果一方当事人依公权力支配他方,命令或禁止对方为一定行为或不为一定行为的,即属于公法关系,由此引发的争议属于公法争议。例如,政府向房屋出租人租借房屋的行为所发生的争议就是私法争议;而政府征用房屋的行为发生的争议就是公法争议。

当主体之间存在不同性质的争议时,即所谓“复合型争议”时,需要正确识别哪一种争议是另一种争议发生的前提。如果作为前提的第一层次的争议不解决,次层次的争议也就不可能得以解决。在实践中,较多的情形是,“复合性争议”中,行政争议往往是民事争议解决的前提,行政争议不解决,民事争议就无法正确解决。但人们往往忽视或有意识地回避作为前提的行政争议,而直接审理裁决次层次的民事争议问题,这就有可能发生行政裁决和民事裁决的矛盾和冲突。因此,这样的问题应当尽量予以避免。法院在立案时如果发现这种情形应当告知当事人首先通过行政争议解决的途径解决行政争议。立案后发现的,也应当告知当事人行政争议的解决途径,根据《民事诉讼法》的规定,中止本案民事诉讼的审理,待作为前提的行政争议裁决以后恢复民事诉讼的审理。

四、民事争议与内部争议的界定

在法理上,行政机关、法人和其他组织内部的争议,裁判权是不能介入的,只有属于法律加以调整的外部行为,才能作为裁判权行使的对象。实践中,往往容易发生作为外部行为的民事争议与行政机关、法人和其他组织的内部争议混淆的问题。因为人们有时不太容易判断某争议究竟是因为机构、组织的管理行为,还是因为机构、组织与其工作人员之间的民事行为所导致的。容易误判的情形通常是,把机构、组织与机构组织工作人员的矛盾一概视为是非平等主体之间的争议,即所谓管理者与被管理者的矛盾,因此将这些争议视为内部争议。识别的关键在于该争议是否涉及民事权利义务的争议,而不是单纯地看双方一方是否是机构、组织,而另一方是否是被管理者。

第六章 管 辖

本章目次

一、概述

(一)管辖的概念和意义

1. 管辖的含义

民事诉讼中的管辖,是指各级人民法院之间以及同级人民法院之间受理第一审民事案件的分工和权限。各级人民法院之间以及同级人民法院之间受理第一审民事案件的分工和权限,实际上是一个问题的两个方面。因为只要确定了各级人民法院以及同级人民法院之间受理第一审民事案件的分工,也就相应地确定了它们之间的权限。

在确定一个具体的民事纠纷应当由哪一个或者哪几个法院实际受理时,通常需要进行两次分配:(1)需要确定该民事纠纷应当由哪一级人民法院管辖。由于我国法院分为四级:基层人民法院、中级人民法院、高级人民法院、最高人民法院,这就需要在四级法院之间对受理第一审民事案件的分工和权限进行划分。(2)在确定了具体的民事纠纷划归哪一级人民法院管辖以后,进一步确定该民事纠纷应当由同一级的哪一个或者哪几个法院受理。在我国,除最高人民法院外,同级法院均不止一个,因此需要结合多种因素,在同级法院中进一步确定该纠纷的管辖法院。在不同级别的人民法院之间划分受理第一审民事案件的分工和权限就是级别管辖,是分工和权限上的“纵向划分”。在同级人民法院之间根据各自的区域范围划分受理第一审民事案件的分工和权限就是地域管辖,是分工和权限上的“横向

划分”。(见图3)

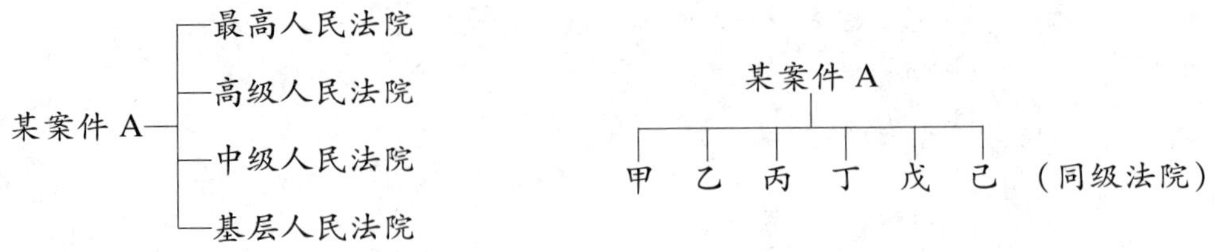

(a) 纵向划分　　(b) 横向划分

图3　管辖的纵向划分与横向划分

2. 管辖的意义

管辖作为民事诉讼中的一项重要制度,具有重要的理论和实践意义。

首先,司法权是一项通过法院来行使的国家权力,而管辖权则是司法权中的一项重要内容。通过科学、合理地确定管辖,可以充分体现国家主权。

其次,通过对管辖的规定,可以明确各级人民法院以及同级人民法院受理第一审民事案件的分工和权限,避免因为管辖不明出现推诿或者争抢案件的情况。

最后,通过对管辖的规定,可以使当事人明确案件的受理法院,方便当事人通过诉讼解决民事纠纷,维护其合法权益。

(二)确定管辖的因素

为实现管辖确定上的合理、科学,我国《民事诉讼法》在立法时主要遵循了以下几项原则:

一是便于当事人进行诉讼。方便当事人行使诉讼权利是我国民事诉讼法的立法指导思想。这一立法指导思想反映在管辖确定上,就是《民事诉讼法》将绝大多数案件规定由基层人民法院管辖,而且管辖法院尽可能是与当事人住所、义务履行、争议标的有联系的法院。

二是便于案件的审理和执行。这一原则实际上包括两个方面:一方面,考虑到不同法院的具体情况,合理规定不同法院的管辖范围,方便法院审理和执行。这主要是根据当事人、诉讼标的、诉讼标的物、法律事实与法院之间的密切联系程度来确定案件的管辖法院。另一方面,防止可能出现的各种妨碍审判权公正行使的因素,保证案件的公正审理。例如,为了防止因地方保护主义出现的裁判不公,允许当事人通过协议选择案件的管辖法院。又如,为了防止个别法院违法受理民事案件,《民事诉讼法》规定了管辖权异议制度。

三是均衡各级人民法院的工作负担。各级人民法院的职能和分工是不同的:基层人民法院的职能最简单,只负责审理第一审民事案件。按照现行司法体制,上级法院对下级法院负有指导和监督的职责。因此,中级以上的法院除要作为第一审和第二审法院审理案件以外,还要负责指导和监督下级法院的审理工作,而且级别越高的法院,指导和监督工作的量就越大。因此,在确定管辖时就应当考虑不同级别的法院在职能和分工上的区别,均衡它们之间的工作负担。《民事诉讼法》将绝大多数民事案件划归基层人民法院管辖,并且使级别越高的法院审理的第一审民事案件越少,正是这一原则的体现。当然,从消解司法行政化的角度看,上级法院的这种指导和监督应当在诉讼程序上间接体现。

四是有利于维护国家主权。审判权是国家主权的重要组成部分,而管辖权是审判权中的重要内容,通过行使管辖权能够体现国家主权。尤其是在涉外民事案件中,管辖权常常是与国家主权联系在一起的。因此,在涉外案件中,应当尽可能拓宽我国法院对案件的管辖权,从而体现国家主权,维护我国公民的合法利益。

(三)管辖恒定

管辖恒定,也称"管辖固定",是指在某些情况下,以起诉为标准时点确定管辖后,即使诉讼中管辖根据发生变化,也不影响已经确定的管辖。

管辖恒定的意义在于:保持诉讼的安定性,避免因为管辖确定后,诉讼中管辖原因的变化导致丧失管辖权而发生诉讼不安定的现象。诉讼的不安定必然导致当事人的讼累和司法资源不必要的耗费。

适用管辖恒定时应注意以下几点:

第一,在地域管辖方面。在诉讼过程中不因为确定地域管辖的根据发生变动而改变案件的管辖法院,有的将其称为"地域管辖恒定"。例如,起诉时以被告住所地为管辖根据确定管辖法院的,诉讼中即使被告住所地发生变化,也不发生管辖的变动。

第二,有管辖权的人民法院受理案件后,不得以行政区划或者行政区域的变更为由,将案件移送给变更后有管辖权的人民法院。判决后的上诉案件和依审判监督程序提审的案件,由原审人民法院的上级人民法院进行审判;上级人民法院指令再审、发回重审的案件,由原审人民法院再审或者重审。

第三,反诉的管辖是以本诉的管辖为根据确定的,而本诉虽经撤回,仍不影响本诉法院对反诉的管辖。

第四,对于增加或变更诉讼请求的情形,原则上仍适用管辖恒定原则,但违反级别管辖、专属管辖规定,超出受诉法院级别管辖范围的除外。从大陆法系国家的管辖制度来看,级别管辖恒定并不包括诉讼请求变更的情形,而是指标的物价值发生变化的情形。也就是说,标的物价值的变化不会导致级别管辖的变更,但诉讼请求的变更将导致级别管辖的变更。例如,要求给付股票的诉讼,起诉时的数额是按照当时的股票股价来计算的,在诉讼中有可能该股票的股价发生了很大的变化,为了诉讼安定性,显然不能依照股票的涨跌情形确定管辖法院。

第五,诉讼请求变更是否导致管辖的变更。诉讼请求的变更,有两种情形:一种情形是诉讼请求数额的变更,另一种情形是诉讼请求质的变更。诉讼请求数额的变更涉及级别管辖的变更问题。上述已经有所议论。诉讼请求质的变更,又可以细分为两种情形:(1)法院在诉讼中认定的案件性质(法律关系的性质)与当事人起诉时主张的性质不一致,法院要求变更的情形。(2)原告主动在诉讼中变更诉讼请求。无论是《民事诉讼法》,还是《民诉法司法解释》都没有禁止诉讼请求的变更。这样一来,诉讼请求的变更就涉及是否变更管辖的问题。如果允许诉讼请求质的变更而改变管辖,则容易导致当事人规避管辖的规定,允许诉讼请求质的变更本身就欠缺合理性,质的变更实质上意味着原告已经撤诉,重新起诉,因此,即使允许原告在质上变更诉讼请求,也应当重新考虑管辖的变更。如果因为诉讼请求的变化导致管辖根据的变化时,应当将案件移送给有管辖权的法院。

(四)管辖的种类

对于管辖,可以从法律和理论两方面进行分类。

1. 管辖在法律上的分类

按照我国《民事诉讼法》第一编第二章对管辖所作的规定,通常可以将管辖分为级别管辖、地域管辖、移送管辖、指定管辖四大类。其中,地域管辖还可以进一步分为:一般地域管辖、特殊地域管辖、协议管辖、专属管辖、合并管辖和选择管辖六个小类。

2. 管辖在理论上的分类

在我国民事诉讼理论上,管辖主要有以下三种分类:

第一,法定管辖和裁定管辖。根据管辖是由法律直接规定还是由法院裁定确定为标准,可以将管辖分为法定管辖和裁定管辖。**法定管辖是指由法律直接规定的管辖**,例如,地域管辖、级别管辖。**裁定管辖是指法律虽然有规定,但需要法院根据具体情况通过裁定来确定的管辖**,例如,移送管辖、指定管辖和管辖权移送。法定管辖是法律对管辖的一般情形所作的规定,体现了管辖确定的确定性原则。裁定管辖则是法律针对管辖确定中的特殊情形所作的规定,体现了管辖确定中的灵活性。

第二,专属管辖和协议管辖。根据管辖是由法律强制性规定还是允许当事人协商为标准,可以将管辖分为专属管辖和协议管辖。**专属管辖是指法律明确规定特定类型的案件只能由特定的法院管辖,其他法院均无权管辖,当事人也不得通过协议变更管辖。协议管辖是指尽管法律对案件的管辖已经有规定,但当事人可以通过协议来确定案件的管辖法院,并且当事人的协议优先于法律的规定。**

第三,共同管辖和合并管辖。根据当事人、诉讼标的与法院辖区之间的联系,可以将管辖分为共同管辖和合并管辖。**共同管辖是指对于同一案件,两个及两个以上法院都有管辖权。合并管辖,也被称为牵连管辖或者连带管辖,是指对于某一案件有管辖权的法院,虽然对于另一案件本来没有管辖权,但由于有管辖权的案件与另一案件有牵连关系,从而获得另一案件的管辖权。**

二、级别管辖

(一)级别管辖的含义

级别管辖,是指按照一定的标准,划分各级人民法院之间受理第一审民事案件的分工和权限。

级别管辖是确定管辖的首要环节。对于一个具体的民事案件来讲,首先需要确定的就是该案件应当归各级人民法院中的哪一级法院管辖。级别管辖并不涉及某个具体的法院,而只是解决不同级别的法院之间在受理第一审民事案件上的分工和权限问题。

（二）级别管辖的标准

通常认为，我国《民事诉讼法》是按照以下几个标准来确定案件的级别管辖的：

1. 案件的性质

案件的性质不同，审理的难易程度就有所不同，对审理案件法院的要求也就不同。通常来讲，重大涉外案件在审理的难度上大于一般涉外案件，需要级别较高的法院审理。而专利案件，海事、海商案件，由于涉及专门技术，也需要级别较高的法院审理。

2. 案件的繁简程度

案件的繁简程度是决定级别管辖的一个重要因素。通常来讲，复杂的案件需要级别较高的法院审理，而简单的案件可以直接分配给级别较低的法院审理。

3. 案件的影响范围

不同的案件，社会影响也不同。有的案件只在基层人民法院的辖区内有一定影响；有的案件则会在全省、自治区、直辖市范围内有影响；还有的案件在全国都会有影响。影响越大的案件，其处理结果对社会的影响也越大，因此对案件审理的要求也就越高，也就越需要级别较高的法院审理。事实上，级别越高的法院其案件审理结果对社会产生的影响也会越大。

4. 案件标的数额的大小

尽管民事诉讼法没有规定将案件争议标的数额大小作为划分级别管辖的标准，但实际上标的数额大小已经成为确定级别管辖的标准。由于各地经济状况差异比较大，因此，各省、自治区、直辖市关于各级法院管辖案件的标的数额的规定不尽相同。一般而言，越是经济发达地区，基层人民法院管辖的财产案件数额越大。

（三）级别管辖的内容

根据《民事诉讼法》第二章第一节“级别管辖”的规定，我国各级人民法院第一审案件的管辖分工如下：

1. 基层人民法院管辖的第一审民事案件

《民事诉讼法》规定：“基层人民法院管辖第一审民事案件，但本法另有规定的除外。”也就是说，除中级人民法院、高级人民法院和最高人民法院管辖的第一审民事案件以外的所有第一审民事案件，都由基层人民法院管辖。从数量上看，由于中级人民法院、高级人民法院和最高人民法院管辖的第一审民事案件较少，因此基层人民法院是绝大多数第一审民事案件的管辖法院。

2. 中级人民法院管辖的第一审民事案件

根据《民事诉讼法》的规定，中级人民法院是以下三类第一审民事案件的管辖法院：

◆**第一类，重大涉外案件**

涉外案件是指具有涉外因素的民事案件。重大涉外案件，是指争议标的额大，或者案情复杂,或者一方当事人人数众多等具有重大影响的涉外案件。[1] 对于非重大的涉外案件,仍然由基层人民法院管辖。

为正确审理涉外民商事案件,依法保护中外当事人的合法权益,《最高人民法院关于涉外民商事案件诉讼管辖若干问题的规定》出台,其对部分民商事案件实行集中管辖。

实际集中管辖的民商事案件包括以下五类:(1)涉外合同和侵权纠纷案件;(2)信用证纠纷案件;(3)申请撤销、承认与强制执行国际仲裁裁决的案件;(4)审查有关涉外民商事仲裁条款效力的案件;(5)申请承认和强制执行外国法院民商事判决、裁定的案件。但不包括发生在与外国接壤的边境省份的边境贸易纠纷案件,涉外房地产案件和涉外知识产权案件。[2]

上述民商事案件的第一审法院包括以下五类:(1)国务院批准设立的经济技术开发区人民法院;(2)省会、自治区首府、直辖市所在地的中级人民法院;(3)经济特区、计划单列市中级人民法院;(4)最高人民法院指定的其他中级人民法院;(5)高级人民法院。上述中级人民法院的区域管辖范围由所在地的高级人民法院确定。[3]

《最高人民法院关于涉外民商事案件诉讼管辖若干问题的规定》实际上已经部分改变了涉外民商事案件的级别管辖和地域管辖。因为除国务院批准设立的经济技术开发区人民法院以外的其他基层人民法院,已经失去了对上述五类涉外民商事案件的管辖权。而许多中级人民法院也失去了对发生在本辖区内的涉外民商事案件的管辖权,因为这些案件已经被划归少数法院管辖。

◆**第二类,在本辖区有重大影响的案件**

这是指影响已经超出基层人民法院的辖区,而在中级人民法院辖区有重大影响的案件。

◆**第三类,最高人民法院确定由中级人民法院管辖的案件**

目前这类案件主要有以下几类:(1)海事、海商案件。海事、海商案件,是指在海上或者通海水域发生的与船舶或者运输、生产、作业相关的海事侵权纠纷、海商合同纠纷案件。海事、海商案件,由海事法院专属管辖,[4] 现在,我国已经在广州、厦门、上海、武汉等地设立了海事法院,海事法院是中级专门法院。(2)专利纠纷案件。专利纠纷案件主要分为两类:专利行政案件和专利侵权案件。专利行政案件属于行政诉讼的受案范围。专利侵权案件属于民事诉讼的受案范围。专利民事案件主要包括:专利申请公布后、专利权授予前使用发明、实用新型、外观设计的费用纠纷案件;专利侵权纠纷案件;转让专利申请权或者专利权的合同纠纷案件。专利民事案件由知识产权法院、最高人民法院确定的中级人民法院和基层人民法院管辖。[5] (3)著作权案件。著作权纠纷案件主要分为两类:著作权行政案件和

〔1〕 参见《民诉法司法解释》的相关规定。
〔2〕 参见《最高人民法院关于涉外民商事案件诉讼管辖若干问题的规定》第3条的相关规定。
〔3〕 参见《最高人民法院关于涉外民商事案件诉讼管辖若干问题的规定》第1条的相关规定。
〔4〕 参见《最高人民法院关于适用〈中华人民共和国海事诉讼特别程序法〉若干问题的解释》第1条的相关规定。
〔5〕 参见《民诉法司法解释》的相关规定。

著作权民事案件。著作权民事案件主要包括:著作权及与著作权有关的权益、权属、侵权、合同纠纷案件;申请诉前停止侵犯著作权、与著作权有关权益行为,申请诉前财产保全、诉前证据保全案件;其他著作权、与著作权有关的权益纠纷案件。著作权民事案件主要由中级人民法院管辖。(4)重大的涉港、澳、台民事案件。(5)诉讼标的金额大或者诉讼单位属省、自治区、直辖市以上的经济纠纷案件。(6)证券虚假陈述民事赔偿案件。(7)对于仲裁协议的效力有异议请求法院作出裁决的案件。

3. 高级人民法院管辖的第一审民事案件

《民事诉讼法》规定:"高级人民法院管辖在本辖区有重大影响的第一审民事案件。"从各地的情况来看,通常是指诉讼标的金额大的民事案件作为在本辖区内有重大影响的民事案件。因此,高级人民法院管辖的第一审民事案件从数量上看是非常少的。这主要是因为高级人民法院的主要任务是对本辖区内的中级人民法院和基层人民法院的审判工作进行指导和监督,审理不服中级人民法院第一审判决的上诉案件。

4. 最高人民法院管辖的第一审民事案件

根据《民事诉讼法》的规定,最高人民法院管辖的第一审民事案件分为两类:(1)在全国有重大影响的案件;(2)认为应当由本院审理的案件。依据《最高人民法院关于巡回法庭审理案件若干问题的规定》,最高人民法院设立六个巡回法庭,作为派出的常设审判机构,受理巡回区内应当由最高人民法院审理的第一审民商事案件。

《最高人民法院关于设立国际商事法庭若干问题的规定》规定了最高人民法院设立国际商事法庭以加强审理国际商事案件。其第 2 条规定,国际商事法庭受理下列案件:(1)当事人依照《民事诉讼法》的特别规定协议选择最高人民法院管辖且标的额为人民币 3 亿元以上的第一审国际商事案件;(2)高级人民法院对其所管辖的第一审国际商事案件,认为需要由最高人民法院审理并获准许的;(3)在全国有重大影响的第一审国际商事案件;(4)依照本规定第 14 条申请仲裁保全、申请撤销或者执行国际商事仲裁裁决的;(5)最高人民法院认为应当由国际商事法庭审理的其他国际商事案件。

(四)提级管辖

1. 提级管辖的含义及意义

所谓"提级管辖",是指按照法律规定,下级人民法院对它所管辖的第一审民事案件,认为需要由上级人民法院审理的,可以报请上级人民法院审理,由上级人民法院管辖审理。过去通常使用"提审"的概念。提审更强调上级法院的主动性和积极性,从实际情形来看,提级管辖的概念更为准确,一般只有最初管辖案件的下级法院才最了解需要提级管辖的原因,也才能便于作出是否报请提级管辖的决定。

提级管辖一般是针对第一审案件的管辖,在扩展概念上也包括再审案件的管辖。提级管辖本质是对级别管辖的调整。

提级管辖的意义在于,便于统一司法,更慎重地处理疑难复杂、社会影响大的案件,更充分地实现审判的公正性。

在国外,由于更强调各级法院的独立审判,没有行政化运作的机制影响,不太注重社会宏观环境对案件处理的影响,因此没有提级管辖的要求,也就没有类似提级管辖的概念和制度。

提级管辖制度源于苏联的提审管辖。苏俄民事诉讼法典明确规定,上级法院可以提审下级法院管辖的第一审民事案件。苏联的提审管辖与苏联司法运作行政化机制有关。上级法院与下级法院实质上是一种行政关系。

2. 提级管辖的案件类型

按照《全国人民代表大会常务委员会关于授权最高人民法院组织开展四级法院审级职能定位改革试点工作的决定》的规定,上级法院的层级不同,提级管辖案件的类型也有所不同。

中级人民法院提级管辖以下类型的案件属于应当提级管辖的案件:(1)涉及重大国家利益、社会公共利益,不宜由基层人民法院审理的;(2)在辖区内属于新类型,且案情疑难复杂的;(3)具有普遍法律适用指导意义的;(4)上一级人民法院或者其辖区内各基层人民法院之间近三年裁判生效的同类案件存在重大法律适用分歧,截至案件审理时仍未解决的;(5)由中级人民法院一审更有利于公正审理的。

高级人民法院提级管辖的案件类型:(1)具有普遍法律适用指导意义的;(2)上一级人民法院或者其辖区内各中级人民法院之间近三年裁判生效的同类案件存在重大法律适用分歧,截至案件审理时仍未解决的;(3)由高级人民法院一审更有利于公正审理的。

3. 提级管辖的程序

提级管辖在程序上,首先由下一级人民法院向上一级人民法院报请提级管辖审理,上一级人民法院收到下一级人民法院请求之后,由立案庭转审判庭审查,在 15 日内作出是否同意提级管辖的决定。案件审理期限从上一级人民法院立案之后重新起算。

问题与思考

级别管辖与职能定位的调整

1. 最高人民法院的民事管辖。最高人民法院作为管辖第一审民事案件的法院,因为没有上诉法院,所以只能是一审终审。因此,最高人民法院受理一审民事案件即为两审终审的例外。不过这样的制度设计似有剥夺了当事人上诉权益之嫌。且既然是最高人民法院管辖的案件,相信案件的利害关系也必然重大,更凸显了上诉利益的重要性。当事人上诉利益的保障更有必要。解决的方案有两个:其一,最高人民法院不再作为第一审民事法院,仅作为上诉及终审法院。其二,最高人民法院依然可以受理第一审民事案件,但在法院中设置初审法庭和上诉法庭。不服初审法庭的判决,可上诉到上诉法庭。第一种方案似乎更加简单一些。

2. 关于法院级别管辖与审级职能定位调整涉及的另一个问题是,如何调整级别管辖能更好地发挥最高人民法院应有的职能?最高人民法院作为最高司法裁判机关,其主要职能在于领导和指导各级法院正确、有效地适用法律,保障司法的统一性。因此,作为司法裁判机关的最高人民法院应当将重点放在上诉案件的法律审,而非事实审。法律审有利于发挥统一司法的作用。今后,在法院的级别管辖方面可以考虑最高人民法院不再作为一审法院，至少对于民事案件的审理，只接受上诉中的法律问题的审理。这样一来，最高人民法院可以摆脱对事实问题认定的纠缠，专心致力于法律适用问题，集中应对司法统一问题。虽然案件的事实问题和法律问题在有些情形下难以区分，但并不影响一般情形下事实问题与法律问题的区分，对于是否为法律问题可由最高人民法院针对具体情形予以判断，在实际操作中并没有障碍。

三、地域管辖

（一）地域管辖概述

1. 地域管辖的概念

地域管辖又称为区域管辖或者土地管辖，是指同级人民法院之间受理第一审民事案件的分工和权限，它是按照法院辖区和民事案件的隶属关系来划分的管辖。

地域管辖在内容上包括一般地域管辖、特殊地域管辖、协议管辖、专属管辖、合并管辖和选择管辖。

对于一个具体的民事案件，在确定了该案由哪一级法院受理以后，仍然不能确定案件的具体管辖法院。因为除最高人民法院以外，同一级的人民法院都不止一个。因此，要确定具体民事案件的管辖法院，还必须要确定案件由哪一个地方的法院管辖。

2. 确定地域管辖的标准

我国《民事诉讼法》确定地域管辖的标准主要有两个：一是只以当事人所在地与法院辖区之间的联系作为标准；二是综合的以当事人所在地、案件诉讼标的、诉讼标的物、法律事实与法院辖区之间的联系作为标准。其中，按照第一个标准确定的管辖，就是一般地域管辖；按照第二个标准确定的管辖，就是特殊地域管辖。

对于法院来讲，只要当事人、案件诉讼标的、诉讼标的物和法律事实在法院辖区内，法院就有权管辖。对于当事人来讲，由于他的住所、诉讼标的物处在某一辖区内，因此与该法院产生了一种隶属关系。在大陆法系民事诉讼理论中，通常将当事人因为人或者物与特定法院的辖区有关联而产生的隶属关系，称为审判籍，并且规定案件由审判籍所在地法院管辖。

（二）一般地域管辖

一般地域管辖，是指以当事人所在地为根据确定的管辖。

一般地域管辖以"原告就被告"为原则，即根据被告所在地确定管辖法院。这样规定的目的，一方面是为了防止原告通过滥用诉权侵犯被告的合法权益，另一方面也是为了方便法院审理案件、执行判决。

1. 原则规定——被告所在地人民法院管辖

◆被告为公民

被告为公民的，由被告住所地人民法院管辖。被告住所地与经常居住地不一致的，由经常居住地人民法院管辖。此外，需要注意以下几点：(1)公民的住所地是指公民的户籍所在地。(2)公民的经常居住地是指公民离开住所地至起诉时已连续居住一年以上的地方。但公民住院就医的地方除外。(3)当事人的户籍迁出后尚未落户,有经常居住地的,由该地人民法院管辖。没有经常居住地,由其原户籍所在地人民法院管辖。

◆被告为法人或者其他组织

被告为法人或者其他组织的,由被告住所地人民法院管辖。需要注意的是,法人的住所地是指法人的主要办事机构所在地。法人或者其他组织的主要办事机构所在地不能确定的,法人或者其他组织的注册地或者登记地为住所地。如果被告是没有办事机构的个人合伙、合伙型联营体,由被告注册登记地人民法院管辖。没有注册登记,几个被告又不在同一辖区的,被告住所地的人民法院都有管辖权。

请注意《民诉法司法解释》关于"原告就被告原则"适用的补充规定。

2. 例外规定——原告所在地人民法院管辖

如果绝对遵循"原告就被告"的原则确定管辖法院,将可能存在不方便当事人诉讼,不方便法院审理和执行的情形。对此,《民事诉讼法》和《民诉法司法解释》规定了"原告就被告"原则的例外情形。

《民事诉讼法》规定的例外情形有四种:(1)对不在中华人民共和国领域内居住的人提起的有关身份关系的诉讼;(2)对下落不明或者宣告失踪的人提起的有关身份关系的诉讼;(3)对被采取强制性教育措施的人提起的诉讼;(4)对被监禁的人提起的诉讼。

《民诉法司法解释》还进一步对几种具体情形作出了明确规定:(1)被告一方被注销户籍的,由原告所在地人民法院管辖。(2)追索赡养费、抚养费、扶养费案件的几个被告住所地不在同一辖区的,可以由原告住所地人民法院管辖。(3)夫妻一方离开住所地超过一年,另一方起诉离婚的案件,可以由原告住所地人民法院管辖。

(三)特殊地域管辖

特殊地域管辖,是指将当事人所在地、诉讼标的、诉讼标的物和法律事实等因素综合起来,以这些因素与法院之间的隶属关系为标准所确定的管辖,即地域管辖根据的竞合。由于在特殊地域管辖中确定管辖法院的因素或根据的竞合有多个,因此适用特殊地域管辖的各类纠纷就存在共同管辖的情形。

根据《民事诉讼法》的规定,以下几种情况适用特殊地域管辖:

1. 一般合同纠纷

根据《民事诉讼法》的规定,因合同纠纷提起的诉讼,由被告住所地或者合同履行地人民法院管辖。这是确定一般合同纠纷管辖法院的基本规则。合同纠纷管辖确定的原则包括被告住所地和合同履行地两个确定根据。这一规定既体现了管辖的一般原则——"原告就被告",也体现了合同管辖的特殊性。

由于原告通常更愿意选择被告住所地之外的法院管辖,尤其是原告住所地的法院管辖,因此原告在起诉时将尽可能通过合同履行地确定管辖法院,这也就导致"合同履行地"

的确定具有重要的实践意义。

合同履行地是指履行合同所确定义务的地点。合同履行地可以根据当事人双方的约定加以确定。当事人可以在合同订立之时,或者合同成立后履行之前,在合同中明确约定合同履行地点。《民诉法司法解释》又进一步明确,合同约定履行地点的,以约定的履行地点为合同履行地。即时结清的合同,交易行为地为合同履行地。合同没有实际履行,当事人双方住所地都不在合同约定的履行地的,由被告住所地人民法院管辖。该解释还明确规定,财产租赁合同、融资租赁合同以租赁物使用地为合同履行地。以信息网络方式订立的买卖合同,通过信息网络交付标的的,以买受人住所地为合同履行地;通过其他方式交付标的的,收货地为合同履行地。

当事人在合同中没有约定履行地或者约定不明确的,可以协议补充;不能达成补充协议的,按照合同有关条款或者交易习惯确定。[6] 依然无法确定履行地的,根据不同情形加以确定:(1)给付货币的,在接受货币一方所在地履行。这里应当注意的是,给付请求的标的物只能是货币,而非其他物品、股权、有价证券等,即使其他物品、股权、有价证券等可以变价为货币也不能适用该规定。如此理解的法律依据是《民法典》第 511 条(原《合同法》第 62 条)的规定,“履行地点不明确,给付货币的,在接受货币一方所在地履行;交付不动产的,在不动产所在地履行;其他标的,在履行义务一方所在地履行”。在该条规定中,支付“货币”与该条后段的“其他标的”显然是不同的,“其他标的”无疑是指货币之外的请求标的。如此规定的理由在于,在现实中,发生货币支付纠纷的案件常常是金融机构与非金融机构之间的借贷纠纷,且多数为借贷一方没有能够依照借贷合同约定返还贷款,因此,规定以请求履行的标的物为货币时由接受货币一方当事人所在地法院管辖,有利于查明案件事实,便于出借人(金融机构)行使诉讼权利。(2)交付不动产的,在不动产所在地履行;其他标的,在履行义务一方所在地履行。[7]

合同约定的权利义务内容与名称不一致的,以该合同约定的权利义务内容确定合同的性质,进而确定合同的履行地。但是如果合同的名称与合同约定的权利义务内容不一致,根据该合同约定的权利义务难以区分合同性质,或者合同的名称只与该合同约定的部分权利义务内容一致,那么以合同的名称所反映的合同性质来确定合同的履行地。

2. 保险合同纠纷

因保险合同纠纷提起的诉讼,由被告住所地或者保险标的物所在地人民法院管辖。因财产保险合同纠纷提起的诉讼,如果保险标的物是运输工具或者运输中的货物,可以由运输工具登记注册地、运输目的地、保险事故发生地的人民法院管辖。因人身保险合同纠纷提起的诉讼,可以由被保险人住所地人民法院管辖。

3. 票据纠纷诉讼

《民事诉讼法》规定,因票据纠纷提起的诉讼,由票据支付地或者被告住所地人民法院

---

〔6〕 参见《民法典》第 510 条、原《合同法》第 61 条的规定。

〔7〕 参见《民法典》第 511 条、原《合同法》第 62 条的规定。

管辖。

4. 公司诉讼

《民事诉讼法》规定，因公司设立、确认股东资格、分配利润、解散等纠纷提起的诉讼，由公司住所地人民法院管辖。《民诉法司法解释》补充了公司诉讼的纠纷类型，因股东名册记载、请求变更公司登记、股东知情权、公司决议、公司合并、公司分立、公司减资、公司增资等纠纷提起的诉讼，也由公司住所地人民法院管辖。

5. 运输合同纠纷

因铁路、公路、水上、航空运输和联合运输合同纠纷提起的诉讼，由运输始发地、目的地或者被告住所地人民法院管辖。

运输合同包括客运合同和货运合同两大类。运输的始发地是指旅客或者货物的最初出发地。运输的目的地是指旅客或者货物的最终到达地。根据有关法律和司法解释的规定，水上运输或者水陆联合运输合同纠纷发生在我国海事法院辖区内的，由海事法院管辖。铁路运输合同纠纷，由铁路运输法院管辖。其他运输合同纠纷，由运输始发地、目的地或者被告住所地人民法院管辖。

6. 侵权行为诉讼

因侵权行为提起的诉讼，由侵权行为地或者被告住所地人民法院管辖。其中，侵权行为地包括侵权行为实施地、侵权结果发生地。

在侵权行为诉讼中确定管辖法院时，应当注意以下几点：(1) 如果侵权行为实施地、侵权结果发生地和被告住所地不在同一辖区时，几个法院都有管辖权。(2) 因产品、服务质量不合格造成他人财产、人身损害提起的诉讼，产品制造地、产品销售地、服务提供地、侵权行为地和被告住所地的人民法院都有管辖权。(3) 因侵犯专利权行为提起的诉讼，由侵权行为地或者被告住所地人民法院管辖。侵权行为地包括：被控侵犯发明、实用新型专利权的产品的制造、使用、许诺销售、销售、进口等行为的实施地；专利方法使用行为的实施地，依照该专利方法直接获得的产品的使用、许诺销售、销售、进口等行为的实施地；外观设计专利产品的制造、许诺销售、销售、进口等行为的实施地；假冒他人专利的行为实施地；上述侵权行为的侵权结果发生地。原告仅对侵权产品制造者提起诉讼，未起诉销售者，侵权产品制造地与销售地不一致的，制造地人民法院有管辖权；以制造者与销售者为共同被告起诉的，销售地人民法院有管辖权。销售者是制造者分支机构，原告在销售地起诉侵权产品制造者制造、销售行为的，销售地人民法院有管辖权。[8] (4) 因侵犯注册商标专用权行为提起的民事诉讼，由《商标法》所规定侵权行为的实施地、侵权商品的储藏地或者查封扣押地、被告住所地人民法院管辖。侵权商品的储藏地，是指大量或者经常性储存、隐匿侵权商品所在地；查封扣押地，是指海关、工商等行政机关依法查封、扣押侵权商品所在地。[9] (5) 因侵犯著作权行为提起的民事诉讼，由《著作权法》所规定侵权行为的实施地、侵权复制品储藏

〔8〕 参见《最高人民法院关于审理专利纠纷案件适用法律问题的若干规定》第2条、第3条的规定。

〔9〕 参见《最高人民法院关于审理商标民事纠纷案件适用法律若干问题的解释》第6条的规定。

地或者查封扣押地、被告住所地人民法院管辖。侵权复制品储藏地,是指大量或者经常性储存、隐匿侵权复制品所在地;查封扣押地,是指海关、版权、工商等行政机关依法查封、扣押侵权复制品所在地。[10] (6)侵害信息网络传播权民事纠纷案件由侵权行为地或者被告住所地人民法院管辖。侵权行为地包括实施被诉侵权行为的网络服务器、计算机终端等设备所在地。侵权行为地和被告住所地均难以确定或者在境外的,原告发现的侵权内容的计算机终端等设备所在地可以视为侵权行为地。[11] 信息网络侵权行为的侵权结果发生地包括被侵权人住所地。[12] (7)涉及计算机网络域名的侵权纠纷案件,由侵权行为地或者被告住所地的中级人民法院管辖。对难以确定侵权行为地和被告住所地的,原告发现的该域名的计算机终端等设备所在地可以视为侵权行为地。[13]

7. 交通事故损害赔偿纠纷

因铁路、公路、水上和航空事故请求损害赔偿提起的诉讼,由事故发生地或者车辆、船舶最先到达地、航空器最先降落地或者被告住所地人民法院管辖。

事故发生地是指事故发生以及造成损害结果的地点。车辆、船舶最先到达地是指车辆、船舶在事故发生以后第一次停靠的车站、码头和港口。航空器最先降落地是指航空器在事故发生以后第一次降落或者坠落的地点。

> 关于海损事故损害赔偿纠纷、海难救助费用纠纷以及共同海损承担纠纷,《民事诉讼法》和《中华人民共和国海事诉讼特别程序法》有专门的规定,请予注意。

四、专属管辖

专属管辖,是指法律明确规定特定类型的案件只能由特定的法院管辖,其他法院均无权管辖,当事人也不得通过协议变更的管辖制度。也有人将一般意义上的专属管辖中,法律明确规定由专门法院管辖某类案件的情形称为"专门管辖"。

专属管辖具有很强的排他性,主要体现在以下几个方面:(1)专属管辖的案件,只能由法律明确规定的法院管辖,其他法院均无权管辖;(2)专属管辖的案件,当事人不得通过协议变更案件的管辖法院;(3)专属管辖的案件,不适用一般地域管辖和特殊地域管辖的规定。

根据《民事诉讼法》的规定,属于专属管辖的案件有以下三类:

第一,因不动产纠纷提起的诉讼,由不动产所在地人民法院管辖。不动产是指不能移动或者移动后其性能或者价值会降低或者丧失的财产,主要包括房屋、土地、草原、河流、滩涂等。这里的不动产纠纷是指因不动产的权利确认、分割、相邻关系等引起的物权纠纷。农

---

〔10〕 参见《最高人民法院关于审理著作权民事纠纷案件适用法律若干问题的解释》第 4 条的规定。
〔11〕 参见《最高人民法院关于审理侵害信息网络传播权民事纠纷案件适用法律若干问题的规定》第 15 条的规定。
〔12〕 参见《民诉法司法解释》的相关规定。
〔13〕 参见《最高人民法院关于审理涉及计算机网络域名民事纠纷案件适用法律若干问题的解释》第 2 条的规定。

村土地承包经营合同纠纷、房屋租赁合同纠纷、建设工程施工合同纠纷、政策性房屋买卖合同纠纷，按照不动产纠纷确定管辖。不动产已登记的，以不动产登记簿记载的所在地为不动产所在地；不动产未登记的，以不动产实际所在地为不动产所在地。[14]

第二，因港口作业中发生纠纷提起的诉讼，由港口所在地人民法院管辖。港口作业中发生纠纷主要包括因为货物的装卸、仓储，港口的驳运、理货、货物保管，污染港口，损坏港口设施而发生的纠纷。

第三，因继承遗产纠纷提起的诉讼，由被继承人死亡时住所地或者主要遗产所在地人民法院管辖。继承遗产纠纷是指继承人或者受遗赠人之间因为遗产继承而发生的纠纷。主要遗产所在地应当根据遗产的具体情况来判断，并且通常是以其中价值高的遗产所在地作为主要遗产所在地。例如，遗产既有动产，又有不动产，通常是以不动产所在地作为主要遗产所在地。如果遗产是多项动产，通常是以价值高的动产所在地作为主要遗产所在地。

同时，根据《海事诉讼特别程序法》的规定，属于海事法院专属管辖的案件有以下三类：(1)因沿海港口作业纠纷提起的诉讼，由港口所在地海事法院管辖。(2)因船舶排放、泄漏、倾倒油类或者其他有害物质，海上生产、作业或者拆船、修船作业造成海域污染损害提起的诉讼，由污染发生地、损害结果地或者采取预防污染措施地海事法院管辖。(3)因在中华人民共和国领域和有管辖权的海域履行的海洋勘探开发合同纠纷提起的诉讼，由合同履行地海事法院管辖。

五、集中管辖

集中管辖，是指将同类但原属不同管辖法院的案件集中于其中一个法院予以管辖审判的情形。集中管辖有助于法院对同类案件审理适用法律的统一性。由于同类若干案件分属于不同的管辖法院，在审理中就可能出现适用法律不统一的情形，为了避免法律适用上的非统一性，提高审判效率，根据最高人民法院的指示，对于某些案件实行集中管辖。集中管辖不是一个法律概念。民事诉讼法并未对集中管辖作出规定。集中管辖分为涉外案件的集中管辖和非涉外案件的集中管辖两种情形。

1. 涉外案件的集中管辖

2002 年最高人民法院发布的《关于涉外民商事案件诉讼管辖若干问题的规定》，确立了四类人民法院集中管辖涉外民商事案件：(1)国务院批准设立的经济技术开发区法院；(2)省会、自治区首府、直辖市所在地的中级人民法院；(3)经济特区、计划单列市中级人民法院；(4)最高人民法院指定的其他中级人民法院以及高级人民法院管辖。

2. 非涉外案件的集中管辖

非涉外案件的集中管辖与涉外案件的集中管辖的不同点在于，非涉外案件的集中管辖

---

〔14〕 参见《民诉法司法解释》的相关规定。

与特定法院无关,对集中管辖的法院没有特别的限制。非涉外案件集中管辖属于法院制定管辖的范畴,是最高人民法院根据同类案件的具体情形,制定某法院对同类案件实行集中管辖。应当注意的是,并非任何法院都可以决定对某类案件实行集中管辖,只有最高人民法院才能决定实行集中管辖。这是因为如果任何法院都可以决定实行集中管辖,无疑会剥夺其他法院所拥有的管辖权,导致案件管辖的无序化,加剧地方保护主义。

六、共同管辖和选择管辖

共同管辖,是指根据法律规定,两个以上法院对同一案件都有管辖权。选择管辖,是指在两个以上法院对同一案件都有管辖权的情况下,当事人可以从中选择一个法院起诉。

共同管辖和选择管辖,实际上是同一个问题,只不过共同管辖是从法院的角度讲的,而选择管辖是从当事人的角度讲的。从两者的关系来看,共同管辖是前提,只有一个案件存在共同管辖时,当事人才能从中选择一个法院起诉。法律规定共同管辖和选择管辖的目的是使地域管辖的确定具有一定的灵活性,方便当事人诉讼。

通常认为,发生共同管辖和选择管辖的原因主要有以下三种:(1)普通民事案件有两个以上被告,并且不在同一法院辖区内;(2)特殊民事案件数个联结因素所在地法院都有管辖权,并且数个联结因素都不在同一法院辖区内;(3)案件中的同一联结因素涉及两个以上法院的辖区。

根据《民事诉讼法》和相关司法解释的规定,在适用共同管辖和选择管辖时,应当注意以下几点:

其一,两个以上人民法院都有管辖权的诉讼,原告可以向其中一个人民法院起诉;原告向两个以上有管辖权的人民法院起诉的,由最先立案的人民法院管辖。

其二,两个以上人民法院都有管辖权的诉讼,先立案的人民法院不得将案件移送给另一个有管辖权的人民法院。人民法院在立案前发现其他有管辖权的人民法院已先立案的,不得重复立案。

其三,两个以上人民法院对同一案件都有管辖权并已分别立案的,后立案的人民法院得知有关法院先立案的情况后,应当在7日内裁定将案件移送先立案的人民法院。对为争管辖权而将立案日期提前的,该院或者其上级人民法院应当予以纠正。

其四,当事人基于同一法律关系或者同一法律事实而发生纠纷,以不同诉讼请求分别向有管辖权的不同法院起诉的,后立案的法院在得知有关法院先立案的情况后,应当在7日内裁定将案件移送先立案的法院合并审理。

七、协议管辖

协议管辖,又称为合意管辖或者约定管辖,是指双方当事人在纠纷发生前后,以书面协议的方式约定管辖法院。协议管辖体现了对当事人处分权的尊重。

《民事诉讼法》规定了民事案件的协议管辖制度。[15] 根据上述规定,协议管辖应当具备以下条件:

第一,协议管辖的案件必须是财产权益纠纷诉讼。所谓财产权益纠纷,是指在民事纠纷中涉及财产权利的争议。财产权益纠纷主要涉及所有权、使用权、债权、债务以及损害赔偿责任的争议。财产权益纠纷包含合同纠纷,但不限于合同纠纷。在2012年《民事诉讼法》修改之前,国内协议管辖的案件仅为合同案件,导致协议管辖适用范围过窄。之所以要求协议管辖的案件必须是财产权益的案件,是因为只有财产权益的案件当事人才能够行使处分权。协议管辖的正当根据就是当事人在实体上的处分权。对于非财产权益的案件,如婚姻关系、收养关系的案件由于当事人没有充分的处分权,因此,就不能适用协议管辖。

第二,不得违反关于级别管辖和专属管辖的规定。

第三,只能对第一审民事案件管辖法院进行约定。当事人不得以协议的方式约定第二审法院。因为管辖只针对第一审法院,第二审法院只能是第一审法院的上一级法院。

第四,只能在法律规定的法院范围内进行选择。可供当事人选择的法院只能是与争议有实际联系的法院。包括被告住所地、合同履行地、合同签订地、原告住所地、标的物所在地等法院。

第五,通过协议所约定的法院必须是明确的。如果所约定的法院不明确,那么该约定的管辖协议仍然是无效的。

第六,必须采取法律规定的形式。具体来讲,协议管辖必须并且只能采取书面形式。

《民诉法司法解释》进一步作出下列规定:

1. 根据管辖协议,起诉时能够确定管辖法院的,从其约定;不能确定的,依照民事诉讼法的相关规定确定管辖。管辖协议约定两个以上与争议有实际联系的地点的人民法院管辖,原告可以向其中一个人民法院起诉。《民诉法司法解释》的规定改变了以往协议约定的法院必须单一的硬性要求,符合当事人在司法实务中的谈判需要,方便法院根据协议具体情形灵活判断管辖权,同时也充分体现了尊重意思自治、协议自由的契约法精神。

2. 经营者使用格式条款与消费者订立管辖协议,未采取合理方式提请消费者注意的,消费者有权主张管辖协议无效。消费协议的格式管辖条款排除了合同相对方选择管辖法院的权利,不利于消费者利用诉讼保护自身的合法权益,因此诉讼管辖协议比照合同法格式条款的相关规定加强了对消费者管辖利益的保护力度。

3. 管辖协议约定由一方当事人住所地人民法院管辖,协议签订后当事人住所地变更的,由签订管辖协议时的住所地人民法院管辖,但当事人另有约定的除外。这说明协议管辖制度也一般地贯彻了管辖恒定原则。

4. 合同转让的,合同的管辖协议对合同受让人有效,但转让时受让人不知道有管辖协

〔15〕《民事诉讼法》规定,合同或者其他财产权益纠纷的当事人可以书面协议选择被告住所地、合同履行地、合同签订地、原告住所地、标的物所在地等与争议有实际联系的地点的人民法院管辖,但不得违反本法对级别管辖和专属管辖的规定。

议,或者转让协议另有约定且原合同相对人同意的除外。管辖协议作为合同的组成部分或者合同附属的争议解决协议,也适用合同相对性原则的规定,但是不能因此损害合同受让人的选择权利。

5. 因同居或者在解除婚姻、收养关系后发生的财产争议也适用协议管辖制度。但因人身关系而引发的财产权益争议,不能超出民事诉讼法规定的纠纷范围。

八、默认管辖

(一)默认管辖的含义及意义

2012 年《民事诉讼法》的修改中,增加了关于默认管辖的规定。**默认管辖,也称为应诉管辖、拟制合意管辖或默示管辖,是指原告起诉后,被告没有提出管辖异议,并应诉答辩的,视为受理案件的法院具有管辖权的一种管辖制度**。应诉答辩只是当事人默认的一种外在形式,通过应诉答辩推定了被告对原告起诉法院管辖权的默认,因此将其称为默认管辖更为妥帖。

默认管辖是通过当事人的起诉和应诉,实际改变法律规定的管辖法院。

默认管辖的规定主要基于两个方面因素的考虑:其一,从尊重当事人的意愿考虑。原告向特定法院起诉后,被告没有提出管辖异议,并且应诉答辩,说明被告以默认方式认可了该法院对纠纷的管辖。其二,从诉讼效率的角度考虑,如果没有规定默认管辖,要确认其合法性,则可能发生在法院已经进行实质审理后,当事人又对管辖提出异议。虽然,当事人在管辖异议期间届满后,异议不发生效力,但不利于吸收当事人的不满情绪,一旦规定默认管辖就使当事人能够谨慎对待自己的管辖异议权。应诉管辖的制度也有利于减少当事人的讼累。

(二)默认管辖的要件

1. 默认管辖的积极要件

被告对原告的起诉在案件受理后应诉答辩。这里的"应诉答辩",是指当事人到法院参加诉讼,就案件实体问题进行答辩、陈述。因为反诉以本诉的存在为前提,所以,当被告提起反诉的,也视为受诉法院对本诉有管辖权。

2. 默认管辖的消极要件

不得违反专属管辖和级别管辖。一旦原告起诉的法院违反专属管辖或级别管辖,即使被告应诉答辩,该法院对本案也不能获得管辖权。

九、裁定管辖

裁定管辖,是指法院通过裁定确定管辖的行为。法律虽然对法院的管辖权有所规定,但在实践中法院如何具体行使管辖权有时根据具体情况加以调整,以实现或衡平诉讼价值追求。

裁定管辖是对法定管辖的补充。因为管辖的确定主要是由法律加以规定的，只有根据法律无法正确规定管辖法院或确有必要才对法定管辖进行调整。根据《民事诉讼法》的规定，裁定管辖主要有三种情况：移送管辖、指定管辖和管辖权的转移。按照最高人民法院的司法解释，集中管辖适用于裁定管辖。

(一)移送管辖

移送管辖，是指人民法院在受理案件以后，发现自己对案件并没有管辖权，从而通过裁定的方式将该案件移送给有管辖权的人民法院。

移送管辖，实际上是法院受理案件错误之后所采取的一种补救措施。移送管辖通常是发生在同级人民法院之间，主要用于纠正地域管辖方面的错误，但有时也会发生在上下级人民法院之间。移送管辖所移送的是案件，而不是案件的管辖权。

根据《民事诉讼法》的规定，[16] 移送管辖必须同时具备以下条件：

第一，受移送案件已经由移送法院受理。如果在案件受理之前，法院发现自己对案件没有管辖权，只需要裁定驳回起诉或者告知当事人向有管辖权的法院起诉。

第二，移送法院对该案件没有管辖权。如果移送法院对案件有管辖权，就不得移送，除非其他有管辖权的法院已经先受理了该案件。

第三，受移送法院对案件有管辖权。

《民诉法司法解释》规定，当事人在答辩期间届满后未应诉答辩，人民法院在一审开庭前，发现案件不属于本院管辖的，应当裁定移送有管辖权的人民法院。

然而，根据《民事诉讼法》和相关司法解释，在以下三种情况下，不得移送：(1)受移送的人民法院即使认为受移送的案件不属于本院管辖，也不得将案件再移送给其他法院或者退回给移送法院，只能报请上级人民法院指定管辖。(2)根据管辖恒定原则，有管辖权的人民法院受理案件后，不得以行政区域变更为由，将案件移送给变更后有管辖权的人民法院。(3)两个以上人民法院都有管辖权的诉讼，先立案的人民法院不得将案件移送给另一个有管辖权的人民法院。

(二)指定管辖

指定管辖，是指上级法院以裁定的方式，指定其辖区内的下级法院对某一民事行使管辖权。

根据《民事诉讼法》的规定，指定管辖适用于以下三种情况：

第一，受移送的人民法院认为自己对移送的案件没有管辖权。

第二，有管辖权的人民法院由于特殊原因，不能行使管辖权。通常认为，有管辖权的人民法院不能行使管辖权的特殊情形有两种：(1)该法院的全体法官都需要回避，该法院因为法律上的原因无法行使管辖权；(2)该法院所在地发生了严重的地震、水灾等自然灾害，该

---

〔16〕《民事诉讼法》规定，人民法院发现受理的案件不属于本院管辖的，应当移送有管辖权的人民法院，受移送的人民法院应当受理。受移送的人民法院认为受移送的案件依照规定不属于本院管辖的，应当报请上级人民法院指定管辖，不得再自行移送。

法院因为事实上的原因无法行使管辖权。

第三,人民法院之间因管辖权发生争议,无法通过协商解决。

法院之间的管辖权争议,既包括普通法院之间的管辖权争议,也包括专门法院之间和专门法院与普通法院之间的管辖权争议。法院之间的管辖权争议分为管辖权积极争议和管辖权消极争议两类。管辖权的积极争议,是指两个或两个以上法院均认为自己对某一案件有管辖权,从而争夺该案件的管辖权。管辖权的消极争议,是指两个或两个以上法院均认为自己对某一案件没有管辖权,从而都不愿意受理该案件。

人民法院之间因管辖权发生争议的,通常是由争议双方通过协商解决。但如果通过协商仍然解决不了,就应当报请它们的共同上级人民法院通过裁定指定管辖。例如,根据《海事诉讼特别程序法》的规定,海事法院与地方人民法院之间因管辖权发生争议,由争议双方协商解决;协商解决不了的,报请他们的共同上级人民法院指定管辖。具体来讲,如果双方为同属一个地、市辖区的基层人民法院,由该地、市的中级人民法院及时指定管辖;如果双方为同属一个省、自治区、直辖市的中级人民法院,由该省、自治区、直辖市的高级人民法院及时指定管辖;如双方为跨省、自治区、直辖市的人民法院,先由双方的高级人民法院协商解决,高级人民法院协商不成的,由最高人民法院指定管辖。在报请上级人民法院指定管辖时,应当逐级进行。人民法院指定管辖的,应当作出裁定。

两个以上人民法院如对管辖权有争议,在争议未解决前,任何一方人民法院均不得对案件作出判决,下级人民法院应当中止审理。对抢先作出判决、裁定的,上级人民法院应当以违反程序为由,在裁定指定管辖的同时一并撤销其判决,并将案件移送或者指定其他人民法院审理,或者由自己提审。[17]

(三)管辖权的转移

管辖权的转移,是指经上级人民法院决定或者同意,将某个具体案件的管辖权转移给下级人民法院,或者由下级人民法院报请上级人民法院同意,将某个具体案件的管辖权转移给上级人民法院。

管辖权的转移,实际上就是某个具体案件的管辖权根据法律的规定在上下级人民法院之间相互转移。根据《民事诉讼法》的规定,[18]管辖权的转移包括以下两种情况:

1. 管辖权的向上转移

管辖权的向上转移,是指下级人民法院将案件的管辖权上移给上级人民法院。这又可以分为两种情况:(1)上级人民法院认为下级人民法院管辖的第一审民事案件由自己审理更好或者由下级人民法院审理会有很大困难,因而决定将案件调上来由自己审理。(2)下

---

〔17〕 参见《最高人民法院关于在经济审判工作中严格执行〈中华人民共和国民事诉讼法〉的若干规定》第4条的规定。

〔18〕 《民事诉讼法》规定,上级人民法院有权审理下级人民法院管辖的第一审民事案件;确有必要将本院管辖的第一审民事案件交下级人民法院审理的,应当报请其上级人民法院批准。下级人民法院对它所管辖的第一审民事案件,认为需要由上级人民法院审理的,可以报请上级人民法院审理。

级人民法院认为自己有管辖权的案件需要由上级人民法院审理,因而报请上级人民法院审理。对于前一种情况,上级法院一经作出决定,案件的管辖权就发生转移。对于后一种情况,必须经上级人民法院同意后,案件的管辖权才发生转移。

2. 管辖权的向下转移

管辖权的向下转移,是指上级人民法院将自己管辖的第一审民事案件交给下级人民法院审理。通常来讲,管辖权的向下转移应当发生在上级人民法院受理案件后。上级人民法院将自己管辖的第一审民事案件交给下级人民法院审理的原因在于,上级人民法院认为案情比较简单或者是属于群体性纠纷案件,由下级人民法院审理可以方便当事人参与诉讼以及方便法院调查案情。

从目前实践中的情况来看,规定管辖权可以向上转移,具有很大的合理性。对于某些会受到地方保护主义影响的案件来讲,通过管辖权向上转移,能够克服下级人民法院在审理某些案件时可能会遇到的不当干预。对于某些新型案件,由于上级法院通常比下级法院在审理案件方面的能力强,将管辖权向上转移,会更有利于这些案件的公正审判。然而,规定管辖权可以向下转移,在实践中却常常成为部分案件规避级别管辖的方式,因为将管辖权向下转移在事实上将原来的第一审法院变为了第二审法院,从而为少数人操纵案件审理大开方便之门。因此,从保障程序公正和维护当事人权益的角度考虑,将来修改民事诉讼法时应当废除管辖权向下转移的规定。

管辖权转移和移送管辖都是通过裁定方式来确定案件的管辖,但两者却有本质的不同,主要体现在以下三个方面:(1)性质不同。管辖权转移所转移的是案件的管辖权,而不是案件;但移送管辖所移送的是案件,而不是案件的管辖权。(2)作用不同。管辖权转移是对级别管辖的调整,即根据案件审理的实际情况,将级别管辖在上下级法院之间进行调整;但移送管辖却是纠正法院错误行使管辖权的方式,是法院错误受理案件后的一种补救措施。(3)程序不同。管辖权转移既可以是因为上级法院决定的单方行为发生转移,又可以是因为下级法院报请上级法院和上级法院同意的双方行为发生的转移;移送管辖只表现为移送法院的单方行为,即移送法院通过裁定将案件移送给它认为有管辖权的法院,而不需要经过受移送法院同意。

十、管辖权异议

(一)管辖权异议的含义

所谓管辖权异议,是指在民事诉讼中,本诉被告对受诉法院对本案的管辖权提出的质疑。管辖权异议作为一项制度,则是指被告提出异议,法院予以审查处理的程序规范。

管辖权的行使属于法院的职权,但法院在判断是否属于本院管辖也有可能存在错误,并且管辖问题又涉及当事人的利益,因此就应当给予当事人提出异议的机会,以便受诉法院斟酌其管辖权的行使是否符合法律的规定。

(二)管辖权异议提起的条件

1. 管辖权异议的主体

管辖权异议提起的主体只能是本诉被告。原告不能提出管辖权异议,是因为原告主动提起诉讼,从而选择了本诉的管辖法院。如果允许原告提出管辖权异议,无疑是对自己的选择产生异议。追加的共同原告也不能提出管辖权异议,因为原告的起诉对其他共同原告有法律效力,所以被追加的原告也不能提出管辖权异议。

有独立请求权的第三人不能提出管辖权异议,因为有独立请求权第三人提出的第三人之诉是一种参加之诉,是以本诉的存在为前提,所以不能对本诉的管辖权提出异议。

无独立请求权第三人也不能提出管辖权异议,无独立请求权第三人参加诉讼本身就决定了其作为参加者是以本诉的存在为前提,质疑本诉的管辖权将导致本诉的不确定。至于有的法院从地方保护主义立场出发,追加无独立请求权第三人,将责任转移到该第三人的做法是无独立请求权第三人制度本身的问题,[19]不是通过扩大管辖权异议的主体所能解决的。而且地域管辖制度也不具有防止司法地方保护主义的功能,因为无论怎样规定,管辖权都可能属于一方当事人所在地的法院。

非讼案件由于不存在民事争议的对方当事人,因此,不存在管辖权异议的问题,即使与非讼案件实际存在间接利害关系的其他人也不享有该项诉讼权利。

2. 管辖权异议的客体

管辖权异议的客体,是指当事人异议的对象。

管辖权异议的客体应当是受诉法院对本案一审的管辖权。不存在对二审法院二审案件管辖权提出异议的问题,因为二审案件的上诉法院只能是一审法院的上一级法院。

管辖权异议在内容上不仅可以针对地域管辖的问题,也可以针对级别管辖的问题,无论是地域管辖还是级别管辖都属于管辖的范畴。在实践中,也有将主管问题纳入管辖异议范畴的。主管问题显然不属于管辖的问题。主管解决的是法院与其他机关解决争议的权限问题,管辖解决的是法院受理一审案件的分工和权限。尽管当事人可以质疑主管问题,但不宜纳入管辖权异议的程序。

3. 提出管辖权异议的时间

被告提出管辖权异议的时间为提交答辩状期间届满之前,即被告收到起诉状副本之日起 15 日内。当事人未提出管辖异议,并应诉答辩的,视为受诉人民法院有管辖权,但违反级别管辖和专属管辖规定的除外。

实践中,涉及在管辖权异议有效期间届满后,追加的被告是否拥有提出异议的权利的问题,对此,笔者认为,不应当允许追加的被告在异议有效期间届满后提出管辖权异议。因为,规定管辖权异议期间的目的就是诉讼的安定性,如果允许在管辖权异议期间届满后提出异议,无疑会影响诉讼的安定性。而且,追加被告本身就有类似参加的性质。

应当指出的是,管辖问题属于本案实体判决的要件,本案是否应当由受诉法院管辖属

---

〔19〕 详见本书第十章“第三人”。

于法院职权调查的范围。管辖权异议期间的规定原本在于防止当事人纠缠管辖权问题，但因属于法院依职权调查的事项，因此，就不能排除法院发现管辖权有问题时，将案件移送给自己认为有管辖权的法院，这样一来，当事人就可以绕开管辖权异议的期限规定，不断向法院反映管辖权的问题，直到法院认识到管辖权的错误。关于这一问题合理的解释是，并非所有的管辖错误在异议期间已过之后，法院都可依职权纠正，除了专属管辖、专门管辖之外。（关于理由详见本书第三十章“再审程序”）

（三）对管辖权异议处理的程序

当事人对受诉法院的管辖权提出异议之后，受诉法院应当对异议进行审查。如果当事人在提交答辩状期间提出管辖权异议，又针对起诉状的内容进行答辩的，人民法院仍应当对管辖权异议进行审查。审查后，认为异议成立的，裁定将该案件移送给有管辖权的法院。如果认为该案件为共同管辖时，应当征求原告的意见，移送给共同管辖法院中的哪一个法院。如果认为异议不成立的，裁定驳回异议。提出异议的当事人对此裁定不服的，可以在10日内向上一级法院提起上诉。上诉法院审查后认为上诉成立的，裁定撤销一审裁定，裁决将案件移送给有管辖权的法院。如果上诉不能成立的，裁定驳回上诉，维持原裁定。（见图4）

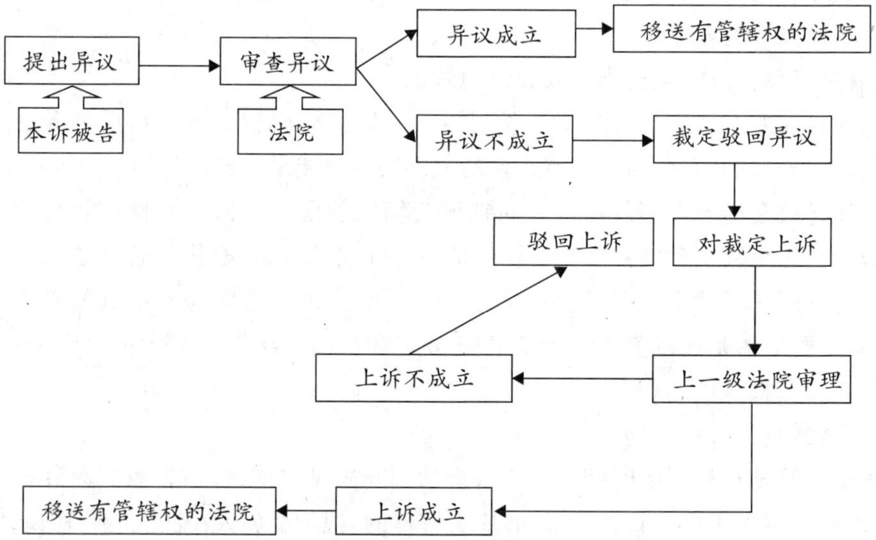

图4　管辖权异议处理流程

实践中的问题是，如果异议成立，对方当事人能否就此裁定提起上诉？笔者认为，对方当事人对于法院关于管辖权异议成立的裁定是否可以上诉，民事诉讼法虽然没有明确规定，但基于当事人诉讼地位平等的原则应当可以提起上诉。

问题与思考

1. 管辖权的确定与处分原则

在民事管辖的司法实践中，常常会遭遇这样的问题，即管辖权的确定涉及案件的性质问题，而当事人双方对于案件性质又存在争议。由于不同案件其管辖根据有所不同，例如，合同案件与侵权案件其管辖根据有所不同，因此也就存在在确定管辖法院时，应当处理的问题。在实践中，有的法院试图通过初步调查根据自己对案件性质的确认以确定管辖法院。实际上，这种看似客观公正的做法其实是不妥当的，因为管辖根据与原告的诉讼请求有直接关系，应当按照原告主张的案件性质加以确定管辖，既不是按照被告的抗辩，也不是按照法院的判定，如此才符合民事诉讼法处分原则的要求。经过实体审理，法院认为原告主张的性质是错误的，则会裁判驳回其诉讼请求。如果在案件起诉阶段就涉及案件的实体审理，则将审理前置是完全没有必要的，且这样的实体审理也缺乏合理的程序保障。

2. 关于以虚假共同被告作为管辖连接点以争取利己管辖法院的问题

在实践中，原告为了使案件的审理于己有利，常常会通过增加虚假的共同被告以使案件由该共同被告所在地法院管辖。对于这一问题的处理有两种不同的做法：(1)在被告提出异议的情形下，通过对虚假被告(无利害关系)的确认，以此确定该被告所在地法院对此案无管辖权，将案件移送给有管辖权的法院；(2)只要原告主张该被告为共同被告，无论各共同被告是否为实际有利害关系的人，都可以称为地域管辖的根据。

笔者认为，第一种做法是妥当的。如果认同原告可以通过虚拟被告以规避管辖，就违反了民事诉讼法诚实信用原则，导致管辖规则失效。此种情形的处理，不同于上述原告关于诉讼请求中涉及法律关系性质的主张，此种情形法院的管辖应当受原告诉讼请求主张的约束是处分原则的要求。这种情形与虚拟被告以规避管辖不同，虚拟被告不是处分权的正当行使，并与实体请求无关，正当的诉讼请求在主体上一定是以存在利害关系的当事人为前提的。

3. 当事人能否对管辖裁定不服申请再审、法院能否以管辖错误依职权提起再审

2007 年《民事诉讼法》第 179 条第 1 款第 7 项曾规定，违反法律规定，管辖错误的，人民法院应当再审。但是，此项规定已于 2012 年《民事诉讼法》修改时被删除，其原因在于管辖只是法院内部分工的划分，因此，即使错误也没有必要通过再审予以纠错。主管与此不同，涉及法院是否能够行使审判权的问题，理论上应当作为再审事由。但对于管辖裁定，当事人不服的，不能申请再审。

有的人认为，对管辖错误，当事人虽不能申请再审，但法院可以根据《民事诉讼法》的规定依职权启动再审。这种理解是错误的，因为《民事诉讼法》所规定的“确有错误”应当受到《民事诉讼法》再审事由的约束，是对再审事由的概括规定。否则，就会出现法律规定上的不一致。通过法院依据职权对管辖问题启动再审容易导致当事人通过这一路径规避关于再审限制的规定，因此是不妥当的。

4. 关于管辖权异议裁决的救济

现行民事诉讼法的管辖权异议制度为异议设计了两审终审制度(在注重程序简化的我国，这显然是一种例外的情形)，当事人对受诉法院的管辖可以提出异议，法院作出驳回异议的裁定之后，当事人对该裁定不服的，可以在一定的期间内向上一级法院提起上诉，上诉法院对该上诉进行审查之后作出终审裁决。由于我国的再审制度规定，对于确有错误的判决和裁定可以提起再审，所以单就这一规定而言并没有排除对管辖权异议的终审裁定可以提起再审的可能性。在明了管辖制度的目的、价值的背景下，我们再来看管辖权异议程序的设计就会发现现行制度设计中的程序过度或程序过剩的情形。这种设计

实际上强化了与实体公正无关的程序利益的争端，把管辖的内部分工外部化为一种诉讼利益，使当事人为了“司法地方保护假定”所产生的预想利益——积极利益和消极利益——而斗争。管辖权异议的现行制度大大地影响了诉讼的进行，对于被告而言拖延时间总是有利的，而管辖权异议的两审终审制度恰恰为被告的这一诉讼策略提供了制度支持。问题在于，基于一种内部分工所发生的管辖权分配，没有必要将其外部化。因此笔者认为，从平衡当事人的关系这一满足平等原则的要求出发，可以给予被告对管辖权提出异议的权利，但也仅限于被告，法院对异议应当进行审查，并给予回答，以吸收异议人的不满，没有必要再设置上诉程序（可以考虑将专属管辖作为例外情形，给予上诉救济的机会），更没有必要在异议成立、原受诉法院将案件移送后还给予原告再次对移送行为提出异议的权利。设想一下，如果异议成功，是否还应该给予被告对恢复原受诉法院管辖的再次异议权呢？管辖权异议实行一审终审也意味着，对管辖权异议裁决的再审也是没有必要的，作为一种非常程序的再审自然没有必要为管辖权异议的裁决而启动。管辖权异议的两审终审制人为地强化了管辖对于当事人的重要性，误导了人们对其程序正义的认识，因此应当予以修正。学者们也不应当进一步强化管辖权异议制度的复杂性，扩大异议主体范围，使更多的人陷于这种无谓的争议之中。

5. 互联网案件的管辖问题

2018 年最高人民法院为规范互联网法院诉讼活动，保护当事人及其他诉讼参与人合法权益，确保公正高效审理案件，根据《民事诉讼法》《行政诉讼法》等法律的规定，结合人民法院审判工作实际，出台了关于互联网法院审理案件相关问题的司法解释——《最高人民法院关于互联网法院审理案件若干问题的规定》。

互联网案件是指因互联网行为所发生的民事争议。从该规定来看，互联网法院受理的互联网案件包括以下几类：(1)通过电子商务平台签订或者履行网络购物合同而产生的纠纷；(2)签订、履行行为均在互联网上完成的网络服务合同纠纷；(3)签订、履行行为均在互联网上完成的金融借款合同纠纷、小额借款合同纠纷；(4)在互联网上首次发表作品的著作权或者邻接权权属纠纷；(5)在互联网上侵害在线发表或者传播作品的著作权或者邻接权而产生的纠纷；(6)互联网域名权属、侵权及合同纠纷；(7)在互联网上侵害他人人身权、财产权等民事权益而产生的纠纷；(8)通过电子商务平台购买的产品，因存在产品缺陷，侵害他人人身、财产权益而产生的产品责任纠纷。

由于这些案件都是因为互联网的行为所发生的争议，所以互联网法院在审理这类案件时都可以按照最高人民法院的相关规定，采取网上审理和裁判的方式，即所谓线上诉讼的方式，包括在整个诉讼中的各个环节。由于互联网诉讼或线上诉讼并不局限于仅互联网法院可以采用，其他普通法院也可以在条件成熟的情形下采用，因此也就涉及互联网诉讼或线上诉讼的管辖问题。该问题在于，民事诉讼法关于地域管辖的规定是否适用于互联网诉讼或线上诉讼。如果不适用民事诉讼法的现行规定，那么，互联网诉讼案件应该如何确定管辖法院？

从民事诉讼法关于地域管辖的规定来看，管辖的一般原则是被告所在地法院管辖。在侵权案件中除了被告所在地之外，侵权行为地也是法院管辖的根据；在合同案件中，除了被告所在地之外，合同履行地也是法院管辖的根据。不动产纠纷、基层纠纷属于专属管辖，同时这两类纠纷不涉及互联网，因此不会涉及互联网案件的管辖问题。传统诉讼或线下诉讼在确定地域管辖根据考虑的是所谓“两便原则”，即便于当事人进行诉讼，便于法院进行审理、调查和执行。也就是说，何地法院更便于当事人诉讼，便于法院审理、调查和执行，就应当由何地法院管辖。但问题在于，对于互联网案件的诉讼而言，当事人和法院都在线上，不存在因为空间距离所发生的当事人参加诉讼、法院审理和调查的方便与否的问题。虽然法院在执行上可能因为存在必须线下实施的问题，而导致一定程度上的不便，但即便如此在互联网纠纷中涉及不动产执行的也只是很少的一部分。现在的问题是，因为互联网法院目前仅有北京、杭州、广州三家，因此也存在全国互联网案件的审理在三家法院的分工问题。实际上，这三家互联网法院的设立也是基于这三个地方互联网纠纷数量相对更多的因素。

互联网纠纷的管辖问题首先要考虑的是，必须保障每一个互联网纠纷的当事人能够在将该纠纷提交诉讼程序解决时，有相应的法院受理和审理。对于涉及合同以及财产权益的互联网纠纷案件可以通过当事人之间有关管辖协议确定管辖法院。但对于当事人之间没有管辖协议以及非合同或民事财产权益的纠纷，应当如何确定管辖法院没有规定，如此，就应该适用民事诉讼法关于地域管辖的原则。如果适用民事诉讼法的规定，管辖联系地不在三家互联网法院所在行政区划时，应当如何处理是一个问题。如果要打破行政区划就可能在三家互联网或更多新设的互联网法院之间进行分工，原则上依然是民事诉讼法规定的管辖根据。这种思路下的管辖分工可以按照行政大区为根据。

互联网纠纷案件管辖中最大的问题，是互联网纠纷案件的审理是否应当专属于互联网法院，虽然互联网案件的线上审理具备一定的条件——符合相应要求的诉讼平台，但随着相应技术在一般法院的普及，互联网的审理技术运用于一般法院应该不是问题。从发展的情形来看，互联网法院只能是一种过渡形态。如此，问题就转化为在互联网审理技术不会成为管辖门槛时，互联网纠纷案件的管辖是否依然适用现行民事诉讼法的有关规定。在不存在因为空间距离关系所导致的是否方便参加诉讼和审理的情形下，互联网纠纷案件的管辖根据也就可以规定得更加简单，也无需区分是侵权案件还是合同以及其他财产权益案件。考虑到被告所在地管辖为民事诉讼法地域管辖的原则，互联网纠纷案件的管辖也同样规定由被告所在地法院管辖。作为线上诉讼，管辖根据的重要性不再与方便连接，而是与法院分工有关，互联网纠纷案件必须有相应的法院管辖才是最重要的。

6. 存单纠纷案件的管辖问题

存单纠纷民事案件主要包括以下几种：(1)存单持有人以存单为重要证据向人民法院提起诉讼的纠纷案件；(2)当事人以进账单、对账单、存款合同等凭证为主要证据向人民法院提起诉讼的纠纷案件；(3)金融机构向人民法院起诉要求确认存单、进账单、对账单、存款合同等凭证无效的纠纷案件；(4)以存单为表现形式的借贷纠纷案件。在实践中，关于存单纠纷案件的管辖问题存在一些争议。《最高人民法院关于审理存单纠纷案件的若干规定》(1997年)(以下简称《存单纠纷案件规定》)规定，存单纠纷案件由被告住所地人民法院或出具存单、进账单、对账单或与当事人签订存款合同的金融机构住所地人民法院管辖。《民诉法司法解释》规定，合同对履行地点没有约定或者约定不明确，争议标的为给付货币的，接收货币一方所在地为合同履行地。

问题在于接受货币的一方是否一定是金融机构所在地，如果接受货币的一方未必是金融机构所在地，则《存单纠纷案件规定》中关于存单纠纷案件的管辖规定就可能与《民诉法司法解释》冲突，而且与《民事诉讼法》的规定也冲突。《民诉法司法解释》的规定要解决的问题是，针对合同类案件中涉及给付货币的情形，应当如何确定合同案件的履行地。从规定的文义来看，合同案件只要涉及给付货币的，应由接收货币一方所在地为合同履行地。《存单纠纷案件规定》除了将被告住所地作为管辖根据之外，还直接将出具存单、进账单、对账单或与当事人签订存款合同的金融机构住所地人民法院确定为管辖法院。这种确定管辖法院的思路是依据当事人所在地，而非合同履行地。但根据《民事诉讼法》的规定，只能是被告住所地或合同履行地，而《存单纠纷案件规定》中的金融机构极可能是原告所在地，也可能是被告所在地。当然，由金融机构所在地法院管辖，有利于案件事实的调查，因此，如果从这一点考虑，就应当在法律法规中专门就此作明确规定。

第三单元

当事人等

第七章 当事人

本章目次

一、当事人的概念

民事诉讼中的当事人，是指因民事权利义务发生争议，以自己的名义进行诉讼，要求法院裁判调解的人以及相对人。

民事诉讼中的当事人，有狭义和广义之分。狭义上的当事人，仅指原告和被告。广义上的当事人，除原告和被告以外，还包括共同诉讼人、第三人。

民事诉讼中的当事人，包括形式上的当事人和实质上的当事人。形式上的当事人是纯粹诉讼上的概念，与实体法律关系或实体上的权利义务归属没有联系。而实质上的当事人，也称为正当当事人，是从实体法的角度观察的结果，通常作为诉讼标的的民事法律关系的主体就是正当当事人。引发民事程序开始，并要求法院就诉讼标的进行审理和裁判的主体是诉讼法上的当事人。

在德国法早期，因为没有纯粹诉讼上的当事人概念，所以既不能说明在没有判断有无实体权利的情形下，引起诉讼、进行诉讼的主体的法律地位，也不能说明确认之诉中提起诉讼的主体并非实体权利义务主体的情形。因此，理论上必须承认存在诉讼法上的当事人和与此对应的实体法上的当事人概念。

形式上的当事人的意义在于：没有形式上当事人的概念则无法行使诉讼权利，无法启动和进行诉讼程序。例如，没有诉讼法上的当事人概念便不能确定管辖法院，因为管辖的根据与当事人有直接关系。地域管辖中的一般原则——“原告就被告”就是指这种意义上的当事人。

当事人的称谓，因诉讼程序和阶段的不同而有所不同。在第一审普通程序和简易程序中，起诉和被起诉的主体被称为原告和被告。在第二审程序中，原一审中的当事人被称为上诉人和被上诉人。在审判监督程序中，如果适用第一审程序再审，原审的原告和被告仍被称为原告和被告；如果适用第二审程序再审，原审的上诉人和被上诉人仍被称为上诉人和被上诉人。在特别程序中，通常被称为申请人，但在选民资格案件中，则被称为起诉人。在督促程序和企业法人破产还债程序中，被称为申请人和被申请人。在公示催告程序中，被称为申请人和利害关系人。在执行程序中，则被称为申请执行人和被执行人。当事人的不同称谓，一方面表明了他所处的诉讼程序和阶段不同，另一方面也表明了他因所处诉讼程序和阶段不同而具有不同的诉讼地位及诉讼权利义务。

二、当事人的确定

(一) 当事人确定的含义

当事人确定所提出的问题是，谁应当是诉讼上的当事人。只有确定了谁是当事人才能具体判断诉讼权利和义务的行使和履行。当事人的确定也称为当事人的特定。通常情形下，人们可以通过起诉状的记载确定当事人，但针对具体的诉讼，如何确定当事人是民事诉讼法需要研究的问题。例如，某人在未经他人同意的情况下以他人的名义起诉（所谓冒名诉讼），应该确定何人为当事人？又如，某人冒充已故之人提起诉讼，又应当如何处理等。

(二) 当事人确定的基准与学说

如何判断谁应当是当事人，如此判断的合理性问题是当事人确定所要探讨的问题。在如何确定当事人的标准方面主要有以下几种学说：

一是意思说。该说认为确定当事人的标准应当是原告的意思表示。按照此种观点，即使将被告甲误写为乙，被告的确定也依然应当以原告的意思为准，被告依然是甲，不是乙。

二是行动说。该说以具体行为为标准，如果该人实施的行为就像当事人的行为，或被人们认为是当事人的，该人就是当事人。在冒充他人以他人名义进行的诉讼中，因为冒名人实施了当事人的行为，因而该人就是当事人。

三是表示说。该说主张以诉状的记载为标准。在冒名诉讼中，诉状中的人依然为原告，而非冒名之人。表示说细分为形式表示说、实质表示说。形式表示说仅以诉状的表示为准。实质表示说除了看诉状的记载之外，还要根据请求原因等其他记载事项予以综合判断。在日本，实质表示说为学界通说。

四是适格说。该说主张从有利于解决纠纷的实体法主体的角度把握、确定当事人。

五是原告意思、适格、表示并用说。该说主张应当从多个角度把握当事人，没有一个单一的标准。该说如何适用本身是一个难题。

六是规范分类说。该说认为，当事人的确定应当根据诉讼的不同阶段采取不同的标准。在诉讼的初始阶段，当事人确定的标准为行为规范，适用表示说；在诉讼终结阶段，应当采取评价规范，则已经参与诉讼并适格的当事人为诉讼上的当事人。这种观点是从整个诉讼程序的发展视角考察当事人确定的标准。[1]

由于我国民事诉讼的实施不在意公开性、规范性和统一性，因此，很难明确判断我国的实践采用的是何种标准，可以认为形式上没有标准。推论而言，实际上有可能接近于适格说理论。因为我国的民事诉讼会更多地从当事人确定与纠纷解决的实际效果出发。结合我国的起诉条件与立案审查制，相信实践的做法应该倾向于适格说的观点。改革起诉条件和实行立案登记制以后，有可能更适合实质上的表示说。其实，表示说中的实质表示说因为也会考虑何人作为当事人对纠纷解决有利，因此这一观点与适格说就非常接近了。因为既坚持了原则性，又坚持了灵活性，表示说在学说竞争上取得了优势，但其灵活性也大大降低了该学说的规范价值。

三、当事人的诉讼权利能力和诉讼行为能力

（一）诉讼权利能力（当事人能力）

1. 诉讼权利能力概述

诉讼权利能力，也称当事人诉讼权利能力或者当事人能力，是指成为民事诉讼当事人，享有民事诉讼权利和承担民事诉讼义务所必需的诉讼法上的资格。

当事人必须具备当事人能力，是实体判决要件之一（见本书第二十二章“普通程序”）。按照实体判决要件的理论，如果原告提起的诉不具有实体判决要件，法院就不得对案件的实体争议作出判决，应当驳回原告的诉。按照过去我国民事诉讼的理论，如果不具有该要件的，应当驳回起诉，这种观点是将当事人能力作为起诉的条件，而不是作为实体判决的要件。以上皆为诉讼权利能力的意义。

诉讼权利能力与民事权利能力有密切的关系。通常情况下，有民事权利能力的人才具有诉讼权利能力，如公民、法人。按照通行的观点，在某些情况下，没有民事权利能力的人，也可以有诉讼权利能力，成为民事诉讼中的当事人，如不具有民事权利能力的其他组织，在某些情况下，可以有诉讼权利能力。也就是说，诉讼权利能力与民事权利能力可以不一致。这种认识的前提是，法人之外的其他组织是没有民事权利能力的团体。

尽管没有民事权利能力，但仍然要承认其诉讼权利能力，以往的理论解释是，民事权利能力与诉讼权利能力不一致的原因在于民法和民事诉讼法的立足点不同。民法为明确权利主体和责任主体，保障交易安全，坚持民事主体类型法定原则，认为只有公民和法人是民事主体，享有民事权利能力，除公民和法人以外的其他组织，不是一类民事主体，不享有民事权利能力。在现实生活中，虽然除公民和法人以外的其他组织，不能作为民事主体，但他们却能以自己的名义开展活动，并由此产生各种民事争议。民事诉讼法为了方便这些组织解决纠纷，维护公民和法人的合法权益，从诉讼便利的目的出发，通常在具备一定条件时，

---

〔1〕 关于当事人确定的各种学说，参见［日］川岛四郎：《民事诉讼法》，日本评论社 2013 年版，第 41 ~ 44 页；［日］新堂幸司：《新民事诉讼法》，林剑锋译，法律出版社 2008 年版，第 91 ~ 93 页。

会赋予这些没有民事权利能力的其他组织以诉讼权利能力，使其能够以自己的名义起诉或应诉，方便其解决纠纷。这种认识的最大问题在于，如果诉讼权利能力与民事权利不一致，那么诉讼权利能力还有什么意义。

针对上述问题，有学者认为，人们对于民事权利能力的理解可能存在问题，对于团体、组织，人们的认识是有法人资格的，具有民事权利能力，不具备法人资格的，不具有民事权利能力。这种认识是问题的根源。实际上不具有法人资格的团体组织并非没有民事权利能力。只要合法成立，有一定组织机构和财产，这些不具有法人资格的团体组织也具有民事权利能力。如此，这些团体组织就当然具有诉讼权利能力。诉讼权利能力与民事权利能力就保持了一致。当然在民法理论上，不具有法人资格，但依法成立、有组织、有财产的团体组织是否一定具有民事权利能力尚有争议。

2. 诉讼权利能力一般与特殊情形

其一，自然人一旦出生便具有当事人能力，其当事人能力终于自然人死亡。处于植物人状态的自然人依然拥有诉讼权利能力，尽管没有诉讼行为能力。

其二，胎儿的诉讼权利能力。《民法典》规定，涉及遗产继承、接受赠与等胎儿利益保护的，胎儿视为具有民事权利能力。但是，胎儿娩出时为死体的，其民事权利能力自始不存在。根据《民法典》的这一规定，胎儿既然视为具有民事权利能力，也就当然具有诉讼权利能力。在理论上，因为胎儿没有出生之前为母亲身体的一部分，原本没有独立的人格，没有诉讼权利能力，也没有民事诉讼权利能力，但由于胎儿一旦出生必然存在应有的利益，为了保护胎儿的利益，在其出生之前，法律承认其独立的权利地位，承认其具有民事权利能力，也因此具有民事诉讼权利能力。但《民法典》同时又规定，胎儿娩出时为死体的，其民事权利能力自始不存在。

其三，个体工商户和农村承包经营户的诉讼权利能力。《民法典》规定，自然人从事工商业经营，经依法登记，为个体工商户。个体工商户可以起字号。该法还规定，农村集体经济组织的成员，依法取得农村土地承包经营权，从事家庭承包经营的，为农村承包经营户。无论是个人工商户，还是农村承包经营户都是具有民事权利能力的主体，因而在诉讼中也有民事诉讼权利能力，可以作为诉讼当事人——原告或被告、第三人。

其四，法人的诉讼权利能力。法人和其他组织的诉讼权利能力，始于成立，终于终止。

其五，法人分支机构的诉讼权利能力。《民法典》规定，法人可以依法设立分支机构。法律、行政法规规定分支机构应当登记的，依照其规定。分支机构以自己的名义从事民事活动，产生的民事责任由法人承担；也可以先以该分支机构管理的财产承担，不足以承担的，由法人承担。依照《民法典》的这一规定，法人的分支机构也具有诉讼权利能力。

其六，非法人组织（团体）的诉讼权利能力。所谓非法人组织，是指不具有法人资格，但合法成立的团体组织。

《民法典》规定，非法人组织是不具有法人资格，但是能够依法以自己的名义从事民事活动的组织。在类型上，非法人组织包括个人独资企业、合伙企业、不具有法人资格的专业服务机构等。《民法典》的这一规定吸收了民事诉讼法的有关规定和民事诉讼中关于非法人组织的通说。《民事诉讼法》明确规定，公民、法人和其他组织可以作为民事诉讼的当事人。该条中的其他组织，按照《民诉法司法解释》的规定，是指合法成立、有一定的组织机构和财产，但又不具备法人资格的组织。这一解释符合民事诉讼法上理论通行的观点。该司法解释还明确了这些组织具体包括：(1)依法登记领取营业执照的个人独资企业；(2)依法登记领取营业执照的合伙企业；(3)依法登记领取我国营业执照的中外合作经营企业、外资企业；(4)依法成立的社会团体的分支机构、代表机构；(5)依法设立并领取营业执照的法人的分支机构；(6)依法设立并领取营业执照的商业银行、政策性银行和非银行金融机构的分支机构；(7)经依法登记领取营业执照的乡镇企业、街道企业；(8)其他符合规定条件的组织。

在诉讼上承认非法人组织(团体)的民事诉讼权利能力的意义在于，如果不承认法人组织(团体)的民事诉讼权利能力，就可能在涉及该组织(团体)的民事纠纷时，只能将所有组织成员作为共同诉讼当事人进行诉讼，如此必然导致诉讼运行复杂化，加大诉讼成本，所以尽管在民法上非法人组织(团体)不具有民事权利能力，但为了便于诉讼，在一定的条件下承认其组织(团体)具有当事人能力。

在理论上，通常认为具有当事人能力的非法人组织(团体)需要满足以下构成要件：(1)对内独立性。即组织的成员是否明确、组织的成员是否具有独立性、是否具有退出组织的相应程序等。(2)财产独立性。即该组织是否具有自己独立的财产。(3)对外独立性。即该组织是否有代表人能够代表其组织对外进行经营活动。(4)内部组织性。即该组织是否具有关于组织经营、财产管理等组织运行的规章制度，以保障组织成员的意思能够成为组织团体的意思。

3. 关于自然物的当事人能力问题

关于自然物的当事人能力问题，首先需要明确，所谓自然物，是指自然人、团体、组织之外的自然界存在的物，如动植物、河流、岛屿等，通常的观点是，由于自然物不是民事权利义务的主体，当然也就没有民事权利能力，不能作为当事人。不能作为民事权利义务的主体又因为自然物没有思想，不可能作出意思表示。不同观点认为，从动植物保护角度，自然物本身也是有自身利益的，是利益主体，虽然自身没有意识和为一定的意思表示，但可以通过人的代理行为帮助其行使权利，维护自己的利益。植物人虽然没有意识和思考，但同样具有当事人能力。无论是国外还是国内，呼吁给予动植物当事人能力的观点一直存在。国外实践中也存在承认动植物具有当事人能力的判例。国内也有学者尝试以特定自然物的名义提起诉讼。不过实践中法院均没有受理。[2] 理论上一般认为，自然物的当事人能力实质上是关于自然物的保护问题，这一问题如果通过对公益诉讼原告资格的规定即可解决，就没有必要直接承认自然物的当事人能力。

---

〔2〕 2005年12月，北京大学教授汪劲等向黑龙江省高级人民法院提起了国内第一起自然物(鲟鳇鱼、松花江、太阳岛)作为共同原告的民事诉讼，要求法院判决被告赔偿100亿元人民币用于设立松花江流域污染治理基金，以恢复生态平衡，保障它们的生存权利和清洁权利以及自然人的美好环境欣赏的权利。该法院口头告知不予受理。

(二)诉讼行为能力

诉讼行为能力,又称“诉讼能力”,是指当事人可以亲自实施诉讼行为,并通过自己的行为,行使诉讼权利和承担诉讼义务的诉讼法上的资格。

有诉讼权利能力但没有诉讼行为能力的人,虽然也可以成为民事诉讼中的当事人,但却不能亲自实施诉讼行为,而只能通过其法定代理人或者由其法定代理人委托的诉讼代理人代为实施诉讼行为。

有诉讼权利能力但没有诉讼行为能力的人,实际上只有公民,因为公民的诉讼权利能力和诉讼行为能力在存续时间上,可能会不一致,而法人及其他组织的诉讼权利能力和诉讼行为能力同时产生,同时消灭。

公民的诉讼行为能力与其民事行为能力有密切的联系,但在分类上,两者又不完全一致。公民的诉讼行为能力采用两分法:有诉讼行为能力和无诉讼行为能力。而公民的民事行为能力则采用三分法:完全民事行为能力、限制民事行为能力和无民事行为能力。在民事诉讼中,只有具有完全民事行为能力的公民才有诉讼行为能力。无民事行为能力和限制民事行为能力的公民都没有诉讼行为能力。

由于诉讼行为能力是当事人可以亲自为诉讼行为的资格,即诉讼行为的有效要件,因此,如果当事人没有诉讼行为能力,其所为的诉讼行为或者针对其所为的诉讼行为如果没有采取相应的补救措施,如追认,这些行为原则上都是无效的诉讼行为。在国外,作为例外,也有认可上诉时承认无诉讼行为能力人的上诉行为的有效性。这种情形主要是指一审判决认定当事人无诉讼行为能力,当事人提起上诉的情形。

关于当事人的辩论能力。所谓辩论能力,是指在诉讼中实施辩论行为的资格。在实行律师强制主义的国家(如德国),如果没有律师代理,当事人没有辩论能力。在非律师强制主义的国家,由于实行本人诉讼主义(如日本、韩国等),因此,原则上有诉讼行为能力的人就有辩论能力。

四、当事人权、诉讼负担与诉讼义务

为了使当事人能够充分地利用民事诉讼程序解决纠纷,维护自己或自己所管理的他人的民事权益,我国民事诉讼法赋予了当事人广泛的民事诉讼权利。同时,为了保障诉讼程序的顺利进行,民事诉讼法也为当事人设定了相应的诉讼义务。

(一)当事人权

所谓当事人权,是指当事人在诉讼程序中所享有的诉讼权利的总和。当事人权因为法律规定的不同而有所不同。就应然的角度而言,当事人权的完善应当从是否给予当事人充分的程序保障考量,并且有具体的诉讼制度予以保障。

从我国民事诉讼法的规定来看,当事人应享有的诉讼权利主要包括:(1)起诉的权利、反驳的权利和提起反诉的权利;(2)委托诉讼代理人的权利;(3)申请回避的权利;(4)收集和提供证据的权利;(5)进行陈述、质证和辩论的权利;(6)选择调解的权利;(7)自行和解的权利;(8)申请财产保全和先予执行的权利;(9)申请顺延诉讼期间的权利;(10)提起上诉的权利;(11)申请再审的权利;(12)申请执行的权利;(13)查阅、复制与本案有关材料的权利。在诉讼理论上,当事人既然有起诉、应诉的权利,自然也应当拥有提出与权利主张、抗辩相应的事实主张,对事实主张予以证明的权利。在国外的诉讼理论上,当事人权根据该权利是针对法院的,还是针对对方当事人的,可以划分为垂直的当事人权和水平的当事人权。当然,由于诉讼关系主要是当事人对法院的关系,因此绝大部分当事人权都属于垂直的当事人权。〔3〕

民事诉讼法总是发展的,根据我国民事诉讼体制的转型和发展的需要,当事人权的内容也会有所发展和变化。我国民事诉讼的当事人权也有进一步丰富和发展的余地。例如,听审请求权、诉讼资料的阅览利用权、求问权、诉讼标的特定或限定权等的增设和完善。

(二)当事人的诉讼负担与诉讼义务

1.诉讼负担

依照权利与义务对应的思维方式,与诉讼权利相对的是诉讼义务。作为诉讼义务,以往的理论多是从抽象的义务来描述的,如依法诚信地行使诉讼权利的义务、遵守诉讼秩序的义务。这种抽象义务的论述实际上没有注意到民事诉讼的特殊性,没有区分诉讼义务与诉讼负担、诉讼义务与诉讼伦理。

就民事诉讼的特殊性而言,许多过去被认为是义务的内容实际是当事人的诉讼负担而已。基于当事人的自我责任,除了法律明确规定之外,当事人在民事诉讼中原则上没有作为的义务。在当事人不作为时,法院会据此作出相应的裁判,对当事人不利的结果就成为一种诉讼负担。例如,当事人不出庭,不提出证据、事实主张以及其他攻击防御行为,既没有答辩义务,也没有诉讼实施义务。当事人不出庭时,法院可以作出缺席判决。当事人通常没有必须出庭的义务。

2.诉讼义务

在民事诉讼法中虽然一般情形下当事人没有诉讼义务,但在有的情形下,法律依然规定了当事人的诉讼义务。例如,我国《民诉法司法解释》规定的书证提出义务,《民事诉讼法》规定的履行生效法律文书的义务。在德国民事诉讼法中还规定了真实陈述义务、根据法院命令到场的义务、促进诉讼的义务等。但违反这些义务并没有相应的法律后果,所以其义务特性并不明显。

五、当事人适格

(一)当事人适格的含义

当事人适格,又称正当当事人,是指对于具体的诉讼,有作为本案当事人实施诉讼,要求本案判决的资格。当事人适格不能等同于当事人起诉和应诉的资格,因为具有起诉和应

〔3〕 参见[日]川岛四郎:《民事诉讼法》,日本评论社2013年版,第39页。

诉资格的当事人不一定具有实施诉讼要求本案判决的资格。

> 当事人适格与诉讼权利能力不同。诉讼权利能力是作为抽象的诉讼当事人的资格,它与具体的诉讼无关,通常取决于有无民事权利能力。当事人适格是作为具体的诉讼当事人的资格,是针对具体的诉讼而言的,当事人适格与否,只能将当事人与具体的诉讼联系起来,看当事人与特定的诉讼标的有无直接联系。例如,在甲与乙的贷款纠纷中,丙向法院起诉要求甲返还乙的贷款。由于丙与甲、乙之间争议的诉讼标的无直接联系,丙就不是本案的适格当事人。

当事人适格与作为纯粹形式上的当事人也不同。形式上的当事人仅以原告主观上的主张为准,作为原告就是向法院起诉请求权利保护的主体,作为被告即为被诉的主体。而当事人适格则是指对本案的诉讼标的,谁应当有权要求法院作出判决和谁应当作为被请求的相对人。

然而,在我国以前的民事诉讼理论中,既没有区分当事人适格与诉讼权利能力的问题,又没有区分形式上当事人和当事人适格的问题。以往民事诉讼法教科书中有关当事人概念和特征的阐述,实际上是针对适格当事人而言的,最高人民法院在司法解释中对原告和被告的规定,实际上也仅指适格的当事人。

(二)当事人适格与当事人能力的交错

前述指出,当事人能力或诉讼权利能力属于当事人的一般资格,而当事人适格属于针对特定案件的具体资格,两者是不同的概念。但实际上两者存在一定的联系,在某些情形下,两者是交结的。如胎儿,就一般资格而言,胎儿不具有当事人能力;但在特定请求权的场合(损害赔偿请求权),胎儿具有当事人能力。但其判断又必须根据具体案件的情形来考虑,即如果胎儿系死产,则不能作为当事人,此时就是从当事人适格的意义来考虑的。

(三)判断当事人适格与否的标准

为了使诉讼在适格的当事人之间进行,从而使法院的裁判具有实际意义,需要有一定的标准来判断起诉或者应诉的当事人是否是本案的适格当事人。

法院裁判的目的是解决当事人之间法律上的争议,化解他们之间的纠纷。作为判断当事人适格与否的标准就应当是在法律上有利害关系的对立双方。在当事人适格理论上称为"利害对立说"。

除此之外,理论上还有两种学说:一是实体利益说,即诉讼中具体实体利益的归属主体为适格的当事人。二是争议法律关系主体说。该学说认为,民事争议是关于民事权利义务的争议,只有将有争议的法律关系的主体作为适格的当事人,诉讼和判决才有意义。但这种观点难以解释在某些例外情况下,非民事法律关系或民事权利的主体,也可以作为适格的当事人的情形。因此,需要为这种理论设置例外。这些例外的情况主要可以分为以下两种:(1)根据当事人的意思或法律的规定,依法对他人的民事法律关系或民事权利享有管理权的人。例如,破产程序中的清算组、遗产管理人、遗嘱执行人等。当受其管理的民事法律关系或民事权利发生争议以后,这些人可以自己的名义起诉或应诉。(2)在确认之诉中,对诉讼标的有确认利益的人。在确认之诉中,对适格当事人的判断,不是看该当事人是否属于该争议法律关系的主体,而是看该当事人对该争议的法律关系的解决是否具有法律上的利害关系。如在消极的确认之诉中,原告要求法院确认他与被告之间不存在合同关系,此时要求原告是所争议的法律关系的主体,是与此类诉讼的性质相悖的。因此通常认为,在消极的确认之诉中,原告只要对该诉讼标的有确认利益,就可以成为适格的原告,而被告只要与作为原告诉讼标的的法律关系有争议,就可以成为适格的被告。

(四)三大基本诉的类型与当事人适格

根据诉的目的的不同,诉可以分为给付之诉、确认之诉和形成之诉。诉的类型不同,当事人适格的具体情形也有所不同。因此,当事人适格需要结合具体诉的基本类型予以认识。

1. 给付之诉的当事人适格

给付之诉是指要求法院判决义务人为一定义务的诉讼。在给付之诉中,具有给付请求权的当事人以及被请求的当事人就是适格的当事人。前者是适格的原告,后者是适格的被告。如果审理查明被告没有给付义务时,应当作为被告不适格驳回起诉,还是以被告适格的前提下,判决驳回诉讼请求,国外理论和实践上存在争议。如果被告适格与否仅以是否为被请求的对象作为标准,则应当承认其适格性,然后以判决驳回诉讼请求。这也符合利害对立论的判断标准。

2. 确认之诉的当事人适格

确认之诉是指要求法院确认一定法律关系存在与否的诉讼。在理论上通常认为确认之诉的当事人适格问题已经被确认之诉的诉的利益问题所吸收。确认之诉的诉的利益是关于是否有必要通过诉讼获得确认判决解决纠纷的问题。从当事人适格的角度,由此确认利益的当事人就是适格原告,其相对方则是适格被告。

3. 形成之诉的当事人适格

形成之诉是指依照法律要求法院变动既有的法律关系的诉讼。形成之诉的提起必须依赖法律的明确规定,因此,形成之诉的当事人适格需要根据具体的法律规定加以确定。一般而言,按照法律可以通过形成判决加以救济的对立关系的双方当事人即为适格当事人。如在离婚诉讼中,要求解决婚姻关系的一方与对方就是适格的原告和被告。要求解除收养关系的形成之诉,其收养关系的双方就是适格的当事人。形成之诉当事人适格问题在有的情形下比较复杂,不易厘清。例如,关于取消股东大会决议的诉讼中,适格被告如何确定就是一个典型的问题,究竟是公司、股东大会,还是董事会,是有争议的问题。

(五)第三人诉讼担当与当事人适格

1. 第三人诉讼担当的含义

诉讼担当,是指与案件有直接利害关系的当事人因某种原因不能实施诉讼权,而由与案件没有直接利害关系的第三人以当事人的资格,就涉讼纠纷行使诉讼实施权,纠纷判决的效力及于民事法律关系的主体,而非实际行使诉讼实施权的当事人。诉讼担当突破了传统当事人适格理论。按照传统的当事人适格理论,诉讼实施权的主体必须拥有实体法上的权利,实体权益主体和诉权权益主体是统一的,两者不能分离。在法律规定的情形下,诉讼担当允许将两者分开,非实体权利主体也可以基于诉的利益对他人的实体权利行使诉权。诉讼担当人的这种权利在当事人理论上被称为法定的纠纷管理权。第三人诉讼担当分为法定诉讼担当和任意诉讼担当。

2. 第三人诉讼担当——法定诉讼担当

法定诉讼担当,是指第三人的诉讼实施权是由法律规定的诉讼担当。法定诉讼担当还可以进一步分为三类。

一是作为职权关系的法定诉讼担当。例如,德、日、法、英等国公益诉讼和身份关系中的检察官;我国民事检察公益诉讼中的检察机关、消费者公益诉讼中的消费者组织、环境公益中的环境保护机关或组织;日本的身份关系诉讼中,在当事人死亡之后作为诉讼当事人的检察官(国外的情形)、诉讼中请求或被请求的成年监护人、成年监护的监督人;在海难救助费诉讼中被诉的船长等;美国反托拉斯诉讼中的司法部反托拉斯局委员会;等等。

二是对他人的财产拥有概括管理处分权的情形。例如,涉及破产财产诉讼中的破产管理人。关于遗嘱执行人属于法定诉讼担当,还是法定代理人,在国外的理论中存有争议。日本通说认为,遗嘱执行人应归于法定诉讼担当。

三是为实现他人的利益,法律认可行使他人特定权利的情形。最为典型的情形就是代位诉讼的原告。代位诉讼的原告并不是争议法律关系的当事人,作为代位诉讼的原告提起诉讼是为了实现争议法律关系中被代位当事人的权利。

3. 第三人诉讼担当——任意诉讼担当

任意诉讼担当,是指通过实体利益归属者的授权而非法律规定,第三人从而获得当事人资格的情形。在日本,选定当事人就被认为属于任意诉讼担当。一旦选定当事人,该被选定的当事人拥有当事人资格,而其他利害关系人不再具有当事人资格。在我国,诉讼代表人也可以被认为属于此种情形。

(六)代位诉讼的当事人适格

代位诉讼,又称代位权诉讼,是指因债务人怠于行使其对次债务人的债权,可能影响自己权利实现的,债权人可以向人民法院请求以自己的名义代位行使债务人的债权的诉讼。

代位诉讼的原告与一般民事诉讼有所不同,该原告作为当事人并非争议实体法律关系的主体——实体权利人,而是通过代位行使其请求权。学界有理论认为,诉讼实施权的直接基础是主体的"诉的利益"。针对代位诉讼而言,之所以承认债权人可以向次债务人直接提起诉讼,正是因为如果不承认债权人可以向次债务人直接起诉,则债权人的权益就得不到有效的保护。因而在债务人怠于行使其到期债权并给债权人造成损害时,债权人与次债务人之间就存在一种"诉的利益"。这种"诉的利益"在法律所明确规定的条件,便成为法定的诉的利益。正是由于这种法定的诉的利益的存在,债权人才相应地具有诉讼实施权,因此也就在诉讼上可以以次债务人为被告提起代位权诉讼。在代位诉讼中,适格的原告是代位权人,而非债务人。次债务人作为适格的被告。原《最高人民法院关于适用〈中华人民共和国合同法〉若干问题的解释》曾规定,"债权人以次债务人为被告向人民法院提起代位权诉讼,未将债务人列为第三人的,人民法院可以追加债务人为第三人"[4]。也就是说,债务人的地位是无独立请求权的第三人。不过这种地位存在异议。从理论上说,作为证人更为妥当。

六、当事人的变更

当事人的变更,是指在诉讼过程中,根据法律的规定或基于当事人的意思,原诉讼的当事人被变更或变动为新的当事人的一种诉讼现象。

当事人的变更包括法定的当事人变更和任意的当事人变更。

(一)法定的当事人变更

法定的当事人变更,是指在诉讼过程中出现了某种情况,根据法律规定所发生的当事人变更。法定的当事人变更主要有以下几种情形:

其一,在诉讼过程中,当事人死亡,发生诉讼继承时。在诉讼中,如果一方当事人死亡,他的民事权利义务将转移给他的继承人,他的诉讼权利义务也将转移给他的继承人,发生当事人变更。但如果该民事权利义务具有人身性,专属于死亡的一方当事人,则不发生当事人变更。

其二,因法人或其他组织合并或分立所发生的当事人变更。在诉讼过程中,如果法人或其他组织发生合并或分立,其民事权利义务只能由合并或分立后的法人或其他组织承担,其诉讼权利也只能由合并或分立后的法人或其他组织行使,由此发生当事人的变更。

其三,法人未依法清算即被注销后的当事人变更。在诉讼过程中,如果法人出现解散、终止事由,法人依法进行清算的,将由清算组负责人接替法定代表人代表法人诉讼,企业法人的当事人资格没有发生变化。但是,法人未依法清算即被注销的,企业法人将失去法人资格,该企业法人的股东、发起人或者出资人应当对企业法人未依法清算带来的后果向债权人承担责任,因此应由该企业法人的股东、发起人或者出资人为当事人接替诉讼。至于股东、发起人或者出资人在诉讼中承担的责任范围,属于实体审理和判断的范畴,原则上不超过公司注销时股东、发起人或者出资人继受的资产范围,因而不会违背公司法关于法人人格和民事责任的规定。

其四,民事权利义务转移所引发的当事人变更。根据《民诉法司法解释》的规定,在诉讼中,争议的民事权利义务转移,受让人申请替代当事人承担诉讼且法院准许的,裁定变更当事人。与前三项的一般诉讼继承不同,诉讼中转让民事权利义务并由受让人承担诉讼的,属于特定诉讼继承。相比于一般诉讼继承,《民诉法司法解释》对特定诉讼继承规定了严格的限制条件,必须由受让人申请并经法院准许,即使作为转让人的原当事人申请变更当事人,也不符合法定条件。我国法律在民事权利义务转移后的当事人资格确定上,实行当事人恒定为原则、诉讼继承为例外的模式,有利于保证诉讼程序的稳定,兼顾受让人的程

---

〔4〕 原《最高人民法院关于适用〈中华人民共和国合同法〉若干问题的解释(一)》第16条第1款的规定。

序利益保障。

发生法定的当事人变更的情况以后,新的当事人是继续原当事人的诉讼程序,而不是使诉讼程序重新开始。原当事人的诉讼权利义务由新的当事人承担,原当事人所实施的一切诉讼行为,对新的当事人仍然有效。在民事诉讼理论中,这种情况也被称为当事人诉讼权利义务的承担或者当事人诉讼权利义务的继承。

(二)任意的当事人变更

任意的当事人变更是相对于法定的当事人变更而言的。任意的当事人变更不是因为出现了某种情况,根据法律规定所发生的当事人变更,而是指在诉讼过程中,因原诉讼当事人不适格发生的当事人变更。

我国现行《民事诉讼法》并没有关于任意当事人变更的规定,但民事诉讼法教科书大都承认任意的当事人变更,司法实践也都认可任意的当事人变更。通常的处理方法是:原告不符合当事人条件的,人民法院通知更换原告,原告不愿退出诉讼的,裁定驳回起诉;符合条件的原告不愿参加诉讼的,终结案件的审理;被告不符合当事人条件的,人民法院通知更换,原告不同意更换被告的,裁定驳回起诉;更换被告后,符合条件的被告应当参加诉讼,如经人民法院两次传唤,无正当理由拒不到庭的,可以依法拘传或缺席判决。

七、诉讼系属中实体权利义务移转与当事人的恒定或变更

诉讼系属中实体权利义务发生移转是民事诉讼实践实际存在的情况。虽然在国外的历史上曾有过在法律上对其予以禁止的情形,但我国实体法并没有禁止诉讼系属中实体权利义务的移转,因此,也就必然面临在诉讼中如何应对的问题。

(一)两种不同的处理原则——当事人恒定原则与诉讼承继原则

当法律不再禁止在诉讼系属中移转实体权利义务关系时,对于这种移转在程序上应当如何处理,就有了两种不同的处理原则或基本态度——当事人恒定与当事人承继(诉讼承继)。两种不同取向分别称为“当事人恒定主义”和“诉讼承继主义”。由于无论采取何种主义,在制度上都没有将其绝对化,均保留了例外情形,仅仅是一个原则,因此,人们将这两种不同取向分别称为“当事人恒定原则”和“诉讼承继原则”。所谓当事人恒定原则,是指在诉讼系属中即使实体权利义务发生移转,权利义务移转给诉讼外第三人后,诉讼当事人也不会因为实体权利义务的移转发生变更。采取当事人恒定原则的典型代表是德国。与此不同,所谓诉讼承继原则,是指当诉讼系属中实体权利义务发生移转的,随着权利义务的移转,诉讼当事人也发生相应的变更。接受移转的人成为新的当事人承继原来的诉讼,原当事人的诉讼行为对变更后的当事人具有约束力。因为涉及诉讼承继,所以相对于当事人消亡等发生的诉讼承继,前者称为“特定诉讼承继”,后者称为“概括承继”。采取当事人恒定原则的国家在例外情形下——原双方当事人同意的情形下受让人可以成为当事人,此时便存在特定诉讼承继。日本是采诉讼承继原则的代表。

诉讼系属中实体权利义务移转时,简单地在当事人恒定原则与诉讼承继原则之间作选

择是不可取的。无论是采取当事人恒定原则,还是诉讼承继原则,各国在具体制度的设计和运行的实际操作方面都有不同。实际上,采取当事人恒定原则的国家与采取诉讼承继的国家都会尽量考虑如何避免这些原则所存在的不足,在制度设计上采取各种能够补充或平衡的措施。在大陆法系诉讼制度的设计上,最为精细的无疑是德国,后有效仿者日本,这两个国家恰恰是两种原则和制度的代表。

1. 德国的制度

按照当事人恒定原则,诉讼系属中,原则上权利义务关系移转的当事人不因权利义务关系主体的变更而变更,尽管争议的权利义务关系已经在诉讼中发生了移转,但接受权利或义务的第三人也不能作为当事人,也不能因为争议的权利义务关系发生移转,而判决原告败诉。接受权利义务的第三人也不能对争议的权利义务另行诉讼,否则构成重复诉讼。

2. 日本的制度

众所周知,日本法主要移植了德国法,日本学者也一直称德国法为母国法。不仅法律制度,在法律理论方面也是如此。在民事诉讼法方面大体上亦是这样。但日本法也并非完全照搬德国法,在有的制度和理论方面,日本亦有所差异。差异的原因在于日本顾及了日本既有社会、文化和制度环境与需求。在民事诉讼方面比较突出的就是实体权利义务关系移转的程序处理方法上。对此,日本与德国在制度的结构上有了较大的差异。一般认为,日本的态度与德国对立,原则上为诉讼承继,而非当事人恒定。

(二)我国的选择、制度构建与完善

最高人民法院通过对《民事诉讼法》的司法解释,增加了许多《民事诉讼法》中缺失的诉讼制度,其中就包括实体权利义务移转的基本应对原则。《民诉法司法解释》规定,在诉讼中,争议的民事权利义务转移的,不影响当事人的诉讼主体资格和诉讼地位。人民法院作出的发生法律效力的判决、裁定对受让人具有拘束力。受让人申请以无独立请求权的第三人身份参加诉讼的,人民法院可予准许。受让人申请替代当事人承担诉讼的,人民法院可以根据案件的具体情况决定是否准许;不予准许的,可以追加其为无独立请求权的第三人。从该司法解释的规定来看,我国明确采取的是当事人恒定原则。遗憾的是,我们看不到《民诉法司法解释》选择当事人恒定原则的具体理由。在最高人民法院编著的《民事诉讼法司法解释理解与适用》一书中也只是指出了当事人恒定原则与诉讼承继原则各有优劣。在处理诉讼系属中实体权利义务移转的程序应对问题上,笔者支持采用当事人恒定原则。其理由主要有以下几点:

其一,从两个原则的目标取向来看,当事人恒定原则更有利于程序安定,不会因为实体权利义务关系的移转使诉讼程序处于不安状态,有利于促进和活跃经济交易活动。如果采用诉讼承继原则,则可能因为实体权利义务关系的一再变动导致诉讼程序的不断变动,不仅造成诉讼迟延,且有可能使权利人难以充分实现其权利。在转移义务的情形下,有可能不仅实体义务不能履行,甚至可能连案件受理费都不能支付。如同有些学者对原《民法总则》第67条第2款"但书"的担忧和疑虑一样。由于社会诚信基础较为薄弱,诉讼承继原则的这一弊端更容易在这种环境下被放大和发酵。制度移植的一个主要考量因素就是受移植的环境。这一点是我们必须要注意的。

其二,当事人恒定原则存在权利义务转移人在权利义务移转之后丧失诉讼的积极性,有可能影响受让人的利益,但这一缺陷可以通过其他措施予以弥补或修正。像德国采取的在经双方当事人同意的情况下,受让人可以承继诉讼,实际上将诉讼承继原则作为了当事人恒定原则的修正和补充。再加上实体法的具体限制,这一问题在较大程度上得以解决。

其三,选择当事人恒定原则,还是诉讼承继原则,需要考虑适用国家的制度结构、实际运行效果、制度与理论契合的程度。从笔者对德国和日本两国的相应情形来看,应当承认德国的制度结构更加严谨和完善,实际运行情形也比较顺畅,理论契合程度较高。反观日本的情形,在制度设计上缺乏整体性,制度间契合度也差强人意。如前述提到,将诉讼承继人作为独立当事人参加、假处分适用的片面性(假处分适用需要提供担保,这就必然给当事人增加诉讼负担)、缺乏告知实体权利义务移转的程序和手段等。对诉讼承继制度,日本主流学者批评甚多。虽然日本学者也提出了诸多可以完善的建议,且可以通过解释论、判例予以弥补,但一方面,由于某些问题属于结构性的,因此弥补起来非常困难,有一些对策性措施针对诉讼承继的缺陷是有效的,但对策本身又会引发其他副作用。例如,所谓预告登记制。而有些对策实际上就已经彻底转向了当事人恒定原则。另一方面,过多的解释使制度操作变得非常复杂,也容易发生冲突。在我国目前司法环境和司法水平的现实境况下,这一点也是需要注意的。在理念上,诉讼承继原则坚持了实体权利义务主体与诉讼当事人的一致性,当事人恒定原则有分离之嫌,但一致与分离的优劣评判标准取决于实现实质正义与程序正义的实际效果,而非观念上的预设。

诚然,我们有充分的理由选择当事人恒定原则作为实体权利义务移转的程序原则,《民诉法司法解释》也明确采取了这一原则,但并不意味着我们在制度建构方面已经完成,可以高枕无忧。实际上,在程序应对的制度建构方面,我们还有许多事情需要做,尤其是相应制度的配套。

首先,需要建构完善判决效力制度。在判决效力制度方面,须与当事人恒定原则形成契合。这方面主要是既判力制度,没有完善的既判力制度,当事人恒定原则无法运行。笔者认为,仅仅从现在司法解释关于判决效力表述的不当,就可以看出现行判决制度的不足。《民诉法司法解释》中的"发生法律效力的判决"这样的表述源于现行《民事诉讼法》。但实际上,未确定的判决也是有效力的判决,只不过没有既判力、执行力而已。完善的判决制度务必明确,有既判力的判决必须是确定的判决。

其次,在无独立请求权第三人追加方面也需要加以调整。按照民事诉讼处分原则,应当在权利人请求的情形下才能追加第三人,而非依职权追加。因为该第三人必定是被告型、义务型第三人。

再次,更重要的是完善对利害关系人的程序保障。如本书前述所言,我们在制度建构方面往往只是搭建一个初步框架,缺乏具体的程序予以支撑。这一问题在《民诉法司法解释》中也同样存在。因此,我们需要完善的一个重要方面就是明确设定具体的程序。笔者认为,在程序建构方面应包括以下内容:(1)双方同意由第三人承继诉讼的,应向法院提出承继诉讼的申请,由法院进行审查。如果一方不同意第三人承继诉讼的,出让的当事人或受让人可以请求法院裁定受让人承继诉讼。对裁定不服的,可以申请复议。(2)当事人恒定制度最需要考虑的是,如何保障实体权利受让人的程序和实体利益。具体问题是如何使受让人知晓诉讼系属的存在。在这一方面,可以考虑,作为争议的权利在取得、设定、丧失或变更依法进行登记的,当事人起诉又合法时,法院可以根据当事人申请发给当事人已起诉的证明(法院开出证明前应给予当事人陈述的机会),当事人可依此证明要求权利登记机构记载诉讼系属的事实。在辩论终结前,对方当事人可以就此提出异议。辩论终结后,可以要求登记机关撤销前项登记。这一做法的目的就是让受让人能够知晓诉讼系属的情形,以避免因主张善意取得而发生争议。在权利义务移转之后,如果没有人主张承继诉讼,便可以推定受让人已委托出让人,使最终确定判决对受让人的拘束具有了充分的正当性。

最后,还需要注意的是,当事人恒定制度以及适用的效果并不仅仅取决于程序法的规定,也取决于实体法——民法、商法等,因为只有实体法才会具体地考量在什么情形下当事人适格不因为权利移转而丧失。正如笔者曾经提到,原则上相对特殊的、具体的程序性规范应考虑规定在实体法中;相对一般的、抽象的程序规范规定在民事诉讼法中。也就是笔者以前在相关文章中提出程序法与实体法对于程序规范的所谓"特殊与一般分配法"。[5]

八、原告与被告的确定

(一)原告与被告的概念

原告,是指为维护自己或自己所管理的他人的民事权益,而以自己的名义向法院起诉,从而引起民事诉讼程序发生的人。

被告,是指被原告诉称侵犯原告民事权益或与原告发生民事争议,而由法院通知应诉的人。

原告和被告是民事诉讼中最基本的当事人。双方当事人对立,是民事诉讼得以存在和继续的前提。因此,民事诉讼不能允许自己诉自己,或没有对立的当事人。如果在诉讼中,因为继承或法人合并而使原告和被告同属一人,或者因为一方当事人死亡而无继承人,只有原告或被告一方,诉讼便会因此终结。

(二)原告与被告的确定

在我国,公民、法人和其他组织都可以作为当事人,成为民事诉讼中的原告或被告。但在实践中,公民、法人和其他组织作为原告或被告的情况比较复杂,为了正确认定民事诉讼中的原告和被告,最高人民法院在《民诉法适用意见》中专门作了解释。

---

〔5〕 关于诉讼系属中实体权利义务移转与当事人的地位,详见张卫平:《诉讼系属中实体变更的程序应对》,载《环球法律评论》2018年第1期。

1. 公民

公民作为民事主体，在与他人发生民事争议时，可以自己的名义起诉或应诉，成为原告或被告。

根据《民诉法司法解释》的规定，公民作为诉讼当事人的情形，还包括：(1)以经营者身份作为当事人。公民成为个体工商户的，应以营业执照上登记的经营者为当事人。有字号的，以营业执照上登记的字号为当事人，但应同时注明该字号经营者的基本信息。(2)以劳务接受者身份作为当事人。提供劳务一方因劳务造成他人损害，受害人提起诉讼的，以接受劳务一方为被告。(3)以行为人的身份作为当事人。法人或者其他组织应登记而未登记，行为人即以该法人或者其他组织名义进行民事活动的；行为人没有代理权、超越代理权或者代理权终止后以被代理人名义进行民事活动的，但相对人有理由相信行为人有代理权的除外；法人或者其他组织依法终止后，行为人仍以其名义进行民事活动的，皆以行为人为当事人。(4)以死者的近亲属身份作为当事人。对侵害死者遗体、遗骨以及姓名、肖像、名誉、荣誉、隐私等行为提起诉讼的，死者的近亲属为当事人。此种规定旨在保护社会公共利益和折射到死者近亲属的人格利益，而不属于对死者民事权利的继承。

2. 法人

法人也是民事主体，在与他人发生争议后，也可以自己的名义起诉或应诉，成为当事人。根据《民事诉讼法》和《民诉法司法解释》的规定，法人作为当事人，应由其法定代表人进行诉讼。法人的法定代表人以依法登记的为准，但法律另有规定的除外。依法不需要办理登记的法人，以其正职负责人为法定代表人；没有正职负责人的，以其主持工作的副职负责人为法定代表人。在诉讼中，法人的法定代表人更换的，由新的法定代表人继续进行诉讼，并应向人民法院提交新的法定代表人身份证明书。原法定代表人进行的诉讼行为对法人仍然有效。

根据《民诉法司法解释》的规定，法人作为诉讼当事人的情形还包括：(1)法人非依法设立的分支机构，或者虽依法设立，但没有领取营业执照的分支机构，以设立该分支机构的法人为当事人。(2)法人的工作人员或法人接受的被劳务派遣人员执行工作任务造成他人损害的，该法人为当事人。(3)企业法人合并的，因合并前的民事活动发生的纠纷，以合并后的企业法人为当事人。(4)企业法人解散的，依法清算并注销前，以该企业法人为当事人。

3. 外国人、无国籍人

对于外国人、无国籍人，无论其为自然人，还是法人，在我国都可以作为民事主体开展活动，因此也可以成为我国民事诉讼中的当事人。外国人、无国籍人成立的其他组织，只要具备相应的条件，即使不能作为民事主体，也可以作为当事人参加诉讼。

(三)企业法人下落不明、歇业、被撤销、吊销营业执照等情形的诉讼主体资格问题

在审判实践中，作为债务人的企业在起诉时或诉讼中下落不明、诉讼中歇业、被吊销、注销、撤销时，其诉讼主体问题是一个人们普遍感到困扰的问题。因此，有必要就这一现实问题予以阐述。

1. 企业法人下落不明的情形

企业法人下落不明是指不能按照法人提供的主要营业地、主要办事机构所在地、法人登记注册地等信息确认债务人实际的主要营业地、主要办事机构的所在地。下落不明的原因有可能是该法人的办事机构已经撤销或迁移,但并没有告知债权人或有关管理部门,或者该法人从一开始就没有在所在地设立主要营业地、办事机构,即所谓的"皮包公司"。

在审判实践中,案件受理后,法院知道法人下落不明(原告有可能在起诉时已经知道债务人下落不明,也可能不知道)的,将视原告的起诉不符合起诉条件裁定驳回起诉。如果存在共同被告(必要共同诉讼),且共同被告中一人不属于下落不明,并能够应诉的,对下落不明的被告公告送达,公告送达后,被告仍然不到庭应诉的,将缺席判决。

2. 企业歇业的情形

企业歇业是指企业已经停止经营活动,且不再恢复的情形。歇业分为两种:一种是企业自行申请歇业;另一种是企业领取企业法人营业执照后满6个月尚未开展经营活动或者停止经营活动满1年的,视为歇业。企业停业整顿,只是暂时的,因而不是歇业。

企业歇业后没有进行清算的,原企业依然具有法人资格,作为债务人依然可以作为被告,一般不将企业的投资者作为被告。企业歇业后,清算组进行清算的,清算组延续歇业企业的法人资格,因此债权人可以将清算组作为被告。没有清算组的,债权人可以将歇业企业和清算主体〔6〕作为共同被告,也可以单独以歇业企业为被告。

在一审诉讼程序中,债务人歇业的,在债权人提出申请的情形下,法院可以追加清算主体为共同被告。在二审程序中,债务人歇业的,如已经成立清算组清理债权债务的,可直接变更清算组为诉讼主体;无清算组清理债权债务的,诉讼仍继续进行。

3. 企业被吊销营业执照的情形

吊销企业法人营业执照是工商行政管理部门依照国家工商行政法规对违法的企业法人作出的一种行政处罚。营业执照是法人或企业运营的法定条件,一旦有关部门根据规范吊销营业执照,法人或企业便不能继续进行经营,但其法人资格仍然存在。因此,债权人在作为债务人的法人或企业被吊销营业执照后,如果成立清算组负责清理债权债务的,债权人应以清算组为被告提起诉讼;企业被吊销执照后,没有成立清算组清算企业债权债务的,债权人既可以将企业作为被告,也可以将企业和股东作为共同被告。作为共同被告的理由是企业与股东之间存在连带责任。企业被吊销营业执照后,债权人要求企业的开办单位或清算主体承担投资不足、抽逃资金、转移资产逃避债务或清算责任的,债权人可以开办单位或清算主体为被告。

债权人被吊销营业执照的,如果已经成立清算组清理债权债务的,清算组在诉讼中作为原告,债权人在诉讼中的权利义务由清算组继受。没有成立清算组的,清算主体可与作

---

〔6〕 清算主体不同于清算组,企业的性质不同,清算主体也有所不同。国有企业,上级主管部门是清算主体;集体企业,企业开办单位、部门或投资人是清算主体;联营企业的清算主体是各投资主体;子公司以母公司为清算主体;有限责任公司以全体股东为清算主体;股份有限公司以公司章程规定负有清算责任的股东或股东大会选定的股东为清算主体,股东大会不能选定清算组的,派员担任董事会成员的股东为清算主体。

为债权人的企业一起作为共同原告，实践中通常是当企业已经提起诉讼后，清算主体申请参加诉讼，实际上是追加为共同原告。

4. 企业被撤销的情形

企业被撤销，是指企业根据上级主管部门的决定，自行或由其上级主管部门办理注销登记，使企业法人资格消亡的特殊情形。按规定企业被决定撤销后应依法予以清理债权债务，清理后办理注销登记。但在实践中，有不少企业虽然被上级主管部门撤销了，但却没有清理债权债务。在这种情形下，企业的债权人就债权债务提起诉讼的，应当以作出撤销决定的机构和被撤销的企业作为共同被告。企业被主管部门撤销后，成立清算组进行清算的，债权人应以该清算组为被告提起诉讼。

5. 企业注销登记后的诉讼主体问题

《民诉法司法解释》规定，企业法人解散的，依法清算并注销前，以该企业法人为当事人；未依法清算即被注销的，以该企业法人的股东、发起人或者出资人为当事人。清算期间，公司的法人资格依然存在，应当以公司为民事诉讼的当事人。成立清算组的，清算组取代原公司董事会行使公司的代表和执行机关的职能，因此应由清算组代表公司进行诉讼，具体是由清算组负责人实际进行诉讼活动。尚未成立清算组的，由原法定代表人代表公司参加诉讼。

关于企业法人依法清算并注销前的诉讼主体资格问题，理论上存在两种观点。一种观点认为，如果法人依法被解散并清算的，将由其清算组织接管法人财产，了结债权、债务，参与诉讼，由此清算组应以自己名义起诉、应诉。另一种观点认为，企业法人在清算期间只是不能开展与清算无关的经营活动，其法人资格仍然存续，享有承担民事责任的能力，因此企业法人在注销之前无论是否成立清算组，都可以自身名义参加诉讼。清算组在清算期间类似于董事会和经理，其负责人可以代表企业法人实际进行诉讼，但是清算组欠缺独立的责任财产和独立的法律人格，因而不能在诉讼中直接取代公司的法人资格。前一种观点将清算组作为法定诉讼担当人，清算组享有诉讼实施权，替代真正的民事权利主体企业法人进行诉讼。而后一种观点将清算组作为诉讼代表人，其与法定代表人处于相似的法律地位。

对此，笔者认为，按照公司法理论，清算组作为当事人的确欠缺责任能力，且容易掩盖企业法人仍然存续的法人人格。如果以清算组作为当事人，必然面临清算组归类为哪一种民事诉讼主体类型的问题。若以清算组为其他组织，清算组不具备独立的组织机构和财产，也欠缺登记条件，不符合其他组织的法律定义，而且清算组因违反清算义务承担损害赔偿责任时，是以清算组成员作为民事责任主体，这说明清算组本身不具备承担民事责任的资格和能力。然而，依据民事诉讼的诉讼担当理论，清算组对企业法人的财产及相关清算事务享有管理处分权，并因此获得诉讼实施权，可以自身名义起诉或应诉。清算组作为当事人享有诉讼实施权并不会否定企业法人的法人人格，企业法人作为诉讼被担当人仍然是实体权利义务的归属主体。因此，争议的关键就在于清算组是否适合作为当事人，以及诉讼代表（或诉讼代理）制度能否替代性地解决诉讼主体资格的问题。首先，从目前的法律规定来看，清算组无法作为其他组织，不过通过修改法律规定将其纳入“其他组织”也是可行的。清算组在执行清算任务时是作为一种非法人团体,其内部会有明确的分工和职责,清算组接管了企业法人的财产,且清算组依照法律规定选任后组成,可以免于登记,因而清算组作为其他组织并没有不可逾越的法律障碍。其次,诉讼担当制度有利于解决实体权利义务主体诉讼能力的不足问题,方便诉讼担当人实际行使诉讼权利、履行诉讼义务,而且清算组成员(有限责任公司的股东、股份有限公司的董事或股东大会确定的人员)常与企业法人存在法律上的利害关联,诉讼担当制度可以更好地规范诉讼担当人妥善实施诉讼,利用既判力扩张制度一并解决纠纷,保护对方当事人的合法权益。最后,大陆法系通说认为,破产管理人作为诉讼担当人具有当事人的主体资格,清算组与破产管理人在清理企业法人债权债务等职能方面具有相似性,且破产管理人还可能由清算组担任。因此,如果认为清算组不具备当事人能力,那么破产管理人作为当事人也将陷入争议,并可能破坏民事诉讼理论体系的完整性。

本书中,笔者主张,清算组具备当事人资格。但是《最高人民法院关于适用〈中华人民共和国公司法〉若干问题的规定(二)》[以下简称《公司法司法解释(二)》]第 10 条采取了后一种观点,[7] 修正了《民诉法适用意见》以清算组织为当事人的做法,并认为这更加符合公司法理论关于清算组与公司之间关系的认定。由此可见,实体法与程序法在理论上的衔接与照应尚有待推进。

至于企业法人歇业、被撤销、宣告破产或者其他原因终止营业的,依照《企业法人登记管理条例》的规定应当办理注销登记,因此可以参照企业法人解散注销的情形处理。

关于企业法人注销后的诉讼主体资格,根据《公司法》的规定,公司解散后必须进行清算,公司未经清算不得办理注销登记,因而,如果公司依法清算并注销的,债权债务已经了结,不可能发生债权人追究公司注销前债务的情形。但是在实际操作中经常发生未经依法清算即办理注销登记的情形,依照《公司法司法解释(二)》第 19 条、第 20 条的规定,相关主体依然要承担法律责任:(1)未经依法清算,以虚假的清算报告骗取公司登记机关办理法人注销登记,有限责任公司的股东、股份有限公司的董事和控股股东,以及公司的实际控制人应当对公司债务承担相应赔偿责任;(2)股东或者第三人在公司登记机关办理注销登记时承诺对公司债务承担责任的,该股东或者第三人应当对公司债务承担相应民事责任。以该实体法上民事责任为基础,《民诉法司法解释》概括规定了未依法清算即被注销情形下,该企业法人的股东、发起人或者出资人具有民事诉讼当事人的主体资格。企业法人注销后即丧失法人资格,其民事权利义务转移给股东、发起人或出资人,依法应当由原企业法人的股东、发起人或出资人承担诉讼。

---

[7] 《公司法解释(二)》第 10 条规定:公司依法清算结束并办理注销登记前,有关公司的民事诉讼,应当以公司的名义进行。公司成立清算组的,由清算组负责人代表公司参加诉讼;尚未成立清算组的,由原法定代表人代表公司参加诉讼。

第八章 当事人诉讼行为

本章目次

一、当事人诉讼行为的含义

当事人诉讼行为,是指当事人所实施的,能够产生特定民事诉讼法律效果,且该行为的要件和效果均由民事诉讼法规范所规定的行为。当事人诉讼行为的定性意义在于,将当事人的诉讼行为与当事人的实体法上的法律行为区分开来,目的在于解决诉讼行为与法律行为的适用根据问题。如果属于诉讼行为则应当适用民事诉讼法规范。相反,如果属于实体法上的法律行为则应当适用实体法上的规范。例如,诉讼中的自认、上诉的提起与撤回等。这些诉讼行为是否有效完全根据民事诉讼法的规定,对这些诉讼行为要件和效力的解释也当然要根据民事诉讼法的解释规则。

诉讼行为不一定发生在诉讼中,也有可能发生在诉讼前,例如,当事人关于管辖、不起诉、仲裁的合意。这些行为都将产生特定的诉讼法上的效果。在认可当事人关于不起诉合意的国家,如果一方违反该合意,向法院提起诉讼,法院将以诉不合法予以驳回。

当事人实施的行为中有的不仅产生诉讼法上的效果,同时也会产生实体法的效果。例如,起诉,这一诉讼行为不仅产生民事诉讼法上的效果,也同时产生民事实体法上的效果——中断诉讼时效的效力。

二、当事人诉讼行为的特点

当事人的诉讼行为具有以下特点:

第一,作为当事人的诉讼行为,民事诉讼法要求行为人必须具有当事人能力和诉讼行为能力,否则是无效的诉讼行为。而民法上关于限制行为能力的规定对诉讼行为就没有意义,限制行为能力的当事人实施的诉讼行为依然是无效的。

第二,当事人的诉讼行为原则上是不附条件的。与此不同的是,实体法如民法上的法律行为是可以附条件的。诉讼行为之所以原则上不附条件,是因为诉讼中当事人的诉讼行为是彼此关联的,后行的诉讼行为必须以确定的先行诉讼行为为前提。如果附条件,即诉讼行为以将来不确定的事实作为条件,则因为该诉讼行为的不确定性,必将导致诉讼的不确定性,法院以及对方当事人只能等待,无法实施诉讼行为。之所以原则上不附条件,是因为在个别情形下,诉讼行为是可以附条件的。这主要是指预备合并之诉和预备抵消的情形。前者是指在大陆法系国家民事诉讼法中,当事人提起两个诉讼请求,其中一个诉讼请求为预备性请求,当主位请求被承认时,预备请求撤销;相反,主位请求被驳回时,预备请求将接受审理和裁判。也就是说,主位请求成为预备请求解除或停止的条件。后者是将对原告请求不成立的抗辩作为先行防御手段,如果此抗辩不成立,则抵消请求成为预备性防御手段。

第三,原则上,诉讼行为存有瑕疵时,一般都有补救的可能。所谓诉讼行为的瑕疵,是指在法定形式、当事人资格或内容上存在瑕疵的诉讼行为。在这一点上,诉讼行为不同于实体法上的法律行为。民法上的法律行为一旦存在瑕疵,原则上该法律行为无效或可撤销。诉讼行为存有瑕疵时,法院即使认定该行为不合法,当事人还可以另行实施同样的无瑕疵诉讼行为继续进行诉讼。例如,当事人缺乏诉讼能力的情形,只要诉讼中对诉讼能力瑕疵进行补救,法定代理人代为进行诉讼,则诉讼依然可以继续。只有在某些情况下,诉讼行为瑕疵是无法补救的,例如,法院对案件无审判权等情形。

三、当事人诉讼行为的种类

在理论上,根据当事人的诉讼行为是否能够不通过法院的行为便能直接产生诉讼法上的效果,可以将当事人的诉讼行为分为“取效性诉讼行为”和“与效性诉讼行为”。[1]

1. 取效性诉讼行为

所谓取效性诉讼行为,是指当事人所实施的,必须通过法院的行为才能直接产生诉讼法上效果的诉讼行为。例如,提起诉讼的行为、上诉的行为、申请诉讼保全的行为、申请再审的行为、提出事实上或法律上主张的行为、申请证据调查的行为等。

2. 与效性诉讼行为

所谓与效性诉讼行为,是指无须通过法院的行为,便可以直接产生诉讼法上效果的诉讼行为。一定的诉讼行为属于取效性诉讼行为还是与效性诉讼行为,与各国民事诉讼法的规定有关,也与诉讼模式有直接关联。在职权主义诉讼模式的国度,与效性诉讼行为很少,大都是取效性诉讼行为。在大陆法系国家,如自认、诉讼请求的放弃与认诺、诉的撤回、上诉

---

〔1〕 参见[日]松本博之、上野泰男:《民事诉讼法》(第四版),弘文堂2006年版,第114～115页。

的撤回、放弃上诉权等诉讼行为都是与效性诉讼行为。但如果在职权主义诉讼模式的民事诉讼中,撤回起诉就未必是与效性诉讼行为,因为撤诉也必须经过法院的审查同意。

四、诉讼行为的评价

以往对诉讼行为的评价通常只是简单地概括为合法与不合法。但如果认真分析民事诉讼法对诉讼行为的评价可以发现存在四个阶段或四个层次。在这一点上,诉讼行为的评价与私法行为的评价有所不同。诉讼行为的四个阶段是:成立与不成立、有效与无效、合法与不合法、有理由与无理由。

一是成立与不成立。成立与不成立的评价涉及是否满足民事诉讼法关于诉讼行为成立的要件要求。满足的,成立;没有满足的,则不成立。例如,关于起诉条件的规定。

二是有效与无效。有效与无效涉及虽然在形式上诉讼行为成立,但是否能够发生法律效果的问题。没有法律效果,或法律不承认行为效果的,是无效的诉讼行为。例如,欠缺意思能力、诉讼能力、代理权的诉讼行为以及违反诉讼程序效力规定的情形。

三是合法与不合法。合法与不合法涉及虽然诉讼行为是有效的,但从诉讼行为的内容来看,是否违反诉讼法的问题。例如,关于诉讼是否符合诉讼要件、上诉是否符合合法要件、起诉是否缴纳相关费用、保全申请是否缴纳相关规定费用等。如果诉讼行为不合法,则将被驳回。

四是有理由与无理由。诉讼行为的法律评价还涉及是否有理由的问题。即使诉讼成立、有效、合法,但经过审理或审查认为无理由的,依然会被驳回。

五、瑕疵诉讼行为及处理

1. 瑕疵诉讼行为概述

瑕疵诉讼行为,是指在法定形式或内容上存在瑕疵的诉讼行为。原则上诉讼行为存有瑕疵时,一般都有补救的可能。如前所述,在这一点上诉讼行为与实体法上的法律行为有所不同。

2. 瑕疵诉讼行为处理的一般原则

从诉讼行为的性质来看,不同的诉讼行为有不同的处理方法。原则上,如果是取效性诉讼行为,则法院将以不合法予以驳回;如果属于与效性诉讼行为,法院不会作出判断。当事人可以在有效期间内另行实施无瑕疵的相同诉讼行为予以替代。例如,如果上诉行为有瑕疵,则只要在上诉期间,当事人可以另行提起上诉。

3. 具体处理的若干情形

在国外民事诉讼法中,对有瑕疵诉讼行为可以通过以下六种方法予以处理,以兼顾程序安定性和当事人的诉讼利益。

一是补正。对于已经成立的诉讼行为,如果出现瑕疵,可以通过补充、更正弥补瑕疵来补正。例如,对于欠缺诉讼能力的情形,可以通过适用法定代理人的规定予以补正。

二是追认。对于无效诉讼行为,可以通过事后的有效行为予以追认。

三是瑕疵忽略:(1)瑕疵行为因判决生效或确定而忽略。有瑕疵的诉讼行为的治愈是指诉讼行为虽然存在瑕疵,但一旦判决生效或确定,只要不属于再审事由,该瑕疵因此被忽略。(2)瑕疵行为因为程序异议权的放弃或丧失而忽略。当一方当事人实施的诉讼违反程序规定形成瑕疵时,该诉讼行为并非当然无效,在对方当事人放弃对该行为的异议权或者丧失异议权时,该诉讼行为的瑕疵即被忽略,所实施的诉讼行为依然具有相应的法律效果。(程序异议权在国外民事诉讼理论中也常常被称为责问权,意思是一方当事人对对方诉讼行为的程序瑕疵予以责问的权利。笔者认为,还是程序异议权的概念更容易理解。)由于当事人放弃异议权、异议权的丧失,使有瑕疵的诉讼行为的瑕疵被忽略,依然具有相应的效力,其原理源自民事诉讼的特性。在民事诉讼中,当事人双方是平等的民事利益主体,当事人可以自由处分自己的诉讼权利,在诉讼中,当事人不仅有主张、抗辩的权利,也有对对方诉讼行为进行监督的权利。监督权是通过异议权的实施具体发生作用的。一旦当事人放弃异议权或丧失异议权,则表明对对方瑕疵行为的忽略,对方的诉讼行为的效力得到认可。异议权的丧失不同于异议权的放弃,是指法律对异议权的行使设置一定的期间,在该期间内没有提出异议的,异议权丧失。异议权的放弃,是异议权主体向法院明示不行使异议权的情形。程序异议权不仅针对当事人的诉讼行为,也适用于法院的诉讼行为。在法院的诉讼行为存在瑕疵的,可以因为程序异议权的放弃或丧失而忽略其瑕疵。例如,法院的送达行为,虽然存在瑕疵,但因为受送达的当事人放弃异议权,则送达依然是有效的。应当注意的是,瑕疵诉讼行为因异议权的放弃或丧失而有效,其范围仅限于当事人拥有异议权的范围,通常是当事人对程序规定拥有处置权。对于没有处置权的领域,也就没有异议权,也就不发生因为异议权的放弃或丧失而忽略诉讼行为瑕疵的问题。例如,对于法院主管、诉讼要件等。(3)瑕疵行为因没有违反公益性规定而忽略。

四是无效行为的转换。某诉讼行为虽存在瑕疵,但只要该诉讼行为没有违反当事人的意思表示,可以作为意思解释问题将该行为转换为其他诉讼行为。典型的例子是关于反诉的提起。虽然该反诉不具备反诉的条件,反诉提起行为无效,但可以转换为独立诉讼而依然有效。

五是诉讼行为的追加实施。此种情形主要针对诉讼行为存在不变期间的场合。按照民事诉讼法的规定,虽然诉讼行为的实施期间已经超过,但如果属于非归责于当事人的原因,也可以在障碍事由消除之后,在一定的期间内实施追加性行为。该行为依然是有效行为。

六是类推适用民法相关规定。对意思表示有瑕疵的诉讼行为是否可以类推适用民法上的相关规定,撤销其诉讼行为,是实践中经常遭遇的问题。按照德国和日本通说,原则上不可以直接适用也不可以类推适用民法上的相关规定,撤销其诉讼行为。也就是说,不因意思表示有瑕疵而否定其诉讼行为的有效性,即所谓"不考虑意思瑕疵的原则"。〔2〕主要

---

〔2〕［日］松本博之:《当事人的诉讼行为与意思瑕疵》,载《讲座民事诉讼法(4)》,弘文堂1985年版。

考虑诉讼行为的连接性与程序的安定性，因为诉讼行为彼此是前后相连的，后面的诉讼行为往往以前行的诉讼行为为前提，如果因为当事人意思表示有瑕疵，便可以否定后诉讼行为的效力，则有可能全盘推翻前面实施的所有程序，导致已经实施的诉讼程序无效。但后来德国、日本也有学者指出，对此不可"一刀切"，认为诉讼行为对程序安定性影响不大，又涉及当事人重大利益的，可以类推适用民法关于意思瑕疵的规定，可主张诉讼行为无效或撤销。《民事证据规定》对于自认实际上采取了民法的类似规定。其规定：当事人在法庭辩论终结前撤回承认并经对方当事人同意，或者有充分证据证明其承认行为是在受胁迫或者重大误解情况下作出且与事实不符的，不能免除对方当事人的举证责任（证明责任）。

对瑕疵诉讼行为应当如何处理，需要法律根据具体诉讼行为的情形予以规定。我国现行民事诉讼法在瑕疵诉讼行为的处理上还缺乏完善的规定，需要在今后的民事诉讼法修改中予以完善。

六、当事人在诉讼中的申请与主张

申请与主张是当事人在诉讼中所实施的最重要的诉讼行为，决定诉讼程序的开启以及裁判的基础。

1. 申请

这里的申请是指广义上的申请，意指当事人向法院提出的要求其作出相应的审理、判断等行为的诉讼行为。申请包括本案申请和本案以外的申请。这里的本案是指关于实体权利义务的争议。与本案问题有关的程序问题，如诉讼保全、证据调查等。以往我们习惯将与本案争议有关的其他问题也称为本案问题。这种理解容易导致将本案问题与其他问题混淆。

申请从申请主体来看，包括原告一方当事人的申请和被告一方当事人的申请。原告方的申请包括起诉、上诉、再审申请以及变更诉讼请求、追加当事人、第三人的申请等；被告方的申请包括提起反诉、上诉、再审申请、追加当事人或第三人的申请等。

2. 主张

当事人在诉讼中的主张包括法律上的主张和事实上的主张。

一是法律上的主张。其是指当事人对案件涉及法律问题的主张。狭义上的法律主张是指涉及法律、法规适用后果的权利义务关系发生、变更、消灭与否的主张。广义上的法律主张是关于所有相关法律、法规适用问题的主张。

二是事实上的主张。其是指当事人关于案件事实存在与否的主张。因为本案事实是本案裁判的小前提，因此，事实主张是本案诉讼的核心和重心。当事人双方也主要是围绕案件的事实进行攻击和防御的。对对方事实主张的承认构成自认。在大陆法系国家，事实因为划分为主要事实、间接事实、辅助事实，且主要事实受辩论原则的约束，因此，事实主张也包括主要事实的主张、间接事实的主张和辅助事实的主张。

◆事实主张上的否认与抗辩

否认与抗辩都属于事实上的主张，属于诉讼上的防御手段。在以往的论说当中，我们通常不严格区分否认与抗辩，大体会认为没有什么区别。的确，在否定对方当事人的主张方面，两者具有共同点，但大陆法系民事诉讼理论中，否认与抗辩是两个有严格区别的诉讼法上的概念。两者之间的区别与证明责任有直接的关联。由于国内在认识否认与抗辩时没有将其与证明责任联系起来，当然也就不能区分两者。

所谓否认，是指否定对某一事实负有证明责任的当事人所提出的事实，使该当事人必须提出相关证据对该事实加以证明的行为。例如，在借贷返还请求的诉讼中，对于是否将借款交与被告的事实，被告主张不记得收到过原告的借款。被告的这一主张就是单纯的否认。因为关于借款已经交付被告的这一借款返还请求权的要件事实的证明责任在请求权人即原告一方。被告的否认行为使原告必须提出相应证据证明的确已经交付借款给被告。

所谓抗辩，是指针对对方的否认而提出的事实主张，而该事实的证明责任在提出事实主张的一方。依然以借贷返还请求纠纷为例。请求权人主张要求被告返还借款，并主张被告已经实际收到借款。对此，被告主张已经返还，或者已过诉讼时效等事实主张的行为就是抗辩。无论是已经返还，还是诉讼时效事实的证明责任都在被告一方。针对被告已过诉讼时效的主张，原告提出新的事实证明存在诉讼中断的事由。原告的主张行为就是再抗辩。对于抗辩，实践和理论上的问题是，是否允许对抵消的再抗辩。反对论认为，如果允许承认对抵消的再抗辩将会使诉讼变得更为复杂，迟延本案纠纷的解决；相反的观点则认为，这有利于牵连纠纷的一次性解决。国外的判例如日本，支持反对论的主张。

区分否认与抗辩的意义在于，基于抗辩与证明责任的联系，对于抗辩不成立的，应当承担相应的不利后果。抗辩对于当事人而言具有更重要的意义。

◆抗辩的其他含义

抗辩除了事实主张上的抗辩之外，“抗辩”一词还具有其他含义，主要特点在于不予否认和证明责任相联系。包括诉讼法上的抗辩和实体法上的抗辩。

诉讼法上的抗辩不同于实体法上的抗辩，是仅关于诉讼程序问题的抗辩。例如，关于诉讼要件、诉的利益、当事人适格等诉讼法上问题的抗辩。

实体法上的抗辩也称为“本案抗辩”。针对对方当事人提出的关于本案的基础事实（主要事实、要件事实）的事实主张，为阻止其相应法律效果发生而提出的事实主张为实体法上的抗辩或本案抗辩。实体法上的抗辩又分为事实抗辩与权利抗辩。主张特定的事实以达到否定对方实体权利的目的为事实抗辩；主张特定权利的存在以使对方实体权利消灭或妨碍其产生为权利抗辩，例如，主张留置权、同时履行抗辩权、保证人催告等。

七、诉讼契约

1. 诉讼契约的概念

所谓诉讼契约，是指双方当事人之间所达成的以发生诉讼上效果为目的的合约。在国外，由于奉行当事人主义，强调当事人的私人自治、处分自由，私人自治的实质就是强调当事人自己决定和自己的责任。因而诉讼契约的范围比较广泛。例如，关于管辖的契约、变更最初期日的契约、担保标的物的契约、不起诉契约、不上诉契约、证据契约、撤诉契约等。

在历史上也有过诉讼契约不合法的观点，主要理由在于诉讼法是公法，为了统一和迅速进行诉讼，禁止当事人任意诉讼。以后人们认识到，虽然诉讼法为公法，但诉讼法中亦有大量任意性规范，因此，并不禁止人们就诉讼事项在一定范围内达成合意，以满足双方当事人的需要。运用诉讼契约不仅体现当事人自治，也因为允许当事人对程序事项的合意使诉讼的运行更能实现民事诉讼的目的。

在我国民事诉讼法上，诉讼契约的范围依然比较小，通常仅承认关于地域管辖的诉讼契约、撤诉契约等。这种情形与我国民事诉讼的观念和体制有关。

2. 诉讼契约的性质

关于诉讼契约的法律性质，主要有三种不同的学说，即私法契约说、诉讼契约说、间接私法契约说（发展私法契约说）。

私法契约说。该学说主张，诉讼契约属于民法上的合同，法律效果仅限于实体上的权利义务关系。当事人之间的诉讼契约不能直接发生诉讼法上的效果。如果一方当事人不履行合同只能发生实体上义务不履行的效果。例如，双方之间达成不起诉合约，一方向法院起诉时，另一方当事人不得以存在不起诉契约而要求法院予以驳回起诉，诉讼继续进行。该当事人只能依据不起诉合同要求对方当事人承担违约责任。

诉讼契约说。该学说主张，当事人双方达成诉讼契约的行为属于诉讼行为，契约与法相同，可直接发生诉讼法上的效果。一方当事人违反不起诉契约向法院起诉的，对方当事人提出存在不起诉合意的证据时，法院应当驳回当事人的起诉。

间接私法契约说（发展私法契约说）。该学说认为，诉讼契约中的请求权在性质上依然是民法上的请求权，只是通过这种请求权的性质达成诉讼法上的目的，但诉讼法上效果的发生并非直接的，而是间接的。即诉讼契约是作为抗辩理由，由法院具体斟酌裁量后才发生作用，并非当然作为法院裁判的根据。

第九章 共同诉讼

本章目次

一、共同诉讼概述

(一)共同诉讼的含义

在通常情况下,民事诉讼的原告一方或被告一方都只有一人,也有一些纠纷,一方或双方均为二人以上,形成诉讼时,原告或被告或双方均是多数,这就形成了一种特殊的诉讼形态——共同诉讼。共同诉讼是诉的主观合并(主体合并),其意义在于简化诉讼程序,节省诉讼的时间和费用,实现诉讼的经济和迅捷,并避免人民法院在同一事件的处理上作出相互矛盾的判决。

民事诉讼当事人主要是由利益相互冲突对立的原被告构成的。一般情况下,原告和被告之间是一对一的状态。因为在许多情况下,实体权利义务关系的主体就是单一主体对单一主体的双方。一旦实体权利义务发生争执,并形成诉讼时,就构成了一对一的诉讼状态。然而,复杂的社会关系决定了权利义务关系的一方或双方并不是简单的单一主体,即使是同一权利义务关系也往往涉及一方或双方为多数的复合主体。这种涉及多数主体的权利义务关系一旦发生纠纷,并进一步转化为诉讼时,也就形成了诉讼一方或双方为二人以上的多数人诉讼,即共同诉讼。原告为二人以上的,称为共同原告;被告为二人以上的,称为共同被告。二人以上的一方或双方当事人称为共同诉讼人。在民事诉讼理论上,原告为二人以上的共同诉讼,又称为积极共同诉讼;被告为二人以上的共同诉讼,则称为消极共同诉讼。

共同诉讼的制度和概念源于德国。在德国,从普通法时代中期开始,逐渐形成了必要共同诉讼和普通共同诉讼两种基本共同诉讼形态。在德国普通法初期,由于实行"书状审理制度"和法定证据制度,所以禁止实行诉的主观或主体的合并,但允许共同的团体诉讼,即承认多数人诉讼中作为一个整体有单一的诉讼主体地位,不允许团体的各成员享有各自独立的诉讼地位。以后,随着诉讼制度的发展和完善,这种团体型的共同诉讼便不再限于团体,只要权利义务的主体之间诉讼标的是共同的,即具有共同的权利义务,就允许将多数权利义务关系主体在诉讼中加以合并,形成现在的必要共同诉讼。又进一步允许虽然在诉讼主体之间没有共同的权利义务关系,但诉讼标的是同种类的,也可以将其诉讼主体合并,由此诞生了普通共同诉讼制度。

共同诉讼是将一方或双方为二人以上的诉讼主体纳入同一诉讼过程,因而是诉讼主体的合并。在有的情况下,不仅在同一诉讼程序中纳入了多个诉讼主体,还将多个诉讼主体之间的诉讼请求也同时纳入同一诉讼程序加以审理,形成了诉的客体(诉讼请求)的合并与诉的主体合并的竞合。例如,一方当事人中的一人或数人对另一方的一人或数人提出两个以上诉讼请求的场合。诉的主体合并与诉的客体合并没有必要联系,诉的主体合并和诉的客体合并都可能独立存在。

(二)共同诉讼发生的原因

共同诉讼发生的原因可分为两类:原始的发生原因和后发的发生原因。原始的发生原因,是指最初形成共同诉讼的原因。共同诉讼一般是因两个以上的原告起诉,或两个以上被告应诉而形成的,因此,也就称为原始的发生原因。除了因起诉、应诉构成共同诉讼外,在特殊情况下,有可能从最初的一对一诉讼转化为共同诉讼。诉讼开始后形成共同诉讼的原因便称为后发的发生原因。

因后发的发生原因形成的共同诉讼主要有以下几种情形:(1)诉讼进行中,原告或被告死亡,诉讼由数个继承人或权利义务的继承人承担;(2)诉讼进行中,追加当事人而形成共同诉讼;(3)诉讼进行中,法院将分别提起的诉讼合并审理而形成的共同诉讼。

(三)共同诉讼的分类

共同诉讼存在什么样的类型,其划分的标准和意义是什么?这是一个非常复杂的问题。

按照《民事诉讼法》的规定,以共同诉讼人之间对诉讼标的的关系的不同,将共同诉讼分为两类:一类为诉讼标的是共同的共同诉讼;另一类为诉讼标的是同种类的共同诉讼。我国民事诉讼法学通常将前者称为"必要共同诉讼",后者为"普通共同诉讼"。共同诉讼分类的复杂性在于,就规制的角度而言,不同类型的共同诉讼应有其相应的规则和要求。对于不同类型的共同诉讼规范要求又是基于实体法和程序法上的双重要求,而程序法上的要求又要考量诉讼的效率、避免矛盾判决、权利救济的便利和程序权利的保障等多维价值追求,从而形成诉讼理论的"魔方"。虽然民事诉讼法上有关于共同诉讼类型的基本规定,但是如何理解什么是诉讼标的共同与诉讼标的同种类的含义也受到上述考量的影响。《民诉法司法解释》的规定也不过是多重考量的一种结果。共同诉讼的分类不仅是对现行法规范的描述,还有要从应然角度考虑共同诉讼的制度完善问题。作为抽象地、一般地阐述共同诉讼的分类还是比较容易的,更复杂的问题在于针对具体的多数人诉讼情形,如何界定或归类的问题。

按照日本民事诉讼法的理论,必要共同诉讼又进一步分为"固有必要共同诉讼"和"类似必要共同诉讼"。所谓类似必要共同诉讼,是指数人对作为诉讼标的的法律关系,虽然不要求必须一同起诉或应诉，当事人有选择一同起诉或应诉，还是分别起诉或应诉的权利，但一旦选择共同诉讼，则必须对共同诉讼人的诉讼标的合一确定。如果选择单独诉讼，在法律上当事人有单独实施诉讼的权能。但法院对其中一人的起诉或应诉的诉讼所作出的判决，其效力及于可以作为共同诉讼的其他人，虽然这些人并未提起诉讼或参加诉讼。例如，数人针对同一婚姻关系所提起的关于该婚姻关系无效、撤销婚姻关系、确认婚姻关系成立或不成立的诉讼，股份有限公司的股东提起撤销股东大会决议的诉讼等就属于这一类。之所以称为类似必要共同诉讼，是因为此种诉讼在某种情况下仍必须合一确定。但又不完全等同于固有必要共同诉讼，它并不要求必须一同起诉或应诉。在日本，有的学者将类似必要共同诉讼称为"特殊共同诉讼""偶然的必要共同诉讼""非真正必要共同诉讼"。日本也有学者指出，类似必要共同诉讼因为可以选择，因此就不能作为必要共同诉讼的一种。[1]

在德国，大多将必要共同诉讼分为基于诉讼法原因的必要共同诉讼和基于实体法原因的必要共同诉讼。这种划分方法是以必要共同诉讼合一确定的原因作为根据。日本学者所谓的类似必要共同诉讼，相当于德国理论中的 Zufaallige notwendige Streitngenossenschaft（我国台湾地区学者译为"偶然必要共同诉讼"）。[2]

二、必要共同诉讼

（一）固有必要共同诉讼

1. 固有必要共同诉讼的含义

固有必要共同诉讼，是指当事人一方或者双方为二人以上，其诉讼标的是同一的共同诉讼。必要的共同诉讼要求共同诉讼人必须一同起诉或应诉，未一同起诉或应诉的，应予以追加，人民法院还必须合并审理，且作出合一判决，故将此类诉讼称为必要的共同诉讼。

通常认为，固有必要共同诉讼之所以必要，是因为共同诉讼人之间诉讼标的的共同性，而诉讼标的的共同性又是由实体法律关系所决定的。共同诉讼人在实体法律关系中存在共同的利害关系即享有共同的权利或承担共同义务，在诉讼中诉讼标的就是共同的。固有必要共同诉讼要求当事人一同起诉或应诉，法院合一审理和判决，以避免因分别审理和判决导致分割实体权利义务的内在联系，造成相互矛盾的判决。在诉讼理论上，之所以共同诉讼人必须一同进行诉讼，是因为共同诉讼人自己不享有独立的"诉讼实施权"或"诉讼管理权"，诉讼实施权或诉讼管理权属于共同诉讼全体，共同诉讼人中一人的诉讼未经全体认可的，不发生法律效力。如果必须共同行使的诉讼实施权仅为共同诉讼人中一人或数人行使时，在实体判决要件（诉讼要件）方面就属于原告不适格，法院将驳回原告的起诉。

---

〔1〕 参见［日］三月章：《民事诉讼法》，弘文堂 1979 年版，第 57 页。

〔2〕 参见陈荣宗、林庆苗：《民事诉讼法》，台北，三民书局 2013 年版，第 200～201 页。

如果当事人各自的权利或权益能够独立处分的，就不能适用固有的必要共同诉讼。

固有必要共同诉讼的实体法基础在于，当事人在实体上的处分权或管理权以及作为诉讼标的的形成权必须由全体权利人共同行使，单独行使将不合法。典型的例子是，共有财产的数人与他人之间就共有财产权发生争讼的情形。数人对特定财产共同拥有财产权时，其中任何一人或数人都无权独立处分整个财产，必须征得全体财产所有人的同意，才能予以处分。因此，当其他人争议该财产的所有权并发生诉讼时，该财产的共同所有人都应当作为当事人一同进行诉讼，一同起诉或应诉。

2. 固有必要共同诉讼的认定

固有必要共同诉讼，其共同诉讼人之间对诉讼标的是否具有共同的权利或义务，是由实体法决定的。共同诉讼人之所以对诉讼标的有共同的权利或义务，是因为共同诉讼人之间本身就存在权利义务的共同关系。财产所有人对同一财产的共有就是一种典型的共同关系。具体有：合伙人对合伙财产的共有、共同继承人对继承财产的共有、夫妻双方对其财产的共有、知识产权人对知识产权的共有，以及民法上所规定的一切有关财产共有的情形。对共有财产争议所发生的诉讼是最典型的固有必要共同诉讼。

应当注意的是，并非所有涉及共有财产权的诉讼都一定是固有必要共同诉讼。按份共有的，即使涉及共有财产的争议，也不一定构成必要共同诉讼。如对否认共有人之一无财产所有权的确认之诉，就不是固有必要共同诉讼。另外，共有权人向法院明确表示放弃权利，只有单一的权利人与单一的对方发生争议的，也不构成共同诉讼。

还应当注意的是，即使涉及共同共有关系，也不一定要一同起诉或应诉。关于这一问题涉及固有必要共同诉讼适用的价值判断问题，即在哪些情形下一同起诉和应诉更有利于实现实体正义、程序正义以及提高诉讼效率，也就是所谓共同诉讼的必要性问题。例如，第三人的行为侵害了共有财产，共有财产人如果通过诉讼维护共有财产的，是否要求所有共有人必须一同起诉。实际上，只要共有人中一人提起诉讼排除第三人对共有财产的侵害，其他共有人的权益也就得到了维护，因此没有必要一同诉讼，硬性要求一同起诉、一同进行诉讼将提高纠纷解决的成本。当然，作为原告的共有人不得在诉讼中声称该共有财产属于己有。

根据司法解释，下列情形的当事人均作为固有必要共同诉讼人参加诉讼：(1)个体工商户、个人合伙或私营企业挂靠集体企业，并以集体企业的名义从事生产经营活动的，诉讼中，该个体工商户、个人合伙或私营企业与其挂靠的集体企业为共同诉讼人。(2)在个体工商户诉讼中，营业执照上登记的业主与实际经营者不一致的，以业主和实际经营者为共同诉讼人。(3)个人合伙的全体合伙人，在诉讼中为共同诉讼人。个人合伙有依法核准登记的字号的，应在法律文书中注明登记的字号。全体合伙人可以推选代表人进行诉讼；被推选的代表人，应由全体合伙人出具推选书。(4)企业法人分立的，因分立前的民事诉讼活动发生的纠纷，以分立后的企业为共同诉讼人。(5)借用业务介绍信、合同专用章、盖章的空白合同书或者银行账户的，出借单位和借用人为共同诉讼人。(6)在继承遗产的诉讼中，部分继承人起诉的,人民法院应通知其他继承人作为共同原告参加诉讼。(7)共同财产受到他人侵害,部分共有权人起诉的,其他共有权人应当列为共同诉讼人。

根据最高人民法院2001年4月16日颁布的《关于审理劳动争议案件适用法律若干问题的解释》的规定,原用人单位以新的用人单位和劳动者共同侵权为由向人民法院起诉的,应将新的用人单位和劳动者列为共同被告。

3.《民诉法司法解释》关于必要共同诉讼的规定

《民诉法司法解释》在《民诉法适用意见》的基础上,对应作为必要共同诉讼的某些具体情形作了规定。虽然司法解释没有使用"必要共同诉讼"的说法,但由于这些具体情形中所指的共同诉讼人就是必须一同诉讼(起诉或应诉)的人,因此就是必要共同诉讼的情形。(1)个体工商户营业执照上登记的经营者与实际经营者不一致的,以登记的经营者和实际经营者为共同诉讼人。(2)在诉讼中,未依法登记领取营业执照的个人合伙的全体合伙人为共同诉讼人。个人合伙有依法核准登记的字号的,应在法律文书中注明登记的字号。全体合伙人可以推选代表人;被推选的代表人,应由全体合伙人出具推选书。(3)企业法人分立的,因分立前的民事活动发生的纠纷,以分立后的企业为共同诉讼人。(4)借用业务介绍信、合同专用章、盖章的空白合同书或者银行账户的,出借单位和借用人为共同诉讼人。(5)无民事行为能力人、限制民事行为能力人造成他人损害的,无民事行为能力人、限制民事行为能力人和其监护人为共同被告。(6)在继承遗产的诉讼中,部分继承人起诉的,人民法院应通知其他继承人作为共同原告参加诉讼;被通知的继承人不愿意参加诉讼又未明确表示放弃实体权利的,人民法院仍应将其列为共同原告。(7)共有财产权受到他人侵害,部分共有权人起诉的,其他共有权人为共同诉讼人。

另外,根据最高人民法院2001年4月16日颁布的《关于审理劳动争议案件适用法律若干问题的解释》的规定,原用人单位以新的用人单位和劳动者共同侵权为由向人民法院起诉的,应将新的用人单位和劳动者列为共同被告。

从最高人民法院关于必要共同诉讼的规定情形来看,其确定的标准是基于实体法的视角。将共同共有关系和连带关系作为必要共同诉讼的实体基础。但也有例外,例如关于无民事行为能力人、限制民事行为能力人造成他人损害的,无民事行为能力人、限制民事行为能力人和其监护人为共同被告。根据《民法典》的规定,无民事行为能力人、限制民事行为能力人给他人造成损害的,由监护人承担侵权责任。如果依照实体法上的归责原则,可直接将监护人作为当事人,没有必要将无民事行为能力人、限制民事行为能力人和监护人作为共同被告,徒增诉讼的复杂性,不利于权利的救济。

4.固有必要共同诉讼人的追加

固有必要共同诉讼其共同诉讼的诉讼实施权是不可分的,因此,要求共同诉讼人必须一同起诉或一同应诉。固有必要共同诉讼人没有独立的诉讼实施权,不能单独行使诉讼实施权。如果只有其中一部分共同诉讼人起诉,在理论上就被认为起诉的共同诉讼人作为原告不适格。法院在受理起诉的案件时,发现有共同诉讼人没有参加诉讼的,就应当依职权通知未参加诉讼的共同诉讼人参加诉讼,即当事人的追加。当事人也可以向人民法院申请追加。人民法院对当事人提出的申请，应当进行审查，申请无理的，裁定驳回；申请有理的，书面通知被追加的当事人参加诉讼。人民法院在追加共同诉讼的当事人时，应当通知其他当事人。应当追加的原告，已明确表示放弃实体权利的，可不予追加；既不愿意参加诉讼，又不放弃实体权利的，仍追加为共同原告，其不参加诉讼，不影响人民法院对案件的审理和依法作出判决。如果追加的共同诉讼人是被告，而该被告又不愿意参加诉讼，且又不适用拘传的，可缺席判决（只针对未参加诉讼的被告）。如果追加的共同诉讼人为原告，而该原告又不愿意参加诉讼，又不明确表示放弃权利的，仍应作为共同原告处理。

（二）类似必要共同诉讼

类似必要共同诉讼，是指数人对作为诉讼标的的法律关系，虽然不要求必须一同起诉或应诉，当事人有选择一同起诉或应诉，或者分别起诉或应诉的权利，但一旦选择共同诉讼，则必须对共同诉讼人的诉讼标的合一确定。类似必要共同诉讼制度的意义在于，缓解了因为固有必要共同诉讼要求所有共同诉讼人必须一同起诉、应诉所带来的紧张。

类似必要共同诉讼的特点在于：

第一，共同诉讼人各自具有独立实施诉讼的权能，各共同诉讼人可以单独起诉或应诉。类似必要共同诉讼的这一特点也就决定了固有必要共同诉讼与类似必要共同诉讼在诉讼上的差异。例如，对于固有必要共同诉讼，不允许共同诉讼人在未经全体同意的情况下撤诉，即使撤诉也是无效的。类似必要共同诉讼不同，因为不存在必须一同起诉或应诉，允许共同原告撤诉或原告撤销对共同被告之一的请求。

第二，在单独实施的诉讼中，法院所作出的确定判决对其他没有参与诉讼的利害关系人有拘束力，也就是发生既判力扩张的情形。例如，一名或部分股东提起关于确认股东大会决议无效、撤销股东大会决议诉讼的情形。在这种情形下，法院作出的关于股东大会决议无效的判决以及驳回股东诉讼请求的判决，对其他没有参与该诉讼的股东同样有拘束力。这些股东受既判力的拘束不能再对该诉讼标的提起诉讼，法院也不能对该诉讼标的再行裁判。但如果共同诉讼人选择了一同起诉或应诉，则法院必须就该诉讼标的合一确定。因为一旦分别确定将可能导致矛盾的判决。

第三，如果其他人作为共同诉讼人参加诉讼时，共同诉讼人的地位与固有必要共同诉讼相同，同样适用固有必要共同诉讼人相互关系的处理原则。

> 应当注意的是，如果以既判力扩张作为类似必要共同诉讼的条件，则虽然法律或司法解释规定，当事人可以选择分别起诉或应诉，也可以一同起诉或应诉，但因为不存在既判力扩张，也不能认为是类似必要共同诉讼。在我国《民诉法司法解释》中对于连带责任的情形，往往规定可以选择分别起诉或应诉或一同起诉或应诉。例如，《民诉法司法解释》规定，以挂靠形式从事民事活动，当事人请求由挂靠人和被挂靠人依法承担民事责任的，该挂靠人和被挂靠人为共同诉讼人。也就是说，今后是否列挂靠人和被挂靠人为共同诉讼人，要取决于当事人的请求，如果当事人没有请求列两者为共同诉讼人的，则挂靠人或者被挂靠人可以单独应诉，法院也只能根据当事人的请求列一者为当事人，不再依职权追加另一方参加共同诉讼。又如，《民诉法司法解释》规定，因保证合同纠纷提起的诉讼，债权人向保证人和被保证人一并主张权利的，人民法院应当将保证人和

被保证人列为共同被告。保证合同约定为一般保证，债权人仅起诉保证人的，人民法院应当通知被保证人作为共同被告参加诉讼；债权人仅起诉被保证人的，可以只列被保证人为被告。该条规定了连带保证人可以作为类似必要共同诉讼的原告。《民诉法司法解释》还规定，原告起诉被代理人和代理人，要求承担连带责任的，被代理人和代理人为共同被告。如果原告仅起诉被代理人或代理人一方的，法院无须追加未被起诉的另一方参加诉讼。上述《民诉法司法解释》虽然规定基于连带责任的关系，当事人可以选择分别诉讼或一同诉讼，但由于不存在既判力扩张，因此也不构成类似必要共同诉讼。以《民诉法司法解释》规定为例，挂靠人与被挂靠人之间虽然存在连带关系，但不发生既判力扩张。如果当事人仅起诉挂靠人，法院作出挂靠人承担责任或不承担责任的判决都不会扩张到被挂靠人。当事人一并起诉挂靠人和被挂靠人的诉讼也不需要合一确定，仅仅是普通共同诉讼。

问题与思考

在过去的民事诉讼理论中，通常认为共同诉讼人之间存在连带关系是必要共同诉讼（固有的必要共同诉讼）的基础。一方面，在某些场合，司法解释以这一认识为根据，没有认可当事人之间存在连带关系时，起诉权行使具有可选择性。例如，《民诉法适用意见》规定，被代理人和代理人承担连带责任的为共同诉讼人。但另一方面，在保证合同关系中，司法解释又承认保证合同中涉及连带责任的，债权人可以仅起诉保证人，不要求被保证人必须一同应诉。

所谓连带关系，是指共同诉讼人之间因有连带债权或连带债务而具有共同的权利或义务。连带债权，是指数个债权人依照法律规定对债务人享有同一债权，而各自均可向债务人请求全部给付，在一次给付之后，各连带债权全部消灭。这种债权的"连带性"使涉及该连带债权的事项涉讼时，各连带债权人之间就具有了共同的权利。在连带债务的情形下，每一个债务人均负有履行全部债务的义务，债权人有权向连带债务人中的一人、数人或者全体请求给付。被请求的债务人不得以尚有其他债务人为由互相推诿，也不得以给付请求超过自己应分担的份额为由拒绝给付。连带债务因债务人中一人、数人或全体的全部给付而消灭。〔3〕债权人对连带债务人的请求一般被认为具有共同的义务。因此，涉及债权人对连带债务人的请求所发生的诉讼时，就构成必要共同诉讼（固有的必要共同诉讼）。

但问题在于，债权人对连带债务人就连带债务行使请求权时，是否要求所有连带债务人必须一同应诉？由于我国民事诉讼理论中没有认可类似必要共同诉讼，因此在理论上要求因连带关系所发生的诉讼，其连带关系人应当一同起诉或应诉，实际上就将因连带关系所发生的诉讼纳入固有必要共同诉讼的范畴。其实，在实体法上债权人既可以向其中一个债务人行使请求权，也可以向债务人的部分或全体行使请求权，因此作为诉讼法上的诉讼请求也当然可以向其中一个债务人行使，也可以向部分债务人或全体债务人行使，并不要求所有债务人必须一同应诉。如果必须一同应诉，那么有一个债务人没有参加诉讼，诉讼就是不合法的，必须要追加被告。从这一观点来看，因连带关系所发生的诉讼就不一定是固有的必要共同诉讼，而应当将其作为类似必要共同诉讼更为妥当。

正是由于我国民事诉讼理论和实务中类似必要共同诉讼制度的缺失，导致部分理论与实践脱节，尤

〔3〕　参见王家福主编：《民法债权》，法律出版社 1994 年版，第 47 页。

其在对待因连带关系所发生的诉讼的场合。一方面,法律给予了诉讼请求主体的选择权,债权人可以选择连带债务人中一人作为被告进行诉讼;另一方面,法律也许可债权人将债务人全体作为被告。在只有单一的固有必要共同诉讼形式的情况下,连带关系的诉讼必须是一同起诉和应诉,而这种要求实际上否定了债权人请求对象的选择权。

在日本,适用类似必要共同诉讼的主要有:(1)数人提起的要求确认公司设立无效的诉讼;(2)要求取消股东大会决议或确认股东大会决议无效的诉讼;(3)数人要求确认破产债权的诉讼;(4)多个债权人基于代位权所提起的诉讼;(5)数人提起的股东代表诉讼等。[4]由于诉讼实施权是否可以单独行使是由实体法决定的,因此,数个当事人是否应当一同起诉或应诉就取决于实体法的规定。

(三)必要共同诉讼人的内部关系

必要共同诉讼的关系比一对一的诉讼更为复杂。一对一的诉讼在当事人之间只有单一的对外关系。必要共同诉讼除了原被告之间的外部关系外,还存在共同诉讼人之间的内部关系。在诉讼中,共同诉讼人都将实施一定的诉讼行为,当各个共同诉讼人实施的诉讼行为不一致时,就产生了如何处理这种分歧的问题,即如何处理共同诉讼人的内部关系。《民事诉讼法》规定,共同诉讼的一方当事人对诉讼标的有共同权利义务的,其中一人的诉讼行为经其他共同诉讼人承认,对其他共同诉讼人发生效力。这种承认包括明示承认和默示承认。只要共同诉讼人未对其他共同诉讼人实施的诉讼行为表示异议,即表明该共同诉讼人已经承认。共同诉讼人可就分歧意见进行协商,形成一致意见,即协商一致的原则。但应当注意,协商一致的原则并非适用于所有的场合。例如,一审判决之后,共同诉讼人中的一人对判决不服提起上诉,如果上诉后为不可分之诉时,其效力不管其他共同诉讼人是否承认,都及于共同诉讼人全体。又如,在诉讼中,共同诉讼人中一人或部分人未经共同诉讼人全体同意与对方达成的调解协议无效。

知识扩展

在外国民事诉讼中,处理必要共同诉讼人内部关系的原则是,共同诉讼人中一人的行为有利于全体共同诉讼人的,对全体共同诉讼人有效,不利于全体共同诉讼人的,对全体无效,即所谓"有利原则"。判断有利还是不利,是指实施行为的当时,从形式上看,有利于共同诉讼人或不利于共同诉讼人,并不是指在法院审判后,从其结果上看,有利的,其效力及于共同诉讼人,不利的,不及于共同诉讼人。例如,共同原告中的一人陈述了对共同诉讼人有利的事实或者提出了有利的证据,而其他共同原告并没有提出这些事实或证据,该共同诉讼人陈述事实或提出证据的行为的效力及于全体共同诉讼人。又如,共同诉讼人中一人提起上诉时,其他共同诉讼人也成为上诉人,即使提起上诉没有征得其他共同诉讼人的同意,因为上诉被认为是有利于其他共同诉讼人的行为。"有利原则"的优点在于省略了共同诉讼人的认可程序,提高了诉讼的效率,降低了诉讼成本。

---

〔4〕 参见[日]兼子一等:《条解民事诉讼法》,弘文堂1986年版,第169页。

三、普通共同诉讼

(一)普通共同诉讼的概念和特征

学界通常认为,根据《民事诉讼法》的规定,**当事人一方或者双方为两人以上,诉讼标的是同一种类的情形就是普通共同诉讼**。普通共同诉讼的目的与必要共同诉讼不同,目的重在实现诉讼的经济性和效率性。普通共同诉讼通过集中诉讼、证据共通原则提高了因为分别诉讼所导致的高成本以及低效率。

普通共同诉讼与必要共同诉讼都是至少有一方当事人为二人以上,法院都在同一诉讼程序中合并处理多数当事人之间的民事争议,这是两者的相同之处。但与必要共同诉讼相比,普通共同诉讼还具有以下特征:

第一,普通共同诉讼的诉讼标的是同一种类的。这是《民事诉讼法》关于普通共同诉讼与必要共同诉讼的基本区别。所谓诉讼标的是同一种类的,是指各个共同诉讼人与对方当事人争议的法律关系的性质或请求权的性质是相同的,即他们各自享有的权利或承担的义务属于同一类型。正因为普通共同诉讼人之间的诉讼标的是同种类的,而不是同一的,所以共同诉讼人之间没有共同的权利义务,对其中一个诉讼标的作出的判决,其效力也不及于其他作为诉讼标的的法律关系。构成诉讼标的同种类的情形主要有以下三种:(1)基于同类事实或法律上的同类原因形成的同种类诉讼标的。例如,数个业主欠交物业管理费,物业管理人向欠交物业管理费的数个业主提起的交纳管理费的诉讼。(2)基于同一事实或法律上的原因形成的同种类诉讼标的。例如,公共汽车发生交通事故导致该公共汽车乘客数人受伤,受害的乘客要求赔偿的诉讼。(3)基于数人对同一权利义务的确认形成的同种类诉讼标的。例如,甲对乙、丙、丁分别提起的关于特定不动产所有权确认的诉讼。该争议的不动产并不是乙、丙、丁所共有的不动产,甲的确认请求并不是针对共有人,而是分别针对乙、丙、丁的,因为乙、丙、丁均主张该不动产为自己所有。如果甲的请求是针对共有人的,则为必要共同诉讼。

第二,普通共同诉讼中各共同诉讼人与对方当事人之间一定存在两个以上的诉讼请求。

第三,普通共同诉讼是一种可分之诉。普通共同诉讼,既可以单独起诉,也可以共同起诉。共同起诉的,法院认为可以合并审理,而当事人又同意合并审理的,就形成了普通共同诉讼。

第四,法院对普通共同诉讼的各请求不是合一确定,而是分别确定。这是与必要共同诉讼区别的关键点。

在实践中,普通共同诉讼与必要共同诉讼有时容易混淆。比较常见的是将一人同时致数人损害而涉讼的案件视为必要共同诉讼(固有的必要共同诉讼)。有人认为,被损害的数人之间有共同的权利,这一共同的权利是因加害人的同一侵权行为所致。例如,甲驾车不慎同时致伤乙、丙二人。其实这种观点是不正确的。因为,乙、丙虽然同时被一辆车撞伤,但他们在实体法上却各自独立地取得损害赔偿请求权。他们之间的权利并不是连带的和共同的,他们可以单独起诉,也可以同时起诉。法院既可以分别审理,也可以合并审理,但只能分别确定。尽管本案的赔偿请求权是因同一事实上或法律上的原因所产生的,但这种同一事实上或法律上的原因并不能形成共同的权利义务。(见图5)

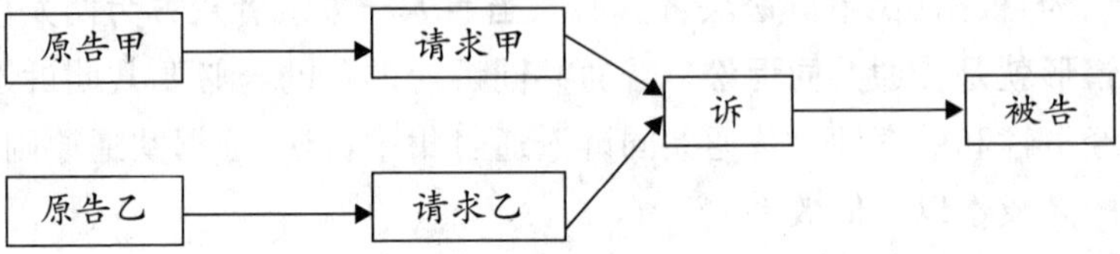

(a)普通共同诉讼

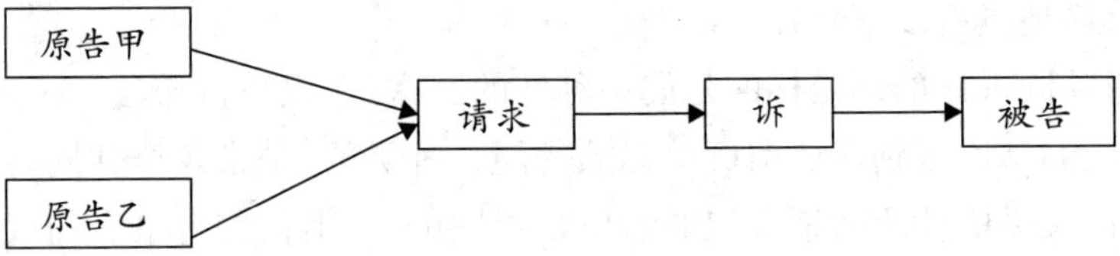

(b)必要共同诉讼

图5 普通共同诉讼与必要共同诉讼

(二)普通共同诉讼的适用条件

一是有两个以上属于同一种类的诉讼标的。普通共同诉讼属于诉讼客体的合并,并因为诉讼客体的合并,导致诉讼主体的合并。因此,要成为普通共同诉讼,必须有两个以上当事人,就两个以上同一种类的诉讼标的向同一法院起诉或应诉。

二是由同一法院管辖,适用同一诉讼程序。

三是符合合并审理的目的。普通共同诉讼的目的在于实现诉讼经济,节约司法资源。因此,即使符合普通共同诉讼的其他条件,但如果不符合合并审理的目的,也不能合并审理。

四是法院认为可以合并审理,当事人也同意合并审理。在符合以上条件的情况下,是否合并审理,由人民法院决定,但应征求当事人的同意。如果当事人不同意的,法院不能硬性合并为共同诉讼。

(三)普通共同诉讼人的内部关系

由于普通共同诉讼是可分之诉,因此普通共同诉讼人各自拥有独立性的诉讼实施权。其中任何一个共同诉讼人的诉讼行为,对其他共同诉讼人均不发生效力。

但各个普通共同诉讼人的行为之间,仍然有一定的联系,其中一人在诉讼中的作为或不作为,在法院认定其他共同诉讼人的请求或答辩时,具有证明作用。

(四)证据共同原则

所谓证据共同原则,是指在普通共同诉讼中,共同诉讼人中一人提出的证据主张或证据资料适用于其他共同诉讼人。即使其他普通共同诉讼人没有提出该证据主张或证据资料,也视为其他普通共同诉讼提出了该证据主张或诉讼资料。

证据共同原则是基于只有当事人提出的证据主张责任。即只有当事人主张的证据或诉讼资料才能作为法院裁判的依据。在普通共同诉讼中,如果没有证据共同原则,就会因为普通诉讼人之间的独立性否认该主张对其他共同诉讼人的影响,从而影响诉讼效率。普通共同诉讼证据共同原则的正当性在于同种类的法律关系之间,往往其事实是彼此联系的或共通的,因此其证据主张与诉讼资料也应当是共通的。证据共同原则有利于提高诉讼效率。

(五)证券市场虚假陈述案件诉讼的共同诉讼适用

根据最高人民法院2002年1月15日颁布的《关于受理证券市场因虚假陈述引发的民事侵权纠纷案件有关问题的通知》的规定,对于证券市场虚假陈述民事赔偿案件,人民法院应当采取单独或者共同诉讼的形式予以受理,不宜以集团诉讼的形式受理。

最高人民法院2003年1月9日颁布的《关于审理证券市场因虚假陈述引发的民事赔偿案件的若干规定》进一步规定,在证券民事赔偿案件中,原告可以选择以单独诉讼或者共同诉讼方式提起诉讼。多个原告因同一虚假陈述事实对相同被告提起的诉讼,既有单独诉讼又有共同诉讼的,人民法院可以通知提起单独诉讼的原告参加共同诉讼。多个原告因同一虚假陈述事实对相同被告同时提起两个以上共同诉讼的,人民法院可以将其合并为一个共同诉讼。

四、诉讼代表人制度

(一)诉讼代表人制度概述

1. 诉讼代表人的概念

诉讼代表人,是指为了便于诉讼,由人数众多的一方当事人推选出来,代表其利益实施诉讼行为的人。

2. 诉讼代表人制度的性质

我国的诉讼代表人制度,是以共同诉讼制度为基础,并吸收了诉讼代理制度的机能。以共同诉讼制度为基础,是指诉讼代表人所进行的诉讼应当符合共同诉讼基本条件,如果所代表的当事人不能作为共同诉讼人,也就不能在诉讼中推选代表人代为实施诉讼行为。诉讼代表人制度吸收了诉讼代理制度的机能,使众多诉讼主体的诉讼行为通过诉讼代表人集中实施,扩大了诉讼的容量,避免了因众多当事人直接参与诉讼所带来的诸多问题。

有诉讼代表人的诉讼呈现以下特点:(1)在代表人诉讼中,人数众多的一方当事人只要推选出诉讼代表人,即可不必亲自参加诉讼;(2)诉讼代表人实施的诉讼行为,除法律规定必须经过被代表的当事人同意才对其有效的以外,原则上对当事人全体有效。

在我国的诉讼实践中,诉讼代表人制度并没有实际发挥作用。其原因主要在于,有观点认为,诉讼代表人制度不利于维护社会稳定。持这种观点的人将诉讼代表人与利害关系人的联系与聚众联系起来。因此,在诉讼政策上也限制了诉讼代表人制度的适用。在理论和逻辑上，诉讼代表人制度使直接参与诉讼的人大大减少应该更有利于社会稳定。诉讼代表人制度不利于社会稳定的观点也缺乏实证研究的支持，其不过是一种想象而已。

诉讼代表人具有双重身份，一方面他是诉讼当事人，另一方面他又是代表人。这是诉讼代表人的一个特点，也是其与诉讼代理人的区别所在。

具体来讲，诉讼代表人与诉讼代理人有以下几点区别：

(1)由于诉讼代表人是本案当事人，因此他与本案的诉讼结果有利害关系；诉讼代理人不是本案当事人，与本案的诉讼结果没有利害关系。(2)诉讼代表人实施诉讼行为，不仅是为被代表的当事人的利益，也是为自己的利益；诉讼代理人实施诉讼行为是为被代理的当事人的利益。(3)诉讼代表人在人数不确定的情况下，是由部分当事人推选出的，即由部分当事人授权，但其实施的诉讼行为对全体利害关系人有效；诉讼代理人实施诉讼代理行为必须有被代理人的授权。

3. 诉讼代表人制度的作用

诉讼代表人制度既为人数众多的共同诉讼人进行诉讼提供了可能，又简化了诉讼。[5]

(二)诉讼代表人

1. 诉讼代表人的条件与人数

诉讼代表人的基本条件是：(1)是本案的当事人；(2)具有诉讼行为能力；(3)具有与进行该诉讼相应的能力；(4)能够善意地履行诉讼代表人职责。

根据《民诉法适用意见》的规定，诉讼代表人的人数为二至五人，每位代表人可以委托一至二人作为诉讼代理人。

2. 诉讼代表人的法律地位

在多数人诉讼中，诉讼代表人的权限相当于未被授权处分实体权利的诉讼代理人。具体来讲，诉讼代表人的诉讼行为，对其所代表的当事人发生法律效力。但在处分涉及被代表人的实体权利时，如变更、放弃诉讼请求或者承认对方当事人的诉讼请求，进行和解，必须经被代表的当事人同意。

3. 诉讼代表人的更换

在诉讼中，诉讼代表人不能履行职责或滥用代表权时，可以更换。在需要更换诉讼代表人时，应由被代表人向人民法院提出更换申请。人民法院认为申请有理由的，应裁定中止诉讼，然后召集全体被代表人，以推选、协商等方式重新确定诉讼代表人。新的诉讼代表人产生后，诉讼恢复。原诉讼代表人实施的诉讼行为，对更换后的诉讼代表人有拘束力。

(三)代表人诉讼的种类

有诉讼代表人的诉讼也称为“代表人诉讼”。根据《民事诉讼法》和《民诉法适用意见》的规定，我国民事诉讼中的代表人诉讼制度，可以分为以下两类：

---

[5] 由于人们并没有认识到代表人诉讼制度的价值，反而顾虑代表人诉讼可能对社会稳定造成的影响，使在实践中代表人诉讼这种有利于社会稳定的诉讼制度并没有得以有效实施。

1. 人数确定的代表人诉讼

人数确定的代表人诉讼，是指由起诉时人数已经确定的共同诉讼人推选出诉讼代表人，代替全体共同诉讼人参加诉讼的代表人诉讼。它应符合以下四个条件：

第一，当事人一方人数众多。当事人一方人数众多，一般指十人以上。

第二，起诉时当事人人数已经确定。

第三，多数当事人之间具有同一诉讼标的或具有同一种类的诉讼标的。因此人数确定的代表人诉讼，既可以是必要共同诉讼，也可以是普通共同诉讼。

第四，当事人推选出代表人。在人数确定的代表人诉讼中，既可以由全体当事人推选共同的代表人，也可以由部分当事人推选自己的代表人；推选不出代表人的当事人，在必要的共同诉讼中可由自己参加诉讼，在普通的共同诉讼中可以另行起诉。

2. 人数不确定的代表人诉讼

人数不确定的代表人诉讼，是指在起诉时如果共同诉讼人的人数不能确定，则由向法院登记的权利人推选出代表人，代替全体共同诉讼人参加诉讼的代表人诉讼。（见图6）它应符合以下几个条件：

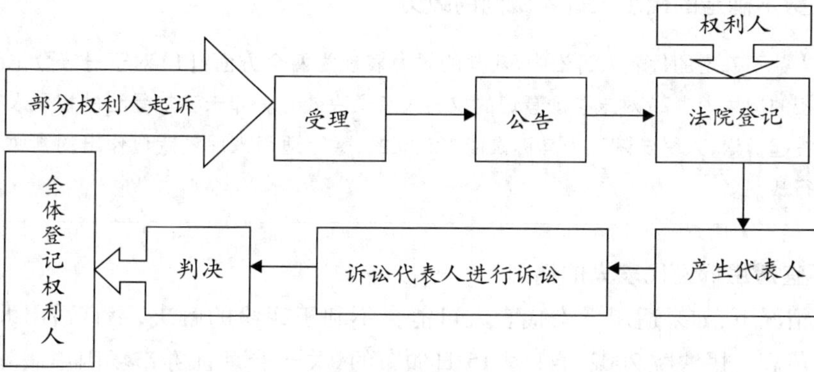

图6 人数不确定的代表人诉讼流程

第一，当事人一方人数众多，并于起诉时仍未确定。这是与人数确定的代表人诉讼的根本区别。

第二，多数当事人之间的诉讼标的系同一种类。

> 实际上只有普通共同诉讼，才能适用人数不确定的代表人诉讼。在必要共同诉讼中，当人数不确定时，就不能适用代表人诉讼。

第三，当事人推选出代表人。在这类代表人诉讼中，诉讼代表人只能由向人民法院登记了权利的那部分当事人推选出。根据《民诉法适用意见》的规定，其产生方式依次为：首先，推选，即由向人民法院登记了权利的那部分当事人推选出诉讼代表人；其次，协商，在推选不出诉讼代表人时，可以由人民法院提出人选与当事人协商；最后，指定，协商不成的，也可以由人民法院在起诉的当事人中指定代表人。

(四)关于人数不确定的代表人诉讼的特殊程序

与人数确定的代表人诉讼相比,人数不确定的代表人诉讼具有以下特殊程序:

1. 发布公告

人民法院在受理多数人诉讼时,发现起诉时一方当事人人数尚未确定的,应发出公告,说明案件情况和诉讼请求,通知权利人在一定期间内向人民法院登记。这里的权利人,是指主观上认为自己享有权利的人。公告的方式,可以根据纠纷涉及的范围具体确定,如在法院公告栏张贴公告,或在报纸、电视等媒体上发布。公告的期限,由法院根据具体案件的情况确定,但不得少于30日。

2. 登记

登记的目的在于确定当事人的人数,以便为诉讼做准备。在公告期内,权利人应当向发布公告的案件管辖法院登记,并证明其与对方当事人的法律关系和所受到的损害。证明不了的,不予登记,但当事人可以另行起诉。由于登记本身并不引起诉讼的发生和诉讼的系属,只表明自己为案件当事人的身份,因此权利人未在公告期内登记的,仅表明他不作为本次诉讼的当事人,对他的实体权利并不会产生不利的影响。

(五)人数不确定的代表人诉讼裁判的效力

在人数不确定的代表人诉讼中,裁判的效力表现为两个方面:(1)对于已经登记的全体权利人有直接的拘束力;(2)对未参加登记的权利人有预决效力。即未参加登记的权利人在诉讼时效期间内提起诉讼,人民法院认为其诉讼请求成立的,裁定适用人民法院已作出的判决、裁定,而不需要另行裁判。

(六)不宜适用诉讼代表人的情形

在某些情况下,如果适用诉讼代表人可能会不利于纠纷的解决,不宜适用诉讼代表人制度。根据最高人民法院2002年1月15日颁布的《关于受理证券市场因虚假陈述引发的民事侵权纠纷案件有关问题的通知》,对于虚假陈述的民事赔偿案件,人民法院应当采取单独或者共同诉讼的形式受理,而不宜以集团诉讼的形式受理。该通知所指的集团诉讼形式实际上就是代表人诉讼。“集团诉讼”在我国并不是一个法律上的概念。

知识扩展

代表诉讼(Representative action)、集团诉讼(Class action)

17世纪末18世纪初,在英国产生一种新的多数人诉讼——代表诉讼(Representative action)。代表诉讼就是今天集团诉讼的前身。代表诉讼的基本特点是,可以用一个判决约束所有的利害关系人,避免了重复诉讼。代表诉讼允许其中一人或数人代表共同利益的其他人提起诉讼,而且被代表的其他人可以在诉讼中不加以明确,代表人进行诉讼后,法院所作出的判决对所有被代表的人和代表均有约束力。改革诉讼制度的人们试图以这种方式——通过具有共同利害关系这种共同性,并由代表人统一表达共同利害关系人的意志——来对付多数人之诉在诉讼上的复杂性。1873年至1875年,英国司法改革后,普通法院与衡平法院合为一体，使衡平法所承认的代表诉讼也得到了一定程度的应用。英国1873年至1875年的《高等法院诉讼规则》第10条规定允许当事人代表另一人进行诉讼，其条件是他们之间就诉讼有相同的利害关系。但20世纪初的英国判例仍反对将代表诉讼扩大损害赔偿领域。

美国法律体系与英国法律体系的血缘联系，使美国法自然按照英国法的模样塑造了自己，不仅实体法是如此，程序法也是这样。美国很自然地继承了英国法中的代表诉讼。美国最早推行英国衡平法代表诉讼的法律文件是1848年纽约州的《菲尔德民事诉讼法典》，该法典规定，在多数人有共同或普通利益的情况下，允许进行代表诉讼。进入20世纪20年代后，美国又制定了包含有处理多数人诉讼规则的《联邦民事诉讼规则》(1938年)，该规则规定，关于集团诉讼(Class action)所作的判决，对于普通法上的救济和衡平法救济都具有约束力，打破了集团诉讼只适用衡平法救济的传统。1938年的《联邦民事诉讼规则》详细地指出哪些案件适宜使用集团诉讼制度。该规则关于集团诉讼的立法宗旨试图鼓励人们更多地利用集团诉讼，无论是普通法上的救济，还是衡平法上的救济都可以使用集团诉讼。

1966年对《联邦民事诉讼规则》的修改，主要是补充了第23条(一)和(二)即"集团诉讼的要件"和进行集团诉讼的可能性，使集团诉讼程序更加具体化，也更加适用。此外，在第23条(三)、(四)、(五)中更加详尽地规定了集团成员诉讼程序上的保障措施。《联邦民事诉讼规则》第23条(一)中对集团诉讼的要件规定为：(1)人数众多，当事人实际上不可能全部到庭参加诉讼；(2)利益是共同的，即所在集团成员在诉讼中存在共同的事实问题或法律问题；(3)请求或抗辩是同种类的，即代表人提出的诉讼请求或抗辩与集团其他成员的请求或抗辩属于同一类型；(4)代表人合格，即代表人应能公正地、充分地代表和维护集团所有成员的利益。1966年对集团诉讼修改的目的，还在于明确下列问题：(1)某一群人在利益上是否存在共同性；(2)判决对那些没有参加诉讼的人是否具有约束力；(3)是否有必要把已经开始的诉讼以及它的进展的结果通知利害关系人。

1966年的《联邦民事诉讼规则》扩充了法院诉讼中的权限，改变了过去那种法院在一般的民事诉讼中纯粹是"旁观者"的做法，在集团诉讼中，美国联邦法院取得了更多的权限，以便积极干预整个诉讼过程。这些控制和干预体现在：(1)法官对于是否构成集团诉讼有裁定权；(2)不经法院批准，在通知集团全体成员计划采取的终止诉讼或和解以前，不得终止或通过和解协议结束诉讼；(3)法院对诉讼代表的更换和集团成员的退出有审查批准的权限；(4)法院有权根据诉讼进展情况发出各种命令，以保证最合理地进行诉讼；(5)法院有权裁定是否需要把诉讼中的重要事件通知某些或全体利害关系人等。〔6〕

---

〔6〕 关于代表诉讼、集团诉讼，详见张卫平：《诉讼构架与程式：民事诉讼的法理分析》，清华大学出版社2000年版，第315~370页。

第十章 第三人

一、诉讼第三人制度的基本结构

民事诉讼的第三人,是对诉讼原告、被告之外参加诉讼的,与案件争议存在利害关系的人的统称。民事诉讼法关于第三人在诉讼地位和程序的制度规范统称为诉讼第三人制度。《民事诉讼法》关于诉讼第三人的规定本身并不复杂,只有一个条文,包括三款内容——两种基本类型加第三人撤销之诉。《民事诉讼法》规定,对当事人双方的诉讼标的,第三人认为有独立请求权的,有权提起诉讼。对当事人双方的诉讼标的,第三人虽然没有独立请求权,但案件处理结果同他有法律上的利害关系的,可以申请参加诉讼,或者由人民法院通知他参加诉讼。人民法院判决承担民事责任的第三人,有当事人的诉讼权利义务。前两款规定的第三人,因不能归责于本人的事由未参加诉讼,但有证据证明发生法律效力的判决、裁定、调解书的部分或者全部内容错误,损害其民事权益的,可以自知道或者应当知道其民事权益受到损害之日起 6 个月内,向作出该判决、裁定、调解书的人民法院提起诉讼。人民法院经审理,诉讼请求成立的,应当改变或者撤销原判决、裁定、调解书;诉讼请求不成立的,驳回诉讼请求。最后一款规定为 2012 年民事诉讼法修改所增加的内容。《民事诉讼法》关于诉讼第三人的规定源于 1982 年《民事诉讼法(试行)》。从该法制定到现在,尽管过了 40 年的时间,但这一规定没有任何变化。

《民事诉讼法》的规定,被人们认为是对有独立请求权的第三人的制度性规定。该款规定,对当事人的诉讼标的,第三人认为有独立请求权的,有权提起诉讼。该款规定的“有权提起诉讼”,明确表明第三人参加他人之间诉讼的方式,是以起诉的方式参加。第三人提起的诉讼即为第三人之诉。这也就表明有此种第三人参加的诉讼,构成了本诉与第三人之诉的合并。

法律规定中的所谓“独立的请求权”,有两个方面的含义。其一,第三人主张的是一种请求权。这种请求权应当是实体法上的请求权。这一点是我们在认识有独立请求权第三人制度时需要特别加以注意的。其二,该请求权是独立的,而非与原有的当事人共有的请求权。所谓独立的请求权,一般解释为该第三人的请求权主张既不同于原告,也不同于被告。实际上,独立的请求权转化为根据实体请求权所提出的主张具有排他性,即有独立请求权第三人的主张既与原告的主张相冲突,也与被告的主张矛盾。原告在诉讼中主张该争议标的物应该属于自己;相反,被告也主张该标的物归属于己。原被告的主张都是以自己拥有所有权为基础的,在实体上都有请求权。但在债的诉讼中,这种独立请求权就只能理解为不同于要求履行一方的请求权。因此,理论上通常认为,有独立请求权的第三人在诉讼中的地位相当于原告,是诉讼的当事人。有独立请求权的第三人所提起的诉讼请求直接针对本诉的原告和被告。在有独立请求权第三人参加的诉讼中,如果承认本诉的原告和被告是有独立请求权的第三人诉讼请求的共同被告,则在第三人参加的诉讼中,就存在两个诉讼请求:一是本诉原告对被告的诉讼请求,二是有独立请求权的第三人向本诉原告和被告共同提起的诉讼请求。如果认为第三人提起的请求是分别针对本诉的原告和被告,则在第三人参加的诉讼中就有三个诉讼请求,即原告向被告提出的本诉请求、第三人向本诉的原告提出的诉讼请求和第三人向本诉的被告提出的诉讼请求。因为本诉的原告、被告相互之间本身是利益冲突的对立关系,因此,他们之间的关系不同于共同诉讼的共同被告。

《民事诉讼法》规定的第三人不是基于独立的请求权而参加他人诉讼的,而是因与案件的利害关系参加诉讼,因此称为“无独立请求权第三人”。按照该款规定,无独立请求权的第三人参加有两种方式——申请参加诉讼或者由人民法院通知他参加诉讼。且人民法院可以直接判决无独立请求权的第三人承担民事责任。因此,实际上无独立请求权第三人又具体存在两种类型——承担民事责任的第三人和不承担民事责任的第三人。曾经有一段时间人们没有区分这两种性质不同的情形,而是笼统地加以对待。

通常认为,在这个诉讼程序里,由于无独立请求权的第三人与一方当事人有法律上的利害关系。如果该当事人胜诉,他就通过行使诉讼权利,在法律上维护了自己的实体权利;如果该当事人败诉,他就可能在法律上负有某种义务。因此,他参加诉讼的目的,就是支持一方当事人的主张,反对另一方当事人的主张。但是,无论他参加原告一方,还是参加被告一方进行诉讼,他既不是原告,也不是被告,而是具有独立诉讼地位的一种诉讼参加人。在审判实务中,不少人从条文的文字规定上,将无独立请求权第三人分为申请参加和通知参加两种类型。也有的从参加目的和实体地位出发,将第三人分为辅助参加型和义务参加型。在 2012 年第三人撤销之诉设立之前,笔者将民事诉讼法规定的无独立请求权第三人概括为两种基本类型——辅助型第三人和被告型第三人。被告型第三人实际上是基于诉讼当事人在诉讼中提起的诉讼请求(隐形的请求)而被引入该诉讼。当然,法院通知该第三人参加他人之间的诉讼,有可能是为了查清事实,也有可能是为了落实具体的民事责任,通常不会存在通知第三人辅助其中一方当事人的情形。这使申请参加的第三人一般是辅助其中一方当事人的第三人,在理论上不存在主动申请承担民事责任的第三人。实践中尽管存在所谓被通知参加诉讼并享有权利的第三人,但实际上只是对追加当事人情形的误识,将追加的共同原告误认为是通知参加诉讼的“权利型第三人”。

无论是理论上,还是实践中,关于无独立请求权第三人的争论远甚于有独立请求权第三人。主要涉及两点:(1)如何理解无独立请求权第三人参加诉讼的根据;(2)无独立请求权第三人在诉讼中的地位。

关于参加诉讼的根据,民事诉讼法虽然规定为“利害关系”,但如何理解利害关系却存在很大争论。在学界有几种不同的表述:(1)所谓法律上的利害关系,是指第三人的权利义务将受到影响,即权利义务的有无、增加或减少。(2)所谓法律上的利害关系,是指无独立请求权的第三人与原告或者被告之间存在某一民事法律关系,根据这一法律关系,如果这方当事人败诉,他应当承担民事责任。(3)所谓法律上的利害关系,是指当事人双方争议的诉讼标的涉及的法律关系与无独立请求权的第三人参加的另一个法律关系有牵连,而在后一个法律关系中,无独立请求权的第三人参加是否行使权利履行义务,对前一个法律关系中的当事人行使权利履行义务有直接影响。

关于无独立请求权第三人的诉讼地位问题,实质上即为该第三人是否为当事人的问题。《民事诉讼法》规定,人民法院判决承担民事责任的第三人,有当事人的诉讼权利义务。如果按照此规定,承担责任的第三人即为当事人。但由于承担责任只有在裁判最后才能知晓,因此,其当事人地位只能从裁判作出之后才能享有。真正具有实际意义的当事人地位,只能针对裁判之后的诉讼程序,例如上诉和再审。在这个意义上,该第三人是“半个当事人”或“非确定当事人”。在裁判其承担民事责任之前的诉讼程序就无法行使当事人权利,例如,提出独立事实主张的权利、申请鉴定的权利等。如果从辅助型和被告型第三人类型来看,被告型第三人应当是当事人,而辅助型第三人不是当事人。这也是这一划分的法律意义和实践意义所在。尽管在我国的诉讼实践中,辅助型第三人或申请第三人参加诉讼的情形很少,其多是为了维护自己的实体利益而参加诉讼。

现行《民事诉讼法》的规定设立了很有争议的第三人撤销之诉制度(关于第三人撤销之诉制度,详见本书第三十一章“第三人撤销之诉”)。第三人撤销之诉之所以被规定在该条款当中,是因为立法者将第三人撤销之诉的起诉主体限定为该条前两款规定的第三人,即有独立请求权第三人和无独立请求权第三人。由于第三人撤销之诉适用的前提是,《民事诉讼法》规定的这两类第三人非因自己的原因没有参加他人之间的诉讼,且该生效裁判或调解书的内容错误损害其民事权益,由此,民事诉讼法通过设定第三人撤销之诉,实际上间接地承认追加了另一种类型(第三种类型)的第三人——阻止他人通过诉讼损害自己权利或利益的诉讼第三人(可称为“损害阻止型第三人”)。这种第三人是过去民事诉讼法所没有规定的。按照过去民事诉讼法的规定,也就是现行《民事诉讼法》前两款规定的第三人仅限于有独立请求权的第三人和无独立请求权的第三人。

按照现行的第三人撤销之诉制度的规定,提起第三人撤销之诉的适格原告既可以是有独立请求权第三人,也可以是无独立请求权第三人。但实际上,《民事诉讼法》关于第三人撤销之诉还扩充或丰富了第三人的类型——“损害阻止型第三人”。原本民事诉讼法只是将第三人撤销之诉的起诉主体限定于原有第三人的范围之内,却不承想无意识地扩充了第三人的内容。关于这一点似乎还没有引起学界的注意。这也使民事诉讼法关于第三人制度的设定变得愈加复杂起来,并隐含由此带来的新“矛盾”或原有“矛盾”的加深。

虽然我们可以从第三人撤销之诉制度的规定推出实际存在“损害阻止型第三人”，但《民事诉讼法》对此并没有明确规定，第三人可以为阻止错误裁判或调解的发生而参加他人之间的诉讼。这就反映出该规定所隐含的矛盾所在，因为该第三人必须受限于《民事诉讼法》的规定，要不就是有独立请求权第三人，要不就是无独立请求权第三人。作为民事诉讼法规定的无独立请求权第三人，其性质上不可能是诉讼请求提起人，不可能将本诉的原被告作为共同被告，如果有提起诉讼请求的权利，则意味着该第三人是有独立请求权第三人。在实践中，有的法院将该第三人撤销之诉的第三人解释为无独立请求权第三人，并以该第三人与诉讼结果有利害关系为正当性根据。但这样的解释必然遭遇该第三人是否具有当事人诉讼地位的问题。当然，将第三人撤销之诉的原告一律解释为有独立请求权第三人也必然存在问题，特别是在原被告存在通谋的虚假诉讼的情形。

我国的诉讼第三人制度源于苏联的诉讼第三人制度。苏联的诉讼第三人制度又是对大陆法系诉讼参加人制度改造的结果。这种改造的动因首先是基于特定意识形态即社会和阶级观念的差异，而对作为上层建筑的法律制度的全面批判性改造（基于意识形态和社会结构的差别，在对待原有以及西方的法律制度方面的基本取向就只能是批判而非借鉴）。由于这种改造是一种批判性和革命性的改造，因此，为了显现这种改造的批判性，自然就要尽可能地抛弃原有制度——从形式到内容，尤其是在制度的形式上，包括了法律术语的表达。例如，在制度的表达方面，不再突出诉讼第三人介入的方式——诉讼参加（原因），而是强调介入的主体——诉讼第三人（结果）。这种改造也影响了结构，虽然结构调整并非有意识的。苏联民事诉讼法就将第三人参加诉讼的情形分为两种：有独立请求（基于实体请求权的独立请求）而参加诉讼和没有独立请求而参加诉讼，不同的参加人也就成为有独立请求权第三人和无独立请求权第三人。其制度有两个基本特点在于以有无独立请求权作为第三人界分和职权强制引入第三人，并将后者纳入无独立请求权第三人类型中。

苏联民事诉讼法学家克列曼教授指出：“有独立请求权的第三人，就是以向双方当事人提起诉讼的方法参加到诉讼中，并且就双方当事人发生纠纷的物提出自己请求的人。”克列曼教授所理解的有独立请求权的第三人的请求权显然是基于物上请求权，是基于对物的所有权而发动的。“即使第三人所请求的并不是发生纠纷的物的全部而只是其中的一部分，对第三人参加诉讼时的法律关系所作的这种解释也是正确的，因为第三人所请求的那部分，仍然是原来的原告人或被告人间进行的纠纷的客体，而第三人正是对这一部分提出自己的请求。”在对有独立请求权第三人的理解上，我国民事诉讼法学也是完全继受苏联的观点。关于无独立请求权第三人，我国也同样移植了苏联的制度和理论，当然也包括移植强制引入第三人制度。克列曼教授也给无独立请求权第三人下了一个定义：“所谓无独立请求权第三人就是，由于案件的判决可能影响他对于当事人一方的权利或义务而被传唤或自行加入到原告或被告一方来进行诉讼的人。”

通过上述分析可以看出，我国民事诉讼第三人制度的基本结构是以有无独立请求权作为基本分界，且按照请求权的有无界定其诉讼地位（例如关于是否为当事人的问题），因此，这种结构也就成为我国诉讼第三人制度的基本结构，并直接影响了人们对诉讼第三人的实践认识和理论认识。虽然2012年《民事诉讼法》的修改,通过设定第三人撤销之诉间接创设了一种新的无独立请求权第三人——“损害阻止型第三人”,但是关于该第三人的法律地位并没有完整的制度规定。

二、现行诉讼第三人制度结构的问题点

现行诉讼第三人制度的结构性问题在于,以是否具有独立请求权对参加诉讼的第三人界定其诉讼地位。从表面上看,这似乎只是一个对参加诉讼第三人的分类问题,但实际上由此决定了第三人的不同诉讼地位、参加诉讼的方式以及其他程序问题,从而形成了一种以是否享有独立请求权为身份标志和诉讼地位的基本制度结构。但由于这种界定和划分没有充分考虑第三人参加诉讼的目的、第三人参加的正当需要以及相应的诉讼地位,也就无法妥当地在制度上安排不同第三人相应的诉讼权利和义务,使人们在理论上和实践中对于第三人问题的处理常常处于左右为难、相互矛盾的尴尬境地。对于现行第三人制度结构上的问题点,可以从两个方面予以阐释。

一方面,从第三人的归类及制度安排来看。

以是否具有独立的请求权对第三人的界定导致第三人当事人地位的有无,即对诉讼标的具有独立请求权的第三人享有当事人诉讼地位,没有独立请求权的第三人不享有当事人诉讼地位。有独立请求权第三人参加诉讼作为当事人当然没有问题,作为具有实体请求权的主体无论是提起诉讼,还是参加诉讼都是当然的当事人,享有当事人的权利。但问题在于,对他人之间诉讼标的没有独立请求权的第三人参加诉讼就一定不是当事人,不能享有当事人的诉讼权利。也有的人会指出,对于强制或被动参加的第三人虽然对诉讼标的不享有独立的请求权,但在制度上依然给予了当事人诉讼地位。但应当注意的是,制度上对这种第三人的诉讼地位的安排是不确定的,并处于自我矛盾的尴尬境地。如果参加诉讼之初就作为当事人对待,则因为没有被诉的根据,无法在名义上作为被告享有当事人的诉讼权利,但又因为在诉讼结束之际可能承担民事责任,作为程序保障又不得不给予在此后的诉讼程序——二审和再审中——当事人的地位。这一处理在程序保障上的非正当化是显而易见的——如果仅仅在确认其民事责任之后才给予当事人诉讼地位,无疑已经表明其民事责任的确认,是在该第三人并没有享有当事人诉讼权利,提供相应程序保障的情形下形成的。

为什么不能一开始给予该被告型第三人当事人诉讼地位?其制度上的原因就在于,该第三人在性质上被纳入无独立请求权第三人的范畴,既然是无独立请求权第三人,也就无法给予具有独立请求权第三人相同的“国民待遇”——民事诉讼的当事人。如果要将该第三人作为当事人,就必须将其从无独立请求权第三人的身份属性中剥离出来。但这样一来,该第三人参加诉讼的根据就成为一个无法回避的问题。如果直接承认该第三人是以被诉的方式参加诉讼,则职权追加这种基于职权主义的操作方式就没有意义了。也就是说,有、无独立请求权第三人的分类安排造就了无独立请求权第三人这一类型的存在。在这

里,对主体的分类和划分实际上就是一种制度安排。正是由于这一类型第三人的存在,才使职权追加能够实现,以便实现纠纷一次性有效率解决的良好愿望。在这样的制度结构下,上述矛盾和尴尬也就无法避免了。

另一方面,从第三人撤销之诉与诉讼第三人制度的关系来看。

在2012年《民事诉讼法》修改之后,我国设立了第三人撤销之诉制度。由于第三人撤销之诉制度与原有的第三人连接,也就使第三人撤销之诉制度成为第三人制度的组成部分。但是这一连接也恰恰使第三人制度的结构问题凸显,其矛盾性体现在,第三人撤销之诉的原告实际上无法与民事诉讼法原有第三人的规定协调、整合。民事诉讼法关于第三人撤销之诉的规定虽然明确指出,作为有独立请求权第三人和无独立请求权第三人在非因自己的原因没有参加他人之间的诉讼,且该生效裁判或调解书的内容错误损害其民事权益的,可以提起请求撤销他人之间诉讼的生效裁判或调解书。但正如前文所提到的,第三人撤销之诉所说的第三人与有独立请求权的第三人连接是多余的。因为有独立请求权第三人非因自己的原因,没有参加他人之间的诉讼,认为生效裁判或调解书损害自己民事权益的,可以通过另行提起一般的民事诉讼维护自己的合法权益,而无须撤销他人之间的生效裁判或调解书。因为基于既判力的相对性原则,他人之间的裁判约束第三人(调解书与判决等效),也就是说完全没有必要提起第三人撤销之诉。正是由于在立法当初没有考虑或意识到既判力相对性原则,基于应对虚假诉讼的需要而设立了第三人撤销之诉制度。这就导致了第三人撤销之诉与第三人制度的不协调问题,与请求权实现的司法途径形成重置,并隐含对既判力相对性原则的否定。

如果说第三人撤销之诉与有独立请求权第三人连接导致了权利救济程序的重置,并且隐含对判决效力相对性否定的危险,那么能否与无独立请求权第三人实现有机连接呢?

通过分析可以发现,第三人撤销之诉同样也无法与无独立请求权第三人实现有机连接。在一些人看来,第三人撤销之诉的目的是撤销他人诉讼的生效裁判或调解书。作为提起撤销之诉的前提条件是,该第三人没有参加诉讼。潜台词是如果该第三人参加了他人之间的诉讼,通过行使诉讼权利,就有可能阻止他人之间有损自己民事权益的裁判或调解书的产生。因为没有参加,因此,应当给予该第三人事后救济的权利。如果是有独立请求权第三人,因为对他人之间诉讼标的享有独立的请求权,因此,从既判力相对性原则出发,在没有参加他人诉讼的情况下,可以另行起诉维护自己的合法权益,但对于无独立请求权第三人则因为没有这种救济途径,于是,第三人撤销之诉就成了为无独立请求权第三人维护自己民事权益专设的救济途径。(在司法实践中,审判机关也是从这一视角解释和判别第三人撤销之诉的主体资格的。)但是,这在理论上并没有解决第三人撤销之诉与无独立请求权第三人之间的有机连接问题。作为无独立请求权第三人要在他人之间的诉讼过程阻止其有损自己民事权益的裁判或调解书的产生,就必须以当事人的身份,行使当事人的诉讼权利才能实现。因为只有当事人才有权独立提出诉讼主张、提出相应的证据,要求法官对其诉讼主张进行审理,对自己提起的证据进行质证、认证。作为无当事人地位的第三人是无法行使上述权利的。当然,我们也可以规定,对于为了阻止他人之间有损自己民事权益的裁判或调解书的产生,而赋予参加诉讼的第三人以当事人诉讼地位来解决上述问题。但如果一旦明确这种第三人具有当事人的诉讼地位,也就意味着原有的第三人制度的结构——诉讼地位请求权决定论——将被彻底解构。

三、诉讼第三人制度的实际运行

(一)有独立请求权第三人

1. 有独立请求权第三人参加诉讼的条件

第一,对本诉中的原告和被告争议的诉讼标的,主张独立的请求权。这一条件同时也是有独立请求权第三人参加诉讼的根据。所谓独立的请求权,是指第三人所主张的请求权不同于本诉原告向被告主张的请求权,而是同时直接针对本诉原告和被告的。从主张来看,第三人的主张既不同于原告,也反对被告。这种独立的请求权包括全部的独立请求权和部分的独立请求权。全部的独立请求权是指请求的内容是全部否定原告和被告的实体权利;部分请求权则是指部分否定原告和被告的实体权利。这种独立请求权的实体权利依据一般是物上请求权,即物权请求权。通常表现为第三人对他人之间争执的标的物主张所有权。

第二,所参加的诉讼正在进行中(诉讼系属中)。正在进行的诉讼应从何时起到何时止,法律没有具体规定,但从第三人参加的性质来看,应从原告和被告确定时起,即从被告应诉起,到诉讼审理终结止。原则上,第三人参加诉讼应在第一审程序中参加,因为如果不允许第三人参加诉讼,则该第三人无法行使上诉权。但作为例外,法院也允许在第二审程序中参加诉讼,之所以允许是期望有独立请求权的第三人能够与本诉的原告和被告达成调解协议,从而解决纠纷,这样便不涉及第三人的上诉权问题。如果不能达成调解协议,二审法院应撤销一审判决,发回重审。

第三,以起诉的方式参加。既然是以起诉的方式参加诉讼,就应当符合民事诉讼法关于起诉的条件,也应当预交案件受理费。当然,有独立请求权第三人可以在辩论终结前撤回参加之诉,也可以在辩论终结之前撤回后再参加诉讼,因为撤回参加之诉,视为没有提起参加之诉,这一点与一般的起诉没有区别。

2. 有独立请求权第三人参加诉讼的实例

案例

再婚女工刘某某生前家住重庆市江北区,在该区有1幢100平方米的瓦房,共4间。刘某某有二子一女:大儿子、二儿子系后夫与后夫之前妻所生,三女儿系刘某某与其前夫所生。由于二儿子和女儿均在外地工作和居住,刘某某一直与大儿子住在一起。但大儿子对刘某某不够孝顺,所以刘某某生前暗地里立下遗嘱交给女儿,写明其死后房屋由女儿一人继承。

刘某某死后,大儿子没有通知其弟、妹回重庆料理丧事。他认为其母生前一直由自己赡养,房子应由他一人继承,但又怕弟、妹与其相争,遂在办完丧事后将该房卖给张三,并已办好过户手续,刘某某的二儿子知道后,即从外市赶回重庆,以其兄为被告向江北区人民法院提起诉讼,要求与其兄共同继承母亲遗产,平分房屋。法院立案后,刘某某的女儿闻讯亦从外地赶回重庆,向江北区人民法院递交了其母亲的遗嘱,请求人民法院按遗嘱判决自己继承全部房屋。

本案中,刘某某的二儿子主张与大儿子平分遗产,他们之间争执的诉讼标的是法定继承关系,而刘某某女儿却是以遗嘱为依据主张自己继承全部遗产,显然,她与原告二儿子之间并不具有共同的诉讼标的,他们的诉讼请求也不相同。实际上,她的主张既不同于原告二儿子,也不同于被告大儿子,而是对本案的遗产提出了一个独立的诉讼请求,因而应当将其作为有独立请求权第三人。

(二)无独立请求权第三人

无独立请求权第三人作为一种制度,其法律根据是《民事诉讼法》的规定,"对当事人双方的诉讼标的,第三人虽然没有独立请求权,但案件处理结果同他有法律上的利害关系的,可以申请参加诉讼,或者由人民法院通知他参加诉讼。人民法院判决承担民事责任的第三人,有当事人的诉讼权利义务"。

从民事诉讼法的规定和诉讼实践来看,在我国,无独立请求权第三人实际上有两种类型:一种是作为辅助本诉一方当事人的无独立请求权第三人,可以称为"辅助型第三人";另一种是独立承担民事责任的无独立请求权第三人,可以称为"被告型第三人"。当然,这种划分是笔者在学理上的划分,在实践中,审理法官不会指明无独立请求权第三人的实际类型。

1. 辅助型第三人

辅助型第三人是指该第三人在参加的诉讼中,始终站在本诉当事人一方,辅助其中当事人进行诉讼,以争取对自己有利的诉讼结果。在实践中,辅助型第三人通常是主动申请参加诉讼。

首先,辅助型无独立请求权第三人参加诉讼的条件主要有:(1)与案件处理结果有法律上的利害关系。辅助型无独立请求权第三人参加诉讼的根据,不是对本案原告和被告争议的诉讼标的有独立的请求权,而是与他人之间争议案件处理结果有法律上的利害关系。(第三人参加诉讼的根据,也称为"参加诉讼的利益"。)这种利害关系是由无独立请求权第三人与原告和被告在实体法上的牵连决定的。正是这种利害关系,使法院对原告和被告之间争议的处理涉及无独立请求权第三人。所谓法律上的利害关系,是指无独立请求权第三人的权利义务将受原告和被告之间诉讼结果的影响。单纯的事实上、道德上、经济上、情感上的联系不能构成所谓利害关系。不过,这种影响究竟是指判决主文中判断的影响,还是指判决主文以及理由中判断的影响,在国外有不同的观点。一种观点认为,只有判决主文中的判断所造成的影响,才能构成第三人参加诉讼的根据,而判决理由中的事实判断所造成的影响不能成为参加诉讼的根据。另一种观点则相反,认为判决理由中的事实判断所造成的影响也是第三人参加诉讼的根据。两种观点的差异在于后者使第三人参加诉讼更容易一些。我国民事诉讼理论没有严格区分诉讼影响的来源,只要第三人认为他人之间的诉讼对自己有不利影响,就可以申请参加诉讼。实际情况是,除了担保纠纷外,在我国很少有人愿意主动参加他人之间的诉讼。(2)所参加的诉讼正在进行。即从被告应诉起,到诉讼审理终结止,一般也是第一审程序中参加。第一审程序中未参加诉讼的第三人,申请参加第二审程序的,人民法院可以准许。这一点与有独立请求权第三人参加诉讼相同。(3)参加的诉讼是他人之间的诉讼。即作为辅助型第三人不能既是一方当事人,同时又是第三人。应当注意的是,由于普通共同诉讼中,诉讼标的不是同一的,因此,第三人可以作为普通共同诉讼中其他共同诉讼人的辅助型第三人。

其次,关于辅助型第三人参加诉讼的程序。辅助型第三人参加诉讼的,应当向法院提出参加诉讼的申请,申请中应写明参加的目的和理由。本诉与参加人的利害关系即为参加的理由。当事人对辅助人参加诉讼有异议时应以何种方式提出、法院以何种方式处理,我国民事诉讼法均没有规定。理论上,当事人有权对辅助人参加诉讼提出异议,尤其是被辅助的对方当事人。法院在收到异议书后应当予以审查,认为异议成立的,将裁决驳回第三人的参加申请。

最后,关于辅助型第三人常见实例:(1)债权人甲向担保人乙起诉,要求履行担保义务的情形。在这一诉讼中,如果乙败诉,则乙有可能向主债务人丙行使权利,对此,在实践中通常认为,丙与甲、乙之间的诉讼结果就有了法律上的利害关系。丙就可以作为第三人申请参加诉讼,辅助乙进行诉讼,以使诉讼结果对自己有利。(2)甲将某商品卖给乙,而乙发现该商品质量有问题,起诉甲,甲抗辩称:商品质量没有问题,是使用或保管不当所致。提供该商品的丙为了维护自己的利益,便申请参加诉讼,辅助甲,为甲提供商品没有质量问题的证据。因为如果败诉,甲有可能追究丙的民事责任。在这一案例中,丙就是辅助型第三人。

2. 被告型第三人

与辅助型第三人不同,被告型第三人则是独立面对本诉的原告和被告,通常情况下是法院基于被告的要求而将其纳入本诉,即所谓通知参加诉讼。个别情况下,被告型第三人会主动参加诉讼对本诉当事人(主要是对本诉被告)的指控进行抗辩。因此,该第三人的地位实际上处于被告的地位。

首先,司法实践中,应作为被告型无独立请求权第三人参加诉讼的情形讲述如下。

在司法实践中,人们经常对该第三人是否应当作为无独立请求权第三人(实际上是被告型无独立请求权第三人)的问题产生争议。

针对这一点,最高人民法院专门作了司法解释。根据最高人民法院颁布的《关于审理劳动争议案件适用法律若干问题的解释》的相关规定,下列人员应作为第三人参加诉讼:(1)用人单位招用尚未解除劳动合同的劳动者,原用人单位与劳动者发生的劳动争议,可以列新的用人单位为第三人;(2)原用人单位以新的用人单位侵权为由向人民法院起诉的,可以列劳动者为第三人。

根据相关规定,下列人员应作为第三人参加诉讼:(1)债权人以次债务人为被告向人民法院提起代位权诉讼，未将债务人列为第三人的，人民法院可以追加债务人为第三人。(2)债权人依照合同法有关撤销权的规定提起撤销权诉讼时只以债务人为被告，未将受益人或者受让人列为第三人的，人民法院可以追加该受益人或者受让人为第三人。(3)债权人转让合同权利后，债务人与受让人之间因履行合同发生纠纷诉至人民法院，债务人对债权人的权利提出抗辩的，可以将债权人列为第三人。(4)经债权人同意，债务人转移合同义务后，受让人与债权人之间因履行合同发生纠纷诉至人民法院，受让人就债务人对债权人的权利提出抗辩的，可以将债务人列为第三人。(5)合同当事人一方经对方同意将其在合同中的权利义务一并转让给受让人，对方与受让人因履行合同发生纠纷诉至人民法院，对方就合同权利义务提出抗辩的，可以将出让方列为第三人。[1]

上述可以列为第三人的人也就是被告型无独立请求权的第三人。所谓“列为”，就意味着法院可以通知该第三人被动地参加诉讼，并承担民事责任。

此外，根据《民诉法司法解释》的规定，在诉讼中，争议的民事权利义务转移的，受让人申请以无独立请求权的第三人身份参加诉讼的，人民法院可予准许。受让人申请替代当事人参加诉讼的，人民法院可以根据案件的具体情况决定是否准许；不予准许的，可以追加其为无独立请求权的第三人。该条规定可谓延续和扩充了原合同法司法解释关于无独立请求权第三人的规定。

其次，司法实践中，不得作为被告型第三人通知其参加诉讼的情形讲述如下。

由于被告型第三人民事责任的承担实质上更换了法院审理和判决的诉讼标的，因此很容易造成对第三人权利的侵害。这一点已经为最高人民法院所注意。为防止被告型第三人的扩大化，最高人民法院于 1994 年 12 月颁布了《关于在经济审判工作中严格执行〈中华人民共和国民事诉讼法〉的若干规定》，该规定对无独立请求权第三人(被告型)的范围作了明确的限制，规定下列人员不得作为无独立请求权第三人：(1)与原被告双方争议的诉讼标的无直接牵连和不负有返还或者赔偿等义务的人。(2)与原告或被告约定仲裁或有约定管辖的案外人，或者专属管辖案件的一方当事人。(3)产品质量纠纷案件中，原被告之间法律关系以外的下列人员：有证据证明其已经提供了合同约定或者符合法律规定的产品的人；案件中的当事人未在规定的质量异议期内向其提出异议的人；案件中的收货方已经认可其提供产品质量的人。(4)已经履行了义务，或者依法取得了一方当事人的财产，并支付了相应对价的原被告之间法律关系以外的人。

此外，根据最高人民法院当时的批复，在原工商行政管理部门进行鉴证、原商检局对商品质量进行检验的合同中，如果当事人以合同纠纷提起诉讼，并以原工商行政管理部门、原商检局有过错应承担民事责任为由，要求将它们列为第三人的，法院不宜将原工商局、原商检局列为第三人。

最后，关于被告型第三人的常见实例讲述如下。

原告甲指责被告乙的行为造成了自己的损害，而乙抗辩不是自己的行为导致原告的损

---

〔1〕 相关内容可参见原《最高人民法院关于适用〈中华人民共和国合同法〉若干问题的解释(一)》的规定。

害，而是丙，并要求法院通知丙参加，认为只要丙参加诉讼，民事责任的问题就可以水落石出。于是法院根据被告的请求通知丙参加了诉讼。经过审理查明丙应当承担民事责任，最终判决丙对甲承担民事责任。这一案例中的丙就是所谓被告型第三人。

问题与思考

1. 关于被告型无独立请求权第三人参加诉讼的正当性

现行无独立请求权第三人制度实际上包含了两种类型：辅助型无独立请求权第三人和被告型无独立请求权第三人，问题主要出在被告型无独立请求权第三人制度上。被告型无独立请求权第三人是在没有本诉当事人诉讼请求的前提下被判决承担民事责任的，因此，该第三人承担民事责任缺乏诉的根据。在没有当事人提出诉讼请求的情况下，法院强制该第三人参加诉讼不符合民事诉讼处分原则的要求。这也是我国传统诉讼体制的反映。由于被告型无独立请求权第三人在民事诉讼中被作为诉讼参加人，但又没有作为当事人对待，因此被告型第三人的诉讼权利是不充分的。建议在民事诉讼法修改时，将现行的被告型无独立请求权第三人的制度改为有条件地通过本诉当事人的诉讼请求追加的被告型第三人制度。〔2〕所谓有条件，就是指只有在某些情况下（如彼此有密切关联的事件）可以允许通过当事人的诉讼要求去追加被告型第三人。

2. 关于第三人制度的结构调整

我国现行诉讼第三人制度在基本结构上一个突出特征是，以是否有独立请求权为根据，将参加诉讼的第三人分为有独立请求权第三人和无独立请求权第三人，并以此界定其相应诉讼第三人的诉讼地位。然而，这种基本结构与我国诉讼第三人的实践与第三人制度设置的目的、作用是不一致的，在实践和理论中都呈现无法协调的矛盾。鉴于此，笔者提出应当对现行诉讼第三人制度的基本结构进行调整，不再按照有无独立请求权对第三人加以界定，而是按照第三人参加诉讼的实际地位和作用对第三人予以界定，将其分为独立第三人和非独立第三人两大基本类。独立第三人在诉讼中具有当事人的诉讼地位；非独立第三人不具有当事人地位。独立第三人包括在实体上享有独立请求权的第三人，也包括虽实体上不具有独立请求权，但具有阻止不利裁判利益的第三人——损害阻止第三人。非独立第三人在诉讼中处于辅助人的地位。这样的结构性调整使第三人的诉讼地位能够与第三人参加诉讼的目的、作用以及应有的诉讼地位更好地契合，达至协调一致。〔3〕

知识扩展

1. 大陆法系国家民事诉讼中的参加制度

在大陆法系国家，民事诉讼也有类似我国诉讼第三人制度的诉讼参加制度。我国的第三人制度在某些方面参照了诉讼参加制度。但我国第三人制度与诉讼参加制度又有很大的差异。这是我们在学习

〔2〕 关于无独立请求权第三人的问题，详见张卫平：《“第三人”：类型划分及展开》，载张卫平主编：《民事程序法研究》第一辑，中国法制出版社2004年版。

〔3〕 关于第三人制度结构的调整，详见张卫平：《我国民事诉讼第三人制度的结构调整与重塑》，载《当代法学》2020年第4期。

外国民事诉讼法时应当特别注意的。

在大陆法系国家,诉讼参加主要有独立当事人参加、共同诉讼参加和辅助参加三种类型。主参加人与我国民事诉讼有独立请求权第三人在诉讼中地位几乎是完全相同的,但在某些方面仍有差异。例如,我国民事诉讼法并没有将他人诉讼的结果会侵害参加人(第三人)权利(利益)作为以有独立请求权第三人的身份参加诉讼的理由或根据。共同诉讼参加,是指作为共同原告或共同被告在诉讼进行中对该诉讼参加,即在诉讼开始时,该当事人没有作为共同原告或共同被告起诉或应诉。辅助参加人在民事诉讼理论中被认定为当事人,但是一种"从属性当事人"。辅助参加被定义为:在他人之间诉讼进行中,对该诉讼结果具有利害关系的第三人辅助诉讼当事人一方,为使诉讼得胜而维护自己的利益,因此参加该诉讼的现象。为辅助参加的第三人称为"辅助参加人",被辅助的当事人称为"被参加人"。辅助参加人因其附随被参加人参加诉讼,自然不能以自己的名义请求法院判决,即不是判决的主体对象。这一点是辅助参加人与主参加人、共同诉讼参加人最主要的区别。但由于辅助参加人毕竟是以自己的名义进行诉讼,享有并独立支配诉讼权利,因此辅助参加人是当事人。作为当事人,辅助参加人必须具备当事人能力,具有独立行使诉讼行为的诉讼能力。但由于辅助参加人毕竟是从属性当事人,因此不是当事人质询的对象,但可以在诉讼中作为证人。另外,诉讼不因为辅助参加人死亡或丧失能力等事由的发生而停止。〔4〕

2. 诉讼告知

诉讼告知是与诉讼参加配套的一种制度。诉讼告知,是指在诉讼中,当事人向能够参加诉讼的参加人所发出的关于诉讼进程事项的通知。诉讼告知主要目的有两个:其一,给予参加人参与诉讼的机会,以维护自己的合法权益。其二,通过告知使诉讼判决的参加效力及于被告知人。诉讼告知不是告知人的一项义务,而是一项权利。诉讼告知必须以书面的形式向受诉法院提出。诉讼告知并不会使被告知人产生参加义务。但如果被告知人属于可以辅助参加的利害关系人时,一旦告知,即使不参加,也将对被告知人产生参加效力,如原则上不得主张本诉裁判不当。这就使当事人与辅助参加人之间的纠纷在一定程度上得到统一解决。〔5〕

---

〔4〕 参见[日]三月章:《民事诉讼法》,弘文堂1975年版,第272~283页。[日]三月章:《日本民事诉讼法》,王一凡译,台北,五南图书出版股份有限公司1997年版,第261~266页、第273~276页。

〔5〕 关于诉讼告知,参见[日]新堂幸司:《新民事诉讼法》,林剑锋译,法律出版社2008年版,第573~574页。

第十一章 诉讼代理人、代表人及辅助人

本章目次

一、诉讼代理人概述

（一）诉讼代理人的概念

诉讼代理人，是指根据法律规定或当事人的委托，代当事人进行民事诉讼活动的人。

在诉讼中，诉讼代理人代当事人进行民事诉讼活动的权限，被称为诉讼代理权。代当事人实施的诉讼行为，被称为诉讼代理行为。这种诉讼代理行为包括两个方面：代为诉讼行为和代受诉讼行为。前者如提出诉讼请求、陈述案件事实和理由、提供证据等；后者如接受对方当事人提出的调解意见、代当事人接受诉讼文书等。

（二）诉讼代理人的特点

诉讼代理人具有以下特点：

第一，以被代理人的名义进行诉讼活动。诉讼代理的目的在于维护被代理人的合法权益，因此只能以被代理人的名义进行诉讼，而不能以自己的名义进行诉讼。

第二，诉讼代理人是有诉讼行为能力的人。没有诉讼行为能力的人，不能作为诉讼代理人。在诉讼中，如果诉讼代理人丧失了诉讼行为能力，也就丧失了诉讼代理人的资格。

第三，在代理权限内实施诉讼行为。诉讼代理人的代理权限，来自法律规定或当事人的授权。凡是超越代理权所实施的诉讼行为，都是无效的诉讼行为，不能产生诉讼法上的效果。

第四，诉讼代理的法律后果由被代理人承担。

第五，在同一诉讼中，不能代理双方当事人。在诉讼中，双方当事人的利益是对立的。同时为双方当事人的代理人，可能会损害一方当事人的利益。

（三）诉讼代理人的种类

我国民事诉讼法所规定的诉讼代理人，可以分为两类：法定诉讼代理人和委托诉讼代

理人。前者是指根据法律规定,代无诉讼行为能力的当事人为诉讼行为的人;后者是指根据当事人或其法定代理人委托,代当事人为诉讼行为的人。

存在疑问的是,我国民事诉讼中是否存在指定诉讼代理人的问题。在《民事诉讼法(试行)》中,除规定了法定诉讼代理人和委托诉讼代理人外,还规定了指定诉讼代理人。现行《民事诉讼法》中,只明确规定了法定诉讼代理人和委托诉讼代理人。但在最高人民法院的《民诉法适用意见》中,针对诉讼中无民事行为能力人、限制民事行为能力人事先没有确定监护人,而有监护资格的人又协商不成的情况,规定人民法院可以在他们之间指定诉讼中的法定代理人。由于人民法院是从有监护资格的人中或有监护职责的组织中指定诉讼代理人,因此,该被指定的诉讼代理人,仍然是法定代理人。

(四)诉讼代理与民事代理的异同

诉讼代理与民事代理之间存在相同之处,如两者都是以被代理人的名义实施一定行为,其代理行为的后果都由被代理人承担。但诉讼代理与民事代理毕竟是不同性质的代理,仍然存在不同之处,主要表现在以下几个方面:

第一,代理的内容不同。民事代理是代理人在代理权限范围内与第三人进行民事行为;诉讼代理则是代为实施一定诉讼行为。

第二,代理的目的不同。民事代理的目的在于协助当事人实现民事权利和履行民事义务;诉讼代理的目的则是协助当事人实现诉讼权利和履行诉讼义务。

第三,民事代理的被代理人是参加民事活动的公民和法人;诉讼代理的被代理人是参加民事诉讼的原告、被告和第三人。

(五)民事诉讼代理制度的作用

诉讼代理制度是民事诉讼中一项重要的制度,其作用主要表现在以下三个方面:

一是补充当事人诉讼行为能力。在法定诉讼代理中,诉讼代理制度能够弥补当事人诉讼行为能力的不足。

二是扩张当事人诉讼行为能力。在委托诉讼代理中,诉讼代理制度能够补充当事人诉讼知识和技能的不足。

三是有利于法院正确审理民事案件,维护当事人的合法权益。

二、法定诉讼代理人

(一)法定诉讼代理人的概念

法定诉讼代理人,是指根据法律规定,代理无诉讼行为能力的当事人进行民事活动的人。法定代理人最基本的特征在于其代理权的取得,不是基于当事人的委托,而是根据法律的直接规定。

法定诉讼代理人的被代理人,只限于无民事行为能力的人或限制民事行为能力的人。因此,法定诉讼代理人的范围,一般与无民事行为能力的人或限制民事行为能力的人的监护人一致。

（二）法定诉讼代理人的诉讼地位

在我国，法定诉讼代理人是为补充无民事行为能力的人或限制民事行为能力的人在诉讼行为能力上的欠缺而设置的，因此法定诉讼代理是一种全权代理。这就决定了法定诉讼代理人在代理权限和诉讼地位上，与委托诉讼代理人有很大的不同。法定诉讼代理人可以按照自己的意志代理被代理人实施所有诉讼行为，如起诉、应诉、放弃或变更诉讼请求、进行调解、提起反诉等。同时，法定诉讼代理人也应履行当事人所应承担的一切诉讼义务。法定代理人无须被代理人的授权即可自由处分诉讼权利和实体权利。

法定诉讼代理人毕竟不是被代理人本人，有某些情况下也会出现法定诉讼代理人损害被代理人利益的情况。为防止被代理人的权益受到损害，一方面，人民法院应对法定诉讼代理人的行为进行必要的监督；另一方面，法定诉讼代理人如果损害了被代理人的合法权益，也应承担相应的责任。

尽管法定诉讼代理是全权代理，法定诉讼代理人具有类似当事人的诉讼权利。但他们与当事人仍然存在区别。

> 法定诉讼代理人与当事人在程序上的区别是：（1）法定诉讼代理人只能以当事人的名义起诉或应诉；（2）裁判所针对的是当事人，而不是法定诉讼代理人；（3）在诉讼中，如果法定诉讼代理人死亡，法院可以另行指定监护人作为法定诉讼代理人继续诉讼，而不必终结诉讼。

（三）法定诉讼代理权的取得和消灭

法定诉讼代理权产生的基础是实体法上的监护权。没有实体法上的监护权，也就没有诉讼中的法定诉讼代理权。作为实体法上的监护权，是先于被代理人的纠纷存在的，因此法定诉讼代理权也是先于被代理人的纠纷存在的。

由于法定诉讼代理权的有无，对诉讼行为是否有效有决定性影响，因此在诉讼中，法院应对法定诉讼代理人的身份进行调查核实，必要时还应要求法定诉讼代理人进行证明。

法定诉讼代理权消灭的原因在于监护权的消灭。具体情况有以下几种：（1）无诉讼行为能力的被代理人具有或恢复了诉讼行为能力；（2）法定诉讼代理人本人丧失了诉讼行为能力；（3）基于收养或婚姻关系而发生的监护权，因收养或婚姻关系被解除，而导致法定诉讼代理权消灭；（4）法定诉讼代理人或被代理人死亡；（5）诉讼终结；（6）其他导致法定诉讼代理权消灭的情况。

在诉讼过程中，如果法定诉讼代理人的监护权消灭，应当及时将法定诉讼代理权消灭的事实告知法院，并退出诉讼。

三、委托诉讼代理人

（一）委托诉讼代理人的概念和特点

委托诉讼代理人，是指根据当事人、法定代表人或法定代理人的委托，代为进行诉讼活动的人。

由于委托诉讼代理人要依赖被代理人的授权进行诉讼代理活动，因此，委托诉讼代理人也被称为授权代理人或意定代理人。

委托诉讼代理人具有以下特点：(1)诉讼代理权的发生是基于当事人、法定代表人或法定代理人的委托；(2)诉讼代理的权限范围和代理事项由被代理人决定；(3)委托诉讼代理人必须是具有诉讼行为能力的人。

(二)委托诉讼代理人的范围

为维护被代理人的合法权益和保证诉讼的顺利进行，许多国家的法律对委托诉讼代理人的范围都予以了限制。一种极端的做法是只有律师才能作为委托诉讼代理人，即所谓律师强制主义，如德国。另一种则允许律师以外的公民作为委托诉讼代理人，但同时又对公民代理有一定的限制。我国即属于后者。

2012年我国《民事诉讼法》修改后，对委托诉讼代理人的范围进行了实质性的限制。在此次民事诉讼法修改之前，实际上对公民代理没有限制，虽然法律上规定经人民法院许可的其他公民，都可以被委托为诉讼代理人，但法院的许可限制难以实现。

根据《民事诉讼法》的规定，我国的委托诉讼代理人包括：

1. 律师、基层法律服务工作者

律师是为社会提供法律服务的执业人员。律师执业，须取得律师资格和执业证书。接受民事案件当事人的委托，作为代理人参加诉讼，是律师业务之一，也是律师为社会提供法律服务的一种主要方式。当前，我国的律师队伍已逐步壮大，加之律师具有法律专业知识和诉讼技能、经验的优势，因此，律师已成为我国委托诉讼代理人的主体部分。民事诉讼法之所以规定非律师的基层法律服务工作人员可以作为委托诉讼代理人，主要是基于我国法律服务市场的现实：(1)基层法律服务工作者基于过去的现实情形，难以取得律师执业资格，如果将基层法律工作者排除在外，无疑会使他们的生计受到极大的影响；(2)基层法律服务工作者也可以提供相对低廉的法律服务，形成不同的法律服务层次和市场分层；(3)基层法律服务工作者隶属于司法行政管理部门，有利于对其进行管理。

2. 当事人的近亲属或当事人的工作人员

近亲属包括配偶、父母、子女、兄弟姐妹、祖父母、外祖父母、孙子女、外孙子女。当事人对近亲属一般都比较信任，可能会委托他们作为诉讼代理人。

3. 当事人所在社区、单位或者有关社会团体推荐的人

社区、单位与当事人有十分紧密的关系，在当事人涉讼时，社区、单位出于对当事人利益的关心，在征得当事人同意后，可以推荐能够胜任诉讼的人作为诉讼代理人。工会、妇联、残联、消费者协会、环境保护组织等社会团体，为了支持其团体或组织成员进行诉讼，也可以向法院推荐诉讼代理人。

问题与思考

1. 虽然2012年《民事诉讼法》修改对公民委托代理进行了限制,但是这种限制的实际效果是很有限的。问题在于,委托诉讼代理人可以是当事人所在社区、单位或者有关社会团体推荐的人。也就是说,只要当事人所在社区、单位推荐,有完全行为能力的公民就可以作为委托诉讼代理人。这就难以达成修改的目的。以前代理市场所存在的问题就可能依然存在。笔者认为,我国代理市场的"无序化"问题是司法本身的问题,而非诉讼代理制度的问题,要避免这一问题,则应推进司法改革,杜绝利用关系资源进行诉讼的可能性。

2. 在实践中,公民委托诉讼代理可能发生这样的情形,当事人所在社区、单位推荐的人作为诉讼代理人已经实施了代理行为,但诉讼结果对当事人不利,当事人便以该代理人没有代理权为由(通常是以没有当事人的推荐为由),要求法院撤销裁判。对于这一问题,笔者认为,当事人不能在诉讼已经进行的情形下,以代理人的代理不合法为理由,试图使诉讼活动无效,只要代理人具有代理人所需要的行为能力。因为该代理人的代理活动,当事人是知晓的,可以推定为当事人同意,当事人所在社区或单位的推荐是次要的。委托诉讼代理的关键是当事人同意。只要同意,当事人就应当接受其代理结果。同时,当事人以此为理由规避不利诉讼结果也是违反民事诉讼诚实信用原则的行为,其主张自然无效。对此种情形,如果民事诉讼法中设置了程序异议权制度,则在对方当事人没有对诉讼代理提出异议的,诉讼代理行为的瑕疵将被忽略,诉讼代理行为是有效的。

(三)委托诉讼代理人的权限

委托诉讼代理人的代理权限,来自当事人、法定代表人或法定代理人的委托,因此,委托诉讼代理人只能在被代理人授权的范围内实施诉讼行为。只有在被代理人授权范围内实施诉讼代理行为,其行为的法律后果才能由被代理人承担。

当事人在诉讼中的权利,可以分为两类:一类是实体权利或与实体权利密切相关的诉讼权利,如代为承认、放弃、变更诉讼请求;另一类是纯粹的诉讼权利或与实体权利关系不密切的诉讼权利,如申请回避。

对于前一类权利,由于与当事人的利益关系密切,故民事诉讼法规定,对这类权利,需要被代理人特别授权。所谓特别授权,是指被代理人对涉及自己的实体权利的处分事项,专门、明确地授予诉讼代理人特定权限。应当注意:委托书只笼统地写上"代理诉讼""特别代理""全权代理"是不正确的。对此,《民诉法司法解释》专门规定,授权委托书仅写"全权代理"而无具体授权的,诉讼代理人无权代为承认、放弃、变更诉讼请求,进行和解,提起反诉或者上诉。正确的授权方法是明确地写明授予何种涉及实体权利的处分权限。

对于后一类权利,由于不涉及被代理人实体权利的处分权限,因此无须被代理人的特别授权。

当事人如果在授权委托书中,没有写明代理人在执行程序中有代理权及具体的代理事项,代理人的代理权仅限于第一审或第二审程序,在执行程序中没有代理权。

委托诉讼代理人在接受当事人委托后,能否再委托他人代为进行诉讼,民事诉讼法没有规定。但由于诉讼代理关系是建立在委托诉讼代理人与被代理人相互信任的基础上的，具有严格的人身性质，因此，在未经被代理人同意的情况下，不能再委托诉讼代理人，即不能转委托。

被代理人委托诉讼代理人代为进行诉讼后，并没有剥夺被代理人的诉讼行为能力，被代理人仍然可以直接实施诉讼行为，并且被代理人的诉讼行为与委托诉讼代理人的诉讼行为不一致时，一般应以被代理人的诉讼行为为准。但关于法律问题的陈述，则应以委托诉讼代理人的陈述为准。

一般情况下，民事案件的当事人委托诉讼代理人代为出庭诉讼的，本人可以不出庭。但离婚案件除外。因为离婚案件的核心问题是确认双方是否已经具备解除婚姻关系的条件，因此双方当事人都必须出庭，以便法院正确判断，也便于法院进行调解。对此，《民事诉讼法》规定，离婚案件有诉讼代理人的，本人除不能表达意志以外，仍应出庭；确因特殊情况无法出庭的，必须向人民法院提交书面意见。

在诉讼存续期间，被代理人可以变更代理权限，包括更换委托诉讼代理人、扩大和缩小授权范围。由于诉讼代理权的变更，关系诉讼行为的效力和对方当事人的利益，因此，被代理人变更诉讼代理权限的，应及时书面告知法院，并由法院通知对方当事人或法定代理人。

（四）委托诉讼代理权的取得和消灭

1. 委托诉讼代理权的取得

由于委托诉讼代理人的诉讼代理权，来自被代理人的委托授权。因此，委托诉讼代理人要取得代理权，代为进行诉讼，必须向人民法院提交由委托人签名或者盖章的授权委托书。由于授权委托书是委托诉讼代理人取得诉讼代理权的唯一书面凭证，因此应保证授权委托书的真实性。对此民事诉讼法规定，侨居在国外的中华人民共和国公民从国外寄交或者托交的授权委托书，应当经所在国公证机关证明，并经中华人民共和国驻该国的使领馆认证；没有使领馆的，由与中华人民共和国有外交关系的第三国驻该国的使领馆证明，再转由中华人民共和国驻该第三国使领馆证明，或者由当地的爱国华侨团体证明。

2. 委托诉讼代理权的消灭

关于委托诉讼代理权的消灭，诉讼法有自己独立的规制原理，与民法代理权的消灭有所不同。在诉讼法中，诉讼代理权会因为代理人的特定资格的丧失而消灭，例如，诉讼代理人为律师，其律师资格丧失时，诉讼代理权也将消灭。

根据我国民事诉讼法的规定，委托诉讼代理权，可因下列原因消灭：(1)诉讼终结；(2)诉讼代理人辞去委托或被代理人解除委托；(3)诉讼代理人死亡或作为被代理人的法人解散。诉讼代理权解除时，当事人应当书面告知人民法院，并由人民法院通知对方当事人或法定代理人。

关于律师违反律师法规定与律师代理行为的有效性。律师是提供法律服务的专业人士。律师作为诉讼代理人的情形在实践中大量存在。问题是如果代理律师违反了有关律师法规制的行为（例如，违反规定，同时为双方当事人的诉讼代理人或提供相关法律服务）是否导致其代理行为的无效。对此，国外理论和实践中存在争议。从诉讼程序的安定性角度考虑,需要根据具体情形确定是否有效,应该更具有合理性。例如,如果违反的仅仅是训示性规定,没有给当事人带来不利,当事人认可的,代理行为应该仍然有效。但如果违反行为属于应当被惩戒的行为,则该行为应当无效,否则对律师的惩戒将失去意义。有效的代理行为的场合,律师可以获得报酬,与惩戒目的背驰。

四、法定代表人与法人代表

法人作为当事人时,其具体的诉讼活动是由法人的法定代表人实施的。法定代表人作为法人的机关,是以法人的名义实施诉讼行为。其法律效果归属于该法人。法定代表人是指依法律或法人章程规定代表法人行使职权的负责人。我国实行单一法定代表人制,一般认为法人的正职行政负责人为其唯一法定代表人。如公司为董事长或执行董事或经理,而证券交易所的法定代表人为总经理。全民所有制工业企业的法定代表人为厂长或经理。

应当注意的是,法人的代表人不是诉讼代理人,不是独立于法人的主体,其诉讼中的行为就是法人的行为。因此,代表人的资格问题不是当事人问题。实践中常常将代表人资格误认为是正当当事人的问题,因此就发生了代表人不合法时,以当事人不适格而驳回起诉的情形。

在实践中,人们常常使用法人代表这样的概念。其实,法人代表并非独立的法律上的概念。从人们惯常使用的情形来看,通常是指根据法人的内部规定担任某一职务或由法定代表人指派代表法人对外依法行使民事权利和义务的人。因此,一般而言,法人代表依法定代表人的授权而产生,没有法定代表人的授权,就不能产生法人代表。

除了法人以外,机关、团体、组织作为当事人时,其诉讼行为也是直接由法定代表人或法人代表实施,其法律地位与法人的情形相同。

五、诉讼辅助人

所谓诉讼辅助人,是指在诉讼中利用其专业知识和技能辅助当事人进行诉讼的人。诉讼辅助人不同于诉讼代理人。辅助人实施的是一种辅助性行为,且必须在当事人或代理人在场时,才能实施辅助行为,通常只在法庭中实施,在庭审之外不得实施。而诉讼代理人可以在代理权限范围内独立实施诉讼行为。诉讼辅助人参加诉讼需要得到法院的许可。在一些国家的民事诉讼中,对于某些特殊的专业人员如税务师则因为其特殊地位,而无须法院批准。由于诉讼辅助人的地位是一种辅助性的,因此,当事人有权对诉讼辅助的行为予以更正和取消。诉讼辅助人虽然是专业人士,为当事人提供专业方面的意见,但诉讼辅助人不对案件争议的事实问题和法律问题作出结论性意见,不具有鉴定人的权利和义务。

我国《民事诉讼法》规定,当事人可以申请人民法院通知有专门知识的人出庭,就鉴定人作出的鉴定意见或者专业问题提出意见。《民事诉讼法》该条的规定源于《民事证据规定》。该规定共有四款:(1)当事人可以向人民法院申请由一至二名具有专门知识的人员出庭就案件的专门性问题进行说明。人民法院准许其申请的,有关费用由提出申请的当事人负担。(2)审判人员和当事人可以对出庭的具有专门知识的人员进行询问。(3)经人民法院准许,可以由当事人各自申请的具有专门知识的人员就案件中的问题进行对质。(4)具有专门知识的人员可以对鉴定人进行询问。无论是《民事证据规定》还是《民事诉讼法》的相关规定都将诉讼辅助限于就鉴定意见或专业问题提出意见,属于专家辅助。因为具有专门知识的人可以就鉴定意见提出不同意见,实际上对当事人起诉讼辅助作用,所以可以认为具有该专门知识的人是诉讼辅助人。但就专门问题提出意见的人是否为诉讼辅助人有争议。对专门问题提出意见实际上是一种专家意见,是对有争议的专门问题的认定,类似一种特殊的证据方法,因此,不宜归入诉讼辅助人。

第四单元

诉权与诉

第十二章 诉 权

本章目次

一、诉权的含义

诉权具有多义性的特征。

人们比较认同的说法是，**诉权是指当事人为维护自己的合法权益，要求法院对民事争议进行裁判的权利**。

诉权是人们的一项基本权利，[1]没有这项权利，公民、法人和其他组织便不能启动民事诉讼程序获得司法裁判，实现实体权利。

诉权的基本含义可以从以下几个方面来理解：

其一，诉权是一种要求司法裁判的权利，因而相对于当事人的实体权利而言，诉权是一种程序性权利。[2] 诉权的存在不是由实体权利所决定的，而是根本法直接赋予的，是国家赋予当事人保护自己民事权益的一种手段。当自己的民事权益受到侵害或产生争议时，就可以行使诉权启动公权力来解决私权纠纷，从而得到国家的司法保护。

其二，诉权与诉讼上请求的关系。诉权是一种向法院提起诉讼的权限，而诉讼上请求是当事人行使这种权能的诉讼行为。诉权是实现实体权利的一种手段，是一种潜在的权限。诉权本身不能引起诉讼上法律关系的产生，只有当事人的请求才能引起诉讼上法律关系的产生，具有诉讼系属、中断时效、行为催告以及产生迟延利息等法律效果。

---

[1] 也有的人将诉权称为"宪法上的权利"。不过，这种强调的意义仅在于强调诉权的重要性。因为界定哪些是宪法上的权利，哪些不是宪法上的权利，本身是比较困难的，因此只需要强调诉权是一种基本权利就足够了。另外，在我国，作为一种宪法上的权利，在保护和实现的方法和手段方面与其他权利并没有什么不同。与此不同，在国外，如在德国，强调诉权在宪法上的意义是因为在制度上能够获得宪法上的特殊保障，当普通法院拒绝裁判时，可以通过宪法法院予以救济。

[2] 有的学者认为，诉权还包含实体含义。所谓实体含义指的是保护民事权益或解决具体民事纠纷的请求，亦即原告获得实体（法）上的具体法律地位或具体法律效果的主张。（江伟主编：《民事诉讼法学》，复旦大学出版社2000年版，第54页。）这种认识实际上将实体请求也纳入了诉权的内涵中，这样一来诉权具有了多元含义，然而这种多元含义容易掩盖诉权的本质，诉权的本质就是启动司法裁判程序。实体上的请求是实体法所赋予的，与诉权并没有关系。诉权的实体含义论实质就是原诉权二元论的观点。

其三,诉权的行使是有条件的,即当事人可以请求法院行使审判权的资格,诉讼的内容必须有司法保护的价值或利益。诉权行使的资格和利益也就是所谓的诉讼要件和诉的利益。(关于诉讼要件的具体内容,见本书第二十二章“普通程序”之“起诉和受理”部分;诉的利益见本书第十三章“诉”。)

其四,诉权与当事人诉讼权利的关系。诉权不是当事人诉讼权利的集合和概括。某些诉讼权利与实现诉权有关,是诉权的具体表现,例如,起诉权、上诉权、再审诉权(在再审之诉的场合)。

其五,诉权具有自由性。所谓自由性,包括两方面的含义:一是诉权的行使是由本人决定的,是否行使不是一种义务;二是即使当事人不当地行使了诉权,给对方造成了损失也不会承担责任。当然,滥用诉权给对方当事人造成损害,是否应当需要承担相应的民事责任属于侵权行为法规范的问题。现行侵权行为法未明确规定。关于滥用诉权的诉讼法效果参见基本原则中关于诚实信用原则的论述。

二、诉权的学说

诉权的概念是大陆法系国家民事诉讼理论中特有的概念,关于诉权的各种认识构成了诉权的各种学说。由于诉权这一概念在民事诉讼理论中的基础性,因此,诉权理论也成为民事诉讼理论中重要的组成部分。又由于诉权概念的抽象性,也使诉权理论成为民事诉讼理论中最为复杂和最有争议的理论,可与证明责任、当事人适格、既判力、诉讼标的等并称为民事诉讼理论中的“猜想级问题”。

长期以来,诉权问题一直是大陆法系国家民事诉讼法学界所探讨的基础课题,尤其是在德国、日本等国。诉权问题之所以受到学界的重视是因为诉权理论对于民事诉讼法学的发展以及诉讼制度的发展有十分重要的影响。例如,正是因为有了权利保护请求权理论(具体诉权说)才有了形成之诉这一新的诉的类型,诉讼要件和诉的利益的概念和制度才得以发展。

20 世纪 50 年代以后,我国理论界对诉权的认识主要受苏联诉权理论的影响,基本脱离了大陆法系国家关于诉权理论研究的轨迹。原因在于大陆法系诉权理论的前提概念之一是公法与私法概念的分野,而我国却一直否认这种分野的存在,加之意识形态的差异因素。由于我国经济市场化的不断推进,法治观念的变化,人们对民事诉讼的认识也在不断变化,人们在重新思考民事诉讼机制和体制的应然状态,更加关注大陆法系民事诉讼理论,大陆法系的诉权理论自然也开始为人们所注意。实际上,大陆法系国家中一些民事诉讼理论的观点差异都与人们对诉权的认识有关,持不同的诉权理论就会衍生出不同的观点。如果不了解诉权理论,也就无法真正了解相关的制度和理论。例如,如果不了解本案请求权理论,也就不能深入地了解诉讼要件(实体判决要件)理论,没有了解具体诉权理论也就无法透彻地了解实体判决要件和诉讼判决要件的关系。

在以往的教科书中,我们也要介绍德国、日本的诉权理论,但这些介绍仅仅作为教科书体系化的要求而存在，与我国的诉讼理论体系没有牵连关系。现在，我们应当认识到，国外诉权理论的发展和各种诉权理论与我们有密切的联系，我们能够从国外的诉权理论以及各种诉权理论的差异和争论中了解国外制度的理论基础，能够正确、全面地认识国外的诉讼体制和具体的诉讼制度。脱离国外民事诉讼的基本理论，我们无法真正了解诉讼制度的内部结构和运行机理。在我国民事诉讼体制逐渐转型的过程中，我们更需要了解国外民事诉讼的基本理论，以便科学地建构我国的民事诉讼体制。过去，由于一些基本概念上的隔阂，我们很难理解国外的诉权理论，现在这些基本概念的隔阂正在逐渐消除。例如，人们对公法与私法、公权与私权的概念的认同，使我们能够逐步地认识和理解国外的诉权理论。

（一）双重诉权说

在我国民事诉讼理论界，一般认为诉权具有双重含义，即程序意义上的诉权和实体意义上的诉权。程序意义上的诉权，是指原告向人民法院提起诉讼的权利和被告针对原告请求的事实和法律根据进行答辩的权利。通常称为起诉权和答辩权。实体意义上的诉权，是指原告可以通过人民法院向被告提出实体上要求的权利和被告可以通过人民法院反驳原告提出的实体上请求或提出反诉的权利。通常称为胜诉权和反驳原告提出的实体请求的权利。

诉权具有双重含义的观点，也称为“二元诉权论”。这种观点源于苏联民事诉讼理论，倡导者是民事诉讼法学家 M. A. 顾尔维奇。他认为，诉权具有不同的意义：一是指程序意义上的诉权，亦即起诉权；二是指实体意义上的诉权，即处于能够对义务人强制实现的状态中的主体权利；三是指认定主体资格意义上的诉权。

双重意义诉权论的观点在理论和实务上都存在难以自圆之处，主要表现为：(1)既然两种含义的诉权是统一的，是诉权不可分割的两个方面，但在解释和适用上却存在分离的情况。因为按照双重论的观点，拥有程序意义上诉权的人，却不一定有实体意义的诉权，这说明两种意义的诉权在时间和空间上并不是统一的。(2)实体意义上的诉权实际上与实体请求权并没有什么区别，因此，这种实体意义上的诉权就没有什么独立存在的价值。(3)实体意义上的诉权与诉权的基本含义完全没有本质上的联系。诉权作为一种权能是启动和运行民事诉讼程序的根据。

（二）私法诉权说

私法诉权说产生于 19 世纪中叶，由德国学者萨维尼等提出。该学说认为，诉权是由私权尤其是请求权衍生而来的，是请求权的变体。当请求权受到侵害时，就会由请求权衍生一种要求国家裁判机关予以裁判的权利，这种权利就是诉权。由于私法诉权说的理论是以实体请求权为基础的，因此，在出现确认之诉和形成之诉（变更之诉）的形态之后，无法说明当事人之间没有债权债务关系（无请求权），原告的私权也没有受到侵害时，为什么原告可以提起确认之诉和形成之诉。[3]

---

〔3〕 参见［日］兼子一等：《条解民事诉讼法》，弘文堂 1986 年版，第 758 页。

(三)公法诉权说

19世纪后半叶,随着公法学和法治国家理论的发展,公权的概念得以成立,人民与国家之间存在公法上的权利义务关系的观点得到普遍的认同。正是在这种认识背景下,产生了公法诉权说。这种学说认为,诉权不再是一种基于私法关系的私权,受害人要求司法机关进行裁判以维护自己权益的权利是一种公法上的权利。公法诉权说又可以具体分为以下几种学说。

1. 抽象诉权说

这种理论认为,诉权即原告可以向法院起诉的法律地位或可能性。诉权是一种任何人都可以向法院起诉的一般抽象的权利。但由于该诉权理论仅仅停留在任何人都可以起诉这一点,而没有对诉权的要件作进一步的说明,因此没有多大的价值。[4]

2. 权利保护请求权说(具体诉权说)

权利保护请求权说又称为具体诉权说,这种理论认为,诉权在当事人起诉之前就存在于当事人,是一种既针对法院,又针对被告的,请求就一定的内容给予自己有利判决的权利。因为这种权利不是要求抽象的一般判决,而是具有具体内容的胜诉判决,因此该理论被称为具体诉权说。权利保护请求权说认为,民事诉讼的目的就是保护私权,国家既然禁止将私力救济作为私权保护的手段,那么国家就有义务通过行使裁判权来维护私权,相应地,私人也就有了要求国家给予权利保护的请求权。在一个案件中只有获得胜诉判决的一方当事人才有诉权,拥有诉权的人既可能是原告,也可能是被告。具体诉权说提出了诉权要件这一概念。所谓诉权要件,就是当事人一方获得胜诉判决的要件,也就是所谓的权利保护要件,因此该理论又称为"权利保护要件说"。权利保护要件与诉讼要件[5]有严格的区别,它包括"实体权利保护要件"和"诉讼权利保护要件"。诉讼权利保护要件包括诉的利益和当事人可以受诉讼保护的资格。实体权利保护要件则是实体权利存在与否的事实。该学说由德国学者阿道夫·瓦哈所提倡,经赫尔维格加以完善,一度成为第二次世界大战前德国和日本的通说。人们对具体诉权说的非难在于,既然认为诉权是一种公权,但为什么既是针对法院,又同时针对被告。针对被告的权利就不可能是公权。诉权不可能在性质上既是公权,同时又是私权。另外,如果法院裁判是一种义务,那么法院还有权力对自己是否应当承担该义务作出裁判吗?[6]第二次世界大战以后,在兼子一教授的影响下,日本通说抛弃了权利保护请求权说的理论,转为采用本案判决请求权理论。但在德国,第二次世界大战之后,在Blomeyer等人的努力下又得以重视。我国台湾地区学界和实务界以此学说为通说。[7]

3. 司法请求权说

上述诉权理论的缺陷必然催生新的诉权理论。司法请求权说就是力图克服上述学说

---

[4] 参见[日]兼子一等:《条解民事诉讼法》,弘文堂1986年版,第759页。

[5] 有关诉讼要件的内容见本书第二十二章"普通程序"的"起诉"部分。

[6] 参见[日]兼子一等:《条解民事诉讼法》,弘文堂1986年版,第759页。

[7] 参见陈荣宗、林庆苗:《民事诉讼法》,台北,三民书局2013年版,第82页。

缺陷的一种诉权理论。司法请求权说又称为司法行为请求权说，这种理论认为，任何人都有要求法院作出司法裁判的公法上的权利，这种权利就是诉权。在法治国家，宪法保障所有人有请求法院予以司法保护的权利，这种保护也包括对私权的保护。法院有义务满足当事人的司法请求对案件进行审理和裁判，司法请求权在内容上就是当事人起诉的权利。法院如果没有正当理由，便不能拒绝在指定期间开庭审理，法院应当对案件事实和适用法律进行审理并作出裁判。当法院违反这种义务拒绝审判或拖延审判的，就构成对当事人司法请求权的侵害，当事人可以向联邦宪法法院请求法律救济。司法请求权理论在德国现在依然占据通说的地位。司法请求权说在日本也有学者附和，但由于这一理论被认为与抽象诉权理论一样，存在过于抽象的问题，而没有在日本成为通说。[8]

4. 本案请求权说

本案[9]请求权说为德国学者布拉因所提倡，但在德国，这种理论只是一种少数说。战后为日本学者兼子一所接受，认为该说能够克服当时德国通说——权利保护请求权说的不足，经兼子一教授提倡，本案请求权说在日本成为通说。本案请求权说认为，民事诉讼的目的不在于对私权的保护，而在于通过国家权力调整和解决私人之间利害纷争。当私人之间发生争议时，私人能够利用民事诉讼制度，向作为国家司法裁判机关的法院寻求争议的解决。在请求解决争议时，作为申请人的原告向法院提出自己的主张，法院对此适用法律予以判断是否成立。因此，**作为诉权就是针对本案要求法院作出判决的请求，也就是本案判决请求权。诉权并不是像抽象诉权说那样是给予任何人的一种权利，而是在具有通过诉讼解决纠纷的必要性时才能给予当事人诉权**。但本案请求权理论又认为它与具体诉权说有区别，它不以请求的正当性为要件，诉权的存在与私法上权利关系存在与否没有关系，因此，诉权要件不包括实体权利保护要件，仅指诉讼权利保护要件，如果欠缺诉讼权利保护要件，就不能做出本案判决。在这一点上，诉权要件与诉讼要件（本案判决要件）是相同的。[10] 本案请求说在日本虽成为通说，但也有学者认为，这种学说并没有能够充分说明诉权与本案判决的必然联系，即为什么只有在本案判决的特殊情形下才有诉权，而一般判决情形没有诉权。以后，兼子一教授针对学者的质疑，对学说进行了调整，在名称上将本案请求权改为"纷争解决请求权"，回避了本案的特定性问题。[11]

笔者的观点：应当如何理解诉权应有的含义，在相当长的时间内，学界虽有关于诉权学

---

〔8〕 参见［日］兼子一等：《条解民事诉讼法》，弘文堂1986年版，第760页。

〔9〕 在大陆法系民事诉讼理论和实务中，"本案"的含义与中国一般的理解有所不同，因此往往导致人们对民事诉讼理论的误读或不理解。在我国，"本案"常常笼统地指特定的案件的争议，案件的争议既包括实体争议，也包括程序上的争议。在大陆法系国家和地区，"本案"则仅仅指实体权利义务或实体法律问题的争议。所谓"本案的审理"，即是指对实体争议问题的审理。当事人的实体请求能够成立的要件，即实体要件称为"本案要件"。日本关于诉权理论的通说——"本案判决请求权说"的"本案"也就是在这个意义上使用的。参见［日］新堂幸司、福永有利：《诉·辩论准备》，载《注释民事诉讼法（5）》，有斐阁1991年版，第28～29页、第40～41页。

〔10〕 参见［日］兼子一等：《条解民事诉讼法》，弘文堂1986年版，第760页。

〔11〕 参见陈荣宗、林庆苗：《民事诉讼法》，台北，三民书局2013年版，第83页。

说的介绍,但似乎仅仅是一个学术问题,与具体的民事诉讼制度和审判方式没有关联。实际上,如何正确理解和认识诉权的内涵是有实际意义的,而非单纯的学术问题。从我国私法法治的发展阶段以及实体与程序的内在联系来看,笔者更认同"权利保护请求权说"。这种诉权学说更有利于实体权利的实现,也更有利于法院和当事人以实体请求权为中心开始审判和诉讼,并成为构建相应诉权制度的理论基础。这种诉权学说对于我国民事诉讼制度的建构和完善更具有实践意义。至于诉权的性质矛盾问题,笔者认为,应当从诉权的不同指向和层面上加以理解。这也是由诉权本身的双重性所决定的。一个事物未必就一定只有一种属性,如同量子的波粒二相性一样。

(四)诉权否定说

诉权否定说主要基于两个方面主张抛弃诉权理论:其一,学界提出的各种理论均不能对诉权现象给予科学的说明,因此怀疑诉权概念以及诉权理论的存在价值;其二,在法治社会,私人均有权要求司法机关给予裁判,宪法保障私人的这种权利,而民事诉讼法中特别强调诉权的概念没有必要。

的确,由于诉权被具体的制度所规定和体现,因此作为一种抽象的诉权概念的价值就大打折扣了。诉权的要件在作为日本通说的本案请求权中与诉讼要件(本案判决要件)没有区别。作为一种启动民事诉讼的权利与起诉权实际上也没有多大的差异。

当然,以目前的学说无法自圆其理论上的问题,并不能说明诉权概念没有存在的必要,因为人们毕竟要问,为什么当事人可以启动民事诉讼程序,法院为什么在当事人请求时,要对当事人提出的争议或主张进行审理和裁判,这种权利是什么?具有什么性质?当事人有权提出诉讼的根据是什么?其权利源泉何在?这些都是理论上应当探讨的。所以,简单地否定诉权的概念和理论探讨的价值是有疑问的。

第十三章 诉

本章目次

一、诉的概念

诉，是指当事人向法院提出的，请求特定的法院就特定的法律主张或权利主张（诉讼上的请求）进行裁判的诉讼行为。

诉具有使诉讼程序开始，法院行使审判权的功能。就法院的基本作用方式而言，法院只能是被动地行使审判权，即只有在当事人请求裁判时，法院才能行使审判权，对民事争议进行审理和判决。

诉是向法院提出的诉讼上的请求，尽管该诉讼请求中的实体请求也是针对被告提出的，但原告提出的这种诉讼上的请求是要求法院裁决原告针对被告的实体请求是否合法，因而不是直接针对被告的。原告提起诉讼的目的就是要求实现自己的权利。诉的内容是对审判对象或诉讼请求和相对人的特定。

起诉与诉的关系为：起诉是实现诉的具体方式和形式，诉是起诉的基础和内容。起诉的功能是启动一审程序，使诉的目的能够具体得以实现。

诉与诉讼请求的关系，国外学者主要有以下三种观点：

第一种观点认为，不管是诉，还是诉讼请求，二者都是原告向法院所实施的诉讼行为。但诉讼请求只是一种实体主张，而诉则是要求法院对诉讼请求进行审理裁判的请求。

第二种观点认为，诉是原告要求法院进行审理和裁判的请求，诉讼请求则是原告向被告提出的实体法上的权利主张。

第三种观点认为，将诉讼请求分为狭义和广义，狭义的诉讼请求其含义与第一种观点相同，广义的诉讼请求除了狭义的诉讼请求的含义外，还包括原告对法院提出的要求审理和裁判的请求。

由于诉与诉讼请求的含义本身比较模糊，因此，人们在使用诉这一概念时，没有严格地区分它与诉讼请求，在很多情况下是混用这两个概念，正是由于两者区别不明显，所以混用这两个概念似乎也没有太大的问题。例如，诉的变更这一概念中的诉就是指诉讼请求。诉的合并和分离实际上也是指诉讼请求的合并和分离。

二、诉的类型

（一）诉的分类

诉的分类，是指人们以某种根据对诉进行划分，以便更好地认识和运用诉。例如，可以按照当事人在诉讼中主张的诉讼请求系单一诉讼请求还是复数的诉讼请求可以将诉分为单一之诉与复数之诉。在诉讼中，复数之诉存在诉的合并审理问题，单一之诉则不存在。但在诉的分类上最重要的分类还是按照诉的内容进行划分。根据诉的内容的不同，人们通常将诉分为三大类：确认之诉、给付之诉和形成之诉（变更之诉）。以诉的内容对诉进行分类实质上就是从诉的内容的不同来把握诉，因此，这种划分方法也是一种最有意义的划分方法。人们在制定和运用规则时，也就更容易把握不同诉的特点。例如，确认之诉是不具有执行力的诉，而给付之诉和形成则是具有执行力的诉。确认之诉的判决就是没有执行力的判决，与此不同，给付之诉和形成之诉的判决这是有执行力的判决。

确认之诉的诉讼请求的内容是要求法院确认其主张的法律关系存在或不存在；给付之诉的内容是要求法院裁判被请求方履行一定的义务；形成之诉的内容是要求法院裁判变动既存的法律关系。当然，由于诉讼请求内容的复杂性，有些情形下不同性质的诉之间存在模糊界限，使诉的划分在实践中也就不那么清晰，容易发生异议。例如，确认之诉与形成之诉的区分在有的情形下就存在模棱两可的状态。实践中，诉的种类或性质往往需要从多方面对其实质内容予以考察方能加以确定。

另外，学界有争议的是，确认之诉、给付之诉和形成之诉的划分是否可以穷尽所有诉，即是否所有现实存在的诉都可以归入这三种诉的类型之诉，而没有例外。比较典型的是执行中的案外人异议之诉（参见本书第四十四章“执行救济”中的“案外人异议之诉”）。案外人异议之诉是指案外人以执行债权人为被告（原则上）向法院提起的要求法院作出不得强制执行或撤销执行程序裁判的诉讼。

例如，执行中的各种异议之诉（债务人异议之诉、案外人异议之诉等）的性质问题就是一个长期争论的问题，目前还没有能够绝对终结各种争论的学说。所谓性质问题也就是诉的归类问题。在德国和日本，通说虽然是“形成诉讼说”，判例通常也支持此种学说。形成诉讼说将案外人异议之诉归为形成之诉。当执行机构在执行中不当执行属于第三人的财产时，第三人就具有了诉讼法上对抗该执行的异议权，凭借此异议权，第三人也就可以提起异议之诉。这种异议权在性质上属于形成权，因为该权利的目的在于要求法院变更现有的执行法上的关系，即撤销执行机构的不当执行。异议之诉的判决具有撤销执行程序或执行行为的法律效果，这与形成诉讼的基本特点具有一致性。

形成诉讼说的主要问题是,既然异议权是该诉讼的诉讼标的,那么按照既判力的一般理论和规则,只有关于异议权存在的判断才具有既判力,而作为异议权基础或原因的实体法上的权利或者实体法律关系就只能是法院判断的理由,因而不具有既判力。在实务上,也就必然发生如此情形:当第三人(案外人)在异议之诉败诉之后,该第三人还可以对同一被告(异议之诉的执行债权人)提起要求确认自己拥有对执行标的物实体上的权利的确认之诉或要求给付该标的物的给付之诉,因为先前的异议之诉对后诉并没有既判力,因此,不能约束后诉法院对此必须作出的判断。但如果将案外人异议之诉归入确认之诉和给付之诉,显然也不妥当。

鉴于传统的诉的种类难以说明异议之诉的特殊性,有学者认为,异议之诉属于一种新的诉的类型。既可能是全新的诉的类型,也可能是原来不同诉的复合。应当承认,原有的诉的类型并不能囊括现有的诉。正是由于不受传统诉的类型的约束,因此在解释上也就比较灵活。在这些观点中又有"诉讼救济说""命令诉讼说"等。诉讼救济说认为,异议之诉是确认之诉和形成之诉的合成,不属于其中单一的某种诉,即一方面具有确认的法律效果,也具有排除执行的形成效果,这样也就克服了单一之诉中的既判力难题,例如,单一的确认诉讼判决无执行力的问题。〔1〕

(二)确认之诉

1. 确认之诉的含义

确认之诉,是指原告要求法院确认其主张的法律关系存在或不存在的请求。例如,原告要求法院确认自己与被告存在的合同关系的诉讼。确认法律关系也包括某特定的权利或义务。例如,权利人要求法院确认被告所承担的某项义务。

2. 积极的确认之诉与消极的确认之诉

根据要求确认的法律关系存在或不存在,可将确认之诉分为积极确认之诉和消极确认之诉两种类型。主张其法律关系存在的确认之诉是积极的确认之诉,例如,请求确认原告与被告之间的合同关系成立。主张其法律关系不存在的确认之诉是消极确认之诉,例如,请求确认原告与被告之间不存在合同关系或者请求确认自己不具有或不存在某种义务等。

对于法律关系的争议,无论是权利人还是义务人都有权提起确认之诉。实践中,人们往往认为只有权利人才能提起确认之诉,而义务人不能提起确认之诉。应当注意的是,对于义务人提起确认之诉要求确认自己义务的具体内容时,这一确认之诉依然属于积极确认之诉。只有原告提起的否定自己承担义务的确认之诉才是消极确认之诉。

---

〔1〕 命令诉讼说与诉讼救济说在诉讼作用或目的的双重性方面有相同之处,即认为第三人异议之诉既有解决第三人与执行债权人之间关于执行标的物上实体权利关系的争议的作用,也具有解决第三人与执行债权人之间关于执行标的物的执行关系争议的作用。与命令诉讼说不同的是,诉讼救济说在理论上认为,之所以需要救济是因为执行机构的执行存在瑕疵,一旦确定其瑕疵存在,法院就应当作出判决以变更执行实现对权利的救济。命令诉讼说则认为,执行机关是否有瑕疵不是执行关系诉讼的对象,因为执行关系诉讼属于私法关系的诉讼。第三人异议之诉在法院判决具有为执行机关设定相应的义务,即宣告执行机关须为一定行为这一点上具有其特色,它不属于任何一种既有的诉讼类型。这里的"命令",并非指职务关系上的命令,其实质是设定特定的义务。

3. 确认之诉的意义

确认之诉的目的虽然不在于权利义务的实现,但由于他国司法使有争议的法律关系——权利义务得以确认,有助于防止纠纷进一步发展或扩大,因而确认之诉成为一种预防之诉。无论是积极的确认之诉还是消极的确认之诉,对于预防纠纷进一步发展都具有积极意义。在实践中,人们对积极的确认之诉的利用往往比较注意和重视,对消极确认之诉认识不够,忽视了运用消极确认之诉以维护自己的正当权益。

从诉的制度发展史来看,确认之诉出现在给付之诉之后。人们最初关注的是如何通过裁判获得义务的强制履行,因此,人们关心的是给付之诉。随着人们对确认之诉预防功能的认识和国家司法权力的强化,确认之诉最终得以确认,成为一种重要的诉的类型。

4. 确认之诉的对象

事实问题原则上不能成为确认之诉的对象。确认之诉原则上以确认一定权利义务关系的存在与否作为对象,单纯的事实不能作为确认之诉的对象。例如,要求确认存在某个事实的诉讼就不能成立。在大陆法系国家,作为例外,要求确认对证明一定法律关系有意义的文书是否为真这一事实确认可以成为确认之诉的对象。这一例外的理由是,因为这种文书的真伪直接涉及权利义务关系,文书真伪事实的确认具有预防权利义务纠纷发生的意义。实际上,确认之诉本身也具有防止纠纷发生或扩大的功能,可以说是一种预防之诉。我国民事诉讼法尚未明确规定这种情形的可诉性。不过,从国外的实践来看,单纯提起文书真伪确认之诉的情形非常少。

过去或将来的法律关系不能成为确认之诉的对象。确认之诉是以现在的法律关系存在为基准,因此,对于过去或将来的法律关系不能作为确认之诉的对象。从诉的利益角度,其被认为具有诉的利益(参见本书第十三章中“诉的利益”部分)。

(三)给付之诉

1. 给付之诉的含义

给付之诉,是指原告向被告主张给付请求权,并要求法院对此作出给付判决的请求。这里所谓的给付,并不仅仅指被告对原告金钱或实物的交付,还包括被告履行原告所要求的行为(作为或不作为)。例如,要求被告履行合同所确定的义务。

原告享有给付请求权是给付之诉成立的前提,原告的给付请求权的产生是因为在原告与被告之间存在一定的民事权利义务关系。在这一法律关系中,被告具有给付义务。当被告没有履行义务时,原告就可以依据实体上的给付请求权提起给付之诉。

法院在审理给付之诉时,首先要确认原告和被告之间是否存在给付权利或义务,如果确实存在,法院就应在判决中判令被告履行义务。

2. 给付之诉的分类及类型

一是现在给付之诉与将来给付之诉。按照给付请求权的履行期间在法庭辩论终结前是否到来为根据,可以将给付之诉分为:现在给付之诉和将来给付之诉。现在给付之诉,是指在法庭辩论终结前,给付请求权的履行期间已到的给付之诉;将来给付之诉,是指在法庭辩论终结前,给付请求权的履行期间尚未届满的给付之诉。国内也有学者是以给付履行请求的时间不同来划分现在给付之诉和将来给付之诉。现在给付之诉,是指给付之诉的判决生效后,具有给付义务的人必须立即履行其义务;将来给付之诉,则是指在给付判决生效后,具有给付义务的人并不立即履行义务,而是在履行期限届满或具备履行条件时,才履行其给付义务。

二是特定物给付之诉与种类物给付之诉。按照给付之诉的内容不同,可以将给付之诉分为特定物给付之诉、种类物给付之诉和行为给付之诉。特定物给付之诉,是指权利人向义务人请求给付的标的物是特定的物品。在法院判决应履行义务时,义务人不能以其他物品来代替特定物;当特定物灭失,无法给付特定物时,义务人才能以其他方式满足权利人的请求。种类物给付之诉,是指权利人向义务人请求给付的标的物在性质上属于同一种类,即在物理属性和经济价值上具有共同性,并且可以用一定的方式加以度量,相互之间可以替代的物。例如,请求给付同类型的建筑材料等。行为给付之诉,是指权利人请求义务人为一定行为或不为一定行为。例如,要求义务人按照合同的规定将某物运输到某地或请求义务人不得再排放污染物。

3. 给付之诉与确认之诉的关系

在民事诉讼发展史上,确认之诉和给付之诉并不是同时出现的,一开始法院只承认给付之诉。因为在当时,诉讼的作用只限于变更私人之间现实存在的利益关系。因此,只有在纠纷涉及是否给付的问题时,才能提起诉讼,并通过国家强制力来实现当事人的实体权利,而没有意识到确认之诉对解决民事争议有何价值,后来人们认识到确认之诉对解决现在民事争议亦有积极作用,即通过确认,有可能防止相关民事争议的发生。如果没有确认之诉,就只能在侵权行为发生之后,才消极地通过给付之诉恢复原状或予以损害赔偿。另外,确认之诉的认可也与国家权力的强化和中央集权的强化有密切关联,正是国家在社会中的地位不断加强,才使私人之间的民事法律关系的确认也被纳入国家司法权的干预范围。〔2〕

由于确认之诉具有预决性和防止性,并且确认之诉产生于给付之诉之后,所以有学者认为,确认之诉具有补充的性质,是一种补充之诉。但实际上,给付之诉的审理往往都要求法院首先对给付的权利义务关系存在与否予以确认,因此,确认之诉就成为给付之诉的前提。也可以说,任何其他类型的诉都包含确认的因素和前提。〔3〕

当然,确认之诉与给付之诉的区别也是十分明显的,确认之诉并不以权利的实现为目的,只是请求确认有争议的关系存在与否,因此,法院所作出的确认判决不具有执行性。而给付之诉的目的是实现其权利,因此,法院对给付之诉作出的判决具有执行性,当义务人不主动履行判决所确定的义务时,权利人可以向法院申请强制执行。应当注意的是,并非法院就给付之诉所作出的判决都是给付判决,法院对给付不成立的判决是确认判决。法院驳回给付请求的判决就是通过审理确认了原告不具有给付请求权,因此该判决是确认判决。

---

〔2〕 参见[日]新堂幸司:《民事诉讼法》,弘文堂1991年版,第141页。

〔3〕 参见[日]兼子一、竹下守夫:《民事诉讼法》(新版),白绿铉译,法律出版社1995年版,第47页。

(四)形成之诉

1. 形成之诉的含义及理论依据

形成之诉,是指原告要求法院变动或消灭一定法律状态(权利义务关系)的请求。通常发生在婚姻诉讼或公司诉讼领域的形成之诉是大陆法系民事诉讼理论中通用的概念,也称为"权利变更之诉"。我国以往的教科书通常称为"变更之诉"。在实体法上,这种变动和消灭一定法律状态的实体权利被称为"形成权",我国实体法学界也已经普遍接受这一概念,以此为基础的诉的具体形式也就应当相应地称为"形成之诉"。这种说法使人们更容易了解诉讼请求与实体权利之间的关联,并且能够与其他程序事项保持内在的联系,即人们关于形成权的纠纷,在法律明确规定的情形下,形成了形成之诉,关于形成之诉的判决就是形成判决,形成判决具有形成力。其逻辑联系是:形成权——形成诉权(根据法律规定)——形成之诉——形成判决——形成力。

形成之诉作为与给付之诉、确认之诉并列的一种诉的类型,其产生与诉权理论中的权利保护请求权理论有密切的关系。这一诉权理论认为,形成之诉属于形成权的一种,即通过诉讼请求产生法律关系变动的效果。由此,形成权也就成为一种独立的诉讼标的。

2. 形成之诉的类型

在大陆法系的形成之诉理论中,形成之诉包括两种类型:实体法上的形成之诉和诉讼法上的形成之诉。实体法上的形成之诉所产生的法律效果属于实体法上的内容。例如,解除婚姻关系、撤销股东大会决议等。诉讼法上的形成之诉所产生的法律效果属于诉讼法上的内容,例如,通过再审撤销原来已经确定的判决。如果以变更原有的已确定的法律效果为标准,诉讼法上的形成之讼是成立的。国外如日本的通说认为,除了再审之诉之外,撤销仲裁裁决、执行中各种异议之诉——第三人异议之诉、债务人异议之诉等也都属于诉讼法上的形成之诉。[4]

在我国,关于诉的类型通常都是从诉所产生的实体法效果这一角度来认识的,无论是给付之诉,还是确认之诉、形成之诉,因此不会关注诉讼法上的形成之诉。形成之诉通常都是指实体法上的形成之诉。在我国,一般也根本没有将典型的诉讼法上的形成之诉作为一种诉来看待。

3. 形成之诉的特点

一般情况下,权利义务关系因当事人的行为或某种法律事实的发生而发生变动,而没有必要向法院提起诉讼,通过裁判加以变更。例如,当事人之间本身存在买卖关系,由于某种原因,一方当事人向对方提出要求解除买卖合同。对解除合同即变更合同,当事人没有必要提起诉讼。如果对方要求履行合同并发生争议时,提起的诉是给付之诉。但对于某些法律关系而言,即使存在实体上已经变更的条件,但如果没有法院判决的宣告,其现存的法律关系仍然是有效的。当事人为了使现存的法律关系发生变动,并产生相应的法律效果就只有向法院提起形成之诉。

---

〔4〕 详见[日]三月章:《民事诉讼法》,弘文堂1986年版,第54~55页。

形成之诉的特点是通过形成判决实现既有法律关系或状态的变更。具有变更法律关系的这种作用称为判决的形成力。形成判决与其他诉的类型的判决不同,具有对世效力,也就是说判决的效力不仅及于诉讼当事人之间,也及于与该法律关系有关的所有人。例如,关于撤销公司决议的判决,所有人都应承认决议不复存在的法律效果,而不是只有原告和公司才承认。还应当注意的是,并非针对形成诉讼所做的判决都是形成判决,只有认可原告请求的判决才是形成判决,驳回原告请求的判决不是形成判决,因为不具有形成力。

4. 形成之诉与确认之诉的区别

形成之诉与确认之诉不同:一是确认之诉所要求确认的实体法律关系在客观上并不一定存在,而形成之诉的前提是要求形成的法律关系或法律状态是现实存在的;二是出于对法律关系相对稳定性的考虑,形成之诉的提起必须有法律的明确规定。例如,法律明确规定,当事人结婚后符合离婚条件的,可以解除婚姻关系。据此,当事人才能提起有关解除婚姻关系的形成之诉。形成之诉虽不同于给付之诉,但形成之诉的结果往往与给付请求相联系。因此,在当事人提起形成之诉以后或者提起形成之诉的同时,还会提起因法律关系变动所带来的给付请求。例如,原告提出要求解除婚姻关系的变更之诉(形成之诉),法院判决离婚后,当事人又提出分割财产的给付之诉。也可能在提出离婚诉讼请求的同时,还提出给付扶养费的给付之诉。

5. 形式上的形成之诉

在国外形成之诉的理论范畴中,还有一个与形成之诉联系的概念——形式上的形成之诉。形式上的形成之诉,是指借助形成之诉的形式,但没有法律规定的形成要件情形下,通过诉讼过程由法官对裁判解决某些争议。例如,关于土地边界的确定、共有物的分割等。这类诉讼并不是确认之诉,也非形成之诉,因为没有确定的法律根据和形成要件。实际上类似于行政上的确定行为。在我国,当事人之间关于土地边界的确定也是有关行政机构来处理的。形式上的形成之诉的概念有助于我们理解某些诉讼的特殊性,诸如共有物分割诉讼。实质上,这类争议更类似于一种非讼争议。

三、诉的利益

(一)诉的利益的含义

诉的利益,是指当事人所提起的诉中应具有的,法院对该诉讼请求作出判决的必要性和实效性。必要性是指法院有无必要通过判决来解决当事人之间的纠纷。例如,当事人之间的争议不是关于民事权利义务的争议,而是涉及伦理道德方面的争议,或者行政争议等,该争议就没有必要由法院作出民事判决加以解决。实效性是指法院能否通过判决实际解决该纠纷。尽管该争议属于民事权利义务的争议,但即使法院作出判决也不能实际解决争议时,该诉也不具有诉的利益。

关于诉的利益的法律性质在理论界存在争议。有的外国学者认为,诉的利益属于诉权行使的要件；有的学者认为，诉的利益属于诉讼要件。这种理论上的争议并非无事生非，如果认为属于诉权行使的要件，则缺乏该要件时，法院应驳回原告的起诉；如果认为诉的利益属于诉讼要件，诉的利益就成为法院对本案实体问题作出审判的前提要件，只有原告的起诉具备权利保护利益时，法院才能对本案的实体问题作出判决，不具备权利保护利益时，法院必须作出程序上的裁判，以原告的诉不合法为理由驳回裁判，法院绝对不可在原告之诉是否具备权利保护利益不明的情况下，作出本案的实体判决。[5]

诉的利益在理论上被认为实际包含两方面的内容，分别为权利保护的资格和权利保护的利益。

（二）诉的利益的功用

诉的利益这一概念的功用在于，有助于人们对诉讼的必要性和实效性进行审查和判断。如果认为当事人提起的诉讼没有其必要性和实效性即认为没有诉的利益，对此，法院就可以驳回诉或起诉（在我国制度背景下）。诉的利益这种“过滤功能”被称为“消极功能”。在诉讼中，关于是否存在诉的利益有可能成为诉讼争议的焦点问题之一。在诉讼系属之后，当事人对法院关于诉的利益的判断不服的，可以就法院对诉的利益，即诉讼的必要性和实效性的判断提出异议，寻求程序上的救济，例如提起上诉。在我国通常是对不予受理或驳回起诉的裁定给予上诉的权利，以便获得司法救济。

诉的利益的功用并非仅仅消极地排除或过滤一些没有必要性和实效性的诉讼。从保障诉权行使的角度出发，只要具有诉的利益，法院就应当予以审理并作出裁判，从而实现其诉权。另外，诉的利益这一概念还具有积极确认权利的功能。法院正是通过对诉的利益的把握，弥补实体法规定的不足。将虽然没有实体法的明确规定，但在认为确有诉的利益——在解决纠纷实现抽象的实体方面具有意义时，可以将该纠纷引入程序，通过程序实现实体法的合理解释，明确新的权利规范。尤其是强调通过判例细化和明确实体权利的国家。判例法国家自不必说，即使不是判例法的大陆法系国家，也往往通过诉讼创设一些新的实体权利。例如，日本就是通过判例实际创造了“日照权”的概念和权利。诉的利益有助于通过审判程序针对具体情形落实实体法的抽象规定，以弥补司法解释抽象规定的不足。在我国，隐私权、肖像权、名誉权实际上也是通过诉讼实践逐步获得认知和承认的。权利义务的认定也往往需要针对具体争议情形才能加以确定。作为抽象规范的司法解释虽然相比法律已经有所细化，但依然具有抽象性。诉的利益的概念恰恰能够使法院在审判程序中针对具体案例予以解释和裁量，使其正当利益转化为明确的权利。

诉讼的必要性和实效性之所以被称为诉的利益，是因为诉讼的必要性和实效性对诉讼主体具有利害关系。诉的利益究竟是谁的利益，是关于诉的利益的本质问题。如果立体地对诉的利益进行考察，可以发现诉的利益不仅与当事人——原告和被告——有关，也与法院或国家有关。也就是说，诉的利益并非只是单一诉讼主体的利益。首先，诉的利益与法院

---

〔5〕 参见［日］新堂幸司：《民事诉讼法》，弘文堂1991年版，第173页；［日］伊藤真：《民事诉讼法》（一），有斐阁1995年版，第131页。

或国家的利益关联在于,法院或国家是诉讼制度的运营者,因此,法院或国家必须考虑运营的必要性和实效性。对于法院而言,没有诉的利益的案件必将浪费有限的司法资源,增加法院的审理负担。特别是在案多人少的现实中,法院与特定诉讼的诉的利益就有了更密切的关联。其次,与原告利益的关联。诉的利益这一概念,从语义上最容易理解的是与原告的利益关联。的确,诉的利益不可能将原告的利益关联排除在外。原告的利益体现在原告可以通过诉讼获得司法判决以维护自己的实体权利或权益,这种利益是基于原告的权利或利益实际处于危险或不安的状态。最后,是与被告的利益关联。诉的利益与被告的关联在于,任何诉讼都将消耗被告的人力、财力和精力。尤其是因为被告处于消极被动的地位,所以诉讼对被告的影响在这个意义上更为突出。被告可能因为被强制卷入没有意义的案件而牵涉或消耗人力、时间和物力。在实践中,被告往往会就诉的利益问题提出抗辩。由于诉的利益关乎诉讼主体各方,尤其是我国正处于诉讼爆炸的时代,因此,正确把握诉的利益是有效利用司法资源同时又能有效维护人们权利的重要问题。

(三)权利保护的资格

从法院的角度来考察,**权利保护资格实际上是关于法院民事审判权的范围问题,如果该案不属于法院民事审判的范围,当事人所提起的诉就不具有权利保护的资格**。权利保护资格与诉讼请求的正当性是两个不同但又有联系的概念。没有权利保护资格,法院就不会对诉讼请求的正当与否进行审查和判断。

由于权利保护资格问题涉及司法权在国家社会生活中的地位、司法权与其他权力的相互关系、司法权的内部分工、民事诉讼制度的目的等,因此,外国的民事诉讼法一般都没有对权利保护资格即民事审判权的范围作出明确的规定,在日本宪法中只是规定涉及法律上的争议,日本法院可以行使裁判权,但对于何为"法律上的争议"却难以明晰。我国民事诉讼法也没有对民事审判权行使的范围作出明确的规定。在理论上只是抽象地从民事审判标的角度来大致界定其范围,即凡涉及民事权利义务的争议,可由人民法院进行审判。刑事案件、行政案件以及行政机关、社会团体内部发生的争议不属于民事争议,不能由法院行使民事审判权,因此,不具有权利保护资格。在我国,哪些案件属于民事审判范围与当时的民事审判政策有密切的关系。在具体案件的处理上法院有可能依据当时的民事审判政策,排除某些民事权利义务争议适用民事诉讼程序来加以解决。

(四)权利保护的利益

权利保护的利益所涉及的问题是,当事人所提起的诉尽管具有权利保护的资格,即属于法院民事审判的范围,但未必有必要对案件进行审判,在某些情况下,法律明确规定不得向法院提起诉讼时,该起诉就不具有权利保护的利益,狭义的诉的利益就是指权利保护的利益。从否定的角度看,不具有权利保护利益的情形有:(1)当事人已经向法院提起诉讼后,又向同一法院或其他法院提起相同的诉讼;(2)法院已经对该诉讼请求作出判决,但当事人又就同一诉讼请求提起诉讼(法律有明确规定的除外);(3)法律规定在一定的期限内不得起诉的案件,当事人起诉的,例如,婚姻法规定"女方在怀孕期间和分娩后一年内,男方不得提出离婚”[6];(4)当事人双方已经有协议就该民事争议提交仲裁机关,仲裁机关正在仲裁审理中或已经作出仲裁裁决。除此之外,根据诉的类型不同,对权利保护利益的具体要求也有所不同。

1. 确认之诉的利益

确认之诉与给付之诉不同,给付之诉的诉讼对象可以是实体法上的给付请求权,或者是已经存在的实体法律关系,而在理论上,确认之诉的诉讼对象是没有限定的,要探讨确认之诉的利益还必须从民事诉讼的目的和确认之诉的客体来认识。按照纠纷解决说的理论,民事诉讼的目的是解决法律上的民事争议,故确认之诉的客体原则上就应当是有争议的法律关系。因此,当事人所提起的确认之诉如果不是以法律关系是否存在为客体,该确认之诉就没有权利保护利益。关于事实存在与否不能作为确认之诉的利益,即如果当事人提起要求法院确认某事实存在与否的诉讼时,法院不能受理,即便该事实是法律上的重要事实,也可以说是没有权利保护资格。外国民事诉讼中设立了确认证书真伪的诉讼制度,[7]因此,关于证书真伪的确认之诉被认为是上述原则的例外。另外,当事人提起的确认之诉所要求确认的法律关系以现在为基准时,对过去的法律关系和将来的法律关系所提起的确认之诉都没有诉的利益。因为过去和将来的法律关系有可能已经发生变动或将要发生变动,对此法律关系予以确认就没有任何实际意义。[8]

2. 给付之诉的利益

给付之诉分为现在给付之诉和将来给付之诉。对于现在给付之诉,债务清偿期已届满的,一般而言,原告有起诉请求法院作出裁决的权利保护利益。至于原告在起诉前是否已经向被告要求过履行给付义务,被告是否一直拒绝履行,或者对原告享有给付请求权有争执等都不影响原告提起的给付之诉有权利保护利益。给付之诉是否有权利保护利益与具体诉讼请求的性质有关,例如,原告的诉讼请求是要求对方交付特定标的物,但该标的物已灭失,客观上已经不能交付特定物,此种情形下原告的给付之诉便没有权利保护利益,原告起诉前不清楚对方是否能交付特定物的除外。如果提起损害赔偿诉讼,则该给付之诉仍有权利保护利益。

对于将来给付之诉,义务履行期尚未届满的,原告没有权利保护利益。只有在被告已经对将来要履行的义务发生争议即否定存在将来履行的义务时,原告的起诉才具有权利保护利益。

3. 形成之诉的利益

提起形成之诉的条件是要求法院变动的法律关系已经实际存在,并且该法律关系的变动是法律所明确规定的。因此,只要是法律明文规定可以变动的法律关系,当事人要求其变动,且该法律关系又实际存在的,就具有诉的利益。

---

[6] 有的教科书把此类限制视为对法院主管范围的限制是不妥当的,法律规定在一定期间内不得起诉与法院主管范围没有内在的联系。参见常怡主编:《民事诉讼法学》,中国政法大学出版社 1994 年版,第 237 页。

[7] 德国、法国、日本等国的民事诉讼法都规定当事人可以提起要求确认证书真伪的诉讼。

[8] 参见[日]伊藤真:《民事诉讼法》(一),有斐阁 1995 年版,第 136 ~ 137 页。

案例

冯小刚执导的电影《我不是潘金莲》是2016年我国电影市场上一部很有影响力的作品。该作品与当年冯导执导的电影——《天下无贼》几乎是同一个思路,故事缘起于一个小的情节,然后展开为一个曲折、复杂的故事,有评论说该电影的目的是试图描绘出现代版中国"官场现形记"。《我不是潘金莲》与本章论述命题的联系在于,故事源于一个民事诉讼。主人公李雪莲向法院提起一个看似很普通的民事诉讼,要求法院确认她与丈夫秦玉河的协议离婚是假的。电影在全国院线放映之后,除在社会引发影迷关注外,在法律界也引起了很大的异议。有法律工作者认为,在实践中,对于这样的案件法院根本不可能受理,有违背法律常识之嫌。[9] 试从诉的利益角度,思考本案诉求是否应当受理并裁判?

四、诉讼标的

(一)诉讼标的的含义

民事诉讼程序作为一种解决民事纷争的手段,其特点是法院在诉讼程序中始终处于相对被动和消极的中立地位,对当事人之间的民事争议进行审理,公正地作出裁决,并保证其裁决的实现。**这种在民事诉讼中予以审理和判断的对象就是诉讼标的。诉讼标的从其最简单的含义上讲就是诉讼的对象**。但这种对象本身是指什么则需要进一步阐明。

诉讼标的这一概念源于德国。但最初诉讼标的没有作为诉讼法上的概念,而是视为实体法上的概念,即被看作是基于实体上的请求。在诉讼法学尚未从实体法学中独立出的当时,诉讼法上的请求权与实体法上的请求权是同一的,即诉讼上的请求都是以实体上的请求为基础,没有实体上的请求权就没有诉讼上的请求权。随着诉讼法的发展,诉的种类的增加,诉讼标的与实体请求画等号的认识和做法都无法掩盖这样的矛盾,即在消极确认之诉(原告要求法院确认与被告之间不存在一定法律关系的诉讼)中,提起诉讼的人本身并没有实体法上的权利,在这种诉讼中原告并不是要求被确认为实体法律关系的权利主体,但为何有这种诉讼存在呢?在这里必然存在一种区别于实体法上的请求权而独立存在的诉讼法上的请求权,从权利的内容来看也就是作为诉讼法概念的诉讼标的。只有这样才能解释为什么在消极确认之诉中有诉讼标的存在,而没有实体法上的请求权存在这一客观现象。正是这样,法院在受理案件时,只是审查原告的起诉是否符合起诉的条件,而不是以原告是否享有实体权利或实体上的请求权为判决标准。这种认识成为将诉讼标的从实体法范畴中解放出来的钥匙,使之成为独立的诉讼法上的概念。[10]

---

〔9〕 成都商报:《法官律师炮轰〈我不是潘金莲〉:有多处法律硬伤》,载中新网2016年11月25日,http://www.chinanews.com.cn/m/yl/2016/11-25/8074491.shtml。

〔10〕 参见张卫平:《程序公正实现中的冲突与衡平——外国民事诉讼研究引论》,成都出版社1993年版,第83~85页。

赫尔维格是第一个从诉讼法的角度阐述诉讼标的含义的德国学者。[11] 按照他的观点，诉讼标的是指原告在诉的声明中所表明的具体的权利主张。这种观点认为，民事诉讼所应解决的争讼，是一种私人之间的法律上的争讼。即一方当事人主张特定的权利或法律关系存在（在消极确认之诉中主张法律关系不存在），而对方则主张不存在（在消极确认之诉中则主张存在），并由法院裁判的争执。因此，审判的对象就是关于私法上的权利或法律关系的主张，也就是诉讼标的。

诉讼标的在许多学者的认识中与诉讼请求或诉讼上的请求是等值的，因为诉讼请求就是原告通过法院向对方提出的权利主张。但诉讼请求在某种意义上又不等于诉讼标的，因为诉讼请求有广义和狭义之分。从广义上讲，诉讼请求是向法院提出的，要求法院予以判决的请求（当事人希望法院对其请求作出与之相应的确认、给付、形成这些具体的判决）。而狭义的诉讼请求仅仅指原告向被告主张的法律上的利益。诉讼标的只在狭义上与诉讼请求等值。

诉讼标的自然也相应地有广义和狭义之分。诉讼标的不仅是民事诉讼中法院裁判的对象，也是裁判对象的最基本和最小的单位。所谓最基本的单位，意思是指诉讼标的是当事人向对方所主张的法律上利益所不能再细分的具体事项，如果再细分就不能构成一个完整的诉讼请求。在一个案件中当事人可能会提出若干法律上的利益，这些利益按照某种根据可以加以划分，在不能再划分时的基本单位就是诉讼标的。法院总是根据每一个具体诉讼标的来作出判决，不大可能笼统地对原告所主张的法律上的利益作出判决。

关于诉讼标的的概念、诉讼标的的识别、诉讼标的与实体请求的相互关系、诉讼标的与既判力的关系、诉讼标的与诉的合并及诉的变更的相互关系等的认识被总称为诉讼标的理论。在大陆法系国家民事诉讼理论体系中，诉讼标的理论是其重要的组成部分。

（二）诉讼标的在民事诉讼实务中的地位

诉讼标的在民事诉讼实务中具有十分重要的地位，过去，我国在理论和实务上对诉讼标的的重要性都缺乏较深的认识。诉讼标的的重要性可从以下几个方面来认识：

一是诉讼标的与诉讼时效的关系。所谓诉讼时效，是指在法定期间内不行使权利的权利人因期间届满而丧失在诉讼中胜诉权的法律制度。诉讼时效的期间因所保护的权利的性质不同而有所不同。《民法典》规定，“向人民法院请求保护民事权利的诉讼时效期间为三年。法律另有规定的，依照其规定”。由于诉讼标的直接与所主张的权利有关，因此，对诉讼标的性质的不同认识就关联到当事人起诉时法院能否受理该案件的问题。

二是诉讼标的是法院审理和裁判的对象。法院的审理是围绕本案的诉讼标的进行的。法院对案件的实体裁决也是对本案诉讼标的的裁决。根据民事诉讼的处分原则，当事人没有主张的诉讼标的，法院自然不能加以审理和裁判。法院的终局判决是对本案诉讼标的的

〔11〕 德国著名法学家赫尔维格（Hellwig，也有译为赫尔维希），由于赫氏将民事诉讼法上的请求权与实体法上的请求权区分开来，使民事诉讼法和民事诉讼法学理论体系有了自己的基石，基于他在民事诉讼法理论上的伟大建树，而被大陆法系民诉法学界誉为“诉讼法学之父”。

评断。

三是当事人双方的诉讼活动是以诉讼标的为基础,以诉讼标的为中心展开的。在规范的诉讼过程中作为当事人诉讼活动的核心是证明和辩论,原告对自己主张的证明过程和双方当事人的辩论行为都以本案的诉讼标的为中心。

四是"禁止重复诉讼"是民事诉讼的一项制度。即当事人不得就已经起诉(系属)或已经裁判的案件,再行起诉,即使起诉法院也不得受理。判断是否属重复诉讼,其根据之一就是前诉的诉讼标的与后诉的诉讼标的是否同一。

五是无论在理论上还是在实务上,有关既判力的若干问题中既判力与诉讼标的问题都是其核心问题,因为诉讼标的决定了既判力的客观范围。要厘清既判力的问题就必须首先弄清诉讼标的问题。

六是诉讼标的是判别诉的合并、分离、追加和变更的依据。所谓诉的合并、分离、追加和变更实际上是诉讼请求的合并、分离、追加和变更,按照通常的观点,诉讼请求与诉讼标的等质的话,自然诉讼标的就成了法院判别诉的合并、分离、追加和变更的依据。[12]

应当注意的是,对诉讼标的重要性的认识,与如何定义诉讼标的本身有关,上述关于诉讼标的重要性的认识,都是将诉讼标的置于诉讼和审判的中心地位的认识。不同的诉讼标的理论、具体的诉讼制度,如判决效力制度和理论都可能影响诉讼标的在诉讼中的地位。例如,诉的合并、分离、诉的变更、争点整理、法官释明、既判力等。如果将既判力的效力范围与诉讼标的挂钩,既判力的范围仅限于诉讼标的,则诉讼标的自然就具有非常重要的意义。

(三)诉讼标的的概念及识别根据

1. 传统诉讼标的理论

诉讼标的理论的核心问题是识别诉讼标的的根据,即以什么为根据区别诉讼标的彼此,这也是诉讼标的理论中最基本的问题。诉讼标的识别的根据又涉及诉讼标的概念本身。

按照赫尔维格的观点,一个法律构成要件产生一个(实体)请求权,而有多少个(实体)请求权就有多少个诉讼标的。例如,A 与 B 之间发生了侵权损害赔偿法律关系,则就具有一个法律构成要件,也就构成一个损害赔偿请求权。一旦受害人起诉,该损害赔偿请求就是本案的诉讼标的。假设同一受害人又被同一加害人侵害时,则又构成新的诉讼标的。由于受害人两次被侵害,受害人就取得了两个请求权,从而具有了不同的诉讼标的。因此,受害人既可分别起诉,也可合并起诉;法院则合并审理作出判决。从法律关系的角度讲,上述情形也构成不同的法律关系,同样其诉讼标的也不相同。尽管赫尔维格将诉讼标的与实体请求权区分开来,使之成为独立的诉讼法上的概念,但他却未能完全摆脱实体法上请求权的制约,独立的诉讼法上的诉讼标的仍然是以实体法上的请求权为基础。即诉讼标的的识别根据是实体法上的请求权,有多少个实体法上的请求权,就有多少个诉讼标的。因为实体法上的请求权是以实体法律关系要件为基础的,因此,实际上诉讼标的就是由实体法律

[12] 参见张卫平:《诉讼标的理论的变更与发展》,载《外国法学研究》1989 年第 2 期。

关系来决定的。争议的实体法律关系有多少个,相应的诉讼标的就有多少个。这种观点称为“实体法说”或“旧诉讼标的理论”。

在一般情况下,以实体法上的请求权为识别根据的确能够正确地将不同的诉讼标的加以区分,对审理和判决都具有合理性,不过这种识别方法在某些情况下也存在不合理性。例如,受害人A在乘坐电车时,因电车突然刹车,致使A受伤。A为了求得赔偿,便向法院提起诉讼。如果按照实体法说,该案损害赔偿的实体请求权有两个:基于不法行为产生的请求权和基于债务不履行产生的请求权。这种状况称为“请求权的竞合”。从法律关系的角度看,由于请求权的不同,其法律关系性质也不相同,一个是侵权法律关系,另一个是债权债务关系。实体请求权或争议的实体法律关系不同,诉讼标的当然也就不同。这样就实际存在两个诉讼标的。导致虽只发生一个违法事实却要加害人两次给付。这显然是不合理的,但从诉讼标的理论来看却是符合逻辑的。

2. 新诉讼标的理论

20世纪30年代,德国著名诉讼法学家罗森贝克(Rosenberg)等人提出不以实体请求权作为识别诉讼标的的根据,而以诉的声明和案件事实作为根据。按照罗森贝克提供的识别方法和标准,在实体请求权发生竞合时,如果诉的事实理由和诉的声明只有一个,则无论在实体法上存在多少个请求权,其诉讼标的只有一个,在上述案件中,诉的声明是要求加害人赔偿损失,至于是基于不法行为所产生的请求权,还是基于债务不履行所产生的请求权,这些都是诉讼请求的权利根据,而不是诉讼标的。因为这种识别方法和标准区别于原有的方法和标准,因而被称为新诉讼标的理论,又因该识别方法和标准脱离了实体法上的请求权,所以该理论被称为“诉讼法说”。[13]

3. 新实体法说

有的学者认为,以诉讼法说对诉讼标的加以识别仍存在不能自圆之处,尤其是脱离了与实体法的联系,因此,这些学者又回到实体法角度来研究诉讼标的识别的问题。在德国,尼克逊(Nikisch)教授在研究实体请求权竞合理论时发现,传统的实体请求权概念存在相当大的缺陷,正是这种缺陷导致了诉讼标的理论上的矛盾。他认为,凡基于同一事实关系发生的,以同一给付为目的的数个请求权存在时,实际上只存在一个请求权,因为发生请求权的事实关系是单一的。在前面提到的“电车案件”中,所谈到的基于侵权行为的赔偿请求权和基于债务不履行的赔偿请求权的所谓竞合,并不是真正的竞合,不过是请求权基础的竞合。[14]

4. 笔者的认识

新旧诉讼标的理论各自纠结的不外乎是诉讼标的和实体法的连接与诉讼效率的矛盾关系。旧诉讼标的理论显然与实体法关系连接最为直接,也最有利于确定审理对象和裁判

---

〔13〕 参见[日]高桥宏志:《论诉讼标的(一)》,载《法学教室》1990年4月号。

〔14〕 参见张卫平:《程序公正实现中的冲突与衡平——外国民事诉讼研究引论》,成都出版社1993年版,第99~100页。

范围,问题主要在于当实体请求竞合时,会造成当事人的选择困难与影响诉讼效率。反之,新诉讼标的理论虽有利于解决当事人诉讼标的选择困难,有利于提高诉讼效率,但会加重法院的释明负担,会因为裁量余地大,而影响司法的统一性和确定性。

诉讼标的理论的一个难点,在于诉讼标的的统一程度,程度越高难度越大,争议也越大,总是难以顾及周全。如果降低统一性程度,诉讼标的的争议也就会小很多。所以,从实务实践的方便角度出发,笔者主张诉讼标的多元论,依照不同的诉,确定不同的诉讼标的。在理论上也必须考虑诉讼标的毕竟是一种工具,这一工具应当具有什么功能和作用,与人们定义该工具的内涵具有直接作用。诉讼标的的作用就在于确定诉讼、审理和裁判的对象,便于当事人双方的攻击和防御,也便于法官对案件事实进行调查和认证,正确适用法律。尤其是针对给付之诉的场合,其作用尤其明显。也正是如此,诉讼才具有核心的作用。从这一角度出发,多元化的诉讼标的因为更为符合各种诉的目的,因而具有了合理性。

从我国的实际出发,在诉讼标的的识别上,笔者主张原则上采实体法说,因为与实体法关系联系最为直接,最符合诉讼法的工具价值,在实体关系即实体请求权竞合时以请求给付目的加以考虑权衡,兼顾新诉讼标的理论,有折中新旧诉讼标的理论的意思。在我国职权干预比较突出的情景之下,实体法说既便于确定审理和裁判的中心和范围,又能够限制因职权干预产生的司法非统一性,因而更有利于维护当事人的处分自由,形成对职权干预的制约。这种考量应当是基于中国的司法语境而言的,毕竟司法环境和司法体制有所差异。

5. 诉讼标的识别的具体适用

从我国民事诉讼的实际情况出发,对诉讼标的问题的认识应当从诉的不同类型来考虑,对不同诉的类型,其诉讼标的的识别标准就有所不同。其一,不同的诉,其目的、功能都有所不同,而如何科学地界定诉讼标的与诉的目的和功能有密切的关联。其二,强求诉讼标的识别标准的统一性往往导致顾此失彼,难以左右照应。其三,对诉的三种基本类型的划分已为我国民事诉讼实务界所接受,并长期在民事诉讼实务中具体适用,依据诉的不同类型来界定诉讼标的具有理论和实践基础。

关于给付之诉的诉讼标的。以笔者的上述认识为基础,给付之诉的诉讼标的应当是原告向被告提出的要求其履行义务的实体请求权。原则上,实体请求权的不同,意味着诉讼标的的不同。但在请求权发生竞合时,其诉讼标的不因为请求权的不同而有所不同,竞合的请求权发生的共同事实为诉讼标的的判断根据。这样就可以避免旧诉讼标的理论由于请求权竞合所发生的根据请求权确定诉讼标的的尴尬局面。当请求权竞合时,也就不允许在其中一个请求权的基础事实被主张时,另行诉讼主张其他请求权。竞合中的请求权不过是实体要求的一个理由而已。过去笔者曾经主张,应当是当事人关于对方履行给付义务的诉讼请求。至于是基于何种法律关系仅仅是请求的法律依据,即诉讼请求的理由。识别标准应当是发生给付请求的具体事件或行为。一个具体的当事人之间所争议的某种实体法律关系或实体请求权既不是诉讼标的,也不是识别给付之诉的诉讼标的的标准。例如,原告与被告之间发生的关于给付不动产的争议,其诉讼标的是原告关于给付该不动产的诉讼请求，而该请求是基于所有权法律关系，还是基于借贷关系，是请求的不同依据，不是不同的诉讼标的。但问题在于，由于没有指明请求根据以及请求权基础，因此，被告难以进行有效防御，双方攻击和防御的范围有可能无限扩大，导致审判中心漂移，虽然可以由法院通过释明权明确原告的请求以及根据，但必然加重法院的释明负担，且可能导致法院丧失裁判的中立性，妨碍当事人的处分自由。

关于确认之诉的诉讼标的。确认之诉的目的在于要求法院确认其有争议的法律关系或权利义务，因此，确认之诉的诉讼标的即为双方之间有争议的特定的法律关系或权利义务。例如，作为消极确认之诉，原告要求法院确认与被告之间不存在特定的借贷关系，该特定的借贷关系即为本案的诉讼标的；作为积极确认之诉，原告要求法院确认与被告之间存在特定的加工承揽关系，该加工承揽关系即为本案的诉讼标的。

关于形成之诉的诉讼标的。形成之诉的诉讼标的与给付之诉的诉讼标的有所不同，不再以实体上的形成权为根据，而是以原告依据法律要求形成新的权利义务关系的诉讼请求为根据。例如，要求解除婚姻关系的形成之诉。就是原告依据法律所提出的要求解除婚姻关系的特定请求，即为其诉讼标的。要求解除合同关系的形成之诉中，要求解除特定合同关系的请求即为该形成之诉的诉讼标的。如果以实体上的形成权为根据，就可能导致基于实体上不同形成权所提出的同一法律关系有若干不同的诉讼标的的情形。实际上，在形成之诉的诉讼标的的识别上，笔者适用的是新诉讼标的理论。之所以如此，是因为新诉讼标的顾及了诉讼关系的特殊性，而形成之诉恰恰需要考虑这一点。

问题与思考

由于诉讼标的的概念和理论在我国引进的时间不长，加之实务中人们对实体法中的实体请求权往往不了解，因此，在审判实务中，对诉讼标的的认识常常似是而非。通常存在的问题是，认为一个案件只有一个诉讼请求、一个诉讼标的。这样一来，就不能够将诉讼标的与诉讼的合并、分离、变更、既判力、一事不再理、反诉等联系起来。实际上只有理解了诉讼标的，才能准确地把握这些问题。理解诉讼标的的关键在于充分、正确地了解实体法中的实体请求权。因为一般而言，一个实体请求权构成一个诉讼标的。把握了这一点，诉讼标的的问题就迎刃而解了。实践中关于诉讼标的问题，主要是因为缺乏对实体请求权的了解。

实务问题解答

原告起诉被告，要求归还借款 10 万元。诉讼中原告又主张增加被告给付利息 2 万元的请求。问：增加的请求是否属于新的诉讼标的？此时是否属于客观的诉的合并？

从实体请求权看，返还借款（本金）请求权与利息给付请求权是不同的实体请求权，因此，在诉讼中也构成了两个不同的诉讼标的。如果在诉讼中要求增加给付利息的请求，则属于新诉讼标的的增加，也是诉讼请求的增加。如果法院同意这种增加，则属于诉的客观合并。由于是不同的实体请求权，因此，关于利息给付的请求也可以单独提起实现该权利主张。如果前诉中原告败诉，即本金请求不能成立，则因为既判力，后诉法院也只能裁判原告关于利息请求不能成立。

五、诉的合并

(一)诉的合并的含义及合并条件

1. 含义

诉的合并是民事诉讼中经常发生的情形。诉的合并包括两大类:一类是诉讼主体的合并,即一方当事人为二人以上的诉讼(原告或被告为二人以上或者双方均为二人以上)。按照大陆法系民事诉讼理论,也称为诉的"主观合并"。共同诉讼,无论是普通共同诉讼,还是必要共同诉讼都是诉讼主体或诉的主观合并。另一类则是诉讼请求的合并,相对于前者的主体或主观合并,此种合并又称为诉的"客观合并"。诉的客观合并,最常见的是一方当事人向对方当事人提出两个或两个以上的主张,例如,基于同一阶段关系,原告向被告同时提出本金借贷返还请求和利息给付请求两个请求;也有可能所提出的两种请求之间完全没有事实上的联系,甚至请求的标的物也并非同一种类,例如,基于不同生活事实或法律事实的请求——基于买卖关系的请求(如要求对方支付价款)和基于租赁关系的请求(如要求对方给付租金)。

除了必须共同诉讼的情形之外,基于诉讼效率的价值追求,法律上通常也允许两个以上的请求——无论是否涉及两个以上的主体,合并在同一个诉讼中予以审理和裁判。诉讼合并从客观和主观两个视角来看,包括诉讼的客观合并和诉讼的主观合并。

2. 合并的一般条件

通常认为,诉的合并应当具备以下条件:

第一,若干诉讼请求之间存在一定的联系,包括诉讼主体方面的联系和诉讼客体方面的联系。诉讼主体方面的联系,如同一原告对同一被告提出若干诉讼请求。诉讼客体方面的联系,如本诉与反诉的牵连关系。有时,诉的合并既在主体方面有联系,又在客体方面有联系。

第二,受诉法院对其中的一个诉具有管辖权。但如果其他法院对其中一个诉具有专属管辖权时,在受诉法院的审理中不能合并。

第三,合并的若干诉须适用同种类的诉讼程序。例如,原告提出的诉讼适用的是简易程序,而增加的诉讼请求不能适用简易程序,则不能合并在简易程序中进行审理。又如,本诉适用的是简易程序,反诉请求不能适用简易程序时,反诉与本诉不能合并。相反是可以的,即本诉适用的是普通程序,而反诉可以适用简易程序,则反诉可以与本诉合并,适用普通程序。

(二)诉的客观合并

就客观合并(诉讼请求的合并)之诉而言,还存在客观的单纯合并、客观的预备性合并以及客观的选择性合并三种情形。客观的单纯合并又称并列合并、并位合并、同位合并,是指原告将不存在相互矛盾的请求在同一诉讼程序中合并提出,法院对其进行合并审理和裁判的情形;客观的预备性合并又称为顺位合并,是指在同一诉讼中,原告向同一被告提出了两个具有先后顺位的请求。虽然在诉讼开始即同时提出，但其中一个为主位请求，另一个为次位请求或副位请求，在主位请求无法得到满足时，次位请求也将予以审理和裁判，只不过次位请求的审理和裁判是以主位请求不能成立（被驳回）作为前提，一旦主位请求得到满足，则次位请求自动撤回。因为次位请求相对于主位请求是预备性的请求，因此，称为“客观预备合并之诉”。例如，原告以支付买卖标的物价款为主位请求，以返还标的物为次位请求（预备性请求）。前者是以买卖合同关系成立为前提，如果买卖合同关系不成立，则要求对方支付标的物价款的主位请求也就不能成立。如果允许客观的预备性合并，此种情形下，原告则可主张已经提出的次位请求——要求返还标的物，以免因此导致财产损失。客观的选择性合并则通常是指，原告将两个或两个以上请求向同一被告合并起诉，可由被告选择其一履行。一旦选择其一，其他请求不再存在。诉的客观合并与人们对诉讼标的的认识有直接关系，依据不同的诉讼标的认知，其诉的客观合并的界定也有所不同。诉讼标的的认知主要分为旧诉讼标的理论和新诉讼标的理论。依照旧诉讼标的理论可能构成诉的客观合并，但在新诉讼标的理论中则不构成诉的客观合并。

对于客观的单纯合并，我国民事诉讼法和实践中都是明确予以承认的（符合程序条件的情况下，如管辖和程序种类）。客观的预备性和选择性合并之诉，我国民事诉讼法虽然没有明确规定予以承认，但也没有明确予以禁止，实践中也没有予以否定的判例。由于承认了诉讼请求变更的正当性，因此，客观的预备性合并的正当性在理论上也就不存在障碍，客观的预备合并对于原告、被告双方而言都是有利的。否定客观的预备合并不仅给当事人造成麻烦，同时也增加了法院的负担。从资料看，国外的制度和理论都认可客观的预备合并之诉。虽然判例和理论上都认可客观预备合并之诉，但也并不意味着该制度的运用在理论上不存在问题。例如，关于客观预备合并要件、二审（上诉审）对客观预备合并的处理等也还有诸多问题需要进行更细致的探讨，特别是结合我国的制度环境所进行的探讨。在此，不予赘述。

相对于客观预备合并之诉的非原则性争议而言，是否应当认可主观预备合并之诉则存在很大的争议，且为基础性、原则性的问题。所谓主观预备合并之诉，与客观预备合并之诉的最大不同点在于，主位请求和作为预备性的次位请求并不是由同一个原告提出，或原告向同一个被告提出，而是由不同的原告或向不同的被告提出的，具有先后顺位的两个请求。其基本特点在于，具有预备关系的不同请求将被合并到同一个诉讼程序当中。正因为如此，其诉讼关系以及需要考虑的因素就变得更为多样且复杂。由于我国民事诉讼法对诉的合并的制度规制本身比较简陋、粗略，连单纯的诉的客观合并也尚未明确规定，客观预备合并也未有其制度规定，也就谈不上更为复杂的，关于主观预备合并之诉的制度规制问题。

（三）诉的主观预备合并

1. 现行诉讼制度下主观预备请求的诉讼处置

在我国的民事诉讼实践中，主观预备合并的诉求，无论是被告的预备合并还是原告的预备合并都同样存在。只要诉讼结果对当事人有利，就会有人去尝试。那么，在现有的制度框架之下，对待主观预备合并诉求将如何予以处置是一个值得讨论的问题。这一问题的探讨有助于认识现有诉讼制度对这一问题的应对机制,以便进一步探讨是否有必要对现行制度进行调整和完善。

在现有的制度框架下,法律实务上对主观预备合并的诉求有可能作以下处置:

其一,被告预备的情形。

当原告针对不同被告在同一个诉讼中提出具有预备性诉讼请求时,法院有可能在起诉受理阶段,因为没有民事诉讼法或司法解释的规定,而不予受理或予以驳回。具体而言,在被告预备的情形,将以被告不确定作为理由,不予受理或予以驳回。因为根据民事诉讼法有关起诉条件的规定,被告应当是确定的。被告预备的情形很容易被理解为不确定的状态,事实上,被告预备的情形,从性质上也的确是一种不确定的状态。

其二,原告预备的情形。

在原告预备的情形,法院同样可能不予受理或予以驳回,理由可能是不能满足共同诉讼制度关于共同原告的条件,无论是必要共同诉讼,还是普通共同诉讼。在必要共同诉讼的场合,要求诉讼标的是共同的;在普通共同诉讼场合,要求其诉讼标的是同种类的,且前提是诉讼请求可以并存,而非预备性或选择性的。加之,在我国的诉讼理念和原则上,并不强调当事人主义以及当事人处分自由,因此,在没有相应理念、原则和制度的支持下,实务中关于主观预备合并几乎不可能得到法院的支持,其结果是在起诉立案阶段就有可能因为诉讼主体没有确定而被法院驳回。从笔者对案例查询的结果来看,也没有支持主观预备合并诉讼的判例。当然,在实践中,法院可能并不是直接告知应主观预备合并的非合法不予受理,而是告知当事人只能选择其中一个诉讼或请求,而非同时提起。如此,自然就可能发生因等待先位诉讼的审理和裁判,使后诉的诉讼请求在实体上发生诉讼时效的问题。也有可能法院对被告的相对模糊性持宽容态度,将不同的被告作为共同被告纳入诉讼,在诉讼过程中,根据案件事实的情形最终确定被告,并作出判决。这种做法实际上是一种责任主体的试探性诉讼或一种审判策略,属于缺乏法律根据支持的非规范操作。从正当性程度看,显然不如主观预备合并之诉。

在我国,对于原告的预备性利益的诉求有可能通过诉讼第三人制度予以实现。按照我国的第三人制度,可以在诉讼中引入第三人,并将该第三人转化为被告。对于被告预备状态的情形,无论被告是谁,对于原告而言往往是无所谓的(当然,对于谁具有履行义务或责任的能力,权利人自然是在意的)。对于这种诉求,实践中就存在通过第三人制度予以实现的可能性。具体来说,是通过无独立请求权第三人制度来实现。我国的无独立请求权第三人制度实际上存在三种类型,即辅助型第三人、被告型第三人和损害防止型第三人。无独立请求权第三人作为一种制度,其法律根据是《民事诉讼法》的规定。辅助型第三人始终是站在本诉当事人一方,否则不是辅助人,一般是主动参加诉讼。被告型第三人则是独立地面对本诉的原告和被告,通常情况下是法院基于被告的要求而将其纳入本诉,即所谓通知参加诉讼。个别情况下,被告型第三人会主动参加诉讼对本诉当事人(主要是对本诉被告)的指控进行抗辩。因此,该第三人的地位实际上处于被告的地位。被告型无独立请求权第三人不同于辅助型无独立请求权第三人,由于要在实体上承担民事责任,该第三人与他人之间的法律关系实际上已经成为诉讼标的,是法院审理和判断的对象。因此,被告型无独立请求权第三人一定是当事人。虽然是当事人,但被告型无独立请求权第三人又不是本诉任何一方当事人的共同诉讼人,与他人之间没有同一的诉讼标的关系。虽然在实践中,被告型无独立请求权第三人民事责任的承担往往是本诉被告民事责任的转移。但这种被告型第三人也就有可能成为预备性被告。实践中,原告为了最大化地实现其诉求,往往采用追加这种被告型的无独立请求第三人的做法。不过这种做法的正当性在理论上存在很大的障碍,因为追加或强制引入无独立请求权第三人实际上隐藏着被告对第三人提起的一个诉,实质也就构成了两个关联诉讼的合并,而无独立请求第三人参加的诉讼本身又不能构成一个独立的诉。实践中的被告型第三人,无论来自诉讼被告针对第三人试图转移义务或责任的诉讼请求,还是来自原告的预备性诉讼请求都将是违反无独立请求权第三人法理的。只有法律规定有条件地强制引入第三人作为牵连性被告时,这种被告才具有正当性。

从上述分析可以看出,在现有制度之下,将无法正当地满足主观预备合并之诉所希望达到的目的,因此,就有必要进一步认真探讨主观预备合并之诉的制度建构的合理性问题。

2. 主观预备合并之诉的主要争议点

主观预备合并之诉对于提升诉讼效率以及权利实现的有效性等长处,人们基本上没有疑问,存在质疑的问题,主要围绕以下两个方面:(1)置后位被告于不利的诉讼地位。主观预备合并置后位被告于诉讼上的不利,也包括对于被告而言存在的所谓诉讼上的不安定性,即由于这种预备性,导致后位被告在诉讼上不安定,因此,有违程序安定性原则。按照主观预备合并之诉的结构,法院首先审理先位诉讼请求,使被告始终处于等待状态,后位被告无法参加主位诉讼请求的审理和辩论过程,并且始终受到对他人的主位请求审理的拘束。原告对主位被告取得胜诉时,针对预备性被告的请求成就解除条件,无须作出任何判决,因此,诉讼就会对后位(预备性被告)毫无作为,甚至在了无痕迹的情形下就结束了。另外,先位请求虽得到支持,但原告仍有可能对预备之诉的后位被告再次提起诉讼,因为对后位被告的预备请求并没有作出裁判,所以对于原告没有裁判上的约束力。这种重复应诉可能性的存在对于被告无疑是不合理的。(2)难以保障审判的统一性。因为主观预备合并之诉是按照普通共同诉讼的框架来考虑的,也就不可避免地会出现上诉程序各自独立进行的情形。如果采取与客观的预备性合并同样的结构,即该起诉行为附带解除条件的话,那么只要针对主位被告的请求被认可,判决就只能在原告与主位被告之间作出,不可能涉及后位被告与原告之间的诉讼关系,因此,能对此判决提起上诉的当事人仅限于主位被告,而且因上诉发生移审的请求只能是主位请求。对于后位(预备性)被告,因为没有对其作出与此相关的判决(如果采用后述的主观的顺位合并的构成则另当别论),因此,也就不能提起上诉。如果对主位诉讼请求提起上诉,后位诉讼请求也要发生移审效力必然是存在问题的,因为原审并未对后位请求作出裁判。主位请求与预备性请求在程序上不得不分开进行。而且在驳回主位被告请求,认可预备性被告请求时,因为属于普通共同诉讼,也就并不适用上诉不可分的原则。所以原告提起上诉时,进入上诉审的只能是主位被告的请求,后位(预备性)被告提起上诉时,进入控诉审的只是预备性被告请求,根据上诉审的裁量,只要不合并辩论,那么这两个请求就只能适用不同的程序。总之,所谓保障统一审判,即防止原告全面败诉的保障仅存在于第一审中,一旦上诉,这种保障就不复存在。因此,主观的预备合并被批判为一种不彻底的制度。

针对上述反对观点,支持主观预备合并之诉的学者也作出了积极的回应。

第一,关于当事人诉讼地位不平等的质疑,赞成者的反驳理由主要来自两个方面:一是从对主观预备合并诉讼的认识上;二是从制度的设置上。

关于认识方面。首先,所谓主观预备合并将置后位被告处于不利的质疑,存在认识上的错误。在主观预备合并之诉中,所谓后位被告的利与不利,不是仅仅从形式上看是否已经获得判决,而应从后位被告因为该诉讼行为能否避免以后被再诉并遭受不利判决这一实质来看待,因此,即使后位被告的纠纷在先位诉讼请求胜诉的情形下没有获得裁判,参加诉讼的目的也已经达到了。就此而言,合并诉讼对后位被告也是有利的。其次,如果将后位被告在诉讼中处于不利地位理解为在先位请求审理时,后位被告因为不能出庭参加审理,因而处于不利地位的话,则这种理解是不全面的。在先位请求与后位请求存在同一事实时,就应当进行合并审理,对于这一涉及后位被告实体利益的审理,后位被告也应当出庭而并非只是作为旁观者单纯消极予以等待。最后,对于可能存在重复应诉或再诉的问题。赞成者认为,这种观点在理解上存在偏差。因为根据前诉的争点效或禁反言原则,原则上是不可能发生向后位被告再次提起诉讼的问题。当然,这种反驳必须有一个前提,就是承认前诉对争点的认定对于后诉具有约束性即所谓争点效或者禁反言原则。这一前提又是建立在后位被告又实际且独立参加了预备合并诉讼的审理的基础上的。如果没有参加,就不会产生对后诉的争点效力。参加诉讼就此争点问题进行了实质的辩论,也是争点效发生作用的前提。

关于制度方面。赞成者认为,即使主观预备合并之诉存在某些弊端,但这些弊端并非无法消解,也就是该问题不是主观预备合并之诉的结构性问题,只要给出适当的制度保障就能够化解被告诉讼地位不安定的困境。比如,如果承认法院对先位诉讼请求判决中关于理由的判断对于后位诉讼请求具有约束力,即所谓争点效力。

第二,关于主观预备合并之诉难以保障审判统一性的责难,赞同者的反驳是,主观预备合并之诉并非按照普通共同诉讼的规则,基于实体上两个请求是不能两立的请求(这也是主观预备合并的前提,如果没有这一前提也就无法保证审判的统一性),因此主观预备合并之诉应当作为类似必要共同诉讼对待,按照类似必要共同诉讼的规则处理。如果按照类似必要共同诉讼的规则,则一旦主位请求发生上诉,则整个合并的诉讼也都发生移审效果,不存在分别上诉的情形,从而不存在不能保障审判统一性的问题。

3. 主观预备性合并之诉问题的消解与相应的制度构建

对于主观预备合并的有益之处,人们基本上都予以认可,问题主要在于如何认识主观预备合并存在的弊端,并与其优点相比之下,主观预备合并是否具有必要性以及正当性。虽然学者们指出了主观预备合并存在的弊端,但这些弊端大多是在特定的理论认知和制度的前提下。也就是基于某种认识和现有的制度,才使主观预备合并具有了如此的弊端或具有在法律上成立的障碍,尤其是制度环境。因此,问题就转化为一旦对其制度进行调整,专门为主观预备合并设置相应的保障条件,使之成为一种不同于一般共同诉讼的特殊类型,那么,人们所质疑的诸多问题就可以在很大程度上予以消解。因此,在认识主观预备合并时,需要从主观预备合并的根据和对当事人权益的制度保障两个方面来认识主观预备合并的必要性和现实性。

从主观预备合并之诉的必要性来看,除了有助于提高诉讼效率,有利于实现权利之外,从实体法与程序法的关系角度看,还有一个很重要的方面,是实体法规范的状态需要诉讼法规定的程序予以体现。程序法的一个作用或工具价值在于实现实体法,如果不能充分地实现和反映实体法则表明程序法存在不足。因为实体法规范提供了权利实现的择一性,自然在程序法上也应体现这种择一性,并有效率、便捷地实现其实体权利。最为典型的就是买卖代理关系有效与无效的择一结果——如果买卖代理关系有效,原告将向被告甲(先位请求中的被代理人)请求支付;在代理关系无效进而请求被认为不成立时,原告则向被告乙(先位请求中的代理人)请求履行义务。这在实体法上是没有疑问的。因此,在诉讼制度上,就是在实现这一实体法规范状态时,如何以有效率且便捷的方式实现实体法所规定的权利,防止和减少在追求效率和便捷时所产生的不利。要做到这一点,关键在于主观预备合并诉讼制度的结构设置,合理的设计能够最大化地发扬长处、抑制短处。

在保障审判的统一性以及消除因预备合并所导致的对被告的不利,需要有以下制度保障:

其一,在主观预备合并诉讼的适用条件上,应当有所限制且应当细化。在被告为预备性时,先位请求与后位请求两者在法律上必须是不可两立或并存的(因为相同而不可两立或并存),即具有择一关系,否则不成其为预备或择一关系。没有对立的择一关系,也就不存在被告先位与后位或主位与次位的关系,也就不存在与此相应的制度安排。在实践中,容易判断失误的是无意思联络的共同过失的情形,即以不真正连带债务关系的债务人为共同被告提出了履行之诉。在无意思联络的共同过失与不真正连带债务关系问题中,责任主体之间虽然没有意思联络,但也同样构成共同过失。例如,被告甲违规驾驶导致事故发生,被告甲的过失是饮酒所致。被告乙的过失在于,明知被告甲驾车而依然提供酒精饮料。如果实体法上被告乙的过错责任成立,则两者构成共同侵权,原告分别向被告甲和乙提出的赔偿请求不存在是否矛盾的问题,即不存在主位请求不成立,次位请求可能成立的情形。该诉讼只是一起一般的共同诉讼而已,不具有主观预备性。

所谓择一关系,通常是指法律关系上的择一关系,是否应当包含事实上的择一关系,存有争议。关于实体权利义务的有无问题属于法律关系的问题。例如,在买卖合同关系中有无代理权的问题就属于法律上择一性的关系,要么是有代理权的情形,要么是没有代理权的情形。对于实际的违约人具体是谁,则属于事实上的择一性关系,要么是被告甲,要么是被告乙。主观预备合并诉讼是否应当允许适用事实上的择一关系,可能需要根据具体情形来处理。原则上,依然只要能够确定具有择一关系,即可适用于主观预备合并的诉讼。

对于原告具有预备性的合并诉讼,因为与被告预备主观合并一样具有防止矛盾裁判和有利于实现权利的积极意义,应当承认其合法性。虽然有学者对原告预备状态的主观合并持有异议认为不应当适用和承认其合法性,理由是可能导致诉讼更加复杂。但实际上原告预备的情形在诉讼结构上并不比被告预备合并的情形更为复杂。韩国民事诉讼法对被告预备合并和原告预备合并均有明确的认可规定。

其二,主观预备合并诉讼的制度建构中,其最基本的制度规制是,只要符合主观预备合并的条件,两个不能并存或两立的请求,就必须合并审理、合并裁判,不得分别审理、分别裁判。这种制度安排的目的,是保证法院在审理和裁判时做到不能两立并存的两个请求在事实认定和法律适用上的统一。

在具体的制度规定方面,为保障后位被告能够参与先位请求的审理,应当明确后位被告有权参加主位请求的审理,这也是合并审理规制的具体体现。因为在合并审理的诉讼中,原告主张先位被告承担责任的事实,对于后位被告而言,等同于积极地否认针对后位的自己的诉讼请求。因为一旦该事实得到证明,对后位被告的请求就必然要被驳回。正是由于关联到后位请求,因此后位被告也就不能袖手旁观,就有权利参与到先位诉讼的审理之中,并提出事实主张和证明(在诉讼中,后位被告放弃该参与审理则是另一回事)。

六、诉的变更

(一)诉讼请求的变更

诉讼请求的变更,在域外(如日本)也称为诉的变更。由于诉的要素包括诉讼主体(当事人和法院)和诉讼客体(诉讼请求),因此,诉的变更也就包括了诉讼主体的变更和诉讼客体的变更两个方面。但诉讼主体的变更中,当事人的变更(包括承继)有专门的制度加以规定,法院的变更(因为管辖权转移导致法院的变更)也有专门的规定,从而形成各自独立的制度,因此,没有必要使用诉的变更这一概念。诉讼请求的变更也是我国民事诉讼法中使用的概念,因此,使用诉讼请求变更更为直接、便利。我国《民事诉讼法》规定,“原告可以放弃或者变更诉讼请求”。

诉讼请求是否变更的识别标准是诉讼标的(在有的情形下,诉讼请求与诉讼标的具有同一性)。诉讼标的发生了变更,诉讼请求也就发生了变更。由于人们对诉讼标的认识存在新旧诉讼标的不同学说,因此依据不同学说,对诉讼请求的变更就有不同的理解。本书持旧诉讼标的说(实体法说)。从旧的诉讼标的理论来看,在给付之诉、形成之诉中,诉讼标的就是实体请求权,因此,实体请求权发生了变更,诉讼标的也就发生了变更。(关于诉讼标的的理论详见本章“诉讼标的”部分。)例如,根据《民事证据规定》的规定,诉讼过程中,当事人主张的法律关系的性质或者民事行为的效力与人民法院根据案件事实作出的认定不一致的,人民法院应当告知当事人可以变更诉讼请求。常见的情形是,原告依据与被告之间的合同关系,要求被告履行合同义务。在诉讼中,被告并没有就合同的有效性提出异议,但法院在审理中发现合同是无效的,这样一来,法院对原告与被告法律关系的认定就与当事人对法律关系性质的认定不一致。例如,原告与被告之间签订了关于某类限制流通物的合同,合同签订后,原告认为被告没有按照合同交付价款,起诉到法院,要求被告履行合同。

但法院审理后认为双方之间签订的合同违反了法律规定，属于无效合同，应当恢复原状。根据《民事证据规定》的相关要求，此时法院应告知原告变更诉讼请求，原来要求被告履行合同义务的请求，变更为依据所有权提出返还被告所占有、使用的标的物，并承担非法占有、使用所造成的相应损失。诉讼请求从债上请求权变更为物上请求权。

诉讼请求的变更并不是原告撤诉后，新诉讼请求的提出，而是在同一诉讼程序中以新诉讼请求替代原诉讼请求。原告撤诉后，新诉讼请求的提出与诉讼的变更有不同的法律效果。原告撤诉要减半承担案件受理费，提出新的诉讼请求，法院还要重新立案，原告还要预交案件受理费。诉讼请求的变更则免去了这些程序和相应的费用。

《民事诉讼法》和司法解释均认可诉的变更，但什么是诉的变更，是否所有的诉的变更都应当允许，则是理论界和实务界比较有争议的问题。诉讼请求的变更包括两种情形：一是诉讼请求在量上的变更，即诉讼请求数额的变更——减少或增加，例如，原告将诉讼请求数额从原来的8000元，增加为15000元；二是诉讼请求在质上的变更，即诉讼请求性质的变更，例如，将合同之诉变更为侵权之诉。

在理论上和实务中，诉在量上的变更一般都被人们认同，诉讼中当事人变更诉讼请求是被许可的。从司法解释来看，至少在某些情形下，当事人在质上变更诉讼请求是被许可，甚至是被鼓励的。

从理论上讲，诉讼请求质的变更面临着诉讼效率、诉讼成本与被告防御利益的关系问题。因为原告诉讼请求的变更就意味着原告诉讼请求的错误，在上述例子的场景中，对法律关系性质认识的错误就意味着原告诉讼请求所依据的实体根据是错误的，对此，法院应当驳回原告的请求。但《民事证据规定》并没有强调直接驳回原告的诉讼请求，而是要求原告变更诉讼请求。只有在原告坚持不变更诉讼请求时，才会驳回原告的请求，在实务中这种情形是很少发生的，因为原告不会在法院已经告知后，依然坚持自己的观点。

司法解释之所以认可当事人诉讼请求的变更，主要是考虑了纠纷解决的效率和成本问题。因为如果法院直接驳回原告的诉讼请求，其后果将有可能是原告在败诉以后，又重新起诉，提出新的诉讼请求。这种情形，一方面会造成司法资源过多的消耗，另一方面也会导致当事人诉讼成本的增加。对于原告，因为败诉而承担案件受理费和其他诉讼费用；对于被告，则要承担实际支出的诉讼费用，如律师费等。

如果将这样的做法加以普遍化，那么这种做法更多地是有利于原告和法院，对被告则是不利的。因为如果允许原告变更诉讼请求，就意味着原告不会因为自己的认识错误而承担相应的不利后果，有可能带来诉讼请求的任意性，并因为诉讼的变更，给被告带来更多的负担。如果在司法政策上更倾向于对原告权利的维护，则上述做法自然符合这一政策要求。由于民事诉讼是一种“等腰三角”结构，原则上当事人之间是平等的，因此，对于具有很强政策性因素的诉讼请求变更来讲，人们必须认真权衡诉讼效率、成本与程序正义的关系，顾及各方的利益。这种权衡和顾及也就要求诉讼请求的变更必须是有条件的，即诉讼请求变更的要件。在诉讼请求变更的要件和程序设置方面，我国民事诉讼法还需要尽快予以完善。在《民事诉讼法》修改之前，可以通过司法解释作出相应的规定。

从域外制度经验来看,诉讼请求的变更通常需要考虑以下几点:

第一,被告的同意。因为诉讼请求的变更涉及被告的防御利益和防御权。被告也有要求法院就原告已经提出的诉讼请求作出裁判的权利。被告同意无论是明示还是默示,说明被告认可了这种变更,符合被告的诉讼利益。

第二,不会明显迟延诉讼的进行。这一要件是从诉讼效率考虑的。如果诉讼请求的变更会明显迟延诉讼的进行,这种变更就没有必要了。是否会迟延以及是否影响诉讼效率,需要看新旧诉讼请求对请求基础事实上的联系程度。如果联系程度高,则有利于变更后诉讼效率的提高;反之,则不利于诉讼效率的提高。

第三,诉讼请求的变更应当在起诉状送达后,一审辩论终结前提出。起诉状送达之间,诉讼请求的变更当事人可以自由处置不受限制。由于诉讼请求必须经过辩论程序,法院的判决也是以辩论终结之时的主张和资料作为裁判的依据,所以诉讼请求的变更需要辩论终结之前提出。

第四,在程序上,诉讼请求的变更应当明确向法院提出并告知对方当事人。一般情况下,诉讼请求的变更申请应当以书面的形式。这种程序上的要求有利于法院对诉讼请求变更是否许可进行审查判断,也便于被告进行防御,有利于减少关于是否变更诉讼请求发生的争议。

在适用上述条件时,应当注意的是,被告同意并非绝对的,从域外的经验来看,即使被告同意如果变更会导致严重诉讼迟延的,法院也可以不予许可。

上诉审中是否许可诉讼请求的变更与二审的性质有关。如果二审是事后审或复审,则可以在满足变更要件的情形下进行变更。如果是续审制的情形,则不能进行变更。我国的上诉审属于复审制,因此在上诉审程序中诉讼请求是可以变更的。

诉的变更的阶段限制即当事人变更诉应当在哪一个时段提出,是一个值得讨论的问题。《民事诉讼法》没有明确规定,理论上至少应当在法庭辩论终结之前提出,因为法庭辩论终结后,法院将不再接纳当事人的主张,法院裁判的依据是以辩论终结前当事人提出的事实和主张为依据。《民事证据规定》规定,当事人增加、变更诉讼请求或者提起反诉的,应当在举证期限届满前提出。此处的"应当"如何理解存在争议。有的将其理解为"必须",即当事人只能在举证期限届满前提出。笔者认为,这里的"应当"应理解为"可以",是一种鼓励性、倡导性的规定,即当事人最好是在举证期限届满之前提出。这一规定是从有利于提高诉讼效率和当事人防御角度来考虑的,因此在《民事诉讼法》没有加以限制时,不应当将诉讼请求变更限制在举证期限内,但应当倡导最好在举证期限届满或开庭审理之前提出。

(二)诉的追加

诉的追加,是指在诉讼中,原告在原有诉讼请求存在的基础上,又提出新的诉讼请求。一方面,原有的诉讼请求是存在的,如果新的诉讼请求的提出替代了原有的诉讼请求,就是诉讼请求的变更;另一方面,新的诉讼请求不同于已经存在的诉讼请求,但诉讼请求的对方仍然是本案被告。诉的追加实质是诉的合并,一般情况下,诉的合并有利于节约司法资源和诉讼成本,通常是允许的。

第五单元

民事诉讼中的证据与证明

第十四章 —— 民事诉讼中的证据

本章目次

一、民事证据法

(一)民事证据法的含义

在我国,民事证据法现在还不是独立的单行法。“民事证据法”具有狭义和广义两重含义。狭义的民事证据法仅仅是民事诉讼中的证据规范,指调整人们之间在民事诉讼中就证据运用所形成的社会关系的规范总和。也就是说,只要是对民事诉讼中证据运用的法律规定都属于民事证据法。关于民事证据的法律规范,主要规定在民事诉讼法之中。同时,其他法律中也有民事证据运用的有关规定。不仅实体法,例如,民法典、公司法等中有规定,在其他民事程序法中也有关于民事证据的规定,例如公证法。广义的民事证据法则不仅包括民事诉讼中的证据规范,也包括非讼程序中的证据规范,例如仲裁程序、人民调解程序等。

从规范的形式来看,民事证据法也指独立的关于民事证据的法律文本。我国目前还没有独立的民事证据法文本,关于民事证据的规范规定在民事诉讼法文本之中。有学者主张制定独立的“证据法”或“民事证据法”,但未获得立法认可。

由于民事证据的规范是由各种具体证据制度构成的,例如,证人制度、当事人陈述制度、鉴定制度、证明责任制度、举证时限制度、证据交换制度、质证认证制度等构成,因此,民事证据法与民事证据制度在含义上是相同的,可以互用。

(二)证据法的价值理念

证据法是关于收集证据,运用证据认定案件事实的规范。现代证据法所坚持和追求的观念或信念就是证据法的价值理念。证据法是法治的一部分,因此,证据法的价值理念是法治价值理念在证据法领域中的具体体现。

1. 查明事实

裁判的正当性源于对事实的正确认定，因此，追求案件事实的客观与真实是证据法最重要的价值理念之一。价值理念与具体实现之间存在一定的距离，具体实现还需要具备一定的条件。条件成就越充分，其实现的程度越高。例如，对事实真相的揭示方面就受制于探究事实的成本。人们不可能忽视成本去探究事实的终极真相。因此，事实真相的揭示具有相对性。如何把握事实真相的揭示与成本的效率的平衡是一个复杂的问题，需要在具体制度的设计中予以考量。

2. 坚持程序正义

坚持证据收集、运用、认定的程序正义是证据法最重要的价值理念。这一价值理念也往往容易为人们所忽视，尤其是容易受追求案件事实真相这一价值追求的遮蔽。证据法收集、运用和事实认定的合法性主要内容就源于其程序正义。例如，证据调查过程必须有双方当事人在场。法庭上质证就是坚持这一价值理念的体现。

（三）民事证据法与刑事证据法

民事证据法与刑事证据法都是关于证据运用的法律规范，因此，两者存在某些共同点。例如，在证据种类的规定方面，民事诉讼法和刑事诉讼法的相关规定是相同的。但民事证据法与刑事证据法还是存在很大的差异的。如果没有注意这些差异，就可能对各种领域中证据的运用造成误识。两者的差异主要有以下几点：

第一，各自所依附的实体法在性质上完全不同。民事证据法所依附的是民事实体法，属于私法范畴。刑事证据法所依附的是刑事实体法，属于公法范畴。由于程序法与实体法的内在联系，使得因为所依附的实体法的性质不同，而导致民事证据法与刑事证据法在理念、目的、具体制度的规定方面也有很大不同。这也是三大诉讼的证据制度很难合一构成独立的证据法的一个重要原因。正是由于民事证据法依附的实体法是私法，因此私法中的原则和精神——意识自治、契约自由也会在民事诉讼中得到延伸。民事诉讼法中的约束性辩论原则、处分原则、自认制度、证据契约、和解制度、调解制度等都是私法原则和精神在民事诉讼中的具体延伸。应当注意的是，公法与私法的概念、内涵以及两者的分界对于理解大陆法系法学理论和制度具有非常重要的作用。如果不了解公法与私法的界分和差异，对于习惯于英美法系思维，又对大陆法系法学这一特点不甚了解的人而言，就很难理解大陆法系的理论和制度，包括民事诉讼的理论和制度。在英美法系的思维中，因为没有公法与私法的界分，因此，在诉讼程序和制度方面，三大诉讼——民事诉讼、刑事诉讼和行政诉讼程序的差异就不会像大陆法系那样明显。在大陆法系的理论中，十分明确民事诉讼解决的是私法上的争议，因此，私法上的原则和理念应当在民事诉讼程序和制度中予以体现。由此，在程序、制度和理念方面，民事诉讼与刑事诉讼有了很大的差别。

第二，因为诉讼法律关系主体的性质不同，在证据法律关系中当事人的法律地位也有所不同，法律对证据运用的规制也就各不相同。在刑事证据法律关系中，一方是公权力机关，另一方是非公权力机关的自然人或团体（组织）。虽然在法律上当事人各方的诉讼地位是平等的，但实际上双方拥有的资源不同，实际地位有很大的差异。作为刑事诉讼的被告嫌疑人,在收集证据、运用证据方面受到客观限制。

第三,两者在理念、事实认定及对人权保障强调上的不同。(1)作为公法的刑事诉讼法在理念上强调通过诉讼程序、证据制度保障无辜的人不会受到刑事追究,有罪的人应当得到应有制裁。民事证据法在理念上追求的是当事人之间的平等,在收集、运用证据方面给予充分的对等保障。虽然民事证据法和刑事证据法也都会考虑各种价值平衡,但是价值平衡的具体内容有所不同。刑事证据法必须考虑人权保障与案件事实揭示的冲突关系。基于人权保障这一首选价值,对案件事实揭示就必须受到限制,这一限制也就要在刑事证据法中得到体现。例如,在刑事诉讼中法律就严禁通过刑讯逼供获得非法证据,强调对非法证据的排除,并且有一整套关于非法证据排除的程序和规则。在民事诉讼中,当事人双方是平等的民事主体,是在私权范围内收集相关证据,因此,在处理私权保障与揭示真实的冲突方面不像刑事证据法那样绝对化,强调非法证据的绝对排除,非法证据的处理具有更大的灵活性,非法获得的证据并非绝对排除。例如,侵犯隐私权所获得的证据在性质上属于非法证据,但在某些情形中也并非一律排除。如果隐私权的受害人本身是争议的侵权案件的加害人,该案件的权利人不通过涉及隐私权的方法就无法获得相关证据,此时排除该项涉嫌侵犯隐私权的证据,就会导致权利实体难以得到救济。(2)在事实认定方面,民事诉讼强调可以根据当事人在辩论中的所有资料信息对案件事实予以认定。除了证据之外,还包括如共同诉讼人的自认、当事人陈述的态度等,都可以成为法官心证的依据。而在刑事诉讼中,为了更有利于对人权的保障,就要强调事实认定必须根据证据作出认定,而不能依赖于证据之外的其他资料信息,如被告嫌疑人的供述态度。(3)基于刑事诉讼法对人权保障的强调,刑事证据法对案件事实认定也比民事证据法有更加严格的要求、更高的证明标准。例如,刑事证据法排除传闻证据,但民事证据法并不完全排除传闻证据,至少没有明确的禁止性规定。传闻证据依然可以作为事实认定的参考。刑事证据法中,强调证据补强规则,在认定犯罪事实方面,只有被告人供述,不得认定被告人有罪,必须要有其他证据予以补强。民事证据法中并不强调证据补强规则。在证明标准方面,刑事证据法采用排除合理怀疑原则,民事证据法的证明标准则为高度盖然性原则,显然后者在证明标准上要低于刑事证据法的要求。

第四,民事诉讼相对于刑事诉讼更强调法律关系与程序的安定和效率。反映在证据法规范中就是会在规定或设置举证时限以强调诉讼效率;在再审中限制证据的提出以控制再审的适用范围,实现程序的安定性。

(四)民事证据的主要规范

作为民事诉讼中证据与证明的规范,主要有现行《民事诉讼法》、最高人民法院颁布的相关司法解释和实体法(如《民法典》,尤其是《民法典》的"侵权责任编"中就有许多关于证据与证明的规定)。人们往往容易忽视实体法中关于证据和证明的规定。

在司法解释中,最集中规定证据与证明的司法解释是《民诉法司法解释》和《民事证据规定》。其中,2015 年的《民诉法司法解释》是对以前《民诉法司法解释》的修订,2019 年的《民事证据规定》则是对 2001 年的《民事证据规定》的修订。应当注意的是,《民诉法司法解释》和《民事证据规定》并非只是狭义上的《民事诉讼法》的“解释”，实际上也创设或明确了不少具体的证据制度，例如证明责任制度、书证提出义务制度、证明标准制度等。2019 年的《民事证据规定》进一步细化了 2015 年的《民诉法司法解释》中关于证据与证明的规范，但并未完全覆盖。例如，2015 年的《民诉法司法解释》有关于证明责任制度的规定，但 2019 年的《民事证据规定》却没有相关的规定。因此，在学习和适用有关证据与证明的规定时应当特别注意。

除了上述有关证据与证明的司法解释外，最高人民法院还在一些试点法院试行由最高人民法院制定的《人民法院统一证据规定（司法解释建议稿）》（2008 年）（以下简称《统一证据规定》）。按照试点工作的通知，为进一步修改完善《统一证据规定》，使之更加适应人民法院审判工作需要，特在全国范围内选择四个中级人民法院和三个基层人民法院开展试点工作。经研究，确定云南省昆明市中级人民法院、山东省东营市中级人民法院、吉林省延边朝鲜族自治州中级人民法院、广东省深圳市中级人民法院及佛山市顺德区人民法院、北京市海淀区人民法院及东城区人民法院为试点法院。至今，《统一证据规定》依然还在试行中，目前尚未有关于该规定试行的官方报告。《统一证据规定》的思路是试图将三大诉讼法中的证据与证明统一起来，其基本构想是建构证据法规范。这一构想的问题在于忽视了英美法系中的判例法制度以及两大法系实体法与程序法的不同构造。

（五）如何认识“民事证据裁判原则”

在民事诉讼中，怎样认识法院裁判所依据的事实须以证据作为认定根据的要求，以及这一要求在民事诉讼中是否具有原则性的地位，是一个有争议的问题。过去，在民事诉讼法学界，通常将这一要求视为一种证据法规范的基本要求，可简称为“民事证据裁判原则”。证据裁判原则在刑事诉讼法学界似乎是一个被普遍认同的原则性规范，也是学者们经常议论和探讨的主题。前些年，受刑事诉讼法理论的影响，且为应对民事诉讼实践中事实认定无序化问题，有民事诉讼法学者在文章中提出了“民事诉讼中的证据裁判原则”这一命题，同样将证据裁判作为法院对民事诉讼中案件事实认定的原则规范。[1] 该文章指出，虽然我国民事诉讼法没有在法条中明确使用证据裁判原则的表述，但从民事诉讼法关于事实认定的相关规定来看，证据裁判原则是实际存在于民事诉讼法之中的，并且认为《民事证据规定》中“人民法院应当以证据能够证明的案件事实为依据依法作出裁判”就是关于证据裁判原则的规定。在 2019 年《民事证据规定》中复制了 2001 年《民事证据规定》这一规定，其表述同样为：“人民法院应当以证据能够证明的案件事实为根据依法作出裁判。”《最高人民法院新民事诉讼证据规定的理解与适用（下）》一书将该条标注为“证据裁判主义”。该书在对此条的解释中指出，“人民法院作为调处纷争的国家司法机关，依法享有并行使民事案件的独立审判权。而人民法院审理民事案件，必须以事实为根据，以法律为准绳。为此，要求人民法院裁判案件，必须以证据为根据，而非以其他的标准进行裁判。在此原则下，对案件事

[1] 参见邵明：《论民事诉讼证据裁判原则》，载《清华法学》2009 年第 1 期。

实的证明则提出了相应的要求”[2]。

自2007年起,最高人民法院开始在各试点法院试行《统一证据规定》。在该规定第3条明确规定,(证据裁判原则)认定案件事实,应当依据证据。问题在于,对于三大诉讼证据法规范而言,证据裁判作为一种规范,其在各自的法律领域和法律体系中具有不同的地位和作用,其原则的内容、适用条件、法律效果和例外情形也有所不同,如此,将证据裁判作为统一的共有原则就必然存在适用上的问题。从目前推进三大诉讼证据规范统一整合的具体实践活动来看,这一点显然被人们忽视了。忽视的原因之一是因为推动统一证据法的学者对民事纠纷、诉讼以及相应的证据实践缺乏足够的了解,似乎只是简单地从事实认定的角度,孤立地看待案件事实认定的规范要求,而没有从民事实体法规范的内在要求、已有的证据制度构成、价值与民事纠纷解决联系起来,其观察和思考被限于刑事诉讼视域,即刑事诉讼中公权力与人权保障的关系视域之中。

受刑事诉讼规范及理论对民事诉讼规范及理论的影响,刑事证据理论和认识亦对民事证据制度和理论产生了不可忽视的影响。在民事诉讼法学领域,无论是民事证据裁判原则,还是非法证据排除原则或规则的提出,都受到了刑事诉讼理论的影响。虽然民事诉讼制度和民事诉讼理论的建构和发展也会对刑事诉讼制度和理论产生影响(如证明责任、行为证明责任与客观证明责任、免证事项等),但相较于刑事诉讼制度和刑事诉讼理论对民事诉讼制度和理论的影响,自然不可等量齐观。这种情形,在大陆法系国家如德国、日本、韩国似乎并不存在,公法与私法彼此之间的影响很小(这可能是公法与私法界分严明的原因)。造成这种影响差异的原因在于,基于社会稳定、治理方式和传统观念,刑事法制在我国具有特别的重要性和优先性,即所谓“重刑轻民”的发展大势,基于刑事程序法与刑事实体法的内在联系,刑事诉讼制度和理论的发展也明显优于民事诉讼,刑事诉讼在理念、理论和制度方面更具有革新的冲动。在发展的态势上凸显了“刑快民慢”的格局。在理论人才的成长和学者的阵容方面,都不是民事诉讼法学领域能够望其项背的,在此背景之下,刑事诉讼的思维方式和逻辑也就很容易对民事诉讼产生影响,并受刑事诉讼思维方式和逻辑的约束,因此,有必要对刑事诉讼中的证据裁判原则与民事诉讼中证据裁判原则的差异及原因进行比较分析,从比较视角,才能使人们更好地认识民事证据裁判原则。

从刑事诉讼法学者对证据裁判原则的阐释可以看出,刑事证据裁判原则具有两个层面——非扩展的和扩展的。非扩展的,是指仅具有基本含义的证据裁判原则(所谓“实质涵义”)。这种含义上的证据裁判原则可表述为:对事实问题的裁判必须依靠证据,没有证据不得认定事实。具体可阐释为:在刑事诉讼的证明中,事实问题的裁判应当依据证据,这是证据裁判的基本含义。当然对事实问题,还可以进一步深化为,该事实问题是裁判意义上的事实问题,还是证明意义上的事实问题。学者们通常认为,事实问题可以分为两个层次:作为具体证明的对象与作为有证明必要的要证事实。显然,这里所说的事实问题是指要证

---

〔2〕 最高人民法院民事审判第一庭编著:《最高人民法院新民事诉讼证据规定理解与适用》(下),人民法院出版社2020年版,第738页。

事实。因此,证据裁判原则更准确的表述应当是:对于要证事实,没有证据就等于没有该项事实。我国《刑事诉讼法》规定:对一切案件的判处都要重证据,重调查研究,不轻信口供。只有被告人供述,没有其他证据的,不能认定被告人有罪和处以刑罚;没有被告人供述,证据确实、充分的,可以认定被告人有罪和处以刑罚。刑事证据裁判原则的否定性表达是:如果没有证据,不能对要证事实予以认定。

所谓扩展性的证据裁判原则,是将证据资格和证据的正当程序的规范要求(所谓"程序涵义")也纳入证据裁判原则之中,从而形成该原则的扩展性。扩展之后的证据裁判原则要求裁判所依据的必须是具有证据资格的证据。证据资格强调的是一项证据资料是否能够作为裁判认定事实的依据。也就是法律规范之下的证据,而非事实意义上的证据资料;证据的正当程序作为扩展版证据原则的一项内容,要求裁判所依据的必须是经过法庭调查的证据。实际上,扩展之后的证据裁判原则对事实认定更具有约束意义。

在民事诉讼中,裁判所依据的案件事实源于当事人双方各自主张的事实。案件事实的揭示机制源于当事人之间的利益对立。由于彼此利益的对立,当事人双方各自为了实现自己利益的最大化,避免败诉,就必须尽全力提出对自己有利的事实。在须有证据证明的要求之下,也就必须全力提出相应的证据,于是,作为中立裁判者的法院就可以在当事人双方提出的事实和证据的基础上对案件事实作出判断和认定。没有被主张和证明的事实视为不存在的事实,即使客观存在,也属于裁判者无法认识的彼岸事实,没有法律上的意义。民事证据裁判原则如果要论其存在的意义,关键在于使当事人主张的事实能够通过提出相应的证据加以证明。因为只有当事人自己才最有条件收集相应的证据,对与自己相关的民事活动中发生的事实加以证明。在此,民事证据裁判规范的目的与刑事证据裁判规范的目的就有了很大的不同。民事证据裁判的要求是为了尽可能提出证据以供法院对案件事实作出判断和认定;相对而言,刑事证据裁判要求是为了实现刑事诉讼法的基本价值,更充分地实现人权保障。也就是说,民事证据裁判作为一项规范,其作用是推动当事人对自己主张事实的证明。就此作用而言,民事诉讼法规定的"谁主张,谁举证"的基本要求就能够达至该目的。只要遵循这一规则的要求,案件事实的认定就有了相应的条件。人们还会认为民事证据裁判原则还具有约束裁判者的作用,即要求法官在认定事实时需要以证据为依据,不得主观妄断。但这种要求是法律对法官职业操守的基本要求,是法律对法官司法的基本要求,即法官对事实的认定要基于事实和良心,是不言自明的规范要求。

基于以上认识,笔者认为,在民事诉讼中,因为已有"谁主张,谁举证"这样的规范要求,所以,民事证据裁判作为规则无法获得像刑事诉讼证据裁判规范那样的原则地位。在这个意义上,民事证据裁判的要求只是一种一般的规范要求,属于一般规则。这也是为什么在大陆法系民事诉讼理论中,基本没有主张或提及民事证据裁判原则的一个原因。在我国,人们主张在民事诉讼中的证据裁判原则完全是受刑事诉讼法理论和认识的影响,按照刑事诉讼法的思维方式,将证据裁判原则的"帽子"戴在民事诉讼的"头"上,与一些学者提倡在民事诉讼中也要适用非法证据排除规则的主张有类似之处。刑事诉讼关于非法证据排除的认识和思维方式也影响了我国的民事司法。《最高人民法院关于未经对方当事人同意私自录音取得的资料能否作为证据使用问题的批复》(法复〔1995〕2 号)即是这一认识的体现。证据裁判原则是如此,民事诉讼中非法证据排除规则、证据补强规则概念的引入也是如此。刑事诉讼非法证据排除有自己的目的和前提。在英美法系国家的刑事诉讼中,非法证据排除规则就是要防止公权力滥用以免伤及人权。因此,在观念、理论上强调“毒树之果”的阻却性。而民事诉讼基于私权揭示事实和收集证据的特殊性(与刑事诉讼公权力比较),因此,在某些情形下并不排除“毒树之果”,“毒树”与“果实”之间可以适当分离,只要能够证明案件事实,作为“毒树之果”——非法获得证据也可以具有证据资格被法官作为合法的证据使用,即手段违法与证据本身的合法分离,而非“树”“果”连带。但受刑事诉讼的影响,民事诉讼学界也借用了非法证据排除规则,实际上,民事诉讼中的非法证据排除就是证据合法性的另一种说法而已,并没有新的内容。在理论上,证据的合法性本身拥有很大的讨论空间,合法性是否仅限于手段的合法?如果是,则证据的合法性将不是证据的普遍属性。因为事实上,有些非法取得的证据根据情况依然有可能作为证据被采信。这一认识在大陆法系国家已是一种通识。正是因为刑事非法证据排除规则有自己的目的和指向,因此,在民事诉讼中引入非法证据排除规则是没有必要的,只能是“邯郸学步”。一些人将补强证据规则引入民事诉讼的做法也是如此。补强证据,在刑事诉讼中主要是强调不能仅有被告嫌疑人口供,还需要有其他证据才能认定被告嫌疑人的犯罪事实,因为没有补强证据,就有可能导致错案冤案发生。与此不同,在民事诉讼中无须补强证据,法官根据案件实际情况,即使只有当事人陈述,没有其他证据也能够作出裁判。

在不同的法域中,基于不同的价值取向、制度理念、制度目的、制度体系、现实需要,人们对具有抽象性的基本规范的认识、解读以及其适用条件的要求和设定均有所不同。在民事诉讼中,因为民事实体法和民事诉讼法中当事人对自己权利的处分自由,在事实认定上也必须尊重当事人的意志。由此,当事人之间关于事实的自认,即使没有证据也同样构成了法院裁判的事实基础,证据裁判的基本要求也不适用于当事人自认的事实。如果将证据裁判的要求作为一项原则,则自认的事实即构成例外,但也可以将其视为一种并行的规则。如何看待,这取决于人们对规则重要性的认识。基于法院中立裁判的司法要求,又因为在民事诉讼中,可以利用当事人双方利益的对立立场,在当事人提出事实主张(当事人主张责任)的同时,要求当事人提出证据加以证明(当事人举证责任),即“谁主张,谁举证”的要求,以揭示案件事实。法院以当事人双方提出的证据为根据,依照自由心证原则的要求对案件事实作出的判断,并以此为作出的裁判就是正当的裁判。因此,在有“谁主张,谁举证”的规范要求之下,在民事诉讼中,证据裁判要求的重要性就远不如刑事诉讼领域。在刑事诉讼中,证据裁判的要求对于制约公权力(就法治的基本认知而言,制约公权力是法治的基本要义),保障人权具有特殊的意义。在价值取向上,民事诉讼更看重的是权利的维护和纠纷的解决,因此,对于解明事实证据的正当性方面相对更加宽松。自由心证原则对于民事证据的判断和处置更具有重要意义。事实认定需有证据已经成为自明之理、当然之理,在有更为具体的规范要求的情形下,对抽象原则规范的需求也就大大降低了。这也是大陆法系国家民事诉讼不提证据裁判原则的主要原因。因此,证据裁判作为基本原则的意义不大。同时,欲使作为事实认定的基本原则——自由心证原则发挥更大的作用,就必须完善现代司法制度,完善具体的内外制约机制。没有现代司法制度作为制度保障,自由心证就可能成为法官的随意认证。这也是民事诉讼实践中事实认定存在乱象的原因之一。正是因为证据裁判规范在不同的诉讼领域之中存在如此明显的差异,因此,统一证据法的推进就必须考虑这种差异性,故将证据裁判原则作为统一证据法的共有基本要求就有可能是不妥当的。

二、证据概述

(一)证据的概念

民事诉讼中的证据,是指在民事诉讼中能够证明案件真实情况的各种资料。因为是运用于民事诉讼领域,因此也称为"民事证据"。民事证据是民事诉讼中法院认定案件事实作出裁判的根据。

"证据"这一概念实际上包含了两种含义:(1)作为证据信息物质载体的含义,是法院用于认定事实的资料,通常称为"证据资料";(2)利用某种物体和其他形式作为证明案件事实的方法,通常称为"证据方法"。例如,以证人的证言来证明案件事实的方法就是证据方法中的一种,也称为"人证"。以物体的外部特性、质量、数量来证明或认定案件的事实的方法就是物证的方法。我们说证据的合法性应当是指作为证据方法的合法性,作为一种客观存在的物质载体的资料本身不存在合法性问题。

当事人要证明自己提出的主张,需要向法院提供相应的证据材料,这些证据材料可以表现为书证、物证、视听资料、电子数据、证人证言、当事人陈述、鉴定结论、勘验笔录八种形式。这几种证据表现形式也是当事人证明自己主张的几种证据方法,即以某种证据形式来证明自己的主张。

从证据的特征来看,证据必须与要证明的案件事实具有关联性,并且符合法律规定的要求,具有其合法性。另外,按照证据客观性的观点,证据还应当是客观存在的事实。[3]

证据不仅是当事人证明自己主张的证据材料,也是法院认定争议的案件事实,作出裁判的根据。只有经过质证和认证的证据,才能作为认定案件事实和裁判的根据。

(二)民事诉讼中证据的合法性

合法性是有效证据的基本特性之一。关于证据的其他特征的论述可参见刑事诉讼法学教科书中的相关内容。证据的合法性实质是指某特定证据资料运用的合法性,并非指该作为证据信息载体的证据资料的合法性。合法性本身是人们的一种价值判断,作为证据资料的物自身是不存在合法性与否的问题的。**民事诉讼中的证据合法性,是指在民事诉讼**

---

〔3〕 在我国传统的证据法理论中,比较强调证据的客观性。而在国外的证据法理论中绝口不提证据的客观性。证据的客观性这一概念与特定的意识形态有关,是特定意识形态影响的产物,即认为承认证据客观性是基于唯物主义的认识论。这是过去法理意识形态化的一种体现。

中,人们使用特定证据认定案件事实时必须符合法律规定的要求,不为法律所禁止,否则不具有证据效力。对证据合法性的要求,目的是保障证据的真实性和维护他人或其他组织的合法权益,体现了人们对程序正义和实体正义的双重要求。合法性主要包括以下四个方面:

第一,证据主体合法。证据主体是指形成证据内容的个人或单位。证据主体合法,是指形成证据的主体须符合法律的要求。主体不合法也将导致证据的不合法。对证据主体的法律要求,也是为了保障证据的真实性。因此,法律根据证据特点,对某些证据的证据主体规定了相应的要求。例如,不能正确表达意志的人,不能作为证人;作出鉴定结论的主体必须具有相关的鉴定资格;等等。

第二,证据形式合法。证据形式的合法性,是指作为证据不仅要求在内容上是真实的,还要求在形式上同时也符合法律规定的要求。例如,单位向法院提交的证明文书须有单位负责人签名或盖章,并加盖单位印章;保证合同、抵押合同等,需要以书面形式的合同文本加以证明。

第三,证据取得方法合法。当事人收集的证据材料能否作为法院认定案件事实的证据,还要看该证据材料取得方法是否符合法律的规定。法律规定证据取得方法必须合法是为了保障他人的合法权利不至因为证据的违法取得而受到侵害。例如,利用视听资料来证明案件事实时,就要求视听资料的取得不得侵犯他人的合法权利,如他人的隐私权等。常见的容易侵犯他人隐私权的证据取得方式是所谓的偷录、偷拍。又如,法院调查收集证据,应当两人以上共同进行,不得由一名审判员或书记员独立调查,属于应当回避的审判人员也不能进行证据调查。

第四,证据程序合法。证据材料最后要作为证据还必须经过一定的诉讼程序,没有经过法律规定程序的该证据仍然不能作为认定案件的根据。这一程序就是证据的质证程序。《民诉法司法解释》规定,证据应当在法庭上出示,由当事人质证。未经质证的证据,不能作为认定案件事实的依据。如果当事人在证据交换过程中认可并记录在卷的证据,经审判人员在庭审中说明后,可以不经过质证,直接作为认定案件事实的根据。

(三)证据能力

证据能力,是指特定的证据材料所具有的作为认定事实的资格。每一种证据都有相应的证据能力的要求。例如,证人证言。民事诉讼法就规定,不能正确表达意思的人不能作证。又如,鉴定意见。不具有鉴定资质的机构所作的鉴定意见,不具有证据能力。

证据能力与证据的合法性是从不同视角对证据的判断。证据能力侧重于从资格的角度,是对一般证据的抽象要求。证据的合法性则既包括抽象的能力要求,也包含具体的要求,是综合的要求。

证据能力不同于证据的关联性,关联性是一种针对具体案件的要求,而证据能力是对证据的抽象要求,与具体案件无关。

(四)证据的证明力

证据的证明力,是指证据能够证明案件事实的证明程度。所有的证据都具有证明案件事实的作用，但证据不同，其证明作用力的大小也有所不同，即证据证明力的强弱有所不同。例如，直接证据与间接证据的证明力相比，直接证据的证明力就往往大于间接证据的证明力。传来证据的证明力就弱于原始证据的证明力。证明力的强弱或大小常常是通过对立或矛盾的证据之间的比较显现出来的。证明力不同于证据能力。证明力是以证据能力为前提的。没有证据能力，就无所谓证明力大小。

证据证明力有无和大小的确定，一是根据法律的规定，二是依靠法官的判断。根据法律的规定确定或判定证据证明力有无和大小的原则，在诉讼法理论上被称为"法定证据原则"；证据证明力有无和大小的认定依赖于法官的自由判断，则被称为"自由心证原则"，或为"自由心证原则"的基本和主要的内容。法定证据原则发端于日耳曼法，盛行于中世纪的意大利法和德国的普通法时代。例如，当时的法律规定，当三个证人的证言一致时就能够证明某一事实的存在与否；书证的证明力强于人证。根据法定证据原则，关于证据证明力有无和大小就必须预先在法律中加以规定，不允许法官在诉讼中根据自己的判断加以改变。法定证据原则由于排斥了法官根据案件的具体情况判断证据的证明力，导致了证据运用中的教条主义和僵化，否定了法官的能动作用。19 世纪法国民事诉讼法首先抛弃了法定证据原则，以自由心证取而代之，以后大陆法系各国也相继采用了自由心证原则。根据自由心证原则的要求，这些国家在法律修改或制定中取消了关于证据证明力的法律规定，允许法官在证据运用方面凭自己的"良心"和"理性"自由地作出判断。但奉行自由心证原则的国家并没有全盘否定证据证明力由法律规定的做法，在某些场合也规定了某些证据证明力的有无或大小。例如，关于有无诉讼代理权的证明，原则上就只能以书面委托或言词笔录内容加以证明，其他证据对此没有证明力。在法律有规定时，法官仍然不得违反法律的规定，自由认定证据的证明力。

我国没有明确规定采用自由心证原则，我国《民事诉讼法》规定："人民法院应当按照法定程序，全面地、客观地审查核实证据。"这里规定的"审查核实证据"就包括了对证据证明力有无和大小的认定。《民事证据规定》将《民事诉讼法》这一规定细化为"审判人员应当依照法定程序，全面、客观地审核证据，依据法律的规定，遵循法官职业道德，运用逻辑推理和日常生活经验，对证据有无证明力和证明力大小独立进行判断，并公开判断的理由和结果"。从司法实践来看，法律直接规定证据证明力有无和大小的情况并不多，多数情况仍然需要靠审判人员的判断，即要求审判人员按照良知、理性、经验规则对证据证明力有无和大小进行判断。这就不能排除审判人员判断的自由度，没有自由度也就不能根据案件具体情况来进行认定。另外，又必须在一定程度上防止审判人员认定证据的随意性，因此，《民事证据规定》又对如何具体认定证据的证明力作了某些规定。例如，规定了哪些证据不能单独作为认定案件事实的依据。如无法与原件、原物核对的复印件、复制品；无正当理由未出庭作证的证人证言；等等。还规定了双方当事人对同一事实分别举出相反的证据，但都没有足够的依据否定对方证据的，人民法院应当结合案件情况，判断一方提供证据的证明力是否明显大于另一方提供证据的证明力，并对证明力较大的证据予以确认。对同一事实存在若干矛盾的证据时，如何认定证据的证明力是实践中经常遇到的问题。由于不同种类的证据在一般情况下其真实、可靠程度会有所不同，真实性、可靠性相对高的某类证据的证明力就要大于真实性、可靠性相对低的另一类证据。

（五）关于非法证据的排除与采信

非法证据排除其主要目的是防止人们为达到证明的目的而实施违法行为。目的正当性不能够免除手段的违法性。尤其是在刑事诉讼中，为了防止公权力对公民的侵害，增强对人权的保障，因此，特别强调对非法证据的排除。

在民事诉讼中，也有学者认为，非法证据排除是民事诉讼证据制度的一项原则，证据须有合法性，不具有合法性的证据就不应当采信。这里需要注意的是，在刑事诉讼中，非法证据排除是底线原则。与此不同，如果说民事诉讼中，存在非法证据排除原则，那么其原则是一般，而非绝对或底线。正是存在这样的差异，因此笔者并不主张在民事诉讼中使用非法证据排除原则这一概念。这一概念的适用容易混淆民事诉讼与刑事诉讼的差异。民事诉讼与刑事诉讼的情形有所不同。民事诉讼证据的取得一般情形下是私行为，与公权力无关。刑事诉讼中之所以强调非法证据排除，目的是防范公权力，制约公权力。因此，在民事诉讼中，即使是违法收集的证据也并非绝对排除，需要根据具体情形加以考量、斟酌。如果将证据取得的非法性、非法性程度与当事人的权利维护、证明需要、收集条件等情形联系起来，则不排除某些情形下的非法证据就具有了妥当性。例如，某些证据可能侵害了当事人或他人的隐私权，但如果该证据不能作为证据采信，则可能导致主张权利的人难以得到救济。这类情形在视听资料、电子证据等这两类证据中最常见。例如，离婚案件、借贷案件、性骚扰侵权案件等中经常有私录视听资料〔4〕的情形。其证据的合法性就是人们所关注的问题。

对于非法证据的可采性的问题，笔者的观点是应该综合考虑以下因素：(1)不法行为情节轻微，不具有严重的反社会性；(2)不得已而采取此种取证方法；(3)为了自己的合法权益；(4)取证中被侵害人也有一定的过错或侵权。例如，在性骚扰侵权案件中，未经对方同意的秘密录音就具有可采性，可以作为证据。如果取证行为系重大违法行为如盗劫、威胁以及其他刑事犯罪行为，当然该证据不能采信。在国外（如日本），一般以证据收集行为具有严重反社会性作为否定可采性的基本条件。

（六）关于“优势证据”

“优势证据”是司法实践中人们经常提到的概念，但人们在适用这一概念时存在误解或误用的情形。优势证据概念主要来自人们对《民事证据规定》中相关条款的理解，并由此抽象概括为所谓“优势证据”。

《民事证据规定》规定：双方当事人对同一事实分别举出相反的证据，但都没有足够的依据否定对方证据的，人民法院应当结合案件情况，判断一方提供证据的证明力是否明显

〔4〕 私录视听资料，也称私录资料，是指未经对方同意所录制的音像资料，包括录音资料和录像资料两大类。人们俗称“偷录偷拍资料”。私录资料，实际上具有两层含义：其一，指未经对方同意，录制了对方的谈话和行为的内容，这种情形并未涉及录制手段的公开与秘密的问题；其二，指录制者以对方不知晓的方式，录制了对方的谈话、行为以及与对方行为相关的其他场景，这种情形强调了手段的秘密性。

大于另一方提供证据的证明力，并对证明力较大的证据予以确认。其还规定：人民法院就数个证据对同一事实的证明力，可以依照下列原则认定：(1)国家机关、社会团体依职权制作的公文书证的证明力一般大于其他书证；(2)物证、档案、鉴定结论、勘验笔录或者经过公证、登记的书证，其证明力一般大于其他书证、视听资料和证人证言；(3)原始证据的证明力一般大于传来证据；(4)直接证据的证明力一般大于间接证据；(5)证人提供的对与其有亲属或者其他密切关系的当事人有利的证言，其证明力一般小于其他证人证言。

人们从上述两条规定抽象出以下认识：其一，优势证据是对双方提出的证据而言，优势证据是对双方证据的比较；其二，双方提出的证据存在否定关系，但就证据的合法性而言都是成立的，即具有证据能力；其三，法官通过比较，确认其中一方的证据在证明优势上大于对方提出的证据时，对方提出的相反证据丧失证明力。例如，根据《民事证据规定》的规定，物证、档案、鉴定结论、勘验笔录或者经过公证、登记的书证，其证明力一般大于其他书证、视听资料和证人证言，那么，在民事诉讼中，一方持有物证，而另一方持有本条规定中的其他书证，两种证据证明的是同一对象，但却是相反的，则在一般情形下，该物证为可采证据，“其他书证”丧失证明力。

优势证据这一概念的意义在于，在实践中总是存在双方各自持有相反证据的情形，法院无法通过证据能力的有无作出取舍，但又必须在证明力上作出决断，因此，只好通过比较作出选择。《民事证据规定》就是对这一选择的肯定。如何根据具体情形作出合理判断，着实考验法官的水平。为了维持相对的统一性，旧《民事证据规定》就一般情形作出了具体的规定。当然，在我国的司法环境下，“一般”很容易教条化原则规定，这就导致实践中因为教条化地适用这些具体规定出现误用的情形。因此，笔者主张不宜对一般事项作出规定，对于证明力大小的比较判断交由经验法则处理为妥，虽然难以起到规范作用。

优势证据被误用的情形主要在于，以优势证据取代证明责任。在这一点上，实践中的情形还相当普遍。所谓以优势证据取代证明责任，是指在案件主要事实或要件事实真伪不明时，以是否持有所谓优势证据作为胜诉败诉的根据。比较典型的做法是，在判决书中写道，“双方对某一主要事实提出的证据加以证明，但是从双方各自提出的证据来看，原告或被告方所提出的证据处于优势，因此根据证据优势原则，原告或被告方的主张成立”。

在案件主要事实或要件事实真伪不明时，以优势证据决定胜败的做法的错误在于，没有考虑证明责任的分配与不能证明的后果之间的联系。在案件主要事实或要件事实真伪不明时，如关于是否履行返还义务真伪不明，对此返还义务负有证明责任的一方当事人就应当承担证明责任，而非比较双方之间谁的证据处于优势。优势证据只是作为一种处置证据之间处于矛盾状态时的一种原则，即在双方之间的证据处于矛盾时，如何解决证据采信的问题。案件主要事实真伪不明意味着，无法判断哪一方的证明处于优势，因此，在不得已的情形下才适用证明责任，让对该事实负担证明责任的一方承担不能证明的后果。优势证据与证明责任的承担有一定的联系，但不等于证明责任。其联系在于，如果一方的各个证据均处于优势时，可能导致另一方的证据不能得以采用，最终导致证明不能，不能证明的一方为负担证明责任的一方则将承担相应的不利后果；如果为非负担证明责任的一方，则要看该事实是否处于真伪不明的状态,处于真伪不明的状态,则还是负担证明责任的一方承担不利后果。应当记住的是,优势证据充其量只是关于证据证明力的判断和认定的方法。《民事证据规定》就明确规定,"因证据的证明力无法判断导致争议事实难以认定的,人民法院应当依据举证责任分配的规则作出裁判"。

还应当注意的是,在证据证明力的判断和证据的取舍上,2019 年的《民事证据规定》要求的是,"运用逻辑推理和日常生活经验"加以判断,证据的审核认定规范中不再有类似 2001 年的《民事证据规定》的特别规定。可以认为,最高人民法院已经注意到优势证据这一概念作为证据证明力判断根据所存在的问题。因此,在今后的实践中,不宜再使用优势证据概念,以免在认定证据证明力以及案件事实时出现偏差。

三、民事证据的种类

(一)2012 年《民事诉讼法》修改对证据种类规定的调整

我国民事证据制度的一个突出特点是将证据种类做明确规定,其他国家或地区鲜有将证据种类法定化的。证据种类法定化的长处在于便于运用;其弊端是容易画地为牢,因为证据表现形式是多种多样的,有的情形下,硬性将其归类面临困难。

2012 年《民事诉讼法》修改之后,将原来的七种证据增加为八种,新增"电子数据"这一证据种类。其排列顺序也有所调整。按照现行法的规定,其顺序为:"(一)当事人的陈述;(二)书证;(三)物证;(四)视听资料;(五)电子数据;(六)证人证言;(七)鉴定意见;(八)勘验笔录。"这一顺序最突出的特点是将当事人的陈述排在了第一位。一般而言,排序不外乎以证据的重要性和适用的普遍性为依据,但是此次调整将当事人的陈述排在第一位,却似乎与此完全无关。从重要性的角度和适用的普遍性角度,书证毫无疑问应当处于首席。

过去,对于电子数据(或称电子证据)是否为一种独立的证据种类一直存在争议,不少学者认为可以将电子数据归入视听资料这一证据之中。但也有学者认为,电子数据有其自身的特点,而且在实践中运用得越发广泛,将电子数据予以独立,有利于这种证据的研究和运用。最终立法者采纳了这种观点。

应当注意的是,这里所指的证据种类实质上是指作为证据资料的不同表现形式,准确地说,应当是指八种证据方法,而不是指证据的表现形式仅有八种。从人类认识的有限角度而言,法律关于证据种类的规定,应该视为对主要证据的列举。例如,证人证言,是以证人证言的方式证明案件特定事实的一种方法。

(二)书证

1. 书证的概念与特征

书证是指以文字、符号、图形等形式所记载的内容或表达的思想来证明案件事实的证据。例如,各种书面文件或纸面文字材料,如合同文本、各种信函、电报、传真、图纸、图表、文件等。但书证内容的物质载体并不限于纸面材料,非纸类的物质亦可成为载体,如木、竹、石、金属等均不限。

书证具有以下特征:(1)书证以其文字、符号、图形等为内容证明案件的事实,而不是以其外形、质量等来证明案件的事实;(2)书证往往能够直接证明案件的主要事实;(3)书证的真实性较强,不易伪造。

2. 文书与书证的关系

文书属于书证的一部分。文书的特点在于其内容具有一定的思想含义。这里的思想含义,是指表达人对事物的认识和看法。例如,借条。作为文书表达了借贷人对于具体借贷关系的认识。而书证的内容则不一定具有思想含义。正因为文书具有一定的思想含义,因此,对于证明案件事实具有更重要的意义。如果说书证在民事诉讼是“证据之王”,则文书则是证据中的“王中王”。因此,国外证据中一般不提书证,而是将文书作为规范和研究重点。

3. 文书的种类

文书是书证的抽象载体,为了便于运用书证和核实书证的真实性,可以根据各类文书的特点加以分类:

第一,公文书和私文书。根据制作者的身份不同,文书可以分为公文书和私文书。公文书通常是指国家公务人员在其职权范围内制作的文书。在我国,企事业单位、社会团体在其权限范围内制作的文书也被称为公文书。《民诉法司法解释》虽然没有使用“公文书”这一概念,但已明确公文书的实质内容,即国家机关或者其他依法具有社会管理职能的组织,在其职权范围内制作的文书。与此不同,私文书是指公民个人制作的文书。区分公文书和私文书的意义,主要在于判断各自真实性的方式有所不同。对公文书真实性的判断侧重于看该文书是否系有关单位及其公职人员在其职权范围内制作的。而对私文书则主要看文书是否由制作人本人签名或盖章。质疑公文书的真实性时,可采用向制作单位调查询问的方式加以核实。质疑私文书时,则需要通过核对笔迹、印章以及其他文书鉴定方法加以核实。在证明的要求上,提出公文书作为书证的人无须对该公文书的真实性加以证明,文书所记载的事项推定为真实,有相反证据足以推翻的除外。而提出私文书的人则应当对该私文书的真实性加以证明,对方无异议的除外。

第二,处分性文书与报道性文书。处分性文书是指记载以设立、变更或终止一定民事法律关系为目的的文书,如合同文本、变更合同的协议书、遗嘱、授权委托书等。报道性文书是指仅记载某事实,而无产生一定民事法律关系目的的文书,如记载有能够反映案件事实的信件、日记等。有关联的处分性书证能够直接证明有争议的民事权利义务关系,因而通常具有较强的证明力。有关联的报道性文书虽然对案件事实有一定的证明作用,但其证明通常具有间接性。

第三,普通文书与特别文书。普通文书是在制作方式和程序方面没有特别的要求,仅仅记载某些事实的文书。如信件、日记、借据、收条等。特别文书是指按照法律规定必须按照特定形式或程序制作的文书。如土地使用权证、房产证、经公证证明的合同文书等。由于特别文书的制作具有一定要求,文书记载的内容比较完善,真实性程度更高,因此具有更强的证明力。

第四,原本、副本、缮本、影印本、节录本、译本、认证本。这是文书根据不同的制作方法及相互关系所作的分类。原本是指由文书制作人最初制作的原始文书。副本是指该文书的全部内容照原本制作,对外具有与原本同样效力的文书。缮本是指抄缮原本全部内容的文书。影本是指影印原本全部内容的文书。缮本和影印本都不具有与原本同等的效力。节录本是指摘录原本部分内容的文书。译本是指将外文的原本翻译为我国文字的文书。认证本是指通过认证程序对其真实性加以证明的文书。

4. 书证的提出

当书证为提出证据的一方当事人持有时,持有该书证的当事人可直接将其提交给法院,但如果该书证为对方当事人或第三人持有时,在我国的诉讼实践中,允许当事人向法院提出申请,将该书证作为当事人因客观原因不能收集的证据,由法院根据当事人的申请予以收集。另外,有证据证明该书证确实为对方当事人持有,而该当事人又拒不提供的,根据《民事证据规定》的规定,如果对方当事人主张该证据的内容不利于证据持有人,可以推定该主张成立。

5. 书证的证据力

书证要具有证据力,必须满足两个基本条件:其一,书证是真实的;其二,书证所反映的内容对待证事实能起到证明的作用。据此,根据这两个方面的要求,可以把书证的证据力分为形式上的证据力和实质上的证据力。书证形式上的证据力,是指该书证中所表达的意思或思想的确系制作该文书的人所为。是否具有形式上的证据力涉及书证的真伪问题。所谓实质上的证据力,是指该书证的内容有证明待证事实真伪的作用。书证要有实质上的证据力,首先必须具有形式上的证据力,没有形式上的证据力,不可能存在实质上的证据力,而仅有形式上的证据力未必一定有实质上的证据力。

6. 书证的质证、认证

书证的质证,是当事人之间就对方提出书证的真实性、合法性和关联性予以辩论的过程;认证则是法院对质证后的书证在真实性、合法性和关联性予以认定的过程。当事人对书证的质证主要集中在真实性和合法性两个方面,特别是书证的真实性。对书证真实性的质证通常包括三个方面:有签名、印章的文书,其签名、印章的真实性;文书书证内容的真实性;签署时间的真实性(签名和印章的实际时间是否与文书上的时间一致等)。法院对书证三性的认定必须综合全案的情形予以认定。经验法则是书证三性认定必须遵循的规则。

7. 书证提出义务

◆书证提出义务的含义和意义

所谓书证提出义务,是指在诉讼中,经举证人申请,持有书证的一方当事人在特定情形下具有向法院提出该书证的义务。应当注意的是,更为妥当的说法应当是将该制度称为"文书提出义务",而非"书证提出义务"。因为文书是可以拷贝复制的,但书证包括无法拷贝复制的其他非文书载体,如果一旦提交就必然涉及物品的财产行使问题。因此,提出义务的客体就限于文书,而不包括其他非文书证书。

《民诉法司法解释》规定:书证在对方当事人控制之下的,承担举证证明责任的当事人可以在举证期限届满前书面申请人民法院责令对方当事人提交。申请理由成立的,人民法院应当责令对方当事人提交,因提交书证所产生的费用,由申请人负担。对方当事人无正当理由拒不提交的,人民法院可以认定申请人所主张的书证内容为真实。这是我国民事诉讼中首次设立书证提出义务制度。《民事证据规定》进一步细化了《民诉法司法解释》的这一规定,完善了书证提出义务制度。

书证提出义务的意义在于,有助于查清案件事实,进行证据整理、归纳争议焦点,提高审理效率,更充分地根据证明的事实作出裁判,提升裁判的实质正当性。在现代型诉讼中,证据尤其是书证,常常存在证据偏在的情形,因为涉及当事人自身的利益,所以一旦持有证据的当事人不提出该证据,负有证明责任的对方当事人便无法对案件主要事实予以证明,导致权利救济难以实现。追求真实是诉讼的重要价值之一,因此,为了应对证据偏在的情形,使裁判尽量接近案件真实,在特定条件下,应当赋予持有书证的一方当事人在对方当事人的请求下提出该书证的义务。

将书证作为提出义务的对象或客体,主要是因为:一方面,书证在证明案件事实方面往往具有更加重要的作用;另一方面,书证由于便于拷贝,不会影响持有人对作为书证的文书的使用,相比较其他证据(例如物证)而言,对其所有权功能的行使不会造成太大的妨碍。

大陆法系国家或地区,例如德国、日本、法国、韩国和我国台湾地区等,都规定了书证提出义务,以应对诉讼中的证明难题。有关书证提出义务的制度称为"文书提出命令制度"。这里的文书并不限于文本材料。在英美法系国家,解决类似问题的方法是证据开示制度。在大陆法系国家,文书提出命令制度也适用于所谓"准文书",即那些直接记载信息资料,包括电子数据的物件,如照片、磁带、光盘、硬盘等。在我国,由于这些证据被归入了其他证据种类,因此,这些证据的提出也就不能适用《民诉法司法解释》的书证提出义务制度。故而,将证据提出义务的客体限制于书证就有了局限性。如果坚持现行的证据法定分类,则修改司法解释或民事诉讼法时可考虑将视听资料和电子数据也纳入提出义务的客体范围。

仅就《民诉法司法解释》关于书证提出义务的规定来看,在我国,书证提出义务属于诉讼法上的一般义务。所谓一般义务,是指没有具体规定提出义务的原因,或在没有特别规定的情形下,经举证人申请,持有书证的人就有义务提出书证。相对于书证提出一般义务,作为特殊义务就必须是在法律有明确规定的情形下才负有提出义务。

所谓诉讼法上的义务,是指该义务与实体法上的义务规定无关,只要当事人的请求符合诉讼法上的规定,法院就可以根据案件的情形,在举证人的申请下,要求持有该书证的当事人提出该书证。应当注意的是,书证提出义务的一般化虽然更有助于查清案件事实,但一方面容易导致该制度的滥用,损害书证持有人的合法利益;另一方面在我国司法制度背景之下也难以施行。作为一般义务需要法官根据案件具体情形作出是否提出的命令,法官对此具有很大的裁量权,这要求法官具有较高的权威。虽然,大陆法系国家关于书证(文书)提出义务有扩大趋势,且有的国家如日本有从特殊义务向一般义务转变的趋势,但日本所谓的提出义务的一般化,也有明确的限制,并非无条件的一般化。另外,我们还必须考虑不同的司法语境。在我国司法语境之下,以限定义务的模式比较妥当。应对目前提出义务的一般化加以更加明确的条件限制,以有利于达成书证提出义务制度的目的。

◆书证提出义务的条件

尽管按照《民诉法司法解释》,书证提出义务是一种一般义务,但这种义务的设定也需要满足一定的条件,否则容易导致该制度的滥用。书证提出义务的滥用将导致无端增加对方当事人的人力、财力的负担,干扰当事人正常经营和工作。例如,无端要求公司提出财务资料,就可能干扰公司的正常经营。从《民诉法司法解释》的规定来看,书证提出义务的成立需要满足以下条件:

第一,由负有证明责任的一方当事人提出申请。需要由负有证明责任的一方当事人提出申请,意味着书证为证明案件所需要,如果没有该书证,申请的当事人将因此承担相应的不利后果,通常情形为败诉。在主张实体权利请求时意味着权利无法获得救济,实体义务人也因此逃避了义务的履行。

第二,有正当的理由。所谓正当理由就是指书证提出义务的原因。从限定义务或特殊义务的角度,则没有法律明确规定的原因,书证提出义务便不能成立。《民诉法司法解释》没有规定书证提出义务的具体原因。因此,书证强制提出的理由或原因是否成立,只能由法官根据案件具体情形加以判断。但在学理上,书证提出的正当的理由,应当解释为实体法上的理由和诉讼法上的理由两种。作为实体法上的理由,通常有:书证为申请一方当事人所有;根据实体法的规定,申请人对该文书有阅览权,例如,根据公司法的规定,可以阅览公司财务资料的权利等。诉讼法上的理由可以解释为:该书证曾经由持有人在诉讼中提出或引用过;由于持有该书证的当事人的妨碍行为无法获得该书证;除了该书证之外,负有证明责任的当事人无法通过其他证据证明案件的主要事实。就书证提出义务的客体而言,其书证范围还必须有所限制,并非所有的作为书证的文书都可以提出。《民诉法司法解释》对某些应当例外情形没有加以规定是一个缺失。正是基于此,《民事证据规定》明确规定了书证控制人应当提交书证的几种情形,包括:(1)控制书证的当事人在诉讼中曾经引用过的书证;(2)为对方当事人的利益制作的书证;(3)对方当事人依照法律规定有权查阅、获取的书证;(4)账簿、记账原始凭证;(5)人民法院认为应当提交书证的其他情形。从国外的制度及实践来看,下列文书应当排除在外:涉及公务员职务上秘密的文书;记载具有免证义务的其他人职务行为的文书;专为文书制作人自己的利益所制作的文书;不属于法律上应公开的,国家机关内部组织管理所制作的文书。

第三,书证为被请求当事人所持有。这里的持有只是指书证为当事人所实际控制,并不问是否为该当事人所有或占有。书证提出的义务也限于当事人。这一点与大陆法系国家的文书提出命令制度有所不同。大陆法系国家的文书提出义务主体还包括当事人以外的其他人。

第四,书证提交费用由申请人承担。

◆不履行义务的法律后果

其一,从理论上讲,如果义务人无正当理由不履行义务的,其行为构成妨碍民事诉讼的行为，可以适用有关强制措施，例如罚款。但这还需要法律或司法解释明确加以规定。《民诉法司法解释》仅规定，“持有书证的当事人以妨碍对方当事人使用为目的，毁灭有关书证或者实施其他致使书证不能使用行为的，人民法院可以依照民事诉讼法第一百一十一条规定，对其处以罚款、拘留”。但并没有直接规定不履行提出义务的处罚。

其二，按照《民诉法司法解释》的规定，对方当事人无正当理由拒不提交的，人民法院可以认定申请人所主张的书证内容为真实。由于在有的情形下，举证人对书证的具体内容并不清楚，仅仅知道该书证能够证明自己主张是事实。因此更为准确的表述应当是，持有书证的人不履行提出义务命令的，人民法院可以认定申请人（举证人）主张的事实为真实或成立。例如，举证人主张通过被告当事人医院的护理记录可以证明医院在护理方面有过错，因此申请法院作出要求医院提出护理记录，医院拒绝提出的，人民法院就可以认定举证人关于有过错的事实成立。《民事证据规定》为认定对方当事人主张的该书证证明的事实为真实设置了一个条件，即控制书证的当事人存在《民诉法司法解释》规定的情形。

8. 书证提交的原则与例外

当事人向法院提交的书证原则上应当提交书证原件。作为例外，提交原件确有困难的，可以提交书证复制品。对于例外情形，《民诉法司法解释》有明确的规定。其规定的情形有：(1)书证原件遗失、灭失或者毁损的；(2)原件在对方当事人控制之下，经合法通知提交而拒不提交的；(3)原件在他人控制之下，而其有权不提交的；(4)原件因篇幅或者体积过大而不便提交的；(5)承担举证证明责任的当事人通过申请人民法院调查收集或者其他方式无法获得书证原件的。

作为书证提出义务制度，还需要有相应的程序规定，否则无法顺畅运转。例如，关于审理程序、裁判方式、不服裁判的程序救济等。因此，我国的书证提出义务制度在这方面还需要予以补充和完善。

（三）视听资料

1. 视听资料的概念

视听资料，是指利用录音、录像等技术手段反映的声音、图像以及电子计算机储存的数据证明案件事实的证据。视听资料作为一种新的证据方法是现代科技发展的结果，随着电子产品日益普及化，在诉讼中人们也越来越多地使用视听资料。常见的视听资料如录像带，录音带，胶卷，储存于软盘、光盘、硬盘中的电脑数据等。

视听资料利用了现代科技手段储存音像和数据，因此具有易于保存的特点。一方面，视听资料中反映音像的资料还具有生动逼真的特点，比较直观地再现了案件当时发生的过程；但另一方面，视听资料也容易被人利用技术手段加以篡改。

2. 视听资料在诉讼中的运用

视听资料由于易于通过技术手段加以篡改，因此，法院审判中就不能将存有疑点的视听资料作为认定案件的依据。存有疑点的视听资料，如有经过伪造、剪辑、拼接的迹象，模糊难以辨认的音像资料等。经过技术处理能够消除疑点的视听资料仍然可以作为认定案件事实的证据。

视听资料必须是合法取得的，才具有证据效力。虽然证据都必须具有合法性，但由于视听资料的获得与其他形式的证据相比较，在其收集过程中常有侵害合法权利或违反法律的现象发生，因此更强调其合法性。《民事证据规定》也强调了视听资料的合法性。非法获得的视听资料，如使用法律、法规禁止的手段窃听、窃照所获得的视听资料，以侵害他人隐私权的方式取得的视听资料等。对于所谓“偷录、偷拍证据”的合法性问题要根据具体情况加以判断，不能简单地认为一概合法或一概非法。

(四)电子数据

在提交人大常委会的民事诉讼法修正案中明确规定了将电子数据作为新的证据。这类证据还有若干称谓——电子证据、电子信息、电子资料等。实践中使用比较多的是电子证据和电子数据，从规范性角度，笔者认为，“信息资料”或“电子资料”的说法也许更妥。这可以与“视听资料”对应起来，虽然，不能满足习惯性这一要求。“电子证据”虽然人们已经习惯，但规范性方面不够，其后缀“证据”也无法与其他证据种类对应。

所谓电子数据，有的称为电子证据，是指基于电子技术生成、以数字化形式存在于磁盘、磁带等载体，其内容可与载体分离，并可多次复制到其他载体的，能够证明案件事实的数据。我们常见的电子合同、电子提单、电子保险单、电子发票、电子文章、电子邮件、短信、光盘、网页、域名等都涉及电子数据，用这些电子数据可以在诉讼中证明某一事实。随着科技的发展，电子数据越来越多地存在于我们日常生活之中。实际上，电子数据也早已作为证明案件事实的证据大量地在诉讼中使用，只是民事诉讼法上没有明确作为一类，在学理上，有的人将这类证据归入视听资料。明确规定电子数据作为证据，将有利于人们更好地使用、审查和判断电子数据。

将电子数据作为新的证据后，视听资料与电子数据在理论上的区别将是一个问题。抽象地讲，电子数据是一种以数字化方式存在的证据信息载体，且难以划清与视听资料的界限，因为录音录像也都是以数字化方式生成的。以表现形成加以区别，在一般情况下是可以的。视听资料可以限制在可视可听动态化的形式上加以把握。例如，录音资料、录像资料等。

(五)证人证言

1. 证人证言的概念

证人，是指了解案件情况并向法院或当事人提供证词的人。证言，是指证人将其了解的案件事实向法院所作的陈述或证词。在我国，证人包括两类：一类是单位证人；另一类是作为自然人的证人。单位作为证人要出庭作证时，应当由单位的法定代表人、负责人或经其授权的人代表单位作证。

2. 证人证言的运用

其一，证言与其他证据相比，具有一定的主观因素，证言真实性的程度易受证人主观意识的干扰。因此，出庭作证的证人应当客观陈述其亲身感知的事实，尽量排除证人作证的主观臆断、猜测或推断，在作证时也不得使用猜测、推断或者评论性的语言。证人为聋哑人的，可以其他表达方式作证。

其二,以下几类人不能作为证人:(1)证人证言是证人对案件真实情况的陈述,因此不能正确表达意志的人,不能作为证人。待证事实与其年龄、智力状况或者精神健康状况相适应的无民事行为能力人和限制民事行为能力人,可以作为证人。(2)诉讼代理人与证人的地位是冲突的,因此诉讼代理人不能在一个案件中既做代理人又做证人。(3)审判员、陪审员、书记员、鉴定人、翻译人员和参与民事诉讼的检察人员如果在自己参与的案件中作为证人就可能影响审判的公正性,因此这些人不能在本案中作为证人。

其三,与当事人有亲属关系和其他密切关系的人虽然可以作为证人出庭作证,但由于上述关系的特殊性,一般而言,这些人作为证人所作的证言的证明力要小于其他的证人证言。

其四,证人有出庭作证的义务。因为如果证人不出庭作证,当事人就无法对其进行质询,不易判断证言的真实性。如果证人在人民法院组织双方当事人交换证据时出席陈述证言的,可视为出庭作证。根据《民事诉讼法》的规定,经人民法院通知,证人应当出庭作证。有下列情形之一的,经人民法院许可,可以通过书面证言、视听传输技术或者视听资料等方式作证:因健康原因不能出庭的;因路途遥远,交通不便不能出庭的;因自然灾害等不可抗力不能出庭的;其他有正当理由不能出庭的。如果应当出庭的证人没有出庭作证,则向法院提供的书面证词将不能被采信。

其五,证人证言一般是由一方当事人向法院提出。根据《民诉法司法解释》的规定,当事人申请证人出庭作证的,应当在举证期限届满前提出。符合本解释规定情形的,人民法院可以依职权通知证人出庭作证。未经人民法院通知,证人不得出庭作证,但双方当事人同意并经人民法院准许的除外。同时,根据《民诉法司法解释》的规定,人民法院在证人出庭作证前应当告知其如实作证的义务以及作伪证的法律后果,并责令其签署保证书,但无民事行为能力人和限制民事行为能力人除外。证人签署保证书适用本解释关于当事人签署保证书的规定。证人拒绝签署保证书的,不得作证,并自行承担相关费用。

其六,审判人员和当事人可以对证人进行询问。从合理性出发,应当由当事人先行对证人进行询问,然后,审判人员认为有必要的,再向证人询问。为了防止受法庭审理的干扰,证人不得旁听法庭审理。询问证人时,其他证人不得在场。人民法院认为有必要的,可以让证人进行对质。

其七,关于证人出庭作证的费用及负担过去一直是诉讼实践中的一个突出的问题。针对这一问题,《民事诉讼法》对此作了专门规定。规定证人出庭作证的费用包括交通、住宿、就餐等必要费用以及误工损失。其费用由败诉一方当事人负担。当事人申请证人作证的,由该当事人先行垫付;当事人没有申请,人民法院通知证人作证的,由人民法院先行垫付。

问题与思考

证人证言制度在实践中的主要问题是证人作伪证以及证人出庭率低下的问题。

1. 关于防止证人作伪证的对策

伪证行为严重地干扰了审判的公正性,妨碍了公正司法。防止证人作伪证,最好的方法不外乎对伪证行为予以制裁。但遗憾的是,民事诉讼法却没有这方面的规定。伪证行为的确定其实并不是难题,并非所有的伪证行为都是难以确定的。我们往往把有些情形下确定伪证行为的困难当成一般情形,导致我们难以对伪证行为采取必要的制裁措施。

2. 关于提高证人出庭率

证人出庭率低下,使证人证言这种证据没有在民事诉讼中受到足够的重视并加以运行,使许多案件的真相不能得以揭示,因此也影响了案件的公正裁判。强调证人出庭义务,强化出庭义务的法律后果是必要的。对应当出庭且可以出庭的证人,如无正当理由的,给以相应的处罚是提高出庭率的一种有效措施。在这方面,民事诉讼法依然存在不足。

3. 关于证人费用

如果从证人作证是一项向国家履行的义务的角度考虑,那么,证人的误工损失的说法就有商榷的余地。误工损失因每一个人的工作收入而有差异,这与证人义务的平等性相违背。因此,更为妥当的说法是证人补贴。证人补贴可以根据情况作出统一规定。

(六)鉴定意见

1. 鉴定意见的含义

鉴定意见是我国民事诉讼法规定的一种证据形式。2012 年《民事诉讼法》修改之前称为“鉴定结论”。涉及诉讼中专门问题的鉴定,通常称为“司法鉴定”。鉴定可分为诉讼内的鉴定和诉讼外的鉴定。依笔者的理解,按照我国民事诉讼法的有关规定,**诉讼内的鉴定是指在诉讼过程中,经当事人申请,由法院直接指定或委托专门的鉴定机构或具有专门知识的人对诉讼中争议的专门性问题所进行的鉴定;反之,诉讼外的鉴定,则是未经法院委托和指定所进行的鉴定**。诉讼外的鉴定,既可能是在诉讼发生前,也可能是在诉讼过程中,是由当事人自行委托有关机构所进行的鉴定,多数情况下是在诉讼发生前所获得的鉴定。例如,关于工伤事故的鉴定。诉讼外的鉴定是否可以作为证据使用,需要得到法院认可。在诉讼发生以后,当事人需要获得鉴定意见的,通常是向法院申请鉴定,由法院委托鉴定机构对专门事项进行鉴定。自行委托有关部门作出鉴定意见的,往往容易被对方当事人质疑,并根据诉讼内的鉴定意见予以否定。

鉴定意见可以分为两类:一类是经常使用,具有类型化特征的鉴定意见,例如,医疗鉴定、工程质量鉴定、文书鉴定、产品质量鉴定、会计鉴定等。类型化鉴定通常要求鉴定人具有鉴定资质。另一类是非类型化鉴定,它不像类型化鉴定那样在某一特定领域中经常发生,因此对鉴定人没有特定资质要求,只要具有相应的专门知识就可以进行鉴定。例如,对字画的鉴定、特定物品特征的鉴定等。这种没有法定资质要求,不是由专门机构所进行的鉴定,也称为“私鉴定”(通常发生在非类型化鉴定领域);反之,称为“公鉴定”。诉讼中更多的是类型化鉴定,如医疗事故的鉴定、产品质量的鉴定等。对于专门问题的鉴定,如果法律有规定,必须要由鉴定机构进行鉴定的,则须依照法律的规定,否则其鉴定意见不具有法律效力。

随着社会的发展,纠纷涉及面也越来越宽,也越来越复杂,需要借助专门知识的案件也越来越多,例如,医疗纠纷案件、交通事故纠纷案件、工伤纠纷案件、产品质量纠纷案件、环境污染纠纷案件、房地产纠纷等案件。在民事诉讼中，由于实行证明责任制度，负有证明责任的一方当事人如果没有证据对自己的主张加以证明时，就将承担相应的不利后果，因此，鉴定意见就成为证明事实主张的一种十分重要的证明方法和手段，鉴定意见也越来越受到人们的重视。

2. 鉴定申请与鉴定人的确定

按照《民事证据规定》的要求，当事人申请鉴定，应当在举证期限内提出。申请鉴定的人一般应当是对鉴定事项负有证明责任的当事人，如果该当事人对该事项不负有证明责任，也就不会申请鉴定。《民事证据规定》还指出：没有在法院指定的期限内无正当理由不提出鉴定申请或者不预交鉴定费用或者拒不提供相关材料，致使对案件争议的事实无法通过鉴定意见予以认定的，应当对该事实承担举证不能的法律后果。这意味着如果在指定的期限内没有进行鉴定的，以后将不可能再进行鉴定。

根据《民事诉讼法》的规定，当事人可以就查明事实的专门性问题向人民法院申请鉴定。当事人申请鉴定的，由双方当事人协商确定具备资格的鉴定人；协商不成的，由人民法院指定。当事人未申请鉴定，人民法院对专门性问题认为需要鉴定的，应当委托具备资格的鉴定人进行鉴定。法院主动依职权启动的鉴定，称为“职权鉴定”。实践中，法院依职权启动鉴定的情形较少。根据《民诉法司法解释》的规定，符合依职权调查收集证据条件的，人民法院应当依职权委托鉴定，在询问当事人的意见后，指定具备相应资格的鉴定人。

应当注意的是，在诉讼进程中如果出现了需要鉴定的事项时，就不应受举证期限的限制。例如，在诉讼中，需要通过鉴定证明其反驳主张成立或将鉴定意见作为反证时，因为这时的鉴定往往是根据诉讼进程而适时提出的。

在我国，一般认为鉴定人是指作出鉴定意见的机构或自然人。鉴定人员在理解上有两种含义：一种是指鉴定机构中具体进行鉴定的工作人员；另一种是作为自然人的鉴定人。笔者认为，鉴定人只能是自然人，因为知识的运用只能是作为个体的人的运用，当然，作为自然人的鉴定人可以属于一定的鉴定机构。从实践来看，相较而言，以鉴定机构作为鉴定人弊端较多。我国目前的体制是鉴定机构可以作为鉴定人。按照《民事证据规定》，鉴定机构和鉴定人员，可以由当事人双方协商确定，协商不成的，由法院指定。双方协商的鉴定机构、鉴定人员也必须具有鉴定资格。这里的鉴定资格是指法律、法规规定具有鉴定资质的机构和人员。

3. 重新鉴定的法定情形

诉讼实践中，一直存在重复鉴定导致多个相互矛盾的鉴定并存的问题。为了解决这一问题，《民事证据规定》指出，只有在以下情形之一，并经法院准许才能够申请重新鉴定。这些情形是：(1)鉴定机构或者鉴定人员不具备相关的鉴定资格；(2)鉴定程序严重违法；(3)鉴定意见明显依据不足；(4)经过质证认定不能作为证据使用的其他情形。对于有缺陷的鉴定意见，可以通过补充鉴定、重新质证或者补充质证等方法解决的，不予重新鉴定。

该规定还特别指出，重新鉴定的，原鉴定意见不得作为认定案件事实的根据。

4. 对鉴定意见的质证

鉴定意见是证据的一种，因此，鉴定意见要作为法院判案的根据，同样需要在开庭中予以质证。《民事证据规定》规定，鉴定人应当出庭接受当事人质询。鉴定人确因特殊原因无法出庭的，经人民法院准许，可以书面答复当事人的质询。实际中经常遇到的问题是，鉴定机构作出了鉴定意见，但却没有鉴定人员出庭接受质询。原因主要有两个：一是鉴定人员怕卷入冲突之中；二是鉴定意见本身有问题，而不敢出庭接受质询。应当明确，鉴定人员出庭接受质询是鉴定人员的义务。目前，我国还没有相应的措施，确保鉴定人员出庭，所以这一问题尚不能克服。今后立法中将明确鉴定机构的鉴定，实行负责人制度，该鉴定机构的负责人必须对鉴定意见的公正性和科学性负责，质证时该负责人或具体的鉴定人员也应当出庭接受质询。

《民事诉讼法》规定，当事人对鉴定意见有异议或者人民法院认为鉴定人有必要出庭的，鉴定人应当出庭作证。委托机构鉴定的，应当由从事鉴定的人员代表机构出庭。依照《民事证据规定》的规定，人民法院应当在开庭审理3日前将出庭的时间、地点及要求通知鉴定人。经人民法院通知，鉴定人拒不出庭作证的，鉴定意见不得作为认定事实的根据。虽然人民法院对鉴定人无正当理由不出庭的行为没有处罚权，但人民法院可以建议有关主管部门或者组织对拒不出庭作证的鉴定人予以处罚。在鉴定人不出庭的情形中，支付鉴定费用的当事人可以要求返还鉴定费用，还可以申请重新鉴定。该条明确规定了鉴定人的出庭义务。这里的所谓出庭作证，实际上是鉴定人出庭对鉴定有关事项予以说明，以回应对鉴定有关事项的质疑。关于鉴定费用的返还，当鉴定人拒绝返还时，理论上当事人可以通过司法程序行使其返还请求权。

因为鉴定意见涉及专门知识的运用，因此，为了有效地对鉴定意见进行质证，《民事证据规定》认可当事人可以申请具有专门知识的人员对鉴定人进行询问，所谓“内行对内行”。这种当事人申请的专家，其地位相当于“辅助人”，他的有关费用不属于诉讼费用，是由申请人承担，而不是由败诉人负担。

鉴定意见作为证据关键在于鉴定意见的公正性、科学性。而要保障这一点，还需要进一步完善鉴定制度，尤其是鉴定管理体制的完善，主要是要加强对鉴定机构和鉴定人员的管理和监督，强化鉴定资质的要求。日后，立法机关将出台有关司法鉴定管理问题的规范，进一步完善鉴定管理体制。

5. 专家辅助人

所谓专家辅助人，是指当事人聘请的，具有相应专门知识，就案件专门问题的结论提出质询意见的人。

《民事证据规定》通过司法解释的形式在证据的运用方面确立了不少具体的制度，专家辅助人就是其中一种。《民事证据规定》共规定了四款：(1)当事人可以向人民法院申请由一至二名具有专门知识的人员出庭就案件的专门性问题进行说明。人民法院准许其申请的，有关费用由提出申请的当事人负担。(2)审判人员和当事人可以对出庭的具有专门知识的人员进行询问。(3)经人民法院准许，可以由当事人各自申请的具有专门知识的人员就案件中的问题进行对质。(4)具有专门知识的人员可以对鉴定人进行询问。其规定的对专门性问题进行说明的具有专业知识的人就是所谓的“专家辅助人”,属于诉讼辅佐人的范畴,有的也称为“诉讼辅助人”。2012 年《民事诉讼法》修改中吸收了最高人民法院对此的相关规定。《民事诉讼法》明确规定,当事人可以申请人民法院通知有专门知识的人出庭,就鉴定人作出的鉴定意见或者专业问题提出意见。2019 年的《民事证据规定》基本承继了 2001 年的《民事证据规定》的相关内容,但没有对专家辅助人的人数作出规定。它进一步明确,有专门知识的人不得参与对鉴定意见质证或者就专业问题发表意见之外的法庭审理活动。

由于上述规定明确具有专门知识的人既可以对鉴定意见提出意见,也可以对专门问题提出意见,因此也就引发了争议,即上述规定明确地对专门问题提出意见,是指当事人就法院对专门问题的结论提出意见,还是当事人直接对案件所涉及的专门问题提出结论性的看法。显然,前者是一种对已有结论的质询意见,后者就是一种原初性结论,两者是不同的。如果仅仅是前者,那么就专门问题提出意见的人还是专家辅助人;如果是后者,就不再是专家辅助人,而是专家证人。

如果是后者,或者两者皆是,那么也就意味着承认对案件专门问题的认定有两种不同的方法,一种是鉴定意见,另一种是专家意见。由于该规定可以理解为,双方当事人都可以聘请具有专业知识的专家就专门问题发表意见。因此,也就形成了英美诉讼法上的专家证人制度——通过专家对专门问题认识的对抗,竞争产生最终认定事实的依据。如果是这样,则专家辅助人就仅限于质疑鉴定意见的人。当然,在广义上,我们也可以将专家证人作为辅助人,但毕竟专家证人在性质上是证人。而按照《民诉法司法解释》的规定,具有专门知识的人在法庭上就专业问题提出的意见,视为当事人的陈述。

进一步的质疑是,由于鉴定意见本身就是一种专家结论,所以才需要当事人聘请专家就鉴定意见提出质询。与此不同,对“专门问题”提出意见,当然是对案件中涉及的专门问题发表看法,也包括结论性或定论性看法。这种看法如果被法院接纳也就是法院对专门问题予以认定的依据,与鉴定意见的作用相同。但这是两个不同的问题和不同的认定方法。一个是质询,另一个是结论。而后者是一种与鉴定完全不同的解决专业问题的认定方法。大陆法系国家认定专门问题的方法就是鉴定。英美法系国家的方法则是专家证人。两种方法的思维方式、诉讼理念和哲学基础都有所不同。

之所以出现这样的问题,原因可能在于对鉴定的不同理解。在大陆法系,诉讼中所有的专门问题都是通过专家鉴定予以解决的。只不过,鉴定存在类型化鉴定与非类型化鉴定或法定化鉴定(公鉴定)和非法定化鉴定(私鉴定)的区别。《民事诉讼法》规定的鉴定实际上是指类型化鉴定或法定化鉴定,即对鉴定事项、鉴定资质有法定要求的鉴定。这样一来也就存在这之外的专门问题如何处理的问题了。在理论上,这些问题的争议同样应该通过鉴定方法解决,只不过是非法定化的鉴定而已。例如,对于古董、字画等的鉴定。当然,在对待专门问题的认定方面,我们也可以想象采用鉴定制度与专家证人制度并行的做法。但这样的做法在理论上的问题是,为什么有些专门问题要采用鉴定制度,而另一些专门问题则采用专家证人制度？如果采用专家证人制度就需要建立一整套相应的交叉询问制度，完善相应的司法制度，确立法官的权威。显然，在现行司法制度下，将专门问题的认定交给法官，必将给法官造成极大的压力。实际上，鉴定制度完全可以解决诉讼中的专门问题的认定。因此，《民事诉讼法》规定的对专门问题提出意见是没有必要的。专家辅助人与鉴定人最容易混淆。原因在于，两者都是利用其专门知识对诉讼中专门性问题的陈述，但两者依然有明显的区别：(1)鉴定人是作出鉴定意见的人，他关于诉讼中专门性的陈述是一种对问题的结论性陈述，并且有法定的结论表达方式。专家辅助人虽然也是利用专门知识对专门性问题的陈述，但这种陈述仅仅是一种说明，不是一种对专门问题的结论，通常是口头的。(2)鉴定人所作的鉴定意见是一种证据，而专家辅助人就专门性问题的说明不是一种证据。既然不是证据就不能作为法院定案的根据。说明的作用主要在于便于理解和反驳对方的事实主张和证明。(3)鉴定的费用作为诉讼费用应当由败诉一方当事人承担，而专家辅助人的费用由提出该诉讼辅助人的当事人承担。之所以这样规定，正是由专家辅助人在诉讼中的辅助性所决定的。

有的人认为，鉴定人在对鉴定意见的质证中也要对鉴定意见的鉴定依据、鉴定过程、鉴定方法等进行说明，因此鉴定人也是专家辅助人。这种观点是不正确的。因为鉴定意见作为证据具有价值中立性，鉴定人是基于中立立场所进行的鉴定，鉴定人不应当受雇于任何一方当事人，而专家辅助人与此不同，他总是辅助其中一方，根据一方当事人的要求进行说明，虽然其说明有可能在客观上反而不利于申请人，但主观上一定是为一方申请人的，否则申请人不会申请其作为辅助的说明人，实质上，专家辅助人与申请人之间的关系就是一种聘用合同关系。可以设想，当事人为了能使有利于自己的鉴定意见更容易为法院所接受，也可以请专家辅助人对鉴定意见中所涉及的专门知识进行说明。不过，实践中更多的是请专家辅助人对不利于自己的鉴定意见的鉴定人提出质询，因为只有具有专业知识的人才能发现鉴定意见的问题所在。

应当注意，在诉讼中不可以专家辅助人的陈述替代鉴定意见，对于案件中的专门问题有争议时，应当争取鉴定意见，因为鉴定意见具有相应的法定要求，具有很高的证据价值和证明力。只有对鉴定意见表示异议时才会动用相应的诉讼辅助人以便质疑鉴定意见的可信性。

（七）物证

所谓物证，是指以物的外形、性状、质地、规格等证明案件争议事实的证据。例如，产品质量纠纷中的产品、建筑物质量纠纷中的建筑物等。在民事诉讼中，物证也是一种十分常见的证据形式或证据方法。不过，相比刑事诉讼，民事诉讼中物证的作用没有刑事诉讼物证那么突出。可以说，在刑事诉讼中，物证是证据之王。而在民事诉讼中，一般而言，书证是证据之王。由于书证尤其是文书是民事法律关系成立、有效的法定形式，所以，这些文书也就成为最具有证明力的证据。在刑事诉讼中，书证虽然也是重要的证据，但由于犯罪分子会尽量掩盖自己的罪行，会销毁对己不利的书证，尤其是文书，所以书证的作用就不如民事诉讼那么突出。

（八）勘验笔录

1. 勘验笔录的含义

所谓勘验笔录，是指勘验人员对案件有关的现场进行调查、勘验所作的记录。勘验笔录可以分为诉讼外勘验笔录和诉讼内勘验笔录两类。诉讼内勘验笔录是法院指派的有关人员对现场的调查、勘验所做的笔录。诉讼外勘验笔录通常是在诉讼前实施的。例如，交通事故发生之后，交警部门对事故现场进行调查、勘验所做的笔录。勘验笔录诉讼实践中经常采用。尤其是在涉及交通事故侵权、建筑施工合同纠纷中。

勘验笔录可以用文字记载，也可以拍照、录像、绘图或制作模型等。笔录内容必须保持客观真实，对勘验当时的情况如实记载。笔录用语必须准确、明确，不能模棱两可。笔录必须是在勘验过程中当场制作，完整反映勘验的经过和结果，不能根据人们的记忆制作。

2. 勘验与勘验笔录的法定程序

我国《民事诉讼法》规定，勘验物证或者现场，勘验人必须出示人民法院的证件，并邀请当地基层组织或者当事人所在单位派人参加。当事人或者当事人的成年家属应当到场，拒不到场的，不影响勘验的进行。有关单位和个人根据人民法院的通知，有义务保护现场，协助勘验工作。

勘验人应当将勘验情况和结果制作笔录，由勘验人、当事人和被邀参加人签名或者盖章。否则，勘验笔录没有证据能力。

3. 勘验笔录的质证

《民事诉讼法》规定，开庭审理案件时，应当宣读勘验笔录。经法庭许可，当事人可以向勘验人发问。当事人可以要求重新进行勘验。

知识扩展

专家证人制度

与大陆法国家不同，英美法国家处理诉讼中专门问题的制度是专家证人制度，而非鉴定制度。由于英美法系民事诉讼更为突出当事人之间的对抗、竞争理念，英美法系民事诉讼中遇有专门问题（不仅是事实问题，也包括各种知识问题）时，当事人可以请专家证人就专门问题作证。专家证人在法庭中同样必须接受交叉询问。其地位与一般证人相同。对同一专门问题，双方当事人往往有各自的专家证人。

在我国是否应当设立专家证人或专家意见制度一直存有争议。按照《民诉法司法解释》，当事人可以委托具有专门知识的人就专业问题提出意见，但该专业问题是否包括法律上的专门问题并没有明确，也没有明确具有专门知识的专家对专业问题提出的意见是否就是专家证言或专家意见。司法实践中，当事人常常委托具有法律专业知识的人就法律问题提出专家意见，并提供给法院，有些情形下法院也采纳该专家意见。不过，这些专家意见不会在法庭上进行质辩，在裁判理由中也不会引用。通常的理由是，法律问题属于法律适用的问题，作为法官应当知晓法律问题，专家意见只是一种参考意见，而非一种证据。但在实践中，关于法律问题的专家意见往往能够左右裁判，因此，将专家意见纳入程序，以何种形式予以公开成为辩论的内容的确是值得探讨的问题。笔者认为，可以将法律专家就法律问题的意见作为一种特殊的证据。这样就有利于裁判依据的公开化。对法律专门知识的专家意见与鉴定意见本质上没有区别。

(九)当事人陈述

1. 当事人陈述的概念与特征

当事人陈述,是指当事人在诉讼中就本案的事实向法院所作的陈述。当事人在诉讼中向法院所作的陈述中涉及多方面的内容,如关于诉讼请求的陈述、关于诉讼请求根据的陈述、反驳诉讼请求的陈述、反驳对方证据的陈述、关于其他程序事项的陈述等。而作为证据的当事人陈述是指那些能够证明案件事实的陈述,例如,关于争议法律关系形成事实的陈述。基于趋利避害的特性,当事人的陈述与其他证据比较,易夹带虚假的成分,为了追求胜诉,当事人可能向法院作一些不真实的陈述,这是当事人陈述的特点。

因为当事人陈述是在诉讼中的陈述,故在证据交换中,不存在当事人陈述这类证据,而且也无法就此种证据进行交换。在法院的判决书中也很少直接将当事人陈述作为证据的,仅仅是作为当事人对案件事实的描述。

2. 当事人陈述的证明力

鉴于当事人陈述不同于其他证据的特点,一方面,法院在认定当事人陈述的证明力时往往还需要借助其他证据来证明当事人陈述本身的真实性;另一方面,只有提出主张的一方当事人的陈述时,不能证明其主张。《民事证据规定》规定,当事人对自己的主张,只有本人陈述而不能提出其他相关证据的,主张便不能成立。但对方当事人认可的除外。由于当事人陈述的证明作用需要借助其他证据,因此当事人陈述的证明力就要弱得多。

3. 当事人询问陈述保证书

《民诉法司法解释》规定,人民法院认为有必要的,可以要求当事人本人到庭,就案件有关事实接受询问。在询问当事人之前,可以要求其签署保证书。保证书应当载明据实陈述、如有虚假陈述愿意接受处罚等内容。当事人应当在保证书上签名或者捺印。

《民诉法司法解释》规定的当事人询问陈述保证书实质上仅仅适用于法院证据调查。目的是保证调查结果的真实性。保证书并不适用于当事人的一般陈述,要求对当事人的一般陈述给予真实性保证是不现实的,尽管可以在法律中规定当事人应当真实陈述。保证书制度的作用还在于可以通过保证书赋予当事人真实回答询问的义务,并且在没有履行义务时给予相应的惩罚。以此弥补法律规定的缺失。

当事人询问陈述保证书制度实施的难点在于,当事人虚假陈述时如何予以惩罚。如果将不履行保证义务视为妨害民事诉讼的行为,则可以适用民事诉讼法关于强制措施的有关规定。不过该规定的惩罚(如罚款)的幅度也相当大,具体适用依然存在困难。解决办法还是通过司法解释明确规定为好。

问题与思考

关于证据种类的法定化

关于是否应当在民事诉讼法中规定证据种类，在学界一直存有争议。笔者认为没有多大的必要，证据的种类划分是一种学理研究和证据实际应用的问题。在实际应用中人们可以从证据种类的归纳中更好地把握此类证据的特征以便更好地收集、运用证据。但证据划分在一定程度上是一种观念建构。证据种类划分的高度抽象概括与证据表现形式的无限多样性之间往往存在冲突。因此，硬性地在民事诉讼法文本中规定证据种类是一种画地为牢的做法，似乎没有必要。我们可以通过学理研究归纳指导人们的证据实践。

四、本证与反证

本证与反证的分类根据是证据与证明责任承担者的关系。**所谓本证，是指在民事诉讼中负有证明责任的一方当事人提出的用于证明自己所主张事实的证据。所谓反证，是指没有证明责任的一方当事人提出的为证明对方主张事实不真实的证据。**本证和反证与当事人在诉讼中是原告还是被告没有关系，而与证据是否由承担证明责任的人提出有直接关系。我们可以通过一个具体的诉讼来加以说明。在原告诉被告要求返还借款的诉讼中，原告应当对存在借款关系负证明责任，因此，如果原告提出能够证明该借款关系成立的证据如借据，则该证据就是本证。而如果被告提出试图证明该借款关系不能成立的证据，则该证据是反证。如果被告主张已经还款，对方的权利已经消灭，则被告对这一事实主张应当负有证明责任，而被告为证明这一主张所提出的证据依然属于本证，原告提出的否认该事实主张的证据又是反证。

本证的作用在于使法院对待证事实的存在与否予以确信，并加以认定，而反证的作用则是使法院对本证证明的事实的确信发生动摇，以致不能加以认定。基于本证和反证的称谓也表明了两者之间的冲突关系和作用。区别本证与反证的实际效果主要在于两者的证明标准有所不同，以便明确证明责任的归属。比如，本证与反证均没有能够达到证明的效果时，即待证事实处于真伪不明的场合，仍然由提出本证的当事人承担不能证明的相应后果，并不要求反证一定要达到能够使法院确信的程度，只要能够动摇法官对待证事实的确信即可。

反证不是对对方证据的反驳性证据，人们有时容易将反证误认为是反驳性证据。反驳性证据是一方当事人提出的针对对方所提证据，以证明该证据不具有合法性、真实性和关联性的证据，是对证据反驳的依据。反证的目的是证明对方当事人主张的事实不真实。

五、证据保全

(一)证据保全的概念和意义

1. 证据保全的概念

证据保全,是指在证据可能灭失或以后难以取得的情况下,法院根据申请人的申请或依职权,对证据加以固定和保护的制度。

2. 证据保全的意义

民事诉讼是以证据为基础展开的。依据有关证据,当事人和法院才能够了解或查明案件真相,明确争议的原因,正确、合理解决纠纷。然而,从纠纷的发生到开庭审理必然有一段时间间隔,在这段时间内,某些证据由于自然原因或人为原因,可能会灭失或者到开庭时难以取得。为了防止出现这类情况,给当事人的举证和法院的审理带来困难,保障当事人的合法权益,民事诉讼法规定了证据保全制度。在出现证据可能灭失或以后难以取得的情况下,法院通过对证据的固定和保护,可以避免在开庭审理时,由于证据的灭失或难以取得给案件的审理带来困难,维护当事人的合法权益。

(二)证据保全的条件

由于证据保全的目的在于防止因证据灭失或难以取得给当事人举证、质证和法庭调查带来困难,因此,证据保全应符合以下条件:

第一,证据可能灭失或以后难以取得。这是法院决定采取证据保全措施的原因。"证据可能灭失",是指证人可能因病死亡,物证和书证可能会腐烂、销毁。所谓证据"以后难以取得",是指虽然证据没有灭失,但如果不采取保全措施,以后取得该证据可能会成本过高或者难度很大,如证人出国定居或留学。造成证据可能灭失或以后难以取得,既有自然原因,也有人为原因。前者如物证的腐烂,后者如书证被销毁。

第二,证据保全应在开庭审理前提出。这是对证据保全在时间上的要求。在开庭后,由于已经进入证据调查阶段,就没有实施证据保全的必要。

(三)证据保全的程序

证据保全措施,一般是法院根据申请人申请采取的。但在法院认为必要时,也可以由法院依职权主动采取证据保全措施。申请采取证据保全措施的人,一般是当事人,但在某些情况下,也可以是利害关系人。例如,根据最高人民法院颁布的《关于诉前停止侵犯注册商标专用权行为和保全证据适用法律问题的解释》的规定,商标注册人或者利害关系人可以向人民法院提出保全证据的申请。

证据保全措施,不仅可以在起诉时或法院受理诉讼后、开庭审理前采取,而且也可以在起诉前采取。在前一种情况下,法院既可以根据申请人的申请采取,也可以在认为必要时,依职权主动采取。在后一种情况下,申请人既可以向有管辖权的法院提出,也可以向被保全证据所在地的公证机关提出。但此时,无论是法院,还是公证机关,都只能根据申请人申请采取证据保全措施,不能依职权主动采取证据保全措施。

证据保全申请,如果是向法院提出的,应当提交书面申请状,该申请状应当载明:(1)当事人及其基本情况;(2)申请保全证据的具体内容、范围、所在地点;(3)请求保全的证据能够证明的对象;(4)申请的理由,包括证据可能灭失或者以后难以取得,且当事人及其诉讼代理人因客观原因不能自行收集的具体说明。如果是向公证机关提出,应当提交公证申请表。该公证申请表应当包括以下内容:(1)申请证据保全的目的和理由;(2)申请证据保全的种类、名称、地点和现存状况;(3)证据保全的方式;(4)其他应当说明的内容。

保全证据的范围,应当限于申请人申请的范围。申请人申请诉前保全证据可能涉及被申请人财产损失的,人民法院可以责令申请人提供相应的担保。

法院收到申请后,如果认为符合采取证据保全措施条件的,应裁定采取证据保全措施;如果认为不符合条件的,应裁定驳回。申请人在人民法院采取保全证据的措施后15日内不起诉的,人民法院应当解除裁定采取的措施。

(四)证据保全的方法

法院采取证据保全措施时,应当根据不同证据的特点,采取不同的方法。对证人证言,应当采取作笔录或录音的方法;对书证的保全,应当采取拍照、复制的方法;对物证的保全,可以采取通过现场勘验,制作笔录、绘图、拍照、录像、保存原物的方法等,客观真实地反映证据。

六、法院调查收集证据

人民法院调查收集证据包括两种情形:一种是根据自己的需要依职权主动调查收集证据;另一种是根据当事人的申请调查收集证据。

(一)法院根据需要依职权主动调查收集证据

《民事诉讼法》规定,人民法院认为审理案件需要的证据,人民法院应当调查收集。由于民事诉讼贯彻处分原则和辩论原则,故作为裁判依据的证据应当由当事人提出,当事人收集有困难的可向法院申请提出,所以一般情况下,法院不宜依职权主动收集。法院主动收集证据将违背当事人平等原则、处分原则和辩论原则。因此,应当对《民事诉讼法》所规定的“审理需要”加以限制。正是基于这样的认识,《民事证据规定》规定,“人民法院认为审理案件需要的证据”,是指以下情形:(1)涉及可能有损国家利益、社会公共利益或者他人合法权益的事实;(2)涉及依职权追加当事人、中止诉讼、终结诉讼、回避等与实体争议无关的程序事项。后一类证据所涉及事项是与实体争议无关且关系诉讼的进行,因此属于法院职权调查事项。但《民诉法司法解释》对上述范围作了一定的修改,人民法院认为审理案件需要的证据包括:(1)涉及可能损害国家利益、社会公共利益的;(2)涉及身份关系的;(3)涉及《民事诉讼法》特别规定诉讼的;(4)当事人有恶意串通损害他人合法权益可能的;(5)涉及依职权追加当事人、中止诉讼、终结诉讼、回避等程序性事项的。除前述规定外,人民法院调查收集证据,应当依照当事人的申请进行。

(二)根据当事人申请调查收集证据

《民事诉讼法》规定,当事人及其诉讼代理人因客观原因不能自行收集的证据,人民法院应当调查收集。《民事证据规定》进一步明确此种情况虽然人民法院应当收集,但必须有当事人的申请,并满足一定条件。这样的规定符合处分原则和辩论原则。

申请法院调查收集证据的条件是:

1. 实质要件方面

必须属于以下几种情形之一:(1)申请调查收集的证据属于国家有关部门保存并须人民法院依职权调取的档案材料;(2)涉及国家秘密、商业秘密、个人隐私的材料;(3)当事人及其诉讼代理人确因客观原因不能自行收集的其他材料。《民诉法司法解释》增加了规定,即当事人申请调查收集的证据,与待证事实无关联、对证明待证事实无意义或者其他无调查收集必要的,人民法院不予准许。

2. 形式要件方面

条件如下:(1)提出申请的人必须是当事人本人或其代理人。(2)须提交申请书。当事人申请法院调查收集证据的,在程序上还须向法院提出书面申请。申请书应当载明被调查人的姓名或者单位名称、住所地等基本情况、所要调查收集的证据的内容、需要由人民法院调查收集证据的原因及其要证明的事实。(3)符合申请提交的期限。当事人及其诉讼代理人申请人民法院调查收集证据,不得迟于举证期限届满前 7 日。

法院对当事人及其诉讼代理人的申请不予准许的,应当向当事人或其诉讼代理人送达通知书。通知书中应当告知不予准许的决定以及理由。当事人及其诉讼代理人可以在收到通知书的次日起 3 日内向受理申请的法院书面申请复议一次。法院应当在收到复议申请之日起 5 日内作出答复。

当事人的申请被准许的,法院即按照有关调查的规定对有关证据进行调查和收集。

第十五章 民事诉讼中的证明

本章目次

一、举证时限与证据交换

(一)举证时限

1. 举证时限的含义与后果

所谓举证时限,是指在诉讼中,法律规定或法院指定的当事人能够有效举证的期限。这里所谓的“举证”,就是指向法院提出证据,而不是提出证据加以证明的含义。

举证时限是一种限制当事人诉讼行为的制度。举证时限对当事人举证的有效性和法院的裁判有一定的影响。具体影响或后果视法律的具体规定而定。《民事证据规定》强调通过失权效果促使当事人积极举证,如果当事人没有在法律规定或法院指定的期限内向法院提交证据的,视为当事人放弃举证权利。对于当事人逾期提交的证据材料,人民法院在审理时将不组织质证(对方同意的除外)。由于《民事证据规定》规定了作为裁判依据的证据必须质证,因此不予质证也就间接地否定了逾期证据作为裁判依据的可能性。只有当事人所提交的证据属于新证据时,人民法院才予采纳。过去,在没有举证时限制度时,虽然法院也可以指定当事人提交证据的期限,但没有法律效力,即使超过指定期限,当事人提出的证据仍然具有证据效力,法院不能拒绝采纳。规定了举证时限制度后就不同了,如果在规定和指定的期限内不提出证据,又无正当理由时,该证据便不能作为裁判的依据。

举证时限的法律后果是使当事人在举证期间逾期后所提出的证据失去证据效力,体现在法院在裁判时不能以该证据作为依据。但应当注意,逾期提出的证据没有证据效力这一点并不是绝对的,按照《民事证据规定》和《民事诉讼法》的规定,对于诉讼中出现的新证据,当事人在辩论终结前都可以提出。并非只要超过举证期限,所有证据都一概不能提出,那是一种错误的理解。

2. 举证时限的制度根据与目的

举证时限制度建立的主要根据是民事诉讼诚实信用原则。根据诚实信用原则,当事人应当诚实信用地实施诉讼行为,不能以不正当的目的实施影响诉讼公正或效率的诉讼行为。当事人没有正当理由,以诉讼上的"突然袭击"为目的,故意迟延提出证据,就是违反诚实信用原则的行为。

举证时限制度设立的目的在于以下几点:(1)促使当事人积极举证,提高诉讼效率,更准确地讲,应当是提高庭审效率。通过提高庭审效率,实现诉讼效率。在诉讼实践中,影响庭审效率的一个重要原因是没有在庭审前限制当事人举证的期间,在诉讼中,当事人可以随时提出证据,导致反复开庭进行事实调查,无法提高庭审效率。举证时限制度有助于促使当事人在开庭前完成举证事项,提高庭审效率。(2)有利于防止证据上的"突然袭击"。(3)有利于法院对诉讼争点问题和证据进行整理。允许当事人随时提出证据,就必然造成证据上的"突然袭击",从而迟延诉讼,也影响法院尽早对诉讼争点和证据进行整理。从以上三点看,有利于法院对诉讼争点和证据进行整理应当是其最主要的目的。因为举证时限仅仅在于促使当事人在开庭审理前提出证据,部分证据实际上是无法在开庭审理前提出的,例如,在开庭审理中发现需要提出的证据。(4)举证时限制度是与证据交换制度紧密联系在一起的,是证据交换制度的配套制度。证据交换的目的也是有利于焦点问题和证据的整理,当然,焦点问题的整理和证据整理也是为了提高庭审的效率。没有举证时限制度,证据交换也难以达成。

应当注意的是,我们不能期望通过举证时限制度使当事人把所有裁判需要的证据全部提出来,也不可能全部提出,因为诉讼是一个典型的博弈过程,双方之间的某些证据的提出需要根据对方的行为才能决定,在诉讼开始阶段是不可能全部提出的。

3.《民事证据规定》中的举证时限制度

作为民事审判的一项改革措施,《民事证据规定》创设了举证时限制度。该制度主要包含以下几项内容:(1)关于提出证据的期间规制。在诉讼开始后,由法院指定或当事人协商确定当事人提出证据的期限。当事人逾期没有提出证据的,视为放弃举证权利。当事人在确定的期限内提出证据有困难的,可以向法院申请延长期限。(2)关于提出证据的例外情形:一是属于"新证据"的,其证据的提出不受举证时限的限制。二是对于当事人逾期提交的证据材料,法院审理时不组织质证。但对方当事人同意质证的除外。(3)重新确定举证期间的情形。应当承认,《民事证据规定》的这些规定实际上都有很大的解释空间,有的也还不够严谨,存在缺陷。

举证时限制度有两个基本特点：

其一，以举证失权为举证时限的法律效果。即一旦当事人逾期没有提出证据的，又不符合规定的例外情形的，将发生失权效果。虽然《民事证据规定》规定，当事人应当在举证期限内向人民法院提交证据材料，当事人在举证期限内不提交的，视为放弃举证权利。但这里的"视为"只是一种失权的委婉表达，其法律效果按照《民事证据规定》的规定，当事人举证期限届满后提供的证据不是新的证据的，人民法院不予采纳。所谓"举证失权"也就是指当事人丧失了有效地提出该证据的权利，即使提出，法院也不会纳入质证、认证程序，也就不可能作为定案的事实依据。作为一种缓冲装置，《民事证据规定》设置了两种程序来缓解由于举证时限的刚性化所带来的紧张关系。一是举证期限的延长。当事人在举证期限内提交证据材料确有困难的，应当在举证期限内向人民法院申请延期举证，经人民法院准许，可以适当延长举证期限。当事人在延长的举证期限内提交证据材料仍有困难的，可以再次提出延期申请，是否准许由人民法院决定。二是通过"新证据"的认定，使某些证据免受举证时限的束缚。

其二，现行举证时限制度将举证迟延的规制范围主要限制在一审庭审前的审理准备阶段，而非为任何阶段的举证设定举证时限。也只有在这一阶段，举证时限才有意义。在这一阶段，举证期限自当事人收到案件受理通知书和应诉通知书的次日起计算至证据交换之日止。举证时限制度如此设计主要是为了达成提高庭审效率、实现集中审理、防止诉讼突袭、有利于调解的目的。

自《民事证据规定》实施后不久，关于举证时限制度及其实施即引来社会的热评。最初主要是以积极评价为主，随着时间的推移，消极评价逐渐淹没了积极评价。

在积极评价方面，学者们对举证时限制度的评价是，该制度的设置在我国民事诉讼法史上具有重要意义，相对于过去的证据随时提出主义是一大进步，顺应了证据适时提出主义的世界潮流；承认了证据失权存在的价值，通过失权促进了当事人行使诉讼权利；更新了人们原有的诉讼观念、司法观念和举证理念；强化了人们对程序正义观念的认识；为发展和完善民事诉讼制度、推进审判方式改革深入发展所需要；举证时限制度也反映了司法改革的成果，在制度上有所创新。这些评价有些是基于制度规定和理论上的应然性加以评价，从实证角度予以积极评价的不多。实务界的积极评价主要是配合制度的实施，更多的是一种预测性、宣传性评价。

在消极方面，主要涉及两个大的方面。一是认为制度过于超前，不适合中国国情。这方面的批评主要集中在以下几点：与人们普遍的诉讼观念不合；制度理念有误，有的学者指出，举证时限制度以证据失权理念作为其基础是错误的；缺乏相应的理论准备和知识储备；缺乏相应的制度支持；没有相应的司法环境。二是制度结构本身的问题。认为制度规定存在缺陷，正是由于制度结构的缺陷，导致制度设置目的与实际效果相悖。举证时限制度在设计构造上也不够精细，存在不合理之处。例如，在受理案件后确定举证时限上，主要依据原告提供的材料来判断，不够周全；法院指定的举证期限不少于 30 日，不够灵活；指定的举证期限与证据交换的关系规定得不够清楚；当事人在举证期限内不提交证据即视为放弃举证权利,过于苛刻。

消极评价主要是从实施后的实际效果来认识的。有些评价来自对一定数量的个案分析,但总体来讲,仍缺乏规范和充分的实证分析。评价的消极程度与人们的理解也有关联。认为举证时限制度体现了绝对失权,消极评价则非常低,甚至达到否定的程度。有的认为,对于事实的提出根本就不应当适用失权制度。举证失权或证据失权与实体公正的实现具有不可调和的矛盾,因而否定举证失权的正义性。还有的学者认为,既有制度规定的问题,也有对制度的理解、认识上存在偏差的问题,不能完全归责于制度规定本身。

由于实务界对《民事证据规定》的整体质疑以及实施环境的局限,《民事证据规定》并未在实际中得到完全的实施,各地法院在遵行程度上有较大的差异,尤其是在基层和偏远的地区。《民事证据规定》中争议最大的举证时限制度也更是处于"半休眠"或"完全休眠"状态。另外,由于存在文本上的举证时限制度,当事人之间又常常纠缠于该制度,使法院往往处于尴尬的境地。

应当说明的是,人们对举证时限制度的指责主要集中于举证失权的严苛性。这种认识又是基于我们的传统诉讼观念以及意识形态。但实际上,从最高人民法院规定的举证时限制度来看,其未必严苛。因为举证时限制度中关于所谓"新证据"的规定,使当事人的举证具有了相当宽泛的豁免根据,只要是"新证据",便不受举证时限的约束,享有失权"豁免权"。如果人们(主要是司法实务界)能够从举证时限制度设置的目的正确理解举证时限制度,就可以给予"新证据"相当宽泛的解释。例如,证据规定中已经明确,所谓"新证据"包括新发现的证据,"新发现的证据"已经是一个相当灵活和主观的概念了。遗憾的是,这些解释没有被实务界所普遍接受,成为司法共识,因此,自然也不会被律师们及当事人所接受,这是我们司法制度运行的问题(司法权威或法官权威的低下使其解释无法获得正当性)。不得不说,我们对于举证时限制度的运作缺乏足够的准备,没有足够的宣传,导致了人们对该制度的普遍不满,导致了制度的"半休眠状态"。

4.《民事诉讼法》及《民诉法司法解释》中的举证时限制度

鉴于人们对《民事证据规定》举证时限的质疑和实践效果,2012 年修改的《民事诉讼法》针对原来的举证时限制度作出了调整性规定。《民事诉讼法》规定,当事人对自己提出的主张应当及时提供证据。人民法院根据当事人的主张和案件审理情况,确定当事人应当提供的证据及其期限。当事人在该期限内提供证据确有困难的,可以向人民法院申请延长期限,人民法院根据当事人的申请适当延长。当事人逾期提供证据的,人民法院应当责令其说明理由;拒不说明理由或者理由不成立的,人民法院根据不同情形可以不予采纳该证据,或者采纳该证据但予以训诫、罚款。

从《民事诉讼法》的规定来看,它有以下特点:(1)将举证时限作为一项一般制度,而非专门针对庭审前的准备阶段。(2)举证期限由法院确定。当事人在举证期限内提出证据有困难的,可以申请延长。(3)逾期提出证据,即使理由不成立,也未必一定发生失权效果。总的指导思想是放宽对举证的时限限制。正是由于没有针对庭前准备程序设置专门的举证时限制度,《民事诉讼法》的举证时限规定意义才不那么明显。关于当事人提出证据的要求本身只是属于法院诉讼指挥权的范围。

《民诉法司法解释》虽然也坚持了放宽举证的时限限制，但又将举证时限的重点回复到庭前准备阶段，并规定这一期间的举证时限可以由当事人协商确定。但在举证限制方面，它比《民事诉讼法》的规定走得更远，规定"只要该证据与案件基本事实有关的，人民法院应当采纳"。作为采纳的附加条件，可对行为人按照强制措施的有关规定予以训诫、罚款。由于证据的关联性本身就是证据要求的基本属性，与举证迟延与否没有关系，因此举证时限的约束性已经完全丧失。

2019 年的《民事证据规定》出台后，在该规定中依然对举证期限作了较具体的规定，但不像 2001 年规定得那样细致，也相对比较宽松。

由于《民诉法司法解释》规定，对于举证迟延逾期提供证据，且没有正当理由的，人民法院可以对举证人给予处罚，因此 2019 年的《民事证据规定》对于罚款的处理作出更为细致的规定。对逾期提供证据的当事人处以罚款的，法院可以结合当事人逾期提供证据的主观过错程度、导致诉讼迟延的情况、诉讼标的金额等因素，确定罚款数额。虽然规定对延迟举证行为可以实施惩罚，以促使当事人尽快举证，但其惩罚实际上难以有效实施。从实践情形来看，处罚的情形很少见。能够见到的案例就是最高人民法院第二巡回法庭于 2019 年开出的罚单。

2019 年 6 月，最高人民法院第二巡回法庭丁俊峰审判团队当庭向再审申请人夏某宣读了(2020)最高法司惩 1 号司法处罚决定书。这是最高人民法院 2020 年第一起司法处罚决定。因夏某故意逾期提交证据，最高人民法院对其妨害民事诉讼的行为予以罚款 5 万元，并告知其申请复议权利。夏某当庭表示，愿意接受处罚，不申请复议，并于当日到银行缴纳了罚款。

夏某在与刘某、某建材公司建筑工程施工合同纠纷一案中，以 2017 年《民事诉讼法》规定的新证据事由申请再审。合议庭经审查发现，夏某逾期提供的新证据与诉争工程款数额有关，属于与案件基本事实有关的证据，依法应当采纳。但在原审法院已向其申明举证责任分配原则和要求，并多次要求其提供与诉争工程款数额有关的证据，且释明逾期提供证据的法律后果的情况下，夏某仍未提交，直至申请再审阶段才作为新证据提出，亦未对其逾期提供证据说明合理理由。

合议庭及第二巡回法庭法官会议一致认为，如对夏某拒不提交证据、故意逾期提交证据的妨害民事诉讼行为不予以处罚，将变相鼓励或放纵当事人不守诉讼诚信，导致对诉讼权利的滥用和司法资源的浪费。根据《民事诉讼法》和《民诉法司法解释》的规定，合议庭决定对夏某提供的新证据予以采纳，同时依据《民事诉讼法》的规定，经本院院长批准，对夏某故意逾期提供证据的行为予以司法处罚。

（二）证据交换

1. 证据交换的概念

我国民事诉讼中的证据交换，是指于诉讼答辩期届满之后，开庭审理以前，在人民法院的主持下，当事人之间相互明示其持有证据的行为或过程。对于比较复杂的民事案件，为了提高开庭审理的实效,民事诉讼程序一般都要设置开庭审理前的程序。审理前的准备程序中主要的事项之一就是要让当事人提出证据,相互了解证据信息,从而明确诉讼的争点,为庭审做好准备。证据交换由当事人启动,即经当事人申请,人民法院可以组织当事人进行证据交换。

我国目前的证据交换制度吸收了国外民事诉讼中的类似制度,如美国的证据开示制度。但又与美国的证据开示不同,最大的不同有两点:(1)我国的证据交换是在人民法院的主持下进行,美国证据开示制度主要内容之一也是当事人之间的证据交换,但该证据交换一般不是在法院主持下进行;(2)美国的证据开示制度包括了当事人在一定条件下的强制性开示,即通过某种方式要求对方提供证据信息,而我国的证据交换不包括强制性开示。

2. 制度背景

证据交换制度的确立是《民事证据规定》的一大特色。该制度的确立并非民事审判改革者的臆想。证据交换制度的建立是民事审判实践的需要。随着民事程序的正义性越来越为人们所重视,民事审判的公开性也显得日益重要,具体体现在开庭审理和证据质辩的实在化。但由于没有完善的开庭审理前准备程序,直接将证据在开庭中提出并予以质证、认定加重了庭审的负担,直接影响了庭审的效率,不利于当事人的诉讼防御,往往使正式庭审程序成为预审程序。要提高庭审的效率,就必须有证据交换制度,使当事人双方能够在开庭审理前彼此了解对方的证据,也便于法院对双方争议的焦点和证据问题进行整理。1993年最高人民法院《全国经济审判工作会议纪要》就提倡在开庭前当事人进行证据交换和核对。在以后的最高人民法院的司法解释文件中也多次提到进行证据交换。在审判实践中,各地法院根据最高人民法院的这些精神相继试行证据交换制度,积累了一些经验。最高人民法院正是根据民事诉讼的需要和实践经验的积累在《民事证据规定》中明确了证据交换制度,使证据交换规范化和合法化,进一步完善了民事诉讼法。

3. 制度作用

证据交换制度的作用主要体现在四个方面:(1)有助于诉讼争点的整理,明确争点所在。在诉讼实践中,仅仅通过起诉状和答辩状的内容,往往难以明确争点、对争点进行整理。因为争点的明确需要借助于当事人双方的证据,在没有较充分地交换证据的情况下,也就无法较全面地了解争点,不能把握诉讼当事人双方的争点,便不能集中进行审理。(2)有助于进行证据整理。证据整理就是当事人和法院三方对能够了解案件事实的证据资料的种类、证据的证明对象、证据的来源等进行清理,以便当事人实施证据抗辩,以及便于法院组织质证和进行认证。(3)有利于防止诉讼上的“突然袭击”。诉讼上的“突然袭击”因为有违诚实信用而被认为有损程序正义。证据交换就可以使当事人能够充分了解对方的证据,更好地进行证据抗辩准备。(4)有助于促进当事人在开庭前进行和解,提高纠纷解决的效率和减少成本。证据交换能够使当事人清楚了解请求和抗辩依据的事实,在事实明确的情况下当事人自然估量胜诉的可能性及时进行和解,进行诉讼必然要消耗双方当事人的资源。

4. 制度构成

证据交换制度的构成可从以下几个方面来看：

一是证据交换制度的启动。证据交换被认为是法院的诉讼管理的事项，因此证据交换在我国是由法院组织进行的。当然，当事人可以在举证时限内向法院提出申请要求交换证据。当事人没有提出证据交换申请的，法院对于证据较多或者复杂疑难的案件，应当进行证据交换。对于简单案件，当事人双方同意进行证据交换的，法院应当允许。

二是考虑我国的具体情况和诉讼观念，证据交换须在审判人员的主持下进行。由审判人员对证据进行整理，没有异议的证据将记录在卷。这些证据在开庭中可免予质证。对有异议的证据，按照需要证明的事实分类记录在卷，并记载异议的理由。通过证据交换，确定双方当事人争议的主要问题。

三是证据交换的时间。对于证据较多或者复杂疑难的案件，证据交换的时间应当在答辩期间届满后，开庭审理前。如果将证据交换的开始时间提前至提交起诉状和提交答辩状届满前，则因为此时当事人双方之间对各自的主张还没有较充分的了解，起不到证据交换的效果。开庭审理开始后进行证据交换又失去了证据交换的意义。应当注意的是，证据交换与举证时限有密切的关系。按上述的观点，证据交换时间应受举证时限期间的限制，即证据交换时间不能超过举证时限期间。因此，人民法院组织当事人交换证据的，交换证据之日就是举证期限届满之日。当事人申请延期举证，经法院准许的，证据交换就要相应顺延。关于证据交换时间的确定有两种方式：一种是当事人协议；另一种是法院指定。当事人协商的，需要经过法院认可。当事人收到对方交换的证据后提出反驳并提出新证据的，人民法院应当指定新证据的交换时间并通知当事人在指定的时间内进行交换。

四是证据交换的次数。一般不超过两次，法院认为确有必要的，可再次进行证据交换。

五是与举证失权的关系。如果当事人没有在举证时限内进行证据交换，则会因为在该期间内没有提出证据，而导致举证失权，无正当理由的，该证据将不能作为裁判的依据。

六是证据交换是为了做好开庭前的准备，因此，开庭以后提出的新证据不需要再交换，法院可根据审理情形进行质证和认证。第二审程序中也不需要进行证据交换。

5. 证据交换内容的限制

证据交换是双方当事人彼此之间证据信息的交流，一般而言，只要是本案证据都应当进行交换，并使对方能够了解证据的内容。但并非所有证据材料都一律要公开其内容。也就是说，证据交换在内容上应当有所限制。这种情形下，证据交换就限于证据资料的大概情形。

对于哪些证据交换应当有所限制，《民事证据规定》虽然不便规定，但从正当性考虑，应当包括以下情形：(1)涉及国家机密；(2)涉及商业秘密；(3)涉及个人隐私；(4)证据交换违背其目的；(5)交换将损害特定社会信赖关系(如律师与当事人、医患关系、宗教关系、亲情关系等)；(6)基于其他保密特权的规定；等等。拒绝进行交换该证据材料的当事人应当向法院予以说明，并出示相应的证据。这方面在今后民事诉讼法的修改中应当加以明确。

二、证明对象

(一)概述

三段论是法院在诉讼中作出裁判所适用的基本方法。裁判三段论,是指法院在案件审判中,以法律为大前提,以案件事实为小前提,然后通过推论得出裁判的结论。虽然民事诉讼最终是对当事人双方争议的民事权利义务作出裁判,但当事人不能直接对权利义务关系存在与否加以证明,因为权利、义务只是人们观念的产物,权利义务的存在与否是通过事实来加以判断的。从理论上讲,三段论中的事实并不是指与案件有关的所有事实,而是指由实体法规范规定的法律要件事实。根据某一实体法规范的规定,当存在一定法律要件事实时,就会引起某种民事权利义务关系的发生、变更和消灭。在现代民事诉讼中,是否存在这些法律要件事实必须由当事人加以主张并予以证明。法院在审理中对这些事实的真伪加以认定,依此并根据法律对有争议的实体法律关系作出裁判。这些需要证明的事实就是证明的对象,也称为证明客体或证明标的。

民事权利义务纠纷涉及各方面的事实,法院在审理中对民事权利义务关系的裁判也依赖于对这些事实的确定。但这些事实并非都需要由当事人提出证据加以证明,对有的事实,尽管与当事人主张有关,却没有必要加以证明。法律通常不会直接规定哪些事实需要当事人加以证明,因为需要证明的事实范围太宽泛,而是通过排除法消极规定哪些事实不需要加以证明,这些不需要证明的事实范围是比较容易确定的。

(二)证明对象的范围

民事诉讼中的证明对象主要是事实,但个别情况下也包括部分法规。经验法则是否属于证明对象,理论上存在争议。以下分别就这三个方面加以阐述。

1. 事实

理论上可以将事实分为主要事实、间接事实和辅助事实。构成法律要件的事实称为"主要事实"。证明主要事实的事实称为"间接事实"。用于证明证据能力或证据力的事实称为"辅助事实"。根据现代民事诉讼的要求,当事人没有提出的权利主张,法院不能进行审理和裁判,当事人没有主张该法律要件事实的,法院没有义务对是否存在该事实进行调查,该事实的存在与否应当由当事人加以证明,成为当事人证明的对象。法院不得将没有出现在当事人辩论中的主要事实作为裁判依据。但间接事实和辅助事实不受此限制,即使当事人没有对此加以陈述,法院也可以将其作为裁判的依据。因为间接事实和辅助事实是判断主要事实的手段,处于与证据同等的地位,其存在与否由法官判断。

2. 法规

作为法律专家的法官应当知晓案件所适用的法律,即使不知晓,也可以依职权进行调查了解。因此,一般情况下,案件所适用的法律是否存在及其内容,并不需要当事人加以证明。但对外国法、地方性法规以及习惯规则,法官则未必了解,因此就需要当事人对此加以证明。一般而言,当事人也更容易了解。

3. 经验法则

经验法则，是指人们从生活经验中归纳获得的关于事物因果关系或属性状态的法则或知识。经验法则既包括一般人日常生活所归纳的常识，也包括某些专门性的知识，如科学、技术、艺术、商贸等方面的知识。不仅人们在生活中会运用经验法则进行逻辑推理判断，在审理案件中，法官也要运用经验法则进行裁判。关于经验法则是否属于证明的对象，理论上存在争议。一种观点认为，经验法则相对于作为小前提的事实而言处于大前提的地位，等同于法律法规，因此属于法院依职权调查的对象，而不是当事人证明的对象。另一种观点认为，是否成为证明对象不能一概而论，属于日常生活领域内的经验法则，由于为一般人所知晓，因此无须加以证明，对于不为一般人所知晓的专门知识领域的经验法则则应当加以证明。《民事证据规定》持后一种观点。

三、无须证明的事实

在《民事证据规定》中，将下列事实作为免证事实，其意义在于减轻当事人举证证明的负担。需要注意的是，严格而言，以下有的事实并非属于免证事实，只不过是对该事实的证明方式或方法有所不同而已。例如，已为人民法院发生法律效力的裁判所确认的事实；已为仲裁机构的生效裁决所确认的事实；已为有效公证文书所证明的事实等。当事人这些事实的证明不再使用原来的证据来再次证明，而是以生效裁判、仲裁裁决和公证文书间接加以证明。另外，自然规律及定理、经验法则推定的事实属于法官认知的事实（所谓司法认知的事实），与当事人提出证据予以证明没有关系，因此，将其作为免证事实是有商榷余地的。

（一）众所周知的事实

众所周知的事实，是指在一定范围内为人们所知晓的事实。这里所指“一定范围内为人们所知晓”，当然包括案件审理的法官，既然是众所周知的事实，也就无须加以证明。在案件审理中，是否属于众所周知的事实由审理案件的法官判断。在诉讼中，允许对方当事人提出相反的证据证明当事人所主张的众所周知事实的不真实。

（二）自然规律及定理

所谓自然规律，是指客观事物在特定条件下所发生的本质联系和必然趋势的反映。所谓定理，是指在科学上，于特定条件下已被反复证明属于发生一定变化过程的必然联系，因而被人们普遍采用作为原则性或规律性的命题或公式，如几何定理。因为自然规律和定理已经为人们所认识并反复验证，所以无须加以证明。既然是自然规律和定理也就可能提出反证加以推翻，能够被推翻也就不是自然规律和定理。

（三）推定的事实

推定可以分为两类：事实上的推定和法律上的推定。所谓事实上的推定，是指法官利用已知的事实作为前提，以经验法则推论待证事实的过程或行为，又称为“裁判上的推定”。这种推定也就是《民事证据规定》所指出的，根据已知事实和日常生活经验法则所进行的推定。事实上的推定必须要有四个基本条件：（1）存在可以作为推定前提的事实；（2）作为推定前提的事实必须是真实的;(3)需要推论的事实无法直接证明;(4)需要有推定的桥梁——经验法则。推定之所以可以免除当事人的证明,就是因为经验法则反映了已知事实与推定事实之间的高度盖然性联系。

法律上的推定又分为两类:法律上的事实推定和法律上的权利推定。所谓法律上的事实推定,是指法律规定以某一事实的存在为基础,并直接根据该事实认定待证事实的存在与否。由于法律上的事实推定,直接由法律规定了某事实的存在便可认定待证事实的存在,因此当事人对待证事实也无须加以证明。所谓法律上的权利推定,是指法律对某种权利或法律关系是否存在直接加以推论的情形。例如,《民法典》规定:共有人对共有的不动产或者动产没有约定为按份共有或者共同共有,或者约定不明确的,除共有人具有家庭关系等外,视为按份共有。该条规定中的“视为”就是一种推定。日本民法中也有类似的规定,即各共有人应有部分不明确的,推定为各共有人均等占有。这里应当注意的是,法律上的权利推定并不是一种证据规则,因为作为证据规则的证明对象必须是事实,而不是权利。

对于事实上的推定,由于其具有高度盖然性,因此,当当事人提出足够的证据证明推定的事实不能成立的,推定无效。法律上的事实推定实际上是一种直接推论,因此,只要作为前提的事实成立,推定就能成立。

(四)已为人民法院发生法律效力的裁判所确认的事实

这里所指“为裁判所确认的事实”,是指本案所涉及的事实已经在其他案件审理中被法院确认。由于该事实已被确认,而确认该事实的裁判又已经发生法律效力,因此就无须加以证明。如果在本案诉讼的当事人有相反的证据足以推翻已为生效判决所认定事实的,主张该事实的当事人仍然要负证明责任。因为前诉法院对事实的认定对后诉法院没有拘束力,只有对诉讼标的的裁判才有拘束力。对已经生效判决所确认的事实,当事人在后诉中无须加以证明的理由在于,该事实既然已经经过前诉法院的认定,如果再要求当事人加以证明必将增加当事人证明的负担,这种免除证明的效果与法院判决的既判力没有直接关系,不是前诉判决本身的效力。这一点应当特别加以注意。

还应当注意的是,在民事公益诉讼中,公益诉讼裁判对私益诉讼的预决效力具有一定的特殊性或限制性。例如,《最高人民法院关于审理环境民事公益诉讼案件司法解释》(以下简称《环境公益诉讼司法解释》)规定:“已为环境民事公益诉讼生效裁判认定的事实,因同一污染环境、破坏生态行为依据民事诉讼法第一百一十九条规定提起诉讼的原告、被告均无需举证证明,但原告对该事实有异议并有相反证据足以推翻的除外。对于环境民事公益诉讼生效裁判就被告是否存在法律规定的不承担责任或者减轻责任的情形、行为与损害之间是否存在因果关系、被告承担责任的大小等所作的认定,因同一污染环境、破坏生态行为依据民事诉讼法第一百一十九条规定提起诉讼的原告主张适用的,人民法院应予支持,但被告有相反证据足以推翻的除外。被告主张直接适用对其有利的认定的,人民法院不予支持,被告仍应举证证明。”《最高人民法院关于审理消费民事公益诉讼案件适用法律若干问题的解释》(以下简称《消费公益诉讼司法解释》)规定:“已为消费民事公益诉讼生效裁判认定的事实,因同一侵权行为受到损害的消费者根据民事诉讼法第一百一十九条规定提起的诉讼,原告、被告均无需举证证明,但当事人对该事实有异议并有相反证据足以推翻的除外。消费民事公益诉讼生效裁判认定经营者存在不法行为,因同一侵权行为受到损害的消费者根据民事诉讼法第一百一十九条规定提起的诉讼,原告主张适用的,人民法院可予支持,但被告有相反证据足以推翻的除外。被告主张直接适用对其有利认定的,人民法院不予支持,被告仍应承担相应举证证明责任。”

关于生效裁判的事实认定对后诉的影响是一个非常有争议的问题。有观点认为,生效裁判所作出的事实认定,对于后诉法院具有法律上的约束力。(也有的学者肯定刑事判决对事实的认定具有预决效力或对世效力,对民事判决的预决效力或对世效力持谨慎态度。[1])当后诉中当事人主张该事实时,后诉法院只能以前诉法院生效裁判对该事实的认定为准,不得作出相反的认定。之所以具有预决效力的根据,一般的说法是:“一是因为该事实已为人民法院经正当证明程序所查明,客观上无再次证明的必要;二是因为该事实已为人民法院裁判所认定,该裁判具有法律约束力,此种约束力也包括对该事实认定上的不可更改性。”并且认为如果不赋予这样的效力,将会“破坏法的安定性”。[2] 这种认识源于苏联的判决理论中的所谓预决效理论。预决效理论的产生与苏联的法律体制、政治体制,甚至意识形态有内在联系,是特定法律环境下的产物。学者的批评主要表现在四个方面:(1)违反了法官独立审判的原则。(2)对后诉当事人缺乏程序保障。(3)不符合民事裁判的构造。现代民事诉讼中本案的判断必定以法规为大前提,事实为小前提,通过对事实适用法规以判断原告的权利主张是否成立。因此,除了既判力所及情形之外,既然前诉判决主文中已经就某权利存在与否作出了确定的判断,所以不得复为后诉中判断同样内容的基础,否则无从说明合法的判决理由。(4)违反了自由心证原则。依照自由心证原则,事实认定应当遵守直接主义的要求,除了经验规则与逻辑法则,并不应受其他规则制约。[3]

除此之外,笔者认为,预决效观点和认识的可商榷之处还在于,前诉法院对事实的查明只是在前诉的诉讼环境之下,这种诉讼环境包括当事人对该事实证明的方法和对方当事人对该事实证明的反驳,法院只是在前诉当事人提出证据的前提之下查明,这种事实查明具有相对性,而不具有绝对性。也正是因为如此,《民事证据规定》才明确在后诉中允许对方当事人提出反证。该事实已为裁判所认定不过是查明的结果,对事实的查明是相对的,其认定的效力也是相对的。免证是基于法院、仲裁机构对该事实的认定提供了一定的证明,但并非构成对后诉法院对该事实认定的约束,后诉法院依然可以根据当事人对该事实的质辩予以裁量认定,其原因就在于诉讼环境的不同。正是因为前诉法院和仲裁机构在程序中对该事实有查证的行为,因此,这种事实认定会对后诉法院对该事实的认定产生实际上的

---

〔1〕 参见纪格非:《论刑事判决在民事诉讼中的预决力》,载《当代法学》2015 年第 4 期。不过从纪格非的文章论述来看,其所言的预决效或对世效相当于判决的证明效力,并非判决法律上的效力,仅仅是事实上的效力。

〔2〕 最高人民法院民事审判第一庭编著:《最高人民法院新民事诉讼证据规定理解与适用》(下),人民法院出版社 2020 年版,第 155 页。

〔3〕 关于预决效理论及其批判论述,详见段文波:《预决力批判与事实性证明效展开:已决事实效力论》,载《法律科学(西北政法大学学报)》2015 年第 5 期。

影响,但这种影响不是法律上的约束力,也不应当是法律上的约束力。作为法律上的影响力,如果后诉法院对该事实的认定与前诉法院的认定不一致则构成违法,作为事实上的影响力,后诉可以认可前诉法院的事实认定,也可以不认可,是否认可完全取决于后诉法院的自由裁量,即使与前诉法院的事实认定不一致也不构成违法。后诉法院与前诉法院对裁判依据事实的不一致认定并不会破坏法的安定性。之所以不会破坏法的安定性,是因为法院裁判的相对性。只有违反判决既判力,后诉对同一诉讼标的作出了相反的判决才会导致裁判实质上的冲突和矛盾,从而导致判决实现的冲突和矛盾。预决效观点最大的问题在于否定了裁判的相对性,否定了不同诉讼环境的差异性,使案件事实的认定也具有了法律上对世的约束力,成为了判决的效力之一,将免证与裁判的效力等同起来。免证的事实在一定的情形下可以被推翻,并重新证明,也就说明这种认定不具有法律上的效力。具有法律效力的司法裁判只有在特定法定救济程序(如再审程序)之中才能被撤销或否定。[4]

(五)已为仲裁机构的生效裁决所确认的事实

按照《民事证据规定》的规定,已为仲裁机构的生效裁决所确认的事实对主张的当事人同样具有免证效力。对于如何认识仲裁裁决事实认定对后诉的影响,同样面临上述生效裁判事实认定对后诉影响的问题。一种观点认为,与生效裁判一样,仲裁裁决的事实认定对后诉具有约束力,即"预决效"。另一种观点认为,免证效力不等于该事实认定对后诉法院对同一事实的认定具有约束力,仅仅是当事人用仲裁裁决对该事实进行证明而已,是否为后诉法院认可由斟酌本案情形而定。笔者持后一种观点,其理由与上述关于生效裁判事实认定对后诉的影响的认识相同。有无法律上的约束力的区别在于,仲裁裁决的事实认定对后诉法院具有约束力,则必须按照该认定作出裁判;相反,如果没有约束力,则后诉法院可以斟酌,考虑是否以自己的审理调查为依据作出裁判。这与当事人提出证据进行证明的效果相同。

(六)已为有效公证文书所证明的事实

公证文书是公证机关依照法定程序对有关法律事实以及文书加以证明的法律文书。《民事诉讼法》规定:经过法定程序公证证明的法律事实和文书,人民法院应当作为认定事实的根据,但有相反证据足以推翻公证证明的除外。

(七)自认

1. 自认的含义

所谓自认,是指一方当事人对另一方当事人主张的案件事实予以承认。当事人所承认的事实就是自认的事实。

自认的方式,既包括口头的,也包括书面的。口头的自认仅限于法庭审理中,作为口头的自认应当记录于笔录之中。书面自认则包括当事人在起诉状、答辩状、代理词等书面材料中对对方当事人主张事实的承认。

对一方当事人陈述的事实,另一方当事人既未表示承认,也未否认,经审判人员充分说

---

〔4〕 张卫平:《"民事证据裁判原则"辨识》,载《比较法研究》2021年第2期。

明并询问后，其仍不明确表示肯定或者否定的，视为对该项事实的承认。

当事人委托代理人参加诉讼的，代理人的承认视为当事人的承认，但未经特别授权的代理人对事实的承认直接导致承认对方诉讼请求的除外；当事人在场但对其代理人的承认不作否认表示的，视为当事人的承认。

2. 自认制度及目的

自认制度，是指在一方当事人对对方当事人主张的事实承认后，将免去主张该事实的当事人对此的证明，也免除了法院对该事实的调查、核实，法院将以该事实作为裁判依据的制度。自认制度设置的目的在于减少诉讼成本，提高诉讼效率。因为证明以及质证、认证都是需要时间、人力和物力的投入。从理论上讲，自认制度的主要根据是民事诉讼中的约束性辩论原则。2001 年的《民事证据规定》首次规定了自认制度。《民诉法司法解释》基本承继了《民事证据规定》关于自认的规定。《民诉法司法解释》规定，一方当事人在法庭审理中，或者在起诉状、答辩状、代理词等书面材料中，对于自己不利的事实明确表示承认的，另一方当事人无须举证证明。2019 年的《民事证据规定》同样对自认作了规定，与《民诉法司法解释》保持了一致。

3. 自认的对象

自认的对象仅限于事实，法律法规、经验法则、法律解释、法律问题都不是自认的对象。不能因为对方承认当事人主张的经验法则，该经验法则就被视为真实存在并约束法院。就具体事实而言，自认对象又仅限于主要事实，对于间接事实和辅助事实不发生自认效力。

自认的事实是对自认人自己不利的事实，如果该事实不是对承认人不利的事实，则对该事实的承认不构成自认。只有对不利的事实的承认才使自认的约束力有意义。对该事实有利不利的判断一般是以该事实与当事人诉讼后果的关联。如果该事实导致自认人败诉，则该事实对自认人是不利的事实。

自认制度与诉讼证明有密切的关系，自认是为了免去当事人的证明和法院的调查认定，因此，一般而言，自认的对象仅限于当事人提出的事实主张，而不包括权利主张。因为证明的对象是事实，而不是权利。当然在许多场合，对事实的承认，其后果就是对权利的承认，但在逻辑上，自认仍然不是直接针对权利主张的，尽管有时权利主张与事实主张的区别并不是那么明显。

4. 自认的法律效果

自认分为诉讼内的自认和诉讼外的自认。只有诉讼内的自认才具有法律上的约束力。诉讼外的自认只有间接事实的作用。

在理论上，诉讼内自认的法律效果体现在，承认对方事实主张的当事人要受自己承认行为的约束，法院也要受该承认行为的约束。在对方已经承认的情况下，法院应当以该自认的事实作为裁判的依据。法院在一审中以当事人承认的事实为依据作出判决后，承认该事实的当事人在第二审中，在无正当理由时不能以证据推翻承认，二审法院仍然应当以一审承认的事实为依据作出判决。只有在以下情形之一，承认才没有约束力：(1)作出承认的当事人在法庭辩论终结以前撤回承认，并且该撤回经对方当事人同意；(2)有充分的证据证明其承认行为是在受胁迫下作出的,且与事实不符;(3)承认是在重大误解情况下作出的,且与事实不符。

5. 自认制度适用的范围

自认制度所适用案件的范围是有限的,涉及身份关系的案件不能适用自认制度。因为自认制度的基础是当事人的处分权,对于当事人的处分权受到限制的案件,自认制度的适用也自然受到限制。涉及身份关系的案件,如涉及收养关系、婚姻关系等的案件中,涉及身份关系的事实主张不能因为对方当事人的承认而免除其证明责任。身份关系的案件涉及人身权利,这是当事人自己不能任意处分的。《民诉法司法解释》注意到了身份关系的例外,但又将国家利益、社会公共利益纳入了例外情形。该解释规定,对于涉及身份关系、国家利益、社会公共利益等应当由人民法院依职权调查的事实,不适用前款自认的规定。

6. 自认制度适用的问题点

在适用自认制度方面,实践中比较容易引起争议的问题是:一审中一方当事人对另一方当事人的事实主张予以承认,一审法院根据该事实作出了判决,承认该事实的一方当事人提起了上诉,在上诉审理中拿出证据推翻该承认时,二审法院能否否定原一审判决?对此,不外乎两种意见:一种意见是,二审法院应当根据上诉提出的证据否定原一审法院的判决;另一种意见是,不应当否定原一审法院的判决。笔者认为,第二种意见是对的。在第一审审理中,上诉人已经承认了对方的事实主张,这一诉讼行为对当事人和法院都是有约束力的,当事人不能否定。在一审判决之后,只有当事人能够证明其在一审中的承认是基于对方当事人的胁迫或重大误解时才能否定承认的法律效力。二审法院在二审中也同样受一审承认的约束。

有人认为,上诉人拿出了证据证明一审中的承认不符合事实,就应当根据证据证明的事实,而不是根据承认的事实,否则有悖“以事实为根据”原则。正是基于这样的认识,《民诉法司法解释》规定,自认的事实与查明的事实不符的,人民法院不予确认。查明的主体自然是法院,法院为何要查明事实,一般而言,是基于当事人也就是自认人的请求。之所以提出这样的请求,是因为自认人想试图推翻自认,但没有推翻自认所要求的理由。因此,就以自认事实与真实不符作为理由。以与事实不符推翻自认的观点是不能成立的。因为当事人对自己的权利有处分的自由,当事人应当清楚自己承认行为的后果,根据诚实信用原则,当事人不能随意否定自己的诉讼行为,否则将导致整个审理程序的无效。如果上诉中当事人能够轻易否定一审的承认,自认制度就很难发挥其作用。另外,一旦自认,承担证明责任的当事人将因为自认的免证效果而放弃证明的准备,否则自认的约束力必将导致证明人受到不利。可以说,《民诉法司法解释》的规定实际导致自认制度被否定。另一个与此相关的问题是:一审、二审法院依据当事人的承认作出了判决,当事人又提出证据证明承认的事实与实际不符,提起再审、要求改判,是否应当予以支持?笔者认为:不应当支持,其理同上。诉讼程序必须具有稳定性和严肃性,同时还应具有规则的游戏性。在这里也提出了我们应当如何正确理解“以事实为根据”这一原则的问题,也涉及如何认识辩论原则以及诉讼正义的基本问题。[5]

注意自认的对象仅限于对方当事人提出的事实主张。注意自认对当事人和法院的约束力。

四、证明与疏明

（一）证明

证明有两种含义，**广义的证明是指当事人对某种事实存在与否的证实活动**。狭义的证明，不仅是一种证实活动，而且是一种需要达到使裁判者确信的程度的一种活动。**确切地讲，狭义的证明是指当事人对作为法院裁判基础的事实通过证据加以证实，使法官对该事实的存在与否达到确信状态的诉讼活动**。证明活动达到何种程度才能使法官对该证明的对象事实予以确信，属于证明标准的问题。毫无疑问，证明是当事人期望获得胜诉裁判的最重要的诉讼活动。在我国，人们通常所谓的证明是从广义上来适用的。狭义的证明主要是为了与下文中的疏明概念相区别。

（二）疏明

疏明这一概念来自一些大陆法系国家，如德国、日本等。疏明是相对于证明而言的，广义上讲，**疏明也是当事人在诉讼中的一种证明活动，但疏明不像证明那样，需要达到使法官确信的程度，而是只需要达到使法官大致相信即可**。

疏明这一概念的意义在于，对于某些事项的证实无须达到证明的状态，以此可以减少证实的成本，提高诉讼效率。在外国民事诉讼法中，对于裁判事实以外的，需要迅速加以处理的事项或者派生性程序事项所涉及的事实就要求达到疏明的程度，而无须达到证明的程度。例如，根据日本《民事诉讼法》第 35 条第 1 项的规定，在向审判长申请特别代理人时，就只需要对损害被代理人的事实达到疏明的程度即可。又如，关于请求禁止公开口头辩论的诉讼记录时，也只需要疏明与当事人存在利害关系即可。

我国民事诉讼法虽然没有使用疏明的概念，也没有明确哪些事项的证明达到疏明程度即可。但从原理来讲，承认这一概念也是有意义的。原则上对于非裁判基础的事实都仅要求达到疏明程度，而无须达到确信的证明程度。这样就能减轻当事人的证明负担。

五、证明责任

（一）证明责任概述

1. 证明责任的概念及含义

证明责任（也有的称为“举证责任”，在《民诉法司法解释》中还称为“举证证明责任”），

〔5〕 关于如何理解“以事实为根据”原则，参见张卫平：《事实探知：绝对化倾向及其消解——对一种民事审判理念的自省》，载《法学研究》2001 年第 4 期。

是指当作为裁判基础的法律要件事实在诉讼中处于真伪不明的状态时,一方当事人因此而承担的诉讼上的不利后果。法院在裁判案件争议时,先要确定作为裁判基础的事实关系是否存在,然后才能适用相应的法律作出裁判。但在有的情形中,当事人所主张的事实由于没有证据或证据不足不能证明该事实存在与否时,就发生了法院在此时应当如何裁判的问题。在民事诉讼中,即使案件事实真伪不明,法院也必须作出裁判,而且其裁判后果总是对其中一方当事人不利。应当证明的事实处于真伪不明时所导致的这种对一方当事人不利的后果或危险就是证明责任。在真伪不明时,法律上规定由谁承担由此带来的不利后果就是所谓证明责任的分配。《民诉法司法解释》对证明责任作出了明确的规定,即当事人对自己提出的诉讼请求所依据的事实或者反驳对方诉讼请求所依据的事实有责任提供证据加以证明。没有证据或者证据不足以证明当事人的事实主张的,由负有举证责任的当事人承担不利后果。

证明责任过去多称为"立证责任""举证责任",而在国外(主要是在日本),近年来一般使用"证明责任"的说法。通常认为,"证明责任"一词一直有两种含义:第一种是指客观上的举证责任、实质上的举证责任、说服责任、证明责任,即当某种事实的存在与否处于真伪不明的状态时,规定应由哪一方当事人承担其不利法律后果的一种负担。第二种是指主观上的举证责任、形式上的举证责任、证据提出责任,即指当事人在具体的诉讼中,为了避免败诉的危险,而向法院提出证据,证明其主张的一种行为责任。在日本,最初,举证责任、证明责任和立证责任三个用语是可以互换的,以后为了防止使用中产生混乱,似乎有些约定俗成地将实质上的举证责任,称为证明责任。也就是说,举证责任或立证责任有实质和形式之分,而证明责任只能等于实质上的举证责任,而没有实质上和形式上之分,只要一提证明责任必然是指实质上的举证责任。

2. 证明责任适用的前提

证明责任适用的前提是当事人主张的事实处于真伪不明的状态。依照德国法学家汉斯·普维庭的观点,构成"真伪不明"的环境条件是:(1)原告已经提出有说服力的主张;(2)被告也已提出实质性的对立主张;(3)对争议事实主张需要证明(自认的事实、众所周知的事实、没有争议的事实不在此限);(4)所有程序上许可的证明手段已经穷尽,法官仍不能获得心证;(5)口头辩论程序已经结束,上述第三或第三项状况仍然没有改变。〔6〕

虽然在诉讼程序结束时讨论真伪不明才有意义,但是不能由此得出结论,客观的证明也只是在这一时间点上才具有价值。事实上,客观的证明责任在诉讼开始以前也可以发生作用。只有关于证明责任的裁判才必须以真伪不明的存在和事实认定已经结束为前提条件。〔7〕 普维庭认为,那种认为在不存在真伪的条件下也可以适用证明责任裁判的观点是错误的。事实上,客观的证明责任是一种法定的风险分配形式,例如,侵权法规范对所造成的

---

〔6〕 参见[德]汉斯·普维庭:《德国现代证明责任论》,吴越译,法律出版社1998年版,第三章第一节"真伪不明的概念"。

〔7〕 参见[德]汉斯·普维庭:《德国现代证明责任论》,吴越译,法律出版社1998年版,第三章第一节"真伪不明的概念"。

损失的风险分配。因此,客观的证明责任规范是对真伪不明的风险分配,即对事实状况的不可解释性的风险进行的分配。这种抽象的风险分配在每一个诉讼开始之前就已经存在,就像实体法的请求权规范一样。

客观的证明责任实质是实体法上的风险分配。从证明责任是对风险的分配这点来看,证明责任的分配就像其他实体法规范一样必须由立法者通过立法加以规定。也就是说,客观的证明责任必须规范化。[8] 由此看来,在没有关于客观的证明责任的规范时,由法官来分配客观的证明责任是不能成立的。

客观证明责任的基本功能在于当主张的事实真伪不明时,可以适用客观证明责任的法律规范,保证法官履行裁判的义务。如果客观的证明责任在事实真伪不明的情况下,法官将无法作出裁判。在当事人已行使诉权的场合,法官就有义务对当事人的诉讼请求作出裁判。

学者们指出,只有客观举证责任才与举证概念相吻合,应仅针对客观的举证责任使用该词。举证责任的概念从原来以辩论主义为前提,作为主观行为责任来对待的朴素立场,转换至客观性责任的过程,反映了从表面现象的分析转变为对本质特质的认识,属于应予肯定的理论深化。[9] 认为举证责任就是行为责任或认为责任本身就应当包含两个方面含义的观点虽然是少数说,但仍有一定的市场,甚至目前强调主观责任为举证责任的核心的观点亦有所抬头。认为举证责任具有双重性的学者们认为,客观举证责任和主观举证责任是一种相辅相成的关系,主观举证责任使举证责任能够在辩论主义的基础上最大限度地发挥其作用,但主观举证责任必须以客观举证责任为基础和前提。[10] 主观举证责任是客观举证责任在辩论主义里的投影,它依存于客观举证责任。

3. 主观举证责任与客观举证责任的联系和区别

关于主观的举证责任和客观的举证责任两种概念的联系与区别,国外理论界也比较模糊。三月章教授认为,所谓客观举证责任,是对裁判的一般要求,在所有的诉讼中,其重要程度有所差别。但主张责任或主观的举证责任则只有在辩论主义的诉讼构造中才有明确的反映。比如,民事诉讼规则规定,当事人对其主张或立证具有调查事实关系的义务。这一规定的背后,隐含这样一种作为主观行为责任的主张责任或举证责任的观念及其责任分担的思想,但又不能认为这种主张责任与客观的举证责任没有关系或与客观举证责任具有同等的价值。主张责任或主观的举证责任的形成是以客观的举证责任为前提,并且是从客观举证责任中分离出来的,必须依赖于客观的举证责任的存在。主观的举证责任只能在辩论主义的条件下才能构想,只与辩论主义有逻辑上的联系。[11]

---

〔8〕 参见[德]汉斯·普维庭:《德国现代证明责任论》,吴越译,法律出版社 1998 年版,第三章第五节“客观证明责任的分配”。

〔9〕 参见[日]三月章:《民事诉讼法》,弘文堂 1985 年版,第 447 页。

〔10〕 参见[日]三月章:《民事诉讼法》,弘文堂 1985 年版,第 407 页;[日]高岛:《主观的举证责任和客观上的举证责任》,载《法学家》第 300 号。

〔11〕 参见[日]三月章:《民事诉讼法》,弘文堂 1985 年版,第 447 页。

（二）理解证明责任应注意的问题

第一，证明责任是一种不利的后果，这种后果只在作为裁判基础的主要事实真伪不明时才发生作用。这种意义上的证明责任是一种作为结果责任的证明责任，也称为客观证明责任，而不是应当进行证明活动的行为责任。

第二，真伪不明是证明责任发生的前提。如果作为裁判基础的事实是确定的，就不会发生承担证明责任的后果。真伪不明是一种状态，是指因为当事人没有证据或有证据但不能证明到使法官能够确信该待证事实存在与否的状态。法官在无法确定作为裁判基础的事实存在与否的时候，就要考虑根据法律规定应当由谁来承担因为该事实不明所带来的不利后果。因此，证明责任作为一种规范，其作用就在于当事实真伪不明时指导法院如何作出裁判。

第三，真伪不明的事实是指作为裁判依据的主要事实，不涉及间接事实和辅助事实，因为法院只要对主要事实的存在与否作出认定，就能够决定是否适用实体法规，从而作出裁判。实际上，间接事实和辅助事实也存在真伪不明的问题，但对间接事实和辅助事实不适用证明责任的概念。也就是说，当间接事实和辅助事实真伪不明时，不适用证明责任，即在不能证明其存在时就假定或拟制该事实的不存在，从而承担不利的后果。因为法官通过其他间接事实以及综合案件审理辩论中的内容对主要事实的存在与否进行判断就可以了，即主要事实的真伪不明吸收了间接事实和辅助事实的真伪不明。在间接事实层面，没有必要对其存在还是不存在作出假定，而且，若是作出这种假定反而可能是有害的。不过应当注意，在间接事实方面，文书真实性的问题是个例外。关于文书真实性处于真伪不明的状态时，也同样存在由哪一方当事人加以证明的问题，没有证明时，即假定文书的非真实性。

第四，法院不是证明责任承担的主体，证明责任是对当事人的一种不利后果。而且，在针对单一诉讼请求时，证明责任还只能由一方当事人承担，而不可能由双方当事人各自承担。因为法院在判断真伪不明时，只能作出一种裁判，要么对原告不利，要么对被告不利，这种不利是无法由双方当事人分担或共担的。

第五，证明责任不同于主张责任。主张责任也是一种后果，是指当事人如果没有向法院提出对自己有利的事实将可能承担的不利后果。主张责任不是一种基于对某主要事实不能证明所要承担的不利后果。主张责任承担的原因在于，因为当事人没有对该事实加以主张，法院也就无法知道该事实的存在，也就不能将该事实作为裁判的依据，从而导致没有主张的当事人承担不利的后果。

第六，证明责任由哪一方当事人承担是由法律法规预先确定的，因此，在诉讼中不存在原告被告之间相互转移的问题。例如，在请求返还借贷的诉讼中，关于借贷关系成立的事实的证明责任始终都在请求还贷人一方。

第七，应当注意，作为一种不利后果的证明责任与当事人对自己的主张提出证据加以证明的关系。当事人提出证据对自己的主张加以证明是当事人的一项权利。即使该当事人对特定的事实的证明不承担证明责任，当事人也可以对该特定的事实提出证据加以证明。例如，已经还款的事实的证明责任在借款人一方，如果关于是否还款的事实真伪不明时，借款人要承担相应的不利后果即败诉，但出借的人(贷款人)也可以收集、提出证据证明借款人没有还款，以便在诉讼中争取主动，使没有还款的事实处于确切无误的状态，此时，法院也就无须适用证明责任的规则作出判决。权利人在诉讼中应当主动使自己权利存在的事实处于确实的状态，而不是被动地等待权利存在的事实处于真伪不明的状态，然后适用证明责任的规则。

第八，证明责任是一种拟制或假定。拟制或假定负有证明责任的当事人没有能够证明时，该事实不存在，并依此让负有证明责任的当事人承担不利后果。但不能证明并不等于该事实就是真实的不存在，因此，证明责任规则的适用应当是在法官对所有的证据方法都已经穷尽以后，仍然不能作出该事实的存在与否的判断时，才能适用证明责任的规则。在审理中法院应当注意尽可能地不适用证明责任的规则，因为证明责任作为一种不利后果的承担毕竟是在一种拟制或假定的前提下决定的。在我国民事审判实践中，存在简单地适用证明责任规范的做法，而不是尽量综合考虑案件的证据资料解决主要事实真伪不明的问题。这一点值得我们注意。

(三)如何理解《民事诉讼法》第67条第1款的规定

《民事诉讼法》第67条第1款规定，当事人对自己提出的主张，有责任提供证据。不少人将其概括为“谁主张，谁举证”，并认为这是关于举证责任分配的原则规定。这是一种模糊的认识。关于该款规定，应当从以下几点予以理解：

其一，《民事诉讼法》该款的规定，目的在于要求当事人对于自己的事实主张，应当提供相应的证据。这是法律对提出事实主张者的要求。因为只有双方当事人都对自己的事实主张提供了证据，就便于法院对相应的事实问题予以判断，如果只是提出事实主张，而不提出相应的证据，法院难以判断。

其二，《民事诉讼法》第67条第1款规定中的主张仅限于事实主张，不包括权利主张或法律主张，需要提供证据证明的事实，不是权利。有无权利是法院依据事实，适用法律判定。

其三，《民事诉讼法》的该款规定是对提出事实主张者的一项要求，没有解决双方对一个事实都没有证明的问题时，即该事实处于真伪不明时应当如何处理(裁判)的问题。解决这一问题的规范或制度是证明责任制度，即客观证明责任，也就是《民诉法司法解释》的相关规定。《民事诉讼法》没有对证明责任以及分配作出规定。该法第67条的规定仅仅是关于主观证明责任(行为证明责任)的规定。

问题与思考

证明责任虽然是理论上的重要问题，但在我国的司法实践中，却很少直接使用作为一种结果责任的证明责任。在裁判文书中就更少见到明确通过证明责任规范进行裁判的情形。分析其主要原因在于，虽然在审判实践中案件主要事实客观上的确存在真伪不明的情形，但囿于法官对案件事实不明的忌讳，会尽可能地避免真伪不明的状态，至少在表面形成确信，因此，证明责任作为技术规范很少使用。所以，在实际中作为“谁主张，谁举证”的举证责任更为法官们所强调，法官往往认为只要根据“谁主张，谁举证”就可以充分揭示案件的事实,法官只需要根据这些事实作出认定即可。因此,要发挥证明责任作为一种应对真伪不明时的法律技术的作用,还必须正确认识案件事实真伪不明的客观化。当然,也不能在没有穷尽证据方法时,简单地适用证明责任,因为证明责任的基础是一种盖然性。

六、证明责任的分配

(一)证明责任的分配的含义

所谓证明责任的分配,是指法院在诉讼中按照一定规范或标准,将事实真伪不明时所要承担的不利后果在双方当事人之间进行划分。当作为裁判基础的案件事实处于真伪不明时,必然有一方要承担由此而带来的不利后果,那么这一后果应当由谁来承担呢?这就是证明责任分配所要解决的问题。

案件中所涉及的全部主要事实的证明责任不可能由原告或被告一方来承担,那样会导致证明责任分配的失衡,而且原告或被告与实体法律的地位并不是对应的,权利人或者义务人在诉讼中是作为原告还是作为被告会因具体案件不同而有所不同。证明责任的分配必须体现公平正义性。

(二)证明责任分配的原则

在我国《民事诉讼法》中并没有明确证明责任分配一般原则。在我国的一些实体法中有一些关于证明责任的规定,例如原《侵权责任法》和现行《民法典》侵权责任编。2001 年的《民事证据规定》也曾对某些案件的证明责任分配作了明确的规定。2015 年的《民诉法司法解释》对证明责任的分配作了一般原则的规定。2019 年的《民事证据规定》则完全没有对证明责任作出任何规定。因此,关于证明责任应当如何分配,如何理解证明责任分配的原则和特殊情形,一直是学界和实务界争论的问题。

在大陆法系国家通行的关于证明责任分配的理论为“法律要件分类说”。我国的《民事证据规定》在证明责任分配方面也借鉴这一理论,确切地讲,我国《民事证据规定》关于证明责任分配主要依据了德国法学家罗森贝克的规范说(Die Normentheorie)理论,以该理论为原则,同时也考虑了某些具体案件证明责任分配的特殊性。2015 年出台的《民诉法司法解释》第一次在规范性文本中明确证明责任分配的原则。该司法解释规定,人民法院应当依照下列原则确定举证证明责任的承担,但法律另有规定的除外:(1)主张法律关系存在的当事人,应当对产生该法律关系的基本事实承担举证证明责任;(2)主张法律关系变更、消灭或者权利受到妨害的当事人,应当对该法律关系变更、消灭或者权利受到妨害(更妥当的说法应为“妨碍”)的基本事实承担举证证明责任。这一分配原则依然采用的是法律要件分类说的理论。

在国外,证明责任分配的理论学说可以分为两大类:第一类是按照证明对象的性质来分析,确定哪些事实应当由哪一方来加以证明。例如,消极事实说和外界事实说。根据消极事实说,主张消极事实者不承担证明责任。根据外界事实说,则主张外界事实者不承担证明责任。第二类是按照法律构成要件的事实,依据不同的价值标准对证明责任加以分配。

这类学说统称为法律要件分类说。其中,具有代表性的有因果关系说、通常事实说(或称通常发生事实说)、最低限度事实说、特别要件说。[12] 罗森贝克的证明责任分配理论被称为规范说,也属于法律要件分类说这一大类。

罗森贝克的证明责任分配原则(也称罗森贝克公式)是,“如果没有一定的法规可以适用,则无法获得诉讼上请求效果的当事人,应就该法规要件在实际上已经存在的事实予以主张和举证”。“简言之,各当事人应对其有利自己的规范要件加以主张和举证。”[13] 罗森贝克的分配理论建立在对纯粹的实体法规结构的分析之上。从法律规范相互之间的逻辑关系寻找分配的原则。从对实体法律规范的分析上去寻找证明责任分配的原则,就方法论上讲并不是罗森贝克的首创。但从法律规范相互之间的关系中去发现分配的原则,应当说是罗森贝克的独创。罗氏认为,在法律规范中存在一种补足支援关系和相互对立或排斥的关系。这里的相互排斥或对立,并不是说法规相互之间存在矛盾,而是指法规中既有关于发生权利的规范,也有妨碍权利的规范或消灭权利的规范,这些规范对权利有着肯定和否定的对立关系。例如,《德国民法典》第 607 条规定,消费借贷的贷与人有请求借用人返还借贷物的权利。同时,《德国民法典》第 107 条也有关于未成年人意思表示的法律效力的规定。如果借用人为未成年人时,借贷关系便不能成立。《德国民法典》第 362 条还规定,借贷请求权因履行而消灭。《德国民法典》第 119 条规定,表意人意思表示错误的,可以撤销其意思表示。使原已生效的法律关系从一开始就无效。《德国民法典》第 222 条规定,时效消灭后,债务人即可以拒绝向债权人给付。《德国民法典》的该条规定就属于限制其债权实现的受制性规范。[14]

基于上述分析,罗森贝克将所有的实体规范首先分为彼此对立的两大类:一类是能够产生某种权利的规范。这些规范被称为“基本规范”(Grundnorm)或“请求权规范”(Anspruchsnorm)、“主要规范”(Hauptnorm)、“通常规范”(Regelnorm)。另一类是与产生权利规范相对应的,妨碍权利产生或使已经产生的权利复于消灭的规范。这类规范又可以进一步分为三类:权利妨碍规范(Rechtshindernde Norm)、权利消灭规范(Rechtsvernichthende Norm)和权利受制规范(Rechtshemmende Norm)。上面所谈到的关于借贷人可以请求借用人返还借款的规定就是权利产生规范。关于债权因债务履行而消灭的规定属于权利消灭规范。关于未成年人意思表示的规定就是权利妨碍规范。关于时效的规则则是权利受制规范。[15] 以后,罗森贝克又将权利受制规范并入权利妨碍规范,将所有规范只分为三类。

罗氏在对实体法规范作了上述分类之后,便对适用上述规范所要求的事实的证明进行

---

〔12〕 参见张卫平:《诉讼构架与程式——民事诉讼的法理分析》,清华大学出版社 2000 年版,第 278 ~ 288 页。

〔13〕 [德]L. 罗森贝克:《证明责任论》,仓田卓次译,日本判例时报社 1987 年版,第 116 页;[德]莱奥 · 罗森贝克:《证明责任论》(第五版),庄敬华译,中国法制出版社 2018 年版,第 121 页。

〔14〕 参见[德]L. 罗森贝克:《证明责任论》,仓田卓次译,日本判例时报社 1987 年版,第 117 ~ 118 页;[德]莱奥 · 罗森贝克:《证明责任论》(第五版),庄敬华译,中国法制出版社 2018 年版,第 123 ~ 124 页。

〔15〕 参见[德]L. 罗森贝克:《证明责任论》,仓田卓次译,日本判例时报社 1987 年版,第 117 ~ 118 页;[德]莱奥 · 罗森贝克:《证明责任论》(第五版),庄敬华译,中国法制出版社 2018 年版,第 123 ~ 124 页。

分配。主张权利存在的人,因为要求适用关于权利产生的规范,因此,应就权利产生的法律要件事实举证。例如,主张对方损害赔偿,就必须满足损害赔偿的法律要件。这些要件是:损害事实的存在;加害人有主观上的过错;损害事实与行为人的行为有因果关系;加害人实施了加害行为;如果赔偿请求权人不能对这些要件事实加以证明,就不能适用关于损害赔偿的法律规范,请求人的请求权也就不能成立。相应地,否认权利存在的人,应对妨碍该权利的法律要件事实举证;主张权利消灭的人,应对权利已经消灭的法律要件事实举证;主张权利受制的人,应对权利受制的法律要件事实举证。依据罗森贝克的观点,之所以要进行这样的划分,是因为法官适用法律时,首先必须确认适用该法律的法律要件事实存在,然后才能适用。主张的当事人如果不能证明该法律要件事实的存在,法官就不能依据该当事人的请求适用该法律,确认该法律效果的存在。正是由于罗氏立足于实体法律规范的相互关系,分析法律规范用语与内容的关系,以法律条文为证明责任分配的依据,所以,罗氏的分配理论就称为"规范说"。

按照《民诉法司法解释》以及《民事证据规定》的规定,合同案件和侵权案件证明责任的具体分配如下:

在合同纠纷诉讼中,主张合同关系成立并生效的一方当事人对合同订立和生效的事实承担举证责任;主张合同关系变更、解除、终止、撤销的一方当事人对引起合同关系变动的事实承担举证责任。对合同是否履行发生争议的,由负有履行义务的当事人承担举证责任(如果履行义务的内容是不作为时,从公平性考虑应当由主张权利的当事人来加以证明,因为这样更容易证明)。代理权发生争议的,由主张有代理权的一方当事人承担举证责任。

在一般侵权纠纷诉讼中,主张损害赔偿的权利人应当对损害赔偿请求权产生的主要事实加以证明,也就是指损害赔偿法律关系产生的法律要件事实,即存在侵害事实、侵害行为与侵害事实之间存在因果关系、行为具有违法性以及行为人存在过错。此外,关于免责事由就应由行为人加以证明。免责事由属于妨碍权利产生的事实。例如,损害是由受害人的故意造成的。

在法律没有具体规定,依《民诉法司法解释》、《民事证据规定》及其他司法解释无法确定举证责任承担时,人民法院可以根据公平原则和诚实信用原则,综合当事人举证能力等因素确定举证责任的承担。

(三)证明责任的倒置

证明责任倒置是民事证据实务中经常提到的一个概念,但充满争议。证明责任倒置是基于证明责任分配的调整策略。从公平正义的理念出发,证明责任的分配应当考虑其公平性。分配的公平性主要考虑的因素是双方当事人之间证明的难易、盖然性的高低、距离证据的远近以及谁承担证明责任更有利于权利保护和实现等。制定实体法时,关于特定场合中证明责任的分配都要考虑这些因素,但由于法律不可能将所有的具体情形全都加以考虑,因此人们就只能在具体规定之外提出一个一般的原则,既然作为原则就难免存在针对某些特殊案件如果按原则分配证明责任可能存在不合理的情形。**证明责任倒置就是为了**

弥补一般原则的这一不足，针对一些特殊的案件，将按照原则原本由己方承担的证明责任，改为由对方当事人承担的一种做法。

证明责任的倒置总是相对于证明责任分配的原则及“正置”而言的。在大陆法系，证明责任倒置是相对于法律要件分类说而言，是对法律要件分类说分配原则的倒置。

因为证明责任倒置是对分配原则的修正，因此，证明责任倒置必须有法律的规定，法官不可以在诉讼中任意将证明责任分配加以倒置。

《民事证据规定》的某些规定就属于证明责任倒置，例如：

第一，因新产品制造方法发明专利引起的专利侵权诉讼，由制造同样产品的单位或者个人对其产品制造方法不同于专利方法承担举证责任。按照法律要件分类说的分配原则，主张权利人本应当对侵权构成的要件事实加以证明，但从举证难易程度来讲，由被指控侵权的一方证明其产品制造方法不同于专利方法的事实更为公平，因此倒置为由其承担证明责任。

第二，因环境污染引起的损害赔偿诉讼，由加害人就法律规定的免责事由及其行为与损害结果之间不存在因果关系承担举证责任。其中，关于行为与损害结果之间不存在因果关系的证明责任由加害人承担就是证明倒置，因为按照法律要件分类说，侵权诉讼中关于因果关系的证明责任应当由受害人承担。应当注意，关于免责事由的证明责任由加害人承担并不是证明责任倒置，因为按照法律要件分类说的一般原则这原本就是由加害人承担。

第三，因医疗行为引起的侵权诉讼，由医疗机构就医疗行为与损害结果之间不存在因果关系及不存在医疗过错承担举证责任。《民事证据规定》关于因果关系和过错事实证明责任承担的规定也同样属于证明责任倒置情形。

此外，《民法典》第 1222 条（原《侵权责任法》第 58 条）规定，患者在诊疗活动中受到损害，有下列情形之一的，推定医疗机构有过错：(1)违反法律、行政法规、规章以及其他有关诊疗规范的规定；(2)隐匿或者拒绝提供与纠纷有关的病历资料；(3)遗失、伪造、篡改或者违法销毁病历资料。根据该条规定，对于医疗机构的侵权责任适用过错推定原则，那么也就不再要求医疗机构对过错存在与否承担证明责任，因此《民事证据规定》的上述规定中，也就仅有“因果关系”仍然适用“倒置规则”。

应当注意的是，《民法典》该条规定出台之后，关于医疗行为引发的侵权诉讼，关于医疗机构过错的证明，不再实行证明责任倒置。根据该条规定，对于医疗机构的侵权责任适用过错推定原则，那么也就不再要求医疗机构对过错存在与否承担证明责任，由于《民诉法司法解释》和 2019 年的《民事证据规定》没有关于类似 2001 年的《民事证据规定》中关于医疗侵权行为因果关系证明倒置的规定，所以一般认为在医疗侵权诉讼的证明中不能适用证明责任倒置。

推定与证明责任倒置的区别在于：(1)证明责任的倒置是无条件的，推定则是有条件的。一旦法律、法规、司法解释规定了关于某一事实的证明实现证明责任的倒置，则对方当事人必须对此承担证明责任。与此不同，推定只有在满足一定的条件下才能予以推定，例如,《民法典》第 1222 条(原《侵权责任法》第 58 条)规定的,关于医疗过错的推定条件。(2)证明的要求有所不同。一旦实行证明责任倒置,则只要承担证明责任的一方没有能够证明或虽有证明,但依然使该事实处于真伪不明状态时,就得承担相应的不利后果。与此不同,虽有推定,但不利的一方可以通过提出反证推翻推定。在有的情况下,两者的证明难度有所不同。

还应当注意的是,即使法律、法规、司法解释中存在证明倒置的规定,也并非将按照一般分配原则分配给当事人的证明责任全部加以倒置,而是看法律、法规、司法解释具体对哪些事实的证明予以倒置。例如,一般情形下,关于损害事实的证明通常就没有实行倒置,仍然由权利人即受害人加以证明。例如,在上述三类案件诉讼中,关于损害事实的证明都没有倒置。

七、证明标准

(一)证明标准概述

所谓证明标准,是指法院在诉讼中认定案件事实所要达到的证明程度。证明标准是法院判断待证事实的基准。在诉讼中,如果该待证事实的证明没有达到证明标准时,该待证事实就处于真伪不明的状态。证明已达到证明标准时,法院就应当以该事实作为裁判的依据。

证明标准与当事人行使诉讼权利、法院行使审判权以及证明责任问题之间有密切的关系。当有争议的待证事实一旦确定由哪一方当事人承担证明责任后,紧接着的问题就是证明应当达到怎样的程度,才不至于使待证事实处于真伪不明的状态。如果证明没有达到这一状态,便要实际承担相应的不利后果。证明标准的意义在于,对当事人来讲,只有了解了证明标准,才知道应当具有哪些证据或如何证明才能达到证明的要求,而不至于使当事人在证据不足时贸然提起诉讼,或者在已经达到证明标准时仍未提起诉讼。在诉讼中反证的运用也与证明标准有密切的关联。当负有证明责任的一方当事人的证明已经达到证明标准,法官有可能认定时,就必须提出反证推翻本证。这样可以避免反证的盲目性。对于具体认定案件的法官而言,只有明确证明标准,才能够正确把握认定案件事实所需要具备何种程度的证据,才能以此衡量待证事实是否已经得到证明,进而要求当事人进一步补充证据加以证明。

(二)民事诉讼中的证明标准

1. 关于证明标准的学说

关于证明标准主要有以下观点:

第一种,客观真实说。

“客观真实说”在我国证据理论中长期以来占据主导地位。这种观点认为,无论是民事诉讼,还是刑事诉讼都要求查明案件客观真实。法院在认定案件事实时,要达到“事实清楚,证据确实充分”的程度。因此,当事人对案件事实的证明也应当满足这一要求。“所谓

'确实充分',既包括对案件证据质的要求,也包括对案件证据量的要求,其标志是:(1)据以定案的证据均已查证属实;(2)案件事实均有必要的证据加以证明;(3)证据之间、证据与案件事实之间的矛盾得到合理排除;(4)得出的结论是唯一的,排除了其他的可能性。"[16]这一证明标准适用于民事、刑事、行政诉讼,因此也称为"一元化证明标准"。其实这与其说是证明标准,还不如说是法院认定事实、作出裁判的标准。这种认识并没有从当事人证明的角度去考虑,而是从法院认定事实的角度去考虑的,如果要说这是关于证明标准的界定,也不过是一种迂回和间接的界定。

"客观真实说"近年来不断受到质疑。质疑者主要有以下批判观点:(1)民事诉讼和刑事诉讼不应当采取一元化的标准,要求民事诉讼的证明也要满足"客观真实"的要求未免太高。因为民事诉讼主要是解决当事人之间的民事权利义务争议,属于私权性质的纠纷,其承担责任的方式主要是财产责任。在这类解决私权纠纷的诉讼中,当事人的意志起着十分重要的作用,证明标准也不必达到那么高的要求。[17] (2)"客观真实说"强调了客观真理的绝对化,没有考虑案件事实还有其相对性的一面,从而也将证明标准提高到了不应有的高度。另外,在法律中规定的法律推定和法律上的拟制本身就没有强调这种客观真实。[18]

第二种,高度盖然性说。

"高度盖然性"是大陆法系国家和英美法系民事诉讼中普遍采用的证明标准。大陆法系明确规定证据判断的原则是自由心证原则,按照自由心证原则,法官对证明的接纳应当是当事人的证明使其达到内心确信。因此,证明度与法官内心确信的形成或固定有直接关系。当事人的证明达到使法官能对待证事实的认定形成"内心确信"时,证明就是成功的。所谓盖然性,是指法官从证据资料看,待证事实具有存在与否的某种可能性。这种事实存在与否的可能性具有一定的幅度,有低的盖然性、较高的盖然性和高度的盖然性。低的盖然性,是指无法使法官获得认定事实的确信。较高的盖然性,是指证明已经达到了使法官确信所主张的事实有较大可能性是如此的程度。高度的盖然性,是指证明虽然没有达到使法官对待证事实确信只能如此的程度,但已经相信存在极大可能或非常可能如此的程度。高度盖然性证明标准可适用于民事诉讼的一般情形,即一般情形下应当满足高度盖然性的要求,但在个别情形下,对于举证特别困难的案件,为减轻当事人的举证负担,有利于权利维护,仅要求较高的盖然性即可。

与刑事诉讼的证明标准有所不同,刑事诉讼的证明标准一般要求为证明需达到一种使法官确信的状态或能够排除一切合理怀疑。刑事诉讼的证明标准要高于民事诉讼。这是由两种诉讼不同的性质决定的。民事诉讼中,证据一般由当事人自己收集,如果民事诉讼也要求很高的证明标准将会使民事权利很难得到维护和实现。而且民事诉讼涉及的一般是财产权利,不同于涉及人身权利的刑事案件。

---

〔16〕 王圣扬:《论诉讼证明标准的二元制》,载《中国法学》1999 年第 3 期。

〔17〕 参见罗玉珍、高委主编:《民事证明制度与理论》,法律出版社 2003 年版,第 624 页。

〔18〕 参见毕玉谦:《民事证据法及其程序功能》,法律出版社 1997 年版,第 72 ~ 75 页。

2.《民诉法司法解释》中的证明标准

一般标准。2015 年实施的《民诉法司法解释》第一次在司法解释中明确了民事诉讼的证明标准。该司法解释将民事诉讼中的证明标准分为两类:一类可以称为一般标准,适用于一般或多数情形;另一类为特殊标准,仅针对特定情形。一般标准表述为“高度可能性”。与大陆法系国家通常的标准——所谓高度盖然性相同。根据《民诉法司法解释》的规定,对负有举证证明责任的当事人提供的证据,人民法院经审查并结合相关事实,确信待证事实的存在具有高度可能性的,应当认定该事实存在。

特殊标准或例外标准。《民诉法司法解释》和 2019 年的《民事证据规定》规定的特殊证明标准可以概括为“排除合理怀疑”,类似于刑事诉讼中的证明标准。按照相关规定,当事人对欺诈、胁迫、恶意串通事实的证明,以及对口头遗嘱或者赠与事实的证明,人民法院确信该待证事实存在的可能性能够排除合理怀疑的,应当认定该事实存在。之所以对欺诈、胁迫、恶意串通事实的证明采用排除合理怀疑这样的高标准,是基于维护交易的安定性,如果标准为高度盖然性则容易导致推翻既定的法律关系。

八、质证

(一)质证的概念

所谓质证,是指当事人、诉讼代理人及第三人在法庭的主持下,对当事人及第三人提出的证据就其真实性、合法性、关联性以及证明力有无、大小予以说明和质辩的活动或过程。

质证制度的意义在于,通过质证程序使审理更加公开,法院能够正确地认定证据、保障当事人的程序权利。《民事证据规定》规定,证据应当在法庭上出示,由当事人质证。未经质证的证据,不能作为认定案件事实的依据。

质证不同于诉讼中的对质。对质,是指在庭审中,双方当事人各自申请的具有专门知识的人相互之间就其对案件事实中专门问题的认识所进行的说明和质辩。对质与质证的相同点在于:两者都是在双方之间展开的行为;其行为都表现为对某一对象的说明和质辩;两者都涉及案件的事实。不同的是:质证是在当事人、诉讼代理人、第三人之间进行,而对质则是在案外的具有专门知识的人之间进行的;对质的目的是便于法院通过比较获得对专门问题的正确认识,而质证的目的在于法院正确认定证据。

(二)质证的主体

质证的主体,是指在质证过程对证据予以说明、质辩的主体。质证的主体范围包括当事人、诉讼代理人和第三人。法院是证据认定的主体,而不是质证的主体。

(三)质证的客体

质证的客体,是指质证主体质证行为的对象。质证客体是证据。其客体范围是当事人向法院提出的证据,包括根据当事人的申请由法院调查收集的证据。在质证时,根据当事人申请由法院调查收集的证据作为提出申请的一方当事人提供的证据。

法院依职权调查收集的证据不属于质证的对象。法院应当将依职权调查收集的证据在庭审中予以出示，听取当事人的意见，并可以就调查收集该证据的情况予以说明。当事人可以质疑法院调查收集的合法性、真实性和关联性问题，但不能同法院就这些问题在法庭上进行质辩。这是由法院在诉讼中的中立、裁判的地位所决定。如果法院在听取当事人意见后，发现所收集的证据本身或收集证据的方法有问题时，应当自行撤回该证据。

(四)质证的程序

在法庭审理中，质证按照以下程序进行：(1)原告出示证据，被告、第三人与原告进行质证；(2)被告出示证据，原告、第三人与被告进行质证；(3)第三人出示证据，原告、被告与第三人进行质证。

(五)质证中应当注意的几个问题

一是当事人在证据交换过程中认可并记录在卷的证据，无须进行质证，可以作为认定案件事实的依据，但审判人员应当在庭审中对此说明。当事人在证据交换过程中已经认可的证据即表明当事人双方对该证据的证明力没有异议。

二是涉及国家秘密、商业秘密和个人隐私或者法律规定的其他应当保密的证据，不得在开庭时公开质证。因为如果公开质证就有可能泄露国家秘密、商业秘密以及侵害个人隐私。《民事诉讼法》规定，涉及国家秘密、个人隐私的案件不应当公开审理，而涉及商业秘密的案件是可以不公开审理也可以公开审理，可以理解为根据具体情况而定。需要注意的是，由于《民事证据规定》规定商业秘密的案件不得公开质证，因此即使涉及商业秘密的案件法院公开审理的，也不能公开质证。也就是说，公开审理的案件有可能存在不公开质证的情形。不公开审理的案件，如果涉及上述三类案件的一定是不公开质证，但不公开质证并不等于不质证，不公开质证可以理解为质证涉及国家秘密、商业秘密和个人隐私的证据时，不得有不得接触该国家秘密、了解该商业秘密和知晓隐私权的人在场。如果质证的对方当事人属于不得接触该国家秘密的人时，实际上质证就无法进行。这种情况下，应当在当事人证明其属于国家秘密时，由法院直接对该证据的效力加以认定。涉及商业秘密和个人隐私的应当视具体情况而定。

三是对书证、物证、视听资料进行质证时，当事人有权要求出示证据的原件或者原物。但以下情况除外：(1)出示原件或者原物确有困难并经人民法院准许出示复制件或者复制品的。(2)原件或者原物已不存在，但有证据证明复制件、复制品与原件或原物一致的。要求出示证据的原件或者原物主要目的在于有效地质证证据的法律效力和证明力。(3)法律或司法解释规定的其他情形。

四是质证一般采取一证一质，逐个进行的方法，也可以在对方同意的情况下，对一组有关联的证据一并予以质证。当案件有两个以上独立的诉讼请求的，当事人可以分别围绕其诉讼请求逐个予以质证。法庭应当将当事人的质证情况记入笔录，并由当事人核对后签名或者盖章。已经质证的证据一般不得重复质证。

九、认证

(一)认证的概念

所谓认证,是指法庭对经过质证或者当事人在证据交换中认可的各种证据材料作出审查判断,确认其能否作为认定案件事实的根据。

认证的目的是确认证据能否作为认定案件事实的依据,是正确认定案件事实的前提和基础。认证的具体内容是对作为认证对象的证据资料是否具有证明力及证明力大小进行审查确认。

(二)认证的基本要求

认证的正确与否关系到公正裁判与否的重大问题。认证虽然是审判人员的判断,但这种判断并不是主观随意的,必须遵循其基本要求和原则性规范。认证的基本要求和原则性规范是:依照法定程序,全面、客观地审核证据,依据法律的规定,遵循法官职业道德,运用逻辑推理和日常生活经验法则。没有遵循这些要求的认证都将是错误和违法的认证,对证据证明力大小有无的认定就是无效的。

为了保证认证的程序正义性,法庭应当公开证据认定的理由和结果。当事人对认证理由和结果有异议的,也可以向法庭提出自己的意见,应当服从法庭对证据的最终认定。

(三)认证的方法

审判人员对单一证据可以从下列方面进行审核认定:(1)证据是否为原件、原物,复印件、复制品与原件、原物是否相符;(2)证据与本案事实是否相关;(3)证据的形式、来源是否符合法律规定;(4)证据的内容是否真实;(5)证人或者提供证据的人,与当事人有无利害关系。

审判人员对案件的全部证据,应当从各证据与案件事实的关联程度、各证据之间的联系等方面进行综合审查判断。

(四)认证中应当注意的几个问题

一是关于调解或和解认可的事实能否作为证据的问题。在诉讼中,当事人为达成调解协议或者和解的目的作出妥协所涉及的对案件事实的认可,不得在其后的诉讼中作为对其不利的证据。这是因为,前诉当事人之间在调解协议或者和解中所认可的事实没有经过法院的审核认定,未必是真实的事实。法律允许其认可的事实作为调解或和解的基础是基于当事人的处分权。因此,不能将未经法庭认定的这一事实作为后诉定案的证据。

二是有些证据不能独立作为认定案件事实的依据。认证应当是法官根据具体情况,按照认证的基本要求和原则进行的,但为了防止认定的随意性,对有些能够确定的情形,制度上也会规定具体的认证规则。例如,按照《民事证据规定》的规定,下列证据就明确不能单独作为认定案件事实的依据:(1)未成年人所作的与其年龄和智力状况不相当的证言;(2)与一方当事人或者其代理人有利害关系的证人出具的证言;(3)存有疑点的视听资料;(4)无法与原件、原物核对的复印件、复制品;(5)无正当理由未出庭作证的证人证言。

三是如何认定证据的证明力。如何认定证据的证明力应当注意以下情形:(1)一方当事人提出的下列证据,对方当事人提出异议但没有足以反驳的相反证据的,人民法院应当确认其证明力:书证原件或者与书证原件核对无误的复印件、照片、副本、节录本;物证原物或者与物证原物核对无误的复制件、照片、录像资料等;有其他证据佐证并以合法手段取得的、无疑点的视听资料或者与视听资料核对无误的复制件;一方当事人申请人民法院依照法定程序制作的对物证或者现场的勘验笔录。(2)一方当事人提出的证据,另一方当事人认可或者提出的相反证据不足以反驳的,人民法院可以确认其证明力。一方当事人提出的证据,另一方当事人有异议并提出反驳证据,对方当事人对反驳证据认可的,可以确认反驳证据的证明力。(3)双方当事人对同一事实分别举出相反的证据,但都没有足够的依据否定对方证据的,人民法院应当结合案件情况,判断一方提供证据的证明力是否明显大于另一方提供证据的证明力,并对证明力较大的证据予以确认。(4)人民法院就数个证据对同一事实的证明力,可以依照下列原则认定:国家机关、社会团体依职权制作的公文书证的证明力一般大于其他书证;物证、档案、鉴定结论、勘验笔录或者经过公证、登记的书证,其证明力一般大于其他书证、视听资料和证人证言;原始证据的证明力一般大于传来证据;直接证据的证明力一般大于间接证据;证人提供的对与其有亲属或者其他密切关系的当事人有利的证言,其证明力一般小于其他证人证言。

十、证明妨害的对策

(一)证明妨害的含义与背景

证明妨害或证明妨碍,单从字面上理解,有他人阻碍证明人证明的意思。这也是"证明妨害"一词最广义的理解。如果将妨害人和证明人特定化,则证明妨害就有了狭义的含义:**指不负有证明责任的一方当事人通过作为或不作为阻碍负有证明责任的一方当事人对其事实主张的证明**。德国法中的"Beweisvereitelung"和日本法中的"证明妨害制度"中所指的证明妨害就是这一含义。

当事人要使自己的事实主张能够得以认可,就需要对该主张进行证明。对方当事人的阻碍行为必然导致负有证明责任的当事人有可能不能证明其主张的事实,而承担其不能证明的不利后果。因此,证明妨害的非正义是不言自明的。在我国,随着民事诉讼体制的转轨、民事审判方式的改革,越来越强调当事人在揭示案件事实方面的作用,当事人的证明责任(举证责任)已经在民事诉讼中得以确立,法院也已经不再像过去那样大量进行职权调查,法院的作用转变为更为消极的证据审查和判断。这种转变也自然增加了当事人自行收集证据的压力,当事人需要掌握更多的证据来证明自己的主张,以摆脱因不能证明所带来的不利后果。由于当事人利益的对立性,对方当事人的成功证明,也就意味着对己方的不利,因此,在现实中也就必然发生一方当事人阻碍另一方当事人证明的现象,常见的有:销毁、藏匿、篡改可用于对方证明的证据资料;通过手段阻止证人出庭作证;等等。实践中就曾经发生过债务人将债权人出示的欠条当场吞下或撕毁的事情。法院在遭遇此类情形时,往往不知如何裁判,认为无法依据事实进行裁判,如果承认当事人的请求,这样的裁判是否错判,心里没底。这种吞下或撕毁欠条行为的实质是销毁证据,当然也属于妨害证明的行为。妨害证明的行为从原理上讲是违反民事诉讼诚实信用原则的,是民事诉讼法不能允许的行为,因此,如何应对是立法、司法和理论上应当探讨的问题。

(二)适用强制措施

在我国民事诉讼法中,并非没有关于对付证明妨害的制度措施,虽然规定有限和存在不完善之处。《民事诉讼法》第十章("对妨害民事诉讼的强制措施")中就规定了有关的措施。《民事诉讼法》中规定的"以暴力、威胁、贿买方法阻止证人作证或者指使、贿买、胁迫他人作伪证"的行为都属于妨害证明的行为。在民事诉讼实践中,以暴力、威胁、贿买方法阻止证人作证或指使、贿买、胁迫他人作伪证是经常可以见到的,尤其是以暴力、威胁、贿买方法阻止证人的情况。一般情形是,负有证明责任的当事人向法院提出证人名单后,该证人由于对方当事人的阻碍而不愿或不能出庭作证。在《民事诉讼法》中,这些妨害行为被归入妨害民事诉讼的行为,其违法性被界定在对民事诉讼秩序的妨害这一层面。对此,采取的对策是,法院可以对行为人处以罚款、拘留等措施。构成犯罪的,依法追究其刑事责任。正因为将这些行为作为妨害民事诉讼行为的一种,因此在措施上也就必然以维护民事诉讼秩序正常进行为主要目的,主要是通过惩戒,达到一般预防的目的,不可能具体考虑证明妨碍的救济问题,这使现行《民事诉讼法》在消除妨碍证明影响方面的对策尚有较大的局限性。另外,如果在诉讼中,证人本人没有告发对方当事人有暴力、威胁、贿买方法阻止证人作证的行为,法院难以对其行为人实施强制措施。

(三)法院调查取证

妨害证明的行为包括了藏匿、转移、销毁证据以及阻止证人出庭作证等。一旦行为人实施这些行为,对方当事人便很难获得证据对自己的事实主张加以证明。对这种情形,可利用民事诉讼法规定的法院调查取证制度,即当事人向法院申请,由法院依职权向持有证据的对方当事人调查取证。《民事诉讼法》规定:当事人及其诉讼代理人因客观原因不能自行收集的证据,或者人民法院认为审理案件需要的证据,人民法院应当调查收集。《民事证据规定》也明确规定:当事人及其诉讼代理人确因客观原因不能自行收集的其他材料,人民法院可根据当事人的申请调查收集。同时,《民事诉讼法》还规定,人民法院有权向有关单位和个人调查取证,有关单位和个人不得拒绝。适用这些规定,在一定程度上可以化解证明妨害行为的后果。

但这种对策面临两个问题:其一,只能在一定程度上化解证明妨害的影响,即只有在该证据没有消失,依然为当事人所持有、控制,并最终愿意提供证据的情形下才能发生作用,如果证据已经消失或者当事人坚持不提供,则法院调查取证依然不会有所收获。其二,当事人申请范围应当如何限制,不致造成诉讼上的不平等。从当事人诉讼"武器平等"的原则考量,法院调查取证的范围应当有所限制,如果不加以限制,势必会影响当事人诉讼地位平等性。一方面,法院的调查取证对当事人无疑是一种负担,当事人提供证据也是时间和物资的耗费;另一方面,法院的调查取证行为在实施中很容易转化为一种探知手段,而具有

“侦查性”，无疑使法院成为一方当事人延长诉讼的手段。虽然可以认为这种调查取证对于当事人双方都是平等的，但在证据“偏在”的情况下，于个案中，这种“武器不平等”将是很明显的。因此，法院调查取证应当谨慎。从目前的制度设计来看，这种限制主要是通过对当事人申请事由的限制来实现的，即只有“因客观原因”不能收集的，才可以向法院提出申请。因实施证明妨害行为而导致一方当事人不能收集的，应当属于“因客观原因不能自行收集”的情形。另外，还应当考虑两点：其一，应当从证据与当事人证明对象的关系来限制法院调查取证的范围，与当事人在案件中的证明对象无关的证据，法院不应当调查取证。其二，应明确提出证据的特权范围，即在哪些情况下，当事人没有义务向法院提供证据。这一点，需要通过修改法律或司法解释来加以实现。

（四）推定主张成立

现代型社会必然伴随现代型纠纷。环境污染纠纷、产品质量纠纷和医疗纠纷等大量增加都可以说是现代社会的产物。这些纠纷的一个突出特点，是所谓“证据的偏在性”，即大量能够证明法律要件事实的证据被集中控制于一方当事人，且往往是加害的当事人一方。这是由于损害形成过程处于一方当事人的控制之中，能够证明加害人加害行为的证据资料也自然存在于这一封闭的过程和空间之中，从而形成主要证据的“偏在性”。对受害人来讲，遭受损害只是损害行为的“输出”，受害人所掌握的证据主要是有关损害结果的事实，这虽也是一种“证据偏在”，但前一种“偏在”更集中体现了现代型纠纷的特点。这种“证据偏在”使一方当事人欲实施作为或不作为的证明妨害也变得更加容易，相反，权利人要实现其权利也随之变得更加困难。正因如此，世界各国也都十分关注现代型纠纷中证明妨害的问题。

最高人民法院在制定《民事证据规定》时，已经注意到了“证据偏在”和证明妨害的问题，并在《民事证据规定》中提出了证明妨害的相应对策。《民事证据规定》规定：“有证据证明一方当事人持有证据无正当理由拒不提供，如果对方当事人主张该证据的内容不利于证据持有人，可以推定该主张成立。”我们不妨把这种规则或制度称为“主张推定成立”。在运用这一规则时，如何理解“无正当理由拒不提供证据”是十分重要的问题。“无正当理由拒不提供证据”，表明证据持有人有义务提供证据，只有在有正当理由时才能免除其义务。那么这种义务来自何处呢？只要负有证明责任的当事人证明需要的证据为对方当事人持有，对方当事人就有义务提供该证据吗？

目前，在我国民事诉讼法中并没有规定，根据一方当事人的请求，持有证据的当事人就有义务提供所持证据。在没有保护性条款规定（在哪些情形下可以免除提供证据的义务）的情况下，如果有这样的规定也是有问题的。在德国、日本等大陆法系国家一般都规定有所谓“文书提出命令制度”。《德国民事诉讼法》规定，举证人断定证书在对方当事人手中时，应在申请证据的同时，申请命令对方当事人提出证书。依照民法的规定，举证人可以要求交出或提出证书时，对方当事人有提出证书的义务。法院认为，应由证书证明的事实是重要的。并且认为申请有理由，而对方当事人承认证书为其持有，或者默认对方申请时，法院可命令该当事人提出证书。《日本民事诉讼法》规定，有下列情形，文书持有人不得拒绝提出:(1)当事人在诉讼中所引用的文书由自己持有时;(2)对文书持有人,举证人可以请求交付或阅览的;(3)文书是为举证人的利益而制作或举证人与文书持有人之间的法律关系而制作的。

上述指出,当对方当事人持有证据,且不愿意提供时,一般情况下可以构成当事人不能自行收集证据的客观情形,此时,如果当事人向法院提出申请,法院有权向该证据持有人调查取证,持有人有提供证据的相应义务。不过,此种情形的证据提供义务,其主体并不限于对方当事人,而是所有持有证据的人(这种规则与大陆法系国家的文书提出命令制度有很大的差异)。因此,《民事证据规定》的"主张推定成立",实际上就需要满足以下条件:(1)一方当事人持有证据;(2)持有证据的事实被对方当事人所提供的证据证明;(3)无正当理由拒不提供对方所要求的证据;(4)当事人持有的证据对自己不利;(5)向法院提出申请后,法院向该当事人取证,但没有获得该证据。《民事证据规定》并没有将证据形式限定在证书或文书,可以认为包括物证、书证和视听资料等。一旦具有上述条件,当事人关于该证据内容的主张便可以推定成立。

"主张推定成立"制度,从规定的表述来看,应当属于证据推定的一种。从理论上一般认为推定的根据是"经验法则",即按照经验法则——如果是对自己有利的证据,在一般情形下,当事人没有理由不提供出来,正是因为对自己不利,才在无正当理由的情形下仍然拒不提供——推定该证据有利于对方当事人。区别于大陆法系有些学者主张的拟制真实。

虽然《民事证据规定》中规定了"主张推定成立"制度,但实际这一制度的运用是比较复杂的,其复杂性体现在如何确定推定的主张?《民事证据规定》表述为"对方当事人主张该证据的内容不利于证据持有人,可以推定该主张成立",因此,可以认为"该主张"的内容是指"该证据的内容"。以产品质量纠纷诉讼为例,案件争议的一个事实问题是产品有无质量问题,具体涉及材料的质量问题。原告认为,材料不符合国家有关标准,而被告认为所进的材料没有质量问题。原告认为,被告进货的材料就是次品,要求被告出示其供货单以及相应的品质证明资料,以说明材料有质量问题。被告却告知供货单和相关资料已经丢失,无法提供。按照《民事证据规定》的规定,原告应当证明产品存有质量问题的事实,但由于被告拒绝提供相关证据,使这一事实难以证明。在这种情形下,推定的主张应当是关于材料存有质量问题的主张,也就是证据的内容,而不是供货单本身。

对此有人担心,如果证据持有人拒绝提供证据,便推定对方关于证据内容的主张成立,那岂不是过于主观化,即对方主张什么就是什么,这合理吗?其实这种情形发生的可能性很小。在证据内容方面,不外乎两个方面:一方面,是否存在某种事实,而这只有两种情形,即有与无;另一方面,在存在某种事实的基础上,还存在量的问题,即证据内容涉及数量的确定问题。容易发生与客观事实不一致的情形主要在数量方面。例如,一方当事人认为对方当事人持有的证据——收据可以证明所欠数额为3000元,而对方认为,收据已经丢失,无法提出。此时,按照《民事证据规定》的规定,当事人关于债务数额为3000元的主张便可以成立。这样会不会导致主张的随意性,而完全偏离案件的真实呢?这里应当说明的是,即使提出主张的当事人在诉讼一开始就预料对方当事人会拒绝提供证据,也不大可能提出一个大大超出真实数额的主张,因为一旦大大超过,使对方当事人蒙受大的损失,对方当事人如有证据在手,必然出示证据加以证明。在对方当事人拒绝提供证据后,提出主张的当事人想借此变更事实主张是不被允许的,审判人员能够判断该行为的企图。当然,也不排除提出主张的当事人事先将对方持有的证据盗走或销毁,然后提出一个预谋的债权数额,由于对方当事人无法提供证据,而使自己的主张推定成立,但这种情形如果数额很大则已经构成刑事犯罪,将被纳入另外一种程序,不是民事诉讼程序所要解决的问题,不必杞人忧天。

(五)证明责任倒置

对于证明妨害,国外判例中还采取证明责任倒置的对策。在大陆法系国家,证明责任倒置是相对证明责任分配的一般原则而言的,即按照证明责任分配的原则应当由一方当事人加以证明的事实,倒置为由另一方当事人加以证明。证明倒置在国外,一是依照法律规定,通常是实体法的规定;二是依照判例。在对方实施妨害证明的作为或不作为时,按照判例,原本由负有证明责任的当事人加以证明的事实,倒置为由实施妨害证明的一方当事人加以证明。例如,在医疗事故纠纷诉讼中,医疗机构一方篡改或销毁医疗记录;在环境污染纠纷诉讼中,排放污染物的企业将有关设施拆除,导致因果关系不明;等等。按照证明责任分配的一般原则,受害人应当对医疗机构有过错、医疗行为与损害结果之间存在因果关系等加以证明。因为医疗记录被销毁或篡改导致存在过错和因果关系的事实不能被受害人证明时,关于没有过错和不存在因果关系的证明责任就在加害人——医疗机构一方,如果医疗机构不能证明时,就要承担相应的不利后果。在医疗事故纠纷诉讼中,如果证明责任不倒置,则不能证明的不利后果将由受害人承担的话,这样必然不利于权利的维护和实现。日本、德国和韩国都在判例上采取了证明责任倒置的做法。

我国的情形与此不同,我国《民事证据规定》对医疗事故纠纷的诉讼,直接采取了证明责任倒置的做法,即不存在过错和因果关系的证明责任均在医疗机构一方,而不是在受害人一方。外国法的做法是只有在医疗机构一方实施证明妨害行为时,才对有无因果关系和过错的证明责任予以倒置。对于医疗事故纠纷究竟是一律适用证明责任倒置,还是一般情形依然适用证明责任分配的原则,仅在实施证明妨害行为时,作为一种对策适用证明责任倒置,两种做法的优劣评估是比较困难的。

存在证明妨害时可适用证明倒置,其法理在于,如果没有对方当事人妨害证明的行为,负有证明责任的一方当事人是能够证明的,由于对方实施妨害证明的行为导致无法加以证明,因而承担不利后果,这对原来负有证明责任的一方当事人是不公平的,因此,应当将证明责任倒置给对方当事人,以求诉讼的公正性。倒置的结果是否一定是对方不能证明倒不一定,因为实施了妨害证明的行为使原负有证明责任的当事人不能证明存在因果关系,并不能排除加害人运用其他证据能够证明因果关系不存在的可能性。因此,证明责任倒置与推定主张成立在效果上还不能画等号。在我国,由于产品质量纠纷诉讼没有采取证明倒置的做法,因此,能否通过判例或司法解释确立在这些案件中如果当事人实施证明妨害行为时,适用证明责任倒置的做法是值得考虑的对策之一。

证明责任倒置需要考虑的问题是,是否应当区分证明妨害的主观心态,即是否应当区别妨害行为人在主观上的故意和过失。甚至进一步将过失区分为重过失或轻过失。对于因过失导致证据丢失,虽然也造成证明的妨害,但毕竟不同于故意所为,如果证明责任倒置是基于对妨害行为人制裁的考虑,则更应当考虑主观方面的差异。如果要考虑,就需要结合下面我们要谈到的措施。在故意的场合,可适用证明责任倒置;在过失的场合,可降低证明标准的要求。因为适用前者对妨害行为人而言更为不利,降低标准毕竟还是要承担证明责任,而前者则完全倒置为由妨害行为人承担证明责任。

(六)降低证明标准

除上述对策外,对于实施证明妨害的另一对策是降低当事人证明的证明标准。所谓证明标准,通常是指法院在诉讼中认定案件事实所要达到的证明程度。达到证明标准时,法院就应当以该事实作为裁判的依据;反之,没有达到法院认定案件事实所要求的程度,当事人的证明就不能成立,如果主张的事实因此而真伪不明的,该当事人就要承担相应的不利后果。在发生证明妨害时,降低证明标准的做法既不同于"主张推定成立"的做法,也不同于证明责任倒置的做法。通过降低当事人证明标准,使当事人即使在缺乏某些证据时也能够实现其主张的证明。对方当事人实施妨害行为结果往往是使负有证明责任的当事人在证明时无法达到所要求的证明标准,从而使自己处于有利的地位。因此,如果能够降低证明标准,这种妨害的损失就会因此降低,也同样能够保障权利的实现,体现诉讼的公正性。这种观点为大陆法系国家相当一部分学者所持。不过这种做法的实施,必须有一个前提,即法官对证明标准的把握可以自由裁量,如果不能自由裁量,也就无法根据个案情况适用证明标准。民事诉讼证明标准,按照大陆法系国家的通说为"高度盖然性说",是指当事人的证明虽然没有达到使法官对待证事实确信只能如此的程度,但已经相信存在极大可能或非常可能如此的程度。而如何把握所谓高度盖然性,需要法官的自由裁量。将证明标准从"高度盖然性"降为"中度盖然性"或"低度盖然性",也同样需要法官根据具体情况自由裁量,因为"低度盖然性"、"中度盖然性"以及"高度盖然性"之间的差异并非十分明晰,尤其是在相近盖然性之间。而究竟是降为低度盖然性,还是中度盖然性,也需要法官的自由裁量。不过这种方法目前在我国是否行得通是有疑问的。一方面,尽管事实上诉讼实践中实际存在法官自由裁量,但人们的观念和正统的法理上并未认可自由心证原则;另一方面,社会缺乏对法官素质和品性充分和广泛的信任,法官对证明标准的自由判断,必将遭受人们强烈的质疑,因此,笔者以为此对策恐非良策。

(七)拟制自认

对妨害证明,人们还设想了另一对策——拟制自认,即当对方当事人实施了妨害证明的行为,妨碍当事人证明时,视对方当事人承认另一方当事人提出的事实主张。自认制度原本是一种基于权利处分自由的制度,即在一方当事人对另一方当事人的事实主张予以承认的情况下,免除该当事人对其主张进行证明的责任,法院在没有明显违反事实的情况下也不得对该承认的事实进行调查,并以该承认的事实作为裁判的依据。这里作为妨害证明对策的自认并不是对方当事人对另一方当事人的承认,而是一种拟制自认。与推定主张成立相比,拟制自认无须推定所需要的前提条件,如经验法则。从理论上讲,作为推定成立的事实主张,如果有相反的证据能够加以证明时,推定的事实不能成立,当事人仍然需要对主张的事实加以证明,也就是说,推定的主张存在被推翻的可能性。根据《民事证据规定》的规定,推定的事实,如果对方当事人有相反的证据足以推翻时,当事人依然需要对主张的事实加以证明。拟制自认就不存在这一问题。但拟制自认与自认的基本含义相差较大,实际上,拟制自认,不过是想取得自认的效果,即免除主张者对主张事实加以证明而已,故在制度上还不如直接规定免除当事人的证明责任以实现权利救济来得自然。因此,拟制自认也并非上策。

十一、事实判断的原则

(一)事实判断原则概述

裁判需以案件事实为基础,因此对案件事实的判断或认定是裁判的关键。所谓案件事实的判断原则,是指法院认定事实的基本要求或规范。在大陆法系国家,历史上曾经有过法定证据原则,以后随着诉讼理念、司法制度、人权观念、对诉讼规律的认知的发展,确定将自由心证原则作为事实判断的基本原则,该原则也是民事诉讼的重要原则。

在我国,由于受阶级意识形态的影响,一直视自由心证原则为资产阶级国家民事诉讼的原则,因而否定自由心证。通常的提法是实事求是的原则。实事求是作为人们对待外部世界的一种认知和行为态度,自然是正确的。不过作为一种针对案件事实判断的规范而言,其法律上的意义就不大了。当然,自由心证原则的重要意义主要是针对法定证据原则而言的。如果没有法定证据原则,也就不会有自由心证原则。自由心证原则的主要内容都是针对法定证据的,是法定证据的否定或反对。

从自由心证原则与法定证据原则的历史联系来看,由于我国没有大陆法系国家那样的法定证据原则的历史,加之,司法制度的特定背景以及受政治意识形态的影响,因此,对自由心证原则没有多少认同度。另外,因为我国司法制度的现代化还有待较大程度的改革和完善,所以,某种形式的法定证据化还难以避免。《民事证据规定》关于证据认定的相关规定就多少反映了这一现实。

(二)法定证据原则

法定证据原则的内容主要体现在两个方面:其一,是指作为事实判断依据的证据方法是法定的。其二,证据证明力的大小是法定的。例如,关于某一个事实的证据,不同社会地位的证人,其证明力是不一样的。根据法定证据原则的要求,法官在认定事实时必须受法定证据方法和法定证据证明力规定的限制,不能自由加以判断和认定。

法定证据原则的目的是通过限制法官对事实的自由裁量,以保持事实认定的统一性,防止恣意擅断。法定证据原则的生成与尚未建立现代司法制度、法官素质不高、社会缺乏对法官的信赖、经济与社会关系相对简单的历史背景有关。

法定证据原则的问题在于,试图将社会经验法则法定化以实现事实认定的统一性是根本不可能的。由此,依据简单化的法定证据规范往往不可能达成事实判断的客观和公正。

(三)自由心证原则

正是因为法定证据原则无法实现事实判断的客观和公正,最大限度地还原案件真实,因此,必须依赖于法官在没有证据方法和证明力限制的前提下,根据案件具体情形自由判断。而现代司法制度的建立,使法官的素质和权威的提高或维系有了制度保障,保证法官对事实的自由判断而不会擅断。因此,没有现代司法制度的建立,自由心证原则是无法适用的。

自由心证原则的主要内容体现在三个方面:其一,作为事实判断依据的证据在证据方法上没有限制。例如,对合同成立与否的判断,在证据方法上没有限制,既可以是证人证言、书证、物证,也可以是电子数据。其二,证据证明力的大小没有限制,证明力的大小完全由法官自由裁量。其三,自由心证原则并非法官完全自由,凭主观意志随意对事实作出判断。从不受证据方法和证明力法定化的限制而言,法官的判断的确是自由的,但是法官必须根据经验法则以及综合全案的情形作出判断,在这一点上法官是不自由的。这是对法官事实判断的内在制约,也是自由心证原则的核心内容。准确地讲,自由心证原则其实应当称为“经验法则原则”。

自由心证原则对我国事实判断原则的启示和借鉴在于,必须坚持以经验法则为根据这一内部制约原则。如果做到这一点,也可以认为在一定程度上超越了司法体制的约束。

第六单元

诉讼保障机制

第十六章 期间与送达

本章目次

一、期间

二、送达

一、期间

（一）期间的概念

1. 期间的含义

期间，是指法院、当事人和其他诉讼参与人单独或者会合实施或者完成诉讼活动所应遵守的时间。其中，法院、当事人和其他诉讼参与人单独实施或者完成诉讼活动所应遵守的时间就是期限，如举证期限；法院、当事人和其他诉讼参与人一同实施或者完成诉讼活动所应遵守的时间就是期日，如开庭审理日。

期限和期日是既有联系又有区别的两个概念。它们两者的联系主要是期日总是体现为期限中的某一日。它们两者的区别主要体现在以下几方面：(1)期限是有开始日和届满日的一段时间；期日是特定的某一天。(2)期限有法定期间、指定期间和约定期间之分；而期日只有指定期日和约定期日。这是因为期日必须要根据某个具体的诉讼活动来确定，无法由法律事先就加以规定。(3)期限是法院、当事人和其他诉讼参与人单独完成诉讼活动的时间；而期日是他们会合在一起完成诉讼活动的时间。

通常认为，期间可以从广义和狭义两方面来理解。广义的期间，包括期限和期日；狭义的期间，只指期限而不包括期日。在我国民事诉讼理论和立法中，通说采用的是狭义说，即期间只指期限。因此本部分以下内容，如无特别说明，期间只是指期限。

2. 期间的意义

民事诉讼是一个需要法院、当事人和其他诉讼参与人投入大量时间的活动。如果所投入的时间不足，常常会使纠纷得不到合理的解决，而投入的时间过多，又会造成诉讼迟延，导致“迟来的正义”。法谚曰：“迟来的裁判就是对正义的否定。”为保证法院、当事人和其他诉讼参与人有足够的时间进行诉讼，同时又为了防止诉讼拖延，民事诉讼法规定了期间制度。

我国民事诉讼法规定期间制度的目的，一方面是保证法院、当事人和其他诉讼参与人有足够的时间完成相应的诉讼活动；另一方面也通过规定他们完成诉讼活动的期限，防止拖延诉讼，从而提高诉讼效率。

（二）期间的种类

期间根据不同的标准，可以进行不同的分类：

1. 法定期间、指定期间和约定期间

根据期间是由法律规定的、法院指定的，还是由当事人约定的，期间可以分为法定期间、指定期间和约定期间三类。此处的法律，不仅是指全国人大及其常委会所制定的法律，如《民事诉讼法》，而且还包括最高人民法院所作的有关民事诉讼程序问题的司法解释。

法定期间是指法律直接规定的期间。例如，简易程序的审理期限，法律规定是 3 个月。法定期间通常是以特定法律事实作为起算点的，例如，一审的审限是从立案的次日起开始计算的。对于法定期间，除法律另有规定以外，法院、当事人和其他诉讼参与人均不得加以变更。他们可以选择在法定期间内的任何时间完成诉讼活动。但他们完成诉讼活动的时间，不能超过法定期间。也就是说，如果他们在法定期间内完不成相应的诉讼活动，就会引起相应的法律后果。例如，一审判决的当事人没有在法定的上诉期间递交上诉状的，就视为未提出上诉。

指定期间是指法律明确授权法院根据审理案件的具体情形，依职权指定的期间。例如，法院可以根据案件情况指定举证期限。在多数情况下，法院所指定的期间，是当事人或者其他诉讼参与人实施或者完成特定诉讼活动的期限。法律授权法院指定期限的原因在于案件审理情况千差万别，很难用一个统一的时间来加以规定。而通过授权法院根据案件审理的具体情况来指定期间，既可以使当事人或者其他诉讼参与人有足够的时间实施或者完成相应的诉讼活动，又不会造成诉讼拖延。为防止法院指定的期间过短，损害当事人的诉讼权利，有时法律会对指定期间的范围作出规定，例如，人民法院确定的举证期限，第一审普通程序案件不得少于 15 日。

约定期间是指当事人根据法律的规定，协商一致并经法院认可的期间。例如，当事人可以约定举证期限。在《民事证据规定》颁布之前，我国民事诉讼法中只有法定期间和指定期间的规定。但《民事证据规定》为尊重当事人的处分权，规定当事人可以约定举证期限，从而在法定期间和指定期间之外，还规定了我国民事诉讼中的约定期间。

2. 不变期间和可变期间

根据期间被确定以后，是否可以变更，分为不变期间和可变期间。不变期间是指一经确定，法院、当事人和其他诉讼参与人就必须要严格遵守，不得加以变更的期间。可变期间是指期间确定后，如果在规定的时间内出现了当事人无法完成特定诉讼活动的情况，法院可以根据当事人申请或者依职权加以变更的期间。

一般而言，法定期间就是不变期间。但也有一些法定期间，法律规定可以根据具体情况加以调整。例如，对于一审普通程序的审限，法律规定是 6 个月，但如果有特殊情况，由本院院长批准，可以延长 6 个月，经上级法院批准，还可以延长。

(三)期间的计算

根据我国《民事诉讼法》的规定,期间以时、日、月、年计算,并遵循以下四项原则:

1. 期间以时、日、月、年计算

计算期间的单位是以时、日、月、年计算,但对于具体的诉讼活动,是以时、日、月为计算单位,还是以年为计算单位,则需要由法律明确规定、法院指定或者当事人约定。

2. 期间开始的时和日,不计算在期间内

期间如果是以小时为单位计算的,开始的小时不计算在内,从下一个小时开始计算。终期则根据期间的实际小时数相加确定。期间如果是以日为单位计算的,开始的日也不计算在内,从第二天开始计算。终期则根据期间的实际天数相加确定。

同样地,如果期间是以月和年为单位计算的,由于它们实际上是由日组成的,因此也是从第二天开始计算。终期则是根据期间的实际月数或者年数相加所确定的届满月或者届满年的始期对应日。如果没有对应日的,就以该月的最后一天为届满日。

3. 期间届满的最后一日是节假日的,以节假日后的第一日为期间届满的日期

此处的"节假日"是指国家法定的节假日,例如,元旦、春节、五一劳动节、国庆节、周末(含周六、周日)。但是应当注意的是,如果节假日是在期间中间的而不是在期间届满的最后一日,那么就不扣除。

4. 期间不包括在途时间,诉讼文书在期满前交邮的,不算过期

此处的"在途时间",是指诉讼文书在邮寄途中所花费的时间。确定诉讼文书交邮的时间,通常是以邮寄地邮局所盖邮戳上的时间为准。

(四)期间的耽误

期间的耽误,是指当事人或者其他诉讼参与人本应当在法定期间、指定期间或者约定期间内实施或者完成诉讼活动,却因为某种原因未能实施或者完成该诉讼活动的状态。

如果期间的耽误是因为当事人或者其他诉讼参与人主观方面的原因,那么他们就丧失了进行某种诉讼活动的权利,由此会承担相应的不利后果。

如果期间的耽误是因为某种客观原因,根据我国《民事诉讼法》的规定,当事人可以申请顺延期限,或者由法院依职权决定顺延期限或者重新指定期日。我国《民事诉讼法》规定了期限顺延的条件:(1)当事人因不可抗拒的事由或者其他正当理由耽误期限的;(2)在障碍消除后的10日内,可以申请顺延期限。但是否准许,由人民法院决定。此处的"不可抗拒的事由",通常是指主观上无法预见、客观上无法避免和克服的客观情况。"其他正当理由"通常是指不可抗拒的事由之外并且因为某种客观原因而造成期间耽误的情况。

二、送达

(一)送达的概念和意义

1. 送达的概念

送达是指法院依法定的程序和方式,将诉讼文书送交给当事人或者其他诉讼参与人的

行为。作为一种诉讼行为,送达具有以下特点:(1)送达的主体只能是法院。当事人及其他诉讼参与人之间以及他们向法院送交诉讼文书都不是送达。(2)送达的对象只能是当事人及其他诉讼参与人。法院向当事人及其他诉讼参与人之外的人(例如上下级法院之间)发送或者报送材料就不是送达。(3)送达的内容只能是诉讼文书。在诉讼中法院送达的诉讼文书主要有:判决书、裁定书、决定书、调解书、支付令、起诉状副本、答辩状副本、上诉状、传票、通知书等。(4)送达必须要按照法定的程序和方式进行。不按照法定的程序和方式进行,送达将不会发生相应的法律效果。

2. 送达的目的

送达的目的在于让受送达的当事人和其他诉讼参与人能够充分了解到诉讼文书的内容,并据此参加诉讼活动,行使自己的诉讼权利和承担自己的诉讼或实体义务。

3. 送达的法律效果

送达既是我国民事诉讼中的一项制度,又是法院的一项权力。通过送达,诉讼文书会产生相应的法律效果。例如,一审判决书一旦送达,便可产生当事人提起上诉的法律效果。一经送达便产生羁束力,法院不能收回该判决书,不经过上诉,法院不能改变判决的内容。只有在特殊情形下,经过再审法院才能改变判决内容。

正是因为送达具有使法律文书实际发生法律效果的作用,所以实践中存在受送达人故意躲避不接受送达的现象。目前,对于故意不接受送达的行为尚未有明确的法律应对措施。此种行为的法律应对,可以采用在认定受送达人故意躲避送达行为的情形下采用送达告知的方式,无须受送达人签收或回复。故意躲避送达的,不应以受送达人知晓为前提。

(二)送达的方式

根据《民事诉讼法》的规定,送达有七种方式:

1. 直接送达

直接送达是指人民法院派专人将诉讼文书直接送交给受送达人本人的送达方式。

直接送达是首选的送达方式,因为直接送达不仅需要的时间最短,而且最为可靠。根据《民事诉讼法》的规定,在采用直接送达时,应当注意以下几点:(1)送达诉讼文书,应当直接送交受送达人。(2)受送达人是公民的,本人不在的则交他的同住成年家属签收。(3)受送达人是法人或者其他组织的,应当由法人的法定代表人、该组织的主要负责人或者办公室、收发室、值班室等负责收件的人签收或者盖章,拒绝签收或者盖章的,适用留置送达。(4)受送达人有诉讼代理人的,人民法院既可以向受送达人送达,也可以向其诉讼代理人送达。受送达人指定诉讼代理人为代收人的,向诉讼代理人送达时,适用留置送达。(5)人民法院直接送达诉讼文书的,可以通知当事人到人民法院领取。当事人到达人民法院,拒绝签署送达回证的,视为送达。审判人员、书记员应当在送达回证上注明送达情况并签名。人民法院可以在当事人住所地以外向当事人直接送达诉讼文书。当事人拒绝签署送达回证的,采用拍照、录像等方式记录送达过程即视为送达。审判人员、书记员应当在送达回证上注明送达情况并签名。(6)受送达人的同住成年家属,法人或者其他组织的负责收件的人,诉讼代理人或者代收人在送达回证上签收的日期为送达日期。

2. 留置送达

留置送达是指当受送达人拒绝签收所送达的诉讼文书时，送达人依法将诉讼文书放置在受送达人住所即视为完成送达的送达方式。

根据《民事诉讼法》及《民诉法适用意见》的规定，采用留置送达时，应当注意以下几点：(1)受送达人或者他的同住成年家属拒绝接收诉讼文书的，送达人可以邀请有关基层组织或者所在单位的代表到场，说明情况，在送达回证上记明拒收事由和日期，由送达人、见证人签名或者盖章，把诉讼文书留在受送达人的住所，即视为送达。根据《民诉法司法解释》的规定，有关基层组织和所在单位的代表可以是受送达人住所地的居民委员会、村民委员会的工作人员以及受送达人所在单位的工作人员。(2)向法人或者其他组织送达诉讼文书，应当由法人的法定代表人、该组织的主要负责人或者办公室、收发室、值班室等负责收件的人签收或盖章，拒绝签收或者盖章的，适用留置送达。(3)受送达人有诉讼代理人的，人民法院既可以向受送达人送达，也可以向其诉讼代理人送达。受送达人指定诉讼代理人为代收人的，向诉讼代理人送达时，适用留置送达。(4)受送达人拒绝接受诉讼文书，有关基层组织或者所在单位的代表及其他见证人不愿在送达回证上签字或盖章的，由送达人在送达回证上记明情况，把送达文书留在受送达人住所，即视为送达。(5)受送达人或者他的同住成年家属拒绝接收诉讼文书的，也可以把诉讼文书留在受送达人的住所，并采用拍照、录像等方式记录送达过程，即视为送达。这种方式与前面需要相关的人员见证的情形相比无疑要更加容易。预计在今后的留置送达中，这种方式将会为送达机构所普遍采用。(6)调解书应当直接送达当事人本人，不适用留置送达。当事人本人因故不能签收的，可由其指定的代收人签收。

3. 委托送达

委托送达是指受诉法院在直接送达诉讼文书有困难时，委托其他法院代为送达的送达方式。委托其他人民法院代为送达的，委托法院应当出具委托函，并附需要送达的诉讼文书和送达回证，以受送达人在送达回证上签收的日期为送达日期。委托送达的，受委托人民法院应当自收到委托函及相关诉讼文书之日起 10 日内代为送达。

4. 邮寄送达

邮寄送达是指受诉法院在直接送达诉讼文书有困难时，通过将诉讼文书以邮局挂号的方式邮寄给受送达人的送达方式。

采用邮寄送达时，应当注意以下两点：(1)邮寄送达是与委托送达相并列的一种送达方式。根据《民事诉讼法》的规定，法院直接送达诉讼文书有困难时，既可以委托其他人民法院代为送达，又可以邮寄送达。(2)采用邮寄送达时，根据《民诉法适用意见》的规定，应当附有送达回证。挂号信回执上注明的收件日期与送达回证上注明的收件日期不一致的，或者送达回证没有寄回的，以挂号信回执上注明的收件日期为送达日期。

5. 电子送达

《民事诉讼法》规定，经受送达人同意，人民法院可以采用传真、电子邮件等能够确认其收悉的方式送达诉讼文书，但也明确规定判决书、裁定书、调解书除外。电子送达方式是适应社会电子化的发展趋势,也是司法电子化、司法智能化的具体措施之一。电子送达是提高诉讼效率的重要手段。

但鉴于当时的信息技术发展境况,移动技术还未发展到很高的阶段,移动终端还未完全普及到一般民众,电子信息传输确认技术方面也还不够成熟。此时,电子送达方面还使用的是传真、电子邮件等。随着信息化、数字化、智能化技术在我国的飞速发展,在城市中,除了小部分老年群体之外,智能手机已经相当普及。过去常用的传真方式已经很少使用,网络技术发达的今天,就现在的信息传输技术而言,实现完整清晰的文字和图像传输已经没有问题。因此,在只要能够确认受送达人使用智能手机,并掌握信息下载和阅读技能的情形下,采用微信或其他传输方法完全可以用于所有诉讼文书包括判决书、裁定书、调解书的送达。现在需要解决的是立法方面的跟进。在电子送达的法律规制方面,需要通过立法确认电子送达的条件、程序和效果。目前,通过司法解释推进电子送达依然存在法律方面的障碍,2020 年出台的《在线诉讼规则》依然明确电子送达不得使用于判决书、裁定书、调解书。显然,原《民事诉讼法》的规定已经不能适应社会的发展。2021 年《民事诉讼法》进行了再次修正,其中一个修改之处,就是允许人民法院使用电子方式送达诉讼法律文书,其中包括判决书、裁定书、调解书。送达难的问题在较大程度上能够化解。

《民事诉讼法》规定,使用电子送达需要满足两个条件:(1)需经受送达人同意;(2)采用能够确认其收悉的电子方式进行送达。对于送达文书为判决书、裁定书、调解书的,当事人要求提供纸质文书的,应当为其提供纸质文书。关于适用电子送达的条件,笔者认为,只要规定"能够确认其收悉的电子方式"即可,没有必要规定"经受送达人同意"。对于何谓能够确认其收悉的电子方式,人民法院可以根据实际情形,通过内部规则予以细化。

关于电子送达的日期,按照 2021 年《民事诉讼法》的规定,受送达人已向人民法院提供或者确认电子地址的,以送达信息到达该电子地址的日期为送达日期。受送达人未向人民法院提供或者确认电子地址的,以能够确认收悉的日期为送达日期。

6. 转交送达

转交送达是指法院将诉讼文书交给受送达人所在机关、单位,让他们转交给受送达人的送达方式。

根据《民事诉讼法》的规定,转交送达主要适用于以下情形:(1)受送达人是军人的,通过其所在部队团以上单位的政治机关转交;(2)受送达人被监禁的,通过其所在监所转交;(3)受送达人被采取强制性教育措施的,通过其所在强制性教育机构转交。

代为转交的机关、单位收到诉讼文书后,必须立即交受送达人签收,以在送达回证上的签收日期为送达日期。

7. 公告送达

公告送达是指在受送达人下落不明时或者在采用上述送达方式无法送达时,法院发出公告将送达内容告诉社会公众,经过法定期间即视为送达的送达方式。

采用公告送达应当注意以下几点:(1)采用公告送达的前提是受送达人下落不明,或者采用以上六种送达方式无法送达的。(2)公告送达起诉状或上诉状副本的,应说明起诉或上诉要点,受送达人答辩期限及逾期不答辩的法律后果;公告送达传票,应说明出庭地点、时间及逾期不出庭的法律后果;公告送达判决书、裁定书的,应说明裁判主要内容,属于一审的,还应说明上诉权利、上诉期限和上诉的人民法院。(3)公告送达,可以在法院的公告栏和受送达人住所地张贴公告,也可以在报纸、信息网络等媒体上刊登公告,发出公告日期以最后张贴或者刊登的日期为准。对公告送达方式有特殊要求的,应当按要求的方式进行。公告期满,即视为送达。人民法院在受送达人住所地张贴公告的,应当采取拍照、录像等方式记录张贴过程。(4)公告送达的期间。2021 年《民事诉讼法》修正之前,法律规定自发出公告之日起经过 60 日,即视为送达。基于当今社会资讯已经较之前有很大的发展,公告知悉所需要的时间也相应地大大缩短,因此,为了提高诉讼效率,2021 年《民事诉讼法》将过去规定公告送达的期间从 60 日缩短为 30 日,即自发出公告之日起经过 30 日,即视为送达。(5)适用简易程序的案件,不适用公告送达。

(三)送达的效力和送达回证

1. 送达的效力

送达的效力,是指法院依法定的程序和方式,将诉讼文书送达给当事人或者其他诉讼参与人后所产生的法律效果。

因为所送达的诉讼文书不同,送达的效力表现在以下几个方面:(1)受送达人实施诉讼行为、行使诉讼权利和履行诉讼义务的起始时间得以确定。例如,当事人对判决的上诉期 15 日,是从判决书送达之日起开始计算。[1] (2)受送达人接受送达以后,如果没有按照所送达的诉讼文书的要求实施特定的诉讼行为,就会承担相应的法律后果。例如,当事人在判决送达后 15 日内,没有在判决书上诉期间向所载明的上诉法院提交上诉状的,就视为放弃上诉的权利。[2] (3)送达能够引起特定诉讼法律关系的产生或者消灭。例如,法院立案以后,将起诉状副本送达被告,就使被告与受诉法院之间产生民事诉讼法律关系。(4)送达是某些诉讼文书发生法律效力的要件之一。例如,调解书只有经过当事人签收才能发生法律效力,如果当事人一方拒绝签收调解书的,调解书就不发生法律效力。[3]

2. 送达回证

送达回证是指法院制作的用于证明受送达人已经收到法院所送达的诉讼文书的书面凭证。

根据《民事诉讼法》的规定,送达诉讼文书必须有送达回证,由受送达人在送达回证上记明收到日期,签名或者盖章。受送达人在送达回证上的签收日期为送达日期。

---

[1] 《民事诉讼法》规定:当事人不服地方人民法院第一审判决的,有权在判决书送达之日起 15 日内向上一级人民法院提起上诉。

[2] 可结合《民诉法适用意见》第 178 条的规定予以理解。

[3] 可结合《民诉法适用意见》第 95 条的规定予以理解。

问题与思考

关于送达难及制度应对

在我国民事诉讼实践中有所谓"送达难"的说法。送达难被司法实务界公认为民事司法实践的"第一难"。之所以成为"第一难",是因为我国独特的社会环境,包括司法环境。"送达难"有多重含义。其一,送达难是针对直接送达而言,即所谓难是直接送达难。难就难在,送达要求以直接送达为原则,非直接送达为例外。例如,如果都可以使用公告送达的方式,则就无所谓难不难的问题了,或者将留置送达适用条件放宽或降低,送达难也会有所消解。其二,送达难是针对受送达人拒绝接受而言。由于受送达人拒绝接受送达,因此必然导致难以直接送达。在我国的现实情形下,由于人口流动频繁,难以找到受送达人,一旦受送达人拒绝接受送达时,自然会导致直接送达的困难。又由于法律文书送达是法律文书发生法律效力的一个前提,因此,如果不能送达就将使送达的法律文书不能发生法律效力。

2012 年《民事诉讼法》修正,在应对送达难的问题上也采取了相应的对策。主要是采取了更为简便的留置送达的方法。留置送达是专门用于当受送达人拒绝接受送达时的一种送达方式。2007 年《民事诉讼法》应对拒绝接收送达的规定是,"受送达人或者他的同住成年家属拒绝接收诉讼文书的,送达人应当邀请有关基层组织或者所在单位的代表到场,说明情况,在送达回证上记明拒收事由和日期,由送达人、见证人签名或者盖章,把诉讼文书留在受送达人的住所,即视为送达"。从实践中来看,2007 年《民事诉讼法》的规定显然还不能有效应对送达难,因为邀请有关基层组织或者所在单位的代表到场往往也是十分困难的。为了应对这一问题,2012 年《民事诉讼法》进一步扩大了留置送达的适用方法,增加了一个选项。2012 年《民事诉讼法》规定除了可适用 2007 年《民事诉讼法》原有的方法之外,"也可以把诉讼文书留在受送达人的住所,并采用拍照、录像等方式记录送达过程,即视为送达"。2012 年《民事诉讼法》的规定实际上是简化了视为送达的程序,即无须邀请有关基层组织或者所在单位的代表在场,自然也就无须见证人签名或者盖章。与 2007 年《民事诉讼法》需邀请有关代表到场的方法相比,2012 年《民事诉讼法》的规定显然有利于留置送达的实现。

不过,由于后一种方法显然比前一种方法更容易,拍照或录像这种记录方法对于现在的法院是极其简单的事情。同样可以视为送达的情形下,大概没有人愿意采用前一种方法。因此,不如仅规定后一种情形。拍照、录像等方式记录送达的方式最大的问题是可能导致这一方法的滥用,因为这种方法成本最低。好在受送达人之所以拒绝接受送达通常是已经知晓送达文书的内容或基本内容,否则,受送达人不会拒绝接受送达。

当然,适用留置送达方式送达有一个在法律上没有解决的问题,即如何认定受送达人拒绝接受送达的行为。拒绝接受送达是留置送达的前提,而实践中常常不是直接拒绝接受,而是无法找到受送达人,以逃避接受、消极拒绝。对此,法律上没有明确规定逃避接受为拒绝接受,似乎也不好规定。问题就转化为如何将逃避送达的行为锁定为拒绝送达的行为。这里也涉及一个对送达制度的根本认识。送达就是让受送达人知晓送达的法律文书,以便行使权利,履行义务。逃避送达的实质是义务人拒绝履行义务。送达难主要是因为受送达人拒绝接受送达造成的,是有意阻碍法律文书生效的行为。因此法律不能因为其故意不履行接受义务,反而有认可其行为的不当后果。由此,应对送达难的对策就可采取"送达场所告知制度",即让受送达人事先向法院告知可送达的场所。受送达人改变送达场所的,应及时通报变更场所。如果在该场所无法实施直接送达,即可采取留置送达的方式。以现在的通信手段,即使改变工作或居住场所,也可以非常容易告知法院可送达的场所,除非拒绝送达。这种制度也符合民事诉讼诚实信用原则，是一种可行的方法。送达难是一个实务问题，主要是因为制度上的缺陷，只要制度上的问题解决了，相信送达难的问题也就基本化解了。

现在应对送达难的主要对策是使用“送达地址确认书”制度。在2015年《民诉法司法解释》规定该制度之后，2017年最高人民法院在《关于进一步加强民事送达工作的若干意见》中又进一步细化了具体内容，使该制度具有了实用性。该制度的作用在于确保送达地址为受送达人认可的地址。如果受送达当事人确认变更送达地址，则必须以特定的方式告知送达法院。该制度的法律效果在于，只要法院按照确认书中的送达，则该送达就具有直接送达的法律效力。不至于因为受送达人以不在送达地址或已变更地址为由无法产生送达效果。“送达地址确认书”制度的确在解决送达难的问题上起到了重要作用。这也是国外民事诉讼中所采取的做法。但该制度发挥作用有一个前提，即受送达人需事先签订“送达地址确认书”文本。而在被告没有应诉的情形下，是无法签订确认书的。因此，在被告缺席的情形下，就只能采取公告送达的方式。

第十七章 保 全

本章目次

一、财产保全

（一）财产保全的概念和种类

1. 财产保全的概念

财产保全，是指人民法院根据利害关系人或者当事人的申请，或者由人民法院依职权对当事人的财产所采取的限制其处分或者转移的强制性措施。

2. 财产保全的种类

民事诉讼中的保全制度包括以下两种：

◆**第一种，诉前财产保全**

诉前财产保全，是指起诉前，法院根据利害关系人的申请，对被申请人的有关财产所采取的强制性保护措施。在现实生活中，有时在民事争议发生以后，利害关系人可能来不及起诉，但如果不立即采取财产保全措施，可能会因为有关财产被处分或者被转移，导致利害关系人的合法利益受到难以弥补的损害。针对这种情况，我国《民事诉讼法》规定了诉前财产保全制度。

根据《民事诉讼法》的规定，采取诉前财产保全措施应当具备以下条件：

第一，必须情况紧急，如果不立即采取财产保全措施，申请人的合法权益就会受到难以弥补的损失。情况紧急，是指债务人有可能马上转移、处分财产，或者因为某种客观原因，财产有可能发生毁损、灭失。发生这种情况时，如果不立即采取财产保全措施，即使将来申请人胜诉，其财产权利也很难得到实现。实践中，关于财产保全措施必要性这一点容易被忽视。常见的错误是，只要申请人提供了担保，就无条件裁定实施保全措施，从而给被申请人的利益造成损害。

第二，必须由利害关系人提出申请。也就是说，诉前财产保全措施，不能由法院依职权采取。这是诉前财产保全措施与诉讼财产保全措施的区别之一。

第三，申请人应当提供担保。要求申请人提供担保，是因为申请人与对方之间的民事权利义务关系和责任问题并不清楚，为了防止因为错误的财产保全给对方造成损害，法律要求申请人提供相应的担保。如果申请人不提供担保的，法院应当驳回申请。

第四，应当向被保全财产所在地法院、被申请人住所地或者对案件有管辖权的人民法院提出申请。被保全财产所在地法院，可能并不是争议纠纷的管辖法院，但被保全财产所在地法院，会因此而取得对争议纠纷的管辖权。在人民法院采取诉前财产保全后，申请人起诉的，可以向采取诉前财产保全的人民法院提起，也可以向其他有管辖权的人民法院提起。申请人在人民法院采取保全措施后30日内应当起诉。超过30日不起诉的，人民法院应当解除财产保全。

◆第二种，诉讼财产保全

诉讼财产保全，是指法院在案件审理过程中，为防止因为一方当事人的行为或者其他原因，使生效的判决不能执行或者难以执行，根据当事人的申请或者由法院依职权，对当事人的财产或者诉讼标的物所采取的强制性保护措施。诉讼财产保全主要是为了防止一方当事人在诉讼过程中恶意转移、处分、毁损财产，从而使将来的判决无法执行或者难以执行。通过诉讼财产保全，能够保证判决在生效后真正得到执行。

根据《民事诉讼法》的规定，采取诉讼财产保全措施应当具备以下条件：

第一，必须是因为当事人一方的行为或者其他原因，使将来的生效判决不能执行或者难以执行。当事人一方的行为，主要是指一方当事人有转移、处分、毁损财产和使财产灭失的行为。其他原因，主要是指当事人行为之外的，可能会使有关财产毁损、灭失的原因，例如，因为气候变化导致特定的财物变质腐烂。

第二，采取诉讼财产保全的案件仅限于有给付内容的案件，因为没有给付内容就没有保全的必要。

第三，采取诉讼财产保全，通常是根据当事人申请，但法院认为有必要时，也可以依职权裁定采取财产保全措施。

(二)财产保全的范围和措施

1. 财产保全的范围

根据《民事诉讼法》的规定，保全限于请求的范围，或者与本案有关的财物。

“限于请求的范围”，是指被请求保全财产的价值，应当与诉讼请求的金额大体相当。“与本案有关的财物”，是指利害关系人之间争议的即将起诉的标的物，或者当事人之间争议的标的物，但也可以是与本案标的物有关的其他财物，例如，抵押物、质押物、留置物。

债权可以作为被保全的对象。《民诉法适用意见》规定，债务人的财产不能满足保全请求，但对第三人有到期债权的，人民法院可以依债权人的申请裁定该第三人不得对本案债务人清偿。该第三人要求偿付的，由人民法院提存财物或价款。

抵押物、留置物可以作为被保全的对象。《民诉法适用意见》规定，人民法院对抵押物、留置物可以采取财产保全措施，但抵押权人、留置权人有优先受偿权。

但是，对案外人的财产不得采取保全措施，对案外人善意取得的与案件有关的财产，一般也不得采取财产保全措施。[1]

2. 财产保全的措施

根据《民事诉讼法》的规定，财产保全措施主要有：查封、扣押、冻结或者法律规定的其他方法。

人民法院在财产保全中采取查封、扣押、冻结财产措施时，具有妥善保管被查封、扣押、冻结财产的义务。

不宜由人民法院保管的，人民法院可以指定被保全人负责保管；不宜由被保全人保管的，可以委托他人或者申请保全人保管。查封、扣押、冻结担保物权人占有的担保财产，一般由担保物权人保管；由人民法院保管的，质权、留置权不因采取保全措施而消灭。

人民法院指定被保全人保管的财产，如果继续使用对该财产的价值无重大影响，可以允许被保全人继续使用；由人民法院保管或者委托他人、申请保全人保管的财产，人民法院和其他保管人不得使用。

人民法院在财产保全中采取查封、扣押财产措施时，应当妥善保管被查封、扣押的财产。如果是交给当事人或者有关单位保管的，当事人和有关单位应当妥善保管。当事人、负责保管的有关单位或个人以及人民法院，原则上都不得使用被查封、扣押的财产。但如果被查封、扣押的是不动产和特定的动产（如车辆、船舶等），如果由当事人负责保管的，其仍然可以使用，但不得处分。

人民法院对不动产和特定的动产（如车辆、船舶等）进行财产保全，可以采用扣押有关财产权证照并通知有关产权登记部门不予办理该项财产的转移手续的财产保全措施；必要时，也可以查封或扣押该项财产。

人民法院冻结财产后，应当立即通知被冻结财产的人。财产已被查封、冻结的，不得重复查封、冻结。

法律规定的其他方法主要包括：（1）保存变卖价款的措施。依照《民诉法司法解释》的规定，人民法院对季节性商品、鲜活、易腐烂变质以及其他不宜长期保存的物品采取保全措施时，可以责令当事人及时处理，由人民法院保存价款；必要时，人民法院可予以变卖，保存价款。（2）限制义务人支取收益。人民法院对债务人到期应得的收益，可以采取财产保全措施，限制其支取，通知有关单位协助执行。（3）限制清偿。债务人的财产不能满足保全请求，但对第三人有到期债权的，人民法院可以依债权人的申请裁定该第三人不得对本案债务人清偿。该第三人要求偿付的，由人民法院提存财物或价款。

（三）财产保全的程序

1. 财产保全的申请和担保

诉前财产保全只能由利害关系人申请，人民法院不得依职权决定，并且利害关系人必须提供担保。利害关系人提供担保的数额应相当于请求保全的数额。申请人不提供担保

---

[1] 参见《最高人民法院关于在经济审判工作中严格执行〈中华人民共和国民事诉讼法〉的若干规定》第14条的规定。

的，法院依法裁定驳回申请。

诉讼财产保全可以由当事人申请，也可以由人民法院依职权决定，法院可以责令申请人提供担保。法院责令申请人提供担保的，申请人必须提供担保，否则法院将依法驳回申请。

2. 财产保全的裁定和执行

人民法院接受申请后，对诉前财产保全，必须在 48 小时内作出裁定；对诉讼财产保全，情况紧急的，也必须在 48 小时内作出裁定。

人民法院裁定采取财产保全措施后，就应当立即开始执行，有关单位有义务协助法院执行。

当事人对财产保全裁定不服的，可以申请复议一次。复议期间不停止裁定的执行。

《民诉法司法解释》又进一步对财产保全的裁定与执行作出了补充性规定：(1)对当事人不服一审判决提起上诉的案件，在第二审人民法院接到报送的案件之前，当事人有转移、隐匿、出卖或者毁损财产等行为，必须采取保全措施的，由第一审人民法院依当事人申请或者依职权采取。第一审人民法院的保全裁定，应当及时报送第二审人民法院。(2)第二审人民法院裁定对第一审人民法院采取的保全措施予以续保或者采取新的保全措施的，可以自行实施，也可以委托第一审人民法院实施。再审人民法院裁定对原保全措施予以续保或者采取新的保全措施的，可以自行实施，也可以委托原审人民法院或者执行法院实施。(3)法律文书生效后，进入执行程序前，债权人因对方当事人转移财产等紧急情况，不申请保全将可能导致生效法律文书不能执行或者难以执行的，可以向执行法院申请采取保全措施。债权人在法律文书指定的履行期间届满后 5 日内不申请执行的，人民法院应当解除保全。(4)财产保全的被保全人提供其他等值担保财产且有利于执行的，人民法院可以裁定变更保全标的物为被保全人提供的担保财产。(5)保全裁定未经人民法院依法撤销或者解除，进入执行程序后，自动转为执行中的查封、扣押、冻结措施，期限连续计算，执行法院无须重新制作裁定书，但查封、扣押、冻结期限届满的除外。

(四)财产保全的解除

《民诉法司法解释》规定，人民法院裁定采取保全措施后，除作出保全裁定的人民法院自行解除或者其上级人民法院决定解除外，在保全期限内，任何单位不得解除保全措施。

根据《民事诉讼法》《民诉法司法解释》《最高人民法院关于人民法院办理财产保全案件若干问题的规定》的规定，有下列情形之一的，人民法院应当裁定解除财产保全措施：

一是诉前财产保全的申请人在法定期间内不起诉或申请仲裁。诉前财产保全的申请人，应当在人民法院采取保全措施后 30 日内起诉。超过 30 日不起诉的，人民法院应当解除财产保全。法律作出这种规定，一方面是为了促使申请人尽快起诉，使民事纠纷及时得到解决；另一方面也是为了保护被申请人的合法权益，避免其因为财产保全时间过长或者保全错误而受到损失。

二是仲裁机构不予受理仲裁申请、准许撤回仲裁申请或者按撤回仲裁申请处理的，或者仲裁申请或者请求被仲裁裁决驳回的。

三是其他人民法院对起诉不予受理、准许撤诉或者按撤诉处理的,或者起诉或者诉讼请求被其他人民法院生效裁判驳回的。

四是被申请人提供了担保。被申请人提供了担保,实际上就消除了将来判决生效以后不能执行或者难以执行的问题,也就没有必要再采取财产保全措施。

五是申请人在财产保全期间内经法院同意撤回申请。

六是财产保全的原因已经不存在。利害关系人或者当事人向法院申请采取财产保全措施,主要是因为当事人一方有转移、处分、毁损财产或使财产灭失的行为或者有其他原因可能会使将来的判决不能执行或者难以执行。如果这些采取财产保全措施的原因已经不存在的,例如,被申请人已经依法履行了法院判决所确定的义务,也就没有必要再采取财产保全措施。

七是保全错误的。解除如果以登记方式实施的保全措施的,应当向登记机关发出协助执行通知书。人民法院收到解除保全申请后,应当在 5 日内裁定解除保全;对情况紧急的,必须在 48 小时内裁定解除保全。

(五)救济程序

根据《民诉法司法解释》的规定,当事人对保全裁定不服的,可以自收到裁定书之日起 5 日内向作出裁定的人民法院申请复议。人民法院应当在收到复议申请后 10 日内审查。裁定正确的,驳回当事人的申请;裁定不当的,变更或者撤销原裁定。

根据该司法解释的规定,利害关系人对保全的裁定不服申请复议的,由作出裁定的人民法院依照《民事诉讼法》的特别规定处理,即当事人对保全的裁定不服的,可以申请复议一次。复议期间不停止裁定的执行。

(六)财产保全错误的赔偿

申请人不起诉或者申请财产保全有错误,给被申请人造成财产损失的,申请人应当赔偿被申请人因财产保全所遭受的损失。如果是法院依职权错误决定采取财产保全措施,应当根据《国家赔偿法》的规定,赔偿被申请人所遭受的损失。被申请人、利害关系人提起的因申请诉中财产保全损害责任纠纷之诉,由作出诉中财产保全裁定的人民法院管辖。

二、行为保全

(一)行为保全的概念

所谓民事诉讼行为保全,是指当事人为维护其合法权益,保证生效裁判的执行、阻断侵害行为继续、避免损失的扩大,人民法院依法要求当事人为一定行为或不为一定行为的民事诉讼制度。

"行为保全"的提法一直流行于学术界。对行为保全的表述,有学者明确提出了不同的观点,认为"行为保全"这一概念不甚准确,因为"行为"本身是无法保全的。而且用"行为保全"的概念也无法完全概括实践中的全部所谓行为保全的类型,应以"侵害阻断"的概念来完善我国的相关制度。[2] 的确,对于民事诉讼法上要求当事人为或不为特定行为这种制度的概念表述应当尽可能合乎逻辑和更科学,不过,如果考虑"行为保全"的概念已经为学术界和实务界所普遍接受,在内容的理解上并无实质上的偏差,因此,继续使用"行为保全"这一概念也是可以接受的。

(二)行为保全的目的

规定行为保全制度有两个目的:其一,和财产保全的目的相似,是防止将来的判决不能执行或难以执行;其二,则是避免因对方的行为给当事人造成损害。实践中,在权利人提起民事诉讼之后侵害行为并不一定会停止,侵害损失还可能继续扩大,因此,如果不采取强制措施,就无法阻止加害人继续实施侵害行为,阻止侵害结果的扩大。由此可见,行为保全虽然也是保全,但是和财产保全在制度目的、功能上是有一定差别的。无论如何,2012 年修改后的《民事诉讼法》新增行为保全的规定,无疑将加强对当事人的保护,进一步保障生效民事裁判的有效执行,更好地实现民事诉讼维护当事人合法权益、实现公正裁判的价值目标。修改后的《民事诉讼法》规定:人民法院对于可能因当事人一方的行为或者其他原因,使判决难以执行或者造成当事人其他损害的案件,根据对方当事人的申请,可以裁定对其财产进行保全、责令其作出一定行为或者禁止其作出一定行为;当事人没有提出申请的,人民法院在必要时也可以裁定采取保全措施。

在 2012 年《民事诉讼法》修改之前,《海事诉讼特别程序法》第四章规定的"海事强制令"制度、《专利法》、《商标法》、《著作权法》及最高人民法院相关的司法解释[3]都有关于当事人"诉前临时禁令"制度的规定,这些规定的目的就在于通过强制一方当事人作为或不作为特定的行为实现对不法行为的阻断,防止侵害结果的扩大。实践证明,这些强制令或临时禁令在海事诉讼和知识产权诉讼中有效地保护了当事人的合法权益,取得了很好的效果。为此,学术界和实务界都主张要在我国《民事诉讼法》中增加行为保全制度。[4]

(三)行为保全的实施

行为保全的实施需要注意以下几点:

一是人民法院责令义务人作出一定行为或者禁止义务人作出一定行为的法定方式是裁定,可以称为"行为保全裁定"。裁定应当说明要求义务作为或不作为的理由。

二是当义务人没有执行裁定时,其行为构成妨害民事诉讼的行为,将要承担相应的法律责任。

三是行为保全是一种要求义务人作为或者不作为的命令。对于行为保全,不存在提供担保的问题,不能因为提供担保,就不实施行为保全,只有财产保全才可以因为义务人提供担保而解除保全措施。行为保全裁定的解除完全取决于行为保全的必要性。对行为保全

---

[2] 参见郭小冬:《民事诉讼侵害阻断制度研究》,知识产权出版社 2010 年版,第 180 页。

[3] 上述司法解释包括《最高人民法院关于诉前停止侵犯注册商标专用权行为和保全证据适用法律问题的解释》《最高人民法院关于对诉前停止侵犯专利权行为适用法律问题的若干规定》。

[4] 参见江伟、肖建国:《民事诉讼中的行为保全初探》,载《政治论坛(中国政法大学学报)》1994 年第 3 期;金正佳、翁子明:《论建立行为保全制度》,载《人民司法》1997 年第 1 期。

裁定不服的,可以向法院申请复议一次。复议期间不停止裁定的执行。

(四)《民法典》行为禁令实现程序与行为保全的关系问题

在人格权保护的制度中,《民法典》首次规定了针对人格权侵害的禁令救济条款,也被称为“人格权侵害禁令”。即民事主体有证据证明行为人正在实施或者即将实施侵害其人格权的违法行为,不及时制止将使其合法权益受到难以弥补的损害的,有权依法向人民法院申请采取责令行为人停止有关行为的措施。由于《民法典》并没有对人格权侵害禁令实现在程序上作出进一步的规定,这就引发了如下问题:人格权行为禁令的获得,在程序上是否为独立的程序?人格权行为禁令与民事诉讼法上的行为保全是什么关系?如果两者有所不同,则民事诉讼法应该如何进行调整或对接?如果需要设置独立的程序,在程序设置上,禁令程序性质和定位是诉讼程序,还是非讼程序?在程序上,行为禁令的公正性如何得以保障?

以民法学者的认识,人格权行为禁令不同于民事诉讼法上规定的行为保全,因此,在程序上也不应适用获得行为保全裁定的程序。且认为,此种行为禁令不以是否存在或可能存在相关本案诉讼为前提。行为保全与人格权行为禁令最大的区别在于,行为保全是以争议案件的诉讼和裁判为前提,行为保全中的诉前保全只是为了阻止损害的继续和扩大,最终实体权利或加害行为是否成立须等待最终的实体判决。如果诉前行为保全申请人在一定的时间内没有提起诉讼,则保全裁定失效。即使提起诉讼,但如果裁决实体请求不成立,行为保全也将失效。而行为禁令不同,其目的就在于对人格权侵害的阻止,获得禁令阻止侵害就是行为禁令的目的,与后续的诉讼没有关系。(在《民法典》颁布之前,学者们对此认识也还不是那么清晰,依然将行为禁令称为“诉前禁令”,由此可看出学者们当时还没有将行为禁令与诉讼保全完全切割开来。)在这个意义上,行为禁令就不是行为保全。在民事诉讼法学界,一直有一种认识,认为行为禁令实际上就是民事诉讼法上规定的行为保全,行为禁令的作用就是阻却侵害行为的发生,而诉前行为保全也同样是为了阻却侵害(从扩展的行为意义上,将要发生侵害也包含在阻却对象之中),因此,行为禁令没有独立存在的意义。在学界也有不少人认为行为禁令等同于行为保全,与大陆法系国家或地区的“假处分”同义。所谓“知识产权行为保全”,也是这种认识的产物。

与此观点不同,笔者认为,从《民法典》的有关规定来看,不能否认人格权行为禁令是一种独立的、实体上的措施,没有保全的意向。如果作为保全的措施,则直接适用行为保全的程序。按照民法学者的认识,行为禁令是一项基于人格权效力的实体法上的措施。与之不同,行为保全(无论是诉前保全还是诉中保全)制度的初衷以及行为保全概念本身都是以保全裁判结果的实现为目的的,是一项程序上或程序性的措施。除了人格权行为禁令之外,已颁布实施的《反家庭暴力法》中的人身安全保护令也是如此。相信在今后这类行为禁令还会在具体的侵权法领域中出现。例如,在知识产权领域中,这类行为禁令依然有其必要性,仅仅有程序上的行为保全是不够的。与之不同,民事诉讼上的财产保全和行为保全,民事诉讼法都明确将其限定在“保全”的意义上。所有以保全为目的的措施都是程序性的。实体上的行为禁令(可以称为“实体禁令”)与程序上的诉前行为保全有所不同是显而易见的。行为保全属于附带程序，依附于特定的诉讼程序，而行为禁令程序属于独立的诉讼程序。

在《民法典》实施之后，需要考虑的是，对于人格权行为禁令的实现，在程序上应当如何处置的问题，即是依然适用民事诉讼法既有的诉讼程序——普通程序或简易程序，还是另行建立适合人格权行为禁令特定的特殊诉讼程序。笔者认为，从人格权行为禁令的特点来看，建立独立的速裁程序是有必要的。应当注意的是，速裁程序依然是诉讼程序而不是非讼程序，比《民事诉讼法》规定的简易程序更加简化突出的是快捷。一旦有了行为禁令的速裁程序，也就涉及行为保全与行为禁令速裁程序的关系的问题。

当权利人提起了人格权侵害赔偿诉讼，则在诉讼中，原告认为有必要阻止侵害行为的实施，可以申请行为保全，以阻止侵害行为的发生。在此种情形下，权利人如果再申请独立的行为禁令就没有意义了。但权利人提出行为禁令诉讼时，在处理方法上，一种是驳回后者的起诉请求，另一种就是实现两个诉的合并。从承认行为禁令请求为独立请求的角度，后者的处理更为妥当。

（五）行为保全与禁诉令

1. 禁诉令的基本含义

所谓“禁诉令”（anti – suit injunction，也称止诉禁令），是指在一定条件下，由本国法院签发的，旨在限制诉讼一方当事人在域外法院申请法律救济措施（提起诉讼、申请禁令或保全、执行等司法程序）的一项强制令。

在英美法系中，禁诉令属于广义行为禁令的一种，是禁令制度扩展的结果。禁诉令是英美法系国家用以对抗域外法院，应对国际平行诉讼的一种司法措施。“平行诉讼”是指就同一争议标的，在国外与国内可能平行存在两个争议解决程序的情形。

根据法院发布禁诉令的目的和效果，可以区分为“进攻型禁诉令”（积极禁诉令）、“防御型禁诉令”（消极禁诉令）和反禁诉令三种类型。

在英美法系国家，禁诉令不仅适用于诉讼领域，也适用于仲裁领域。即本案诉讼中的当事人可向本案法院申请针对对方当事人在域外的禁诉令，在仲裁中，仲裁申请人可以向法院申请针对被申请人在域外的禁诉令。

基于司法传统和对司法主权的不同认识，在大陆法系国家，如德国、法国等通常不采取禁诉令措施来处理平行诉讼问题，但作为特殊情形，德国和法国也曾经发出过禁诉令。

2. 我国的禁诉令制度

我国禁诉令发端于海事诉讼制度，被认为是“海事强制令”的内容之一。法律依据是《海事诉讼特别程序法》第 51 条。不过该条并没有明确就禁诉内容作出规定，禁诉令的内容是对该条的扩展解释。在海事纠纷案件中，除了在本案中限制其当事人在域外不得实施妨碍本诉审理、裁判的行为之外（积极禁诉令），海事强制令也用来作为反制域外禁诉令的一种应对措施（“防御型禁诉令”）。

2017 年，武汉海事法院针对香港特别行政区高等法院（香港法院）作出的禁诉令出具了一份裁定书（〔2017〕鄂 72 行保 3 号）。在该裁定书中，法院准许请求人某保险公司提出的海事强制令申请，以海事强制令的形式责令被申请人向香港法院申请撤回禁诉令。与以往国内法院对于外国或香港法院禁诉令大多持置之不理的态度消极应对不同，武汉海事法院主动出击回应尚属首例。

3. 我国对待国外法院禁诉令的态度

对于国外法院对我国境内的当事人发出的禁诉令，我国法院通常采取不予承认和执行的做法。一般理由是不符合我国法律关于承认和执行国外裁决的基本条件，虽然有向我国境内的当事人送达过国外法院（如英国）的禁诉令的情形。

4. 我国知识产权领域中的禁诉令实践

近年来在知识产权的纠纷诉讼中，我国法院对诉讼当事人也发出过禁诉令，禁止该当事人在所在国提起诉讼、仲裁或其他纠纷解决程序。

我国首例知识产权领域禁诉令判例——康文森公司与华为公司确认不侵害专利权及标准必要专利纠纷案。最高人民法院知识产权法庭作出中国法院知识产权领域首个禁诉令，审慎探索了日罚金制度，即对不遵守行为保全裁定的当事人处以日罚款并按日累计的罚则，为中国禁诉令制度探索和实践积累了有益的经验。

案例

2014年，康文森公司通过购买，获得诺基亚公司部分标准必要专利后，致函华为公司称，华为技术公司使用的多件2G、3G、4G等通信标准的部分标准必要专利需要获得其授权许可。之后，两公司多次沟通，但均未达成一致。2017年2月，康文森公司又以公开信件的形式致函华为技术公司，称华为技术公司所提的标准必要专利包的费率不符合FRAND原则。2017年7月，康文森公司在英国高等法院起诉华为技术公司及其英国关联公司，请求英国法院判定华为技术公司及其关联公司侵犯其4件英国专利，裁定其全球专利包的全球FRAND许可费率。2017年12月，康文森公司向华为技术公司提供了其主张标准必要专利的清单，该清单包括其在中国获得授权的10族11件专利，目前状态均为有效。同月，华为技术公司致函康文森公司，要求其在中国法院就中国专利权提起诉讼。2018年1月，华为公司认为康文森公司怠于针对其中国专利在中国行使诉权的行为，造成华为移动终端产品是否侵权处于模糊状态，遂以确认不侵犯专利权及确认标准必要专利使用费为由，诉至南京中级人民法院。2019年9月16日，江苏省南京市中级人民法院就合并审理的华为公司起诉康文森公司确认不侵犯专利权及标准必要专利使用费纠纷三案作出判决，对华为公司与康文森公司所涉及的标准必要专利许可费率予以确认。

最高人民法院于2020年8月28日就康文森与华为确认不侵害专利权及标准必要专利许可纠纷三案，作出行为保全民事裁定：康文森不得在最高人民法院就本三案作出终审判决前，申请执行德国杜塞尔多夫地区法院于8月27日作出的一审停止侵权判决；如违反原裁定，处每日罚款人民币100万元，按日累计。

5. 我国禁诉令的法律依据

除海事案件之外,我国其他案件禁诉令的法律根据源于《民事诉讼法》关于行为保全的规定。《民事诉讼法》规定:人民法院对于可能因当事人一方的行为或者其他原因,使判决难以执行或者造成当事人其他损害的案件,根据对方当事人的申请,可以裁定对其财产进行保全、责令其作出一定行为或者禁止其作出一定行为;当事人没有提出申请的,人民法院在必要时也可以裁定采取保全措施。

因为案件的对方当事人在域外法院或争议解决机构提起诉讼、仲裁、申请强制执行等措施都可能导致本案判决难以执行或对本案当事人造成损失,因此也就符合民事诉讼法所规定的可申请行为保全的情形。行为保全的具体措施包括"禁止其作出一定行为"。这也是行为保全制度的目的之一——避免因对方的行为给当事人继续造成损害或后续损害。因此,国外禁诉令的内容也就包含在了我国的行为保全之中。按照民事诉讼法的上述规定,在逻辑上,我国适用禁诉令是成立的。目前,我国法院的禁诉令除了海事案件中适用的海事强制令之外,就是依据民事诉讼法中的行为保全规定作出的。

6. 我国禁诉令制度的建构或完善

在法律制度方面,我国是采用行为保全与禁诉令并列的方式,单独规定禁诉令制度,还是在行为保全制度中加以规定,是一个需要考虑的问题。如果规定在行为保全制度中,则应进一步细化具有禁诉令内容的行为保全制度。明确行为保全措施包括禁止在域外提起与本案利益冲突的诉讼、仲裁,申请强制执行等措施,现行民事诉讼法的规定过于间接不够明确。国外更认可法律规定,对司法解释的认同度不高。除此之外,民事诉讼法还应对禁诉令的程序作出相应的规定。例如,适用的案件范围、申请主体、申请书内容等。笔者比较倾向于独立规定禁诉令制度。这主要考虑禁诉令适用范围是域外,专门针对域外的情形,因此,应纳入涉外民事诉讼规范。涉外民事诉讼属于民事诉讼的特殊情形,禁诉令也是一种涉外的特殊情形,在涉外民事诉讼中加以规定更为合理。

7. 禁诉令适用范围及考量因素

一般认为,禁诉令仅适用于域外可能发生的平行诉讼的情形,对于国内没有适用的意义。这是因为国内法律统一,本案当事人另行诉讼只要符合起诉的条件,都是可以的。对于本案有干扰可以若干诉讼制度予以避免,例如禁止重复诉讼、诉讼中止等制度。域外情形就有所不同,程序法和实体法差异较大,如果不禁诉,对本案裁判和执行就可能造成干扰。

禁诉令实施应考量的因素主要有:(1)禁诉对象对我国法院本案判决执行的影响。即当事人在域外的起诉、申请执行等是否会实际影响我国法院判决的执行。(2)禁诉利益的大小。禁诉利益大小的衡量,是指法院需要权衡发出禁诉令具有多大的必要性。这也被视为禁诉令发出的条件之一。其必要性一般考虑的是,发出禁诉令给对方当事人将造成多大的消极影响,这些消极影响与维护我国当事人的合法利益相比具有怎样的权重。如果对对方的消极影响很大,需要维护的利益较小,也就没有必要发出禁诉令。相反,不发出禁诉令对我国当事人影响很大,发出禁诉令对对方的实际影响不大时就有必要发出禁诉令。本案当事人域外起诉等行为明显关联国家和社会利益时,禁诉令发出的必要性就大为提高。

(3)当事人在域外法院提起或申请诉讼等司法措施是否属于当事人的正当期望。如果当事人的将起诉或已起诉行为只是为了干扰我国的诉讼程序,则属于不正当期望,可对其发出禁诉令。(4)本案诉讼中被禁诉一方当事人在本案中胜诉可能性程度。因为只有胜诉,才存在正当利益的维护以及是否影响我国判决的执行问题。(5)案件的不同性质。不同性质的案件,利益的考量也有所不同。具有竞争关系的案件,禁诉令的发出应当更为谨慎,因为在这种关系背景下,禁诉令实际上具有抑制和打压对方当事人市场竞争力的作用,有悖司法中立的价值追求,即使需要考虑维护我国当事人的立场,也要注意把握尺度。例如,关于知识产权的案件当事人之间往往就具有竞争关系,因此,其禁诉令的发生应当更为谨慎。(6)需要考虑国家之间的司法礼让问题。虽然禁诉令是对当事人作出的,但毕竟会间接涉及他国的司法管辖权行使的问题,因此,在发出禁诉令时应当充分考虑国家间的司法关系,尊重他国司法主权。

关于禁诉令的适用,英美法系国家虽然相对采用得比较多,但也没有特别明确的条件,各地法官对禁诉令的把握宽严不一,与具体案件的情形和法官的认识差异有关。

知识扩展

假扣押和假处分

假扣押和假处分,是我国台湾地区保全制度的概念。所谓“假”,即为临时的意思。假扣押是针对金钱或者可以转换为金钱的请求而采取的保全措施。假处分是针对金钱以外(例如物、权利和行为)的请求而采取的保全措施。而我国大陆的财产保全制度中的“财产”包括金钱和非金钱财产两类,因此,我国大陆的财产保全制度也就实际上包括了大陆法系民事诉讼中的假扣押和假处分制度。

第十八章 先予执行

本章目次

一、先予执行的概念、适用范围和条件

(一)先予执行的概念

先予执行,是指人民法院在案件受理以后,终审判决作出之前,因为当事人一方生活或者生产或者权利维护的迫切需要,根据一方当事人的申请,裁定对方当事人向其支付一定数额的金钱或者其他财产,实施或者停止某种行为,并立即付诸执行的一种制度。

先予执行是相对于终审判决生效之后的强制执行而言的。通常来讲,债务人的义务应当由终审判决来确定并在终审判决生效之后才履行。但现实生活中有的案件审查时间很长,而一方当事人生活或者生产又存在困难。因此,如果严格按照终审判决生效以后才履行,可能会对这些人的生活或者生产造成无法克服的严重影响,甚至影响诉讼的顺利进行。先予执行的意义就在于解决这部分当事人在生活或者生产方面的迫切需要,保障诉讼的顺利进行。

由于先予执行是用裁定来解决当事人之间实体权益的,而实体权益本来应当由判决来加以确定,因此在终审判决中对这部分内容还应当予以交代。

(二)先予执行的适用范围

根据《民事诉讼法》的规定,人民法院对下列案件,根据当事人的申请,可以裁定先予执行:

一是追索赡养费、扶养费、抚育费、抚恤金、医疗费用的。

二是追索劳动报酬的。

三是因情况紧急需要先予执行的。根据《民诉法司法解释》的规定,“紧急情况”具体包括以下五种情形:(1)需要立即停止侵害、排除妨碍;(2)需要立即制止某项行为的;(3)追索恢复生产、经营急需的保险理赔费的;(4)需要立即返还社会保险金、社会救助资金的;(5)不立即返还款项,将严重影响权利人生活和生产经营的。

(三)先予执行的适用条件

根据《民事诉讼法》的规定,人民法院裁定先予执行的,应当符合下列条件:

第一，当事人之间权利义务关系明确，不先予执行将严重影响申请人的生活或者生产经营的。也就是说，人民法院对当事人申请先予执行的案件，只有在案件的基本事实清楚，当事人间的权利义务关系明确，被申请人负有给付、返还或者赔偿义务，先予执行的财产为申请人生产、生活所急需，不先予执行会造成更大损失的情况下，才能采取先予执行的措施。[1]

第二，被申请人有履行能力。这是先予执行的基础。如果被申请人没有履行能力，先予执行就没有任何实际意义。

二、先予执行的程序及执行错误的补救

(一)先予执行的程序

根据《民事诉讼法》及相关司法解释的规定，先予执行在程序上主要包括以下内容：

人民法院先予执行的裁定，应当由当事人提出书面申请，并经开庭审理后作出。在管辖权尚未确定的情况下，不得裁定先予执行。[2] 此处的“开庭审理”，应当理解为是针对先予执行申请进行的开庭审理，而不是针对整个案件进行的开庭审理。

《民事诉讼法》规定的先予执行，人民法院应当在受理案件后终审判决作出前采取。[3]

人民法院可以责令申请人提供担保，申请人不提供担保的，驳回申请。申请人败诉的，应当赔偿被申请人因先予执行遭受的财产损失。

按照最高人民法院的司法解释，人民法院采取先予执行措施后，申请先予执行的当事人申请撤诉的，人民法院应当及时通知对方当事人、第三人或有关的案外人。在接到通知至准予撤诉的裁定送达前，对方当事人、第三人及有关的案外人，对撤诉提出异议的，应当裁定驳回撤诉申请。[4] 执行是否取消呢？由于先予执行是以诉讼存在为前提的，一旦撤诉，诉讼便不复存在，因此，先予执行应当予以撤销，已经执行的财产应当恢复原状。这里的问题是，恢复原状是法院的职权行为，还是需要有被先予执行人的申请？这里是否应当区分不同案件的情形，例如，追索“三费一金一酬”的案件？

当事人对财产保全或者先予执行的裁定不服的，可以申请复议一次。复议期间不停止裁定的执行。对当事人不服财产保全、先予执行裁定提出的复议申请，人民法院应及时审查。裁定正确的，通知驳回当事人的申请；裁定不当的，作出新的裁定变更或者撤销原裁定。[5]

---

〔1〕 参见《最高人民法院关于在经济审判工作中严格执行〈中华人民共和国民事诉讼法〉的若干规定》第17条的规定。

〔2〕 参见《最高人民法院关于在经济审判工作中严格执行〈中华人民共和国民事诉讼法〉的若干规定》第16条的规定。

〔3〕 可结合《民诉法适用意见》第106条的规定来理解。

〔4〕 参见《最高人民法院关于在经济审判工作中严格执行〈中华人民共和国民事诉讼法〉的若干规定》第18条的规定。

〔5〕 可结合《民诉法适用意见》第110条的规定来理解。

(二)执行错误的补救

如果最终申请人败诉,或者虽然申请人胜诉但判决所确定的赔偿额小于先予执行的数额,那么法院应当责令申请人返还因先予执行而获得的利益。如果申请人拒不返还的,被申请人可以要求法院强制执行。

如果是因为申请人申请先予执行错误造成被申请人损失的,由申请人予以赔偿。如果是因为人民法院依职权采取先予执行错误造成损失的,由人民法院依法予以赔偿。

第十九章 对妨害民事诉讼的强制措施

本章目次

一、对妨害民事诉讼的强制措施概述

对妨害民事诉讼的强制措施，是指法院在诉讼（包括审判和执行）过程中，为保证民事审判活动和执行活动的顺利进行，对妨害民事审判活动和执行活动的人所采取的各种强制性手段。

对妨害民事诉讼的强制措施，具有两方面的特点：(1)采取强制措施的目的在于保障审判活动和执行活动的顺利进行，因此，强制措施既可以适用于审判阶段，又可以适用于执行阶段。(2)采取强制措施的对象，并不限于当事人和诉讼参与人。只要案外人实施了妨害民事诉讼的行为，也可以对他们采取强制措施排除妨害，从而保障诉讼顺利进行。

对妨害民事诉讼的行为采取强制措施，具有以下几个方面的意义：

首先，保障当事人充分行使诉讼权利。民事诉讼的目的之一就是要通过诉讼活动解决当事人之间的纠纷，实现当事人的正当权益。审判过程中妨害审判活动的行为，常常使当事人的纠纷得不到公正的解决；而执行过程中妨害执行活动的行为，则常常使生效的判决得不到执行，妨害当事人正当权益的最终实现。通过对妨害民事诉讼的行为采取必要的强制措施，可以起到解决当事人之间的纠纷、实现当事人的正当权益的作用。

其次，保障法院顺利完成审判和执行工作。法院是审判活动中的裁判者，是执行活动中的执行主体，因此，妨害审判和执行活动的行为，同样也是对法院工作的妨害。

最后，维护正常的诉讼程序、法院的司法权威，保障法院诉讼指挥权的行使。通过对妨害民事诉讼的行为采取必要的强制措施，不仅可以保障审判和执行活动顺利进行，而且还可以维护法院的权威性，保障法院诉讼指挥权的行使，提高人们遵守法律的意识，保障生效判决的执行。

二、妨害民事诉讼行为的构成和种类

(一)妨害民事诉讼行为的构成

妨害民事诉讼的行为,是指当事人或者其他诉讼参与人在诉讼(包括审判和执行)过程中故意实施的扰乱民事诉讼程序、妨害民事诉讼程序顺利进行的行为。妨害民事诉讼的行为,其构成要件如下:

第一,必须是已经实施并且妨害了民事诉讼的行为。这是妨害民事诉讼行为的客观要件。如果只是行为人主观上的一种打算而没有实际实施,或者尽管实施了但不足以妨害民事诉讼,都不是妨害民事诉讼的行为。从程度上看,如果行为人所实施的妨害民事诉讼行为已经很严重,构成了犯罪,那么就应当按照刑法的规定处以刑罚,而不再处以民事诉讼中的强制措施。妨害民事诉讼的行为,可以是作为,也可以是不作为。前者如侮辱、诽谤、威胁、殴打审判人员。后者如拒不履行人民法院已经发生法律效力的判决、裁定。《民事诉讼法》及相关司法解释非常具体地规定了何种行为属于妨害民事诉讼的行为。

第二,必须是行为人故意实施的行为。这是妨害民事诉讼行为的主观要件。如果是因为行为人主观上的过失实施了客观上妨害民事诉讼的行为,那么这种行为也被称为妨害民事诉讼的行为。

第三,必须是在诉讼过程中实施的行为。这是妨害民事诉讼行为的时间要件。此处所说的"诉讼过程中",不仅包括审判过程中,而且包括执行过程中。也就是说,只要是行为人在受理起诉以后执行结束之前实施了妨害民事诉讼的行为,无论该行为是在法庭上实施的,还是在法庭外实施的,都构成妨害民事诉讼的行为。

(二)妨害民事诉讼行为的种类

根据《民事诉讼法》的规定,下列行为属于妨害民事诉讼的行为:

1. 必须到庭的被告,经两次传票传唤,无正当理由拒不到庭的。"必须到庭的被告"包括两类:(1)是指负有赡养、抚育、扶养义务和不到庭就无法查清案情的被告;(2)是指给国家、集体或他人造成损害的未成年人的法定代理人。[1] 此外,在执行程序中,必须到人民法院接受询问的被执行人或被执行人的法定代表人或负责人,[2] 也属于必须到庭的被告。

2. 诉讼参与人和其他人违反法庭规则的行为。这些行为主要有哄闹、冲击法庭,侮辱、诽谤、威胁、殴打审判人员等。

3. 诉讼参与人或者其他人伪造、毁灭重要证据,妨碍人民法院审理案件但尚未构成犯罪的行为。

4. 诉讼参与人或者其他人以暴力、威胁、贿买方法阻止证人作证或者指使、贿买、胁迫他人作伪证但尚未构成犯罪的行为。

---

〔1〕 可结合《民诉法适用意见》第112条的规定来理解。

〔2〕 参见《最高人民法院关于人民法院执行工作若干问题的规定(试行)》第97条的规定。

5. 诉讼参与人或者其他人隐藏、转移、变卖、毁损已被查封、扣押的财产，或者已被清点并责令其保管的财产，转移已被冻结的财产但尚未构成犯罪的行为。

6. 诉讼参与人或者其他人对司法工作人员、诉讼参加人、证人、翻译人员、鉴定人、勘验人、协助执行的人，进行侮辱、诽谤、诬陷、殴打或者打击报复但尚未构成犯罪的行为。

7. 诉讼参与人或者其他人以暴力、威胁或者其他方法阻碍司法工作人员执行职务但尚未构成犯罪的行为。

8. 诉讼参与人或者其他人拒不履行人民法院已经发生法律效力的判决、裁定，但尚未构成犯罪的行为。根据《民诉法司法解释》的规定，这类行为又包括以下五种：(1)在法律文书发生法律效力后隐藏、转移、变卖、毁损财产或者无偿转让财产、以明显不合理的价格交易财产、放弃到期债权、无偿为他人提供担保等，致使人民法院无法执行的；(2)隐藏、转移、毁损或者未经人民法院允许处分已向人民法院提供担保的财产的；(3)违反人民法院限制高消费令进行消费的；(4)有履行能力而拒不按照人民法院执行通知履行生效法律文书确定的义务的；(5)有义务协助执行的个人接到人民法院协助执行通知书后，拒不协助执行的。

9. 利用诉讼、仲裁、调解侵害他人合法权益的行为。《民事诉讼法》规定，当事人之间恶意串通，企图通过诉讼、调解等方式侵害他人合法权益的，人民法院应当驳回其请求，并根据情节轻重予以罚款、拘留；构成犯罪的，依法追究刑事责任。该规定是2012年《民事诉讼法》修正时新增加的内容。目的在于应对当事人恶意串通利用诉讼、仲裁、调解侵害案外第三人的合法利益的违法行为。近年来这类行为时有发生，因此，为了防止、制止这类行为发生，《民事诉讼法》作出相应的规定。需要注意的是，在予以处罚时，应当注意适用的主观要件——当事人之间的恶意串通企图侵害他人的合法权益。

10. 通过诉讼、仲裁、调解等方式逃避履行法律文书确定的义务的行为。《民事诉讼法》规定，被执行人与他人恶意串通，通过诉讼、仲裁、调解等方式逃避履行法律文书确定的义务的，人民法院应当根据情节轻重予以罚款、拘留；构成犯罪的，依法追究刑事责任。该规定也是2012年《民事诉讼法》修正时新增加的内容。比较前一条的规定，可以看出，本规定主要是针对逃避执行的情形，且应当是已经实施了逃避履行义务的行为，而前一条规定的行为并不要求已经对第三人造成了实际损害，只要具有恶意串通的企图。

11. 有关单位擅自转移已被人民法院冻结的存款，或擅自解冻的；以暴力、威胁或者其他方法阻碍司法工作人员查询、冻结、划拨银行存款的；接到人民法院协助执行通知后，给当事人通风报信，协助其转移、隐匿财产的，但尚未构成犯罪的行为。

12. 有义务协助调查、执行的单位拒绝或者妨碍人民法院调查取证的行为。

13. 有义务协助调查、执行的银行、信用合作社和其他有储蓄业务的单位接到人民法院协助执行通知书后，拒不协助查询、冻结或者划拨存款的行为。

14. 有义务协助调查、执行的单位接到人民法院协助执行通知书后，拒不协助扣留被执行人的收入、办理有关财产权证照转移手续、转交有关票证、证照或者其他财产的行为。

15. 有义务协助调查、执行的单位所实施的其他拒绝协助执行的行为。

除了《民事诉讼法》的规定之外，《民诉法司法解释》对于民事诉讼强制措施还做了大量的补充性、解释性的规定。例如，在维护法庭秩序方面，将未经准许进行录音、录像、摄影以及未经准许以移动通信等方式现场传播审判活动的行为也作为妨害民事诉讼的行为。对于这些规定，也是把握民事诉讼强制措施应当予以注意的。

问题与思考

关于对当事人到庭的拘传

根据现行民事诉讼法的规定，在某些情形下，可强制被告到庭。《民诉法司法解释》还进一步规定，在某些情形下可强制原告到庭。可强制到庭的被告抽象地表述为“必须到庭的被告”，其形式要件为，经两次传票传唤，无正当理由拒不到庭。“必须到庭的被告”包括两类：一是指负有赡养、抚育、扶养义务和不到庭就无法查清案情的被告；二是指给国家、集体或他人造成损害的未成年人的法定代理人。可强制到庭的原告是指，必须到庭才能查清案件基本事实的原告。

从民事诉讼的原理来看，被告不到庭意味着被告放弃对实体请求的答辩，被告作为当事人也有放弃陈述和辩论的权利，在缺席的情形下，法院完全可以根据缺席判决制度作出判决。从这个意义上讲，没有必要强制被告以及法定代理人到庭。强制原告到庭更是没有必要，原告不到庭意味着原告放弃进一步陈述请求、主张和抗辩的机会，这也是作为当事人的原告应有的权利。问题在于我们将出庭当作了当事人的义务。这种认识的根据与我们的职权主义、义务本位、事实探知绝对化以及民事诉讼刑事化等观念有关。无论是强制被告到庭，还是强制原告到庭，其主要理由就是查清事实，是一种事实探知绝对化的观念。这没有认识到，法院需要依据事实作出裁判，但裁判的事实源自当事人主张的事实。法院是从这些主张的事实判断哪些事实应当作为裁判依据的事实。法院不能，也无法做到职权探知事实。况且，即使强制出庭，当事人依然会从有利于自己的立场出发陈述案件事实。从遵循民事诉讼原理的角度，民事诉讼法强制到庭的规定应当予以修改。

三、强制措施的种类及其适用

（一）五种强制措施

对于上述妨害民事诉讼的行为，根据《民事诉讼法》的规定，可以按照下列程序采用以下的强制措施：

1. 拘传

拘传是指法院在法定情况下，通过派出司法警察依法强制有关人员到庭参加诉讼的强制措施。适用拘传时，应当注意以下几点：

一是拘传的适用对象包括三类人：（1）负有赡养、抚育、扶养义务和不到庭就无法查清案情的被告；（2）给国家、集体或他人造成损害的未成年人的法定代理人；（3）必须到人民法院接受询问的被执行人或被执行人的法定代表人或负责人。

二是拘传的适用前提是上述人员经两次传票传唤，无正当理由拒不到庭。

三是在拘传前，应向被拘传人说明拒不到庭的后果，经批评教育仍拒不到庭的，可以拘传其到庭。

四是拘传必须经院长批准,并使用拘传票,直接送达被拘传人。

2. 训诫

训诫,是指法院对妨害民事诉讼行为情况较轻的人,通过批评教育的方式,指出其违法之处并责令其加以改正的强制措施。

训诫的适用对象仅限于违反法庭规则,情节显著轻微,尚不足以作出退出法庭、罚款、拘留等措施的人。训诫在所有的强制措施中,强制力最弱。对于训诫,现在还没有严格的程序要求。

3. 责令退出法庭

责令退出法庭,是指法院强行命令违反法庭规则的人离开法庭,从而防止其继续妨害诉讼活动进行的强制措施。

责令退出法庭的适用对象是实施了前两类违反法庭规则的行为,但情节显著轻微尚不足以处以罚款、拘留措施的人。责令退出法庭在强制力上比训诫要重,但比罚款、拘留要轻。对于责令退出法庭,现在还没有严格的程序要求。

4. 罚款

罚款,是指法院强制妨害民事诉讼的人缴纳一定数额金钱的强制措施。罚款的强制力轻于拘留,重于训诫和责令退出法庭。适用罚款时,应当注意以下几点:

其一,罚款的适用对象,主要是实施了《民事诉讼法》所规定的妨害民事诉讼行为的人以及《海事诉讼特别程序法》所规定的拒不执行海事强制令的被申请人。

其二,关于罚款的金额,1991年《民事诉讼法》规定,对个人为人民币1000元以下;对单位为人民币1000元以上3万元以下。2007年修正后的《民事诉讼法》改为:"对个人的罚款金额,为人民币一万元以下。对单位的罚款金额,为人民币一万元以上三十万元以下。"该修改无疑加重了对妨害民事诉讼行为人的处罚。2012年修正《民事诉讼法》时再次对处罚金额进行调整,对个人的罚款金额,为人民币10万元以下;对单位的罚款金额,为人民币5万元以上100万元以下。

其三,适用罚款必须经院长批准,并使用决定书。

其四,被罚款的人不服罚款决定的,可以向上一级人民法院申请复议一次。复议期间不停止执行。上级人民法院应在收到复议申请后5日内作出决定,并将复议结果通知下级人民法院和当事人。上级人民法院复议时认为强制措施不当,应当制作决定书,撤销或变更下级人民法院的罚款决定。情况紧急的,可以在口头通知后3日内发出决定书。

5. 拘留

拘留,是指法院对妨害民事诉讼行为严重的人,在一定期间内限制其人身自由的强制措施。拘留是所有妨害民事诉讼的强制措施中最重的。适用拘留时,应当注意以下几点:

第一,拘留的适用对象,主要是实施了《民事诉讼法》所特别规定的妨害民事诉讼行为的人。

第二,拘留的期限,为15日以下。

第三,适用拘留必须经院长批准,并使用决定书。

第四,被拘留的人不服拘留决定的,可以向上一级人民法院申请复议一次。复议期间不停止执行。上级人民法院应在收到复议申请后5日内作出决定,并将复议结果通知下级人民法院和当事人。上级人民法院复议时认为强制措施不当,应当制作决定书,撤销或变更下级人民法院的拘留决定。情况紧急的,可以在口头通知后3日内发出决定书。

第五,被拘留的人由司法警察送交当地公安机关看管。被拘留人在拘留期间认错悔改的,可以责令其具结悔过,提前解除拘留。提前解除拘留,应报经院长批准,并作出提前解除拘留决定书,交负责看管的公安机关执行。

(二)强制措施运用的注意提醒

在对妨害民事诉讼的行为采取强制措施时,应当注意以下两点:

一是对于上述五种强制措施,有的对于同一妨害民事诉讼的行为可以合并适用,也可以分别适用,例如,对于罚款、拘留可以单独适用,也可以合并适用;但有的强制措施对同一妨害民事诉讼的行为,却不能连续适用,例如,对同一妨害民事诉讼行为的罚款、拘留就不得连续适用。但发生了新的妨害民事诉讼的行为,人民法院可以重新予以罚款、拘留。

二是对妨害民事诉讼的行为情节特别严重,构成犯罪的,应当追究刑事责任。这主要包括三种情况:(1)依照《民事诉讼法》相关规定(即2021年《民事诉讼法》第113条),应当追究有关人员刑事责任的,由审理该案的审判组织直接予以判决;在判决前,应当允许当事人陈述意见或者委托辩护人辩护。(2)依照《民事诉讼法》相关规定(即2021年《民事诉讼法》第114条第1款第(6)项),应当追究有关人员刑事责任的,由人民法院刑事审判庭直接受理并予以判决。(3)依照《民事诉讼法》相关规定[即2021年《民事诉讼法》第114条第1款第(1)至(5)项和第120条],应当追究有关人员刑事责任的,依照刑事诉讼法的规定办理。[3]

四、强制措施的裁量原则

在民事诉讼法规定的各种强制措施中,有的强制措施具有惩罚性,即所谓程序性制裁措施。对这些惩罚性措施,民事诉讼法都规定了一定的幅度。例如,罚款和拘留两种强制措施。《民事诉讼法》规定,对个人的罚款金额,为人民币10万元以下;对单位的罚款金额,为人民币5万元以上100万元以下。《民事诉讼法》又规定,拘留的期限,为15日以下。无论是罚款还是拘留其处罚幅度都相当大。民事诉讼法之所以规定一定的幅度本身就是为了根据具体情形,适用不同的惩罚。但《民事诉讼法》并没有具体规定法院应当如何裁量适用。如此一来,在这类强制措施的适用中就出现了不统一的情形。有的实务工作者认为,既然规定了一定幅度,则只要在这个幅度内进行处罚都是合法的。这种观点显然是不对的,因为法院的裁量必须具有正当性,明显违背裁量正当性的行为就是违法行为。因此,法律

〔3〕 理解相关内容,可参见《民诉法适用意见》第125~127条的规定。

有必要明确强制措施的裁量原则。从惩罚性措施的适用正当性而言,毫无疑问应当贯彻根据行为人行为的情节轻重予以处罚的原则,如果脱离了这一裁量原则,则将失去正当性,成为滥用裁量权。

关于行为的情节轻重,我们可以从行为的主客观两个方面进行考察。主观方面,主要考量行为人主观恶意程度;客观方面,主要考量行为对民事诉讼所造成的消极后果。

我们以有履行能力而拒不执行人民法院发生法律效力的判决书的情形为例。这种情形下,所谓情节轻重,就应考虑以下因素:(1)不履行的义务为债务的,要看债务的数额大小。拖欠债务的数额越大,其情节越严重。如果拖欠的债务数额本身不大,例如10万元,又无其他严重情节,其罚款数额也是10万元,甚至超过10万元,可以说就欠缺正当性了。(2)拖延履行时间的长短。拖延的时间越长,情节越严重。如果时间不长,却要给予高额处罚同样欠缺正当性。(3)义务人拒不履行的主观态度。拒不履行义务的态度越差,其情节越严重。(4)不履行行为在后果上给权利人造成损害的大小。造成损害越大,情节越严重。(5)义务的性质。对于拖欠劳动报酬如农民工工资,拖欠赡养费、抚育费、抚恤金等的案件,其情节就比不履行一般债务的情节要重。(6)义务人有无恶意。例如,义务人将钱转移等。法院的裁量不能仅看某一个方面,需要全面考量平衡,才能作出具有正当性的处罚。

第二十章 诉讼费用

一、诉讼费用概述

(一)诉讼费用的含义

诉讼费用,是指当事人进行民事诉讼,依法律规定应向人民法院交纳和支付的费用。在民事诉讼中交纳和支付诉讼费用,是各国在民事诉讼中普遍规定的一项法律制度。

诉讼费用制度,是我国民事诉讼制度的组成部分。交纳诉讼费用的主体是当事人,诉讼费用是当事人为进行民事诉讼而应当交纳和实际支出的费用。从诉讼费用最终由败诉人负担来看,又带有制裁的性质,对违反民事实体法或滥用诉讼权利的当事人来讲,具有经济制裁的性质。

1989 年 6 月至 2007 年 4 月以前,关于诉讼费用适用的主要规范是最高人民法院 1989 年制定的《人民法院诉讼收费办法》。2006 年国家对诉讼费用制度进行了修改,2006 年 12 月国务院通过了《诉讼费用交纳办法》,并于 2007 年 4 月 1 日开始实行,成为现行诉讼费用制度的主要规范依据。[1] 诉讼费用制度修改的最大特点是总体上降低了诉讼费用。例如,按照原来的标准,一件标的额 60 万元的财产案件,需要交纳 11010 元;按照现行的标准则交纳 9800 元。

作为诉讼费用制度的规范除了《诉讼费用交纳办法》之外,《民诉法司法解释》的相关规定也是很重要的规范,主要是对《诉讼费用交纳办法》具体适用的补充和解释,因此,需要在实践中予以注意。

---

〔1〕 基于诉讼费用规范制定的正当性角度考虑,由收取诉讼费用的主体来制定诉讼费用的规范显然是不合适的,但由行政机关来制定诉讼费用的基本规范,其合理性也值得探讨,因为诉讼费用并非行政性费用,收取该费用的机关也并非行政机关。笔者认为,由立法机构制定可能更为合理。

(二)诉讼费用制度的意义

诉讼费用是保障国家司法有效运作的前提和基础。司法运作需要大量金钱,国家不可能为民事纠纷这种私权纠纷的司法解决提供"免费的午餐"。因为如果国家免收诉讼费用,实际上就是让全社会承担了少数人纠纷解决的诉讼费用。从我国的财力来看,还不具备提供"免费的午餐"的能力。

由于诉讼费用中的案件受理费是由败诉当事人承担,因此,诉讼费用在一定程度上就具有了防止当事人滥诉的作用。诉讼费用的承担使当事人在起诉时必须认真考虑是否有必要、有理由进行诉讼。同时,也因为这一点,有助于督促当事人认真履行法律义务。一般而言,败诉人往往是那些没有履行法律义务的人。

关于是否收取案件受理费的问题,在世界上主要有两种立法例:一是无偿主义;二是有偿主义。采取无偿主义的国家有法国和西班牙。大多数国家持有偿主义。[2]

二、诉讼费用的种类及收费标准

诉讼费用的种类,是指根据法律规定的不同标准由人民法院收取的不同性质的诉讼费用。主要分为两大类:程序启动费和其他诉讼费用。程序启动费又可以分为:案件受理费和申请费两类。申请费又可以细分为执行申请费和非讼程序申请费。其他诉讼费用主要是程序进行中所实际开支的费用。

(一)案件受理费及收费标准

案件受理费,是人民法院决定受理案件后,按照有关规定当事人向法院交纳的费用。案件受理费包括第一审案件受理费、第二审案件受理费,以及再审案件中依照《诉讼费用交纳办法》规定需要交纳的案件受理费。按照原来诉讼费用的规定,再审案件一律不交纳案件受理费。对部分再审案件收取案件受理费[3]是2007年诉讼费用制度修正的一个显著特点。

这种费用具有税收的性质。根据《民事诉讼法》和《诉讼费用交纳办法》的规定,除法律另有规定外,原则上所有民事案件都应当由当事人交纳案件受理费。案件受理费可分为两类:一类是非财产案件的受理费;另一类是财产案件的受理费。如果案件的诉讼标的既涉及非财产性质,又涉及财产性质时,则要按规定分别交纳两种案件受理费。

1. 非财产案件受理费

这里所说的非财产案件,是泛指那些不直接涉及财产权益争议的案件,如因人身关系争议等所提起诉讼的案件。

非财产案件受理费,按以下规定交纳:(1)离婚案件每件交纳50元至300元。涉及财

---

〔2〕 关于无偿主义和有偿主义的观点,参见张卫平等:《司法改革:分析与展开》,法律出版社2003年版,第578页。

〔3〕 按照《诉讼费用交纳办法》的规定收取案件受理费的再审案件是:当事人有新的证据,足以推翻原判决、裁定,向人民法院申请再审,人民法院经审查决定再审的案件;当事人对人民法院第一审判决或者裁定未提出上诉,第一审判决、裁定或者调解书发生法律效力后又申请再审,人民法院经审查决定再审的案件。

产分割,财产总额不超过 20 万元的,不另行交纳;超过 20 万元的部分,按照 0.5% 交纳。(2)侵害姓名权、名称权、肖像权、名誉权、荣誉权以及其他人格权的案件,每件交纳 100 元至 500 元。涉及损害赔偿,赔偿金额不超过 5 万元的,不另行交纳;超过 5 万元至 10 万元的部分,按照 1% 交纳;超过 10 万元的部分,按照 0.5% 交纳。(3)其他非财产案件每件交纳 50 元至 100 元。(4)知识产权民事案件,没有争议金额或者价额的,每件交纳 500 元至 1000 元;有争议金额或者价额的,按照财产案件的标准交纳。(5)劳动争议案件每件交纳 10 元。(6)当事人提出案件管辖权异议,异议不成立的,每件交纳 50 元至 100 元。

2. 财产案件受理费

财产案件,是指因财产权益争议提起诉讼的案件。财产案件受理费根据诉讼请求的金额或者价额,按照下列比例分段累计交纳:

不超过 1 万元的部分	每件交纳 50 元
超过 1 万元至 10 万元的部分	按照 2.5% 交纳
超过 10 万元至 20 万元的部分	按照 2% 交纳
超过 20 万元至 50 万元的部分	按照 1.5% 交纳
超过 50 万元至 100 万元的部分	按照 1% 交纳
超过 100 万元至 200 万元的部分	按照 0.9% 交纳
超过 200 万元至 500 万元的部分	按照 0.8% 交纳
超过 500 万元至 1000 万元的部分	按照 0.7% 交纳
超过 1000 万元至 2000 万元的部分	按照 0.6% 交纳
超过 2000 万元的部分	按照 0.5% 交纳

例如,一个标的额为 60 万元的财产案件,其案件受理费的数额为:

50(1 万元以下部分) + 2250(1 万元至 10 万元部分:9 万 ×2.5%) + 2000(10 万元至20 万元部分:10 万 ×2%) + 4500(20 万元至 50 万元部分:30 万 ×1.5%) + 1000(50 万元至 100 万元部分:10 万 ×1%) = 9800(元)

关于案件受理费的交纳,还需注意以下几点:(1)财产案件中有两个或两个以上诉讼请求的,案件受理费应分别按照每一个诉讼请求的数额来征收。准确的说法是,应当按照不同的诉讼标的数额来征收,因为诉讼请求是以诉讼标的为基础的,按照诉讼标的的传统理论,一个诉讼标的产生一个诉讼请求权。在实践中,往往将不同诉讼标的的数额作为单一的请求数额来征收案件受理费。分别征收的费用显然要高于合一征收的费用。(2)财产案件中请求的数额与实际不符的,案件受理费按法院核定的实际争议数额计算。(3)按照《诉讼费用交纳办法》的规定,在民事诉讼中,下列情形不交纳案件受理费:依照民事诉讼法规定的特别程序审理的案件;裁定不予受理、驳回起诉、驳回上诉的案件;对不予受理、驳回起诉和管辖权异议裁定不服,提起上诉的案件。(4)以调解方式结案或者当事人申请撤诉的,减半交纳案件受理费。(5)适用简易程序审理的案件减半交纳案件受理费。(6)对财产案件提起上诉的,按照不服一审判决部分的上诉请求数额交纳案件受理费。(7)被告提起反诉、有独立请求权的第三人提出与本案有关的诉讼请求，人民法院决定合并审理的，分别减半交纳案件受理费。(8)按照规定，需要交纳案件受理费的再审案件，按照不服原判决部分的再审请求数额交纳案件受理费。

(二)申请费及收费标准

按照《诉讼费用交纳办法》的规定，下列案件应当交纳申请费。例如，申请执行、申请财产保全、申请支付令、申请公示催告、申请撤销仲裁裁决或申请不予执行等。关于申请费的标准，《诉讼费用交纳办法》均有明确规定。

三、诉讼费用的负担

案件诉讼费用的负担，又具体分为案件受理费的负担和其他诉讼费用的负担。

1. 败诉人负担

败诉是相对于当事人的诉讼请求而言的，当事人的请求没有得到法院承认的，即为败诉，部分不承认的，即为部分败诉。由败诉人负担诉讼费用，因为诉讼的发生，往往就是由败诉的一方当事人不履行法律义务或实施了侵权行为所造成的，解决该争议所支出的诉讼费用就应当由败诉人负担。

根据《诉讼费用交纳办法》第29条的规定，诉讼费用由败诉方负担，胜诉方自愿承担的除外。部分胜诉、部分败诉的，人民法院根据案件的具体情况决定当事人各自负担的诉讼费用数额。共同诉讼当事人败诉的，人民法院根据其对诉讼标的的利害关系，决定当事人各自负担的诉讼费用数额。

当事人上诉后，第二审人民法院改变第一审人民法院作出的判决、裁定的，应当相应变更第一审人民法院对诉讼费用负担的决定。

督促程序的案件，债务人对督促程序未提出异议的，申请费由债务人负担。债务人对督促程序提出异议致使督促程序终结的，申请费由申请人负担；申请人另行起诉的，可以将申请费列入诉讼请求。

2. 协商负担

协商负担的案件有两类：调解结案的案件和离婚案件。《诉讼费用交纳办法》规定，经人民法院调解达成协议的案件，诉讼费用的负担由双方当事人协商解决；协商不成的，由人民法院决定。离婚案件诉讼费用的负担由双方当事人协商解决；协商不成的，由人民法院决定。

3. 申请人负担

《诉讼费用交纳办法》规定，应当交纳案件受理费的再审案件，诉讼费用由申请再审的当事人负担；双方当事人都申请再审的，诉讼费用依照本办法的规定负担。原审诉讼费用的负担由人民法院根据诉讼费用负担原则重新确定。

公示催告的申请费也由申请人负担。

申请撤销仲裁裁决或者认定仲裁协议效力的，人民法院按照败诉人承担的原则，决定申请费的负担。

4. 撤诉人负担

民事案件的原告或者上诉人申请撤诉，人民法院裁定准许的，案件受理费由原告或者上诉人负担。

5. 变更人负担

当事人在法庭调查终结后提出减少诉讼请求数额的，减少请求数额部分的案件受理费由变更诉讼请求的当事人负担。

6. 主张人负担

诉讼过程中因鉴定、公告、勘验、翻译、评估、拍卖、变卖、仓储、保管、运输、船舶监管等发生的依法应当由当事人负担的费用，人民法院根据“谁主张，谁负担”的原则，决定由当事人直接支付给有关机构或者单位，人民法院不得代收代付。

7. 被执行人负担

《诉讼费用交纳办法》规定，申请执行人民法院发生法律效力的判决、裁定、调解书，仲裁机构依法作出的裁决和调解书，公证机构依法赋予强制执行效力的债权文书以及申请保全措施的申请费由被执行人负担。

执行中当事人达成和解协议的，申请费的负担由双方当事人协商解决；协商不成的，由人民法院决定。

四、对诉讼费用决定的异议及处理

当事人认为人民法院关于诉讼费用的处理决定有异议的，可以向作出决定的人民法院院长申请复核。人民法院应当自收到当事人复核申请书之日起 15 日内作出复核决定。

当事人对人民法院决定诉讼费用的计算有异议的，可以向作出决定的人民法院请求复核。计算确有错误的，作出决定的人民法院应当予以更正。

应当注意的是，当事人不得单独对人民法院关于诉讼费用的决定提起上诉。

五、司法救助与诉讼费用的免、减、缓

司法救助是国家对某些交纳费用确有困难的诉讼当事人，根据其申请所提供的可以缓交、减交或者免交其诉讼费用的一种救助制度。司法救助的目的，在于使那些经济困难的人同样能够利用司法，维护和实现自己的权利。

人民法院对一方当事人提供司法救助，对方当事人败诉的，诉讼费用由对方当事人负担；对方当事人胜诉的，可以视申请司法救助的当事人的经济状况决定其减交、免交诉讼费用。《诉讼费用交纳办法》规定了诉讼费用免、减、缓的具体情形。

第七单元

诉讼程序

第二十一章 诉讼程序概论

本章目次
一、诉讼程序体系
二、诉讼审级
三、审判组织
四、诉讼审理原则

一、诉讼程序体系

（一）一般诉讼程序

1. 诉讼程序的含义

所谓诉讼程序，是指在当事人以及其他诉讼参与人的参加下，法院为裁决或解决民事纠纷以法律规定的形式所进行的审理过程。

在诉讼程序中，为了使诉讼程序能够顺畅进行或裁决得以实际实现，设置了相应的附随程序。例如，财产保全程序、行为保全程序、证据保全程序、先予执行程序、对妨碍民事诉讼行为的制裁程序等。这些程序因为不是独立的存在，所以被称为附随程序。这些程序本质上还是一种非讼程序。

2. 依据案件数额及复杂程度设定的诉讼程序

每一个案件争议的数额及争议的复杂程度都有所不同。争议数额的大小关乎诉讼利益的大小，也在一定程度上决定了人们对诉讼程序正义关注度的高低；案件的复杂程度必然对诉讼审理的程序设置提出了更高的要求。因此，诉讼程序的设置是诉讼效率与程序正义之间的衡平。考量其衡平因素，在我国，一审诉讼程序的设置就根据案件争议数额即案件的复杂程度分别设置了小额诉讼程序、简易诉讼程序、普通诉讼程序。人们通常认为，普通诉讼程序是原则性的诉讼程序，也是诉讼程序最为全面、细致的诉讼程序。小额诉讼程序和简易诉讼程序是普通诉讼程序的简化。小额诉讼程序相对于简易诉讼程序是更为简易快捷的程序，甚至没有一般救济程序——上诉审程序。

随着《民法典》的颁布和实施，民事诉讼法还将根据《民法典》的规定设置新的诉讼程序，例如，人们所议论的行为禁令诉讼程序。

3. 依据案件性质设定的诉讼程序

不同类型的案件各有其自身的特点，因此，审理案件的诉讼程序也应当根据其特点进行设置。在理论上,将一般民事诉讼程序与明显具有自身特点的其他民事争议的诉讼程序加以区别。在程序上,也设置了不同于一般民事诉讼程序的特殊程序。民事公益诉讼、家事诉讼就是人们认为的应当在程序设置上有所不同的诉讼程序。程序设置具有自身特点的诉讼,还包括票据诉讼程序、知识产权诉讼程序等。民事公益诉讼还可以细化为民事环境公益诉讼和消费者侵权公益诉讼等。

(二)诉讼救济程序

诉讼救济程序,是指为了保障法院裁决的公正性,法律上设置的,对裁决不服可申请再次审理的程序。诉讼救济程序包括对未生效(确定)的裁定、判决不服提起的上诉程序和对已生效(确定)的裁定、判决不服提起的再审程序。

二、诉讼审级

诉讼审级制度,是指法院对案件审理的层级或次数。如果法院对案件审理作出裁决之后即告终结,裁决生效确定,不得上诉,则在审级上即为一审终审,该制度也称为“一审终审制”,如我国的小额诉讼程序,即采取的是一审终审。如果一审之后,当事人可以对其未生效(确定)的裁决提起上诉,法院对其上诉进行审理后其裁决即为生效(确定)的裁决的,在审级制度上则称为“两审终审制”。如果在二审之后,法院的裁决还未最终确定,当事人还可以提起上诉,法院再次进行审理才能最终确定的,在审级制度上则称为“三审终审制”。我国除小额诉讼之外,实行“两审终审制”。国外大多数国家,根据案件的不同情形,有“一审终审”,也有“两审终审”,涉及法律问题的实行“三审终审”。

(一)多重审级制度

多重审级制度,是指民事案件经两级或两级以上裁判机关审理裁判而宣告终结的制度。

多重审级制度的优点在于:通过多重审理,可以减少审判的错误,保障案件裁判的质量;有利于上级裁判机关对下级裁判机关的监督,保障法律实施的统一性和完整性。多重审级制度的缺陷在于:增加裁判机关和当事人的诉讼负担,提高了诉讼的成本;由于多级审理和裁判,诉讼时间必然增加,不利于纠纷的迅速解决。

多重审级制度的利与弊,比较典型地反映了公正与诉讼效率的冲突。因此,如何衡平利弊,是各国民事诉讼审级制度设立所要考虑的。目前,世界上实行单一审级模式的国家并不多,有许多国家从保障公正、有利于法制的统一性和提高诉讼效率的多角度综合考虑,实行多元化的审级模式,即根据案件的性质和争议诉讼标的额的大小决定审级制度。诉讼标的额较小的实行一审终审制度;诉讼标的额大的或涉及不动产以及比较复杂的案件实行两审终审制度。

在大陆法系中,有些国家规定对于涉及法律问题的案件,还可以上诉到第三审,即所谓三审终审。三审终审制度主要考虑的是司法的统一性问题,因此,这些国家都将第三审作为法律审,第三审法院只审理原审适用法律的问题,不涉及事实认定问题。由于目前我国对于法律适用的统一性问题尚未引起人们的普遍关注,甚至有人认为,这不是一个问题,因此,尽管笔者提出关于建立法律审的制度设想,但在民事诉讼法修改中没有得到立法部门的认可。[1]

(二)两审终审制

中华人民共和国成立以前,我国曾实行过三审终审制度。中华人民共和国成立以后,立法者从我国地域辽阔,人口分布不均,交通不便的实际情况出发,同时考虑裁判机关的审级监督和裁判的公正,设计了具有中国特色的两审终审制度。

两审终审制度,是指民事案件经过两级人民法院审理和判决即告终结的制度。根据两审终审制度,当事人对第一审地方各级人民法院作出的裁判不服的,可以在法律规定的有效期间内,向上一级人民法院提起上诉,经过上一级人民法院审理裁判后,对该案件的审理宣告终结,裁判发生法律效力,当事人即使不服的也不能再提起上诉。已经生效的判决确有错误的,可通过审判监督程序加以纠正。

最高人民法院是我国的最高司法裁判机关,因此,由最高人民法院受理的第一审民事案件实际上只能是一审终审。当事人对最高人民法院作出的判决不服的不能提起上诉。从学理上讲,最高人民法院作为一审法院是欠妥的,因为在最高人民法院作为一审的诉讼中,实际上剥夺了当事人的上诉权,剥夺了当事人对法院裁决程序救济的机会。最高人民法院作为一审法院反映了我国法院体制行政化的特点。因此,多数学者认为,最高人民法院不宜审理一审案件,应当仅作为上诉法院和终审法院发挥相应的作用。或在最高人民法院中设置初审法庭和上诉法庭,案件经初审法庭审理后,当事人不服的,仍可上诉。

应当注意的是,并非所有案件的审理都适用两审终审的原则。根据《民事诉讼法》的规定,小额案件的审理实行一审终审。这主要考虑争议数额小的案件,更注重提高纠纷解决的效率,缩短诉讼周期。另外,根据《民事诉讼法》的规定,适用特别程序审理的案件实行一审终审。无论哪一级人民法院作出的关于此类案件的判决,当事人均不得提起上诉。

问题与思考

设立法律审制度,实行有条件的三审终审制

从理论上讲,裁判机构越是分散,司法者的人数越多,就越容易出现法律适用不统一的情形。而我国恰恰存在容易导致法律适用不统一的因素。我国大约有几千个基层人民法院、几百个中级人民法院、几十个高级人民法院,法官的数量也已经达到十几万人,如此众多的裁判机构和司法人员无疑也构成了中国司法的一个特点,因此在我国,法律适用的统一性问题就更具有现实意义。随着信息交流的日益增强,人们对法律适用的统一也有了更为迫切的要求。

因此,我国也需要进一步完善有利于实现法律适用统一性的有关制度,最大限度地消除法律适用不统一的现象。从各国司法制度的设计来看,独立的法律审程序是一种比较有效地实现法律适用统一的

[1] 关于法律审,详见张卫平:《民事诉讼法律审的功能及构造》,载《法学研究》2005年第5期。

制度安排。在大陆法系的一些国家中，法律审作为上诉审级中的第三级，也是裁判的最高级或终级，其目的不仅在于纠正下级裁判机关的错误裁判，还在于通过这一级审理在一定程度上实现法律适用的统一性。这样的制度设计是值得我国借鉴的。

我国现行的审级制度实现的是两审终审制，即案件经过两级法院审理之后即告终结，当事人不得再行上诉。不可否认，在我国，上诉审不仅具有事实审的功能，也具有法律审的意义，上诉审法院不仅可以就上诉的原审法院的事实问题进行审理，重新予以确认，也当然可以对上诉的原审法院在法律适用的问题上进行审理，根据法律，纠正原审法院在法律适用上的错误。但由于我国两审终审的这种制度安排，决定了要求更高程度地实现法律适用的统一性，其作用必定是十分有限的。我国实行的是四级法院体系，实践中绝大多数案件的第一审在基层人民法院，这些案件的终审法院即为中级人民法院，而如此众多的中级人民法院作为终审法院就难以保证较高程度的法律适用的统一。法律适用统一性的最高要求应当是全国统一，仅仅在中级人民法院的辖区内实现统一是远远不够的。因此，为了实现在更高程度上的法律适用统一性，应当考虑审级制度的改革，设置有条件的三审终审制度，不仅有利于提高审判的质量，也有利于法律适用的统一性。当然。如果将所有案件的审理均设计为三审终审，其诉讼和审理的成本又太高，因此，在重构审级制度时应当考虑多重因素的衡平问题。笔者主张，我国的审级制度应实现“多元审级制”，即对于部分争议数额小的财产纠纷案件或简单的非讼案件实行一审终审，涉及法律问题的案件实行三审终审，其他案件实行两审终审。这样的审级设置既考虑了被救济权利的大小与救济手段成本的协调问题，还考虑了事实审和法律审与多次审理的审理绩效问题。

知识扩展

第三审、上告审、法律审

在大陆法系国家，对第二审的裁判结果，认为违反法律的，可以提起第三审上诉。第三审也称为上告审，因为上告审只是审查判断原审判决是否违法（包括程序违法、适用法律错误等），而不涉及原审事实认定是否错误，所以又称为法律审。法律审的目的不仅在于对权利人的程序性救济，还在于实现在全国范围内的司法统一。在大陆法系国家，第三审法院即为最高法院。

三、审判组织

审判组织，是指法院审理民事案件的组织形式。案件审理按由一名法官还是由三人以上为奇数法官组成合议庭进行可以分为独任制和合议制。同时，各级人民法院内部都设有审判委员会。

（一）独任制

1. 独任制的含义

独任制，是指一名审判员独立地对民事案件进行审理裁判的制度。独任制只适用于简易程序审理的简单民事案件，主要考虑司法成本和效率。按照《民事诉讼法》修改前的规定，独任制与合议制相比适用面更小，仅在小额诉讼程序和简易诉讼程序中适用，普通诉讼程序不适用，因而不是一种基本审判组织形式。但随着 2021 年《民事诉讼法》的修正，对独任制的适用范围有所扩大,这种认识也在发生动摇。这也涉及在我国合议制是否为基本审判组织形式的问题。

2. 独任制的扩大化

2021 年立法机关对《民事诉讼法》进行了第四次修改。修改的主要目的是提高诉讼效率,以应对司法实践实际存在的"案多人少"的问题。为了解决这一问题,在《民事诉讼法》修改中的主要调整就是缩小合议制适用的范围,扩大独任制的适用。人们将这一调整称为"独任制扩大化"。按照修改前的《民事诉讼法》,适用普通程序(一审程序)和二审程序审理的案件必须合议审理。

经过修改之后,《民事诉讼法》规定,在适用普通程序(一审程序)时,如果审理法院为基层人民法院,审理的案件基本事实清楚、权利义务关系明确的,可以由审判员一人适用普通程序独任审理,无须适用合议制。需要注意的是,这里对审理法院有所限定,必须是基层法院。换言之,中级人民法院审理的一审案件依然必须适用合议制。

上诉程序中合议制或独任制的适用,区分两种情形:(1)当事人对中级人民法院、专门人民法院对第一审适用简易程序作出的判决不服提起上诉的,上诉审理适用独任制,不再适用合议制;(2)无论第一审是否为普通程序,当事人不服一审法院民事裁定提起上诉的,均可由审判员一人独任审理。对这两种情形,适用独任制的一个前提要求是"基本事实清楚、权利义务关系明确"。

(二)合议制

1. 合议制的概念

合议制度,是指由三名以上为奇数的审判人员组成审判庭,以人民法院的名义,具体行使民事审判权,对民事案件进行审理并作出裁判的制度,也称为合议制。

合议制度作为一种基本制度,规定了人民法院审判民事案件的基本审判组织形式。所谓基本审判组织形式,是指除按规定应适用简易程序审理的民事案件外,人民法院在审理其他民事案件时都应当组成合议庭进行审判。合议制是与独任制相对的。

由于司法传统的历史原因,英美法系国家一审普遍采取独任制,上诉审采用合议制。这里应当注意的是,英美法系一审案件适用独任制与英美诉讼的对抗制特点有密切的关系,因为对抗制,所以英美法系国家相对大陆法系国家而言,法官对案件事实揭示的干预作用就要小得多;与此不同,大陆法系国家其对抗制色彩不如英美法系国家,法官在事实揭示方面的干预要强很多,因此,大陆法系国家更提倡通过合议制审判的公正性。

2. 合议制的地位

所谓合议制的地位及审判基本制度是相对于独任制而言的,作为审判组织形式只有这两种。如果合议制为基本组织形式,则独任制为非基本组织形式;相反,亦如是。对合议制地位的认识实际上对民事诉讼实践并没有什么影响,法律上对于合议制和独任制的适用都有具体的规定,一般不存在法院根据实际情况裁量适用的问题。就应然角度论是有意义的,涉及民事诉讼今后的发展问题。在应然层面,如果合议制为基本组织形式,则应当予以坚持,制度建构尚未达成的,应当通过法律调整予以修改。如果不是基本组织,或在两种组织形式之间不存在基本与非基本的问题,则应作相应的调整。

2021 年《民事诉讼法》修正之前,民事诉讼法学界几乎一致认为,合议制是我国民事诉讼审判的基本组织形式,是民事审判的基本制度。这一认识当然是基于《民事诉讼法》及《人民法院组织法》等法律关于合议制与独任制的规定。

具体从两个方面看:一是关于合议制的一般规定所处的位置;二是《民事诉讼法》关于合议制适用的占比。在《民事诉讼法》第一章"任务、适用范围和基本原则"中,《民事诉讼法》将合议制作为人民法院审理案件的制度特别加以规定。一般认为作如此规定,表明合议制具有基本制度的意义。该法中的"回避""公开""两审终审"也都被认为是人民法院审理案件的基本制度。《人民法院组织法》也是如此规定。从《民事诉讼法》关于合议制的具体规定来看,也表明合议制具有基本组织形式的地位:(1)合议制适用于一审中的普通程序,而普通程序是民事诉讼的主要程序;(2)上诉审程序均适用合议制;(3)再审程序也同样适用合议制。相反,独任制仅在小额诉讼和简易诉讼程序予以适用。

在《民事诉讼法》修改之后,曾有人们议论认为,合议制将不再是基本组织形式或基本审判制度。这主要是指修改之后独任制的扩大化。在普通程序中,对于案件基本事实清楚、权利义务关系明确的,也可以适用独任制;对一审裁判不服提起上诉的案件,也可以适用独任制,改变了原来二审一律适用合议制的规定;对于裁定不服提起的上诉也一律适用独任制。但是现行《民事诉讼法》并没有修改第 10 条关于合议制的一般规定。似乎表明合议制作为基本组织形式或基本审判制度的地位并未被彻底否定,只是有所调整,可以认为是其基本性的程度有所下降,是一种量的变化。

笔者认为,人们没有必要去纠结合议制的地位问题,也就是说,不需要去界定合议制是否为基本组织形式的问题,作为一种审判资源的程序安排,需要根据具体情形加以规定,主观理念将合议制和独任制两者人为地界定为基本组织形式与非基本组织形式,无疑是画地为牢。因此,笔者主张可不再将合议制规定在《民事诉讼法》第 10 条之中(这也包括关于回避的规定)。当然,如果从理念意识的角度如此规定也并非完全没有形式上的意义。

3. 合议庭的构成

合议庭是合议制的具体组织形式。合议庭是根据合议制度由三名以上为奇数的审判人员组成的审判组织。按照我国《民事诉讼法》的规定,合议庭的构成因审理程序不同而有所不同。

关于第一审程序中的合议庭。根据《民事诉讼法》的规定,人民法院审理第一审民事案件时,可以由审判员和陪审员共同组成合议庭,也可以全部由审判员组成合议庭,但不能全部由陪审员组成合议庭。具体采用哪一种构成方式,可以根据案件的实际情况而定。一般情况下,对于那些涉及专门知识和技术的民事案件可邀请具有相应专门知识和技术的陪审员参加,与审判员共同组成合议庭。例如,专利案件、技术转让合同纠纷案件等,在审判实践中就经常聘请专家作为陪审员参与案件的审判,对于正确审判案件具有很好的效果。陪审员在诉讼中与审判员有同等权利义务。《民事诉讼法》没有规定陪审员与审判员在合议庭中的比例,其比例也是各法院根据具体情况而定。第二审人民法院发回重审的案件,原审人民法院应当按第一审程序另行组成合议庭。

关于第二审程序中的合议庭。第二审程序是上诉审程序。与第一审程序不同，在我国，第二审人民法院除了对上诉请求进行审理、作出判决外，还具有对下一级人民法院的审判活动实施监督和指导的任务和作用。基于第二审法院的这种性质和任务，合议庭的组成也就不同。根据《民事诉讼法》的规定，人民法院审判第二审民事案件，合议庭的成员必须全部是审判员，陪审员不能作为合议庭成员。合议庭的组成人数仍为奇数。

关于再审程序中的合议庭。再审程序，是指人民法院对已经发生法律效力的裁判，在该判决确有错误时，依照法定程序再次进行审理以纠正其错误的审判程序。根据《民事诉讼法》的规定，审理再审案件，原来是第一审的按照第一审程序另行组成合议庭；原来是第二审的或者是上级人民法院提审的，按照第二审程序另行组成合议庭。再审程序的合议庭在构成形式上与原审程序并没有实际区别，原审程序的合议庭有陪审员参加的，再审时，陪审员仍然可以参加。再审程序合议庭的特点在于，再审的合议庭必须另行组成，即原来的审判人员不得再作为合议庭的成员，目的是保证再审的公正性。

关于合议庭的内部关系。合议庭是一个集体，由审判人员组成，其中一名审判员担任审判长，负责合议庭的组织工作和对外代表合议庭。根据《民事诉讼法》的规定，人民法院院长或者庭长参加合议庭审判案件时，由院长或者庭长担任审判长。院长或者庭长不参加合议庭时，由院长或者庭长指定合议庭的一名审判员担任审判长。根据《民事诉讼法》这一规定，陪审员不能担任审判长。合议庭成员在对案件进行评议和议决时，具有同等的权利。合议庭在评议案件时应当给予各成员充分陈述意见的机会，使评议结果更加公正合理。当合议庭成员不一致时，实行少数服从多数的议决原则，以多数成员的结论为合议庭的结论。少数成员的观点虽不作为合议庭的结论，但应当如实地记入笔录。

4. 合议制流于形式化的问题

合议制在具体实施中往往存在流于形式化的问题。这一问题产生的主要原因是“案多人少”，法院无法让更多法官在实质上参与合议审理。为了便于合议制的运转，合议庭的审理事务由审判长统筹，审判长作为主审法官也就成为实质上的唯一审理法官，其他法官仅仅是出庭旁观，最后在法律文书上签字而已，在法院内部，也形成了主审法官实际承担审理责任的机制。因此，有的人便主张从实际情况考虑，去合议制的形式化，改为独任制。

5. 陪审制

陪审制是从合议审理的人员构成来谈的，因此，在独任制的情形中也就无所谓陪审制的问题。和陪审制相对的是，合议审的全员为法官的情形。合议庭的构成既可以全员是法官，也可以部分是非法官。

《人民陪审员法》自2018年4月27日起公布施行。其第5条规定了人民陪审员的主体条件：(1)拥护中华人民共和国宪法；(2)年满二十八周岁；(3)遵纪守法、品行良好、公道正派；(4)具有正常履行职责的身体条件；(5)一般应当具有高中以上文化程度。第6条、第7条规定了人民陪审员任职的消极条件：一是人民代表大会常务委员会的组成人员，监察委员会、人民法院、人民检察院、公安机关、国家安全机关、司法行政机关的工作人员，律师、公证员、仲裁员、基层法律服务工作者,其他因职务原因不适宜担任人民陪审员的人员,均不得担任人民陪审员;二是受过刑事处罚的,被开除公职的,被吊销律师、公证员执业证书的,被纳入失信被执行人名单的,因受惩戒被免除人民陪审员职务的,其他有严重违法违纪行为而可能影响司法公信的,不得担任人民陪审员。

关于人民陪审员参加合议庭的具体情形,《人民陪审员法》规定,由人民陪审员和法官组成合议庭的第一审民事案件包括:(1)涉及群体利益、公共利益的;(2)人民群众广泛关注或者其他社会影响较大的;(3)案情复杂或者有其他情形,需要由人民陪审员参加审判的。人民法院审判前款规定的案件,法律规定由法官独任审理或者由法官组成合议庭审理的,从其规定。人民法院审判下列第一审民事案件,由人民陪审员和法官组成七人合议庭进行:公益诉讼案件;涉及征地拆迁、生态环境保护、食品药品安全,社会影响重大的案件;其他社会影响重大的案件。第一审民事案件原告或者被告申请由人民陪审员参加合议庭审判的,人民法院可以决定由人民陪审员和法官组成合议庭审判。

在我国,由非司法职业的公民作为陪审员参与案件审判的制度被称为陪审制。陪审员在审判中的地位和作用与审判员完全相同。在审判中,与合议庭的审判员一起共同认定事实,适用法律。但我国的陪审制与英美法系诉讼中的陪审制完全不同,这一点应当特别注意。英美法系诉讼中的陪审员与法官有明确的分工:陪审员只认定事实,不适用法律;法官根据陪审团认定的事实适用法律。实际上,我国的陪审制与大陆法系国家的"参审制"相同。"参审制"的意图在于两点:(1)通过公民的参与体现司法的民主性;(2)借助参审人员的专门知识,解决案件审理中专业性比较强的问题。相比而言,陪审制的出发点就在于国民对司法的参与,其指导思想是民主司法。"参审制"与陪审制各有利弊。大陆法系国家有一部分国家仍在审判中采用"参审制"。

陪审制是一种审判成本很高的制度,英美法系国家除美国外,民事案件一般都不采用陪审制。在美国,也只是一部分民事案件采用陪审制。大陆法系的参审制也存在难以实施的问题,主要问题是如何保障广大国民的有效参与。

6. 合议制的设置考量

法院审理裁判的组织形式是采独任制还是合议制,始终是一个人们十分纠结的问题。因为无论是独任制还是合议制,都有其相应的利与弊,所以,需要考虑审判的各种因素权衡而定。

独任制的长处在于审理效率高、审理实现的处置灵活机动、责任主体明确、审判人力成本低。独任制是直接应对"案多人少"问题的有效对策。2021 年《民事诉讼法》修正中独任制的扩大化也是基于这一点。

独任制的短处在于,缺乏集智与制约机制。相反,合议制恰恰能够克制独任制的短处,能够集思广益、达成制约。这也正体现了司法民主的精神和要求。另外,程序的意义之一在于吸收当事人对裁决结果的不满。比较而言,合议制比独任制显然更能够吸收其不满。

辩证地看,合议制的长处正是其短处所在。正是众人合议机制导致了审判效率低于独任制,提高了审判成本。在"案多人少"问题严重的情形下,合议制更凸显其缺陷所在,也导致了《民事诉讼法》修改对合议制适用范围的限缩。

独任制与合议制的程序安排，需要从审判与诉讼的体系整体、案件的复杂程度、争议利益大小、审判效率等来加以考量。从审判与诉讼体系整体考量，考虑的是一审与上诉审的职能定位问题。对于一审简单、诉讼标的额不大的民事案件审理适用独任制是合理的，也容易理解；相反，争议标的额大、案件复杂的案件采用合议制也是容易为人们所接受，因此一审案件一律适用独任制是不妥的。“案件复杂”是一个抽象的概念，不易把握，对此可以通过案件性质来加以规范，例如，群体性案件、环境污染案件、商事案件、知识产权案件等其他涉及专业技术、知识的案件。

上诉审需要强化对不满的吸收、法律适用的统一、防止错案发生，因此，其审判组织应当采用合议制。这也是各国的普遍做法，况且我国实行的是两审终审，故而在上诉中更应该适用合议制。维持合议制的确面临“案多人少”的压力，但这一问题的解决需要通过司法制度的改革加以解决，如加大司法资源的投入，增加法官数量、提升法官物质保障等。这是法治社会建构、发展所必需的投入。随着经济总量的增大，竞争加剧，案件不断增加是客观现实，最直接的应对方法就是加大审判人力资源的投入。因此，对“案多人少”问题的解决之道不能通过减少或削弱程序保障来解决。强化溯源治理、发展纠纷解决的替代机制、强化审判的指导性、提高司法的权威性、提升法律适用的统一度，减少法院对社会活动的参与，提高法官审判工作效率。这些措施的落实也都有助于解决“案多人少”的问题。因此，不能单向度地、简单地考虑通过独任制的扩大化释放“案多人少”带来的压力。

在对待合议制的程序安排这一问题时，人们往往以合议制在实践中常常流于形式，不能有效实施为由，限缩合议制的适用，但应当注意的是，合议制是一种机制，合议制能否有效实施关联的是具体作用大小的问题；而一旦在程序中取消了这一机制则是完全不能发挥作用，是作用的有无问题。有机制存在时，合议庭的法官就有发表不同意见的机会，就能发挥制约和集智的作用。合议法官具体参与哪个审理程序，如何发挥作用是需要进一步研究和完善的问题。独任制与合议制程序问题的实质是效力与程序公正的衡平问题，对这一问题的认识还需要充分的实证研究结论提供支撑。这种可靠的实证研究依赖于实证研究方法的科学性和中立性。

（三）审判委员会

各级人民法院内部都设有专门对审判工作进行领导和指导的机构——审判委员会。审判委员会由院长（一人）、常务副院长（一人）、副院长（若干）、庭长、副庭长和审判员（资深或有经验的审判员）等若干人组成。对所议问题的议决采取民主集中制。审判委员会的主要任务是，总结本法院审判工作的经验，讨论重大疑难案件的处理，以及其他与审判相关的工作。因为审判委员会具有对重大的或者疑难案件进行讨论议决的职能，因此实际上对具体案件的处理具有决定作用。合议庭必须按照审判委员会的议决作出最终裁决。

合议庭与审判委员会的基本关系是，审判委员会在审判业务上对合议庭实行指导和监督。具体对案件进行审判的组织是合议庭，审判委员会并不直接参与对案件的审判，也不对合议庭实行行政上的领导。审判委员会对合议庭的指导和监督具体体现在：（1）本法院院长或副院长认为合议庭对案件的处理意见不当时,可以将案件如何处理的问题提交审判委员会;(2)合议庭评议案件未形成多数意见时,应由法院院长提交审判委员会讨论决定;(3)审判委员会对案件的处理决定合议庭必须执行,该决定对外仍以合议庭的名义;(4)审判委员会对本法院作出的已经生效的判决发现确有错误的,可以通过审判监督程序提起再审。

在审判理论和司法实践中,审判委员会的存、废、改的问题一直是理论界和实务界长期争论的问题。多数学者认为,审判委员会制度应当废除。审判委员会制度的主要问题是,这种制度导致合议庭和独任法官实际上丧失了审判权能,导致了作为最终裁判者的审判委员会对审判的非亲历性,有违直接审理原则;同时,也无法落实法官的审判责任。也有的学者从制度存在的现实考虑,认为在不能立即废除的情况下,作为过渡,应尽量减少审判委员会对案件审理的干预。例如,规定只有重大的刑事案件才经过审判委员会讨论。民事案件不再经过审判委员会讨论。但也有人认为,审判委员会有利于对具体审判人员的监督,尤其是在审判人员素质还不是很高的情况下,因而主张保留审判委员会制度。

四、诉讼审理原则

(一)回避原则

1. 回避原则的概念

民事诉讼中的回避原则,是指在民事诉讼中,审判人员以及其他可能影响案件公正审理的有关人员,在遇有法律规定的回避情形时,不得参与案件的审理,已经参与的要退出该案诉讼程序的原则与制度。

回避原则最典型地体现了程序正义的特点和要求。回避原则的设立依据是:为了保证审判的公正性,应当把直接参与审判的人视为受利益驱动和感情约束的一般人,或者假定为不能摆脱不正当利益的控制和特定感情约束的人,当某件案件的审理与这些人有联系(包括利益和感情上的联系)时,就应该退出该案的审理或诉讼。尽管人们在选拔和任命审判人员时总是以很高的标准来严格予以要求,但作为一项法律制度则必须从一般人的标准来规制,只有这样才能充分保障其公正性。应当承认一般的人都是受私利驱动的,这是一般人的普遍特性。法律制度作为一种制度安排,其特点是从规范一般人的角度来考虑的。对于那些德行很高的人,制度的安排只对社会具有形式正义的意义,对他们实际上是多余的。但法律必须将所有人都假定为一般的社会人。

我们还不能忽视回避制度的另一作用,即通过隔离审判人员与特定利益或感情的联系与制约,从而防止审判人员蜕变为有悖其职业道德的人,有助于通过制度维持审判人员的职业道德水准。

2. 回避的主体范围

应当回避的人即回避的主体范围包括:审判人员(包括参与本案审理的人民法院院长、副院长、审判委员会委员、庭长、副庭长、审判员、助理审判员和人民陪审员)、书记员、执行员、翻译人员、鉴定人和勘验人。

3. 应当回避的情形

应当回避的情形包括以下两类:

第一类是关系回避的情形:(1)是本案当事人或者当事人近亲属的;(2)本人或者其近亲属与本案有利害关系的;(3)担任过本案的证人、鉴定人、辩护人、诉讼代理人、翻译人员的;(4)是本案诉讼代理人近亲属的;(5)本人或者其近亲属持有本案非上市公司当事人的股份或者股权的;(6)与本案当事人或者诉讼代理人有其他利害关系,可能影响公正审理的。与本案当事人有其他利害关系的规定是弹性条款。在诉讼实务中,具体地解释为审判人员等与当事人是关系密切的同学、朋友,或存在直接的上下级关系或恋爱关系等。

第二类是行为回避的情形,即诉讼中有下列行为时应当回避:(1)接受本案当事人及其受托人宴请,或者参加由其支付费用的活动的;(2)索取、接受本案当事人及其受托人财物或者其他利益的;(3)违反规定会见本案当事人、诉讼代理人的;(4)为本案当事人推荐、介绍诉讼代理人,或者为律师、其他人员介绍代理本案的;(5)向本案当事人及其受托人借用款物的;(6)有其他不正当行为,可能影响公正审理的。

4. 回避的方式和程序

回避的方式有两种:积极回避和消极回避。积极回避,是指应当回避的主体主动申请或法院决定使其退出审理或诉讼程序的情形。消极回避,是指当事人及诉讼代理人根据民事诉讼法的规定,申请审判人员或其他有关人员退出本案审理或诉讼。

积极回避的,应当回避的主体在知道具有回避情形时可以提出回避请求。消极回避的,申请人应当在案件审理开始时或辩论终结前向人民法院提出要求回避主体回避的申请。提出回避申请时,应当说明理由。

无论是积极回避还是消极回避,都需要经过一定的批准程序。按照《民事诉讼法》的规定,院长担任合议庭审判长的,其是否回避由本院审判委员会决定;审判人员的回避,由院长决定;其他人员的回避,由审判长决定。

如果审判人员有应当回避的情形而没有自行回避,当事人也没有申请其回避的,则由院长或者审判委员会决定其回避。

除了案件的处理需要采取紧急措施外,在人民法院作出回避主体是否应当回避的决定之前,回避申请提出之后,回避主体应当暂时退出案件的审理或停止参与案件的有关工作。

根据《民事诉讼法》的规定,对申请回避的请求,人民法院应当在回避申请提出后 3 日内,以口头或书面方式作出决定。申请人对该决定不服,可以在接到决定时申请复议一次,但在复议期间,被申请回避的审判人员或其他有关人员可以不退出诉讼,继续参与案件的有关工作。

5. 无利害关系的回避情形

在有的情形下,审判人员虽然与案件没有上述回避事由,但是为了保证诉讼公正,对于曾参与过该案审理程序的审判人员也规定应当予以回避。按照《民诉法司法解释》的规定,在一个审判程序中参与过本案审判工作的审判人员,也不得再参与该案其他程序的审判,包括该案的第二审程序和再审程序。这是因为有可能该一审案件的审判人员在该案件二审或再审时已经成为二审法院或再审法院的审判人员。虽然此种情形可能属于小概率的情形。但是,发回重审的案件,在一审法院作出裁判后又进入第二审程序的,原第二审程序中合议庭组成人员不受这一限制。

(二)公开审判原则

1. 公开审判原则的含义

公开审判原则,是指人民法院在审理民事案件时,应当将其审判活动向社会公开的一种制度。公开审判是我国民事诉讼的一项重要审判制度,也是世界上绝大多数国家审判所具有的制度。相对于不公开审判,公开审判被认为是审判的一项基本原则。从这个意义上讲,在民事诉讼中,公开审判是原则,不公开审判是例外。作为例外,不公开审判必须要有明确的法律规定,不能随意裁量决定,无论是在一审、二审程序中,还是在再审程序中。

2. 公开审判原则的内容

公开审判制度的具体内容包括以下几个方面:(1)人民法院应当在案件开庭审理前公告当事人的姓名、案由和开庭审理的时间、地点;(2)在开庭审理期间,除了法律有规定的以外,公民可以旁听案件的审理;(3)允许新闻记者对案件进行采访报道;(4)人民法院对案件的判决应当公开宣告;(5)判决和裁定应当公开。2012 年《民事诉讼法》修正中特别增加了关于公众可以查阅发生法律效力的判决书、裁定书的规定(涉及国家秘密、商业秘密和个人隐私的内容除外)。

3. 公开审判制度的意义

公开审判原则的确立是诉讼制度的重大进步,是人类诉讼文明发达的表现,是诉讼民主化的体现。审判公开是司法公开的具体化和制度化。司法公开是现代司法的基本特征。公开审判制度的意义在于,将民事审判活动置于社会的广泛的监督之下,通过社会的监督制约,保障审判的公正。审判活动的公开是社会监督的必要前提,没有审判的公开,就没有社会的监督。更重要的是,审判公开为社会监督的具体化提供了依据。社会监督的核心和基本表现形式是舆论监督。舆论监督主要体现为新闻监督和法学学理监督。社会监督中最有效、影响最大的是新闻监督。新闻监督是通过新闻媒体向全社会报道案件的审理和裁判,实现对民事审判活动的制约。

4. 法学学理监督

法学学理监督是过去很少提到的监督方式,但却是一种十分有效的社会监督方式。法学学理监督主要是通过从事法学研究或从事法律实务的人对判例的学理评析来制约将来的审判。故而,法学学理监督与新闻监督相比具有事后性。由于对判例的学理分析是以寻求法律适用的科学性为目的的,故而,这种学理评析无疑会促进审判质量的提高。公开审判制度为判例公开提供了根据,从广义上讲,判例公开也可以说是公开审判制度的组成部分。判例公开,是指将各级法院审理和裁判案件的经过和结果通过某种方式向社会公开(如在专门的判例杂志上刊出)。判例公开实现了法学研究、法学教育与法律实务的结合,不仅有利于提高审判的水平,也推动了法学研究和法学教育的发展。目前,在我国,判例公开尚未制度化、规范化是导致我国审判不透明,法学研究空洞化、虚无化和法学教育书本化、教条化的原因之一。

5. 不公开审理的几种特殊情况

公开审理是公开审判制度的主要内容,根据公开审判制度的一般要求,人民法院在审理案件时应当公开进行。所谓公开进行,就是人民法院在审理案件时允许诉讼参与人以外的公民旁听庭审。但对于有些特殊的案件,如果允许其他公民旁听就有可能导致国家秘密、商业秘密的泄露和不利于对个人隐私权的保护以及对社会产生消极影响,因此,《民事诉讼法》规定某些特殊的案件不公开审理。

不公开审理的案件有以下几类:

一是涉及国家秘密的案件。国家秘密包括执政党的秘密、政府的秘密和军队的秘密。为了不使国家秘密泄露,凡涉及国家秘密的案件不得公开审理。关于国家秘密的界定依照有关法律、规章以及其他行政文件。在没有法律规定时人民法院有自由裁量权。

二是涉及个人隐私的案件。关于隐私的理解目前学术界尚未有统一的认识。有的学者认为,隐私是个人不愿为他人所知和干涉的私人生活,其内容主要包括三个方面:个人信息的保密、个人生活的不受干扰和个人私事决定的自由。也有的学者认为,“隐私,又称私人生活秘密或私生活秘密,是指私人生活安宁不受他人非法干扰,私人信息保密不受他人非法搜集、刺探和公开等”。从实体法学者关于隐私的论述来看,实际上是从隐私权或保障隐私权的角度来定义隐私的。如果将这种含义的隐私概念直接代入《民事诉讼法》关于不公开审理的规定,恐怕难以操作。例如,实体法学者对个人信息属于隐私的内容是没有疑义的,但如果说凡涉及个人信息的案件法院就不能公开审理,那么有几个案件能不涉及个人信息呢?笔者认为,《民事诉讼法》规定的隐私应从狭义来理解,即有可能对当事人个人感情带来伤害的那些有关当事人个人生活的信息。主要是关于个人生理、家庭不幸、性生活、恋爱经历以及其他有伤感情的个人信息,而不是所有关于个人生活的信息。

三是离婚案件和涉及商业秘密的案件。根据《民事诉讼法》的规定,这两类案件当事人申请不公开审理的,可以不公开审理。离婚案件之所以可以不公开审理,其理由其实与涉及个人隐私的案件不公开审理的理由并无二致,因此把离婚案件与涉及隐私的案件分开加以规定或特别加以规定有欠妥之处。因为离婚案件不可能不涉及个人隐私,涉及个人隐私的案件当然包括涉及个人隐私的离婚案件。商业秘密,是指涉及商品生产、经营过程中的技术秘密和一旦泄露将使商品生产者和经营者蒙受经济损失的生产经营信息。例如,商品的生产工艺、配方、贸易联系、销售方式、销售渠道、经营策略等当事人不愿公开的商业秘密。由于商业秘密是生产经营者在市场竞争中取胜的关键,所以法院在审理涉及商业秘密的案件时,当事人申请不公开审理的,可以不公开审理。

在我国民事诉讼理论中存有一个误识,即认为审判存在公开与否的问题,但庭审不存在是否公开的问题,所有案件均一律公开庭审。其实庭审也存在是否应当公开审理的问题。审判公开应当与庭审公开保持一致,庭审公开是审判公开的内容之一。但应当注意的是,庭审公开与开庭审理是两个概念。案件原则上应开庭审理,但不一定公开审理。

在民事诉讼中,即使是公开审理的案件,合议庭对案件的合议过程也是不公开的,目的是保障审判人员更充分地行使权利。

问题与思考

如何落实公开审判制度是司法实践中经常议论的话题。难点在于不易处理好以下几种关系:

首先,审判开放、公众旁听与维持法庭审理秩序的关系问题。目前,之所以很难做到自由旁听审判案件,原因就在于法院必须顾忌法庭审理秩序。这一问题有着更为复杂的社会矛盾和冲突的背景,因而短期内难以解决。

其次,媒体自由报道与审判的关系。由于担心媒体的报道对案件审判的干扰,实际上媒体报道会受到很大的限制,没有有关部门的批准,报道是不可能的。要改变这一状况,加强媒体的自律是非常重要的方面。

最后,裁判文书的公开与审判权威维持两者之间的关系。由于担心法院权威会因为裁判文书的公开而受到影响,因此,许多法院都是有选择的公开。在查阅裁判文书的方法上也阻碍了裁判文书的公开。实践中,法院一般都要求查阅人提供案号,如果不是当事人或当事人的律师实际上是无法知晓案号的。这就使公众可以自由查阅裁判文书的规定流于形式。因此,在具体实施方面可以考虑设置一个限度,即某个年限以后的裁判文书可以自由查阅,形成一个缓冲区。

(三)直接审理原则

1. 直接审理原则的含义

直接审理原则,是指受诉法院的审判人员在审理案件中应直接听取当事人关于案件诉讼请求的陈述或抗辩,对争议事实的陈述和辩论,对证据的主张和质证。直接审理原则是大陆法系国家民事诉讼中的一项基本审判原则。

2. 直接审理原则的意义

直接审理原则的意义,在于审判人员能亲临诉讼现场,直接观察其态度表情或证据物体的实际情形,有利于查明案件事实,作出正确的判断。也正是因为审判人员参与了案件的直接审理,所以审判人员有权作出裁判。

3. 直接审理原则与审判委员会制度

如果从直接审理原则的合理性出发,那么,我国实践做法或制度设置就有商榷之处。根据《中华人民共和国人民法院组织法》的相关规定,各级人民法院设立审判委员会,实行民主集中制。审判委员会的任务是总结审判经验,讨论重大的或者疑难的案件和其他有关审判工作的问题。审判委员会对重大或疑难的案件在讨论之后会作出实质性的处理决定。虽然,判决书或裁定书上仍然是案件审判人员的名字。由于案件讨论虽然是在审判人员对案件汇报的基础之上,但却是由没有直接参与审判的审判委员会会员按照民主集中制决定的,因此,这一制度被不少学者质疑。为审判委员会这种间接审理的辩解理由是:(1)对于重大疑难案件可以发挥集体的智慧,更好地解决纠纷;(2)虽然是集体决议,但依然是在审判人员汇报的基础之上，可以说也遵循了直接审理原则；(3)可以有效抵制外界的干预，避免审判人员个人承担更大的压力。这一制度是适合我国具体国情的。

4. 直接审理原则适用的例外情形及应对

一是审判人员更换的情形。在诉讼中，随意更换审判人员，包括更换合议庭部分成员也是违反直接审判原则的。如果发生审判人员退休、调离或意外情形，如死亡或因病，必须更换的，则庭审程序应当更新，而这实质是辩论的更新。所谓辩论的更新，是指当事人应当在法庭中，将以前辩论的结果向更换后的审判人员报告，使诉讼辩论能够继续进行，而不至于重新开始，影响诉讼效率。辩论更新是在特殊情形下直接审理原则适用的例外情形，不至于因为审判人员的更替中断。实践中的情形往往是因人事变动发生的更换，从而导致直接审理原则无法落实。对于没有实施辩论更新应当具有何种法律效果，民事诉讼法没有具体规定，但在法理上，如果没有辩论更新这一环节，则可能导致审判程序严重违法，构成上诉撤销原判的理由或再审事由。是否实施辩论更新，在法院的庭审记录中应当予以记载。

二是案件合并审理的情形。当发生案件合并审理时，合并后的审判人员就有可能不再是原来案件审理的审判人员，由此就会存在直接审理原则适用的例外情形。在这种情形下，其应对措施与审判人员更替的情形一样，需要将合并之前的案件辩论予以更新，以保证审理和辩论的延续性。

(四)言词原则

1. 言词原则的含义

所谓言词原则，也称为“言词诉讼原则”，是指原则上诉讼程序的进行均以言词方式进行。言词原则的意义在于，通过法官和当事人的言辞可以更好地查明事实、明了主张与争议问题所在，能够充分地形成法官与当事人、当事人与当事人之间的互动，更真实反映案件情况，以便当事人更充分地行使诉讼权利，有利于法院作出公正的判决。

言词原则对应的是书面审理。由于言辞诉讼有上述意义，因此，在诉讼审理中，言词诉讼被作为原则，书面审理被作为例外。不过，在实践中，基于对效力的追求，书面审理呈现逐步扩大的趋势，这种现象需要加以注意，避免书面审理的扩大化导致言词原则的非原则化。

2. 言词原则的运用

言词原则主要体现在法院的法庭调查和当事人的辩论程序中。按照此原则，没有以言词方式进行的，将不能作为裁判的基础。例如，诉讼请求、证据的提出、关于诉讼请求的理由陈述与反驳、证据主张、陈述与抗辩等。与此关联的是言词辩论原则，即当事人之间的辩论须以言词方式进行。证人须出庭作证，并用言词方式作证也是这一原则的要求。言词原则也是为了保证诉讼和裁判的公正性。

第二十二章 普通程序

本章目次

普通程序是我国民事诉讼一审程序中的一种。除了普通程序外，审理民事案件的一审程序还有简易程序。普通程序是民事诉讼法规定的一种基本的普遍适用的程序，简易程序则是相对于普通程序更为简单易行的一审程序。按照《民事诉讼法》的规定，简易程序只适用于审理事实清楚、权利义务关系明确、争议不大的简单的民事案件。因此，除了简单的民事案件外，其他案件的第一审都应当适用普通程序。

在认识普通程序时，应当注意以下几点：

第一，我国法律并没有完整系统地规定简易程序，因此，人民法院在适用简易程序审理案件时，法律没有专门针对简易程序作出规定的，就要适用民事诉讼法关于普通程序的规定。例如，关于诉讼中止、诉讼终结等。因此，民事诉讼法关于普通程序的有些规定并不仅仅适用于普通程序，也适用于简易程序。

第二，中级人民法院以及中级以上人民法院审理的一审案件都应当适用普通程序。

第三，人民法院在第二审程序中，除了依照法律适用关于第二审程序的专门规定外，没有专门规定的，还应当参照适用法律关于普通程序的规定。

第四，发回重审或再审适用一审程序的案件都应当适用普通程序，即使原一审适用简易程序。

一、起诉和受理

(一)起诉

1. 起诉的含义

起诉,是指原告实施的要求法院启动审判程序,审理裁判自己提出的特定诉讼请求的诉讼行为。

起诉通常被认为是当事人行使诉权的具体体现。起诉权是公民、法人或其他组织为了维护自己的合法权益而要求国家审判机关行使司法权的一项重要的权利。

2. 起诉的条件

起诉作为一种诉讼行为,其实施必须符合法律规定的条件,如果不符合一定的条件,就不会产生相应的法律效果。这些条件包括积极条件和消极条件两个方面。

◆起诉的积极条件

所谓起诉的积极条件,是指起诉所必须具备的条件。根据《民事诉讼法》的规定,起诉必须符合以下几个条件:

第一,原告是与本案有直接利害关系的公民、法人或其他组织。所谓"直接利害关系",一般是指原告与被告之间争议直接涉及自己的民事权益。

> 应当注意的是,原告不一定总是为了实现自己的民事权利而提起诉讼,也有可能是为了确认其民事义务提起诉讼。例如,加害人为了确认自己的民事责任所提起的诉讼。
>
> 原告也并不一定是争议的民事法律关系的主体。例如,原告提起的要求法院确认与被告之间不存在某种法律关系的消极确认之诉。

第二,有明确的被告。"有明确的被告",是指原告在起诉中已经使被告特定化、具体化。明确被告的目的在于能够将起诉状送达给被告。根据《民诉法司法解释》的规定,原告提供被告的姓名或者名称、住所等信息具体明确,足以使被告与他人相区别的,可以认定为有明确的被告。起诉状列写被告信息不足以认定明确的被告的,人民法院可以告知原告补正。原告补正后仍不能确定明确的被告的,人民法院裁定不予受理。

第三,有具体的诉讼请求和事实、理由。《民事诉讼法》规定"有具体的诉讼请求和事实、理由",主要便于法院审理以及被告进行答辩。这里的"事实、理由"是原告所认为的事实和理由,是一种形式上的要求。法院在审查受理时并不确认其真实性。

第四,属于人民法院受理民事诉讼的范围和受诉人民法院管辖。

◆起诉的消极条件

所谓起诉的消极条件,是指起诉不应具有法律、司法解释或审判惯例所确定的情形。应当特别注意的是,《民事诉讼法》规定的起诉条件,只是起诉的积极条件,要求原告的起诉必须同时具备这些条件。除此之外,起诉要能够为法院所受理还必须具备其他消极条件,

即原告起诉所应当予以避免的情形。这些消极条件有的是司法解释所规定的,也有的属于审判惯例。主要有:

第一,不属于重复诉讼。

第二,不属于法律规定在一定期限或期间内不得起诉的情形。法律对某些特殊情形规定了不得起诉的期限和期间,在该期限和期间内提起诉讼将是无效的。例如,《民法典》规定:女方在怀孕期间、分娩后1年内或终止妊娠后6个月内,男方不得提出离婚。女方提出离婚的,或人民法院认为确有必要受理男方离婚请求的,不在此限。另外,判决不准离婚和调解和好的离婚案件,原告撤诉或者人民法院按撤诉处理的离婚案件,判决、调解维持收养关系的案件,没有新情况、新理由,原告在6个月内又起诉的,不予受理。

第三,双方当事人没有就合同纠纷及其他财产纠纷自愿达成书面仲裁协议向仲裁机关申请仲裁的。因为按照仲裁法与民事诉讼法的规定,双方当事人自愿协商选择以仲裁方式解决争议的案件,人民法院没有管辖权。

3. 关于禁止重复诉讼

《民诉法司法解释》规定,当事人就已经提起诉讼的事项在诉讼过程中或者裁判生效后再次起诉,同时符合下列条件的,构成重复起诉:(1)后诉与前诉的当事人相同;(2)后诉与前诉的诉讼标的相同;(3)后诉与前诉的诉讼请求相同,或者后诉的诉讼请求实质上否定前诉裁判结果。当事人重复起诉的,裁定不予受理;已经受理的,裁定驳回起诉,但法律、司法解释另有规定的除外。《民诉法司法解释》首次明确将重复诉讼作为规制对象,原则上禁止重复诉讼,并明确规定判断重复诉讼的标准,弥补了《民事诉讼法》在禁止重复诉讼原则规定方面的缺失,在民事诉讼制度的完善方面有了很大的提升。虽然有了相对明确的规定,但同时司法解释也给人们留下了需要进一步细化探讨的空间。例如,如何看待诉讼标的与诉讼请求两个标准的适用问题;又如,何为判断后诉的诉讼请求实质上否定前诉裁判结果的问题等。

《民诉法司法解释》实施之前,民事诉讼实践中通常将禁止重复诉讼的内容称为"一事不再理",并在司法惯例上将其作为起诉或案件受理的消极要件和一项原则。应当注意的是,人们所理解的"一事不再理"与《民诉法司法解释》所规定的禁止重复诉讼有所不同,"一事不再理"实际上还包括判决既判力发生的效果。禁止重复诉讼则完全不考虑判决是否确定的问题,与既判力没有关系。

◆禁止重复诉讼的含义与根据

在大陆法系国家,就诉讼系属(Rechtshaangigkeit)中的前诉与后诉关系而言,作为禁止重复诉讼的规制,人们有两种不同的认识。第一种观点是,当前诉处于诉讼系属中时,如果当事人提起的后诉与前诉相同(如诉讼请求相同)时,后诉法院应当以不合法驳回后诉。[1]例如,原告在甲法院提起了要求被告予以赔偿的诉讼之后,又在乙法院向该被告提起了同

---

〔1〕 在大陆法系的制度语境之下,法院以诉讼判决驳回。在我国的制度语境之下,则应当是裁定不予受理或驳回起诉。

样的赔偿诉讼。第二种观点与此不同，除了驳回后诉之外，认为禁止重复诉讼还应当包含在某些情形下当事人不得另行起诉，但可以与前诉合并审理。在特定的情形下，如果出现提起后诉的情形，对后诉的处理是，对后诉实现强制性合并，而非简单地予以驳回。比较典型的是基于同一法律关系提起的反诉与本诉的合并。案件的法律关系尽管相同，但是诉讼请求的目的或者趣旨不同，前诉与后诉处于矛盾、对等或先决关系。例如，原告在本诉中主张被告给付基于买卖所发生的价金，而被告则在反诉中主张给付买卖标的物。矛盾或先决关系的情形下，为了避免反诉另行提起可能导致的矛盾裁判，因此，通常应当予以强制性合并。前一种观点被称为狭义的禁止重复诉讼，后者被称为广义上或扩张的禁止重复诉讼，后者的重点在于禁止另行诉讼。[2]

重复诉讼一般而言被作为一种诉讼病理现象来对待。因此，相应的诉讼规制应当对此予以防止和禁止。其根据主要有以下几点：(1)违背诉讼经济原则或价值追求。同一案件重复诉讼必然导致诉讼的不经济，造成国家司法资源的浪费，加重当事人诉讼经济负担。(2)重复诉讼有可能造成后诉与前诉的矛盾裁判，由此损害司法裁判的权威。(3)重复诉讼加重被告的讼累。既然原告已经在前诉中行使了诉权启动了诉讼程序，被告也就必须应诉，参与诉讼。原告对同一案件再次提起后诉，无疑会加重被告的应诉负担，是不正义的。在这些根据当中，最主要的应当是防止重复诉讼所导致的矛盾裁判。因为这涉及裁判的公正性问题。

◆禁止重复诉讼的要件

作为一种法律规制，禁止重复诉讼必须满足以下法律要件：

其一，前诉处于诉讼系属中。

诉讼系属是指因诉讼的提起，使诉讼上的请求处于法院（国内）审判中的状态。大陆法系国家或地区的通说认为，只有起诉状送达给被告，被告知道诉讼原告向特定法院提起针对被告的诉讼，被告才能够参与诉讼，诉讼系属才有意义。诉讼系属从诉讼开始，因判决的确定、调解协议生效、和解协议生效、原告撤诉而终结。

其二，案件的同一性。

案件的相同或同一性主要是指前诉案件与后诉案件在主体（主观）和客体（客观）两个方面的同一性。主体的同一即当事人的同一；客体的同一即诉讼标的的同一。

民事诉讼具有相对性，即使诉讼标的相同，但如果诉讼主体不同，案件也就自然不同。当事人相同并非仅前诉与后诉均是相同原告、相同被告。前诉与后诉原告、被告是可以相反的，即前诉的原告为后诉的被告，前诉的被告为后诉的原告，这也属于诉讼主体相同。典型的事例是前诉与后诉均为确认之诉，前诉案件原告提起确认之诉，后诉案件为前诉的被告针对前诉原告同样提起确认之诉。在确定案件主体同一性方面，比较复杂的情形是，虽然后诉的主体不是前诉的主体，但因为受判决效力的影响，所以也视为相同的当事人，也就

---

〔2〕 参见［日］高桥宏志：《民事诉讼法制度与理论的深层分析》，林剑锋译，法律出版社 2003 年版，第 104 页。详见［日］三木浩一：《重复诉讼论再构成》，载日本《法学研究》1995 年第 68 卷。

是所谓既判力主观范围所及的主体。如为当事人持有财产的人、选定当事人（我国民事诉讼中的诉讼代表人）、诉讼承继人（诉讼系属后，因当事人死亡等原因，当事人的实体权利义务移转给了诉讼当事人以外的其他人，该实体权利义务的承担者便承担了当事人的实体地位。承担当事人实体地位的人在外国就被称为“承继人”）、诉讼担当时的利益归属人〔3〕等。这些人提起与前诉诉讼标的相同的案件也同样构成重复诉讼。

关于诉讼标的的同一，一般情形下，案件事实相同、诉讼理由相同、诉讼请求相同、法律关系相同的诉讼即可判断为重复诉讼。但是，以诉讼请求、案件事实、理由作为是否重复诉讼的标准并不准确，也就很难成为一种统一遵循、操作的规范。案件事实、理由很难作为一种标准，而仅仅是判断的材料，顶多是一项辅助性标准。诉讼请求接近甚至等值于诉讼标的，作为诉讼的客体或对象，诉讼请求或诉讼标的作为判断的标准在实务和理论上更有意义。不同的案件事实当然构成不同的案件，但案件事实相同，则并不一定是相同的案件，区别的关键还是诉讼标的。

如果前诉和后诉在审判的对象（诉讼上的请求、诉讼标的）上是相同的，那么后诉就会因为构成重复诉讼（一事再理）而被法院予以拒绝。但由于存在新旧诉讼标的两种理论，因而，在判断审判对象是否相同的问题上标准有所不同（参见第十三章“诉”中诉讼标的部分）。如果采用旧诉讼标的理论加以判断，则重复诉讼的范围就要大一些；相较而言，采用新诉讼标的理论，重复诉讼的范围就要小一些。对于“审判对象”或“诉讼上的请求”是否相同的判断，通常也要考虑诉的不同形式，即给付之诉、确认之诉、形成之诉（变更之诉），即使诉讼上的请求在客体方面是相同的，但因为是给付诉讼还是确认诉讼方面的差别，也会导致诉讼上请求的不同，也就不会构成重复诉讼。例如，在一方当事人提起给付之诉后，对方当事人提起确认同一债权不存在的诉讼，这种情形也不会构成重复诉讼。

◆关于诉讼请求的同一性

诉讼请求是一个具有多义性的概念。通常是指当事人要求法院裁判的请求。在旧诉讼标的概念下，诉讼请求与诉讼标的有明显的区别。但在新诉讼标的的概念下，这种区别往往就不那么明显了。因为新诉讼标的概念往往表示一种实质上的请求——脱离具体实体法律判断基准的抽象请求。例如，要求被告人履行一定义务，至于基于何种法律关系或何种性质的实体请求并不讲究。《民诉法司法解释》正是在这个意义上将诉讼请求作为判断重复诉讼的标准之一。问题在于，诉讼请求往往包含诉讼标的，诉讼标的是诉讼请求的

〔3〕 诉讼担当，分为法定诉讼担当和任意诉讼担当。不同的诉讼担当，其既判力扩张发生的根据是不同的。所谓法定诉讼担当，是指基于法律的规定，认可当事人之外的第三人对他人的权利关系行使诉讼实施权的情形。例如，代位债权人、债权质押人、股东代表诉讼中的股东代表人、破产管理人（破产清算组）等。任意诉讼担当，是指基于权利关系主体授权该第三人获得诉讼实施权，从而成为适格当事人的情形。参见［日］伊藤真：《民事诉讼法》，有斐阁2004年版，第151页。例如，日本民事诉讼中的选定当事人；我国民事诉讼中的诉讼代表人。虽然日本的选定当事人和我国的诉讼代表人的作用相当于诉讼代理人，但性质上却不同于诉讼代理人，选定当事人和诉讼代表人本人也是当事人。基于当事人的意思而发生的诉讼行为与利益归属差异的情形在外国法理论中称为“任意诉讼担当”。其诉讼行为的后果也同时归于被选定当事人或被代表人。因此，既判力也就必然会扩张至被担当人。

内容,也就是说诉讼请求是一个更大的、上位的概念,因此如果将诉讼请求与下位概念或包含概念予以并列,这在逻辑上恐怕难以成立。因此,笔者主张,将诉讼标的和诉讼争点两个方面作为判断重复诉讼的客体标准即可。因为这两个标准已经能够涵盖《民诉法司法解释》关于诉讼请求同一性对重复诉讼的内涵要求。而且将诉讼请求与诉讼标的并列作为两个标准,无疑会增加辨识的复杂性或混乱度,不利于在诉讼中具体适用。

◆关于诉讼争点的共通性

如果前诉与后诉在其主要争点方面是共通的,那么后诉的提起也同样应被视为重复诉讼。因为这种情形与前诉和后诉在审判对象方面相同或近似的情形相同,法院对于共同争点的审理也必然形成重复,这样在内容上,也有可能产生实质性矛盾的判决。从判决争点效理论的角度就更容易理解。例如,在请求确认买卖标的物所有权与请求交付买卖标的物的场合,尽管两个诉讼的诉讼标的是不同的,但是作为主要争点的买卖效力是共通的,如果允许后诉当事人提起请求交付买卖标的物的诉讼,则可能发生两个判决实质上相互矛盾的情形。在请求交付土地使用权的诉讼中,当被告以该土地的租赁权作为抗辩时,原告就不能以"请求确认土地租赁权"另行提起诉讼。

《民诉法司法解释》将后诉的诉讼请求实质上否定前诉裁判的结果作为判断重复诉讼的情形,更为抽象地表达了后诉与前诉的矛盾关系。这里的"实质上否定"的内涵应当是指如果进行后诉,则有可能在裁判结果上使后诉裁判结果与前诉裁判结果产生矛盾。不过,该规定中的"实质上否定"只是结果,该规定中并没有进一步指出原因。除了诉讼标的相同之外,诉讼争点相同应该是后诉与前诉可能矛盾的原因。诉讼争点相同往往会构成后诉与前诉实质上的相同。

问题与思考

1. 重复诉讼审查的程序设置

在制度上规定不得重复诉讼,其目的主要在于防止因为重复诉讼导致诉讼资源的浪费,避免矛盾裁判,但关于是否重复诉讼的审查应当设置在哪一个阶段是一个需要认真考虑的问题。按照《民诉法司法解释》的规定,将是否重复诉讼的审查放在了起诉阶段,重复诉讼被作为起诉的消极条件,这一制度设置有可商榷的余地。其理由是,当事人提起的诉讼是否为重复诉讼,需要将前诉与提起的后诉进行比较,从实体上进行审查和判断。构成重复诉讼的主张也通常是由对方当事人提出,因为涉及对方当事人的实体利益和程序利益。由于现行的制度将是否重复诉讼与起诉条件挂钩,成为起诉的消极条件。其带来的问题是,在起诉立案时,因为只是原告的主张和陈述,对方当事人还没有参加诉讼,不知晓诉讼请求与自己的利害关系,只有在起诉状副本送达之后,才能发现对方诉讼请求与自己的利益关系。如果认为该诉讼请求系重复诉讼,必然对自己不利,才有可能主张构成重复诉讼,以作为防御方法让法院裁判驳回起诉。问题在于,是否符合起诉条件本应在起诉阶段审查,但基于上述原因,是否为重复诉讼的审查就只能在进入实体审理程序之后,在当事人双方参与的对审中,通过审理予以判断。如果构成重复诉讼,法院则应裁定驳回起诉。问题是,关于是否重复诉讼的判断需要结合比较前后诉,即前后诉的诉讼标的、诉讼请求的事实、裁判的范围和理由等，这些事项都需要由被告提出并予以说明，因此必须在对审程序中进行，如此，也就与起诉制度产生了龃龉。因为重复诉讼实际上应当作为诉的消极条件，而非起诉的消极条件。所以合理的程序设置应当是，将重复诉讼从起诉消极条件中剥离，以此作为诉讼要件的消极要件。作为诉讼要件，其审理就一定是在对审程序中进行，双方当事人是否构成重复诉讼在对审程序通过主张、质证、辩论加以廓清。当然，这样的制度安排首先需要有诉讼要件制度，然而我国的现行民事诉讼法恰恰还缺失这一制度，要解决重复诉讼审查的程序设置问题就必须尽快建立诉讼要件制度。（参见本章“知识扩展”中的“诉讼要件”）

2. 禁止重复诉讼制度与既判力制度的关系

《民诉法司法解释》的规定存在一个问题，即将后诉的诉讼请求实质上否定前诉裁判的结果也作为判断重复诉讼的根据。后诉实质可能否定前诉，自然是在前诉已经确定，而非在系属中。如果前诉裁判已经确定，后诉不能与前诉确定裁判矛盾，这是既判力的作用和要求，与禁止重复诉讼制度并没有关系，禁止重复诉讼的要求是只要前诉在系属中，后诉与前诉诉讼标的相同就构成重复诉讼，禁止重复诉讼制度的主要目的是防止因为重复导致诉讼资源浪费，避免矛盾裁判不是制度的目的。既判力制度的主要目的是防止矛盾裁判，即使是同样的诉讼标的，在作出判决时判决与前诉裁判一致即可。应当注意禁止重复诉讼制度与既判力制度的不同。将既判力制度也纳入禁止重复诉讼制度之中是不妥当的，两者的适用条件有所不同，目的和作用也有所不同。因此，在判断重复诉讼时，不应当将后诉实质上否定前诉作为判断根据。而且后诉实质否定前诉，往往是从诉讼标的之外的争点来考虑的，这就涉及裁判争点的效力问题（关于争点效力问题，可参见本书既判力制度部分）。在我国争点效力制度还未确立或得到承认之前，在起诉审查阶段作如此规定还是显得不够稳健。

3. 禁止重复诉讼与诉权保障的问题

在实践中，有的法院往往以重复诉讼为由在立案审查阶段简单审查判断之后驳回原告的起诉。尤其是在法院“案多人少”的压力之下，更进一步强化了在起诉阶段对重复诉讼的从严限制。因为我国没有设置诉讼要件制度，因此必然将重复诉讼的审查判断重点放在起诉受理阶段，如此，可以想象这样的处理对当事人行使诉权的影响，容易导致一些并非重复诉讼的情形，因此被剥夺诉权。在这一制度设置的情形下，作为审判政策，在起诉阶段就应当放宽对重复诉讼的限制，在立案之后的诉讼程序中审查和判断是否构成重复诉讼，这样做更有利于对是否重复诉讼作出正确的判断。

（二）起诉的方式和起诉状的内容

《民事诉讼法》规定，起诉应当向人民法院递交起诉状，并按照被告人数提出副本。书写起诉状确有困难的，可以口头起诉，由人民法院记入笔录，并告知对方当事人。可见，起诉应以书面形式为原则，即原告应向人民法院提交起诉状，并按被告人数提出起诉状的副本。但如果公民书写起诉状确有困难，允许口头起诉，由人民法院记入笔录，并告知对方当事人。口头起诉作为书面起诉的例外或补充形式，是附条件的，即必须是在原告书写起诉状确有困难的情况下才能采用。

《民事诉讼法》明确规定了起诉状应包括的主要内容：（1）当事人的基本情况。当事人是公民，应写明其姓名、性别、年龄、民族、职业、工作单位和住所；当事人是法人或其他组织的，应写明其名称、住所和法定代表人或主要负责人的姓名、职务。（2）诉讼请求和依据的事实、理由。这一部分是起诉状的实质性内容，双方当事人在诉讼中主要围绕这项内容展开诉讼活动。原告应具体写明：原告向人民法院提出的具体诉讼请求是什么，请求人民法院保护哪些权利，要求对方当事人履行什么义务，有哪些履行的事实和理由来支持自己提出的请求。(3)证据和证据来源，证人姓名和住所。原告在起诉状中，应当提供能够证明案件事实和自己主张的各种证据以及证据的来源，以支持自己提出的诉讼请求。

起诉状除应写明上述法律规定的内容外，还应写明受诉人民法院的全称和起诉的具体日期，并由原告签名或盖章。

(三)起诉的法律效果

1. 使案件处于诉讼状态

起诉最重要的诉讼法律效果就是使案件处于诉讼状态。诉讼状态在国外的民事诉讼理论中被称为“诉讼系属”。在当事人起诉之后，在法院没有作出判决或因其他原因终结诉讼时，该案件就一直处于诉讼状态。以往的观点认为，只有法院受理起诉以后，诉讼才开始，因此如果起诉没有受理，案件便没有处于诉讼状态。这种观点是不妥当的，即使没有受理，只要当事人已经起诉，起诉后至法院终结前的阶段案件就处于诉讼状态，也要发生相应的法律效果。当然，由于我国起诉制度的“高阶化”，导致有相当一部分案件会不予受理。因此，许多诉讼法律效果的发生需以受理为前提，例如，诉讼参加、反诉的提起、诉的变更、管辖恒定、当事人恒定等，但也不能否认起诉之后，受理之前的诉讼状态的存在依然会发生一定的法律效果，例如，不得重复诉讼。

不得重复诉讼是起诉这一诉讼行为实施的法律效果。起诉使案件已经处于诉讼状态，如果允许当事人再行起诉，则会因为重复诉讼而浪费司法资源、提高诉讼成本以及可能导致矛盾裁判的发生。

2. 诉讼时效的中断

诉讼时效，又称消灭时效，是指权利人在法定期间内不行使权利即丧失请求法院诉讼程序强制义务人履行义务的权利的法律制度。[4] 当事人起诉意味着权利通过民事诉讼程序向对方主张了诉讼时效的标的——请求权，因此，应当发生诉讼时效的中断。中断诉讼时效是当事人起诉最重要的实体法方面的法律效果。根据《民法典》的规定，诉讼时效因提起诉讼、当事人一方提出要求或同意履行义务而中断。从中断时起，诉讼时效期间重新计算。提起诉讼中断诉讼时效是没有疑问的，问题在于提起诉讼后，会因为当事人或法院的行为导致诉讼不再继续，在这些情形下诉讼时效是否应当中断是实践中争论的问题。从理论上讲，只要民事诉讼程序不再继续，就意味着请求权无法获得强制实现，因此也就不发生时效中断的效果。由于我国民事诉讼制度规定的特殊性，需要根据制度规定的具体情形加以处理。

---

〔4〕 诉讼时效的概念源于苏联。苏联民事立法基于政治意识形态的原因否认消灭时效的概念，认为消灭时效仅仅涉及诉权的消灭，属于诉讼法上的效力，所以称为诉讼时效。现在民法学界一般认为诉讼时效的对象或客体应当是请求权并非诉权。关于诉讼时效制度的概念和含义，详见马俊驹、余延满：《民法原论》，法律出版社2005年版，第241～242页、第245～246页；张卫平：《民法典与民事诉讼法的连接与统合——从民事诉讼法视角看民法典的编纂》，载《法学研究》2016年第1期。

(四)受理

1. 受理的含义

所谓受理,是指人民法院对起诉进行审查,对符合起诉条件的案件,予以立案的审判行为。对于一个具体的诉讼程序来说,没有原告的起诉是不可能发生的,根据民事案件"不告不理"的原则,人民法院不能依职权启动民事诉讼程序。

2. 起诉的审查和立案

起诉的审查工作通常由法院的立案庭进行。人民法院接到原告的起诉后,应及时依法进行审查。审查应当从两个方面进行:首先,审查原告的起诉是否符合法律规定的积极条件和消极条件,对于符合条件的应当予以受理,否则不应受理。其次,要审查原告起诉的手续是否完备,包括起诉状是否具备法定内容、原告是否按被告的人数提交了起诉状副本。对于起诉状的内容有欠缺、起诉的手续不完备的,人民法院应限期当事人补正。

根据《民事诉讼法》的规定,人民法院经审查认为符合条件的,应当在7日内立案,并通知当事人;认为不符合起诉条件的,也应当在7日内作出不予受理的裁定。原告对不予受理的裁定不服的,可以向上一级人民法院提出上诉。

根据《最高人民法院关于人民法院立案工作的暂行规定》(以下简称《立案暂行规定》)的规定,审查起诉的审判人员可以根据情况决定是否立案,或者报立案庭庭长审批是否立案。重大疑难案件应报法院院长审批或者经审判委员会讨论决定。立案后,应当编立案号,填写立案登记表,向原告发出案件受理通知书。通知书中告知原告应预交的案件受理费。

3. 受理的法律效果

人民法院对起诉进行审查后,对符合条件决定立案受理的,产生以下法律效果:(1)受诉人民法院取得了对该案的审判权。受诉人民法院立案后,有权利也有义务依照法定程序对该案件进行审理并作出判决。(2)当事人同人民法院之间产生了具体的诉讼法律关系。人民法院受理案件后,双方当事人分别取得了原告和被告的诉讼主体地位,并依法享有各自不同的诉讼权利和诉讼义务。(3)诉讼时效中断,引起实体法上的效果。人民法院受理当事人起诉的,诉讼时效重新计算;人民法院裁定不予受理的,从不予受理的裁定生效之日起,诉讼时效连续计算。

4. 不予受理的相应处理

根据《民事诉讼法》以及《民诉法司法解释》的有关规定,对于不予受理的案件,还应当作相应的处理:(1)依照《行政诉讼法》的规定,属于行政诉讼受案范围的,告知原告提起行政诉讼。行政案件与民事案件是两种性质不同的案件,应适用不同的诉讼程序进行审理。(2)依照法律规定,应当由其他机关处理的争议,告知原告向有关机关申请解决。(3)对于不属于本院管辖的案件,告知原告向有管辖权的人民法院起诉;原告坚持起诉的,裁定不予受理;立案后发现本院没有管辖权的,应当将案件移送给有管辖权的人民法院。(4)对判决、裁定、调解书已经发生法律效力的案件,当事人又起诉的,告知原告申请再审,但人民法院准许撤诉的裁定除外。

5. 应予受理的几种特殊情形

根据《民诉法司法解释》的规定，有五种比较特殊的案件，人民法院应予受理，并妥善处理：(1)裁定不予受理、驳回起诉的案件，原告再次起诉的，符合起诉条件且不属于2017年《民事诉讼法》第124条(2021年《民事诉讼法》第127条)规定情形的，人民法院应予受理。(2)夫妻一方下落不明，另一方诉至人民法院，只要求离婚，不申请宣告下落不明人失踪或死亡的案件，人民法院应当受理，对下落不明人公告送达诉讼文书。(3)赡养费、抚养费、抚育费案件，裁判发生法律效力后，因新情况、新理由，一方当事人再行起诉要求增加或减少费用的，人民法院应作为新案受理。(4)当事人超过诉讼时效期限起诉的，人民法院应予受理。受理后对方当事人提出诉讼时效抗辩，人民法院经审理认为抗辩事由成立的，判决驳回原告的诉讼请求。(5)裁判发生法律效力后，发生新的事实，当事人再次提起诉讼的，人民法院应当依法受理。

知识扩展

1. 诉讼要件(实体判决要件)

诉讼要件又称为实体判决要件，是大陆法系国家民事诉讼理论中的概念。诉讼要件作为一项诉讼制度，也是大陆法系国家民事诉讼法的一项重要的制度。诉讼要件与实体判决要件是同一含义，是指受诉法院对案件实体争议有权作出判决的前提条件。诉讼要件或实体判决要件并不是本案民事诉讼开始的要件。诉讼要件说法容易引起误导，因此，笔者建议使用实体判决要件的说法。

2. 实体判决要件

一般包括以下内容：(1)当事人实际存在；(2)具有当事人能力；(3)当事人适格(正当当事人)；(4)当事人实施起诉行为；(5)实施了有效送达；(6)不属于重复诉讼；(7)具有诉的利益；[5](8)属于法院裁判权范围；(9)属于审理本案的法院管辖。由于只有满足起诉条件，诉讼才能开始，因此可以认为起诉条件等同于诉讼开始的要件。

如果将我国民事诉讼中的起诉条件与国外实体判决要件加以比较，则可以发现，在我国的民事诉讼法中，实际上是将实体判决要件植入了起诉的条件之中。这样一来，也就自然提高了起诉的台阶，即所谓起诉的"高阶化"，也必然导致诉讼开始的"高阶化"，这就是导致我国民事诉讼起诉难的制度原因。[6]

二、开庭审理前的准备程序

《民事诉讼法》第十二章"第一审普通程序"中第二节"审理前的准备"专门规定了有关审理前的准备工作。但由于诉讼体制的原因，审理前的准备工作反映了职权干预的特点，强调了法院在审理前对诉讼材料的审核和对案件的调查。民事审判方式改革以来，法院的

[5] 关于诉的利益，参见本书第十三章"诉"。
[6] 关于诉讼要件，参见张卫平：《起诉条件与实体判决要件》，载《法学研究》2004年第6期。

职权干预程度有所弱化,相应地,法院审理前的准备工作也有所调整。从我国民事诉讼法的完善来看,我国民事诉讼应当建立以提高庭审效率为目的的准备程序。《民诉法司法解释》以提高庭审效率为目的,进一步丰富了开庭审理前的准备事项,向庭前准备程序化的方向迈进。

(一)一般程序性准备事项

根据《民事诉讼法》及最高人民法院的有关司法解释,审理前的准备工作有以下几项:

1. 在法定期间内送达诉讼文书。人民法院受理案件,即应向原告送达受理通知书,并向原告告知其诉讼权利和诉讼义务。在立案之日起5日内应将起诉状副本发送给被告,原告口头起诉的案件,也应在立案后5日内将口诉笔录抄件发送给被告。

2. 告知当事人权利义务和合议庭组成人员。根据《民事诉讼法》的规定,人民法院应当在向原告送达受理案件通知书,向被告送达应诉通知书时分别向原告、被告告知诉讼权利和诉讼义务。告知当事人合议庭组成人员的工作,也应在这一阶段进行。

3. 通知必须共同诉讼的当事人参加诉讼。

4. 审查有关的诉讼材料,初步了解原告的诉讼请求、双方当事人争议的焦点和应当适用的有关法律以及有关专业知识。

5. 调查收集应当由人民法院调查收集的证据。法院调查收集的证据有两类:一类是当事人提出申请,请求法院予以收集的证据;另一类是法院依职权主动收集的证据。依职权主动收集证据属于诉讼中的特殊情形,对此,《民诉法司法解释》有明确的限制性规定。无论是根据当事人申请收集证据,还是法院依职权主动收集证据,在实践中都是比较少的。诉讼中裁判中立要求和收集的成本是法院顾虑的因素。

6. 需要由人民法院勘验或者委托鉴定的,进行勘验或者委托有关部门鉴定。

7. 案情比较复杂、证据材料较多的案件,可以组织当事人交换证据(关于证据交换参见本书第十五章相关内容)。

8. 通知第三人参加诉讼(参见本书第十章)。

(二)庭前会议

1. 庭前会议的概念和目的

庭前会议是指开庭审理前在法院主持、当事人参与下为开庭审理进行相关准备而举行的会议。庭前会议是庭前准备的一种具体方式。关于庭前会议的规范,构成庭前会议制度。庭前会议制度为《民诉法司法解释》所确立。该部分借鉴了美国民事诉讼审前程序中的审前会议制度。目的是提高庭审效率,促进当事人通过和解或调解方式解决纠纷。

庭前会议主要是通过对诉讼请求、证据和争议焦点三个方面的整理,实现提高诉讼效率以及促进和解或调解的目标。首先,在诉讼请求方面,通过庭前会议尽可能促使当事人固化诉讼请求,完成诉讼请求的增加或变更;其次,在证据方面,尽可能促使当事人完成证据的提出、鉴定、勘验以及证据保全,对证据进行整理;最后,通过明确当事人的诉讼请求和答辩意见、组织交换证据,归纳或固定争议焦点。

2. 庭前会议的主要内容

根据《民诉法司法解释》的规定,庭前会议包括以下内容:(1)明确原告的诉讼请求和被告的答辩意见;(2)审查处理当事人增加、变更诉讼请求的申请和提出的反诉,以及第三人提出的与本案有关的诉讼请求;(3)根据当事人的申请决定调查收集证据,委托鉴定,要求当事人提供证据,进行勘验,进行证据保全;(4)组织交换证据;(5)归纳争议焦点;(6)进行调解。

3. 庭前会议的问题点

庭前会议对诉讼效率的提高主要是通过对诉讼请求、证据和争议焦点的整理来实现的。如果不能固化诉讼请求、证据和争议焦点,并对当事人形成约束,提高庭审效率的目的就可能落空。从《民诉法司法解释》的规定来看,它属于范围有限的软性约束,主要体现在事实主张和证据方面。《民诉法司法解释》规定,当事人在庭审中对其在审理前的准备阶段认可的事实和证据提出不同意见的,人民法院应当责令其说明理由。必要时,可以责令其提供相应证据。人民法院应当结合当事人的诉讼能力、证据和案件的具体情况进行审查。理由成立的,可以列入争议焦点进行审理。这种有限约束有可能会影响庭前会议的功能发挥。但如果采取失权的方法也同样有可能难以实现。因此,如何保证庭前会议功能的有效发挥是一个需要进一步研讨的问题。尽管约束是软性的,但毕竟对当事人有一定的约束,因此对于促进庭审效率的提高仍然有其积极意义。

(三)庭前准备程序的充实和完善

我国《民事诉讼法》对法院开庭审理前的准备工作事项作出了有关规定。这一阶段也被称为审前准备程序或审前程序,其主要功能是保障开庭审理的正常进行。与国外的审前程序相比较,我国的审前程序突出开庭审理的准备功能,对于庭审效率的提高,其功能效果不突出。这种功能上的差异主要源于我国民事诉讼传统上轻视庭审的观念,有这种观念是因为对程序的轻视,结果导致庭审非中心化。在人们逐渐重视程序正义,强调以审判为中心的意识之下,庭审必然成为诉讼和审判的中心。在这一背景下,提高庭审效率也必然成为重要的价值追求。由此,庭前准备程序的充实和完善也就成为诉讼制度改革的一项重要任务。

在充实和完善庭前准备程序方面,学界提出了许多建议。主要有:(1)在审前程序中建立证据交换制度,将证据交换法定化,通过证据交换促使当事人之间达成和解。(2)相应地建立举证时限制度,督促当事人双方在审前程序中尽可能提出证据,有利于实现证据交换,从而达到促进和解的目的。(3)通过证据交换实行争点整理,固化争点,以便庭审中围绕争点进行辩论。(4)对于明显没有请求理由,或拒绝答辩的,可以在审前程序中直接驳回诉讼要求或认可诉讼请求,以提高诉讼效率。(5)借鉴美国证据开示制度中的强制开示制度,使证据能够充分揭示。

在准备程序的实践中,比较突出的问题是焦点整理的有效性。制度上的问题,法院对双方焦点整理缺乏约束性。虽然在准备程序中花费大量的时间对双方的争议焦点进行了归纳,但由于缺乏制度上的约束力,因此,在开庭审理之中,当事人依然根据自己的诉讼利益,在焦点之外提出主张进行辩论,导致焦点整理的无效化,如果法院在开庭中强制予以约束又往往因为缺乏法律的规定,引发当事人的不满。

三、开庭审理

(一)开庭审理的含义

开庭审理,是指人民法院在当事人和其他诉讼参与人的参加下,依照法定程序和形式,在法庭上对当事人之间的民事争议进行审理的过程。

开庭审理的主要任务是使当事人双方能够充分行使主张和抗辩的权利,对当事人提出的证据予以质证,明确当事人之间的争议、查明案件事实,明确权利义务关系,并最终作出裁判。

开庭审理是民事诉讼的中心环节,是普通程序的一个最基本、最主要的诉讼阶段,也是人民法院行使审判权和当事人行使诉讼权利的最集中、最重要的阶段。

理解开庭审理应注意以下几点:

一是开庭审理必须采用法庭审理的形式。但并不要求必须在法院专门的审判庭进行,也可以根据具体情形在法院审判庭以外的场所进行。

二是开庭审理的方式有两种:公开审理和不公开审理。根据《民事诉讼法》的规定,公开审理是原则,不公开审理是例外。涉及国家秘密、个人隐私和法律规定不公开审理的案件,人民法院不公开审理。离婚案件和涉及商业秘密的案件,当事人申请不公开审理的,人民法院可以不公开审理。

三是开庭审理应当以言词审理的方式,不能采用书面审理方式。

(二)开庭审理的主要程序

根据《民事诉讼法》的规定,开庭审理的主要程序有:开庭准备、法庭调查、法庭辩论、案件评议和宣告判决等。

1. 开庭准备

具体为:(1)告知当事人和其他诉讼参与人出庭日期;(2)发布开庭审理公告;(3)书记员查点出庭人员、宣布法庭纪律;(4)审判长宣布开庭。

2. 法庭调查

法庭调查,是指人民法院依照法定程序,在法庭上向当事人和其他诉讼参与人调查案件,审查核实各种证据以及当事人举证、质证的活动。

根据《民事诉讼法》的规定,法庭调查按下列顺序进行:(1)当事人陈述;(2)证人作证;(3)出示书证、物证和视听资料;(4)宣读鉴定结论;(5)宣读勘验笔录。

根据《民事证据规定》的规定,证据应当在法庭审理中予以质证,只有经过质证的证据才能作为裁判依据。因此,质证也是开庭审理中法庭调查的一项重要事项,而且是法庭调查阶段的中心。

按照《民事诉讼法》关于庭审辩论程序的规定,法庭调查和法庭辩论是有先后顺序的,即先行法庭调查,然后法庭辩论。法律的意图是,辩论是建立在事实调查的基础上、关于法律问题的辩论。但实际上案件事实的调查与辩论往往是无法分离的。[7] 基于此,《民诉法司法解释》最终对法庭调查和法庭辩论程序的安排作了调整。该司法解释规定,人民法院根据案件具体情况并征得当事人同意,可以将法庭调查和法庭辩论合并进行。

3. 法庭辩论

法庭辩论是双方当事人及其诉讼代理人在法庭上就有争议的事实和法律问题,进行辩驳和论证,以维护其合法权益的活动。

根据《民事诉讼法》的规定,法庭辩论应按下列顺序进行:(1)原告及其诉讼代理人发言;(2)被告及其诉讼代理人答辩;(3)第三人及其诉讼代理人发言或答辩;(4)互相辩论。

4. 案件评议和宣告判决

案件评议是在法庭辩论结束后,合议庭成员以法庭调查和法庭辩论的内容为基础,认定案件事实,分清是非责任,适用实体法使案件得出结论的活动。1998 年 6 月,《最高人民法院关于民事经济审判方式改革问题的若干规定》规定:合议庭组成人员必须共同参加对案件的审理,对案件的事实、证据、性质、责任、适用法律以及处理结果等共同负责。事实清楚、法律关系明确、是非责任分明、合议庭意见一致的裁判,可以由审判长或者独任审判员签发法律文书。但应当由院长签发的除外。

宣告判决,是指人民法院将经过合议作出的民事判决,向当事人、诉讼参与人以及社会公开宣告的活动。公开宣告判决有两种方式:(1)当庭宣告判决;(2)定期公开宣判。对于不能当庭宣判的,审判长应当宣布另定日期宣判。

(三)法庭笔录

法庭笔录,是指人民法院的书记员制作的能够反映法庭审理真实情况的书面记录。法庭笔录记载了当事人的主张和陈述、证据的质证、法院对案件事实的认定、当事人双方的辩论内容,是法院裁判的重要依据。笔录应当做到真实、准确、清楚、全面。笔录内容应当告知当事人,当事人认为笔录记载的当事人的主张、陈述有错漏时,应当根据当事人的要求予以改正或补正。法院认为不予改正或补正的,应当将申请记录在案。

(四)开庭审理应当注意的几个问题

关于开庭审理中的调解问题。在法庭审理中,当事人可以申请进行调解。如果没有申请调解的,法庭调查和法庭辩论结束后,审判人员应向当事人询问是否进行调解,愿意调解的,可以当庭进行调解。

关于开庭审理中,增加、变更诉讼请求以及提起反诉的问题。根据《民事证据规定》的规定,当事人增加、变更诉讼请求或者被告提起反诉的,应当在举证期限届满前提出。应当注意,《民事证据规定》中此处的"应当",不能理解为"必须",这里"应当"的含义是尽可能在举证期限内提出,如果没有提出也不否定在举证期限届满后提出的权利,因为《民事诉讼法》和《民诉法适用意见》中均规定当事人可以在法庭辩论终结前增加、变更诉讼请求以及

---

〔7〕 张卫平:《法庭调查与辩论:分与合之探究》,载《法学》2001 年第 4 期。

提起反诉。

关于法庭调查和法庭辩论的顺序问题。法庭调查和法庭辩论并不是绝对先后设置的顺序。因为法院对案件的调查与当事人之间的辩论有时是不能截然分开的,辩论中往往会涉及案件事实问题,法庭调查中也许会涉及对于事实和法律问题的辩论。质证本身就是当事人关于事实的辩论过程。故在开庭审理中,不能机械地将法庭调查与法庭辩论分开。

(五)网上庭审

互联网法院成立之后,网上庭审成为互联网法院审理案件的一个特色。在法院司法智能化的推进过程中,网上庭审也被视为一种新的审判方式的尝试。从今后的发展趋势来看,其他普通法院审理案件也有很大可能会使用网上庭审的方法。所谓网上庭审,又称线上庭审,是利用互联网技术在线开庭审理案件的一种方式,是网上诉讼或在线诉讼的重要组成部分。

由于网上庭审不像传统庭审那样受时间、地点的限制,因此可以大大节约到庭参加庭审的成本,提高庭审效率,解决诉讼成本。既便于当事人参加庭审、法院进行庭审,也便于人们旁听庭审。

从互联网法院的庭审实践来看,网上庭审首先需要法院与双方当事人达成协议,承认网上庭审审理行为的法律效果。双方同意之后,法院会根据协议确定网上庭审的开庭时间,并告知网上庭审的技术操作方法。在确认具备网上实施诉讼行为的基本条件和技能后,法院告知网上开庭的时间。双方当事人通过互联网终端(智能手机、电脑等)在网上庭审中实施诉讼行为。包括原告通过电子方式陈述诉讼请求、事实和理由,被告反驳诉讼请求的事实主张和理由。所有的相关证据都需要通过电子方式在庭审中予以呈现。法院通过互联网进行双方当事人询问、庭审调查。当事人双方对证据的质证,法院对证据的认证也都在网上进行。物证、书证以及其他视听性证据通过上传图像和语言进行质证和认证。当然,理论上,证人出庭作证也可以在网上进行,虽然从以往互联网法院的网上审理来看,几乎没有证人网上出庭作证的情形。这与互联网法院审理的案件都是与互联网有关的案件有关。这些案件绝大多数证据都会在网上以电子信息方式(电子证据)存在,所以无须证人出庭作证。庭审笔录通过语言转换软件自动生成,因此,不再需要原来传统庭审中的书记员。

在网上庭审实践中,互联网法院为了方便当事人参与诉讼还采取了所谓“异步庭审”的方式,即不要求当事人之间的辩论必须同步进行。传统的庭审要求一方陈述之后,另一方须紧接着回应或实施相应要求的诉讼行为,而非同步进行。这也是实践中较有争议之处。

网上庭审作为一种与现代技术发展相适应的庭审方式无疑是全新的方式,如何在法律上予以规范以及如何具体实施才符合诉讼的价值要求是当下已经面临的一个问题。由于现在的民事诉讼法是以调整传统民事诉讼关系为对象的,因此,作为一种全新的庭审方式必然无法顾及。网上庭审虽然从技术层面是可行的,但从法律的要求来看存在不一致的情形。例如,关于证人出庭,按照现行民事诉讼法的规定,可以利用视听技术传输的方式作证,而无须出庭作证,但必须满足一定的条件,如健康原则、交通不便或不可抗力不能到庭等。

显然，按照民事诉讼法的规定，证人出庭作证是原则。就此规定来看，证人网上作证存在法律上的限制。另外，当事人不直接在场面对审理法官是否影响法官对案件事实认定的效果？从理论上是否有违直接审理原则？这一问题直接涉及网上庭审是否可以运用于非互联网案件的庭审问题。现在，网上庭审的合法性均来自当事人对于网上庭审的同意。则这种同意作为契约又进一步涉及承认诉讼契约（包括证据契约）有效性以及诉讼契约的适用范围问题。虽然网上庭审有法院自己的规则，但其合法性依然不够充分，还需要民事诉讼法对网上庭审作出原则性规定。网上庭审应坚持的基本原则是，保证实现庭审中当事人诉讼地位的公平、审理的公正以及有助于揭示案件真实。再有，数字化自动生成笔录虽然可以取代记录意义上的书记员，但是否能够取代或应该取代作为程序监督主体之一的书记员的作用，也是需要考虑的一个问题。（此问题参见本部分“问题与思考”栏目之“庭审（法庭）笔录的法定化”）

（六）休庭

《民事诉讼法》没有关于休庭的条文规定，但在民事诉讼审理的实践中，法院经常使用“休庭”这一用词。对于休庭的含义，法院在实践中有不同的理解。一般理解为开庭的短暂中止或停止，例如，中间休息或进行合议处理相关事务的情形，如合议裁决事项。但由于《民事诉讼法》和《民诉法司法解释》都没有对休庭进行规范，所以，实践中存在滥用的情形。例如，将休庭与延期审理混淆。因客观原因不能到庭，有的法官将不能开庭审理的状态也理解为休庭。滥用休庭有可能导致诉讼的迟延，也容易为当事人所利用以达到拖延诉讼的目的。

与《民事诉讼法》不同，《刑事诉讼法》对休庭作了明确的规定。从《刑事诉讼法》的规定内容来看，休庭的基本含义应当是指审理处于开庭审理暂时中止状态，但刑事诉讼审理并没有停止，因为证据调查和合议都是审理行为。在此，可以看出，休庭对应的是开庭，系开庭的反义词。

休庭与延期审理不同。延期审理是指较长时间不开庭审理，但并未中止诉讼的状态。原则上，民事诉讼案件的审理都要开庭审理，但也有不开庭审理的例外规定。例如，民事诉讼法关于第二审就规定在某些情形下可以不开庭审理。但通常不会使用延期不开庭审理的说法。

由于休庭的原因涉及各种事由，又鉴于民事诉讼不像刑事诉讼那样需要更多地考虑人权保障的程序问题，因此，《民事诉讼法》在制定时没有对休庭原因作出规定。而是由法官自由裁量决定。是否对休庭进行规范，要看实践的需要。如果存在滥用休庭的情形，例如，以休庭代替延期审理，导致诉讼迟延的，则有必要予以规范。从诉讼实践来看，有必要在法律上对休庭作出明确的规范。

如果要对休庭进行规范，首先应当对休庭的含义进行界定，然后对主要的休庭事由作出规定。休庭含义可界定为：在开庭审理中，基于参与庭审人员休息、处理合议事项或应急处理有关事务而暂时中止开庭审理的状态。休庭事由可包括以下内容：(1)参与庭审人员休息；(2)合议裁决事项；(3)处理干扰庭审的事项；(4)处理必须处理的其他法律事项。

在立法修订或出台专门司法解释短期难以成就的情形下，可以出台关于庭审规范的司法解释，在进一步细化庭审规范时，一并将休庭规范的事项纳入其中。

（七）庭审终结

1. 庭审终结的含义

庭审终结，是指合议庭或独任法官对案件的庭审结束状态。审理案件的合议庭或独任法官认为主张和证据都已充分提出并进行充分的辩论的情形下应当宣布庭审终结。如果没有宣布庭审终结，则意味着案件还处于持续的庭审状态中，即使当日庭审结束，也还需要等待下次继续庭审。由于庭审终结具有相应的法律后果，因此，宣布庭审终结也需要慎重对待。

2. 庭审终结的效果

庭审一旦终结，意味着当事人对案件的事实主张和权利主张的提出和辩论的终止。此后，法院的裁判也只能以庭审终结以前的事实和主张为基础。在宣布庭审终结之后，当事人提出的主张和证据都不能作为裁判的依据，除非重启庭审，再行进入庭审阶段直至庭审终结。之所以庭审终结具有如此法律效果，是基于程序正义的基本价值和辩论原则的要求，作为裁判依据的当事人的主张和事实都需要经过当事人之间的辩论，作为事实主张的证据需要通过庭审进行质证认证。作为具体的制度要求，庭审是一审的必经程序，非经庭审法院不能作出裁判。这一具体制度的设定就是为了保证裁判的所有权利主张和事实来自庭审程序。

实践中，由于法律规定的不明晰，人们在观念上对庭审的轻视，尤其是在诉讼效率的压力之下，容易发生合议庭或独任法院宣布庭审终结后，当事人又提出新主张和证据时，法院不再重启庭审，直接进行审查后纳入裁判的依据作出裁判的现象。这一做法显然是违反民事诉讼法的，不仅违背程序正义的要求，也违反了辩论原则和庭审制度。在法律上完善庭审制度，明确庭审终结的法律效果是民事诉讼法修改需要跟进的事项。

3. 庭审的重启

由于庭审的重启会影响案件的及时结案，因此，对于重启庭审必须慎重对待。原则上没有新的权利主张和事实主张以及相关新证据，法院不得重启庭审，让权利主张和事实主张处于冻结状态，以便法院斟酌作出最终裁判。

对于庭审重启的程序，《民事诉讼法》没有明确规定，原则上应当由当事人提出重启庭审的申请。重启申请中须说明重启的理由——提出新的主张和事实以及相应证据。法院认为确有必要以职权重启庭审的，需要向当事人双方予以说明重启的事由。重启庭审的事由包括遗漏对权利主张、事实主张的辩论以及主要证据的质证认证等。

问题与思考

庭审（法庭）笔录的法定化

我国现行的庭审（法庭）笔录仅仅是一种记录性文本，不是具有法定证明效力的文书。正是由于现行的笔录只是一种单纯的事实记载载体,因而很容易在电子化数字化时代被全程录音、录像所替代。实际上法庭中录音录像或速记本身只是庭审事实的原始记录,不能作为法定证明文书的笔录。如同公证机关对当事人提交的有法律意义的法律事实或法律文书的证明文书一样,公证机关的公证书证明的对象是法律事实或法律文书,被证明的法律事实或法律文书不过是客体而已。没有专门的公证人员公证活动,则公证书不具有证明效力。作为法定化的庭审笔录应当由具备专门资质要求的专业人员按照法定要求制作。因此,具有法定证明意义的笔录是具有公证证明性质的主体对庭审事实或庭审程序的过程加以记录的法律文本,是庭审录音录像、速记所不能替代的。在国外,例如日本、德国,作为言词辩论期日的笔录都有专门的法定格式和制作要求。作为一种法定证明文书,言词辩论笔录必须可以为当事人所阅览和使用,而不仅是一种法院为制作裁判文书所准备的内部资料。在我国,正是由于庭审笔录不是一种公开的法律证明文书。因此,在涉及庭审程序事项和庭审证据调查、认定中发生争议时,庭审笔录就不能作为判断的标准。在上诉或再审诉讼中,当事人不能直接引用,进而无法定分止争。从我国现行的庭审笔录在程序证明效力、公开阅览使用、制作要求、制作主体的非独立性等方面来看,我们可以将其大致概括为"非法定化庭审笔录"。

庭审笔录法定化的正当依据是笔录制作权限和程序的法定化,不仅是笔录制作需要满足法定要求,更重要的是制作主体对笔录制作的法定权限以及特殊的法律地位。这种特殊的法律地位集中体现在只有法律所规定的专门人员——书记官才能制作笔录,而且书记官在笔录制作过程中与审理法官保持相应的独立性。书记官在诉讼中具有辅助性和独立性双重属性。一方面,从笔录记载辩论和证据调查的内容有助于法官作出公正裁判的角度而言,书记官制作笔录的行为对法官的裁判具有辅助性;另一方面,就笔录对辩论程序性事项的记载内容而言,书记官独立于审理法官,不受审理法官的干预。庭审程序性事项的有无,以书记官笔录为依据,作为该程序事项的证明文书具有唯一性。同时书记官对笔录具有保管责任。正是这种书记官的相对独立性,一定程度上保障了庭审程序或言词辩论程序的实在化,保证了审理法官对庭审程序的尊重,有利于程序的安定性,平息了当事人之间就庭审程序性事项的实施所发生的各种争议,有利于吸收当事人对审判程序的不满。因此,毫无疑问,具有法定独立地位的书记官制度是庭审笔录法定化、庭审程序实在化的前提和保障机制。要实现庭审笔录法定化就必须对我国的书记员制度进行改革,使之成为具有相对独立性的、更具有专业特征的书记官制度。为此,应将书记官制度的建立作为我国司法人事体制改革的一个重要内容。〔8〕

四、延期审理

延期审理是在出现法律规定的某些事项,导致不能按期开庭或者无法继续开庭审理,法院改期推延开庭的情形。延期开庭有别于所谓的"休庭"。休庭是开庭审理中的间歇,例如,开庭审理中的中间休息。根据《民事诉讼法》的规定,有下列情形之一的,可以延期审理:

第一,必须到庭的当事人和其他诉讼参与人有正当理由没有到庭。所谓必须到庭的当事人,主要是指三种人:(1)能够表达意志的离婚案件的当事人;(2)负有赡养、抚育、扶养义务的被告;(3)其他不到庭就无法查清案情的被告。必须到庭的其他诉讼参与人,指如其不

〔8〕 详见张卫平:《论庭审笔录的法定化》,载《中外法学》2015年第4期。

到庭,案件事实就无法查清或庭审无法进行情形下的诉讼参与人。例如,无诉讼行为能力的当事人的法定代理人。

第二,当事人临时提出回避申请的。在开庭审理前,合议庭的组成人员确定后,应当在3日内告知当事人,以便当事人有足够的时间考虑是否申请有关人员回避的问题。但当事人在开庭审理时才提出回避申请的,人民法院将延期开庭审理,以便对回避事项做出处理。

第三,需要通知新的证人到庭,调取新的证据,重新鉴定、勘验,或者需要补充调查的。

第四,其他应当延期审理的情形。该规定赋予了人民法院对于具体情形裁量是否延期审理的权限。

五、审结期限

审结期限,是指法律规定人民法院审理案件的期限,也称为审限。《民事诉讼法》规定,人民法院适用普通程序审理的案件,应当在立案之日起6个月内审结。有特殊情况需要延长的,由本院院长批准,可以延长6个月;还需要延长的,报请上级人民法院批准。另外,根据《最高人民法院关于严格执行案件审理期限制度的若干规定》(以下简称《审限规定》)的规定,适用普通程序审理的第一审民事案件,期限为6个月;有特殊情况需要延长的,经本院院长批准,可以延长6个月;还需要延长的,报请上一级人民法院批准,可以再延长3个月。

问题与思考

是否应当设定审限,是实务界和理论界经常议论和争论的问题。否定者认为,每一个案件不同,审理所需要的时间也不同,因此不应当设定审限。肯定者则认为,如果没有审限可能导致案件审理被拖延。笔者认为,提高诉讼效率是民事诉讼的价值追求,尽快结案是人们所期望的,对于社会关系的稳定是有意义的,但应当通过加强审判管理来实现,在民事诉讼法中硬性规定审限似乎没有必要。

六、撤诉

(一)撤诉的含义

撤诉有狭义和广义之分。狭义的撤诉,是指原告撤回诉讼请求的行为。由于反诉、第三人之诉(参加之诉)的提起人相当于原告,因此狭义的撤诉也就包括了撤回反诉、第三人之诉。广义的撤诉,是指当事人撤回诉的行为。除了一审诉讼请求,也包括撤回上诉请求和撤回再审请求。

(二)撤诉的条件

根据《民事诉讼法》的有关规定,撤诉应当符合以下条件,不符合这些条件,撤诉就不能发生相应的法律效果。这些条件是:(1)撤诉必须以书面或口头的形式向受诉法院明确表示撤诉的意思表示。(2)撤诉的意思表示是真实的。(3)撤诉的申请须在宣判前提出。

关于撤诉条件中是否应当规定撤诉目的的合法以及法院是否应当对撤诉进行实质上的审查存在争议。反对的观点认为，撤诉是当事人行使处分权的行为，法院不应当对撤诉进行实质上的审查，追究撤诉目的的合法性是没有意义的。[9]

（三）撤诉的法律效果

这里所指的“撤诉的法律效果”，是指狭义上撤诉的法律效果。

一是导致诉讼程序终结。对当事人来说，不能再请求人民法院按原诉讼程序继续审理此案；对于人民法院来说，也无须对案件进行审理并作出裁判。撤诉是人民法院结案的方式之一。

二是视为没有起诉。当事人撤诉只表明其处分了自己的诉讼权利，并没有处分自己的实体权利，人民法院也没有对实体权利义务关系加以认定。因此，当事人在撤诉以后，还可以再行起诉。

（四）按撤诉处理的几种情形

按撤诉处理，是指人民法院在当事人或法定代理人实施某些不作为行为时，依照撤诉后果处理的情形。按撤诉处理不能等同于撤诉，因为当事人毕竟没有实施撤诉的行为，只是因为在某些情形下由于当事人的不作为，法院推定当事人主观上或客观上不愿提起诉讼或不能进行诉讼，因而按撤诉处理。

按照撤诉处理具有与撤诉相同的后果。例如，法院按撤诉处理后，起诉的当事人还可以再行提起诉讼。又如，原告认为，因为没有足够的证据，还没有胜诉的把握，就可能撤回起诉，当拥有足够证据后再起诉；也可能因为对方当事人对义务的履行有了新的承诺，原告撤诉，但对方当事人又没有履行承诺，撤诉人就可能再起诉。

应当注意的是，无正当理由反复起诉、撤诉，意图损害对方当事人利益的行为是违反诚实信用原则的行为。

具体为：（1）原告经传票传唤，无正当理由拒不到庭的，或者未经法庭许可中途退庭的，可以按撤诉处理。（2）原告应当预交而没有预交案件受理费，受诉人民法院应当通知其预交，通知后仍不预交或者申请缓、减、免未获人民法院批准而仍不预交的，裁定按撤诉处理。（3）无民事行为能力的原告的法定代理人，经传票传唤，无正当理由拒不到庭的，可以按撤诉处理。（4）有独立请求权的第三人经受诉人民法院传票传唤，无正当理由拒不到庭的，或者未经法庭许可中途退庭的，按撤诉处理。

问题与思考

对于申请撤诉，是否应当对其理由正当性进行审查，是一个有争议的问题。否定者认为，对于原告的撤诉，无需理由，只要形式上符合撤诉的条件，就应当予以同意。这是基于民事诉讼处分原则。赞成

〔9〕 详见张卫平：《民事诉讼处分原则重述》，载《现代法学》2001年第6期。

者认为，应当对其理由的正当性进行审查，理由不成立的应当驳回。这是基于诚实信用原则。笔者持折中观点。笔者认为，一般情形下，不应当对其理由是否正当进行审查，仅仅看形式要件是否具备。但对再次撤诉的，应对理由进行审查，以防止滥用撤诉权。

七、缺席判决

缺席判决，是指法院在一方当事人在开庭审理中不到庭或中途退庭时所作出的判决。为了使判决能够符合案件真实，判决一般应在原告、被告均出庭陈述并进行充分辩论的情况下作出。但在有的情况下，一方当事人有可能无正当理由仍不出庭或中途退庭，如果因为此种情形的出现，法院就不能作出判决必然影响法律关系的确定，因此，在法律规定的某些情形下，法院可以在一方当事人缺席时作出判决。缺席判决的正当性在于当事人的缺席无正当理由。

在我国一方当事人缺席时，并非一律判决另一方当事人胜诉。法院仍然要根据当事人的陈述和提供的证据作出判决。因为我国《民事诉讼法》明确规定"以事实为根据"的审判原则。例如，在被告缺席时，如果原告提供的证据不能支持其诉讼请求，法院仍然会判决原告败诉。

根据民事诉讼法的有关规定，缺席判决适用于以下情形：(1)被告提起反诉，法院已经把反诉与本诉合并审理，**而原告经合法传唤，无正当理由拒不出庭或未经法庭许可中途退庭的，对反诉可以缺席判决**。(2)不是必须到庭的被告经合法传唤，**无正当理由拒不到庭，或未经法庭许可中途退庭的，可以缺席判决**。(3)裁定不准予撤诉的，原告经合法传唤，无正当理由拒不到庭的，可以缺席判决。(4)无民事行为能力的被告的法定代理人经合法传唤，无正当理由仍不到庭的，可以缺席判决。此种情形应当注意的是，仅限于被告方的法定代理人不到庭的情形。按照司法解释，如果属于原告方的法定代理人不到庭的，按撤诉处理，而不是缺席判决。(5)无民事行为能力人的离婚诉讼，当事人的法定代理人不能到庭的，受诉法院应当在查清事实的基础上缺席判决。(6)在现行制度下，由于无独立请求权第三人有可能承担民事责任，因此该第三人实际是当事人，其地位相当于被告。如果无独立请求权第三人经法院传唤，无正当理由不到庭的，法院也可以就无独立请求权第三人是否承担民事责任作出缺席判决。由于无独立请求权第三人制度本身的合理性存在疑问，因此，缺席判决的正当性也就自然存有疑问。

在第(4)、(5)两种情形中，由于法定代理人的地位相当于当事人，因此法定代理人不到庭时作出的判决是缺席判决。

八、反诉

(一)反诉的概念和性质

根据《民事诉讼法》的规定，本诉的被告可以向本诉的原告提起反诉。**反诉，是指在正**

在进行的诉讼中(诉讼系属中),本诉的被告以本诉的原告为被告提起的诉讼。在反诉中,本诉的原告称为“反诉被告”,本诉的被告称为“反诉原告”。如果不是本诉的被告向本诉的原告提起诉讼,就不是反诉。例如,第三人对本诉原告提起的诉讼,就不是反诉,而是第三人之诉。在本诉为共同诉讼的场合,作为共同被告的一人向本诉的原告提起的诉讼,以及本诉被告向共同原告中的一人提起的诉讼都属于反诉。(见图7)

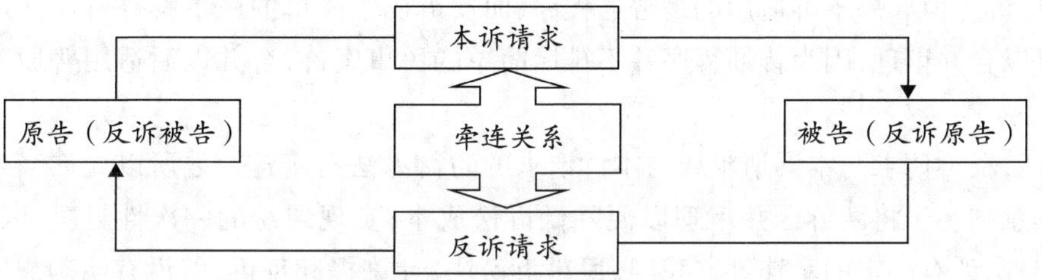

图7　本诉与反诉关系

反诉制度的目的在于,通过反诉与本诉合并审理,减少当事人的讼累,降低诉讼成本,便于判决的执行。

应当注意的是,反诉与抗辩有本质上的不同。反诉是一种独立的诉,是针对原告的攻击性主张,而抗辩是一种针对本诉请求的防御方法,不是一种诉。而检验是否为一种独立之诉的方法是,看其能否另行提起诉讼。作为防御方法的抗辩是不可能作为一种诉向法院提起的。正是因为反诉是一种独立的诉,因此,反诉不会因为本诉的撤回而撤回。

实践中,人们还容易混淆反诉与反驳的区别。我国实务界较少使用抗辩的概念,一般使用反驳的概念。反驳较之抗辩,有更宽泛的含义,并不是一个严格的诉讼法上的术语。[10]抗辩在大陆法系国家的民事诉讼中是一个法定的概念。抗辩一定是针对诉讼请求的,而反驳不仅是对诉讼请求主张的否定,也是对对方事实主张和法律主张的否定。对原告诉讼请求的反驳就是抗辩,而原告对被告主张的否定不是抗辩,而是反驳。反驳不是一种诉,不包含独立的诉讼请求,法院也不可能对反驳作出实体上的裁判。例如,被告认为原告诉讼请求已过诉讼时效,就是一种反驳,也是一种抗辩。

(二)反诉的要件

反诉的提起须满足一定要件,否则法院将以反诉不合法驳回当事人的反诉。这些要件具体为:

第一,本诉正在进行中(诉讼系属中),辩论终结前。如果本诉尚未开始或本诉辩论已经终结,则不可能提起反诉。如果本诉正在进行中,辩论终结前提起了反诉后,即使本诉撤回,也不影响反诉的存在。

---

〔10〕　也有的教科书将反驳定义为针对原告诉讼请求的否定主张,其内容与抗辩相同。参见常怡主编:《民事诉讼法学》,中国政法大学出版社1994年版,第137页。不过这样的限定反驳容易造成这一概念在使用上发生混乱。有时难以区别是在何种含义上使用这一概念。《民事诉讼法》规定,被告可以反驳诉讼请求,并不意味着,反驳就只能是对诉讼请求的否定。

第二,反诉不属于其他法院专属管辖。如果反诉属于其他法院专属管辖的,审理本诉的法院因为无权管辖,而不得将反诉与本诉合并审理。

第三,反诉能够与本诉适用同一程序。反诉能够与本诉适用同一程序,也是反诉提起的要件,因为如果反诉不能与本诉适用同一种程序,就不能实行诉的合并审理。如果本诉适用的是简易程序,而反诉应当适用普通程序,则因为程序的不同,不能在本诉的诉讼系属中提起反诉。但如果本诉适用的是普通程序,而反诉属于简单的民事案件可以适用简易程序,则可以合并审理,因为普通程序并不排斥简单的民事案件,合并以后适用普通程序是妥当的。

第四,反诉请求与本诉请求或与本诉请求的防御方法有牵连。之所以允许当事人提起反诉,其意图在于将两诉合并审理以便降低诉讼成本,实现纠纷的一次性解决,因此,就要求反诉与本诉有一定的牵连性。我国《民事诉讼法》允许提起反诉,但没有明确规定反诉与本诉之间的牵连关系。德国、日本民事诉讼法均规定反诉的提起须与本诉有一定的牵连关系,并抽象地表达为反诉请求与本诉请求或与本诉请求的防御方法有牵连。这种牵连关系在学理上解释或归纳为以下情形:(1)反诉和本诉的诉讼标的属于同一法律关系或同一权利。例如,本诉要求确认原告与被告之间没有借贷关系,而反诉请求为要求本诉原告根据该借贷关系返还借款。应当注意的是,在共有物分割的诉讼中,尽管本诉被告与本诉原告是基于同一共有关系,**但被告对原告主张的否定不能构成反诉**。(2)反诉请求与本诉请求基于同一法律关系或同一原因事实。例如,本诉原告在本诉中要求本诉被告给付买卖标的物,而本诉被告则向本诉原告主张支付价款。本诉原告要求给付标的物的请求和反诉原告要求支付价款的请求都受制于同一个法律关系——**原告与被告之间的买卖关系**。双方之间因斗殴受伤,各自向对方主张赔偿的情形就是基于同一原因事实所发生的本诉与反诉。(3)反诉请求与本诉请求互不相容或其中一个请求为另一请求的先决问题。例如,本诉原告请求确认某房产为其所有,而本诉被告提起反诉要求确认自己对该房产全部或部分拥有所有权。这两个诉讼请求是不相容的。本诉原告要求离婚,而被告反诉要求确认婚姻关系无效。反诉就成为本诉的前提,如果反诉请求成立,本诉必然不成立。

第五,反诉须由本诉被告向本诉原告提起。

关于反诉的条件,应当注意的是,即使提起反诉没有满足其条件,但只要对方没有异议,反诉的提起仍然有效。对方异议,且法院认可异议的,反诉不能提起。这是基于诉讼行为瑕疵可因对方放弃异议权而治愈的原理。(可参见本书第八章“当事人诉讼行为”的相关内容)

(三)反诉的程序

反诉作为一种诉,在程序上与本诉的提起是相同的。提起反诉同样必须符合起诉的条件。提起反诉,须在本诉受理以后,本诉辩论终结之前。反诉也同样要预交案件受理费,诉讼标的相同的应不再就反诉收取案件受理费。

法院在本诉被告提出反诉后,法院应当对反诉要件进行审查,不具备反诉要件的,法院应当予以驳回。

从国外的实践来看,尽管反诉要求满足起诉的条件,但为了简化程序,并不要求反诉必须像起诉那样提交书面诉状,可以在开庭审理(言词辩论)中以口头方式提出,法庭将反诉的请求记录在案。从《民事证据规定》看,司法解释希望反诉尽可能在开庭审理前举证期限届满前提出,而不是在开庭审理中提出,其理由大概是想保障对方证据答辩的权利。但这样一来,就限制了被告在辩论终结前提出反诉的权利。

法院受理反诉,意味着将本诉与反诉合并进行审理。但应当注意的是,合并审理与合并辩论不是一个概念,合并审理并不等于两诉的辩论合并,合并审理应当是指同一个法院的审判组织同时按照同一种程序审理本诉和反诉。原则上,反诉的辩论应当与本诉的辩论合并,如果合并将使诉讼过于复杂从而导致诉讼迟延的,法院也可以分别辩论。辩论的合并实际上就是开庭审理的合并,即反诉和本诉在同一开庭审理进行法庭调查和法庭辩论。

反诉和本诉合并审理后,如何进行裁判是实践中经常遇到的技术性问题。由于本诉和反诉毕竟是两个独立的诉,因此法院应当分别对本诉和反诉作出处理。

(四)反诉的程序瑕疵及治愈

反诉的程序瑕疵,是指反诉的原告在提起反诉时,因为其不符合反诉的条件,使反诉在程序上存在瑕疵。例如,反诉的提起要求,反诉请求与本诉请求存在牵连。虽然反诉的提起在程序上存在瑕疵,但并不意味着反诉绝对无效。在反诉被告没有提出异议,反诉已经审理结束的情形中,该反诉在程序上的瑕疵,因为反诉被告没有提出异议或放弃异议使反诉程序上的瑕疵得以治愈,反诉在程序上依然有效。如此一来,就可以避免反诉结束后,不会因为反诉被告在其后的异议,否定反诉的法律效力。

在实践中,常常会有这种情形发生,反诉程序已经结束,法院对反诉作出了裁判之后,反诉被告认为裁判对自己不利,因此,以反诉程序上存在瑕疵为由要求否定反诉的程序效力。若反诉被告没有提出异议,无论是否发现反诉程序上的瑕疵,在经过一段时间或程序之后,反诉程序上的瑕疵都因此而被治愈。反诉程序因为对方当事人放弃异议而被治愈,是基于当事人责问权的理论。根据这一理论,当事人的诉讼行为瑕疵,可以因为对方当事人责问权的放弃而治愈,因此,原有瑕疵的诉讼行为依然有效。这一理论的基础是民事诉讼处分原则以及诉讼效率价值。关于当事人责问权,详见本书"当事人诉讼行为"部分。

九、诉讼上的抵销

诉讼上的抵销,是指在诉讼中,一方当事人以自己的债权抵销对方作为诉讼请求的债权的行为。在诉讼前或诉讼外当事人所实施的债权抵销则称为诉讼外的抵销。诉讼上的抵销是基于实体法上的抵销权。我国《民法典》规定,当事人互负到期债务,该债务的标的物种类、品质相同的,任何一方可以将自己的债务与对方的债务抵销,但根据债务性质、当事人约定或者法律规定不得抵销的除外。此外,当事人互负债务,标的物种类、品质不相同的,经双方协商一致,也可以抵销。

既然在实体法上规定了当事人可以抵销债务,那么在诉讼中当然也可以实施抵销。不过，在实践以及以往的诉讼理论中，往往把被告在诉讼中所实施的债务抵销作为一种反诉来处理。即被告针对原告的债权请求，提出以自己的债权予以抵销时，要求被告以反诉的方式提出。有学者将这种抵销作为一种反诉与本诉牵连的情形。从大陆法系的理论和实务来看，诉讼上的抵销只是被告提出的一种诉讼上的抗辩，即抵销抗辩，[11]是一种诉讼上的防御方法，而不是作为一种反诉处理。只要被告在诉讼中提出抵销债权，法院在确认各自债权成立的情况下就可以在判决中将各自债权予以抵销。例如，如果原告要求被告返还10万元，诉讼中被告主张原告亦欠自己5万元，要求予以抵销。原告和被告主张的债权成立的情况下，法院将判决被告返还抵销后余下的5万元。

笔者认为，被告关于抵销的主张应当作为一种抗辩，而不应作为反诉请求。理由：(1)如果作为反诉，则会受审级制度的限制，无法在上诉审实现债的抵销。反诉作为一种独立的诉，自然要受到审级的限制，这样被告在上诉审中就不可能主张债的抵销。(2)作为反诉处理，将会使抵销程序复杂化，抵销的成本也会提高。如果将诉讼中债的抵销作为反诉，则被告就要按照起诉的方式提起，并且应当按照请求的标的数额交纳案件受理费。被告撤回反诉的，按理还要减半承担案件受理费。而按照抗辩主张处理，只需要在法院面前直接向原告主张即可，甚至可以以口头的方式（但需要记入法庭笔录），也无需交纳案件受理费。(3)抵销在实体法上是一种单方法律行为，即因抵销人单方的抵销意思表示而生效，无需对方的同意。因此，只要被告在诉讼中提出了抵销的主张，就可以在确认的情况下发生抵销的法律效果，没有必要通过一种诉的方式加以实现。作为一种诉的好处是，当诉讼请求为给付请求时，在胜诉的场合可以获得执行的名义，但对于抵销而言，则没有必要。抵销直接实现了债的清偿。

一旦将抵销作为一种抗辩，而不是作为反诉，则两者在处理上就有很大的不同：(1)作为抗辩的抵销，如果被告的债权大于原告的债权时，抵销后被告余下的债权并不当然作为一种针对原告的请求，法院也不会就此作出要求原告支付的判决。因为这样的请求不能作为反诉请求。(2)本诉请求不成立的，抵销的主张也不会成立，抵销也就不会发生。如果抵销主张作为反诉，则反诉不会因为本诉的不成立而不成立。(3)抵销的主张既可以在一审程序辩论终结前提出，也可以在二审合议前提出。[12] (4)抵销主张不需要以起诉的方式提出。

抵销抗辩虽然不是以一种诉的方式在诉讼中提出，但抵销债权毕竟是一种债权，因此这就涉及这样一个问题：即被告在此诉讼中已经提出抵销主张的，是否还可以就抵销债权另行提起诉讼或被告作为另一诉讼的原告已经就该债权提起诉讼后，还能否在本诉讼中主张抵销抗辩。对于这一问题，有两种观点。持不能另行就该债权提起诉讼或予以主张者认为，此种情形应当视为发生诉讼系属的法律效果。如果不受诉讼系属的约束，就可能发生

---

〔11〕 参见［日］高桥宏志：《民事诉讼法制度与理论的深层分析》，林剑锋译，法律出版社2003年版，第501页。

〔12〕 在我国，二审可以在某些情形下不开庭审理，经书面审理直接判决。因此，有的二审案件的审理没有法庭辩论程序。

矛盾的裁判。持可以另行诉讼或主张者认为,抵销主张不是一种诉,不过是一种防御方法,因此不应当发生诉讼系属的法律效果。由于两个诉讼的当事人是相同的,因此完全可以避免作出矛盾的裁判。笔者同意后一种观点。

应当注意的是,从既判力的角度讲,法院关于被告抵销主张的判断,虽然不是对诉讼标的的裁判,而是对判决的理由的裁判,但作为既判力拘束原则的例外,依然具有既判力。因为,如果没有既判力,则被告便可以就抵销债权另行起诉,这样就可能导致后诉判决与前诉判决的矛盾。例如,原告在前诉中主张被告返还10万元,被告主张原告亦欠自己5万元,要求抵销,法院认为被告抵销主张不成立而原告的主张成立,那么被告就应当履行支付10万元的义务。如果对被告的抵销主张没有既判力,则被告还可以就5万元的债权再提起诉讼,一旦前诉的被告在后诉中胜诉,就将导致后诉法院判决与前诉法院判决的矛盾。[13]

十、诉讼中止

(一)诉讼中止的概念

诉讼中止,是指在诉讼进行中,因出现了法定原因,暂时停止诉讼程序的进行,待法定的原因消失后,再恢复诉讼程序。

(二)诉讼中止的事由

诉讼中止事由即法律规定的应当诉讼中止的情形。根据《民事诉讼法》的规定,有下列情形之一的,人民法院应裁定中止诉讼。这些情形就是诉讼中止的事由,也称为诉讼中止的原因。

诉讼中止的事由有以下几种:(1)一方当事人死亡,需要等待继承人表明是否参加诉讼的。一方当事人已经死亡,其诉讼权利能力终止,不能再作为诉讼当事人。(2)一方当事人丧失诉讼行为能力,尚未确定法定代理人的。一方当事人在诉讼进行中丧失诉讼行为能力,就不能亲自进行诉讼,而要由其法定代理人参加诉讼。(3)作为一方当事人的法人或其他组织终止,尚未确定权利义务承受人的。法人或其他组织终止,其诉讼权利能力随之终止,不能再参加诉讼。(4)一方当事人因不可抗力的事由,不能参加诉讼的。不可抗力的事由,是指当事人不能预料、无力抗衡的事由,如自然灾害、战争、交通事故、重病等。(5)本案必须以另一案的审理结果为依据,而另一案尚未审结的。这是为了保证法律的统一实施,保护当事人的合法权益,彻底解决纠纷。该项规定中的所谓"另一案",既包括刑事案件,也包括行政案件和民事案件。也就是说,无论是什么性质的案件,只要是本案审理的前提,本案的审理都应当中止,等待另一案的审结。(6)其他应当中止诉讼的情形。这是一个灵活性的规定,适用于人民法院处理上述五种情形之外的应当暂时停止诉讼的特殊情况。

《民事诉讼法》的诉讼中止事由可以分为两类:一类是因为适格当事人的原因发生的诉讼中止;另一类是因为案件关联关系所发生的诉讼中止。

---

〔13〕 参见本书第三十三章"判决"中"判决的既判力"部分。

在此，首先要强调的是，《民事诉讼法》中规定的当事人，从理论上讲应当是指适格当事人或正当当事人，而非形式上的当事人，亦即与诉讼标的具有实际联系的当事人。在我国民事诉讼法中，"当事人"一词具有双重含义——形式上的当事人和适格的当事人。其第51条中所规定的"当事人"，应当是适格当事人。适格的当事人与作为纯粹形式上的当事人不同。形式上的当事人仅以原告主观上的主张为准，作为原告就是向法院起诉请求权利保护的主体，作为被告即为被诉的主体。作为形式上的被告并不问该被告是否实际与诉讼标的有联系，例如，是否作为诉讼标的的争议法律关系的主体或实际争议主体。适格的当事人则是指对本案的诉讼标的，谁应当有权要求法院作出判决和谁应当作为被请求的相对人。适格当事人应当是对诉讼标的具有实际意义，如作为诉讼标的的争议法律关系的主体或实际争议的主体。之所以强调此当事人为适格当事人，是因为只有适格当事人的诉讼承继对于诉讼的继续进行才具有实际意义，不能以当事人的主观认识为转移。

然而，在我国以前的民事诉讼理论中，既没有区分当事人适格与诉讼权利能力的问题，又没有区分形式上时当事人和适格的当事人的问题。以往民事诉讼法教科书中有关当事人概念和特征的阐述，实际上是针对适格当事人而言的，最高人民法院在司法解释中对原告和被告的规定，实际上也仅指适格的当事人。

《民事诉讼法》将基于当事人的原因所发生的诉讼中止事由又具体地分为两种情形。一种是基于当事人本人的原因所发生的诉讼中止；另一种是基于当事人的诉讼代理人的原因发生的诉讼中止。前者是基于当事人丧失当事人能力（民事诉讼权利能力）导致诉讼中止；后者则是基于当事人丧失诉讼行为能力导致诉讼中止。基于当事人本人的原因所发生的诉讼中止，又因为当事人有自然人、法人和其他组织之分，因而存在不同的诉讼中止事由。

因为作为自然人的当事人，其当事人能力是以当事人的民事诉讼权利能力作为前提的，而民事权利能力又是民事诉讼权利能力存在的前提，民事权利能力又以当事人存在为前提。当事人死亡意味着其民事诉讼权利能力的丧失，该自然人不再具有当事人能力，不能继续作为当事人。但由于当事人的死亡并没有导致纠纷在实体上的终结，所以当事人死亡后其实体权利义务会发生承继，基于实体权利义务发生的承继也会发生诉讼上的承继。因此，需要等待原当事人的继承人作为诉讼上新的当事人承继该诉讼。由于当事人死亡后没有当事人继续实施诉讼行为，所以诉讼必须中止。

应当注意的是，并非所有的诉讼，只要当事人死亡，就必须中止，等待诉讼承继。因为有的案件其诉讼标的具有人身专属性，一旦原当事人死亡，诉讼就只能终结，不存在诉讼中止、等待新适格的当事人继续诉讼的问题。例如，请求离婚的诉讼，婚姻关系一方当事人死亡的，婚姻关系即告终结，继续进行诉讼已经没有意义。即使当事人一方在提出离婚请求时附带提出夫妻共同财产分割或子女抚养的请求，也因为当事人一方死亡，其解除婚姻关系的诉讼终结而不复存在。严格而言，分割夫妻共同财产和子女抚养的诉讼本身就不是已经成立的诉讼。婚姻关系一方死亡之后，有关财产继承等纠纷需要通过诉讼程序予以解决的，相关当事人可以另行就此提起诉讼。

在涉及具有人身专属性的诉讼中，例如，涉及艺术品定制委托合同的纠纷，虽然作为艺术品制作人的当事人死亡，该合同已经不能继续履行，诉讼请求仅为要求履行合同的，该诉讼继续进行没有意义，只能终结诉讼。但如果当事人请求因不能履行义务而承担赔偿责任，则不会因为义务人的死亡而终结诉讼，而是诉讼中止，等待当事人的继承人作为义务承继人参加诉讼。

当事人为法人或组织的，在法人、组织分立、合并、终止时，会因为其法人、组织的实体关系变化，导致权利义务主体的变化，此时，也就需要中止诉讼，等待承继法人或组织权利义务的新的主体作为新的当事人承继诉讼。

在诉讼中止的应对方面，容易给人一种印象，即是否中止诉讼是法院认定和裁判的结果。《民诉法司法解释》的相关规定就反映了这一点。其规定，裁定中止诉讼的原因消除，恢复诉讼程序时，不必撤销原裁定，从人民法院通知或者准许当事人双方继续进行诉讼时起，中止诉讼的裁定即失去效力。但实际上，诉讼系属中法定的主体因素（当事人死亡、法定代理人死亡、当事人丧失诉讼行为能力等）变更时诉讼当然中止，与当事人是否知悉主体变更的原因没有关系，既不需要当事人申请，也不需要法院对主体变更作出裁判予以认定。在诉讼法理上，这种诉讼程序上的停止称为“当然中止”。诉讼程序的当然中止是基于对当事人诉讼权利的维护和保障。因此，当存在法定的主体因素变更的原因时，并不需要法院裁定诉讼中止，即具有诉讼中止的法律效果。换言之，在当然中止的状态中，所有当事人的诉讼行为和法院对本案的诉讼行为都不会发生法律效果。法律规定之所以会出现这样的问题，原因主要在于民事诉讼法和司法解释没有区别当然中止和裁定中止对应的不同情形。实际上，在《民事诉讼法》规定的诉讼中止情形中，有些属于当然中止，例如当事人死亡、当事人丧失诉讼行为能力等；而有些则属于裁定中止的情形，例如，当事人一方因不可抗拒的事由不能参加诉讼，本案必须以另一案的审理结果为依据而另一案尚未审结等。当然中止的，一般都存在诉讼承继的问题；而裁定中止的，不存在诉讼承继的问题，而是存在诉讼续行的障碍事由。因此，中止后诉讼恢复的原因各有不同。

（三）诉讼中止的程序

出现诉讼中止的事由时，当事人可以向法院提出，要求作出诉讼中止的裁定；法院也可以在诉讼中止事由存在时以职权裁定诉讼中止。诉讼中止的裁定可以是书面的，也可以是口头的，但口头裁定必须记入法院的笔录之中。诉讼中止的裁定一经作出即发生法律效力。当事人不得对诉讼中止的裁定提出上诉。

诉讼中止的事由消除的，法院应当恢复诉讼程序。恢复诉讼程序的，不必撤销原中止诉讼的裁定，从法院通知或准许当事人双方继续进行诉讼时起，中止诉讼的裁定即失去效力。

（四）诉讼中止的法律效果

首先，在诉讼中止期间：(1)无论是法院还是当事人及诉讼参与人所实施的针对本案以及对方当事人的诉讼行为均不具有法律效力。（当事人实施的虽然与诉讼有关，但不是针对对方当事人的行为依然有效。例如，委托或解任诉讼代理人的行为、证据保全行为等。）

这包括法院不能就案件的实体争议作出判决。(2)不能就所有当事人之间的程序争议事项作出裁判。(3)当事人向法院提出的任何诉讼请求事项均无效。(4)当事人向法院提出的任何事实主张和证据都不具有法律上的效力。(5)当事人提出的程序权利主张也不能得到法院的满足。如诉讼保全、证据保全、申请法院收集调查证据、法庭外证据调查。原告申请撤诉的主张也不会发生法律效力。因为在诉讼中止期间,法院不能就诉讼本身作出任何审理和裁决;被告提出的对原告诉讼请求的所有抗辩也都不具有法律上的效力。(6)在诉讼中止期间,原告和被告的所有主张对今后的诉讼结果均不产生任何影响。诉讼参与人,如证人、鉴定人等,在此期间实施的与案件相关的行为,例如,诉讼参与人向法院表达的关于案件事实的陈述,也都对法院没有影响。法院在今后的裁判中,不能以诉讼参与人在此的陈述作为裁判的事实依据。(7)所有期间停止。只有告知诉讼承继或者诉讼程序继续进行时,期间才重新计算。

其次,诉讼中止对法院的审判而言,最突出的影响就是不得就案件的实体争议(本案问题)作出裁判。法院没有权力也没有义务就任何实体争议作出裁判。只有诉讼中止事由消除,恢复诉讼之后,法院才能对本案问题作出裁判。为了促进审判的效率,我国民事诉讼法明确规定了审限制度。按照审限制度,法院有义务在诉讼系属之后的一定时期内审结案件。不同的审级程序,有不同的审限要求。虽然审限具有一定的弹性,但毕竟对审判者具有一定的压力。由于审限是对诉讼延续期间的要求,因而诉讼中止期间不受审限的约束,只有恢复诉讼之后,审限才会重新对裁判者发生约束作用。

最后,诉讼中止期间,作为例外,只有法院实施的关于诉讼中止或终结的裁判行为才是有效的。例如,裁定恢复诉讼;作出终结诉讼的裁定,诉讼由中止状态转变为诉讼终结的状态。应当注意的是,诉讼中止不是诉讼终结,案件依然处于诉讼系属中,因此已经实施的诉讼行为包括裁判行为依然有效。例如,起诉、诉讼保全、证据保全等。

问题与思考

一、诉讼中止的制度完善

从完善我国民事诉讼法的角度来看,关于民事诉讼中止的制度也应当予以调整和补充。诉讼中止制度除了程序设置之外,区分不同的中止事由以及相应中止事由的调整和补充是其最重要的部分。

在制度上应当明确区分诉讼程序的当然中止与裁定中止。如前述所提到的,现行民事诉讼法关于诉讼中止的制度设置没有细分诉讼停止中的当然中止与裁定中止,笼统地将诉讼程序的停止称为"诉讼中止"。由于当然中止和裁定中止在事由规定、法律效果、恢复程序等方面都有所不同,因此,在制度设置方面如果不加以明确,则必然导致制度适用的混乱。

因当事人消灭、法定代理人死亡等原因导致的诉讼程序停止属于当然中止的情形,即无须法院的认可或确定就自然发生诉讼程序停止的效果。也就是说,当事人或其他参与人是否知悉中断事由既不是条件,也不是障碍。而因诉讼障碍所发生的诉讼程序停止属于裁量停止。与当然中止不同,对裁定中止,法律上可以只作原则性规定,因为在出现裁定中止的障碍事由情形下是否中止,原本就是法院根据具体情形裁量而定。各种裁定中止的具体条件或情形有所不同,因而没有必要对此作出具体规定,也往往难以规定。在大陆法系国家与地区,例如,德国、日本、韩国以及我国台湾地区均将法律上的当然中止称为"诉讼中断",属于当然中止的事由则归为诉讼中断事由;将裁定中止称为"诉讼中止",属于裁定中止的事由便归入诉讼中止事由。因当事人或代理人资格、能力丧失而导致诉讼停止的情形就属于诉讼中断。例如,当事人死亡,需要继承人承继诉讼而导致的诉讼停止。非因当事人或代理人资格、能力丧失,而是因其他原因导致诉讼停止的情形就属于诉讼中止。如此,像我国《民事诉讼法》规定的一方当事人因不可抗拒的事由,不能参加诉讼而导致诉讼停止的,才可称为诉讼中止。因此,笔者建议在对诉讼停止的制度进行调整时,最好将当然中止的情形改称为"诉讼中断";将因诉讼障碍所发生的裁定中止称为"诉讼中止"。这样也便于与域外制度的法律用语保持一致。

在民事诉讼法的诉讼中止事由中关于"一方当事人因不可抗拒的事由,不能参加诉讼"的事由就属于典型的裁定中止的事由。因为"不可抗拒"只是这类事由的概括和抽象。究竟现实中哪种具体事由属于不可抗拒的事由,需要法院根据具体情形加以裁量判断。应当注意的是,法院因不可抗力的原因,如地震、火灾、战争,不能行使审判职权时也属于当然中止。这与当事人因障碍原因不能参加诉讼,法院裁定中止的情形不同。

关于裁定中止的原因或事由因各国或地区的具体情形不同而有所差异,其具体事由也是多种多样的,但原则上裁定中止的事由大体上都属于妨碍诉讼程序进行的事由。例如,因为服兵役、交通原因、申请调解、法院与其他国家机关的权限争议、诉讼已系属于外国法院、诉讼中涉嫌犯罪行为、需要等待第三人参加诉讼、交叉诉讼存在先决关系(包括专利诉讼中存在先决关系、刑民交叉诉讼中存在先决关系、家事诉讼与普通民事诉讼交叉中存在先决关系等)、应适用的法律被宣告违宪而需要等待立法解释等。

二、诉讼交叉情形下的诉讼中止问题

诉讼交叉,是指本案民事诉讼进行中(诉讼系属中),与本案存在某些关联的其他诉讼也在进行中(诉讼系属中),因此形成了两个诉讼的交叉关联关系。诉讼交叉中本案之外的诉讼,可以是刑事诉讼、行政诉讼,也可以是民事诉讼,这就形成了"刑民交叉""行民交叉""民民交叉"的情形。对于交叉诉讼关系的处置,《民事诉讼法》规定,本案必须以另一案的审理结果为依据,而另一案尚未审结的,应当中止。这种情形下的诉讼交叉,理论上称为"先决关系",即本案必须以具有交叉关系的另一案的审理结果为依据,而另一案尚未审结。实践中比较常见的是,在本案诉讼进行中(诉讼系属中),与本案具有关联关系的刑事诉讼或行政诉讼已经开始(案件已经受理即视为诉讼开始)。如果另一诉讼的结果对本案不存在先决关系,只是一般关联关系,例如,两个案件中的事实存在竞合关系,则按照民事诉讼法的规定,不存在本案诉讼中止的问题,诉讼照常进行。如果另一个诉讼对本案诉讼具有先决关系,本案诉讼应当中止。按照民事诉讼法这一规定,先决关系成为法定中止的事由。问题在于,是否在任何情形下,具有先决关系时本案都必须中止?这一问题质疑的是,在交叉诉讼关系中,先决关系作为法定中止事由妥当,还是作为裁量中止事由妥当。在具有先决关系的情形下,本案中止是基于保持交叉诉讼在事实认定方面的一致性。问题是如果将此一概而论,就可能导致本案诉讼的严重迟延,尤其是另一个诉讼为刑事诉讼时,就可能因为被告嫌疑人长期在逃,造成诉讼难以短期内审结的情形。另外,本案法院也同样具有对本案事实予以认定的司法权力(理论上,无论哪一个法院都享有司法裁判权),因此,应当考虑本案诉讼效率,使法院能够及时根据本案的事实情况作出裁判使纠纷能够及时得到解决。所以,可以考虑将先决关系情形下的中止,由法定中止改为裁量中止,由法院根据情况作出是否应当中止的情形。或者规定,存在先决关系时,裁定本案暂时中止,当另一个诉讼在较长时间内无法审结的情形下,恢复本案诉讼。[14]

十一、诉讼终结

(一)诉讼终结的概念

诉讼终结,是指在诉讼进行中,由于出现了法定情形,使诉讼无法进行或者没有必要进行,从而裁定结束诉讼程序。诉讼中止与诉讼终结是两个彼此有联系但又不同的概念。诉讼中止是因为出现某种原因使得诉讼暂时停止,当这些原因消失之后,诉讼将继续进行。在有的情形下,例如,在没有继承人的情形下,诉讼中止就将转化为诉讼终结。比较两者可以发现,在事由方面,诉讼终结都与当事人的状况有关,而诉讼中止的事由中,有的与当事人有关,有的与当事人无关。

(二)诉讼终结的事由

诉讼终结事由即法律规定的应当诉讼终结的情形。

根据《民事诉讼法》的规定,有下列情形之一的,应终结诉讼:(1)原告死亡,没有继承人,或者继承人放弃诉讼权利的。这一规定适用于公民作为原告的案件。(2)被告死亡,没有遗产,也没有应当承担义务的人的。这时,原告的诉讼请求实际上无法满足,诉讼的继续进行没有意义。(3)离婚案件一方当事人死亡的。离婚案件的一方当事人死亡,双方当事人的婚姻关系自然消灭,离婚诉讼没有必要继续进行。(4)追索赡养费、扶养费、抚育费以及解除收养关系案件的一方当事人死亡的。

上述案件都是基于特定的人身关系而引起的争议。其中,前三类案件的权利人和义务人是特定的,并且权利义务不能被继承,只要当事人一方死亡,诉讼就无法进行;解除收养关系的案件一方当事人死亡,收养关系自然解除,诉讼没有必要继续进行,应当终结诉讼。

(三)诉讼终结的程序以及法律效果

当出现诉讼终结的法定事由时,法院应当作出终结诉讼的裁定。裁定可以是书面的,也可以是口头的。裁定一经作出,即发生法律效力。当事人对此裁定不得提出上诉。

诉讼终结的裁定一旦发生法律效力,诉讼即宣告终结,案件将不再系属于诉讼之中。

十二、民刑交叉诉讼关系的处理原则

(一)民刑交叉诉讼关系的含义

民刑交叉诉讼关系,也称民刑诉讼交叉关系,是指在民事诉讼的系属中,发现已经存在与本案有牵连的刑事诉讼,从而形成民事诉讼与刑事诉讼的交叉的现象。这里所指的已经

---

〔14〕 关于交叉诉讼中的诉讼中止问题,详见张卫平:《民刑交叉诉讼关系处理的规则与法理》,载《法学研究》2018 年第 3 期。

存在的刑事诉讼,包括刑事案件已经立案进入侦查阶段。

刑事附带民事的诉讼中,因刑事犯罪引发的民事责任追究的民事诉讼是以刑事责任的追究为前提的,在法律上,追究民事责任的民事诉讼附带刑事诉讼,虽然其民事诉讼与刑事诉讼有联系但不属于本部分涉及的民刑交叉关系诉讼的情形。民刑交叉诉讼关系是两种不同性质诉讼并列的情形,探讨的是这种情形下如何处理的法律技术问题。

这里民刑诉讼的交叉包括事实的交叉和诉讼主体的交叉。事实的交叉或关联,是指民事案件和刑事案件在自然事实上有重合、同一或关联。大体上可以分为以下几类:(1)同一行为在法律性质上竞合。例如,民事被告人实施的行为既构成民事侵权行为又构成刑事犯罪行为。例如,非法占有他人财产。这种情形下,在民刑的诉讼主体上是同一或重合的。(2)民事案件与刑事案件涉及同一原因事实。例如,民事案件——借贷纠纷案件和刑事案件——盗窃犯罪因为同一原因事实——盗窃犯罪事实而发生。但民事案件与刑事案件的主体不是同一的。民事案件的责任主体是法人或其他组织,刑事案件的犯罪嫌疑人是该法人或组织的工作人员,与民事案件主体之间具有雇佣或其他人事关系。

如何处理民刑交叉诉讼关系在司法实践中是一个经常面临的问题,也是一个常常困扰人们的问题。由于两者关系的处理涉及当事人的重大的利益,因此,实践中关于如何处理这一问题往往引发重大争议和不满。对这一问题的处理,人们往往容易简单地理解为"先刑后民",并将其作为处理民刑交叉诉讼关系的原则。这样的理解无疑是错误的。是否应当"先刑后民",何种情形下应当"先刑后民"需要根据具体情形和法律的规定。

(二)民刑交叉诉讼关系处理的误识与原因

从《刑事诉讼法》和《民事诉讼法》的规定来看,并没有所谓"先刑后民"原则的规定。《刑事诉讼法》完全没有就本部分语境下的刑民交叉诉讼关系应当如何处理作出规定。《民事诉讼法》也只是抽象地或一般性地规定,"本案必须以另一案的审理结果为依据,而另一案尚未审结的",本案诉讼应当中止,等待另一案的审理结果。在解释上,民事诉讼法所谓的"另一案",当然也包括刑事诉讼案件,但不仅限于刑事诉讼案件。从民事诉讼法的规定来看,在处理关于刑民交叉或关联诉讼的关系时,原则是只有另一案的审理结果是本案审理或裁判的依据时,作为本案的民事诉讼才会中止,让位于作为前提或依据的另一案先行,而非交叉或关联的案件是刑事诉讼案件时,本案民事诉讼就必须中止。《民事诉讼法》的这一规定源于1982年的《民事诉讼法》,其明确规定,"本案必须以另一案的审理结果为依据,而另一案尚未审结"时,本案诉讼应当中止,等待另一案的审理结果。

虽然没有法律规定"先刑后民"是处理民刑交叉诉讼关系的原则,但在司法实践中,的确存在将"先刑后民"作为处理民刑交叉诉讼关系的一项原则的情形。这种情形的存在是因为在某些司法解释中认可了"先刑后民"。虽然这些司法解释都是在1982年《民事诉讼法》之后出台的,但在处理民刑交叉诉讼关系时却从未直接提到过《民事诉讼法》这一相关规定。

"先刑后民"的这一所谓原则最早源于1985年最高人民法院、最高人民检察院、公安部发布的《关于及时查处在经济纠纷案件中发现的经济犯罪的通知》(以下简称1985年《通知》)。该通知指出,“各级人民法院在审理经济纠纷案件中,如发现有经济犯罪,应按照一九七九年十二月十五日最高人民法院、最高人民检察院、公安部《关于执行刑事诉讼法规定的案件管辖范围的通知》,将经济犯罪的有关材料分别移送给有管辖权的公安机关或检察机关侦查、起诉,公安机关或检察机关均应及时予以受理”。该通知中所说的,法院将经济犯罪的有关材料分别移送给有管辖权的公安机关或检察机关侦查、起诉,就其语义而言是非常模糊的,“移送”是指法院驳回经济纠纷案件的起诉,还是中止经济纠纷案件的审理,并不明确。实践当中的做法往往是驳回该经济纠纷案件的起诉。1987 年“两院一部”又发布了《关于在审理经济纠纷案件中发现经济犯罪必须及时移送的通知》(以下简称 1987 年《通知》),除再次强调 1985 年《通知》的要求外,还具体规定了以下两个内容:(1)“各级人民法院在审理经济纠纷案件中,如果发现有经济犯罪事实的,即应及时移送”;(2)“人民法院在审理经济纠纷案件中,发现经济犯罪时,一般应将经济犯罪与经济纠纷全案移送,依照刑事诉讼法第五十三条和第五十四条的规定办理。如果经济纠纷与经济犯罪必须分案审理的,或者是经济纠纷案件经审结后又发现有经济犯罪的,可只移送经济犯罪部分。对于经公安、检察机关侦查,犯罪事实搞清楚后,仍需分案审理的,经济纠纷部分应退回人民法院继续审理”。在这一规定中同样使用了非规范性的表述——“全案移送”。在司法实践中,“全案移送”意味着审理经济纠纷案件的法院不能再继续审理,因为案件已经不在民事法庭,但 1987 年《通知》并没有明确法院是应当驳回起诉,还是中止诉讼。“全案移送”更像是司法机关内部程序操作的行业术语,显现出此时司法机关在程序处理上的非规范性。这里只能将“全案移送”理解为案件材料的移送,但经济纠纷案件还系属于民事法院,否则难以理解该通知关于“经公安、检察机关侦查,犯罪事实搞清楚后,仍需分案审理的,经济纠纷部分应退回人民法院继续审理”的规定。“继续审理”意味着之前的案件处于中止状态。该通知还隐含另一层意思,即案件移送给公安、检察机关则意味着合并审理,不移送是“分案审理”。无论是 1985 年《通知》中涉及经济犯罪有关材料的移送,还是 1987 年《通知》中的“全案移送”,都表达了“先刑后民”的意思,因为一旦移送必将先审理刑事部分。按照 1987 年《通知》的规定,只有在经公安、检察机关侦查,犯罪事实搞清楚后,仍需分案审理的,经济纠纷部分才退回人民法院继续审理。

1998 年《最高人民法院关于在审理经济纠纷案件中涉及经济犯罪嫌疑若干问题的规定》出台。该规定明确规定,“同一公民、法人或其他经济组织因不同的法律事实,分别涉及经济纠纷和经济犯罪嫌疑的,经济纠纷案件和经济犯罪嫌疑案件应当分开审理”。该规定也明确,“人民法院在审理经济纠纷案件中,发现与本案有牵连,但与本案不是同一法律关系的经济犯罪嫌疑线索、材料,应将犯罪嫌疑线索、材料移送有关公安机关或检察机关查处,经济纠纷案件继续审理”。该规定还提出,“人民法院作为经济纠纷受理的案件,经审理认为不属经济纠纷案件而有经济犯罪嫌疑的,应当裁定驳回起诉,将有关材料移送公安机关或检察机关”。最高人民法院的这一规定最大的特点是明确规定虽然案件牵涉经济犯罪的事实,但作为经济纠纷案件部分人民法院仍然可以继续审理,仅仅是将犯罪嫌疑线索、材料移送有关公安机关或检察机关,而非像过去的司法解释那样必须全案移送,等待经济犯罪案件的侦查处理结果。(这一司法解释依然没有提到《民事诉讼法》关于处理民刑交叉诉讼关系的原则规定。)

最高人民法院近些年的判例中,既有认可"先刑后民"的,也有坚持民事诉讼法的规定,不承认"先刑后民"为一项原则的。在民刑交叉诉讼关系的处理上存在不一致的情形。[15]

人们之所以常常会错误地认为,"先刑后民"是处理民刑交叉诉讼关系的一项原则,与重刑轻民、刑事审判权的扩张性以及事实揭示优越论有关。

(三)正确处理民刑交叉诉讼关系的原则

《民事诉讼法》规定的"本案必须以另一案的审理结果为依据",就是对一案对另一案先决关系的准确表达。如果不是先决关系就不存在"必须"的问题。在民刑交叉诉讼关系上,所谓先决关系,是指民事法律关系问题或民事争议的解决必须以另一案的审理结果为前提。大体上有两种情形:(1)民事诉讼的损害赔偿请求是基于犯罪成立这一前提。例如,犯罪行为导致了财产和人身损失。(2)民事案件中的事实涉及犯罪,犯罪成立与否关系民事案件基本事实的认定。例如,当事人或第三人在本案民事诉讼中涉嫌伪造证据、伪造文书构成犯罪的情形。对于第一种情形,在我国既可以采取刑事附带民事赔偿诉讼的方式解决,也可以单独提起民事诉讼。如果刑事诉讼已经终结,当然不存在刑民交叉的问题。只有在刑事、民事均存在的情形下,才会发生民事诉讼是否中止的问题。显然,由于犯罪成立与否是民事赔偿的前提,因此,如果移送民事诉讼使其成为附带的诉讼,则民事诉讼应当中止。对于第二种情形,一旦涉嫌伪造证据、伪造文书的犯罪成立,那么这些伪造的证据、文书便不能作为民事案件认定事实的依据。因此涉及伪造证据、伪造文书的刑事案件处于侦查和诉讼中,且尚未有最终审理结果的,基于先决关系本案民事诉讼应当中止。

如果按照先决关系原则,在民刑交叉诉讼中,民事案件的审理成为前提时,民事案件的审理应当先行。在民刑交叉关系中,也确实客观地存在民事争议的处理对刑事案件的处理具有先决或前提作用的情形。最典型的例子是,如果刑事被告嫌疑人对某财产享有所有权,则其财产侵占罪便不能成立。而确认其是否具有所有权的民事诉讼正在进行中。但是这里有一个现实情况实际制约着先行民事诉讼的充分实施。这就是在民刑交叉中诉讼主体同一时,因为刑事诉讼可能对被告嫌疑人行动自由予以限制(已被羁押)而影响当事人诉讼权利的有效行使,实际剥夺了当事人本人诉讼的权利。但如果"先刑后民",又将否定客观存在的先决关系。相反,民事、刑事并行则可能发生同一事实认定上的不一致。虽然从独立审判权的行使角度可以理解事实认定的不一致,因为不同审判组织在不同的诉讼程序、不同的诉讼空间对同一事实的认定完全有可能是不一致的,也都是正当、合法的。因此,如何来协调这几方面的紧张关系是一个需要解决的问题。既然问题的根源是审判组织的分立,那么解决的方案就可以考虑民事与刑事案件的合并或将民事案件移送于刑事法院,由

---

〔15〕 将"先刑后民"作为一项原则的判例有"得利塑胶工业(昆山)有限责任公司与江苏丰艺工业有限责任公司不当得利纠纷申请再审案""梅振娇与李红玲、海南鸿凌投资担保有限公司等借款合同纠纷申请再审案"等。否定"先刑后民"为一项原则的判例有"北京钠锘环境工程有限责任公司与香港鸿峰发展有限公司买卖合同纠纷申诉案"等。

同一个审判组织适用不同的诉讼程序进行审理，其方式与知识产权案件以及刑事附带民事案件的审理机理相同（从附带诉讼的角度，构成了民事附带刑事，是实质上的“先民后刑”）。由此，就可以达成对各种因素平衡考量的目的。实际上，我国早期处理民刑交叉案件关系的做法就是基于这样的理念，只是我们没有意识到这种移送或合并并不否定“先民后刑”。通过移送合并可以解决案件事实认定的统一性问题。为了维系先决关系将案件予以移送合并的情形，在国外也有制度规定。例如，在法国民事诉讼法中就有将案件移送给具有先决诉讼案件管辖权的法院的规定。这里需要破除的观念是，刑事审判庭只能审理刑事案件，民事审判庭只能审理民事案件。审判庭的划分仅仅是审判权行使的内部分工。

如果承认先决关系，也就不能否定“先民后刑”的正当性。在此的一个前提是，民事争议的处理是刑事案件的先决条件。既然是先决关系，刑事就必须以民事审理结果为依据。即使自认与事实不符，只要自认合法成立，依据自认作出的裁判结果就是合法的，因此作为刑事审判依据的这个前提就是合法的。刑事诉讼也不能突破民事审判的结果。由此，我们也可以看出所谓客观真实论认识的不足。

在处理先决关系时，必须注意这样一个问题，即不能在民事诉讼中人为地另行提起所谓先决关系的诉讼，从而以先决关系为由阻止本诉的进行，以达到迟延本诉的目的。例如，在给付之诉中，被告在其他法院就同一法律关系提起确认之诉。虽然，权利义务的确认是前提，但在本案诉讼中，本诉法院对所有抗辩手段都拥有判断的权力。要求确认不存在某一法律关系或权利义务仅仅是一种抗辩手段或理由。因此在给付之诉、形成之诉中，权利义务或法律关系的确认不具有另行诉讼的诉的利益。如果独立必将导致诉讼迟延或裁判的矛盾。只有在实体法律关系上，另一案的法律关系争议的解决成为本案的前提时，本案才有可能中止。

诉讼效率也是处理民刑交叉诉讼关系时必须考量的一个因素。例如，在犯罪嫌疑人确定但未归案的情况下，刑事诉讼无法继续进行时，作为民事诉讼就可以缺席判决。审理民事案件的法院不是必须中止民事诉讼的审理，已经停止的民事诉讼也可以恢复继续进行。德国《民事诉讼法》规定，如果民事审判停止超过一年的，经当事人申请，法官应恢复民事审判。应当看到，在交叉诉讼关系中，任何一个诉讼的中止，为其他案件的审理让路，都将对案件审理造成迟延。如果一味中止以等待另一案的审理，也是违背民事诉讼基本价值追求的。这涉及是否应当修改现行《民事诉讼法》第 153 条第 5 项的规定，将这一法定中止事由变为法院的自由裁量事由的问题。笔者的意见是，给予法院慎重处理的裁量权，原则上按照《民事诉讼法》的现行规定。

十三、诉讼系属中实体变更的程序应对

（一）诉讼系属中实体变更的含义

当双方当事人就民事权利义务发生争执，一方向法院提起诉讼，直到民事诉讼终结之前，此民事争议便一直处于法院的诉讼系属之中。在诉讼系属中，双方所争执的民事法律

关系并没有处于被固化的状态，有可能继续在变化的过程中，例如，交易关系依然会在特定的主体之间发生变化。这种变化大体上有两种基本类型：(1)“主体变动型”，即民事法律关系的主体发生变化，但权利义务的内容并没有发生变化。例如，原法律关系的主体消亡——作为自然人的当事人死亡、作为非自然人的法人因合并、分立而消灭等。当事人为自然人时，主体因素的变更也牵连代理人的变故。因为作为自然人在民事主体方面不仅要求具有民事权利能力，还要求具有民事行为能力。民事权利能力与诉讼当事人能力联系；而民事行为能力与民事诉讼行为能力关联。只有具有完全民事行为能力的人才具有民事诉讼行为能力，能够亲自实施有效的民事诉讼行为。所以，一旦发生当事人丧失民事行为能力的情形，也由此会导致实体性因素——民事行为能力的丧失，相应地也就丧失了民事诉讼行为能力。因此，当事人民事行为能力丧失的情形也应归入实体变更的情形之中。(2)“客体变动型”，即在诉讼系属中系争的民事权利义务发生移转，原来的权利义务主体将民事权利义务移转给第三人。例如，将争议的债权或债务转移给原告和被告之外的第三人。诉讼系属中，无论是民事法律关系主体的消亡，还是争议权利义务关系的移转，都涉及实体内容，这些在诉讼系属中的实体上的变化称为“实体变更”。

诉讼系属中的实体变更是民事诉讼的特有现象。在刑事诉讼中通常不会发生类似像民事诉讼中这类的实体变更或变动。一旦当事人消亡——被告人死亡，则由于其刑事法律关系的人身性质，刑事诉讼便告终结，诉讼不再延续。与此不同，即使民事诉讼主体——作为自然人的原告或被告一方死亡，作为争议的财产关系依然会存在，除非争议的民事权利义务关系属于人身性质。因此，在刑事诉讼中更不存在争议权利义务关系的移转问题。只有财产关系才会在诉讼系属中发生移转。

在行政诉讼中，同样也不存在争议权利义务关系发生移转的问题。行政诉讼的争议标的是行政行为的合法性，不存在诉讼系属中行政权利义务关系的移转。不过，行政诉讼中同样存在行政诉讼关系主体在诉讼中消亡，已经系属的行政诉讼在程序上如何应对的问题。但相对于民事诉讼，行政诉讼这类问题似乎不会像民事诉讼那样复杂，因为行政诉讼原告死亡，且又涉及财产继承的情形并不多见。所以，此类问题不大会成为行政诉讼法学理论关注的重点问题。

（二）客体变更——实体权利义务转移的处理

1. 两种不同的处理原则——当事人恒定与诉讼承继

所谓当事人恒定原则，是指在诉讼系属中，作为诉讼标的的权利义务移转给第三人时，诉讼依然在原当事人之间进行，接受权利义务的第三人不能变更为当事人继受该诉讼，但该诉讼的判决对该第三人有拘束力。在实体变更的程序处理上，德国采取的是当事人恒定原则。

诉讼承继原则，则接受该权利义务的第三人将替代原来的当事人承继诉讼，该诉讼的判决不再对原当事人具有拘束力。与德国不同，在实体变更的程序处理方面，日本采取的是诉讼承继原则。

2. 司法解释的不同态度

《最高人民法院关于审理涉及金融资产管理公司收购、管理、处置国有银行不良贷款形成的资产的案件适用法律若干问题的规定》(法释〔2001〕12 号)规定:“金融资产管理公司受让国有银行债权后,人民法院对于债权转让前原债权银行已经提起诉讼尚未审结的案件,可以根据原债权银行或者金融资产管理公司的申请将诉讼主体变更为受让债权的金融资产管理公司。”《最高人民法院关于金融资产管理公司收购、处置银行不良资产有关问题的补充通知》(法〔2005〕62 号)也规定:“金融资产管理公司转让、处置已经涉及诉讼、执行或者破产等程序的不良债权时,人民法院应当根据债权转让协议和转让人或者受让人的申请,裁定变更诉讼或者执行主体。”最高人民法院 2009 年 3 月 30 日印发的《关于审理涉及金融不良债权转让案件工作座谈会纪要》提出:“金融资产管理公司转让已经涉及诉讼、执行或者破产等程序的不良债权的,人民法院应当根据债权转让合同以及受让人或者转让人的申请,裁定变更诉讼主体或者执行主体。”从以上最高人民法院的相关规定中可以看出,在处理实体权利义务移转的程序应对时,最高人民法院采取了诉讼承继原则,而非当事人恒定原则。并且在应对政策上,从最初的“可以变更”变为“应当变更”,进一步肯定了诉讼承继原则。当然,由于上述规定只是针对金融资产管理案件的规定,因此,在《民诉法司法解释》之后,此类案件是否作为特殊情形继续适用上述规定,最高人民法院对此并未予以明确。

与此不同,后来的司法解释态度发生了转变。《民诉法司法解释》规定,在诉讼中,争议的民事权利义务转移的,不影响当事人的诉讼主体资格和诉讼地位。人民法院作出的发生法律效力的判决、裁定对受让人具有拘束力。同时规定,受让人申请以无独立请求权的第三人身份参加诉讼的,人民法院可予准许。受让人申请替代当事人承担诉讼的,人民法院可以根据案件的具体情况决定是否准许;不予准许的,可以追加其为无独立请求权的第三人。人们普遍认为,在诉讼系属中权利义务移转的程序主体方面,最高人民法院采取了德国法中的“当事人恒定原则”,而没有采取日本法中的“诉讼承继原则”。实际上,无论是德国还是日本,也无论采取何种原则,在具体问题的处理上都有相应的例外处理措施,来弥补单纯采取当事人恒定原则或诉讼承继原则所产生的消极后果。在这方面,我国尚缺乏更为具体的制度性应对措施。

(三)主体变更的处理

在诉讼系属中主体变更的程序应对方面,《民事诉讼法》以及《民诉法司法解释》都沿用了 1991 年《民事诉讼法》的规定,在当事人死亡、法人或其他组织终止时其继承人或权利义务承担者承继诉讼。承继诉讼的程序前提是中止诉讼,诉讼中当事人死亡、法人或其他组织终止是诉讼中止的法定原因。在当事人死亡的情形下,等待继承人表明是否作为诉讼承继人参加诉讼;在法人或其他组织的场合,则没有这一要求,推断法条的逻辑应当是在法人或其他组织的场合当然由权利义务承担者承继诉讼。从实体法上看,继承人有可能放弃继承权,因此不会继承相应的权利义务,也不会作为原诉讼的承继人。

在理论上,还应根据具体情形予以处理:

第一,如果属于共同诉讼,则存在必要共同诉讼与普通共同诉讼两种不同情形。在必要共同诉讼中,共同诉讼人一人死亡或宣告死亡的,由于必要共同诉讼要求合一确定,所以诉讼程序必须中止,等待其继承人承继诉讼。如果系普通共同诉讼,共同诉讼人死亡或宣告死亡的,则仅仅中止与该共同诉讼相关的诉讼程序,其他共同诉讼人的诉讼程序并不中止。

第二,在有独立请求权第三人参加的诉讼中,由于实际存在两个诉讼——本诉(原告与被告之间的诉讼)与第三人之诉(针对本诉的原告和被告),因此,有独立请求权第三人死亡的也仅终止该第三人参加的诉讼,本诉并不中止。无独立请求权第三人参加的诉讼情形稍微复杂一些。根据我国无独立请求权第三人制度,无独立请求权第三人实际上分为辅助型无独立请求权第三人和被告型无独立请求权第三人。辅助型无独立请求权第三人因为没有独立的诉讼请求权,也不承担实体义务,不是诉讼当事人,也就不存在相应的独立诉讼,无所谓诉讼中止的问题。而被告型无独立请求权第三人则因为可能承担义务,具有当事人的地位,在该第三人死亡时,诉讼应当中止,等待实体权利义务的承担人承继诉讼。

第三,代表人诉讼。在诉讼法理上,诉讼代表人代替被代表的当事人实施诉讼行为,被代表的当事人并不实施诉讼行为,因此,一旦诉讼代表人死亡,则诉讼应当中止,等待新的诉讼代表人承继诉讼。实践中,可能存在两个诉讼代表人的情形,在这种情形下,如果诉讼代表人一人死亡的,是否应当中止是一个有争议的问题。笔者认为,因为代表人诉讼实际存在两种类型——诉讼标的同一型和诉讼标的同种类型,于是诉讼代表人死亡的情形也就因类型不同而有所不同。如果是诉讼标的同种类型,诉讼代表人一人死亡的,仅中止相应的诉讼,其他诉讼并不中止,这种情形与普通共同诉讼相同。如果系诉讼标的同一型,则即使诉讼代表人一人死亡或宣告死亡也应中止诉讼程序。

第二十三章 简易程序

本章目次

一、简易程序的概念和意义

(一)简易程序的概念

我国民事诉讼法所规定的简易程序,是指基层人民法院及其派出法庭审理简单民事案件所适用的程序。

目前,理论界对简易程序概念的理解并不统一。通常来讲,对简易程序的概念可从以下四个方面来理解:

一是传统意义上的民事简易程序。这就是我国民事诉讼法所规定的简易程序,它既包括狭义的民事简易程序,又包括小额诉讼程序。从目前世界各国的情况来看,传统意义上的民事简易程序已经分为了上述两类简易程序。

二是狭义的民事简易程序。它不仅排除了其他简易化的程序,如督促程序,而且也排除了小额诉讼程序。

三是小额诉讼程序。它是从传统意义上的民事简易程序中分化出来的,专门用于审理诉讼标的额较小的案件的程序。

四是最广泛意义上的民事简易程序。这种简易程序是民事诉讼中所有简易程序的总称,它既包括通常程序中的简易程序,也包括特别程序中的简易程序;既包括整个简易程序,也包括局部适用的简易程序;既包括初审程序中的简易程序,也包括上诉审程序和再审程序中的简易程序。[1]

我国民事诉讼法所规定的简易程序包括一般简易案件审理程序和具有特定含义的小额案件的特别诉讼程序。简易程序依然适用两审终审原则,而小额案件的诉讼则适用一审终审。

---

〔1〕 参见章武生:《民事简易程序研究》,中国人民大学出版社2002年版,第136页。

(二)简易程序的意义

简易程序相对于普通程序,更加突出诉讼效率,降低诉讼成本。我国民事诉讼法所规定的简易程序,具有以下两方面的意义:

第一,方便当事人进行诉讼,减少诉讼成本。我国幅员辽阔,人口众多,许多地区的交通至今都不方便,这给广大人民群众通过诉讼解决纠纷造成了一定的困难。通过适用简易程序审理民事案件,可以在一定程度上克服上述困难,方便人们解决纠纷,从而能够更好地保护当事人的合法利益。

第二,提高审判效率。一方面,随着市场经济的建立,权利意识在不断强化,但另一方面,法律的规范和指引较弱,因此,导致纠纷不断增多。近年来,法院受理民事案件的数量呈逐年上升的趋势,但这些民事案件中,有相当一部分是比较简单的民事案件。通过适用简易程序审理这部分民事案件,可以提高法院的办案效率,减少法院审判负担,使法院将更多的精力投入复杂案件的审理,从而提高法院的整体办案质量。

二、简易程序的适用范围

(一)简易程序的适用法院

根据《民事诉讼法》的规定,简易程序主要用于基层人民法院和它的派出法庭审理事实清楚、权利义务关系明确、争议不大的简单的民事案件。这表明,只有基层人民法院及其派出法庭可以适用简易程序,中级以上人民法院均不得适用简易程序审理民事案件。

(二)简易程序的适用案件

简易程序主要用于基层人民法院和它的派出法庭审理事实清楚、权利义务关系明确、争议不大的简单的民事案件。根据《民诉法司法解释》的规定,事实清楚是指当事人对争议的事实陈述基本一致,并能提供相应的证据,无须人民法院调查收集证据即可查明事实;权利义务关系明确是指能明确区分谁是责任的承担者,谁是权利的享有者;争议不大是指当事人对案件的是非、责任承担以及诉讼标的争执无原则分歧。

此外,根据民事诉讼法及司法解释的规定,基层人民法院和它的派出法庭审理"简单的民事案件"以外的民事案件,当事人双方也可以约定适用简易程序。约定适用简易程序的,应当在开庭前提出。口头提出的,记入笔录,由双方当事人签名或者捺印确认。但是,司法解释明确规定不得适用简易程序的案件,当事人约定适用简易程序的,人民法院不予准许。并且,已经按照普通程序审理的案件,在开庭后不得转为简易程序审理。

(三)不适用简易程序的案件

《民诉法司法解释》明确规定下列案件,不适用简易程序:(1)起诉时被告下落不明的;(2)发回重审的;(3)当事人一方人数众多的;(4)适用审判监督程序的;(5)涉及国家利益、社会公共利益的;(6)第三人起诉请求改变或者撤销生效判决、裁定、调解书的;(7)其他不宜适用简易程序的案件。

（四）关于适用简易程序的异议

根据《最高人民法院关于适用简易程序审理民事案件的若干规定》（以下简称《关于简易程序的规定》）的规定，当事人就适用简易程序提出异议，人民法院认为异议成立的，或者人民法院在审理过程中发现不宜适用简易程序的，应当将案件转入普通程序审理。《民诉法司法解释》规定，人民法院发现案情复杂，需要转为普通程序审理的，应当在审理期限届满前作出裁定并将合议庭组成人员及相关事项书面通知双方当事人。

三、简易程序的主要内容

（一）起诉和答辩

1. 起诉

适用简易程序的案件，起诉方式有两种：书面方式起诉和口头方式起诉。

原告的起诉，应当包括当事人的基本情况、联系方式、诉讼请求、事实及理由等内容。如果原告采用口头方式起诉的，应当将上述内容予以准确记录，将相关证据予以登记。人民法院应当将上述记录和登记的内容向原告当面宣读，原告确认无误后应当签名或者捺印。

当事人应当在起诉时向人民法院提供自己准确的送达地址、收件人、电话号码等其他联系方式，并签名或者捺印确认。送达地址应当写明受送达人住所地的邮政编码和详细地址；受送达人是有固定职业的自然人的，其从业的场所可以视为送达地址。

人民法院按照原告提供的被告的送达地址或者其他联系方式无法通知被告应诉的，应当按以下情况分别处理：(1)原告提供了被告准确的送达地址，但人民法院无法向被告直接送达或者留置送达应诉通知书的，应当将案件转入普通程序审理；(2)原告不能提供被告准确的送达地址，人民法院经查证后仍不能确定被告送达地址的，可以被告不明确为由裁定驳回原告起诉。

被告到庭后拒绝提供自己的送达地址和联系方式的，人民法院应当告知其拒不提供送达地址的后果；经人民法院告知后被告仍然拒不提供的，按下列方式处理：(1)被告是自然人的，以其户籍登记中的住所地或者经常居住地为送达地址；(2)被告是法人或者其他组织的，应当以其工商登记或者其他依法登记、备案中的住所地为送达地址。人民法院应当将上述告知的内容记入笔录。

因当事人自己提供的送达地址不准确、送达地址变更未及时告知人民法院，或者当事人拒不提供自己的送达地址而导致诉讼文书未能被当事人实际接收的，按下列方式处理：(1)邮寄送达的，邮件回执上注明的退回之日视为送达之日；(2)直接送达的，送达人当场在送达回证上记明情况之日视为送达之日。上述内容，人民法院应当在原告起诉和被告答辩时以书面或者口头方式告知当事人。

依据《民事诉讼法》的规定，受送达人或者他的同住成年家属拒绝接收诉讼文书的，送达人可以邀请有关基层组织或者所在单位的代表到场，说明情况，在送达回证上记明拒收事由和日期，由送达人、见证人签名或者盖章，把诉讼文书留在受送达人的住所；也可以把诉讼文书留在受送达人的住所,并采用拍照、录像等方式记录送达过程,即视为送达。

2. 答辩

在简易程序中,被告可以选择以口头或者书面的方式进行答辩。具体来讲:双方当事人到庭后,被告同意口头答辩的,人民法院可以当即开庭审理;被告要求书面答辩的,人民法院可在征得其同意的基础上,合理确定答辩期间。人民法院应当将举证期限、提交答辩状的期限和开庭的具体日期告知各方当事人,并向当事人说明逾期举证以及拒不到庭的法律后果,由各方当事人在笔录和开庭传票的送达回证上签名或者捺印。当事人双方均表示不需要举证期限、答辩期间的,人民法院可以立即开庭审理或者确定开庭日期。

(二)审理前的准备

《民诉法司法解释》规定,适用简易程序审理案件,可以简便方式进行审理前的准备。也就是说,相比于第一审普通程序,人民法院适用简易程序时可以在诉讼文书的发送、权利义务的告知、举证期限、证据交换、法院调解等方面进行相应的简化处理。

1. 举证期限的特殊规定

《民诉法司法解释》规定,适用简易程序案件的举证期限由人民法院确定,也可以由当事人协商一致并经人民法院准许,但不得超过15日。

2. 对适用简易程序异议的处理

当事人一方或者双方就适用简易程序提出异议后,人民法院应当进行审查,并按下列情形分别处理:(1)异议成立的,应当将案件转入普通程序审理,并将合议庭的组成人员及相关事项以书面形式通知双方当事人;(2)异议不成立的,口头告知双方当事人,并将上述内容记入笔录。

3. 与普通程序的对接

由简易程序转为普通程序的,转为普通程序前,双方当事人已确认的事实,在转为普通程序之后,可以不再进行举证、质证。

转入普通程序审理的民事案件的审理期限,自人民法院立案的次日起开始计算。

(三)开庭审理

适用简易程序审理案件,由审判员独任审判,书记员担任记录。当事人双方可就开庭方式向人民法院提出申请,由人民法院决定是否准许。经当事人双方同意,可以采用视听传输技术等方式开庭。人民法院原则上应当在立案之日起3个月内审结,不过,审理期限到期后,双方当事人同意继续适用简易程序的,由本院院长批准,可以延长审理期限。延长后的审理期限累计不得超过6个月。

1. 审理中的调解

应当先行调解的案件。在简易程序中,对于婚姻家庭纠纷和继承纠纷案件、劳务合同纠纷案件、交通事故和工伤事故引起的权利义务关系较为明确的损害赔偿纠纷案件、宅基地和相邻关系纠纷案件、合伙协议纠纷案件、诉讼标的额较小的纠纷案件,人民法院在开庭审理时应当先行调解,除非根据案件的性质和当事人的实际情况不能调解或者显然没有调解必要。

调解协议和调解书。调解达成协议并经审判人员审核后，双方当事人同意该调解协议经双方签名或者捺印生效的，该调解协议自双方签名或者捺印之日起发生法律效力。当事人要求摘录或者复制该调解协议的，应予准许。调解协议符合上述规定的，人民法院应当另行制作民事调解书。调解协议生效后一方拒不履行的，另一方可以持民事调解书申请强制执行。人民法院可以当庭告知当事人到人民法院领取民事调解书的具体日期，也可以在当事人达成调解协议的次日起10日内将民事调解书发送给当事人。当事人以民事调解书与调解协议的原意不一致为由提出异议，人民法院审查后认为异议成立的，应当根据调解协议裁定补正民事调解书的相关内容。

2. 对当事人的告知

以捎口信、电话、传真、电子邮件等形式发送的开庭通知，未经当事人确认或者没有其他证据足以证明当事人已经收到的，人民法院不得将其作为按撤诉处理和缺席判决的根据。

开庭前已经书面或者口头告知当事人诉讼权利义务，或者当事人各方均委托律师代理诉讼的，审判人员除告知当事人申请回避的权利外，可以不再告知当事人其他的诉讼权利义务。

对没有委托律师代理诉讼的当事人，审判人员应当对回避、自认、举证责任等相关内容向其作必要的解释或者说明，并在庭审过程中适当提示当事人正确行使诉讼权利、履行诉讼义务，指导当事人进行正常的诉讼活动。

3. 法庭调查和辩论

当事人双方同时到基层人民法院请求解决简单的民事纠纷，但未协商举证期限，或者被告一方经简便方式传唤到庭的，当事人在开庭审理时要求当庭举证的，应予准许；当事人当庭举证有困难的，举证的期限由当事人协商决定，但最长不得超过15日；协商不成的，由人民法院决定。开庭时，审判人员可以根据当事人的诉讼请求和答辩意见归纳出争议焦点，经当事人确认后，由当事人围绕争议焦点举证、质证和辩论。

当事人对案件事实无争议的，审判人员可以在听取当事人就适用法律方面的辩论意见后径行判决、裁定。

适用简易程序审理的民事案件，应当一次开庭审结，但人民法院认为确有必要再次开庭的除外。

4. 庭审笔录和卷宗材料

书记员应当将适用简易程序审理民事案件的全部活动记入笔录。对于下列事项，应当详细记载：(1)审判人员关于当事人诉讼权利义务的告知、争议焦点的概括、证据的认定和裁判的宣告等重大事项；(2)当事人申请回避、自认、撤诉、和解等重大事项；(3)当事人当庭陈述的与其诉讼权利直接相关的其他事项。

《民诉法司法解释》规定，适用简易程序审理案件，卷宗中应当具备以下材料：(1)起诉状或者口头起诉笔录；(2)答辩状或者口头答辩笔录；(3)当事人身份证明材料；(4)委托他人代理诉讼的授权委托书或者口头委托笔录；(5)证据；(6)询问当事人笔录；(7)审理（包括调解)笔录;(8)判决书、裁定书、调解书或者调解协议;(9)送达和宣判笔录;(10)执行情况;(11)诉讼费收据;(12)适用《民事诉讼法》规定审理的,有关程序适用的书面告知。

(四)宣判

适用简易程序审理的民事案件,通常应当庭宣判。但如果人民法院认为不宜当庭宣判,也可以定期宣判。

1. 当庭宣判

当庭宣判的案件,除当事人当庭要求邮寄送达的以外,人民法院应当告知当事人或者诉讼代理人领取裁判文书的期间和地点以及逾期不领取的法律后果。上述情况,应当记入笔录。

人民法院已经告知当事人领取裁判文书的期间和地点的,当事人在指定期间内领取裁判文书之日即为送达之日;当事人在指定期间内未领取的,指定领取裁判文书期间届满之日即为送达之日,当事人的上诉期从人民法院指定领取裁判文书期间届满之日的次日开始计算。

当事人因交通不便或者其他原因要求邮寄送达裁判文书的,人民法院可以按照当事人自己提供的送达地址邮寄送达。

人民法院根据当事人自己提供的送达地址邮寄送达的,邮件回执上注明收到或者退回之日即为送达之日,当事人的上诉期从邮件回执上注明收到或者退回之日的次日开始计算。

按撤诉处理或者缺席判决的,人民法院可以按照当事人自己提供的送达地址将裁判文书送达给未到庭的当事人。

2. 定期宣判

定期宣判的案件,定期宣判之日即为送达之日,当事人的上诉期自定期宣判的次日开始计算。当事人在定期宣判的日期无正当理由未到庭的,不影响该裁判上诉期间的计算。

当事人确有正当理由不能到庭,并在定期宣判前已经告知人民法院的,人民法院可以按照当事人自己提供的送达地址将裁判文书送达给未到庭的当事人。

3. 裁判文书的简化

通常来讲,即使是适用简易程序审理的案件,人民法院也应当制作完整的裁判文书。但有五类案件,人民法院在制作裁判文书时,可以适当简化认定事实或者判决理由部分:(1)当事人达成调解协议并需要制作民事调解书的;(2)一方当事人在诉讼过程中明确表示承认对方全部诉讼请求或者部分诉讼请求的;(3)涉及个人隐私或者商业秘密的案件,当事人一方要求简化裁判文书中的相关内容,人民法院认为理由正当的;(4)当事人双方一致同意简化裁判文书的。

第二十四章 小额案件诉讼程序

本章目次

一、小额案件审理的意义

2012年《民事诉讼法》修改中增加了小额案件审理的程序规定，使一定数额之下的小额争议案件在审理上实行一审终审，进一步缩短了诉讼周期，提高了诉讼效率。虽然在我国民事诉讼法已经有了简易程序，但由于简易程序依然实行二审终审，对于数额比较小的民事纠纷而言诉讼周期还是过长，不利于效率的提高，因此，本次民事诉讼法借鉴国外和海外小额案件审理的经验，根据我国的实际情形，对小额案件的审理作了特别规定，将审级限制在一审终审。2021年《民事诉讼法》第四次修改对小额诉讼制度进行了调整，包括适用小额诉讼程序审理的标的数额的上限、不适用小额诉讼程序的案件范围、可直接开庭的条件、答辩状提出的期限、小额诉讼的审限期间、对适用小额诉讼程序的异议及救济等。最主要的调整是关于适用小额诉讼程序的数额调整，从各省、自治区、直辖市上年度就业人员年平均工资30%以下调整为50%以下。

二、小额案件诉讼标的额的确定标准

哪些案件的审理可以适用小额诉讼程序，与该程序的预设前提有关。这个预设前提是小额案件的审理应当是一审终审，并且是强制适用，不允许当事人选择。小额诉讼一审终审程序的设计也因为小额而具有了正当性。因此，多少数额才是"小额"成了制度建构的关键。一旦超出这一界限，一审终审的正当性就会被打破。民事案件争议数额应该为多少才是可以适用一审终审程序的适当数额，其实是一个大众心理的问题。一般而言，应当是人们所认知的利害关联程度。民事诉讼法的规定显然是从人们收入角度来考量这种利害关联程度的。这也是国外小额诉讼程序对案件数额限定考量的依据。但具体应该限定在人们收入平均水平的多少呢？这仍然是个问题。从其他国家和地区规定的情形来看，差异比较大：美国各州规定的情形不同，高的7500美元，低的1000美元；德国600欧元；法国4000欧元；英国5000英镑；日本60万日元。显然，这些国家和地区关于数额的规定与其具体语境有关，不能简单地套用于我国的情形。从人大立法机关所提供的诉讼标的数额与相应国家和地区的收入比较数据来看，低的仅为2%，高的达到20%。例如，德国人均收入与诉讼标的数额比仅为1.92%（人均收入42440美元），日本18.4%，英国17.56%。[1] 比较而言，我国规定为30%，这一比例远高于国外或海外的情形。《民事诉讼法》第四次修改再次提高小额诉讼适用标的额的上限，由原来上一年度就业人员平均工资收入的30%提高到50%。这说明我国司法对诉讼效率有更高的追求，案多人少的矛盾进一步加剧。这与我国社会、经济发展、司法观念、司法人事体制有关。一旦提高适用数额的上限标准，也就意味着更多的民事案件可以纳入小额程序更为快捷地加以审结。

我国民事诉讼法之所以如此规定，主要考虑了案件适用的比例问题，即某一标的数额案件如果适用小额诉讼程序，则这些案件的数量将在一审案件中占有多大比例。比例大小的制约因素依然是审级的问题。因为两审终审是我国诉讼审级制度的原则，如果适用一审终审的案件太多将可能影响这一原则。2011年4月最高人民法院在全国一些省、直辖市开始了小额速裁制度的试点工作。由这些省、直辖市的高级人民法院在本辖区范围指定两个基层人民法院作为小额诉讼的试点法院。将1万元以下的给付纠纷案件作为小额诉讼案件的一种。根据最高人民法院小额速裁试点工作总结报告，在试点工作中发现，1万元以下案件占一审民事案件的比例，山东为3.03%，江西为5.57%，贵州为2.04%，如果仅从上述三个省份的情形看，似乎与国外情形差别不大。2009年德国适用小额诉讼程序的案件占初审法院审结案件的比例为6.5%，日本适用小额诉讼的案件占3%～4%。

在确定小额诉讼的标的数额上，无论是学术上还是立法上都存在较大的分歧，从5000元到50000元都有主张。最终立法采取了“抽象比例原则”，即确定一定比例，根据上一年度的情形具体确定当年的标的数额。2012年《民事诉讼法》规定其比例为30%，现行《民事诉讼法》规定为50%。上限为30%的，以2011年我国就业人员平均工资收入的情形，上海为75591元，则适用小额诉讼程序的数额约为22677元。黑龙江省为31302元，该省小额诉讼程序的适用标准则为9391元。多数省份的数额在11000元左右，除上海、北京等地外，各地差异不大。虽然考虑了各省份之间的差异，但实际上省、自治区、直辖市内各地区之间的差异相当大，法律规定也不太可能如此细化。如果上限为50%，从上海的情形来看，2020年度就业人员平均工资收入为104056元，则上海地区适用小额诉讼的上限就提高到52028元。全国经济比较发达的地区适用小额诉讼的数额在50000元左右。

根据《民诉法司法解释》的规定，《民事诉讼法》规定的各省、自治区、直辖市上年度就业人员年平均工资，是指已经公布的各省、自治区、直辖市上一年度就业人员年平均工资。在

---

〔1〕 上述数据源自王胜明主编：《中华人民共和国民事诉讼法释义》，法律出版社2012年版，第398～399页。

上一年度就业人员年平均工资公布前，以已经公布的最近年度就业人员年平均工资为准。海事法院可以审理海事、海商小额诉讼案件。

三、适用小额诉讼程序的案件类型

关于适用小额诉讼程序的案件范围，《民事诉讼法》修改之前虽确定了一定的数额标准，但没有限定案件的类型，也就意味着只要可以量化争议标的的民事案件都在其规定的小额范围内，都可以纳入小额诉讼程序。在民事诉讼法修改过程中，有人曾经主张对小额诉讼程序适用的案件类型也作出明确规定。认为只有如此规定，才更有利于发挥小额诉讼制度的功能。因为有的案件尽管标的数额不大，但并不简单，并不适合小额诉讼程序。在立法中考虑到类型限定过细，与其他规定不协调，因此希望进一步调研后通过司法解释加以类型化限制。有先例的是，在简易程序的适用方面，最高人民法院也曾通过司法解释对适用案件的类型进行了限制。为了便于适用，《民诉法司法解释》不仅明确了适用案件的基本性质，而且还细化了可以适用小额诉讼程序的具体案件类型，也同时规定了哪些案件不适用小额诉讼程序。本次修改后的《民事诉讼法》则将司法解释这一规定转变成了法律规定。另外，由于小额诉讼程序的适用首先必须满足简易程序适用的条件，因此，法律中明确予以排除适用简易程序的案件自然也不得适用小额诉讼程序。〔2〕

修改后的《民事诉讼法》对案件基本性质的限定原则上为金钱给付案件，非金钱给付的案件一律不得使用小额诉讼程序。从案件的诉的类型来看，法律限定为给付之诉的案件，而且仅限于金钱给付，特定物或其他种类物的给付均排斥在外（特定物或其他种类物的给付之诉通常要比单纯的金钱给付之诉复杂，也就不符合简单化的要求）。以解释论的角度来看，确认之诉和形成之诉的案件当然被排除在外，尽管有的确认之诉的案件也涉及一定财产数额。例如，要求确认双方之间存在或不存在小额争议债权。司法解释将形成之诉的案件排除在小额诉讼程序之外比较容易理解，但如果将小额债权的确认之诉也排除在外，恐怕在理论上存在异议。〔3〕

根据《民诉法司法解释》的相关规定，可以适用小额诉讼程序案件的具体类型为：(1)买卖合同、借款合同、租赁合同纠纷；(2)身份关系清楚，仅在给付的数额、时间、方式上存在争议的赡养费、抚育费、扶养费纠纷；(3)责任明确，仅在给付的数额、时间、方式上存在争议的交通事故损害赔偿和其他人身损害赔偿纠纷；(4)供用水、电、气、热力合同纠纷；(5)银行卡纠纷；(6)劳动关系清楚，仅在劳动报酬、工伤医疗费、经济补偿金或者赔偿金给付数额、时间、方式上存在争议的劳动合同纠纷；(7)劳务关系清楚，仅在劳务报酬给付数额、时间、方式上存在争议的劳务合同纠纷；(8)物业、电信等服务合同纠纷；(9)其他金钱给付纠纷。

---

〔2〕 按照《民诉法司法解释》的规定，下列案件不适用简易程序：起诉时被告下落不明的；发回重审的；当事人一方人数众多的；适用审判监督程序的；涉及国家利益、社会公共利益的；第三人起诉请求改变或者撤销生效判决、裁定、调解书的；其他不适宜简易程序的案件。

〔3〕 不过，日本民事诉讼法中小额诉讼程序的适用也将案件类型限制于金钱支付的案件。

除了第9项属于弹性或兜底条款之外,上述8项列举的案件其共同特点是关系简单、权利义务明确,合同类案件通常是格式合同的案件。这些案件无疑适用小额诉讼程序一审终审,不会因为事实和法律关系的复杂性导致对再审救济的强烈诉求。

四、不得适用小额诉讼程序的案件

根据《民事诉讼法》相关规定,下列案件,不适用小额诉讼程序审理:(1)人身关系、财产确权纠纷;(2)涉外民事纠纷;(3)知识产权纠纷;(4)需要评估、鉴定或者对诉前评估、鉴定结果有异议的纠纷;(5)当事人提起反诉的纠纷;(6)其他不宜适用一审终审的纠纷。

司法解释将上述案件排除在小额诉讼程序的适用之外,根据就是这些案件在法律关系及事实认定方面相对比较复杂,不宜适用小额诉讼程序。

五、小额诉讼程序的规范适用

《民事诉讼法》关于小额诉讼程序的规定,在法律性质上属于民事诉讼程序的特殊规定,因此,没有特殊规定的其他程序问题,首先应当适用《民事诉讼法》关于简易程序的规定,因为小额诉讼属于简易诉讼。所以《民诉法司法解释》规定,人民法院审理小额诉讼案件,本解释没有规定的,适用简易程序的其他规定。《民事诉讼法》简易程序部分也没有规定的,则应当适用《民事诉讼法》中关于普通程序的相关规定。

六、小额诉讼的其他程序问题

(一)小额诉讼的举证期限与答辩期间

《民事诉讼法》对适用普通程序审理的案件的举证期限作了原则性规定,《民诉法司法解释》又进一步进行了细化规定。其规定,人民法院应当在审理前的准备阶段确定当事人的举证期限。举证期限可以由当事人协商,并经人民法院准许。人民法院确定举证期限,第一审普通程序案件不得少于15日,当事人提供新的证据的第二审案件不得少于10日。不过这些规定都是针对适用普通程序的案件。对于更追求快捷的小额诉讼则不适用。因此,《民诉法司法解释》规定,小额诉讼案件的举证期限由人民法院确定,也可以由当事人协商一致并经人民法院准许,但一般不超过7日。修改后的《民事诉讼法》采纳了这一规定。按照该规定,即使当事人双方可以协商举证期限,一般也不能超过7日。这里的“一般”为特殊情形下法院自由裁量留下了余地。

考虑到被告要求书面答辩的情形,需给书面答辩留有适当的时间,因此,《民事诉讼法》规定,人民法院可以在征得其同意的基础上合理确定答辩期间,但最长不得超过15日。

(二)小额诉讼的举证期限

小额诉讼案件的举证期限由人民法院确定,也可以由当事人协商一致并经人民法院准许，但不得超过7日。当事人在该期限内提供证据确有困难的，经向人民法院申请，举证期限可以延长至15日。

（三）小额诉讼中管辖异议的裁定与驳回起诉的裁定

在普通程序和简易程序中，《民事诉讼法》对管辖异议和驳回起诉都给予了上诉的权利。当事人对驳回管辖异议和驳回起诉的裁定可以上诉。由于小额诉讼程序实行一审终审，因此，如果对驳回管辖异议和驳回起诉的裁定再给予上诉救济违反了一审终审的规定，也与小额诉讼制度设置目的相违背。所以，《民事诉讼法》规定，当事人对小额诉讼案件提出管辖异议的，人民法院应当作出裁定。裁定一经作出即生效。《民事诉讼法》还规定，人民法院受理小额诉讼案件后，发现起诉不符合《民事诉讼法》规定的起诉条件的，裁定驳回起诉。裁定一经作出即生效。

（四）小额诉讼与简易程序、普通程序的对接

在小额诉讼程序开始后，因当事人申请增加或者变更诉讼请求、提出反诉、追加当事人等，致使案件不符合小额诉讼案件条件的，应当适用简易程序的其他规定审理。

对于因当事人申请增加或者变更诉讼请求、提出反诉、追加当事人等，致使案件不符合小额诉讼案件条件的，应当适用普通程序审理的，裁定转为普通程序。

适用简易程序的其他规定或者普通程序审理前，双方当事人已确认的事实，可以不再进行举证、质证。此规定明确了先前的小额诉讼中双方当事人确认的事实对以后的简易程序或普通程序的事实认定仍然有效。

（五）对小额诉讼程序适用的异议处理

在小额诉讼的实务中，当事人对按照小额诉讼案件审理可能持有异议，对此，《民诉法司法解释》规定，当事人对此有异议的，应当在开庭前提出。开庭之后提出的无效。人民法院经审查，异议成立的，适用简易程序的其他规定审理；异议不成立的，告知当事人，并记入笔录。

（六）小额诉讼的庭审及庭审次数

适用小额诉讼程序审理的案件，当事人明确表示放弃答辩和举证期限的，人民法院可以直接开庭审理。

小额诉讼案件一般应当一次开庭审结并且当庭宣判，但人民法院认为确有必要再次开庭的除外。

（七）小额诉讼裁判文书的简化

按照《民事诉讼法》和《民诉法司法解释》的规定，适用简易程序审理的案件，人民法院在制作判决书、裁定书、调解书时，对认定事实或者裁判理由部分可以适当简化，并对可以适当简化的情形作了限定。小额诉讼程序比简易诉讼程序更追求效率，因此在裁判文书方面也就更加简化。《民诉法司法解释》的规定在表述上也就没有使用“适当简化”的字样，直接使用了“可以简化”，并且明确了简化的程度——只需要记载当事人基本信息、诉讼请求、裁判主文等内容。这样也大大减少了法院制作裁判文书的成本。但应当注意的是，简化裁判文书，不需要记载事实认定和适用法律的理由，并不等于在审判中不讲明或阐述事实认定和法律适用的根据和理由。

（八）小额案件的程序救济

按照民事诉讼法的规定，小额案件虽然实行一审终审，但如果当事人对小额案件的裁判和调解书不服，依然可以申请再审。关于审判监督程序的规定也都适用于小额案件的再审救济。

问题与思考

小额诉讼制度的立法完善

从2012年《民事诉讼法》实施至今，小额争议诉讼程序的运作并不理想，仅有一小部分符合《民事诉讼法》规定的小额争议案件适用了小额争议诉讼程序，大多数案件依然适用既有的简易诉讼程序。虽然按照2012年《民事诉讼法》的规定，从条文语义上看，小额争议的诉讼解决应当强制适用小额争议诉讼程序，但法院却有意地规避了小额争议诉讼程序的适用。对小额争议法院愿意适用简易诉讼程序，实质在于规避小额争议诉讼程序的一审终审，使当事人有上诉的机会。另外，对于当事人而言，似乎也不愿意适用小额争议诉讼程序。其原因在于顾及裁判于己不利的可能性。一审终审毕竟具有更大的风险。如果在判决生效后通过再审予以救济机会不大，且救济成本太高。可以预想，这一问题在《民事诉讼法》第四次修改时将依然存在，由于适用小额争议诉讼程序的数额的提高这一问题还有可能进一步加重。

对于法院而言，虽然小额争议诉讼程序有助于提高诉讼的效率，减轻法院审判负担，但由于审判实际上还面临其他风险，所以相较而言还是以规避相应的风险为上策。适用小额争议诉讼程序的风险主要基于一审终审。一旦适用小额争议诉讼程序，就可能因为当事人败诉，又无上诉途径而走向信访或申请再审。无论是信访还是申请再审都将给原审法院以及法官带来不利的影响。这种风险或影响与我国的司法政策和司法制度有密切的关系。

在法院现行的审判管理指标体系中，再审改判率也是影响下级法院以及法官的重要评价因子。虽然，按照法院审判管理指标体系，〔4〕第二审法院撤销裁判发回重审也是消极评价因子，但其权重指数比再审改判要小得多。

尽管实践中，小额争议诉讼程序的使用率很低，但由于《民事诉讼法》已经加以规定，因此从司法政策上讲，人们还是希望能够促进小额争议诉讼程序的广泛适用。毕竟诉讼效率的价值取向是人们所认同的，法院与当事人在小额诉讼能够缩短审理周期方面是利益共享的。因此，最高人民法院也就必然要将如何提高小额诉讼适用率以及顺利运行小额诉讼作为司法解释尽力而为的任务。

结构性的问题，主要的还是小额诉讼裁判的救济问题。小额诉讼救济方式的选择或抉择又与小额

---

〔4〕 最高人民法院在《人民法院第二个五年改革纲要（2004—2008）》第七项“改革和完善人民法院内部监督与接受外部监督的制度”的措施中明确提出，要建立科学、统一的审判质量和效率评估体系。在确保法官依法独立判案的前提下，确立科学的评估标准，完善评估机制。根据我国最高人民法院的改革纲要要求，最高人民法院又具体地制定了法院审判管理指标体系实施办法。从最高人民法院到基层人民法院建立了一整套按照企业管理模式为样本的内部管理指标体系。在这套指标管理体系中，调解率、撤诉率、信访率、结案率、群众满意率、再审改判率、执行到位率等都是对法院以及法官的评价因子。各地法院对评价因子的设置稍有不同，总体上差异不大。因为是内部评价规则，因此管理指标体系的实施规则或办法并不对外公开。

诉讼案件标的额的确定有直接关联。在数额过大，又放弃上诉救济途径的情形下，人们就难以接受，在心理上自然会疏远小额诉讼程序，导致小额诉讼程序实际被弃用。数额标准适当，又有适当的裁判救济程序应当是最好的，这需要通过立法调整加以解决。笔者认为，主要有以下几个方面的建议：

其一，对小额诉讼生效裁判的救济可采用即时复议的方法，放弃再审救济。这样的处理，既保证了程序救济权，同时又不至于因为上诉或再审影响诉讼效率和纠纷解决的周期。即时复议程序可以设计为，在作出小额诉讼案件的判决之后，当事人可以在一定时间之内（如 5 天或 7 天）向法院申请复议。至于是向作出判决的原审法院还是向上一级法院申请复议（或为"特别上诉"）可以仔细斟酌一下。向上一级法院申请复议（特别上诉）的，在审判组织方面可以作出特殊规定，依然由独任法官进行审查或审理（如果是审理，原则上不开庭）。但这种方式的问题在于，会增加当事人的诉讼成本。相对而言，向原审法院复议，其诉讼成本要低一些，但似乎其正当性又欠缺一些。如果是向原审法院申请复议，则原审法院应当任命原审以外的法官对案件进行复议。无论是向原审法院还是向上一级法院申请复议，复议期间都应有相应的限制，如 7 天或 15 天以内（复议申请时间以及复议期间长短应通过调查研究加以确定）。对于经复议作出的改判判决不得再行申请复议。

其二，对小额诉讼标的的标准进行再评估。主要是评估民事诉讼法关于小额诉讼标的的规定是否适当。这种评估需要以细致、可靠的实证调查结果为依据。因为制度环境和社会环境的差异，国外关于小额诉讼的数额标准只能大致参考。

其三，其他程序方面的完善。这主要包括：(1)应考虑小额诉讼程序适用的可选择性，而非强制适用小额诉讼程序。即使是小额争议，原告选择简易诉讼程序的，应当允许。选择适用的好处在于可以适应不同经济条件当事人的具体情形。从现行民事诉讼法的规定来看，对于小额诉讼程序应当是强制适用。(2)关于反诉的限制。适用小额诉讼程序的，就不能允许提起反诉。如果被反诉人同意，则应当转为简易诉讼程序或普通诉讼程序。(3)通常情况下应当在开庭审理结束时即时作出判决。

第二十五章 在线诉讼程序

本章目次

一、在线诉讼与在线诉讼程序的含义
二、在线诉讼的缘起与发展
三、在线民事诉讼的一般原则与特有原则
四、在线诉讼程序适用的条件
五、在线诉讼的主要程序
六、在线诉讼的送达

一、在线诉讼与在线诉讼程序的含义

在线诉讼,是指利用互联网技术和移动技术,法院、当事人以及其他诉讼参与人通过法院设置的诉讼平台,在线实施诉讼行为的诉讼。在线诉讼程序,则是指由相关法律或司法解释所规定的在线诉讼程序。

由于涉及公法中公权力行使的特点,因此,在线诉讼主要适用于民事诉讼领域,对于刑事诉讼及行政诉讼均有较大的限制。

目前我国尚没有关于在线诉讼程序的专门法律,在线诉讼的程序规则规范主要是最高人民法院于2020年制定的《人民法院在线诉讼规则》(以下简称《在线诉讼规则》)以及最高人民法院于2018年制定的《关于互联网法院审理案件若干问题的规定》。《在线诉讼规则》除民事诉讼之外,也有关于刑事诉讼和行政诉讼在线诉讼的内容,但主要是关于民事在线诉讼的程序规定。2021年《民事诉讼法》修改时对在线民事诉讼作了原则性规定,即“民事诉讼活动通过信息网络平台在线进行的,与线下诉讼活动具有同等法律效力”。这一规定还不能满足在线民事诉讼规范的要求。从长远来看,立法机关应当尽快出台专门针对民事诉讼的“在线民事诉讼特别程序法”以全面、系统地规范在线民事诉讼。刑事诉讼和行政诉讼领域中因为其适用限制比较多,因此,无需制定专门的特别程序法,可在刑事诉讼法和行政诉讼法中作出相应的规定。

二、在线诉讼的缘起与发展

在线诉讼方式最初始于互联网法院互联网案件的审理。2017年我国第一家互联网法院——杭州互联网法院成立。互联网法院通过互联网技术和移动技术实现了互联网民商事案件的在线诉讼。几年来的互联网案件的审理实践为在线诉讼提供了丰富的经验。为规范互联网法院互联网案件审理的需要,最高人民法院在 2018 年出台了《关于互联网法院审理案件若干问题的规定》的司法解释。在积累互联网诉讼实践经验的基础上,《在线诉讼规则》于 2020 年出台,并于 2021 年实施,成为规范在线诉讼的基本规范文本。该规则的出台也意味着在线诉讼已不再受纠纷种类的限制,只要具备在线诉讼的基本条件,任何民事纠纷均可以通过在线诉讼加以解决。在最高人民法院的指导下,在线诉讼正在有序地在互联网法院以及其他普通法院推行。在线诉讼的实践日益丰富,在纠纷解决的现实中发挥了显著的作用。近两年,全国法院网上立案 136 万件,开庭 25 万次,调解 59 万次,电子送达 446 万次,网络查控 266 万件,司法网拍成交额 639 亿元,执行到位金额 2045 亿元。

三、在线民事诉讼的一般原则与特有原则

(一)一般原则

从在线诉讼实践情形来看,在线诉讼并未对民事诉讼法的基本原则和基本制度形成挑战,民事诉讼法的基本原则依然是民事诉讼的底线原则。在线诉讼更多改变的是诉讼形式实施或实现的方式,本质上没有变化。因此,在线诉讼特别程序法作为特别法依然必须坚持民事诉讼法的基本原则和基本制度。因为民事诉讼法的基本原则和基本制度体现和反映了民事诉讼法的基本特点,是实现和平衡民事诉讼基本价值追求的保障和准则。故在在线诉讼特别程序法规范中依然必须体现、贯彻诸如平等原则、处分原则、辩论原则、诚信原则、两审终审制度、公开审判制度、回避制度、直接言词原则等。例如,即使是在线庭审辩论、庭审证据调查依然应当遵循直接言词原则,双方当事人应当直接面对法官,以言词方式陈述自己的主张。直接言词原则是为了体现公开、公正、平等原则的制度设计,在线庭审、在线庭审中的证据调查也不能例外。

(二)特有原则

1. 方便原则

所谓"方便原则",是指在线诉讼程序的适用应当以当事人的方便为原则。只有在当事人有条件运用互联网技术和移动技术的情形下才能适用在线诉讼程序。在不方便的情形下,必然会影响当事人正当诉讼权利的行使。"方便原则"不同于《在线诉讼规则》中提出的"便民利民原则"。虽然"方便原则"在语义上似乎与《在线诉讼规则》的"便民利民原则"类似,但两者依然有所不同。从解释来看,"便民利民原则"并非规范意义上的原则,是一种价值追求或目的,是一种规则制定的理念,与民事诉讼法的价值追求内涵相同。笔者提出的"方便原则"是一种规范性、约束性、技术性的原则。在在线诉讼中,强调作为规范性、约束性、技术性的原则规范,其意义在于,这一原则不是简单地从便民、利民的目的出发,而是从规范约束的角度出发。因为在线诉讼涉及大量的 IT 技术应用,只有在具备相应的技术、知识的前提下才能实施和应用。对于没有掌握这一技术和知识的当事人而言,在线诉讼不仅

不会给当事人带来便捷,反而会带来更多的不便。在此情形下,按照这一原则就不能实施在线诉讼,至少在某些环节应当下线,而非始终要求在线上。这一原则正是线上、线下互动转换原则的根据所在。

2. 安全原则

所谓"安全原则",是指适用在线诉讼程序时,应当以充分保障当事人的信息安全为原则。"安全原则"突出地反映了在线诉讼规范的特殊要求,主要针对的是在线诉讼中技术及技术运用与人的关系问题。在各类信息技术的运用方面需要符合司法规律和技术伦理、保障数据信息安全、防止信息泄露,侵害个人隐私。由于在线诉讼将大量运用个人信息和数据,因此在线诉讼规范就必须考虑在线诉讼中个人信息的安全问题。

四、在线诉讼程序适用的条件

(一)当事人同意

《在线诉讼规则》第2条规定,尊重和保障当事人及其他诉讼参与人对诉讼方式的选择权,未经当事人及其他诉讼参与人同意,人民法院不得强制或者变相强制适用在线诉讼。

最初,在最高人民法院2018年出台的《关于互联网法院审理案件若干问题的规定》中并没有关于当事人同意的规定,而是直接规定互联网法院可以采取在线方式审理案件,案件的受理、送达、调解、证据交换、庭前准备、庭审、宣判等诉讼环节一般应当在线上完成。在线诉讼是原则,线下实施诉讼行为是例外。该规定明确,只有根据当事人的申请或者案件审理需要,互联网法院才可以决定在线下完成部分诉讼环节。由于法律没有关于适用在线诉讼的相关规定,因此,直接规定互联网案件以在线诉讼为原则引发了人们的质疑。为此,《在线诉讼规则》规定适用在线诉讼程序需要当事人同意。

依照笔者的观点,当事人同意使法院能够制定有利于当事人的在线纠纷方式或程序,其性质属于一种授权行为。当事人同意意味着法院可以在法律规定的民事诉讼制度的目的之下,确定一种对当事人有利的纠纷解决方式。尽管从时间顺序上看,是法院预先制定了在线诉讼规则,然后当事人同意,实际上只是法院预测了当事人的同意—授权,因为该程序对当事人是有利的,而非仅仅对法院有利。对当事人而言,其同意意味着放弃适用已有的法定纠纷解决方式。

(二)具有在线诉讼能力、具备在线诉讼条件

在线诉讼能力,是指当事人能够使用在线诉讼所需要的手段和方法的能力。在线诉讼条件,是指法院具备开展在线诉讼的各种技术条件。如果当事人不具有在线诉讼能力或法院不具备在线诉讼条件则不能适用在线诉讼。

依照《在线诉讼规则》的规定,在诉讼过程中,如存在当事人欠缺在线诉讼能力、不具备在线诉讼条件或者相应诉讼环节不宜在线办理等情形之一的,人民法院应当将相应诉讼环节转为线下进行。

(三)必须在法院设置的在线平台上实施诉讼行为

在线诉讼方式是围绕电子诉讼平台构建的,电子诉讼平台的技术成熟程度及其与诉讼制度的兼容程度将决定主体行为的有序性、诉讼程序的合法性以及在线诉讼的应用性程度。按照最高人民法院的要求,法院开展在线诉讼必须首先打造相应的在线诉讼平台,以便规范地进行在线诉讼。一方面,法院设置在线诉讼平台的目的是充分保障当事人在线诉讼权利。参与在线诉讼的诉讼主体应当先行在诉讼平台完成实名注册。人民法院应当通过证件证照在线比对、身份认证平台认证等方式,核实诉讼主体的实名手机号码、居民身份证件号码、护照号码、统一社会信用代码等信息,确认诉讼主体身份真实性。诉讼主体在线完成身份认证后,取得登录诉讼平台的专用账号。另一方面,当事人只有在相应的在线平台上实施的诉讼行为才具有相应的法律效力。

五、在线诉讼的主要程序

(一)在线诉讼的起诉、受理与应诉

在线诉讼利用互联网技术和移动技术大大便利了当事人诉讼行为的实施。这方面在案件起诉、应诉中表现得尤为突出。

在起诉和应诉时,当事人可以在线提供起诉状、应诉状及有关材料。

当事人采取在线方式提交起诉材料的,人民法院应当在收到材料后的法定期限内,在线作出以下处理:(1)符合起诉条件的,登记立案并送达案件受理通知书、交纳诉讼费用通知书、举证通知书等诉讼文书;(2)提交材料不符合要求的,及时通知其补正,并一次性告知补正内容和期限,案件受理时间自收到补正材料后次日重新起算;(3)不符合起诉条件或者起诉材料经补正仍不符合要求,原告坚持起诉的,依法裁定不予受理或者不予立案。

当事人可以在诉讼平台直接填写起诉状、答辩状、反诉状、代理意见等诉讼文书材料。

(二)在线证据交换、举证与质证

证据交换、举证与质证是线下民事诉讼的重要诉讼行为。这些诉讼行为对于在线诉讼同样重要,但与线下诉讼不同,在线诉讼的上述行为不需要直接面对当事人和法院。在线证据交换、证据与质证的开展需要法院根据当事人选择和案件情况,组织当事人开展在线证据交换,通过同步或者非同步方式在线举证、质证。按照《在线诉讼规则》的规定,各方当事人选择同步在线交换证据的,应当在人民法院指定的时间登录诉讼平台,通过在线视频或者其他方式,对已经导入诉讼平台的证据材料或者线下送达的证据材料副本,集中发表质证意见。各方当事人选择非同步在线交换证据的,应当在人民法院确定的合理期限内,分别登录诉讼平台,查看已经导入诉讼平台的证据材料,并发表质证意见。各方当事人均同意在线证据交换,但对具体方式无法达成一致意见的,适用同步在线证据交换。

(三)区块链存证的审查与认证

近年来,随着区块链技术及相关产业的快速发展,区块链技术的司法应用成为人们的关注点,基于区块链具有难以篡改的技术特性,从而使区块链存证成为诉讼证明重要的方

法和手段。区块链存证以及相应的证据运用在在线诉讼中已经大量运用,因此,为了保证区块链运用的科学性和正当性,最高人民法院在线诉讼规则专门就此作了较为详细的规定。

在诉讼中,当事人作为证据提交的电子数据系通过区块链技术存储,并经技术核验一致的,人民法院可以认定该电子数据上链后未经篡改,但有相反证据足以推翻的除外。

根据《在线诉讼规则》的规定,当事人对区块链技术存储的电子数据上链后的真实性提出异议,并有合理理由的,人民法院应当结合下列因素作出判断:(1)存证平台是否符合国家有关部门关于提供区块链存证服务的相关规定;(2)当事人与存证平台是否存在利害关系,并利用技术手段不当干预取证、存证过程;(3)存证平台的信息系统是否符合清洁性、安全性、可靠性、可用性的国家标准或者行业标准;(4)存证技术和过程是否符合相关国家标准或者行业标准中关于系统环境、技术安全、加密方式、数据传输、信息验证等方面的要求。

当事人提出电子数据上链存储前已不具备真实性,并提供证据证明或者说明理由的,人民法院应当予以审查。

在诉讼证明中,法院根据案件情况,可以要求提交区块链技术存储电子数据的一方当事人,提供证据证明上链存储前数据的真实性,并结合上链存储前数据的具体来源、生成机制、存储过程、公证机构公证、第三方见证、关联印证数据等情况作出综合判断。当事人不能提供证据证明或者作出合理说明,该电子数据也无法与其他证据相互印证的,人民法院将不予确认其真实性。

由于区块链技术的应用涉及专门技术知识,因此,在诉讼中,当事人可以向法院提出申请,请具有专门知识的人就区块链技术存储电子数据相关技术问题提出意见。具有专门知识的人即是民事诉讼法规定的专家副主任。法院也可以根据当事人申请或者依职权委托鉴定区块链技术存储电子数据的真实性,或者调取其他相关证据进行核对。

(四)关于在线诉讼的"非同步审理"(异步审理)

"非同步审理"更早也称为"异步审理",源于互联网法院的互联网审判实践,也称为"异步审理"。异步审理的操作依据是杭州互联网法院制定的《涉网案件异步审理规程(试行)》。作为一种全新的审理模式因为不同于传统的审理方式,也自然引发了一些争议。人们对互联网诉讼中争议最大的应该就是"异步审理"。之所以如此,无疑是因为"异步审理"与传统的审理方式差异太大。所谓"异步审理",是指将与互联网相关的纠纷案件各诉讼环节分别在杭州互联网法院的在线诉讼平台上进行,法院与原告、被告等诉讼参与人在规定期限内按照各自选择的时间登录平台以非同步的方式完成诉讼的审理模式。"异步审理"方式不同于在线的同步审理——原被告双方和法官均需要在案件审理过程中保持同时在线,通过视频及网络文件的形式,在线同步提交相关证据并进行发问、辩论,相关诉讼人只需在规定期限内,挑选相对合适自己的便利时间,各自上线,完成与自己相关部分的问询、质证等环节,无需同步上线。对于跨时区、跨国案件的审理有极大的便利。

"非同步审理"或"异步审理",更准确地讲应当被称为"非同步参加"或"异步参加"。相对于同时或共时参加,是一种更为灵活的庭审方式。这种方式由于不要求法官与双方当事人同时在线,这就不仅有利于当事人——给当事人参与庭审更大的自由度,同时也有利于法官——法官在时间支配上也有更大的自由度,有助于提高法官工作效率。这种非同步审理称为“非同时在线审理”或“历时审理”更为合适。最高人民法院对互联网法院创新实践的“非同步审理”予以了充分的肯定,在《在线诉讼规则》中明确规定,“经各方当事人同意,人民法院可以指定当事人在一定期限内,分别登录诉讼平台,以非同步的方式开展调解、证据交换、调查询问、庭审等诉讼活动”。

非同步审理方式对传统审理方式的颠覆性主要在于其完全不同于传统庭审的方式——审理者与参与者的“共时互动”,在共时互动中提出主张,实施辩论、询问、调查等庭审诉讼行为。就调解、证据交换、法庭外的调查以及非庭审活动而言,其本身就可能是异步或历时的(调解也可以是“背靠背”进行的),实际上真正具有挑战性和颠覆性的是庭审的非同步性。人们对异步或非同步审理最大的质疑是这种庭审方式是否违反了法庭审理的直接原则。直接原则要求双方当事人必须直接同时面对审理者,在审理者面前提出、陈述主张,就案件争议的事实问题和法律问题进行辩论,审理者在法庭上就事实问题进行调查和询问,当事人双方在审理者面前进行质证。在审判传统上,直接原则被认为是审理必须遵循的原则。如果将异步或历时审理方式作为一种新的审理方式,其合法性的确是个问题(当事人双方的同意能否使其具有合法性,亦是有争议的问题)。在立法论上可以讨论的是,在电子诉讼时代,庭审直接原则还有没有存在的必要?非同步审理将同时面对法官变为“历时”面对法官,是否已经违反直接原则?

六、在线诉讼的送达

在民事诉讼实践中,“送达难”有“第一难”的说法。“送达难”也是实践中长期存在的问题。人们通常认为,应对“送达难”最有效的方法就是电子送达。但至今民事诉讼法也未规定“三书”(判决书、裁定书、调解协议书)可以电子送达方式送达。因为没有法律的规定,所以电子送达(在线送达)一直被认为存在法律上的障碍。《在线诉讼规则》也没有对判决书、裁定书和调解协议书的电子送达开禁。最高人民法院在关于在线诉讼的理解与适用中明确指出,电子送达的文书范围应该严格遵守现行法律规定,除经全国人民代表大会常务委员会授权开展民事诉讼程序繁简分流改革试点的法院外,其他非试点法院依然不能以电子送达方式送达“三书”。在过去的送达实践中,有的法院试图以当事人同意作为突破口,但并未获得最高人民法院的认可,导致“三书”的送达无法实现电子送达或在线送达——这种最有效率的送达方式。

“三书”的电子送达没有得到承认,在法理上的原因一般认为是“法定送达”(送达“法定主义”),既然送达方式是法定的,自然也就不能加以改变,即使有受送达当事人的同意。其实这不过是人们认知上的障碍而已,从送达的目的(让当事人知晓送达法律文书的内容,以便行使权利)出发,作为一种送达方式并非不能因为当事人的同意加以改变。以电子方式在线送达并不会因为其方式的不同,影响送达目的的实现。这与有些主要或基本程序,如开庭审理程序、上诉程序有所不同,这些主要程序是无法通过当事人的同意而删减或改变的。一旦删减或改变这些程序,也就无法实现程序正义,保障实体正义。因此,作为一种送达的方式,以上述笔者的授权说理论,在当事人同意—授权的情形下,以电子送达方式完成在线送达并没有法律上的障碍。电子送达或在线送达的方式属于当事人同意的可处置范围之内。在当事人同意—授权之下,在能够同样达成送达目的的前提下,法院完全可以制定关于在线送达的具体操作方式。当然,电子送达或在线送达只是弱化“送达难”的一种方法,还不能够彻底解决送达的问题。因为“送达难”的实质在于对送达认知的误识和制度上的应对错位。送达制度还具有通过送达程序保障另一方当事人诉讼利益(使后续的诉讼程序迅速展开,实体权利能够尽快得以现实)的一面。这一点一直是人们所忽视的。因此,必须纠正这种误识,并在正确认知的前提下调整制度规则。需要明确的是,接受送达也是受送达人的一项义务。在今后立法机关制定专门的在线诉讼特别程序法时,应当考虑有条件地开放对“三书”的电子送达。

第二十六章 公益诉讼

本章目次

一、公益诉讼的含义及性质
二、公益诉讼的对象
三、提起公益诉讼的原告
四、公益诉讼的诉讼请求类型
五、公益诉讼的若干程序问题
六、民事检察公益诉讼

改革开放以来,我国的经济发展令人瞩目,取得了巨大的成就。但应当注意的是,这种发展也导致了严重的环境污染,影响了人与自然的关系。追逐市场利益的人们对环境的破坏,也侵害了他人的环境利益和财产利益。除此之外,由于对市场经济行为的规范不力,对市场利润的不当追求还造成了消费领域中公共利益的损害。环境污染和侵害消费者利益无疑是我国当前极具社会影响的社会不法行为。在各种法律救济手段中,大多数人认为公益诉讼制度是维护社会公共利益的一种很好的手段,要求建构公益诉讼制度逐渐成为一种普遍的社会诉求。最终,2012 年《民事诉讼法》的修改对这一普遍社会诉求给予了一定的回应,在修改后的民事诉讼法中确立了公益诉讼的原则框架。由于民事诉讼法并没有关于公益诉讼的具体程序,相应的部门法如环保法、消费者权益保护法也尚未具体规定公益诉讼程序,因此,严格而言公益诉讼程序还不是对公益诉讼的程序规制,仅仅是从理论上加以论述。

一、公益诉讼的含义及性质

所谓公益诉讼,是指非以维护自身民事权益,由特定的机关、社会团体或个人提起的旨在维护社会公共利益的追究其民事责任的诉讼。此处公益诉讼的定义是从超越具体限制的角度来界定的。我国的公益诉讼制度在法律上排除了个人可以提起公益诉讼,对社会团体的限制也更严格一些,要求必须是法律规定的社会团体。

公益诉讼,一般而言应当是涉及不特定主体的社会公共利益的诉讼。社会公共利益,是指它既不特定是哪个组织的,也不特定是国家的,更不特定是哪个个体的利益,而是一种不特定的,为社会所公共享有的利益。虽然涉及公共利益,但如果有特定主体,就不需要纳入公益诉讼的范围。例如,侵害国有资产,也可以说是侵害公共利益的行为,但国有资产有特定的主体——国家,因此,无须将此类诉讼纳入公益诉讼,而是由代表国家的机关直接提起诉讼。

公益诉讼在性质上不同于普通的民事诉讼,因为其目的不是维护个人的民事权益,而是维护社会公共利益。正是因为涉及社会公共利益,因此,才允许特定机关、社会团体甚至个人提起公益诉讼。也因为公益诉讼不同于普通民事诉讼,因此并不能完全适用民事诉讼中的辩论原则、处分原则,要受到诸多限制。例如,当事人双方之间不能和解、调解、达成自认等。民事诉讼法之所以规定公益诉讼,是因为虽然公益诉讼不同于一般民事诉讼,但民事诉讼法中的有些程序规定,公益诉讼是可以借用的。如果不考虑立法资源,严格来讲,可以单独制定公益诉讼法,规定单独的公益诉讼程序。

应当注意区分民事公益诉讼与行政公益诉讼。就行政机关的作为或不作为侵害社会公共利益而提起的诉讼是行政公益诉讼,而非民事公益诉讼。民事公益诉讼涉及的是当事人的民事义务或责任。"铁路春运涨价案"等涉及公共利益的诉讼在性质上就属于行政公益诉讼。在人们的议论中所谈到的公益诉讼多数是指民事公益诉讼。正是在这个意义上,人们才议论是否可以通过修改民事诉讼法,以建立公益诉讼制度。

在我国,近十几年来,公益诉讼一直是社会所关注的热点问题。因此,有不少学者主张应当建立专门的公益诉讼制度,因为民事诉讼通常体现的私益,是为私益纠纷解决所设置的程序,不能满足公益诉讼案件审理的基本特点和要求。不过,尽管社会舆论甚至学术界对于建立公益诉讼制度呼声很高,但如何在立法层面设置这一制度还有许多问题需要研究。

应当注意的是,《民事诉讼法》关于公益诉讼的规定,仅仅是确立一个关于公益诉讼的原则框架,并没有建构具体制度。这些制度的建构需要通过相应的部门法律,如《环境保护法》《消费者权益保护法》的修改予以建立。

二、公益诉讼的对象

公益诉讼的对象,是指公益诉讼的客体或诉讼的客观范围。在理论上我们可以将公益诉讼的对象或客体抽象地定义为关于公共利益法律关系的争议。问题的核心是,什么是公共利益?如果不能回答这一问题,就很难处理公益诉讼与私益诉讼的关系,也很难回答在环境纠纷中涉及国家利益的诉讼是否是公益诉讼的问题。一方面,从法律上给定的方式来讲,公益诉讼的方式是特定的、特殊的。其特殊性在于,诉讼的提起不是按照直接利害关系人的意愿,而是以抽象的利益关联为依据,使公益诉权的行使超越了纠纷具体的直接利害关联。纠纷解决方法的特殊性决定了适用对象的范围或类型。另一方面,法律之所以赋予这种诉讼方式以特殊性,是因为纠纷类型和特点的需要。从《民事诉讼法》关于公益诉讼的规定来看,将公益诉讼的客体限定为"对污染环境、侵害众多消费者合法权益等损害社会公共利益的行为"所发生的纠纷。显然,《民事诉讼法》的规定对消费者保护领域的公共利益有一个人数的限定——众多消费者的权益。但这不等于说只要是众多消费者权益受到侵害的纠纷都是公益诉讼的客体。因为如此一来,必将把涉及众多消费者权益争议的代表人诉讼与公益诉讼混淆起来。尽管在同一事件中侵害了多数消费者的权益,但由此而引发的诉讼完全有可能是私益诉讼,而非公益诉讼。虽然《民诉法司法解释》具有对民事诉讼法相关规定予以进一步解释或细化的功能,但鉴于公共利益的多义性以及界定的困难,《民诉法司法解释》没有正面回答这一问题。可是,《民诉法司法解释》又使用了公益诉讼与私益诉讼这两个概念,并且提到在公益诉讼中,公益诉讼与私益诉讼的关系,因此,无论是制度运用,还是理论阐释,都必然面临公益诉讼与私益诉讼的界分问题。

笔者坚持认为,同一污染环境的事件〔1〕或侵害消费者权益的事件既有可能侵害特定人的财产或其他利益,也可能侵害不特定人的利益或权益,后者应当是公益诉讼可救济的社会公共利益。存在特定利益主体的争议就不是我国民事诉讼法中公益诉讼的客体。这是特别需要强调的。因为在不同的法治环境中,各国对于公益诉讼有自己的表达。笔者强调的是在我国民事诉讼法与制度的特定语境之下。如果存在特定利益主体的,要不是公权(国家利益或简称国益)诉讼,要不是私权诉讼或私益诉讼,而非公益诉讼。存在特定利益主体的诉讼,无论是因为破坏环境,还是基于消费者侵权都是私益诉讼。这样就很容易将公益诉讼与私益诉讼、公权或国益诉讼加以区别开来。笔者注意到,由最高人民法院主持编写的民事诉讼法司法解释注释书——《最高人民法院民事诉讼法司法解释理解与适用》中实际上也认同公益诉讼案件具有受害主体不特定的特点这一观点。〔2〕

环境利益是不特定的人所享有的共同社会利益,虽然环境污染的事件中也可能直接侵害特定主体的财产或其他利益,也有可能不涉及特定主体的利益,但一定会涉及不特定主体的共同利益。例如,对河流、湖泊、海水、山川、大气等的污染。国外环境法理论认为,环境或生态属于一种公共利益(öffentliches Gut),具有开放性与利益主体多数性,可以由任何人使用消费,而不具有竞争性和排他性,不能归属(Zuweisung)于任何权利人格体。〔3〕

应当注意的是,在侵害众多消费者合法权益的纠纷中未必一定是侵害社会公共利益的行为。社会公共利益一定涉及众多人的利益,但并非只要涉及众多人的利益就一定是社会公共利益。如果能够特定其受侵害的主体,那么就没有必要适用公益诉讼的方式,也不能以公益诉讼的方式加以解决。尽管某一侵害行为损害了众多消费者的合法权益,但不一定构成对消费者公共利益的侵害。人数再多,如果受害主体是特定的,则通过一般的民事诉

〔1〕 新修订的环境保护法已明确将环境污染与破坏生态两类侵害行为加以区分(新《环境保护法》第6条第3款)。民事诉讼法修订在环境保护法修订之前,因此,民事诉讼法中的环境污染应当包含生态破坏。学者们一般认为,污染环境的行为将直接对人的健康、生活造成危害,而破坏生态的行为则是间接地、长远地对人类生存造成危害。因此,破坏生态的行为一定损害不特定主体的整体利益,损害的是典型的公共利益。环境污染的行为侵害的有可能是不特定主体的利益,也可能是特定主体的利益。

〔2〕 参见《最高人民法院民事诉讼法司法解释理解与适用》,人民法院出版社2015年版,第755页。不过,民事诉讼法司法解释的注释书中也存在不一致的地方,一方面承认公益诉讼主体的不特定特点,另一方面又认为特定主体为众多人数的诉讼也属于公益诉讼。这主要受《民事诉讼法》关于公益诉讼表述的影响。

〔3〕 Säcker F. J. , Die Einordnung der Verbandsklage in das System des Privatrechts, München: Beck, 2006, S. 2.

讼即可加以解决。也由于有特定的主体,才有可能提起具有具体损害结果的损害赔偿诉讼。像“三鹿奶粉”事件中,虽然有众多消费者受到有害奶粉的侵害,但其受害主体是特定的,因此,提起普通的民事诉讼即可。对于人数众多的特殊情形,《民事诉讼法》专门规定了代表人诉讼制度,通过诉讼代表人也可以使众多利害关系人借助这一机制实现自己的诉讼请求。当然,“三鹿奶粉”事件也并非只涉及消费者个人私益,也涉及不特定主体——不特定消费者的利益,这就构成了社会公共利益。例如,制作和销售大量有害奶粉的行为就是损害社会公共利益的行为,其侵害主体是不特定的。为了维护不特定消费者的利益,在行政管制失灵的情形下,就可以提起有关的公益诉讼,要求其停止生产、销售和销毁产品。由于既涉及社会公共利益,又涉及私益,因此公益诉讼和一般民事诉讼都是可以提起的。

公益诉讼作为一种特殊的诉讼形式,因为自身结构的原因,不可能像一般解决私益纠纷的民事诉讼那样发挥某些功能,如损害赔偿。其适用是应当受到限制的。涉及众多利害关系人的纠纷应当尽可能地通过私益诉讼方式加以解决。涉及众多利害关系人的纠纷往往可能形成社会性纠纷,但社会性纠纷与涉及社会公共利益的纠纷不是一个层面的概念。不能将具有社会影响的众多人利益的纠纷等同于社会公共利益的纠纷,将具有社会影响的诉讼等同于公益诉讼。至于大规模侵权诉讼中所遭遇的高额诉讼费用(如高额鉴定费用)、举证难问题,以及因为诉讼复杂而产生的其他问题[4]完全可以通过完善法律援助制度、诉讼费用减免、调整举证和证明规则以及适用或建构代表诉讼、团体诉讼加以解决,无须搭公益诉讼的“便车”。

在界定公益诉讼的客体时,必然涉及国家利益与公共利益两者的关系问题。在我国,国家利益涵盖非常广泛,在广义上可以说能够满足国家生存发展的需要,也就是对国家有益的一切方面都是国家利益。正因为国家利益涵盖的广泛性,才使在立法过程中人们会认为在利益客体方面国家利益难与社会公共利益划清界限。因此,也才有了《民事诉讼法》模糊的表达。[5] 诚然,国家利益和社会公共利益在某些方面难以清晰划界,但应当承认两者有所不同,在许多方面也可以清晰划界。如果不指明其界限,则法律制度的建构和运行都会遭遇尴尬和矛盾。在法律上,国家利益有明确的主体即国家,社会公共利益没有特定的主体。因此,法律责任的实现也就有所不同。损害国家利益的,其赔偿的受偿主体也是国家。而侵害社会公共利益的赔偿,其受偿主体因主体的不特定,赔偿方法也有其特殊性,即使赔偿给国家,国家也只是代为受偿而已。

无论是环境保护领域,还是消费者保护领域,相关的行政管理部门都有权对污染环境和侵害消费者合法权益的行为采取法律所赋予的行政手段,以维护环境利益和消费者的利益,不能由行政机关直接强制的,也可以借助司法强制执行程序实现。从目前的法律规定

---

〔4〕 参见李艳芳:《美国的公民诉讼制度及其启示——关于建立我国公益诉讼制度的借鉴性思考》,载《中国人民大学学报》2003 年第 2 期。

〔5〕 参见王胜明主编:《中华人民共和国民事诉讼法释义》,法律出版社 2012 年版,第 101 页。

和实践来看,只有涉及损害赔偿的才必须通过民事诉讼程序获得强制执行的根据。[6] 近年来已有不少环境管理部门向环境加害人提起所谓公益诉讼的情形。[7] 人们也常把这些案件作为行政机关提起公益诉讼的典型案例。实际上,笼统地将行政机关代表国家就环境污染提起的损害赔偿诉讼称为公益诉讼未必是妥当的。问题在于,能否肯定地说环境利益的主体就是国家。如果利益主体特定为国家,则赔偿的受偿主体也应当是国家。行政机关提起公益损害赔偿诉讼就是代表国家行使赔偿请求权。但如果环境利益属于社会,没有特定的利益主体,则国家只是基于维护环境和社会公共利益的职能,由其代表国家提起实现其职能的公益诉讼。在国外的理论中同样认为,由于环境或生态利益不能归属于任何主体,国家只能作为公共利益的受信托人。[8] 该认识能够成立,是因为虽然行政机关也可以提起诉讼请求赔偿,但受偿主体不是国家,所受赔偿的款项只能通过适当的方式用于环境利益的恢复,或者分配给社会(包括在一定地域内受事件影响的公民)。笔者认为,也只有在这个意义上行政机关提起此类诉讼才能称为公益诉讼。如此,国家机关与组织在公益诉讼上的主体地位才是一致的,彼此是平等的。如果环境利益主体特定为国家,一旦向国家赔偿之后,个人、团体、法人便无法再请求赔偿了,可见环境利益是无法分割的。

根据我国《环境保护法》的规定,环境是指影响人类生存和发展的各种天然的和人工改造的自然因素的总体。这里环境既包括生活环境,也包括生态环境。从资源的角度来看,也包括自然资源。如果从利益归属的角度来看,与自然资源或财产联系的环境利益归属,毫无疑问应当归属国家。但这之外的环境利益因其客体的特殊性而无法归属于特定主体,如生活环境和生态环境所带来的利益,无论是国家还是个人、团体、组织,都不能独享。环境利益是一种人们所共同享有的利益。个人在环境污染中所遭受的损失可能体现为具体的财产损害、人身损害,包括精神损害。正是从这个意义上讲,个人才具有环境利益,也就是环境权的私益性所在。从权利的含义上讲,所谓"环境权"是一种抽象的权利,而非具体的权利。因此对环境利益造成的损害,其赔偿也不能特定其受偿主体。与侵害国家所有的土地、矿产资源、国有资产的情形不同,后者的权利主体是特定的,国家有权通过法律手段要求侵权

---

〔6〕 之所以必须通过民事诉讼程序,是因为其赔偿的性质是民事赔偿。这里涉及的相关问题是,如果是国家利益受到损害,且国家作为公法主体,而非私法主体时,若存在民事赔偿,还通过民事诉讼程序来获得执行根据吗?

〔7〕 相关案例有:(1)昆明三农农牧有限公司、昆明羊甫联合牧业有限公司在治污设施未竣工验收的情况下,将养殖废水渗入地下水系统,导致人畜饮水困难。行政部门虽对其罚款 50 万元,但其仍未停止侵害。于是,在昆明市人民检察院支持下,昆明市环保局作为原告提起民事诉讼。2011 年 1 月昆明市中级人民法院判决两企业立即停止对环境的侵害,向"昆明市环境公益诉讼救济专项资金"支付 417.21 万元及评估费 13.252 万元,用于治理被污染的水源。载中国公益诉讼网,http://www.pil.org.cn。(2)佛山市丹灶镇政府诉广东天乙集团有限公司和苏国华等环境污染侵权纠纷案,载广东省佛山市南海区人民法院网,http://fayuan.nanhai.gov.cn/cms/sites/nhfayuan/index.jsp,最后访问日期:2013 年 6 月 18 日。(3)安宁市国土资源局诉戴望相等案[昆明市中级人民法院(2011)昆环保民初字第 4 号]。

〔8〕 西方法治国家的环境法治理论的基石是环境权论,而公共信托理论(public trust doctrine)又是环境权论的现代发展和重要理论基础。根据该理论,国家对财产和自然资源管理的权力源于全体公民的信托。参见汪劲:《环境法学》,北京大学出版社 2011 年版,第 59 ~ 60 页。另参见 Wagner, Die gemeinschaftsrechtliche Umwelthaftung aus der Sicht des Zivilrechts (2005 - 02 - 01) TX2 Versicherungsrecht, Datenbank VERSRA, Karlsruhe Heft 4. S. 177。

人予以赔偿。相关机关代表国家具体行使请求权。当然，从国与国的关系来看，环境利益必须特定于一定的国家，因为一定疆域的环境与一国的生存发展相关。

从法律的规定来看，在公益诉讼的类型上，除了环境保护和消费者保护领域之外，还有英烈的人格保护也被纳入公益诉讼的客体范围，构成了公益诉讼的三大类型。2018 年制定的《中华人民共和国英雄烈士保护法》规定，对侵害英雄烈士的姓名、肖像、名誉、荣誉的行为，英雄烈士的近亲属可以依法向人民法院提起诉讼。英雄烈士没有近亲属或者近亲属不提起诉讼的，检察机关依法对侵害英雄烈士的姓名、肖像、名誉、荣誉，损害社会公共利益的行为向人民法院提起诉讼。只不过，该法将公益诉讼原告的资格限制于检察机关。今后，关于公益诉讼的客体范围将由更多的单行法具体加以规定。

三、提起公益诉讼的原告

（一）公益诉讼原告的基本理论问题

公益诉讼原告问题即公益诉讼提起的主观范围（主体范围）问题。这一问题与公益诉讼客观范围是密切相关的。可以说，客观范围在一定程度上决定或限定了公益诉讼提起的主观范围。公益诉讼的基本特点是公益诉讼的提起主体是没有直接利害关系的机关或组织。我国《民事诉讼法》规定，对污染环境、侵害众多消费者合法权益等损害社会公共利益的行为，法律规定的机关和有关组织可以向人民法院提起诉讼。该条规定是对公益诉讼的原则性规定，也是对公益诉讼提起的主体的原则性规定，即只有法律规定的机关和有关组织可以提起公益诉讼，明确将个人排除在提起公益诉讼的主体范围之外。这种限制的理论依据是国家代表权论，即只有国家才能代表这种不可分利益，组织的代表权也是国家所委托的，因此必须有法律的规定。[9]

由于《民事诉讼法》对提起公益诉讼的主体仅是原则性规定，因此就给公益诉讼提起主体的具体制度化留下了解释和研讨的空间。《民事诉讼法》修改中之所以没有明确公益诉讼主体的范围，是因为主体范围的划定必须考虑环境保护和消费者保护等各领域的具体情形，在修改环境保护法和消费者保护法的过程中具体加以确定。《民事诉讼法》在原则上将机关和有关组织限制在“法律规定的”这一前提之下。在 2012 年《民事诉讼法》修改之前，有的地方性条例已经明确授予检察机关和其他机关团体提起环境公益诉讼的权利。[10] 也

---

〔9〕 参见［德］克雷斯蒂安·冯·巴尔：《欧洲比较侵权行为法》（下卷），焦美华译，张新宝审校，法律出版社 2001 年版，第 482 页以下。

〔10〕 2010 年 3 月 1 日起施行的《贵阳市促进生态文明建设条例》第 23 条规定：检察机关、环境保护管理机构、环保公益组织为了环境公共利益，可以依照法律对污染环境、破坏资源的行为提起诉讼，要求有关责任主体承担停止侵害、排除妨碍、消除危险、恢复原状等责任。

有地方司法机关以及相关部门在具体的实施意见中明确了这些机关的环境公益诉权。[11]

国家机关是否享有公益诉权的问题，本质上是国家作用的界限问题。以功能主义取向，从国家应当代表社会共同利益的立场上，国家介入公益纠纷的解决是理所当然的。国家对社会的具体干预通过其职能加以确定。国家机关具有公益诉讼原告资格正是基于特定的国家机关的职能。例如，我国《宪法》规定，国家保护和改善生活环境和生态环境，防止污染和其他公害。也正是因为与国家机关的相关职能有关，所以国家机关只有在其法定职能范围内才具有原告资格，在其职能范围内具有当事人能力。从国家的职能和职责来看，提起公益诉讼似乎存在矛盾，因为国家如果要履行维护社会公共利益的职能和职责，则完全可以直接运用国家权力来实现，尤其是国家权力如此广泛介入社会的情形下。不过，国家或政府职能的分工使部门职责的履行存在缺失，职能监督成为必要，在这个意义上，赋予某些国家机关提起公益诉讼有其现实性。

（二）环境公益诉讼的原告

修改后的环境保护法对环境公益诉讼的原告适格问题作出了专门规定。按照《环境保护法》的规定，对污染环境、破坏生态，损害社会公共利益的行为，符合下列条件的社会组织可以向人民法院提起诉讼：(1)依法在设区的市级以上人民政府民政部门登记；(2)专门从事环境保护公益活动连续5年以上且无违法记录。

并且规定，符合前款规定的社会组织向人民法院提起诉讼，人民法院应当依法受理。同时要求提起诉讼的社会组织不得通过诉讼牟取经济利益。

《环境公益诉讼司法解释》）对上述第一个条件，即“设区的市级以上人民政府民政部门”，解释为设区的市，自治州、盟、地区，不设区的地级市，直辖市的区以上人民政府民政部门。

该解释进一步对符合上述条件的社会组织予以了界定，即社会组织章程确定的宗旨和主要业务范围是维护社会公共利益，且从事环境保护公益活动的，可以认定为《环境保护法》规定的“专门从事环境保护公益活动”。所谓无违法记录，解释为“社会组织在提起诉讼前五年内未因从事业务活动违反法律、法规的规定受过行政、刑事处罚的”情形。

（三）消费者权益公益诉讼的原告

修正后的《消费者权益保护法》根据民事诉讼法的相关规定，对消费者权益公益诉讼的原告资格作出了明确的规定，即对侵害众多消费者合法权益的行为，中国消费者协会以及在省、自治区、直辖市设立的消费者协会，可以向人民法院提起诉讼。不知为何最高人民法院的注释书却未对此规定加以引用，而是说“有关组织”的界定，有待司法解释进一步规

〔11〕 2008年11月，昆明市中级人民法院、市人民检察院、市公安局、市环保局四部门联合发布了《关于建立环境保护执法协调机制的实施意见》（昆环保〔2008〕520号），其第6项规定：环境公益诉讼的案件，依照法律规定由检察机关、环境保护行政执法机关和有关社会团体向人民法院提起诉讼，并负责收集证据、承担举证责任。环境保护行政执法机关应对环境污染事故进行鉴定，并委托有资质的机构对造成的损害后果进行评估，对环境公益诉讼提供必要的技术支持。

定。[12] 难道司法解释还有可能超越《消费者权益保护法》有关原告主体的规定？

《消费者权益保护法》关于消费者公益诉讼原告资格的规定，其突出特点就是对于公益诉权的高度垄断，只有中国消费者协会以及省、自治区、直辖市设立的消费者协会才有权提起消费者公益诉讼。立法的动机是防止滥用消费者公益诉权。问题是，这种高度垄断同样可能导致利益交易和寻租行为的发生，而且也不利于维护消费领域中的公共利益。加之，现在的消费者协会实际上已经不是民间组织，其经费是政府行政划拨的。原本民间组织就是为了补充和弥补政府监管、保护失灵而存在的，将公益诉讼的诉权交由准官方的消费者协会来行使，这种补充、弥补的功能也就丧失了。消费者公益诉讼的提起应当允许竞争，允许其他组织提起消费者公益诉讼，更为有效地维护消费者的合法权益。其实完全可以按照环境保护法的模式对其他消费者维权组织的诉权加以规定。需要进一步思考的问题是，由于司法解释将消费者公益诉讼解释为众多消费者权益的诉讼，而对众多的解释是 10 人以上，因此就可能面临大量的涉及 10 人以上的消费者权益纠纷都可要求消费者协会提起公益诉讼，对此，消费者协会如何应对？如果不提起必将面临社会压力，如果提起的话是否有能力作出应对，是不得不考量的问题。总之，我们期待《消费者权益保护法》的再次修改。

四、公益诉讼的诉讼请求类型

公益诉讼与诉讼请求类型的问题，主要是基于对公益的维护有两种基本方式：一种是通过诉讼要求加害人按照法律规定作为或不作为；另一种是要求予以损害赔偿。由于损害赔偿涉及赔偿财产的清偿问题，因此，有学者主张公益诉讼应仅限于请求行为人的作为或不作为，如不得继续实施破坏环境的行为以及实施恢复环境原貌的行为。尤其是由特定机关、团体提起的公益诉讼。关于损害赔偿的诉讼应当由代表人诉讼或设立集团诉讼制度加以解决。

关于公益诉讼的制度建构，从本次民事诉讼法修改的情形来看，因为修改所涉及的重要问题较多，不大可能在立法层面予以全面建构，可行的方法是首先解决公益诉讼提起的主体以及公益诉讼的范围问题，这是目前公益诉讼限制的法律“瓶颈”。关于判决效力扩张这种较细且理论性较强的问题，可以通过司法解释和理论解释加以解决。因此，本次民事诉讼法的修改很有可能只是初步搭建一个公益诉讼制度的平台，规定将是比较原则性的。

五、公益诉讼的若干程序问题

（一）公益诉讼案件的管辖

1. 公益诉讼案件的地域管辖

地域管辖是关于同级法院之间管辖权的横向划分，以确定某个特定的民事一审案件应

---

〔12〕 参见《最高人民法院民事诉讼法司法解释理解与适用》，人民法院出版社 2015 年版，第 756 页。

由哪一个人民法院管辖的制度。地域管辖的划分主要根据案件不同的性质，以当事人所在地、合同履行地、侵权行为地等因素作为划分根据。按照《民事诉讼法》的规定，公益诉讼案件在性质上属于侵权案件，因此，《民诉法司法解释》明确规定公益诉讼案件适用民事诉讼法关于侵权案件的管辖规定，由侵权行为地或被告住所地人民法院管辖。

2. 公益诉讼案件的级别管辖

级别管辖是关于上下级人民法院之间管辖权的纵向划分，以确定某个特定民事一审案件应该由哪一级法院受理的制度。案件标的额大小、复杂程度通常是分工的主要根据。关于公益诉讼案件的级别管辖，《民事诉讼法》没有专门的规定，《民诉法司法解释》根据级别管辖与案件重要程度的关联，认为公益诉讼案件具有重大的社会影响，涉及的案件事实往往比较复杂，因此规定公益诉讼案件由中级以上人民法院管辖。

3. 公益诉讼案件的专门管辖

专门管辖，是指有些案件由专门的法院如海事法院予以管辖的制度。专属管辖是相对于普通法院的地域管辖而言；专门管辖是相对于不同法院类别而言的。由于公益诉讼案件中有些案件属于海洋环境污染侵权的案件，因此按照《海事诉讼特别程序法》的规定，应当由海事法院专门管辖。对此，《民诉法司法解释》专门作了规定。

4. 公益诉讼案件的集中管辖

由于侵害公益的事件行为地有可能跨管辖区划，因此有可能在不同管辖法院提起同一侵害行为引起的案件，因此，为了防止不同法院作出矛盾裁判以及节省诉讼资源，《民诉法司法解释》规定，对同一侵权行为分别向两个以上人民法院提起公益诉讼的，由最先立案的人民法院管辖，必要时由它们的共同上级人民法院指定管辖。这一规定也有助于解决对同一事件有可能存在两个以上原告分别提起诉讼所导致的上述问题。

（二）禁止反诉

在一般的民事诉讼中，民事诉讼法允许本诉的被告向本诉的原告提出与本诉有牵连关系的相反请求，即反诉。反诉制度的目的在于，通过反诉与本诉合并审理，减少当事人的讼累，降低诉讼成本，便于判决的执行。然而对于公益诉讼来讲，反诉应当予以禁止，一方面，公益诉讼的原告本身只是代表公共利益主体行使诉权，与公益诉讼的被告之间不存在基于诉讼标的和事实上的直接利害关系；另一方面，如果允许反诉将会导致诉讼的复杂化，不符合反诉制度设置的目的。如果公益诉讼的被告认为原告（机关或组织）侵害了自己的权益可以通过另诉的方式寻求救济。

关于在公益诉讼中禁止反诉，《民诉法司法解释》虽然没有规定，但在诉讼法理上是成立的。在《环境公益诉讼司法解释》中对于环境公益诉讼禁止反诉有明确规定。环境民事公益诉讼案件审理过程中，被告以反诉方式提出诉讼请求的，人民法院不予受理。

（三）公益诉讼的告知程序

《民诉法司法解释》规定，人民法院受理公益诉讼案件后，应当在10日内书面告知相关行政主管部门。由于行政机关对于公益侵权事件本身就负有行政监管责任，因此公益诉讼案件都与特定的行政机关关联，公益诉讼提起后应首先告知相关的行政机关，以便行政机关采取适当的措施与公益诉讼对接。也有可能在公益诉讼提起之后,行政机关通过行政方法妥当地解决该公益纠纷,公益诉讼案件也就没有必要继续进行。公益诉讼告知也有利于促使行政监督机关采取相应的措施,防止或制止侵害的扩大。

(四)其他适格原告的诉讼参加

《民诉法司法解释》规定,人民法院受理公益诉讼案件后,依法可以提起诉讼的其他机关和有关组织可以在公益诉讼案件开庭前向人民法院申请参加诉讼。人民法院准许参加诉讼的,列为共同原告。《公益诉讼司法解释》更明确地规定了申请参加的期限及其效力。环境公益诉讼司法解释还进一步规定,对于环境公益诉讼的场合,有权提起诉讼的其他机关和社会组织在公告之日起30日内申请参加诉讼,经审查符合法定条件的,人民法院应当将其列为共同原告;逾期申请的,不予准许。

司法解释将有资格提起公益诉讼的其他机关和有关组织在申请参加时作为共同原告,主要是为了避免重复提起相同的诉讼。在理论上需要探讨的是,此种共同原告参加的诉讼在类型上是属于必要共同诉讼还是普通共同诉讼,抑或一种特殊的共同诉讼类型。因为必要共同诉讼和普通共同诉讼的划分根据,按照民事诉讼法的规定,是以共同诉讼人对于诉讼标的是共同,还是同种类加以划分的。而司法解释对于诉讼标的为共同的理解则是共同共有和连带关系。[13] 由于公益诉讼共同原告之间并不存在诉讼标的的共同,也不存在诉讼标的的同种类,因此可以推论公益诉讼共同原告的诉讼应当属于特殊的情形。作为共同诉讼的原告,面临的问题是,提起公益诉讼的原告之一能否独自享有撤诉权。如果共同享有起诉权,则不能独自享有撤诉权。但是拥有原告适格的机关或组织又都是可以独自享有起诉权的,因此,似乎可以得出结论,撤诉权也是可以独自享有的。但问题是,其他原告不同意撤诉的,依然不能发生撤诉的效果,实质上等于不能独自行使撤诉权。由此可以得出结论,在公益诉讼中针对同一事件(诉讼标的),原告为二人以上的共同原告时,原告所有诉讼行为(至少不利行为)的实施都必须得到一致同意才能发生相应的法律效果。这表明公益诉讼原告共同诉讼时,其共同诉讼人之间的关系类似于必要共同诉讼,需要按照必要共同诉讼规制、要求。

(五)公益诉讼与私益诉讼的关系

《环境公益诉讼司法解释》规定,公民、法人和其他组织以人身、财产受到损害为由申请参加诉讼的,告知其另行起诉。《民诉法司法解释》规定,人民法院受理公益诉讼案件,不影响同一侵权行为的受害人根据《民事诉讼法》的规定提起诉讼。

上述两个司法解释的规定均涉及一个问题——同一侵权事件所导致的公益诉讼与私益诉讼的关系问题,也必然涉及公益诉讼与私益诉讼的界分问题。如果按照笔者的划分,不特定主体共同的利益是公共利益,侵害不特定主体共同利益的诉讼为公益诉讼,那么侵害特定主体(无论是国家、公民、法人还是其他组织)利益的都是国益和私益诉讼。在实践中,大量因污染环境和侵害消费者权益的诉讼都是私益诉讼,尽管人数众多。当然,也存在

〔13〕 参见《民诉法司法解释》中关于共同诉讼的部分。

同一侵权行为造成的损害，其主体既可能是特定的，也可能是不特定的。也就是说，由此引起的诉讼既有私益诉讼，也有公益诉讼。最典型的是因为环境污染所发生的侵权，侵害的既有可能是不特定主体的社会公共利益，也可能是特定主体——法人、公民的私益以及国家的利益。消费者侵权的情形也是如此。各自都有自己的诉权和诉的利益。因此，在公益诉讼提起的情形下，自然就不会影响因为同一侵权事件所引发的私益诉讼的提起。但如果按照《民诉法司法解释》的规定，将消费者公益诉讼理解为只要是人数众多就构成公益诉讼，[14]那么必然导致混乱。其混乱在于当消费者组织提起消费者权益公益诉讼后，其他消费者是参加诉讼，还是另行诉讼抑或不能提起诉讼？按照笔者的观点则不会发生这样的问题。就民事诉讼法理论而言，私益诉讼，也就是一般民事诉讼的诉权只能通过委托由他人行使，是不可能由他人——机关、组织强制代行，代行的只能是公益。而有的人的理解恰恰忽视了这一点。

（六）公益诉讼的和解与调解

《民诉法司法解释》规定，对公益诉讼案件，当事人可以和解，人民法院可以调解。《环境公益诉讼司法解释》规定，环境民事公益诉讼当事人达成调解协议或者自行达成和解协议后，人民法院应当将协议内容公告，公告期间不少于30日。

对于《民诉法司法解释》就当事人对公益诉讼案件可以和解，人民法院可以调解的规定，应当如何理解，是一个涉及上述关于公益诉讼基本含义如何理解的问题。民事诉讼中当事人之间能够和解和调解都是以当事人对自己实体权利和诉讼权利的处分为前提的。无论是和解还是调解都是司法政策所鼓励的，但对于公益诉讼是否也应如此重视和解和调解是一个问题。

可以肯定的是在公益诉讼中，公益诉讼的原告与被告是不能进行和解或调解的。因为原告只是获得了提起公益诉讼的资格。原告作为提起公益诉讼的机关或组织对其诉讼仅仅享有部分诉讼权利，因为他们毕竟不是公共利益实体上的代表，因此，不应对公益诉讼案件的实体问题享有处分权，其诉讼权利也应受到相应的限制。基于此，应该得出公益诉讼的原告不得与被告进行和解和调解的结论。而且，还因为公益诉讼一般情形下不涉及赔偿问题，也就不存在就赔偿的数额双方之间进行和解和调解的问题。在一般民事侵权案件中，双方之间通常会仅就赔偿数额进行调解，这是基于权利人对自己实体权利的处分自由。在环境污染事件的行政处理程序中也存在关于损害赔偿责任和赔偿数额的所谓“行政调解”，[15]不过，这种调解依然是基于具体权利主体的权利处分。由于公益纠纷的性质，公益诉讼案件加害与否以及损害的有无不应成为调解的对象，必须由法院加以认定。由于公益诉讼的特殊性，在公益诉讼中至少调解或和解不应得到政策支持。如果认可和解或调解很容易在原告与被告之间形成利益交易，引发对公共利益的再次损害。

依照《民诉法司法解释》和《环境公益诉讼司法解释》，在当事人之间可以进行和解，法

[14] 参见韩德培主编：《环境保护法教程》，法律出版社2007年版，第760页。

[15] 参见韩德培主编：《环境保护法教程》，法律出版社2007年版，第347页。

院也可以进行调解。从民事诉讼的理念和原则来看应当没有问题。但问题是,在公益诉讼中,谁是当事人是个问题。加害人是当事人没有问题,但受害人是当事人吗?一般我们说当事人应当是指诉讼当事人。狭义的当事人就是原告和被告,广义的当事人还包括有独立请求权的第三人以及承担责任的无独立请求权的第三人。《民诉法司法解释》所言的“当事人之间”的“当事人”应该不完全是指通常民事诉讼理论上所言之当事人,实际上是指那些实际受到侵害的权利人,例如,受环境污染的实际受害人或被同一侵害行为损害的众多消费者。如果是这样,则应该表述为“权利人与加害人之间可以达成和解,人民法院可以进行调解”,使用当事人这一概念容易造成误解与混乱。当然,权利人与加害人之间可以和解和调解都必须建立在利益主体是特定的场合,如具体的环境污染受害人或众多消费者。但如果依照笔者的理解,这些存在特定利益主体即特定权利主体的情形其实都不应当属于社会公共利益,无须通过公益诉讼的方式解决,完全是私益诉讼,可以通过代表人诉讼(或者司法解释中所说的集团诉讼方式)加以解决。如果公益诉讼的公共利益界定为不特定主体的利益,则就不存在和解与调解的问题,因为没有特定的权利主体。因此,这种意义上的公益诉讼,在请求类型上也是受到限制的。

(七)公益诉讼判决的效力

《民诉法司法解释》规定,公益诉讼案件的裁判发生法律效力后,其他依法具有原告资格的机关和有关组织就同一侵权行为另行提起公益诉讼的,人民法院裁定不予受理,但法律、司法解释另有规定的除外。

在民事诉讼中,任何生效(确定)判决都有既判力,即法院不得就已经判决的实体争议事项再行审理和裁判,即使判决也不得与前诉判决的主文判断相矛盾;当事人也不得就已经裁判并已确定的实体争议事项再行起诉。相对于当事人不得对该判决申明不服,具有终结诉讼程序的形式上的约束力(形式上的确定力)而言,判决确定之后所具有的这种效力在理论上称为“实质上的确定力”。如果当事人就已经判决的实体争议再行提起诉讼,法院对此再行审理,从既判力角度将构成重复诉讼或一事再理。同时,当事人和法院对同一诉讼标的或同一侵权行为的诉讼和审理也违反禁止重复诉讼的制度规定。基于既判力相对性原则,[16]判决在主体范围方面仅对诉讼标的的当事人双方有约束力。人们也很容易理解判决对原告和被告的约束力。但由于公益诉讼的适格原告与诉讼标的并没有实体上的联系,因此,公益诉讼的适格原告就往往为两个以上,也就可能存在其他适格原告在法院对同一诉讼标的作出判决且判决生效之后再行提起公益诉讼的情形。针对公益诉讼的这一特殊性,《民诉法司法解释》专门就公益诉讼判决的既判力问题作出了明确规定。

但应当注意的是,《民诉法司法解释》在此明确的是发生法律效力的公益诉讼裁判。也就是说,此条不仅是关于公益诉讼既判力的规定,也包括法院就公益诉讼作出生效裁定的

〔16〕 关于既判力相对性原则,详见张卫平:《既判力相对性原则:根据、例外与制度化》,载《法学研究》2015 年第 1 期。

情形。一般而言,由于裁定的事项都是非实体争议的程序上的事项,因此,裁定通常不具有既判力。[17] 显然,《民诉法司法解释》并没有注意到这一点。误认为裁定也有既判力。所以,《民诉法司法解释》才规定"法律、司法解释另有规定的除外"。从理论上讲,既判力约束力是没有例外的(在主体范围方面存在例外)。对于所谓的"除外的情形",最高人民法院的民事诉讼法注释书——《最高人民法院民事诉讼法司法解释理解与适用》中提到《环境公益诉讼司法解释》第28条的规定。该规定明确规定环境公益诉讼案件的裁判生效后,有权提起诉讼的其他机关和社会组织就同一污染环境、破坏生态行为另行起诉的,有两种情形法院应当受理。其一,前案(前诉)被裁定驳回的;其二,前案(前诉)申请撤诉被裁定准许的。由于裁定通常不具有既判力,因此,《民诉法司法解释》概括地将裁定也纳入具有既判力的裁判范围是不妥当的。比较妥当的做法是仅就生效判决作出规定即可。否则,容易让人们误认为裁定具有既判力是通常情形。

六、民事检察公益诉讼

(一)民事检察公益诉讼制度的确立

2017年《民事诉讼法》再次修改。这次修改的目的是在民事诉讼法中增设民事检察公益诉讼制度。这次修改在2012年《民事诉讼法》第55条中增加一款,作为该条第2款。其规定:人民检察院在履行职责中发现破坏生态环境和资源保护、食品药品安全领域侵害众多消费者合法权益等损害社会公共利益的行为,在没有前款规定的机关和组织或者前款规定的机关和组织不提起诉讼的情况下,可以向人民法院提起诉讼。前款规定的机关或者组织提起诉讼的,人民检察院可以支持起诉。公益诉讼制度是在2012年《民事诉讼法》修改时设立的,但基于当时人们对公益诉讼制度的实际作用以及公益诉讼的原告主体范围有不同的认识,[18] 因此,没有明确将检察机关作为公益诉讼主体。从理论上讲,既然法律上赋予了国家法律监督机关的地位,公益诉讼又具有法律监督的功能,因此,检察机关参与公益诉讼也就成为必然。

2015年第十二届全国人民代表大会常务委员会第十五次会议通过《全国人民代表大会常务委员会关于授权最高人民检察院在部分地区开展公益诉讼试点工作的决定》,该决定自公布之日起施行。公益诉讼试点期限为2年,自公布之日起算。2015年12月,最高人民检察院颁布《人民检察院提起公益诉讼试点工作实施办法》,对检察机关提起公益诉讼的具体程序问题作了具体的规定。2017年检察公益诉讼试点到期,随之《民事诉讼法》进行了相应的修改,民事检察公益诉讼制度正式确立。这一规定虽然是原则性规定,但为民事检察公益诉讼的具体实施提供了法律依据。2018年最高人民法院和最高人民检察院联合发布

---

〔17〕 关于裁定的既判力,详见张卫平:《民事诉讼法》,法律出版社2013年版,第415页。

〔18〕 关于检察机关是否应作为公益诉讼的原告的争议,参见张卫平:《民事公益诉讼原则的制度化及实施研究》,载《清华法学》2013年第4期。

了《关于检察公益诉讼适用法律若干问题的解释》,明确并细化了检察公益诉讼案件的具体程序事项,成为民事检察公益诉讼制度运作的规范依据。

(二)民事检察公益诉讼制度的特点

民事检察公益诉讼,是指检察机关根据其法律监督职能依法就损害社会公共利益的事项提起诉讼以维护社会公共利益的一种诉讼活动。从现行的制度规定的内容来看,民事检察公益诉讼制度具有以下特点:

1. 民事检察公益诉讼原告主体的特定性

民事检察公益诉讼的原告主体特定为各级检察机关。至于检察机关在公益诉讼中的具体称谓,应为公益诉讼原告还是公益诉讼起诉人存在争议。最高人民法院和最高人民检察院的有关司法解释使用的是“公益诉讼起诉人”。有人将其视为与其他公益诉讼原告的区别。

2. 民事检察公益诉讼范围的特定性

所谓民事检察公益诉讼范围的特定性,是指民事检察公益诉讼的范围还有不同于一般公益诉讼之处。这种特定性源于检察机关本身的特点。

根据民事诉讼法关于民事检察公益诉讼的规定,其范围限于破坏生态环境和资源保护、食品药品安全领域侵害众多消费者合法权益以及侵害英雄烈士人格等损害社会公共利益的行为。虽然《民事诉讼法》的相关规定中使用了“等”的表述,但由于没有“其他”作为后缀,因此可以理解为是限制性的。在检察机关的民事诉讼的实践中,关于环境保护与消费者保护方面目前也仅限于上述范围。《中华人民共和国英雄烈士保护法》则明确只有检察机关才能提起有关英雄烈士人格保护的公益诉讼,其范围的特定性就更加明显了。

在消费者民事公益诉讼方面,《民事诉讼法》对检察机关提起的范围予以限缩,即限制在食品药品安全领域,而非一般消费者公共利益领域。这一限缩规定源于最高人民检察院《人民检察院提起公益诉讼试点工作实施办法》。因此,民事诉讼法的这一规定可以理解为是检察机关自己的“意思表示”。显然,这样的“意思表示”是基于检察机关对于提起公益诉讼的政策或策略考量。也就是说,检察机关根据现在自身的情形——应对公益诉讼的形式和条件的考量,有意识地选择公益诉讼中最关切社会公共利益的两大领域——食品和药品中的违法行为,是审时度势之为。这样的选择有利于集中检察机关的有限资源有效出击。但是,政策选择是一回事,确认其职能权限是另一回事。作为政策考量是司法者的作为,作为基本职能权限是立法者的作为。民事诉讼法关于检察机关基本职能权限的规范似没有必要“拷贝”检察机关的政策考量,范围应当更大。因为政策考量一定是在法律规范的范围内的作为。因此,在具体的规定方面,只要与2012年《民事诉讼法》第55条第1款的规定一致即可,没有必要加以限缩。至于检察机关如何作为,选择什么领域作为自己的重点,需要根据当时的形势、情境和自身的条件决定,是政策上予以考量的事情。我们试想一下,如果今后在消费者公共领域中出现新的变化,需要检察机关就此提起公益诉讼,但又不在食品和药品这两个领域,如何是好?检察机关介入公益诉讼与一般民事诉讼不同,不存在权限界分问题。基于我国的检察监督理论,所有公益领域的诉讼,检察机关都是可以提起的。检察机关需要考虑的是提起公益诉讼的必要性或现实性的问题。民事诉讼法的这一规定,其可斟酌之处就在于,没有区分司法的政策考量与司法的职能权限考量这两者的关系,将政策考量等同于立法考量。最高人民检察院的《人民检察院提起公益诉讼试点工作实施办法》关于范围的规定是一种政策考量的结果,毕竟《人民检察院提起公益诉讼试点工作实施办法》原则上是一种内部规则。因为牵涉自身的条件和阶段性,对其范围作限缩性规定是可以理解的。

3. 民事检察公益诉讼提起的非优先性

所谓民事检察公益诉讼提起的非优先性,是指检察机关提起民事公益诉讼时,只有在有权提起公益诉讼的其他机关和组织不提起诉讼的情况下,才可以向人民法院提起诉讼。相较而言,其他机关或组织在提起民事公益诉讼方面具有优先性。法律对民事检察公益诉讼非优先性的考虑,应当属于一种策略性考虑,基于衡平公益诉讼的资源,尽可能地鼓励其他机关和组织提起诉讼,避免检察机关因过多地直接参与民事公益诉讼,影响检察机关其他职能的发挥。

在有关机关和组织已经提起公益诉讼的,民事诉讼法规定,人民检察院可以支持起诉。由此,支持起诉也被认为是检察机关的一项职能。但如何支持起诉,民事诉讼法没有具体规定。对于具体的支持方式——收集证据、提供法律知识或提供物质财力——也比较难以具体规定。

4. 民事公益诉讼的程序特殊性

与一般民事公益诉讼不同,民事检察公益诉讼在程序上有其特殊性。即检察机关在拟提起公益诉讼之前,须发出公告,告知社会检察机关将提起公益诉讼。如此,公告程序即成为民事检察公益的前置程序。

这一前置程序设置的目的在于,一方面,促使实施侵害社会公共利益的主体停止侵害,消除侵害后果,积极予以恢复或者促使相关行政机关行使职权达成监管目的。这一点主要是基于对检察机关与其他国家行政机关、企事业单位之间的关系考虑。因为行政机关对于社会公共利益有保护的职能和职责,因此,如果检察机关能够通过公告,使行政机关行使职权进行有效干预将具有更好的效果。这与检察机关的社会地位有直接的关系。另一方面,促使其他可以提起公益诉讼的机关和组织提起公益诉讼,这一点是由民事检察公益诉讼的非优先性决定的。

(三)民事检察公益诉讼实施中的问题

民事检察公益诉讼是一种新的制度,无论是理论上还是实践中,都存在一些尚待研究厘清的问题。

第一,民事检察公益诉讼能否行使检察机关所拥有的调查权。在公益诉讼中必然涉及案件事实真相的揭示,这就涉及检察机关调查权的行使问题。具体来说,是检察机关能否行使特殊调查手段以查明事实。就公益诉讼的民事性质而言,毕竟追究的是民事责任,因此动用刑事调查手段查清案件事实是不妥当的。作为民事诉讼,强调当事人平等。当然,也有人认为民事检察公益诉讼并非一般民事诉讼意义上的平等。检察机关提起诉讼应该有其优势所在。

第二,检察机关对于法院终局裁判不服的,能否提起抗诉,实施法律监督职能。这一问题涉及检察机关在检察公益诉讼中的法律地位问题,即检察机关究竟是单纯的诉讼当事人,还是既是当事人又是法律监督人。从法律规定来看,检察机关具有双重身份,因此,检察机关有权对法院的生效裁判提起抗诉。就两种地位的不同性质而言,似乎检察机关作为单纯的民事公益诉讼的当事人更妥当。不过抗诉是由上级检察机关提出,如此,在一定程度上缓和了这种紧张关系。

第二十七章 家事诉讼

本章目次

一、家事诉讼的概念

家事诉讼是近来才开始在学界和实务界普遍使用的概念。所谓家事诉讼，是指民事诉讼中涉及家事纠纷的诉讼。家事纠纷主要包括涉及婚姻关系、收养关系、亲子关系、家庭财产关系、遗产继承关系等纠纷。因实体法、程序法的规定和对家事关系的认识不同，关于家事诉讼的范围也有所不同。家事诉讼程序是涉及家事纠纷审理的诉讼程序，与此不同，虽然涉及家事法律的处理的程序，但并非诉讼程序的，称为“家事非讼程序”。广义上的家事程序包括家事诉讼程序和家事非讼程序。

在我国现行的《民事诉讼法》中并没有关于家事诉讼程序的特别规定，在离婚诉讼中有个别的特殊规定。例如，在离婚诉讼中，即使有诉讼代理人，婚姻关系的当事人也必须到庭。之所以没有关于家事诉讼程序的特别规定或家事诉讼程序特别法，与我国的民事诉讼体制有内在关系。家事诉讼程序的基本特点是职权干预，而我国的民事诉讼体制本身就具有职权干预的特点，因此家事诉讼与一般民事诉讼没有区别，因此也就没有将家事诉讼程序独立出来。就这个意义而言，甚至可以说我国的民事诉讼本身就具有家事诉讼的特性，是一种泛家事诉讼化的体制。

20 世纪 80 年代末期，受经济体制改革的影响，人们的民事诉讼观念发生了变化，民事诉讼体制跟随改革大趋势，开始逐步转型或显现转型趋势，也鉴于案件增加的压力，人们对一般民事诉讼中当事人主导、当事人处分自由、当事人自我责任有了新的认识，法院的职权干预逐渐收缩，民事诉讼体制的当事人主义色彩已经比较明显。经过一段时期之后，人们开始认识到一般民事纠纷与家事诉讼、公益纠纷有所不同，在其诉讼中，完全摒弃职权主义是不适当的，当事人在诉讼中的处分权应当受到限制。由此，家事诉讼程序的独立性成为学界共识。

二、家事诉讼的特点

家事纠纷与一般民事纠纷有所不同,因此,从应然的角度其诉讼程序和制度的设计上也应当具有自己的特点。家事纠纷最大的特点是其纠纷涉及家庭关系、血缘关系。这类关系涉及当事人之间以及当事人与其他家庭成员之间的社会关系,牵涉彼此之间的亲情关系。因此,解决该纠纷的诉讼程序也必须考虑这种家事关系和亲情关系,除了法律关系,还包括伦理关系,纠纷的解决不仅要适用法律,运用法律分析的方法,还需要运用伦理以及理论分析方法。需要更多的伦理和法理说服当事人适当地解决争议,争议的解决要充分顾及家庭的稳定、和谐,要有利于子女的教育和成长。因此,追求未成年利益的最大化成为家事诉讼的目的之一。限制辩论原则、处分原则的适用,强化职权探知也成为家事诉讼区别于一般民事诉讼的制度特色。诉讼调解更被认为是审理家事诉讼的最佳方法。调解对事实认定的模糊化、法律适用的柔性化正适合于处理家事纠纷。这种方法能够充分体现基于亲情、人情的处理,更有利于达成家事纠纷解决的目的。由此,家事诉讼程序调解前置似乎成为一种共识。

三、家事审判方式改革

家事审判方式改革是由最高人民法院主导、推动的,意图改变传统家事审判的运动。也是近些年来司法改革总体部署中的主要组成部分。家事审判方式改革在司法改革领域中是相对比较系统的改革。2016 年 2 月最高人民法院发布《关于开展家事审判方式和工作机制改革试点工作的意见》,对改革试点工作提出系统、具体的改革意见。试点期间从 2016 年至 2018 年,为期两年。确定全国 100 个法院为试点法院,进行家事审判方式的改革。

最高人民法院提出改革的目的是,转变家事审判理念,推进家事审判方式和工作机制创新,加强家事审判队伍及硬件设施建设,探索家事诉讼程序制度,开展和推动国内外法院之间家事审判经验交流和合作,探索家事审判专业化发展。适应家事案件特点,突出保护当事人的身份利益、财产利益、人格利益、安全利益和情感利益。探索家事纠纷的专业化、社会化和人性化解决方式。推动建立司法力量、行政力量和社会力量相结合的新型家事纠纷综合协调解决机制,完善多元化纠纷解决机制,形成有效社会合力,切实妥善化解家事纠纷。

改革试点中,最高人民法院将家事案件确定为以下类型:(1)婚姻案件及其附带案件,包括离婚、婚姻无效、婚姻撤销等,附带案件包括监护权、子女抚养费、离婚后财产分割等;(2)抚养、扶养及赡养纠纷案件;(3)亲子关系案件,包括确认亲子关系、否认亲子关系;(4)收养关系纠纷案件;(5)同居关系纠纷案件,包括同居期间的财产分割、非婚生子女抚养等;(6)继承和分家析产纠纷案件等。

从家事审判的改革实践来看,首先,其突出了法院对家事案件诉讼中当事人处分权的干预,例如,调解优先原则的强调,实际上是调解前置。其次,其强调法院家事诉讼与其他替代解决方式的协调,而不仅仅是法院家事审判方式的改革。最后,其强调法院家事审判中对当事人心理和伦理的引导。由于家事审判方式改革也是司法改革的组成部分,又由于司法改革的政治性,也使家事审判方式改革具有了政治性。如何使家事审判方式改革在合法性与正当性、政治性与实效性、法律与伦理之间取得很好的平衡是一个亟待解决的问题。

四、家事诉讼程序的制度建构

家事诉讼程序的制度建构,需要完成以下基本框架:

第一,在诉讼原则方面,确立家事纠纷诉讼解决的基本原则。这些原则将充分体现家事诉讼的基本特点。例如,未成年人利益最大化原则、职权探知原则、不完全的处分原则、非公开审判原则(包括庭审非公开、裁判文书非公开、调解过程非公开、未成年人信息非公开等)。

第二,在审判组织和审判人事方面,实行人民陪审员制度,特邀有经验的人民陪审员参加陪审;实行家事调查员制度。家事调查员虽不是法官,但因为拥有对家事各种情形调查的经验,能够了解有利于家事纠纷解决的事实和信息,为适当解决纠纷提供帮助。在制度设计上,应该对家事调查员有相应的资质要求以及相应的配套措施。

第三,实行调解前置制度。强化家事纠纷调解的专业化,包括调解人员的专职化。

第四,在审理程序中引进心理辅导和测评机制。在诉讼中引进心理辅导和心理测评可以为解决家事纠纷提供有益的帮助。尤其是在调解过程中,调解人员需要根据当事人的心理情形采用相应的调解方法。

第五,在事实认定和证据调查中实行职权探知原则。即使当事人没有主张的事实,法院也可以根据案件具体情形,在必要时斟酌当事人没有主张的事实作为裁判的依据。当事人没有提出的证据主张和证据,法院也可以依职权进行调查,并以此作为认定事实的依据。这一点正是家事诉讼不同于一般民事诉讼最主要之点。由于每一种家事纠纷案件还有其自己的特点,因此,在制度建构的细节方面还需要根据这些案件的特点,借鉴域外的制度加以具体地规定。由于家事诉讼程序与家事非讼程序之间的内在联系,建议最好能够制定单行的家事程序法。该法既包括家事诉讼程序,也包括家事非讼程序,例如,在非讼程序中设置人身保护令制度。

问题与思考

本章需要思考的问题是:

1. 在目前的司法体制下,公益诉讼能否达成维护社会公共利益的目的? 原因是什么?
2. 如何界定公益诉讼的范围? 存在什么困难?
3. 如何协调同一侵权原因引发的公益诉讼与私益诉讼的关系?

第二十八章 法院调解

本章目次

一、法院调解概述

(一)法院调解的概念

法院调解,是指在人民法院审判人员的主持下,双方当事人通过自愿协商,达成协议,解决民事争议的活动和结案方式。由于是在诉讼中进行的,也称为"诉讼调解"或"诉讼上的调解"。

法院调解制度是当事人行使处分权与人民法院行使审判权相结合的产物。从当事人的角度讲,是否用法院调解的方式解决纠纷取决于双方当事人的自愿。从人民法院的角度讲,法院调解又不仅仅是当事人之间的私权合意。

正因如此,法院调解不同于当事人和解。当事人和解是指当事人在诉讼进行中,自愿协商,达成协议,解决纠纷,结束诉讼的活动。和解的开始、进行以及和解协议的达成,完全取决于双方当事人的自愿,没有审判人员的主持。和解协议是双方当事人行使处分权的结果。

(二)法院调解的性质

从《民事诉讼法》的规定以及我国民事诉讼法学者对法院调解的表述看,法院调解的性质,应当是人民法院依法行使审判权的一种方式。在调解过程中,人民法院是以法制教育和思想疏导方式,促成当事人达成协议,结束诉讼,行使其审判权。法院调解不仅是一种重要的审判行为,也是一种重要的结案方式。法院调解的这一性质,使之与诉讼外的调解、仲裁以及在诉讼中当事人和解区分开了。

(三)调解适用的范围

法院调解虽然是解决民事纠纷的一项重要的方法,但并非所有案件都适用调解。除了不适用普通程序和简易程序的案件,如适用特别程序、督促程序、公示催告程序、破产还债程序的案件外,涉及确认婚姻关系和身份关系的案件也不能适用法院调解。

(四)法院调解的意义

法院调解作为人民法院行使审判权处理民事纠纷的一种形式,在我国的民事审判中具有重要意义:

第一,有利于彻底解决当事人之间的纠纷。法院调解是在人民法院主持下,双方当事人在自愿的基础上以平等协商的方式解决他们之间的纠纷。调解的过程,就是尽可能使双方当事人对本案的事实问题和法律问题形成较为一致的认识的过程,调解的结果体现双方当事人的合意,由于是当事人之间的合意,因此有利于纠纷的彻底解决。

第二,有利于简化诉讼程序,及时化解矛盾。调解手段的运用相对比较灵活,按照民事诉讼法的规定,调解可以贯穿审判程序的全过程,不仅庭审前可以调解,开庭审理中也可以进行调解;第一审程序中可以进行调解,第二审程序、再审程序中也可以进行调解。审判人员可以根据案件的具体情况适时进行调解。

第三,由于法院调解有审判人员的介入,故在审判人员的引导下正确地进行调解,有利于纠纷的顺利解决。当然,这也容易导致审判人员对当事人调解意愿的干预。

(五)调解与和解的区别

调解与和解的共同点在于,两者都是基于当事人对程序权利和实体权利的处分。不同点在于:(1)诉讼调解有法院的介入,是在法院支持之下完成的。和解是在没有法院主导的情形下当事人双方就程序问题和实体问题的处理达成的协议。(2)达成调解是法院结案方式之一。调解书具有与判决书相同的法律效力。和解协议不具有直接结案的效力(例如,当事人双方尽管可以达成撤诉的和解协议,包括一审撤诉和撤回上诉等,但还是需要当事人具体实施撤诉行为,才能发生撤销的法律效果),虽然民事诉讼法规定,当事人双方可以达成和解,但关于和解的效力并没有具体规定。和解协议书也不具有与判决书相同的法律效力。和解协议仅具有实体法上的效力。诉讼法上的效力尚未得到充分认可。此外,由于我国民事诉讼强调调解,法院有主动调解的职责,因此,和解在我国民事诉讼中的适用情形不多。

(六)调审合一与调审分离

调审合一和调审分离被认为是诉讼调解或法院调解的两种不同模式。所谓调审合一,既指主体的合一,也指程序的合一。调审合一,指不仅审理和调解的主体是合一,作为审理案件的法官同时也是纠纷调解的法官,同时,在程序上也不加以区别。所谓调审分离,不仅指诉讼程序中,审理和调解的主体是分离的,而且从事审理的法官和从事调解的法官不同,程序也有所不同。大陆法系国家或地区基本实行的是调审分离模式,不仅审判和调解的主体不同,程序也有所不同。不能调解的,即进入审判程序,在审判程序中当事人双方不能再进行调解。英美法系国家在庭审之前,当事人双方在律师主导下可以进行和解,庭审中不可以和解,必须裁判终结。

我国实现的是调审合一的模式。在大陆法系国家或地区基本实行的是调审分离的模式。有学者主张我国应当改革调审模式,实行调审分离模式。主张者认为调审合一存在两个基本问题:其一,调审合一模式模糊了裁判和调解主体的定位,基于裁判者的实际地位以及调解在规则适用上的模糊性，势必影响调解的自愿性，存在以调待审的情形；其二，审判和调解是两种性质不同、彼此冲突的行为。审判是程序的典型，调解是反程序的。两者合一必然导致矛盾和冲突，既不利于审判也不利于调解，因此，应当实行调审分离。[1]

笔者认为，上述对调审合一的批评大体是成立的。除此之外，调审合一的结构性缺陷或问题还在于，审判与调解是两种思维方式。审判是程序和规则思维方式，以案件客观事实认定为前提，追求法律适用的准确性和唯一性，严格遵循三段论推理的法律逻辑思维。而调解思维是一种非规则性、非模糊性、普遍的、联系性的思维逻辑，讲究的是情感、伦理和经济效益的多重考量和平衡。正是这两种不同的思维，往往容易导致审判人员在实践中处于观念与思维的冲突和紧张之中。虽然我们努力训练法官使其具备自由转换两种思维方式的能力，但实际行为与言行却必然有其矛盾所在。

尽管存在上述问题但并不意味着一定要抛弃这种模式。这种模式也许恰恰适合我国对司法的价值期待。例如，如果我们并不希望将法律与伦理、政治划分得十分清晰，而是期望在司法中融入传统文化价值，期望在司法中更多地考量伦理、经济等因素，而非单纯地、形式逻辑地适用法律，则通过调审合一模式可能正好能够实现这一司法价值追求，达至法律适用灵活化，化解法律程序的刚性化及形式主义化的潜性目的。这可能是法治初级阶段的必然。在这个意义上，调审合一将弱化调解的自愿也是这种司法追求、司法观念的必然，严格来讲并非缺陷。对于人们所指出的问题，在这样的司法观念和政策的要求下也就可以包容了。因此，从现在的司法价值取向来看，要实现调审分离的确不太现实。

二、法院调解的原则

（一）自愿原则

自愿原则，是指人民法院必须在双方当事人自愿的基础上进行调解。当事人自愿，包括程序上的自愿和实体上的自愿。程序上的自愿，是指以调解的方式解决争议必须征求当事人的同意，当事人拒绝调解或不同意以调解的方式结案的，人民法院不能强迫当事人接受调解。实体上的自愿，是指达成调解协议必须双方自愿，调解协议必须是双方当事人互谅互让、自愿达成的。

（二）查明事实、分清是非原则

按照民事诉讼法的规定，调解应当查明事实，分清是非。这一原则要求人民法院应当在查明事实、分清是非的基础上进行调解。法院调解与判决一样，是人民法院行使审判权的方式，因此以调解的方式处理民事纠纷，同样要查明案件事实、分清是非。

笔者对将查明事实、分清是非作为法院调解的一项原则，持有异议。调解的目的就是解决纠纷，因此没有必要将查明事实、分清是非作为一个原则和前提。正是因为案件的事实难以查清才给予调解的余地，分清是非更没有必要，对于有些案件，尤其是涉及家事纠纷

---

〔1〕 参见李浩：《调解归调解，审判归审判：民事审判中的调审分离》，载《中国法学》2013 年第 3 期。

的案件也难以厘清是非。同时,是非问题不仅涉及法律,也涉及伦理与价值判断,作为调解原则未必妥当。在此,问题的实质还是在于调审合一模式中,没有区分审判和调解属于不同的思维逻辑和方法。作为审判的前提则必须查明事实,在事实基础上正确适用法律。而调解恰恰则适用事实不清的情形,因为调解是一种模糊处理方法。法院调解包含了公权裁决和私权合意处分,因此也就导致法院调解制度必然产生矛盾。例如,一方面,作为合意处分,允许调解对事实的认定具有一定的模糊性;另一方面,作为一种公权的运用,调解又必须查明事实、分清是非。[2]

(三)合法原则

合法原则包括两个方面,即程序上合法与实体上合法。程序上合法,是指人民法院主持的调解活动必须合法,必须符合民事诉讼法关于调解的程序规定。实体上合法,是指调解协议的内容合法,即双方达成的调解协议不得违反法律的规定,不得损害国家、集体和他人的合法权益。

实践中,对于如何理解合法原则存在歧义。有观点认为,合法性还包括不得违反政策,并且只要不符合法律的规定就应认定为违反合法原则。笔者认为,合法仅仅是调解协议不得违反法律的禁止性规定,不包括违反政策。这种理解是从民事调解的性质来认识的。在民事领域中,只要没有违反法律的禁止性规定,当事人对自己的权利都享有处分权。民事诉讼法明确规定调解协议的内容不得违反法律,且政策是一个相当广泛和抽象的概念。

三、法院调解的实施

根据《最高人民法院关于人民法院民事调解工作若干问题的规定》(以下简称《民事调解规定》),人民法院对受理的第一审、第二审和再审民事案件,可以在答辩期届满后裁判作出前进行调解。在征得当事人各方同意后,人民法院可以在答辩期满前进行调解。由于原告刚起诉不久,因此在答辩期届满前当事人答应进行调解的应该不多。

调解可依当事人申请开始,也可由人民法院根据案件的具体情况依职权主动进行。人民法院依职权开始调解的,应征询双方当事人的意见,当事人不同意进行调解的,不能强迫进行。当事人各方可以自己提出调解方案,法院也可以提出调解方案供当事人参考。

调解是指在审判人员的主持下,对双方当事人进行法律宣传教育和说服疏导工作,促使当事人互谅互让,达成调解协议的活动过程。调解实施前,法院应当告知当事人主持调解人员和书记员的姓名以及是否申请回避等有关诉讼权利和诉讼义务。

在答辩期届满前法院对案件进行调解的,适用普通程序的案件,在当事人同意调解之日起15日内结束(适用简易程序的为7日)。在15日内没有达成调解协议的,经各方同意,

---

〔2〕 关于法院调解制度的问题,详见张卫平:《转换的逻辑——民事诉讼体制转型分析》,法律出版社2004年版,第12章。

可以继续调解。延长的调解期间不计入审限。如此规定的目的主要是鼓励调解。

调解过程可以公开,也可以不公开,当事人申请不公开调解的,可以不公开调解。考虑到当事人在调解中的心理因素,调解过程应当尊重当事人的意志,由当事人决定是否公开,实践证明在不公开的场合往往更容易达成调解协议。

调解既可以在当事人各方在场时进行,也可以根据需要分别对当事人进行调解工作,分别调解的,最终达成调解协议也必须是双方当事人的一致意思表示。

调解中,法院可以邀请与当事人有特定关系或者与案件有一定联系的企事业单位、社会团体或者其他组织,以及具有专门知识、特定社会经验、与当事人有特定关系并有利于促成调解的个人协助调解工作。经各方同意,法院也可以委托上述单位或个人对案件进行调解,达成调解协议后由法院予以确认。

当事人就部分诉讼请求达成调解协议的,人民法院可以就此先行确认并制作调解书。当事人就主要诉讼请求达成调解协议,请求人民法院对未达成协议的诉讼请求提出处理意见并表示接受该处理结果的,人民法院的处理意见是调解协议的一部分内容,制作调解书时记入调解书。

经调解,双方当事人不能达成调解协议的,人民法院应及时判决,不能久调不决。

四、调解协议及其效力

(一)调解协议的内容

调解协议,是指在人民法院主持下,双方当事人就他们之间的争议及权利义务所达成的,并经人民法院确认的协议。

调解协议一般是当事人双方围绕诉讼请求的内容所达成的合意,但按照《民事调解规定》,调解协议的内容也可以超出诉讼请求的范围,就没有请求的其他事项进行调解并达成调解协议。这样规定的目的在于更有利于纠纷的解决。

《民事调解规定》还规定,当事人双方可以在协议中约定一方不履行协议应当承担的民事责任。这种责任实际上相当于双方约定的违约责任。不过这里涉及的问题是,如果双方对调解协议本身的约定发生争议应当如何解决。调解协议本身是解决民事纠纷的协议,调解协议中也不会附加新的实体权利义务,因此对协议发生争议时,通常不再设置争议解决程序。但如果调解协议中附加了新的实体权利义务,则会发生这样的问题:不设置争议解决程序,使实体权利义务争议缺乏救济;设置争议解决程序,又将使"元纠纷"的解决复杂化。笔者认为,设置违约责任的做法应当慎重。

另外,根据《民事调解规定》的规定,调解协议约定一方提供担保或者案外人同意为当事人提供担保的,人民法院应当允许。该条规定所指的"提供担保",应当是一方当事人或案外人为调解协议中规定的义务履行提供担保。该法还规定,当事人或者案外人提供的担保符合担保法规定的条件时生效。这里涉及的问题是,如果当事人以及担保人就担保协议发生争议时,是否可以向法院另行起诉?如果可以起诉的话,调解协议究竟是诉讼上的协议呢？还是实体法上的协议？笔者认为，调解协议是诉讼中为解决纠纷所达成的协议，应当是诉讼上的协议，如果理解为实体法上的协议，就可能发生基于“元纠纷”的连环纠纷，即当事人向法院起诉担保人的担保责任，诉讼中当事人可能就担保问题达成协议，协议中规定担保事项，事后当事人又因对该担保事项发生争议而起诉到法院。

法院对调解协议不予确认的事由。调解协议如果不能得到法院的确认，便不能发生法律效力。调解协议具有以下事由的，法院不能予以确认：(1)侵害国家利益、社会公共利益的；(2)侵害案外人利益的；(3)违背当事人真实意思的；(4)违反法律、行政法规禁止性规定的。

(二)调解协议与调解书的关系

在我国，当事人双方在法院主持下达成调解合意的，需要签订调解协议。而调解书则是法院确认当事人调解协议内容的法律文书，而且只有调解书才能成为执行的根据。因此，凡是具有给付内容的调解协议都需要制作调解书。法院制作的调解书要求与调解协议内容的本意一致，而不是照抄调解协议文字表述，因为实践中调解协议的表述往往不够准确，因此法院制作调解书时，需要对调解协议加以整理规范，以便予以执行。根据《民事调解规定》的规定，当事人以民事调解书与调解协议的原意不一致为由提出异议，人民法院审查后认为异议成立的，应当根据调解协议裁定补正民事调解书的相关内容。还应当注意，调解书的内容并不完全是当事人双方调解协议的内容，一些当事人没有协议，与诉讼标的没有关系的内容也可直接写入调解书，从而作为执行的内容。例如，关于诉讼费用的负担。根据《民事调解规定》的规定，当事人不能对诉讼费用如何承担达成协议的，不影响调解协议的效力，人民法院可以直接决定当事人承担诉讼费用的比例，并将决定记入调解书。

调解书虽然由法院制作，但调解书必须忠实于当事人之间的调解协议，不能违反调解协议，既不能增加双方协议之外的内容，也不能减少协议的内容。这一点需要特别注意。

根据《民事诉讼法》的规定，下列案件在调解协议达成后，可以不制作调解书：(1)调解和好的离婚案件；(2)调解维持收养关系的案件；(3)能够即时履行的案件；(4)其他不需要制作调解书的案件。

依照《民事诉讼法》的规定，对不需要制作调解书的协议，应当记入笔录，经双方当事人、审判人员、书记员签名或者盖章后，即具有法律效力。与此不同的是，根据《民事诉讼法》的规定，调解书经双方当事人签收后，即具有法律效力。这里所指的“签收”，有的理解为调解书送达时当事人的签收。这样一来，实际上调解书在当事人接受送达后才能生效，如果拒绝接受送达，调解书便没有法律效力。由于调解书是法院对调解协议内容予以确认的法律文书，因此，调解书没有法律效力也就意味着调解协议的内容没有得到确认，也就无法通过法律的强制方法实现调解协议中的权利义务。

在实践中，调解所遭遇的问题是，由于调解书必须在送达以后才能发生效力，而送达又需要一段时间，当事人往往在调解书送达时反悔，拒绝接受送达，从而影响了调解的实效性。从《民事调解规定》来看，最高人民法院试图在这方面有所作为。其规定：根据民事诉讼法的规定,当事人各方同意在调解协议上签名或者盖章后生效,经人民法院审查确认后,应当记入笔录或者将协议附卷,并由当事人、审判人员、书记员签名或者盖章后即具有法律效力。当事人请求制作调解书的,人民法院应当制作调解书送交当事人,当事人拒收调解书的,不影响调解协议的效力。一方不履行调解协议的,另一方可以持调解书向人民法院申请执行。

《民事诉讼法》规定了不需要制作调解书的案件范围。其又规定,对于不需要制作调解书的协议,在当事人和有关人员签名或盖章后即具有法律效力。但由于其规定的是"其他不需要制作调解书的案件",并没有明确哪些是不需要制作调解书的案件,因此给了法院自由裁量的余地。但问题是,如果将"其他不需要制作调解书的案件"扩展为所有案件的话,则必然架空《民事诉讼法》关于调解书签收才能生效的规定。另外,《民事调解规定》的规定从表述上看还表达了这样的意思,即对于不需要制作调解书的调解案件,法院可以应当事人的要求制作调解书,这种调解书由于是当事人要求制作的,因此拒收调解书,也不影响调解协议的效力。这样的解释并非没有道理,但问题是调解协议的效力是指什么呢?可以肯定的是,调解协议不能成为执行根据,按照《民事诉讼法》的相关规定,调解书才能成为执行的根据。《民事诉讼法》规定,拒收调解书的,调解书就不具有法律效力。尽管《民事调解规定》规定"拒收调解书不影响调解协议的效力",但仍然无法使调解协议成为执行根据。因此,《民事调解规定》关于"一方不履行调解协议的,另一方可以持调解书向人民法院申请执行"是不妥当的,因为被拒收的调解书并没有法律效力。正是因为现行《民事诉讼法》规定调解书必须在签收后才能发生效力,所以要想提高调解的实效性,只有修改《民事诉讼法》。

(三)法院调解的效力

法院调解与法院判决具有同等的效力。调解协议无须制作调解书的,调解协议在当事人双方、审判人员、书记员签名或者盖章后即发生效力;需要制作调解书的,在当事人签收后发生效力。这些效力有以下几点:

一是形式上的约束力。形式上的约束力,是指当事人以及法院在调解生效后,就要受到调解的约束。当事人不得对调解不服提起上诉。关于本案的诉讼因为调解生效而告终结,当事人不得对该案件继续提起诉讼。法院也不能撤销和变更调解协议或调解书的内容。

二是实质上的确定力。实质上的确定力,是指该案件争议的法律关系因为调解而发生确定的法律效果,当事人双方不得提出与调解标的相反的主张。法院也不能在其他诉讼中作出与该调解标的相反的判断。调解这一效力与判决的既判力内容相同。

三是形成力。如果调解的目的是形成一定法律关系,且调解又确认了一方当事人的形成权,那么该调解就具有形成力。典型的例子,是在法院主持下双方就离婚所达成的调解。

四是执行力。对于有给付内容的调解,调解还具有执行力。如果在调解书中负有给付义务的当事人不自动履行义务,权利人可以根据调解书向法院申请强制执行。

问题与思考

法院调解率与调解滥用、诉讼调解化

诉讼调解制度是我国民事诉讼中的一项重要制度，是民事诉讼程序中解决当事人之间民事争议的一种方法，在民事审判方式改革兴起之前就被着重加以强调。在积极倡导民事审判改革的一段时间里，诉讼调解在相当大的程度上被淡化，相应地，通过判决解决争议（判决结案）的比例大幅度上升。21世纪初，人们又开始"怀念"起调解制度，包括人民调解和诉讼调解。在民事诉讼领域，由于社会和谐政治形势的加温，使诉讼调解得到了强势反弹，调解结案的比例已经远远超过20世纪90年代以前。这几年，一些在诉讼调解方面走在前列的基层人民法院几乎是以每年5%以上甚至10%的幅度在提高诉讼调解的结案率，调解结案率已经超过60%，个别人民法院甚至已经超过70%，从而成为诉讼调解的"先进"（当然，有的法院调解结案率的提高不过是单纯统计数据上的变化而已）。中级人民法院的诉讼调解结案率也达到30%或40%以上。调解结案率、"调撤率"已经成为衡量一个法院，尤其是基层人民法院工作业绩的一个"硬指标"，是审判管理的"量化"指标，具有很高的权重指数。调解结案率同时也是衡量一个审判员业务工作的一个"硬指标"。在这种激励机制之下，诉讼调解进一步加热升温，如何提高法院的调解结案率成为各地法院重点研究的问题，几乎每一个基层人民法院都将诉讼调解以及相关问题作为最重要的调研项目（许多调研项目的设计具有明显强调调解的预设目的）和课题，以示对调解的重视。当下，诉讼调解的强势反弹实在地反映出我国司法和法治进程中的转型前特色，反映了过渡时期司法的特点和矛盾。

诉讼调解的过分强调或调解强势使诉讼呈现以调解为主、审判为辅的特点，也就是所谓诉讼调解化。应当看到，诉讼调解化产生的消极作用如下：（1）弱化了法院裁判的功能。即不能充分发挥裁判对法律的阐明作用、对社会行为的指引作用，不利于减少纠纷的发生。为了具有广泛的规范作用，法律的许多规定都是以高度抽象的语言加以表达，其规范的目的、精神、价值要求、适用条件、效果还需要通过法院在具体案件的适用中加以阐明。裁判公开使裁判根据和推理能够得以揭示，使人们能够正确地理解法律、认识法律以规范自己的行为。然而，调解是不公开的，关于事实的认定和法律适用的过程都无须公开，也无须加以阐明，这就使调解不具有指引人们行为规范和阐明法律和法理的功能。在法治初期或初级阶段，审判的这种阐释法律、指引社会的功能是非常重要的，有助于培养人们的法律意识，指引、规范人们的行为。现阶段，遵法、守法的意识尚需增强。这些意识源于我们对法律的理解和认识。案件公开审判是学习法律最生动的教材。调解能够解决纠纷，但无法做到这一点。（2）导致权利"打折"，义务意识弱化，不利于法律的遵行，进一步消解权利意识。在法治初期阶段，强调"为权利而斗争"依然有其积极价值。

诉讼调解化的原因是多方面的，主要有以下几点：

一是与传统纠纷解决的方式有关。传统纠纷解决方式就是调解，因此在传统作用之下，即使有了诉讼程序，人们依然习惯于调解，即所谓"新瓶装旧酒"。

二是与实体法规范不健全、不完善有关。由于实体法规范的不健全、不完善，导致了实体规范的缺失，加之法院的解释权威不强，导致裁判根据缺位，因此只能以调解方式加以缓和。

三是审判者对案件事实认定和法律适用的专业素质和水平还有待提高。由于处于法治初建阶段，我们的司法者还不了解和掌握诉讼中案件事实认定和法律适用的复杂技能，这需要很长时间的积累，加之我们过去虽然重视审判，但这种认识仅停留在政治层面，并没有将其作为一种专门技术和技能看待。

四是受国外对调解重视的误导。改革开放以后，国外的诉讼观念、理论和诉讼制度的发展对我国也产生了较多影响，但也存在误读之处。导致误读的原因主要在于语境错误。例如，在英美法系国家，庭审裁判并不是大多数案件所必须的经历和结果。按照通常的说法，仅有3%左右的案件进入庭审程序通过裁判加以解决。绝大多数案件是在庭前准备阶段的证据开示程序（discovery）之后通过当事人之间的和解、自愿撤诉或者其他处置性动议（dispositive motion）加以解决。大陆法系国家也提倡在诉讼中和解。于是会有种错觉认为，我们现在的状况是国外发达国家正在追求的理想，我们在法治发展的道路上正好"打了一个提前量"。这种严重误读导致了我们对现阶段调解的错误定位。法治相对发达国家在庭审程序过于复杂、庭审成本高、审理周期长的背景下，自然会强调通过非庭审裁判的方式解决纠纷。在这些国家，审判已有几百年的历史，存在大量公开的判例，人们的权利义务意识已经非常牢固，成熟的律师群体为社会提供精致完备的法律服务和法律知识。而现阶段我国的情形则与之不同。我们需要裁判，需要以审判为中心，而非以调解为中心。

要解决诉讼调解化，保证调解的合理运用，关键还在于坚持民事诉讼法已经确立的调解自愿原则。只要坚持了这一原则，诉讼调解自然就会在合理的范围之内。〔3〕

---

〔3〕 关于调解滥用的问题，详见张卫平：《诉讼调解：时下势态的分析与思考》，载《法学》2007年第5期。

第二十九章 第二审程序

一、第二审程序概述

（一）第二审程序的概念

第二审程序，是指当事人不服第一审人民法院的判决和裁定，依照法定程序和期限，提请上一级人民法院对案件进行审理的一种法律制度。第二审程序是人民法院审理上诉案件所适用的程序，又称上诉审程序；我国实行两审终审，所以第二审又称终审程序。

上诉，是指当事人对第一审未生效的判决、裁定在法定期限内声明不服，要求上级人民法院进行审理，并撤销原判决、裁定的诉讼行为。

第一审程序与第二审程序有明显的不同，其区别主要表现在：

第一，程序发生的原因不同。第一审程序的发生，是基于当事人的起诉权和人民法院的管辖权。第二审程序的发生，是基于当事人的上诉权和第二审人民法院审判上的监督权。

第二，程序的任务和目的不同。第一审程序的任务和目的是确认当事人之间的民事权利义务关系，正确适用法律，解决民事纠纷。第二审程序的任务和目的除此之外，还侧重于对上诉人的权利救济。第二审程序是由上诉人的上诉行为启动的，启动的目的就在于通过第二审改变对一审的不利判决。另外，由于第二审法院在第一审法院认定事实不清、适用法律错误时，可以撤销原判发回重审或自行改判，因此第二审还具有在上诉请求范围内对下级人民法院的审判活动进行监督的作用。以往人们从职权干预的理念出发，在认识第二审程序的功能时轻视了第二审权利救济功能，而侧重于第二审的监督功能。

第三，审理的方式和期限不同。适用第一审程序审理案件，人民法院必须开庭审理。适用第二审程序审理上诉案件，人民法院可以开庭审理，也可以对某些法定的案件不经开庭而径行判决。普通案件审限一般为6个月，有特殊情况可以延长，简易程序一般为3个月。适用第二审程序审理案件，对判决不服的，审限为3个月；对裁定不服的，审限为30日。

(二)第二审程序的意义

第二审程序设置的意义包括两个方面:一方面,当事人可以在认为第一审裁判有错误时,要求上一级人民法院对第一审判决、裁定的正确性、合法性进行审查,以维护自己的合法权益。另一方面,通过第二审程序,上级人民法院可对下级人民法院的审判工作进行有效的监督,维护司法的公正性和统一性。在第二审程序中,上级人民法院经审理发现,原审判决认定事实不清楚的,可以撤销原判发回重审;认定事实清楚,但适用法律错误的,可以自行改判;上级法院通过第二审可以统一对法律的解释和适用。

(三)关于第二审与第一审的关系

应当如何对待第二审与第一审的关系,各国的制度设计有所不同,学者之间的认识也有所不同。从各国的制度安排来看,学说上将其归纳为以下三种模式:

第一,复审制。其制度设计为,第二审是对案件的重新再次审理,第二审法院应当将重新收集、调查的资料作为裁判的事实基础,完全不考虑第一审法院审理得正确与否,独立地对案件事实和法律适用作出判断。复审制的优点在于更易满足对实质正义的要求,缺陷在于审理成本高、时间长。

第二,事后复审制。与复审制不同,按照事后复审制,第二审只能以当事人在第一审中提出的诉讼资料为依据,不允许当事人在第二审中提出新的诉讼资料。第二审只能对第一审适用法律是否正确进行审查,而不是审查第一审法院所认定的事实。《奥地利民事诉讼法》采用的是事后复审制。事后复审制的优缺点恰恰是复审制优缺点的倒置。

第三,续审制。续审制具有折中复审制和事后复审制的特点。在对待第一审裁判资料的态度上,既没有完全割裂,也没有完全依赖,而是以一审裁判资料为基础,但允许第二审法院独立认定判断。完全割裂,重新收集、调查认定的就是复审制;完全依赖第一审裁判资料,不允许独立重新收集、判断的是事后复审制。续审制走的是两者的折中路线。德国、日本和我国台湾地区采用续审制。具体而言,续审制具有以下特点:(1)第二审以第一审诉讼资料为基础。在第二审中,当事人必须陈述第一审口头辩论的结果。(2)当事人在第一审的诉讼行为在第二审依然有效,第二审是第一审的延续。(3)以第二审辩论终结时为判断当事人上诉请求是否正当的标准时。(4)当事人可以在第二审提出新的事实主张,即提出新的攻击、防御方法。(5)对提出新的攻击、防御方法有所限制。对于提出的新的攻击、防御方法,在对方当事人提出异议时,提出者应当予以说明。

从我国的情况来看,第二审程序过去一直允许当事人就上诉请求部分提出在一审中没有提出过的新证据和新的事实主张。由此,可以认为我国的第二审属于复审制。不过,从后来的司法解释规定来看,似乎又有续审制的特点。例如,按照《民事证据规定》的要求,只有符合该规定要求的"新证据"才能提出,这样也就限制了证据的提出,实际上也就限制了新的事实主张的提出,因为新的事实主张的提出往往需要有新的证据加以支持。《民诉法司法解释》规定,当事人在第一审程序中实施的诉讼行为,在第二审程序中对该当事人仍具有拘束力。当事人推翻其在第一审程序中实施的诉讼行为时,人民法院应当责令其说明理由。理由不成立的,不予支持。以上规定,尤其是《民诉法司法解释》的规定表明,我国第二审具有某些续审制特征。当然,只是具有某些特征,在我国的第二审实践中,似乎并不在乎第一审的辩论结果。第二审中也不要求当事人必须陈述第一审辩论结果。而且即使存在制度规定,审判实践中是否坚持贯彻了制度要求也另当别论。即使是日本,虽然从制度上看是续审制,但在强调集中审理的现行民事诉讼实务中,也呈现事后复审制的特点。例如,实务中第二审实际上先根据第一审诉讼记录判断第一审的判决是否与上诉理由相符,如果相符才继续进行第二审的审理。[1]

就上述几种关于处理第二审与第一审的关系来看,从理论上来讲,续审制具有更多的合理性,更能体现以事实为根据,追求实质公正与程序公正两者的衡平。但由于续审制毕竟具有复审制的某些特点,因此如何把握或限制新的攻击、防御方法的提出是一个需要认真探讨的问题。一旦放宽限制,更多地倾向于采用复审制的方法进行第二审,则第一审的功能必然受到影响,人们也就不会重视第一审的审理和辩论,导致第一审程序的虚无化。而就诉讼制度的基本构造和功能关系而言,应当将第一审作为诉讼的中心和重点,第二审的功能重点在于复查,而非全面复审。因此,应当注重对当事人在第二审提出新的攻击、防御方法进行限制。但如何限制是一个难点。这实际上是如何把握复审与事后复审两个极端之间的平衡点的问题。限制多一点则倒向事后复审制,限制少一点则倾向复审制。如果坚持一审中心主义,则应该是原则上不得提出新的攻击、防御方法,作为例外情形应加以规定。日本法的限制实际上是将其裁量权交给了审理法官,由法官判断提出新攻击、防御方法的理由是否成立。不过就我国的司法现状和诉讼观念而言,似乎难以对新攻击、防御方法加以限制,因此,实践中倒向复审制是难以避免的。

二、上诉的提起和撤回

(一)上诉的提起

1. 上诉的提起条件

第一,必须有法定的上诉对象。法定的上诉对象,是指依法可以上诉的判决和裁定。可以上诉的判决包括:地方各级人民法院适用普通程序和简易程序审理的第一审判决;第二审人民法院发回重审,人民法院重审后作出的判决。可以上诉的裁定有:人民法院作出的不予受理的裁定;人民法院对当事人的管辖异议作出的裁定;驳回起诉的裁定。适用特别程序审理作出的判决和裁定、最高人民法院作出的判决和裁定、中级以上人民法院作出的第二审的判决和裁定,当事人不得提起上诉。

第二,必须有法定的上诉人和被上诉人。上诉人,是指提起上诉的一方当事人。被上诉人,是指与上诉人的上诉请求有直接利害关系的当事人。双方当事人和第三人都提出上诉的,均为上诉人。在共同诉讼中,普通的共同诉讼人各自可独立行使上诉权,其上诉行为只对自己有效,不及于其他共同诉讼人。必要共同诉讼人可以全体提起上诉,也可以一人或

---

〔1〕 关于日本第二审实务情形,参见[日]松本博之、上野泰男:《民事诉讼法》,弘文堂2008年版,第791页。

一部分人提起上诉,其中一人提起上诉,经其他共同诉讼人同意的,对全体发生效力。如果适用必要共同诉讼“有利原则”,则因为上诉行为一般是有利于共同诉讼人的行为,其中一人的上诉行为无须经全体同意也对全体发生效力。

第三,必须在法定的上诉期间内提出上诉。《民事诉讼法》规定了上诉期间,即不服判决的上诉期间为15日,对裁定不服的期间为10日。期间从裁判文书送达之日起计算。当事人各自接受裁判文书的,从各自的起算日开始计算。有一人的上诉期间没有届满,就仍然处于上诉期间之中,当事人都可以上诉。应当注意,必要共同诉讼的场合,上诉期间以最后一个收到裁判文书的共同诉讼人的上诉期间来计算。普通共同诉讼的场合,分别计算各共同诉讼人的上诉期间。

第四,必须提交上诉状。当事人提起上诉的,必须向人民法院提出上诉状,当事人口头提出的不能视为上诉。根据《民事诉讼法》的规定,上诉状的内容应当包括:当事人的姓名、法人的名称及其法定代表人的姓名或者其他组织的名称及其主要负责人的姓名;原审人民法院名称、案件编号和案由;上诉的请求和理由。

第五,关于上诉利益。所谓上诉利益,是指上诉启动第二审程序的必要性。与诉的利益这一概念具有相同的价值,目的在于防止程序的无益实施。判断上诉有无必要的抽象标准为有无消除原裁判造成的不利。就原告而言,如果原审裁判满足了诉讼请求,则原告就没有上诉利益。就被告而言,如果原审裁判满足了被告要求驳回原告诉讼请求的请求,则被告对该裁判没有上诉利益。在大陆法系国家和地区,民事诉讼法上均没有明确规定上诉利益为上诉的合法要件,但学说和判例均承认上诉利益为上诉的合法要件。我国民事诉讼法也没有明确规定上诉利益为上诉的合法要件,理论上一般也不涉及这一问题。探究原因,这也许是因为实践中,当事人提起上诉通常都是对原裁判不服,只要不服就应该启动上诉审程序。实际上,当事人对原裁判不服也并非都是实质上的,也有可能仅仅是对判决书表述或理由的不服。尽管这种情形并不多见,无理由的上诉更是少见,但从细化规范、精致运行诉讼程序、精算诉讼成本的角度来看,上诉利益的探究和规范依然是有意义的。

2. 提起上诉的程序

根据《民事诉讼法》的规定,上诉状原则上应当通过原审人民法院提出,并且按照对方当事人或者代表人的人数提出副本。

(二)上诉的撤回

上诉的撤回,是指上诉人提起上诉后,在第二审人民法院判决宣告前撤回上诉请求的诉讼行为。

根据《民事诉讼法》的规定,第二审人民法院在判决宣告前,上诉人申请撤回上诉的,是否准许由第二审人民法院裁定。

准予或不准予撤诉的裁定,第二审人民法院可采用书面形式或口头形式。一般来讲,准许撤诉应制作裁定书。

按照目前的通说,第二审人民法院裁定准许上诉人撤回上诉后,上诉人就放弃了自己的上诉权利，即使撤回上诉时，法定上诉期尚未届满，也不得再行上诉。

关于上诉人在上诉期间内上诉后撤回上诉，又提起上诉是否允许的问题。虽然这种情形在审判实践中很少见，但也不能排除存在这一问题的可能性。

对此问题，有两种不同的认识。一种观点认为：在上诉期间届满以前，一审判决、裁定不会自动生效。因此，在上诉期间内上诉人撤回上诉时，如果上诉期间尚未届满，那么一审判决、裁定仍然没有生效。在上诉期间届满之前，撤回上诉的上诉人又提起上诉的就应当允许，因为撤回上诉与撤回起诉本质上并没有差异，都应当视为没有启动程序，可以再上诉，再次上诉时已经超过上诉期间自然是无效的。

另一种观点认为：上诉人提起上诉后，尽管在上诉的有效期间内，但上诉程序已经开始，既然上诉程序已经开始，那么撤回上诉就意味着上诉程序已经结束。上诉程序已经结束，一审判决、裁定便自动生效。一审判决、裁定已经生效，上诉人自然就不能再次提起上诉。

笔者认为，前一种观点更有理由，并非说只要上诉人提起上诉就当然意味着上诉程序的开始，上诉程序应当从上诉期限届满之日起开始。因为，一方当事人撤回上诉后，如果上诉期限还未届满，那么就意味着另一方当事人还有可能在届满前提出上诉，因此，一审判决、裁定不能自动生效。只有上诉期间届满后，没有当事人上诉时，一审判决、裁定才会自动生效。因为上诉程序的开始就意味着一审判决、裁定不能生效，因此认为在上诉期限届满前，会因为提起上诉而开始上诉程序是不妥当的。

三、上诉案件的审理

（一）审理前的准备工作

第二审人民法院收到第一审人民法院报送的上诉案件的上诉状、答辩状、全部案卷和证据后，在开庭审理之前，应做好以下准备工作：

1. 组成合议庭

根据《民事诉讼法》的规定，第二审人民法院审理上诉案件，应当由审判员组成合议庭进行审理。这是第二审审判组织的法定形式。也就是说，上诉案件不能由审判员一人独任审判，也不能由审判员和陪审员共同组成合议庭审判。

2. 审阅案卷，询问当事人、证人，进行调查

合议庭应该首先认真审阅全部上诉材料；应当有重点、有针对性、有计划地询问当事人、证人，对案件实施进行调查，核对证据，必要时收集和调查新的证据材料。

（二）上诉案件的审理对象和范围

1. 上诉审的审理对象

上诉审的审理对象是上诉人的上诉请求是否成立或妥当与否。由于上诉请求是针对原一审裁判不服，因此，上诉审理的内容实际上是围绕一审裁判的妥当与否展开的。

2. 上诉审的审理范围

上诉审的审理范围提出的问题是，法院在第二审的审理应当就哪些事实问题和法律适

用问题进行审理。尤其是事实问题的调查,从诉讼经济的角度,法院不可能对所有一审所涉及的事实问题再行调查、判断。这一问题也涉及当事人处分原则的适用。对于上诉审的审理范围,《民事诉讼法》作出了明确的规定,第二审人民法院应当对上诉请求的有关事实和适用法律进行审查。也就是说,上诉请求没有涉及的事实问题和法律问题,原则上不是第二审审理的内容。

根据《民诉法适用意见》的规定,上诉案件的审理范围受上诉请求范围的限制不是绝对的。第二审人民法院在审理中发现上诉请求没有涉及的原判确有错误时,应依法予以纠正,可不受上诉范围的限制。显然,这样的规定有违背当事人处分原则之嫌。根据处分原则,第二审的审理范围应当限制在上诉请求范围之内,当事人没有提出请求的,不予审理。《民诉法司法解释》对此进行了修改,调整为,当一审判决违反法律禁止性规定,或者损害国家利益、社会公共利益、他人合法权益的除外。

关于第二审的范围问题与第二审功能的认识有关,即第二审的功能究竟是侧重于上诉人的权利救济还是侧重于纠错。不同侧重点的差异将导致上诉审审理中的不同处理。如果侧重于权利救济功能时,上诉人没有上诉的部分,上诉法院不能进行审理裁判;将此进一步扩展开来,则在对方当事人没有上诉时,第二审法院不能作出对上诉人相对第一审更为不利的判决。如果侧重于纠错功能时,上诉法院在上述两方面的处理就完全不同:其一,上诉人没有上诉的部分,法院可以进行审理并作出裁判;其二,可以对上诉人作出相对第一审更为不利的判决,因为第二审对事实的认定或适用法律都有可能与第一审不一样。从民事诉讼处分原则的角度来看,第二审的功能应当侧重于上诉人的权利救济。有的学者认为,我国的处分原则是当事人自由处分与国家干预相结合,因此对上诉法院审理范围的限制就不应当是绝对的,对违反法律规定,损害国家、集体或他人合法权益的处分,二审法院可以进行干预,不受当事人上诉范围的限制。[2] 这种观点与现行法的体制是一致的,但却与民事诉讼的基本原则——处分原则相违背。处分原则就是当事人自由处分权利的基本保障,而不是对自由处分的限制。[3]

(三)上诉案件的审理方式

上诉案件的审理方式,原则上为开庭审理,不开庭审理为例外。

关于第二审不开庭审理的条件,2007年《民事诉讼法》规定,“经过阅卷和调查,询问当事人,在事实核对清楚后,合议庭认为不需要开庭审理的,也可以径行判决、裁定”。2012年修正的《民事诉讼法》将其修改为,“经过阅卷、调查和询问当事人,对没有提出新的事实、证据或者理由,合议庭认为不需要开庭审理的,可以不开庭审理”。不开庭的条件设定为程序和实体两个方面:程序上的条件为经过阅卷、调查、询问当事人;实体上的条件为没有提出新的事实、证据或者理由。

就民事诉讼法的规定和第二审的审理原则而言,第二审原则上应当开庭审理,不开庭

---

〔2〕 参见江伟主编:《民事诉讼法学》,复旦大学出版社2002年版,第400页。

〔3〕 关于处分原则与上诉审理范围的关系,详见本书第二章“民事诉讼法的基本原则”中的“处分原则”。

审理是例外，正因为是例外，所以对于例外情形民事诉讼法必须明确加以规定(案件标的数额是其中一个重要的考量因素)，否则将导致第二审开庭审理这一原则落空。由于开庭审理比不开庭审理具有更高的成本，因此，从控制审理的成本的角度，审理者的行为取向必然是尽可能不开庭，尤其是在法官数量不足、二审案件压力大的情形下。本次民事诉讼法修改体现了提高第二审审理效率的价值取向。强调了如果没有新的事实、证据或者理由将不开庭审理这一实体理由。笔者认为，这一修改进一步弱化了开庭审理原则。

第二审审理的目的是对第一审案件审理程序和结果进行复审，以此保证审理在程序和实体上的公正。将第二审开庭审理作为原则就是在程序上保证第二审审理的公正。法律之所以将开庭审理作为二审审理的原则，将不开庭审理作为例外，是因为开庭审理与不开庭相比，开庭审理的公正保障度更高。因此，开庭与否与当事人是否提出新的事实、新的证据和新的理由没有关系，第二审并不是第一审审理的补充。我们当然要考虑审理的成本和负担，但我们更应该考虑如何通过第二审保障裁判的公正性和尽量吸收当事人对裁判的不满。笔者认为，对于案件数额大或者案件关系复杂或者法律适用争议大，且当事人要求开庭审理的案件，都应当开庭审理。最高人民法院作为终审法院的第二审案件，当事人要求开庭审理的都应当开庭审理。

在有关第二审开庭审理的规定方面，民事诉讼法应当向刑事诉讼法学习。与民事诉讼法不同，刑事诉讼法是根据案件的性质明确规定哪些案件必须开庭审理。根据《刑事诉讼法》的规定，以下三类必须开庭审理：(1)被告人、自诉人及其法定代理人对第一审认定的事实、证据提出异议，可能影响定罪量刑的上诉案件；(2)被告人被判处死刑的上诉案件；(3)人民检察院抗诉的案件。这样的规定避免了法院或法官按照主观判断决定不予开庭的情形。尤其是第一项的规定，非常明确以当事人的主观意愿为条件，很好地体现了第二审程序应具有吸收不满的功能和作用，反映出刑事诉讼法制定中对程序正义的重视。相较之下，民事诉讼法在这方面的确存在一定差距。这与我国法治初级阶段，人们更重视刑事法治的特定背景有关。

2015 年最高人民法院实施《民诉法司法解释》后，对不开庭审理的情形作出了进一步规定。《民诉法司法解释》规定，第二审人民法院对下列上诉案件，依照《民事诉讼法》的规定可以不开庭审理：(1)不服不予受理、管辖权异议和驳回起诉裁定的；(2)当事人提出的上诉请求明显不能成立的；(3)原判决、裁定认定事实清楚，但适用法律错误的；(4)原判决严重违反法定程序，需要发回重审的。这些规定有助于改善民事诉讼法忽视开庭审理的原则。

(四)上诉案件的调解

根据《民事诉讼法》的规定，第二审人民法院审理上诉案件，可以进行调解。这一规定体现了调解贯穿于民事诉讼各阶段的指导思想，不仅一审程序中可以调解，在第二审同样可以进行调解。

第二审人民法院审理上诉案件时，可根据自愿、合法原则主持双方当事人进行调解。关于第二审中有关调解的具体规范，《民诉法司法解释》有了较为细致的规定。包括：(1)对当事人在第一审程序中已经提出的诉讼请求，原审人民法院未作审理、判决的，第二审人民法院可以根据当事人自愿的原则进行调解；调解不成的，发回重审。(2)必须参加诉讼的当事人或者有独立请求权的第三人，在第一审程序中未参加诉讼，第二审人民法院可以根据当事人自愿的原则予以调解；调解不成的，发回重审。(3)在第二审程序中，原审原告增加独立的诉讼请求或者原审被告提出反诉的，第二审人民法院可以根据当事人自愿的原则就新增加的诉讼请求或者反诉进行调解；调解不成的，告知当事人另行起诉。双方当事人同意由第二审人民法院一并审理的，第二审人民法院可以一并裁判。(4)一审判决不准离婚的案件，上诉后，第二审人民法院认为应当判决离婚的，可以根据当事人自愿的原则，与子女抚养、财产问题一并调解；调解不成的，发回重审。双方当事人同意由第二审人民法院一并审理的，第二审人民法院可以一并裁判。

在第二审，当事人双方调解达成协议以后，应当制作调解书，由审判人员、书记员署名，并加盖人民法院印章。调解书一经合法送达，即与终审判决具有同等的法律效力。与此同时，原审人民法院的判决即视为撤销。之所以是“视为撤销”，是因为判决的撤销只能是法院的裁判行为，但调解并不单是法院的诉讼行为，而且主要不是法院的行为，调解书只是对当事人双方处分内容的肯定的一种法律文书。因为调解具有终结诉讼的效力，所以在调解书生效后，原审法院的判决就不再有效。

四、上诉案件的裁判

(一)对不服一审判决上诉的处理

第二审人民法院对上诉案件审理终结，经合议庭评议，应该根据案件的不同情况分别作出判决和裁定(见图8)。根据《民事诉讼法》以及《民诉法司法解释》的有关规定，第二审人民法院对上诉案件应当按照下列情形，分别处理：

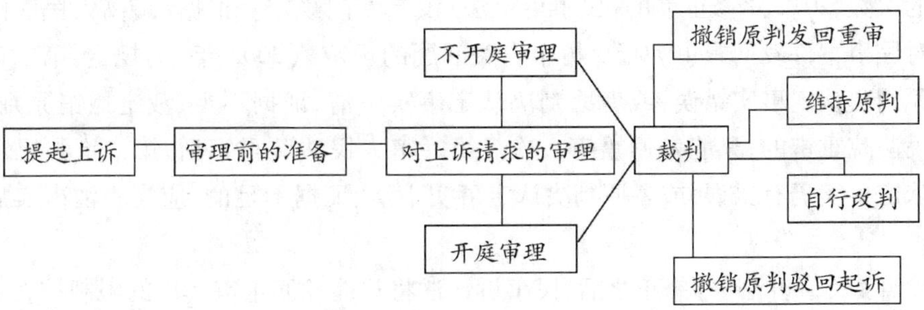

图8　第二审程序流程

1. 驳回上诉，维持原判

第二审人民法院对上诉案件审理结束，确认原判决认定事实清楚，适用法律恰当，证据充分、确实，应当判决驳回当事人的上诉，维持原判。

2. 依法改判

第二审人民法院经过审理，认为原判决事实清楚，证据充分，但在适用法律上错误，应作出改正原判决的判决。

原判决认定事实错误，或者原判决认定事实不清、证据不足的，第二审人民法院也可以在查清事实后依法改判。

3. 裁定撤销原判，发回重审

◆**撤销原判，发回重审的情形**

根据《民事诉讼法》的规定，有两类可撤销或应当撤销原判发回重审：

第一类情形：原判决认定基本事实不清的，裁定撤销原判决，发回原审人民法院重审，或者查清事实后改判。

第二类情形：原判决遗漏当事人或者违法缺席判决等严重违反法定程序的，裁定撤销原判决，发回原审人民法院重审。

其中，第二类属于必须撤销原判发回重审的情形。

关于严重违反法定程序，《民诉法司法解释》列举以下情形：审判组织的组成不合法的；应当回避的审判人员未回避的；无诉讼行为能力人未经法定代理人代为诉讼的；违法剥夺当事人辩论权利的。

《民诉法司法解释》还规定以下情形应发回重审：(1)对当事人在一审中已经提出的诉讼请求，原审人民法院未作审理、判决的，第二审人民法院可以根据当事人自愿的原则进行调解，调解不成的，发回重审。(2)必须参加诉讼的当事人在一审中未参加诉讼，第二审人民法院可以根据当事人自愿的原则予以调解，调解不成的，发回重审。(3)一审判决不准离婚的案件，上诉后，第二审人民法院认为应当判决离婚的，可以根据当事人自愿的原则，与子女抚养、财产问题一并调解，调解不成的，发回重审。

◆**发回重审的次数**

由于发回重审会影响诉讼效率，因此，人们希望对发回重审的次数有所限制。关于发回重审的次数，2012 年修正前的《民事诉讼法》没有专门规定。根据《最高人民法院关于人民法院对民事案件发回重审和指令再审有关问题的规定》(2002 年)的规定，第二审人民法院认为原判决认定事实错误，或者原判决认定事实不清，证据不足，裁定撤销原判决，发回原审人民法院重审的，只能发回重审一次。第一审人民法院重审后，第二审人民法院认为原判决认定事实仍有错误，或者原判决认定事实不清、证据不足的，应当查清事实后依法改判。

2012 年《民事诉讼法》修正之后，民事诉讼法将只能发回重审一次的限制扩大到了上述第二类情形。如此，就可能发生这样的问题，即原判决遗漏当事人或者违法缺席判决等严重违反法定程序的，第二审法院裁定撤销原判决，发回原审法院重审，但原审法院依然遗漏了当事人或者有严重违反法定程序的，第二审法院应当是否再次发回重审的问题。从法律语言来看，不能再次发回。一般而言，二审法院通常会在裁定中说明原审的审理遗漏了什么样的当事人或者何处严重违反了法定程序。在发回重审后，原审法院会作出相应的处理，通常不会发生需要再次撤销原判发回重审的情况。但也不排除个别情况下，原审法院坚持自己的观点。从法律文义来看，肯定不能再次发回。但如不能发回重审，二审法院又不能直接作出判决，因为涉及原审程序违法问题。比较妥当的做法应当从法律规定的本意和目的来理解，此种情形可以再次发回重审，将《民事诉讼法》关于发回重审只能一次的规定限制适用于原审认定事实不清的情形。

> 重审意味着原一审的审理程序全部无效，法院应当对案件重新审理。这就包括重新确定举证期限、实行证据交换（如果法院认为没有必要证据交换，也可以不进行证据交换，因为证据交换主要是为开庭审理做准备，不是必经的审理程序）、开庭审理、法庭调查、质证、法庭辩论等。应当注意的是，不属于审理程序的程序或措施无须重新开始或实施，依然具有诉讼效力，如证据保全、财产保全措施等。

4. 撤销原判，直接驳回起诉

根据《民诉法司法解释》的规定：人民法院依照第二审程序审理的案件，认为依法不应由人民法院受理的，可以由第二审人民法院直接裁定撤销原判，驳回起诉。

> (1)注意对不服判决上诉时，二审法院根据不同情况所作的处理。(2)注意对程序问题的处理用裁定，对实体争议的裁决用判决。例如，发回重审用裁定，自行改判用判决。

（二）对不服第一审裁定上诉的处理

根据《民事诉讼法》的规定，第二审人民法院对当事人不服第一审人民法院裁定的上诉，一律用裁定作出处理。

（三）第二审裁判的法律效力

第二审人民法院的判决、裁定，是终审的判决、裁定，一经作出即发生效力。其效力具体表现在以下几个方面：(1)不得再行上诉。当事人不得再以上诉的方式声明不服，而要求人民法院变更或撤销判决。(2)不得重新起诉。双方当事人之间争议的诉讼标的经上诉审法院审理终结，争议自应结束，任何一方当事人不得再以同一诉讼标的重新起诉。(3)强制执行的效力。负有义务的一方当事人无正当理由拒不履行义务的，享有权利的一方当事人有权请求人民法院强制执行，人民法院也可以依职权予以强制执行。

问题与思考

关于二审的审判组织

民事诉讼法在上诉审的制度规定方面存在理想与现实冲突的情形。一方面，法律明确规定第二审所有案件的审理都必须组成合议庭，且合议庭组成人员必须全部是职业法官；另一方面，现实情形是我们根本无法满足这一规定的要求。这就出现形式上的合议制，实际上的独任制——所谓“承办法官制”。既然不能满足这一要求，为什么就不能根据法官资源的实际情形，规定对于某些案件实行独任制审理呢？例如，适用简易程序审理的上诉案件在第二审采用独任制审理是可以考虑的。正是基于这样的思路，2021年《民事诉讼法》将过去二审一律适用合议制的规定，修改为一审适用简易程序审理的上诉案件,二审中也采用独任制进行审理。实现二审的审判组织与一审的审判组织完全接轨。对此,在修改草案公布之后,这一变动也引起了学界较大的争议。这一思路可能存在的问题是,没有注意到审判组织与二审的功能、职能的关联问题。二审作为上诉审,具有法律监督、矫正和吸收当事人不满的功能,相比较而言,合议制显然比独任制在吸收当事人不满方面具有更大的作用。作为一种机制,不适用合议制与合议制机能是否得到有效、充分的发挥是根本不同的。后者只是机能作用的大小问题,如果一旦不再适用合议制,则相应的机能就完全没有了。加之现在已经存在普通程序简易化的趋势,因此对于简易程序裁判的上诉案件不再适用合议制,就引发争议。笔者赞同对于裁定的上诉适用独任制,毕竟一审可上诉的裁定并未涉及实体争议问题。

关于禁止不利变更原则

在刑事诉讼中,有一个十分有名的原则——上诉不加刑原则,即“第二审法院审判只有被告人一方提出上诉的案件,不得加重被告人刑罚的原则”。〔4〕从刑事诉讼理论看,这一原则的目的在于保障上诉人的上诉权。“被告人一方上诉的目的,是为了申明被告人无罪或罪轻,要求上级法院纠正他们认为的原审法院判决的错误,宣告无罪或从轻定罪量刑。如果被告人提出上诉后,二审法院不仅没有宣告无罪或减刑反而加重了刑罚,则必然增加被告人一方上诉的思想顾虑,甚至在一审法院确有错误的情况下也不敢上诉。这样,在客观上就会限制被告人行使上诉权,也使确有错误的一审判决不能得到及时的纠正。”〔5〕

我国现行民事诉讼法中既没有明确肯定上诉法院可以作出相对一审更为不利于上诉人的判决,但也没有予以否定。那么,民事诉讼的上诉制度能否实行同样或类似的原则呢?在民事诉讼中实施这样的原则,其理由是什么呢?

1. 禁止不利变更的依据

如上所述,按照我国现行民事诉讼的上诉理论,一般情况下当事人提起上诉后,上诉审法院将对当事人的上诉请求进行审理,当审理中法院发现原审判决有错误的,二审法院可以超出上诉请求的范围对案件作出纠正原审判决的判决。“禁止不利变更”则是指,在上诉人提起上诉,二审法院经过审理后不得作出比之原审对上诉人更为不利的判决。上诉审理范围的限制是涉及审理对象和空间的问题;禁止不利变更涉及的是二审法院是否能够作出不利上诉人判决的问题。按照我国上诉审的实践和理念,法院完全可以作出对上诉人不利的判决。例如,某当事人在原审中主张基于对方当事人侵权的事实,应当赔偿自己的损失10万元,原审法院审理后,判决被告赔偿7万元。原告不服原审判决提起上诉,依然主张被上诉人应当赔偿10万元,对方当事人没有提起上诉,二审法院进行审理后认为实际损失只有5万元,因此将其改判为赔偿5万元,显然二审法院的判决比原审法院的判决更不利于上诉人。对这样的二审判决,只要法院认定的事实是真实的,恐怕许多人都会认为是正确的。之所以人们认为不利变更的判决是正当的,与人们对实事求是、追求绝对真实的审判理念有关。我国民事诉讼法规定审判以事实为根据,以法律为准绳。以事实为根据被认为是实事求是、追求真实这一基本理念在诉讼法上的体现。按照这一原则和理念,既然二审法院认定的损害事实是5万元,当然就应当赔偿5万元。但问题在于以事实为根据并不是绝对的,追求真实也不是绝对的,实事求是本身就是辩证法的产物。如果从刑事诉讼的上诉不加刑原则来看,对真实性的追求就受对上诉人上诉权的保障这一价值追求的限制。

---

〔4〕 武延平主编:《刑事诉讼法教程》,法律出版社1996年版,第314页。

〔5〕 程荣斌主编:《刑事诉讼法》,中国人民大学出版社1999年版,第340页。

关于民事诉讼中禁止不利变更的根据，国外主要有以下几种观点：

其一，基于维护上诉人利益的政策性考虑，禁止上诉法院作出不利于上诉人的判决。因为，上诉人提起上诉就是为了寻求对自己有利的救济，如果上诉审的判决比之原审判决更为不利就与上诉制度的目的相冲突。这种理由与刑事诉讼的“上诉不加刑原则”的理由相同。所谓“政策性考虑”，从刑事诉讼的视角看，也就是为了保障刑事被告人的上诉权。〔6〕

其二，禁止不利变更是基于处分原则的要求。根据处分原则，法院只能在当事人申请的范围内进行审理，上诉审程序也是如此，上诉法院只能就上诉请求部分进行审理，当事人没有申明不服的部分就不应当判决予以变更，因此，上诉法院对上诉人未申明部分予以变更就违反了处分原则。〔7〕在上诉审中，法院如果判决变更上诉人未申明的部分就可能导致上诉利益的不利变更和对于上诉申明部分的裁判不发生不利变更的问题。将辩论原则和处分原则作为禁止不利变更原则的根据也是日本民事诉讼法学界的主流观点。日本判例也持这种观点。

其三，保障上诉人上诉利益与辩论原则、处分原则是禁止不利变更的双重根据。即从不同的角度和制度要求论证了禁止不利变更的必要性。

据学者的考察，从罗马法时代到19世纪以前，按照罗马法上诉共通原则，法院或法官可以作出较之原审判决更为不利于上诉人的判决。但到了19世纪初，德国普通法打破了上诉的所谓“共通原则”，基于应维护上诉人利益的要求而采用了禁止不利变更的原则。其后，在德国的民事诉讼法中就明确规定了“申明拘束原则”，禁止不利变更原则就是申明拘束原则的具体体现，或者说申明拘束原则吸收了禁止不利变更原则。但也有学者认为，仅仅以申明拘束原则来解释禁止不利变更原则在实务中也存在某些困难，〔8〕应当将禁止不利变更原则与申明拘束原则区分开来，也就是说，申明拘束原则并不能够吸收禁止不利变更原则。禁止不利变更原则应当具有独立的机能。〔9〕如果将禁止不利变更原则与申明拘束原则分离开来，那么用处分原则来解释禁止不利变更原则的必要性似乎就有些勉强了。不过应当承认，禁止不利变更原则与处分原则依然有密切的关系，因为从上诉人主观认识方面来看，上诉人的上诉请求就是为了追求一种利益，只要不涉及未请求的部分，法院就不可能作出较之原审判决对上诉人更为不利的判决，处分原则也就成了阻止上诉法院作出不利变更的基本原则。随着人们观念的转变，对处分原则本质认识的增强，民事诉讼体制的转型，禁止不利变更原则也应当在《民事诉讼法》中予以确立。

2. 正确理解禁止不利变更原则应注意的问题

要正确理解禁止不利变更原则还应当注意以下几点：第一，对原审判决的事项，在双方当事人均上诉的情况下，不存在禁止不利变更的问题。禁止不利变更只是针对一方上诉，而上诉法院作出较之原判对上诉人更为不利判决的情形。常见的属于禁止不利变更的情形主要有三种：（1）一审法院判决当事人（上诉人）部分胜诉，上诉审法院在上诉审判决上诉人全部败诉；（2）一审法院判决当事人（上诉人）部分胜诉，上诉法院虽然也判决部分胜诉，但胜诉部分少于原审判决的胜诉部分；（3）因为一审被告主张的抵销抗辩成立而被驳回请求的原告对一审判决提起上诉的，上诉审法院以原告诉求债权不成立为

---

〔6〕［日］奈良次郎：《控诉审中的审理实务与问题点》，载《裁判与上诉》（中），有斐阁1980年版，第120页。“禁止不利变更”与我国刑事诉讼中的“上诉不加刑”在语义上似乎仍然存在差异。

〔7〕参见［日］菊井维大、村松俊夫：《全订民事诉讼法（3）》，日本评论社1986年版，第110～111页。

〔8〕例如，原告对原审承认部分请求的判决提起上诉，上诉法院如果发现可能欠缺诉讼要件而撤销原判发回重审，原审法院作出驳回原告请求的判决的场合。参见［日］铃木正裕主编：《注释民事诉讼法（8）上诉》，有斐阁1998年版，第167页。

〔9〕参见［日］铃木正裕主编：《注释民事诉讼法（8）上诉》，有斐阁1998年版，第167页。

理由驳回上诉的,该上诉判决属于应当禁止变更的不利判决,因为一审中抵销抗辩的成立,并没有否认原告诉求债权的成立。总之,有利还是不利是相对一审判决而言的。第二,在不影响上诉审判决主文的情况下,法院对判决的理由的变更,不属于不利变更。第三,在欠缺诉讼要件的情况下,例如,不属于法院主管,违反专属管辖,不具有当事人能力、诉讼能力、诉权要件等,上诉审法院可以作出对上诉人不利的变更。具体地讲,上诉人对原审法院就实体权利义务所作的判决不服提起上诉,上诉法院在审理后认为本案不属于法院主管,作出驳回原告诉讼请求的裁判,就不属于不利变更原则适用的范围。按照大陆法系民事诉讼的理论,法院主管的问题属于法院职权调查事项,不受当事人申明的限制。〔10〕第四,关于诉讼费用负担的裁判,按照大陆法系民事诉讼理论的规定,诉讼费用的负担属于法院职权调查事项,不受当事人申明的限制,因此,上诉审法院可以作出变更原审诉讼费用的裁判,即使对上诉人不利也不属于不利变更的禁止对象。〔11〕

知识扩展

抗告制度

在大陆法系国家和地区,对于原审诉讼中法院或法官所作出的关于诉讼事项的裁判(在德国、日本为决定、命令,在我国台湾地区为裁定)不服可以要求原审法院进行审查的制度称为抗告。对抗告的裁判不服的,如涉及法律问题的,也可以再抗告。各国和地区的抗告制度在具体的内容上有所差异。抗告制度本质上也是一种上诉,但与通常的上诉制度不同,称为"独立上诉制度"。抗告与通常上诉相比,主要有以下几个特点:(1)抗告的对象是可以提起抗告的裁判(决定、命令或裁定)。上诉对象是未确定的判决。在大陆法系,可以抗告的裁判范围比较广泛。例如,法院对证人、鉴定人作出的罚款决定或裁定。(2)可以提起抗告的主体不限于当事人,也包括决定、命令或裁定所涉及的其他主体,例如,被处罚的证人、鉴定人等。(3)因为抗告涉及的一般是程序事项,因此,抗告程序与上诉程序不同,不是一种对立构造。(4)因为程序事项的救济更讲究快捷,所以提起抗告的不变期间相较于对判决的上诉期间要短。例如,在日本即时抗告为一周。(5)抗告程序可以不进行口头辩论,口头辩论属于法官自由裁量事项,而上诉程序原则上进行口头辩论。〔12〕

抗告制度对于我国民事诉讼法的发展具有可借鉴之处。就我国现行民事诉讼法而言,我国民事诉讼中可以通过程序予以救济的裁决范围非常有效,如此不利于程序正义的体现和实现。但如果将这些程序性事项裁决一律纳入第二审程序又欠妥当,因为程序性问题的裁决在性质、目的、功能等方面都有所不同,不宜与一般上诉程序的对立构造程序混同。另外,作为程序性事项的救济也更强调快捷、迅速。因此,我国应当借鉴大陆法系国家和地区的抗告制度和程序,进一步完善和细化程序救济制度。

---

〔10〕 参见[日]兼子一等主编:《条解民事诉讼法》,弘文堂1986年版,第1191页。

〔11〕 参见[日]兼子一等主编:《条解民事诉讼法》,弘文堂1986年版,第1190页。

〔12〕 关于大陆法系抗告制度,参见[日]新堂幸司:《新民事诉讼法》,林剑锋译,法律出版社2008年版,第652~659页;[德]罗森贝克、[德]施瓦布、[德]戈特瓦尔德:《德国民事诉讼法》,李大雪译,中国法制出版社2007年版,第1123~1142页;陈荣宗、林庆苗:《民事诉讼法》,台北,三民书局2011年版,第751~773页。

第三十章　再审程序

本章目次

一、再审程序与审判监督程序概述

(一)再审程序的含义

再审程序,是指法院对已经发生法律效力的判决、裁定,在具有法律规定的再审事由时,依据法律规定的程序对原审案件(也称本案)再次进行审理并作出裁判的一种特别救济程序。再审程序包含一整套启动、审查再审事由、原审案件再次审理的法定程序。这种程序是民事诉讼法中的一种独立的审判程序,既不是法院审理民事案件必经的审判程序,又不同于民事诉讼法中的一审程序、二审程序。就其性质而言,再审程序是纠正法院已发生法律效力的违法裁判的一种补救程序,即是不增加审级的具有特殊性质的审判程序。(见图9)

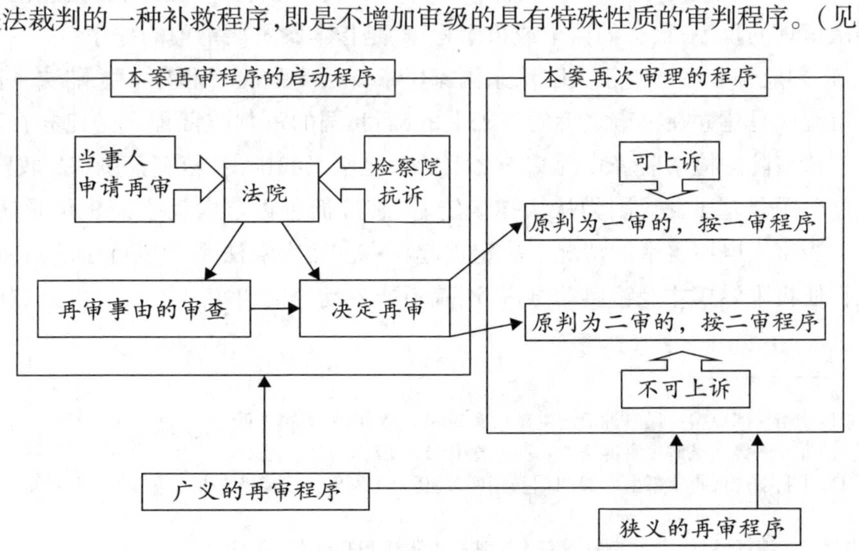

图9　审判监督程序结构

依照大陆法系国家民事判决效力的理论，法院的判决发生法律效力后，该判决便具有了形式上的确定力。判决所具有的这种形式上的确定力，使任何法院都无权撤销或变更该判决。另外，已经发生法律效力的判决还具有实质上的确定力，即既判力。既判力既要求后诉法院在审判中受前诉法院确定判决内容的拘束，同时还禁止双方当事人对确定判决的内容予以争执，即提出任何形式上的异议。〔1〕一般而言，已经确定的终局判决具有了形式上的确定力和既判力的双层保护，就使被判决的法律关系处于一种稳定态。而再审的启动无疑将打破这种双层保护，其理论依据是该判决本身欠缺使既判力正当化的根据。再审事由的存在就是对判决既判力正当化的直接否定。因此，法院可以在当事人提出再审事由后，通过再审否定原判决。〔2〕这种理论的深层基础是现代法治理论。该理论认为，当事人有权获得法院公正的裁判。这既包括实体上的，又包括程序上的。所获得的裁判没有体现实体上和程序上的公正时，该裁判就没有正当性，应当予以否定。〔3〕

再审作为一种制度在我国表现为审判监督制度，其法律程序为审判监督程序。我国的审判监督制度在功能上与大陆法系国家的再审制度相同。但区别于大陆法系国家的再审制度，强调对法院生效裁判的审判监督功能，因此，在再审的启动等方面有诸多不同，可以认为我国的再审制度具有自己的体制特色。与大陆法系国家再审理论有所不同，我国诉讼法学者通常认为，再审的提起是基于“实事求是，有错必纠”的理论或认识。〔4〕应当再审的判决、裁定并不是基于该判决、裁定缺乏既判力的正当性，而是因为该判决、裁定存在错误，正是因为存在错误，即使是已经发生法律效力的裁判，当其确有错误时也应当予以纠正，审判监督程序就是这样一种纠正程序。

（二）理解审判监督程序应注意的几个问题

其一，审判监督程序不仅仅是指启动对已生效裁判的再次审理程序。审判监督程序不仅包括启动再次审理的程序，也包括本案（或称原案）的再次审理的程序，只有将启动程序和本案再次审理程序统合为再审程序，才能将其作为一种完全、独立的程序。实际上，“再审”或“再审程序”存在狭义和广义两种含义。广义的再审或再审程序，是指包括启动程序和本案再次审理的程序；狭义的再审或再审程序，是指本案再次审理的程序。

其二，审判监督程序不同于大陆法系国家民事诉讼中的再审程序。大陆法系国家民事诉讼的再审程序是建立在再审之诉的基础上的，而我国的审判监督程序是建立在法院的审判监督权和检察院的检察监督权的基础之上的。之所以我国的再审程序在法律上称为“审判监督程序”，就是基于此。因为从法律规定看，直接拥有再审启动权的机构是法院，法院可以在没有当事人申请再审的情况下决定提起再审。而大陆法系民事诉讼的再审，只能通过当事人行使再审诉权才能够启动再审，法院不能主动启动再审。这种制度机制既反映了

〔1〕参见［日］中野一郎等编：《民事诉讼法讲义》，有斐阁 1995 年版，第 474 页。

〔2〕参见［日］兼子一等：《条解民事诉讼法》，弘文堂 1995 年版，第 1267 页。

〔3〕参见［日］上村明广：《再审事由》，载［日］石川明、高桥宏志编集：《注释民事诉讼法（9）》，有斐阁 1996 年版，第 21 页。

〔4〕参见柴发邦主编：《民事诉讼法学》（修订本），法律出版社 1992 年版，第 379 页。

我国民事诉讼体制的职权主义特征，也间接反映了我国法治的特征。[5]

其三，审判监督程序是一种"非常程序"，是一种特殊救济程序，不是一般案件审理通常需要经过的程序。考虑程序的安定性和法律关系的稳定性，因此，审判监督程序只有在特殊情况下才能启动。

（三）2007年、2012年《民事诉讼法》两次修正对再审程序的调整

2007年立法机构对1991年的《民事诉讼法》进行了局部修正，此次修正主要涉及审判监督程序和执行程序两部分内容。在审判监督程序方面，法律修正的主要和直接的意图是解决申诉难的问题，对此，修正主要侧重于两个方面：一是完善申请再审的程序，使其更加公开、合理和完善；二是完善申请再审的法定事由。关于再审体制，本次修正没有涉及，依然维持了现行的再审体制即审判监督体制。修正后的《民事诉讼法》于2008年4月1日生效。2008年11月10日最高人民法院根据修正后的《民事诉讼法》颁布了《关于适用〈民事诉讼法〉审判监督程序若干问题的解释》（以下简称《关于审判监督程序的解释》），细化了关于审判监督程序的规范，是审判监督程序的重要规范（原来的相关司法解释与本解释不一致的，按照本解释执行）。该章的相关内容按照修正后的《民事诉讼法》和《关于审判监督程序的解释》进行了修改。

2012年立法机关再次对《民事诉讼法》进行中等规模的修正。其中，仍然涉及再审制度的部分修正。主要为：（1）再审法院的调整。规定当事人对已经发生法律效力的判决、裁定，认为有错误的，向上一级人民法院申请再审，但当事人人数众多以及发生在公民之间的案件，也可以向原审人民法院申请再审。（2）对再审事由进行调整。不再将"违反法律规定，管辖错误"作为再审事由。学理上的理由是，因为管辖本质上是法院审判工作的内部分工，其错误的性质和后果决定了不宜通过再审加以救济。[6]（3）明确规定人民法院对再审申请的审查期限，即人民法院应当自收到再审申请书之日起3个月内审查，符合本法规定的，裁定再审；不符合本法规定的，裁定驳回申请。（4）明确规定将检察建议作为检察监督的一种方法。（5）明确规定当事人申请检查抗诉或检察建议的事由。（6）原则规定检察机关基于检查监督的调查权。

另外，2015年《民诉法司法解释》再次对审判监督程序的相关问题进行了相应的补充解释和规定，主要侧重于细化本案再审要件、再审事由和具体程序规范。

二、再审的启动

（一）法院依职权决定再审

人民法院可依据职权提起再审是我国民事再审制度的一大特点。这一特点也反映了我国民事诉讼体制的职权主义特征。从近两年的司法统计数据来看，法院依职权提起再审

---

〔5〕 详见张卫平：《民事再审：基础置换与制度重建》，载《中国法学》2003年第1期。

〔6〕 理由详见张卫平：《再审事由规范的再调整》，载《中国法学》2011年第3期。

与当事人申请再审占比依然比较高。[7]

1. 人民法院依职权决定再审的条件

根据《民事诉讼法》的规定，人民法院决定再审必须符合以下条件：(1)属于再审的客体；(2)已生效的判决、裁定必须确有错误。

生效的判决和裁定确有错误，既包括其在认定事实方面存在的错误，也包括在适用法律方面存在的错误。

2. 人民法院提起再审的程序

人民法院提起再审的程序，因提起再审的具体主体不同而有所不同。

◆本法院决定再审

2007年修正后的《民事诉讼法》中虽然再审制度部分有所修改，但关于人民法院提起再审这一部分几乎没有变动。理论界一直对于法院依职权启动再审颇有异议，认为与民事诉讼的处分原则不符。另外，也因为法院行政化和权力集中的体制，本案再审的启动权很容易为个人所掌控，尤其是在申请再审的期间已过的情形下，因此可能为原审败诉当事人所利用，形成一种权力"寻租"。

根据《民事诉讼法》的规定，各级人民法院院长对已经发生法律效力的判决、裁定、调解书，发现确有错误，认为需要再审的，应由本院院长向审判委员会提出是否对本案予以再审，由审判委员会讨论决定。

◆最高人民法院和上级人民法院决定本案再审

根据《民事诉讼法》的规定，最高人民法院对地方各级人民法院已经发生法律效力的判决、裁定、调解书，上级人民法院对下级人民法院已经发生法律效力的判决、裁定、调解书，发现确有错误的，有权提审或者指令下级人民法院本案再审。

最高人民法院和上级人民法院决定再审的方式有两种：一种是由最高人民法院和上级人民法院提审；另一种是指令下级人民法院再审。

关于再审的次数，2007年修正的《民事诉讼法》仍然没有规定，根据《最高人民法院关于人民法院对民事案件发回重审和指令再审有关问题的规定》的相关规定：(1)各级人民法院依照修正前的《民事诉讼法》的规定对同一案件进行再审的只能再审一次。(2)上级人民法院根据修正前的《民事诉讼法》的规定指令下级人民法院再审的，只能指令再审一次。上级人民法院认为下级人民法院作出的发生法律效力的再审判决、裁定需要再次进行审理的，上级人民法院应当依法提审。(3)上级人民法院因下级人民法院违反法定程序而指令再审的，不受前款规定的限制。

上述司法解释虽然是在2007年修正的《民事诉讼法》之前颁布的，但依然有约束力。

应当注意的是，法院启动本案再审的情形，虽然没有法定化、程序化的审查机制，是一

〔7〕 根据《2019中国法律年鉴》，2018年当事人申请再审的案件为209246件（全国），法院依职权决定提起再审的案件为12328件；根据《2020中国法律年鉴》，2019年当事人申请再审的案件为234504件（全国），法院依职权决定提起再审的案件为50567件。

种内部审查，但法院在决定本案再审时，同样应当按照民事诉讼法对再审事由的规定进行审查，以保证再审的公正性。

（二）当事人申请再审

1. 申请再审的含义

申请再审，是指当事人对已经发生法律效力的判决、裁定、调解书认为确有错误，请求人民法院对案件再次审理并加以改判的诉讼行为。当事人申请再审，是审判监督程序发生的重要途径之一。从司法实践来看，原裁判是否有错误主要通过当事人申请再审发现，法院通过对申请再审进行审查后判断是否应当提起再审。因此，可以说当事人申请再审，是再审程序的重要组成部分，在再审程序中具有十分重要的作用。在2007年《民事诉讼法》再审制度的修正中，再审事由方面的规定有较大的变化。

2. 申请再审的条件

根据《民事诉讼法》的规定，当事人申请再审，必须符合下列条件：

第一，申请再审的对象必须是对已经发生法律效力的判决、裁定、调解书。

第二，必须具有法定的再审事由。2007年《民事诉讼法》修正前，《民事诉讼法》单列了申请再审的事由：（1）有新的证据，足以推翻原判决、裁定的；（2）原判决、裁定认定事实的主要证据不足的；（3）原判决、裁定适用法律确有错误的；（4）人民法院违反法定程序，可能影响案件正确的判决、裁定的；（5）审判人员在审理该案件时有贪污受贿、徇私舞弊、枉法裁判行为的。2007年《民事诉讼法》修正后，将检察机关抗诉的再审事由与当事人申请再审的再审事由加以统一，并增加和细化了再审事由。2012年《民事诉讼法》修正又进行了调整。（具体内容看本章“再审事由”部分）

第三，必须向有管辖权的人民法院申请再审。2007年修正前的《民事诉讼法》规定，当事人对已经发生法律效力的判决、裁定，认为有错误的，可以向原审人民法院或者上一级人民法院申请再审，但不停止判决、裁定的执行。修正后，改为“当事人对已经发生法律效力的判决、裁定，认为有错误的，可以向上一级人民法院申请再审，但不停止判决、裁定的执行”。当事人申请再审将不再向原审法院提起。当时如此修正的一个想法是，将更有利于消除妨碍、迟延申请和受理再审的情形，有利于化解当事人申诉难的问题。但从2007年《民事诉讼法》修正以来，申请再审上提一级，导致最高人民法院和高级人民法院审理再审案件的比例有大幅度的提高，给最高人民法院和高级人民法院的再审审判带来了较大的压力。又因再审案件的特殊性——再审案件更多地附着了案件之外的其他因素。因此，上级审判机关从缓解再审的审判压力和社会压力的角度出发，希望2012年《民事诉讼法》修正时有所调整。有种想法是在这方面回到2007年《民事诉讼法》修正前的状态。但必须承认的是，再审案件上提一级的设置有比较强烈的社会诉求，立法机关很难回避这种诉求，其结果自然是尽量寻求两者的平衡。从2012年《民事诉讼法》的规定来看，最终的解决方案是——当事人对已经发生法律效力的判决、裁定，认为有错误的，可以向上一级人民法院申请再审；当事人一方人数众多或者当事人双方为公民的案件，也可以向原审人民法院申请再审。（这里所指的人数众多的一方当事人，包括公民、法人和其他组织，而非仅指公民。）

这一方案,不仅考虑了再审审判负担在各级法院之间的均衡性与人们对再审程序公正的诉求,还考虑了再审案件的便利性和社会的安定性。

另外,根据《民诉法司法解释》的规定,当事人一方人数众多或者当事人双方为公民的案件,当事人分别向原审人民法院和上一级人民法院申请再审且不能协商一致的,由原审人民法院受理。

根据2021年《最高人民法院关于完善四级法院审级职能定位改革试点的实施办法》的规定,为了推进法院审级职能定位的改革,强化最高人民法院的监督指导职能,在试点期间将调整适用《民事诉讼法》关于再审法院的有关规定,对于高级人民法院作出的生效判决的再审申请,不再向其上一级法院即最高人民法院提出,而是依然向作出生效判决的高级人民法院提出,以此实现减少最高人民法院再审审判工作量的目的。显然,这一调整的出发点与2012年《民事诉讼法》修正的认识有所不同,此时《民事诉讼法》顾及的是再审法院如为原审法院可能对再审的公正性产生影响。试点方案考虑的则是如何减少最高人民法院的再审工作负担,强化其抽象的监督指导职能。试点结束后,《民事诉讼法》将根据方案进行修改的可能性比较大。

3. 应当向管辖法院提出再审申请书等材料

《民事诉讼法》规定,当事人申请再审的,应当提交再审申请书等材料。同时还规定,人民法院应当自收到再审申请书之日起5日内将再审申请书副本发送对方当事人。对方当事人应当自收到再审申请书副本之日起15日内提交书面意见;不提交书面意见的,不影响人民法院审查。人民法院可以要求申请人和对方当事人补充有关材料,询问有关事项。对于应当提交哪些材料,《民诉法司法解释》有详细的规定。

4. 必须在法定的期限内申请再审

根据《民事诉讼法》的规定,当事人申请再审,应当在判决、裁定、调解书发生法律效力后6个月内提出。[8] 属于有新的证据,足以推翻原判决、裁定的;原判决、裁定认定事实的主要证据是伪造的;据以作出原判决、裁定的法律文书被撤销或者变更的;审判人员审理该案件时有贪污受贿、徇私舞弊、枉法裁判行为的,自知道或者应当知道之日起6个月内提出。[9]

虽然民事诉讼法规定了再审的期间,但由于法院提起再审和检察院提起抗诉均没有期限的限制,因此,实践中许多当事人在期间届满以后,不申请再审,而转为向检察院和法院反映法院原判的错误,试图通过检察院的抗诉和法院发现案件错误而启动再审,这样一来就使关于期限的规定失去意义,导致法律的安定性受到影响。如果规定检察院抗诉和法院提起再审的期限又必然有悖监督权的性质,这一问题正是审判监督体制所致。

5. 不属于不得申请再审的案件

根据《民事诉讼法》的规定,当事人对已经发生法律效力的解除婚姻关系的判决、调解

---

〔8〕 修改之前的《民事诉讼法》规定为2年。缩短申请时限的目的在于顾及法律关系的安定性。

〔9〕 修改之前的《民事诉讼法》规定为3个月。

书,不得申请再审。

除此之外,根据《民诉法适用意见》的规定,当事人对下列案件不得申请再审:(1)按照特别程序、督促程序、公示催告程序、企业破产程序以及其他按照非讼程序审理的案件;(2)依照审判监督程序审理后维持原判的案件。

上述案件之所以不得申请再审,有的是因为没有救济的意义或救济不能,例如,解除婚姻关系的案件;有的是因为已有专门的救济措施,不需要通过再审程序予以救济,例如,公示催告程序中关于除权判决的救济。

应当注意的是,当事人不得申请再审的案件,对于法院来说也不能主动提起再审,即使确有错误。

6. 再审申请的当事人

按照《民事诉讼法》和相关司法解释的规定,申请再审的人只能是原审案件的当事人。原审案件当事人死亡或者终止的,其权利义务承受人可以申请再审并参加再审诉讼。

这里应当注意的是,原审中本应当作为当事人但没有列入的,也有资格申请再审,因为如果不能作为当事人申请再审,其权利便无法得到再审救济。

在审查再审申请过程中,对方当事人也申请再审的,人民法院应当将其列为申请再审人,对其提出的再审申请一并审查。

7. 人民法院对申请再审的处理

根据《民事诉讼法》的规定,人民法院应当自收到再审申请书之日起3个月内审查,符合本法规定的,裁定再审;不符合本法规定的,裁定驳回申请。有特殊情况需要延长的,由本院院长批准。

另外,根据《民诉法司法解释》的规定,当事人申请再审,有下列情形之一的,人民法院不予受理:(1)再审申请被驳回后再次提出申请的;(2)对再审判决、裁定提出申请的;(3)在人民检察院对当事人的申请作出不予提出再审检察建议或者抗诉决定后又提出申请的。在前款第(1)项、第(2)项规定的情形中,人民法院应当告知当事人可以向人民检察院申请再审检察建议或者抗诉,但因人民检察院提出再审检察建议或者抗诉而再审作出的判决、裁定除外。

因当事人申请裁定再审的案件由中级人民法院以上的人民法院审理。最高人民法院、高级人民法院裁定再审的案件,由本院再审或者交其他人民法院再审,也可以交原审人民法院再审。根据《民事诉讼法》的规定,当事人选择向基层人民法院申请再审的,依然由原审基层人民法院审理。

8. 再审申请的撤回

根据再审的司法解释,申请再审人在案件审查期间申请撤回再审申请的,是否准许,由人民法院裁定。

申请再审人经传票传唤,无正当理由拒不接受询问,可以裁定按撤回再审申请处理。

人民法院准许撤回再审申请或者按撤回再审申请处理后,再审申请人再次申请再审的,不予受理,但有《民事诉讼法》特别规定的情形,自知道或者应当知道之日起6个月内提出的除外。

(三)检察院抗诉与建议再审

1.抗诉再审

◆抗诉再审概述

民事诉讼中的抗诉也称为"民事抗诉",是指人民检察院对人民法院已经发生法律效力的民事判决、裁定,认为确有错误,依法提请人民法院对案件重新审理的诉讼行为。

民事抗诉的目的在于,通过抗诉实现检察机关对民事审判的监督,使错误的判决和裁定能够在一定程度上得以纠正。检察机关在我国法律中具有法律监督者的性质,因此从现行法律来看,检察机关对所有诉讼的监督都是有法律根据的。

对于民事抗诉制度,学术界的基本争议点是,在解决私权纠纷的民事诉讼领域,检察机关是否还有必要进行监督?人们顾虑一旦检察机关介入民事诉讼就可能导致诉讼当事人在诉讼中的不平等。因为,在当事人利益对立的民事诉讼中,一旦检察机关介入,必然会客观地站在一方当事人一边,从而使原有的"三角形结构"转变为"平行四边形结构",忧虑形成公权力之间的对抗,为私人利益所利用。

笔者认为,民事诉讼实际上包括一般的契约、侵权纠纷和身份关系纠纷、涉及公共利益的纠纷。对于身份关系纠纷和涉及公共利益的纠纷,由于涉及人身关系、人权和公共利益,因此,检察机关介入这类民事诉讼是比较合理的,这类民事诉讼已经不同于契约和侵权纠纷的民事诉讼,这一点应当注意。

民事诉讼中的抗诉不同于刑事抗诉。民事抗诉就其实质而言,属于事后监督,表现在它只能对人民法院已经发生法律效力的判决和裁定提起抗诉,而刑事抗诉的对象既可以是已经发生法律效力的判决和裁定,也可以是尚未发生法律效力的一审判决和裁定。

◆民事诉讼中抗诉的条件

根据《民事诉讼法》的有关规定,人民检察院抗诉应具备下列条件:

第一,必须是对已经发生法律效力的判决、裁定、调解书提起抗诉,即抗诉的对象是已经发生法律效力的判决、裁定,以及损害国家利益、社会公共利益的调解书,尚未发生法律效力的判决、裁定,以及未损害国家利益、社会公共利益的调解书即使有错误,也不能抗诉,而可由当事人提起上诉。

第二,必须具备抗诉事由。抗诉事由即提起抗诉的法定理由。2007 年修正前的《民事诉讼法》规定了四种情形:原判决、裁定认定事实的主要证据不足;原判决、裁定适用法律错误的;人民法院违反法定程序,可能影响案件正确判决、裁定的;审判人员在审理该案件时有贪污受贿、徇私舞弊,枉法裁判行为的。修正后,抗诉事由与当事人申请再审的事由统一起来。有其事项之一的,人民检察院应当提起抗诉。2007 年修正后的《民事诉讼法》将检察机关抗诉的事由与当事人申请再审的事由统一起来,检察机关提起抗诉的事由就是当事人申请再审的事由,只要符合当事人申请再审的再审事由的,检察机关就可以提起抗诉。

应当注意的是,尽管检察机关提起民事抗诉同样需要满足法律所规定的条件,但由于检察机关在性质上是法律监督者,对于是否符合抗诉条件的认定是由检察机关自己决定的,而不是法院。因此,只要检察机关提起抗诉,法院就应当接受,启动再审,这样一来,检察机关实际上成为直接启动再审的主体。与此不同,当事人申请再审的,是否符合法律所规定的申请再审的条件,其认定权在法院,因此当事人申请再审的行为不能当然引起再审的发生。这种再审启动结构导致,当事人不仅向法院申请再审,同时也有可能向检察机关申请抗诉,意图引发再审程序。

◆抗诉对象

2012 年《民事诉讼法》修正后,抗诉的对象除判决、裁定外,又增加了调解书。但对调解书的抗诉还需有特殊的抗诉事由,即调解书损害国家利益、社会公共利益的。这一事由的规定与检察机关的职能有关。

◆民事抗诉的程序

抗诉的提出。根据《民事诉讼法》的规定,最高人民检察院对各级人民法院已经发生法律效力的判决、裁定,上级人民检察院对下级人民法院已经发生法律效力的判决、裁定,发现存在抗诉事由的,应当提出抗诉。地方各级人民检察院对同级人民法院已经发生法律效力的判决、裁定,不得直接提出抗诉,只能提请上级人民检察院提出抗诉。

民事抗诉的实施。(1)制作抗诉书。根据《民事诉讼法》的规定,人民检察院决定对人民法院的判决和裁定提出抗诉的,应当制作抗诉书。(2)派员出席法庭。根据《民事诉讼法》的规定,人民检察院提出抗诉的案件,人民法院再审时,应当通知人民检察院派员出庭。(3)根据《民事诉讼法》的规定:人民检察院提出抗诉的案件,接受抗诉的人民法院应当在 30 日内裁定再审(本案再审),有本法相关规定情形之一的,可以交下一级人民法院再审。之所以如此规定,主要是因为这些情形涉及的全都是证据问题,不涉及适用法律和审判主体的问题,因此可以由下一级法院审理。因为该条使用的是“可以”这样的选择性用语,因此,也可以由接受抗诉的法院审理。

从抗诉的性质(法律监督)而言,对于检察机关提起的抗诉,受理的法院仅对抗诉作形式上的审查,不对抗诉是否具有抗诉事由进行审查。对抗诉事由审查的权限属于检察机关。这就意味着,实际上对于抗诉再审的情形,将直接进入原审案件的再审程序。

2. 建议再审

2012 年《民事诉讼法》修正后,将检察建议制度正式纳入了民事诉讼检察监督的范畴之中。检察建议也成为启动再审的一种机制。根据修正后的《民事诉讼法》的规定,“地方各级人民检察院对同级人民法院已经发生法律效力的判决、裁定,发现有本法第二百条规定情形之一的,或者发现调解书损害社会公共利益的,可以向同级人民法院提出再审检察建议,也可以提请上级人民检察院向同级人民法院提出抗诉”。也就是说,凡是可以提起抗诉的情形,人民检察院都可以向同级人民法院提起关于再审的检察建议。问题在于,“检察抗诉”与“检察建议”用语的区别是否仅仅是级别对应的不同?即上级人民检察院要求下级人民法院再审的为抗诉,而要求同级人民法院再审的为建议。就笔者的理解而言,这种级别的差异应当是抗诉与建议的内在差异。在法律监督的力度上,抗诉比建议应该更为强烈一些。当然,在实质上两者究竟有何差异,法律上并没有明确。是否可以理解为一旦提出抗诉,人民法院就必须启动本案再审,而提起检察建议,却不一定导致本案再审,允许人民法院有一定的裁量余地。这种解释从建议本身的语义来看,似乎是可以成立的,但从检察建议作为一种法律检察监督方式须有一定的法律效力这个角度分析,似乎此种解释又不是特别充分。《民诉法司法解释》的有关规定也没有显现两者的实质差异。预计在新民事诉讼法的实践中,关于如何适用检察建议依然是实践性课题。建议再审的程序是否与抗诉完全相同也需要认真探讨。

3. 检察监督调查权及行使

修正后的《民事诉讼法》规定,人民检察院因履行法律监督职责提出检察建议或者抗诉的需要,可以向当事人或者案外人调查核实有关情况。人民检察院的这一权力可以概括为调查权。调查权行使的目的只能是因履行法律监督职责提出检察建议或者抗诉的需要,在这之外,就属于滥用调查权。在逻辑上,检察机关如果没有调查权也就无法正确判断是否应当提起抗诉和检察建议。从这个意义上讲,检察机关必须拥有相应的调查权。而检察机关应当如何行使调查权或者调查权具体应当包含什么是一个比较复杂的问题。调查权的行使涉及两个方面的关系:其一,与当事人之间的关系;其二,与审判机关的关系。在与当事人的关系中又包含与对立双方当事人的不同关系。

在与当事人的关系层面,检察机关与申请抗诉或检察建议的当事人的关系是一种“正”关系。在这种关系中,调查权的行使比较容易,不会有多大阻力,当事人一般会主动提供自己所掌握的证据。当然,检察机关也容易受到该方当事人错误信息的干扰,被其当事人误导和利用。这也是检察机关参与民事诉讼潜在的风险。在行使调查权方面,阻力比较大的是检察机关与被申请当事人之间的关系。被申请的当事人总是不愿意将不利于自己的案件事实披露给检察机关,而检察机关无论是保持客观中立还是基于职能心理行使调查权都可能与被申请当事人形成一种“反”关系。在这一逆向关系中,检察机关将如何行使以国家强力为后盾的调查权取得案件事实,又不至于侵害当事人的权利,是今后调查权行使所要面临的问题。这一问题反映了现实中真相揭示与维护权利的内在矛盾。不过,一个基本的前提是调查权的行使不得侵害当事人的权利,这是法治的基本要求。

在与司法机关的层面,检察机关如何行使调查权是一个比较复杂的关系。这一关系的复杂性也是因为司法审判机关和法律监督机关之间具有特殊的关系。一方面是审判机关的独立性、权威性,另一方面是监督机关与被监督机关的非对称性。这也反映了这种权力架构的内在矛盾性。如何正确处理两者的关系,必须从司法机关在法治中的职能和功能方面予以考虑。司法审判机关的独立性和权威性是法治所必需的,也是应当得到尊重,因此,检察机关在调查权的行使中也就需要十分谨慎,以防影响审判的独立性和权威性。

三、再审事由

（一）再审事由的含义及意义

所谓再审事由，是指法院决定对已生效判决、裁定的案件重新或再次审理的事实和理由。再审事由的设置必须考虑再审制度设置的目的和价值。正确设置再审事由对于能否正确体现和反映再审制度的目的、价值具有十分重要的意义，是再审制度构建的关键所在。

设置再审制度的目的在于在一定的条件下通过再次审理实现裁判的实体正义和程序正义。之所以再审是有条件的，是因为再审将导致已经生效的判决和裁定归于无效，已经经过的原有程序也归于无效，这就必然影响生效裁判的稳定性，也影响了受裁判约束的法律关系的稳定性。再审制度虽是一种法律上的救济制度，但由于再审会导致生效裁判的无效，影响裁判的安定性，因此，再审救济是很有限的，是一种在特别情形下才能启动、适用的程序和制度，抽象地讲，只有严重影响案件实体正义和程序正义的实现，才会考虑适用再审制度，而非只要违反实体法和民事诉讼法就一定要提起再审加以纠正。

（二）再审事由的内容

根据《民事诉讼法》的规定，人民法院对已经发生法律效力的判决、裁定、调解书，发现确有错误的应当提起再审，因此，从法条解释方面来讲，“确有错误”是人民法院提起再审的再审事由。在当事人申请再审和检察机关提起抗诉的情形下，《民事诉讼法》又规定了若干具体事由，只要具备这些列举事由之一的，人民法院应当提起再审。因此，这里对再审事由就有两种理解：一种理解是，从法条字面的层面，可以认为人民法院依职权提起再审的再审事由为“确有错误”，至于何为“确有错误”由法院解释。另一种理解是，“确有错误”作为再审事由的规定仅仅是抽象的概括性规定，其具体内容应当按照《民事诉讼法》的规定，即使是法院依职权提起诉讼也应当按照这些具体规定的事由。就再审制度的合理运作而言，第二种理解是有益的。不过，毕竟《民事诉讼法》规定的再审事由明确限于当事人申请再审和检察机关抗诉的情形，因此，需要在法律进一步修改时将法院依职权再审的事由与当事人申请再审和检察机关抗诉时的事由统一起来。

2012 年《民事诉讼法》修正时对再审事由进行调整。删掉了原规定中的第 7 项，“违反法律规定，管辖错误的”，修正了第 2 款，改为再审事由的第 13 项。

《民事诉讼法》规定，当事人申请再审和检察机关抗诉时，具有下列事由之一的，人民法院应当再审。这些具体的事由是：

1. 有新的证据，足以推翻原判决、裁定的。根据该项规定，有新的证据足以推翻原判决、裁定的，人民法院应当再审。该项规定的关键在于什么是新的证据。如果不是新的证据就谈不上据此判断是否推翻原裁判的问题。按照《关于审判监督程序的解释》的规定，以下证据属于“新证据”：（1）原审庭审结束前已客观存在，庭审结束后新发现的证据；（2）原审庭审结束前已经发现，但因客观原因无法取得或在规定的期限内不能提供的证据；（3）原审庭审结束后原作出鉴定意见、勘验笔录者重新鉴定、勘验，推翻原结论的证据。除此之外，当事人在原审中提供的主要证据，原审未予质证、认证，但足以推翻原判决、裁定的，应当视为新的证据。

2. 原判决、裁定认定的基本事实缺乏证据证明的。

3. 原判决、裁定认定事实的主要证据是伪造的。有疑问的是，是否凡是原判决、裁定"认定事实"的主要证据是伪造的，都应当提起再审？笔者认为应当加以限定，限定为：原判决、裁定认定基本事实的主要证据是伪造的，应当提起再审。因为如果不加以限定，必将扩大再审适用的范围。

4. 原判决、裁定认定事实的主要证据未经质证的。按照《民诉法司法解释》的规定，当事人对原判决、裁定认定事实的主要证据在原审中拒绝发表质证意见或者质证中未对证据发表质证意见的，不属于《民事诉讼法》规定的未经质证的情形。理解上可能存在的问题是，是否凡是原判决、裁定"认定事实"的主要证据未经质证的，都应当提起再审？笔者认为应当加以限定，限定为：原判决、裁定认定基本事实的主要证据是未经质证的，应当提起再审。因为如果不加以限定，必将扩大再审适用的范围。

5. 对审理案件需要的证据，当事人因客观原因不能自行收集，书面申请人民法院调查收集，人民法院未调查收集。

6. 原判决、裁定适用法律确有错误的。《民事诉讼法》表述的"确有错误"，其含义应当理解为原判存在错误的可能性很大。"确有错误"的表述过于肯定，虽然法院决定启动再审时已经对原判是否具有再审事由进行了审查，但毕竟这种审查不同于对案件的再次审理。采用"确有错误"的表述，是为了试图阻止轻易启动再审程序，强调裁判的安定性，法院只有在原判很大可能存在错误时才启动再审程序。因此，表述为"明显有错误"或者"明显存在错误"可能更为妥当一些。根据《民诉法司法解释》的规定，有下列情形之一，导致判决、裁定结果错误的，应当认定为《民事诉讼法》规定的原判决、裁定适用法律确有错误：(1)适用的法律与案件性质明显不符的；(2)确定民事责任明显违背当事人约定或者法律规定的；(3)适用已经失效或者尚未施行的法律的；(4)违反法律溯及力规定的；(5)违反法律适用规则的；(6)明显违背立法原意的。

7. 审判组织的组成不合法或者依法应当回避的审判人员没有回避的。

8. 无诉讼行为能力人未经法定代理人代为诉讼，或者应当参加诉讼的当事人，因不能归责于本人或者其诉讼代理人的事由，未参加诉讼的。

9. 违反法律规定，剥夺当事人辩论权利的。这一再审事由的规定由于过于抽象，不易在实践中把握，因而容易导致申请再审的扩大化。就理论和实践而言，辩论包括当事人就实体问题和程序问题这两个大的方面的辩论，所以，辩论权利的具体行使范围和领域是十分广泛的，从诉讼开始，当事人就可能对主管、管辖、举证时限、证据交换等问题进行辩论，开庭审理中可能对实体权利义务问题和证据问题等进行辩论，程序进行中还可能对程序问题，如诉讼中止、诉讼终结、延期审理、诉讼保全、先予执行等进行辩论，行使辩论权利，那么，是否只要在这些方面剥夺了当事人的辩论权利就可以提起再审呢？对什么是"剥夺"也有一个如何界定的问题,在有些情形下,究竟是限制了当事人的辩论权利还是剥夺了当事人的辩论权利,可能界限并不是特别清晰。这就需要我们从再审制度的基本性质来考量,理解规定的精神实质。笔者认为,实践中应当通过司法解释予以具体化,只有在明显且严重剥夺辩论权利的情况下才可以提起再审,例如根本不让当事人在法庭审理中对案件主要事实和法律问题提出主张,进行陈述、抗辩的,就应该提起再审。对此,《关于审判监督程序的解释》第 15 条将其限定为:原审开庭过程中审判人员不允许当事人行使辩论权利,或者以不送达起诉状副本或上诉状副本等其他方式,致使当事人无法行使辩论权利的,人民法院应当认定为《民事诉讼法》规定的"剥夺当事人辩论权利",但依法缺席审理,依法径行判决、裁定的除外。根据《民诉法司法解释》的规定,原审开庭过程中有下列情形之一的,应当认定为《民事诉讼法》规定的"剥夺当事人辩论权利":(1)不允许当事人发表辩论意见的;(2)应当开庭审理而未开庭审理的;(3)违反法律规定送达起诉状副本或者上诉状副本,致使当事人无法行使辩论权利的;(4)违法剥夺当事人辩论权利的其他情形。

10. 未经传票传唤,缺席判决的。

11. 原判决、裁定遗漏或者超出诉讼请求的。根据《民诉法司法解释》的规定,《民事诉讼法》规定的诉讼请求,包括一审诉讼请求、二审上诉请求,但当事人未对一审判决、裁定遗漏或者超出诉讼请求提起上诉的除外。对于确定(生效)判决超出诉讼请求作出裁判的,因为违反处分原则,应当通过再审予以纠正,但对于未判的诉讼请求的情形依然适用再审程序予以纠正,在法理上存在异议。既然是未判事项就应当由原审法院继续审理作出裁判。或者考虑到案件已经实际结案较长时间,因此也允许另行起诉加以解决,不再起诉的,视为放弃该诉讼请求。

12. 据以作出原判决、裁定的法律文书被撤销或者变更的。根据《民诉法司法解释》的规定,《民事诉讼法》规定的法律文书包括:(1)发生法律效力的判决书、裁定书、调解书;(2)发生法律效力的仲裁裁决书;(3)具有强制执行效力的公证债权文书。

13. 审判人员审理该案件时有贪污受贿、徇私舞弊、枉法裁判行为的。根据《民诉法司法解释》的规定,《民事诉讼法》规定的审判人员审理该案件时有贪污受贿、徇私舞弊、枉法裁判行为,是指已经由生效刑事法律文书或者纪律处分决定所确认的行为。

2012 年《民事诉讼法》修正时,删掉了关于管辖违反法律这一再审事由。这一修改是必要的,因为关于管辖错误的救济,民事诉讼法已经设置了管辖异议制度,对管辖异议裁决不服的还可以上诉,而且,管辖问题毕竟是法院内部分工问题,因此没有必要再给予再审救济,否则会导致救济过剩。

在实践中,也有人认为,民事诉讼法规定可以对管辖错误的裁定申请再审,因此即使在再审事由中删掉关于管辖违反法律这一事由也并不意味着不能够对管辖裁定申请再审。实际上,这是法律规定存在的逻辑问题。从内在逻辑角度来看,没有再审事由,就无法实质启动再审。从完善民事诉讼法的角度来看,应当彻底取消关于管辖裁定可以再审的规定。

四、再审事由的审查程序

(一)再审事由审查的实施

《民事诉讼法》2007年修正之后,对申请再审的情形,增加了再审事由审查程序。按照《民事诉讼法》的规定,当事人申请再审的,应当提交再审申请书等材料。人民法院应当自收到再审申请书之日起5日内将再审申请书副本发送对方当事人。对方当事人应当自收到再审申请书副本之日起15日内提交书面意见;不提交书面意见的,不影响人民法院审查。人民法院可以要求申请人和对方当事人补充有关材料,询问有关事项。

当人民法院将再审申请书副本发送给对方当事人时,基于再审的利害关系,通常对方当事人会提出反驳意见,意见主要针对申请书中关于申请人所主张的再审事由,提出其再审事由不能成立或不存在的理由。对方当事人不提交书面意见的,不影响人民法院审查,其含义是无论对方当事人是否提交书面意见,人民法院都将对申请人提出的申请理由进行审查,确认申请人提出的再审事由是否成立或存在。

人民法院认为再审申请书等材料难以作出裁定的,应当调阅原审卷宗予以审查。人民法院也可以根据案情需要决定是否询问当事人。对于有新的证据足以推翻原判决、裁定为由申请再审的,司法解释强调"应当"询问当事人。

按照《民事诉讼法》的规定,人民法院应当自收到再审申请书之日起3个月内审查,符合本法规定情形之一的,裁定再审;不符合本法规定的,裁定驳回申请。有特殊情况需要延长的,由本院院长批准。申请人对驳回申请的裁定,是否可以上诉或复议,《民事诉讼法》没有规定,可以理解为不得对该裁定上诉或申请复议。

关于检察机关提起抗诉的场合,《民事诉讼法》规定,人民检察院提出抗诉的案件,接受抗诉的人民法院应当自收到抗诉书之日起30日内作出再审的裁定。由于从现行法规定的性质上来看,检察机关的抗诉属于行使法律监督权的行为,因此,人民法院不能作出驳回抗诉的裁判,只能裁定再审。虽然《民事诉讼法》规定了抗诉的事由,但关于抗诉事由是否成立的判断权在检察机关(如果其判断权不在检察机关,则检察机关的法律监督权就无从谈起了)。因此,只要检察机关提出了抗诉,就说明检察机关已经判断抗诉事由成立,法院也就必须予以接受。从这个意义上,对于检察机关抗诉的场合也就不存在审查的必要,仅仅是法院在什么时间内作出再审裁定的问题,甚至可以说规定30日内作出再审裁定的期间都是没有必要的,应当是在接到抗诉书的同时,即作出再审的裁定。

根据《关于审判监督程序的解释》的规定,在再审审查过程中,出现下列情形之一的,人民法院可以裁定终结审查:(1)申请再审人死亡或者终止,无权利义务承受人或者权利义务承受人声明放弃再审申请的;(2)在给付之诉中,负有给付义务的被申请人死亡或者终止,无可供执行的财产,也没有应当承担义务的人的;(3)当事人达成执行和解协议且已履行完毕的,但当事人在执行和解协议中声明不放弃申请再审权利的除外;(4)当事人之间的争议可以另案解决的。

(二)再审审查程序的终结

再审审查程序的终结,是指在审查过程中,当存在某些法律或司法解释规定的事由时,再审审查就此结束的情形。根据《民诉法司法解释》的规定:再审申请审查期间,有下列情形之一的,裁定终结审查:(1)再审申请人死亡或者终止,无权利义务承继者或者权利义务承继者声明放弃再审申请的;(2)在给付之诉中,负有给付义务的被申请人死亡或者终止,无可供执行的财产,也没有应当承担义务的人的;(3)当事人达成和解协议且已履行完毕的,但当事人在和解协议中声明不放弃申请再审权利的除外;(4)他人未经授权以当事人名义申请再审的;(5)原审或者上一级人民法院已经裁定再审的。(6)有本解释第383条第1款规定情形的。

五、本案再次审理的程序

(一)裁定中止原判决、裁定的执行

按照审判监督程序决定再审的案件,人民法院首先应当作出中止原判决、裁定执行的裁定。裁定由院长署名,加盖人民法院印章,然后送达双方当事人。

中止执行的裁定作出之后,原判决、裁定的法律效力暂时中断,正在执行中的暂停执行,待案件再审之后,再决定是否撤销。根据《民诉法司法解释》的规定,依照《民事诉讼法》的规定,需要中止执行的,应当在再审裁定中同时写明中止原判决、裁定、调解书的执行;情况紧急的,可以将中止执行裁定口头通知负责执行的人民法院,并在通知后10日内发出裁定书。

(二)另行组成合议庭

按照审判监督程序再审的案件,应当根据《民事诉讼法》的规定,另行组成合议庭进行审理。原来是一审的,按照一审程序组成,原来是第二审的,按第二审程序组成,无论是一审还是二审,原合议庭成员或者独任审判员均不得参加新组成的合议庭。

(三)本案审理适用的程序

1. 本案审理适用原程序

审判监督程序是一种救济性的特殊程序,本质上是对案件的再次审理,因此,对本案(原审案件)的再审,应视不同情况分别适用第一审程序或第二审程序。原生效判决、裁定是一审的,再审应当适用一审程序审理。适用一审程序审理后作出的判决,当事人不服的,还可以上诉。原生效判决、裁定是二审的,应当适用二审程序审理,作出的判决是终审判决,当事人不能上诉。

2. 本案审理的方式

人民法院审理再审案件应当开庭审理。但按照第二审程序审理的,有特殊情况或者双方当事人已经通过其他方式充分表达意见,且书面同意不开庭审理的除外。

人民法院开庭审理再审案件,应当按照下列情形分别进行:(1)因当事人申请再审的,

先由再审申请人陈述再审请求及理由,后由被申请人答辩、其他原审当事人发表意见;(2)因抗诉再审的,先由抗诉机关宣读抗诉书,再由申请抗诉的当事人陈述,后由被申请人答辩、其他原审当事人发表意见;(3)人民法院依职权再审,有申诉人的,先由申诉人陈述再审请求及理由,后由被申诉人答辩、其他原审当事人发表意见;(4)人民法院依职权再审,没有申诉人的,先由原审原告或者原审上诉人陈述,后由原审其他当事人发表意见。

3. 本案再审的审理范围

《民诉法司法解释》规定,人民法院审理再审案件应当围绕再审请求进行。当事人的再审请求超出原审诉讼请求的,不予审理;符合另案诉讼条件的,告知当事人可以另行起诉。

被申请人及原审其他当事人在庭审辩论结束前提出的再审请求,符合《民事诉讼法》规定的,人民法院应当一并审理。

人民法院经再审,发现已经发生法律效力的判决、裁定损害国家利益、社会公共利益、他人合法权益的,应当一并审理。

4. 本案再审审理程序的终结

根据《民诉法司法解释》的规定,再审审理期间,有下列情形之一的,可以裁定终结再审程序:(1)再审申请人在再审期间撤回再审请求,人民法院准许的;(2)再审申请人经传票传唤,无正当理由拒不到庭的,或者未经法庭许可中途退庭,按撤回再审请求处理的;(3)人民检察院撤回抗诉的;(4)有本解释规定的特别情形的。另外,因人民检察院提出抗诉裁定再审的案件,申请抗诉的当事人有前款规定的情形,且不损害国家利益、社会公共利益或者他人合法权益的,人民法院应当裁定终结再审程序。

再审程序终结后,人民法院裁定中止执行的原生效判决自动恢复执行。

(四)再审中再审申请或抗诉的撤回

关于再审中再审申请的撤回。按照《关于审判监督程序的解释》,申请再审人在再审期间撤回再审申请的,是否准许由人民法院裁定。裁定准许的,应终结再审程序。申请再审人经传票传唤,无正当理由拒不到庭的,或者未经法庭许可中途退庭的,可以裁定按自动撤回再审申请处理。

关于抗诉的撤回。人民检察院抗诉再审的案件,申请抗诉的当事人有前款规定的情形,且不损害国家利益、社会公共利益或第三人利益的,人民法院应当裁定终结再审程序;人民检察院撤回抗诉的,应当准予。

无论是因再审申请的撤回,还是因抗诉的撤回而终结再审程序的,一旦终结再审程序,就要恢复原判决的执行。

(五)再审中的调解

依照我国民事诉讼法调解应贯穿在诉讼全过程的原则,在再审过程中同样可以进行调解。在审理程序上,再审是依照原审级再行审理的一种程序,而第一、二审程序法律规定都可以进行调解,因此,再审案件的审理也可以适用调解。调解书生效后也不能提起上诉,这一点与依照第一审程序再审后所作出的判决、裁定不同,应予以注意。

当事人在再审审理中经调解达成协议的,人民法院应当制作调解书。调解书经各方当事人签收后,即具有法律效力,原判决、裁定视为被撤销。

(六)再审案件的裁判

人民法院审理再审案件,要对原审所作出的判决、裁定在认定事实、适用法律以及审理中适用程序等进行全面审查。最后根据认定的事实、适用适当的法律,作出正确的裁判。具体有以下情形:

第一,再审后,认为原判决、裁定认定事实清楚,适用法律正确,审判程序合法,应当维持原判决、裁定。

第二,原判决、裁定在认定事实、适用法律、阐述理由方面虽有瑕疵,但裁判结果正确的,人民法院应在再审判决、裁定中纠正上述瑕疵后予以维持。

第三,再审后,如果确认原审判决、裁定在认定事实或者适用法律上确有错误,或因审判程序错误导致判决、裁定错误的,应当撤销原判决、裁定,并依法在认定事实的基础上作出正确的判决、裁定。

第四,人民法院提审或按照第二审程序再审的案件,在审理中发现违反法定程序的,应分别处理:(1)不符合《民事诉讼法》规定的受理条件或者符合《民事诉讼法》规定的不予受理情形的,裁定撤销一审、二审判决,驳回起诉。(2)发现原一审程序中遗漏了应当参加诉讼的当事人的,应当通知应当参加诉讼的当事人参加诉讼,然后根据案件的审理情况作出裁判。原二审判决遗漏了应当参加诉讼的当事人,可以根据当事人自愿原则予以调解,调解不成的,裁定撤销二审判决,发回原一审人民法院重审。应当注意,如果按照第一审程序审理再审案件时,一审原告申请撤回起诉的,是否准许由人民法院裁定。裁定准许的,应当同时裁定撤销原判决、裁定、调解书。

第五,按照《民诉法司法解释》的规定,人民法院对调解书裁定再审后,按照下列情形分别处理:(1)当事人提出的调解违反自愿原则的事由不成立,且调解书的内容不违反法律强制性规定的,裁定驳回再审申请;(2)人民检察院抗诉或者再审检察建议所主张的损害国家利益、社会公共利益的理由不成立的,裁定终结再审程序。人民法院裁定中止执行的调解书需要继续执行的,自动恢复执行。

(七)关于提审、指定再审和指令再审

所谓"提审",是指上一级或上级人民法院经审查认为再审事由成立,决定由本院对本案再次进行的审理。按照《关于审判监督程序的解释》的规定,上一级人民法院经审查认为再审事由成立的,一般由本院提审。

所谓"指定再审",是指最高人民法院或高级人民法院根据需要指定原审人民法院以外的其他人民法院对本案的再审。

所谓"指令再审",是指上级人民法院指令原审人民法院对本案的再审。按照《关于审判监督程序的解释》的规定,有下列情形的不得指令原审人民法院再审:"(一)原审人民法院对该案无管辖权的;(二)审判人员在审理该案件时有贪污受贿,徇私舞弊,枉法裁判行为的;(三)原判决、裁定系经原审人民法院审判委员会讨论作出的;(四)其他不宜指令原审人民法院再审的。”

六、再审程序的改革

(一)再审程序改革的背景

2021年全国人民代表大会常务委员会作出《关于授权最高人民法院组织开展四级法院审级职能定位改革试点工作的决定》(以下简称《授权决定》),以推动完善我国诉讼制度,加强审级制约监督体系建设,实现法律正确统一适用。同年9月27日,最高人民法院印发《关于完善四级法院审级职能定位改革试点的实施办法》(以下简称《试点实施办法》),正式启动为期2年的试点工作。试点法院将根据《授权决定》和《试点实施办法》,调整适用相关法律规定,即在试点法院的试点期间不再适用《民事诉讼法》的原有规定。试点结束后,将要修改相应的法律规定,将试点的成功经验转化为法律制度。《试点实施办法》中就涉及民事再审程序的改革问题。

(二)改革的基本思路

试点改革的基本思路是,通过改革调整最高人民法院的职能定位,突出最高人民法院对审判的指导和监督,强化最高人民法院在统一司法中的领导作用,避免过多陷入大量再审案件的事实认定实务之中,影响其应有职能的发挥。

(三)再审程序改革的主要内容

1. 对高级人民法院的终审判决、裁定不服的,原则上向原审高级人民法院申请再审。只有两种情形可以向最高人民法院申请再审,即涉及法律适用问题以及终审判决、裁定是经过审判委员会作出的。按照《民事诉讼法》的规定,当事人对已经发生法律效力的判决、裁定,认为有错误的,可以向上一级人民法院申请再审。依此规定,当事人对高级人民法院作出的生效的判决、裁定不服的,即可以向最高人民法院申请再审。《试点实施办法》对当事人向最高人民法院申请再审的予以明确的限制。

2. 向最高人民法院申请再审的,除依法必须载明的事项外,应当在再审申请书中声明对原判决、裁定认定的基本事实,认定事实的主要证据,适用的诉讼程序没有异议,同时载明案件所涉法律适用问题的争议焦点、生效裁判适用法律存在错误的论证理由和依据。该规定强调了再审事由指向的精准性。再审申请人提交的再审申请书不符合前款要求的,最高人民法院应当给予指导和释明,一次性全面告知其在10日内予以补正。再审申请人无正当理由逾期未予补正的,按撤回申请处理。

3. 向最高人民法院申请再审的案件,最高人民法院也可以在符合规定的情形下,决定交原终审法院(高级人民法院)进行审查。这些情形包括两类:(1)案件可能存在基本事实不清、诉讼程序违法、遗漏诉讼请求的;(2)原判决、裁定适用法律可能存在错误,但不具有法律适用指导意义的。

4. 关于提审制度的改革：一是应当提审的情形。原判决、裁定适用法律确有错误，且符合下列情形之一的，最高人民法院应当裁定提审：(1)具有普遍法律适用指导意义的；(2)最高人民法院或者不同高级人民法院之间近3年裁判生效的同类案件存在重大法律适用分歧，截至案件审理时仍未解决的。二是可以提审的情形。应当提审的情形针对的是高级人民法院受理的再审案件，与此不同，可以提审是指最高人民法院对地方各级人民法院、专门人民法院已经发生法律效力的判决、裁定，发现确有错误，且符合应当提审情形的，可以决定提审。这突出了最高人民法院对各级人民法院的审判监督。三是报请提审的情形。高级人民法院对受理的民事申请再审案件，认为原判决、裁定适用法律确有错误，且符合最高人民法院应当提审情形之一，需要由最高人民法院审理的，经审判委员会讨论决定后，可以报请最高人民法院审理。

问题与思考

现行再审体制的转换

我国现行的再审体制——审判监督程序典型地反映了其职权主义诉讼模式的特征。主要体现在，法院可以依职权启动本案再审程序以及检察机关可以对生效裁判、调解书提起抗诉、检察建议请求启动本案再审。

我国审判监督程序的基本问题在于，再审程序是否应当以审判监督权和检察监督权为基础，由法院和检察院依职权启动再审程序。因为民事诉讼贯彻处分原则，而按照处分原则，诉讼程序应当由当事人启动，例如，一审程序和二审程序。审判监督程序的职权启动就与民事诉讼的处分原则冲突。既然一审和二审的启动都是适用处分原则，作为同一个案件不适用处分原则显然是不合适的。民事纠纷的本质决定了当事人对自己权利处分的自由，即使在再审程序中也应当是如此。鉴于此，我国再审程序应当予以修改，应当改为以再审之诉为基础的再审制度，取消审判监督权和检察监督权的干预。[10]应该将再审体制上转换为更能反映民事诉讼特性的再审之诉体制。

知识扩展

再 审 之 诉

再审之诉[11]制度的基本特点在于，这种对生效裁判的程序和制度是建立在诉的基础之上的，是以诉的原理和制度为基础的。按照诉的理论，一般认为诉是一种当事人向法院提出的要求法院对民事争议进行裁判的请求。诉具有使诉讼开始、使法院行使裁判权的功能。就法院的基本作用方式而言，法院

---

〔10〕 参见［日］竹下守夫、青山善充、伊藤真等：《关于日本新民事诉讼法的座谈》，载《法学家》1998年11月15日，总第1145期。

〔11〕 再审之诉实际上有两种含义：一种含义是指再审原告提出的再审诉讼请求；另一种含义是指当事人提起再审，再审法院进行审理，并作出裁判的一整套再审诉讼制度。在阅读再审之诉的有关文献时，应注意“再审之诉”这一词语在文中的不同含义。

只能是被动地行使审判权。根据诉权的一般理论，当事人之所以能够提出要求法院进行裁判的请求，是因为当事人享有诉权。没有诉权，该当事人就不能要求法院进行裁判，法院也没有义务对案件进行审判。〔12〕基于诉权，当事人在有诉的利益存在的情况下就可以提起诉讼，即起诉，并启动一审诉讼程序。同理，基于上诉权，上诉人在存在上诉利益时，可以提起上诉，启动上诉审程序。建构在再审之诉制度基础上的再审程序启动也是因为当事人行使了再审诉权，在提起再审之诉的当事人具有再审利益时，启动再审程序。在基本原理上，一旦法律规定当事人有再审诉权，那么，该当事人就可以对已经发生法律效力的裁判提起再审之诉，在符合再审之诉的要求时，法院就应当根据提起再审之诉的当事人的要求开始再审程序。无论是一审诉讼程序、二审诉讼程序，还是再审诉讼程序，其共同特点之一就是这些程序的启动是基于当事人的一种广义诉权和诉讼请求，不同的只是这种广义诉权根据不同的阶段、对象、目的具体化为各种具体的程序上的请求权，即起诉权、上诉权和再审诉权，并根据程序的特性和要求设定这些程序上请求权的条件。之所以这三类程序的启动都要以诉的制度为基础，就在于这三类程序都是诉讼程序，即存在利益对立的双方当事人。法院作为裁判者处于中立的地位，法院在这些程序中针对请求方当事人提出的请求和主张的事实作出裁判。既然是中立裁判，必然要求裁判者在程序的启动上是消极被动的。即使在不同的程序阶段程序的性质有所不同，但不同的程序审理和裁判的纠纷却仍然是同一的，案件并不因为程序的性质不同而有所不同，既然是同样的案件，那么，解决案件的程序也必须符合民事纠纷的特性，按照民事诉讼的基本原则来加以处理，而不能有所差别地对待。不同阶段的诉讼程序如果均以诉的制度为基础，就使具有共同特性的诉讼程序有了共同的基础；反之，如果将具有共同特性的诉讼程序建立在不同的基础上，就必然会出现不整合现象和体制建构在逻辑上的混乱。虽然我国审判监督程序是一种对已生效判决实施救济的程序，但程序的基础却是国家法律监督权，这与具有基本相同属性的一审诉讼程序和二审诉讼程序的基础不一致。〔13〕

---

〔12〕 参见张卫平主编：《民事诉讼教程》，法律出版社1998年版，第169页。

〔13〕 关于再审之诉，详见张卫平：《民事再审：基础置换与制度重建》，载《中国法学》2003年第1期。

第三十一章 第三人撤销之诉

本章目次

一、第三人撤销之诉的目的和意义

第三人撤销之诉是2012年修正后的《民事诉讼法》新设立的一项诉讼制度。《民事诉讼法》规定:有独立请求权和无独立请求权第三人,因不能归责于本人的事由未参加诉讼,但有证据证明发生法律效力的判决、裁定、调解书的部分或者全部内容错误,损害其民事权益的,可以自知道或者应当知道其民事权益受到损害之日起6个月内,向作出该判决、裁定、调解书的人民法院提起诉讼。人民法院经审理,诉讼请求成立的,应当改变或者撤销原判决、裁定、调解书;诉讼请求不成立的,驳回诉讼请求。该规定意味着,在我国民事诉讼法中设立了一种全新的诉讼程序和制度——第三人撤销之诉。概括地讲,**所谓第三人撤销之诉,是指案外第三人申请撤销他人之间已经生效的、错误的判决、裁定和调解书,以维护自己民事权益的制度**。

从追求实质正义的意义上讲,立法者增设第三人撤销之诉的目的在于通过撤销他人之间的错误判决、裁定、调解书,以维护案外第三人的民事权益。撤销之诉的一个前提是,他人之间已经生效的错误判决、裁定、调解书侵害了案外第三人的利益。正因如此,才有必要撤销他人之间已经生效的判决、裁定、调解书。同时,在追求程序正义的意义上,案外第三人可以以诉的方式撤销他人之间已经生效的判决、裁定、调解书,也是基于维护第三人的程序权利,具有程序保障的目的。我国第三人撤销之诉制度要求是,提起第三人撤销之诉的当事人须是不能归责于本人的事由未参加诉讼的第三人。由于在作出原判决、裁定、调解书的诉讼中,该案外第三人没有参加诉讼,其程序权利没有得到保障,如果该案外第三人参加了他人之间的诉讼,则该第三人可以在该诉讼中,通过行使相应的诉讼权利维护自己的民事权益。因而,应当给予该第三人在程序上事后保障的机会和权利。

在我国,增设这一制度有其现实需要,这就是人们对现实中较普遍存在的借助司法程序侵害他人合法权益的现象深恶痛绝。例如,通过虚假诉讼、恶意诉讼、冒名诉讼侵害当事人或案外第三人的合法权益。对此种现象,在法律应对方面,除了通过完善证据制度对其违法行为给予制裁外,[1]有不少人也希望在民事诉讼法中增订第三人撤销之诉,以期在程序救济方面能够有效维护第三人的合法权益。一些学者在民事诉讼法修改建议稿中说明第三人撤销判决制度必要性时也指出,设置该制度有助于防止双方当事人恶意串通通过诉讼损害第三人权利。从这些建议稿的规定来看,明显是受到我国台湾地区"新民事诉讼法"中关于"第三人撤销诉讼"制度的影响。我国台湾地区"新民事诉讼法"中的第三人撤销诉讼制度又源自法国的"tiérce opposition"制度,即第三人撤销判决异议制度。但我们对我国台湾地区的制度构成和法国的制度背景尚缺乏深入的了解。认为我国应当建立一般性的第三人撤销之诉制度的认识也与我国没有完善的既判力制度有关。如果既判力制度得以明确和完善,则根据既判力的相对性原则,他人之间的判决由于对第三人没有既判力,第三人在他人的行为侵害自己的合法权益时,即可提起一般民事诉讼寻求救济,而没有必要提起第三人撤销之诉。

通过第三人撤销之诉,撤销他人之间诉讼中形成的错误生效判决、裁定、调解书,实现对第三人民事权益的救济,从逻辑上讲似乎是能够成立的。不过,有学者指出,对第三人权益的救济可以通过再审救济程序实现,无须设立独立的第三人撤销之诉制度。现在救济程序缺失的主要问题是,民事诉讼法的再审程序没有向第三人开放,因此,只需要通过修改民事诉讼法,允许第三人作为再审申请主体,第三人权利的救济就可以实现了。最高人民法院 2008 年关于再审的司法解释也在一定条件下对案外第三人开放了再审救济。在我国台湾地区,也有学者在对第三人撤销判决制度的异议中提到了这一点。[2] 这里存在的问题是,究竟是通过修改再审制度实现对第三人权利的救济,还是单独设立第三人撤销之诉制度。笔者认为,如果考虑第三人撤销之诉的特殊性(例如,主体限制、裁判效力等),单独设立或规定第三人撤销之诉并非不可以。从本质上讲,第三人撤销之诉依然归属于特殊救济途径,应属于再审的范畴,第三人撤销之诉实质上就是再审主体范围对第三人的开放。

由于第三人撤销之诉制度涉及民事诉讼中的其他诸多制度,涉及人们对这些制度相互关系、各自目的、不同功能的认识,因此,关于第三人撤销之诉的问题成为近年来我国民事诉讼法学术界最有争议的问题。关于第三人撤销之诉的具体适用也是实务界最为关注和争议的问题。

二、第三人撤销之诉的性质与特征

厘清第三人撤销之诉的性质与特征有利于我们在诉讼实践中更好地把握和运用该项

〔1〕 2012 年修正后的《民事诉讼法》第 112 条规定:当事人之间恶意串通,企图通过诉讼、调解等方式侵害他人合法权益的,人民法院应当驳回其请求,并根据情节轻重予以罚款、拘留;构成犯罪的,依法追究刑事责任。

〔2〕 参见陈荣宗、林庆苗:《民事诉讼法》,台北,三民书局 2005 年版,第 808 页。

制度。我们可从以下几个方面来认识。

1. 第三人撤销之诉是一种形成之诉

人们通常根据诉即请求的性质和内容,将诉分为确认之诉、给付之诉和形成之诉。**确认之诉,是指原告请求法院确认其主张的法律关系存在或不存在。给付之诉,是指原告向被告主张给付请求权,并要求法院对此作出给付判决的请求**。这里所谓的给付,不仅指被告对原告金钱或实物的交付,还包括被告履行原告所要求的行为(作为或不作为)。例如,要求被告履行合同所确定的义务。**形成之诉,是指原告要求法院变动或消灭一定法律状态(权利义务关系)的请求**。形成之诉是大陆法系民事诉讼理论中通用的概念,也称为"权利变更之诉"。我国以往的教科书通常称为"变更之诉"。第三人撤销之诉在诉的性质上可以归类于形成之诉,虽然这种诉的内容是要求撤销他人之间的判决、裁定、调解书,但其本质是要求改变判决、裁定、调解书已经确定的法律关系。这一特征基本符合形成之诉的特征。当然,第三人撤销之诉也有不同于一般形成之诉的地方。一般形成之诉依据的是民法上的实体请求权——形成请求权,针对的是形成义务人,而第三人撤销之诉不是直接依据实体上的请求权,而是诉讼法上的请求权,针对的是法院。这一诉讼法上的请求权也是第三人撤销之诉的诉讼标的。在这一点上与再审之诉的诉讼标的类似。

2. 第三人撤销之诉是一种特殊救济程序

第三人撤销之诉的程序性质,是指作为一种诉讼程序,其是一种特殊救济程序还是一般或通常救济程序。由于第三人撤销之诉针对的是已经发生法律效力的判决、裁定、调解书,因此,考虑到已经裁判的安定性问题,总体上第三人撤销之诉在程序性质上应当与再审程序一样,同属于特殊或非常救济程序。第三人撤销之诉也有不同于再审之诉的地方。差异之处在于,毕竟第三人撤销之诉的第三人是原诉讼的案外第三人,不像原诉讼的当事人那样在原诉讼中已经行使过一定的诉讼权利。因此,在注重裁判的稳定性方面,没有必要达到再审程序的程度。也就是说,在司法政策上第三人撤销之诉的门槛应当比再审程序要低一些。这主要表现在对于再审之诉,需要经过再审事由程序,是一种"二阶"设置,第一阶段是对再审事由的审查,具有再审事由的,进入本案再审阶段。第三人撤销之诉与一般民事诉讼相同,依然是"一阶"结构,没有事由审查。但第三人撤销之诉又不是通常的上诉救济程序,对于第三人撤销之诉审理程序的启动有严格要求,否则,会因为撤销之诉的滥用影响已决法律关系的安定性。

3. 第三人撤销之诉是一种事后救济程序

在我国,作为保障案外第三人事前程序权利并维护其民事权益的诉讼制度有两种——有独立请求权第三人和无独立请求权第三人。这两种制度都是保障第三人正当权益的制度,相对于第三人撤销之诉而言是一种事前程序保障。这里所谓的"事前",是指案件起诉受理后到案件的裁判、调解书生效之前的程序阶段。在这之后,再对案件所涉权利予以救济的程序,就是事后程序。事前与事后的界分标准是裁判是否生效。一般而言,通常的救济程序都是事前程序,事后救济程序是一种特殊和例外。第三人撤销之诉作为一种事后救济程序必须具备一定的条件,否则不能提起。这一条件是该第三人是由于不能归责于本人的事由没有参加他人之间的诉讼,导致自己不能在诉讼中行使诉讼权利,从而不能维护自己的合法权益。这一制度之所以被认为是一种事后程序保障,是因为这一制度的设置纯粹是为了实现当事人的程序权。如果该第三人原本可参加他人之间的诉讼却因为自己的原因没有参加诉讼的,也就不能提起第三人撤销之诉,即使第三人有证据证明该裁判或调解书确有错误,侵害了自己的合法权益。强调当事人的程序权利被认为是现代民事诉讼法理的一个重要特征和趋势。在大陆法系国家和地区,受英美法系正当程序理念和诉讼哲学观的影响,一些学者提出了所谓的程序保障第三次浪潮(民事程序保障第三波),主张民事程序的发展应当转向程序保障,而非单纯的实体保障。这一理论首先从目的论上修正了传统的民事诉讼目的论,认为民事诉讼的目的是实现当事人权利的程序保障,而非仅仅解决纠纷。

程序保障论的观点对于我国台湾地区的第三人撤销判决制度的建构具有直接的影响,可以说没有程序保障论支持,就不可能有第三人撤销判决制度。这一理论或认识对我国目前的传统和现实来说,自然也具有革命性。从我国的传统和现实来看,其诉讼理念主要还是重实体轻程序,单纯追求实质正义和实质真实,并不注重对当事人权利的程序保障。因此,就此而言,第三人撤销之诉的认识基础可以说是对传统民事诉讼理念的挑战,有助于人们深化对程序正义、程序正当性与合法性内在关系的认识。

当然,我们也可以从防止事后救济权利的滥用的角度予以解读,即如果不设置非归责于第三人自己的原因没有参加他人之间的诉讼,而仅仅规定实体上裁判或调解书有错误即可提起第三人撤销之诉,将导致第三人滥用撤销权,不仅会广泛地动摇已决法律关系的稳定性,也将导致第三人诉讼制度不能发挥应有的功能,有违对诉讼经济的要求。而且,从新民事诉讼法将裁定、调解书纳入第三人撤销之诉的客体范围来看,似乎也没有完善考虑事后程序保障的问题,因为裁定、调解书的可撤销通常不会是因为第三人没有参与诉讼。

在认识第三人撤销之诉时,应当注意该制度与案外第三人异议之诉的区别。虽然案外第三人异议之诉,也是由案外第三人提起的,同样是基于对自己民事权益的维护,但两者在程序的性质上有本质的区别。2007 年我国对《民事诉讼法》进行部分修正,其中一个主要的内容是对执行制度进行修正,修正后的民事执行程序增设了案外人异议之诉制度。《民事诉讼法》规定,执行过程中,案外人对执行标的提出书面异议的,人民法院应当自收到书面异议之日起 15 日内审查,理由成立的,裁定中止对该标的的执行;理由不成立的,裁定驳回。案外人、当事人对裁定不服,认为原判决、裁定错误的,依照审判监督程序办理;与原判决、裁定无关的,可以自裁定送达之日起 15 日内向人民法院提起诉讼。根据该条规定,如果案外人对执行标的的异议与原判决、裁定无关,也就是说执行标的的错误不是由作为执行根据(判决或裁定)的错误造成的,例如,在执行中错误地将案外人的特定财产作为执行根据的判决中应执行的标的。在此种情形之下,案外人可以通过提起诉讼的方式实现对自己实体权利的救济。[3] 案外人异议之诉是案外人以执行债权人为被告(原则上)向法院提起的要求法院作出不得强制执行或撤销执行程序判决的诉讼,其目的在于阻止或撤销执行机构对

〔3〕 参见张卫平:《案外人异议之诉》,载《法学研究》2009 年第 1 期。

执行标的的执行。

第三人撤销之诉与案外人异议之诉除了两者适用的阶段不同之外（案外人异议之诉仅限于执行阶段，没有进入执行阶段，不会发生案外人异议之诉，执行诱发了权利争议；第三人撤销之诉则只要原判决、裁定、调解书生效之后，无论原判决、裁定、调解书是否进入执行阶段都可以提起），最主要的区别还在于：第三人撤销之诉是一种事后程序，而案外人异议之诉是一种事前程序。之所以说案外人异议之诉是一种事前程序，是因为这种诉讼的提起不存在参加他人诉讼的前提，是一种元诉讼。案外人异议之诉直接针对他人对自己实体权利的争议而提起的，而非针对他人之间的裁判或调解书。《民事诉讼法》规定，“与原裁判、裁定无关的，可以自裁定送达之日起十五日内向人民法院提起诉讼”，即表明该诉讼不是针对原判决、裁定，因而不是一种事后救济程序。

三、第三人撤销之诉的适格当事人

（一）第三人撤销之诉的原告

根据《民事诉讼法》的规定，第三人撤销之诉的原告须是相当于诉讼中有独立请求权第三人和无独立请求权第三人地位的案外第三人。

所谓有独立请求权第三人，是指对他人之间争议的诉讼标的主张独立的请求权，而参加他人之间诉讼的人。有独立请求权第三人通常是因为自己在实体法上享有实体请求权。之所以参加他人的诉讼，是因为他人所主张的请求与自己所享有的请求权发生冲突，主张他人并不享有实体上的请求权。

所谓无独立请求权第三人，是指虽然对他人之间争议的诉讼标的没有独立的请求权，但他们之间的诉讼结果与自己有法律上利害关系，而申请或通知其参加诉讼的人。无独立请求权第三人在我国民事诉讼法中又可以分为两类：辅助型第三人和被告型第三人。辅助型第三人始终是站在本诉当事人一方，否则不是辅助人，他们通常是主动参加诉讼。被告型第三人则是独立地面对本诉的原告和被告，并且有可能承担民事责任，通常情况下是法院基于本诉被告的要求而将其纳入本诉之中，即所谓通知参加诉讼。个别情况下，被告型第三人会主动参加诉讼并对本诉的当事人（主要是对本诉被告）的指控进行抗辩。因此，该第三人的地位实际上处于被告的地位。

按照立法者的意图，他人之间已经生效的判决、裁定、调解书因为错误而损害案外第三人利益的，该第三人可以申请撤销该判决、裁定、调解书。这种救济因为是在判决、裁定、调解书生效之后，因而是一种事后救济程序和手段。有独立请求权第三人，在作为撤销之诉的第三人时，因为非归责于自己的原因而没有参加他人之间的诉讼，因而无法在他人的诉讼中主张自己的请求权以维护自己的民事权益。如果有独立请求权的第三人能够在他人的诉讼中提出自己独立的请求权，则他人诉讼的原告和被告将成为第三人诉讼的被告，如果第三人的独立请求权成立，那么原诉讼原告的请求便不能成立，这样有独立请求权第三人的合法权益就得以维护。由于有独立请求权第三人享有实体上请求权，对他人争议的诉讼标的来说是一种独立的诉讼请求，有独立请求权第三人也是以起诉的方式参加诉讼，因此，从民事诉讼法理而言，即使第三人没有参加诉讼，该第三人依然可以在他人判决、裁定、调解书生效之后，向他人主张权利。就判决效力而言，他人之间的判决、裁定和调解书对该第三人没有约束力。之所以规定有独立请求权第三人制度，目的主要在于纠纷的一并解决，提高诉讼效率。因此，如果第三人撤销之诉适用于有独立请求权第三人，则意味着有独立请求权第三人又多了一条救济途径，既可以直接以他人诉讼的原告和被告为被告，主张权利，也可以推翻他人之间的判决、裁定、调解书。前者是普通的权利救济程序，后者是特殊的事后救济程序。这里应当思考的是，如果存在一般救济程序，是否还有必要适用特殊的事后救济程序。而且，对他人的诉讼判决如果对该第三人本身就没有约束力，是否还有必要推翻他人之间的裁判就存有疑问。这一问题又回到了本章前面所提到的判决的既判力的问题。

在无独立请求权第三人的场合，因为无独立请求权第三人有两种类型——辅助型第三人和被告型第三人，所以我们的分析也将根据无独立请求权第三人的不同类型予以展开。由于只有被告型的第三人才有可能承担民事责任，因此，如果要求第三人承担民事责任的判断是错误的，那么也就可能造成该第三人民事权益的损害。如此，在无独立请求权第三人的场合，就只有被告型第三人才能作为撤销之诉的原告，是撤销之诉适格的原告。在无独立请求权第三人的场合，如果该第三人因为法院的通知参加了诉讼，则可以在一审和二审行使诉讼权利维护自己的合法权益。如果第一审没有参加，法院的判决使其承担民事责任的，从理论上讲，该第三人可以提起上诉，要求撤销原判，发回重审或要求改判，也能实现权利救济。但当判决生效后，无独立请求权的第三人才可以通过第三人撤销之诉寻求救济。想来这种情形应该比较少，或者说发生概率很低，因为被告型第三人参加诉讼，通常是由法院通知参加，既然已经通知，如果发生第三人没有参加诉讼的情形就只能是自己的原因，也就丧失了提起第三人撤销之诉的条件。另外，如果承认该第三人实际是被告的地位，则该第三人可以通过申请再审寻求救济。再审事由为违法缺席判决。

在法国，根据《法国民事诉讼法》的规定，提起第三人撤销判决的原告，首先，应当是与要求撤销的判决存在利益的人。在理论上，这里的利益是指由于违法判决对第三人损害的利益。这种利益不仅是指物质或财产利益，也可以是精神利益。其次，原告应当是未在原判决诉讼程序中作为当事人或被代理人参与该诉讼的人。具体规定为，一方当事人的债权人及权利继受人在原判决违法侵害权利或其主张独自（个人）法律理由时，可以提起撤销之诉。同时，该法还规定，对于非讼案件，未受送达的第三人可以对非讼案件的判决提起撤销判决的诉讼。

在我国台湾地区，提起第三人撤销判决诉讼的原告须具备两个条件：其一，是与他人之间的诉讼判决有法律上利害关系的第三人；其二，不是因为第三人的过错而没有参加他人之间的诉讼，进而导致其不能提出足以影响该判决的攻击或防御方法的。如果满足了这两个条件，即为适格的第三人撤销判决诉讼的原告。关于何为“有法律上利害关系的第三人”法条上并未具体予以指明，但从“立法理由”的说明来看，我国台湾地区学者一般认为，应当是指受判决效力拘束的第三人。“立法理由”对此说明，因为存在判决效力扩张情形，因此，如果受此判决效力扩张影响的第三人在没有可归责于自己的原因而没有参加该诉讼的情形下便强令其受不利判决的拘束，无疑剥夺了该第三人的诉讼权、财产权，因此，在保护该第三人权益的必要范围内可以请求撤销原确定判决。

虽然可以将第三人撤销判决诉讼的原告理解为受原判决效力扩张影响的第三人，但法律上的规定依然是抽象的。所谓判决效力及于第三人，在“法律”上有明确规定的是我国台湾地区“民事诉讼法”关于既判力主观范围的规定、有关身份关系判决的对世效力的规定以及“民法”关于连带债务的判决效力扩张的规定。按照我国台湾地区民事诉讼判决效力扩张的理论，有学者认为在涉及人事（身份关系）诉讼中如婚姻无效之诉、撤销婚姻之诉、确认婚姻成立或不成立之诉、否认子女之诉、认领子女之诉、认领无效之诉、撤销认领之诉等以及关于法人关系或公司关系的诉讼中法人社员以及公司股东有参与诉讼程序保障利益，因此，判决的既判力应扩张及法人社员及股东，如撤销法人总会决议之诉、宣告财团董事行为无效之诉、撤销公司股东会决议之诉、宣告股东会决议无效之诉、解任公司董事之诉。[4] 由于存在判决效力扩张的情形，学者存有争议，因此关于第三人撤销判决诉讼的原告适格问题在学术上也是一个尚无定论的问题。在我国的实践当中，第三人撤销之诉实际上存在向案外人开放的现象。也有的人主张不受《民事诉讼法》相关条款的限制。这里涉及如何认识和看待既判力相对性原则的问题。关于这一点详见本章后述“问题与思考”部分。

（二）第三人撤销之诉的被告

第三人撤销之诉的被告是原判决、裁定、调解书中的原告和被告当事人。如果原诉讼有第三人的，则要具体分析，该第三人是否应当作为被告。从理论上讲，该第三人是有独立请求权的第三人，因为该第三人主张了实体权利，无论第三人是否败诉，都涉及他的实体权利，因此，该第三人应当作为被告，从而可以在第三人撤销之诉中一并解决实体权利是否成立的问题。对于无独立请求权第三人的场合应当将该第三人作为被告，因为无独立请求权的第三人在原诉中的地位实际就是被告，因此在第三人撤销之诉中，也依然应当作为被告。

四、第三人撤销之诉的客体

所谓第三人撤销之诉的客体，是指第三人撤销之诉中第三人请求法院撤销的对象。我国的第三人撤销之诉与法国和我国台湾地区的撤销之诉有所不同，其不仅包括生效判决，也包括裁定和调解书。

1. 关于判决

判决是对民事诉讼实体争议的裁判，他人之间的错误判决有可能在实体上损害案外第三人的民事权益，也就可以作为撤销之诉的客体。与法国不同，我国撤销之诉的客体为已经发生法律效力的判决。这里考虑的是只有生效的判决才能实际发生实体上的法律效果，

---

〔4〕 参见陈荣宗：《第三人撤销诉讼之原告当事人适格》，载《月旦法学杂志》2004年第115号。

因此规定只有生效判决才能成为撤销之诉的客体。由此，似乎在我国也有既判力的意思。在法国的场合，第三人撤销之诉不限于原判决已经确定，只要是终局判决，即可以提起。虽然在法国第三人撤销判决诉讼也被作为特殊救济程序。法国也规定了既判力制度，也承认判决效力的相对性，但是与其他大陆法系国家如德国、日本不同，法国判决的既判力并没有规定在民事诉讼法中，而是规定在《法国民法典》之中。在性质上，法国将既判力及相关理论归属于实体法层面的问题。因此，法国常常将判决的效力等同于契约的效力，而德国和日本却将判决效力及相关理论归属于诉讼法层面。这种差异表现在，在法国，所有终局判决一经宣告，即具有既判力，相当于德国、日本判决理论中的羁束力〔5〕。如果不服判决的当事人用尽所有通常救济手段之后，未能推翻该判决的，该判决发生"不可争效力"（irrévocale）。法国未确定的判决即具有既判力效果，因为在法国民法制定之前，理论上已经认可了未确定判决即具有拟制真实或绝对效力的观点，并为民法所接受。也就是说，在法国法上所有终局判决均有被推定为真实的效力。而在德国、日本，依据判决既判力制度和理论，未确定的判决基本上不发生对当事人的效力。

2. 关于调解书

调解书与判决书相同，也涉及民事权益争议问题，因为调解书也与判决具有同等法律效力，有执行力，因此错误的调解书也可能损害第三人的民事权益，也应当作为撤销之诉的客体。将调解书纳入第三人撤销之诉的客体范围是我国第三人撤销之诉的一大特色。在我国，调解实际上也是一种审判活动，调解的达成离不开法官的活动，而且法官在调解过程中具有很强的引导作用。调解书更是法院的一种司法文书，法律上调解书与判决具有同等效力。因此，基于这样的中国特色，将调解书作为客体是可以理解的。〔6〕

3. 关于裁定

对于可通过撤销之诉予以撤销的裁定，情形相对复杂一些，也是一个存有异议的问题，即能否通过诉的方式请求撤销法院的裁定，法律作这样的规定，也许是将再审客体作为了参照。即使可以通过诉的方式请求撤销裁定，也因为民事诉讼中的裁定有很多，民事诉讼法又没有明确规定可以撤销的裁定的范围，这就使哪些裁定可以作为撤销之诉的客体成为了一个问题。在认可通过诉的方式请求撤销裁定的前提下，笔者分析的思路是，回答这一问题，首先应当确定可撤销裁定的前提条件，可以考虑以下两点：

其一，应当是那些直接侵害第三人民事权益的错误裁定。也就是说，应当是那些直接涉及第三人民事实体权益的裁定。从《民事诉讼法》明确规定适用裁定的事项来看，主要有以下情形：(1)不予受理；(2)对管辖权有异议的；(3)驳回起诉；(4)保全和先予执行；(5)准许或者不准许撤诉；(6)中止或者终结诉讼；(7)补正判决书中的笔误；(8)中止或者终结执行；(9)撤销或者不予执行仲裁裁决；(10)不予执行公证机关赋予强制执行效力的债权文

---

〔5〕 参见本书第三十三章"判决"。

〔6〕 关于调解书，可以进一步思考的问题是，当他人之间的调解协议在效力上将扩张到第三人时，是否还可以允许进行调解？如果不能调解，调解书的法律效力在主体上又具有相对性时，调解书是否还应纳入可撤销之诉的客体范围就值得思考了。

书。虽然在民事诉讼中不仅是上述事项适用裁定,但至少上述事项必须使用裁定,同时也表明这些事项的重要性。所以,首先要讨论的是,这些裁定中哪些可以作为第三人撤销之诉的客体。由于第三人撤销之诉主要是对实体权利的救济,因此,如上述裁定中关于他人之间诉讼系属中法院对不予受理、管辖权异议、驳回起诉、中止与终结诉讼、中止与终结执行、诉讼保全、先予执行、补正判决书中的笔误等事项所作的裁定都没有必要作为撤销之诉的客体。从民事诉讼法明确规定的裁定适用范围来看,涉及民事实体权利的裁定并不多,主要有:关于财产保全(包括诉前及诉中财产保全)的裁定;关于行为保全的裁定;关于先予执行的裁定;等等。由于否定性裁定产生的效果是使某些程序不能发生或继续,如不予受理、驳回起诉、中止与终结诉讼、中止与终结执行、撤销或者不予执行仲裁裁决、不予执行公证机关赋予强制执行效力的债权文书等,这些裁定即使是错误的,也不会发生侵害第三人民事权益的结果,因此,也无须纳入撤销之诉的客体。

其二,有必要通过第三人撤销之诉予以撤销的裁定。这一思路是从第三人撤销之诉的诉的利益角度来进行分析。虽然有些错误的生效裁定会侵害第三人的合法权益,但却没有必要通过提起第三人撤销之诉予以撤销。例如,关于财产保全的裁定,如果有错误,一定是没有满足关于财产保全的条件,如将第三人的财产进行保全。无论何种情形下的财产保全错误都可以通过要求实施保全措施的法院撤销关于该财产保全的裁定,而非像判决、调解书那样必须通过特殊救济程序予以撤销。从裁定效力的理论上讲,法院(包括上级法院)不能撤销的裁定,是那些具有羁束力和既判力的裁定。从我国的情形来看,裁定一般是对程序性问题的裁决,因此这些裁定是没有羁束力和既判力的。只有那些涉及实体处理(与涉及实体权利义务不同,是直接关于实体权利义务的处理)的裁定才具有既判力。例如,关于支付令的裁定以及关于诉讼费用的裁定等。从民事诉讼法所规定的裁定来看,这些裁定似乎都是程序事项的裁定,没有涉及实体处理的裁定。有涉及实体处理的,如关于支付令和诉讼费用,又不使用裁定。支付令本身是一种法院命令作为的方式,关于诉讼费用的处理采用的是裁判方式。因此,两者都不能构成第三人撤销之诉的裁定。由于对程序事项所作的裁定没有羁束力和既判力,因此,对于错误的裁定,第三人可以请求法院予以撤销或改变(法院也可以依职权撤销或改变),而无须通过诉的方式予以撤销。[7]

从上述两点分析来看,似乎没有什么裁定可以纳入可撤销之诉的客体范围。这也许是为什么法国和我国台湾地区不将裁定纳入撤销之诉的客体的原因之一。不过,上述分析是基于规范使用裁定的角度,是一种纸面上分析,实践中有可能出现不规范适用裁定的情形(是否有这样一种可能,裁判的形式是裁定,但实质却是判决的情形。这里涉及的问题是法律规定的裁定是实质意义上的,还是形式意义上的),这些情形有可能成为撤销之诉的客体,就这一角度而言,民事诉讼法的规定也并非完全没有意义。

---

〔7〕 国内也有学者认为,一旦裁定生效,非经法定程序,法院也不得改变。参见张卫平、李浩:《新民事诉讼法原理与适用》,人民法院出版社 2012 年版,第 314 页。

五、第三人撤销之诉提起的程序及裁判

(一)第三人撤销之诉提起的期限和管辖法院

根据《民事诉讼法》的规定,案外第三人可以自知道或者应当知道其民事权益受到损害之日起6个月内,向作出该判决、裁定、调解书的人民法院提起诉讼。民事诉讼法并没有规定知道或应当知道的最长时限,因此,无论经过多长时间,只要是在知道或应当知道的6个月以内,都可以行使起诉权。关于行使撤销之诉的诉权期限与民事诉讼法关于再审申请的期间的规定保持了一致。这也说明,第三人撤销之诉在救济手段的性质上属于特殊或非常救济手段。

第三人撤销之诉的管辖法院是作出判决、裁定、调解书的法院。如果要求撤销的裁判是一审法院作出的,则管辖法院就是该一审法院;如果要求撤销的裁判是第二审法院作出的,则管辖法院就是第二审法院。

(二)第三人撤销之诉的起诉和受理

第三人撤销之诉作为特殊的救济程序,为了防止第三人撤销之诉的滥用,《民诉法司法解释》专门为其规定了起诉条件。《民诉法司法解释》细化完善了《民事诉讼法》关于起诉的积极条件的规定,第三人对已经发生法律效力的判决、裁定、调解书提起撤销之诉的,应当自知道或者应当知道其民事权益受到损害之日起6个月内(这一期间为不变期间,不适用诉讼时效中止、中断、延长的规定),向作出生效判决、裁定、调解书的人民法院提出,并应当提供存在下列情形的证据材料:(1)因不能归责于本人的事由未参加诉讼;(2)发生法律效力的判决、裁定、调解书的全部或者部分内容错误;(3)发生法律效力的判决、裁定、调解书内容错误损害其民事权益。

《民诉法司法解释》还明确规定了起诉的消极要件,对下列情形提起第三人撤销之诉的,人民法院不予受理:(1)适用特别程序、督促程序、公示催告程序、破产程序等非讼程序处理的案件;(2)婚姻无效、撤销或者解除婚姻关系等判决、裁定、调解书中涉及身份关系的内容;(3)《民事诉讼法》规定的未参加登记的权利人对代表人诉讼案件的生效裁判;(4)《民事诉讼法》规定的损害社会公共利益行为的受害人对公益诉讼案件的生效裁判。司法解释如此规定的原因在于,非讼程序的案件有特别的救济程序,涉及身份关系的案件需要尊重社会关系的稳定性,既不能申请再审,也不能提起第三人撤销之诉,未参加登记的权利人可以作为当事人另行提起诉讼,而公益诉讼则不会影响私益诉讼的提起,自然没有必要针对公益诉讼的裁判提起第三人撤销之诉。

作为消极要件,一个很重要的考量因素是第三人撤销之诉的特殊性,因为涉及推翻他人之间的生效裁判和调解书,影响法律关系的安定性,因此,需要设定了一个一般前提,即只有在无法采用其他法律救济途径时,才能适用,例如,能够另行提起诉讼予以救济的,就不能提起第三人撤销之诉。

（三）第三人撤销之诉的审查和受理

第三人撤销制度的审查和受理的问题，主要涉及对于该诉是按照一般的诉讼对待，还是按照特殊救济的诉讼对待的问题。如果按照一般的诉讼，则法院只需要对诉的提起进行形式审查，而非实质审查。例如，关于诉讼提起的理由无须进行实质审查，也无须当事人加以证明。相反，特殊救济诉讼的启动则需要对诉讼提起的事由，如对原判决、裁定、调解书是否存在错误进行实质性审查。对于事由的存在是否应达到较大可能性的程度，虽然不能用再审制度中的“确有错误”加以要求，但仍需对提起的事由进行审查。

从《民诉法司法解释》的规定来看，我国对第三人撤销之诉实行了适度的实质审查。《民诉法司法解释》关于立案登记制的规定也不适用于第三人撤销之诉。

根据《民诉法司法解释》的规定，第三人提起诉讼应当提供证明起诉积极条件的证据材料。人民法院应当在收到起诉状和证据材料之日起5日内送交对方当事人，对方当事人可以自收到起诉状之日起10日内提出书面意见。人民法院应当对第三人提交的起诉状、证据材料以及对方当事人的书面意见进行审查。必要时，可以询问双方当事人。经审查，符合起诉条件的，人民法院应当在收到起诉状之日起30日内立案。不符合起诉条件的，应当在收到起诉状之日起30日内裁定不予受理。

关于人民法院受理第三人撤销裁判的诉讼，是否应当停止原裁判或调解书的执行，我国民事诉讼法没有规定。在理论上，第三人撤销裁判诉讼依然属于特殊救济程序，因此，第三人撤销裁判的诉讼提起后，并不停止原判决的执行。但可以考虑这样的制度设计，即在法院认为有必要或当事人申请停止执行并提供相应的担保之后，裁决停止原判决的执行。关于这一问题，《民诉法司法解释》的处理是，受理第三人撤销之诉案件后，原告提供相应担保，请求中止执行的，人民法院可以准许。法院认为有必要的，也不排除依职权裁定中止执行。

（四）第三人撤销之诉的裁判及效力

法院对第三人申请裁判和调解的请求，经审理之后，作出否定性或肯定性裁判。认为诉讼请求不能成立的，判决驳回诉讼请求；认为诉讼请求成立的，应当改变或者撤销原判决、裁定、调解书。

根据《民诉法司法解释》的规定，对第三人撤销或者部分撤销发生法律效力的判决、裁定、调解书内容的请求，人民法院经审理，按下列情形分别处理：（1）请求成立且确认其民事权利的主张全部或部分成立的，改变原判决、裁定、调解书内容的错误部分；（2）请求成立，但确认其全部或部分民事权利的主张不成立，或者未提出确认其民事权利请求的，撤销原判决、裁定、调解书内容的错误部分；（3）请求不成立的，驳回诉讼请求。

对前款规定裁判不服的，当事人可以上诉。原判决、裁定、调解书的内容未改变或者未撤销的部分继续有效。

所谓改变原判决、裁定、调解书，是指不完全否定原裁判和调解书的内容，仅仅是将错误的部分予以纠正。例如，在原判决中将本属于第三人的财产错误地认定为原告诉讼请求的财产，并终局判决该财产属于争议财产的一部分。在此种情形下，经审理认为该财产应属于第三人的,就要改变原判决中涉及第三人财产的判决部分。应当注意的是,无论是撤销还是改变原裁判,在裁判的形式上,撤销或改变原判决、调解书都适用判决,因为无论是撤销还是改变判决或调解书都是对原判决、调解书所涉实体权利义务的裁判。在裁判的法理上,要求对实体问题的终局性裁决应当使用判决。

按照民事诉讼法的规定,第三人撤销之诉的诉讼请求不成立的,判决驳回。这里没有区分撤销的客体,无论是判决、裁定还是调解书。从对诉讼请求的处理来看,使用判决是可以成立的。一个吊诡之处是,既然是对一种诉讼请求的裁判,但却是针对裁定的,而裁决的方式又是判决,这总使人感觉有些异样。因为如果是撤销或改变裁定的情形,想必从规范的逻辑来看,似乎也应该用裁定。比较一下再审审理裁判的情形,应该比较清楚这中间的异样之处了。对于可再审的裁定,如不予受理、驳回起诉等的裁定,再审审理后无论是驳回再审请求,还是撤销原裁定,使用的裁判方式都是裁定,而非判决。对于这种处理方式,一种解释是原裁定本身是针对程序问题的,因此,对程序问题的处理也应当用裁定。以这样的观点来看待第三人撤销之诉,则第三人撤销之诉请求撤销的客体是裁定时,在裁判的处理上也应当用裁定才是。但这显然又与对第三人撤销之诉诉讼请求的实体处理须用判决不一致。这也许就是将裁定纳入撤销之诉的客体所带来的问题。

原判决、裁定被撤销之后,就只存在审理撤销之诉的法院作出的撤销判决。在改变判决的场合,当法院改变原判决之后,原来的判决也不再存在,审理撤销之诉的法院是以新的形成判决替代了原判决。这与上诉法院对第一审法院判决的改判是同样的情形。

这里需要注意的是,第三人撤销之诉的审理范围应当仅限于第三人请求撤销的部分,理由是基于民事诉讼处分原则的要求。此外,经审理虽然第三人的撤销请求不能成立,但发现他人之间的判决、裁定、调解书有错误时,是否应当主动依职权予以撤销?笔者认为,基于民事诉讼处分原则,法院同样也不能撤销。由此,我们也可以看出处分原则对于规范审判行为的重要意义。

单纯撤销调解书用判决的方式,同样也是基于对撤销调解书请求的实体处理。对于改变原调解书的情形,可以有两种思路:其一,法院以判决的形式直接改变原调解书的内容;其二,法院首先用裁定撤销调解书,然后由原调解的双方当事人达成新的调解协议,法院再根据新的调解协议制作新的调解书。笔者比较认同后一种思路。

(五)第三人撤销之诉与再审、案外人异议之诉的协调与衔接

关于第三人的权益保障,我国现行法律形成了第三人撤销之诉、当事人申请再审与案外人执行异议之诉三者并列的局面,如何协调三者之间的关系、防止救济程序的冲突与紧张,一直是新民事诉讼法颁布之后重要的讨论议题。

1. 与再审程序的协调与衔接

根据《民诉法司法解释》的规定,第三人撤销之诉案件审理期间,人民法院对生效判决、裁定、调解书裁定再审的,受理第三人撤销之诉的人民法院应当裁定将第三人的诉讼请求并入再审程序。但有证据证明原审当事人之间恶意串通损害第三人合法权益的,人民法院应当先行审理第三人撤销之诉案件,裁定中止再审诉讼。该规定确立了再审程序吸收第三人撤销之诉的原则,仅在有证据证明原审存在恶意诉讼的情形下先行审理第三人撤销之诉。

而关于再审程序吸收第三人撤销之诉后的审理问题,《民诉法司法解释》规定,第三人诉讼请求并入再审程序审理的,按照下列情形分别处理:(1)按照第一审程序审理的,人民法院应当对第三人的诉讼请求一并审理,所作的判决可以上诉;(2)按照第二审程序审理的,人民法院可以调解,调解达不成协议的,应当裁定撤销原判决、裁定、调解书,发回一审法院重审,重审时应当列明第三人。如此,不仅两种救济程序实现了顺畅的衔接,第三人的审级利益也得到了有效的保障。

2. 与案外人异议之诉的协调与衔接

关于第三人撤销之诉与案外人执行异议之诉的关系,《民诉法司法解释》规定,第三人提起撤销之诉后,未中止生效判决、裁定、调解书执行的,执行法院对第三人依照《民事诉讼法》的规定提出的执行异议,应予审查。第三人不服驳回执行异议裁定,申请对原判决、裁定、调解书再审的,人民法院不予受理。案外人对人民法院驳回其执行异议裁定不服,认为原判决、裁定、调解书内容错误损害其合法权益的,应当根据《民事诉讼法》的规定申请再审,提起第三人撤销之诉的,人民法院不予受理。据此,当事人不能任意选择适用救济程序,而应根据程序启动的先后顺序作出相应的处理。如果先启动第三人撤销之诉的,对驳回执行异议裁定不服的,第三人撤销之诉应当继续进行;如果先启动执行异议程序的,对驳回执行异议裁定不服的,可以通过审判监督程序救济。但第三人撤销之诉并不排斥执行异议的提起,因为第三人撤销之诉原则上并不能中止原裁判的执行,两者发挥的功能不会产生冲突。

问题与思考

真正对第三人撤销之诉的必要性提出具有实质性挑战的理由是,关于裁判效力的相对性原则与第三人权利保障的关系问题。所谓判决效力相对性原则,是指他人之间的判决效力原则上只对该诉讼的当事人有效,不能约束当事人以外的第三人,仅在判决效力扩张的情形下,才会发生对当事人之外第三人的约束力。因为法院的判决只是解决当事人之间的纠纷,所以只需要约束法院和当事人即可。此外,法院的审判是根据当事人之间的辩论来进行的,如果对没有参加诉讼赋予辩论机会的案外第三人也有约束力,是对第三人利益的不当干涉,实质上剥夺了第三人的“接受裁判权”〔8〕。判决效力的相对性原则就是为了维护案外第三人的利益。因为有了判决效力相对性原则,他人之间的判决对其他第三人没有约束力,所以,即使他人通过判决错误地确认了案外第三人的财产属于他人,也并不妨碍权利人通过诉讼维护自己的财产。只有在该案外第三人受他人判决约束时,即发生既判力效力对第三人的扩张时,才可能导致无法通过原诉讼维护自己的合法权利。但这样一来,第三人撤销之诉的功效就将大大减小,将被限于他人之间判决效力发生扩张的情形。

〔8〕 接受裁判权,在法治国家是公民的一项基本权利。

问题在于，我国民事诉讼是否存在既判力制度。从《民事诉讼法》的规定来看，我国并未像大陆法系国家如德国、日本、韩国那样明确规定判决的既判力。虽然从20世纪90年代末开始，一些教科书从德国、日本判决理论出发，认为判决应当具有既判力，〔9〕但在民事司法实务中，既判力的观点似乎并没有被人们熟悉和认可，既判力概念只在很少的场合使用。间接反映判决既判力效力的是民事诉讼法关于“一事不再理”的规定，即对判决、裁定已经发生法律效力的案件，当事人又起诉的，告知原告按照申诉处理，但人民法院准许撤诉的裁定除外。既判力作为一项制度，其包括既判力的主观范围、客观范围和时间范围，该制度的运作还需要许多制度和概念的配套，例如，诉讼标的。如果不掌握诉讼标的的概念也无法适用既判力制度。既判力客观范围就直接涉及诉讼标的。当然，一项具体的民事诉讼制度并非一定要有明确的法律规定，制度也可以通过判例加以确认，即使不是判例法国家，通过判例也可以成为一种司法惯例，我国司法中的“一事不再理”即是如此。这些司法惯例和判例通常需要相应的民事诉讼理论作为支撑。比如，关于举证责任或证明责任的分配，大陆法系国家和地区也没有明确的法律规定，而是以关于举证责任或证明责任分配的通说理论为支撑的。但在我国，由于判决公开尚未制度化和广泛化，也就无法形成有效的判例指引机制。民事诉讼理论更不具有指引和支撑的作用。从这一层面上，可以认为我国基本上没有既判力制度，如果有也仅仅存在于教科书和理论上。如此，似乎也就可以说，我国缺失了通过既判力制度对第三人民事权益的维护机制。从这个意义上讲，第三人撤销之诉对于维护第三人民事权益就是有必要的了。不过，从完善判决效力制度的角度来说，既判力制度是必要的，因此，最终建立既判力制度是必然的。一旦建立了既判力制度，第三人撤销之诉就可能会大大受到限制，甚至是多余的。从防止他人串通通过诉讼侵害第三人民事权益的目的来看，通过再审，以诈害第三人为再审事由提起撤销原判决、裁定、调解书也许是一种更妥当的选择。对于有关身份关系和公司关系的诉讼，在既判力扩张的情形下，第三人对其判决的救济作为特殊情形在相关的部分法中加以规定即可，没有必要将第三人撤销之诉作为一种普遍适用于一般第三人的制度。

知识扩展

恶意诉讼、虚假诉讼、冒名诉讼

恶意诉讼并不是一个法律概念，而是人们在实践中对一类诉讼现实状态的描述或概括。通常是指，一方当事人通过捏造事实或理由，滥用诉权提起民事诉讼，以达到损害对方当事人的利益。如果从恶意诉讼的字面意思来理解，则应当侧重于起诉的主观——诉讼的不正当动机。如果从这一层面来看，则下述的虚假诉讼也属于恶意诉讼。

虚假诉讼也不是一个法律概念，同样是人们对一类诉讼现实状态的描述或概括。通常是指，形式上的诉讼双方当事人（形式上的原告和被告）共谋通过虚构实际并不存在的实体纠纷（包括双方之间根本不存在实体法律关系以及虽存在实体法律关系，但并不存在争议两种情形），意图借助法院对该诉讼的判决达到损害诉讼外第三人权利或权益的诉讼。

冒名诉讼是大陆法系国家和地区民事诉讼中使用的一个概念。冒名诉讼，是指起诉人并非民事纠纷的当事人，但以纠纷一方当事人的名义向对方当事人提起诉讼，以便从中获取利益。

---

〔9〕 参见张卫平主编：《民事诉讼法教程》，法律出版社1998年版，第188页。

第三十二章 涉外民事诉讼程序

本章目次

一、涉外民事诉讼程序概述

(一)涉外民事诉讼

涉外民事诉讼,是指涉外民事争议的当事人向人民法院提出诉讼请求,人民法院在双方当事人和其他诉讼参与人的参加下,依法审理和裁判涉外民事争议的程序和制度。简言之,涉外民事诉讼,就是具有涉外因素的民事诉讼。

根据最高人民法院的司法解释,涉外因素主要包括以下几个方面:

一是主体具有涉外因素。即当事人一方或双方是外国人、无国籍人、外国企业或组织。例如,中国公司与外国公司之间在我国法院进行的合同纠纷诉讼。

二是当事人一方或者双方的经常居所地在中华人民共和国领域外的情形。

三是争议的民事法律关系具有涉外因素。即当事人之间民事法律关系的设立、变更、终止的法律事实发生在中华人民共和国领域外。例如,一方当事人的侵权行为发生在国外;又如,合同是在国外签订或者履行的。

四是诉讼标的物具有涉外因素。即诉讼标的物在外国。例如,在车辆买卖合同中,双方当事人争议的轿车在国外。

凡是具有以上涉外因素之一的民事案件,就是涉外民事案件。

根据国际上公认的程序法适用法院地法的原则以及《民事诉讼法》的规定,凡在我国领域内进行民事诉讼,必须适用我国的《民事诉讼法》。

(二)涉外民事诉讼程序

涉外民事诉讼程序,是指人民法院受理、审判和执行具有涉外因素民事案件所适用的诉讼程序。我国《民事诉讼法》第四编对涉外民事诉讼程序作了特别规定。

《民事诉讼法》对涉外民事诉讼程序予以特别规定的原因在于，涉外民事诉讼程序具有不同于国内民事诉讼的特点。这些特点主要表现为：

第一，涉外民事诉讼往往涉及国家主权。由于当事人之间民事纠纷的解决往往涉及若干国家的主权，因此纠纷的解决不能只依靠一个国家的力量，而需要世界各国在相互尊重对方国家主权和当事人利益的前提下，进行司法协助。与此不同，国内民事纠纷通过法院行使审判权，只依靠国内的力量就能解决。

第二，涉外民事诉讼，由于涉及多个国家，在文书的送达、当事人的传唤等程序问题上所花的时间相比国内民事诉讼多。因此，在相应期间的设置上，要比国内民事诉讼长。而国内民事诉讼却不存在这方面的问题。

第三，涉外民事案件在法律适用上会涉及准据法。即在法律的选择上，既要选择程序法，又要选择实体法。而国内民事诉讼，就不存在这方面的问题。

尽管涉外民事诉讼程序具有上述不同于国内民事诉讼程序的特点，但涉外民事诉讼并不完全独立于国内民事诉讼程序。涉外民事诉讼程序与国内民事诉讼程序之间仍然存在许多共同点。因此，严格地讲，《民事诉讼法》第四编对涉外民事诉讼程序的规定只是一种特别规定。正因为这样，根据《民事诉讼法》的规定，人民法院在审理涉外民事案件时，应当适用第四编的特别规定。但如果第四编没有进行特别规定，那么就适用《民事诉讼法》的其他规定。

（三）涉外民事诉讼程序的立法体例和渊源形式

虽然各国都有关于涉外民事诉讼程序的规定，但从各国的情况来看，立法体例并不一致，大体分为以下三类：

其一，在民事诉讼法之外，制定与民事诉讼法并列的独立的涉外民事诉讼法。这种立法体例是早期各国的通行做法，优点在于使涉外民事诉讼程序自成体系，相对完整，但缺点在于造成了立法上的重复规定。

其二，以民事诉讼法为规范涉外民事诉讼程序的一般性规定，在民事诉讼法之外，对涉外民事诉讼程序作了特别规定。

其三，在民事诉讼法中对涉外民事诉讼程序作出特别规定。这类立法又可以分为两种：(1)在民事诉讼法的相应章节中分别对涉外民事诉讼程序作出特别规定。例如，在“管辖”一章中既规定国内民事案件的管辖，又特别规定涉外民事案件的管辖。这种立法例以德国、日本为代表。(2)在民事诉讼法中规定国内民事诉讼程序，同时设置专门的编、章、节集中规定涉外民事诉讼程序中的特殊问题，这种立法例以我国为代表。

在渊源形式上，涉外民事诉讼程序由国内法和国际法两部分构成，并且国内法是涉外民事诉讼程序的主要法律渊源。就我国涉外民事诉讼程序的法律渊源而言，国内法渊源是我国《民事诉讼法》第四编以及最高人民法院有关涉外民事诉讼程序的相关司法解释。国际法渊源是国际条约和国际惯例。人民法院在审理涉外民事案件时，既会适用国内法，又会适用国际条约和国际惯例。

二、涉外民事诉讼的一般原则

涉外民事诉讼的一般原则,是指对整个涉外民事诉讼具有指导意义的根本性规则。根据《民事诉讼法》的规定,我国涉外民事诉讼的一般原则,主要包括:适用我国民事诉讼法原则;同等对等原则;适用我国缔结或者参加的国际条约原则;司法豁免原则;使用我国通用的语言文字原则;委托中国律师代理诉讼原则。

(一)适用我国民事诉讼法原则

《民事诉讼法》规定,凡在中华人民共和国领域内进行民事诉讼,必须遵守本法。在中华人民共和国领域内进行涉外民事诉讼,适用第四编规定。第四编没有规定的,适用本法其他有关规定。这表示在我国进行涉外民事诉讼,必须遵守我国的民事诉讼法。

诉讼程序适用法院地法是一项国际惯例。适用我国民事诉讼法原则,主要体现在以下三个方面:(1)任何外国人、无国籍人、外国企业和组织,在我国领域内进行民事诉讼,必须遵守我国的民事诉讼法。(2)凡属我国人民法院管辖的案件,我国都有司法权,由我国具有管辖权的人民法院管辖。由我国人民法院专属管辖的案件,任何外国法院无权进行审判。(3)任何外国法院的判决、裁定和外国仲裁机构的仲裁裁决,未经我国法院的承认,在我国领域内不发生法律效力。只有经过我国法院的审查并且通过裁定加以承认以后,才具有法律效力,有执行内容的,才能按照我国法律规定的执行程序予以执行。

(二)同等对等原则

《民事诉讼法》规定,外国人、无国籍人、外国企业和组织在人民法院起诉、应诉,同中华人民共和国公民、法人和其他组织有同等的诉讼权利义务。外国法院对中华人民共和国公民、法人和其他组织的民事诉讼权利加以限制的,中华人民共和国人民法院对该国公民、企业和组织的民事诉讼权利,实行对等原则。

同等对等原则包括同等原则和对等原则两方面的内容:(1)外国人、无国籍人、外国企业和组织在我国法院起诉应诉时,诉讼权利义务与我国公民、法人和其他组织相同。这被称为同等原则。(2)如果我国公民、法人和其他组织在外国法院进行民事诉讼时,民事诉讼权利没有受到限制,那么该国公民、企业和组织在我国进行民事诉讼时,其民事诉讼权利也不受限制。相应地,如果外国法院对我国公民、法人和其他组织的民事诉讼权利予以限制,我国法院对该国公民、企业和组织也加以同样的限制。这被称为对等原则。

(三)适用我国缔结或者参加的国际条约原则

遵守缔结和参加过的国际条约,是国际关系中的一项公认准则。我国《民事诉讼法》规定,中华人民共和国缔结或者参加的国际条约同本法有不同规定的,适用该国际条约的规定,但中华人民共和国声明保留的条款除外。这表明在审理涉外民事案件过程中,如果我国缔结或者参加的国际条约与民事诉讼法的规定不一致,应当优先适用国际条约的规定。但如果不一致的部分,我国已经声明保留,那么人民法院就不受国际条约的约束。

（四）司法豁免原则

司法豁免权，是指一个国家或者国际组织派驻他国的外交代表免受驻在国司法管辖的权利。我国《民事诉讼法》规定，对享有外交特权与豁免的外国人、外国组织或者国际组织提起的民事诉讼，应当依照中华人民共和国有关法律和中华人民共和国缔结或者参加的国际条约的规定办理。我国有关法律，主要是指我国于1986年9月5日制定的《外交特权与豁免条例》、1990年10月30日制定的《领事特权与豁免条例》。我国缔结或者参加的国际条约，主要是指我国于1975年11月25日加入的《维也纳外交关系公约》、1979年7月3日加入的《维也纳领事关系公约》。

根据上述法律和国际条约，享有司法豁免权的主体包括：(1)外交代表与其共同生活的配偶和未成年子女；(2)使馆行政技术人员、领事官员和领馆行政技术人员；(3)来中国访问的外国元首、政府首脑、外交部长及其他具有同等身份的官员；(4)其他依照我国参加或者缔结的国际条约享有司法豁免权的外国人、外国组织或者国际组织。

根据上述法律和国际条约，虽然外交代表享有民事管辖豁免，但下列各项除外：(1)派遣国政府明确表示放弃民事管辖（但不包括放弃对判决的执行，因此如果要放弃对判决的执行必须要另行作出明确表示）；(2)享有豁免权的外交代表主动提起诉讼，对与本诉直接有关的反诉不享有豁免权；(3)外交代表以私人身份进行的遗产继承诉讼；(4)外交代表因从事公务范围以外的职业或者商业活动而引起的诉讼。

虽然我国《民事诉讼法》没有规定外国国家的主权豁免，但根据“平等者之间无管辖权”的原则，学者们都认为，不应当受理外国国家或者政府作为被告的民事诉讼，除非外国政府同意诉讼。即便如此，如果外国国家或者政府败诉，不经过外国政府的同意，不得对其国家财产强制执行。

（五）使用我国通用的语言文字原则

《民事诉讼法》规定，人民法院审理涉外民事案件，应当使用中华人民共和国通用的语言、文字。当事人要求提供翻译的，可以提供，费用由当事人承担。使用法院所在国语言文字进行诉讼，是各国的通行原则，也是各国独立行使司法权的内容之一。这也表示，在涉外民事诉讼中，外国当事人提出的诉讼文书或者外国法院委托我国法院代为送达、协助执行的诉讼文书，必须附有中译本。当事人向人民法院提交的书面材料是外文的，应当同时向人民法院提交中文翻译件。当事人对中文翻译件有异议的，应当共同委托翻译机构提供翻译文本；当事人对翻译机构的选择不能达成一致的，由人民法院确定。

（六）委托中国律师代理诉讼原则

《民事诉讼法》规定，外国人、无国籍人、外国企业和组织在人民法院起诉、应诉，需要委托律师代理诉讼的，必须委托中华人民共和国的律师。《民事诉讼法》规定，在中华人民共和国领域内没有住所的外国人、无国籍人、外国企业和组织委托中华人民共和国律师或者其他人代理诉讼，从中华人民共和国领域外寄交或者托交的授权委托书，应当经所在国公证机关证明，并经中华人民共和国驻该国使领馆认证，或者履行中华人民共和国与该所在国订立的有关条约中规定的证明手续后，才具有效力。这实际上表明，外国律师不能在我国直接作为律师代理诉讼。

依照《民诉法司法解释》的规定,依照《民事诉讼法》以及本解释的规定,需要办理公证、认证手续,而外国当事人所在国与中华人民共和国没有建立外交关系的,可以经该国公证机关公证,经与中华人民共和国有外交关系的第三国驻该国使领馆认证,再转由中华人民共和国驻该第三国使领馆认证。

关于委托书的签署,按照《民诉法司法解释》的规定:(1)外国人、外国企业或者组织的代表人在人民法院法官的见证下签署授权委托书,委托代理人进行民事诉讼的,人民法院应予认可;(2)外国人、外国企业或者组织的代表人在中华人民共和国境内签署授权委托书,委托代理人进行民事诉讼,经中华人民共和国公证机构公证的,人民法院应予认可。

此外,《民诉法司法解释》还进一步规定:涉外民事诉讼中的外籍当事人,可以委托本国人为诉讼代理人,也可以委托本国律师以非律师身份担任诉讼代理人;外国驻华使领馆官员,受本国公民的委托,可以以个人名义担任诉讼代理人,但在诉讼中不享有外交特权和豁免权。涉外民事诉讼中,外国驻华使领馆授权其本馆官员,在作为当事人的本国国民不在我国领域内的情况下,可以以外交代表身份为其本国国民在我国聘请中国律师或中国公民代理民事诉讼。

虽然根据国务院制定的《外国律师事务所驻华代表机构条例》(2002 年 1 月 1 日起施行)的规定,经国务院批准,外国律师事务所可以在我国设立代表机构、派驻代表,但实际上这些外国律师事务所的代表机构或者代表,只能从事不包括中国法律事务在内的下列五种活动:(1)向当事人提供该外国律师事务所律师已获准从事执业业务的国家法律咨询,以及有关国际条约、国际惯例的咨询;(2)接受当事人或者中国律师事务所的委托,办理在该外国律师事务所律师已经获准从事律师执行业务的国家的法律事务;(3)代表外国当事人,委托中华人民共和国的律师事务所办理中国法律事务;(4)通过订立合同与中华人民共和国的律师事务所保持长期的委托关系办理法律事务;(5)提供有关中国法律环境影响的信息。

三、涉外民事诉讼的管辖

(一)涉外民事诉讼管辖的确定原则

涉外民事诉讼的管辖,是指我国人民法院有权受理涉外民事案件的范围以及我国人民法院内部受理第一审涉外民事案件的分工和权限。

司法权是国家主权的重要内容之一,各国都十分重视正确确定涉外民事案件的管辖。正确确定涉外民事案件的管辖,不仅有利于维护国家的主权和尊严,而且还能得到其他国家的尊重。从各国的情况来看,在确定涉外民事案件管辖时,各国普遍强调国家主权原则,但同时也要求具体案件与本国必须有某种联系因素或者连接因素。由于各国强调的联系因素不一样,也就因此形成了以下三种确定涉外民事案件管辖的原则:

第一,属地管辖原则。**属地管辖原则,是指以当事人住所地、居住地和事物的存在地(例如侵权行为地、合同履行地、案件争议标的物所在地)等为行使管辖权的连接因素而形**

成的原则。属地管辖原则以国家主权原则为基础,特别强调当事人所在地和有关国家的地域联系,强调案件事实与有关国家领域的关系。在属地管辖原则中,通常是以被告所在地为确定管辖的依据。

第二,属人管辖原则。**属人管辖原则,是指以当事人的国籍为行使管辖权的连接因素而形成的原则**。属人管辖原则,强调当事人的国籍,强调一国法院对涉及本国国民案件的管辖权,这有利于对本国国民利益的保护,但却存在可能不公平对待外国人的问题。

第三,实际控制管辖原则。**实际控制管辖原则,又称为有效原则**,是英美法系国家普遍采取的管辖原则,**是指根据法院是否能够直接对被告或者其财产实施控制、能否作出有效的判决,来确定法院对某一具体的涉外民事案件是否有管辖权的原则**。

为了维护我国的国家尊严,正确解决涉外民事纠纷,保护我国当事人的合法权益,同时也为了尊重其他国家的主权和法律制度,我国《民事诉讼法》在确定我国法院对涉外民事诉讼的管辖时,主要遵循了以下三项原则:

一是维护国家主权原则。维护国家主权是我国涉外民事诉讼的重要原则,在确定涉外民事诉讼管辖时体现国家主权原则,能够更好地维护国家尊严。

二是诉讼与法院所在地实际联系原则。根据这一原则,凡是诉讼与我国法院所在地有一定实际联系,我国法院就有管辖权。

三是尊重当事人原则。根据这一原则,当事人在不违反级别管辖和专属管辖的前提下,可以选择与争议有实际联系的法院管辖。

(二)涉外民事诉讼管辖的一般规定

虽然我国《民事诉讼法》对涉外民事诉讼管辖没有作出一般性规定,但根据《民事诉讼法》的规定,涉外民事诉讼的普通管辖可以适用《民事诉讼法》的相关规定。也就是说,可以根据《民事诉讼法》第二章的有关规定来解决普通管辖的问题。

(三)涉外民事诉讼管辖的特殊规定

涉外民事诉讼管辖的特殊规定,主要有以下几个:

1. 地域管辖

《民事诉讼法》规定,因合同纠纷或者其他财产权益纠纷,对在中华人民共和国领域内没有住所的被告提起的诉讼,如果合同在中华人民共和国领域内签订或者履行,或者诉讼标的物在中华人民共和国领域内,或者被告在中华人民共和国领域内有可供扣押的财产,或者被告在中华人民共和国领域内设有代表机构,可以由合同签订地、合同履行地、诉讼标的物所在地、可供扣押财产所在地、侵权行为地或者代表机构住所地人民法院管辖。

这是关于涉外民事诉讼地域管辖的特殊规定。对于这一规定,应当注意它的适用条件:(1)必须是合同纠纷或者其他财产权益纠纷。人身关系的纠纷,不适用该规定。(2)必须是被告在我国领域内没有住所地。

根据这一规定,在涉外民事诉讼中,我国法院有管辖权的情形主要有以下四种:(1)合同在我国领域内签订或者履行,侵权行为或者损害结果发生在我国领域的,由合同签订地、合同履行地、侵权行为发生地或者结果地人民法院管辖;(2)当事人所争议的财产在我国领域内,由诉讼标的物所在地人民法院管辖;(3)被告在我国领域内有可供扣押的财产,由可供扣押财产所在地人民法院管辖;(4)被告在我国领域内设有代表机构的,由代表机构住所地人民法院管辖。

属于中华人民共和国法院专属管辖的案件,当事人不得协议选择外国法院管辖,但协议选择仲裁的除外。

2. 专属管辖

专属管辖,是指对于特定的涉外民事诉讼案件,只能由我国人民法院管辖,当事人不得以书面协议形式选择其他国家法院管辖。

《民事诉讼法》规定,因在中华人民共和国履行中外合资经营企业合同、中外合作经营企业合同、中外合作勘探开发自然资源合同发生纠纷提起的诉讼,由中华人民共和国人民法院管辖。

由于在我国履行中外合资经营企业合同、中外合作经营企业合同、中外合作勘探开发自然资源合同发生的纠纷,合同履行地、诉讼标的物所在地、纠纷事实都在我国领域内,因此应当由我国法院专属管辖。

属于我国法院专属管辖的案件,尽管当事人不得用书面协议选择其他国家法院管辖,但当事人仍然可以选择通过仲裁裁决。

3. 集中管辖

为正确审理涉外民商事案件,依法保护中外当事人的合法权益,最高人民法院于2002年2月25日颁布了《关于涉外民商事案件诉讼管辖若干问题的规定》,对部分民商事案件实行集中管辖。

实际集中管辖的民商事案件包括以下五类:(1)涉外合同和侵权纠纷案件;(2)信用证纠纷案件;(3)申请撤销、承认与强制执行国际仲裁裁决的案件;(4)审查有关涉外民商事仲裁条款效力的案件;(5)申请承认和强制执行外国法院民商事判决、裁定的案件。但不包括发生在与外国接壤的边境省份的边境贸易纠纷案件,涉外房地产案件和涉外知识产权案件。

上述民商事案件的第一审法院包括以下五类:(1)国务院批准设立的经济技术开发区人民法院;(2)省会、自治区首府、直辖市所在地的中级人民法院;(3)经济特区、计划单列市中级人民法院;(4)最高人民法院指定的其他中级人民法院;(5)高级人民法院。上述中级人民法院的区域管辖范围由所在地的高级人民法院确定。

4. 诉讼竞合

诉讼竞合,是指同一当事人对同一争议,基于相同的事实理由和诉讼目的向两个以上法院提起诉讼的现象。诉讼竞合,主要包括两种情形:(1)同一当事人作为原告向两个以上国家法院分别提起诉讼;(2)一方当事人作为原告向一个国家法院提起诉讼以后,另一方当事人也作为原告向另一个国家的法院提起诉讼。

由于诉讼竞合会引起国家之间在管辖权问题上的冲突,因此各国对诉讼竞合都作了规定,主要通过缔结国际条约和国内立法两种方式来解决。

我国《民事诉讼法》虽然没有专章规定涉外民事诉讼中的管辖,对诉讼竞合问题却没有作出相应的规定。但司法解释中却存在关于诉讼竞合的规定。例如,《民诉法司法解释》规定,中华人民共和国人民法院和外国法院都有管辖权的案件,一方当事人向外国法院起诉,而另一方当事人向中华人民共和国人民法院起诉的,人民法院可予受理。判决后,外国法院申请或者当事人请求人民法院承认和执行外国法院对本案作出的判决、裁定的,不予准许;但双方共同参加或者签订的国际条约另有规定的除外。《民诉法司法解释》规定,中国公民一方居住在国外,一方居住在国内,不论哪一方向人民法院提起离婚诉讼,国内一方住所地的人民法院都有权管辖。如国外一方在居住国法院起诉,国内一方向人民法院起诉的,受诉人民法院有权管辖。

四、涉外民事诉讼的期间和送达

在涉外民事诉讼中,由于当事人可能在我国领域内没有住所,因此无论是送达诉讼文书的方式,还是送达诉讼文书、当事人提出答辩状、提起上诉的时间都不同于通常民事诉讼。正因如此,我国《民事诉讼法》作出了特殊的规定。

(一)涉外民事诉讼的期间

根据《民事诉讼法》的规定,被告在我国领域内没有住所的,人民法院应当将起诉状副本送达被告,并通知被告在收到起诉状副本后30日内提出答辩状。被告申请延期的,是否准许,由人民法院决定。

根据《民事诉讼法》的规定,在我国领域内没有住所的当事人,不服第一审人民法院判决、裁定的,有权在判决书、裁定书送达之日起30日内提起上诉。被上诉人在收到上诉状副本后,应当在30日内提出答辩状。当事人不能在法定期间提起上诉或者提出答辩状,申请延期的,是否准许,由人民法院决定。《民诉法司法解释》规定,不服第一审人民法院判决、裁定的上诉期,对在中华人民共和国领域内有住所与无住所的当事人,适用《民事诉讼法》分别规定的期限。当事人的上诉期均已届满没有上诉的,第一审人民法院的判决、裁定即发生法律效力。

另外,人民法院对涉外民事案件的当事人申请再审进行审查的期间,不受《民事诉讼法》规定的限制。

此外,根据《民事诉讼法》的规定,在涉外民事诉讼中,无论是第一审普通程序还是第二审程序,在审限上都没有限制。

(二)涉外民事诉讼的送达

涉外民事诉讼送达的适用对象是在我国领域内没有住所的当事人。也就是说,在涉外民事诉讼中,如果受送达的当事人在我国领域内有住所,那么就不适用涉外民事诉讼送达的特殊规定。只有受送达的当事人在我国领域内没有住所,才适用涉外民事诉讼送达的特殊规定。

根据《民事诉讼法》的规定,人民法院对在我国领域内没有住所的当事人送达诉讼文书,可以采用下列方式:(1)依照受送达人所在国与我国缔结或者共同参加的国际条约中规定的方式送达。这种送达方式以双方缔结或者共同参加的国际条约为基础,因此,对双方来讲都比较方便,但对与我国没有缔结或者共同参加国际条约的国家,则不能采用这一送达方式。(2)通过外交途径送达。这种送达方式最正规,但由于手续繁杂,非常费时。(3)对具有我国国籍的受送达人,可以委托我国驻受送达人所在国的使领馆代为送达。这种送达方式是《维也纳领事关系公约》所认可的,我国是该公约的参加国。(4)向受送达人委托的有权代其接受送达的诉讼代理人送达。这种送达方式通常是用在受送达人所在国与我国没有外交关系的情况下。由于诉讼代理人是以个人身份接受我国法院送达的诉讼文书的,因此这种送达方式不仅方便可靠,而且可以避免某些国际争端。(5)向受送达人在我国领域内设立的代表机构或者有权接受送达的分支机构、业务代办人送达。由于向外国企业或者组织设在我国领域内的代表机构或者有权接受送达的分支机构、业务代办人送达,视为向受送达人送达,因此这种送达方式不仅可行,而且十分有效。(6)受送达人所在国的法律允许邮寄送达的,可以邮寄送达。自邮寄之日起满6个月,送达回证没有退回,但根据各种情况足以认定已经送达的,期间届满之日视为送达。(7)不能用上述方式送达的,公告送达,自公告之日起满6个月,即视为送达。

五、司法协助

(一)司法协助概述

司法协助,是指不同国家的法院之间,根据本国缔结或者参加的国际条约,或者根据互惠原则,相互代为实施一定诉讼行为的制度。

涉外民事诉讼涉及多个国家的主权,因此一国正在审理的涉外民事案件,常常需要在诉讼文书的送达、证据的收集和生效法律文书的执行方面获得其他国家的协助。各国之间的这种协助,有利于受诉法院审理案件,有利于保护当事人的合法权益,从而能够为各国人员之间的相互交往提供必要的保障。

各国之间的司法协助,是以各国缔结或者共同参加的国际条约或者互惠原则为基础的。从内容上看,主要有两个方面:一是代为实施一般的诉讼行为,即一般司法协助;二是接受外国法院的委托,代为执行外国法院的判决、裁定和仲裁机构的裁决,或者请求外国法院代为执行我国法院的判决和裁定,即特殊司法协助。

(二)一般司法协助

一般司法协助,是指根据我国缔结或者参加的国际条约,或者根据互惠原则,我国法院和外国法院之间互相请求,代为送达文书、调查取证等诉讼行为。

根据《民事诉讼法》的规定,一般司法协助应当具备以下条件:(1)两个国家之间,必须存在共同缔结或者参加的国际条约,或者存在互惠关系。(2)请求协助的事项不得有损于被请求国的主权、安全或者社会公共利益,否则法院将不予执行。(3)请求和提供司法协助,应当依照我国缔结或者参加的国际条约所规定的途径进行;没有条约关系的,通过外交途径进行。外国驻我国的使领馆可以向该国公民送达文书和调查取证，但不得违反我国的法律，并不得采取强制措施。(4)外国法院请求我国法院提供司法协助的请求书及其所附文件，应当附有中文译本或者国际条约规定的其他文字文本。我国法院请求外国法院提供司法协助的请求书及其所附文件，应当附有该国文字译本或者国际条约规定的其他文字文本。

我国法院提供司法协助，依照我国法律规定的程序进行。外国法院请求采用特殊方式的，也可以按照其请求的特殊方式进行，但请求采用的特殊方式不得违反我国法律。

(三)特殊司法协助

特殊司法协助，是指根据我国缔结或者参加的国际条约，或者根据互惠原则，我国法院和外国法院之间互相接受对方法院的委托，承认并执行对方法院判决、裁定和仲裁机构的仲裁裁决。

根据《民事诉讼法》的规定，特殊司法协助应当具备以下条件：(1)两个国家之间，必须存在共同缔结或者参加的国际条约，或者存在互惠关系。(2)请求协助的事项不得有损于被请求国的主权、安全或者社会公共利益，否则法院将不予执行。(3)外国法院请求我国法院提供司法协助的请求书及其所附文件，应当附有中文译本或者国际条约规定的其他文字文本。我国法院请求外国法院提供司法协助的请求书及其所附文件，应当附有该国文字译本或者国际条约规定的其他文字文本。

外国法院作出的发生法律效力的判决、裁定，需要我国法院承认和执行的，根据《民事诉讼法》的规定，可以由当事人直接向我国有管辖权的中级人民法院申请承认和执行，也可以由外国法院依照该国与我国缔结或者参加的国际条约的规定，或者按照互惠原则，请求人民法院承认和执行。人民法院对申请或者请求承认和执行的外国法院作出的发生法律效力的判决、裁定，依照我国缔结或者参加的国际条约，或者按照互惠原则进行审查后，认为不违反中华人民共和国法律的基本原则或者国家主权、安全、社会公共利益的，裁定承认其效力，需要执行的，发出执行令，依照民事诉讼法的有关规定执行。违反我国法律的基本原则或者国家主权、安全、社会公共利益的，不予承认和执行。

国外仲裁机构的裁决，需要我国法院承认和执行的，根据《民事诉讼法》的规定，应当由当事人直接向被执行人住所地或者其财产所在地的中级人民法院申请，我国法院应当依照我国缔结或者参加的国际条约，或者按照互惠原则办理。

六、涉外民事诉讼制度的完善

我国民事诉讼法从 1991 年制定至今，已经进行了“大”“小”四次修正，但都没有涉及民事诉讼法涉外部分。与 30 年前相比，我国与世界各国的经济关系已经有了很大的变化，国际政治、经济的格局也有了深刻的变化，涉外法律关系也随之变化，因此，为了应对这种新格局、新变化，法律制度也应当有相应的变化。在这种形势下，仅仅依靠司法解释是不够的。笔者认为，如果要修改和完善民事诉讼法，涉外编的修改应该是最为迫切的。

在涉外民事诉讼制度中,修改和完善的重点主要有以下几点:

一是完善民事涉外管辖制度。在这方面,总的趋势是适应对外法律关系的发展,维护我国国家、社会及当事人的合法权益,丰富我国法院的管辖根据,适当扩大我国涉外民事纠纷的管辖范围。例如,在管辖根据方面,当事人双方的协议、被告人的应诉、与案件的实际联系都可以作为管辖根据。并相应扩大专属管辖的范围,以便与协议管辖、应诉管辖制度协调配套。

二是确立不方便法院原则(forum non conveniens)。不方便法院原则是法院涉外管辖体系中十分重要的协调机制。在扩大管辖根据情形下,如果没有该原则予以调整必将不利于我国对涉外民事案件的审理。

三是明确有条件的平行诉讼制度。只要我国法院拥有管辖权,在某些情形下并不因为当事人一方向国外法院起诉就一定排斥我国法院对同一纠纷的实际管辖。平行诉讼有利于维护我国当事人的合法权益。

四是明确规定禁诉令制度,并将禁诉令与行为保全制度脱钩,使之成为独立的一种制度。

五是完善涉外送达方式。主要是明确增加电子送达,使其送达更为便捷,提高诉讼效率。

六是进一步明确和完善域外判决、仲裁裁决的承认与执行制度。在这一方面,主要是细化不予承认与执行的事由。现有的规定过于抽象和概括,不利于实际适用和操作。涉外民事诉讼与国内民事诉讼有很大的不同,涉及许多法律之外的因素,因此其法律规范的设置需要有较大的政策调整余地,既要考虑国际惯例、通行的做法,又要考虑坚持我国司法主权利益,从而形成具有我国司法话语特色的涉外民事诉讼制度。

知识扩展

1. 不方便法院原则,又称非方便法院原则、不便法院管辖原则。该原则,是指在涉外或国际民事诉讼中,特定案件的一方当事人既可以由国外法院管辖,又可以由我国法院管辖时,当事人选择向我国法院起诉,但基于我国法院在审理上与国外管辖法院相比并不方便,因此裁决不予受理或驳回起诉的做法。[1]

2. 平行诉讼(parallel proceedings),又称"双重起诉""诉讼竞合",指相同案件的当事人就同一争议在两个或两个以上国家的法院提起或进行诉讼的现象。我国民事诉讼法涉外编中没有对平行诉讼作出相关规定。学术界有学者主张我国应当对此作出规定,即当事人一方在国外法院就同一案件提起诉讼的,该案件的当事人又向我国法院提起诉讼,且我国法院对该案件有管辖权时,我国可以根据案件的具体情形予以受理。平行诉讼涉及不同国家当事人的多重利益,引发各国当事人利益、法院利益以及政府利益的冲突。因此,处理平行诉讼中的冲突问题需要从利益衡量角度予以考量,以期获得相对合理的处

---

[1] 参见刘卫翔、郑自文:《国际民事诉讼中的"不方便法院"原则论》,载《法学评论》1997年第4期。

理结果。〔2〕

3. 禁诉令（anti－Suit Injunction），是指在一定条件下，由本国法院签发的，要求本案的当事人在域外司法机关实施或不实施一定行为的禁令。在不作为方面，包括不得提起诉讼、申请禁令或保全、申请执行等；在作为方面，则包括撤回诉讼、撤回已申请的禁令、保全、执行等。禁诉令是英美法系国家，特别是美国和英国经常用于禁止当事人挑选法院及协调处置国际平行诉讼的一种司法措施。〔3〕关于禁诉令制度可参见本书“诉讼保障程序”一章中的“行为保全”。

〔2〕 参见张茂：《美国国际民事诉讼法》，中国政法大学出版社 1999 年版，第 114～115 页。
〔3〕 参见张卫平：《我国禁诉令的建构与实施》，载《中国法律评论》2022 年第 2 期。

第八单元

裁　判

第三十三章 判 决

本章目次

判决是人民法院在诉讼中所作出的裁判的一种类型，在我国，**是指人民法院在民事案件和非讼案件审理程序终结时对案件的实体问题作出的权威性判定**。

判决是人民法院代表国家对争议的民事实体问题所作出的判定。其他任何机关都无权审理和作出判决，也不能干涉法院进行审理和作出判决。

判决是人民法院在对案件审理之后作出的终局性判定。判决是以事实为根据，以法律为准绳，因此，只有在经过法庭调查、法庭辩论等阶段之后才能作出最后的判定。

判决是人民法院具体行使国家审判权的体现，具有法律的权威性，对社会具有普遍的约束力，任何人都不得推翻判决所认定的事实和法律关系。判决是对当事人之间争议的最终裁决，一旦人民法院对争议的权利义务关系作出判决，当事人便不能再对已经确定的权利、义务进行争议。

一、判决的种类

判决可以根据不同的标准进行分类，对判决进行划分的意义在于进一步认识和把握判决，正确地运用判决。

(一)给付判决、确认判决和形成判决

根据判决所裁决的诉的不同种类或不同性质，可以分为给付判决、确认判决和形成判决。这种划分与诉的种类是一致的。

给付判决是在认定原告请求权存在的基础上,判令对方履行义务的判决。

确认判决是单纯确认当事人之间法律关系存在或不存在的判决。

形成判决是指变动现存法律关系的判决。形成判决确定时,不需要通过强制执行便自动发生法律状态的效果,一般情况下形成判决的效果是使已经存在的法律关系不再存在。例如,解除或撤销合同,解除婚姻关系、收养关系等。形成判决在法律效力方面具有形成力,与给付判决、确认判决相比,这种形成力具有绝对效力,即不仅及于当事人,也及于一般第三人。

按照过去关于判决的分类,根据诉的种类相应地将判决分为给付判决、确认判决和变更判决。这种分类的理论原型是大陆法系民事判决的分类理论,大陆法系的民事判决理论根据诉的种类将判决分为给付判决、确认判决和形成判决。而我国大陆的民事判决理论保留了给付判决和确认判决的说法,并以变更判决取代形成判决。之所以这样做,在逻辑上是基于我国民事诉讼理论中关于诉的分类,只有给付之诉、确认之诉和变更之诉,而没有形成之诉,而解决变更之诉的判决自然是变更判决。变更判决是对变更之诉的裁决,这在逻辑上是成立的,但进一步深究,却发现使用变更判决这一概念未必是妥当的。问题出在诉的种类上,即我们历来只承认变更之诉,而不承认形成之诉。更深一层的原因在于,我国民事权利理论中过去没有形成权的概念。但现在,我国的实体法理论已经承认和肯定了形成权概念,既然有了形成权概念,在民事诉讼法上承认相应的诉的种类,承认形成之诉就是顺理成章的事,在逻辑上形成判决也是理所当然予以肯定的。变更判决在诉的这一层次上是有逻辑基础的,解决变更之诉的判决当然是变更判决,但再往下就缺乏实体法的基础,而这一实体法上的基础应当是形成权。因此,与此相应的逻辑应当是"形成权—形成之诉—形成判决—形成力"。虽然我们可以认为变更之诉等同于形成之诉,变更判决在实质上等同于形成判决,但这不仅容易造成人们认识的混乱,而且缺乏实体法基础。因此,我们应当抛弃变更判决的概念,而使用更为准确和妥当的形成判决这一概念。

(二)对席判决和缺席判决

根据判决是否为当事人双方出庭之后作出,判决可分为对席判决和缺席判决。

对席判决是在双方当事人都出庭进行诉讼后所作出的判决。这里所指的当事人出庭进行诉讼,也包括当事人未到庭而由其诉讼代理人出庭代为进行诉讼的情形。大多数情况下,人民法院作出的判决都是对席判决。

缺席判决是一方当事人没有出庭进行诉讼所作出的判决。民事诉讼以当事人双方对席进行诉讼为原则,因此,人民法院在当事人一方缺席时作出的判决就是一种例外情况。只有在法律有明确规定的情形时,法院才能作出缺席判决。《民事诉讼法》规定,原告经传票传唤,无正当理由拒不到庭的,或者未经法庭许可中途退庭的,可以按撤诉处理;被告反诉的,可以缺席判决。被告经传票传唤,无正当理由拒不到庭的,或者未经法庭许可中途退庭的,可以缺席判决。人民法院裁定不准许撤诉的,原告经传票传唤,无正当理由拒不到庭的,可以缺席判决。

(三)原判决和补充判决

根据作出的不同时间,判决可以分为原判决和补充判决(又称追加判决)。

原判决,是指人民法院在案件审理终结时最初作出的判决。

补充判决,是指法院对于应当裁判的事项没有判决,而在一部分判决宣告或送达之后予以补充的判决,作为一项制度又称为判决的补充。应当注意,判决的更正与判决的补充有所不同:判决的更正是法院已经存在裁判的意思表示,只是判决书存在误写、误算以及遗漏的情形;判决的补充则是应当判决的事项根本就没有判决,由于没有判决的意思表示,判决书上自然也不会有所记载。

按照大陆法系民事诉讼法的规定,法院在判决时遗漏当事人提出的部分诉讼标的以及应当判决的声明而没有裁判的(包括假执行宣告),可以采用判决更正的方法加以补救。在我国的诉讼实践中判决遗漏的情形也同样存在,例如,关于诉讼费用的承担(诉讼费用虽然不属于案件纠纷的实体部分,但有时也属于应当由法院决定的事项,因此应当在判决书中一并记载)以及部分请求事项的遗漏,由于没有明确的法律规定,实践中通常是通过收回原判决书来更改的方式加以补充。大陆法系国家的做法是法院不能够依职权加以补充,只能根据当事人的申请,并且应当在判决书送达后20日之内提出。对于应当判决的诉讼标的的一部分,只有在该请求事项已经经过辩论程序,才能作出补充判决;如果没有经过辩论程序,就不能直接作出补充判决,只有法院另行指定辩论期间,经过辩论程序后才能对此作出判决。对于请求的遗漏,当事人如果没有在规定期间内提出请求要求补充判决的,还可以就请求另行提起诉讼。遗漏诉讼费用裁判的,当事人提出补充判决申请后,法院可直接作出补充判决,无须经过辩论程序。诉讼费用不是案件的实体争议,因此,当事人不能就诉讼费用另行诉讼。

(四)诉讼判决和非讼判决

根据判决的内容是否涉及民事权益争议,判决可以分为诉讼判决和非讼判决。

民事案件通常是指涉及民事权利义务争议的案件,民事诉讼一般也是指涉及民事权利义务争议的程序和制度,对民事案件进行的判决就称为民事诉讼判决。例如,请求履行义务的判决、确认法律关系是否存在的判决、变更原有法律关系的判决等。与此不同,**人民法院对某些不直接涉及民事权利义务争议的案件也要根据民事诉讼法所规定的特别程序,在进行审理后作出判决,这种判决就称为非讼判决,**例如,宣告失踪的判决、认定公民无行为能力的判决、认定财产无主的判决等。由于所处理案件的性质不同,非讼判决与诉讼判决在许多方面都有所差异,例如,非讼判决均为不得上诉的判决。

(五)全部判决和部分判决

根据是否为对案件所有须判决事项而作出,判决可分为全部判决和部分判决。

全部判决,是指当案件辩论终结时法院对所有应判定的事项一并作出终局裁判的判决。部分判决,是指在诉讼过程中,法院对可分的权利、义务或实体请求的一部分所作出的判决。通常是在诉讼请求合并审理的情况下作出部分判决,例如,原告提出两个以上诉讼请求而合并;被告向原告提起反诉,将反诉请求合并的情况。由于诉讼请求的独立性,所以允许作出部分判决。在有的场合,如果各请求相互之间不能独立,则不允许作出部分判决。例如,对其中一个请求作出判决会使对其他请求的判决变得毫无意义。在我国的民事诉讼实践中很少有作出部分判决的,大多数情况是一并作出全部判决。

全部判决与部分判决在上诉的处理上有所不同,原则上全部判决的事项在上诉时须统一处理,即当事人就判决的一部分上诉时,上诉效力及于所有被判决事项。也就是说,判决中没有上诉的事项,同样因为整个判决的上诉而不发生法律效力。但应当注意,这里并不意味着没有上诉的事项也被纳入上诉的审理范围。相反,部分判决之间在上诉效力方面没有牵连性,当事人没有上诉的部分判决在当事人放弃上诉后即发生法律效力。

判决还有多种划分和分类方法:根据判决是否已经生效,分为生效判决和未生效判决;根据诉讼程序的不同,可分为一审判决、二审判决和再审判决;根据是否满足原告的诉讼请求,可分为胜诉判决和败诉判决。

(六)终局判决和中间判决

在大陆法系国家和地区的民事诉讼理论中,还将判决分为终局判决和中间判决。**终局判决具有终结其审级程序的效力,是法院在审理完结时对争议问题的裁决。与此相对,中间判决是法院在诉讼程序中对某些事项所作的裁决,仅仅是为终结判决做准备,不具有终结诉讼程序的效力**。应当注意的是,这里所说的中间判决并不具有我国民事诉讼理论中判决的基本性质,准确地讲,中间判决不过是诉讼程序中的一种中间裁决。在大陆法系民事诉讼中,其判决的含义比我国判决的含义更广,它包括了我国判决概念以外的裁决。中间判决的裁决对象、中间判决的效力等有关规定构成了中间判决制度。我国民事诉讼法中没有规定中间判决制度。

中间判决具有以下几个特点:(1)其是一种确认性裁决。中间判决是对某些有争议事项的确认,不具有给付内容。(2)裁决事项具有特定性。裁决的事项一般限于三类:一是有争议的独立的攻击和防御方法。所谓独立的攻击和防御方法,是指作为诉讼中的攻击和防御方法能够与当事人提出的其他主张和抗辩分开。如当事人双方在诉讼中提出的证据的合法性问题。二是中间争点。如诉的合法性问题、诉的变更合法性问题等。三是有关请求原因及数额的争议。(3)中间判决对法院作出终局判决具有拘束力,终局判决不能与中间判决的确认相冲突。(4)中间判决既没有终结性,也没有既判力,不能对中间判决提起上诉。但终局判决作出后可在对终局判决上诉时一并对中间判决主张不服。〔1〕

二、判决的内容

民事判决一般应包括以下内容:

1.诉讼参加人的基本情况

判决书应当写明诉讼参加人的基本情况,即当事人及诉讼代理人的姓名、性别、年龄、

〔1〕 参见[日]兼子一等:《条解民事诉讼法》,弘文堂1986年版,第494~504页。

民族、籍贯、所在单位、职业、住所等,有第三人的,应写明第三人的上述情况。当事人为法人或非法人团体的,应当写明法人或非法人团体的基本情况,除此之外,还必须写明法人或非法人团体代表人或负责人的基本情况。

2. 案由、诉讼请求、争议的事实和理由

案由是指案件的性质,例如,货物运输合同运费纠纷案、专利权属纠纷案、安装调试协议纠纷案等。最高人民法院出台的规范案由的有关规定,是各级人民法院确定案由的根据。案由在法院立案时就应加以明确。案由应当准确地反映该案的争议的性质和焦点。诉讼请求既包括原告的诉讼请求,也包括被告的反诉请求和有独立请求权的第三人提出的诉讼请求。争议的事实和理由,是指双方当事人各自对案件所认识的争议事实和理由。判决中应当分别具体写明各自主张的事实和理由,不能有偏废。

3. 判决认定的事实和理由、适用的法律和理由

判决的结论是在正确认定案件事实的前提下作出的,所以,判决的一个重要内容就是对案件事实的认定。判决不仅要写明认定的事实,还必须写明如此认定事实的理由。判决书不仅要写明适用的法律,还必须写明适用该法律的理由。这两点是 2012 年《民事诉讼法》修正中所特别强调的。《民事诉讼法》的这一修正,不仅有助于提升审判的水平,保障审判的公正性,也有助于吸收当事人对审判结果的不满,同时还有助于推动法学研究的发展。

在我国判决书的理由阐述部分,一般不包括对法律理论和学说的引用,这一点与国外的判决书不同。但从合理性角度出发,有些案件可以考虑引用法律理论和学说以加强判决书的说理性。

4. 判决结论

判决结论是判决的主文部分。判决的结论是法院经过审理后对当事人诉讼请求或上诉请求的答复。判决结论既可能是全部或部分承认当事人的诉讼请求,也可能是全部或部分否定(驳回)当事人的诉讼请求。虽然我国《民事诉讼法》没有明确规定判决的事项应当与当事人请求裁判的事项和范围一致,即判决应是对诉讼标的的裁判,但诉讼法理上应该如此。只有法院对诉讼费用承担的判决是例外。

5. 诉讼费用的负担

法院在案件审理终结后还应根据案件审理的具体情况,按照诉讼费用负担的原则对诉讼费用的负担作出裁判。

6. 上诉期间和上诉法院

除了最高人民法院作出的一审判决和适用特别程序审理作出的判决外,地方各级人民法院作出的一审判决均是可以上诉的判决,因此,在制作这些判决时,必须写明上诉的有效期间和相应的上诉法院,以便当事人行使上诉权。

三、判决书的更正

在我国,判决书一旦送达给当事人,判决便发生对法院自身的约束力(拘束力),除通过

法律规定的救济程序外(上诉或再审),法院不能随意改变判决的内容。这就是所谓判决的"自缚性"。但在审判实践中,也存在因法院疏漏致使判决发生误写、误算、漏写或表达不明确的现象,使判决结果与法院的裁判意思表示不一致。在这种情形下,如果只能通过上诉等救济程序解决,必然影响诉讼效率,加大诉讼成本,因此,应当允许法院对判决书进行适当的更正,予以处理,使判决书能够与法院裁判意思一致。这一制度即判决更正制度。应当注意的是,判决书的更正并非在实质上否定法院的判决。在实质上否定该判决是不被允许的。虽然我国民事诉讼法上没有明确加以规定,但在判决法理上是成立的。

第一,判决书内容的误写,是指判决书中有关当事人、案件事实的内容书写有错误的情形。例如,将李某某误写为张某某。

第二,判决书内容的误算,是指判决书中数额计算错误的情形。例如,将应赔偿数额25000元错误计算为15000元。

第三,判决书判决事项的遗漏,是指案件应判事项虽然已经合议庭裁判但没有写入判决书中的情形。这里需要注意的是,判决书判决事项的遗漏与法院没有审理裁判的事项有所不同,如果法院根本就没有对诉讼请求事项作出判决,属于遗漏裁判事项,应当按照现行再审制度寻求法律上的救济,不能通过判决书的补正措施加以解决。在法理上,对没有裁判的实体请求事项,可以另行起诉予以解决。只有在法院对该遗漏事项已经审理并予以裁判,仅仅是在判决书中漏写的情形,才能予以补正。是否已经审理和裁判可以通过法院的笔录(庭审笔录和合议庭合议笔录)予以查实。

第四,判决书内容不明确的,是指判决书对裁判事项应当明确而没有明确的情形。在实践中,判决书虽然对案件的实体争议作出判决,但对于应予的具体事项没有明确,导致判决执行的困难。这种情形大致包括:(1)给付金钱的,没有明确其数额;(2)交付特定标的物,没有明确特定物的名称、数量、具体特征等特定信息,以及没有明确交付时间、方式;(3)分割财产的,没有明确财产的名称、数量、份额;(4)判决履行义务的,没有明确义务履行的方式、时间等;(5)判决权利实现的,没有明确权利实现的方式、时间等;(6)判决涉及互负义务的,没有明确义务履行的顺序。对于前述情形的处理,在判决书执行之前,可以要求法院予以补正。在判决书申请之后,根据《最高人民法院关于人民法院立案、审判与执行工作协调运行的意见》第15条的规定,可以通过判决书的补正加以处理。在程序上,执行机构发现本院作出的生效法律文书执行内容不明确的,应书面征询审判部门的意见。审判部门应在15日内作出书面答复或者裁定予以补正。

对于上述事项,可以通过法院的判决补正加以解决,而不是通过再审程序予以解决,是因为这些没有明确的事项是权利义务实现附带应当明确的事项,涉及的是具体权利义务的实现方法问题,与权利义务没有作出判决有所不同。在实践中,比较有争议的是涉及给付数额不明确的情形究竟是通过再审还是法院补正。对此,笔者认为,需要根据具体情形加以判断,不能一概而论。原则上应当以是否需要重新审理,根据证据,通过质证、认证加以认定为前提。如果根据案件已经审理的情形,可以对数额加以确定,也就不需要通过再审程序予以救济,法院对此作出补正予以明确即可。

第五,其他明显错误是指判决书表示存在明显的矛盾、用语表达不清楚之处。

关于判决书的补正,《民事诉讼法》没有具体的规定,仅规定以裁定补正判决书中的笔误。《民诉法司法解释》对民事诉讼法规定的判决书中笔误作出了解释,明确"笔误"是指法律文书误写、误算,诉讼费用漏写、误算和其他笔误。《最高人民法院关于人民法院立案、审判与执行工作协调运行的意见》则将判决书不明确时的补正也包括在可补正事项之中,完善了判决书补正制度。

法院对已经送达的判决书发现有错误的,可以随时要求收回判决书加以补正。为了强调补正的严肃性,法院应当以特定的形式作出更正的意思表示,不得直接更改原判决书。根据《民事诉讼法》的规定,以裁定方式加以更正,裁定书中写明关于某判决书中某一内容的更正。

当事人认为判决书有误写或误算等其他与法院判决意思不一致的错误时,也可以要求法院予以补正,法院认为需要补正的,将以裁定方式加以补正。补正判决书的裁定应当与原判决书一并再送达给当事人。法院认为原判决书没有错误的,应以何种形式驳回,法律没有明确规定,笔者认为以裁定驳回为宜。

四、请求事项漏判的处置

请求事项的漏判不同于判决书对已判事项的漏写。请求事项的漏判,是指法院未对原告请求的事项未作出裁判。这既包括在诉讼中没有经过审理、辩论,也没有作出裁判,还包括虽然经过审理、辩论,但没有作出裁判的情形。

对于请求事项漏判的情形,显然不能通过判决书更正或补正的方法加以解决。应当如何处置有两种方法:(1)按照我国现行上诉制度再审制度的规定,可以通过提起上诉或申请再审寻求法律上的救济。对于没有确定(生效)的判决,当事人可以提起上诉,通过二审程序加以处理——撤销原判发回重审或直接改判。如果判决已经确定(生效),则依照《民事诉讼法》规定的,原判决、裁定遗漏或者超出诉讼请求的,可以申请再审,人民法院应当再审。(2)原审法院继续就该请求事项作出判决,没有进行审理的,进行审理并作出判决。

第一种处置方法是将整个案件视为一个整体,遗漏了对请求事项的裁判,也属于裁判错误,因此应当通过上诉或再审加以纠正。与此不同,第二种处置方法是将诉讼中的各请求事项视为独立的裁判对象,只有对相应的请求事项作出裁判的事项,并被认为有错误的,才适用上诉或再审程序予以处置,没有裁判的事项应当继续审理作出裁判,不存在通过上诉或再审程序加以纠正,也不需要当事人另行起诉获得裁判。(如果考虑我国的案件审结制度,也可规定可以另行起诉。)显然,在法理上和逻辑上,第二种处置方法更为合理。

在国外,例如日本,对于请求事项遗漏的情形,民事诉讼法规定,该未判的请求事项依然系属于受理法院。(日本《民事诉讼法》第258条关于裁判的遗漏的规定。)这就意味着,该请求事项还没有作出裁判,对该请求的审理并未结束。

五、判决效力概述

判决的效力实际上就是生效判决所发生的实际作用。按照大陆法系判决效力理论，判决的效力可以分为三类：判决的原有效力、判决的附随效力和判决的事实效力。

1. 判决的原有效力

所谓判决的“原有效力”，是指判决从本质上本身所具有的效力，是判决所具有的最基本和最直接的效力。原有效力包括判决的既判力、执行力和形成力。判决的执行力，是指判决生效后，在义务人没有履行义务时，权利人可以向法院申请强制执行，法院依法强制义务人履行其义务的作用。法院强制执行必须有根据，法院的判决就是执行的根据之一。判决的执行力主要在于启动法院的强制执行，判决的执行力本身并不是强制执行的措施。应当注意的是，并不是所有已经生效的判决都有执行力，只有具有给付内容的判决才有执行力（有的虽然是确认判决，但关于诉讼费用负担的那部分内容也具有执行力）。相反，也并不是只有确定的给付判决才有执行力，凡是可以作为执行根据的法律文书都有执行力，例如，仲裁机构的仲裁裁决书，法院制作的调解书，法院关于先予执行、财产保全的裁定书等。

判决的形成力只有形成判决才具有。形成判决所具有的使原有法律关系消灭或变更的效力就是形成判决的形成力。在法院形成判决发生法律效力之时，就产生形成力，使原有的权利义务关系消灭或变更。由于形成判决将导致原有法律关系的消灭和变更，因此，当事人行使形成权，提起形成之诉，必须有法律的明文规定，当事人不得随意行使形成权、提起形成诉讼，要求法院作出形成判决。

在我国过去的判决理论中，根据判决所裁决的诉的种类不同，可以分为确认判决、给付判决和变更判决。在大陆法系民事诉讼理论中，同样是以此为根据，分为确认判决、给付判决和形成判决。不同之处在于，同样内容的判决，我国称为“变更判决”，大陆法系称为“形成判决”。由于大陆法系将变更之诉称为“形成之诉”，因此，解决形成之诉的判决，也就称为“形成判决”。我国没有采用形成之诉、形成判决的概念是受到苏联理论的影响，苏联的民事诉讼理论认为法院判决不能创设新的权利义务关系。这种理论实际上误解了法院形成判决的作用，法院并非创设了新的权利，而是通过形成判决认可了当事人在实体上的形成权。正如本章前述所提到的那样，在实体法学中，形成权是一个通用的法学概念，形成权与形成之诉、形成判决和形成力具有内在的逻辑性。因此，应当使用形成力这一概念。

2. 判决的附随效力

判决的附随效力，在理论上可以分为两类：法定的附随效力和法理上的附随效力。

所谓法定的附随效力，相对于判决本身原有的效力来说，是指法律上规定的以确定判决为构成要件而发生一定法律效果的效力。学理上称为构成要件的事实效力。这里的法律主要是指民事诉讼法和民法，因此各国法律规定不同，判决的法定附随效力有所不同。但有的附随效力是许多国家都规定了的，例如，确定判决具有中断诉讼时效的效力。

法理上的附随效力，相对于法定的附随效力来说，是指虽然没有法律规定，但学理上主张判决所附带的效力。法理上的附随效力也不同于判决本身原有的效力。例如,反射效力和争点效力(参见本章后述“争点效力问题”)等即是。

判决的既判力一般发生在当事人之间,非当事人不受既判力的拘束。但有时对某案的判决也会通过对该案当事人的作用,而间接影响当事人之外的第三人。判决的这种间接的作用就如同光线的反射,因此学者将其称为反射效力或反射效。

关于判决对案外第三人的作用,也有学者将其称为既判力的扩张,这些学者不主张以反射原理来解释这种作用效果,认为这种间接作用既然是基于当事人与案外第三人之间在实体法上的联系,将判决在当事人之间发生的既判力扩张到案外的第三人,使该第三人同样受到该判决原有效力的影响。这样一来,判决既判力的扩张与判决既判力的反射就有所不同了:反射效力论认为是一种间接的作用,而既判力扩张论认为是一种直接扩张效果。既判力扩张论的这种认识与该观点所依据的对既判力性质的认识有关。既判力扩张论是以既判力的诉讼法说为基准的。依据既判力诉讼法说的观点,判决效力不可能创设新的实体法关系。而反射效力是以判决具有实体法效果为基础的。〔2〕

依照反射效力论的观点,反射效力不同于既判力,反射效力与既判力的区别主要表现在以下几方面:(1)既判力属于诉讼法上的效力,只能在诉讼法上作为抗辩的理由,产生诉讼上的抗辩效果。例如,后诉的被告人可以在后诉中主张该诉已经判决,法院应当驳回后诉原告人的诉讼请求。如果后诉的诉讼标的确实已经法院判决,则法院应当驳回后诉原告的诉讼请求,后诉不能成立。反射效力则不仅产生诉讼法上的效果,而且发生实体法上的效果。(2)在大陆法系国家和地区,法院依职权调查事项和当事人主张事项有明确的界限,法院不得随意超越。既判力是否存在就属于法院职权内的事项,而反射效力是否存在就属于当事人主张的内容,没有当事人的主张,法院不能主动考虑反射效力的问题。(3)在规定参加人制度的国家或地区,第三人参加制度,又分为“独立参加”和“从参加”两种情形。在这种制度背景下,就又凸显既判力与反射效力的另一个区别,即既判力及于独立的诉讼参加人,而反射效力则及于“从参加人”。因为独立的诉讼参加人实际上的地位就是当事人,既判力的主体范围为当事人之间。从参加人的诉讼地位不是当事人,当然判决于其之上的作用就只能是一种反射作用。这一点是容易理解的。(4)对于当事人之间共谋、串通的诉讼,既判力效力所作用的当事人不能以共谋串通为由主张该诉讼的判决无效,只有反射效力所作用的案外第三人才能主张该判决无效。这是从另一个角度,即从能够主张判决无效的主体范围来观察既判力和反射效力。(5)既判力往往伴有执行力。反射效力就不会伴有执行力,因为反射效力在本质上不是判决原有的直接效力,因此不可能伴有执行力。(6)只有判决主文才发生既判力,而反射效力不只限于由判决主文产生,判决理由亦可能产生反射效力。

判决反射效力的发生主要是因为不同法律关系之间的联系,没有这种联系也就没有反

---

〔2〕 Rosenberg,ZPR 9. Aufl. §151. 2. 3d. 转引自陈荣宗、林庆苗:《民事诉讼法》,台北,三民书局 1996 年版,第 687 页。

射的基础，不会发生效力的反射。最典型的反射效力的情形涉及主、从债权债务关系的诉讼。例如，在有担保债权债务关系的场合，关于主债权债务的诉讼，法院最终判决主债权债务关系不成立。由于主债权债务关系不成立，作为从债权的担保权也就不能成立。因此，无论是在诉讼中还是在诉讼外，原担保人都可以据该判决主张担保债务不存在。在诉讼中原担保人以此为抗辩理由时，法院就应当驳回原告的诉讼请求，前诉判决的这种作用就是反射效力。

3. 判决的事实效力

判决的事实效力主要是指判决的证明效力。在大陆法系国家的民事诉讼理论中，一般认为已经确定的判决在前诉中所认定的事实在后诉中具有类似证据的作用，对法官在后诉中认定事实方面有影响法官心证的作用。也就是说，法院在前诉判决中所认定的事实在后诉中就可能影响法官对后诉事实的认定判决。

在我国民事诉讼中，根据《民事证据规定》的规定，已为人民法院发生法律效力的裁判所确认的事实，无须当事人举证证明。在《民事证据规定》尚未出台之前，我国民事诉讼理论上已经承认生效判决所认定的事实免除当事人证明的效力。即当事人在后诉中所主张的事实，如果已经为生效判决所认定，当事人就不需要再就该事实加以证明，前诉判决所认定的事实被作为无须证明的对象。在诉讼实务中，通常是在法院要求证明当事人所主张的事实，或对方当事人反驳当事人主张的事实时，一方当事人便向法院援引已经生效判决以说明无须证明的理由，法官一旦认可该判决对该事实已经加以认定，便视为该当事人所主张的事实存在或不存在。实际上，在我国的民事诉讼实务中，该判决的认定成了证据。既然作为证据，也就必须经过对方当事人的质证、法院的认可。这里的质证内容是，是否真实地存在确认该事实的判决。

前诉判决对前诉中当事人提出的事实的认定，一般反映在判决书中“本院认为”的那部分内容当中。法院的判决书中，通常会将原告和被告或上诉人和被上诉人对案件事实的陈述加以表述，然后是法院对案件的事实认定。但是法院对案件事实的认定包括了当事人之间自认的事实、法院推定的事实、当事人证明的事实以及法院自己调查认定的事实四种。当事人之间自认的事实、法院推定的事实是无须证明的事实，也不需要在当事人之间进行质证。实际上，只有当事人提出的、需要证明的事实，法院才会在实质上予以认定。因此，并不是所有生效判决书中所确认的事实都具有免除当事人证明的效果。

当事人自认的事实之所以不需要证明，是基于当事人的诉讼处分权，并不表明该事实的真实性，所以在后诉中，就不能免除提出该事实的当事人对该事实的证明。推定的事实也是如此。这里推定的事实，是指基于事实推定而成立的事实。而事实推定，是将某一已知事实作为前提事实，然后借助一定的经验法则推导出某一事实的存在与不存在。由于事实推定是以一定的经验法则为推定的桥梁，而经验法则又具有盖然性，尽管是相当的高度性，但毕竟不等于必然性，因此，基于这种推定的盖然性因素，理论上和有的国家的法律上允许对方当事人对推定提出反证一样，反证成立的，推定不能成立。所以，即使在前诉的判决中承认了这种推定，也应当允许对方当事人对该推定提出反证。反证成立的，推定不能成立。

当然,在后诉中,推定被推翻,是否意味着前诉判决的错误呢?应当说,如果前诉判决是将该推定作为法律要件事实而作出的,那么前诉判决存在错误是肯定的,但是否应当再审,就要看是何种再审体制了。按照我国的再审体制即审判监督体制,法院就应当提起再审或检察院提出抗诉。如果按照再审之诉的体制,是否再审应当由前诉的当事人向法院申请再审,而且还要看前诉判决生效的时间,如果已经超过再审之诉提起的期间,便不能加以纠正。

六、判决的既判力

(一)既判力的含义

判决生效后即具有确定力。在判决理论上,判决的确定力又分为形式上的确定力和实质上的确定力。法院作出的判决如果属于可以通过上诉途径加以撤销或变更的,就是不确定的判决。在当事人放弃上诉,判决已经生效时,判决成为确定的判决,除非通过特别途径,如提起审判监督程序,否则是不能撤销或变更的。这种确定判决的不可撤销性就称为形式上的确定力或外部确定力。

判决实质上的确定力即既判力,是指法院作出的终局判决一旦生效,当事人和法院都应当受该判决内容的拘束,当事人不得在以后的诉讼中主张与该判决相反的内容,法院也不得在以后的诉讼中作出与该判决冲突的判断。

既判力的这种拘束作用主要是针对以后的诉讼,对后诉的作用包括两个方面:其一,当事人不得在后诉中提出与前诉有既判力的判断相反的主张,后诉法院也不得作出与前诉有既判力的判断相反的判决。[3] 例如,前诉中,法院已经判决被告应当给付原告 10 万元时,被告在后诉中就不得再主张已经早就返还或者诉讼时效已经消灭等。即使被告在后诉中提出,法院也不会理睬。其二,后诉法院的裁判必须以前诉法院判决的内容为前提。例如,在确认所有权的诉讼中,原告 A 获得了胜诉。在后诉中 A 提出要求转让登记时,后诉法院就必须以 A 有所有权的裁判为前提,认可后诉中 A 的请求。前者为既判力的消极作用,即禁止作为的消极性;后者为既判力的积极作用,即要求积极作为。

判决的既判力与判决的羁束力不同:判决的羁束力在于在同一诉讼程序中,作出判决的法院要受自己判决的拘束,法院不得在作出判决后改变该判决;而判决的既判力则是作用于其他诉讼、生效判决诉讼以外的诉讼,即后诉。在前诉判决确定后,后诉的诉讼标的与确定判决的诉讼标的可能存在以下三种情况:

第一,后诉的诉讼标的与前诉的诉讼标的相同(这里所谓的"诉讼标的"是指传统诉讼标的理论含义上的诉讼标的)。通常发生的情形是前诉中败诉的当事人一方又以该诉讼标的再向该法院或其他法院起诉。有时形式上看似不同的诉讼,但实际上是针对同一权利的,其诉讼标的是同一的。例如,原告起诉要求确认所有权存在,是积极的确认之诉。在后诉中,前诉中败诉的被告又提起要求确认该所有权不存在的消极之诉。当后诉的诉讼标的

---

〔3〕 参见江伟主编:《中国民事诉讼法专论》,中国政法大学出版社 1998 年版,第 173 页。

与前诉的诉讼标的相同时,后诉法院应当驳回后诉原告的请求。在特殊情形下,也有前诉原告虽然胜诉,但该原告又在后诉中以同一诉讼标的提起诉讼。遇此种情形,后诉法院在驳回原告的起诉时,在我国通常考虑的是一事不再理的原则,但实际上,如果从诉的利益角度考虑,胜诉者在后诉中是没有诉的利益的。

第二,前诉的诉讼标的的裁判成为后诉的诉讼标的的裁判的前提。例如,前诉是所有权确认之诉,后诉是他人给付所有物的诉讼,则前诉中所有权确认对于后诉的裁判就具有前提作用。前诉原告要求确认所有权的请求没有得到法院认可时,后诉法院不能在后诉中认定原告对该物拥有所有权。

第三,后诉的诉讼请求与前诉的判决相矛盾。典型的例子是,前诉中原告要求法院确认对某房屋拥有所有权,认可所有权的判决确定后,前诉被告又另行起诉,要求法院确认自己对该房屋拥有所有权。基于"一物一权"的原则,当前诉法院已经判决前诉原告拥有所有权后,后诉法院就不可能再判决后诉原告对该房屋拥有所有权。后诉法院如果在后诉中确认后诉的原告有所有权,就将导致前后判决的矛盾。又如,前诉原告要求被告给付10万元,前诉被告败诉后,又提起要求确认前诉中债务不存在或以不当得利要求前诉原告返还其10万元的诉讼。

(二)既判力的客观范围

1.既判力客观范围概述

既判力的客观范围是既判力制度理论和实践中最重要的问题。既然既判力是对后诉的拘束,而对后诉的拘束,实际上就是对后诉诉讼标的的拘束,那么,就存在对哪些法律关系或实体请求权有拘束力的问题,也就是既判力客观范围的问题。[4]

依照大陆法系民事诉讼理论和民事诉讼法,确定既判力客观范围的原则是:对终局判决中已经确定的诉讼标的有既判力。除法律有特别规定外,当事人不得就已经裁判的诉讼标的再行起诉。德国《民事诉讼法》规定:(1)判决中,只有对于以诉或反诉而提起的请求所为的裁判,有确定力。(2)被告主张反对债权的抵销,而裁判反对债权不存在时,在主张抵销的数额内,判决有确定力。日本《民事诉讼法》规定,确定判决,对主文内容有既判力。判决的主文内容就是法院关于权利或法律关系存在与否的裁决。

既判力客观范围适用的原则既然是限于已裁判的权利或法律关系,那么,反之,未经裁判的权利或法律关系就不发生判决的既判力。即使当事人已经起诉,法院就其审理的法律关系作出中间判决的,对该判决的法律关系也不产生既判力。诉讼已经系属,当事人不得再就已经诉讼系属的法律关系再行起诉,不是既判力对后诉的拘束作用,而是一事不再理原则的要求。

判断该法律关系是否是已经裁判过的法律关系,或者另行起诉的法律关系与已裁判过的法律关系是否统一,是既判力客观范围界定的关键点。而如何确定是否属同一法律关系,就涉及新旧诉讼标的的理论问题。按传统的诉讼标的理论,识别新旧诉讼标的是否同

---

〔4〕 参见江伟主编:《民事诉讼法》,高等教育出版社、北京大学出版社2000年版,第277页。

一或多寡的标准,是实体法律关系或依据该实体法律关系的实体请求权,有多少个实体法律关系或多少个实体请求权就有多少个诉讼标的。例如,A 向法院起诉 B,要求法院裁判 B 侵占房屋。其理由是自己对房屋享有所有权,而 B 是非法侵占。法院终局判决 A 败诉。本案中,法院裁判的诉讼标的是所有权法律关系或所有物请求权。A 以后又以 B 租赁该房屋而租赁期已届满为理由向法院起诉,要求裁判 B 返还房屋。此时,按传统诉讼标的的理论,法院可以受理这个案件,因为前诉裁判的诉讼标的是所有权法律关系,实体请求权是所有物请求权,而本案将裁判的是租赁法律关系。前诉的判决对已裁判过的所有权法律关系有既判力,而对后诉的租赁法律关系没有既判力。

如果按照新诉讼标的理论,诉讼标的不受实体法上请求权概念的束缚,不同的原因事实仅产生同一效果时,这些不同的原因事实并不构成不同的诉讼标的,这些原因事实有可能构成实体法上的若干个实体请求权,或构成若干个实体法律关系,但仍然是单一的诉讼标的。就上面所列举的案件看,依新诉讼标的理论,前诉的判决对后诉有拘束力。尽管前诉中已裁判的实体法律关系与后诉原告主张的实体法律关系不同,却是为了同一给付。主张不同的法律关系只是主张所依据的理由不同,而非诉讼标的不同。A 在前诉中只要要求法院裁判 B 应返还房屋,那么,法院就应当对 A 所主张的事实,从各种法律上加以评价,不只是对 A 所主张的所有权关系进行评价。既然法院依据各种法律上的评价对 A 主张的事实进行了评价,并作出了终局判决,那么,法院对该诉讼标的的裁判的拘束力就对 A 后诉的要求 B 返还房屋的案件起作用。[5]

判决对已经裁判的权利或法律关系有既判力,还必须是指原告在言词辩论程序中所主张的权利或法律关系。如果法院对当事人未在辩论中主张的权利或法律关系作出裁判,不仅法院的裁判违反辩论原则,而且法院的判决对该裁判的权利或法律关系不产生既判力。也就是说,既判力的发生以言词辩论终结前当事人主张的权利或法律关系为基础,对言词辩论终结后主张的权利或法律关系不发生既判力。在日本,既判力以判决主文中所判示的内容为限。在判决主文中除了关于权利或法律关系的判断,还涉及诉讼费用负担的裁判,因此,既判力不仅涉及已判断的权利或法律关系,也涉及诉讼费用的负担。

既判力不及于判决的理由是划定既判力客观范围的基本要求。判决的主要内容有两个:一个是被裁判的诉讼标的;另一个是裁判的理由。判决的理由当中涉及法官对案件事实的判断,即事实上的判断和法律上的判断,而法官的这些判断原则上没有既判力效果。法院在本案中的裁判只限于诉讼标的,既判力也只能及于该诉讼标的。例如,基于不法行为的存在而认可损害赔偿请求的判决,其既判力只涉及损害赔偿请求,而对于不法行为已经成立的事实判断和法律判断就没有既判力。又如,法院对原告要求确认房屋所有权的诉讼请求作出驳回请求的判决,该判决对房屋所有权确认请求有既判力,但对被告在答辩中主张的所有权应属于自己的理由,以及法院对该理由的判断没有既判力。如果判决的理由有既判力效果的话,被告就不能在另一侵权人或争执人对自己的房产实施侵权行为或争执

---

〔5〕 参见张卫平:《论诉讼标的及识别标准》,载《法学研究》1997 年第 4 期。

时，向法院陈述自己对房屋享有所有权这样的理由了。

由于判决理由中的判断没有既判力，因此，即使在判决发生法律效力之后，当事人也仍然可以对判决理由中的判断事项提起诉讼。例如，法院对原告与被告之间有关所有权归属的争议作出了确认判决，确认原告有所有权。其理由是基于赠与关系获得所有权。由于赠与关系的成立属于法院判决的理由，因此关于赠与关系成立的判断就没有既判力。在后诉中，当事人还可以针对赠与关系提起诉讼，例如，要求确认该赠与关系不成立。

另外，当事人主张或抗辩的事实以及法律效果也没有既判力，如法院的确定判决确认被告已经清偿债务，并驳回原告的请求，对于被告抗辩已经清偿的事实本身并没有既判力。这就意味着被告可以在其他诉讼中主张与本案主张不同的事实。如被告在另一诉讼中主张，与原告的债权债务关系从来就不存在或不能成立，而要求原告在该诉讼中返还自己对原告清偿的标的物。在前诉中，裁判的诉讼标的是有争议的债权债务关系。在后诉中，裁判的诉讼标的是所有权法律关系。后诉的主张理由是债权债务关系不成立，而前诉被告却以为债权债务已经成立，并在前诉之前已经实施清偿行为。前诉原告的主张是要求被告清偿，不涉及债权债务关系是否成立。如果被告主张债权债务关系不成立，那么，法院确定判决关于债权债务关系是否成立的判断有既判力，被告也就不可能在另一诉讼中质疑债权债务关系是否成立。

2. 既判力客观范围的扩张与争点效力

上述提到，因为前诉判决理由中的判断没有既判力，当事人可以就该判断事项另行提起诉讼，所以就可能发生后诉法院判决的结果与前诉判决理由相矛盾。在前诉中，法院判决某争议的房屋所有权归属于原告。判决生效后，前诉的被告或其他人针对所有权取得的原因——赠与关系提出争议，要求后诉法院确认赠与关系不成立。后诉法院审理后作出判决，确认该赠与关系不成立。这样就必然导致推翻前诉判决。

在我国民事诉讼中，这样情形似乎不会发生，因为我国《民事诉讼法》没有规定判决的拘束力仅限于判决主文，人们也没有意识到既判力客观范围的问题。从我国的诉讼实践来看，不仅法院判决的主文有拘束力，而且判决理由也有拘束力。判决有拘束力，自然就不允许当事人在后诉中就判决理由中的判断事项另行诉讼。即使已经提起诉讼，后诉被告也会以前诉判决中的理由进行抗辩，要求法院驳回后诉原告的诉讼请求。法院也往往以前诉判决的理由为根据驳回后诉原告的诉讼请求。而在大陆法系国家，由于判决理由部分没有既判力，这样就会因为后诉法院的判断与前诉法院的判断不一致，使前诉法院的判决有可能处于一种不稳定的状态。当事人的另行诉讼也将耗费更多的诉讼资源。当然不能因后诉法院的判决对前诉法院判决理由的否定就得出前诉法院的判决是违法的，因为前诉法院的判决理由的产生可能有多方面的原因。〔6〕

因为这种矛盾系既判力制度所致，所以适用既判力制度的国家的学者为了解决这一问

〔6〕 参见张卫平：《既判力的客观范围》，载樊崇义主编：《诉讼法学研究》第五卷，中国检察出版社2003年版，第147页。

题提出了既判力范围扩张的思路。德国学者认为，应当将既判力的客观范围加以扩张，当判决理由中所涉及的法律关系是作为判决诉讼标的前提的法律关系时，该判决的既判力就应当及于作为前提的法律关系。也就是前诉判决理由中对该法律关系的判断，当事人不得质疑、提起诉讼，后诉法院的裁判也要受该判断的拘束。[7]

既判力客观范围的扩张，其实质就是突破既判力客观范围仅限于诉讼标的的原则。这样虽然能够解决前诉判决与后诉判决的矛盾，使纠纷能够一次性解决，避免造成诉讼资源的浪费，但既判力扩张最大的问题是，将原告与被告之间的诉讼标的也强制性地加以扩张，超出了当事人双方意思范围，使当事人没有纳入诉讼标的加以裁判的事项也受到既判力的拘束，致使当事人不能对这些事项进行诉讼。

为了使争议一次性得到解决，防止前诉与后诉的矛盾，日本学者新堂幸司提出了另一种思路，这种思路不是考虑既判力的扩张，而是在既判力之外提出一种效力。这种效力不同于既判力，既判力的范围仍然按照过去的原则只及于判决的主文，而这种新的效力及于判决的理由。确切地讲，应当是判决理由中各争点的判断在后诉中不得加以争论。这种效力就称为“争点效力”或“争点效”。这样，前诉判决对后诉的拘束力就包含了既判力和争点效力两种。

争点效力理论主要是受到了美国法的既判力理论和德国法的既判力扩张以及日本学者有关参加诉讼效力扩张观点的影响。争点效力的理论根据是诚实信用原则和公平原则。前诉判决理由中的各争点在前诉中当事人已经进行了争辩，法院也对这些争点问题进行了实质上的审理，并作出了判断，因此就不应当允许后诉的当事人在诉讼中再行争议。如果再争议既违反了诚实信用原则，又不符合公平原则。争点效力理论的最大优点就在于，既可以保持既判力客观范围原则，又能够防止重复诉讼、矛盾裁判，还能避免新诉讼标的理论的缺陷。

3. 部分请求与既判力的客观范围

在诉讼实践中，有可能出现这样的情形，即当一个权利义务关系发生争议诉诸法院时，原告作为债权人没有在该诉讼中主张全部债权，仅仅主张了部分债权。这种部分债权的主张并不是指原告与被告之间存在两个或两个以上的不同债权，而是指原告的债权只有一个，只是该债权是数量上可分的。例如，被告欠原告10万元，而原告在该诉讼中只就其中5万元提起诉讼，要求被告返还。如果原告愿意，也还可以分成若干份。问题包括两个方面：其一，当原告仅就其中5万元提起诉讼后，在这一诉讼之外，原告是否还能再就另外5万元提起诉讼；其二，当前诉法院判决被告给付原告主张的5万元或原告的请求被法院裁判否定，并且法院判决已确定时，原告能否就另外的5万元债权提起后诉。前者涉及是否属于重复诉讼的问题，后者与既判力的客观范围有关。可否主张部分请求原本也可以作为一个独立的问题单独加以探讨，但由于涉及既判力的问题，我国民事诉讼理论中也尚未涉及，因

---

〔7〕 主张该观点的德国学者有亨克尔（Henckel）等。参见陈荣宗、林庆苗：《民事诉讼法》，台北，三民书局1996年版，第658页。

此,笔者在此也顺便论及。

关于这一问题,国外主要有两种对立的观点。

一是肯定说。该说的主要依据是,在实体法上对债权的分割是债权人的自由,债权人就部分债权进行处分是合法的。因此,程序法上也应当与实体法一致,允许原告自由地设定诉讼标的,至于当事人是否明示该请求是其中一部分,在所不问。

二是否定论。否定论又可细分为三种观点。第一种观点:当事人明确指出请求的只是债权的一部分时,允许对余额再提起诉讼;没有对部分债权请求明示,不得就剩余部分再提起诉讼,即使客观上只是全部债权的一部分。第二种观点:尽管也否定一部分请求的可诉性,但在具体处理上,要区分原告提出部分请求时,在诉讼中是胜诉还是败诉。如果原告在诉讼中胜诉,则余额请求可以再行诉讼。但败诉时,则不能够再行诉讼。第三种观点:属于不分情形,全面否定部分请求再诉的观点。这种观点认为,如果允许原告就其余部分再行诉讼,必然给被告造成不必要的讼累,也导致法院审理的不经济和非效率化。[8]

根据上述不同观点,对既判力的客观范围的认识也就有所不同。如果允许对部分剩余债权再行诉讼,则关于前诉中部分请求的确定判决就对后诉的部分请求没有既判力。否定可以再行对剩余债权提起诉讼的,则前诉关于部分债权的确定判决就对后诉的部分请求具有既判力。应当持哪一种观点似乎与价值判断有关:如果侧重考虑公平、诉讼经济、效率,则否定论就是合理的。如果侧重于考量当事人的处分权,则承认可以再行诉讼也是有道理的。最高人民法院2001年出台了《关于确定民事侵权精神损害赔偿责任若干问题的解释》(法释〔2001〕7号),其规定:当事人在侵权诉讼中没有提出赔偿精神损害的诉讼请求,诉讼终结后又基于同一侵权事实另行起诉请求赔偿精神损害的,人民法院不予受理。最高人民法院的司法解释应当属于上述否定论中的第三种观点。

4. 既判力客观范围适用的例外情形

关于判决既判力客观范围适用的原则也允许有例外情况,即关于抵销对方债权的主张是否成立的判断,只对主张抵销的那一部分有既判力。被告在诉讼中以债权或债务抵销来对抗原告的给付请求,但判决否认了抵销的抗辩,使被告的主张没有能够成立。此种情况下,按既判力发生的一般原则,判决对诉讼标的有既判力,而判决理由没有既判力。被告以债权的抵销来对抗原告给付请求的场合,被告抗辩的事实是原告对被告有给付义务。但这不过是判决的理由,关于抗辩的事实存在与否的判断本身是不发生既判力效果的。不过,在被告主张抵销来抗辩原告给付请求的案件中就会存在这样的矛盾:原告排斥了被告的抵销主张,如原告提出证据证明被告的主张不能成立,原告就没有义务对被告给付。假设被告抗辩的理由没有既判力,则被告还可以另行起诉,请求原诉的原告给付,或者被告的抗辩成立,原告因抵销而败诉后,被告仍可另行起诉,要求原告给付在前诉中抵销的标的物。也就是说,在前一种情况,对原告胜诉所得到的10万元,被告在另一个诉讼中还可以取回来。

---

〔8〕 参见张卫平:《既判力的客观范围》,载樊崇义主编:《诉讼法学研究》第五卷,中国检察出版社2003年版,第147页。

在后一种情况，被告实际可得到两次给付。要避免这种矛盾，就要求作为抗辩的抵销主张仍具有既判力。而且，主张抵销的抗辩即使不经过言词辩论程序，而是在言词辩论程序之外进行的，也同样有既判力。

通常认为，并非只要提出抵销的主张，作为抵销根据的法律关系就一定有既判力，只有作为抵销根据的法律关系成立与否经法院裁判并载于判决主文中，才具有既判力（这种判断就本案来讲，属于抗辩的事实或判决的理由，并非本案直接判决的诉讼标的）。如果原告的请求根本不能成立，即使被告提出抵销抗辩，因原告主张不成立，抵销也没有意义，法院也不会对其裁判，故无既判力。法院不能在尚未确定原告请求的法律关系是否存在之前，就直接判断被告的抗辩所依据的法律关系是否存在。被告可在另一诉讼中再提出要求前诉原告给付的请求。

既判力限于主张抵销的数额是指既判力的效力不得超过本诉请求的金额。例如，原告在本诉中要求被告给付10万元，被告主张原告曾欠被告10万元，以图抵销原告的请求。本诉判决排斥了被告的抵销抗辩，原告胜诉获得10万元。而被告在另一诉讼中，还可以就前诉中未主张抵销的那部分债权再行请求前诉的原告给付，如被告以租赁关系的存在为由，主张原告欠其租金10万元。

5. 后发损害赔偿请求与既判力的客观范围

所谓后发损害赔偿请求，是指在前诉判决中没有被认定，而在后诉中受害人提出的基于伤害后遗症的赔偿请求。例如，在交通事故中，受害人于前诉提出了3000元赔偿请求，法院判决承认了原告的请求。但后来由于出现了后遗症，受害人又起诉要求再赔偿2000元。要求赔偿这2000元的请求就是后发损害赔偿请求。这一问题的实质是前诉的判决对后诉的请求是否具有拘束力。在我国，尽管这类问题在实践中并不鲜见，但在理论上并没有深入的探讨，司法实践中的做法也不能统一。

国外判例对这一问题的处理一般是，前诉判决对不能预测的基于后遗症的损害请求没有既判力，当事人可以在后诉中主张，但如果在前诉中所主张的请求不能被特定，前诉的判决对后发的损害请求就有了拘束力。例如，在交通事故所致的伤害中，受害人要求赔偿因小腿骨折所造成的损害2000元。判决后，又发现头痛后遗症，致使视力大幅度下降，因此，又起诉要求赔偿5000元。这种场合，前诉请求是被特定的，所以前诉的判决对后诉的请求没有既判力。如果受害人在前诉中只是笼统地提出要求该事故的损害赔偿，则前诉的判决对后诉就有既判力。不过，也有学者对此种做法和观点持不同的意见。除了后发的损害赔偿请求外，实践中还常常遇到其他后发性请求的情形。例如，关于离婚后子女抚养费的判决生效后，由于物价上涨，一方当事人提出要求增加抚养费的诉讼请求。在我国民事诉讼实务中，此种情况均作为另案受理，不受前诉关于抚养费判决的拘束。

（三）既判力的主观范围

按照既判力理论，既判力不仅对某一裁判的诉讼标的有拘束力，而且对某些主体有拘束力。因为，判决对哪些主体之间的法律关系有实质确定力，实际上就包括了主观范围和

客观范围两方面。判决对哪些主体有既判力就是既判力的主观范围。[9] 在既判力的规范方面，实行的是既判力相对性原则。

1. 既判力相对性原则概述

由于确定判决是对诉讼双方当事人之间的争议作出的终局性判断，而且这种判断是在给予当事人双方充分的程序保障，给予当事人双方行使诉讼权利的自由的情形下作出的，因此对该当事人双方有约束力，当事人不得对该争议事项再行提起诉讼要求法院作出判断，即使法院受理也不得作出与前诉法院对该事项判断相矛盾的判断。这种仅对当事人双方具有的约束力就是既判力的相对性。既判力原则上只在当事人之间发生，符合既判力作为诉讼法制度设置的本质要求。这就是既判力相对性原则。在某些特殊情形下，既判力的相对性原则也存在例外的可能，即判决的实质确定力也可能对当事人之外的主体发生约束力。

按照既判力相对性原则的基本含义，既判力仅在诉讼当事人之间产生，这一原则不仅有助于纠纷的终局解决，保障法律关系的稳定，同时能够为没有参加诉讼的案外第三人的民事权益提供程序保障，防止他人通过诉讼侵害案外第三人的民事权益。因为案外第三人不受他人诉讼的判决既判力的拘束，他人之间的诉讼结果如果有损案外第三人的合法权益，该第三人可以寻求诉讼救济。对此，人们最大的疑问是，当案外第三人提起的诉讼涉及已经判决案件的诉讼标的物时，是否可能导致不同裁判的相互矛盾？例如，法院对某物 A 的所有权作出确认，承认了原告的诉讼请求，或承认了原告关于要求被告交付某物 A 的请求。在此场合，如果案外第三人要求法院确认其对某物 A 拥有所有权，或要求法院判令原告交付某物 A，这是否就与前诉法院的判决矛盾呢？实际上，因为前诉判决是根据前诉当事人的主张和事实，是依据当事人双方在前诉中对主张和事实辩论的结果作出的判决，在后诉中案外第三人提出了支持自己主张的事实和法律依据，法院根据当事人双方主张的事实和法律认可案外第三人的诉讼请求，完全是可以理解的，不存在矛盾的问题。又因为前诉判决仅对该诉讼的原告和被告有拘束力，因此，后诉被告（前诉原告）不可以用前诉判决对抗后诉判决。基于确定判决的执行力，若后诉被告不自动履行义务，后诉原告向法院申请强制执行时，后诉被告也不能以前诉判决予以对抗。一些人仅仅看到两个判决对所有权的确认不同，没有看到两个判决是在不同诉讼程序、不同的当事人之间依据不同的事实作出，并对不同的主体有拘束力，误以为前后裁判有矛盾。如果澄清这种误解，既判力相对性原则也就能够理解了。

在司法实践中，人们比较纠结的是，由于他人之间的判决依然存在，就可能发生他人根据该判决申请执行启动执行程序的情形。在此种情形下，一旦该判决为错误判决时，如果没有第三人撤销之诉，案外第三人该如何寻求权利救济？对于这一问题，笔者认为，完全可以利用《民事诉讼法》所设置的救济途径予以救济。根据《民事诉讼法》的规定，案外人可以对执行标的提出异议，如果异议被驳回的，有两种途径予以救济：（1）执行标的与原判决、裁定有关的，可以通过再审程序予以救济；（2）执行标的错误与原判决、裁定无关的，案外人可

---

〔9〕 参见江伟主编：《民事诉讼法》，高等教育出版社、北京大学出版社 2000 年版，第 278 页。

以通过提起案外人异议之诉加以解决。不具有执行力的判决——确认判决和形成判决,按照民事裁判作用的原理和我国的相关规定,关于财产关系不会自动发生变动实体法律关系的效果,关于解除法律关系的形成判决一定是在法律关系当事人之间,与第二人没有关系。因此,不会实际发生对案外第三人的侵害问题。正是因为现行法设置了第三人撤销之诉,从而引发了在执行过程中第三人撤销之诉与执行中案外人再审之诉的竞合与整合问题。

2. 既判力相对性原则的适用

第一,原则适用的示例。根据既判力相对性原则,既判力原则上只对该诉讼的当事人双方有约束力,当事人不得就已经确定的判决所裁决的事项再行争议。这也就意味着如果不是该诉讼的当事人就不受该判决中判断的约束。如果当事人之外的第三人就该诉讼(前诉)争议的事项与他人也包括该诉讼的原告或被告发生争议,可以向法院提起诉讼要求其对争议事项作出判断,对此,法院不能拒绝作出裁判或判断。因为这一诉讼(后诉)的事项是不同主体之间的争议,是法院没有判断过的,该提起后诉的当事人也没有参加前诉的诉讼程序,没有行使诉讼权利,没有给予程序上的保障,因此,前诉的判断就不能对后诉的原告(前诉当事人之外的第三人)有约束力。例如,前诉原告与被告之间就特定的财产如房产的所有权发生了争议,原告起诉到法院要求确认该争议房产的所有权,经过诉讼,法院作出该房产属于原告的确权终局判决。判决确定后,该诉讼的原告和被告便不得就该房产的所有权再行提起诉讼予以争议。如果提起诉讼,法院将予以驳回(既可以一事不再理为根据,也可以以既判力为根据)。但如果该诉的原告、被告之外的案外人之后对该房产与原告发生争执,案外人认为该房产实际不属于原告所有,应当属于案外人自己,则该案外人因为不受原告、被告之间诉讼的确定判决的约束,可以另行提起诉讼要求法院作出确认判断,对此,法院不能拒绝受理,也不得拒绝作出判断。后诉法院由于不受前诉法院判断的约束,可以作出认可后诉原告拥有该房产的判断。

第二,既判力主观中的当事人含义。原则上,既判力仅针对本诉讼当事人,只对当事人具有约束力。这里所指的当事人也应当是形式上的当事人。在德国民事诉讼法理论上,主流的观点也认为该当事人应当是形式上的当事人。正是基于既判力针对形式上的当事人,因此,本案判决对于诉讼当事人的法定代理人、诉讼代理人、辅助型第三人等都没有既判力。也正是因为既判力所及的当事人是形式上的当事人,所以在"冒名诉讼"[10]中,判决对该诉讼的当事人也具有既判力。此类诉讼可以归入广义的虚假诉讼之中。但与狭义的虚假诉讼不同,诉讼行为并非名义上起诉人的实际行为,而是他人的行为。按照"表示说"理论,虽然被冒名的人并不是实际实施诉讼行为的人,但在名义上还是当事人,因此冒名诉讼的判决对该被冒名的人依然具有既判力。对此,被冒名人可通过上诉和再审获得救济。

第三,诉讼系属中当事人死亡的情形。如果当事人在诉讼系属中死亡,法院没有进行相应的当事人承继处理(如由继承其实体权利义务的继承人承担原当事人的诉讼权利义务,即当事人更替),仍然以已经死亡的人为当事人并作出判决,依"表示说"的立场,应尊重

---

〔10〕 所谓"冒名诉讼",是指他人冒用原告的名义向对方当事人提起诉讼,以从该诉讼中获取不当利益的诉讼。

确定判决形式上的拘束,尽管该当事人已经死亡,其依然还是当事人。只是由于该当事人已经死亡,该判决书上的名义人已经不存在,该判决属于无效判决。如果继承人认为该判决实际上侵犯自己合法权益的,同样可以通过提起再审获得救济。

第四,共同诉讼人的情形。既判力相对性针对的是本案当事人,当然也包括必要共同诉讼的当事人。必要共同诉讼要求共同诉讼人之间与本案争议的诉讼标的有共同的权利义务关系。在我国民事诉讼中,存在两类必要共同诉讼,即固有的必要共同诉讼和类似必要共同诉讼。固有的必要共同诉讼要求共同诉讼人一同起诉、一同应诉,法院须对诉讼标的作出合一裁判。类似必要共同诉讼,是指数人对作为诉讼标的的法律关系,虽然不要求必须一同起诉或应诉,当事人有选择一同起诉或应诉还是分别起诉或应诉的权利,但一旦选择共同诉讼,则必须对共同诉讼人的诉讼标的合一确定。无论是固有的必要共同诉讼还是类似的必要共同诉讼,判决对于共同诉讼的当事人都有既判力。如果就实体法律关系而言可以提起类似的必要共同诉讼,但原告选择个别诉讼,该判决的效力也将扩张至其他利害关系人,如部分股东提起的确认股东大会无效的诉讼,关于此诉的判决对没有参加诉讼的其他股东也有约束力。与必要共同诉讼的情形不同,普通共同诉讼因为共同诉讼人之间的诉讼标的不是共同的,而仅是同种类的,普通共同诉讼只是若干诉的合并。对于合并之各诉,当事人均可以分别起诉和应诉。在普通共同诉讼中,普通共同诉讼人实施的诉讼行为无须征得他人同意,共同诉讼人一人的行为对其他共同诉讼人没有影响。合并审理之后,法院也分别作出裁判。因此法院对普通共同诉讼中合并的各诉所作出的判决仅对该诉的当事人产生既判力,对其他人没有既判力。

第五,诉讼第三人的情形。我国民事诉讼法明确规定了有独立请求权第三人和无独立请求权第三人两大类第三人制度,应当根据两类不同第三人的具体情形认识和理解既判力相对性。有独立请求权第三人通过提起第三人之诉参加了他人之间的诉讼,法院实际上是在同一诉讼程序中基于第三人之诉与本诉的牵连,将他人之间的本诉与第三人之诉进行了合并审理。由于有独立请求权第三人的独立请求与原告的请求是对立的(第三人的独立请求通常是基于对本诉争议标的物的物权请求权),因此,本诉请求和第三人之诉请求不两立。由于是两个诉,从诉的原理来讲,法院应当分别作出裁判,而非合一裁判(在同一个裁判文书中也不影响分别裁判的表达)。对本诉的判决除了在原告与被告之间发生既判力之外,基于本诉与第三人独立请求之诉的牵连性和矛盾性,该判决对有独立请求权第三人也有既判力。第三人不得再行提起诉讼对本诉诉讼标的涉及的权利事项予以争议。由于第三人之诉的请求对方是本诉的原告和被告,本诉的原告和被告是第三人之诉的被告,因此判决效力无须扩张直接发生在第三人之诉当事人之间。本诉的原告、被告亦将受到第三人之诉的判决既判力的拘束。我国民事诉讼法规定法院可以依职权通知无独立请求权第三人参加诉讼,并且可以判决无独立请求权第三人承担民事责任,并因此规定该第三人也享有部分当事人的权利,如上诉的权利。这类无独立请求权第三人就是所谓被告型第三人。上诉后,这类无独立请求权第三人在上诉审程序将全面行使当事人的诉讼权利,所以该无独立请求权第三人也要受到该确定判决的既判力约束。需要探讨的问题是,判决第三人承担责任的判决对于该诉讼的被告是否有既判力。由于该诉讼的被告是该诉讼形式上的当事人,因此,本诉的判决对被告仍然具有既判力。尽管本诉的被告已经不再承担民事责任,与原告的诉讼请求没有关系,并非实际上的当事人,但如果原告与被告型第三人之间的判决对被告没有既判力,则可能发生被告在以后的诉讼中提起与该裁决事项矛盾的主张的情形。

3. 既判力相对性原则的例外与既判力主观范围的扩张

判决的既判力原则上仅对本案当事人发生作用,对本案当事人以外的第三人不发生作用。但在某些情形下,法律上和法理上允许和承认判决的既判力突破这一原则性限制,对本案当事人之外的第三人发生作用,这就是既判力相对性原则的例外,在既判力理论上称为"既判力主观范围的扩张"。当既判力发生扩张的情形下,即使不是本案当事人,也要受到本案确定判决既判力的拘束,该第三人也不得就已经确定判决的裁判事项通过诉讼予以争议,即使提起诉讼,后诉法院也不得作出与前诉判断相矛盾的判断。

第一,对特定第三人的既判力扩张。(1)诉讼的承继人。诉讼系属后,因当事人死亡等原因,当事人的实体权利义务移转给了诉讼当事人以外的其他人,该实体权利义务的承担者便承担了当事人的实体地位。因为判决是确定口头辩论终结时法的状态(也就是口头辩论终结时当事人双方权利义务的状态),而在这以前,关于诉讼标的归属的变更,存在诉讼的当然承继、承继参加以及承担申请的制度,也就有可能发生诉讼地位的承担,这些人不是既判力扩张的承继人。(2)诉讼担当时的利益归属人。适格的当事人原则上要求为作为诉讼标的的权利义务关系的主体,但有的情形却为例外,即虽然没有实施诉讼行为,但却是该诉讼的利益归属者。所谓"诉讼担当",法定担当的情形,如代位债权人、债权质押人、股东代表诉讼中的股东、破产管理人(破产清算组)等;任意诉讼担当,是指基于权利关系主体授权,第三人获得诉讼实施权,从而成为适格当事人的情形,例如,我国的诉讼代表人制度中的代表人。(3)诉讼请求标的物的持有人。如果诉讼请求标的物的持有人对该特定物的持有没有自己的固有利益(什么是固有利益?是否是说不是所有人,仅仅是保管人),而是为该诉讼的当事人或其承继人的利益而持有(例如受托人或同居人等),则该特定物的持有人也要受到判决既判力的约束。因为在交付请求(基于物权或债权不问)相关的限度内,持有人视为当事人,既判力自然及于该持有人。

第二,对一般第三人的既判力扩张。这种情形下既判力扩张的主要特点是,受既判力约束的第三人不限于针对具体情形的、特定的第三人,而限于某些类型诉讼的第三人,例如,涉及身份关系的诉讼(人事诉讼或称家事诉讼)和团体法律关系的诉讼(如公司诉讼中,公司合并无效、公司设立无效、取消公司设立、取消公司股东大会决议、不存在股东大会决议、股东大会无效、公司减资无效的诉讼等,其判决的既判力都需要予以扩张)。大陆法系国家和地区的法律对此均有明确规定。因为是针对某些诉讼类型的一般第三人,因此这种情形的既判力扩张也称为"判决效力的对世效"。这种情形下既判力的扩张是为了实现法律关系(身份关系和团体法律关系)的统一处理,为了保障第三人的正当权益,法律上均设置了相应的程序保障。

（四）既判力的时间范围

既判力的时间范围，是指已确定判决的既判力作用的时间界限，也称为既判力的时间界限或既判力标准时。既判力的时间范围作为一个法学概念，是既判力理论的重要组成部分。不了解这一概念就无法全面掌握既判力理论和制度。

我们知道，确定判决是对争议的权利义务关系的确认，但该判决确认的权利义务关系是哪一个时段的权利义务关系呢？权利义务关系往往是在不断变化之中的，法院的判决所确认的只能是某一个时间点上的权利义务关系。也就是说，既判力的概念本身是一个具有一定时间维度的概念，因此，从时间维度上讲，既判力的时间范围涉及这样一个法律问题：既判力标准时以后发生的关于该法律关系的事实，能否在后诉中予以主张？法律关系的变化总是基于某一些特定法律事实的出现的，在前诉已经终结的情况下，当事人能否在后诉中主张这些新发现但原来就已经存在的事实？如果说既判力标准时之前已经存在的事实，当事人在后诉中不能加以主张，就意味着既判力具有使当事人无法在后诉中再提出标准时以前存在的事实主张的后果。这种法律上的效力被称为"失权效"。因为既判力具有阻挡当事人在后诉中提出该事实的权利，因此又称为"阻断效"或"遮断效"。这里既判力所阻断的是作为诉讼攻击防御方法的事实，即作为诉讼攻击防御方法的主张和事实不能在后诉中提出。作为攻击防御方法的主张与作为诉讼标的的诉讼请求主张是不同的，而既判力的标准时阻断的是作为攻击防御方法的主张和事实。当事人不得就已经发生既判力的诉讼标的提出诉讼，法院也不得对该诉讼标的作出相反的判断，是既判力约束的客观范围。

既判力时间范围的意义在于从时间维度明确前后诉之间既判力作用的范围。那么，既判力的标准时应当限定在何时，或何时为既判力的时间界限呢？大陆法系的国家在理论和制度上均将事实审言词辩论终结时作为其判决既判力的标准时。将事实审言词辩论终结之时作为既判力的标准时，其理由在于法院裁判总是以事实审言词辩论终结以前的事实为裁判的事实依据，以此确认有争议的权利义务关系。

大陆法系民事诉讼审理分为事实审和法律审两种。法律审程序属于上诉审中的一种程序，在法律审中，法院仅对上诉的案件争议的法律问题进行审理并作出裁判，不涉及案件事实问题，关于案件事实法律审法院受事实审法院认定的约束。因此，即使终审法院是法律审法院，其确定判决既判力的标准时仍然是原事实审中言词辩论终结之时。另外，大陆法系国家的民事诉讼注重言词辩论，将言词辩论作为一项十分重要的原则和制度，要求在诉讼中当事人须以言词方式向法庭就自己的主张加以陈述，法官的法庭审理也应当以言词方式向当事人表达审理行为的内容。言词辩论即双方当事人的攻击、防御主张都须以言词方式进行，没有经过言词辩论的主张和事实不能作为法院裁判的依据。因此，大陆法系国家民事判决既判力的标准时要以事实审言词辩论终结之时为基准。

既判力的时间界限对后诉的作用包括消极作用和积极作用两个方面。消极作用方面，在后诉中凡是与前诉法院在既判力标准时作出的判断相抵触的主张都将被排除。积极作用方面，后诉法院在裁判中必须以前诉法院在既判力标准时作出的判断为前提。例如，前诉法院作出了被告应当给付原告 10 万元的确定判决，法院认定的原告存在 10 万元的给付请求权是在既判力标准时的判断,这一判断具有判决拘束力。因此,在后诉中,当事人就不得再提出与该判断相抵触的主张,如"义务人已经在该标准时之前清偿了债务""已过诉讼时效""合同无效"等。

既判力时间界限的法律意义在于,由于法院的判断是对既判力标准时权利义务关系的判断,因此只有该标准时之前的事实才具有排斥作用,而该标准时之后出现的事实便不具有排斥作用,不发生既判力效果。这种不发生既判力排斥作用的标准时以后出现的事实理论上称为"新事由"。后发的事实,可以在后诉中为当事人所主张,尽管其与前诉判决的法律关系有关,就是基于这个道理。

问题与思考

既判力原则的制度化

我国民事程序法以及民事实体法(物权法、债法、婚姻家庭法、公司法等)有关既判力制度的缺失,导致了民事诉讼实践中在关于如何处置确定判决实质拘束力的问题上存在认识和做法上的混乱,这种混乱不仅影响了司法的权威性,也影响了人们对自己合法权益的有效维护。第三人撤销之诉制度的设置和适用,在既判力制度缺失的背景下更加剧了这种混乱的局面,令人不知所措。因此,为了型塑科学有序的判决效力制度体系,必须确立既判力制度,确立既判力相对性原则,并使该原则制度化,为法官、法律行业和一般公众提供权威性判断依据。将第三人撤销之诉的运用限制在该原则之中,把第三人撤销之诉限制在既判力相对性原则的笼子里。

既判力相对性原则是既判力制度的一个基本内容。因此,既判力相对性原则的确立离不开既判力制度化。虽然"既判力"这一用语对于民事诉讼实务而言具有很强的外来色彩,但这一概念已经成为大陆法系理论界所通用的法学和法律概念,且在语义上能够非常准确地表达基本含义,我们没有理由予以拒斥,无论是民事诉讼法还是司法解释均可以直接将其作为一个法律概念。

既判力制度化需要明确规定以下要素性规范:(1)明确规定只有确定判决主文中关于诉讼标的的判断有既判力(既判力客观范围的原则)。(2)作为例外,关于抵销请求成立或不成立的判断也具有既判力[既判力客观(客体)范围例外规范]。(3)明确规定确定判决的效力对诉讼的当事人有效力,既判力相对性原则[既判力主观(主体)范围]。(4)作为既判力相对性原则的例外,诉讼系属后的承继(继受)人,及为当事人或其承继(继受)人占有请求之标的物者,亦有效力。为他人的利益而作为原告或被告的确定判决,对于该他人也有效力(既判力主观范围的例外)。(5)对法院在诉讼口头辩论(法庭辩论终结)时作为诉讼标的的权利或法律义务关系的判断,当事人不得在后诉中提出矛盾的主张;后诉也不得作出与此相矛盾的判断(既判力标准时、既判力的作用)。作为既判力相对性原则的具体例外应当由各实体法或程序法作出明确规定。没有实体法和程序法上的具体明确规定,判决的既判力就必须按照相对性原则,不得有例外或扩张。对于家事(人事)诉讼、公司诉讼等对世效力的一般既判力的扩张,还必须充分考虑程序性补强条件,不得仅仅以所谓公益性和团体运营的顺畅为既判力扩张的实体理由。这些条件的限制性运用也需要在民事诉讼法中加以规定。正因为相应实体法关于既判力相对性原则的例外规定是以民事诉讼法中关于既判力相对性原则为前提的,因此,最重要的就是要确立既判力相对性原则。如此,各实体法的规定才具有特别法的例外意义。如果没有既判力相对性原则的明示,这些特别规定一旦予以抽象就可能成为原则性,导致严重的误导,如同第三人撤销之诉的情形。

关于既判力制度的更细致的技术处理需要在既判力理论的指导下予以细化,也可以通过判例和指导性案例提供解释,不断积累和丰富既判力制度的实际运作经验,并逐渐形成制度化操作规范。有些与之相应的配套制度也应当予以调整,例如,判决书表达格式。虽然不必强求所有判决书都必须明确判决主文,但原则上应当对判决理由与对诉讼标的裁决的主文加以区分。只有明确判决主文,才有利于人们正确把握既判力的客观范围。好在我国民事判决的格式化或标准化要求与大陆法系国家具有相同理念,只是我们在制度上没有对法官在制作判决文书的格式中提出须明确判决主文这一规范要求。

既判力的制度化最好是通过再次修改民事诉讼法予以实现。不过由于刚进行了修正,按照我们修法的习惯,恐怕在近期内再次修改不太现实。比较可行的方法是尽快通过最高人民法院的司法解释将其予以制度化。如果能够借助最高人民法院这次对民事诉讼法的司法解释对既判力制度的基本规范作出规定方为佳策。如果不能通过司法解释实现调整,则可通过出台相应的指导性案例以及公布典型案例,明确既判力制度的基本规范,包括既判力相对性原则。

七、判决的执行力

(一)判决执行力的含义

所谓判决执行力,从广义上讲,是指能够使已确定〔11〕判决所裁判的事项得以实现的作用。

就狭义的判决执行力而言,是指通过国家强制力实现确定判决裁判事项的作用。人们大都是在狭义上使用执行力的概念。前者除了狭义上通过民事强制执行实现裁判事项的执行力之外,还包括通过其他方式。例如,根据确认判决所进行的权利登记、登记内容的变更;基于形成判决要求停止正在进行的强制执行等。因此,在广义上,无论是给付判决还是确认判决抑或形成判决,都具有执行力。但就狭义而言,确认判决和形成判决都没有执行力,只有给付判决才具有执行力。人们在判决执行力上的争议往往是由于没有认识到执行力广义和狭义双重含义。是否通过民事强制执行手段或方法实现判决的内容是区分广义与狭义判决执行力的关键。登记机关根据判决进行登记直接强制执行,登记机关为行政管理机关也不存在通过国家强制力予以强制的问题。同理,停止执行也不是基于国家强制执行力的作用。执行机构不执行已确定的判决所发生的问题是司法机关之间的协调问题,不存在强制执行的问题。

除了确定的判决之外,人民法院所作出的裁定如果具有给付内容,同样也具有执行力。例如,关于先行给付的裁定、财产保全的裁定、行为保全的裁定等。

应当注意的是,即使给付判决,但其给付内容无法实现的也同样不具有执行力,不能实现与没有财产可供执行是不同的概念,给付内容不能实现是方法上无法实现强制执行,没

〔11〕 在我国,法律通常使用“生效”的概念。严格而言,“生效”的说法并不准确,因为判决一旦送达就会发生一定的效力,例如,自我羁缚力。作出判决的法院亦不能改变该判决,但该判决未必是确定的,在上诉中的判决就是没有确定的判决。

有财产可供执行是执行标的物的缺失问题。例如,命令同居的判决。

(二)执行力的主观范围

执行力的主观范围,包括判决及其他具有执行名义的证书。例如,人民法院制作的具有执行力的调解书、裁定书、仲裁机关制作的仲裁裁决书等,执行名义(执行根据)所涉及的人的范围。

理论上通常认为,执行力的主观范围与既判力的主观范围完全一致。判决既判力涉及的主观范围即执行力所涉及的范围。否则,就意味着其执行缺乏执行根据。但从实践的情形来看,我国实际存在执行力主观范围与既判力主观范围不一致的情形,即既判力范围没有涉及的人,也可能成为执行力所涉及的人。在实践中的突出表现是,债务名义或执行根据中没有明确的人也有可能被作为被执行人,也就是执行力主观范围的扩张。在此,应注意两个问题:(1)执行力主观范围的扩张与既判力主观范围一致的情形下,是否还应当设置相应的条件,才能实现执行力主观范围的扩张,例如,其防御方法不能成立(财产为善意取得);(2)是否允许执行力主观范围超出扩张的既判力主观范围之外。笔者认为,后者应当更加谨慎,没有法律的特别规定,不能随意为之。

(三)执行力的客观范围

执行力的客观范围,是指执行根据对执行标的的作用范围。一般认为,执行力的客观范围与既判力的客观范围是一致的。也有观点认为,执行力的客观范围与既判力的客观范围应当有所不同,因为判决程序的目的和执行程序的目的有所不同。前者以确定权利义务为目的,后者以实现权利义务为目的。在判决中仅确定义务人有不作为的义务,但在执行中还可能涉及该义务不履行时的相应处理,如承担相应的支付义务。一旦直接在执行中确定相应支付的义务,则执行力的客观范围就将超出既判力的客观范围。如果坚持执行力的客观范围与既判力客观范围的绝对一致也就意味还要另外获得执行根据才能予以执行,显然也是不妥当的。不过,超出既判力客观范围时应当设置相应的条件予以限制,否则容易导致滥用的情形。例如,以不作为义务履行与相应处理结果之间应具有内在关系作为其条件。

八、判决的形成力

(一)判决形成力的含义

判决的形成力,是指在确定的形成判决中宣告形成一定的法律关系之后,根据该形成判决发生法律关系变动的效力。最为典型的就是宣告离婚的形成判决。原有的婚姻关系发生变动而不复存在。在宣告股东大会决议无效的形成判决中,原来的股东大会决议即不再有效。判决形成力的具体内容需要根据相应的实体法而定。

这里需要注意的是,人们在有的情形下,容易将形成判决误认为确认判决,即将形成原因的确认误认为判决的目的。形成原因的确认只是形成判决作出的前提。形成判决与确认判决区别的关键在于判决的结果是否会发生法律关系的变动。如果判决导致原有法律关系发生变动,即为形成判决。确认身份关系不存在的判决是形成判决,而非确认判决,是由于原有的或既存的法律关系将因为判决发生变动。这与原告要求确认当事人之间不存在侵权或合同关系的确认有所不同。

(二)判决形成力主观范围的扩张

在判决形成力的主观范围方面最大的特点是常常会涉及第三人,即主观或主体范围的扩张或对世效力。大多数形成判决都具有这一特点。例如,离婚判决、宣告股东大会无效之诉的判决。

(三)判决形成力与形成结果的不可争性

依照通说,一旦形成判决确定,其判决的形成结果即具有不可争性,即在判决确定之后,不能通过再审予以推翻。例如,根据《民事诉讼法》的规定,当事人对已经发生法律效力的解除婚姻关系的判决,不得申请再审。即使判决具有再审事由,也不能推翻原判决。这就是所谓的形成结果不可争性。应当注意的是,判决离婚的,如果涉及财产分割,当事人可就财产分割申请再审,因为财产分割部分的裁判并非形成判决。

(四)判决形成力的溯及性

这一问题涉及形成判决的形成效力是否不仅面对将来,也溯及既往的问题。如果认可形成判决的溯及力,则过去的法律关系将全部被否定。如此,可能涉及利害关系人地位的安定性问题,因此需要具体权衡利弊。这一考量还是需要从形成判决的目的来加以认定。对于否认亲子关系的形成判决就应当具有溯及性。婚姻的撤销、收养关系的撤销、撤销股东大会决议、法人合并无效、公司设立无效等形成判决的变动效力都仅限于未来,不具有溯及效力。

九、无效的判决

一旦法院就民事案件作出判决,该判决就具有相应的效力,如既判力、形成力、执行力等。但有些判决尽管具有判决的形式,却因为其存在瑕疵而成为无效的判决,也不能发生法律所规定的判决效力。这些判决可以笼统地称为无效判决。无效的判决根据其无效的原因不同可以分为两类:一类是因为欠缺判决成立的条件而无效的判决;另一类是因为判决对象错误等原因而无效的判决。在国外,例如日本,将不成立的无效判决称为“非判决”,将因判决对象错误等原因而无效的判决称为无效判决。[12] 上述导致判决无效的原因,在理论统称为判决的瑕疵。实际上,不成立的判决也是无效判决,只不过造成无效的原因有所不同而已。

(一)因欠缺成立条件的无效判决

在我国,法律没有明确就判决成立的条件作出规定。在法理上,由拥有裁判权的法官以法院的名义作出应当是判决成立的最基本条件。如果不是由法官作出(在表现形式上应

---

〔12〕 参见[日]三本浩一等:《民事诉讼法》,有斐阁2018年版,第468页;[日]川岛四郎:《民事诉讼法》,日本评论社2013年版,第663页。

有审理本案的法官签名），而是由其他人如实习生作出的，即使有判决书的形式，也不是有效的判决（在我国涉及助理法官或非员额制法官作出的判决是否能够成立的问题）。此种类型的无效判决无须通过上诉程序或再审程序予以纠错，而是通过法院的内部处理规则予以解决。这正是正确认识这种无效判决的意义所在。

（二）判决内容错误等原因导致的无效判决

这类无效判决不同于有判决效力（如既判力、执行力、形成力）的错误判决。错误判决因为具有判决的效力，因此救济方式以及必要性也就有所不同。无效判决的具体情形有：对实际不存在的当事人作出的判决；对无司法管辖权的主体作出的判决；当事人不适格的形成判决；判决主文不明确无法特定既判力范围的判决；不可能履行的判决；等等。

因为判决内容的错误而发生的无效，与第一种有所不同，后者符合判决成立的条件，判决本身是成立的，前者判决是不成立的。因为判决是成立的，因此依然会发生终结诉讼的效力。但因为该判决没有既判力，因此，无须通过再审寻求救济。因为再审是在判决确定具有既判力的前提下才能运用的一种救济途径。当然，这类无效判决因为没有实际法律效力，多数情形下不会实际发生作用，对当事人没有实质影响。例如，对实际不存在的当事人作出的判决。这与具有既判力的错误判决就有了根本区别。

第三十四章 裁定与决定

本章目次

一、民事裁定

（一）民事裁定的含义

民事裁定，是指人民法院对民事诉讼和执行程序中的程序问题以及个别实体问题所作出的权威性判定。程序问题是指不直接涉及实体权利、义务的问题，例如，中止诉讼或终结诉讼的裁定等。民事裁定主要用于解决程序问题，在个别情况下也可用于对实体问题的处理，例如，关于财产保全的裁定。对程序问题的裁定不仅在审判程序中适用，在执行程序中也要适用，例如，中止或终结执行的裁定。

民事裁定是人民法院保障诉讼程序正常进行，实现诉讼目的的重要手段和方法。

民事裁定不同于民事判决之处在于：(1)处理的对象不同：民事裁定主要用于对程序问题的处理；民事判决则用于对实体问题的处理。(2)适用的阶段不同：民事裁定既可在诉讼阶段适用，也可在执行阶段适用；民事判决只有在诉讼阶段才能适用，并且绝大多数是在诉讼结束时适用。(3)上诉的期间不同：不服民事裁定的上诉期间为10日；不服民事判决的上诉期间为15日。(4)形式不同：民事裁定既可以书面的形式，又可以口头的形式；民事判决必须以书面的形式。

（二）民事裁定适用的范围

在民事诉讼中，适用裁定的场合很多，按照《民事诉讼法》的规定，明确适用裁定的，有以下情形：(1)对原告起诉不予受理的；(2)对管辖权异议的处理；(3)驳回原告起诉的；(4)是否准予财产保全和先予执行的；(5)是否准许当事人撤诉的；(6)决定中止或终结诉讼的；(7)补正判决书中笔误的；(8)决定中止或终结执行的；(9)决定不予执行仲裁裁决的；(10)决定不予执行公证机关债权文书的。

（三）民事裁定的效力

1. 裁定效力概述

根据《民事诉讼法》的规定，最高人民法院和第二审人民法院制作的民事裁定，一经送达便产生法律效力；地方各级人民法院制作的第一审民事裁定，除了关于不予受理的裁定、对管辖权异议的裁定以及驳回起诉的裁定可以上诉外，其他的裁定一经送达便发生效力；地方各级人民法院制作的有上诉期的民事裁定，在上诉期间内，当事人不上诉的，在上诉期间届满后生效。

民事裁定生效后，当事人必须执行裁定。对于某些裁定，法院在没有法律规定的情况下不得改变或撤销已经生效的裁定。

根据裁定的对象不同，不同的裁定其效力也有所不同。有的裁定具有执行力，如关于财产保全、先予执行的裁定；有的裁定具有既判力；而有的裁定既无执行力，也无既判力。所有裁定对其他法院都具有羁束力，但是否一律具有自我羁束力，则应当根据情况而定。

2. 裁定的羁束力

裁定羁束力的概念。裁定的羁束力，是指裁定对法院的约束力。对作出裁定以外法院的约束力，可称为对外羁束力；裁定对其作出的法院的约束力，可称为自我约束力或自我羁束力。裁定的羁束力体现为一旦裁定成立，则法院不能予以撤销或改变。

裁定的对外羁束力。对于作出裁定以外的法院，即使是上级法院如果不经过上诉审程序也不能予以撤销或改变。作为裁判权分级行使的原则，一级审判机关只能在自己管辖审理的案件中行使相应的裁判权，上级法院只能在上诉审程序中对下一级可上诉的裁定或判决予以撤销、改变。现实中经常出现上级法院撤销下级法院裁定的情形，这反映了司法行政化或审判行政化思维，是不正确的。

裁定的自我约束力。裁定的自我约束力，是指裁定一旦成立，作出裁定的法院也不能予以撤销或改变。对于裁定的自我羁束力不可一概而论。有的裁定具有自我约束力，作出裁定的法院在裁定成立后，不得予以任意撤销或改变。如不予受理、驳回起诉、驳回管辖异议、撤销或者不予执行仲裁裁决、不予执行公证机关赋予强制执行效力的债权文书等裁定。有的裁定则因为适用对象的特殊性质，而没有自我约束力。法院对属于诉讼指挥方面的事项所作的裁定就没有羁束力，原因在于法院必须根据诉讼的具体情形灵活加以使用，如果赋予羁束力，法院便很难根据情况加以调整、处置。属于诉讼指挥事项的，如诉讼中止、证据保全、财产保全、原判决是否中止等。

裁定的既判力问题。裁定的既判力概念是借用了判决既判力的概念，也是从判决既判力的含义上来理解裁定的既判力的。如果承认裁定具有既判力则法院对适用裁定事项所作的判断对后诉法院具有实质上羁束力，即后诉法院对同一事项不得作出相反的判断。一般而言，只有对实体问题的裁决才具有既判力，对程序问题的处理通常只有羁束力，而没有既判力。在国外，如日本，对于诉讼要件的判断有条件承认其判断的既判力。所谓有条件，即关于这些事项当事人双方需要充分的辩论，否则造成对当事人的“突然袭击”。对于诉讼要件的裁决，日本使用的裁判术语为“诉讼判决”，与“本案判决”的概念对应。

从我国的情形来看，对于诉讼要件如法院审判权、管辖权、当事人适格、一事不再理等的事项，通常是作为不予受理或驳回起诉的具体事由，而不会针对具体的事项单独作出裁决。如此，就难于肯定不予受理或驳回起诉的裁定具有既判力。对于不予受理或驳回起诉的,如果原告再次起诉符合起诉条件的,法院还是应当予以受理,法院前诉的裁定对后诉法院没有羁束力。因此,一般而言,在我国,裁定是没有既判力的。

二、民事决定

(一)民事决定的含义

民事决定,是指人民法院对诉讼中某些特殊的问题作出的权威性判定。

民事决定所解决的问题既不是实体问题,也不是单纯的诉讼程序问题。民事决定所解决的问题一般不直接涉及诉讼程序的变化,但又与诉讼程序的发展相关,具有一定紧迫性。不过,民事决定与民事裁定适用对象的差异,是从民事诉讼法和民事诉讼实践来加以归纳的,两者很难在本质上加以区别。民事决定与民事裁定的最大区别是,所有的民事决定均不能上诉,但民事裁定有一部分是可以上诉的,这一点与民事决定处理问题的紧迫性有关。不过从维护当事人的正当权益出发,对直接涉及人身自由和财产的民事决定,有的可以申请复议。例如,对妨害民事诉讼的人实施罚款、拘留的决定,被罚款或被拘留的人对决定不服的,可以申请复议。复议与上诉不同,复议期间民事决定并不停止执行。民事决定在形式上与民事裁定一样,既可以是口头的,也可以是书面的。

(二)民事决定适用的范围

民事决定在实践中适用的范围是比较广泛的,各地法院在适用上也相当灵活。根据《民事诉讼法》的规定,以下事项的处理应当适用民事决定:

第一,对是否回避的问题处理适用民事决定。当事人申请回避的,应审查该申请是否符合回避的条件,不管是否回避,都应当以决定的形式加以明确。

第二,对妨害民事诉讼的人采取强制措施的适用民事决定。妨害民事诉讼的行为是一种违反民事诉讼法的不法行为,为了制止这种行为和防止这种行为的再发生,人民法院可以根据具体情况予以处理。人民法院在处理时应当以决定的形式,采取重大措施时(如罚款、拘留等),还必须制作决定书。

第三,关于当事人申请诉讼费用的减、免、缓的问题适用民事决定。根据《民事诉讼法》的规定,当事人交纳诉讼费用有困难的,可以根据当事人申请,在进行审查后,认为符合条件的,决定少交、免交、缓交诉讼费用。

第四,对某些重大疑难问题的处理适用民事决定。这类民事决定通常的适用主体一般是人民法院的审判委员会,所处理的问题不直接作用于当事人。例如,关于审判监督程序的提起等,就要适用民事决定,作出民事决定的主体是该法院的审判委员会。

第九单元

非讼程序

第三十五章 非讼程序概论

本章目次

一、非讼案件与非讼程序的含义

无论是学界,还是实务界,对非讼案件和非讼程序均存在多种认识或理解。存在多种含义或理解的原因在于界定非讼案件或非讼程序的标准难以统一。例如对非讼案件,最广义的理解是指相对于诉讼或诉讼案件,并且主要是针对民事诉讼或民事诉讼案件("广义说")。这种含义上的非讼案件通常是与民事权利义务有关,且与适用一定的程序予以处理相联系的案件。处理这些案件的程序也是相对于一般民事诉讼程序而言的。也就是说,除了适用一般民事诉讼程序之外的其他有关民事案件都属于非讼案件,相应的程序就都属于非讼程序。这就包括了涉及民事权益争议和不直接涉及民事争议的案件以及相应的程序。如此一来,诉讼外的ADR(包括民事调解)以及民事、商事、家事三大法律领域中的非讼案件,[1]甚至民事保全(限于我国的情形)、民事执行、国外非讼事件程序法中规定的罚款等都包括在非讼案件的范围之内。这种广义说的认识虽然没有错,但对于试图在法律上建构相对统

---

[1] 民事领域包括:(1)宣告社团法人解散、选任清算人、剥夺社团法人的权利能力、许可召集社团总会、选任临时董事、清算人及董事的报酬等法人内部关系的案件;(2)社团登记、对法人名称等的确定,指定保存分割共有物证书的人;(3)信托关系人(包括受托人、监事、信托管理人、信托监护人等)的选任及改任、信托关系终了、信托关系清算;(4)动产质权实现许可。商事领域主要包括两类:公司非讼事件和拍卖事件。(1)公司非讼事件,包括:公司登记、命令公司解散、选派或解任公司清算人、撤回股东业务执行权、股东申请检查公司财产、决定清算人报酬额、许可阅览公司相关书类、选任账簿资料保管者、选定临时管理人、股份有限公司特别清算、公司重整、决算审查人的选任和解任;(2)拍卖事件,主要是买受人解除契约后为履行保管义务对物的拍卖以及船舶所有人对运输品的拍卖。家事领域主要包括:(1)不在者的财产管理及宣告失踪;(2)宣告丧失亲权、管理权;(3)子女姓氏变更;(4)收养许可;(5)许可终止收养;(6)未成年人监护及成年人的监护;(7)继承非讼案件中的申报限定继承、抛弃继承、选任继承人财产管理人、分割继承遗产、选任遗嘱执行人、给付遗嘱执行人报酬、遗书审查、撤销遗嘱等;(8)夫妻财产登记;(9)夫妻财产管理的变更。关于德国、日本两国各领域中非讼案件的类型,参见郝振江:《德日非讼程序审理对象介评》,载《国家检察官学院学报》2012年第5期。

一的规范或规定非讼程序而言却没有什么意义,不具有规范作用。因为法律规定必然面临相对统一的非讼程序适用的案件范围。

也有的将不直接涉及民事争议,但又需要通过司法机关按照一定程序加以处理的案件理解为非讼案件,处理的程序称为非讼程序。这种认识可以称为“无争议说”。这里的司法程序,通常就理解为通过法院处理的程序。日本的新堂幸司教授关于非讼案件的定义就强调了法院在处理非讼案件中的主体性。[2] 当然,在具体实施的主体上不一定是法官,也有可能是法院中的书记官。这样一来,就将诉讼外解决纠纷的程序排除在非讼程序之外。

如果将非讼程序理解为不直接涉及民事争议案件的程序,则在这个意义上可以将督促程序、公示催告程序、人民调解协议效力的确认等纳入非讼程序。但由于大陆法系国家和地区通常主张督促程序依然是一种诉讼程序,不过是一种略式诉讼程序而已。这种认识主要是将督促程序视为诉讼程序的一部分,且这种程序与给付诉讼程序具有的共同特点,即均是通过请求获得债务名义(执行根据)。基于这样的理解,在大陆法系国家和地区,除了督促程序,保全的程序也被认为是一种略式诉讼程序。[3]

最狭义的理解是指仅将民事诉讼法中一般诉讼之外的其他程序称为非讼程序,适用这些程序处理的案件都称为非讼案件。这种观点可以称为“法规说”。此种含义上的非讼程序,无疑与相应的民事诉讼法的规定相关,不同的民事诉讼法,就有不同的非讼程序。例如,在我国,民事诉讼法中一般诉讼程序之外的程序(特别程序)还包括处理完全与民事无关的关于选民名单案件的程序。这一程序也归于非讼程序。而在德国、日本等国和我国台湾地区,因为有独立的非讼事件程序法,因此,人们也将非讼事件程序法中的各种程序称为非讼程序或狭义上的非讼程序。法规说的认识在解释论上没有解决的问题是,为什么这些案件要作为非讼案件适用非讼程序。

在国外,尤其是在日本,关于非讼案件和非讼程序的界定一直存在争论,学界普遍认为在立法和实务中对于非讼案件的认识是混乱的。[4] 为了消除这种混乱,理论界和实务界也都提出了若干如何界定的观点。这些观点主要从非讼程序的目的、手段特点和性质方面予以考量。从非讼程序的目的角度出发,一种观点认为诉讼程序是直接为保障和维持私法秩序服务的(所谓“维持确证”),而非讼程序又是为实现这种保障和维持秩序服务的,可以理解为对私法秩序的保障和维持具有间接作用,也就是说非讼程序具有一种预防功能。从非讼程序的手段特点的角度出发,非讼程序不具有强制性,而与此不同的是,诉讼程序具有强制性。从非讼程序的性质来看,有学者如日本的兼子一教授认为,民事程序实际上可以分为民事司法程序和民事行政程序。诉讼程序属于司法程序;非讼程序属于民事行政程序,

---

〔2〕 详见[日]新堂幸司:《新民事诉讼法》,林剑锋译,法律出版社2008年版,第16页。

〔3〕 参见[日]新堂幸司:《新民事诉讼法》,林剑锋译,法律出版社2008年版,第677页。

〔4〕 关于非讼概念的混乱及其原因,日本学者三月章教授有较详细的论述。参见[日]三月章:《民事诉讼法》,弘文堂1983年版,第21~22页;[日]三月章:《日本民事诉讼法》,汪一凡译,台北,五南图书出版股份有限公司1997年版,第18~19页。

是国家对私人生活关系的介入，行使的是一种命令处分式的行政性行为。[5]

也有观点认为，关于非讼案件的界定并非绝对的，而是有一定的延展性和流动性。其划分主要考虑两个坐标，一个是裁量性（假定为Y轴），另一个是对审性（假定为X轴）。特定案件的性质可以在这个坐标图上被定位。裁量性和对审性均强的案件就是诉讼案件；反之，则是非讼案件。例如，公示催告程序就属于对审性和裁量性都比较弱的案件，是典型的非讼案件。有些案件则有可能处于中间地带，其性质是模糊的、非绝对的。对审性强的案件就必然强调案件审理裁判的公正保障，其程序结构应当与对审性不强的案件有所不同。这种流动性的认识基于辩证法，虽然看起来是完美的，但问题在于其规范的不确定性，从而缺失了判断的客观性。这也是辩证思维在法律规制和适用中最大的问题。

二、非讼程序的特点

关于非讼程序的特点，通常是基于既定或特定的法律规定、诉讼原则和制度背景，并与一般的诉讼程序加以比较的结果，目的是更好地把握和运用非讼程序。因为是从既定的法律规定和制度背景出发，因此，不同国家和地区的非讼程序的特点有所不同。例如，英美法系国家就没有所谓非讼案件和非讼程序的概念。大陆法系国家和地区关于非讼程序的特点论述除了既有制度的具体规定不同之外，还基于诉讼原则或理念的不同将其抽象概括为职权主义、职权探知主义、职权进行主义、不公开主义、非对审主义、非直接审理、非言词原则等。相对于一般诉讼程序而言，这些都是例外和特殊情形，而非原则或一般情形。大陆法系国家和地区非讼程序的这些原则反映了非讼程序中国家干预的基本特点。反观我国，其诉讼体制实质是非讼化的（与大陆法系国家和地区比较），理念上没有当事人主义与职权主义、辩论主义与职权探知主义、处分原则与职权进行主义的差异性认识，在体制和理念上具有职权干预特征，在理念上重在实质正义的实现，因而在程序上也对审理中的对审原则、直接原则、言词原则和公开原则不太在意，也就无法从这个角度概括出非讼程序的特点。这一点是我们认识非讼程序所需要注意的。如果不注意就可能将国外关于非讼程序特点或特征的论述直接移植。

立足于我国民事诉讼法的规定和体制背景，从狭义的非讼程序观点（“法规说”）出发，我国非讼程序的特点可概括为以下几点：

第一，适用案件的非民事争议性。适用非讼程序的案件通常不涉及民事争议，且包括个别涉及公民政治权利的案件，如选民名单案件。大量适用非诉讼程序处理的案件都不是直接涉及民事争议的案件，如宣告公民失踪案件，宣告公民死亡案件，认定公民无民事行为能力、限制民事行为能力案件，认定财产无主案件，确认人民调解协议效力的案件和实现担保物权的案件等。

第二，程序的非统一性。这里的非统一性，是指各种非讼案件的审理均有各自不同的

---

〔5〕 详见［日］兼子一：《民事诉讼法体系》，酒井书店1965年版，第40页。

程序,不像普通诉讼那样,无论什么种类的民事案件都适用统一的诉讼程序。因此,非讼程序实际上包括了若干不同的程序。认定财产无主的程序与确认人民调解协议效力的程序就有很大的不同,尽管这些程序都属于非讼程序。

第三,非讼程序因为适用的案件是非民事争议的案件,因此没有彼此对立的当事人双方,通常只有程序申请人或起诉人。当然,如果从广义的角度来理解非讼程序则可能存在对立的利害关系人,也可以认为是广义上的对立当事人。

第四,实行一审终审。我国的非讼程序,从审级制度上实行一审终审。申请人对审理结果不服的,不能提出上诉。实行一审终审是基于非讼程序不涉及民事权益的争议。非讼程序在程序上更追求效率,其对程序救济的保障强度次于普通程序。追求程序效率也是非讼程序的价值特点。

第五,原则上实行独任制。按照特别程序审理的案件,除选民资格案件和重大疑难案件外,都实行独任制。非讼案件基于讲究效率以及不直接涉及民事权益争议的特点,在审判组织方面均采用独任制进行审理。

第六,不适用审判监督程序。适用特别程序审理的案件,不适用审判监督程序。所作出的判决生效以后,如果发现判决在认定事实、适用法律方面有错误,或者出现了新情况、新事实,原审人民法院可以根据有关人员的申请,按照特别程序的规定,撤销原判决,作出新判决。

第七,案件审结期限较短。适用特别程序审理的案件,应当在立案之日起 30 日内或者公告期满后 30 日内审结,有特殊情况需要延长的,由本院院长批准。但选民资格案件,在选举日之前必须审结,并且不得延长到选举日后审结。

第八,免交案件受理费。适用特别程序审理的案件,一律免交案件受理费。

三、非讼程序的类型

从非讼程序适用案件及程序特点角度来看,可以将非讼程序分为以下几种类型:

一是涉及身份关系的非讼程序。这一类的非讼程序包括:宣告公民失踪案件的审理程序,宣告公民死亡案件的审理程序,认定公民无民事行为能力、限制民事行为能力案件的审理程序。

二是涉及财产关系法律事实的非讼程序。这一类非讼程序包括认定财产无主案件的审理程序。这一类非讼程序的目的就是确定一定的法律事实状态。由于非讼案件没有直接对立的当事人,因此这类非讼案件往往可能涉及欺诈问题。

三是确认权利关系的非讼程序。这一类非讼程序可以包括请求法院确认人民调解协议效力的程序和公示催告程序。这两类虽然程序不同,但实质都属于涉及权利的问题。调解协议的有效性确认实际上就是关于权利义务的确认。这种确认不是在对权利有争议的前提下的确认,而是以无争议为前提的确认。公示催告通过这一程序除去票据权利的判决也与民事实体权利的确定有关。

四是以获得执行根据，以便实现权利为目的的非讼程序。此种非讼程序就是为了尽快使某种没有争议的权利（担保物权）获得实现。

五是涉及公民选举政治权利的非讼程序。这类非讼程序本身并不涉及民事权利，只是考量制定单独的程序似乎没有必要，因而纳入民事非讼程序之中，属于非讼程序的特殊情形。其实可以考虑将其纳入选举法的程序部分，从民事诉讼法规范中分离出来。

四、关于诉讼案件的非讼化

1. 诉讼案件非讼化的含义

这里的所谓“诉讼案件”，是指通过一般的诉讼程序审理和裁判的案件。因此，**诉讼案件的非讼化，是指将部分原本按照一般诉讼程序裁判的诉讼案件纳入非讼程序予以解决，不再将这些案件作为诉讼案件对待**。诉讼案件的非讼化现象是在第二次世界大战之后，大陆法系国家出现的一种法律现象，主要以德国和日本为代表。早期主要在家事审判领域。后来，关于仲裁裁决的撤销、仲裁裁决的承认与执行、公示催告中的除权判决以及不服申请的案件也从原来的诉讼案件转为非讼案件。最突出的是日本通过修改借地法（1966 年颁布），将某些原来的诉讼案件转化为了非讼案件，通过非讼程序解决。我国的非讼程序也部分反映了这种变化趋势。不过我国的制度建构并没有注意国外诉讼案件非讼化的真正原因。

2. 诉讼案件非讼化的缘由

大陆法系国家，如德国、日本，其诉讼案件非讼化的这种变化主要是基于以下原因：

一是国家干预的加强，具体在于强化国家的监护作用。国家通过对非讼案件的干预实现更充分的救济。这一作为与这些国家对国家福利主义的认同有关。

二是诉讼案件的非讼化是对一般民事诉讼原则的反思。如果将有些诉讼案件的审理一律按照民事诉讼的一般原则如辩论主义、处分权主义、直接审理主义、公开审理主义、言词主义等进行，不利于纠纷的迅速、快捷解决，也不利于查明案件真实，更不利于纠纷的折中处理和调和，从而不利于维护当事人之间的和睦关系。而如果将某些诉讼案件非讼化就可以在强化法官的职权情形下，更为灵活有效地解决纠纷，减少适用诉讼程序所带来的弊端。

3. 诉讼案件非讼化的问题点

其一，合宪性与程序保障的正当性。

诉讼案件非讼化的实质是强调国家干预、简化程序、强调效率，相应的问题也就是如何实现充分的程序保障。在一些国家，由于宪法依据明确了关于司法保障的原则，因此也就涉及了这种现象的合宪性即是否侵害宪法关于给予司法裁判的权利问题。这在一些国家显然是一个基本问题或根本性的问题。一旦诉讼案件非讼化，则从宪法对于诉讼案件所提供的公开、对审，以及以判决的方式裁判的程序保障便不复存在。因此必然引出一个如何定位非讼案件的问题，即所谓诉讼案件非讼化的界限。非讼案件并非人们可以随意界定的。

其二,诉讼案件非讼化的界限。

诉讼案件非讼化界限的划定不是实然性的确认行为,而是从应然的角度界定。这里的关键还是划界的根据问题,实质是诉讼案件与非讼案件的区分。

在一些国家,需要回答怎样的划定才是符合宪法的。这也体现了宪法对诉讼的规制作用。从国外学者的研究来看,判例中所确定的划定标准是基于裁判的性质——裁判是确认性的裁判,还是形成性或裁量性的裁判。如果是确认性的就是诉讼案件,反之如果是形成性(裁量性)的就是非讼案件。例如,在日本实践中具有争议的关于请求腾退房屋的案件属于权利义务的确定,因此属于诉讼案件。而如何实现法律上规定的同居权利义务的争议,则因为其是关于实现同居场所、时间、方式的裁判就是形成性的,该案件就属于非讼案件。如果坚持了这一划分标准则不存在违宪的问题。

但进一步的问题在于如何判断什么是确认性裁判,什么是形成性裁判,以及为何如此划分。日本最高裁判所判例有解释,其认为如果发生一定要件事实就则发生相应的法律效果,这种裁判就是确认性裁判;如果将要件事实抽象化,在法院判断其存在时,将产生一定法律效果的裁判就是形成性或裁量性的裁判。〔6〕按照裁判是确认性还是形成性作为界定标准所面临的问题是:一方面,非讼案件的裁判也有确认性;另一方面,就诉讼类型而言,本身也存在形成之诉这种类型。形成之诉虽然具有形成性,但却依然是诉讼案件,如果按照形成性裁判的案件即非讼案件,则在诉讼类型上形成之诉就将不复存在了。当然,所谓"形式上的形成诉讼",如境界诉讼和共有物分割诉讼(两种诉讼的含义见本书第十二章"诉权"与第十三章"诉")的案件本质上的确应该归于非讼案件。〔7〕有学者指出,即使承认这种抽象的划分标准,但其具体界定也必须基于对实体法中实体利益予以个别的考察才是充分的。〔8〕个别考察的观点出于非讼案件的多样性以及实体法的具体相应规定,这无疑是正确的,但如此必将给予法官极大的裁量自由,也就难保非讼案件判断的统一性。

从我国的情形来看,因为《民事诉讼法》将担保物权实现的程序纳入了非讼程序,因此也可以认为我国也有诉讼案件非讼化的现象。在理念和出发点上,的确与大陆法系国家是相同的。但应当注意的是,恰恰在担保物权的实现方面,大陆法系国家和地区,却没有采取非讼化做法,依然是通过诉讼程序取得执行根据。实际上,就民事诉讼体制的宏观而言,如果以实在的辩论主义、公开原则、直接原则、言词原则、对等原则等诉讼原则为标准,则我国的民事诉讼程序还是处于一种非讼化的状态。所谓诉讼的调解化就是这种状态的表征。因此,从应然的发展趋势而言,我国可能不是诉讼案件的非讼化,相反,恰恰是从诉讼体制的非讼化转向诉讼化。这也反映出我国民事诉讼法乃至法治发展与国外发展的阶段差异性特征。

---

〔6〕 参见[日]新堂幸司:《新民事诉讼法》,林剑锋译,法律出版社2008年版,第19页。

〔7〕 详见[日]铃木正裕:《非讼事件与形成裁判》,载《新·实务民事诉讼讲座(8)(非讼·家事·人诉事件)》,日本评论社1981年版,第4~5页。

〔8〕 参见[日]新堂幸司:《新民事诉讼法》,林剑锋译,法律出版社2008年版,第19页。

五、我国非讼法律制度的完善

我国非讼法律制度应当如何完善和发展是我国纠纷解决和纠纷预防法制的一个重要问题。从法治的现实需要和发展来看,我国既存的非讼法律制度尚不能满足其需要,制度设置上还存在诸多缺失。这一点从比较法的视角可以看得十分清楚。因此,完善和发展我国的非讼法律制度是必须面对的课题。关于如何完善发展,学界有不少议论。[9] 笔者认为主要涉及以下几个方面:

其一,哪些广义上的民事事项的处理应当纳入非讼程序予以解决。从我国现行的非讼制度来看,由于我国行政权泛化,大量本应属于司法管制范畴、由司法介入的非讼事项还在行政机关干预之内,导致尚有许多应当纳入非讼程序加以解决的事项还游离在非讼程序之外。

其二,非讼法律制度完善的另一项重要的任务是如何将本应属于非讼的案件从诉讼案件中剥离或分离出来。虽然相对国外的民事诉讼程序而言,我国的民事诉讼程序带有强烈的非讼色彩,但从基本诉讼制度结构上看依然属于诉讼程序,例如作为一般的诉讼,也要经过开庭审理、法庭调查、法庭辩论、合议审判、判决、上诉及审理等程序。因此,作为非讼案件适用这样的程序显然不能满足相应的要求。我国现实的情形是,有许多本应作为非讼的案件却依然作为诉讼案件经过诉讼程序进行审理和判决。最典型的是家事领域(婚姻、家庭、收养、继承等)中的案件,虽然法律将其纳入了调整的范围,但其在程序上要不作为诉讼案件来处理,要不无法处理,因为没有相应的非讼程序路径。例如,子女抚养权的变更问题。在仲裁领域,请求确认仲裁协议效力以及请求撤销仲裁裁决等案件本应作为非讼案件,但法律上却并没有明确的规定,处于模糊状态。

其三,非讼法律制度的立法完善方面是指在非讼程序的法律规范形式和内容方面应当如何构建的问题。

法律规范的形式方面,现在的制度安排是将非讼程序统一地规定在民事诉讼法中。在内容方面,主要以民法典的相关规定为主,加上选民名单案件和调解法规定的人民调解协议效力确认的案件。在法律规范形式上首先需要作出选择的是,关于非讼程序的法律规范是否应独立于《民事诉讼法》,成为单行、独立的非讼程序法。非讼程序法从民事诉讼法中独立的理由主要为:(1)非讼案件不同于诉讼案件,非讼程序规范也相应地具有与一般民事诉讼法不同的程序原则和特点。(2)非讼程序需要根据各种不同的非讼案件类型规定不同的程序。如此,非讼程序规范必然相对比较庞杂。(3)非讼程序将根据实体法的发展而变化。从实体法的相关发展来看,非讼案件类型在大量增加。尤其是在商事法领域。基于以

---

〔9〕 关于非讼程序的建构或完善的建议,参见郝振江:《论非讼程序在我国的重构》,载《法学家》2011 年第 4 期;刘海渤:《民事非讼审判程序初探》,载《中国法学》2004 年第 3 期;蔡虹:《非讼程序的理论思考与立法完善》,载《华中科技大学学报(社会科学版)》2004 年第 3 期;廖中洪:《制定单行〈民事非讼程序法〉的建议与思考》,载《现代法学》2007 年第 3 期。

上三点，将非讼程序法从民事诉讼法中独立出来更有利于非讼程序法规范的发展。从长远来看，制定独立的非讼程序法是必然趋势。

当然，这里也涉及一个如何与其他部门法协调的问题。比如，是否应当制定单独的家事程序法和公司程序法，如果制定，是否可将家事诉讼程序和家事非讼程序合并规定。同理，是否也可将公司诉讼程序和公司非讼程序合并规定。或者将相应领域的非讼程序规范规定在相应的法律规范之中。如此，实体法与程序法在法律形式上就不再有明晰的界分。这种做法最大的问题是必将导致非讼程序的分散化、破碎化。

如果制定单行的非讼程序法，则非讼程序法的内容，在基本结构上可以考虑总则与分则构成法。总则规定各非讼案件程序的共同规范。例如，非讼程序的一般原则、管辖、审判组织、非讼案件的申请、审理的一般程序、证据调查、非讼程序的合并与分离、非讼程序与民事诉讼程序的对接、裁判的方式、裁判的效力、裁判的救济等。分则则规定各种类型非讼案件审理程序的特殊程序规范。

第三十六章 特别程序

本章目次

一、特别程序概述

(一)特别程序的含义

特别程序,是指《民事诉讼法》所规定的由人民法院审理某些非民事权益争议案件所适用的特殊程序。特别程序在性质上属于非讼程序。

特别程序是相对于普通程序和简易程序等一般诉讼程序而言的,与普通程序和简易程序相比,特别程序具有自己的特殊性和独立性。普通程序和简易程序是审理一般民事案件所适用的程序,而特别程序则是审理几类特殊案件所适用的程序,其基本特征是审理对象均为非民事争议的案件,也就不存在对立的当事人。这就使特别程序与普通程序和简易程序在审理的对象、原则、制度和具体程序方面都有很大的区别,从而构成与一般民事诉讼不同的审判程序。

从我国《民事诉讼法》的规定来看,用“非民事权益争议”来概括适用特别程序的案件是妥当的,这里包含两层意思:其一,特别程序中的某些案件根本就不是民事案件,如选民名单案件;其二,尽管是民事案件,但却不是权益争议的民事案件,如认定公民失踪和宣告公民死亡、认定公民行为能力受限或无行为能力、认定财产无主的案件。之所以将某些非民事权益争议的案件纳入民事诉讼法是为了借助一般民事诉讼中的某些程序。避免设立过多的独立程序以及相应的单项法律规定。人民法院在适用特别程序审理案件时,应当首先适用特别程序的规定。如果特别程序没有规定,则可以适用民事诉讼法中其他各章和其他法律的规定。[1]

> 应当注意的是，特别程序并不是一种单一的审理某类案件的程序，特别程序实际上包括若干不同种类非民事权益争议的案件的审理程序，这些不同种类的案件的特殊审理程序分别规定在相应的实体法和民事诉讼法中。

如果从特别程序的基本含义来讲，除了《民事诉讼法》“特别程序”一章所规定的程序外，本单元中的督促程序、公示催告程序以及申请确认仲裁协议无效和申请撤销仲裁裁决程序也应当属于特别程序，相对于《民事诉讼法》第十五章的规定，其可以被称为“广义的特别程序”，《民事诉讼法》第十五章规定的特别程序则可以被称为“狭义的特别程序”。

世界各国的民事诉讼法基本上都设有特别程序，并通过特别程序来审理某些特殊案件。但是各国在适用特别程序的范围方面却存在很大的差异。世界各国的民事诉讼法通常都将认定公民失踪和宣告公民死亡、认定公民无行为能力或行为能力受限、认定财产无主的案件列为特别程序的适用范围。此外，有些国家的民事诉讼法还将丢失不记名凭证的复权（公示催告程序）、对遗嘱文件的验证、对死者或者无行为能力的人财产的管理、婚姻亲子关系案件等也列入适用特别程序的范围。总之，国外民事诉讼法中特别程序的适用范围是比较广泛的。[2]

（二）适用特别程序应当注意的问题

在适用特别程序审理案件时，应当注意以下问题：

一是优先适用特别程序。民事诉讼法中有关特别程序的规定，具有“特别法”的性质，应当优先适用。只有特别程序没有相应规定时，才能适用普通程序的规定。

二是特别程序只是确认某种法律事实或者权利是否存在。适用特别程序审理的案件，只是确认某种法律事实或者权利是否存在，而不解决民事权利义务争议。因此，人民法院在适用特别程序审理案件时，如果发现该案件实际上涉及的是民事权利义务的争议，就应当裁定终结特别程序，并通知利害关系人另行起诉。

二、选民资格案件的审理程序

（一）选民资格案件的概念

选民资格案件，是指公民对选举委员会所公布的选民资格名单有不同意见，向选举委员会提出申诉，不服选举委员会的处理决定，向人民法院提起诉讼的案件。

根据《选举法》的规定，在选举前，应当按选区进行登记，并在选举日前20日公布选民资格名单，发给选民证。在我国，年满18周岁的公民一般都有选举权和被选举权，未满18

---

〔1〕《民事诉讼法》规定：人民法院审理选民资格案件、宣告失踪或者宣告死亡案件、认定公民无民事行为能力或者限制民事行为能力案件、认定财产无主案件、确认调解协议案件和实现担保物权案件，适用特别程序的规定。特别程序没有规定的，适用本法和其他法律的有关规定。

〔2〕参见王强义：《民事诉讼特别程序研究》，中国政法大学出版社1993年版，第13～14页。

周岁的公民和依法被剥夺政治权利的人没有选举权。无法行使选举权的精神病患者,不能列入选民资格名单。

公民对选举委员会所公布的选民资格名单有不同意见,是指公民认为选举委员会所公布的选民资格名单有错误,应当列入选民资格名单的人没有列入,不应当列入选民资格名单的人却列入了。公民对选举委员会所公布的选民资格名单有不同意见的,可以向选举委员会提出申诉。选举委员会必须在3日内对申诉作出决定。申请人如果对申诉决定不服,可以向人民法院起诉。

由于选举权和被选举权是我国《宪法》赋予公民的一项政治权利,因此选民资格案件是一种特殊的案件。从性质上讲,选民资格案件中所处理的选举法律关系并不是民事法律关系。

在有的国家,选民资格案件是作为公法诉讼案件或者民众诉讼案件,由行政法院或者宪法法院来审理的。我国《民事诉讼法》规定,人民法院适用特别程序审理选民资格案件。这既能保证有选民资格的公民能够行使和实现自己的这一政治权利,又能防止没有选民资格的人非法参加选举。

(二)审理选民资格案件的程序

1. 申诉与起诉

根据《选举法》和《民事诉讼法》的规定,公民对选举委员会所公布的选民资格名单有不同意见的,应当先向选举委员会提出申诉,选举委员会应当在3日内对申诉作出决定。公民不服选举委员会对选民资格的申诉所作的处理决定,可以在选举日的5日以前向选区所在地基层人民法院起诉。

选民资格案件的起诉人,既可以是选民本人,也可以是有关的组织或者其他公民。

2. 管辖

根据《民事诉讼法》的规定,选民资格案件由选区所在地的基层人民法院管辖。

3. 审理与判决

选民资格案件只能由审判员组成合议庭进行审理,而不能实行独任制和陪审制。

如果起诉人是因为自己的选民资格向法院起诉,法院在审理选民资格案件时,只需要通知起诉人和选举委员会参加诉讼。如果起诉人是因为其他公民的选民资格向法院起诉,法院在审理选民资格案件时,就需要通知起诉人、选举委员会和有关公民参加诉讼。在审理过程中,法院应当听取起诉人、选举委员会和有关公民的意见,并允许他们进行辩论。

人民法院审理选民资格案件,必须在选举日前审结。同时,必须在选举日前将判决书送达选举委员会和起诉人,并将判决的内容通知有关公民。

三、宣告公民失踪案件的审理程序

(一)宣告公民失踪案件的概念和意义

宣告公民失踪案件,是指公民离开自己的住所下落不明,经过法律规定的期限仍然没

有音讯，根据利害关系人申请，人民法院宣告该公民为失踪人的案件。

宣告公民失踪制度是民法中的一项重要制度。宣告公民失踪制度的目的在于通过将长期下落不明的人宣告为失踪人，从而保护失踪人和与失踪人有利害关系的第三人的利益。这是因为公民失踪之后，不仅他自己的财产会因为长期无人管理，受到侵害、遭受损失，而且与失踪公民有利害关系的第三人，也会因为他与失踪公民之间的权利义务长期无法确认或者无法实现，受到损害。

为贯彻《民法典》中的宣告公民失踪制度，《民事诉讼法》规定适用特别程序，审理宣告公民失踪案件。

（二）宣告公民失踪案件的审理和判决

1. 申请

根据《民事诉讼法》的规定，申请人民法院宣告公民失踪，必须具备以下三项条件：

第一，公民下落不明的事实已经持续满 2 年。下落不明，是指公民最后离开自己的住所地或者居住地以后，去向不明，与任何人都没有联系，已无音讯。持续满 2 年，是指中间不能有任何间断，如果有间断，应当从最后一次出走或者最后一次来信时重新开始计算。下落不明事实的起算时间，是公民离开自己的住所地或者居住地之次日；战争期间下落不明的，起算时间是战争结束之日；因意外事故下落不明的，从事故发生之日起算；登报寻找失踪人的，起算时间是登报之日。

第二，由利害关系人向人民法院提出申请。利害关系人，是指与下落不明的公民有人身关系或者民事权利义务关系的人。包括失踪公民的配偶、父母、成年子女、祖父母、外祖父母、成年兄弟姐妹以及其他与之有民事权利义务关系（如债权债务关系）的人。

第三，申请必须采用书面形式。申请必须采用书面形式，而不能采用口头形式。申请书应当写明失踪的事实、时间和申请人的请求，并附有公安机关或者其他有关机关关于该公民下落不明的书面证明。其他有关机关，是指公安机关以外的能够证明该公民下落不明的机关。

2. 管辖

根据《民事诉讼法》的规定，宣告公民失踪案件，由下落不明人住所地基层人民法院管辖。

3. 公告

根据《民事诉讼法》的规定，人民法院受理宣告公民失踪案件以后，应当发出寻找下落不明人的公告。公告期间为 3 个月。

《民诉法司法解释》还进一步规定：(1) 被申请人应当在规定期间内向受理法院申报其具体地址及其联系方式。否则，被申请人将被宣告失踪。(2) 凡知悉被申请人生存现状的人，应当在公告期间内将其所知情况向受理法院报告。

4. 判决

公告期间届满，如果该公民仍然下落不明，人民法院应当确认申请宣告该公民失踪的事实存在，并作出宣告失踪的判决。如果在公告期间内，该公民出现或者查明下落，人民法院应当作出驳回申请的判决。

（三）宣告公民失踪的法律后果

人民法院在判决宣告失踪的同时，应当依照《民法典》的规定指定失踪人的财产代管人。根据《民法典》的规定，失踪人的财产由他的配偶、父母、成年子女或者关系密切的其他亲属、朋友代管。如果代管有争议，或者没有以上规定的人，或者以上规定的人无能力代管，或者以上规定的人不宜作为代管人（如可能会损害失踪人的合法利益），人民法院可以根据有利于保护失踪人财产的原则，指定公民或者有关组织为失踪人的财产代管人。

财产代管人的职责是管理和保护失踪人的全部财产，清偿失踪人失踪前所欠下的税款、债务和其他费用。失踪人的财产代管人向失踪人的债务人要求偿还债务的，可以作为原告提起诉讼。失踪人的财产代管人拒绝支付失踪人所欠的税款、债务和其他费用，债权人提起诉讼的，人民法院应当将代管人列为被告。

失踪人的财产代管人经人民法院指定后，代管人申请变更代管的，比照民事诉讼法特别程序的有关规定进行审理。申请有理的，裁定撤销申请人的代管人身份，同时另行指定财产代管人；申请无理的，裁定驳回申请。失踪人的其他利害关系人申请变更代管的，人民法院应告知其以原指定的代管人为被告起诉，并按普通程序进行审理。

公民被宣告为失踪人以后，其他民事权利能力并没有因此消灭，与失踪人人身有关的民事法律关系并没有因此发生变化。例如，被宣告失踪人的婚姻关系仍然存在。又如，在宣告失踪后涉及继承问题时，仍然应当为失踪人保留其应当继承的份额。

《民诉法司法解释》还规定，人民法院判决宣告公民失踪后，利害关系人向人民法院申请宣告失踪人死亡，自失踪之日起满4年的，人民法院应当受理，宣告失踪的判决即该公民失踪的证明，审理中仍应依照《民事诉讼法》的规定进行公告。

（四）宣告失踪判决的撤销

被宣告失踪的公民重新出现，经本人或者利害关系人申请，人民法院应当作出新判决，撤销原判决。

人民法院宣告公民失踪，是根据法定的条件所作的一种推定。因此，如果事实情况与这种推定不一致，人民法院经查证属实后，可以通过作出新判决、撤销原判决的方式，恢复该公民失踪前的事实和法律状态。

四、宣告公民死亡案件的审理程序

（一）宣告公民死亡案件的概念和意义

宣告公民死亡案件，是指公民下落不明满法定期限，人民法院根据利害关系人的申请，依法宣告该公民死亡的案件。

宣告公民死亡，是与公民自然死亡相对的，是法律上的一种推定死亡。公民长期下落不明，虽然可以宣告公民失踪，但由于与下落不明人有关的民事法律关系并没有因此发生变动，所以失踪人的权利仍然处于一种不确定的状态。财产代管人虽然能够在一定程度上管理和保护失踪人的全部财产，但毕竟只是一种临时性的措施。为了结束因为公民长期下落不明而使某些法律关系长期处于不稳定状态，保护该公民及其利害关系人的合法权益，维护正常的社会秩序和生活秩序，我国《民法典》规定了宣告公民死亡制度。为贯彻《民法典》中的宣告公民死亡制度，《民事诉讼法》规定适用特别程序，审理宣告公民死亡案件。

（二）宣告公民死亡案件的成立条件

根据《民法典》和《民事诉讼法》的规定，宣告公民死亡案件必须具备以下条件：

第一，必须有公民下落不明的事实存在。公民下落不明的事实，主要分为四种情况：(1)公民离开自己的住所地或者经常居住地以后下落不明。(2)因战争下落不明。(3)因为意外事件下落不明满二年。(4)因意外事件下落不明，经有关机关证明该公民不可能生存。

第二，下落不明的事实必须持续满法定期限。上述四种情况中持续的法定期限和起算时间并不一样：(1)公民在通常情况下下落不明的，下落不明的持续状态必须满4年，从该公民最后离开自己住所地的次日开始起算；(2)因为战争下落不明的，从战争结束之日起算；(3)因为意外事件下落不明的，下落不明的持续状态必须满2年；(4)因意外事件下落不明，经有关机关证明该公民不可能生存的，不受“4年”或者“2年”法定期限的限制。

（三）宣告公民死亡案件的审理和判决

1. 申请

宣告公民死亡的案件，必须由下列利害关系人按照下列顺序，提出书面申请：(1)配偶；(2)父母、子女；(3)兄弟姐妹、祖父母、外祖父母、孙子女、外孙子女；(4)其他有民事权利义务关系的人。

宣告失踪并不是宣告死亡的必经顺序。即使没有宣告下落不明人失踪，只要符合宣告死亡的条件，利害关系人就可以向人民法院申请宣告下落不明人死亡。

同一顺序的利害关系人，有的申请宣告死亡，有的不同意宣告死亡，人民法院应当按宣告死亡案件审理。

2. 管辖

根据《民事诉讼法》的规定，宣告公民死亡的案件，由下落不明人住所地基层人民法院管辖。

3. 公告

根据《民事诉讼法》的规定，人民法院受理宣告死亡的案件以后，应当发出寻找下落不明人的公告。公告期间为1年。因意外事件下落不明，经有关机关证明该公民不可能生存的，宣告死亡的公告期间为3个月。

4. 宣告失踪申请的撤回

按照《民诉法司法解释》的规定，人民法院受理宣告失踪、宣告死亡案件后，作出判决前，申请人撤回申请的，人民法院应当裁定终结案件，但其他符合法律规定的利害关系人加入程序要求继续审理的除外。

5. 判决

公告期届满以后，如果失踪人仍然下落不明，人民法院应当依法作出宣告失踪人死亡的判决。判决一经宣告就发生法律效力，判决宣告之日，为该公民死亡之日。

(四) 宣告公民死亡的法律后果

公民被宣告死亡的后果与公民自然死亡的后果具有相同之处，这主要表现为：宣告死亡结束了该公民以自己的住所地或者经常居住地为活动中心所发生的民事法律关系，该公民的民事权利能力因为宣告死亡而终止，与人身有关的权利义务也随之终结，原有的婚姻关系自然消灭，继承因宣告死亡而开始。

但宣告死亡毕竟只是法律上的一种推定死亡，如果被宣告死亡的公民在异地仍然生存的，其仍然具有民事权利能力，其所实施的民事法律行为仍然有效。

(五) 宣告死亡判决的撤销

由于宣告死亡是法律上的一种推定死亡，因此在下落不明人被判决宣告死亡以后，仍然有可能会重新出现或者被查明下落。如果被宣告死亡的公民重新出现，经其本人或者利害关系人申请，人民法院应当作出新判决，撤销原判决。

人民法院撤销宣告死亡的判决以后，该公民因为被宣告死亡而消灭的人身关系，可以有条件地恢复：(1) 被宣告死亡的人与配偶的婚姻关系，自死亡宣告之日起消灭。死亡宣告被人民法院撤销，如果其配偶尚未再婚的，夫妻关系从撤销死亡宣告之日起自行恢复；如果其配偶再婚后又离婚或者再婚后配偶又死亡的，则不得认定夫妻关系自行恢复。(2) 被宣告死亡的人在被宣告死亡期间，其子女被他人依法收养，被宣告死亡的人在死亡宣告被撤销后，仅以未经本人同意而主张收养关系无效的，一般不应准许，但收养人和被收养人同意的除外。

被宣告死亡人的财产，如果在宣告死亡期间被他人取得的，在宣告死亡判决被撤销以后，该公民有权请求返还。其中，根据继承法取得原物的公民或者组织，应当返还原物；如果无法返还原物的，给予适当补偿。但如果其原物已被第三人合法取得，第三人可不予返还。此外，如果利害关系人隐瞒真实情况使他人被宣告死亡而取得其财产的，除应返还原物及孳息外，还应对其造成的损失予以赔偿。

五、认定公民无民事行为能力、限制民事行为能力案件的审理程序

(一) 认定公民无民事行为能力、限制民事行为能力案件的概念和意义

认定公民无民事行为能力、限制民事行为能力案件，是指人民法院根据利害关系人的申请，对不能正确辨认自己行为或者不能完全辨认自己行为的精神病人，按照法定程序，认定并宣告该公民为无民事行为能力、限制民事行为能力案件。

民事行为能力，是民事主体通过自己的行为行使民事权利、履行民事义务的能力。根据《民法典》的规定，18 周岁以上的公民是成年人，具有完全民事行为能力。16 周岁以上不满 18 周岁的公民，以自己的劳动收入为主要生活来源的，视为完全民事行为能力人。同时

《民法典》还规定，不能辨认自己行为的精神病人是无民事行为能力人，不能完全辨认自己行为的精神病人是限制民事行为能力人。法律规定公民无民事行为能力、限制民事行为能力的制度，其意义在于保护无民事行为能力、限制民事行为能力人的合法权益，保护与他们有民事权利义务关系的利害关系人的合法权益，保障民事活动的正常进行，维护正常的社会经济秩序。

（二）认定公民无民事行为能力、限制民事行为能力案件的审理和判决

1. 申请

根据《民事诉讼法》的规定，申请认定公民无民事行为能力、限制民事行为能力，必须具备以下条件：(1)必须由利害关系人或有关组织提出申请。利害关系人包括近亲属或者其他利害关系人。近亲属包括：该精神病人的配偶、父母、子女、兄弟姐妹、祖父母、外祖父母、孙子女、外孙子女。其他利害关系人或有关组织是指该精神病人近亲属以外的，与该精神病人关系密切的，愿意承担监护责任，且经精神病人的所在单位或者住所地的居民委员会、村民委员会同意的其他亲属、朋友或有关组织。(2)申请应当采用书面形式。申请书的内容应当包括：申请人的姓名、性别、年龄、住所，与被认定为无民事行为能力、限制民事行为能力人的关系；被申请认定为无民事行为能力、限制民事行为能力人的姓名、性别、年龄、住所，该公民无民事行为能力或者限制民事行为能力的事实和根据。如果有医院出具的诊断证明或者鉴定结论的，应当一并提交给人民法院。

2. 管辖

根据《民事诉讼法》的规定，申请认定公民无民事行为能力或者限制民事行为能力的案件，由该公民住所地基层人民法院管辖。

3. 鉴定

根据《民事诉讼法》的规定，人民法院受理申请后，必要时应当对被请求认定为无民事行为能力或者限制民事行为能力的公民进行鉴定。申请人已提供鉴定结论的，人民法院应当对鉴定结论进行审查，如果对鉴定结论有怀疑的，可以重新进行鉴定。

4. 审理

根据《民事诉讼法》的规定，人民法院审理认定公民无民事行为能力或者限制民事行为能力的案件，应当由该公民的近亲属为代理人，但申请人除外，因为他与该公民有利害关系。如果近亲属之间互相推诿，由人民法院指定其中一人为代理人。如果该公民健康情况许可，还应当询问该公民本人的意见。

依照《民诉法司法解释》的规定，申请认定公民无民事行为能力或者限制民事行为能力的案件，被申请人没有近亲属的，人民法院可以指定其他亲属为代理人。被申请人没有亲属的，人民法院可以指定经被申请人所在单位或者住所地的居民委员会、村民委员会同意的，愿意担任代理人的，与被申请人关系密切的朋友为代理人。

没有前款规定的代理人的，由被申请人所在单位或者住所地的居民委员会、村民委员会或者民政部门担任代理人。

代理人可以是一人，也可以是同一顺序中的两人。

5. 判决

根据《民事诉讼法》的规定,人民法院经过审理,认为申请认定该公民为无民事行为能力、限制民事行为能力人是没有事实根据的,应当判决予以驳回。人民法院经审理认为申请是有事实根据的,应当判决该公民为无民事行为能力或者限制民事行为能力人。

判决生效以后,根据《民法典》的规定,由下列人员按照顺序担任监护人:(1)配偶;(2)父母;(3)成年子女;(4)其他近亲属;(5)关系密切的,愿意承担监护责任的,经精神病人的所在单位或者住所地的居民委员会、村民委员会同意的其他亲属、朋友;(6)如果没有前五种监护人,由精神病人的所在单位或者住所地的居民委员会、村民委员会或者民政部门担任监护人。对担任监护人有争议的,由精神病人的所在单位或者住所地的居民委员会、村民委员会在近亲属中指定。

根据《民诉法适用意见》的规定,被指定的监护人不服指定,应当在接到通知的次日起30日内向人民法院起诉。经审理,认为指定并无不当的,裁定驳回起诉;指定不当的,判决撤销指定,同时另行指定监护人。判决书应送达起诉人、原指定单位及判决指定的监护人。

(三)认定公民无民事行为能力、限制民事行为能力判决的撤销

如果被宣告为无民事行为能力、限制民事行为能力的公民经过治疗,其精神健康得到恢复,人民法院根据被认定为无民事行为能力人、限制民事行为能力人或者他的监护人的申请,在证实该公民无民事行为能力或者限制民事行为能力的原因已经消除以后,应当作出新判决,撤销原判决。

六、认定财产无主案件的审理程序

(一)认定财产无主案件的概念和意义

认定财产无主案件,是指人民法院根据公民、法人或者其他组织的申请,依照法定程序,将某项归属不明的财产认定为无主财产,并将其判归国家或者集体所有的案件。

在社会生活中,总会有一些财产与主体脱离,处于无主状态。这不仅会使这部分财产得不到合理、有效的利用,而且也会引起各种各样的社会纠纷。法律规定认定财产无主制度,其意义在于:既能解决这部分财产的归属问题,减少社会纠纷,又能物尽其用,充分利用这部分财产,避免浪费社会财富。

(二)认定财产无主案件的条件

通常认为,认定财产无主案件应当具备以下条件:

第一,必须是有形财产,而不是无形财产或者精神财产。

第二,该财产的主体不明。主要有以下几种常见的情况:(1)财产的所有人不存在的,或者无法确定财产的所有人;(2)属于所有人不明的埋藏物或者隐藏物;(3)无人认领的遗失物、漂流物以及失散的动物;(4)有关部门规定在一定期限内招领,但无人认领的遗失物、赃款、赃物;(5)无人继承的财产。

第三,财产没有所有人或者所有人不明的状态,应当持续一定的时间。

(三)认定财产无主案件的审理程序

1. 申请

根据《民事诉讼法》的规定,申请认定财产无主,由公民、法人或者其他组织向人民法院提出。申请书应当写明财产的种类、数量以及要求认定财产无主的根据。

2. 管辖

根据《民事诉讼法》的规定,申请认定财产无主的案件,由财产所在地基层人民法院管辖。

3. 公告

根据《民事诉讼法》的规定,人民法院受理申请后,经审查核实,应当发出财产认领公告。公告期为1年。

4. 判决

如果在公告期间,有人对财产提出请求,人民法院应裁定终结特别程序,告知申请人另行起诉,适用普通程序审理。

按照《民事诉讼法》的规定,如果公告期满,该财产仍然无人认领的,人民法院应当判决认定财产无主,收归国家或者集体所有。不过,从理论上讲,作为确认判决不应具有形成力,即变动所有权关系,直接将无主财产收归国家或集体所有。

(四)认定财产无主判决的撤销

人民法院根据申请人的申请认定财产无主的判决,只是对财产无主的一种法律推定。因此,可能会存在这种推定与实际不符的情况。如果在法院判决认定财产无主后,原财产所有人或者继承人出现的,在民法典规定的诉讼时效期间内,原财产所有人或者继承人可以对财产提出请求,人民法院审查属实后,应当作出新判决,撤销原判决。原判决被撤销以后,根据原判决被国家或者集体取得的财产,应当返还原主。原财产尚存的,应当返还原财产;原财产不存在的,可以返还同类财产或者按原财产的实际价值折价返还。

七、实现担保物权的程序

(一)概述

1. 担保物权的含义

所谓担保物权,是与用益物权相对应的他物权,是为确保债权的实现而设定的,以直接取得或者支配特定财产的交换价值为内容的权利。作为一种物权担保,指在借贷、买卖等民事活动中,债务人或者第三人将自己所有的财产作为履行债务的担保。当债务人未履行债务时,债权人依照法律规定的程序就该财产优先受偿的权利。担保物权包括抵押权、质权和留置权。

2. 担保物权实现的司法途径

1999年颁布的《合同法》第286条规定:“发包人未按照约定支付价款的,承包人可以催告发包人在合理期限内支付价款。发包人逾期不支付的,除按照建设工程的性质不宜折价、拍卖的以外,承包人可以与发包人协议将该工程折价,也可以申请人民法院将该工程依法拍卖。建设工程的价款就该工程折价或者拍卖的价款优先受偿。”2007 年颁布的《物权法》第 195 条第 2 款规定:“抵押权人与抵押人未就抵押权实现方式达成协议的,抵押权人可以请求人民法院拍卖、变卖抵押财产。”原《物权法》质权、留置权的相应规定中虽未对质权、留置权司法救济途径作出明确的规定,但可以准用原《物权法》第 195 条第 2 款关于抵押权司法救济途径的规定。此类规定在如今的《民法典》中皆有延续。尽管当时的相关法律已有担保物权实现的规定,但由于民事程序法中没有对接的程序性规定,担保物权的实现存在制度缺失。根据此种现实,2012 年《民事诉讼法》对此作了相应的规定,将实现担保物权的程序纳入民事诉讼法规定的特别程序之中,明确规定,可通过司法程序实现担保物权,从而弥补了程序法上的不足。

3. 实现担保物权程序的性质

根据《民事诉讼法》的规定,担保物权实现的司法程序是一种非讼程序。该程序只是通过司法机关实现已担保的物权,而不涉及当事人之间关于担保物权的争议。人民法院在程序中不是裁判机构,而是审查和执行机构。

4. 关于担保物权实现的程序路径

关于担保物权实现的程序路径,我国采取的是非讼程序的路径。有些国家和地区采取的是一般诉讼程序的路径。即担保物权的实现,首先需要通过诉讼程序对存在担保物权的事实加以确认,然后获得强制执行担保物权的根据,从而实现担保物权。非讼程序的路径因为避免了一般诉讼中的诸多程序,因此有利于快捷地获得执行根据,实现担保物权。但这种方式的缺陷是,不利于维护被申请人或利害关系人的程序保障(庭审辩论、质证、认证、合理期间、上诉救济等)。非讼程序不是从公正、平等解决民事争议的角度构建的。非讼程序适用的前提是非民事争议事件的确认。而一般诉讼程序是基于公正、平等解决民事争议构造的一种当事人对立结构,更充分地考虑当事人之间的平等对抗。另外,一旦被申请人和利害关系人提出实质性异议,就将转为诉讼程序,反而会更加影响效率。如果要想保证担保物权确实存在,法院就必须进行实质审查,而这种实质审查与审理本身区别不大,但又欠缺程序保障。当然,也可以像督促程序那样,只要被申请人提出异议,申请即被驳回。如此又可能导致与督促程序实践的同样情形。因此,应当以何种程序实现担保物权依然是一个值得研究的课题。

(二)担保物权实现的程序

1. 申请人

申请实现担保物权的申请人应当是担保物权(抵押权、质权和留置权)的债权人或委托人。

2. 受理法院

受理实现担保物权案件的法院是担保财产所在地的基层人民法院。

3. 对担保物权实现条件的审查及裁判

人民法院受理申请后,应当在 5 日内向被申请人送达申请书副本、异议权利告知书等文书。被申请人有异议的，应当在收到人民法院通知后的5日内向人民法院提出，同时说明理由并提供相应的证据材料。

根据《民诉法司法解释》的规定，这些证据材料包括：(1)申请书，申请书应当记明申请人、被申请人的姓名或者名称、联系方式等基本信息，具体的请求和事实、理由；(2)证明担保物权存在的材料，包括主合同、担保合同、抵押登记证明或者他项权利证书，权利质权的权利凭证或者质权出质登记证明等；(3)证明实现担保物权条件成就的材料；(4)担保财产现状的说明；(5)人民法院认为需要提交的其他材料。

实现担保物权案件可以由审判员一人独任审查。担保财产标的额超过基层人民法院管辖范围的，应当组成合议庭进行审查。

人民法院审查实现担保物权案件，可以询问申请人、被申请人、利害关系人，必要时可以依职权调查相关事实。

人民法院应当就主合同的效力、期限、履行情况，担保物权是否有效设立、担保财产的范围、被担保的债权范围、被担保的债权是否已届清偿期等担保物权实现的条件，以及是否损害他人合法权益等内容进行审查。被申请人或者利害关系人提出异议的，人民法院应当一并审查。

人民法院审查后，按下列情形分别处理：(1)当事人对实现担保物权无实质性争议且实现担保物权条件成就的，裁定准许拍卖、变卖担保财产；(2)当事人对实现担保物权有部分实质性争议的，可以就无争议部分裁定准许拍卖、变卖担保财产；(3)当事人对实现担保物权有实质性争议的，裁定驳回申请，并告知申请人向人民法院提起诉讼。

4. 裁定的效力

根据修正后的《民事诉讼法》的规定，人民法院作出拍卖、变卖担保财产的裁定之后，一方当事人拒绝履行或者未全部履行的，对方当事人可以向人民法院申请执行。人民法院关于拍卖、变卖的裁定成为强制执行的根据。

适用特别程序作出的判决、裁定，当事人、利害关系人认为有错误的，可以向作出该判决、裁定的人民法院提出异议。人民法院经审查，异议成立或者部分成立的，作出新的判决、裁定撤销或者改变原判决、裁定；异议不成立的，裁定驳回。

对人民法院作出的确认调解协议、准许实现担保物权的裁定，当事人有异议的，应当自收到裁定之日起15日内提出；利害关系人有异议的，自知道或者应当知道其民事权益受到侵害之日起6个月内提出。

如果担保物权的实现不符合法律规定的，人民法院裁定驳回申请。对担保物权有争议的当事人可以向人民法院提起诉讼。应当注意的是，当事人不是对人民法院驳回申请的裁定不服，向人民法院提起诉讼。提起诉讼不是对驳回申请的司法救济途径。而是因为申请被驳回，其无法通过特别程序实现担保物权。这可能涉及与担保物权相关的民事争议，因此，需要通过提起诉讼加以解决。

第三十七章 —— 督促程序

一、督促程序的概念和特点

(一)督促程序的概念

督促程序又称支付令程序,是指人民法院根据债权人提出的给付金钱或者有价证券的申请,不经过开庭就直接向债务人发出支付令,如果债务人不在法定期间内提出异议,则该支付令就具有强制执行力的程序。

督促程序是督促债务人向债权人偿还债务的一种程序。对于债权债务关系明确、双方均无争议且债务人因为各种原因长期没有还债的案件来讲,适用督促程序进行审理,不仅可以简化诉讼程序,方便当事人诉讼和法院审理案件,而且还可以加速纠纷的解决。因此,许多国家和地区的民事诉讼法中都有关于督促程序的规定。我国《民事诉讼法》在借鉴了德国、日本等大陆法系国家立法经验的基础上,建立了我国的督促程序。(见图 10)

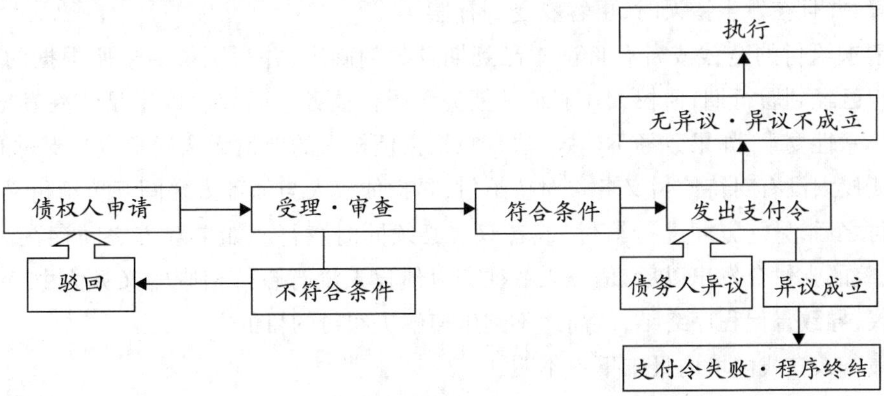

图 10 督促程序流程

(二)督促程序的特点

与民事诉讼中的其他审判程序相比,督促程序具有以下显著特点:

第一,督促程序的适用范围具有特殊性。根据《民事诉讼法》的规定,督促程序仅适用于债权人请求债务人给付金钱、有价证券的案件。也就是说,督促程序仅适用于债权人请求债务人给付金钱、有价证券的给付之诉。如果债权人请求债务人给付的不是金钱、有价证券,那么就不能适用督促程序;如果不是给付之诉,而是确认之诉或者形成之诉,也不能适用督促程序。

第二,督促程序的开始和终结具有特殊性。督促程序因为债权人申请支付令而开始。人民法院受理申请后,只需要对债权人的申请进行形式上的审查就可以发出支付令。支付令发出以后15日内,如果债务人清偿债务,或者向人民法院提出书面异议,支付令就失去效力,督促程序终结。

第三,督促程序的审理方式具有特殊性。法院适用督促程序审理案件时,只进行书面的形式审查,而不对案件进行实质审查,也不用传唤债务人到庭。法院适用督促程序时,在审判组织上实行独任制,在审级上实行一审终审。法院发出支付令以后,如果债务人没有对支付令提出书面异议,该支付令就具有执行力。如果债务人对支付令提出书面异议,则督促程序终结,债权人可以另行起诉。

二、申请支付令的程序

(一)申请支付令的条件

申请支付令是指债权人依法请求人民法院发出支付令的一种行为。根据《民事诉讼法》以及《民诉法司法解释》的规定,债权人向法院申请支付令,应当同时具备以下条件:

1. 请求给付金钱或者汇票、本票、支票、股票、债券、国库券、可转让的存款单等有价证券。这里的金钱是指可以作为流通手段和支付手段的货币,例如人民币。这里的有价证券是指汇票、本票、支票、股票、债券、国库券、可转让的存款单等有价证券。法律之所以规定只有金钱和有价证券可以作为给付请求的标的物,是因为金钱和有价证券比其他标的更容易得到清偿,并且在发生错误时,更容易受到补偿。

2. 请求给付的金钱或者有价证券已到期且数额确定,并写明了请求所根据的事实、证据。债权已经到履行期,债权人才能请求债务人履行债务。而数额确定是法院发出支付令的一项技术性要求,如果数额不确定,法院只根据债权人的申请无法确定应当支付的数额。

3. 债权人没有对待给付义务。对待给付,是指债权人与债务人之间互负给付义务,只有一方给付之后,另一方才进行给付,或者双方必须同时履行。如果双方之间存在对待给付义务,法院的支付令发出以后,债务人往往会以债权人没有履行相应的义务为由,对支付令提出异议,导致督促程序终结,从而达不到迅速解决纠纷的目的。

4. 债务人在我国境内且未下落不明。

5. 支付令能够送达债务人。支付令能够送达债务人,是指按照法律规定的直接送达和留置送达方式,客观上能够实际到达债务人。要求支付令能够送达债务人的目的,一方面是让债务人知道支付令的内容,及时向债权人履行债务,从而迅速解决纠纷;另一方面也是让债务人在有正当理由时,能够及时提出异议,从而保障债务人的合法权益。因此,如果债务人不在我国境内,或者虽在我国境内但下落不明的,不适用督促程序。

6. 收到申请书的人民法院有管辖权。

7. 债权人未向人民法院申请诉前保全。

不符合前款规定的,人民法院应当在收到支付令申请书后 5 日内通知债权人不予受理。

基层人民法院受理申请支付令案件,不受债权金额的限制。

(二)申请支付令的程序

根据《民事诉讼法》的规定,债权人向法院申请支付令时,应当遵守以下程序:

一是债权人应当采用书面形式提出申请。支付令申请书是债权人向人民法院提出的以开始督促程序为目的的诉讼文书。支付令申请书应当具备以下内容:(1)当事人及其法定代理人的基本情况;(2)请求给付金钱或者有价证券的数量和所根据的事实、证据;(3)表明申请支付令的目的并陈述理由;(4)所请求发出支付令的法院。

二是债权人应当向有管辖权的法院提出申请。债权人申请支付令,由债务人住所地的基层人民法院管辖。具体来讲,被申请的债务人是公民的,由债务人住所地人民法院管辖;债务人住所地与经常居住地不一致的,由经常居住地人民法院管辖。被申请的债务人是法人或者其他组织的,由其主要营业地或者主要办事机构所在地人民法院管辖。

三、法院对支付令申请的受理和审理

(一)法院对支付令申请的受理

支付令申请的受理,是指人民法院对债权人提出的请求发出支付令的申请予以受理的诉讼行为。

根据《民事诉讼法》的规定,人民法院在收到债权人请求发出支付令的申请后,应当对如下内容进行审查:

其一,申请人是否具有主体资格。一方面,人民法院要审查申请人是否享有债权。另一方面,如果申请人是公民的,要审查他是否具有诉讼行为能力;如果他没有诉讼行为能力,应当由他的法定代理人申请;如果申请人是法人或者其他组织,应当提交营业执照复印件和法定代表人身份证明书。

其二,申请人的申请是否符合法定条件。人民法院应当审查申请人的请求是否为金钱或者有价证券;所请求给付的金钱或者有价证券是否已到期且数额确定,并写明了请求所根据的事实、证据;债权人和债务人之间是否没有对待给付义务;债务人是否在我国境内且未下落不明;支付令能否送达债务人;债权人是否未向人民法院申请诉前保全。缺少任何一项条件,人民法院都不能受理。

其三,申请人的申请是否符合法定程序。这主要是审查申请人是否提交了申请书以及本院对该申请是否有管辖权。如果经审查,申请人已经提交了申请书并且该申请属于本法院管辖,就应当予以受理;如果经审查,申请人所提交的申请书内容有欠缺,就应当通知申请补正;如果经审查,本院对该申请没有管辖权,就应当告知申请人向有管辖权的人民法院提出申请。

对债权人提出的支付令申请,人民法院只进行形式审查,只要债权人提供的事实和证据从表面来看是成立的,就可以认为符合申请条件。法院经审查认为符合申请条件的,应当在5日内立案,并及时通知债权人。如果申请不符合条件的,应当在5日内通知债权人不予受理,并说明理由。

(二)法院对支付令申请的审理

人民法院受理支付令申请以后,应当由独任审判员对支付令案件进行审理。在案件审查阶段的审查不同于案件受理阶段的审查,因为在这个阶段审判员需要对支付令申请的内容和证据进行实质审查。根据《民事诉讼法》的规定[1],对支付令申请的审理,主要包括以下几方面的内容:

一是审查的方式。法院对债权人申请的审查,主要采用书面方式,不需要询问当事人,也不需要开庭审理,仅是对债权人提出的申请书和相关证据进行审查即可。这符合督促程序迅速、快捷的特点。

二是审查的范围。法院的审查范围以债权人的诉讼请求为限,根据债权人申请书提供的事实和证据进行审查,而不必要求债务人提供书面陈述以及事实和证据。但是,如果债务人在审查阶段主动向法院陈述意见的,也可以作为参考。

三是审查的内容。在审查的内容上,根据《民事诉讼法》的规定,应着重审查当事人之间的债权债务关系是否明确、合法。债权债务关系明确,是指债权人和债务人之间的债权债务关系事实清楚、数额确定,双方之间没有实质性的争议,债权的存在无须确认,债务人对债权人有给付的义务,而债权人对债务人没有对等的给付义务。债权债务关系合法,是指引起债权债务关系发生的法律事实以及债权债务的内容都不违反法律的规定,受到法律的保护。

四是审查后的处理。经法院审查,有下列情形之一的,裁定驳回申请:(1)申请人不具备当事人资格的;(2)给付金钱或者有价证券的证明文件没有约定逾期给付利息或者违约金、赔偿金,债权人坚持要求给付利息或者违约金、赔偿金的;(3)要求给付的金钱或者有价证券属于违法所得的;(4)要求给付的金钱或者有价证券尚未到期或者数额不确定的。人民法院受理支付令申请后,发现不符合受理条件的,应当在受理之日起15日内裁定驳回申请。人民法院经审查债权人提出的事实和证据以后,认为支付令申请符合法定条件的,应当在受理之日起15日内发出支付令,并由法院负责送达。人民法院经审查,认为支付令申请不符合法定条件的,例如债权债务关系不成立或者不合法,应当在受理之日起15日内裁

---

[1] 《民事诉讼法》规定:人民法院受理申请后,经审查债权人提供的事实、证据,对债权债务关系明确、合法的,应当在受理之日起15日内向债务人发出支付令;申请不成立的,裁定予以驳回。

定驳回申请。对法院驳回债权人申请的裁定,债权人不能提起上诉。

四、支付令

(一)支付令的内容

支付令,是指在督促程序中由人民法院发布的限令债务人履行支付义务或者提出书面异议的法律文书。支付令也称支付命令、督促决定。

支付令是督促程序中最重要的法律文书。人民法院对申请人提出的支付令申请,经审查符合法定条件的,就应当依法发出支付令。

根据《民诉法适用意见》的规定,支付令应当具备以下内容:(1)债权人、债务人姓名或名称等基本情况。债权人和债务人是公民的,应当写明姓名、性别、年龄、职业、工作单位和住址。债权人和债务人是法人的,应当写明名称及法定代表人或者主要负责人的姓名、职务、地址等。(2)债务人应当给付的金钱、有价证券的种类、数量。(3)清偿债务或者提出异议的期限。具体来讲,要写明债务人应当在收到支付令之日起 15 日内清偿债务,或者向人民法院提出书面异议。(4)债务人在法定期间不提出异议的法律后果。

支付令在列明上述内容以后,由审判员、书记员署名,并加盖人民法院印章。人民法院应当及时将支付令送达给债权人和债务人。在送达给债务人以后,人民法院还应将支付令送达债务人的日期告知债权人,以便债权人明确申请强制执行的日期。

(二)支付令的效力

支付令具有既不同于裁定,又不完全同于判决的法律效力。对支付令法律效力的理解,主要包括以下两个方面:

一是支付令具有督促债务人在法定期限内向债权人清偿债务的效力。根据《民事诉讼法》的规定,债务人应当自收到支付令之日起 15 日内清偿债务,或者向人民法院提出书面异议。对于债务人来讲,法院发出的支付令,具有督促其清偿债务的效力。如果债务人对支付令没有异议,就应当根据支付令来履行清偿义务。也就是说,如果债务人在收到支付令后履行了义务,其法律依据就是支付令。

二是支付令具有同生效判决相同的法律效力。如果债务人在收到支付令之日起 15 日内既不清偿债务又不向人民法院提出书面异议,那么支付令就具有同生效判决相同的法律效力,即具有拘束力、确定力和执行力。**支付令的拘束力,是指人民法院非经法定程序不得变更或者撤销支付令,也不得受理当事人对同一案件的再次起诉**。同时,支付令对社会也产生普遍的拘束力。**支付令的确定力,是指支付令生效以后就确认了民事权利义务,债务人必须依据支付令向债权人清偿债务,即使对支付令不服也不能提起上诉或者申请再审。支付令的执行力,是指支付令生效后就具有同生效判决一样的强制执行力,债权人自支付令生效之日起有权请求人民法院予以强制执行**。《民事诉讼法》规定,申请执行的期间为 2 年。申请执行时效的中止、中断,适用法律有关诉讼时效中止、中断的规定。

有下列情形之一的,人民法院应当裁定终结督促程序,已发出支付令的,支付令自行失效：(1)人民法院受理支付令申请后，债权人就同一债权债务关系又提起诉讼的；(2)人民法院发出支付令之日起30日内无法送达债务人的；(3)债务人收到支付令前，债权人撤回申请的。

债务人在收到支付令后，不在法定期间提出书面异议，而向其他人民法院起诉的，不影响支付令的效力。

五、债务人对支付令的异议

支付令的异议，是指债务人在收到支付令以后的法定期间内，向发出支付令的法院表明不服支付令所确认的给付义务的诉讼行为。

支付令的异议是在整个督促程序中，债务人唯一享有的陈述自己主张的机会。从内容上看，支付令的异议主要包括以下几个方面：

（一）支付令异议的成立条件

根据《民事诉讼法》和《民诉法适用意见》的规定，债务人提出支付令异议应当具备以下三项条件：

第一，债务人的异议必须是针对支付令所确定的债务本身。如果债务人只是提出自己缺乏清偿能力，这属于执行问题，而不是对支付令所确定的债务本身提出异议，不是支付令异议。债务人的异议通常有这样一些情况：对负债的事实提出异议、对负债的数额提出异议、对偿还期限提出异议、对是否存在对待给付义务提出异议、对债务的合法性提出异议。

第二，债务人的异议必须在法定期间内提出。根据《民事诉讼法》的规定，债务人提出支付令异议的期限是收到支付令之日起15日内，这是不变期间。如果超过这个期限提出异议的，异议就不成立。但如果因为不可抗力等客观原因延误了期间，可以向法院申请延期。

第三，支付令异议必须采用书面形式提出。也就是说，债务人口头提出支付令异议的，异议不成立。

债务人的异议，只要符合以上三项条件，就能够成立并产生相应的法律效力，人民法院无须审查债务人的异议是否有理由，也不要求债务人提供相应的证据，就可以裁定终结督促程序。

由于债务人提出支付令异议，不需要提供所依据的事实和证据，因此在多数情况下，债务人都会通过对支付令提出异议来拖延对债务的清偿。这也就是实践中督促程序使用不多的原因所在。

（二）支付令异议的效力

支付令异议的效力，是指债务人对支付令提出异议后所引起的法律后果。根据《民事诉讼法》的规定，支付令异议的法律效力主要包括以下两个方面：

1. 终结督促程序

债务人提出支付令异议以后，法院应当裁定终结督促程序。由于督促程序的终结，债权人既不能再通过督促程序实现所请求的债权，也不能对法院作出终结督促程序的裁定提起上诉。

2. 支付令失效

债务人提出合法的支付令异议以后，支付令所具有的督促债务人清偿债务的效力也随之丧失，债权人所请求的债权又重新陷入不确定的状态。如果债权人仍然要通过司法途径实现自己的债权，债权人只能另行起诉。

根据《民诉法司法解释》的规定，在把握支付令效力时，还应注意以下几点：第一，债权人基于同一债权债务关系，在同一支付令申请中向债务人提出多项支付请求，债务人仅就其中一项或者几项请求提出异议的，不影响其他各项请求的效力。第二，债权人基于同一债权债务关系，就可分之债向多个债务人提出支付请求，多个债务人中的一人或者几人提出异议的，不影响其他请求的效力。第三，对设有担保的债务的主债务人发出的支付令，对担保人没有拘束力。债权人就担保关系单独提起诉讼的，支付令自人民法院受理案件之日起失效。第四，经形式审查，债务人提出的书面异议有下列情形之一的，应当认定异议成立，裁定终结督促程序，支付令自行失效：(1)《民诉法司法解释》规定的不予受理申请情形的；(2)《民诉法司法解释》规定的裁定驳回申请情形的；(3)《民诉法司法解释》规定的应当裁定终结督促程序情形的；(4)人民法院对是否符合发出支付令条件产生合理怀疑的；(5)债务人对债务本身没有异议，只是提出缺乏清偿能力、延缓债务清偿期限、变更债务清偿方式等异议的，不影响支付令的效力。人民法院经审查认为异议不成立的，裁定驳回。债务人的口头异议无效。

(三)支付令异议的撤回

支付令异议一经合法提出，就具有导致督促程序终结、支付令失效的法律后果。但从尊重当事人处分权的角度出发，又应当允许债务人在诉讼中处分自己的权利。因此，针对支付令异议能否撤回的问题，学理上有肯定说和否定说两种主张。肯定说认为，民事审判程序应当以当事人的处分权为基础，因此从尊重当事人处分权的角度出发，应当允许债务人撤回支付令异议，从而使已经失效的支付令重新恢复效力。否定说则认为，对支付令的异议一经合法提出，就会导致督促程序终结和支付令失效，因此不能通过撤回支付令异议的方式恢复支付令的效力。

人民法院作出终结督促程序或者驳回异议裁定前，债务人请求撤回异议的，应当裁定准许。债务人对撤回异议反悔的，人民法院不予支持。

六、督促程序的终结

督促程序的终结，是指在督促程序中，因为法律规定的情况或者某种特殊原因而导致督促程序结束。其主要有以下两种情况：

1. 自然终结

督促程序的自然终结是督促程序的正常终结。其主要包括两种情况：(1)债务人在法定期间内没有提出异议，并且主动清偿了债务；(2)债务人在法定期间内既没有提出异议，也没有主动清偿债务，但是在支付令的强制执行力下清偿了债务。督促程序正常终结以后，债权人和债务人之间的债权债务关系不复存在，权利义务关系消灭。

2. 裁定终结

督促程序的裁定终结是督促程序的非正常终结。在以下三种情况下，法院应当裁定终结督促程序：(1)债务人依法对支付令提出了异议；(2)在法院发出支付令之前，债权人撤回了支付令申请；(3)支付令作出后无法在规定期限内送达债务人。

法院通过裁定终结督促程序以后，债权人和债务人之间的债权债务关系仍然存在，债权人的债权仍然存在，因此，债权人可以根据《民事诉讼法》的规定，按照通常诉讼程序提起诉讼。

督促程序被裁定终结以后，是否直接转为诉讼程序，各国立法有不同的规定。在德国、日本等国家，督促程序非正常终结以后便自动转为诉讼程序，诉讼程序溯及督促程序开始之时，并视支付令的申请为起诉。

根据我国《民诉法司法解释》的规定，支付令失效后，申请支付令的一方当事人不同意提起诉讼的，应当自收到终结督促程序裁定之日起 7 日内向受理申请的人民法院提出。申请支付令的一方当事人不同意提起诉讼的，不影响其向其他有管辖权的人民法院提起诉讼。当支付令失效后，申请支付令的一方当事人自收到终结督促程序裁定之日起 7 日内未向受理申请的人民法院表明不同意提起诉讼的，视为向受理申请的人民法院起诉。债权人提出支付令申请的时间，即向人民法院起诉的时间。

问题与思考

关于督促程序的实效性

就立法的意图而言，设置督促程序是为了更为迅速、快捷地实现债权人的权利。但从司法实践来看，各地普遍存在督促程序适用率低的现实。许多法院一年也没有几件通过督促程序申请支付令的案件。直接原因是债权人不愿通过督促程序实现债权。一方面，与法律知识的普及不够有关，人们并不了解督促程序对于迅速强制实现权利的意义；另一方面，也与制度上的原因导致支付令难以生效有关。在制度设计上，一旦义务人提出异议支付令即告失效，需要转入诉讼程序加以解决争议。但如果取消支付令异议或要求对异议理由加以证明又将会改变督促程序的性质。支付令这一制度的时效性与诚信缺失的社会大背景有关。在诚信普遍缺失的情形下，债务人常常无理由提出异议，以拖延债务的履行。同时，送达难也是导致支付令难以生效的原因之一。由于没有明确规定留置送达适用于支付令的送达，因此，支付令难以送达或不能送达，支付令自然不能生效。

第三十八章 公示催告程序

本章目次

一、公示催告程序概述

(一)公示催告程序的概念

公示催告程序,是指人民法院根据申请人的申请,以公示方式催告不明的利害关系人在法定期间内申报权利,如果逾期无人申报权利,将根据申请人的申请依法作出除权判决的程序。

公示催告程序在性质上是一种非讼程序。因为它并不解决双方当事人之间的实体争议,而只是以公示的方式,从程序上解决票据被盗、遗失或者灭失的有关问题和法律规定的其他事项。(见图 11)

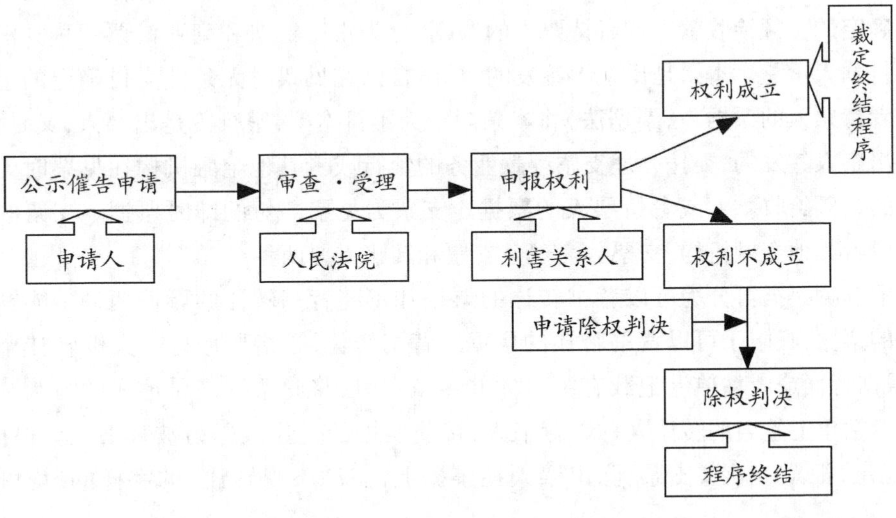

图 11 公示催告程序流程

公示催告程序的主要作用在于通过催告利害关系人在法定期间内申报权利，并且在无人申报权利的情况下，根据申请人的申请作出除权判决，从而恢复权利人票据上的权利。

（二）公示催告程序的特点

公示催告程序主要有以下特点：

第一，公示催告程序的申请人必须是被盗、遗失或者灭失票据的最后持有人，而被催告一方则具有不特定性，是不明的利害关系人。

第二，公示催告程序的目的在于使被盗、遗失或者灭失的票据失去法律效力，从而使原来的票据持有人重新获得票据上的权利。

第三，公示催告程序主要解决票据被盗、遗失或者灭失后的公示催告和除权判决问题。

第四，公示催告程序的进行具有阶段性，分为公示催告和除权判决两个阶段。

第五，公示催告程序中所作出的判决具有除权性，即能够消除票据权利或者其他事项所记载的权利，从而只保护申请人的权利。

（三）公示催告的适用范围

尽管许多国家的民事诉讼法都规定了公示催告程序，但在适用范围方面却各不相同。通常认为，德国《民事诉讼法》所规定的公示催告程序适用范围最广，包括：死亡宣告的公示催告；排除土地所有人的公示催告；排除各种债权人的公示催告；宣告证券无效的公示催告。[1] 其中，宣告证券无效的公示催告程序为大多数国家的民事诉讼法所规定。

我国《民事诉讼法》对公示催告程序的适用范围作出规定，主要包括以下两种情况：

1. 按照规定可以背书的票据

这是目前我国适用公示催告程序的主要对象。票据是出票人签发的，约定由自己或者委托的付款人在见票时无条件支付一定数额金钱的凭证。根据《票据法》的规定，票据分为汇票、本票和支票三种。汇票是出票人签发的，委托付款人在见票时或者在指定日期无条件支付确定的金额给收款人或者持票人的票据，分为银行汇票和商业汇票两种。汇票通常都需要付款人承兑。本票是出票人签发的，承诺自己在见票时无条件支付确定的金额给收款人或者持票人的票据。《票据法》将本票限定为银行本票，银行既是出票人，又是付款人。支票是出票人签发的，委托办理支票存款业务的银行或者其他金融机构在见票时无条件支付确定的金额给收款人或者持票人的票据。支票为见票即付的即时票据。支票的付款人是银行或者其他金融机构，支票分为现金支票和转账支票两种。

以上三种票据可分为可以背书转让的票据和不能背书转让的票据两种。能够申请公示催告的票据，只限于可以背书转让的票据。背书转让，是指票据持有人以转让票据为目的，在票据背面或者粘单上记载有关事项并签章，然后将此票据交付他人的行为。在票据背面或者粘单上签名的转让人称为背书人，接受票据的受让人称为被背书人。根据《票据法》的规定，汇票、本票、支票，除出票人在票据上记载“不得转让”的字样的，均可以背书转让。

---

〔1〕 德国贝克出版社编：《德意志联邦共和国民事诉讼法》（2000 年版），谢怀栻译，中国法制出版社 2001 年版。

2. 依据法律规定可以申请公示催告的其他事项

“其他事项”，是指除了可以背书转让的票据以外的其他可以申请公示催告的票据和有价证券。例如，根据《公司法》的规定，记名股票被盗、遗失或者灭失，股东可以依照民事诉讼法规定的公示催告程序，请求人民法院宣告该股票失效。因此，记名股票就属于可以申请公示催告的其他事项。

二、公示催告程序

（一）公示催告的申请

公示催告的申请是指票据的最后持有人在票据被盗、遗失或者灭失时，根据法律的规定向人民法院提出公示催告的请求，从而引起公示催告程序发生的行为。

当事人申请公示催告程序，应当具备以下条件：（1）公示催告程序的申请人，必须是可以背书转让票据的最后持有人。（2）申请公示催告的对象，必须是可以转让的票据或者法律规定可以申请公示催告的其他事项。（3）申请公示催告的原因，必须是票据被盗、遗失或者灭失并且利害关系人处于不明状态。如果票据的最后持有人已经知道票据的利害关系人，因为已经有明确的相对人，那么票据的最后持有人就应当按照普通诉讼程序向法院提起票据诉讼，而不能申请公示催告。（4）申请公示催告，必须向票据支付地基层人民法院提出。中级以上法院和票据支付地以外的其他法院都无权管辖。票据支付地是票据上载明的付款人所在地，如果没有载明付款人所在地，就以付款人的住所地或者主要营业地为票据付款地。（5）申请公示催告，必须提交书面申请。通常来讲，申请书应当具备以下内容：申请人的姓名、名称等基本情况；票据的种类、名称、号码、票面金额、支付日期；发票人、持票人、背书人的基本情况；申请的事实和理由，并附上相应的证据。

公示催告申请人撤回申请，应在公示催告前提出；公示催告期间申请撤回的，人民法院可以径行裁定终结公示催告程序。

（二）公示催告的审查和受理

人民法院收到申请人的申请后，应当进行审查。审查的内容主要为是否具备申请条件。如果经审查发现不具备申请条件的，应当在7日内裁定驳回申请，并同时通知支付人停止支付；经审查认为具备申请条件的，应当受理并通知申请人；如果发现接受申请的法院没有管辖权的，应当告知申请人向有管辖权的法院申请。

因票据丧失，申请公示催告的，人民法院应结合票据存根、丧失票据的复印件、出票人关于签发票据的证明、申请人合法取得票据的证明、银行挂失止付通知书、报案证明等证据，决定是否受理。

适用公示催告程序审理案件，可由审判员一人独任审理；判决宣告票据无效的，应当组成合议庭审理。

（三）发出停止支付通知

停止支付通知，又称止付通知，是指人民法院在决定受理公示催告申请后，向支付人发出的责令支付人停止向任何持票人支付票面金额的通知。

人民法院发出止付通知是为了防止被盗、遗失票据的非法持有人向支付人申请支付，从而使申请人在申请公示催告、宣告票据无效后，无法再请求支付人支付。

人民法院决定受理公示催告申请后，无须当事人申请就应当立即发出止付通知，这是由票据的无因性决定的。基于票据的无因性，票据持有人向支付人行使票据权利时，支付人有支付票面金额的义务，而不问其原因。支付人在收到法院的止付通知后，应当立即停止支付，直到法院通知其公示催告程序结束。如果支付人拒不执行止付通知，应承担相应的法律后果，例如在除权判决之后，仍然应当付款。

根据《民诉法司法解释》的规定，人民法院依照《民事诉讼法》的规定通知支付人停止支付，应当符合有关财产保全的规定。支付人收到止付通知后拒不止付的，除可依照《民事诉讼法》的规定采取强制措施外，在判决后，支付人仍应承担付款义务。

（四）发出公示催告公告

公示催告公告，是指人民法院在决定受理申请人的申请后，向社会发出的催促利害关系人在法定期间内向人民法院申报权利的告示。

根据《民事诉讼法》的规定，人民法院决定受理申请并通知支付人停止支付后，并在3日内发出公告，催促利害关系人申报权利。人民法院发出的受理申请公告，应当写明以下内容：(1)公示催告申请人的姓名或者名称。(2)票据的种类、号码、票面金额、出票人、背书人、持票人、付款期限等事项以及其他可以申请公示催告的权利凭证的种类、号码、权利范围、权利人、义务人、行权日期等事项。(3)申报权利的期间。(4)在公示催告期间转让票据等权利凭证，利害关系人不申报的法律后果。

公告应当在有关报纸或者其他媒体上刊登，并于同日公布于人民法院公告栏内。人民法院所在地有证券交易所的，还应当于同日在该交易所公布。

公告期间不得少于60日，且公示催告期间届满日不得早于票据付款日后15日。

（五）利害关系人申报权利

利害关系人，是指持有申请人认为已经被盗、遗失或者灭失的票据的人。申报权利是指利害关系人在公示催告期间内向人民法院申报自己权利的行为。申报权利是利害关系人维护自己合法权益的一种手段。在利害关系人申报权利时，应当注意以下几点：

1. 申报权利的人，必须是公示催告程序中的利害关系人，即票据的实际占有人。

2. 利害关系人必须向发出公示催告公告的法院申报权利。

3. 利害关系人必须在公示催告期间内或者除权判决前申报权利。人民法院可以根据案件的具体情况确定公告的期间，但最少不得少于60日。利害关系人申报权利，一般应在公示催告期间进行。如果利害关系人因故未在公示催告期间申报权利，也可以在除权判决作出之前申报权利。

4. 利害关系人应当向法院出示票据，法院应当对票据进行形式审查。利害关系人申报权利，人民法院应通知其向法院出示票据，并通知公示催告申请人在指定的期间察看该票据。公示催告申请人申请公示催告的票据与利害关系人出示的票据不一致的，人民法院应当裁定驳回利害关系人的申报。

5. 利害关系人申报权利成立的，法院应当裁定终结公示催告程序。由于公示催告程序是一种非讼程序，因此它并不解决当事人之间的权利义务关系。如果在公示催告期间或者除权判决作出之前有利害关系人向人民法院申报权利，就意味着对票据权利义务的争议有对立的双方当事人，这时人民法院应当裁定终结公示催告程序。如果公示催告申请人或者申报人向人民法院提起诉讼的，应当按照普通诉讼程序，由票据支付地或者被告住所地人民法院管辖。

6. 在申报权利的期间无人申报权利，或者申报被驳回的，申请人应当自公示催告期间届满之日起 1 个月内申请作出判决。逾期不申请判决的，终结公示催告程序。裁定终结公示催告程序的，应当通知申请人和支付人。

三、除权判决

除权判决，又称宣告票据或者其他事项无效的判决，是指人民法院在公示催告期间届满以后，在无人申报权利时，根据申请人的申请作出的宣告票据或者其他事项从此不再具有法律效力的判决。

（一）除权判决的条件

根据《民事诉讼法》的规定，人民法院作出除权判决应当具备以下条件：

第一，公示催告期间届满无人申报权利，或者虽然有人申报权利但被驳回。无论是否有利害关系人，只要在公示催告期间内或者除权判决作出之前没有人申报权利，或者申报被驳回，就符合法院作出除权判决的条件。

第二，申请人在法定期限内提出申请。公示催告申请人应自申报权利期间届满的次日起 1 个月内申请人民法院作出判决。逾期不申请判决的会导致公示催告程序的终结。

在同时具备以上两项条件时，法院应当作出除权判决。

（二）除权判决的效力

虽然适用公示催告程序审理案件，可由审判员一人独任审理；但判决宣告票据无效的，应当组成合议庭审理。

人民法院宣告票据无效的除权判决，具有以下法律效力：

一是申请公示催告的票据不再有法律效力，申请人可以根据除权判决，重新享有已经丧失的票据上的权利，从而有权请求支付人支付票面金额。

二是公示催告程序终结，任何人不得对除权判决提起上诉。其理由是：作为申请人，其已经实现票据除权的目的，因此没有上诉利益；作为利害关系人，其因为不是当事人自然没有上诉权。

（三）除权判决的撤销

在公示催告期间内，票据权利人可能会因为某种正当理由没有及时申请权利。由于除权判决是不能上诉的，票据权利人的合法权益必然会受到损害。为了对公示催告期间因为某种正当理由没有及时申请权利的票据权利人提供救济，根据《民事诉讼法》的规定，利害关系人因正当理由不能在判决前向人民法院申报的，自知道或者应当知道判决公告之日起1年内，可以向作出判决的人民法院起诉，通过普通诉讼程序来解决票据权利义务纠纷，给利害关系人以必要的救济。

根据《民事诉讼法》及《民诉法司法解释》的规定，利害关系人向人民法院起诉的，应当具备以下条件：(1)因发生意外事件或者不可抗力致使利害关系人无法知道公告事实的；(2)利害关系人因被限制人身自由而无法知道公告事实，或者虽然知道公告事实，但无法自己或者委托他人代为申报权利的；(3)不属于法定申请公示催告情形的；(4)未予公告或者未按法定方式公告的；(5)其他导致利害关系人在判决作出前未能向人民法院申报权利的客观事由。

应当注意的是，根据《民诉法司法解释》的规定，人民法院依照《民事诉讼法》的规定终结公示催告程序后，公示催告申请人或者申报人向人民法院提起诉讼，因票据权利纠纷提起的，由票据支付地或者被告住所地人民法院管辖；因非票据权利纠纷提起的，由被告住所地人民法院管辖。

依照《民事诉讼法》的规定，利害关系人向人民法院起诉的，人民法院可按票据纠纷适用普通程序审理。

按照《民事诉讼法》的规定，利害关系人请求人民法院撤销除权判决的，应当将申请人列为被告。

利害关系人仅诉请确认其为合法持票人的，人民法院应当在裁判文书中写明，在确认利害关系人为票据权利人的判决作出后，除权判决即被撤销。

通过普通诉讼程序救济，即利害关系人作为原告以通过除权判决获得权利的人为被告向法院提起民事诉讼。但这种做法的问题是，在除权判决生效后，又允许利害关系人就票据权利争议提起民事诉讼，有悖判决的既判力，并且导致救济成本提高。比较妥当的制度设计是，设立请求撤销除权判决的特别程序实现权利救济。只要具备一定的法定事由，利害关系人可以公示催告申请人为被告向法院提起撤销除权判决的诉讼。其诉讼的性质属于特殊救济程序。

第十单元

人民调解、仲裁、公证与民事诉讼的对接

第三十九章 ——————— 人民调解与民事诉讼的对接

本章目次

一、人民调解制度概述

(一)人民调解制度的含义

人民调解制度是由专门的调解组织——人民调解委员会作为调停人在当事人的参加下对当事人之间的民事纠纷或轻微刑事纠纷进行斡旋、调停解决的一种制度。人民调解在我国是一种十分重要的诉讼外纠纷解决制度。

(二)人民调解的历史沿革

人民调解源于我国传统的民间调解。中国历史上很早就有由当地有威望的老者、乡绅或乡官里正调解民间纠纷的习惯做法。当事人之间发生纠纷,也常由当事人的亲友、相邻出面斡旋、调停。宋代以后通常由保长、族长充当调解人。辛亥革命后出现了民间调解组织息讼会,其作用在于促进纠纷的调解解决。人民调解制度作为一种新的调解制度发端于土地革命时期的革命根据地。1931 年制定的《中华苏维埃共和国地方政府暂行组织条例》规定,乡苏维埃有权解决未涉及犯罪行为的各种争议,包括调解和裁判方式。抗日战争时期,有些地区抗日民主政府制定了区域性的调解暂行办法。人民调解作为我国民间调解的延续和发展形式,无论是在历史上,还是在现实中,在纠纷化解方面都起到十分重要的作用,被誉为"东方经验",为一些国家所借鉴并有所发展。

(三)人民调解的法律规制

为了强化人民调解在我国纠纷解决的作用,在强调"大调解"[1]的政治形势之下,2010 年 8 月 28 日第十一届全国人民代表大会常务委员会第十六次会议通过《中华人民共和国人民调解法》(以下简称《人民调解法》)。在我国,人民调解活动的规范除了《人民调解法》之

---

[1] 所谓"大调解",是指在各级政府、法院等各方的共同推动下,形成了"大调解"制度,即在党委和政府统一领导下,由政法综治部门综合协调,司法行政、法制部门和人民法院分别牵头,形成了社会广泛参与,人民调解、行政调解、司法调解、社会调解既充分发挥作用,又相互协调配合的工作体系,从而构建"横到边、纵到底"的全方位调解工作格局。

外,还包括《民事诉讼法》以及其他相关的法规和司法解释。

(四)人民调解组织

人民调解的组织机构是人民调解委员会,其性质是依法设立的调解民间纠纷的群众性组织。

按照基本要求,各村民委员会、居民委员会都应设立人民调解委员会。企业事业单位则根据需要设立人民调解委员会。人民调解委员会由委员3人至9人组成,设主任1人,必要时,可以设副主任若干人。

村民委员会、居民委员会的人民调解委员会委员由村民会议或者村民代表会议、居民会议推选产生;企业事业单位设立的人民调解委员会委员由职工大会、职工代表大会或者工会组织推选产生。人民调解委员会委员每届任期3年,可以连选连任。

由人民调解委员会委员和人民调解委员会聘任具体担任调解工作的人员成为人民调解员。人民调解员由热心人民调解工作,并具有一定文化水平、政策水平和法律知识的成年公民担任。人民调解员从事调解工作,没有工资报酬,政府给予适当的误工补贴。

(五)人民调解的基本原则

根据《人民调解法》的规定,人民调解委员会调解民间纠纷,应当遵循下列原则:(1)在当事人自愿、平等的基础上进行调解;(2)不违背法律、法规和国家政策;(3)尊重当事人的权利,不得因调解而阻止当事人依法通过仲裁、行政、司法等途径维护自己的权利。

(六)调解程序

当事人可以向人民调解委员会申请调解;人民调解委员会也可以主动调解。当事人一方明确拒绝调解的,不得调解。基层人民法院、公安机关对适宜通过人民调解方式解决的纠纷,可以在受理前告知当事人向人民调解委员会申请调解。

人民调解委员会根据调解纠纷的需要,可以指定一名或者数名人民调解员进行调解,也可以由当事人选择一名或者数名人民调解员进行调解。人民调解员根据调解纠纷的需要,在征得当事人的同意后,可以邀请当事人的亲属、邻里、同事等参与调解,也可以邀请具有专门知识、特定经验的人员或者有关社会组织的人员参与调解。

人民调解员调解纠纷,调解不成的,应当终止调解,并依据有关法律、法规的规定,告知当事人可以依法通过仲裁、行政、司法(民事诉讼)等途径维护自己的权利。

(七)调解协议

经人民调解委员会调解达成调解协议的,可以制作调解协议书。当事人认为无须制作调解协议书的,可以采取口头协议方式,人民调解员应当记录协议内容。

调解协议书可以载明下列事项:(1)当事人的基本情况;(2)纠纷的主要事实、争议事项以及各方当事人的责任;(3)当事人达成调解协议的内容,履行的方式、期限。

调解协议书自各方当事人签名、盖章或者捺指印,人民调解员签名并加盖人民调解委员会印章之日起生效。口头调解协议自各方当事人达成协议之日起生效。

人民调解达成的协议具有什么样的法律效力,《人民调解法》是如此规定的,经人民调解委员会调解达成的调解协议,具有法律约束力,当事人应当按照约定履行。但调解协议具有什么样的法律约束力,《人民调解法》并没有进一步规定。显然,在法律效力方面,调解协议不能与诉讼中的法院调解协议相提并论。法院调解协议的当事人如果不履行,权利人可以向法院申请强制执行。当然,人民调解协议并不是简单地等同于当事人之间的一般民事合同,一旦经过法院确认,该调解协议同样具有强制执行的效力。人民调解委员会也有义务监督调解协议的履行,督促当事人履行协议。

是否直接给予人民调解协议强制执行力,是一个有争议的问题。单从强调人民调解的作用来看,当然直接给予其调解协议强制执行力最好,但是如果从人民调解的程序、人民调解员的专业素质来看,给予其调解协议强制执行力尚缺乏充足的正当性。人民调解员毕竟不是专业人员,也缺乏相应的制度约束。因此,《人民调解法》没有赋予人民调解协议以强制执行的效力。

(八)人民调解制度的困境与角色定位

人民调解制度虽然在纠纷解决中发挥了重要的作用,但存在结构的不足,主要有以下几点:(1)由于人民调解委员会是以地方性组织为基础,如特定的村民委员会和居民委员会,因此,对于流动性强的群体难以顾及。流动性强的商业人口基本不受人民调解组织的影响,因此,难以发挥调解的作用。(2)人民调解员不是专业的,也没有报酬,因此难以吸引专业素质高、年富力强的人从事调解工作,也难以应对现代社会复杂的纠纷形态。如果将人民调解专业化,则人民调解的特色又将丧失。

基于人民调解的这种特殊结构,其必须被予以正确定位,主要以解决熟人社会中人们相互之间一般生活纠纷。对于其他专业领域里的纠纷需要建立其他相应的诉讼替代解决制度,而不是仅仅依赖于人民调解制度,应当发展更加多元的纠纷解决制度。在这方面,国外法治发达国家的多元替代纠纷解决制度——ADR 值得我们充分借鉴。

二、人民调解与民事诉讼的对接

(一)人民调解不是民事诉讼的前置程序

虽然人民调解对解决纠纷具有重要的作用,但人民调解不是民事诉讼的前置程序,即不是当事人提起民事诉讼的必经程序。按照《人民调解法》的规定,当事人自愿申请调解,调解委员会主动进行调解的,当事人可以拒绝。对于民事纠纷,当事人不愿意进行调解的,可以直接向人民法院提起诉讼。这与当事人享有诉权有直接关系。按照诉权自由的法理,诉权的行使不应设有障碍,阻碍当事人行使诉权。

(二)人民调解协议不能履行与诉讼

因为人民调解协议不具有强制执行力,因此,纠纷不能最终解决。此种情形下,就还需要通过诉讼手段加以解决。《人民调解法》规定,经人民调解委员会调解达成调解协议后,当事人之间就调解协议的履行或者调解协议的内容发生争议的,一方当事人可以向人民法院提起诉讼。

对于《人民调解法》的理解,人们之间存在分歧。

一种理解是，当事人可以向法院提起的诉讼分为两类情形：(1)当事人不履行调解协议的；(2)当事人就调解协议的内容发生争议的。在第一类情形下，当事人之间对调解协议的内容没有争议，仅仅是调解协议中义务人一方不自动履行协议。在此类情形下，权利人向法院起诉主要是为了获得强制执行名义。法院对这类诉讼的审理主要是查明义务人是否履行义务，并对此作出判决。这种认识实际上是将调解协议是否履行作为审理的标的。该判决一旦生效，便可以作为权利人的执行根据。在第二类情形下，法院需要对调解协议的内容的合法性进行审查，并作出判决。由于调解协议的内容涉及民事纠纷，因此，实际上，人民法院需要对民事纠纷的事实进行审理，这与一般民事纠纷的诉讼审理没有太大的区别。一旦人民法院作出判决，而判决又具有给付内容的，该判决一旦发生法律效力，即可作为执行根据。

另一种理解是，双方当事人无论是就调解协议的履行，还是就调解协议的内容发生争议，只要一方向法院起诉，法院应当对纠纷本身进行审理，而不是区分是对履行发生争议，还是就调解协议内容发生争议存在不同的审理。因为不履行的争议往往也与调解协议的内容有直接联系。

三、人民调解协议的司法确认程序

(一)司法确认程序的含义

根据《人民调解法》的规定：经人民调解委员会调解达成调解协议后，双方当事人认为有必要的，可以自调解协议生效之日起30日内共同向人民法院申请司法确认，人民法院应当及时对调解协议进行审查，依法确认调解协议的效力。2012年修正后的《民事诉讼法》也作出了相应的规定，申请司法确认调解协议，由双方当事人依照人民调解法等法律，自调解协议生效之日起30日内，共同向调解组织所在地基层人民法院提出。2021年《民事诉讼法》修改，对"申请司法确认的调解案件"的管辖权问题进行了明确。为推动矛盾纠纷多元化解，将司法确认范围扩大为"经依法设立的调解组织"调解达成的调解协议，并区分"人民法院邀请调解组织开展先行调解"和"调解组织自行开展调解"两种情况，确定了管辖法院。同时，明确中级人民法院也可以开展司法确认。

所谓确认人民调解协议程序，也是一种司法确认程序。

(二)司法确认程序的意义

设置确认人民调解协议程序的意义在于，这一程序使双方当事人之间的调解协议在得到司法机关的确认后，即可获得强制执行的效力。根据《人民调解法》的规定，人民法院依法确认调解协议有效，一方当事人拒绝履行或者未全部履行的，对方当事人可以向人民法院申请强制执行。由于调解程序、调解人员素质等方面的原因，在人民调解委员会调解下达成的调解协议还不能直接获得强制执行效力，因此，需要通过司法机关的审查把关，确保调解协议的合法性，并在通过审查确认后即可获得强制执行的效力。这一程序既可以使人民调解协议间接获得执行效力，又能保证其合法性。立法者试图通过这种程序设置强化人民调解纠纷解决的作用。为了进一步落实《人民调解法》关于确认人民调解协议的规定，最高人民法院于2011年3月21日公布了《关于人民调解协议司法确认程序的若干规定》，对这一程序的具体实施作了司法解释，该司法解释成为确认程序的重要规范。

（三）确认的程序

1. 申请条件

确认人民调解协议，包含以下条件：（1）调解双方当事人应共同向人民法院申请确认。也就是说，双方当事人有向人民法院要求确认的共同意思表示，如果仅仅是一方要求确认，法院不能受理该确认申请。要求共同申请，是因为如果仅是一方申请就可能以为双方当事人之间已经存在争议，法院一旦根据一方要求确认了调解协议的效力，就会影响当事人之间通过司法程序解决争议。因为调解协议获得确认之后，当事人之间便不能再行争执。（2）须在调解协议生效之日起30日内向人民法院申请确认，超过30日的有效申请期间，人民法院将不予受理。

根据最高人民法院的司法解释，申请确认应当以书面的形式即向法院提出确认申请书，并向法院提交调解协议文本和身份证明、资格证明，与调解协议相关的财产权利证明等证明材料，以及提供双方当事人的送达地址、电话号码等联系方式。

2. 司法确认的管辖法院

2021年《民事诉讼法》对司法确认的法院管辖作出了新的规定。这使关于司法确认的管辖更有针对性，方便当事人和法院行使权利或权力。2021年《民事诉讼法》指出，经依法设立的调解组织或者依法任职的调解员主持达成调解协议，申请司法确认的，由双方当事人自调解协议生效之日起30日内，共同向下列人民法院提出：（1）人民法院邀请调解组织、调解员开展先行调解的，向作出邀请的人民法院提出；（2）当事人申请由人民调解委员会调解的，向人民调解委员会所在地基层人民法院提出；（3）当事人申请由其他依法设立的调解组织或者依法任职的调解员调解的，向当事人住所地、标的物所在地的基层人民法院提出。

另外，2021年《民事诉讼法》还规定，调解协议所涉纠纷应当由中级人民法院、专门人民法院管辖的，应向相应的中级人民法院、专门人民法院提出。

3. 受理

人民法院收到当事人司法确认申请后，应当在3日内决定是否受理。人民法院决定受理的，应当编立“调确字”案号，并及时向当事人送达受理通知书。双方当事人同时到法院申请司法确认的，人民法院可以当即受理并作出是否确认的决定。如果仅有一方当事人到法院申请司法确认的，应先告知其转告另一方当事人同时到法院，仍不能同时到法院申请的，不予受理。

根据《民诉法司法解释》的规定，有下列情形之一的，人民法院不予受理：（1）不属于人民法院受理范围的；（2）不属于收到申请的人民法院管辖的；（3）申请确认婚姻关系、亲子关系、收养关系等身份关系无效、有效或者解除的；（4）涉及适用其他特别程序、公示催告程序、破产程序审理的；（5）调解协议内容涉及物权、知识产权确权的。

人民法院受理申请后，发现有上述不予受理情形的，应当裁定驳回当事人的申请。

不过,将上述五种情形作为受理要件似有不妥。从理论上讲,这些情形应当属于法院确认的形式要件,而非受理要件。受理要件仅为有明确的协议双方申请人。确认要件的审查可在受理后进行。

4. 审查

根据司法解释,人民法院应当自受理司法确认申请之日起15日内作出是否确认的决定。因特殊情况需要延长的,经本院院长批准,可以延长10日。人民法院对申请确认调解协议的,应当从调解协议是否符合法律进行审查。调解协议合法的应当确认其效力。

5. 驳回申请

根据《民诉法司法解释》的规定,经审查,调解协议有下列情形之一的,人民法院应当裁定驳回申请:(1)违反法律强制性规定的;(2)损害国家利益、社会公共利益、他人合法权益的;(3)违背公序良俗的;(4)违反自愿原则的;(5)内容不明确的;(6)其他不能进行司法确认的情形。

上述所规定的情形均属于不具备确认有效的实质要件。

6. 裁判及效力

人民法院经审查确认人民调解协议有效的,应作出书面裁定。人民法院一旦裁定即发生法律效力。当事人不能对人民法院的确认裁定提出复议或上诉。对于具有给付意义的调解协议,人民法院确认其效力的,具有强制执行力。如果义务人不自动履行调解协议的,权利人可以根据人民法院的确认裁定,请求人民法院予以强制执行。

7. 确认无效的处理

人民法院依法确认调解协议无效的,当事人可以通过人民调解方式变更原调解协议或者达成新的调解协议,也可以向人民法院提起诉讼。

第四十章 仲裁与民事诉讼的对接

本章目次

一、仲裁制度概述

仲裁制度在解决民事纠纷方面已经成为一种非常重要的手段。无论是国外还是国内，仲裁作为一种相对高效、低成本、非公开、柔性化的民商事纠纷解决手段，已经成为替代司法解决的最重要、最广泛的方法之一。有资料显示，在国外的500强企业所涉及的经济纠纷中有约80%是通过仲裁方式加以解决的。在我国，通过仲裁解决纠纷的数量正以每年30%的速度增加。[1] 2016年我国仲裁受案数量已经超过20万件。从每年10万件到20万件仅用3年时间。[2] 在许多领域，例如在许多地方的房贷交易中，仲裁解决其争议已经成为标准的合同格式条款。在一些地方，贷款纠纷解决的方式也预设为仲裁方式。民事纠纷的仲裁之所以发展得如此迅速，一方面与纠纷大量增加有关，另一方面与民事诉讼解决方式的相对低效率、高成本、公开化有关，尤其是在法院依然深陷案多人少的矛盾境地之时，[3] 更加剧了法院案件审结效率方面的压力。与此同时，司法的公正度和公信力尚在努力提升的过程之中。正是基于对提高纠纷解决效率、降低纠纷解决成本等价值的追求，通过仲裁解决纠纷就成为人们的一种自然选择。1994年我国颁布的《仲裁法》，成为现行仲裁制度的法

---

〔1〕 参见李伟民：《中外仲裁制度之比较》，载百度百科2022年3月28日，https://baike. baidu. com/item/中外仲裁制度之比较/15095086？fr = aladdin。

〔2〕 从地方仲裁案件的增长情形也可以局部印证这一点。例如浙江金华地区，金华仲裁委2009年该委受理案件442件，2010年已突破500件，到2011年受理案件数达到了530件，呈不断增长态势。参见姜建新、陈立伟：《关于仲裁裁决司法审查的调查与思考——对不予执行及申请撤销仲裁审查的实证分析》，载《法律适用》2013年第10期。

〔3〕 2010年至2017年全国案件数量增加了70%，但法官人数仅增加10%。参见孟勤国：《司法改革应直面常识挑战》，载《人民法治·法律实施》2018年2月20日版。

律基础。

与民事诉讼相比,仲裁制度具有以下主要特点:

第一,具有更大的选择性,仲裁当事人可以协议选择仲裁机构、选任仲裁员、选择审理的方式。

第二,仲裁解决争议的范围小。可仲裁的范围仅限于平等主体的公民、法人和其他组织之间发生的合同纠纷与其他财产权益纠纷,在实践中多数是法人之间的合同纠纷;仲裁的审理以不公开为原则。

第三,实行一裁终局制,即一旦作出裁决就发生法律效力。

二、仲裁与诉讼的关系及仲裁司法监督

(一)仲裁与诉讼的关系

仲裁作为一种纠纷司法解决的替代方式,为相对低成本、高效率解决纠纷,化解社会矛盾发挥了重要的作用。为了让仲裁能够更多地发挥这种替代作用,法律明确规定了仲裁与民事诉讼的关系。一旦当事人双方协议选择了仲裁,则就排除了司法管辖,当事人不得就该纠纷向人民法院诉讼。

关于这一问题,应当注意以下两点:一是仲裁条款或者仲裁协议不成立、无效、失效、内容不明确无法执行的情形除外;二是即使争议双方之间的仲裁协议有效,也不一定排除法院对争议的管辖权。《民事诉讼法》将其纳入应诉答辩制度予以调整。也就是说,只要一方向人民法院提起诉讼,对方当事人答辩应诉,没有提出异议的,即使存在仲裁协议,人民法院对该争议依然拥有主管的权利。只不过在理论上将其作为一般管辖权问题加以处理存在疑问。因为仲裁与诉讼的关系问题属于法院主管问题。而非一般法院内部分工的管辖问题,在法律上,还是单独加以规定比较妥当。

(二)仲裁的司法监督

在仲裁越来越为人们所重视、运用越来越广泛的同时,仲裁的公正性问题也随之显现,成为人们关注的焦点。应当承认,由于我国尚处法治初级阶段,其社会环境包括人文环境和法治环境中存在的各种不利因素,例如,在法治意识、诚信意识与自我约束、传统人际关系理念、仲裁行政化、仲裁人事管理、仲裁员竞争淘汰机制、仲裁知识普及等诸多方面的不足,致使我国仲裁在仲裁公信度、公正度方面,与法治发达国家相比尚有很大的差距。在我国,有实证调查表明,不服仲裁裁决要求法院予以撤销或不予执行的比例一直比较高。尽管从获得的资料来看,要求法院撤销仲裁裁决或不予执行仲裁裁决的案件获得法院支持的比例并不高。[4] 因此,要求国家对仲裁进行更为有效的监督干预,维护仲裁裁决的公正性

---

〔4〕 参见谭振亚:《仲裁案件司法审查实证分析——以重庆市第一中级人民法院司法实务为样本》,载《人民司法(应用)》2015年第19期。在要求撤销仲裁裁决的案件中有相当一部分涉及实体争议——案件的事实认定和法律适用的争议,因此无法满足进行实质审查的形式要件。

（甚至包括实体公正的诉求），更充分地保障人们的合法权益的呼声也越来越强烈。党的十八届四中全会明确提出要“完善仲裁制度，提高仲裁公信力”。毫无疑问，加强对仲裁的司法监督是实现其要求的重要手段之一。

我国采取的是与大多数国家一样的事后监督，而非少数国家（如英国）的事中监督和事后监督并重的方式。以英国的事中监督方式为例，在仲裁过程中，如果遇有法律适用问题的争议时，法院可以裁决中止仲裁程序，等待法院对该问题的裁决，然后恢复仲裁程序。〔5〕事后监督则是仲裁庭作出终局裁决之后，法院通过仲裁当事人提起仲裁裁决撤销之诉进行监督。我国《仲裁法》赋予仲裁当事人仲裁裁决撤销之诉的目的，一方面，在于纠正仲裁中的违法行为，维护和保障仲裁当事人的合法权益；另一方面，通过仲裁裁决撤销之诉的方式可以实现司法对仲裁的监督。监督仲裁裁决的作出在仲裁可能性、仲裁适格、仲裁庭中立公正审理以及裁决程序等方面是否满足其基本条件，是国家干预（参与）仲裁的一个重要方面。

按照我国现行的仲裁制度，司法对仲裁的监督均为事后被动监督。主要有三种路径（也是当事人寻求司法救济的三种途径）：（1）通过对要求法院对仲裁协议的有效与否的审查进行监督；（2）在仲裁裁决作出之后，通过对当事人提起的撤销仲裁裁决的请求的审查进行监督；（3）在对方申请执行仲裁裁决之后，通过另一方提起要求法院不予执行该仲裁裁决的审查进行监督。在我国，这三种程序统称为“仲裁司法审查程序”。

国家对仲裁进行司法监督的理论根据在于，虽然仲裁是基于私人之间的合意由非公权力的第三方对争议作出裁决，但由于仲裁作为替代国家公权力解决争议的一种方式，有利于民商事纠纷的解决，因此，在仲裁裁决无瑕疵的情形下国家承认仲裁裁决，并赋予该仲裁裁决强制执行力。仲裁裁决撤销制度的核心是仲裁裁决事由的规定。事由的规定涉及国家对仲裁干预的程度或范围，对于仲裁制度有重要的影响。如何设置仲裁裁决撤销事由对于合理地实现仲裁制度设定的目的，保障仲裁裁决的正当性，维护当事人的合法权益，最大限度地发挥解决纠纷的功能和作用具有十分重要的作用。

三、仲裁协议效力的确认及程序

（一）仲裁协议效力的确认

法院通过民事诉讼程序确认仲裁协议的效力。仲裁协议的效力问题涉及法院对争议是否可以行使民事审判权的问题。一般情况下，关于仲裁协议的效力问题总是在一方当事人就争议向法院提起诉讼时凸显出来。即一方当事人向法院提起诉讼，另一方当事人以仲裁协议抗辩法院无审判权。因为仲裁协议有效性的实质就是以何种方式解决民事争议的问题，因此当事人一般不会单独就仲裁协议向法院提起确认之诉，而是在要求法院裁决双方争议的同时要求法院确认仲裁协议的效力。按照《仲裁法》的规定，当事人对仲裁协议的

〔5〕　参见［日］小岛武司、高桑昭编：《仲裁法——注释与论点》，青林书院 2007 年版，第 242 页。事中监督的缺陷在于将大大影响仲裁的效率。因此多数国家都不采用事中监督，而仅采是事后监督。

效力有异议的,可以请求仲裁委员会决定或法院裁决。双方当事人分别向仲裁委员会和法院请求确认仲裁协议的效力的,有权确认的机构是法院,即使仲裁机构作出了决定,其决定也没有法律效力。按照《最高人民法院关于确认仲裁协议效力几个问题的批复》的规定,仲裁机构已经先于法院接受关于确认仲裁协议效力的申请并作出决定的,法院不予受理当事人关于确认仲裁协议无效的诉讼。仲裁机构虽已接受关于确认仲裁协议效力的申请,但尚未作出决定的,法院可以受理当事人关于要求确认仲裁协议无效的诉讼,同时通知仲裁机构终止仲裁。

(二)确认仲裁裁决效力案件的审理程序

1. 确认仲裁协议效力案件的管辖

申请确认仲裁协议效力的案件,由仲裁协议约定的仲裁机构所在地、仲裁协议签订地、申请人住所地、被申请人住所地的中级人民法院或者专门人民法院管辖。涉及海事海商纠纷仲裁协议效力的案件,由仲裁协议约定的仲裁机构所在地、仲裁协议签订地、申请人住所地、被申请人住所地的海事法院管辖;上述地点没有海事法院的,由就近的海事法院管辖。

申请人向两个以上有管辖权的人民法院提出申请的,由最先立案的人民法院管辖。

申请人向对案件不具有管辖权的人民法院提出申请,人民法院应当告知其向有管辖权的人民法院提出申请,申请人仍不变更申请的,裁定不予受理。申请人对不予受理的裁定不服的,可以提起上诉。

人民法院受理仲裁司法审查案件后,被申请人对管辖权有异议的,应当自收到人民法院通知之日起 15 日内提出。人民法院对被申请人提出的异议,应当审查并作出裁定。当事人对裁定不服的,可以提起上诉。

2. 确认仲裁协议效力案件的申请

申请应当提交书面申请书。申请书应当载明下列事项:(1)申请人或者被申请人为自然人的,应当载明其姓名、性别、出生日期、国籍及住所;为法人或者其他组织的,应当载明其名称、住所以及法定代表人或者代表人的姓名和职务。(2)仲裁协议的内容。(3)具体的请求和理由。

当事人提交的外文申请书、仲裁协议及其他文件,应当附有中文译本。

法院受理仲裁司法审查案件后,作出裁定前,申请人可以请求撤回申请。

3. 审理方式及期限

确认仲裁协议效力案件的审理方式,在仲裁法中没有规定,而最高人民法院的规定仅明确由审理法官组成合议庭对当事人进行询问。一般诉讼程序中的开庭审理、法庭辩论程序也都不再适用。

法院审查的期限为 2 个月,从法院受理之日起计算。

4. 本案裁定为终结裁定

本案裁定是指法院对确认仲裁裁决效力案件实体问题的裁定。人民法院在仲裁司法审查案件中对本案问题作出的裁定,一经送达即发生法律效力。当事人不得申请复议、提出上诉或者申请再审。对于本案裁定不给予司法救济的权利,主要是基于案件终结的效率考量。

至于不予受理、驳回申请、管辖权异议的裁定不属于本案裁定,是对程序性事项的裁决,按照最高人民法院的规定可以提起上诉。

四、仲裁裁决的撤销及程序

(一)仲裁裁决撤销制度概述

在实践中,通过当事人提起撤销仲裁裁决请求进行监督是一种最主要的司法监督方式,也是人们最为重视的司法救济手段。

仲裁裁决撤销与确认仲裁协议在司法监督的作用上有所不同。要求法院确认仲裁协议的有效性主要是为了保障当事人的诉权或接受国家司法裁判这一宪法上的基本权利,发挥国家行使公权力手段解决民事纠纷的基本功能。虽然仲裁协议效力的确认也是一种司法监督,但对纠纷解决程序本身的监督作用是间接的。

仲裁司法监督的另一种方法——不予执行的审查和判断尽管也能够发挥司法监督的作用,但这一制度对于域外仲裁裁决的承认与执行更有意义。可以避免仲裁裁决在违反我国法律和社会公共秩序的情形下在我国得以执行。在国内仲裁的场合,因为是在仲裁裁决进入执行阶段之后,所以在多数情形下,当事人都已行使申请撤销仲裁裁决这一救济手段。少数情形因为某些原因(不了解或未及时提出)没有申请撤销仲裁仲裁裁决,在对方申请执行后,才被动行使申请不予执行仲裁裁决以求司法救济。由于申请撤销仲裁裁决与申请不予执行的事由是同一的,一旦申请撤销仲裁的请求被驳回,一般情形下,申请不予执行将不会成立。因此,在司法对仲裁的监督方面,申请撤销仲裁裁决程序或仲裁裁决司法审查程序就成为人们主要适用的司法救济手段。

仲裁裁决撤销的审理程序与确认仲裁协议效力的审理基本相同。本部分不再专门对其审理程序进行阐述。

(二)仲裁裁决撤销事由

仲裁裁决撤销事由是仲裁裁决撤销制度最核心的内容。正确理解和适用有关撤销事由的规定,对于正确运用该制度至关重要。

所谓仲裁裁决撤销事由,是指根据法律规定的,可以撤销确定仲裁裁决的理由。由于仲裁裁决确定之后具有与确定(生效)判决同样的效力,即其不仅具有与判决同样的形式上的约束力——仲裁机构(包括作出裁决的仲裁机构)不得自行撤销仲裁裁决,而且也有确定(生效)判决所具有的实质上的约束力——既判力、形成力和执行力。因此,作出的司法救济途径,只有在具有法定的撤销事由时,才能通过一定程序由法院予以撤销。《仲裁法》第58条对仲裁裁决撤销事由、基本审查方式等作出了明确的规定。

该条第1款规定,当事人提出证据证明裁决有下列情形之一的,可以向仲裁委员会所在地的中级人民法院申请撤销裁决:(1)没有仲裁协议的;(2)裁决的事项不属于仲裁协议的范围或者仲裁委员会无权仲裁的;(3)仲裁庭的组成或者仲裁的程序违反法定程序的;

(4)裁决所根据的证据是伪造的;(5)对方当事人隐瞒了足以影响公正裁决的证据的;(6)仲裁员在仲裁该案时有索贿受贿、徇私舞弊、枉法裁决行为的。

该条第2款规定,人民法院经组成合议庭审查核实裁决有前款规定情形之一的,应当裁定撤销。

该条第3款规定,人民法院认定该裁决违背社会公共利益的,应当裁定撤销。

1. 无权仲裁

无权仲裁是仲裁裁决撤销的事由之一。《仲裁法》规定,没有仲裁协议作为撤销事由,是因为当事人之间一旦就纠纷解决方式选择仲裁途径,则排除司法解决途径,人民法院对于当事人提起民事诉讼的,不予受理。仲裁的前提和基础是当事人之间就特定争议交第三方裁决的合意。没有关于争议解决的合意,也就丧失了仲裁的前提和基础。没有仲裁协议也意味着不能排除司法主管,当事人可以直接选择民事诉讼方式,即使对方已经申请仲裁解决纠纷。双方之间有了仲裁协议,当事人双方就必须受该协议的约束,只能选择仲裁程序解决纠纷。但有一点需要注意,虽然双方之间没有协议,但如果一方向仲裁机构申请仲裁,而另一方没有提出异议的,视为双方当事人认可仲裁,仲裁机构对该纠纷拥有裁决权。在仲裁过程中,被申请人不得再就仲裁权问题提出异议,无论是向仲裁委员会,还是人民法院。

实践中经常遭遇的问题是,虽然双方之间存在仲裁协议,但实际上因为双方之间存在若干法律关系,而仲裁协议仅仅是针对特定的法律关系争议的解决方式。此种情形下,如果其他法律关系发生纠纷时,该仲裁协议不能约束当事人,双方当事人均可选择仲裁或诉讼方式解决该法律关系的争议。双方之间争议的法律关系是否存在仲裁协议,往往需要结合双方之间具体的合同进行分析。

对无权仲裁的判断还必须结合《仲裁法》关于仲裁无效的规定。虽然仲裁裁决撤销事由的法定条款对此没有规定,但仲裁协议无效与没有仲裁协议的法律效果相同,而关于仲裁无效的情形由《仲裁法》专门规定,因此,仲裁裁决撤销事由中也就包括了关于仲裁无效的具体情形。仲裁协议对仲裁事项或者仲裁委员会没有约定或者约定不明确的,当事人可以补充协议;达不成补充协议的,仲裁协议无效。仲裁事项或者仲裁委员会约定是否明确是实践中常常争议的问题。仲裁事项是否明确应当结合双方签订合同的具体内容而定。如果不明确则以仲裁协议无效对待,由此表明立法者持司法解决优位的立场。

是否属于无权仲裁事项的判断,需要结合具体事项与该事项相关的法律、法规、政策予以分析。例如,对于《国有建设用地使用权出让合同》所涉及的出让价款争议问题,如果相应的法规、政策对此有专门的规定,那么仲裁机构就无权根据仲裁当事人之间的协议进行仲裁。根据当地的政策,国有建设用地土地使用权出让起始价有相应的定价机制和程序,因此,仲裁机构无权对其价格问题作出裁决。

2. 仲裁裁决违反法定程序

在申请撤销生效仲裁裁决的案件中,仲裁裁决违反法定程序是仲裁裁决撤销理由中最常见的。因为何谓法定程序比较抽象,有很大的解释空间,所以,其就常常为在仲裁裁决中处于不利地位的一方当事人所利用，意图推翻生效的仲裁裁决。且同时为抗辩一方当事人所质疑。因此如何正确理解法定程序是一个必须解决的问题。

笔者认为，所谓法定程序可以从以下几点认识：

其一，将违反法定程序作为撤销事由，其目的是保障仲裁当事人的基本程序权利，使当事人能够得到充分的辩论权。因为一方面，法定程序是一个比较抽象的概念，所谓法定程序需要具体考虑。另一方面，并非只要违反法定程序，就一定要撤销仲裁裁决。这与违反法定程序的程度有关。所以，这就需要从司法政策上予以考虑，而考虑的基准就是当事人辩论权是否得到程序保障。例如，没有送达、没有给予当事人陈述主张的机会等。

其二，法定程序是仲裁裁决的必经程序。这些程序包括从申请到审理、裁决的各个环节。具体地讲，就是《仲裁法》以及各仲裁机构制定的仲裁规则。《仲裁法》第四章较为具体地规定了程序环节，包括申请、仲裁庭组织、开庭审理和裁决。既包括申请、审理和裁决这种过程，也包括组织与证据运用。例如，《仲裁法》规定，证据应当在开庭时出示。如果仲裁裁决所依据的证据没有在开庭中出示，则应当视为违反法定程序。在《仲裁法》中关于证据的部分有的是选择性的，例如，关于证据的质证。《仲裁法》使用的是“可以”，意味着并非必须的。因此，如果在开庭审理当事人双方没有质证，也不能认为违反了法定程序。这一点与民事诉讼法的规定有所不同。民事诉讼法关于质证的程序是必经程序。

其三，所谓法定，不仅是指《仲裁法》、仲裁机构制定的仲裁规则以及《民事诉讼法》中可以适用于仲裁的相关规定，还应当包括当事人双方之间关于仲裁程序的契约或合意。将当事人之间关于仲裁程序的合意纳入“法定”这一点往往容易被人们忽视。缘何要将当事人的合意纳入法定的范畴，是由于仲裁是当事人自由度很高的一种纠纷解决方式，因此，更应尊重当事人之间关于仲裁解决程序的合意。当事人之间的合意只要没有违反法律、法规和公序良俗，当事人有关个案仲裁程序的合意就是仲裁规则，其合意确定的程序就与法定程序相当。意思自治是仲裁制度的基础，是仲裁权产生、行使的基础和基本原则。[6] 作为当事人意思自治的体现和实现的契约就是法律。当事人通过仲裁合意可以更多地根据具体情形考虑程序保障，以维护其正当权益。有些程序保障事项不宜在仲裁法或一般仲裁规则中作出一般性规定。例如，关于仲裁裁决书是否应当附裁决理由的问题。这一问题如果交由当事人合意就比较容易处理了。又如，当事人双方可以合意约定仲裁裁决书必须附有理由，如果没有附理由则构成违反程序，可予以撤销。在仲裁中，当事人的合约或契约方面比较多的是双方之间关于证据效力和证据可采性的契约。例如，双方约定只有书证才能证明争议事实的证据形式。如果仲裁裁决违反了该证据契约，也应视为违反法定程序。例如，关于质证，《仲裁法》没有规定质证为必经程序，没有质证也不能视为违反法定程序，但如果在双方规定有契约质证为必经程序的情形下，没有仲裁审理、没有经过质证应当视为违反法定程序。从我国的仲裁实践情形来看，人们并不重视关于仲裁程序的合意。人们还没有意识到通过合意某种程度上（在不违反法律强制性规定的前提下）可以自己确定仲裁规则。

---

〔6〕 参见乔欣：《仲裁权论》，法律出版社 2009 年版，第 81 页。

3. 证据违法

《仲裁法》将仲裁裁决所依据的证据是伪造的作为撤销仲裁裁决的事由。这部分事由涉及仲裁裁决的事实认定和证据运用问题。之所以将伪造证据单列作为撤销事由，主要是基于两点：(1)伪造证据的行为本身是违法行为；(2)因为裁决依据的证据是伪造的，则很清楚地表明仲裁的事实认定缺乏事实基础是不正确的。从这一事由的规定来看，我国《仲裁法》还是在一定程度上允许法院对事实认定这样的实体问题予以介入。

4. 违反社会公共利益

按照多数国家仲裁法的原则或惯例，法院不对仲裁的实体问题进行审查和监督，仅对形式或程序事项进行审查和监督。但有关社会公共利益的审查是其例外。之所以将违反社会公共利益作为仲裁裁决撤销事由，其理由在于社会公共利益被视为社会秩序的底线或行为规范的基本要求。

我国《仲裁法》将违反社会公共利益作为独立于当事人申请撤销仲裁裁决事由之外的特殊事由。这一规定的本意在于，即使没有当事人主张，如果法院在审理中发现仲裁裁决有违反社会公共利益的，也可以直接以此为由撤销该仲裁裁决。这里涉及仲裁法中的当事人主张原则的问题。在民事诉讼中，基于当事人主义，根据辩论原则（注意不是辩论权原则，见民事诉讼基本原则部分），只有当事人主张的事项才能成为法院审理和裁判的对象。在仲裁裁决撤销之诉中也是如此。因此，仲裁法才特别规定违反社会公共利益这一事项不受当事人主张的限制。之所以不受当事人主张的限制，是因为社会公共利益超越了他人之间的利益关系，是当事人不能自由处分的。当事人对自己权利的处分自由正是民事诉讼辩论原则的基础。

但应当注意的是，由于撤销之诉的提起必须遵循民事诉讼处分原则，因此，法院对违反社会公共利益事由的职权发现也只能在撤销之诉提起之后。实际上在多数情形下，违反社会公共利益的事由都是由当事人主张的。几乎不存在当事人没有主张，而法院在审理中发现的情形。这是因为当事人一旦试图撤销对己不利的仲裁裁决，就会穷尽所有能够成立的撤销事由，除非当事人自己没有意识到。

在我国的仲裁实践中，以违反社会公共利益为由撤销仲裁裁决的案例几乎没有（限于检索的情形）。这可能与社会公共利益这一概念的抽象性有关。一方面，实践中，限于司法缺乏能动的原因，这一概念的内涵难以通过判例加以具体化。另一方面，如果不能正确把握也容易扩大化，导致司法的不当干预，尤其是容易将社会公共利益一般化为国企利益的场合。

国外（例如，大陆法系的德国、意大利、日本、韩国；英美法系的英国、美国等）仲裁法以及《联合国国际贸易法委员会国际商事仲裁示范法》均将社会公共利益纳入“公序良俗”或“公共政策”（一般为英美法系国家所使用）这一更为宽泛的概念之中。从完善仲裁法的角度考虑，应以公序良俗这一概念替代社会公共利益。公序良俗更为广泛，是社会公共利益这一概念难以囊括的。例如，公序良俗中的良俗就包括一个国家的基本道德规范。这也是社会的底线问题，国家应当介入进行监督。在理论上，公序良俗既包括实体性内容（实体性公序良俗），也包含程序性内容（程序性公序良俗）。通常而言，违反法律强制性规定属于典型的违反公序良俗的行为。例如,法律上明确禁止交易的行为。例如,在日本,关于赌博债务的履行,违反进出口商品限制规制法的行为都属于违反公序良俗的行为。在德国,实体法公序良俗包括违反重要的国家和经济政策上的利益,例如,价格规定、卡特尔规定和相关的欧洲法、违反文化遗产保护和武器管制等。在程序性公序良俗方面,例如,违反法定听审权、违反裁判中立原则、无视国家法治原则等违反表达基本正义理念的法律规范。在国外判例中,公序良俗也被理解为不仅包含实体内容,也包含程序内容。在具体认识方面,例如,将有争议的事实认定为没有争议的事实,并作为仲裁裁决的事实基础,也被理解为违反公序良俗。在1958年的《纽约公约》中所规定的公序良俗(公共秩序)这一概念在其含义上也包含了实体和程序两个方面。

我国制定的《民法典》已经明确规定和适用公序良俗这一概念。《民法典》规定,民事主体从事民事活动,不得违反法律,不得违背公序良俗。仲裁法作为规范民商事争议的程序法也应当与《民法典》的表述保持一致。我国学者在实体方面关于公序良俗已有比较一致的认识。但基于人们受民法规范等于实体法认知的限制,对于公序良俗的程序方面还缺乏足够的认识,由此导致公序良俗的程序意义在仲裁实践中完全被忽视,也就自然谈不上公序良俗程序含义的具体化。

5. 对方当事人隐瞒了足以影响公正裁决的证据的

按照《仲裁法》的规定,"对方当事人隐瞒了足以影响公正裁决的证据的"将作为当事人申请撤销仲裁裁决的事由。从法条规定的表述来看,因为有"足以影响公正裁决"这样的修辞,因此,通常不容易引起人们对这种事由的合理性和正当性的质疑。但当我们一旦去掉"足以影响公正裁决"这样的修辞之后,就容易发现其欠缺合理性和正当性。去掉"足以影响公正裁决"这样的修辞,整个撤销事由的表述就变为"对方当事人隐瞒证据"的情形。法条中的"隐瞒"一词也表达了对当事人这一特定行为持否定的一种修辞态度。实际上,所谓"隐瞒",就是对当事人没有提出自己所掌握或知晓的证据这一行为的贬斥。当事人之所以没有提出自己知晓或掌握的证据,原因自然是当事人认为该证据对己不利。如果说要求当事人不能"隐瞒"证据,也就是要求当事人必须提出自己所掌握的证据,即使是对自己不利的证据。这种要求从表面上看,似乎是站在了追求真实、实事求是的价值高度,但其实这种要求是违背诉讼法理的。按照民事诉讼辩论原则的要求,事实主张和证据应当由当事人提出,没有提出的事实主张和证据,法院不能作为裁判的依据。要求当事人必须提出证据显然违反了当事人主张自由,与辩论原则的基本法理相悖。仲裁较之民事诉讼应当更具有当事人主义取向的纠纷解决程序,也应当更能够体现当事人主张自由,更坚持处分原则。但笔者认为,《仲裁法》关于撤销事由的规定却与其精神和原则明显相悖。究其原因,还是在于受传统的事实探知绝对化的影响,将揭示案件事实作为公正解决纠纷的唯一价值,而没有考虑到民事纠纷性质的特殊性,没有考虑在民事法律关系中当事人的处分自由,没有顾忌民事纠纷解决的程序正义,简单地将实质真实绝对化,这是一种民事纠纷解决中的职权干预主义。

与民事诉讼程序进行比较,仲裁程序是一种更具有当事人对抗特点的纠纷解决程序。

在解决民事争议的仲裁程序中,仲裁庭的职责就是根据当事人双方自愿提出的证据来认定事实,适用法律、法规对纠纷进行裁决。仲裁裁决所依据的证据和事实是依赖于仲裁当事人利益对抗机制和不能证明主张的风险机制来加以揭示的。由于双方利益、立场的对立,只要条件允许,双方当事人都将尽力提出对自己有利、对对方不利的证据证明对自己有利的事实主张。虽然在有的情形下,因为当事人不会提出对自己不利的证据,而对方当事人又不掌握这些证据,就可能使案件事实无法得到充分的揭示。但即使这样,我们也不能强制要求对方提出对己不利的证据。要求对方提出对己不利的证据不过是一种道德要求而已。

为了追求裁决更趋近于案件真实,我们可以通过其他符合程序正义的方法和手段,而非简单地强制当事人提出于自己不利的证据。例如,可以根据实体法(如公司法)的规定,要求对方提出自己可以有权阅览由对方持有的书证。也可以考虑像民事诉讼法那样设置或适用文书书证提出命令制度。但该书证为对方在仲裁程序中已经主张,或者因为双方共同利益而形成的文书书证,都可以要求持有该文书的对方当事人提出。这种方法将更符合证据提出的正当性要求。

(三)《仲裁法》第58条第1款与第3款规定之间的关系以及相关问题

在适用《仲裁法》时,人们往往会提出这样的问题:《仲裁法》第58条第1款与该条第3款是什么关系?第1款和第3款不都是关于仲裁裁决撤销事由的规定吗?为什么要分款加以规定呢?笔者理解如此规定,有两个原因或理由:

第一,第1款关于仲裁裁决撤销的事由是针对仲裁当事人申请撤销仲裁裁决的情形。也就是说,属于当事人主张事项。采取的是当事人主义,而非法院职权事项。当事人没有主张的,视为该事由的事实不存在,法院没有主动审查的职责。第3款的规定是针对法院的职权行为。也就是说,法院在审理撤销仲裁裁决的诉讼中发现存在违背社会公共利益情形的,法院可以依职权作出撤销仲裁裁决的判决。

第二,尽管第1款和第3款都涉及撤销事由,但是撤销事由的性质有所不同。违背社会公共利益这一事由不同于当事人申请撤销裁决的其他事由,既然是社会公共利益说明其利益关联超越了当事人个人与仲裁裁决结果的关系。也正是因为这一点,所以这一事由成为法院职权调查的事项,不受当事人诉讼行为——主张的限制。因此,这两点之间有内在联系。不过,尽管在理论上可以将撤销事由从性质上予以划分,但对于仲裁裁决中处于不利的当事人而言,只要能够撤销仲裁裁决,即使是职权调查事项,也并不妨碍当事人在申请撤销仲裁裁决的诉讼中主张这一事由。鉴于违反公共利益这一事由与当事人个人利益没有关联,且与当事人申请撤销事由相独立,因此,当事人不能在仲裁裁决撤销诉讼中独立主张这一事由。如果在起诉时仅仅主张违反确定的仲裁裁决违反社会公共利益,法院是否应当不予受理是一个问题。这涉及如何理解仲裁裁决撤销之诉的起诉受理要件,是实体要件的问题。[7] 如果将仲裁裁决撤销事由作为形式上的起诉要件,则起诉时表明这一撤销事由

〔7〕 关于起诉要件与实体要件的关系,参见张卫平:《起诉条件与实体判决要件》,载《法学研究》2004年第6期。

的，法院将不予立案。相反，如果作为实体要件，则不应在起诉受理阶段对撤销事由进行实质审查，而应在受理之后在案件审理中对其进行审理，理由成立的，判决撤销仲裁裁决；理由不成立的，判决驳回请求撤销仲裁裁决的诉讼请求。

虽然《仲裁法》对撤销事由性质上的划分，对于当事人而言没有实质性的意义，但却对仲裁裁决撤销诉讼的审理具有法律上的意义。因为这一规定间接地划定了法院审理的范围和作为被告当事人的守备范围。因为这种分列规定表明了当事人主张事项和法院职权事项的界限或范围。在仲裁裁决撤销诉讼中，基于撤销事由属于当事人主张事项，因此，法院在审理中就只能就当事人主张的事项进行审查，不能对当事人没有主张的事项进行审理。例如，申请人仅以主张证据是伪造的，要求撤销仲裁裁决。那么法院就不能在该主张之外对其他事由进行审理和审查。在理论上，这种界定的正当性正是基于仲裁程序的高度当事人主义特点。在民事诉讼中，这种主张性质区别的前提是当事人主义诉讼体制或模式。不过，与再审之诉的再审事由相同，关于仲裁裁决撤销之诉的事由主张并不构成独立的请求，主张多个撤销事由，并不意味着撤销请求的合并，只不过是不同的关于撤销理由的攻击防御方法而已。

问题与思考

1. 关于实体内容的审查

简单地考虑将法律适用错误和事实认定错误作为撤销事由将会影响仲裁作为一种民事诉讼替代性机制的作用，就这一点而言，的确没有必要将法律适用错误和事实认定错误作为撤销事由。但又不得不承认一个现实，在我国仲裁实践中，法律适用错误和事实认定错误似乎是一个较普遍的现象，尤其是前者。由于仲裁员的监督和制约远不如法院对法官的监督和制约，仲裁运作还有浓厚的行政化特点，仲裁员素质良莠不齐，人们对于实体法和程序规则还缺乏深入的认识和理解，尤其是在我国特殊的社会环境之下，仲裁员群体还缺乏足够的自律性，仲裁员的仲裁行为更容易受到利益交换的影响。因此，在维系仲裁解决的实质公正方面，似乎也有比较充分的理由将法律适用错误作为撤销仲裁裁决的事由。可以说在追求仲裁功能与实现实体正义方面存在两难的选择。

基于我国仲裁发展的现实，笔者倾向于有限度地将法律适用错误和事实认定错误作为仲裁裁决撤销事由。虽然事实认定错误的判断更难一些。但是事实认定中明显矛盾和违反经验法则也是可以予以判断的。这也要求法院对事实认定错误的判断更为谨慎。所谓“有限度”，具体落实在制度设计上，要求只有在仲裁当事人通过书面合意将法律适用错误和事实认定错误确定为撤销事由时，法院在审查后认定仲裁裁决中的法律适用错误和事实认定错误时可以撤销仲裁庭的仲裁裁决。这也使当事人在对待仲裁制度时可以有更为灵活的处置和救济的余地。这样的限制在仲裁法理上也符合仲裁自治的基本特点。在仲裁法理上涉及仲裁裁决撤销事由的主观（任意）扩张的正当性问题，即撤销事由究竟只能是法定的，还是可以通过当事人的合意在法定事由之外予以确定。有的国家如美国，在仲裁实践中就实际存在许可通过当事人的合意。从各国仲裁制度来看，既可以合意将法律适用错误作为撤销事由，也可以将事实认定错误作为撤销事由。虽然美国联邦最高法院对此还没有明确的态度。实际上，禁止对裁决的实体内容进行审查也并非绝对的。公序良俗本身也就包含实体内容，对是否违反公序良俗的审查就是实体审查，只不过是有限审查而已。

2. 关于仲裁裁决撤销程序的性质

《仲裁法》第58条的规定，仲裁裁决具有该条规定的撤销事由之一的，可以向人民法院提出申请，请求撤销该仲裁裁决。《仲裁法》第59条至第61条对仲裁裁决撤销的有关程序性事项作了简略的规定。主要规制的事项是关于管辖、审查的组织形式和审查时限的问题，重点是审查时限。人们的认识和司法规范性文件（例如，《最高人民法院关于审理仲裁司法审查案件若干问题》）的规定中，都将这一程序归入对仲裁的司法审查程序。其他对仲裁的司法审查程序还包括对仲裁协议的审查程序和不予执行申请的司法审查程序（不包括域外或国外申请执行的审查程序）。从现行仲裁法以及司法解释对撤销程序的规定来看，可以将其归入非讼程序。因为该程序没有像诉讼程序那样设置当事人双方到庭的辩论程序，当然也就不会适用辩论原则、言词原则和直接原则。这样设置在价值追求上是基于对效率的考虑，在程序性质的认识上是基于该程序属于非讼程序。

需要反思的是，如何设置程序应充分考虑案件的性质和特点。撤销裁决的案件并非简单的非讼案件。典型的非讼程序有一个基本的特征，即不存在利益对立的双方当事人，只有申请人。与此不同，申请撤销仲裁裁决程序中总是存在利益、立场对立的双方当事人——申请人与被申请人。无论是驳回撤销请求，还是承认撤销请求都涉及对立双方当事人的重大利益。驳回撤销请求的后果是，对于纠纷的仲裁裁决有效，具有给付义务的仲裁裁决必须得以履行。申请人作为义务人如果不履行的，权利人可以通过强制执行予以实现；承认撤销请求的，仲裁裁决从一开始无效，民商事争议将通过仲裁或诉讼重新裁决，就权利人而言权利实现成本会大量增加，是否能够胜诉也不得而知。在撤销仲裁裁决程序中，双方必然为自己的利益而全力以赴。显然，这与一般不涉及权利义务争议的非讼案件全然不同，撤销仲裁裁决的案件具有争讼性。正因为撤销仲裁裁决的案件，涉及对立双方当事人的重大利益，因此，此类案件的审理程序就不能完全按照非讼程序来设置。仲裁裁决撤销程序既不同于非讼程序，也有别于典型的诉讼程序，而是既具有诉讼程序的某些特性，也具有非讼程序的特性（非公开与快捷）。正是基于这样的认识，我们在构建和完善撤销仲裁裁决审理程序时，就需要从诉讼程序和非讼程序的双面特性予以考虑。从完善撤销程序的角度出发，需要考虑辩论原则和法庭辩论的适用，让当事人双方更充分地行使诉讼权利。

3. 关于第三人申请撤销仲裁裁决

学界有一种观点，主张应当建立第三人申请撤销仲裁裁决之诉。这种做法类似于民事诉讼中的第三人撤销之诉。或者说主张将民事诉讼中的第三人撤销之诉的对象范围扩大适用于仲裁裁决，而非仅限于判决、调解书等。理由是虚假仲裁导致的裁决会损害第三人的合法权益。

这种观点很值得商榷，这种认识主要是没有意识到仲裁裁决的相对性原则。与判决一样，仲裁裁决在既判力的主观范围方面也要遵循既判力相对性原则，即仲裁裁决仅仅对仲裁裁决的当事人双方具有拘束力，对当事人之外的人没有拘束力。仲裁裁决的既判力相对性原则本身具有保护第三人的作用。如果他人之间的仲裁裁决损害第三人的利益，第三人可以提起普通诉讼维护自己的权益，因为他人之间的仲裁裁决对该第三人没有拘束力，不妨碍该第三人就该裁决涉及的权利义务争议提起诉讼。因此，建立第三人申请撤销仲裁裁决之诉的制度或者扩大适用第三人撤销之诉的对象范围都是没有必要的，相反，这种做法会直接冲击既判力相对性原则。现行民事诉讼法中的第三人撤销之诉就存在这样的问题。（关于既判力相对性原则，详见本书判决既判力部分。）

五、仲裁裁决的执行与不予执行

一方面，仲裁裁决（包括涉外仲裁裁决及仲裁调解书）只要符合法律的要求，在义务人不自动履行义务时，债权人便可以请求人民法院予以强制执行。外国仲裁机构作出的仲裁裁决经我国法院承认的，也可以在我国得到强制执行。另一方面，无论是国内仲裁机构所作的仲裁（包括涉外仲裁），还是国外仲裁机构所作的仲裁，一旦在我国申请仲裁，当事人也都可以申请不予执行。通常认为，因为国外仲裁的执行与不予执行，无论是在程序上还是在法律后果上，都与国内仲裁有所不同，本书仅就国内仲裁裁决的执行与不予执行展开论述。

为了规范仲裁裁决的执行与不予执行，最高人民法院于 2018 年发布《关于人民法院办理仲裁裁决执行案件若干问题的规定》（以下简称《仲裁执行若干规定》）。该规定成为人民法院办理此类案件最为具体的规范。

（一）仲裁裁决的执行

1. 仲裁裁决（含仲裁调解书）执行的管辖

当事人对仲裁机构作出的仲裁裁决申请执行的，由被执行人住所地或者被执行的财产所在地的中级人民法院管辖。考虑到司法审查监督的慎重性，因此，在管辖法院方面要求为中级人民法院管辖，而非一般执行的基层人民法院管辖。但中级人民法院可以在一定条件下指定基层人民法院管辖，具体为：（1）执行标的额符合基层人民法院一审民商事案件级别管辖受理范围；（2）被执行人住所地或者被执行的财产所在地在被指定的基层人民法院辖区内。另外，在程序上，指定管辖须经上级人民法院批准。

对于被执行人、案外人对仲裁裁决执行案件申请不予执行的，负责执行的中级人民法院应当另行立案审查处理；执行案件已指定基层人民法院管辖的，应当于收到不予执行申请后 3 日内移送原执行法院另行立案审查处理。

2. 仲裁裁决执行的申请

申请执行的要件：（1）权利义务主体明确；（2）金钱给付具体数额明确或者计算方法明确能够计算出具体金钱数额；（3）交付的特定物明确或者能够确定；（4）行为履行的标准、对象、范围明确。

3. 驳回申请的救济

申请执行人对人民法院驳回执行申请的裁定不服的，可以自裁定送达之日起 10 日内向上一级人民法院申请复议。

4. 执行中止

被执行人申请撤销仲裁裁决并已由人民法院受理的，或者被执行人、案外人对仲裁裁决执行案件提出不予执行申请并提供适当担保的，执行法院应当裁定中止执行。中止执行期间，人民法院应当停止处分性措施，但申请执行人提供充分、有效的担保请求继续执行的除外；执行标的查封、扣押、冻结期限届满前，人民法院可以根据当事人申请或者依职权办理续行查封、扣押、冻结手续。

（二）仲裁裁决的不予执行

1. 仲裁裁决不予执行制度的意义

当权利人向法院申请执行后，在义务人认为具有法律规定的不予执行的事由时，可以向执行法院申请不予执行。仲裁裁决不予执行制度的意义在于，一旦仲裁裁决进入执行阶段，人民法院也可以通过对仲裁裁决的审查判断其是否具有可执行的合法性，避免不正当仲裁裁决的执行给当事人以及社会公共利益造成损失。仲裁裁决不予执行制度本质上是一种国家对仲裁的司法监督手段和范式。从当事人角度来看，不予执行仲裁裁决制度也使仲裁当事人在没有申请撤销仲裁裁决的情形下，在执行阶段还有机会获得救济。

对于国内仲裁，由于其撤销仲裁裁决与不予执行的事由相同，因此，在多数情形下，仲裁当事人在救济方面通常会首先使用申请撤销仲裁裁决的救济方法。未能撤销仲裁裁决的情形下，在对方申请执行时，作为应对措施，再提出申请不予执行。对此，法律应否予以限制存在有争议。按照《最高人民法院关于适用〈中华人民共和国仲裁法〉若干问题的解释》（2005 年）的规定，当事人向人民法院申请撤销仲裁裁决被驳回后，又在执行程序中以相同理由提出不予执行抗辩的，人民法院不予支持。避免了人民法院对仲裁裁决的再次审查。因为不予执行的法定事由与仲裁裁决撤销的法定事由相同。

2. 仲裁裁决不予执行的事由

《民事诉讼法》规定，被申请人有证据证明有以下情形之一的，人民法院可以裁定不予执行。这些事由包括：（1）当事人在合同中没有订有仲裁条款或者事后没有达成书面仲裁协议的；（2）裁决的事项不属于仲裁协议的范围或者仲裁机构无权仲裁的；（3）仲裁庭的组成或者仲裁的程序违反法定程序的；（4）裁决所根据的证据是伪造的；（5）对方当事人向仲裁机构隐瞒了足以影响公正裁决的证据的；（6）仲裁员在仲裁该案时有贪污受贿、徇私舞弊、枉法裁决行为的。

其还规定，该裁决违背社会公共利益时，人民法院也应裁定不予执行。这一规定的特殊性在于，法院对该事由的认定属于职权事项，即使没有当事人主张或提出这一事由，法院也可以依职权认定存在这一事由，从而裁定不予执行。

1991 年《民事诉讼法》关于不予执行的事由还包括“认定事实的主要证据不足”和“适用法律错误”。这两项事由的规定给予了法院对仲裁裁决的实体审查，而原则上法院不应对仲裁裁决的实体进行审查，一旦赋予法院实体审查权必然导致法院实际上成为第二审，影响仲裁制度的纠纷解决司法替代功能。因此，2007 年《民事诉讼法》修正时将这两项事由删除，从而与仲裁裁决撤销事由保持一致。

3. 不予执行仲裁裁决的审查程序

通常认为，不予执行的审查是一种附带程序。该审查程序并不是一种独立的程序，意味着该程序以权利人申请执行仲裁裁决为前提，只有在提起仲裁裁决执行程序之后，被执行人才能抗辩不予执行。因此，提出不予执行的请求人只能是该仲裁裁决的被执行人和涉及利害关系的案外人。一旦申请执行人撤回执行申请，则作为一种附带的抗辩程序便不能成立。

这里涉及关于不予执行是否是一种独立请求的问题。如果不是一种独立的请求，为何存在一旦不予执行成立，将导致仲裁裁决无效，而不是仅仅没有执行力。因此，可能存在另一种解释，该程序是一种符合程序，既是一种关于执行力的抗辩程序，又是一种关于请求撤销仲裁裁决的程序，后者是一种隐形的程序。当然，这里就存在一个制度调整的问题，即为了避免重复请求，一旦被执行人提起过撤销仲裁裁决请求并被驳回，就不能再提出不予执行的请求。这里进一步涉及案外人是否可以请求不予执行的问题。笔者认为，由于仲裁裁决既判力的相对性，因此，赋予案外人提出不予执行的权利是没有必要的。

因为不予执行的审查是一种附带程序，所以，关于不予执行的审查法院也就是受理执行的法院。

不予执行的审查范围仅限被执行人主张的范围，被执行人没有申请的事由不予审查，但仲裁裁决可能违背社会公共利益的除外，因为违背社会公共利益的事项属于职权调查事项，不受当事人主张的限制。

在审查期间方面，按照司法解释的规定，法院应当在立案之日起 2 个月内审查完毕并作出裁定；有特殊情况需要延长的，经本院院长批准，可以延长 1 个月。

4. 法院裁定不予执行的后果

在法院对于不予执行的事由进行审查之后，认为不予执行的事由不成立的，应当以裁定的形式驳回被执行人关于不予执行的抗辩。对该裁定被执行人不能提出上诉、执行异议或复议。

经法院审查认为，存在不予执行的事由的，裁定不予执行。仲裁裁决事项有两个以上或者裁决事项是可分的，其裁决事项的内容存在不予执行事由的，该裁决事项不予执行，其他裁决事项的执行不受影响。

《民事诉讼法》规定，仲裁裁决被人民法院裁定不予执行的，当事人可以根据双方达成的书面仲裁协议重新申请仲裁，也可以向人民法院起诉。这意味着原仲裁裁决已经完全失去效力，既没有执行力，也没有既判力。因此，当事人之间可以仲裁或提起诉讼。这里存在的问题，当事人不予执行的抗辩原本只是排除执行力，为何其结果不仅排除仲裁裁决执行力，也同时否定仲裁裁决的既判力。笔者认为，这与我国现行制度的结构缺陷有关。

问题与思考

过去，人们一直认为，仲裁裁决本身自然具有执行力，仲裁裁决就是执行根据。〔8〕在认识逻辑上，认为“仲裁制度相对于诉讼制度的一个重要特点就是一裁终裁，因此，仲裁庭所作出的仲裁裁决具有和终局判决一样的法律效力，可以作为执行名义。在债务人不履行生效裁决时，债权人可以据此裁决到法院申请强制执行”。〔9〕这一认识又与对《民事诉讼法》和《仲裁法》关于仲裁裁决的权利人可以向人民法院申请强制执行规定的简单化理解有关。

〔8〕 参见江伟、肖建国主编：《仲裁法》，中国人民大学出版社 2016 年版，第 297 ~ 298 页。

〔9〕 郭兵主编：《法院强制执行》，人民法院出版社 2007 年版，第 172 页。

实际上，仲裁作为民间解决纠纷的一种方式，虽然被国家认可，但毕竟是一种民间裁决方式，不可能具有执行力。仲裁裁决要获得强制执行力，必须得到司法机关的认可，并赋予执行力，才能使其裁决得以执行。也就是说，只有与作为国家司法机关的确认裁决相结合，仲裁裁决才能够成为执行根据的具体内容。正是由于人们错误地认为仲裁裁决本身即具有执行力，也就当然地将仲裁裁决作为了执行根据。既然是执行根据，也就不可能在仲裁执行开始前设置司法审查这一环节和程序对其合法性进行审查。这一点正是我国仲裁执行制度的一个需要改进之处。

《仲裁法》规定仲裁裁决的权利人在义务人不履行其义务时，可以向人民法院申请强制执行，并不意味着仲裁裁决当然具有执行力。《仲裁法》作为调整仲裁关系、规范仲裁行为的法律，也容易给人一种赋予了仲裁司法属性，从而赋予了仲裁裁决强制力的幻象。法律规定中，“依法设立的仲裁机构的裁决”这样的表述也强化了这种幻象。获得执行力必须有一个被法院予以确认的环节。只有得到审查确认的仲裁裁决才具有执行力。当然，也许我们可以理解为，我国法律就是要直接承认或赋予仲裁裁决执行力，因此，仲裁裁决就有了执行力，甚至认为这就是中国特色。但这样的认识显然缺乏法理的支撑。任何法律规定都应有其相应的法理所在，否则在法解释学上就不能成立。我们需要追问的是，仲裁裁决直接具有执行力的法理是什么？我们可以比较一下人民调解协议的执行制度。在法理上，不能直接给予人民调解协议执行力，同样是因为调解协议是在民间调解机构而非作为公权力的司法机关主持下达成的，因此，如果要给予执行力就必须有人民法院的确认。人民法院作出裁定之后，人民调解协议与该确认裁定书才能共同构成执行根据。

从大陆法系国家和地区（例如，德国、日本、韩国、我国台湾地区）的仲裁法及执行法的规定及法理来看，其均不认为仲裁裁决当然具有执行力，均明确规定仲裁裁决需要经过向法院申请确认之后才能获得执行力。韩国《仲裁法》第 14 条更是明确规定，“当法院作出执行判决宣告仲裁裁决的合法性后，才能强制执行仲裁裁决”。这里涉及一个如何理解域外仲裁法关于仲裁裁决与确定判决具有同一效力或同样效力之规定的问题。一些人也许认为，既然是同样的效力，当然就是判决有什么效力，仲裁裁决就有什么效力，如既判力、执行力。其实这样的理解是错误的。具有与判决同样的效力，仅仅是指仲裁裁决的既判力。因为执行力专属于司法机关，属于国家司法机关垄断的权力。相对于执行力，仲裁裁决的既判力效力则无须通过法院审查确认，其由国家赋予，自然在当事人之间产生约束力。作为仲裁裁决的既判力，只要存在确定的仲裁裁决，当事人便不得就该已裁决的纠纷再行申请仲裁裁决或向法院提起诉讼。由于法院本身是国家司法机关，其判决的执行力不需要再经审查而获得。德国法的理论明确指出，仅有仲裁裁决并不能立即获得执行，因为仲裁裁决不是执行名义，只有经过国家司法机关的审查确认后，才能获得执行力。国家的这种审查确认是“积极地”创设了执行根据，而非简单“消极地”批准了仲裁裁决的执行力。[10]

一旦认识到仲裁裁决本身并无执行力，则在制度完善方面就需要设置一道程序，即通过仲裁权利人向法院申请对其仲裁裁决加以确认。一旦获得确认，法院的确认裁定与仲裁裁决就共同构成执行根据。仲裁权利人才能以此为根据申请强制执行。现行仲裁执行制度的主要问题正是缺少确认这一环节，直接将仲裁裁决作为了执行根据。法院对仲裁裁决的审查被后移到了执行阶段，通过不予执行程序来实现。这就导致了程序上的错位。本应在执行前的审查，变成了执行中的审查，也违背了审执分离的要求。不予执行中的诸多问题也由此而生。

---

〔10〕 Vgl. MüKoZPO/Münch, 5. Aufl. 2017, ZPO § 1060, Rn. 2.

第四十一章 公证与民事诉讼的对接

本章目次

一、公证制度概述

（一）公证的概念

所谓公证，是指公证机关依据自然人、法人或者其他组织的申请，依照公证法律、法规规定的法定程序对民事法律行为、有法律意义的事实和文书的真实性、合法性予以证明的活动和过程。关于公证活动、程序、组织等规范内容构成了公证制度。公证制度是国家预防纠纷、维护法治、巩固法律和社会秩序的一种法律手段。

（二）公证事项

按照《中华人民共和国公证法》（以下简称《公证法》）的规定，公证机构从事以下公证活动：(1)证明合同（契约）、委托、遗嘱等法律行为。(2)证明法律行为以外的法律文书：一切在法律上有效的文书均可公证证明，书面形式的法律行为也是法律文书。(3)证明法律事实：凡引起法律关系产生、变更和消灭的事实均可公证证明。法律事实分行为和事件两类：行为以人的意志为转移，事件是不以人的意志为转移的。公证证明法律事实主要是证明法律事件，指的是事实的发生与人们意志无关但可引起一定法律后果的事件，如死亡。(4)证明非争议性事实：某些事实并不一定发生法律后果，但为避免日后可能发生争议，亦得公证证明。如证明某人的住所地或居所地，证明亲属关系。(5)对于追偿债款、物品的文书，认为无疑义的，在该文书上证明有强制执行的效力。(6)证据保全：在当事人提起诉讼之前，出现了证据可能灭失或者以后难以取得的情况，当事人为准备将来进行诉讼的需要，可以申请公证处采取措施，保全证据。(7)保管遗嘱、保管文件。(8)办理与公证行为有关的辅助性工作，代当事人起草申请公证的文书。(9)根据当事人的申请和国际惯例办理其他公证行为。

（三）公证组织

我国现行的公证组织架构为，在直辖市、县（自治县）、市设立公证处。经省、自治区、直辖市司法行政机关批准,市辖区也可设立公证处。公证处是国家公证机关,代表国家行使公证职能。公证处由公证员、助理公证员组成。根据需要,可以设主任、副主任领导公证处的工作,但主任、副主任必须由公证员担任,并且必须执行公证员职务。一切公证行为由公证员办理,助理公证员协助公证员办理公证行为。公证处受所在地司法行政机关的领导,公证处之间没有隶属关系。司法部通过各级司法行政机关领导检查监督全国公证工作。

二、公证文书在民事诉讼中的证明效力

(一)证明效力的法律根据及理解

改革开放以来,我国的公证事项所涉及的领域越来越广泛,不仅涉及合同、继承、委托、声明、赠与、遗嘱、财产分割、招标投标、拍卖等法律行为的公证,也涉及婚姻状况、亲属关系、收养关系、出生、生存、死亡、身份、经历、学历、学位、职务、职称、有无违法犯罪记录、公司章程等有意义的法律事实和文书的公证,还涉及为了公正、高效解决纠纷的证据保全公证。公证对稳定社会秩序、经济秩序,预防纠纷的发生,公正、高效解决纠纷发挥着日益重要的功能。

公证之所以能够发挥如此重要的作用,就在于法律赋予了公证应有的效力——证明效力、执行效力和要件效力[1]。在公证的基本法律效力之中最主要的无疑是公证的证明效力。公证证明效力的正当性、权威性来自法律对于公证证明的合法性、真实性的实体和程序的系统保障,使公证证明具有高度公信力。[2] 公证本质上是一种证明活动,公证证明是公证最为核心的、最为广泛的活动,公证证明的法律效力也就成为公证赖以存在的制度基础。因此,如何正确认识公证证明法律效力的本质、构成以及如何解决公证证明中的争议,对于充分发挥公证证明的这一社会功能有着极其重要的作用。

2005 年,对于公证制度具有划时代意义的《公证法》颁布,标志着我国公证制度的进一步完善。该法规定,经公证的民事法律行为、有法律意义的事实和文书,应当作为认定事实的根据,但有相反证据足以推翻该项公证的除外。

民事诉讼法(此处特指《民事诉讼法(试行)》)早在 1982 年就对公证证明效力作出了明确的规定。其规定,人民法院对经过公证证明的法律行为、法律事实和文书,应当确认其效力。但是,有相反证据足以推翻公证证明的除外。1991 年颁布的《民事诉讼法》(2007 年部分修正)进一步明确了公证证明的法律效力,其规定,经过法定程序公证证明的法律行为、法律事实和文书,人民法院应当作为认定事实的根据。但有相反证据足以推翻公证证明的除外。

---

〔1〕 所谓要件效力,是指公证对于特定法律关系、法律行为的成立、生效、不可撤销的要件作用。有专家将这一效力称为"法定公证效力"(参见黄祎:《关于我国公证效力的解析》,载《政治与法律》2006 年第 5 期)。根据《公证法》的规定,法律、行政法规规定未经公证的事项不具有法律效力的,依照其规定 。

〔2〕 参见汤维建:《关于公证权性质的若干思考》,载张卫平、齐树洁主编:《司法改革论评》第六辑,厦门大学出版社 2007 年版。

对于公证证明的效力,可以作如下理解:

其一,《民事诉讼法》和《公证法》规定,对于公证证明的事项"人民法院应当作为认定案件事实的依据"表明公证证明具有约束法院认定案件事实的效力,由此也产生了法院在认定事实方面的作为义务。如果当事人在诉讼中提出了与案件主要事实或要件事实有关联的经公证的法律行为、法律事实和文书,法院就有将其作为事实认定的义务。在没有否定该公证证明的例外情形时,法院不予认定的,法院的审理就违反了民事诉讼法和公证法,构成事实认定上的错误,是当事人上诉和再审的理由。一旦原审存在这样的错误,上诉法院就应当撤销原判发回重审或自行改判;再审法院应当根据申诉人的申诉提起再审,通过再审程序加以纠正。检察机关也可以就此提起抗诉要求法院启动再审。原审法官没有根据法律规定对公证证明作为案件事实依据的,属于错案,按照现行的错案追究制,应当予以追究,审理法官应承担相应的错案责任。

其二,公证证明的法律效力对案件事实的认定而言是一种义务,对提出公证证明的当事人而言就具有免证的法律效果。免证效果是从当事人提出证据行为的责任(主观证明责任)和当事人证明的结果责任(客观证明责任)两个方面来讲的。这一点可以从《民事诉讼法》和《公证法》的规定逻辑地推出。主观证明责任强调的是当事人对自己的主张提出证据证明自己主张的要求,而客观证明责任强调的是当作为裁判依据的事实处于真伪不明时,应当由哪一方承担由此产生的不利后果。为了进一步予以明确这一法律效力,《民事证据规定》作出了规定:下列事实,当事人无需举证证明:(1)众所周知的事实;(2)自然规律及定理;(3)根据法律规定或者已知事实和日常生活经验法则,能推定出的另一事实;(4)已为人民法院发生法律效力的裁判所确认的事实;(5)已为仲裁机构的生效裁决所确认的事实;(6)已为有效公证文书所证明的事实。前述(1)(3)(4)(5)(6)项,当事人有相反证据足以推翻的除外。《民事证据规定》是从行为意义上证明责任的角度强调行为意义上证明责任的免除。针对公证证明的情形,也就是说,当事人只要向人民法院提出了经公证证明的法律行为、法律事实和文书,人民法院就应当将其作为认定案件事实的根据,而无须当事人再提出证明该争议案件事实的其他证据。这就免除了《民事诉讼法》的规定要求——当事人对自己提出的主张,有责任提供证据。从当事人的事实主张和提供证据的关系来看,当事人的事实主张一旦有了公证证明,即使当事人没有为此提供证据证明,也不会因此导致该主张不能成立。

其三,公证证明的效力还体现为,法院对公证证明事实的实质审查判断的自由裁量权的限制或排除。众所周知,在诉讼中,法官面对当事人提出的各种证据都具有审查判断的权力,通过审查判断该证据与所要证明的案件事实之间的客观联系,确定该证据是否具有证据能力或证据资格(确定什么的证据事实或证据材料能够进入司法程序或审判程序),确认该证据证明力的大小(判定特定证据能够证明案件事实的程度)。对于证据关联性、证据能力的有无和证明力大小,法官的判断原则上根据经验法则予以心证裁量,在理论上称为自由心证原则。[3] 但各国也根据具体情形对法官的这种自由裁量进行限制,尤其是在证据能力方面,限制更多一些。这种根据法律规定明确确定其证据能力、证明力的原则也称为法定证据原则。[4] 从法律规定的公证证明的效力来看,应该说法官对于公证证明的事实审查判断受到相当的限制,即只要公证证明的事实与案件事实有关联,其证据能力和证明力的大小就没有多少自由裁量的余地,一般地说是排除了法官的自由心证。[5]

(二)诉讼中公证证明的异议及解决程序

1. 对公证证明的异议

公证证明具有证明案件争议事实的作用。基于利害关系,当事人在民事诉讼中有可能对公证证明持有异议,因此,如何解决公证证明的异议是一个必须要解决的问题。

《民事诉讼法》和《公证法》规定,有相反的证据足以推翻公证证明或公证的,法院不能将公证证明的相关事项作为认定事实的依据。这一规定中的"推翻公证证明或公证"在法律上至少有三个层面的含义:(1)公证证明的法律行为、事实和文书与案件事实本身并不符合,是不真实的,当事人对此提出证据证明了这一点,从而导致公证证明丧失意义;(2)当事人证明了公证文书是伪造或变造的,不是公证机关或公证员的意思表示,导致作为公证证明的文本载体被否定;(3)当事人提出证据证明公证行为违法,公证文书的制作没有按照法律、法规和规章制度的相应要求,导致公证证明被否定。

2. 争议解决程序

在第一类情形,当事人是直接针对公证证明的事项的真实性进行的抗辩。这种抗辩成功的标准在现行法律上要求达到有相反的证据足以推翻的程度。基于公证证明特有的公信力和权威性,法院在判断是否推翻时,应当坚持严格证明标准,就要求相反的否定性证明更加充分,其标准也应当高于一般民事诉讼证明标准。在程序上,可以通过庭审中的质证程序完成,本文上述所言。

应当特别注意的是,此种情形下,"推翻"并非否定公证书形式上的效力,公证书在形式上依然是合法的、存在的,所谓"推翻"既是公证书对公证内容真实、合法的否定,也是对实质上的证明效力的否定,从而使法院不再受优势证明效力的约束,法院将根据当事人提出的证据,对案件事实进行认定。在理论上,一方面,尽管公证行为有准公定力,但这种准公定力可以因为反证而被破除;另一方面,司法监督相对于行政行为、准行政行为具有优越性,因此基于司法监督的作用,法院对事实的认定就不必十分严格地受限于行政机关和准行政机关对事实认定的约束。[6] 这也包括了公证机关的公证证明行为,但对于公证机关的公证行为,如果没有法定诉讼程序,法院在形式上依然应当予以尊重。

这里还有一个需要特别厘清的问题,即对公证证明的反证救济与《公证法》规定的关系。《公证法》规定,当事人、公证事项的利害关系人对公证书的内容有争议的,可以争议向

---

〔3〕 参见[日]福田刚久等编:《书证》,载《民事证据法大系第1卷总论1》,青林书院2007年版,第217页。

〔4〕 参见[日]福田刚久等编:《书证》,载《民事证据法大系第1卷总论1》,青林书院2007年版,第218页。

〔5〕 这是因为关于公正证明与案件事实的关联性的判断似乎并没有排除法官的自由心证。

〔6〕 参见吴庚:《行政法之理论与实用》,中国人民大学出版社2005年版,第242页。

人民法院提起民事诉讼。有的人认为,这一规定与《公证法》另一条规定[7]共同构成了关于公证证明效力争议的救济措施——向公证处申请复查和向人民法院提起诉讼。这种关于《公证法》的规定是对公证证明效力救济的诉讼手段的认识代表了不少人的认识,但这种认识是一种误识。

要正确回答这一问题,需要清楚一个的前提是,通过民事诉讼解决的争议就一般情形而言,只能是直接关于民事实体关系的争议,即涉及民事权利义务的争议,如果不是直接关系民事实体关系的争议就不需要提起民事诉讼,按照诉的理论,也不存在诉的利益。因此,《公证法》所规定的,就公证书内容的争议可以提起民事诉讼,只能理解为公证书内容的争议是关于民事实体关系的争议,而不是公证书真伪以及有关公证书中单纯的事实(如出生、生存、死亡、身份、经历、学历、学位、职务、职称、有无违法犯罪记录等)存否的争议。仅为公证书内容事实真伪、存否的争议不能提起民事诉讼。正如有的书中所举的例子,在某合同中约定,卖方在当事人双方约定的时间交付标的物时,如果买方无故拒绝接受该标的物的,卖方可以就该标的物提存,提存费用和灭失风险由买方承担。而公证机关公证的内容却正好相反,提存费用和灭失风险由卖方承担。[8] 这种涉及提存费用和财产灭失风险负担的民事争议,当事人就可以向人民法院提起民事诉讼,通过民事诉讼程序加以解决。在此,民事诉讼与公证书的效力没有关系,不是关于公证书的争议,因此也就不是关于公证证明效力的救济。对单纯的事实公证,作为公证证明的内容也是不能提起民事诉讼,例如学历的公证证明。作为例外,由于文书的真伪直接关系民事权利义务,因此国外民事诉讼法特别规定,可以提起确认诉讼要求法院就特定文书的真伪问题作出确认判决。

关于对《公证法》规定的理解,上海市高级人民法院的解答是,公证是对事实的证明,对诉讼而言,公证书仅仅是一项证明力较强的证据。法院受理民事纠纷,针对的是当事人之间民事权利义务产生的争议,而不是对争议涉及的某个证据进行裁判。公证当事人及公证事项的利害关系人对公证机构出具的公证书有异议,其实是认为公证书证明的事实,对他们之间的权利义务关系产生了不当影响。如果公证书所影响的基础法律关系的争议属于民事性质的,则当事人、利害关系人可以就该争议提起民事诉讼。仅就公证书的撤销与否起诉的,法院不予受理。[9]

第二类情形针对的主要是公证文书本身的真伪。关于公证文书真伪的判别,在程序上,究竟是按照一般质证程序(例如我国民事诉讼中的质证程序)、特别附带程序(法国),还是设立专门的诉讼程序(德国、日本),大陆法系国家有不同的做法。如法国,就设置了专门的"声明文书伪造程序"来解决公证文书的证伪问题。这种程序在性质上属于特别非讼程

---

〔7〕《公证法》第39条规定:当事人、公证事项的利害关系人认为公证书有错误的,可以向出具该公证书的公证机构提出复查。公证书的内容违法或者与事实不符的,公证机构应当撤销该公证书并予以公告,该公证书自始无效;公证书有其他错误的,公证机构应当予以更正。

〔8〕参见严军兴主编:《中华人民共和国公证法释义》,人民法院出版社2005年版,第165~166页。

〔9〕《上海市高级人民法院关于涉及公证民事诉讼若干问题的解答》,2006年9月20日。

序。[10] 法国的声明文书伪造的程序,要求当事人必须以法定的方式提出文书系伪造的声明,并须提供相应的证据,在该程序中,法官通过审理对文书是否伪造作出独立的裁决。这种专门针对公文书真伪的审理裁决与我国诉讼质证中的证据质辩和认定有相当大的不同。法国为解决文书真伪问题之所以设置专门程序,目的之一就是强调文书作为证书的特殊性。

德国、日本有专门的诉讼程序来解决当事人之间文书(对法律关系具有证明作用的文书)真伪的争议问题。这种诉讼被称为"确认文书真伪诉讼"。关于公证文书真伪的争议也被纳入这种诉讼程序加以解决。无论是德国还是日本,在诉讼中法官都可以传唤公证文书的制作人进行证人讯问,以查清公证文书的真伪问题。[11]

这种确认文书真伪的诉讼是在当事人主张公证文书系伪造的情形下启动的。在涉及民事权利义务的一般民事诉讼中,在当事人没有主张公证文书有问题的,按照大陆法系国家的制度和理论,法院也可以对公证文书的真伪与否进行调查,由于该事项属于"职权调查事项",实行的是职权主义。法官在诉讼中发现或怀疑公证文书有问题的,可以依据职权进行调查,在没有调查的情况下,法官不能直接认定公证文书的真伪。按照日本《民事诉讼法》的规定,法官应当向制作公证文书的公证机构进行调查核实。也正是由于公证文书的真伪属于职权调查事项,因此,对于公证文书的真伪和存在与否不能适用自认。也就是说,即使对方当事人认可公证文书是真实的,也不能约束法官的判断。而非职权调查事项的事实,对方当事人认可的,对法官有约束力。

如果设立专门解决公证文书真伪的争议的特别程序,以解决公证文书真伪的争议,可能更符合公证的性质和价值。既然我们承认公证的社会价值,认可公证证明的优越性,那么就应当对公证文书持更为严肃的态度,维护公证的权威性,设立专门的程序解决公证文书的争议问题就是妥当的。

一旦公证文书是不真实的,则该公证文书就不再具有证据效力。由于公证文书具有推定真实的效力,所以,对于公证文书不真实的主张,当事人就要对此承担证明责任(结果意义上的证明责任)。证明责任的意义在于当公证文书的真伪处于不能判别的情形时,主张不真实的一方当事人的主张不能成立,法官应当推定认可公证文书是真实的。

三、公证证据保全

(一)公证证据保全的含义

所谓公证证据保全,是指公证机构依法对与申请人权益有关的、有法律意义的证据、行

---

〔10〕 参见[法]让·文森、塞尔日·金沙尔:《法国民事诉讼法要义》(下),罗玉珍译,中国法制出版社2001年版,第935~936页。

〔11〕 德国《民事诉讼法》第256条第1项规定:确定法律关系成立或不成立的诉讼,承认证书的诉讼,或确定证书真伪的诉讼,只在法律关系的成立与否、证书的真伪由法院裁判并即时确定、对于原告有法律上的利益时,原告才可以提起。日本《民事诉讼法》第134条规定:确认之诉,也可以为确认证明关系的文书真伪而提起。

为加以提取、收存、固定、描述的行为。

“公证证据保全”不同于以往人们在规范性文件和公证实务中使用的“证据保全公证”这一概念。后者是对一种公证证明行为的概括,前者是对一种证据保全方式的概括,两者在性质上是截然不同的。笔者将公证证据保全界定为公证机构的一项事务和职能。它表达和概括的是公证机构对预防纠纷、解决纠纷有意义的证据实施保全的职能和权限。这一职能不同于公证机构单纯对当事人或申请人的证据保全予以证明的证明职能。遗憾的是,一直以来,人们在使用“证据保全公证”这一概念时,实际上将公证机构实施证据保全的职能也纳入了这一概念之中,从而造成了公证机构两种职能的混淆。导致这一问题发生的主要原因是,现行公证法对公证机构证据保全职能规定的模糊。从某种意义上讲,是因为立法时人们对这一职能的疏忽或犹豫所致。现实中公证机构的证据保全是基于社会实践诉求而被动推导出来的。

《公证法》规定,公证是公证机构根据自然人、法人或者其他组织的申请,依照法定程序对民事法律行为、有法律意义的事实和文书的真实性、合法性予以证明的活动。该规定非常明确地将公证界定为“证明活动”。其又规定,证据保全为公证的事项之一。从法条语义解释的角度,将这两条规定联系起来,自然就可以得出这样的结论:证据保全公证是公证机关对证据保全这类特定行为的证明活动。也就是说,证据保全是公证机构证明活动的对象或客体,作为证明对象或客体的证据保全行为是当事人或申请人实施的,而非公证机构,这一点应当特别注意。但是,按照中国公证员协会的规范性文件——《中国公证协会办理保全证据公证的指导意见(修订)》(以下简称《指导意见(修订)》)的表述,保全证据公证在内涵上就有所不同了。该意见相当明确地将公证机构自己的证据保全行为与对证据保全行为的证明活动区分开来了。根据《指导意见(修订)》的规定,保全证据公证是指公证机构根据自然人、法人或者其他组织的申请,依法对与申请人权益有关的、有法律意义的证据、行为过程加以提取、收存、固定、描述或者对申请人的取证行为的真实性予以证明的活动。根据这一表述,保全证据公证包括两类行为:一类是公证机构依法对与申请人权益有关的、有法律意义的证据、行为加以提取、收存、固定、描述的行为;另一类是对申请人的取证行为的真实性予以证明的行为。十分明显,《指导意见(修订)》通过“或者”这种表示并列的虚词将两类行为区别开来,并且在表述上将后一类行为明确界定为证明活动。这种表述实际上将公证机构对有法律意义的证据、行为加以提取、收存、固定、描述的行为排除在证明活动之外,构成一种不同于证明行为的法律行为。

证据保全的目的是公正、有效地解决纠纷,将这种具有预防性功能的职能赋予公证机构是妥当的,公证机构是一种提供预防纠纷服务机能的社会组织,而证据保全是一项有效预防纠纷的措施。公证机构的广泛性和公信力使公证机构有条件行使这一职能。

(二)公证证据保全的特征

公证证据保全作为一种证据保全方法与诉讼证据保全有着不同的特性,是我们在公证证据保全实践和理论探讨中应当充分注意的。

1. 公证证据保全的即时性

众所周知，民事诉讼是以证据为基础展开的。只有依据有关证据，当事人和法院才能了解或查明案件真相，明确争议的对象、原由，公正、合理地解决纠纷。然而从纠纷的发生，到开庭审理必然有一段时间间隔，在这段时间内，某些证据由于自然原因或人为原因，可能会灭失或者难以取得，为了防止出现这两类情形，给当事人的举证和法院的审理——质证、认证带来困难，保障当事人的合法权益，民事诉讼法为此设置了证据保全制度。

公证证据保全作为一种证据保全方法也是基于实践中纠纷当事人、非讼纠纷解决主体和诉讼中法院对于证据的依赖而产生的一种证据保全方法。在证据保全的方法上公证证据保全与诉讼保全有相同之处，都是通过物理或其他技术方法对证据资料和证据信息加以固定、保存，如对出国、重病等不能出庭作证的人进行录音、录像；对易腐的物证进行拍照、记录等。公证证据保全也有与诉讼证据保全不同之处，笔者将其抽象为即时性或现时性，主要是指即时现场公证保全。由于诉讼是当事人已经将纠纷诉诸法院，因此通常情况下法院不会采取这种即时性现场保全措施。在公证证据保全中，除了对已经发生的静态证据资料进行保全外，公证机关还可以对即时发生的证据资料（事实）进行保全，这也是公证证据保全的基本特点之一。因为有的事实在一定的时期内存在重复发生的可能或当事人能够预测其发生的情形，所以当事人就可以申请公证人员在现场就当时发生的事实作即时性、现时性证据保全，利用录音、录像和现场记录等手段对事实进行证据保全。例如，对侵权人事实侵权行为过程的记录。

2. 公证证据保全应用的广泛性

证据保全的目的是保全证据的信息，因此，证据保全就有可能改变原有证据信息的载体形式或形态。例如，原来证据信息载体为特定物质形态，保全之后变为影像资料。由于这种改变破坏了证据载体的原初形态，就可能引发当事人的质疑，因此只有具有高度公信力、权威的法定机构才能实施证据保全，也只有这些特定的机构根据特定的程序实施的证据保全才能更充分地保证证据的客观性和合法性，实现实体公正和程序公正的要求。法院对证据进行保全后，被保全的证据之所以依然能够发挥原有证据的证明效力，就是因为保全的主体是法院。公证证据保全也是如此，通过公证机关的合法保全行为保证了被保全的证据资料依然能够具有与原有证据形态同样的证明效力。当然，公证证据保全较之诉讼证据保全具有其广泛性，公证保全的证据不仅可以用于诉讼，也可以用于人民调解、仲裁等其他纠纷解决替代方式和程序之中。

3. 公证证据保全实施的被动性

按照《民事诉讼法》的规定，人民法院在诉讼中也可以依据职权主动采取诉讼证据保全措施。这一规定是基于法院审判职能和审判价值要求有关，法院审判要求以事实为根据，这就要求审判尽可能以证据作为认定事实的依据，相应地就必然派生对证据保全的职能。与诉讼证据保全不同，公证不是裁判机关，也不是纠纷解决机关，因此公证证据保全不能在没有当事人申请下主动实施证据保全措施。公证证据保全只能是消极、被动的。当然，这并不是说在进行公证活动中，对可能涉及证据保全需要的情形，公证人员不能向当事人提示这种需要,以便当事人考虑是否申请公证证据保全。

4. 公证证据保全既可是诉前也可是诉中的保全措施

在诉讼前,当事人可以向公证机关申请公证证据保全,这一点应当没有疑问,但在诉讼中当事人是否可以申请公证证据保全呢?这可能是个问题。这里涉及诉讼证据保全与诉讼中公证证据保全的关系问题。涉及如何给公证证据保全定位的问题。有学者将公证证据保全定位为诉讼前证据保全。笔者认为,这种认识是一种描述性的,片面的。公证证据保全并非只能作为诉讼前证据保全的措施,也可以作为诉讼中的证据保全方法。理由主要是,公证证据保全是诉讼证据保全的补充。当诉讼证据保全没有及时和不便采取时,公证证据保全作为一种更为便利的保全措施,能够更方便地为诉讼服务,有利于法院作出公正裁判。因此,不能排除诉讼中公证证据保全。当然,由于诉讼中的诉讼证据保全实施主体是法院,所以,在证据采信方面,诉讼证据保全实际上自然优于公证证据保全,诉讼证据保全的证据更容易得到审理法官的认可,这种差异自然导致当事人可能更倾向于诉讼证据保全,但这并不是排斥诉讼中公证证据保全的理由。从近些年的诉讼实践来看,诉讼中的公证证据保全也大量存在。不仅包括开庭审理前的诉讼准备阶段,而且在初次开庭审理后,法庭辩论终结前也都存在。

(三)公证证据保全的法律效力

对于诉讼保全而言,保全的法律效力在于,一旦人民法院对特定的证据采取保全措施后,即使该证据信息载体在庭审的质证和认证中已经发生改变甚至不复存在,但法院保全后的物质载体所负载的证据信息依然具有证明作用,变化的仅仅是载体本身。也就是说,不因为载体形态和方式的变化而变化。例如,在诉讼开始后,庭审前法院对病危证人证言的录音、录像,虽然在庭审中该证人不再出庭,但录音、录像作为证人证言内容的载体具有与证人出庭的同等效力,视为有效的证人证言。对作为物证的某特定物,法院对其数量、质量、形状、结构的记载、拍摄,也同样具有证明特定案件事实的作用。这种法律效力实质是一种对法院的约束力,因为法院是判断证据和认定事实的主体。对法院的这种约束力也间接对当事人发生约束力,具体体现在当事人不能因为保全发生的证据信息载体形态的改变而否定该原初证据资料所负载的证据信息。证据保全的实质在于证据信息的保留,并非载体形态的保留,虽然在许多情形下,证据保全是对载体形态的固定和保存。

公证证据保全也是如此,原则上同样具有这样的效力。在公证证据保全中,以是否改变原有证据信息载体形态可分为两类:形变公证保全和非形变公证保全。形变公证保全,是指那些保全措施仅保存其具有证明作用的证据信息,而不保留原有证据形态的保全。这类公证保全在公证证据保全中大量存在。最典型的是,通过对易腐以及其他不得不销毁、出售的物品的拍照进行保全的情形。保全后,这些证明案件事实的证据形态不复存在,其证据信息以照片的方式予以保存。再如对网络证据的保全。作为证明侵权人实施侵权的事实,原初的证据信息载体应当是网络上某网站或博客上现时文字或图形、符号,为了防止纠纷解决过程中该资料被删除和修改,需要通过一定保全方式加以保全,例如,打印、下载、拍摄等方式。打印、下载、拍摄的信息虽然反映了原初的证据信息,但其载体的物质形态已经发生了变化。打印后,其载体为纸介,下载后或拍摄后的载体可能是电子可视画面。对证人证言的录音、录像;现场场景、行为的记载、录像等都属于形变保全。非形变公证保全,是指保全措施的实施不会导致原初证据信息载体形态发生变化。例如,对作为物证的特定物的提取、收存等。有法律效力的证据保全的意义就在于即使保全使原初证据发生了形变,也不会否定形变后证据信息的存在。这正是公证证据保全所具有的法律优势。公证机构、法院以外的主体对证据所采取保全措施的,其保全的证据可能无法得到认可。

应当注意的是,公证证据保全的法律效力并非意味着,法院在诉讼中对当事人提供的公证保全证据就必须采信,法院依然需要对该证据进行审查。审查判断的核心是该保全的证据是否具有证据所必须的客观性、关联性和合法性。尤其是在形变保全的情形下,需要判断保全措施是否影响了证据信息的真实性。在公证证据保全的实施中,公证人员的主观认识和保全技术手段都可能影响被保全证据的真实性。特别是涉及电子证据的保全更是如此。尽管如此,但基于公证证据保全的专业性、程序保障以及保全主体的公信度,其保全证据的可采信比之非公证证据保全就要高得多。

问题与思考

关于公证证据保全中现场隐名或假名证据保全的合法性

在公证保全的合法性方面,实践中的另一令人关注的问题是公证人员的现场隐名或假名证据保全的合法性问题。所谓隐名或假名公证保全,是指为了便于对现场的证据资料进行取证保全,公证人员在取证前或取证过程不向现场当事人事先表明其身份或真实身份,而是在取证结束后才向现场当事人表明其身份或真实身份,并说明其目的的行为。这里的合法性问题从实质上是保全行为的正当性问题。因为没有表明身份就可能存在因为“突然袭击”或违法诚信而导致程序正义的缺失。在程序正义的一般观念和认识上,“突然袭击”和非公开性都是违反程序正义的行为。就程序正义的价值观而言,法律行为的实施应当公开,否则其法律结果的发生就是非正当的。在隐名或假名公证保全的问题上显然存在追求事实真相与程序正义的矛盾。这一矛盾始终是纠纷解决中必然伴随的矛盾。这一问题处理需要根据两者权重予以衡量与比较。也就是说,需要比较一下程序正义受损的程度与揭示真相的必要性程度。在隐名公证保全这一问题上,笔者认为,隐名或假名公证保全虽然有“突然袭击”、减损诚信的客观结果,但一方面,如果不实行隐名或假名公证保全,又将无法实施有效的证据保全,权利人的权利也就无法得以维护,侵权人的侵权行为也不能得以制裁;另一方面,隐名或假名公证保全的隐名和假名是有限制的,当取证结束后,公证人员应公开或还原自己的真实身份,这在一定程度上也可以缓和隐名或假名所造成的突袭性。隐名或假名公证保全与隐名执法以及陷阱取证是有所区别的(前者是基于目的差异,后者是主体差异)。所以,笔者比较认同隐名或假名取证的合法性。不过,笔者的认同是有条件的,隐名、假名公证保全应当是一种非常特殊的情形,尤其是假名的情形,不仅因为这种做法存在减损程序正义的副作用,还存在减损诚信的副作用,所以如同使用某些具有副作用的药物一样,必须限定其适用条件,只有在不得已的情况下才能实施隐名、假名公证保全,且对假名公证保全的情形应当更加严格。

四、公证债权文书的强制执行

虽然《公证法》在2006年就已实施,但在实施的最初几年里,公证债权文书的强制执行并未引起人们的重视。随着《公证法》的普及,人们逐渐认识了公证债权文书执行制度对于实现权利的便捷性,人们开始更多地利用该制度,低成本高效率地实现自己的权利。另外,由于法律对公证债权文书的制度缺乏具体的规定,理论研究和指导不够,导致人们包括法官、律师对公证债权文书的执行在要件、程序等问题上存在不同的认识和分歧。在不同法院甚至同一法院的不同法官对同一问题的理解或处理皆不一致。由此引发的执行异议、复议案件日益增多,相关信访问题也随之攀升。为了应对和解决实践中公证债权文书执行的乱象和问题,2018年《最高人民法院关于公证债权文书执行若干问题的规定》(以下简称《公证债权文书执行规定》)出台。该规定成为公证债权文书依法执行的主要根据。

(一)公证债权文书的含义、作为执行根据的意义

公证债权文书,是指公证机关依照国家赋予的权力和法律规定的程序,对于负有履行义务的有关文书进行审查,认为当事人之间的权利义务事实清楚,双方没有争议并经当事人申请,依法制作的证明该项文书具有强制执行力的法律文书。公证债权文书的法律意义在于,一旦义务人不履行义务,权利人即可以该公证债权文书为根据向人民法院申请强制执行,而无须经过诉讼判决程序。《公证法》规定,对经公证的以给付为内容并载明债务人愿意接受强制执行承诺的债权文书,债务人不履行或者履行不适当的,债权人可以依法向有管辖权的人民法院申请执行。

在一定条件下,法律直接赋予公证债权文书强制执行力的意义在于,可以避免因为诉讼所导致的效率损失,能够尽快实现当事人的权利。之所以具有给付义务的判决、仲裁裁决具有执行力,是因为该给付义务在高度盖然性上是被确定的。与此相似,通过公证机关对当事人之间就具有给付内容的债权债务的确认,使该公证文书中记载的债权债务具有了高度盖然性,因此获得了可执行的正当性。

(二)公证债权文书强制执行的要件

公证债权文书作为强制执行的根据需要具备一定的要件,否则将导致强制执行的混乱。在最高人民法院关于公证债权文书执行的司法解释出台之前,正是由于没有明确的要件规定,所以使得公证债权文书的执行发生各种乱象。《公证法》没有对公证债权文书执行要件作出规定。《公证债权文书执行规定》关于公证文书执行要件是从积极和消极两个方面作出规定,积极方面规定得更为抽象,相对而言,消极方面规定得更加具体。我们可以从这些规定中提炼出以下要件:

第一,该文书是由公证机关根据《公证法》的要求制作的文书。该要件可进一步阐述为:(1)必须是由公证机关所制作的,其他机构制作的文书不能作为执行根据;(2)即使是公证机关,但如果是外国公证机关制作的公证文书也不能作为在我国法院执行的执行根据;(3)必须是公证机关所做的公证文书,而非公证机关所做的其他文书。公证文书的制作有

专门的制作程序和要求。

第二,具有公证效力的公证文书。公证文书具有公证效力,必须满足公证法的相应要求,不具备其要件的,就不具有公证效力,也就不能作为执行根据。

第三,应为记载明确且可执行债权的公证文书。记载明确包括:(1)执行权利人和义务人是明确的。(2)给付义务的内容是明确的。如果关于权利人义务人以及给付义务内容不明确就容易发生分歧或纠纷,也就不能直接执行,需要通过诉讼等法定程序予以确定其权利义务即相应的主体。要求公证书记载的给付义务的明确,同样也是为了能够执行。给付义务是否明确需要结合履行义务的标的情形而论,如动产、不动产、金钱等。作为特定动产的,还需要明确规格、数量、品质、商标、制造厂家等能够特定化给付标的的内容。

第四,公证债权文书明确记载义务人关于可以直接执行的承诺。义务人承诺可以在其不履行义务的情形下直接强制执行是公证债权文书作为执行根据的正当性依据。

(三)公证债权文书的执行力范围

公证债权文书的执行力范围包括效力所涉及的主体范围和客体范围两个方面。

公证债权文书执行力的主体范围包括当事人、当事人的继受人以及当事人或继受人占有请求标的物的人。

客体范围,是指债权文书中明确的债务范围。

需要注意的是,公证债权文书赋予强制执行效力的范围同时包含主债务和担保债务的,人民法院应当依法予以执行;仅包含主债务的,对担保债务部分的执行申请不予受理;仅包含担保债务的,对主债务部分的执行申请不予受理。

另外,按照最高人民法院的司法解释,因民间借贷形成的公证债权文书,文书中载明的利率超过人民法院依照法律、司法解释规定应予支持的上限的,对超过的利息部分不纳入执行范围;载明的利率未超过人民法院依照法律、司法解释规定应予支持的上限的,被执行人主张实际超过的,可以依照本规定提起诉讼。

(四)公证债权文书强制执行的程序

1. 管辖

关于地域管辖。公证债权文书执行案件,由被执行人住所地或者被执行的财产所在地人民法院管辖。

关于级别管辖。公证债权文书执行案件的级别管辖适用民事诉讼法及司法解释关于级别管辖的有关规定。

2. 申请执行

其一,提交执行证书等相关材料。债权人申请执行公证债权文书,除应当提交作为执行依据的公证债权文书等申请执行所需的材料外,还应当提交证明履行情况等内容的执行证书。所谓执行证书,是指当债务人不履行或者不适当履行经公证的具有强制执行效力的债权文书时,公证机构可以根据债权人的申请,依照有关规定出具可向人民法院申请强制执行该公证债权文书的证明文书。执行证书应当在法律规定的执行期限内出具。执行证书应当载明申请人、被申请执行人、申请执行标的和申请执行的期限。没有公证机构出具的执行证书,法院将不会受理当事人对公证债权文书的受理。执行证书制度的目的在于保障公证债权文书执行的正当性。如果当事人就特定的公证债权文书申请出具执行证书,公证机构决定不予出具执行证书的,当事人可以就公证债权文书涉及的民事权利义务争议直接向人民法院提起诉讼。

其二,申请执行的期限。根据《民事诉讼法》的规定,申请执行必须在一定的期限内提出,否则丧失申请执行权。这一期间称为申请执行期间,也称为执行时效。民事诉讼法规定的申请执行期间为两年。申请执行期间可以中止、中断,法律中有关于诉讼时效中止、中断的规定。申请执行公证债权文书的期间自公证债权文书确定的履行期间的最后一日起计算;分期履行的,自公证债权文书确定的每次履行期间的最后一日起计算。债权人向公证机构申请出具执行证书的,申请执行时效自债权人提出申请之日起中断。

3. 不予受理的救济程序

债权人对不予受理、驳回执行申请裁定不服的,可以自裁定送达之日起10日内向上一级人民法院申请复议。申请复议期满未申请复议,或者复议申请被驳回的,当事人可以就公证债权文书涉及的民事权利义务争议向人民法院提起诉讼。

(五)申请不予执行公证债权文书

1. 申请不予执行公证债权文书的情形

一方面,公证债权文书的权利人可以向人民法院申请强制执行公证债权文书,实现自己的权利;另一方面,公证债权文书的义务人(被执行人)也可以向人民法院申请不予执行该公证文书。

按照《公证债权文书执行规定》的规定,具有以下情形的,义务人可以申请不予执行其特定的公证债权文书:(1)被执行人未到场且未委托代理人到场办理公证的;(2)无民事行为能力人或者限制民事行为能力人没有监护人代为办理公证的;(3)公证员为本人、近亲属办理公证,或者办理与本人、近亲属有利害关系的公证的;(4)公证员办理该项公证有贪污受贿、徇私舞弊行为,已经由生效刑事法律文书等确认的;(5)其他严重违反法定公证程序的情形。

2. 裁定不予执行的处理

在法院裁定不予执行公证债权文书之后,公证债权文书被裁定不予执行的,当事人可以就该公证债权文书涉及的民事权利义务争议向人民法院提起诉讼。公证债权文书被裁定部分不予执行的,当事人可以就该部分争议提起诉讼。

应当注意的是,人民法院裁定不予执行该公证债权文书的,并不意味着该公证文书无效,只是被确定为没有执行力。公证文书的其他效力,例如证明效力依然存在。

(六)公证债权文书所涉民事法律关系的可诉性

由于公证债权文书一旦具备可执行要件,就可以申请强制执行,这也就意味着,即使义务人对债权债务有争议也不能就此向人民法院提起诉讼。实际上也就排除了实体争议的可诉性。因此,对此没有进一步明确规定,就可能发生妨碍当事人行使诉权的现象。为了防止这一点,《公证债权文书执行规定》明确有下列情形之一的,债权人、利害关系人可以就公证债权文书涉及的民事权利义务争议直接向有管辖权的人民法院提起诉讼:(1)公证债权文书载明的民事权利义务关系与事实不符;(2)经公证的债权文书具有法律规定的无效、可撤销等情形。

在债权人提起诉讼,诉讼案件受理后又申请执行公证债权文书的,人民法院不予受理。进入执行程序后债权人又提起诉讼的,诉讼案件受理后,人民法院可以裁定终结公证债权文书的执行;债权人请求继续执行其未提出争议部分的,人民法院可以准许。

利害关系人提起诉讼,不影响人民法院对公证债权文书的执行。利害关系人提供充分、有效的担保,请求停止相应处分措施的,人民法院可以准许;债权人提供充分、有效的担保,请求继续执行的,应当继续执行。

第十一单元

民事执行

第四十二章　民事执行法总论

本章目次

一、民事执行法概述

(一)民事执行法、民事执行的概念和特征

民事执行法也被称为“强制执行法”“民事强制执行法”。我国即将颁布的民事执行法全称为中华人民共和国民事强制执行法,本书简称民事执行法。虽然民事执行法中并不完全是民事执行的内容,还有包括部分刑事执行的内容,但主要是民事执行方面的内容,因此称之为民事执行法是能够成立的。同时,执行一定是以国家强制力为后盾,强制执行只是民事执行法中的一种程序,强制执行是不言而喻的,因此也没有必要一定要强调“强制”二字。

广义上的民事执行包括三种:第一种是民事强制执行;第二种是拍卖(具体又可以分为实现担保权的拍卖或竞买和依民法、商法以及其他法律规定所实施的拍卖);第三种是保全处分的执行。人们常常提到的强制执行通常就是指第一种意义上的强制执行,也是狭义上的民事强制执行。

民事强制执行,是指人民法院的执行组织依照法律规定的程序和方式,运用国家的强

制力量，在负有义务的一方当事人拒不履行义务时，强制其履行义务，从而实现生效法律文书内容的一种诉讼活动。

在民事执行中，根据生效的法律文书有权向人民法院申请执行的人，被称为申请执行人；对方当事人，被称为被申请人。实际上，申请执行人是生效法律文书所确定的债权人，而被申请人是生效法律文书所确定的债务人。

民事执行不同于履行，二者的根本区别在于有无强制力。履行是义务人自己主动实现法律文书所确定义务的行为。义务人按照法律文书规定的内容随时可以履行自己的义务，而不需要遵守严格的程序规定。因此，在概念上民事执行和履行是相互对应的，民事执行被称为强制执行，而履行被称为自动履行。

通常认为，民事执行具有以下特征：

第一，执行只是国家机关实施的行为。执行权是国家的一项公权力，只能由国家机关行使，而不能由其他的单位或者公民个人行使。在我国，行使执行权的国家机关是人民法院。

第二，人民法院进行执行活动必须以生效的法律文书为根据。这实际上是由民事执行程序的目的决定的。

第三，人民法院的执行活动具有强制性。

第四，人民法院的执行活动必须依照法定程序进行。

（二）民事执行权的性质

民事执行权是国家机关强制义务人履行民事义务从而实现权利人民事权利的权力。

对于民事执行权的性质，在理论上人们有不同的看法。主要有三种观点：第一种观点，民事执行权是一种司法权，其理由是他们认为执行权是由法院行使的，法院是审判机关，而执行权是法院审判权的组成部分，因此从性质上讲是司法权。第二种观点，民事执行权是一种行政权。其理由是他们认为执行和审判是两种不同性质的工作，执行工作具有确定性、主动性、命令性、强制性的特点，因此，从性质上讲是一种行政活动。第三种观点，民事执行权既有行政权的性质，也有司法权的性质。司法权和执行权的有机结合构成了完整意义上的执行权。例如，在执行过程中对被执行人的财产进行调查等非裁决性事务工作具有行政性质，采用裁定方式对执行中的实体性争议和程序性争议进行解决又具有司法性质。

（三）民事执行请求权

民事执行请求权，简称执行请求权，是指债权人（权利人）依据执行根据向国家执行机关申请实施民事执行权的权利。执行请求权与诉讼请求权的共同之处在于，两种权利都要求国家司法机关开启一定的程序以实现特定的权利。不同的是，执行请求权要求开启的是执行程序，而诉讼请求权要求开启的是诉讼程序。诉讼程序是确定有争议的实体权利义务的程序，执行程序是实现已确定权利义务的程序。只有在实体权利义务确定之后，债权人才拥有执行请求权。

执行请求权是否以实体法上的实体请求权为根据，理论上存在争议，大致可以分为两种观点：一种为“具体执行请求权说”，另一种为“抽象执行请求权说”。

1. 具体执行请求权说

此说主张权利人要求国家对义务人予以执行,是基于权利人在实体法上的请求权。实体法上的实体请求权是执行请求权的根据和条件。按照这一学说,一旦丧失实体法上的请求权,执行请求权也随之丧失,执行也就没有理由和必要。因此,执行请求权要成立必须具备形式上的要件和实质上的要件。实质上的要件就是实体法上的请求权。这一学说在论证逻辑上与诉讼理论上的私法诉权说是相同的。

2. 抽象执行请求权说

该说认为执行请求权与实体法上的实体请求权没有直接关联,其存在与否并不依赖实体请求权的有无,对存在具有决定意义的是民事执行制度,尤其是执行根据中存在的必要性。执行请求权虽然是以实体上的请求权的存在为前提,但在执行请求权成立之后,执行请求权就与实体法上的实体请求权断绝了联系,成为独立存在的概念。也就是说,在执行中即使实体上的请求权已经消失,也并不意味着执行请求权随之消失,执行请求权依然可以独立存在。反之,即使存在实体上的请求权,但不具有执行请求权的形式要件,也同样不能强制执行。在缺乏实体请求权的情形所发生的执行并非构成执行违法。抽象执行请求权在诉权理论上的对应的学说就是公法诉权说。

笔者主张,实体请求权这一实质要件与执行形式要件统一。仅有其中之一,执行请求权都是不能成立的。执行的形式要件体现了强制执行制度的国家意志,离开了国家意志,强制执行制度就没有了基础,但将执行请求权单纯与实体请求权的存在割裂开来,执行请求权缺乏内在的根据也是不妥当的。从统一论的认识来看,无论是缺失实质要件,还是缺失形式要件都构成执行的不合法,前者违反实体法,后者违反程序法。

(四)民事执行程序和民事审判程序的关系

民事执行程序和民事审判程序既有联系,又有区别:

民事执行程序和民事审判程序的主要联系为:(1)两者的最终目的相同。两者的目的都是保护民事权益、解决民事纠纷、维护私法秩序。(2)两者相互交叉。一方面,民事审判程序所确定的权利义务,如果当事人不主动履行,最终需要通过执行程序来实现;另一方面,即使在审判过程中,有时也会涉及执行的问题,例如,采取财产保全措施和先予执行。(3)两者都属于广义的民事诉讼程序。民事诉讼程序有狭义和广义之分。狭义的民事诉讼程序只包括民事审判程序,而广义的民事诉讼程序不仅包括民事审判程序,而且还包括民事执行程序。

民事执行程序和民事审判程序的主要区别为:(1)两者的直接目的不同。民事审判程序主要是为了解决当事人之间的民事权利义务争议;民事执行程序则是为了保证生效法律文书所确定的民事权利得到实现、民事义务得到履行。(2)两者的基础不同。民事审判程序是以法院的审判权和当事人的诉权为基础建构的;而民事执行程序则是以国家的民事执行权和当事人的执行申请权为基础建构的。(3)两者的适用范围不同。一方面,对于每一个民事案件来讲,都必须经过民事审判程序,但只有少数当事人不主动履行生效法律文书所确定义务的案件,才会经过民事执行程序;另一方面,通过民事审判程序所解决的都是民事权利义务争议(但选民资格案件除外),而通过民事执行程序强制执行的,不仅包括民事性质的法律文书所确定的义务,而且还包括刑事判决、裁定中的财产内容以及行政机构可以申请法院强制执行的行政处罚决定。

(五)民事执行的立法体例

民事执行法可以分为形式意义上的民事执行法和实质意义上的民事执行法。形式意义上的民事执行法,是指法典化的民事执行法。实质意义上的民事执行法,是指各种规定民事执行程序的法律法规总和,例如,《公司法》中有关民事执行的规定。

民事执行法的立法体例,从世界各国的情况来看,主要分为以下四种:(1)将民事执行的内容,在本国的民事诉讼法中加以规定,例如德国。(2)将民事执行的内容,在本国的实体法和程序法中都加以规定,相互补充,例如意大利。(3)将民事执行的内容,在破产法中加以规定,例如瑞士。(4)制定单行的民事执行法,例如日本、法国。

2022 年以前,我国采用的是第一种立法体例,即将民事执行规范的主要内容规定在《民事诉讼法》之中,除《民事诉讼法》规定有民事执行的内容以外,最高人民法院还颁布了多个司法解释进一步规定了民事执行的内容。从目前的情况来看,由于《民事诉讼法》关于民事执行的规定过于简单,司法解释的效力相对不高,民事执行在实践中存在很大的困难。因此,学者和司法实务部门均呼吁尽快制定一部统一的民事执行法。2022 年 6 月 21 日最高人民法院正式将《中华人民共和国民事强制执行法(草案)》[以下简称《民事强制执行法(草案)》]提交全国人民代表大会常务委员会审议。审议通过之后,这将是中华人民共和国第一部民事强制执行法,其对于完善我国民事司法具有非常重要的意义。

(六)我国第一部民事执行法的制定及基本结构

在 20 世纪 90 年代后期,立法机关有意向启动《民事诉讼法》的第一次修改,且为全面修改。在这一背景之下,学者们提出了应当将民事强制执行规范及时从《民事诉讼法》中分离出来,制定独立的民事强制执行法以适应民事强制执行实践的需要。21 世纪初以中国政法大学民事诉讼法学者为主,第一部民间民事强制执行法草案(第一稿)出台。但由于第一次民事诉讼法修改只是"中改",民事强制执行法的制定也并未纳入议事日程。2000 年以来,社会各界积极呼吁切实解决执行难问题,民事执行法的制定再次成为学界和实务界的话题。最高人民法院以此为背景,开始组织有关人员制定民事执行法草案。至 2011 年,最高人民法院草案起草小组就已至少出台了六稿草案。2022 年 6 月,最高人民法院提交审议的民事强制执行法草案又对过去的草案进行了大幅度修改。

提交审议的《民事强制执行法(草案)》分为四编十七章总计 207 条。四编为第一编"总则"、第二编"实现金钱债权的执行的终局执行"、第三编"实现非金钱债权的终局执行"、第四编"保全执行"。

在民事强制执行法通过的同时,立法机关也将同时删掉《民事诉讼法》中关于民事执行的若干规定。民事执行法实施之后,相关的司法解释也将进行调整。从以往经验来看,最高人民法院将废除原来的相关司法解释[包括《最高人民法院关于人民法院执行工作若干问题的规定(试行)》(以下简称《执行规定》)],出台关于民事强制执行法的专门司法解释,有一些关于民事执行的细化规则以及执行机构内部操作规范也需要通过司法解释进一步明确。

(七)民事执行法的目的

民事执行法的目的是指民事执行法意图实现的基本价值和作用。在我国,人们往往将法律目的与法律任务等同。由于法律的任务常常是多重的,而目的相对更为单一,因此,人们也往往将特定法律中最主要任务视为该特定法律的目的。

关于民事执行法的目的,有观点认为,民事执行法的目的就是解决执行难;也有观点认为,民事执行法的目的主要是规范执行行为;还有观点认为,民事执行法的目的就是迅速、高效地实现当事人的实体权利。笔者认同民事执行法的目的就是迅速、高效地实现当事人的实体权利。执行难是指当事人实体权利在执行过程所遭遇的困难,通过这些困难不断完善民事执行法,将有利于正当执行的方法制度化,强化法院查明财产、及时保全被执行财产当然有助于化解执行难的问题,但这些不断完善的措施都服从如何迅速、高效地实现实体权利的这一目的。因此,在这个意义上民事执行法的目的不是解决执行难,执行难只是执行中派生出来的问题。规范执行行为是涉及执行的正当性问题,这是执行法的一项重要任务,但还不是民事执行法的目的,迅速、高效当然离不开手段的正当性,是达成在民事执行法的目的的保障和要求,这同样是以民事执行法的目的为前提的。

(八)民事执行法的基本原则

我国法律制定的一个特点是对于一些比较重要或基本的法律,通常要对该法律的基本原则作出明确规定。例如,在民事诉讼法中就有关于基本原则的规定。

一般认为,基本原则的意义在于:(1)有助于指导法律主体正确地适用该法律的具体规定。特定法的具体规定是该法律基本原则的展开,只有把握和理解了民事诉讼法的基本原则才能正确适用民事诉讼法的具体规定。(2)基本原则有利于克服既定法律条文规定的有限针对性。当法律对某些具体情况没有明确规定时,司法人员可以根据基本原则具体灵活地加以处理,为审判人员发挥自己的主观能动性提供了原则性根据。(3)为民事诉讼法的局部修改和调整提供了依据。法律总是要不断修改和调整的,当既定的民事诉讼法的局部规定滞后时,立法者应当以民事诉讼法的基本原则为依据对其进行修改和调整,保持修改和调整后的具体规定与民事诉讼法基本原则的一致性。

《民事强制执行法(草案)》也同样对其基本原则作出了规定。[1] 在草案研讨过程中,关于民事执行法的基本原则有诸多争论。

本书认为,迅速、高效、持续地实施执行应当作为民事执行法的基本原则。这一基本原

---

〔1〕《民事强制执行法(草案)》第2条诚信原则规定,民事主体应当自觉履行民事生效法律文书确定的义务。民事强制执行活动应当遵循诚信原则;第3条执行依法原则规定,民事强制执行应当依照法律规定的条件、程序和方式进行;第4条执行高效原则规定,民事强制执行应当及时、高效、持续进行,非因法定情形并经法定程序,不得停止;第5条比例原则规定,民事强制执行应当公平、合理、适当,兼顾各方当事人和利害关系人的合法权益,不得超过实现执行目的所需的必要限度;第6条充分运用现代信息科技规定,民事强制执行应当充分运用现代信息科技;第7条协助执行规定,有关组织和个人应当对民事强制执行依法予以协助、配合;第8条法律监督规定,人民检察院有权对民事强制执行活动实行法律监督。

则直接体现了民事执行法的目的。

首先,关于诚信原则是否为民事执行法的基本原则。本书认为,将诚信作为基本原则似乎欠妥。诚信原则一般适用于法律主体享有处分权的情形,例如,在民事实体法律关系和民事诉讼法律关系中,正是因为享有处分权,所以需要诚信原则约束处分主体滥用处分权的行为。在执行法律关系中,是执行权主体与执行相对人之间的关系,并不涉及当事人处分权行使的问题,因此无需将诚信作为其基本原则。

其次,关于比例原则。本书认为,也没有必要在民事执行法中规定比例原则。比例原则是行政法中的一项基本原则,在民事执行中并不适用。在此,应当特别注意民事执行法与行政法的不同语境。行政法比例原则的语境是,国家法律对实现行政目的的具体方法和措施并没有具体的规定,行政机关采取何种方法和手段达成特定的行政目的,是行政机关自由裁量权限,而在达成行政目的的实施过程中常常会涉及行政相对人的利益,例如为了更好解决城市交通问题,就必然要对城市交通进行改造建设,也就必然要涉及特定相对人的利益,因此行政机关就应当考虑以最小的损害达成行政目的。与此不同,民事执行实现的是确定的义务,关于义务的履行的范围、方法、执行标的都有明确的规定,一般不存在行政法所谓比例的问题。对于被执行人的生活保障属于基本人权的要求,违反该规定属于执行违法。尽管也存在特殊或个别情形,如何执行能够减少对被执行人的不利影响,但这显然不是一般情形,一般情形是如何迅速、高效、继续地实现实体权利义务。再者,依法执行是法治原则的一般要求,对所有法律都是不言而喻的,因此也没有必要加以规定。

最后,关于充分运用现代信息科技的原则。本书认为,“充分运用现代信息科技”也不宜作为民事执行法的原则,运用现代信息技术是达成迅速、高效执行的手段,是执行机关自然应当考虑的因素,没有作为约束性的基本规范。

还应当注意的是,基本原则能够发挥上述作用有一个前提,即司法制度的现代化。如果没有现代化的司法制度作为保障,基本原则就很难发挥其应有的作用。在我国尚未实现司法制度现代化的情形下,原则的实际效果难以有所期待,民事诉讼的实践情形也说明了这一点。基于此,笔者认为,在民事执行法中未必一定要对其基本原则作出明确规定。民事执行法的基本原则可以通过法理解释加以明确。

二、民事执行总则其他一般规定

(一)执行主体

执行主体,是指在民事执行过程中,依法享有权利和承担相应义务,能够引起执行程序发生、变更或终结的人。执行主体包括执行机构、执行当事人和执行参与人。

1. 执行机构

执行机构,又称为执行机关,是指行使国家民事执行权,专门负责从事执行工作的职权组织。

《民事诉讼法》规定,“人民法院根据需要可以设定执行机构”。没有限定是哪一级法院。

依照民事执行法的规定,人民法院执行机构由法官、执行员、司法警察等人员组成。其具体的分工是:法官负责办理各类执行案件。执行员负责办理执行实施案件,但是作出拘留决定、罚款决定等依法应当由法官办理的重大事项除外。司法警察在法官、执行员的指挥下参与执行实施工作。办理执行实施案件的人员不得参与相关执行异议、复议、案外人异议等案件的审查。

人民法院执行机构的负责人由法官担任,执行员和司法警察不能担任执行机构的负责人。上级人民法院认为下级人民法院执行机构负责人不称职的,可以建议依照有关程序予以调整、调离或者免职。

我国执行机构在设置上具有以下一些特点:

一是执行机构与审判机构各自分立。这主要是为了保障司法公正,防止因为法官既是裁判者又是裁决的执行者,而导致裁决不公和执行不公。将执行机构与审判机构相分立,是实现司法公正的重要保障,也是执行法的基本原则和原理。

二是各级法院都设有执行机构。为实现执行机构与审判机构的相互分立,各级法院都设立了执行庭,甚至有的地方法院还成立了执行局,以替代原来的执行庭,专门从事执行工作。执行局通过在业务和人事方面的垂直管理和监督,能够排除执行过程中的地方保护主义,提高执行效率。

三是执行机构由执行员、书记员和司法警察共同组织。执行员是代表法院行使执行权的人员,主要负责行使民事执行权和对执行异议、仲裁裁决的执行进行审查和裁决。书记员主要负责做执行笔录,并协助执行员从事执行工作。司法警察在执行员的指挥下,主要负责维持执行秩序,保证民事执行工作的顺利进行。

根据《执行规定》的规定,上级人民法院要依法监督下级人民法院的执行工作。最高人民法院要依法监督地方各级人民法院和专门法院的执行工作。也就是说,上级人民法院执行机构负责本院对下级人民法院执行工作的监督、指导和协调。应当注意的是,这种监督在性质上属于行政性的司法监督,与按照法律程序所进行法律性司法监督有所不同,前者是基于行政化的机制和结构。因此,对于行政性的司法监督,民事执行法不会对此作出规定。

根据《执行规定》的规定,上级人民法院执行机构对下级人民法院执行工作的监督、指导和协调,主要包括以下一些内容:(1)指令纠正或者裁定纠纷。上级法院发现下级法院在执行中作出的裁定、决定、通知或具体执行行为不当或有错误的,应当及时指令下级法院纠正,并可以通知有关法院暂缓执行。下级法院收到上级法院的指令后必须立即纠正。如果认为上级法院的指令有错误,可以在收到该指令后5日内请求上级法院复议。上级法院认为请求复议的理由不成立,而下级法院仍不纠正的,上级法院可直接作出裁定或决定予以纠正,送达有关法院及当事人,并可直接向有关单位发出协助执行通知书。(2)裁定不予执行。上级法院发现下级法院执行的非诉讼生效法律文书有不予执行事由,应当依法作出不予执行裁定而不制作的,可以责令下级法院在指定时限内作出裁定,必要时可直接裁定不予执行。(3)限期执行。上级法院发现下级法院的执行案件(包括受委托执行的案件)在规定的期限内未能执行结案的,应当作出裁定、决定、通知而不制作的,或应当依法实施具体执行行为而不实施的,应当督促下级法院限期执行,及时作出有关裁定等法律文书,或采取相应措施。(4)共同执行或者指定执行。对下级法院长期未能执结的案件,确有必要的,上级法院可以决定由本院执行或与下级法院共同执行,也可以指定本辖区其他法院执行。(5)按审判监督程序处理。按照现行法院体制,上级法院在监督、指导、协调下级法院执行案件中,发现据以执行的生效法律文书确有错误的,应当书面通知下级法院暂缓执行,并按照审判监督程序处理。(6)暂缓执行。上级法院在监督、指导、协调下级法院执行案件中,发现据以执行的生效法律文书确有错误的,应当书面通知下级法院暂缓执行,并按照审判监督程序处理。上级法院在申诉案件复查期间,也可以决定对生效法律文书的暂缓执行,有关审判庭应当将暂缓执行的通知抄送执行机构。上级法院通知暂缓执行的,应同时指定暂缓执行的期限。暂缓执行的期限一般不得超过3个月。有特殊情况需要延长的,应报经院长批准,并及时通知下级法院。暂缓执行的原因消除后,应当及时通知执行法院恢复执行。期满后上级法院未通知继续暂缓执行的,执行法院可以恢复执行。(7)追究责任。下级法院不按照上级法院的裁定、决定或通知执行,造成严重后果的,按照有关规定追究有关主管人员和直接责任人员的责任。

2. 执行当事人

执行当事人,就是执行根据所确定的权利人和义务人。其中,权利人是指根据执行根据享有权利的人,在申请执行中被称为申请执行人。义务人是指根据执行根据负有给付义务的人,义务人也被称为被执行人或者执行义务人。

执行根据的效力,原则上只及于生效法律文书所确定的权利人和义务人,法院也只对生效法律文书所确定的义务人实施执行措施。但有时在执行过程中,案外人会因为客观原因承担执行当事人的地位,享有申请执行人的权利或者承担被执行人的义务,即执行承担。另外在执行过程中,有时还会出现执行当事人追加的情形。

3. 执行当事人的变更与追加

在执行权利人方面,根据民事执行法的规定,执行根据确定的权利的继承人、承受人等主体可以变更、追加为申请执行人。执行依据确定的权利人是遗产管理人、破产管理人等主体的,继承人或者破产债务人等主体可以变更、追加为申请执行人。

在执行义务人方面,情形要复杂一些。原则上,执行依据确定的义务人可以作为被执行人。

在民事执行法实施之前,根据《民事诉讼法》、《民诉法司法解释》以及《最高人民法院关于民事执行中变更、追加当事人若干问题的规定》(以下简称《执行变更追加规定》)的规定,执行承担的情形主要包括:(1)作为被执行人的公民死亡或宣告死亡的,以其遗产偿还债务。该公民的遗嘱执行人、受遗赠人、继承人或其他因该公民死亡或被宣告死亡依法承受生效法律文书确定权利的主体,申请变更、追加其为申请执行人的,人民法院应予支持。作为申请执行人的公民被宣告失踪,该公民的财产代管人申请变更、追加其为申请执行人的,人民法院应予支持,由其在代管的财产范围内承担责任。作为被执行人的法人或者其他组织终止的,由其权利义务承受人履行义务。(2)执行中作为被执行人的法人或者其他组织分立、合并的,其权利义务由变更后的法人或者其他组织承受;被撤销的,如果依有关实体法的规定有权利义务承受人的,可以裁定该权利义务承受人为被执行人。申请执行人申请变更、追加分立后新设的法人或其他组织为被执行人,对生效法律文书确定的债务承担连带责任的,人民法院应予支持。但被执行人在分立前与申请执行人就债务清偿达成的书面协议另有约定的除外。(3)其他组织在执行中不能履行法律文书确定的义务的,人民法院可以裁定执行对该其他组织依法承担义务的法人或者公民个人的财产。(4) 执行当事人的姓名或名称发生变更的,人民法院可以直接将姓名或名称变更后的主体作为执行当事人,并在法律文书中注明变更前的姓名或名称。(5)作为被执行人的公民死亡,其遗产继承人没有放弃继承的,人民法院可以裁定变更被执行人,由该继承人在遗产的范围内偿还债务。继承人放弃继承的,人民法院可以直接执行被执行人的遗产。

根据《执行规定》以及《执行变更追加规定》的规定,执行当事人变更或者追加的情形主要包括:(1) 作为申请执行人的公民离婚时,生效法律文书确定的权利全部或部分分割给其配偶,该配偶申请变更、追加其为申请执行人的,人民法院应予支持。(2)申请执行人将生效法律文书确定的债权依法转让给第三人,且书面认可第三人取得该债权,该第三人申请变更、追加其为申请执行人的,人民法院应予支持。(3)执行过程中,第三人向执行法院书面承诺自愿代被执行人履行生效法律文书确定的债务,申请执行人申请变更、追加该第三人为被执行人,在承诺范围内承担责任的,人民法院应予支持。(4)被执行人为无法人资格的私营独资企业,无能力履行法律文书确定的义务的,人民法院可以裁定执行该独资企业业主的其他财产。个体工商户的字号为被执行人的,人民法院可以直接执行该字号经营者的财产。(5)被执行人为个人合伙组织或合伙型联营企业,无能力履行生效法律文书确定的义务的,人民法院可以裁定追加该合伙组织的普通合伙人或参加该联营企业的法人为被执行人。作为被执行人的有限合伙企业,财产不足以清偿生效法律文书确定的债务,申请执行人申请变更、追加未按期足额缴纳出资的有限合伙人为被执行人,在未足额缴纳出资的范围内承担责任的,人民法院应予支持。(6)被执行人为企业法人的分支机构,不能清偿债务时,可以裁定企业法人为被执行人。企业法人直接经营管理的财产仍不能清偿债务的,人民法院可以裁定执行该企业法人其他分支机构的财产。作为被执行人的法人,直接管理的责任财产不能清偿生效法律文书确定债务的,人民法院可以直接执行该法人分支机构的财产。若必须执行已被承包或租赁的企业法人分支机构的财产,对承包人或承租人的投入及应得的收益应依法保护。

《民事强制执行法(草案)》则将义务人变更或追加的情形概括为以下几种情形:(1)执行依据确定的义务的承受人等主体;(2)执行依据确定的义务人是遗产管理人等主体时的继承人等主体;(3)为执行依据确定的义务人或者前述两项规定主体的利益而占有执行依据确定交付的特定物的占有人;(4)非法人组织不能清偿债务时对该债务承担连带清偿责任的普通合伙人、个人独资企业投资人等主体;(5)法人财产不足以清偿债务时依法对该债务承担清偿责任的出资人；(6)有限合伙企业财产不足以清偿债务时未缴纳或者未足额缴纳出资的有限合伙人。

4. 执行当事人变更或追加及救济的程序

申请人向有执行管辖权的法院或者执行法院申请变更、追加当事人并提交相关证据材料的，法院应予受理。法院受理申请后，应当在立案之日起60日内审查完毕并作出裁定。证据确实、充分，理由成立的，裁定变更、追加执行当事人；理由不成立的，裁定驳回。

当事人对变更、追加裁决不服的救济程序如下：根据民事执行法的规定，申请人或者被申请人对法院就主体变更、追加的裁决不服的，可以在裁定送达之日起15日内，向作出裁定的人民法院提起诉讼，也可以在裁定送达之日起10日内，向上一级人民法院申请复议，但是该裁决涉及实体权利义务的应当通过提起诉讼解决。上述变更、追加义务人的情形均属于这类情形。这是基于实体争议与程序事项争议解决分离的原理。

申请人或者被申请人依法申请复议的，上一级人民法院应当在立案之日起60日内审查完毕并作出裁定。

(二)执行标的

执行标的，又称为执行对象、执行客体，是法院执行工作所针对的对象。根据《民事诉讼法》的规定，在我国可以成为执行标的，可以是财物，也可以是行为，但人身不能成为执行的对象。

1. 财物和行为

强制执行的标的应当是财物或者行为。可以作为执行标的的财物，可以是有体物，也可以是无体物；可以是金钱，也可以是有价证券。作为执行标的的行为，可以是要求债务人实施一定的行为(作为)，也可以是要求债务人不得实施一定的行为(不作为)。

但并不是所有的财物都可以作为执行标的，根据相关法律的规定，下列财物不能作为执行的标的：(1)法律规定的禁止流通物，例如毒品；(2)基本公序良俗的不可执行物，例如死者的遗体；(3)基于财物本身性质的不可执行物，例如对于金融机构的营业场所不得进行查封；(4)外交豁免或者领事豁免的财物，例如使领馆的馆舍；(5)维持被执行人生存的生活必需品。

作为执行标的的行为，如果是可以替代履行的行为，根据《执行规定》的规定，可以委托有关单位或他人完成，因完成上述行为发生的费用由被执行人承担。

2. 人身

人身不能作为执行标的。不过有学者认为，人的身体和人的自由，可以在例外情况下作为执行标的：(1)如果执行根据要求交出子女，可以直接用强制方式将该子女交给债权人，这时就是以人身作为执行标的；(2)如果债务人不履行债务，可以采用拘传、拘留、限制出境等措施，迫使债务人履行义务，这是以人的自由作为执行标的。

然而多数学者认为，即便在这种情况下，也不是以人身作为执行标的。因为在离婚案件中，虽然法院判决将子女交给对方直接抚养，但实际上执行的对象是交出子女的行为，而不是子女的人身。在债务人不履行债务，虽然法院可以采用拘留的方式限制被执行人的人身自由，但这时并不以被执行人的人身自由作为执行标的，而是对被执行人妨害民事诉讼的行为所采取的强制性措施，其目的在于排除其妨害民事诉讼的行为。

（三）执行根据

执行根据，是指执行机关据以采取民事执行措施的各种法律文书。执行根据也被称为执行依据、执行名义、债务名义、执行根源。

执行根据是启动执行程序的法律依据。没有执行根据，当事人不得向法院申请执行，法院也不得依职权启动执行程序。在执行过程中，如果执行根据被撤销，执行程序必须终结。

根据《民事诉讼法》的规定，民事执行根据主要包括以下几类法律文书：

一是人民法院制作的、已经发生法律效力的民事判决书、裁定书、调解书、支付令和决定书。这类法律文书既包括由本院制作的判决书、裁定书、调解书、支付令和决定书，也包括由上级法院或者其他法院制作的判决书、裁定书和调解书。

二是人民法院制作的、已经发生法律效力并有财产执行内容的刑事判决书、裁定书和调解书。这类法律文书主要是因为在刑事诉讼中，被害人提出刑事附带民事诉讼。在刑事诉讼中，如果被害人因为被告人的犯罪行为而受到物质损害，可以提出赔偿请求。法院对损害赔偿作出的判决就是刑事附带民事判决。法院对查封或者扣押被告人财产问题作出的裁定，就是刑事附带民事裁定。法院对附带民事诉讼案件进行调解达成协议所制作的文书，就是调解书。

三是仲裁机关制作的、已经发生法律效力并有执行内容的仲裁裁决和调解书。人们过去通常认为，根据《民事诉讼法》和《仲裁法》的规定，已经发生法律效力的仲裁裁决和调解书，一方当事人拒不履行的，对方当事人可以依据《民事诉讼法》的规定申请法律强制执行，就说明仲裁裁决本身即具有执行根据。现行的仲裁执行制度也是根据这样的认识来设置的。不过，理论上，仲裁裁决本身便不具有执行力，因为执行力专属于国家司法机关。只有经过法院的确认，仲裁裁决才能得以强制执行。《民事诉讼法》和《仲裁法》的上述规定并不意味直接赋予了仲裁裁决执行力。在这一点上，我国法律尚缺确认环节，将仲裁机关等同于国家机关。即使在法律规定上省掉这一环节，在法理上我们也应当予以明确。（关于这一问题阐述，可参见本书第四十章“仲裁与民事诉讼的对接”）

四是公证机构制作的、已经发生法律效力并依法赋予强制执行力的债权文书。公证机构是统一行使国家公证职能的机构，它可以根据双方当事人的申请，在双方当事人都没有争议的情况下，对给付货币、物品、有价证券为内容的债权文书的真实性、合法性进行证明，从而赋予这些债权文书强制执行力，使债权人在债务人拒绝履行时，可以直接根据这些债权文书向有管辖权的人民法院申请强制执行。应当注意的是，公证债权文书之所以能够作为执行根据，是基于对当事人意思自治和处分自由的认可，只要义务人承认该义务，并且得到公证机构的公证证明，就具有了执行力，可以作为执行根据，而无需国家司法机构的确认。

五是人民法院制作的承认和执行外国法院判决、裁定或者外国仲裁机构裁决的裁定书和执行令。协助执行外国法院裁判文书、外国仲裁机构裁决书是各国司法协助的一项重要内容。根据《民事诉讼法》的规定,人民法院对申请或者请求承认和执行的外国法院作出的发生法律效力的判决、裁定,依照我国缔结或者参加的国际条约,或者按照互惠原则进行审查后,认为不违反我国法律的基本原则或者国家主权、安全、社会公共利益的,裁定承认其效力,需要执行的,发出执行令,依照《民事诉讼法》的有关规定执行。违反我国法律的基本原则或者国家主权、安全、社会公共利益的,不予承认和执行。

上述法律文书要成为执行根据,还必须同时满足以下条件:(1)必须是已经发生效力的法律文书。尚未发生效力的法律文书,不能成为执行根据。(2)必须具有确定的给付内容。如果法律文书没有给付内容,也就不涉及强制执行的问题。而如果给付的内容不确定,事实上义务人也将无法履行。(3)必须是法院可以执行的法律文书。没有给付内容和执行力的法律文书,不能作为执行根据。

根据《民诉法司法解释》的规定,当事人申请人民法院执行的生效法律文书还应当满足下列条件:(1)权利义务主体明确;(2)给付内容明确。法律文书确定继续履行合同的,应当明确继续履行的具体内容。

(四)执行管辖

执行管辖,也称为执行案件的管辖,是指人民法院之间受理执行案件的分工和权限。

1. 执行管辖的一般规定

根据民事执行法的规定,发生法律效力的民事判决、调解书,由第一审人民法院或者与其同级的被执行的财产所在地人民法院执行。

发生法律效力的裁定、决定、支付令,由作出裁定、决定、支付令的人民法院或者与其同级的被执行的财产所在地人民法院执行。

上述执行根据之外的执行依据的执行,由被执行人住所地或者被执行的财产所在地人民法院执行。有关执行级别管辖的规定参照适用民事诉讼法关于人民法院第一审民事案件级别管辖的规定。

上级人民法院对下级人民法院管辖的执行案件,认为确有必要的,可以指定本辖区其他人民法院管辖。多个人民法院管辖的相同被执行人的执行案件,共同上级人民法院可以指定其中一个人民法院集中管辖。(集中管辖概念参见本书第六章“管辖”)

2. 执行管辖中的特殊问题

一是最先立案法院有管辖权。两个以上人民法院都有管辖权的,当事人可以向其中一个人民法院申请执行;当事人向两个以上人民法院申请执行的,由最先立案的人民法院管辖。

二是执行管辖权争议的处理。执行管辖权争议是指两个以上有执行管辖权的法院,对同一执行案件相互推诿或者抢夺所引起的争议。执行管辖权争议的处理方式是,先由争议各方协商解决;如果协商不成,报请双方共同的上级法院指定管辖。

三是管辖权转移。基层人民法院和中级人民法院管辖的执行案件,因特殊情况需要由上级人民法院执行的,可以报请上级人民法院执行。

三、执行程序的开始

(一)执行开始的方式

根据民事执行法的规定,义务人未依法履行义务的,权利人可以向人民法院申请执行;公益诉讼等的执行依据,也可以由审判机构移送执行机构执行。这就形成了执行启动的两种方式,即申请执行和移送执行。

1. 申请执行

申请执行,是指债权人在债务人拒绝履行执行根据所确定义务时,请求法院强制债务人履行义务的行为。债权人向法院申请执行是执行程序开始的通常方式。

债权人申请执行,应当同时具备以下条件:

第一,债权人有执行根据。

第二,义务人在执行根据所确定的期限内不履行义务。

第三,申请执行人是执行根据所确定的权利人或者权利承受人。通常来讲,申请执行人应当是执行根据所确定的权利人。但如果作为权利人的公民死亡或者法人消灭,其权利承受人也可以作为申请执行人。

第四,必须在法定期间内提出申请。

根据《民事诉讼法》的规定,申请执行的期间为 2 年。申请执行时效的中止、中断,适用法律有关诉讼时效中止、中断的规定。

《民法典》规定,在诉讼时效期间的最后 6 个月内,因下列障碍,不能行使请求权的,诉讼时效中止:(1)不可抗力;(2)无民事行为能力人或者限制民事行为能力人没有法定代理人,或者法定代理人死亡、丧失民事行为能力、丧失代理权;(3)继承开始后未确定继承人或者遗产管理人;(4)权利人被义务人或者其他人控制;(5)其他导致权利人不能行使请求权的障碍。自中止时效的原因消除之日起满 6 个月,诉讼时效期间届满。关于诉讼时效期间的中断,《民法典》规定,有下列情形之一的,诉讼时效中断,从中断、有关程序终结时起,诉讼时效期间重新计算:(1)权利人向义务人提出履行请求;(2)义务人同意履行义务;(3)权利人提起诉讼或者申请仲裁;(4)与提起诉讼或者申请仲裁具有同等效力的其他情形。按照《民事诉讼法》的规定,申请执行期间适用诉讼时效中止和中断的规定,则申请执行期间也存在中止和中断的情形。

申请执行期间的中止意味着,在申请执行期间的最后 6 个月内,因不可抗力或者其他障碍不能行使申请权的,申请执行的期间中止;从申请执行中止的原因消除之日起其申请执行期间继续计算。

申请执行期间的中断意味着,在申请执行期间进行过程中,因某种法定事由的发生致使已经进行的期间全部归于无效,申请执行的期间重新计算。关于申请执行的期间因何种事由而中断,《民事诉讼法》没有专门规定,尽管《民事诉讼法》规定适用诉讼时效中断的规定,但《民法典》中规定的事由并不能完全作为申请执行期间中断的事由,例如,诉讼时效因提起诉讼而中断。关于申请执行期间的中断事由,可以考虑将"要求对方履行义务"以及对方"同意履行义务"作为其事由。也就是说,在申请执行期间进行过程中,只要权利人要求义务人履行义务,或者义务人同意履行义务,申请执行的期间就要发生中断。有了这样的规定,申请执行的期间就已经相当宽松了。

申请执行期间的中止与申请执行期间的中断的区别在于:(1)事由不同。中止的事由一般是客观原因,如不可抗力;中断的事由是人为的主观原因,如同意履行义务。(2)事由发生的时间要求不同。中止的事由必须发生或存在于申请执行期间的最后6个月;而中断的事由只要发生在申请执行期间内即可。(3)法律后果不同。申请执行期间中止在中止事由消除之日继续计算;申请执行期间中断则是重新计算。

关于申请执行期间的计算,《民事诉讼法》规定,从法律文书规定履行期间的最后一日起计算;法律文书规定分期履行的,从最后一期履行期限届满之日起计算;法律文书未规定履行期间的,从法律文书生效之日起计算。

第五,必须向有管辖权的法院提出申请。

对于申请执行的期限,多数学者认为,规定双方或者一方当事人是公民的为1年,双方是法人或者其他组织的为6个月,不仅在时间上过短,而且还有悖于市场主体平等原则。事实上在国外,法律通常不会明确规定申请执行的期限,原则上当事人在取得执行根据以后随时可以申请执行,只不过在债权已经被清偿或者债权已经过消灭时效的情况下,债务人可以提出异议之诉排除其执行力。这是因为申请执行权是公法上的权利,执行根据本身不存在消灭时效的问题,所以当事人申请执行不受消灭时效的限制,但由于执行根据所确定的债权要受消灭时间的限制,这就会造成由于执行根据所确定的债权已过消灭时效,执行根据的执行力消灭的情况。

申请人申请执行应当提供以下文件和证件:(1)申请执行书。申请执行书应当写明申请执行的理由、事项、执行标的和申请执行人所了解的被执行人的财产状况。(2)生效法律文书副本。(3)申请执行人的身份证明。如果是由继承人或者权利承受人申请执行的,应当提交继承或者承受权利的证明文件。(4)其他应当提交的文件或者证件。

申请执行仲裁机构的仲裁裁决,申请执行人应当向法院提交有仲裁条款的合同书或者仲裁协议。申请执行国外仲裁机构的仲裁裁决的,应当提交经我国驻外使领馆认证或我国公证机关公证的仲裁裁决书中文本。

申请执行人可以委托代理人代为申请执行。委托代理的,应当向人民法院提交经委托人签字或盖章的授权委托书,写明委托事项和代理人的权限。委托代理人代为放弃、变更民事权利,或代为进行执行和解,或代为收取执行款项的,应当有委托人的特别授权。

申请人民法院强制执行,应当按照人民法院诉讼收费办法的规定缴纳申请执行的费用。

2. 移送执行

移送执行,是指审判员依职权将一定范围内已经发生法律效力的法律文书直接交付执

行机构执行的行为。民事方面，移送执行主要是公益诉讼裁决的执行。除此之外，还包括以下三类：(1)发生法律效力的具有给付赡养费、扶养费、抚育费内容的法律文书；(2)民事制裁决定书；(3)刑事附带民事判决、裁定、调解书。

问题与思考

关于执行时效

民事执行法实施之前，《民事诉讼法》规定，申请执行的期间为2年。申请执行时效的中止、中断，适用法律有关诉讼时效中止、中断的规定。这里需要注意的问题是，为什么要规定申请执行的期间？如果当事人拥有实体上的请求权，为什么还要在程序法中限制其请求权的实现期间？《民事诉讼法》的规定将申请执行期间看作申请执行时效的期间，执行时效适用法律有关诉讼时效中止、中断的规定，实际上也带有诉讼时效的意思。虽然最初苏联民事立法规定消灭时效为诉权的消灭，仅涉及诉讼法上的效力。但实际上将诉讼时效的对象作为诉权是不妥当的。现在，我国民法学者大多数已经将诉讼时效的实质含义限定于消灭时效，而消灭时效的对象是请求权，而非诉权。因此当请求权人获得胜诉判决之后，依然存在请求权时效的问题。请求权应当重新开始继续计算时效。如果超过时效，请求权便无法通过强制执行予以实现。因此，只要请求权没有过时效，请求权人就有权请求申请强制执行。所谓申请执行时效这一概念，以及关于申请执行的时间的规定就是没有必要的。问题还在于申请执行时效显然是公法问题，而请求权的消灭时效问题是一个私法问题。于是，民诉法的规定就有将私法问题公法化的嫌疑。因此有必要予以修改，废除执行时效的概念，取消关于申请执行期间的规定。基于此，民事执行法进行调整，规定执行依据确定的民事权利、向人民法院请求保护的时效适用《民法典》等法律有关诉讼时效的规定。

(二)执行立案与受理

人民法院对执行申请予以立案应当符合下列条件：(1)申请或移送执行的法律文书已经生效；(2)申请执行人是生效法律文书确定的权利人或其继承人、权利承受人；(3)申请执行的法律文书有给付内容，且执行内容明确；(4)执行依据确定的履行期限届满或者权利人有证据证明所附的条件已经成就；(5)属于受申请执行的人民法院管辖。

人民法院对执行申请，应当在7日内予以立案；不符合上述条件之一的，应当在7日内裁定不予受理。立案后，人民法院发现执行申请不符合条件的，裁定驳回执行申请。申请人对不予受理或者驳回执行申请裁定不服的，可以在裁定送达之日起10日内向上一级人民法院申请复议。

(三)执行调查

1. 执行调查

执行调查是指法院对被执行人财产状况的调查。根据民事执行法的规定，执行中，申请执行人应当提供执行所需要的财产、身份等信息。只有在确因客观原因无法提供的，可以申请人民法院调查。实际上，在多数情形下，申请人一般是掌握部分信息，要求申请人完全提供被执行财产的信息是比较困难，因此，对被执行财产信息的了解还是要依赖法院的调查，法院作为司法执行机关应当拥有更多的手段知晓被执行财产的信息。

2. 财产报告制度

财产报告是指人民法院依申请执行人的申请或依职权责令被执行人报告财产情况的，应当向其发出报告财产令的制度。在有的国家，如日本、韩国，财产报告令制度也称为“财产开示”制度。但在日本，财产开示执行属于为开展执行的一种准备性程序。财产开示执行具有准备性、补充性、非强制性的特点。[2]

除了被执行的财产需要予以报告之外，下列行为也应当一并予以报告：(1)以放弃其债权、放弃债权担保、无偿转让财产等方式无偿处分财产权益；(2)延长其到期债权的履行期限；(3)可能以明显不合理的低价转让财产、以明显不合理的高价受让他人财产；(4)为他人的债务提供担保。

被执行人报告全部财产后6个月内，人民法院不得再次责令其报告财产，但是有证据证明其报告不实的除外。

金钱债权执行中，报告财产令应当与执行通知同时发出。人民法院根据案件需要再次责令被执行人报告财产情况的，应当重新向其发出报告财产令。

根据民事执行法的规定，被执行人收到报告财产令后，有下列行为之一的，人民法院可以根据情节轻重对该被执行人或者其法定代理人、主要负责人员予以罚款、拘留或者将该被执行人纳入失信被执行人名单：(1)未于指定日期到场；(2)到场后拒绝报告；(3)虚假报告；(4)无正当理由逾期报告；(5)其他未履行报告财产义务行为。

拘留期限届满后，被执行人仍未履行报告财产义务的，人民法院可以再次予以拘留，但是累计拘留期限不得超过6个月。

3. 法院查询

人民法院在执行中，有权向被执行人、有关机关、社会团体、企业事业单位或公民个人，调查了解被执行人的身份信息与财产信息，对调查所需的材料可以进行复制、抄录或拍照，但应当依法保密。掌握相关信息的单位和个人必须按照协助执行通知书办理。人民法院执行非诉讼生效法律文书，必要时可向制作生效法律文书的机构调取卷宗材料。为查明被执行人的财产情况和履行义务的能力，可以传唤被执行人或被执行人的法定代表人、负责人、实际控制人、直接责任人员到人民法院接受调查询问。对必须接受调查询问的被执行人、被执行人的法定代表人、负责人或者实际控制人，经依法传唤无正当理由拒不到场的，人民法院可以拘传其到场；上述人员下落不明的，人民法院可以依照相关规定通知有关单位协助查找。

申请执行人应当向人民法院提供其所了解的被执行人的财产状况或线索。被执行人必须如实向人民法院报告其财产状况。人民法院在执行中有权向被执行人、有关机关、社

---

〔2〕 关于日本的财产开示执行的制度与理论，详见［日］中野贞一郎、下村正明：《民事执行法》，青林书院2015年版，第835～844页。

会团体、企业事业单位或公民个人，调查了解被执行人的财产状况，对调查所需的材料可以进行复制、抄录或拍照，但应当依法保密。人民法院执行非诉讼生效法律文书，必要时可向制作生效法律文书的机构调取卷宗材料。

在法院查询中，法院应当与持有主要财产、身份信息的组织建立信息网络平台，通过在线方式进行财产调查。有关组织反馈的电子查询结果与纸质反馈结果具有同等法律效力。

人民法院为查明被执行人的财产状况和履行义务的能力，可以传唤被执行人或被执行人的法定代表人或负责人到人民法院接受询问。

人民法院有权查询被执行人的身份信息与财产信息，掌握相关信息的单位和个人必须按照协助执行通知书办理。

4. 调查令制度

调查令是指在法院通过网络信息平台无法查询的某项财产信息时，申请执行人通过委托律师客观上无法自行调取的，可以委托律师向人民法院申请调查令，经法院审查，认为确有必要的，可以向其授予调查令的一项制度。调查令由执行机构负责人签发。

调查令制度源于20世纪90年代在上海等地施行的一项有助于收集诉讼证据资料的实践活动，目的是解决证据难的问题。调查令能够更充分地发挥律师在证据收集方面的作用。调查令的本质实际上是一种司法委托调查。因为属于司法委托调查，所以受调查人也就有了义务配合调查，拒不协助调查者将构成违反执行行为，并承担相应法律责任。其法律责任形式包括罚款、拘留。其行为构成犯罪的，依法追究刑事责任。民事执行法一旦规定调查令制度，就意味着我国法律首次正式认可调查令。

调查令的书面形式要求。调查令应当载明律师姓名、执业证号、执业机构、当事人的姓名或者名称、案号、具体调查事项以及有效期等内容。

律师持调查令进行调查的，有关组织和个人应当协助。拒不协助的，将依据法律规定承担相应责任。

为了防止调查令的滥用，法律也同时规定，律师存在超出调查令范围进行调查、以违背公序良俗的方式使用调查令或者调取的证据等滥用调查令情形的，法院应当责令其交回，并可以按照法律的有关规定予以处罚，一般是参照适用对违反执行行为的处罚。

5. 搜查

为查找被执行人及其财产、执行所需要的信息资料，人民法院必要时可以对被执行人隐匿地、被执行人身体，以及可能存放财产、信息资料的场所、物品进行搜查。有关场所、物品有密码、门锁或者其他安全措施的，可以责令被执行人或者相关组织、人员开启；拒不配合或者无法通知的，可以强制开启。搜查时，搜查实施者应当出示搜查令，并制作搜查笔录。搜查令由院长签发。

6. 悬赏调查

民事执行法还专门对过去实践中已经存在的悬赏调查作出明确规定。该法规定，申请执行人申请悬赏查找财产的，是否准许，由人民法院决定。悬赏查找财产，应当制作悬赏公告。悬赏公告应当载明悬赏金的数额或者计算方法、领取条件等内容。悬赏公告可以通过网络发布,也可以在人民法院公告栏或者被执行人住所、经常居所等处张贴。

四、执行担保

(一)执行担保的含义

执行担保,是指在执行过程中,被执行人履行义务有困难时,通过向法院提供担保的方式,在经申请执行人同意后,由法院决定暂缓执行的制度。

执行担保制度既能维护被执行人的利益,又能维护申请执行人的利益。执行担保制度使履行义务有困难的被执行人通过暂缓执行的方式恢复履行能力,这有利于维护被执行人的利益。在暂缓执行或者执行担保期限届满时,如果被执行人仍然没有履行能力,法院将有权执行被执行人的担保财产或者担保人的财产,这有利于维护申请执行人的利益。

(二)执行担保的要件

根据《民事诉讼法》的规定,执行担保的成立应当具备以下要件:

第一,被执行人向法院提出申请。

第二,被执行人向法院提供可靠的担保。在方式上,可以由被执行人向法院提供财产作担保,也可以由他人提供财产担保或者保证。他人提供执行保证的,应当向执行法院出具保证书,并将保证书副本送交申请执行人。被执行人或者他人提供执行担保的,应当向人民法院提交担保书,并将担保书副本送交申请执行人。担保书中应当载明担保人的基本信息、暂缓执行期限、担保期间、被担保的债权种类及数额、担保范围、担保方式、被执行人于暂缓执行期限届满后仍不履行时担保人自愿接受直接强制执行的承诺等内容。提供财产担保的,担保书中还应当载明担保财产的名称、数量、质量、状况、所在地、所有权或者使用权归属等内容。担保人应当具有代为履行或者代为承担赔偿责任的能力。公司为被执行人提供执行担保的,应当提交符合《公司法》规定的公司章程、董事会或者股东会、股东大会决议。担保书内容与事实不符,且对申请执行人合法权益产生实质影响的,人民法院可以依申请执行人的申请恢复执行。被执行人或者他人提供财产担保,可以依照物权法、担保法规定办理登记等担保物权公示手续;已经办理公示手续的,申请执行人可以依法主张优先受偿权。申请执行人申请人民法院查封、扣押、冻结担保财产的,人民法院应当准许,但担保书另有约定的除外。

第三,经申请执行人同意。这主要是因为执行担保成立以后,申请执行人的权利将被推迟实现,因此是否同意由被执行人提供执行担保,应当经申请执行人同意。被执行人或者他人提供执行担保,申请执行人同意的,应当向人民法院出具书面同意意见,也可以由执行人员将其同意的内容记入笔录,并由申请执行人签名或者盖章。

第四,经法院准许。这意味着法院不仅有权决定是否暂缓执行,而且有权决定暂缓执行的期限。如果担保是有期限的,暂缓执行的期限应与担保期限一致,但最长不得超过1年。

另外,《民诉法司法解释》规定,根据《民事诉讼法》的规定向人民法院提供执行担保的,可以由被执行人或者他人提供财产担保,也可以由他人提供保证。担保人应当具有代为履行或者代为承担赔偿责任的能力。他人提供执行保证的,应当向执行法院出具保证书,并将保证书副本送交申请执行人。被执行人或者他人提供财产担保的,应当参照物权法、担保法的有关规定办理相应手续。

(三)执行担保的效力

执行担保的效力主要体现为可以暂缓执行。即在暂缓执行期间内,执行程序暂时中止,除被执行人主动履行义务以外,申请执行人不得要求被执行人履行义务。

人民法院决定暂缓执行的,可以暂缓全部执行措施的实施,但担保书另有约定的除外。《最高人民法院关于执行担保若干问题的规定》规定,暂缓执行期限届满后被执行人仍不履行义务,或者暂缓执行期间担保人有转移、隐藏、变卖、毁损担保财产等行为的,人民法院可以依申请执行人的申请恢复执行,并直接裁定执行担保财产或者保证人的财产,不得将担保人变更、追加为被执行人。执行担保财产或者保证人的财产,以担保人应当履行义务部分的财产为限。被执行人有便于执行的现金、银行存款的,应当优先执行该现金、银行存款。

担保期间自暂缓执行期限届满之日起计算。担保书中没有记载担保期间或者记载不明的,担保期间为1年。担保期间届满后,申请执行人申请执行担保财产或者保证人财产的,人民法院不予支持。他人提供财产担保的,人民法院可以依其申请解除对担保财产的查封、扣押、冻结。担保人承担担保责任后,提起诉讼向被执行人追偿的,人民法院应予受理。

五、执行竞合

(一)执行竞合的含义

执行竞合,是指在民事执行程序中,两个或者两个以上债权人根据不同的执行根据,针对同一债务人的特定财产,申请法院强制执行,从而产生的各债权人请求之间相互排斥、权利难以同时得到满足的状态。

(二)执行竞合的类型

因为民事执行既包括对已经生效的终局法律文书的执行(通常称为终局执行),又包括在案件审理中所采取的保全措施(通常称为保全执行),因此,执行竞合的具体类型就有三种,即终局执行之间的竞合、保全执行之间的竞合、终局执行与保全执行之间的竞合。其中,**终局执行之间的竞合,是指执行终局的执行根据而形成的竞合状态;保全执行之间的竞合,是指在案件审理中采取的保全措施而形成的竞合状态;终局执行与保全执行之间的竞合,是指因为执行已经生效的终局法律文书以及采取的保全措施而形成的竞合状态。**

(三)执行竞合的条件

通常认为,民事执行竞合应具备以下条件:(1)有两个或者两个以上权利人存在。(2)有两个或者两个以上独立的执行根据。(3)数个执行根据的执行发生在同一时期内。(4)被执行人的财产能够清偿全部债务。如果被执行人的财产不能清偿全部债务,应当适用参与分配的规定,而不是适用执行竞合的规定。(5)执行对象是同一债务人的同一特定财产,并且该财产不能同时满足所有的执行根据。通常认为,可以是金钱债权执行与特定物交付执行的竞合,也可以是特定物与特定物交付执行之间的竞合,但不能是金钱债权与金钱债权执行的竞合。因为执行竞合是多个债权人请求之间相互排斥、权利难以同时得到满足的状态,而金钱债权与金钱债权的执行,多数权利人可以通过参与分配获得受偿,并不存在完全相互排斥的状态。

(四)执行竞合的处理

一是保全执行之间的竞合。(1)不同保全措施之间的竞合。如果各债权均为无担保债权,则按照采取保全措施的先后顺序,在先的保全措施有优先受偿的权利。(2)同种保全措施之间的竞合。如果先采取的保全措施与后采取的保全措施相抵触,后采取的保全措施无效。先采取的保全措施与后采取的保全措施相抵触,主要包括:后采取的保全措施撤销或者变更了先采取的保合措施的内容;后采取的保全措施能够禁止或者除去先采取的保全措施;后采取的保全措施在内容上与先采取的保全措施不相容。

二是终局执行之间的竞合。(1)多个执行根据指定的交付物同一。执行中发现两地法院或人民法院与仲裁机构就同一法律关系作出不同裁判内容的法律文书的,各有关法院应当立即停止执行,报请共同的上级法院处理。(2)多份生效法律文书确定金钱给付内容的多个债权人分别对同一被执行人申请执行,各债权人对执行标的物均无担保物权的,按照执行法院采取执行措施的先后顺序受偿。(3)债权种类不同的执行竞合。多个债权人的债权种类不同的,基于所有权和担保物权而享有的债权,优先于金钱债权受偿。有多个担保物权的,按照各担保物权成立的先后顺序清偿。

三是终局执行与保全执行的竞合。(1)保全执行在前,终局执行在后。人民法院在执行中已对被执行人的财产进行查封、冻结的,其他人民法院不得重复查封、冻结。保全债权人在取得终局执行根据以后,可以直接向法院申请将保全执行程序变为终局执行程序。(2)终局执行在前,保全执行在后。在终局执行过程中,如果执行法院对被执行人的财产并没有取得实际控制,或者执行法院虽然已经对被执行人的财产取得实际控制,但在程序上却存在瑕疵,这时的终局执行不能对抗保全执行。

六、执行和解

(一)执行和解的含义及执行和解制度的目的

1. 执行和解的含义

如何理解执行和解的含义,人们存在争议,包括实然和应然两个方面。在实然方面,执行和解实际上是什么;在应然方面,执行和解应当是什么。作为实然意义上的执行和解,一般应当从制度规范的角度,也就是在制度上对执行和解是如何规定的。作为应然意义上的执行和解,是从合理、符合执行和解本身的目的来理解和认识。

在规范方面,也就实然方面,最高人民法院为了规范执行和解协议,于2018年出台了《关于执行和解若干问题的规定》(法释〔2018〕3号,以下简称《执行和解规定》),比较系统具体地对实践中和解协议的主要问题作出规定,是和解协议的基本规范。《执行和解规定》规定,当事人可以自愿协商达成和解协议,依法变更生效法律文书确定的权利义务主体、履行标的、期限、地点和方式等内容。这是关于执行和解的基本规范。该规定也实际确定了规范意义即实然意义(一定程度)上执行和解的含义。这里强调的是可以变更生效法律文书确定的权利义务主体、变更履行标的、期限、地点和方式等内容。这种变更的合法性源于当事人之间对实体权利的处分自由。

应当注意的是,执行当事人通过协议对权利义务内容的变更,不是否定或变更执行根据,而是权利人对执行根据中确定的权利以及权利实现方式的自由处分。尽管当事人达成和解协议,并不意味着执行根据就不复存在了。执行和解的履行,只是意味着当事人权利义务已经实现,执行根据不再具有实际意义。正是如此,如果执行和解没有履行,权利人就可以申请恢复原执行根据的执行,而不是申请执行和解协议。执行和解是当事人之间为实现权利义务达成的协议,不是执行根据,没有执行力。

还应当注意的是,执行和解与法院调解的区别。法院调解是在法院主持下当事人双方就权利义务争议的解决达成协议的过程。在执行阶段,执行和解的主体只有双方当事人,法院作为执行机构不能参与和解,法院的职责就是实现权利义务。

和解协议尽管也是当事人之间变更权利义务的合意,但与一般程序外的实体协议不同,和解协议是为了实现权利义务所达成的协议,而不是为了其他目的所设立权利义务的协议,在性质上属于程序上的协议。

2. 执行和解制度的目的

执行和解制度的目的在于通过执行当事人之间的和解,使已经确定的权利义务能够高效率、非强制性地实现。执行和解协议也有助于化解当前实际的执行难的问题。执行和解与诉讼调解具有同样的消极作用就是实际存在的所谓"权利打折"现象,与强制执行的精神具有内在的冲突。因此,执行和解是否应当成为一种予以鼓励的行为是需要认真考虑的。

另外,执行和解的目的往往与纠纷解决的目的混同起来,执行和解就是为了解决当事人之间的纠纷,而非实现权利义务,这样一来必然导致将其他法律关系纳入所谓和解协议,实际上成为以解决当事人之间当下纠纷的和解协议,并非以实现执行根据中的权利义务为目的的执行和解协议。这种协议必然涉及新的权利义务,司法解释规定,对执行和解不履行时可以提起诉讼,也是基于这一原因。

(二)和解协议达成的法律效果与和解协议的履行

和解协议生效后,法院应当裁定中止原生效法律文书的执行,和解协议已经履行的,法院应终结执行。只要具有以下情形之一,达成和解协议将中止执行:(1)各方当事人共同向人民法院提交书面和解协议的;(2)一方当事人向人民法院提交书面和解协议,其他当事人予以认可的;(3)当事人达成口头和解协议,执行人员将和解协议内容记入笔录,由各方当事人签名或者盖章的。中止执行后,申请执行人申请解除查封、扣押、冻结的,人民法院可以准许。

在和解协议达成之后,当事人可以变更和解协议的内容,但需要当事人协商一致。在程序上还必须向人民法院提交变更后的协议,或者由执行人员将变更后的内容记入笔录,并由各方当事人签名或者盖章。

执行和解协议履行过程中,符合《民法典》规定情形的,债务人可以依法向有关机构申请提存;执行和解协议约定给付金钱的,债务人也可以向执行法院申请提存。

(三)和解协议不履行的处理

1. 恢复执行

按照现行《民事诉讼法》的规定,因为和解协议不是执行的根据,所以不能在义务人不履行和解协议时,以执行和解协议作为执行根据要求法院强制执行,只能申请恢复执行。如果和解协议已经部分履行的,已经履行的部分仍然有效,法院恢复执行时,应当将其扣除,不得再执行。

从应然的角度而言,和解协议能否作为执行根据存在争议。一种观点认为,只要能够确认和解协议是当事人的真实意思表示,在法院确认的情形下可以作为强制执行的根据,没有必要再恢复执行。另一种观点认为,不履行和解协议,恢复执行是对不履行和解人的一种惩罚,如果执行和解协议对不履行人过于宽容。

申请执行人申请恢复执行,人民法院经审查,理由成立的,裁定恢复执行;但有下列情形之一的,不得恢复执行:(1)执行和解协议履行完毕后申请恢复执行的;(2)执行和解协议约定的履行期限尚未届至或者履行条件尚未成就的,但符合《民法典》规定情形的除外;(3)被执行人一方正在按照执行和解协议约定履行义务的;(4)其他不符合恢复执行条件的情形。

关于申请期限,适用《民事诉讼法》关于申请执行期间的规定,即申请执行的期间为2年。申请执行时效的中止、中断,适用法律有关诉讼时效中止、中断的规定。

当事人不履行执行和解协议的,申请恢复执行期间自执行和解协议约定履行期间的最后一日起计算。

2. 就和解协议提起诉讼

按照学界过去的认识,因为和解协议属于程序上的协议,所以和解协议本身不具有可诉性。当和解协议不能履行时,只能根据对方当事人的申请,恢复原来的执行程序,而不能针对和解协议提起诉讼。如果允许提起诉讼,必然导致纠纷解决成本的提高,同时会浪费司法资源。但按照《执行和解规定》的规定,被执行人一方不履行执行和解协议的,申请执行人可以申请恢复执行原生效法律文书,也可以就履行执行和解协议向执行法院提起诉讼。依照这一规定,执行和解协议具有了可诉性。这样的规定主要考虑了执行实践中,当事人之间的执行和解实际已经超出了单纯为了实现执行根据中实体权利义务的范围,将新的权利义务关系纳入和解协议中,因此也就有了可诉性。

显然,可诉性的观点是基于和解协议是一种实体上协议的认识,视和解为一般民事合同。既然是合同,一旦发生争议就可以再次提起诉讼。但这一点恰恰是很有争议的。从程序法的角度来看,执行和解协议本质上应当属于实现权利义务的协议,是一种程序性、手段性协议。其目的是实现权利。在各个意义上,对于实现权利的方法的争议通过诉讼来解决是不适宜的。虽然民事诉讼法并没有明确规定不可以就和解协议再诉,给了司法机关解释的余地,但我们必须考虑执行和解协议的性质与实际作用的问题。对和解协议再行诉讼无疑提高了纠纷解决的成本,严重影响执行的效率,并有可能掉入无限循环争讼的陷阱:诉讼—执行—和解—诉讼—执行—和解—诉讼……因此,单就严格意义上的和解协议而言,规定其具有可诉性是值得商榷的。但因为现实中的和解协议并不是严格意义上关于如何实现权利义务的协议,在许多场合也包括其他与执行根据内容无关的权利义务,即新的实体权利义务关系。这些新的权利义务成了执行根据权利义务实现的条件。例如,以其他合同的签订和履行作为执行根据中义务履行的条件。如此,和解当事人之间的权利义务就有了新的内容,也就使该权利义务纠纷具有可诉性。不可诉的和解协议应当针对的是严格意义上的执行和解,即为实现执行根据中实体权利义务的和解协议;具有可诉性的和解协议应当是纳入新的法律关系的和解协议。只不过,在实践中两者有时往往难以区分。

按照《民诉法司法解释》以及民事执行法的规定,执行和解不能履行时,既可以申请恢复原判决等执行根据的执行,也可以另行提起诉讼。问题在于执行和解不能履行时,意味着和解协议已经失效,不再具有约束力。如果有约束力,就不可能恢复原执行根据的执行。但在不能履行时,却可以以此为依据提起诉讼,这就意味着和解协议依然是有效的,在逻辑上显然存在不能自洽之处。和解协议不能履行所存在的问题根据在于,实践中的和解协议实际超出了和解协议应有之义,成为双方之间纠纷"一揽子"解决的新协议,已经不再是在执行根据框架下的权利处分。

在解释论上,仅就和解协议的可诉性而言,其诉讼标的是和解协议的内容,不涉及原纠纷的事实和法律问题。即仅仅涉及和解协议中的权利义务是否成立,是否存在违反和解协议的事实进行审理并作出裁判。如果就原纠纷进行审理则有可能推翻原裁判或其他执行根据。这是不被允许的。

申请执行人就履行执行和解协议提起诉讼,执行法院受理后,可以裁定终结原生效法律文书的执行。执行中的查封、扣押、冻结措施,自动转为诉讼中的保全措施。

(四)和解协议无效或撤销的诉讼

《执行和解规定》将和解协议作为一种实体契约,因此,按照合同无效或撤销的思路,自然可以在和解协议无效或可撤销的情形下通过诉讼确认和解无效和撤销。《执行和解规定》明确规定,当事人、利害关系人认为执行和解协议无效或者应予撤销的,可以向执行法院提起诉讼。执行和解协议被确认无效或者撤销后,申请执行人可以据此申请恢复执行。因为和解协议无效不同于和解协议不履行,所以不能简单地因为当事人认为无效而恢复执行,需要确认无效或撤销之后才能恢复执行。但被执行人以执行和解协议无效或者应予撤销为由提起诉讼的,不影响申请执行人申请恢复执行。

（五）和解协议迟延履行等的赔偿及诉讼

执行和解协议履行完毕，申请执行人因被执行人迟延履行、瑕疵履行遭受损害的，可以向执行法院另行提起诉讼。这类诉讼的提起也是基于合同理论，因为合同迟延履行、瑕疵履行使权利人受到损害的，应当承担赔偿责任。作为实体责任需要通过诉讼加以确定。

七、执行中止

执行中止，是指在执行过程中，因为发生了特殊情况而暂时中止执行程序，等特殊情况消失以后再恢复执行程序的制度。

根据《民事诉讼法》的规定，有下列情形之一的，人民法院应当裁定中止执行：

第一，申请人表示可以延期执行的。不仅申请开始执行程序是当事人的一种权利，在执行程序开始以后，当事人仍然有权决定执行程序是否向前推进。通常来讲，在执行过程中只要当事人表示可以延期执行，法院就应当尊重当事人的这种决定，中止执行程序。

第二，案外人对执行标的提出确有理由的异议的。案外人是指申请执行人和被执行人以外的第三人。执行过程中，案外人对执行标的提出异议的，执行员应当按照法定程序进行审查。理由不成立的，予以驳回；理由成立的，由院长批准中止执行。如果发现判决、裁定确有错误，按照审判监督程序处理。

第三，作为一方当事人的公民死亡，需要等待继承人继承权利或者承担义务的。在执行过程中，一方当事人死亡会使执行程序因为缺乏权利主体或义务主体而无法继续。因此，需要中止执行程序等待继承人继承权利或者承担义务。

第四，作为一方当事人的法人或者其他组织终止，尚未确定权利义务承受人的。

第五，人民法院认为应当中止执行的其他情形。人民法院裁定中止执行的情形还包括以下几种：(1)人民法院已受理以被执行人为债务人的破产申请的；(2)被执行人确无财产可供执行的；(3)执行的标的物是其他法院或仲裁机构正在审理的案件争议标的物，需要等待该案件审理完毕确定权属的；(4)一方当事人申请执行仲裁裁决，另一方当事人申请撤销仲裁裁决的；(5)仲裁裁决的被申请执行人向人民法院提出不予执行请求，并提供适当担保的。

发生中止执行的情形以后，法院应当依职权裁定中止执行。如果法院没有发现中止执行的情形，执行当事人应当将中止执行的情形告知法院。

中止执行应当由法院制作中止执行裁定书，中止执行的裁定书应当写明中止执行的理由和法律依据，由执行员和书记员署名，并加盖人民法院印章。中止执行的裁定书送达当事人以后立即生效，执行程序中止。受托法院对委托执行的案件，发现应当中止执行的，应当出具书面报告，函请委托法院作出裁定。

中止执行的情形消失后，执行法院可以根据当事人的申请或依职权恢复执行。恢复执行应当书面通知当事人。

八、执行承担

执行承担，是指在执行过程中由于出现特殊情况，法院裁定由其他公民、法人或者组织作为被执行人的制度。执行承担制度能够维护申请执行人的合法权益，有利于执行程序的正常进行。

根据《民事诉讼法》及相关司法解释的规定，我国民事执行程序中的执行承担主要有以下几种情形：

第一，作为被执行人的公民死亡，其遗产继承人没有放弃继承的，人民法院可以裁定变更被执行人，由该继承人在遗产的范围内偿还债务。继承人放弃继承的，人民法院可以直接执行被执行人的遗产。

第二，执行中作为被执行人的法人或者其他组织分立、合并的，其权利义务由变更后的法人或者其他组织承受；被撤销的，如果依有关实体法的规定有权利义务承受人的，可以裁定该权利义务承受人为被执行人。

第三，其他组织在执行中不能履行法律文书确定的义务的，人民法院可以裁定执行对该其他组织依法承担义务的法人或者公民个人的财产。

第四，在执行中，作为被执行人的法人或者其他组织名称变更的，人民法院可以裁定变更后的法人或者其他组织为被执行人。

九、委托执行与协助执行

（一）委托执行

委托执行，是指受理执行案件的法院对于被执行人或者被执行财产在外地的案件，委托当地法院代为执行的一种制度。在委托执行中，被委托代为执行的法院是受托法院，受理执行案件并让当地法院代为执行的法院是委托法院。

1. 委托执行的条件

委托执行应当具备以下条件：(1)被执行人或者被执行的财产全部或者部分在外地。(2)受托法院是被执行人或者被执行的财产所在地法院。(3)委托法院应在立案后1个月内办妥委托执行手续。超过此期限委托的，应当经对方法院同意。(4)委托执行一般应在同级人民法院之间进行。经对方法院同意，也可委托上一级的法院执行。被执行人是军队企业的，可以委托其所在地的军事法院执行。执行标的物是船舶的，可以委托有关海事法院执行。(5)委托法院应当向受委托法院出具书面委托函，并附送据以执行的生效法律文书副本原件、立案审批表复印件及有关情况说明。

2. 委托执行案件的范围

根据相关规定，委托法院明知被执行人有下列情形的，应当及时依法裁定中止执行或终结执行，不得委托当地法院执行：(1)无确切住所，长期下落不明，又无财产可供执行的；

(2)有关法院已经受理以被执行人为债务人的破产案件或者已经宣告其破产的。

根据《最高人民法院关于加强和改进委托执行工作的若干规定》的规定,有下列特殊情况的,可以不委托执行:(1)被执行人在不同辖区内有财产,且任何一个地方的财产不足以单独清偿债务的;(2)分布在不同法院辖区的多个被执行人对清偿债务责任的承担有一定关联的;(3)需要裁定变更或追加本辖区以外的被执行人的;(4)案件审理中已对当事人在外地的财产进行保全,异地执行更为方便的;(5)因其他特殊情况不便委托执行,经高级人民法院批准的。

除此之外的案件,只要具备委托执行的条件,都可以委托执行。

3. 委托执行的具体要求

凡需要委托执行的案件,委托法院应在立案后 1 个月内办妥委托执行手续。超过此期限委托的,应当经对方法院同意。委托法院应当向受委托法院出具书面委托函,并附送据以执行的生效法律文书副本原件、立案审批表复印件及有关情况说明,包括财产保全情况、被执行人的财产状况、生效法律文书履行的情况,并注明委托法院地址、联系电话、联系人等。

受托法院应当于收到委托执行手续后 15 日内开始执行,一般应当在 30 日内执行完毕,最迟应当在 6 个月内执行完毕。

申请执行费和执行中实际支出的费用,在案件被委托后,由受托法院直接向当事人收取。委托法院已经预收的,应当在办理委托手续后 3 日内,将预收的费用退给申请执行人,由其直接向受托法院缴纳。

受托法院接受委托执行案件后,应当依法自行决定采取执行措施和强制措施,也可以与委托法院共同商定执行方式方法。

委托执行后,委托法院应当及时告知申请执行人。申请执行人可以直接向受托法院或者请求委托法院向受托法院催促执行,也可以向受托法院的上级法院请求督促执行。委托法院或者申请执行人要求了解案件执行情况的,受托法院应当及时告知。

委托执行后,委托法院发现被执行人在本辖区内有可供执行的财产或者其他有关情况时,应当及时向受托法院通报。受托法院可以与委托法院协商,视情况决定共同执行或者采取其他执行措施执行。

受托法院对受托执行的案件应当严格按照《民事诉讼法》和最高人民法院有关规定执行,有权依法采取强制执行措施和对妨害执行行为的强制措施。

案外人对据以执行的生效法律文书指定交付的财物和票证提出异议的,受托法院应当及时将案外人的书面异议转交委托法院处理。委托法院应当及时作出中止执行或驳回异议的裁定,并通知受托法院。

受托法院在办理受托执行案件过程中,发现据以执行的生效法律文书有明显错误,如予以执行将造成严重后果的,应当首先对被执行人的财产采取查封、扣押、冻结等措施,然后将书面意见及时转交作出生效法律文书的法院处理。

作出生效法律文书的法院收到受托法院的书面意见后,应当于 2 个月内作出书面答复。

受托法院应当按照其答复意见执行。超过2个月未作出答复的,受托法院可以将案件退回委托法院,并抄告其上级法院。

（二）协助执行

协助执行,是指受理案件的法院通知有关单位、个人或者请求有关法院协助执行生效法律文书所确定内容的一种法律制度。

协助执行在范围上,既包括法院之间的协助执行,又包括有关单位和公民个人的协助执行。

1.法院之间的协助执行

法院之间的协助执行具有以下三个特征:(1)被执行人或者被执行财产在辖区外;(2)受理执行案件的法院直接到辖区以外执行;(3)当地法院辅助执行。

法院之间的协助执行与委托执行有非常明显的区别:法院之间的协助执行是受理执行案件的法院直接到辖区以外去执行,当地法院起辅助作用;而委托执行是由受理执行案件的法院委托被执行人或者被执行的财产所在地法院直接执行,受理执行案件的法院并不到辖区以外去执行。

人民法院在异地执行时,当地人民法院应当积极配合,协同排除障碍,保证执行人员的人身安全和执行装备、执行标的物不受侵害。

2.有关单位和公民个人的协助执行

一方面,有关单位和公民个人的协助执行。

人民法院对不动产和特定的动产(如车辆、船舶等)进行财产保全,可以采用扣押有关财产权证照并通知有关产权登记部门不予办理该项财产的转移手续的财产保全措施;必要时,也可以查封或扣押该项财产。在执行中,需要办理有关财产权证照转移手续的,人民法院可以向有关单位发出协助执行通知书,有关单位必须办理。

被执行人未按执行通知履行法律文书确定的义务,人民法院有权向银行、信用合作社和其他有储蓄业务的单位查询被执行人的存款情况,有权冻结、划拨被执行人的存款,但查询、冻结、划拨存款不得超出被执行人应当履行义务的范围。人民法院决定冻结、划拨存款,应当作出裁定,并发出协助执行通知书,银行、信用合作社和其他有储蓄业务的单位必须办理。

法律文书指定交付的财物或者票证,由执行员传唤双方当事人当面交付,或者由执行员转交,并由被交付人签收。有关单位持有该项财物或者票证的,应当根据人民法院的协助执行通知书转交,并由被交付人签收。有关公民持有该项财物或者票证的,人民法院通知其交出。拒不交出的,强制执行。

另一方面,对有关单位和公民个人拒不协助执行的处理。

根据《民事诉讼法》的规定,有义务协助调查、执行的单位有下列行为之一的,人民法院除责令其履行协助义务外,并可予以罚款:(1)有关单位拒绝或者妨碍人民法院调查取证的;(2)银行、信用合作社和其他有储蓄业务的单位接到人民法院协助执行通知书后,拒不协助查询、冻结或者划拨存款的;(3)有关单位接到人民法院协助执行通知书后,拒不协助扣留被执行人的收入、办理有关财产权证照转移手续、转交有关票证、证照或者其他财产的；(4)其他拒绝协助执行的。人民法院对有前款规定的行为之一的单位，可以对其主要负责人或者直接责任人员予以罚款；还可以向监察机关或者有关机关提出予以纪律处分的司法建议。

根据相关规定，有下列违反法院协助执行通知，协助被执行人转移财产或者擅自向被执行人支付或者清偿的行为，将承担相应的民事责任：(1)金融机构擅自解冻被人民法院冻结的款项，致冻结款项被转移的，人民法院有权责令其限期追回已转移的款项；在限期内未能追回的，应当裁定该金融机构在转移的款项范围内以自己的财产向申请执行人承担责任。(2)有关单位收到人民法院协助执行被执行人收入的通知后，擅自向被执行人或其他人支付的，人民法院有权责令其限期追回；逾期未追回的，应当裁定其在支付的数额内向申请执行人承担责任。(3)被执行人或其他人擅自处分已被查封、扣押、冻结财产的，人民法院有权责令责任人限期追回财产或承担相应的赔偿责任。(4)有关企业收到人民法院发出的协助冻结通知后，擅自向被执行人支付股息或红利，或擅自为被执行人办理已冻结股权的转移手续，造成已转移的财产无法追回的，应当在所支付的股息或红利或转移的股权价值范围内向申请执行人承担责任。

在民事执行法中，关于对违反协助义务的法律责任适用于有关违反执行行为的相关规定，其具体情形有可能还将在民事执行法的司法解释中进一步规定。在内容上，大体应该与《执行和解规定》中的情形相同。

十、责令执行和变更执行

所谓责令执行，是指在执行中，执行法院在收到申请执行书起一段时间后仍未执行的，上一级人民法院根据程序可以责令执行法院予以执行的一种措施。

所谓变更执行，是指执行法院在收到申请执行书一段时间后仍未执行的，上一级人民法院可以根据具体情况，决定变更执行法院改为由本院执行或指令其他人民法院执行的一种措施。

根据《民事诉讼法》的规定，人民法院自收到申请执行书之日起超过6个月未执行的，申请执行人可以向上一级人民法院申请执行。上一级人民法院经审查，可以责令原人民法院在一定期限内执行，也可以决定由本院执行或者指令其他人民法院执行。

《民事诉讼法》规定的6个月期间，不应当计算执行中的公告期间、鉴定评估期间、管辖争议处理期间、执行争议协调期间、暂缓执行期间，以及中止执行期间。

责令执行和变更执行的情形有以下几种：(1)债权人申请执行时被执行人有可供执行的财产，执行法院自收到申请执行书之日起超过6个月对该财产未执行完结的。(2)执行过程中发现被执行人可供执行的财产，执行法院自发现财产之日起超过6个月对该财产未执行完结的。(3)对法律文书确定的行为义务的执行，执行法院自收到申请执行书之日起超过6个月未依法采取相应执行措施的。(4)其他有条件执行超过6个月未执行的。

责令执行法院限期执行的,应当向其发出督促执行令,并将有关情况书面通知申请执行人。上一级人民法院决定由本院执行或者指令本辖区其他人民法院执行的,应当作出裁定,送达当事人并通知有关人民法院。

上一级人民法院责令执行法院限期执行,执行法院在指定期间内无正当理由仍未执行完结的,上一级人民法院应当裁定由本院执行或者指令本辖区其他人民法院执行。

另外,根据《民诉法司法解释》的规定:(1)他人持有法律文书指定交付的财物或者票证,人民法院依照《民事诉讼法》的特别规定发出协助执行通知后,拒不转交的,可以强制执行,并可依照《民事诉讼法》的相关规定处理。他人持有期间财物或者票证毁损、灭失的,可参照《民诉法司法解释》的规定处理。他人主张合法持有财物或者票证的,可以根据《民事诉讼法》的规定提出执行异议。(2)在执行中,被执行人隐匿财产、会计账簿等资料的,人民法院除可依照《民事诉讼法》的规定对其处理外,还应责令被执行人交出隐匿的财产、会计账簿等资料。被执行人拒不交出的,人民法院可以采取搜查措施。

十一、执行终结与终结本次执行

(一)执行终结

执行终结又称为执行终止,是指在执行过程中,因为出现了法律规定的特殊情况,执行程序没有必要继续进行或者无法继续进行,从而依法结束执行程序,以后再也不恢复。这是执行终结的实质所在。

根据《民事诉讼法》的规定,有下列情形之一的,人民法院裁定终结执行:(1)申请人撤销申请的;(2)据以执行的法律文书被撤销的;(3)作为被执行人的公民死亡,既无遗产可供执行,又无义务承担人的;(4)追索赡养费、扶养费、抚养费案件的权利人死亡的;(5)作为被执行人的公民因生活困难无力偿还借款,既无收入来源,又丧失劳动能力的;(6)人民法院认为应当终结执行的其他情形。例如,在执行中,被执行人被人民法院裁定宣告破产的,执行法院应当裁定终结执行。

终结执行裁定书,应当写明终结执行的理由和法律依据,由执行员、书记员署名,并加盖人民法院印章。裁定书送达当事人后立即生效。由第二审人民法院终审的判决、裁定和调解书,需要终结执行的,应当由执行员将终结执行的书面报告和意见,报经第二审法院或上级法院执行组织签署意见并备案后,制作裁定书。受托法院对委托执行的案件,发现应当终结执行的,应当出具书面报告,函请委托法院作出裁定。

(二)终结本次执行

1. 终结本次执行的含义

终结本次执行经过最高人民法院的创立,已经成为一种制度和程序。所谓终结本次执行,是指对于已经开始的执行案件,在经过调查之后没有发现可供执行时,在申请人签字或执行法院合议庭审查核实,经法院院长批准之后,裁定终结本次执行程序的制度。

2. 终结本次执行的条件

按照《最高人民法院关于严格规范终结本次规定（试行）》的规定，终结本次执行应同时符合以下条件：(1)已向被执行人发出执行通知、责令被执行人报告财产；(2)已向被执行人发出限制消费令，并将符合条件的被执行人纳入失信被执行人名单；(3)已穷尽财产调查措施，未发现被执行人有可供执行的财产或者发现的财产不能处置；(4)自执行案件立案之日起已超过3个月；(5)被执行人下落不明的，已依法予以查找；被执行人或者其他人妨害执行的，已依法采取罚款、拘留等强制措施，构成犯罪的，已依法启动刑事责任追究程序。

3. 终结本次执行的意义

终结本次执行并非指终结之后，即使有了可执行财产，也不能恢复执行。因为从执行原理来讲，只要执行财产，权利人的权利未能得到满足执行就不能结束，所以终结执行的仅仅是本次执行。这意味着，一旦发现被执行人还有可执行的财产，对该财产的执行还可以再次启动。由此看来，终结本次执行的意义主要在于执行结案统计学上的意义。因为法院面对执行结案率的要求，一旦符合终结本次执行的条件，根据中央政法委、最高人民法院于2009年发布的《关于规范集中清理执行积案结案标准的通知》和最高人民法院2014年发布的《关于执行案件立案、结案若干问题的意见》的规定，终结本次执行程序的案件，法院可以作结案处理。终结本次执行程序与中止执行的最大不同，在于它是一种执行案件退出机制。

一直以来，人们对终结本次执行制度持有异议，认为终结本次执行程序存在与法理不符、法律依据不充分等问题，且终结本次执行更多的是一种政策应对措施，因此不宜将其规定在法律中。尽管最高人民法院提交审议的《民事强制执行法（草案）》也将终结本次执行制度纳入其中，但在理论上依然存在较大的争议。终结意味着结束，终结执行的裁定一经作出，标志着该案的执行完结，不存在恢复执行的问题。在法律上，《民事诉讼法》对执行终结作了较为详细的规定，但没有规定终结执行的案件可以恢复执行，与终结本次执行程序后可以恢复执行存在不一致的情形。还有学者指出，终结本次执行程序的裁定使原生效法律文书确定的履行义务成为纸上的义务，当事人的合法权益没有得到真正意义上的保护，有损法律的尊严。而且在实践中，存在一些法院未经调查或未经认真调查就匆忙将案件定义为无财产可供执行的情形。[3]

4. 终结本次执行制度的缘起

终结本次执行并非《民事诉讼法》上的法律概念，而是司法部门在民事执行实践中所使用的一个概念。其基本含义源于司法解释性文件。2009年，为集中清理执行积案，中央政法委和最高人民法院下发《关于规范集中清理执行积案结案标准的通知》（法发〔2015〕号）首次提出经过法定调查后无财产可供执行的案件，可裁定终结本次执行程序后程序结案，

〔3〕 质疑观点，参见厦门市湖里区人民法院课题组：《关于终结本次执行制度的调研报告》，载齐树洁主编：《东南司法评论》2014年卷总第7卷，厦门大学出版社2014年版，第124～125页；谢辉：《用好“终结本次执行程序”》，载《人民法院报》2012年8月7日，第2版。

这是终结本次执行程序首次见于官方文件。经过实践积累，对于无财产可供执行案件的退出逐步形成共识。2015 年 1 月 1 日实施的《最高人民法院关于执行案件立案、结案若干问题的意见》（法发〔2014〕26 号）将终结本次执行程序作为执行实施类案件的六种结案方式之一，对于终结本次执行程序的适用情形作了详细规定，这是终结本次执行程序首次见于最高人民法院的规范性文件。《民诉法司法解释》规定了终结本次执行程序制度，这是终结本次执行程序在司法解释层面上的正式确立。终结本次执行程序成为执行案件的一种法定结案方式。2016 年 10 月 29 日最高人民法院出台《关于严格规范终结本次规定（试行）》，全面系统地规范了终结本次执行程序，特别是明确了终结本次执序的实质标准和程序标准，严格规范终结本次执行程序适用。[4]

5. 终结本次执行与终结执行的关系

通常认为，终结本次执行是《民事诉讼法》终结执行中所规定的一种特殊情形，终结本次执行制度也就是对这一特殊情形具体处理的规范。因为《民事诉讼法》并未对终结执行的特殊情形作出规定，而终结本次执行的情形显然不属于《民事诉讼法》所规定的上述情形。因此在法律根据上，终结本次执行就可以纳入该条规定的其他情形之一。因为无财产可供执行也同样属于无法执行或无法继续执行的情形，符合民事诉讼法终结执行的精神。只不过，无财产可供执行的判断根据是基于现在的认识条件而作出的。当然，这样的解释必须基于终结执行并非完全不能恢复执行这样理解的前提下，否则终结本次执行便不能纳入终结执行的范畴中。正因如此，对终结执行法律效果的理解不同，对终结本次执行就有了不同的理解。终结本次执行设定了严格的条件也是试图达到再恢复执行盖然性很低的状态，这种状态也就接近了法律对执行终结的认可。

6. 终结本次执行的意义

提出终结本次执行概念有何意义，一直是人们所提到的问题。从执行事务来看，终结本次执行概念的意义主要还在于司法管理和社会影响两个方面。在司法管理方面，如果一旦终结执行，这一案件就算结案。无论是义务通过强制执行得以履行，还是终结执行，执行案件都得以完结。在司法管理方面，意味着执行案件已经结束。案件终结本身是司法政绩的考评依据。法院的政绩需要通过案件审理结案和执行结案数据予以具体体现。在社会影响方面，一旦结案，当事人就不应当再要求法院执行，除非具有恢复执行的条件。如此，可以消除社会对司法的负面影响。终结本次执行在法律上的意义主要在于，一旦宣布终结本次执行，那么对于被执行人所采取的有关执行措施就应当予以解除。这里提出的问题实质是，在查明无执行财产或有财产但不能执行的情形，是否应当继续采取有关的执行措施。如果仅是如此，那么实际上依然可以归入特殊情形下的执行中止，而非执行终结。终结本次执行后发现有财产可以执行的，依然可以恢复执行，也就说明终结本次执行实质上依然是执行中止。执行终结的本质是一旦出现某种事由将导致执行无法继续，而且无法恢复，凡是可以恢复的，理论都不是终结。

---

〔4〕 参见周继业主编、江苏省高级人民法院编：《强制执行新实践》，法律出版社 2018 年版，第 219 页。

(三)执行转破产

执行转破产的问题一直是执行实践中所面临的问题。过去一直是根据破产法以及相关司法解释进行处理。在这次《民事强制执行法(草案)》中采取的方法是,将终结本次执行的情形与破产法的相关规定联系起来。《民事强制执行法(草案)》规定,在金钱执行中,被执行人符合存在终结本次执行情形和破产法规定的清理债务情形的,人民法院应当裁定终结本次执行程序,将执行案件相关材料移送被执行人住所地人民法院。

十二、执行难及解决对策

(一)执行难的含义

执行难不是一个执行法上的法律概念,是人们对执行问题的一种概括和描述。其含义,因为人们的视角不同而有所不同。最抽象的表述是应执行的案件难以执行。人们通常认为,最为权威的表述应当是中共中央《关于转发〈最高人民法院党组关于解决人民法院"执行难"问题的报告〉》中关于执行难的阐述。该报告将执行难概括为四点:被执行人难找、被执行财产难寻、执行协助人难求、被执行财产难动。执行难问题被实务界普遍认为是民事诉讼实践中最难解决的问题之一。解决执行难的问题一直是最高人民法院最为重视,也是急切需要解决的问题,不仅是一个司法问题,也是一个社会问题。

(二)执行难的深层原因

上述关于被执行人难找、被执行财产难寻、执行协助难求、被执行财产难动四点。这四个方面又有各自形成的原因。

第一,关于被执行人难找,其主要原因在于,人口的大量流动,传统的户籍管理方式已经难以获取人口的流动信息。同时,在制度上又没有赋予执行机构相应的权利(例如,适用手机定位、网络追踪等现代手段的权利)。

第二,关于被执行财产难寻,其主要原因在于,在财产行使日趋多样化(银行存款、房地产、车辆、股权、知识产权、特性经营权、保险、股票、债券、理财产品等)、财产透明度差的同时,执行机构却缺乏相应的查询手段和机制。查询手段的利用受到体制条块分割的限制。各个行业的查询手段无法由执行机构有机统一行使。

第三,关于执行协助人难求,其主要原因在于地方保护主义,以及缺乏协助执行的约束机制。

第四,被执行财产难动有一个前提就是已经知道被执行财产的所在,而依然难以执行的情形,究其原则在于财产的两个特殊——主体特殊和财产特殊。主体特殊如党政机关、军事单位、人大代表、政协委员等政治地位特殊的主体。财产特殊如不动产、股权等特殊财产。

关于执行难更为宏观的原因,人们通常归结为社会原因、制度原因和技术原因三个方面。社会原因概括为法治意识不强、存在地方保护主义和司法权威不高。制度原因则为执行制度和机制尚不完善。技术原因主要是物质和人力两个方面。物质方面主要是技术手段和相应设备。人力依然是案多人少的矛盾。[5] 笔者认为,在这些原因当中最主要的原因是司法的问题。其司法的力量无法完全应对执行难的挑战。司法及法治在现阶段的国家治理的地位有直接关系,是我国法治初级阶段的必然。

(三)执行难的解决对策

解决执行难已经成为人们对司法的一种社会诉求。这种社会诉求也具有政治含义。解决执行难的问题与司法为民有了内在联系。对此,最高人民法院承诺要在三年内(2016年至2019年)基本解决执行难的问题。2016年3月,最高人民法院在第十二届全国人大第四次会议上提出"用两到三年时间基本解决执行难问题"。最高人民法院出台工作纲要,确定了"基本解决执行难"的总体目标和具体核心指标,并引入第三方评估机制,由中国社科院牵头组成评估团队,独立对"基本解决执行难"进行跟踪评估。这些年来,法院系统不断改革完善执行体制和机制、充实执行手段和措施、强大执行力度,对于解决执行难问题起很大的作用。

目前对于司法机关而言,采取的主要对策是:(1)推进网络查控系统建设,通过信息化、网络化、自动化手段查控被执行人及其财产,着力解决查人找物难题,实现多种财产形式的"一网打尽";(2)推进联合惩戒体系建设,着力解决规避执行难题,让失信被执行人"一处失信、处处受限",并加大对抗拒执行行为的惩治力度;(3)全面推行网络司法拍卖,着力解决财产变现难题;(4)借助信息化手段,改进执行管理模式,建立四级法院统一的执行办案平台,提高管理效率;(5)在全国各级法院开展各种专项执行行动,提高执行的震慑影响力。

实践表明,在上述对策和措施中,最为有效的是强化现代信息手段查控被执行财产的对策和措施。对于何谓执行难问题的基本解决评估存在的一个技术标准。如何建立其评估标准是一个问题。"基本"是一个比例或比较的问题。相信如果强大执行力度,以80%、90%为基准的话,在这个意义上说基本解决执行难应该不是问题。但人们在分析执行难的原因时也明确提到,执行难有其社会原因。既然有其宏观的社会原因所致,是法治初级阶段的必然,在这个意义上,执行难就不是短期内可以论及基本解决的问题,而是一个需要经历很长时期才能解决的问题。例如,一个社会的法治意识和诚信意识的形成就绝不是一个一蹴而就的事情,更是运动式方式难以实现的。

十三、民事执行检察监督

(一)民事执行检察监督的含义

民事执行检察监督权直接源于民事检察监督权。民事执行监督,是指在法院的民事执行过程中,检察机关有权对违反的执行行为予以监督。民事执行监督的法律根据源于2012年修订的《民事诉讼法》。其规定,人民检察院有权对民事执行活动实行法律监督。新出台

---

[5] 关于执行难原因的分析,详见周继业主编、江苏省高级人民法院编:《强制执行新实践》,法律出版社2018年版,第3~47页。

的民事执行法也将民事执行监督作为一项特别的原则作了明确的规定。

对于检察机关是否应当对民事执行进行检察监督,一直存有争议。在若干年的争议中,最终法律上承认检察监督不限于民事审判活动,对民事诉讼活动都可以进行监督,并明确对民事执行活动也可以实施检查监督。法律对民事执行检察监督的认可主要基于社会对执行难和执行乱影响的强烈不满,人们普遍认为检察监督是治理执行乱的有力措施。在理论上也被认为是具体落实民事检察权的措施。

关于民事执行检察监督,在学界和实务界一直存有争议。争议的核心在于检察监督是以司法机关的行为为监督对象,还是以具体司法人员个人的违法行为为对象。如果以司法机关的职权行为为对象,是否可能干预司法机关的司法行为。如果可以对国家机关的职权行为进行监督的话,为何仅对司法行为进行监督,而不对其他国家机关的职权行为进行监督。这里涉及检察监督权的基本理论问题。关于民事行政监督的争议尽管表面上因为《民事诉讼法》的规定尘埃落定,但实际如何落实民事行政监察依然是没有得以具体化。《民事诉讼法》并没有在执行编中对如何实施民事执行监督作出任何规定。在《中华人民共和国监察法》出台之后,基于检察机关职能的变化,民事诉讼检察监督和民事执行监督成为检察机关新的着力点。希望在民事诉讼和民事执行监督方面能够更加具体和深入。

(二)民事执行检察监督的实施

从法律规定来看,民事执行监督属于事前监督,因此,没有采取抗诉的监督方式,而是采用检察建议的方式。具体以检察建议书的形式开展检察监督。不过,检察建议书的法律效果或效力、法院对检察建议如何回应及程序、检察机关如何进行调查(调阅卷的方式、程序、调查权的范围)等都还缺乏制度性的规定。如何防止民事执行检察监督权的滥用也是一个必须解决的问题。在实践中,检察监督很有可能成为民事执行当事人利用的工具。基于法院与检察机关的不同地位,双方之间也不太容易在民事执行检察监督方面达成更多的共识。这也导致民事执行检察监督难以落实。

2011 年最高人民法院和最高人民检察院形成会签文件。该文件的作用是最高人民法院和最高人民检察院之间就民事执行监督达成共识,使民事执行监督能够得以实施。从会签文件的具体内容来看,只能部分达成共识,许多具体问题并没有得到彻底地解决。

《民事强制执行法(草案)》对执行检察监督作出了更为明确的规定。

在检察监督启动、范围及方式方面,《民事强制执行法(草案)》规定,经当事人、利害关系人申请,人民检察院认为同级或者下级人民法院的执行行为违反法律规定、应当实施执行行为而未实施或者在执行中作出的其他生效裁定、决定确有错误,需要纠正的,应当提出检察建议。但是,当事人、利害关系人依照本法可以提出异议、申请复议、提起诉讼或者人民法院正在进行异议、复议审查或者诉讼审理的除外。执行行为违背公序良俗或者执行人员在执行案件时有贪污受贿、徇私舞弊、枉法执行等违法行为且司法机关已经立案的,人民检察院可以依职权进行监督。对于检察建议,相应机关有义务予以回复。

《民事强制执行法(草案)》除规定对执行机构执行行为进行监督之外,还明确规定了对其他机关的监督。在人民检察院发现有关国家机关不依法履行执行依据确定的义务或者协助执行义务的,可以提出检察建议。人民法院发现的,也可以请求人民检察院依法履行法律监督职责。

要切实落实执行监督权就必须要有相应的方法。其中一个最重要的方法就是明确检察机关享有调查核实权。在调查核实权方面,《民事强制执行法(草案)》规定,人民检察院因履行执行监督职责提出检察建议的需要,报经检察长审批后,可以采取相应的措施,对相关事项进行调查核实。这些措施包括:(1)向当事人或者案外人调查核实有关情况;(2)依照有关规定调阅人民法院的执行卷宗;(3)法律规定的其他措施。

为防止调查核实权的滥用,《民事强制执行法(草案)》同时也规定,检察院进行调查核实,不得采取限制人身自由和查封财产等强制性措施。

知识扩展

执行文制度

执行文制度是大陆法系国家民事执行法中的一项重要制度。在我国的民事执行法中尚未建立类似的制度。在此,本书简要介绍执行文制度,对于理解这一制度的作用、完善民事执行制度有一定的意义。

执行文制度的设计结构是,当债权人获得执行根据之后,还不能直接向执行机构申请强制执行,需要向专门的审查机关,申请对该执行根据是否具有执行力进行审查。通过审查后,执行文赋予机关认定该执行根据具有执行力的,在执行根据上赋予具有执行力的文字,以证明其具有执行力。债权人再以附有执行文的执行根据向执行机构申请强制执行。

人们一定会问,执行根据本身没有执行力?为何还要专门机构进行审查判断是否具有执行力?再者,关于是否具有执行力的判断,在债权人向执行机构申请执行时,由执行机构来判断不可以吗?

执行文制度的设计理论是:一方面,执行根据作出后到申请执行时的期间,实体请求权有可能已经丧失,例如判决确定之后,出现特定继受或概括继受的事实,当事人的情况有可能发生变更;保全处分也有可能因为上诉而被撤销,这些情形的存在,使即使有了执行根据也需要在申请执行时,由专门的机关对执行根据是否还具有执行力进行审查。另一方面,根据审执分离的原则,执行机构不能对执行根据是否具有执行力进行判断,执行机构就是单纯地实现实体请求权。赋予执行文的行为是一种公法上的证明行为。

在设置执行文制度的国家,赋予执行文的机关因为执行根据的不同而有所不同。执行根据为判决的,执行文赋予机关是法院事务官或书记官。之所以由法院事务官或书记官赋予执行文,是因为诉讼法律文书由该机关保管,其是整个诉讼过程的公证人,其最了解是否具有执行力。例如,仲裁裁决因为不能独立成为执行根据,也同样需要由法院的执行文赋予予以确认赋予执行文。只有赋予执行文的仲裁裁决才能成为完整的执行根据。

在我国的民事执行法中还没有设置这一制度,关于执行根据的执行力的判断交由执行机关判断。其理由在于由执行机关审查判断更快捷简单。笔者认为,基于审执分离原则,应该设置执行文制度,看似在程序上复杂一些,但是可以避免虽有执行根据,但实体请求权已经丧失或消灭的情形,因而是有意义的。

第四十三章 民事执行措施及保全执行

本章目次

一、各类执行措施概述

(一)执行措施的概念

民事执行措施是指人民法院依法强制债务人实现执行根据中所确定义务的各种方法和手段。采取执行措施的行为,被称为执行行为。通常认为执行措施具有以下特点:

第一,执行措施具有强制性。执行措施的强制性是以国家公权力为基础的,是促使义务人履行义务的重要保障。

第二,执行措施具有法定性。不仅各种具体执行措施要有法律明确的规定,而且法院在采取具体的执行措施时还必须严格按照法定的条件和程序。

第三,执行措施具有多样性。执行根据所确定的权利种类不同、执行对象不同,所需要采取的执行措施也不同。执行措施的多样性能够保障执行措施与所要实现的权利相适应。

(二)执行措施的种类

根据不同的标准,对执行措施可以进行不同的分类:

根据执行对象的性质和特点,可以分为对财产的执行措施和对行为的执行措施。其中,对财产的执行措施,又可以分为对金钱债权的执行和对非金钱债权的执行,而对非金钱债权的执行又可以分为物的交付请求权的执行和行为请求权的执行。

根据执行行为能够直接实现执行根据所确定内容,可以分为直接执行措施、间接执行措施和代执行措施。直接执行措施,是指能够直接满足执行根据所确定内容的执行措施。例如,划拨、拍卖、变卖。间接执行措施,是指虽然不能直接满足执行根据所确定内容,但能够促使被执行人履行义务的执行措施。例如,拘留、罚款。代执行措施,是指法院所采取能够实现执行根据所确定内容,但又不同于执行根据所要求方式的执行措施。例如,侵权人拒不执行生效判决,不为对方恢复名誉、消除影响的,人民法院可以采取公告、登报等方式,将判决的主要内容及有关情况公布于众,费用由被执行人负担。

根据执行措施能否直接达到强制义务人履行义务和实现生效法律文书的目的,可以分为控制性执行措施和处分性执行措施。控制性执行措施也称为保全性执行措施,是指以防止被执行人转移、隐藏、变卖、毁损财产为目的的执行措施,例如,查封、冻结、扣留等措施。处分性执行措施,是指通过将被执行人的财产变价来清偿债务的执行措施。[1]

二、对金钱债权的执行

(一)对金钱债权执行的概念

金钱债权也被称为金钱给付请求权,是指以给付一定数额的金钱为内容的请求权。**对金钱债权的执行,是指为实现债权人的金钱债权而进行的执行,即强制被执行人给付金钱,从而满足权利人的金钱债权**。

金钱债权的执行在范围上很广。除了对金钱的执行外,执行费用、第三人代为执行所发生费用、债务人怠于履行义务所发生的迟延利息或者迟延履行金,都属于金钱债权的执行范围。

通常来讲,对金钱债权的执行,如果义务人有现金的,执行其现金;没有现金或者现金不足的,执行其存款;没有存款或者存款不足的,执行其他动产;最后执行被执行人的其他财产。金钱债权的执行对象,既可以是被执行人的金钱,也可以是义务人所有的具有金钱价值的非金钱财产。

(二)可执行财产与豁免执行的财产范围

1. 可执行财产的范围

金钱债权执行中,可以执行财产的范围包括:(1)被执行人名下的不动产、机动车、船舶、航空器;(2)被执行人占有的动产;(3)被执行人名下的存款等资金;(4)被执行人对第三人享有的一般债权;(5)被执行人名下的股权、基金份额、资产管理产品份额、信托受益权、知识产权、网络虚拟财产以及其他财产权利和利益;(6)生效法律文书或者其他书面证据充分证明属于被执行人的财产。

---

〔1〕 参见童兆洪主编:《民事强制执行新论》,人民法院出版社 2001 年版,第 84 页。

2. 豁免执行的财产范围

豁免执行的财产范围包括:(1)被执行人及其所扶养的家庭成员必需的生活、医疗、学习物品和相关费用;(2)从事职业所必需的物品;(3)未公开的发明或者未发表的作品;(4)勋章或者其他表彰被执行人荣誉的物品;(5)不以营利为目的饲养,并与被执行人共同生活的宠物;(6)为履行行政管理职能或者公共服务职能所必需的财产;(7)依照法律、行政法规规定或者基于公序良俗不得执行的其他财产。

上述财产尽管原则上属于豁免执行的财产,但是有存在的例外,即有以下三种情形之一者,上述财产也可以予以执行:(1)被执行人同意执行;(2)不执行影响申请执行人基本生活;(3)申请执行人对该财产享有担保物权。

(三)对公法人财产的执行

一旦执行根据确定公法人有履行债务的,公法人同样必须履行。但公法人的债务履行不同于自然人或私法人债务履行。公法人的资金与国家财政管理政策有关。如果债务已经列入预算的,可以执行财政部门依照预算列支划拨的资金;尚未纳入预算的,可以通知被执行人和财政部门将该债务纳入当年或者下一年度预算。

(四)对金钱的执行措施

对金钱的执行措施,包括对义务人现金、存款和收入的执行。对义务人现金的执行,主要是采取义务人直接交付现金或者由法院转交的方式执行。以下主要介绍对存款的执行和对收入的执行。

1. 对存款的执行

《民事诉讼法》及民事执行法规定,被执行人未按执行通知履行法律文书确定的义务,人民法院有权向银行、信用合作社和其他有储蓄业务的单位查询被执行人的存款情况,有权冻结、划拨被执行人的存款,但查询、冻结、划拨存款不得超出被执行人应当履行义务的范围。

被执行人为金融机构的,对其交存在人民银行的存款准备金和备付金不得冻结和扣划,但对其在本机构、其他金融机构的存款,及其在人民银行的其他存款可以冻结、划拨,并可对被执行人的其他财产采取执行措施,但不得查封其营业场所。

所谓查询,是指人民法院向银行、信用合作社和其他有储蓄业务的单位通过调查、询问,了解被执行人存款情况的执行措施。

所谓冻结,是指人民法院向银行、信用合作社和其他有储蓄业务的单位发出协助执行通知书,不准被执行人在一定期限内提取和转移其存款的执行措施。对于法院的冻结,任何单位不得擅自解冻,违者将按照《民事诉讼法》的规定,被处以罚款或者拘留,构成犯罪的还将承担刑事责任。金融机构擅自解冻被人民法院冻结的款项,致冻结款项被转移的,人民法院有权责令其限期追回已转移的款项。在限期内未能追回的,应当裁定该金融机构在转移的款项范围内以自己的财产向申请执行人承担责任。

所谓划拨,是指人民法院通过银行、信用合作社和其他有储蓄业务的单位,将被执行人账户上的存款,划入权利人账户的措施。划拨可以在冻结存款的基础上进行,也可以不冻结存款直接进行,但划拨需要双方当事人在金融机构都有账户。

人民法院决定冻结、划拨存款,应当作出裁定,并发出协助执行通知书,银行、信用合作社和其他有储蓄业务的单位必须办理。

人民法院可以直接向银行及其营业所、储蓄所、信用合作社以及其他有储蓄业务的单位查询、冻结、划拨被执行人的存款。外地法院可以直接到被执行人住所地、被执行财产所在地银行及其营业所、储蓄所、信用合作社以及其他有储蓄业务的单位查询、冻结、划拨被执行人应当履行义务部分的存款,无须由当地人民法院出具手续。

对被执行的财产,人民法院非经查封、扣押、冻结不得处分。对银行存款等各类可以直接扣划的财产,人民法院的扣划裁定同时具有冻结的法律效力。

冻结被执行人的银行存款的期限不得超过 1 年,查封、扣押动产的期限不得超过 2 年,查封不动产、冻结其他财产权的期限不得超过 3 年。申请执行人申请延长期限的,人民法院应当在查封、扣押、冻结期限届满前办理续行查封、扣押、冻结手续,续行期限不得超过前款规定的期限。人民法院也可以依职权办理续行查封、扣押、冻结手续。

2. 对被执行人收入的执行

被执行人未按执行通知履行法律文书确定的义务,人民法院有权扣留、提取被执行人应当履行义务部分的收入。但应当保留被执行人及其所扶养家属的生活必需费用。

被执行人在有关单位的收入尚未支取的,人民法院应当作出裁定,向该单位发出协助执行通知书,由其协助扣留或提取。

所谓扣留,是指人民法院强制留置被执行人的收入,禁止其支取和处分的执行措施。扣留是一种临时性的执行措施,其目的在于促使被执行人履行义务。

所谓提取,是指人民法院依法支取被执行人的收入,并将其转交给权利人的执行措施。提取是一种最终性的执行措施,能够直接实现权利人的权利。提取可以在扣留的基础上进行,也可以不扣留直接进行。

扣留、提取的收入,主要是指被执行人的工资、资金以及其他劳动报酬。在范围上应当以被执行人应当履行义务部分收入为限,并且应当保留被执行人及其所扶养家属的生活必需费用。

人民法院扣留、提取收入时,应当作出裁定,并发出协助执行通知书,被执行人所在单位、银行、信用合作社和其他有储蓄业务的单位必须办理。有关单位收到人民法院协助执行被执行人收入的通知后,擅自向被执行人或其他人支付的,人民法院有权责令其限期追回;逾期未追回的,应当裁定其在支付的数额内向申请执行人承担责任。

三、对特殊非金钱财产的执行

对特殊非金钱财产的执行,包括对知识产权、股份凭证、投资权益、股权、第三人到期债权的执行。

（一）对知识产权的执行

被执行人不履行生效法律文书确定的义务，人民法院有权裁定禁止被执行人转让其专利权、注册商标专用权、著作权（财产权部分）等知识产权。上述权利有登记主管部门的，应当同时向有关部门发出协助执行通知书，要求其不得办理财产权转移手续，必要时可以责令被执行人将产权或使用权证照交由人民法院保存。

对上述财产权，可以采取拍卖、变卖等执行措施。

（二）对股份凭证的执行

对被执行人在其他股份有限公司中持有的股份凭证（股票），人民法院可以扣押，并强制被执行人按照公司法的有关规定转让，也可以直接采取拍卖、变卖的方式进行处分，或直接将股票抵偿给债权人，用于清偿被执行人的债务。

（三）对投资权益的执行

对被执行人从有关企业中应得的已到期的股息或红利等收益，人民法院有权裁定禁止被执行人提取和有关企业向被执行人支付，并要求有关企业直接向申请执行人支付。

对被执行人预期从有关企业中应得的股息或红利等收益，人民法院可以采取冻结措施，禁止到期后被执行人提取和有关企业向被执行人支付。到期后人民法院可从有关企业中提取，并出具提取收据。

有关企业收到人民法院发出的协助冻结通知后，擅自向被执行人支付股息或红利，应当在所支付的股息或红利范围内向申请执行人承担责任。

（四）对股权的执行

对被执行人在有限责任公司、其他法人企业中的投资权益或股权，人民法院可以采取冻结措施。冻结投资权益或股权的，应当通知有关企业不得办理被冻结投资权益或股权的转移手续，不得向被执行人支付股息或红利。被冻结的投资权益或股权，被执行人不得自行转让。

被执行人在其独资开办的法人企业中拥有的投资权益被冻结后，人民法院可以直接裁定予以转让，以转让所得清偿其对申请执行人的债务。

对被执行人在有限责任公司中被冻结的投资权益或股权，人民法院可以依据《公司法》的相关规定，征得全体股东过半数同意后，予以拍卖、变卖或以其他方式转让。不同意转让的股东，应当购买该转让的投资权益或股权，不购买的，视为同意转让，不影响执行。人民法院也可允许并监督被执行人自行转让其投资权益或股权，将转让所得收益用于清偿对申请执行人的债务。

对被执行人在中外合资、合作经营企业中的投资权益或股权，在征得合资或合作他方的同意和对外经济贸易主管机关的批准后，可以对冻结的投资权益或股权予以转让。如果被执行人除在中外合资、合作企业中的股权以外别无其他财产可供执行，其他股东又不同意转让的，可以直接强制转让被执行人的股权，但应当保护合资他方的优先购买权。

有关企业收到人民法院发出的协助冻结通知后，擅自为被执行人办理已冻结股权或者投资权益的转移手续，造成已转移的财产无法追回的，应当在所转移的股权或者投资权益价值范围内向申请执行人承担责任。

四、对第三人到期债权的执行

(一)概念

对第三人到期债权的执行,是指人民法院通过强制转移被执行人向第三人实现债权的权利,从而满足权利人权利的执行程序和制度。

对第三人到期债权的执行,是以被执行人的到期债权为执行对象的。它以债权人对债务人的实体和程序代位权为理论基础,将申请执行人和被执行人之间已经审理过的债权债务关系以及被执行人和第三人之间没有经过审理的债权债务关系,通过一定的法律程序,一并进行处理。

(二)执行对第三人到期债权的条件

执行对第三人到期债权,应当具备以下条件:

第一,被执行人不能清偿债务。被执行人不能清偿债务,是指被执行人在执行根据所确定的履行期届满时,不能清偿执行根据所确定的债务。至于不能清偿的原因,可能是因为被执行人有转移、隐匿财产的行为,也可能是因为被执行人已经丧失了偿还能力。

第二,被执行人对第三人有已经到期的合法债权。这要求被执行人对第三人的债权,既要合法,又要到期,并且尚未经过审理。已经经过审理的债权,由于法院不得重复受理,法院不能再向第三人发出履行通知。

第三,申请执行人和被执行人提出申请。法院不得依职权主动要求第三人发出履行通知,而只根据申请执行人和被执行人的申请向第三人发出履行通知。申请执行人和被执行人的申请,通常要求采取书面形式。

第四,第三人在履行通知规定的期限内,既不提出异议,又不主动履行。这只是对第三人强制执行的条件,而不是发出履行通知的条件。

(三)第三人异议

提出异议的方式。第三人对履行通知的异议一般应当以书面形式提出,口头提出的,执行人员应记入笔录,并由第三人签字或盖章。

提出异议的内容。第三人提出的履行应当与债权的存在、数额和履行期限有关。第三人提出自己无履行能力或其与申请执行人无直接法律关系,不属于对到期债权的异议。

异议的效力。第三人在履行通知指定的期间内提出异议的,人民法院不得对第三人强制执行,对提出的异议不进行审查。

(四)第三人未提出异议的效果

一是裁定强制执行。第三人在履行通知指定的期限内没有提出异议,而又不履行的,执行法院有权裁定对其强制执行。此裁定同时送达第三人和被执行人。第三人对债务部分承认、部分有异议的,可以对其承认的部分强制执行。被执行人收到人民法院履行通知后,放弃其对第三人的债权或延缓第三人履行期限的行为无效,人民法院仍可在第三人无异议又不履行的情况下予以强制执行。

二是执行范围。在对第三人作出强制执行裁定后,第三人确无财产可供执行的,不得就第三人对他人享有的到期债权强制执行。

三是出具履行证明。第三人按照人民法院履行通知向申请执行人履行了债务或已被强制执行后,人民法院应当出具有关证明。

四是擅自向被执行人履行的后果。第三人收到人民法院要求其履行到期债务的通知后,仍擅自向被执行人履行,造成已向被执行人履行的财产不能追回的,除在已履行的财产范围内与被执行人承担连带清偿责任外,可以追究其妨害执行的责任。

五是人民法院执行被执行人对他人的到期债权,可以作出冻结债权的裁定,并通知该他人向申请执行人履行。该他人对到期债权有异议,申请执行人请求对异议部分强制执行的,人民法院不予支持。利害关系人对到期债权有异议的,按照民事执行法的有关规定处理。对生效法律文书确定的到期债权,该他人予以否认的,人民法院不予支持。

五、对不动产的执行

因为被执行财产的性质不同,所以对不动产的执行也与金钱财产、动产的执行有所不同。为了更有效地执行,民事执行法专门对不动产的执行作出比较详尽的规定。

(一)对不动产的查封

1. 查封方法

查封不动产,应当通知不动产登记机构办理查封登记;不动产未登记的,应当采用在不动产的显著位置喷涂标识或者张贴公告、封条等适当方式。人民法院决定查封后,应当通过网络等方式将查封情况对外公示。

2. 查封价额的限制

查封不动产的价额,应当以足以清偿执行债务和执行费用为限。但是,查封的不动产不便于实物分割或者实物分割可能严重减损其价额,且被执行人其他财产不足以清偿债务或者不便执行的除外。不动产整体的价额明显超出执行债务和执行费用的金额,可以办理分割登记的,应当通知不动产登记机构依法办理分割登记。分割后,解除对超标的部分的查封。

3. 被查封不动产的保管

查封的不动产,一般由被执行人保管。保管期间,被执行人可以继续使用,但是继续使用可能严重减损不动产价值或者妨碍后续执行的除外。被查封的不动产不宜由被执行人保管的,可以委托他人或者申请执行人保管。保管期间,保管人不得使用;因保管不善造成不动产毁损或者灭失的,保管人应当依法承担赔偿责任。

4. 查封效力的客观范围

所谓客观范围,也称客体范围,是指查封效力所涉及的不动产范围。查封不动产的效力及于不动产的从物和天然孳息。查封建筑物的效力及于该建筑物占用范围内的建设土地使用权。查封建设用地使用权的效力及于该土地上的建筑物,但是建设用地使用权与建筑物的所有权分别属于被执行人和他人的除外。

查封期间,不动产毁损、灭失或者被征收的,查封的效力及于被执行人获得的替代物、保险金、赔偿金或者补偿金。

5. 查封效力的主观范围

所谓主观范围,也称主体范围,是指查封对哪些人有约束力。被执行人就已经查封的财产所作的移转、设定权利负担或者其他有碍执行的行为,不得对抗申请执行人。他人未经人民法院许可占有查封的不动产或者实施其他妨碍执行行为的,人民法院可以依据申请执行人的申请或者依职权解除其占有或者排除其妨碍。

6. 再次查封及处置权归属

已经查封的不动产,可以再次查封。首先查封的人民法院,可以依法对查封的不动产采取变价、强制管理等处置措施。在后查封的人民法院应当在查封后及时告知申请执行人可以向首先查封或者其他有处置权的人民法院申请分配。

首先查封的人民法院在查封后 3 个月内未对不动产启动确定参考价程序的,在后查封的人民法院可以商请首先查封的人民法院移送处置权。

(二)变价

不动产的执行最重要的就是变价,债务履行往往通过变价来实现。

1. 变价的方式

变价不动产,原则上应当通过网络司法拍卖、变卖平台进行,但是不宜采用此种方式的除外。

2. 参考价的确定

不动产变价前首先必须确定参考价,因此执行机构首先应当对不动产权利负担、占有使用、性质等情况进行必要的调查。

在确定不动产的参考价时,法院可以采用议价、询价、委托评估等方式确定参考价。有下列情形之一的,应当委托评估:(1)法律规定司法拍卖必须委托评估;(2)当事人同意委托评估;(3)无法通过其他方式确定参考价。

3. 保留价的确定

所谓保留价,是指在首次拍卖过程中,法律对不动产的价额所设置的最低限制比例,以防止不合理的变价。法院应参照参考价确定保留价,首次拍卖的保留价不得低于参考价的 70%。但是,被执行人认为评估结果严重偏离财产市场价值,申请以其认为的合理价格确定首次拍卖的保留价的,人民法院可以准许。

申请执行人逾期未申请继续拍卖或者继续拍卖变价不成的,人民法院应当解除查封,但是申请执行人愿意承担相关费用或者可以采取强制管理等执行措施的除外。

4. 变卖

被执行人申请以高于执行债务和执行费用总额或者经有权在执行程序中就该财产受偿的全部申请执行人同意的价格变卖,且购买人在拍卖公告期限届满前向人民法院支付全部价款的，人民法院可以停止拍卖并作出变卖成交裁定，但是变卖损害其他利害关系人利益的除外。

5. 优先购买权

在竞价过程中，优先购买权人可以与其他竞买人以相同的价格出价，没有更高出价的，拍卖的不动产由优先购买权人竞得。顺位不同的优先购买权人以相同价格出价的，拍卖的不动产由顺位在先的优先购买权人竞得。顺位相同的优先购买权人以相同价格出价的，拍卖的不动产由出价在先的优先购买权人竞得。

6. 拍卖成交裁定和不许可成交裁定及救济程序

为了规范拍卖行为，法院对拍卖成交和不许可成交的情形都要作出裁决予以认定。应当在拍卖价款全额缴纳之日起 15 日内作出拍卖成交裁定并送达当事人、买受人。

有下列情形构成拍卖不成交：(1)买受人与其他竞买人、拍卖机构、网络拍卖服务提供者或者网络拍卖辅助机构之间恶意串通，损害当事人、其他竞买人利益；(2)买受人不具备法律、行政法规规定的竞买资格或者条件；(3)拍卖不动产公告内容严重失实，致使买受人产生重大误解，购买目的无法实现，但是已就相关瑕疵及责任承担公示说明的除外；(4)严重违反变价程序且对当事人、利害关系人造成严重损失。

当事人对拍卖成交裁定和不许可成交裁定不服的，可以在该裁定送达之日起 10 日内，向人民法院提出书面异议，申请撤销或者变更。

7. 悔拍的处理

买受人未在拍卖公告要求的缴纳期限内缴纳价款的，人民法院可以重新拍卖。重新拍卖的，原买受人不得参加竞买。

8. 变价不动产权利的转移

不动产拍卖、变卖成交或者抵债的，不动产权利自拍卖、变卖成交或者抵债裁定送达买受人或者承受人时起转移。买受人或者承受人可以持前款规定的裁定向不动产登记机构申请办理权属转移和查封、担保物权等注销登记。不动产为被执行人租赁他人土地所建房屋，房屋所有权转移后，土地租赁合同在出租人和买受人或者承受人之间继续有效。

（三）强制管理

1. 强制管理的概念、意义

强制管理，又称收益执行，是一种以不动产的有益来满足执行债权的执行方法，即通过将不动产管理权和收益权转移给由法院指定的强制管理人，以该不动产所产生的自然收益和法定收益来满足债权实现的要求。

强制管理的优点在于，可以避免将不动产的收益作为个别执行对象将会给债权人带来麻烦，将不动产收益作为执行的一体化，能够大大简化和方便执行。通过强制管理，可以等待更好的处置不动产的时机。对于债务人而言，能够在不丧失所有权的条件下清偿，对于债务人也更为有利。强制管理作为收益执行其缺点在于清偿效率不高，因为收益往往不高，积累时间比较长。

2. 强制管理的适用原则

强制管理的适用必须满足民事执行法规定的原则，即已查封的不动产，不宜变价或者无法变价的，当事人可以申请人民法院强制管理。确有必要的，人民法院也可以依职权强制管理。

3. 强制管理人

人民法院裁定强制管理的，应当指定符合任职条件的个人或者组织担任管理人，并明确管理人的职责。

强制管理期间，管理人可以占有不动产、管理不动产及其收益。被执行人妨害强制管理的，管理人可以请求人民法院予以排除。

管理人在管理过程中存在违法行为，侵害当事人合法权益的，应当承担损害赔偿责任。

4. 强制管理收益的使用

管理收益扣除管理费用和管理人报酬后，用于清偿债务。管理收益的具体使用，由人民法院决定。

5. 对强制管理决定不服的救济

债权人对强制管理裁定不服，包括决定采取强制管理和驳回申请强制管理的裁定不服的，可以向作出裁定的法院申请复议，改变其裁定。

六、对动产的执行

（一）动产的查封方法

查封动产，应当实施占有；查封有登记的动产，也可以通知登记机关办理查封登记。

间接占有动产的，应当在该动产上张贴公告、封条或者采取其他足以公示查封的适当措施，但是已办理查封登记的除外。

（二）动产实施占有的程序

人民法院为对动产实施占有，可以责令被执行人或者已知的实际占有人限期交出，也可以通知有关组织协助查找或者控制。

人民法院对动产实施占有，被执行人是自然人的，应当通知被执行人或者其成年家庭成员；被执行人是法人或者非法人组织的，应当通知其法定代表人或者主要负责人到场。拒不到场的，不影响执行。被执行人是自然人的，可以通知财产所在地的基层组织派人参加。

对实施占有的动产，执行人员应当造具清单，详细记载动产的名称、数量等事项。查封清单由在场人签名或者盖章后，交被执行人一份。被执行人是自然人的，也可以交其成年家庭成员一份。

（三）动产查封后的保管

被查封的动产，由人民法院保管。被查封的动产不宜由人民法院保管的，人民法院可以委托他人或者申请执行人保管。查封机器设备等生产经营性财产或者存在其他必要情形的，人民法院可以指定被执行人保管；被执行人继续使用对该动产的价值无重大影响的，可以准许继续使用。查封质物或者留置物的，一般应当指定质权人或者留置权人为保管人；人民法院自行保管或者委托他人、申请执行人保管的，质权、留置权不因转移占有而消灭。

（四）关于动产保留价的特别规定

拍卖动产价值较低的，不设保留价；但是执行该动产产生必要费用的，应当以超过必要费用的价额确定保留价。

（五）动产的直接变卖

对具有下列情形之一的动产，人民法院可以按照合理的价格直接变卖：（1）季节性、鲜活、易腐烂变质以及其他不宜长期保存；（2）不及时变价会导致价值严重贬损；（3）保管困难或者保管费用过高。

前款规定的动产，申请执行人同意抵债的，人民法院可以按照合理的价格交其抵债。

在当地市场有公开交易价格的动产，人民法院可以以该价格直接变卖或者交申请执行人抵债。

（六）动产变价不成的处理

价值较低的动产第一次拍卖流拍后，人民法院应当解除查封，并退还被执行人。价值较高的动产第二次拍卖流拍后60日内，申请执行人可以申请以第二次拍卖的保留价承受，他人也可以申请以该保留价购买。逾期未申请的，人民法院应当解除查封，并退还被执行人，但是可以采取强制管理等执行措施的除外。

七、对债权的执行

（一）对存款等资金的执行

1. 存款的执行

查封存款的，人民法院应当通知金融机构在查封的额度内停止支付。

划拨存款的，人民法院应当通知金融机构将存款划拨至指定账户。划拨金额不足查封额度的，不足部分的查封效力不受影响。

人民法院可以不经查封，直接划拨存款。

2. 金融机构拒不执行的责任

金融机构接到查封通知后，擅自支付的，不得对抗申请执行人，人民法院可以裁定在擅自支付的范围内对其强制执行。

金融机构收到划拨通知后，拒不执行的，人民法院可以裁定在拒不执行范围内对其强制执行。

（二）对一般债权的执行

1. 一般债权的查封

查封被执行人对第三人享有的金钱债权的，应当向第三人送达查封令，禁止其在查封额度内清偿该金钱债权。

查封被执行人对第三人享有的交付物或者转移权属的债权的,应当向第三人送达查封令,禁止其交付或者转移权属。

2. 查封继续性给付金钱债权效力的客观范围

人民法院查封被执行人对第三人享有的工资、薪金、劳务报酬、租金等继续性给付金钱债权的,查封效力在查封额度内及于查封后第三人应付的金额。

3. 债权的收取方法

查封的金钱债权履行期限届满的,人民法院可以发出履行令,责令第三人直接或者通过人民法院向申请执行人履行。

查封的交付物或者转移权属的债权履行期限届满的,人民法院可以作出履行令,责令第三人向人民法院交付标的物;需要办理权属移转登记的,登记至被执行人名下。

4. 债权的拍卖变卖

被执行人的债权因附有期限、条件、被执行人未履行对待给付义务或者其他事由而难以收取的,人民法院可以依申请执行人的申请依照民事执行法的规定进行变价。

5. 第三人的异议

第三人认为被执行人的债权不存在、已消灭或者存在其他妨碍被执行人请求事由的向人民法院提出书面异议,说明事实和理由。

6. 收取债权之诉

收取债权之诉,是指在第三人向法院提出异议,主张被执行债权不存在时,申请执行人作为原告,以第三人为被告向执行法院提起的诉讼。

申请执行人未在规定期间内提起诉讼的,人民法院应当依据第三人的申请,在异议范围内解除履行令。

第三人未依据法律提出异议,又未依照履行令履行义务的,人民法院可以裁定对其强制执行。执行交付物或者转移权属的债权时,可以依照本法相关规定执行该标的物。

第三人认为被执行人的债权不存在、已消灭或者存在其他妨碍被执行人请求事由的,可以依据本法规定提起诉讼。

八、对股权等其他财产权的执行

(一)对未上市、挂牌股权、股份的执行

1. 对未上市、挂牌股权、股份的查封

查封有限公司股权、非上市未挂牌股份公司股份的,人民法院应当通知公司登记机关办理查封登记。查封后,人民法院应当书面通知公司。

2. 对上市、挂牌股票的查封

查封上市公司股票、在全国股份转让系统挂牌公司股票的,人民法院应当通知托管该股票的证券公司或者证券登记结算机构办理查封登记。

3. 对查封股权表决权的限制

人民法院因股权权属纠纷查封争议股权时，可以根据申请执行人的申请，裁定禁止被执行人在股权所在公司股东大会就增资、减资等引起股权变动的事项进行表决时，在被查封股权范围内表示同意。申请执行人应当提供担保，不提供担保的，驳回申请。

4. 对上市公司股票的变价

查封上市公司股票后，人民法院可以通知被执行人或者证券公司在指定期限内以市价依法变卖。逾期没有变卖或者无法变卖的，可以进行拍卖。

（二）对知识产权的执行

1. 对知识产权的执行查封

查封有登记的知识产权，人民法院应当通知知识产权登记机关办理查封登记。查封没有登记的知识产权，应当以适当方式公示。

2. 注册商标专用权执行的特殊规定

人民法院查封、变价注册商标专用权的，应当对被执行人在同一种商品上注册的近似的商标，或者在类似商品上注册的相同或者近似的商标一并查封、变价。

九、行为请求权的执行

行为请求权的执行，是指义务人有义务实施执行根据所确定行为而没有实施时，法院所采取的强制其实施该行为的执行措施。对行为的执行，主要是采取法定的方式迫使义务人实施特定的行为。由于行为分为可替代行为和不可替代行为，因此，对行为的执行措施，可以分为对可替代行为的执行和对不可替代行为的执行。

（一）对可替代行为的执行

可替代的行为，是指执行根据所确定的行为可以由第三人代为完成。如果执行根据所确定的行为是可替代的行为，在被执行人拒不履行相关义务时，人民法院可以委托有关的单位或他人完成，因完成上述行为发生的费用由被执行人承担。代履行费用的数额由人民法院根据案件具体情况确定，并由被执行人在指定期限内预先支付。被执行人未预付的，人民法院可以对该费用强制执行。代履行结束后，被执行人可以查阅、复制费用清单以及主要凭证。

法律、行政法规对履行该行为义务有资格限制的，应当从有资格的人中选定。必要时，可以通过招标的方式确定代履行人。申请执行人可以在符合条件的人中推荐代履行人，也可以申请自己代为履行，是否准许，由人民法院决定。

（二）对不可替代行为的执行

不可替代的行为，是指执行根据所确定的行为只能由义务人完成，不能由第三人代为完成的行为。被执行人逾期未履行的，构成妨碍执行的行为，法院将对被执行人处以罚款或者予以拘留，除非被执行人有正当理由。

对被执行予以拘留的，在拘留决定作出后，被执行人履行的，法院将不再实施拘留或者提前解除拘留。被执行人承诺作出特定行为的,可以不再实施拘留或者提前解除拘留,必要时可以要求被执行人提供担保。

执行依据确定未成年子女由一方当事人抚养,另一方当事人或者他人拒不交出的,除依据前述规定的方法执行外,人民法院也可以将该子女领交抚养人。但是,满8周岁的子女明确表示反对的,不得领交。

执行确定被执行人有协助探望义务的,其义务的执行方法将依照不可替代行为的执行方法实施。由于探望权是基于特殊家事关系的一种权利,因此其执行过程中也需要根据具体情形做好相应的心理疏导或引导,避免激化矛盾。

十、物的交付请求权的执行

物的交付请求权的执行又称为交付执行,其目的是实现债权人对债务人所享有的交付特定物的权利。虽然物的交付相对而言比较简单,但也因为物的性质不同,其交付的执行方式也有所不同。

(一)不动产的交付执行

执行依据确定被执行人交付不动产的,人民法院应当在不动产显著位置张贴公告,责令被执行人在指定期限内交付。

被执行人逾期未交付的,人民法院应当强制迁出并将不动产交付申请执行人;必要时,公安机关、基层组织等应当到场协助。

执行根据中确定交付的不动产或者船舶、航空器、机动车等动产中有不属于执行标的物的动产的,法院应当强制除去后交付,但是双方当事人同意不除去的除外。

依据前款规定除去动产的,人民法院应当通知被执行人或者其成年家庭成员、法定代表人或者主要负责人等到场领取。无法通知或者无人到场领取的,人民法院可以对除去的动产进行变价,变价款扣除相关费用后退还被执行人或者予以提存等。

(二)动产的交付执行

执行依据确定被执行人交付动产的,由人民法院传唤双方当事人当面交付;被执行人拒不交出的,人民法院实施占有后转交,并由被交付人签收。

(三)交付种类物的执行

执行依据确定被执行人交付种类物,被执行人未按执行通知履行义务的,人民法院可以责令被执行人在合理期限内支付购买费用,委托他人购买后交付申请执行人或者由申请执行人自行购买。申请执行人申请垫付购买费用的,人民法院应当准许。

被执行人未依据前款规定支付购买费用的,人民法院应当裁定强制执行。

(四)交付印章等的执行

执行依据确定被执行人交付印章、证照或者其他凭证的,人民法院可以根据申请执行人的申请宣告作废,并通知有关组织重新制发。

（五）对不交付标的物的处罚

被执行人占有执行依据确定交付的标的物而拒绝交付的，人民法院可以对其按日予以罚款，但是标的物为种类物的除外。具体的罚款金额以及天数的计算依照法律有关规定。

因为实际情形的差异，人民法院对个人或者组织采取罚款措施的，应当根据其行为后果、当地经济发展水平等因素确定罚款的金额。

被执行人对罚款决定不服的，可以向上一级人民法院申请复议。

十一、执行款的分配

（一）执行款的发还

根据民事执行法的规定，人民法院收到特定执行标的的执行款后，应当及时发放给申请执行人；执行款有剩余的，及时退还被执行人。当事人、利害关系人认为执行款数额计算、发放等执行行为违反法律规定的，可以在发放之日起30日内，向人民法院提出书面异议，请求撤销或者变更该执行行为。

前款规定的异议申请，人民法院应当适用执行异议和复议程序审查并作出裁定。裁定撤销或者变更的，可以责令返还案款；拒绝返还的，强制执行。

（二）分配和制作分配方案的条件

首先，他人申请分配的，人民法院应当通过分配程序发放执行款；特定执行标的的执行款不足以清偿全部债务和执行费用的，应当制作分配方案，但是被执行人有其他便于执行的财产足以清偿分配申请人债权的除外。

其次，分配的申请。申请分配的，应当在分配方案送达第一个当事人之日前提交申请书。申请书应当写明申请分配的债权金额、债权性质、事实以及理由。执行依据确定的金钱债权人提交申请书，应当附执行依据；优先受偿权人提交申请书，应当附其对执行标的享有优先受偿权的证明文件。执行申请已经被其他人民法院受理的金钱债权人申请分配的，应当说明原案件执行情况。

最后，拟制的分配申请。有下列情形之一的，视为就执行法院查封的被执行人财产申请分配：(1)其他金钱债权人向执行法院申请执行同一被执行人；(2)其他金钱债权人向其他人民法院申请执行同一被执行人，其他人民法院对被执行人财产再次查封，且已经完成查封登记。

（三）分配的审查和分配方案的制作

分配申请符合条件的，人民法院应当向其发放执行款或者纳入分配方案。

分配方案应当记载下列事项：(1)当事人姓名或者名称；(2)执行标的、待分配执行款金额；(3)债权总额、各债权的金额及申请分配的依据；(4)各债权的分配顺序及其依据；(5)各债权的应受分配金额；(6)其他应当载明的事项。

（四）分配顺序

执行款在优先清偿执行费用和共益债务后，依照下列顺序进行分配：第一，维持债权人基本生活、医疗所必需的工资、劳动报酬、医疗费用等执行债权;第二,对执行标的享有优先受偿权的债权;第三,其他民事债权。

第一、二项以外的民事债权,按照查封财产的先后顺序受偿。

刑事判决中确定被告承担赔偿责任的,按照民事债权顺位受偿。

执行当事人之间可以合意确定的分配方案。分配方案作出前,各债权人和被执行人就其债权金额、分配顺序、应受分配金额达成一致意见的,人民法院可以按照一致意见制作分配方案。

(五)分配方案的送达与异议

分配方案应当送达各债权人和被执行人。

债权人或者被执行人对分配方案所载各债权人应受分配金额有异议的,应当在分配方案送达之日起10日内向主持分配的人民法院提出书面异议。债权人和被执行法人对分配方案没有异议的,主持分配的人民法院将按照分配方案进行分配。

对合意达成的分配方案,债权人、被执行人不得提出异议。

(六)分配方案异议处理和分配方案异议之诉

1.分配方案异议处理

根据民事执行法的规定,执行当事人有权对分配方案提出异议。债权人或者被执行人对分配方案提出书面异议的,主持分配的人民法院应当通知未提出异议的债权人、被执行人。未提出异议的债权人、被执行人在收到通知之日起15日内未提出反对意见的,主持分配的人民法院依异议人的意见对分配方案审查修正后进行分配。执行当事人提出反对意见的,应当通知提出异议的人。

2.分配方案异议之诉

不同于上述对分配的异议处理程序,异议人除了对分配方案指出异议要求修改之外,还可以在收到通知之日起15日内,以提出反对意见的债权人、被执行人为被告,向主持分配的人民法院提起分配方案异议之诉,请求变更分配方案。之所以提起诉讼,是因为当事人之间已经涉及实体权利的争议。异议人逾期未提起该诉讼的,主持分配的人民法院按照原分配方案进行分配。

十二、保全执行

(一)保全执行的概念、意义

保全执行,是指为了保证将来的强制执行能够得以顺利执行,以固定债务人现有财产关系或事实状态的一种执行措施。一方面,债权人要获得执行根据需要等待一段时间;另一方面,即使债权人已经获得执行根据也往往因为各种情形不能立即执行。因此,在这段时间中,如果不能采取有效措施固定以后将执行的财产就可能导致无法执行或顺利执行,所以民事执行法通常都要设置相应的保全执行制度,保证将来执行的实现。

保全执行不同于民法中具有保全功能的其他制度,如担保物权制度、保证人制度、债权人代位权、债权人撤销权,这些制度直接服务于实体权利实现本身,而保全执行的目的在于保障执行的实现。

(二)保全执行的特点

理论上通常认为保全执行具有以下特点:(1)暂时性。保全执行只是为了实现权利义务的最终执行所采取的暂时性或临时性措施。(2)紧急性或及时性。为了避免被执行财产将来不能顺利执行,执行机构需要及时对被执行财产采取相应的保全措施。(3)保密性。这一特点是基于保全执行的有效性目的而言的,保全执行能够有效需要在一定程度上具有保密性。(4)附属性。保全执行是依附于强制执行的一种附随性程序和措施。

(三)保全执行的管辖法院

保全执行申请既可以向作出保全裁定的人民法院提出,并由该人民法院执行,保全申请人也可以向被保全财产所在地或者被保全行为地人民法院申请执行。

(四)保全执行的措施

按照民事执行法的规定,执行机构在保全执行中,不得对保全标的物采取变价、划拨等处分措施。

保全标的物具有下列情形之一的,人民法院可以责令当事人及时处理,由人民法院保全价款,必要时,人民法院可予以变卖,保全价款:(1)系季节性、鲜活、易腐烂变质以及其他不宜长期保存;(2)不及时变价会导致价值严重贬损;(3)保管困难或者保管费用过高。

(五)保全执行与终局执行的衔接

人民法院依据保全裁定采取的查封等措施,进入终局执行后,自动转为终局执行的执行措施。终局执行的执行依据确定的履行期间届满、所附条件成就之日起 30 日内,债权人未申请执行的,作出保全裁定的人民法院可以根据被保全人的申请,裁定解除保全。

(六)保全中的担保

所谓保全中的担保,是指第三人向人民法院提供财产担保、保证或者以责任保险合同等方式提供担保,人民法院据此变更保全内容或者解除保全的,进入终局执行后,人民法院可以裁定直接执行担保财产、第三人在保证范围内的财产或者由保险人赔偿被保全人遭受的损失。

(七)保全执行措施

民事执行法并没有具体规定保全执行措施的规定,关于保全执行的具体实施规范适用于诉讼保全的有关规定。例如,关于查封、扣押、冻结等财产保全的有关规定。

第四十四章 执行救济

本章目次

一、执行救济概述

(一)执行救济的含义

执行救济,是指执行当事人、利害关系人或者案外人因为执行机构的执行不当或违法而受到损害或有可能受到损害时,根据法律规定予以救济的制度。

执行救济规范和程序是执行法的有机组成部分,但相对于权利的强制实现程序而言是一种附随性的程序。目的是保障权利强制执行的合法和正当性。在发生执行中的程序错误和实体错误时,可以得到纠正和补救。

由于执行救济必然会影响执行的效率,所以在执行效率与执行救济两者之间存在一定的紧张和冲突,因此如何设置执行救济的程序和方法需要特别考究,以实现两者的衡平关系。

(二)执行救济的主要方式

我国民事执行法中的执行救济主要包括执行异议、请求异议之诉、案外人异议之诉和执行回转四种方式。

(三)我国执行救济的演进及基本结构特点

我国的执行救济或争议解决制度是一个“摸着石头过河”的过程,最初并没有域外制度的借鉴和域外理论的指引。其原因是观念上还不够开放,不了解域外的理论和制度,也缺乏对域外制度、理论的研究。此外,基于简易化的思路,尽可能简单概括地将争议予以处理。其基本的思路是有争议则解决争议,没有考虑针对不同性质的争议应当用不同的解决方法和程序。

1991 年的《民事诉讼法》最早创设了执行异议制度,但实际上仅限于案外人异议制度,这是我国民事强制执行仅有的救济方法。其规定,执行过程中,案外人对执行标的提出异议的,执行员应当按照法定程序进行审查。理由不成立的,予以驳回;理由成立的,由院长批准中止执行。如果发现判决、裁定确有错误,按照审判监督程序处理。在当时,最主要的问题是执行标的的错误,还没有建立执行行为错误的观念,将执行标的的错误与执行行为的错误混淆起来。实际上,执行标的的错误有可能是实体上的错误,而非执行程序上的错误。它们是两种不同性质的错误。

2007 年《民事诉讼法》修改,明确区分对执行行为的异议与对实体权利的异议。我国执行救济程序的基本特点在于,虽然区分了执行行为异议与实体权利异议,对执行行为的异议也建立相应的独立解决程序(对执行行为的救济程序),但是依然没有根据程序问题与实体问题的不同采取不同的救济途径。

按照《民事诉讼法》的规定,执行过程中,案外人对执行标的提出书面异议的,人民法院应当自收到书面异议之日起 15 日内审查,理由成立的,裁定中止对该标的的执行;理由不成立的,裁定驳回。案外人、当事人对裁定不服,认为原判决、裁定错误的,依照审判监督程序办理;与原判决、裁定无关的,可以自裁定送达之日起 15 日内向人民法院提起诉讼。很明显,案外人对执行标的的异议包含实体错误,但在程序上还是需要首先通过异议程序,而非诉讼程序加以解决。其思路是,无论是程序问题,还是实体问题,都先经过非诉程序,对解决结果不服的,再走诉讼程序,与原判决、裁定有关,走再审诉讼程序,与此无关走诉讼程序(应当是普通程序,还是特殊的诉讼程序另当别论)。问题在于,在执行过程中,关于实体问题的争议,当事人是否可以直接提起诉讼?现行法的这种限制是否有剥夺当事人诉权之嫌?制度设计者的理由是如果能够在非讼程序中解决,为何一定要走诉讼程序。这里涉及对诉权基本性质的理解问题。如果按照这一思路,所有的纠纷都可以设置非讼解决程序,然后再进入诉讼程序。这的确是一个便捷化解决纠纷的思路。但在原理上,这显然存在硬伤,因为关于实体问题的争议从来都是涉及双方利益的,需要经过诉讼辩论程序才能作出裁判。这是一个基本原理问题。

二、执行异议

根据修改后的《民事诉讼法》的规定,执行异议又可分为三类:第一类是当事人、利害关系人对执行违法行为的异议;第二类是案外人对执行标的向法院提出的异议;第三类是关于分配方案的异议。《民事诉讼法》修改前,执行异议只有案外人就执行标的错误提出的异议。应当注意的是,在我国,执行异议的对象并不限于执行程序或执行方法上的违法,也包括执行中涉及实体权利的错误,即没有区分错误的性质,无论是执行程序上的,还是涉及实体的。这与大陆法系国家和地区的做法就有很大的不同,在这些国家和地区,凡是执行中涉及实体权利的,就应当通过执行关系诉讼加以解决。执行异议仅限于不涉及实体权利的执行程序或执行方法违法。从理论上讲,将两者加以区分更合理一些。如果按照涉及实体权利的执行救济应当通过诉讼加以解决的话，那么在执行救济中还应该设置债务人执行异议之诉。对于是否予以执行，涉及实体权利的，也应当设置相应的异议之诉。在我国的相关司法解释中，执行异议被作为某些执行异议之诉的前置程序（如分配方案异议之诉），而不是与执行异议之诉并行的救济途径。

在2022年的《民事强制执行法（草案）》中则明确规定，当事人、利害关系人认为已实施的执行行为违反法律规定的，可以在相应的执行程序终结前，向执行法院提出书面异议，请求撤销或者变更执行行为。执行异议的对象限于执行行为违法的情形；执行根据生效后，发生消灭或者妨碍申请执行人请求的抗辩事由的，被执行人可以在执行程序终结前，以申请执行人为被告，向执行法院提起诉讼，请求不予执行。对于涉及实体权利争议的适用执行异议之诉程序，从而在一定程度上区分了执行中程序与实体异议的不同救济路径和方法。但是依然不够彻底，例如在案外人异议中就没有加以区分，即使涉及实体权利，还是通过程序异议的方式加以解决。对该裁定不服的诉讼程序加以救济。其原因在于我们对执行违法与执行不当的区别以及审执机关分离的原则还不能接受和完全理解。

（一）当事人、利害关系人执行异议

当事人、利害关系人执行异议的条件有：

第一，异议的对象是违法的执行行为。违法的执行行为包括三个方面：(1)在采取查封、扣押、冻结、拍卖、变卖、以物抵债、暂缓执行、中止执行、终结执行等执行措施时违反法律的规定；(2)在执行中，违反法律关于执行的期间、顺序等应当遵守的法定程序；(3)人民法院作出的侵害当事人、利害关系人合法权益的其他执行行为。

第二，异议提出的主体为本案当事人或利害关系人。利害关系人存在以下几种情形：(1)认为人民法院的执行行为违法，妨碍其轮候查封、扣押、冻结的债权受偿的；(2)认为人民法院的拍卖措施违法，妨碍其参与公平竞价的；(3)认为人民法院的拍卖、变卖或者以物抵债措施违法，侵害其对执行标的的优先购买权的；(4)认为人民法院要求协助执行的事项超出其协助范围或者违反法律规定的；(5)认为其他合法权益受到人民法院违法执行行为侵害的。

第三，异议需向负责执行的法院提出。

第四，异议为书面形式。

第五，异议提出的时间。执行异议应当在执行程序终结之前提出，但对终结执行措施提出异议的除外。当事人、利害关系人对终结执行不服的，可以在知道或者应当知道终结执行之日起30日内提出异议。

（二）异议的受理与救济

人民法院受理执行行为异议后，应当在立案之日起30日内审查完毕并作出裁定。经审查，理由成立的，裁定撤销、变更执行行为；理由不成立的，裁定驳回。

当事人、利害关系人对人民法院依据前条规定作出的裁定或者本法规定直接复议的执行行为不服的，可以在裁定等文书送达之日起10日内向上一级人民法院申请复议。

上一级人民法院应当在立案之日起30日内审查完毕并作出裁定；对拘留决定不服的，

应当在收到复议申请后 5 日内审查完毕并作出裁定。

执行行为异议审查和复议期间,不停止实施该执行行为。但是异议裁定撤销、变更执行行为,当事人、利害关系人不服该裁定并申请复议的,复议期间应当撤销、变更该执行行为。

三、请求异议之诉

(一)请求异议之诉的概念

请求异议之诉,是指债务人主张执行根据(执行依据)上确定的实体法上的履行请求权已经消灭或存在暂缓履行的原因,从而要求排除执行根据的执行力的方法。我国民事执行法规定,执行依据生效后,发生消灭或者妨碍申请执行人请求的抗辩事由的,被执行人可以在执行程序终结前,以申请执行人为被告,向执行法院提起诉讼,请求不予执行。该规定中所谓"发生消灭或者妨碍申请执行人请求的抗辩事由",即是实体法上履行请求权消灭或暂缓履行的原因。

坚持债务人异议之诉与债务人执行异议的分离是基于审执机关分离的原则。涉及实体请求权的争议只能通过诉讼的方式由审判机关加以判断和裁决。涉及实体权利的争议属于执行是否正当的问题,涉及执行行为是否合法的问题属于执行违法,与执行不当无关。按照审执分离的原则,债权人向执行机构申请执行时,执行机构不能对执行根据上是否存在实体上的履行请求权进行审查和判断,必须予以执行。在执行根据成立之后到最终执行完毕这一期间内如果实体上的请求权已经消灭或存在暂缓执行的原因,执行机构的执行也并不构成执行违法,因为执行根据本身是存在的,在形式上是存在的,因其缺乏实体法上的履行请求权,而执行构成执行不当。

(二)请求异议之诉的范围

请求异议之诉提起的前提是存在执行根据。如果请求的目的是撤销或者变更执行根据,则不能适用请求异议之诉。例如,当事人试图通过再审撤销作为执行根据的再审请求就不是请求异议之诉,而是再审之诉。

(三)请求异议之诉的异议理由

请求异议之诉的异议理由是指能够消灭或限制执行根据的执行力的事由。应当注意的是,执行根据形成过程中的缺陷不能构成异议之诉的理由。请求异议之诉的理由包括以下几种情形:(1)请求权的消灭。请求权的消灭包括诸如因债务履行、抵消、债务变更、以物代偿、债务减免、放弃、解除、取消、诉讼时效届满等原因。(2)请求权不存在。如虚假债权债务导致的请求权不存在等。(3)执行当事人适格的丧失。执行适格当事人的丧失是指可能因为债权转让、债务的免除而导致债权人或债务人执行当事人适格的丧失。

(四)管辖

请求异议之诉的管辖属于专属管辖。民事证据法规定,异议之诉专属执行法院管辖。

（五）适格当事人

请求异议之诉的适格原告包括：（1）执行根据上表述的债务人；（2）债务人的继受人；（3）执行根据效力约束之人等。

原则上第三人不能提起请求异议之诉，如果对执行标的有异议的，可以提起案外人异议之诉。

请求异议之诉的适格被告包括：（1）执行根据记载的债权人；（2）债权人的继受人；（3）执行根据效力约束之人等。

四、案外人执行异议和案外人异议之诉

（一）案外人执行异议

1. 案外人执行异议的条件

根据《民事诉讼法》的规定，案外人提出执行异议应当具备以下条件：

第一，执行异议的提出应当是在执行过程中。所谓执行过程中，指的是执行程序开始以后至执行结束之前这段时间。

第二，此类执行异议的主体仅限于案外人。案外人指的是申请执行人和被执行人之外的第三人。

第三，提出执行异议的理由是案外人对执行标的的全部或者部分主张权利。执行异议是对执行标的提出实质性的权利主张，主要是认为自己对执行标的的全部或者部分有所有权或者其他可以排除执行的权利。案外人基于实体权利既对执行标的提出排除执行异议又作为利害关系人提出执行行为异议的，人民法院应当依照《民事诉讼法》的规定进行审查。案外人既基于实体权利对执行标的提出排除执行异议又作为利害关系人提出与实体权利无关的执行行为异议的，人民法院应当分别依照《民事诉讼法》的规定进行审查。民事执行法基本维持了《民事诉讼法》原有的规定。

第四，案外人提出执行异议一般应当以书面形式提出，并提供相应的证据。以书面形式提出确有困难的，可以允许以口头形式提出。

2. 对案外人执行异议的审查和处理

对案外人执行异议的审查，应当按照下列程序处理：

执行过程中，案外人对执行标的提出异议的，执行员应当按照法定程序进行审查。审查期间可以对财产采取查封、扣押、冻结等保全措施，但不得进行处分。正在实施的处分措施应当停止。

经审查认为案外人的异议理由不成立的，裁定驳回其异议，继续执行。案外人提出异议的执行标的物是法律文书指定交付的特定物，经审查认为案外人的异议成立的，报经院长批准，裁定对生效法律文书中该项内容中止执行。执行标的物不属于生效法律文书指定交付的特定物，经审查认为案外人的异议成立的，报经院长批准，停止对该标的物的执行。已经采取的执行措施应当裁定立即解除或撤销，并将该标的物交还案外人。

对案外人提出的异议一时难以确定是否成立,案外人已提供确实有效的担保的,可以解除查封、扣押措施。申请执行人提供确实有效的担保的,可以继续执行。因提供担保而解除查封扣押或继续执行有错误,给对方造成损失的,应裁定以担保的财产予以赔偿。

执行上级人民法院的法律文书遇有执行异议,或执行的财产是上级人民法院裁定保全的财产时遇有执行异议,并且异议理由成立,需报经上级人民法院批准。

如果发现判决、裁定确有错误,按照审判监督程序处理。

(二)案外人异议之诉

1. 案外人异议之诉的含义

根据民事执行法的规定,所谓案外人异议之诉,是指执行案外人就执行标的提出执行异议,在法院审查驳回之后,以具有足以排除执行的理由向法院提起的要求排除执行的诉讼。这一规定与《民事诉讼法》的规定并没有实质上的区别。

《民事诉讼法》规定:执行过程中,案外人对执行标的提出书面异议的,人民法院应当自收到书面异议之日起15日内审查,理由成立的,裁定中止对该标的的执行;理由不成立的,裁定驳回。案外人、当事人对裁定不服,认为原判决、裁定错误的,依照审判监督程序办理;与原判决、裁定无关的,可以自裁定送达之日起15日内向人民法院提起诉讼。该条后半段规定的"与原判决、裁定无关的,可以自裁定送达之日起十五日内向人民法院提起诉讼"就成了案外人异议之诉的根据。

案外人异议之诉与通常的案外人向债权人或债务人提起的涉及执行标的的确认之诉和给付之诉有所不同。确认之诉的目的在于确认某种权利义务或法律关系的存在与否。原告的请求成立,法院将作出确认其权利义务存在与否的判决(积极确认之诉的场合,法院作出权利义务存在的判决;消极确认之诉的场合,法院则作出权利义务不存在的判决)。给付之诉,针对执行标的的情形,是要求义务人给付执行标的物,其给付请求的依据是原告所享有的某种实体权利,例如,基于所有权的返还请求权。无论是确认之诉还是给付之诉都并不能直接使执行机关立即停止和阻止对执行标的的强制执行。在执行程序中,如果案外人持确认判决和给付判决对抗执行时,程序上应当首先申请停止执行,其根据是《民事诉讼法》规定的"案外人对执行标的提出确有理由的异议的",应当停止执行。但即使法院停止执行,也不等于法院要撤销执行程序或行为。要撤销执行程序依然必须通过一定程序,在域外的相关法律制度中就是提起案外人异议之诉。当然,在修改《民事诉讼法》中,作为制度的设立和修正,人们虽然可以直接规定案外人有权获得确认判决或给付判决,并以此为根据要求法院撤销执行程序。但与其这样规定间接实现救济,不如直接规定案外人异议之诉直接实现执行救济更好一些。

2. 案外人异议之诉的特点

案外人异议之诉具有以下特点:(1)该诉针对的是执行中的执行标的物。(2)该诉的被告是申请执行人或者申请人和被申请执行人。当被申请执行人否定案外人的权利主张时,被申请人也是被告,也就是说申请执行人和被申请人成为共同被告。(3)该诉的原告只能是对执行标的物主张权利,并能够排除执行的案外人。(4)案外人异议之诉的承认判决具有排除执行的效力。(5)异议之诉的提起有特殊的起诉时效期间,该期间为15日,逾期将不能提起异议之诉。

3. 案外人异议之诉的审理

关于案外人异议之诉的审理,《民事诉讼法》和民事执行法没有专门规定,从解释论的角度,既然是一种诉讼,那么就应当依照一般民事诉讼的方式进行审理。因此,案外人异议之诉也同样适用两审终审制度。

关于在案外人异议之诉审理中是否停止执行的问题,涉及执行的效率与双方当事人实体权利维护的多重关系衡平问题。从考虑执行效率的角度讲,审理中不应停止执行。此外,案外人提供确实有效的担保,请求停止对异议标的物进行处分的,则应当允许,这有助于维护案外人的权利。相反,如果申请执行人提供确实有效的担保,请求继续执行的,也应当考虑继续执行。民事执行法对此的规定是,案外人异议审查期间和案外人异议之诉审理期间,停止相应的处分措施。申请执行人提供担保请求继续执行的,可以继续执行,但是继续执行可能对案外人权益造成不可逆重大损害的除外。

4. 案外人异议之诉判决的法律效果

根据相关规定,经过执行法院审理,案外人的理由不成立的,判决驳回其诉讼请求。理由成立的,根据案外人的诉讼请求作出相应的裁判,该判决具有排除执行的效力。

一旦法院判决承认案外人的权利,判决生效,则执行必须停止,已经执行的财产应当返还给案外人。

五、另案裁决结果对本案执行的影响

(一)问题的提出

在执行过程中,特定案件的执行并非完全与外界隔离,由于当事人、执行标的之因素,被执行的案件往往会与其他案件的处理有所牵连。因此,如何看待和处置另案处理结果对执行案件的影响就成为执行实践中十分重要的问题。其中,最突出的问题是另案处理结果——另案的法院裁判、仲裁裁决、调解协议对执行标的物的确权——对执行的影响,即另案处理结果对执行标的之确权能否成为具有足够排除民事执行的理由或根据。执行案外人是否可以依据另案处理结果,要求解除对财产的查封、扣押、冻结等执行措施,撤销执行根据的执行,甚至有可能在执行已经完成的情形下,执行案外人以此为依据要求法院执行回转或向法院提起国家赔偿等。

在强制执行法上,民事执行正当性的一个基本原则是只能执行属于债务人的财产,不属于债务人的财产便不能予以执行。如果在执行中,发现执行的财产不属于债务人的财产,作为财产所有人的案外人即可提起执行异议、案外人异议之诉,以排除其执行。因此,一旦认可另案处理结果对本案执行的执行标的具有确认的效力,另案处理结果也就有可能成为排除执行的根据。在实践中,执行标的错误是难以避免的,因为执行法院对于执行申请通常只进行形式审查,而不进行实质审查。如果在制度设计上要求执行法院对执行根据的执行力进行实质审查，则必然影响执行的效率。也正因如此，法律上设置了相应的救济程序，在执行标的发生错误时，通过救济程序实现实质审查以避免执行错误的发生。虽然执行救济制度是为了保障执行的正当性和合法性，但也有一些人利用另案处理结果作为排除执行根据的执行力以达到逃避执行的目的。如果不能正确理解另案处理结果应有的法律效力，另案处理结果也就必将成为规避正当执行的工具。关于另案处理结果对本案执行的法律效力，实践与理论中都存在不同的认识。

在执行实践中，关于另案处理结果对执行应具有何种效力，人们的认识不尽一致。有人认为，无论是法院的判决与裁定、仲裁机构的仲裁裁决，还是法院的调解，不仅对裁判、调解、仲裁的案件具有确认的法律效力，对本案执行法院的执行也都具有法律效力。因此，另案处理结果对执行法院的执行具有约束力，一旦另案处理结果与执行法院对执行标的物的权属认定不一致，则案外人可以此作为排除执行力的依据。也有人认为，法院裁判、仲裁裁决与法院调解中当事人之间达成的调解协议对执行标的物的权属确认的效力有所不同：后者没有约束力，不能排除执行根据的执行力；而前者具有约束力，能够作为排除执行力的根据。还有人认为，另案处理结果完全不能作为排除执行力的根据。

（二）最高人民法院司法解释的相关规定

最高人民法院在《关于人民法院办理执行异议和复议案件若干问题的规定》（法释〔2015〕10 号，以下简称《执行异议和复议案件的规定》）中专门就依另案生效法律文书提出的排除执行异议问题作出了规定。该规定第 26 条指出，金钱债权执行中，案外人依据执行标的被查封、扣押、冻结前作出的另案生效法律文书提出排除执行异议，人民法院应当按照下列情形，分别处理：（1）该法律文书系案外人与被执行人之间的权属纠纷以及租赁、借用、保管等不以转移财产权属为目的的合同纠纷，判决、裁决执行标的归属于案外人或者向其返还执行标的且其权利能够排除执行的，应予支持；（2）该法律文书系案外人与被执行人之间除前项所列合同之外的债权纠纷，判决、裁决执行标的归属案外人或者向其交付、返还执行标的的，不予支持；（3）该法律文书系案外人受让执行标的的拍卖、变卖成交裁定或者以物抵债裁定且其权利能够排除执行的，应予支持。

金钱债权执行中，案外人依据执行标的被查封、扣押、冻结后作出的另案生效法律文书提出排除执行异议的，人民法院不予支持。

非金钱债权执行中，案外人依据另案生效法律文书提出排除执行异议，该法律文书对执行标的权属作出不同认定的，人民法院应当告知案外人依法申请再审或者通过其他程序解决。

申请执行人或者案外人不服人民法院作出的裁定，可以依照《民事诉讼法》的规定提起执行异议之诉。

（三）另案处理结果对执行影响的基本法理

所谓另案处理结果，一般是指相对于本案之外的司法机关、仲裁机构等对争议解决的处理，包括法院为解决民事争议所作出的判决、裁定、调解以及仲裁机构对民事争议作出的仲裁裁决、调解，更广义的另案处理结果还包括双方当事人在人民调解组织的调解中达成的调解、劳动争议仲裁机构的仲裁裁决等。由于另案处理结果通常都有相应的形式——法律文书(包括判决书、裁定书、调解书、仲裁裁决书等)——反映其结果的内容,因此,也有人将另案处理结果对本案执行所牵连的问题表述为另案法律文书对本案执行的影响。另案法律文书对本案执行的影响强调的是文本形式,另案处理结果强调的是结果的实质,两者略有不同。本案则是指正在执行的民事执行案件以及围绕民事执行发生的执行救济争议案件。明确本案的含义在于,将本案中的案外人异议之诉的处理与另案的诉讼处理加以区分,因为两者之间的处理结果对执行的影响可能有根本的不同。

人们议论另案处理结果对本案执行的影响,实质是讨论另案处理结果在法律效力方面对本案执行法院的影响或约束。即当案外人以执行异议的方式主张其另案处理结果以排除本案执行根据的执行力时,本案执行法院是否应当予以承认,并解除其执行措施或停止其执行?如果执行法院必须以其另案处理结果为依据,则说明另案处理结果对执行法院有法律上的约束力;反之则否。因此,问题必须追溯到另案处理结果的法律效力上来。需要注意的是,另案处理结果——无论是法院判决还是仲裁裁决,所谓对法院的约束力都是由裁决对当事人或诉讼主体范围所决定的。对当事人的约束力属于裁决的效力的直接作用,对法院的约束力属于间接作用。因此,在探讨裁决的主体或主观范围时总是以当事人为对象的。

在执行实践中,法院的另案判决与本案执行发生牵连的情形有两种:(1)案外人以申请执行人或被申请执行人为被告提起的涉及执行标的确权的诉讼;(2)案外人以执行当事人之外的人提起的涉及执行标的权属的诉讼。按照既判力相对性原则,案外人有权就执行标的提起诉讼,即使该执行标的权属的争议已经在申请执行人与被申请人之间的诉讼中通过法院判决所确定,依然不影响案外人就此提起诉讼。因为申请执行人与被申请人之间关于执行标的之确定判决,其既判力只发生在该诉讼的当事人——申请执行人与被申请人之间,对案外人没有约束力,所以,案外人可以就该执行标的之权属问题向任何对此有争议的人提起诉讼。尽管案外人可以就本案执行标的权属争议提起诉讼,但因为诉讼的被告不同,对于本案执行的影响也就有所不同。

一是案外人向执行当事人之外的人提起的诉讼或者执行当事人之外的人向案外人提起的涉及执行标的权属的诉讼。

从判决相对性原则的角度来看,最高人民法院发布的《执行异议和复议案件的规定》中关于“该法律文书系就案外人与被执行人之间的权属纠纷以及租赁、借用、保管等不以转移财产权属为目的的合同纠纷,判决、裁决执行标的归属于案外人或者向其返还执行标的且其权利能够排除执行的,应予支持”的规定是很有道理的。这一规定强调了上述判决、裁决必须是在案外人与被执行人之间的权属争议之间的判决、裁决。因为只有他们之间的判决、裁决才对其有法律上的约束力。相反,如果不是在案外人与被执行人之间就执行标的权属争议作出的判决和裁决也就不可能对其他人具有法律上的约束力。在案外人针对执行当事人之外的人提起的涉及本案执行标的的确认之诉,即使另案法院作出了执行标的之权属归于案外人的判决,对执行法院也没有影响,因为该判决并没有涉及本案执行当事人,不能对本案执行当事人产生影响。

二是案外人针对执行当事人提起的关于执行标的之确认之诉。

在执行中，案外人针对执行当事人的关于执行标的之确认之诉，通常而言是以案外人异议之诉的方式提起。根据《民事诉讼法》的规定，案外人异议之诉的提起必须经过执行异议前置程序，只有在对执行异议处理不服时，才能提起案外人异议之诉。案外人异议之诉是基于本案执行所发生的诉讼，因此，案外人异议之诉相对于其他的另案诉讼，可以归于本案诉讼。作为本案诉讼，案外人异议之诉是在本案执行当事人与本案执行相关的案外人之间进行的。在这一点上，本案诉讼就完全不同于另案诉讼，也正是基于此特点，案外人异议之诉具有了特殊的效力和功能。

除案外人异议之诉外，理论上案外人也可以直接提起关于执行标的确认的诉讼，至少在法律上并没有规定执行中案外人不得以执行当事人为被告提起关于执行标的权属的确认之诉。从判决效力相对性原则的角度来看，这种认识并没有问题。但由于案外人异议之诉本身具有特殊的功能，即一旦案外人在案外人异议之诉中胜诉，则该判决具有排除本案执行力的效力，这是案外人提起的任何关于执行标的权属的诉讼所无法比拟的。既然《民事诉讼法》专门设置了案外人异议之诉，则可以认为在排除本案执行力方面，只有案外人异议才具有这样的功能，其他任何关于执行标的归属的确认之诉都不具有排除本案执行力的作用。

法律设置案外人异议之诉的目的就是通过该诉讼确认在案外人与执行当事人之间关于执行标的权属。因此，一旦确认执行标的归属于案外人，案外人的异议主张成立，则本案关于执行标的之执行都将被取消。案外人异议之诉之所以有这样的效力，也正是基于关于执行标的权属的诉讼是在案外人与执行当事人之间，经过这一诉讼过程法院所作出的确认判决对案外人与执行当事人之间发生作用。法院在这一特定的当事人之间的判决也就具有排除本案执行力的效力。因此，在设置了案外人异议之诉制度的情形下，案外人要想通过诉讼排除本案执行，就只能通过案外人异议之诉，而其他普通诉讼即使是在案外人与被执行人之间的诉讼，法院就此作出的关于执行标的权属的判决也不能排除本案的执行。这些诉讼中关于执行标的之确认效力仅仅约束该案当事人和法院。当然，在已有其他诉讼确权判决的情形下，执行法院裁量采纳这一确认判决也是可以的。但对这一确认判决的承认不是基于法律上的约束力，而只是基于执行法院对这一事实的认同而已，相当于该判决事实上的影响力。

还应当特别注意的是，另案确权诉讼与案外人异议之诉虽然都涉及执行标的之权属问题，但由于另案确权诉讼的当事人有可能与案外人异议之诉的当事人不同，前者可能是案外人（原告）与被执行人即债务人（被告），而后者被告一般是指执行申请人即债权人。因此，另案确权诉讼的裁决结果就可能被案外人与债务人双方操控——由于当事人主张和证明的原因，从而使这种确权可能成为规避执行的手段。而案外人异议之诉是在案外人与债权人之间进行的，基于两者利益的对立机制，双方之间的辩论将会真实展开，异议权是否成立将通过双方的攻击和防御最大限度地得以揭示。这一点是另案确权诉讼所不能比拟的，这也是为何法律赋予案外人异议之诉具有排除执行功能的根本原因所在。

(四)结论

另案处理结果或另案法律文书原则上对本案执行没有法律上的约束效力,只有案外人异议之诉的生效承认判决(承认案外人诉讼请求的判决)才具有排除本案执行的法律效力。这是基于如下两点理由:其一,判决效力的相对性原则。作为确认执行标的权属的判决,其确认效力只在案外人与被执行人之间有其法律上的约束力。案外人与被执行人之外的任何关于执行标的之确权判决对被执行人均没有约束力,对执行法院也没有约束力。其二,基于法律上赋予的案外人异议之诉的特殊功能,即作为专门的执行救济制度,其目的在于防止执行标的之错误(不当执行),经过法院审理后如果案外人提出的足以排除执行的诉讼请求得以成立,则该生效判决就具有排除本案执行的法律效力。正因为在法律上规定了案外人异议之诉,即使存在案外人与被执行人之间的生效确权判决,对本案执行法院依然没有法律上的约束力,不能排除本案的执行。[1]

六、执行回转

(一)执行回转的含义

执行回转,是指执行完毕后,因为原来的执行根据被撤销,法院根据新的法律文书通过采取强制执行措施,将已经执行的财产返还给原被执行人,从而恢复到原执行程序开始前状态的制度。执行回转制度是我国执行制度的一个特色,在其他大陆法系国家和地区,均不存在执行回转制度。在没有执行回转制度的情形下,即使原执行根据已经被撤销,如果没有新的执行根据时,执行机构不能通过强制执行恢复原执行前的状态。要想通过执行恢复原来的状态,就需要原被执行人提起要求原申请执行人或债权人返还被执行财产的诉讼,在获得该胜诉判决后,以该判决为执行根据要求予以执行。相对而言,执行回转则无须通过获得新的执行根据便能够简便、高效率地实现救济(法院撤销原判决、裁定或其他法律文书的裁判文书并不是执行根据)。这里涉及一个理论上的问题,即执行程序已经终结之后,再开始执行,还是否需要执行根据的问题。从理论上讲,执行程序已经结束,如果要实施该执行(回转的执行),则也应当具有执行根据。当然,如果将恢复执行前状态作为一种特殊情形对待,也并非完全不可以,其特殊性在于救济的便捷和高效。

(二)执行回转的原因

在实践中,发生执行回转的原因,主要有以下三种:(1)人民法院制作判决、裁定已经执行完毕以后,该判决、裁定被本院或者上级法院通过审判监督程序予以撤销,权利人根据发生法律效力的再审判决、裁定,申请执行回转。(2)人民法院制作的先予执行裁定,在执行完毕以后被本院的生效判决或者上级法院的终审判决所撤销,由于先予执行的财物要返还

---

[1] 关于另案处理结果对本案执行的影响,详见张卫平:《另案处理结果对本案民事执行的效力及处置原则研究》,载《河北法学》2020年第3期。

给被执行人,因而发生执行回转。(3)其他机关制作的由人民法院强制执行的法律文书,在执行完毕以后被制作该法律文书的机关或者上级机关撤销,因返还被执行的财物而发生执行回转。

(三)执行回转的条件

《民事诉讼法》规定,执行完毕后,据以执行的判决、裁定和其他法律文书确有错误,被人民法院撤销的,对已被执行的财产,人民法院应当作出裁定,责令取得财产的人返还;拒不返还的,强制执行。应当注意的是,并非只有财产作为标的的执行才涉及执行回转。从执行回转的应有之义而言,只要原来的执行根据被撤销,原申请人不愿主动恢复执行前的状态,需要通过执行方式予以恢复的,都应当属于执行回转。

执行回转应当具备以下条件:(1)原来生效的法律文书已经由人民法院执行完毕。如果原来生效的法律文书还没有被执行完毕,被执行的财产还没有发生转移,据以执行的法律文书就被撤销了,这时就应当终结执行程序,而不是执行回转。(2)原来据以执行的法律文书因为确有错误而被人民法院撤销。原来据以执行的法律文书被撤销,使原来的执行失去根据,是发生执行回转的重要原因。(3)根据新的生效法律文书执行回转。执行完毕后,据以执行的判决、裁定和其他法律文书确有错误,被人民法院撤销的,对已被执行的财产,人民法院应当作出裁定。这种裁定就是执行回转的根据。

(四)执行回转的程序

根据法院作出的执行回转裁定,原申请执行人应当返还已取得的财产及其孳息。拒不返还的,强制执行。执行回转应重新立案,适用执行程序的有关规定。执行回转时,已执行的标的物系特定物的,应当退还原物。不能退还原物的,可以折价抵偿。

问题与思考

1. 执行救济制度结构的调整与完善

我国现行的执行救济制度存在执行实体争议与程序争议既分离又混同的特征。所谓实体争议与程序争议既分立又混同,是指关于执行中的部分争议,在其处理程序上,实体处理程序与程序处理程序是分离的,例如,关于违法执行行为的救济明确适用执行异议程序,采用非讼的方法,并且实行复议制度;但对于某些争议又采取合一处理的方式,例如,关于案外人对执行标的错误的争议又采取执行异议加执行异议之诉的方式,将案外人的执行异议作为案外人异议之诉的前置程序。实际上,案外人对执行标的的异议涉及的是执行标的是否存在错误(执行违法)的问题,因而只能是实体问题(执行不当),而非执行程序问题,但在处理程序上却还是将其作为执行行为是否正确的争议适用执行异议程序来处理。从执行救济制度的完善的角度来看,执行中的实体救济和程序救济应当分离,涉及执行实体问题的争议采用诉讼救济的方式,涉及执行程序问题的争议采用非讼的方式(执行异议)。[2]

---

〔2〕 关于我国执行救济制度体系的完善,详见张卫平:《执行救济制度的体系化》,载《中外法学》2019年第4期。

2. 关于执行回转制度

一直以来，在人们对执行救济的认识中，执行回转一直被作为一项重要的执行救济制度。原来据以执行的法律文书（执行根据）被撤销，使原来的执行失去根据，是发生执行回转的重要原因。但问题是，执行回转的前提是原来执行根据的执行已经完毕。既然已经执行结束，执行机关的执行任务就已经完成。执行根据被撤销，属于实体上的问题，不是执行机关执行违法所致，因此，直接由执行机关在没有实体根据的情况下实行回转就值得商榷了。在执行完毕之后，所执行的财产不属于申请执行人时。原申请执行人有义务返还被执行的财产，如果不履行返还义务，权利人同样需要通过强制执行实现其请求权，此时，其执行同样需要相应的执行根据。该执行根据也需要从审判机关通过审判获得，执行机构无法提供该执行根据。这是审执分离原则所决定的。执行回转制度的设立主要原因还是没有顾及审执分离的原则，加之实质正义的理念，因而导致执行机关"越位"的发生。作为执行机关其职能就是实现权利，一旦执行根据被执行，需要恢复原状，并必须实施强制执行时，该强制执行同样需要执行根据。而目前的执行回转则没有执行根据，使执行回转缺乏法律上的逻辑性。

不过，在执行根据的债权人不愿意恢复原状时，如果通过一般诉讼程序获得执行根据则必将增加债务人的诉讼负担，这一点的确是应该予以考虑的。降低救济成本、提高救济效率，毕竟也是程序法的价值追求。为此，笔者认为，可以考虑为其专设特殊诉讼程序，实行一审终审，以简易快捷程序，予以救济。只要原债务人能够在诉讼中证明执行根据已经撤销，财产状态尚未恢复原状，即可获得相应的给付判决。由此，便可以快捷地获得恢复原状的执行根据，使其权利得到救济。如此一来，在这一问题的处理上既坚持了审执分离，又顾及救济效率和成本。

3. 关于债权人异议之诉

作为体系化的执行救济制度，对于因强制执行的不当或违法造成当事人或利害关系人的合法利益遭受损害时，都应当有相应的救济手段。在救济对象方面，则无论是当事人还是案外人，就当事人而言，则无论是债务人还是债权人，都应当平等地予以对待。在权利实现方面，人们的关注点在于债权人，而在执行救济方面，人们的关注点则在债务人和案外人方面。相对而言，针对债权人的执行救济并未受到应有的重视。实际上，债权的实现同样体现在积极实现与消极维护两个方面。现行执行救济在债权方面尚有不足，主要体现在针对债权人实体上执行救济制度的缺失。我国《民事诉讼法》虽然极其模糊地规定了债权人可以向法院提起异议之诉，但却没有就适用的具体情形和程序加以规定。尽管《最高人民法院关于适用〈中华人民共和国民事诉讼法〉执行程序若干问题的解释》也规定，执行债权人可以向执行法院提起诉讼，要求执行法院对该执行标的许可执行，但也没有关于该程序的特别规定。

在这方面，我国台湾地区的许可执行之诉可以借鉴，即在执行机关驳回执行申请时，并且涉及实体理由时，债权人有权将执行债务人（包括债务人的继受人以及其他因执行根据效力扩张所涉及的人）作为被告向法院提起许可执行之诉。如前所述，一旦涉及执行的实体问题，必然是债权人与债务人之间的争议，双方当事人的实体争议只能交由诉讼程序加以解决。在我国一旦按照执行中实体与程序的不同争议，设置不同的执行救济路径时，这一制度的设置就非常有必要了。该诉实际上也具有了执行文附与之诉的功能。只不过在执行力有无的审查权限分配给执行机关之后，该诉就成为了执行救济之诉，而非执行前程序救济之诉。许可执行之诉的审理程序可以按照普通诉讼程序进行审理。需要特别加以规定的主要是提起诉讼的期限。考虑到法律关系的安定性，应当规定较短的起诉期间，我国台湾地区的规定为驳回执行申请的裁定送达之日起 10 日内提起诉讼。

七、失信人名单

(一)失信人名单的概念

所谓失信人名单,是指被执行人有妨碍、抗拒执行,被人民法院纳入失信人名单并予以公布,以防止被执行人妨碍、抗拒执行的一种制度。

失信人名单制度实际上已在民事执行实践中运用多年。实践证明这一制度有助于防止被执行人妨碍、抗拒执行,促使被执行履行义务。

(二)失信人主体范围以及不得纳入失信人主体的范围

1. 失信人主体范围

可纳入失信人主体范围的人是指违反民事执行法规定,有实施妨碍、抗拒执行行为的被执行人。民事执行法列举的行为有:(1)有证据证明被执行人有履行能力而拒不履行执行依据确定的义务;(2)以虚假诉讼、虚假仲裁、虚假公证或者以隐匿、转移、毁损财产等方法逃避履行执行依据确定的义务;(3)隐藏、伪造、毁灭证据,以暴力、威胁、贿买方法阻止证人作证或者指使、贿买、胁迫他人作伪证;(4)违反限制消费令进行消费;(5)侮辱、威胁、诽谤、诬陷、殴打或者打击报复执行人员、执行参与人;(6)以暴力、威胁或者其他方法阻碍执行人员执行职务;(7)违反协助执行义务。

2. 不得纳入失信人名单的主体范围

不得纳入失信人名单的人包括:(1)被执行人为未成年人的,人民法院不得将其纳入失信被执行人名单。这一规定主要基于对未成年人的特殊保护。(2)法人或者非法人组织是失信被执行人,但是其法定代表人、主要负责人、影响债务履行的直接责任人员、实际控制人等不是被执行人的,人民法院不得将前述人员纳入失信被执行人名单。(3)被执行人在抢险救灾、疫情防控等特殊时期承担特殊、紧急社会保障职能的,在该特殊时期,一般不得将其纳入失信被执行人名单。

(三)纳入失信人名单的法律后果

一旦被执行人被法院认定并纳入失信人名单,便将依法产生相应的法律后果——信用惩戒。根据民事执行法的规定,执行法院将失信被执行人名单信息,向政府相关部门、金融监管机构、金融机构、承担行政职能或者提供社会公共服务的事业单位及行业协会等组织通报,供有关组织依照法律、法规和有关规定,在限制消费、政府采购、融资信贷、市场准入、资质认定、荣誉授信等方面,对失信被执行人予以信用惩戒。

信用惩戒的具体内容包括:(1)禁止部分高消费行为,包括禁止乘坐飞机、列车软卧等;(2)限制在金融机构贷款或办理信用卡;(3)失信被执行人为自然人的,不得担任企业的法定代表人、董事、监事、高级管理人员等。

(四)失信惩戒信用的修复

按照民事执行法的有关规定,不应纳入失信被执行人名单的个人或者组织被纳入失信被执行人名单的,人民法院应当在规定的工作日内撤销失信信息。惩戒期限届满的,法院也应当在规定的工作日内删除失信信息。失信被执行人主动纠正失信行为的，人民法院可以根据情况提前删除失信信息。

撤销、删除失信信息的，人民法院应当及时向社会公开并通报给已推送组织。实施信用惩戒的有关组织应当及时解除对被执行人的惩戒措施。确需继续保留惩戒措施的，必须严格按照法律法规的有关规定实施，并明确继续保留的期限。